D1629159

SCHWEIZERISCHES PRIVATRECHT

Schweizerisches Privatrecht

HERAUSGEGEBEN VON

MAX GUTZWILLER · HANS HINDERLING
ARTHUR MEIER-HAYOZ · HANS MERZ
PAUL PIOTET · ROGER SECRÉTAN †
WERNER VON STEIGER · FRANK VISCHER

HELBING & LICHTENHAHN VERLAG AG
BASEL UND STUTTGART

«Schweizerisches Privatrecht»
erscheint in französischer Sprache
im Universitätsverlag Freiburg i. Ue.
unter dem Titel:

«Traité de droit privé suisse»

SIEBENTER BAND

Obligationenrecht
Besondere Vertragsverhältnisse

ZWEITER HALBBAND

HERAUSGEGEBEN VON

FRANK VISCHER

Professor an der Universität Basel

HELBING & LICHTENHAHN VERLAG AG

BASEL UND STUTTGART 1979

ISBN 3 7190 0697 2
Bestellnummer 21 00697
© 1979 by Helbing & Lichtenhahn Verlag AG, Basel
Satz und Druck: Basler Druck- und Verlagsanstalt, Basel
Einband: Max Grollimund, Reinach

INHALT

Der Auftrag und die Geschäftsführung ohne Auftrag

Erstes Kapitel
Der einfache Auftrag

Zweites Kapitel

Die qualifizierten Aufträge

Erster Abschnitt

Kreditauftrag, Kreditbrief, Dokumentenakkreditiv

Fünfter Abschnitt

Speditions- und Frachtvertrag

Drittes Kapitel

Die Geschäftsführung ohne Auftrag

Der Darlehensvertrag

Der Kollektivanlagevertrag

Garantievertrag und Bürgschaft

Erstes Kapitel

Die persönlichen Garantien

Zweites Kapitel

Die Bürgschaft – Allgemeines und Begriff

Drittes Kapitel

Die Entstehung der Bürgschaft

Viertes Kapitel

Die Wirkungen der Bürgschaft im Verhältnis zwischen Gläubiger und Bürgen

Der Versicherungsvertrag

Erstes Kapitel
Grundlagen

Zweites Kapitel
Abschluß und Ende

Drittes Kapitel

Rechte und Pflichten

Viertes Kapitel

Versicherte Gefahr

Fünftes Kapitel
Der versicherte Gegenstand

Sechstes Kapitel
Der Versicherungsfall

Anhang

Register

Abkürzungsverzeichnis

ABGB	=	(Österreichisches) Allgemeines Bürgerliches Gesetzbuch (1811)
Abh.schweiz.R	=	Abhandlungen zum schweizerischen Recht (Bern)
AcP	=	Archiv für civilistische Praxis (Tübingen 1818–1944, 1948 ff.)
AFG	=	BG über die Anlagefonds, vom 1. Juli 1966
AFV	=	Vollziehungsverordnung zum BG über die Anlagefonds, vom 20. Januar 1967
AGB	=	Allgemeine Geschäftsbedingungen
AGE	=	Entscheidungen des Appellationsgerichts und der Gerichte erster Instanz sowie der Aufsichtsbehörde über das Betreibungs- und Konkursamt des Kantons Basel-Stadt (1907–1952, 10 Bände)
AGVE	=	Aargauische Gerichts- und Verwaltungsentscheide (Aarau 1947 ff.)
AHV	=	Alters- und Hinterlassenenversicherung
alt OR	=	aOR
AlVG	=	BG über die Arbeitslosenversicherung, vom 22. Juni 1951
AngO	=	Angestelltenordnung, vom 10. November 1959
Anm.	=	Anmerkung (ohne weitere Bezeichnung die Anm. des betr. Paragraphen)
aOR	=	altes schweizerisches Obligationenrecht (BG über das Obligationenrecht), vom 14. Brachmonat 1881
AppGer	=	Appellationsgericht
Apphof	=	Appellationshof
ArG	=	BG über die Arbeit in Industrie, Gewerbe und Handel (Arbeitsgesetz), vom 13. März 1964
ARV	=	Arbeitsrecht und Arbeitslosenversicherung (Zürich 1953 ff.)
AS	=	Amtliche Sammlung der eidgenössischen Gesetze und Verordnungen
AVB	=	Allgemeine Versicherungs-Bedingungen
AVE	=	Allgemeinverbindlicherklärung
AVV	=	Alleinvertriebsvertrag
AWD	=	Außenwirtschaftsdienst des Betriebsberaters (Heidelberg 1958 ff.)
BAG	=	(Deutsches) Bundesarbeitsgericht
BaG, BankG	=	BG über die Banken und Sparkassen, vom 8. November 1934/ 11. März 1971
Basler Studien	=	Basler Studien zur Rechtswissenschaft (Basel 1932 ff.)
BB	=	Der Betriebsberater (Heidelberg 1946 ff.)
BBG	=	BG über die berufliche Ausbildung, vom 26. Juni 1930
BBl	=	Bundesblatt der Schweiz. Eidgenossenschaft
Berner Kommentar	=	Kommentar zum schweizerischen Zivilrecht (Bern 1910 ff.). Seit 1964: Kommentar zum schweizerischen Privatrecht
BetrVG	=	(Deutsches) Betriebsverfassungsgesetz, in der Fassung vom 15. Januar 1972
BezGer	=	Bezirksgericht

BG	=	Bundesgesetz
BGB	=	(Deutsches) Bürgerliches Gesetzbuch, vom 18. August 1896
BGBl	=	(Deutsches) Bundesgesetzblatt
BGE	=	Entscheidungen des schweizerischen Bundesgerichts, Amtliche Sammlung (1875 ff.)
BGer	=	Bundesgericht
BGH	=	(Deutscher) Bundesgerichtshof
BGHZ	=	Entscheidungen des (deutschen) Bundesgerichtshofs in Zivilsachen (seit 1951)
BIGA	=	Bundesamt für Industrie, Gewerbe und Arbeit
BJM	=	Basler Juristische Mitteilungen (Basel 1954 ff.)
BlAgrR	=	Blätter für Agrarrecht (Zürich 1967 ff.)
Bl.handelsrechtl.E., HRE	=	Blätter für handelsrechtliche Entscheidungen (Zürich 1882–1901)
BlPMZ	=	Blatt für Patent-, Muster- und Zeichenwesen (München 1898 ff.)
BlSchK	=	Blätter für Schuldbetreibung und Konkurs (Wädenswil 1937 ff.)
BlZR, ZR	=	Blätter für zürcherische Rechtsprechung (Zürich 1902 ff.)
Botschaft	=	Botschaft des Bundesrates
BR	=	Bundesrat
BRB	=	Bundesratsbeschluß
BS	=	Bereinigte Sammlung der Bundesgesetze und Verordnungen 1848–1947
BtG	=	BG über das Dienstverhältnis der Bundesbeamten, vom 30. Juni 1927
BtO	=	Beamtenordnung
BV	=	Bundesverfassung der Schweizerischen Eidgenossenschaft, vom 29. Mai 1874
BVB	=	Besondere Vertragsbedingungen für EDV-Verträge (Deutschland)
BVerfG	=	(Deutsches) Bundesverfassungsgericht
CCfr.	=	Code civil français (1804)
CCit.	=	Codice civile italiano, vom 16. März 1942
DAktG	=	(Deutsches) Aktiengesetz, vom 6. September 1965
DB	=	Der Betrieb (Düsseldorf 1948 ff.)
deutsche JZ	=	(Deutsche) Juristenzeitung (Tübingen 1951 ff.)
deutsches VVG	=	Gesetz über den Versicherungsvertrag, vom 30. Mai 1908
Dig.	=	Digest
DURG	=	(Deutsches) Urheberrechtsgesetz, vom 9. September 1965
DSWR	=	Datenverarbeitung in Steuer, Wirtschaft und Recht (München 1971/72 ff.)
DVerlG	=	(Deutsches) Verlagsgesetz, vom 19. Juni 1901
E	=	Entwurf
EBPatG	=	Entscheidungen des Bundespatentgerichtes (München 1962 ff.)
EDV	=	Elektronische Datenverarbeitung
EFTAV	=	Vertrag zur Gründung der Europäischen Freihandelszone, vom 4. Januar 1960
EG	=	Europäische Gemeinschaft
EGG	=	BG über die Erhaltung des bäuerlichen Grundbesitzes, vom 12. Juni 1951
EntG	=	BG über die Enteignung, vom 20. Juni 1930
E OG LU	=	Entscheidungen des Obergerichtes des Kantons Luzern und seiner Kommissionen (1972 ff.)
ERG	=	Einheitliche Richtlinien und Gebräuche für Dokumentenakkreditive (Paris 1933 ff.)
Erw	=	Erwägung

EuGH	=	Europäischer Gerichtshof
EWG	=	Europäische Wirtschaftsgemeinschaft
EWGV	=	Vertrag zur Gründung der Europäischen Wirtschaftsgemeinschaft, vom 25. März 1957
Fam.RZ	=	Zeitschrift für das gesamte Familienrecht (Bielefeld 1954 ff.)
FG	=	BG über die Arbeit in den Fabriken, vom 18. Juni 1914
FIW-Schriftenreihe	=	Forschungsinstitut für Wirtschaftsverfassung und Wettbewerb (Köln 1962 ff.)
GAV	=	Gesamtarbeitsvertrag
GBV	=	Verordnung des Bundesrates betreffend das Grundbuch, vom 22. Februar 1910
GewGer	=	Gewerbegericht
GewSchG	=	Gewerbliches Schiedsgericht
GG	=	Grundgesetz für die Bundesrepublik Deutschland, vom 23. Mai 1949
GRUR	=	Gewerblicher Rechtsschutz und Urheberrecht (Weinheim 1896 ff.)
GRUR Int.	=	Internationaler Teil von: Gewerblicher Rechtsschutz und Urheberrecht
HAG	=	BG über die Heimarbeit, vom 12. Dezember 1940
HDSW	=	Handwörterbuch der Sozialwissenschaften (Stuttgart/Tübingen/Göttingen 1956 ff.)
HGB	=	(Deutsches) Handelsgesetzbuch, vom 10. Mai 1897
HGer	=	Handelsgericht
HRAG	=	BG über das Anstellungsverhältnis der Handelsreisenden, vom 13. Juni 1941
HRE	=	Bl.handelsrechtl.E
Iherings Jahrb.	=	Iherings Jahrbücher für die Dogmatik des bürgerlichen Rechts (Jena 1897–1942)
IV	=	Invalidenversicherung
JR	=	Juristische Rundschau (Berlin 1947 ff.)
JT, JdT	=	Journal des Tribunaux (Lausanne 1853 ff.)
JurA	=	Juristische Analysen (Bad Homburg 1969 ff.)
JuS	=	Juristische Schulung (München 1961 ff.)
JZ	=	(Deutsche) Juristenzeitung (Tübingen 1951 ff.)
KassGer	=	Kassationsgericht
KG	=	BG über Kartelle und ähnliche Organisationen, vom 20. Dezember 1962
KGer	=	Kantonsgericht
KS	=	Kreisschreiben
KSchG	=	(Deutsches) Kündigungsschutzgesetz, in der Fassung vom 25. August 1969
KUVG	=	BG über die Kranken- und Unfallversicherung, vom 13. Juni 1911
LEG	=	BG über die Entschuldung landwirtschaftlicher Heimwesen, vom 12. Dezember 1940
LG	=	(Deutsches) Landesgericht
LotG	=	BG betreffend die Lotterien und die gewerbsmäßigen Wetten, vom 8. Juni 1923
LWG	=	BG über die Förderung der Landwirtschaft und die Erhaltung des Bauernstandes, vom 3. Oktober 1951
MA	=	Der Markenartikel (München 1934–1944, 1950 ff.)
MDR	=	Monatsschrift für Deutsches Recht (Hamburg 1947 ff.)
Mitt., SchwMitt.	=	Schweizerische Mitteilungen über gewerblichen Rechtsschutz und Urheberrecht (Zürich 1925 ff.)

MSchG	=	BG betreffend den Schutz der Fabrik- und Handelsmarken, vom 26. September 1890/22. Juni 1939
N.	=	Note
NAV	=	Normalarbeitsvertrag
NF, n.F.	=	Neue Folge
NJW	=	Neue Juristische Wochenschrift (München 1947 ff.)
NR	=	Nationalrat
ObGer, ObG	=	Obergericht
ÖJZ	=	Österreichische Juristenzeitung (Wien 1946 ff.)
ÖVD	=	Öffentliche Verwaltung und Datenverarbeitung (Stuttgart 1971/72 ff.)
OG	=	BG über die Organisation der Bundesrechtspflege, vom 16. Dezember 1943
OGH	=	(Österreichischer) Oberster Gerichtshof
OLG	=	(Deutsches) Oberlandesgericht
OR	=	BG über das Obligationenrecht, vom 30. März 1911/18. Dezember 1936
ORDO	=	Jahrbuch für die Ordnung von Wirtschaft und Gesellschaft (Düsseldorf 1948 ff.)
PatG, PtG	=	BG betreffend die Erfindungspatente, vom 25. Juni 1954
PKG	=	Die Praxis des Kantonsgerichtes von Graubünden (Chur 1942 ff.)
PMMBl	=	Schweizerisches Patent-, Muster- und Modellblatt (Bern 1962 ff.)
Pra	=	Die Praxis des schweizerischen Bundesgerichts (Basel 1912 ff.)
RA	=	Rechtsanwalt
RabelsZ, RabelsZeitschr.	=	Zeitschrift für ausländisches und internationales Privatrecht, begründet von Rabel (Berlin und Tübingen 1927 ff.)
RdA	=	Recht der Arbeit (München 1948 ff.)
RechB	=	Rechenschaftsbericht
RecNe	=	Recueil de Jurisprudence Neuchâteloise (Neuchâtel 1953 ff.)
Rep., Repertorio, RepPATRIA	=	Repertorio di giurisprudenza patria federale e cantonale forense ed amministrativa (Bellinzona 1869 ff.)
rev.	=	revidiert
Rev.trim.de droit civil	=	Revue trimestrielle de droit civil (Paris 1902 ff.)
RG	=	Reichsgericht
RGR – Kommentar	=	Das Bürgerliche Gesetzbuch, Kommentar, hrsg. von Reichsgerichtsräten und Bundesrichtern (Berlin)
RGZ	=	(Deutsche) Entscheidungen des Reichsgerichts in Zivilsachen
RIW/AWD	=	Recht der Internationalen Wirtschaft. Außenwirtschaftsdienst des Betriebsberaters (Heidelberg 1954 ff.)
RVJ	=	Revue Valaisanne de jurisprudence (Sion 1966 ff.)
SAG	=	Die Schweizerische Aktiengesellschaft (Zürich 1928 ff.)
sc.	=	scilicet = das heißt, nämlich
SchG	=	(Deutsches) Scheckgesetz, vom 14. August 1933
SchKG	=	BG über Schuldbetreibung und Konkurs, vom 11. April 1889/28. September 1949
SchlT OR	=	Schlußtitel (Schlußbestimmungen) zum OR
Schmalenbachs Z	=	Schmalenbachs Zeitschrift für betriebswirtschaftliche Forschung (Köln 1964 ff.)
SchwMitt.	=	Mitt.
Schweiz.Privatrecht	=	Schweizerisches Privatrecht, Basel, Band I, 1969; Band II, 1967; Band VIII/1, 1976; Band V/1, 1977; Band VII/1, 1977; Band IV/1, 1978
Schweiz.Vers.Z	=	Schweizerische Versicherungs-Zeitschrift. (Bern 1933 ff.)

Sem. Jud.	=	La Semaine Judiciaire (Genève 1879 ff.)
SGb	=	Die Sozialgerichtsbarkeit (Wiesbaden 1953 ff.)
SHZ	=	Schweizerische Handelszeitung (Zürich 1861 ff.)
SIR	=	Schriftenreihe des Instituts für Internationales Recht und internationale Beziehungen (Basel)
SJK	=	Schweizerische Juristische Kartothek (Genf 1941 ff.)
SJV	=	Schweizerischer Juristenverein
SJZ	=	Schweizerische Juristen-Zeitung (Zürich 1904 ff.)
SR	=	Systematische Sammlung des Bundesrechts (1970 ff.)
SSchG	=	BG über die Seeschiffahrt unter der Schweizer Flagge, vom 23. September 1953
StenBullNR	=	Amtliches stenographisches Bulletin der Bundesversammlung, Nationalrat
StenBullStR	=	Amtliches stenographisches Bulletin der Bundesversammlung, Ständerat
StGB	=	Schweizerisches Strafgesetzbuch, vom 21. Dezember 1937
StR	=	Ständerat
SUVA	=	Schweizerische Unfallversicherungsanstalt
SVA	=	Gerichtsentscheide in privaten Versicherungsstreitigkeiten, Sammlung des Eidgenössischen Versicherungsamtes
SVG	=	BG über den Straßenverkehr, vom 19. Dezember 1958
UFITA	=	Archiv für Urheber-, Film,- Funk- und Theaterrecht (München 1928 ff.)
URG	=	BG betreffend das Urheberrecht an Werken der Literatur und Kunst, vom 7. Dezember 1922/24. Juni 1955
UWG	=	BG über den unlauteren Wettbewerb, vom 30. September 1943
VE	=	Vorentwurf
VersR	=	Versicherungsrecht (Karlsruhe 1950 ff.)
VG	=	BG über die Verantwortlichkeit des Bundes sowie seiner Behördemitglieder und Beamten, vom 14. März 1958
VHTL	=	Verband höherer technischer Lehranstalten
VKK	=	Veröffentlichungen der Schweizerischen Kartellkommission (Zürich 1966 ff.)
VO	=	Verordnung
VOB	=	(Deutsche) Verdingungsordnung für Bauleistungen, vom 23. April 1953
Vol	=	Volume
VP	=	Die Versicherungspraxis (Bonn 1901–1943, 1952 ff.)
VV	=	Vollziehungsverordnung
VVG	=	BG über den Versicherungsvertrag, vom 2. April 1908
WuR	=	Wirtschaft und Recht (Zürich 1949 ff.)
WuW	=	Wirtschaft und Wettbewerb (Düsseldorf 1951 ff.)
ZBGR	=	Schweizerische Zeitschrift für Beurkundungs- und Grundbuchrecht (Wädenswil 1920 ff.)
ZBJV	=	Zeitschrift des Bernischen Juristenvereins (Bern 1865 ff.)
ZfV	=	Zeitschrift für Versicherungswesen (Hamburg 1951 ff.)
ZGB	=	Schweizerisches Zivilgesetzbuch, vom 10. Dezember 1907
ZivGer	=	Zivilgericht
ZLW	=	Zeitschrift für Luftrecht und Weltraumrechtsfragen (Köln 1965 ff.)
ZOB	=	Zentralstelle für Organisationsfragen der Bundesverwaltung
ZPO	=	Zivilprozeßordnung
ZSGV	=	Schweizerisches Zentralblatt für Staats- und Gemeindeverwaltung (Zürich 1900 ff.)

ZR	=	BlZR
ZSR	=	Zeitschrift für Schweizerisches Recht (Basel 1852 ff.; NF 1882 ff.)
Zürcher Beiträge	=	Zürcher Beiträge zur Rechtswissenschaft (Zürich)
Zürcher Kommentar	=	Kommentar zum Schweizerischen Zivilgesetzbuch (Zürich 1909 ff.)
ZVers.Wiss.	=	Zeitschrift für die gesamte Versicherungswissenschaft (Berlin 1901–43, 1960 ff.)

Der Auftrag und die
Geschäftsführung ohne Auftrag

JOSEF HOFSTETTER

Allgemeine Literatur zum Auftragsrecht

Die hier und am Eingang einzelner Paragraphen angeführten Werke werden in der Folge nur mit dem Namen des Autors, gegebenenfalls mit einem zusätzlichen Stichwort zitiert.

Schweiz

H. BECKER, Berner Kommentar, Bd. VI/2: Obligationenrecht, Die einzelnen Vertragsverhältnisse, Art. 184–551 OR, Bern 1934; H. OSER/W. SCHÖNENBERGER, Zürcher Kommentar, Bd. V/2: Das Obligationenrecht, Die einzelnen Vertragsverhältnisse, Art. 184–418 OR, 2. Aufl., Zürich 1936; G. GAUTSCHI, Berner Kommentar, Bd. VI/2, 4. Teilbd.: Der einfache Auftrag, Art. 394–406 OR, 3. Aufl., Bern 1971; DERSELBE, Auftrag und Geschäftsführung in der Schweiz, Zürich 1953; E. FURLER, Auftrag, SJK Nr. 326 f., Genf 1942; B. VON BÜREN, Schweizerisches Obligationenrecht, Allgemeiner Teil, Zürich 1964; Besonderer Teil, Zürich 1972 (zit. von Büren I/II); DERSELBE, Der Auftrag. Ein Beitrag zur Systematik des schweizerischen Arbeitsrechts, Diss. Zürich 1944; P. ENGEL, Traité des obligations en droit suisse. Dispositions générales du CO, Neuchâtel 1973; H.-P. FRIEDRICH, Fragen aus dem Auftragsrecht, ZBJV 91 (1955), S. 449 ff.; TH. GUHL/H. MERZ/M. KUMMER, Das Schweizerische Obligationenrecht, 6. Aufl., Zürich 1972; B. KLEINER, Die allgemeinen Geschäftsbedingungen der Banken. Giro- und Kontokorrentvertrag, 2. Aufl., Zürich 1964; A. VON TUHR/A. SIEGWART, Allgemeiner Teil des schweizerischen Obligationenrechts, 2 Bde., 2. Aufl., Zürich 1942/44 (zit. von TUHR/SIEGWART); 3. Aufl., Zürich 1974: Bd. I, Lfg. 1, neu bearb. von H. PETER (zit. VON TUHR/PETER), Bd. II neu bearb. von A. ESCHER (zit. VON TUHR/ESCHER).

Deutschland

J. ESSER/H.-L. WEYERS, Schuldrecht, Bd. II, Besonderer Teil, TBd. 1, 5. Aufl., Heidelberg 1977; W. FIKENTSCHER, Schuldrecht, 6. Aufl., Berlin 1976; K. LARENZ, Lehrbuch des Schuldrechts, 2 Bde., 11. Aufl., München 1976/77; H. C. NIPPERDEY, in: Kommentar STAUDINGER, II. Bd., 3. Teil, zu § 662 ff. BGB, 11. Aufl., Berlin 1958.

Frankreich

H., L. und J. MAZEAUD/M. DE JUGLART, Leçons de droit civil, tome III, vol. 2: Principaux contrats, 4. Aufl., Paris 1974.

Italien

G. BAVETTA, s. v. Mandato (negozio giuridico; diritto privato), Enciclopedia del diritto 25 (1975), S. 321 ff.; F. M. DOMINEDÒ, s. v. Mandato (diritto civile), Novissimo Digesto Italiano X, Turin 1964; G. FERRI/L. RIVA-SANSEVERINO, Commentario del Codice civile, Del lavoro, art. 2188–2246, Bologna 1963; G. MINERVINI, Il mandato, la commissione, la spedizione, 2. Aufl., Turin 1957; G. MIRABELLI, Commentario del Codice civile, Dei singoli contratti, art. 1470–1765, Turin 1962; A. TORRENTE/C. RUPERTO, Commentario del Codice civile, Del lavoro, art. 2222–2324, Turin 1962.

Österreich

G. STANZL, in: KLANG/GSCHNITZER, Kommentar zum ABGB, 4. Bd., 1. HbBd., zu §§ 1002 ff. ABGB, 2. Aufl., Wien 1968; F. GSCHNITZER, Schuldrecht, Besonderer Teil und Schadenersatz, Wien 1963.

Erstes Kapitel

Der einfache Auftrag

§ 1. Einleitung

Literatur

K. Amonn, Der Kollektivanlagevertrag, hinten S. 277 ff.; R. J. Baerlocher, Der Hinterlegungsvertrag, in: Schweizerisches Privatrecht, Bd. VII/1, Basel 1977, S. 647 ff.; A. Beck, Grundriß des schweizerischen Erbrechts. Ein Studienbuch, 2. Aufl., Bern 1976; F. Cagninacci, Le mandat dans la doctrine française de l'ancien régime, XIIe–XIIIe siècles, Diss. Nancy 1962; H. Coing, Die Treuhand kraft privaten Rechtsgeschäfts, München 1973; A. Escher, Zürcher Kommentar, Bd. III/1: Das Erbrecht, 3. Aufl., Zürich 1959; M. Kaser, Das römische Privatrecht, Bde. I und II, 2. Aufl., München 1971/75; Ph. Meylan, Révocation et renonciation du mandat en droit romain classique, Studi G. Grosso, Bd. I, Turin 1968, S. 465 ff.; H. Merz, Legalzession und Aussonderungsrecht gemäß Art. 401 OR, in: Festschrift Hundert Jahre Schweizerisches Bundesgericht, Basel/Stuttgart 1975; (= Ausgewählte Abhandlungen zum Privat- und Kartellrecht, Bern 1977, S. 413 ff.); G. Nikkel-Schweizer, Rechtsvergleichender Beitrag zum fiduziarischen Eigentum in Deutschland und in der Schweiz, SIR, Heft 25, Basel 1977; P. Piotet, Traité de droit privé suisse, tome IV: Droit successoral, Fribourg 1975; W. von Steiger, Die Personengesellschaften, in: Schweizerisches Privatrecht, Bd. VIII/1, Basel 1976, S. 315 ff.; derselbe, Zürcher Kommentar, Bd. V, Teil 5c: Art. 772–827 OR (GmbH), Zürich 1965; P. Tuor, Berner Kommentar, Bd. III/1: Das Erbrecht, 2. Aufl., Bern 1952/64; F. Vischer, Der Arbeitsvertrag, in: Schweizerisches Privatrecht, Bd. VII/1, Basel 1977.

I. Definition. Systematik des Gesetzes

1. «Durch die Annahme eines Auftrages verpflichtet sich der Beauftragte, die ihm übertragenen Geschäfte oder Dienste vertragsgemäß zu besorgen.»

Diese Legaldefinition in Art. 394 Abs. 1 OR charakterisiert den Auftrag (das Mandat) als einen Arbeitsvertrag im weitern Sinn[1]. Der Beauftragte über-

---

[1] Vischer, S. 303; von Büren II, S. 122 ff.; derselbe, Auftrag, S. 1 ff.; Gautschi, Vorbem. zum Geschäftsführungsrecht, N. 8 (S. 9), N. 3 zu Art. 394 OR; Guhl/Merz/Kummer, S. 294.

nimmt die Wahrung fremder Interessen, wobei die Angelegenheiten, die er zu besorgen hat, Rechtsgeschäfte oder Tathandlungen sein können. Je nachdem wird der Vertrag als Tathandlungs- oder als Rechtshandlungsauftrag bezeichnet[2].

Damit erschöpft sich das positive Element der Legaldefinition. Denn für die Abgrenzung von anderen Verträgen auf Arbeitsleistung begnügt sich Abs. 2 von Art. 394 OR mit einer negativen Umschreibung. Aufträge sind danach alle jene Arbeitsverträge, «die keiner besonderen Vertragsart dieses Gesetzes unterstellt sind».

Das Mandat ist somit das Sammelbecken anderswo nicht unterzubringender Arbeitsverträge. Deutlicheres Profil gewinnt es erst durch die Abgrenzung von den anderen Arbeitsvertragstypen[3]. Dieser Abgrenzung kommt große praktische Bedeutung zu, da sich das Mandatsrecht durch eine Reihe eigentümlicher Regelungen von den übrigen Arbeitsverträgen abhebt (namentlich was die Beendigung des Mandats durch einseitigen Widerruf und die Privilegierung des Auftraggebers gemäß Art. 401 OR betrifft).

Ferner ergibt sich allein aus dem Wortlaut des Gesetzes nicht, ob neben dem Auftrag gesetzlich nicht geregelte Arbeitsverträge *sui generis* möglich sind.

Nicht begriffswesentlich ist die Frage des Entgelts. Aus Art. 394 Abs. 3 OR geht hervor, daß das schweizerische Recht entgeltliche und unentgeltliche Aufträge zuläßt.

Der Auftrag präsentiert sich im schweizerischen Recht mithin als gegenständlich weit gefaßter Arbeitsvertrag, dessen Funktionen sehr vielfältig sein können, da er als subsidiärer Arbeitsvertragstypus dient und sich auf entgeltliche wie unentgeltliche Arbeitsleistung beziehen kann. Es ist erstaunlich, daß der Gesetzgeber eine Rechtsfigur, deren Konturen so wenig deutlich sind, in bloß dreizehn Artikeln zu regeln vermochte. Die Erklärung dürfte in der jahrtausendealten Ausreifung des Instituts zu suchen sein.

2. Die Art. 396–406 OR, die den einfachen Auftrag regeln, werden als allgemeines Auftragsrecht bezeichnet[4]. Das ist so zu verstehen, daß der einfache Auftrag als der gewöhnliche Auftragstyp, als der Normalfall des Mandats angesehen wird, zu dem sich besondere, sogenannte qualifizierte Auftragsverhältnisse gesellen. Der Gesetzgeber hat sich bei der Regelung dieser qualifizierten Mandate zweckmäßigerweise weitgehend der Verweisungen auf den

---

[2] GAUTSCHI, Vorbem. zum Geschäftsführungsrecht, N. 7 (S. 9), N. 3, 4 und 26a zu Art. 394 OR. – Häufig hat der gleiche Auftrag Tat- und Rechtshandlungen zum Gegenstand.

[3] OSER/SCHÖNENBERGER, Vorbem. zu Art. 394–418 OR, N. 5; VON BÜREN II, S. 127.

[4] GAUTSCHI, N. 66a zu Art. 394 OR; VON BÜREN II, S. 126: man dürfe den Auftrag fast als allgemeinen Teil des Arbeitsvertragsrechts überhaupt bezeichnen; BGE 63 II, 1937, S. 180.

einfachen Auftrag bedient. Die Verweisungstechnik ist allerdings für den Frachtvertrag und den Agenturvertrag fragwürdig, weil beide Vertragsarten eingehend und oft abweichend vom einfachen Auftrag geregelt sind, wodurch die Klarheit und Prägnanz des Gesetzes leidet[5].

Auch ist nicht einzusehen, warum die Kommission und der Frachtvertrag als 15. und 16. Titel der Geschäftsführung ohne Auftrag folgen und nicht dem 13. Titel «Der Auftrag» als 5. und 6. Abschnitt angegliedert sind. Aus der Systematik des Gesetzes darf jedenfalls nicht geschlossen werden, Kommission und Frachtvertrag seien vom Grundtypus des einfachen Auftrags weiter entfernt als die besonderen Auftragsarten des 13. Titels (2. Abschnitt: Kreditbrief und Kreditauftrag; 3. Abschnitt: Mäklervertrag; 4. Abschnitt: Agenturvertrag); denn genau wie diese verweist Art. 425 Abs. 2 OR für die Kommission und Art. 440 Abs. 2 OR für den Frachtvertrag auf den einfachen Auftrag[6].

3. Der einfache Auftrag bildet darüber hinaus das Muster zur juristischen Erfassung der Geschäftsführungen in fremdem Interesse überhaupt, sei es, daß sie auf Gesetz beruhen, sei es, daß sie außerhalb des Mandats im Rahmen anderer Rechtsgeschäfte auftreten; denn das Auftragsrecht enthält allgemeingültige Prinzipien zur Lösung von Interessenkonflikten bei der Besorgung fremder Angelegenheiten. Für Lehre und Praxis kommt infolgedessen dem Auftragsrecht und namentlich dem einfachen Auftrag Subsidiarität weit über die Bedeutung von Art. 394 Abs. 2 OR hinaus zu[7]. Am offensichtlichsten trifft dies für die Geschäftsführung ohne Auftrag zu, dann aber auch für Geschäftsführungen wie die Willensvollstreckung[8] und die Organtätigkeit juristischer Personen[9]. Die subsidiäre Geltung des Auftragsrechts ist für die Tätigkeit von geschäftsführenden Gesellschaftern durch Art. 540, 557 Abs. 2 und 598 Abs. 2 OR[10] und für den Kollektivanlagevertrag durch Art. 8 Abs. 3 AFG angeordnet[11]. Ob die Anweisung und damit weite Teile des Wertpapierrechts ebenfalls auf dem Mandat aufbauen, ist an anderer Stelle zu erörtern.

4. In der Umgangssprache bedeutet Auftrag nicht bloß den Vertrag gemäß

---

[5] GAUTSCHI, N. 66b zu Art. 394 OR.

[6] GAUTSCHI, Vorbem. zu der Kommission, N. 2b und c, N. 5a zu Art. 440 OR, N. 66b zu Art. 394 OR: für den Frachtvertrag trifft allerdings zu, daß er, was sich historisch erklärt, dem Werkvertrag nahesteht.

[7] GAUTSCHI, N. 66a zu Art. 394 OR; OSER/SCHÖNENBERGER, Vorbem. zu Art. 394–418, N. 3.

[8] ESCHER, Vorbem. zum Willensvollstrecker, N. 4–7 (S. 451 ff.); TUOR, Vorbem. zum 5. Abschnitt, N. 6 (S. 367), N. 14 zu Art. 517 ZGB, N. 9, 23 f., 26 zu Art. 518 ZGB; PIOTET, S. 138 ff.; BECK, S. 179.

[9] BGE 95 I, 1969, S. 24; 75 II, 1949, S. 153; VON STEIGER, N. 5 zu Art. 812 OR.

[10] VON STEIGER, Personengesellschaften, S. 397 f.

[11] AMONN, hinten S. 284 f.

Art. 394 ff. OR, sondern häufiger noch Antrag, Weisung und Bestellung [12]. Selbst der Gesetzgeber ist nicht konsequent in seinem Sprachgebrauch, zum Beispiel, wenn er unter Geschäftsführung ohne Auftrag eine Geschäftsführung meint, zu der der Geschäftsführer privatrechtlich nicht verpflichtet ist [13].

Das Wort Geschäft wird in weitem Sinne verwendet, also in der Bedeutung von Angelegenheit, was Rechts- und Tathandlungen einschließt. In der deutschen und österreichischen Literatur hat jedoch Geschäft oft die engere Bedeutung von R e c h t s geschäft oder R e c h t s akt [14].

II. Die Funktion des einfachen Auftrags

Der Weite der Auftragsdefinition entsprechend sind sehr verschiedenartige Rollen erkennbar, die der einfache Auftrag im Rechtsleben spielt.

1. Soweit überhaupt rechtsverbindlich, fallen unter den Auftrag die zahllosen, meist einmaligen und kurzfristigen Besorgungen gefälligkeitshalber, wie sie auf Grund sozialer Verbundenheit, aber auch bei bloß zufälliger und flüchtiger Bekanntschaft erbracht werden. Selbst in wohlgeordneten, stabilen Verhältnissen einer durchorganisierten und hochentwickelten Gesellschaft gehören diese Gelegenheitsaufträge zu den Alltäglichkeiten. Wer sich ihnen entzieht, wird bald als asozial, wer daraus Gewinn schlagen will, als geldgierig gelten. Um Geschäfte größerer Tragweite handelt es sich in aller Regel nicht. Um so schwieriger gestaltet sich die Abgrenzung gegenüber unverbindlichen Zusagen von Gefälligkeiten [15]. Ferner ist die Haftung des Beauftragten problematisch, wenn er unentgeltlich eine als Mandat zu qualifizierende Gefälligkeit erweist. Die Formulierung von Art. 396 Abs. 1 OR («Der Beauftragte haftet im allgemeinen für die gleiche Sorgfalt wie der Arbeitnehmer im Arbeitsvertrag») läßt eine angemessene Lockerung des Maßstabes zu [16].

2. Der Auftrag ist das Arbeitsrecht der selbständig ausgeübten liberalen Be-

---

[12] OSER/SCHÖNENBERGER, N. 2 zu Art. 394 OR; STANZL, S. 768, N. 20 zu § 1002 ABGB; LARENZ, Bd. II, S. 297.
[13] Vgl. ferner Auftrag im Sinne von Weisung in Art. 426 Abs. 2 OR und den untechnischen Gebrauch des Wortes Auftrag in den Art. 517 f. ZGB betr. die Willensvollstreckung (Lit. siehe vorn N. 8).
[14] GSCHNITZER, S. 97 f.; NIPPERDEY, Vorbem. zum 10. Titel, N. 1, S. 1879; die Tathandlungen werden auch Real- oder Naturalakte genannt und schließen faktische Dienste und Werke, Notwehr- und Notstandshilfe, Bearbeitung und Verarbeitung (inkl. Zerstörung) ein (GSCHNITZER, S. 96).
[15] Siehe hinten S. 14 f.
[16] Siehe hinten S. 97 f.

rufe [17]. Der einfache Auftrag erscheint auf diese Funktion zugeschnitten. Dem besonderen Vertrauensverhältnis der Vertragsparteien ist Rechnung getragen durch die gesetzlichen Verpflichtungen zu grundsätzlich persönlicher Mandatsausführung, durch das Weisungsrecht des Auftraggebers, durch die Pflicht des Beauftragten zu Rechenschaftsablegung, zu Diskretion und sogar Geheimhaltung, sowie durch die Möglichkeit jederzeitigen Widerrufs und Kündigung.

3. Dieselbe Rolle spielt der Auftrag auch außerhalb der liberalen Berufe, wenn der Beauftragte eine selbständige Stellung einnimmt und deshalb ein Arbeitsvertrag im engeren Sinn nicht vorliegt und auch keiner der weiteren Arbeitsverträge in Betracht fällt[18]. So haben als Aufträge zu gelten etwa der Personentransportvertrag[19], der Vermögensverwaltungsvertrag und der Girovertrag[20]. Von einem besonderen Vertrauensverhältnis, dessen Trübung die Erreichung des Vertragszweckes in Frage stellt, kann hier oft nicht die Rede sein. Tritt aber das Vertrauensverhältnis nicht ausgeprägter in Erscheinung als bei anderen schuldrechtlichen Verträgen, so ist die durch Art. 404 OR gebotene Möglichkeit jederzeitigen Widerrufs beziehungsweise Kündigung fragwürdig[21].

4. Für versprochene Arbeitsleistungen, die nur wegen des Fehlens eines Entgelts unter den Auftrag fallen, sind die Mandatsregeln ebenfalls nicht vorbehaltlos passend. Auch hier fehlt meist das besondere Vertrauensverhältnis. Die darauf zugeschnittenen Bestimmungen werden der Interessenlage zum Beispiel bei unentgeltlichem Arbeits- oder Werkvertrag nicht gerecht[22].

5. Wiederum anders ist die Lage bei den Zahlungsaufträgen. Die Leistungspflicht des Beauftragten verblaßt neben der Verpflichtung des Auftraggebers auf Auslagenersatz nach Auftragserfüllung durch den Beauftragten. Im Vordergrund steht somit die *actio mandati contraria*. Ein besonders ausgeprägtes

---

[17] GAUTSCHI, N. 28 zu Art. 394 OR; VISCHER, S. 310 ff.
[18] Art. 394 Abs. 2 OR.
[19] FRIEDRICH, S. 453 f.
[20] GAUTSCHI, N. 62b zu Art. 394 OR; VISCHER, S. 314; Baerlocher, S. 666, 685; siehe hinten S. 26. B. KLEINER, Die allg. Bedingungen des Banken-, Giro- und Kontokorrentvertrags, 2. Aufl., Zürich 1964, S. 20 ff.
[21] VON BÜREN II, S. 141.
[22] Gegen das Kriterium der Entgeltlichkeit ESSER, der sich in der 3. Aufl., 1969 (Bd. 2, S. 182, N. 4) insofern zu Unrecht auf Art. 394 OR beruft, als dieser «unentgeltliche Dienstleistungsgeschäfte i. w. S.» gerade ausschließt; VISCHER, S. 309. – Es ist kaum angemessen, daß derjenige, der z. B. unentgeltlich ein Werk liefert, in bezug auf Rechenschaftsablegung, Ablieferung und Diskretion unter die strengeren Vorschriften des Auftrags fällt.

Vertrauen in die persönlichen Fähigkeiten und Eigenschaften des Beauftragten kann beim Auftraggeber sehr wohl fehlen.

6. Schließlich wird ein Auftrag fingiert, wenn der Geschäftsherr eine Geschäftsführung ohne Auftrag genehmigt (Art. 423 OR). Die praktische Bedeutung dieser, wohl auf historischem Mißverständnis beruhenden Mandatsfik-
tion liegt in der Anwendbarkeit von Art. 401 OR [23].

Die summarische Differenzierung des einfachen Auftrags nach der Funktion, die er zu erfüllen hat, läßt die besondere Problematik des Rechtsinstituts
erkennen: ein und derselben Rechtsfigur werden sehr verschiedenartige Rollen zugemutet, und es besteht die Gefahr, daß zuviel über einen Leisten geschlagen ist. Als Folge davon entsteht Unsicherheit in der begrifflichen Erfassung des Auftrages und in der Praxis eine Tendenz zur Flucht aus dem Mandat
in Vertragstypen und Innominatkontrakte, die kein besonderes Vertrauensverhältnis voraussetzen, dafür aber unverbrüchlich sind [24]. Es überrascht
daher nicht, in den Nachbarländern durchwegs engere Begriffe des Mandats
zu finden, ohne daß freilich eine Ideallösung geglückt wäre.

III. Rechtsvergleichung

1. Ein Überblick über das Mandatsrecht unserer Nachbarländer zeigt, daß
diese Rechte ähnlichen Schwierigkeiten begegnen wie das unsrige, wenn es
gilt, den Auftrag und andere Verträge auf Arbeitsleistung auseinanderzuhalten, sowie sein Verhältnis zu Stellvertretung und Treuhand zu bestimmen.
Wegen abweichender Bestimmungen des Auftragsbegriffs ist die Rechtsvergleichung in diesem Bereich vielleicht schwieriger und weniger nutzbringend
als für andere Rechtsinstitute, sie läßt aber das Besondere unseres eigenen
Rechts um so deutlicher hervortreten.

2. Für das BGB ist die Unentgeltlichkeit des Mandats charakteristisch [25].
Diese Begriffsbestimmung ist aber insofern täuschend, als der sogenannte selbständige Dienstvertrag (Dienstvertrag oder Werkvertrag, der eine selbständige
Geschäftsbesorgung im engeren Sinne zum Gegenstand hat) durch Verweisung auf zwölf Paragraphen über das Mandat von insgesamt fünfzehn zurück-
greift (vgl. § 675 BGB). Esser hebt denn auch hervor, daß weniger die Unent-

---

[23] Siehe hinten S. 191 ff.
[24] Von Büren (II, S. 141) schreibt in bezug auf Art. 404 OR, «daß allerhand Verdrehungen in
    Kauf genommen werden, um das Dogma intakt zu halten.»
[25] Vischer, S. 309, N. 37 mit Literaturangaben.

geltlichkeit als die Wahrnehmung fremder Interessen und das daraus erwachsende Treueverhältnis für den Auftrag typisch sind[26]. Das Abgrenzungsproblem ist für das deutsche Recht immerhin insofern weniger folgenschwer, als eine unserem Art. 401 OR entsprechende Bestimmung fehlt[27]. Hingegen ist die Abgrenzung in Bezug auf Widerruf und Kündigung des Mandats von Belang[28].

3. Das österreichische (§§ 1002 ff. ABGB)[29], französische (art. 1984 ff. CCfr.)[30] und italienische (art. 1703 ff. CCit.)[31] Recht verstehen unter Mandat primär eine (entgeltliche oder unentgeltliche) Geschäftsbesorgung im engeren Sinne, das heißt einen Rechtshandlungsauftrag. Das erklärt sich historisch daraus, daß in einer gewissen Phase des gemeinen Rechts die direkte Stellvertretung zwar bereits anerkannt war, das Mandat aber, wie im antiken römischen Recht, noch immer nicht von der Vollmacht (z. B. Verfügungsgeschäften) abgetrennt wurde[32]. Wenn aber das Mandat mit der Vollmacht verbunden war, konnte als Gegenstand ein Tathandlungsauftrag nicht in Betracht fallen. Immerhin darf auch in diesen Rechtsordnungen das Mandat nicht mit der Vollmacht gleichgesetzt werden. Im italienischen[33] und österreichischen[34] Recht kann der Rechtshandlungsauftrag auch in indirekter Stellvertretung ausgeführt werden, das französische Recht kennt unter anderem den Kommissionsvertrag[35]. Ferner sind unentgeltliche Verträge auf Arbeitsleistung nach österreichischem Recht ebenfalls Aufträge[36]. Das italienische Recht kennt, wie das BGB, den selbständigen Dienstvertrag für *professioni intellettuali* (contratto di opera del titolo III del libro del lavoro, art. 2222 ff. CCit.), der sich aber inhaltlich stark an das Mandat anlehnt (vgl. art. 2230 ff. CCit.)[37]. Der

---

[26] Schuldrecht, Bd. II, Bes. Teil, 3. Aufl., Karlsruhe 1969, S. 182.
[27] Zum Aussonderungsrecht in der Treuhand vgl. Coing, S. 176 ff.; Nickel-Schweizer, S. 88 ff. Die deutsche Praxis und Lehre kennt ferner sog. Ermächtigungs- und Vollmachttreuhand, Coing, S. 96 f., 183 f.; kritisch Merz, S. 454, 548; Nickel-Schweizer, S. 5, N. 28 i. f.
[28] § 671 BGB.
[29] Stanzl, S. 765 ff. zu § 1002 ABGB; Gschnitzer, S. 96 ff.
[30] Mazeaud/Juglart, S. 670, no. 1384 f.
[31] Dominedò, S. 112 f.; Mirabelli, S. 517 ff. zu art. 1703 CCit.
[32] Stanzl, S. 767, 771 zu § 1002 ABGB; Kreller, Grundlehren des gemeinen Rechts, Wien 1950, S. 372 f.
[33] Dominedò, S. 112 f.
[34] Stanzl, S. 776 f.
[35] Mazeaud/Juglart, S. 699, no. 1428.
[36] Gschnitzer, S. 96 ff.
[37] Dominedò, S. 116 f.; Riva-Sanseverino, S. 151 zu art. 2222 CCit.; Torrente, S. 1 ff. zu art. 2222 CCit. – Die Arbeitsverträge der «professions libérales» werden zwar jetzt dem Werkvertrag unterstellt, dessen Regelungen aber in verschiedener Hinsicht unpassend sind, Mazeaud/Juglart, S. 616, nos. 1334 f.

Nachteil dieser Lösungen liegt darin, daß Arbeitsleistungen im Rahmen des gleichen Geschäfts unter verschiedene Vertragstypen fallen. Hervorzuheben ist endlich, daß das italienische Recht (art. 1706 CCit.) eine dem Art. 401 Abs. 3 OR entsprechende Lösung aufweist, die in der Doktrin stark umstritten ist[38], und daß im österreichischen Recht der Fiduziant im Konkurs des Fiduziars privilegiert sein kann [39].

4. Ein Vergleich des kontinentaleuropäischen Mandatsrechts mit dem angloamerikanischen *contract of agency* [40] ist wegen der vom Mandat stark abweichenden Struktur und Tragweite der *agency* weniger förderlich als der Vergleich des *trust* mit der Treuhand [41].

5. Aus dem Vergleich mit den Nachbarländern ergibt sich, daß dort dem Mandat eine geringere Bedeutung zukommt als im schweizerischen Recht. Dies trifft auch für die wissenschaftliche Bearbeitung zu, ist doch der eingehendste Kommentar des Auftragsrechts GEORG GAUTSCHI zu verdanken.

IV. Rechtsgeschichte

1. Die kontinentalen Auftragsrechte sind aus dem römischen *mandatum* hervorgegangen [42]. Letzteres war ursprünglich unentgeltlich und beruhte wohl auf Gefälligkeiten und Dienstleistungen aus nachbarlichen und anderen sozialen Beziehungen. Erst später wurden auch liberale Berufe dem Mandat unterstellt und in der Kaiserzeit dann ein *salarium* in der *extraordinaria cognitio* klagbar. Aber selbst das justinianische Recht hielt an der grundsätzlichen Unentgeltlichkeit des Mandats fest [43]. Von besonderer Bedeutung ist das Fehlen direkter Stellvertretung bei Verpflichtungsgeschäften.

Der Beauftragte musste also bei Rechtshandlungsaufträgen in eigenem Namen kontrahieren. Einer Vollmacht bedurfte er somit nicht. Wenn *mandatum* in vielen Stellen aber dennoch Ermächtigung bedeutet, so ist das insbe-

---

[38] DOMINEDÒ, S. 112.

[39] STANZL, S. 792 zu § 1002 ABGB; COING, S. 221 f.; zum deutschen Recht siehe vorn Anm. 27.

[40] W. MÜLLER-FREIENFELS, Die Vertretung beim Rechtsgeschäft, Tübingen 1955, S. 3; STANZL, S. 771 zu § 1002 BGB; A. MÜNCH, s. v. Auftrag, Rechtsvergleichendes Handwörterbuch, Bd. 2, Berlin 1929 (Nachdruck Frankfurt am Main o. J.), S. 279 ff.

[41] COING, S. 3 ff.; die Referate von F. T. GUBLER und C. REYMOND, ZSR 73, 1954, S. 215a ff. und S. 119a ff.

[42] KASER, Bd. I, S. 577 ff. und Bd. II, S. 415 ff. mit reicher Lit., woraus die Monographien von V. ARANGIO-RUIZ, Il mandato in diritto romano, Neapel 1949, und A. WATSON, Contract of Mandate in Roman Law, Oxford 1961, hervorzuheben sind; ferner PROVERA, s. v. Mandato (negozio giuridico; storia), Enciclopedia del diritto 25, 1975, S. 321 ff.

[43] Inst. 3, 26, 13.

sondere auf Verfügungsgeschäfte zu beziehen, zum Beispiel Eigentumsübertragung oder Forderungseinziehung mit befreiender Wirkung für den Schuldner[44]. Auch die freie Widerrufbarkeit und Kündbarkeit des Mandats sind
römischen Ursprungs[45]. Das Mandat fußte im altrömischen Recht auf außer-
rechtlicher Treubindung. Solange das Mandat nicht in das Ausführungssta-
dium getreten war, galt es als moralisch vertretbar, daß der Beauftragte das
Mandat niederlegte, wenn es bei ihm mit einer anderen, stärkeren sozialen
Verpflichtung kollidierte. Das römische Recht hat den Entscheid zwischen
unvereinbaren *officia* offenbar dem Mandataren überlassen, solange die *res*
(oder das *mandatum*) *integra* war. Die Treubindung äußert sich andererseits in
der infamierenden Wirkung einer Verurteilung auf Grund der Mandatsklage.
Wenn ursprünglich das Mandat im altrömischen Recht ein klares Profil hatte,
so verwischte es sich indessen durch die Klagbarkeit von Honorarforderungen in der *extraordinaria cognitio*, so daß sich dieser Vertrag zum Arbeitsrecht
der liberalen Berufe entwickeln konnte, aber auch durch die Verwendung für
kommerzielle und atypische Zwecke (Kommission, Kreditauftrag) und durch
die Subsumption von Geschäftsbesorgungen, die vormals unter die *negotiorum
gestio* gefallen waren[46].

Für das spätere römische Recht war somit die Quellenlage alles andere als
klar[47]. Verschiedene romanistische Traditionen bildeten sich heraus und führten zu den erheblich voneinander abweichenden Lösungen der kontinentalen
Kodifikationen[48].

§ 2. Abgrenzung zu anderen Verträgen auf Arbeitsleistung

Literatur

R. J. BAERLOCHER, Der Hinterlegungsvertrag, Schweiz. Privatrecht, Bd. VII/1,
Basel 1977, S. 647 ff.; H. COING, Die Treuhand kraft privaten Rechtsgeschäfts, Mün-
chen 1973; J. DROIN, Acte fiduciaire et représentation indirecte, SJZ 55, 1959,
S. 137 ff.; P. GAUCH, Der Unternehmer im Werkvertrag, 2. Aufl., Zürich 1977;
F. GUBLER, Besteht in der Schweiz ein Bedürfnis nach Einführung des Institutes der
angelsächsischen Treuhand (Trust)?, ZSR 73, 1954, S. 215a ff.; H. MERZ, Legalzes-
sion und Aussonderungsrecht gemäß Art. 401 OR, in: Festschrift 100 Jahre
Schweiz. Bundesgericht, Basel 1975, S. 451 ff.; A. MEIER-HAYOZ, Verträge (gesetz-

---

[44] KASER, Bd. I, S. 579; Bd. II, S. 415.
[45] PH. MEYLAN (S. 463 ff.) bezweifelt indessen die freie Kündbarkeit durch den Mandataren.
[46] KASER, Bd. II, S. 100 f., 415 ff.
[47] KASER, Bd. II, S. 416, N. 13.
[48] Für die Entwicklung der französischen Doktrin vgl. CAGNINACCI.

lich nicht geregelte), I/II, SJK 1965, Nr. 1134/35, Genf 1965; V. MÜLLER, Das Treuhandverhältnis unter Berücksichtigung aktueller Fragen aus dem Sachen- und
Zwangsvollstreckungsrecht, ZBGR 55, 1974, S. 257 ff.; G. NICKEL-SCHWEIZER,
Rechtsvergleichender Beitrag zum fiduziarischen Eigentum in Deutschland und in
der Schweiz, SIR, Heft 25, Basel 1977; M. M. PEDRAZZINI, Werkvertrag, Verlagsvertrag, Lizenzvertrag, Schweiz. Privatrecht, Bd. VII/1, Basel 1977, S. 495 ff.; J.-
F. PERRIN, Le contract d'architecte, Genf 1970; W. R. SCHLUEP, Innominatverträge,
hinten S. 763 ff.; E. SCHWEINGRUBER, Kommentar zum Arbeitsvertrag des schweiz.
Obligationenrechts, 2. Aufl., Zürich 1976; W. VON STEIGER, Gesellschaftsrecht, All-
gemeiner Teil; Besonderer Teil: Die Personengesellschaften, Schweiz. Privatrecht,
Bd. VIII/1, Basel 1976; P. TUOR/B. SCHNYDER, Das schweizerische Zivilgesetzbuch,
9. Aufl., Zürich 1975; F. VISCHER, Der Arbeitsvertrag, Schweiz. Privatrecht,
Bd. VII/1, Basel 1977; P. WÄLLI, Das reine fiduziarische Rechtsgeschäft, Diss.
Zürich 1969; B. WINDSCHEID/T. KIPP, Lehrbuch des Pandektenrechts, 3 Bde.,
9. Aufl., Frankfurt a. M. 1906 (Nachdruck 1963); K. REBER, Abgrenzung zwischen
Dienstvertrag, Werkvertrag und Auftrag im römischen, schweizerischen und
deutschen Recht, Diss. Basel 1972 (Maschinenschrift).

Vorbemerkungen

Das Auftragsrecht ist im OR so angelegt, daß für die Mandate derjenige Bereich der Arbeitsverträge übrigbleibt, den die anderen Arbeitsvertragstypen
ausgespart haben. Demnach wäre für die Abgrenzung des Auftrags lediglich
auf die Darstellung der anderen Arbeitsvertragstypen zu verweisen. Da indessen wichtige Fragen umstritten sind, und da der Grenzverlauf namentlich
davon abhängt, ob der freie Widerruf des Mandats als zwingendes Recht angesehen wird, kann auch beim Auftrag auf die Behandlung der Abgrenzungsfragen nicht verzichtet werden. – Soweit der einfache Auftrag von den qualifizierten Mandaten abzugrenzen ist, wird auf die Darstellung der letzteren verwiesen.

I. Auftrag und unverbindliche Gefälligkeit

Wird der Bitte, einen Dienst zu erweisen, entsprochen, so liegt nicht schon
ohne weiteres ein Mandat vor. Wo die erbetene, unentgeltliche Gefälligkeit
eines erkennbaren wirtschaftlichen Interesses ermangelt, und wo das Erweisen der Gefälligkeit nach deren Natur mit keinerlei Auswirkungen auf das
Vermögen des «Beauftragten» verbunden zu sein pflegt, liegt sie außerhalb
des Rechtsbereiches und fällt für den Auftrag außer Betracht[1]. So wenn
jemand um Feuer bittet oder um das Öffnen oder Schließen eines Fensters, um

---

[1] ESSER/WEYERS, S. 285; LARENZ, Bd. II, S. 298f.

privates Vorspielen von Musik und dergleichen in zahllosen Situationen aus dem Leben des Alltags. Sobald indessen aus den Umständen ein rechtlich geschütztes Interesse des Auftraggebers oder Dritter erkennbar ist oder vorausgesetzt werden muß, oder mit Einwirkungen auf das Vermögen des Beauftragten zu rechnen ist, liegt auch bei «kleinen» Gefälligkeiten ein Auftrag vor. [2] So wenn ich es übernehme, für eine Weile das Gepäck eines Mitreisenden zu überwachen, oder wenn ich dem Nachbarn die Post nachzusenden verspreche und dergleichen. Eine in anderem Zusammenhang zu erörternde Frage ist, wie weit bei gefälligkeitshalber übernommenen Aufträgen die Haftung des Beauftragten reicht, insbesondere wenn ihm der Umfang der Verantwortung nicht bewußt ist, wenn also zum Beispiel das zu überwachende Gepäck außerordentlich wertvoll ist (vgl. hinten S. 98).

II. Auftrag und Ratschlag

1. Auftragsgegenstand kann Raterteilung sein. Der Berater ist dabei der Beauftragte, der im Interesse des Auftraggebers oder Dritter tätig wird. Für unsorgfältige Beratung hat er nach den Regeln des Mandats einzustehen, auch wenn die Beratung unentgeltlich erfolgt ist [3]. Unentgeltliche Raterteilungen aus bloßer *Gefälligkeit* sind zwar häufig, das Fehlen eines Bindungswillens ist jedoch nicht leichthin anzunehmen [4].

Hingegen fehlt ein Auftragsverhältnis dort, wo Ratschläge unaufgefordert erteilt werden. Solche Fälle sind sehr häufig, man bedenke, daß letztlich die gesamte Reklame nichts anderes als aufgedrängte Raterteilung darstellt, doch sind auch uneigennützige spontane Beratungen weitverbreitet. Für schlechte Beratung kommt hier lediglich eine Vorsatz oder grobe Fahrlässigkeit voraus-

---

[2] Der sog. Rechtsbindungswille der Parteien wird in der Regel aus eben diesen Umständen erschlossen oder verneint; er stellt praktisch zur Abgrenzung von der Gefälligkeit (mit Ausnahme der Raterteilung) kaum je ein selbständiges Kriterium dar. Zur Gefälligkeitsabrede allgemein JÄGGI, Zürcher Kommentar, Bd. V/1a: Das Obligationenrecht, Allgemeine Einleitung und Art. 1–17, 3. Aufl., Zürich 1973, N. 121 ff. zu Art. 1 OR.

[3] GAUTSCHI, N. 44 zu Art. 394 OR; VON BÜREN II, S. 130; ENGEL, S. 488; VON TUHR/SIEGWART, Bd. I, S. 356, N. 65; H. B. MÜLLER, Die zivilrechtliche Haftung aus Empfehlung, Auskunft und Raterteilung, Diss. Bern 1934, S. 18 ff.

[4] Wie z. B. in ZbJV 75, 1939, S. 524 f. Vgl. zu der differenzierenden Auslegung, die § 676 BGB erfährt, LARENZ, Bd. II, S. 299 f.; H. B. MÜLLER, a. a. O., S. 12 ff. – Am Haftungsgrad des Beraters ändert zwar kaum etwas, ob er nun aus gefälligkeitshalber übernommenem Auftrag oder aus unerlaubter Handlung einzustehen hat (H. B. MÜLLER, a. a. O., S. 74 ff.). Zu den Einwirkungen vertraglicher Haftungsbeschränkungen auf die deliktische Haftung vgl. ENGEL, S. 488.

setzende Deliktshaftung beziehungsweise, wenn die Beratung in Zusammenhang mit Vertragsverhandlungen steht, die *culpa in contrahendo* in Betracht [5].

2. Verbietet das Fehlen einer Aufforderung zur Raterteilung, den Beratenen
als Auftraggeber zu betrachten, so ist umgekehrt nicht ausgeschlossen, den
Raterteilenden als Auftraggeber und den Beratenen als Beauftragten anzusehen, der den Auftrag durch Ausführung annimmt. Da dem Beauftragten (hier
dem Beratenen) aus seiner Tätigkeit kein Schaden erwachsen soll, läuft diese
Konstruktion auf eine Garantiehaftung des Beraters hinaus. Sie scheitert indessen dort, wo der Berater den Rat im ausschließlichen Interesse des Beratenen erteilt hat, denn der Ratempfänger besorgt seine eigenen Angelegenheiten
und nicht diejenigen des Beraters oder Dritter (*mandatum tua gratia* – vom Auftraggeber her gesehen) [6]. Sie verdient aber auch bei der unaufgeforderten
Raterteilung durch interessierte Berater keinen Beifall. Der Beratene bleibt
frei, ob er dem Rat folgen will, eine Ausführungspflicht als Beauftragter besteht für ihn nicht.

III. Auftrag und Arbeitsvertrag

1. Der Auftrag ist ein Arbeitsvertrag im weiteren Sinne und gemäß Art. 394
Abs. 3 OR das Sammelbecken der atypischen Arbeitsverträge. Die enge Verwandtschaft beider Vertragstypen zeigt sich in der teilweise übereinstimmenden gesetzlichen Regelung. Allgemein läßt sich sagen, daß der Auftrag einen
mehr liberalen und der Arbeitsvertrag im engeren Sinne einen mehr sozialen
Charakter hat [7]. Das im öffentlichen Recht der Sozialversicherungen verwendete Abgrenzungskriterium der Schutzbedürftigkeit des Arbeitnehmers kann
jedoch, wie GAUTSCHI [8] am Beispiel des Bergführerauftrags dargelegt hat,
nicht unbesehen in das Privatrecht übernommen werden [9].
Die privatrechtlichen Abgrenzungskriterien lassen sich auf drei reduzieren:

---

[5] GAUTSCHI, N. 44 b zu Art. 394 OR; VON BÜREN I, S. 262; ENGEL, S. 488.
[6] GAUTSCHI, N. 44 a zu Art. 394 OR; OSER/SCHÖNENBERGER, N. 5 zu Art. 111 OR; WIND-
   SCHEID/KIPP, Bd. II, § 412, N. 21. Zum Unterschied zwischen Kreditauftrag und Kapitalan-
   lageberatung GUSTAV C. MÜLLER, Der Kreditauftrag als mandatum qualificatum, insbes.
   nach römischem und schweizerischem Recht, Diss. Zürich 1926, S. 91 f.
[7] Der unabhängige Beauftragte bedarf nicht desselben privat- und öffentlichrechtlichen
   Schutzes wie der unselbständige Arbeitnehmer, vgl. GAUTSCHI, N. 28 c und 62 b zu Art. 394
   OR; VISCHER, S. 312; SCHWEINGRUBER, S. 26 f.
[8] N. 62 b zu Art. 394 OR.
[9] Ebensowenig brauchen steuer- und privatrechtliche Beurteilung der Unabhängigkeit des
   Arbeitsschuldners und der Selbständigkeit des Erwerbs übereinzustimmen, BGE 95 I,
   1969, S. 21, insbes. S. 24; VISCHER, S. 309.

die Entgeltlichkeit oder Unentgeltlichkeit; der Faktor Zeit; das Maß von Abhängigkeit oder Selbständigkeit des Arbeitnehmers gegenüber dem Arbeitgeber. Hingegen läßt sich die Unterscheidung nicht nach dem Gegenstand des Vertrags treffen. Dieselben Arbeitsleistungen können sowohl Inhalt eines Auftrages als eines Arbeitsvertrages bilden, ebenso kann es bei beiden Vertragstypen um die Besorgung von Rechtsgeschäften, wie auch um Tathandlungen gehen [10].

2. Der Arbeitsvertrag im engeren Sinne ist stets entgeltlich; infolgedessen entfällt die Abgrenzungsfrage bei Verpflichtungen zu unentgeltlicher Geschäftsbesorgung [11].

3. Durch einen Arbeitsvertrag im engeren Sinne kann sich der Arbeitnehmer «auf bestimmte oder unbestimmte Zeit zur Leistung von Arbeit» (Art. 319 Abs. 1 OR) verpflichten. In Lehre und Rechtsprechung wird für das Mandat (mit Ausnahme der Agentur) demgegenüber darauf abgestellt, daß es wie alle Nichtdauerverträge «auf ein Ende hin» und nicht «auf Dauer» angelegt ist [12]. Der Auftrag wäre demnach grundsätzlich kurzfristig: «un accord de nature purement passagère et portant sur certaines opérations déterminées» (BGE 83 II, 1957, S. 530). Hier sind indessen zwei verschiedene Funktionen des Faktors Zeit vermengt worden, nämlich die Zeit zur Bemessung der Dauer des Schuldverhältnisses und die Zeit als Maß der zu erbringenden Arbeitsleistung. Im letzteren Sinn bestimmt der Zeitfaktor, wann und wie lange der Arbeitnehmer seine Arbeitskraft dem Arbeitgeber zur Verfügung zu stellen hat [13].

Was die Dauer des Schuldverhältnisses betrifft, so brauchen sich der Arbeitsvertrag im engeren Sinne und der Auftrag in nichts zu unterscheiden. Aufträge können ebensogut wie Arbeitsverträge auf Dauer angelegt sein [14].

Hingegen bemißt sich beim Arbeitsvertrag im engeren Sinne die zu erbringende Arbeitsleistung regelmäßig nach der Zeit: acht Stunden pro Tag, von 8.00 bis 12.00 Uhr und von 14.00 bis 18.00 Uhr; 44 Stunden pro Woche etc. Beim Mandat tritt hier der Zeitfaktor zurück. Der Beauftragte übernimmt die Besorgung eines bestimmten Geschäftes oder einer bestimmten Arbeit. Es ist

---

[10] VISCHER, S. 309; GAUTSCHI, N. 62a zu Art. 394 OR.

[11] VISCHER, S. 287f.; GAUTSCHI, N. 62a zu Art. 394 OR.

[12] GAUCH, System der Beendigung von Dauerverträgen, Freiburg 1968, S. 11, N. 5.

[13] BGE 95 I, 1969, S. 25: «Gemeint ist, daß der Arbeitnehmer die vertraglich vereinbarte Zeit dem Dienstherrn zur Verfügung zu stellen hat...». SCHWEINGRUBER, S. 21.

[14] GAUTSCHI, N. 62a zu Art. 394 OR; KLEINER, S. 20; MERZ, Legalzession, S. 456; NICKEL-SCHWEIZER, S. 35; WÄLLI, S. 38f; VISCHER, S. 309, 312. Als Dauervertrag gilt z. B. der Hinterlegungsvertrag (BAERLOCHER, S. 668). Diese Eigenschaft geht nicht verloren, wenn die Hinterlegung mit Auftrag gemischt ist. Zu der Dauer der Treuhand vgl. hinten S. 31.

grundsätzlich seine Sache, wieviel Zeit er auf den Auftrag verwendet, und wann, innerhalb der Vertragsdauer, er den Auftrag ausführt [15]. Daß die Entgeltsberechnung oft nach dem Zeitaufwand geschieht, ändert daran nichts.

Allerdings ist das so verwendete Zeitkriterium nicht von absoluter Gültigkeit. Die Leistung des Beauftragten kann, zum Beispiel bei Musikdarbietungen, zeitlich genau festgelegt sein, während der Arbeitnehmer in gewissen Fällen die Arbeit ausführen darf, wann es ihm paßt und alle erforderliche Zeit darauf verwenden darf.

4. Das Maß der Abhängigkeit des Arbeitspflichtigen ist beim Auftrag und beim Arbeitsvertrag im engeren Sinne wesentlich verschieden [16]. Zwar gibt bei beiden Vertragstypen der Arbeitgeber verbindliche Weisungen. Der Beauftragte, der in der Regel die sachkundigere Partei ist, hat freilich den Auftraggeber auf die Unzweckmäßigkeit von Weisungen aufmerksam zu machen, doch trifft dies nach Treu und Glauben auch für den Arbeitnehmer zu, insbesondere dort, wo die bessere Sachkenntnis bei ihm liegt. Letztlich ist aber der Arbeitnehmer verpflichtet, auch dann weisungsgemäß zu handeln, wenn er dies für unzweckmäßig erachtet. Widersetzt er sich, so verletzt er seine Arbeitspflicht [17]. Der Beauftragte hingegen kann in einer solchen Lage von seinem Recht Gebrauch machen, den Auftrag jederzeit zu kündigen (Art. 404 Abs. 1 OR). Die freie Widerrufbarkeit des Auftrags durch den Beauftragten ist teilweise gerade im Hinblick auf das Weisungsrecht des Auftraggebers gerechtfertigt (siehe hinten S. 53).

Der Abhängigkeitsgrad des Beauftragten ist im Vergleich zum Arbeitnehmer auch insofern geringer, als er regelmäßig weder organisatorisch noch örtlich in den Betrieb des Auftraggebers eingeordnet ist [18]. Diese Selbständigkeit zeigt sich besonders deutlich in der Frage der Verwendung von Hilfspersonen. Wenn sich aus dem Vertrag und aus den Umständen nichts anderes ergibt, so bestimmt der Beauftragte über deren Verwendung und Auswahl; er kann auch Unterbeauftragte einsetzen und unter Umständen den Vertrag sogar weitergeben (Art. 398 Abs. 3, Art. 399 OR) [19]. Endlich ist der Beauftragte auch wirtschaftlich vom Auftraggeber unabhängiger als der Arbeitnehmer vom Arbeitgeber, indem er meist einer unbestimmten Zahl von Auftraggebern gegenübersteht [20]. Seine Stellung ist, weil nicht von einem einzigen

---

[15] BGE 95 I, 1969, S. 25.
[16] VISCHER, S. 309, 311 f.; GAUTSCHI, N. 28 c zu Art. 394 OR.
[17] VISCHER, S. 333 ff., 337 f.
[18] VISCHER, S. 311 f.; BGE 95 I, 1969, S. 24 f.
[19] Siehe hinten S. 72 ff.
[20] GAUTSCHI, N. 28 c zu Art. 394 OR.

Arbeitgeber abhängig, weniger verletzlich, weshalb die Schutzpflichten und Sozialleistungen des Arbeitgebers beim Auftrag entfallen.

Ein Auftrag kann zu einem bestehenden Arbeitsvertrag hinzutreten. Ob die zusätzliche Tätigkeit noch in den Rahmen des Arbeitsvertrages gehört oder Gegenstand eines neuen Vertrages, der ein Mandat sein kann, bildet, ist eine Frage der Auslegung [21]. Allgemein läßt sich nur sagen, daß je nach der engeren oder weiteren Fassung der Arbeitspflicht mehr oder weniger Raum für einen ergänzenden Auftrag übrigbleibt.

IV. Auftrag und Werkvertrag

Es eignen sich drei Abgrenzungskriterien: die Entgeltlichkeit oder Unentgeltlichkeit; der Leistungsinhalt; die Stellung des Arbeitspflichtigen als Unternehmer oder als Interessenwahrer der anderen Partei.

1. Unentgeltliche Arbeitsleistungen scheiden zum vornherein als Werkverträge aus [22].

2. Auftrag und Werkvertrag unterscheiden sich nach dem Leistungsinhalt. Nach der berühmten Formel GIERKES [23] schuldet der Werkunternehmer ein Werk, der Beauftragte ein Wirken. Ob eine Tätigkeit geschuldet ist oder ob für einen Erfolg einzustehen ist, hängt von der Natur der versprochenen Leistung und vom Parteiwillen ab [24].

Auftrag liegt dort vor, wo das Ergebnis, das sich auf Grund der versprochenen Arbeitsleistung einstellen soll, kein Werk im Sinne des Werkvertrages, das heißt kein durch Arbeit des Beauftragten geschaffenes oder verändertes, stoffliches Produkt ist [25]. Weiter handelt es sich um Auftrag, wenn die geschuldete Tätigkeit ihrer Natur nach den Erfolg nicht mit Sicherheit herbeiführen kann [26]. Ungewiß ist das Resultat, wenn es nicht ausschließlich von der Arbeitsleistung abhängt oder wenn es eine nicht herbeizuzwingende schöpferische, inspirierte Leistung voraussetzt.

Wo sich die geschuldete Leistung jedoch notwendigerweise in einem mate-

---

[21] BGE 48 II, 1922, S. 489 ff.: die Anstellung als Melker lasse Raum für den gesonderten Auftrag, sich an der Verfolgung von Holzdieben zu beteiligen – dies wohl eine enge Auslegung des Arbeitsvertrages. Zum Verhältnis der Weisungen zu dem den Rahmen bildenden Arbeitsvertrag vgl. VISCHER, S. 335.

[22] PEDRAZZINI, S. 500.

[23] Deutsches Privatrecht, Bd. 3, 1917, S. 592.

[24] GAUTSCHI, N. 63 d zu Art. 394 OR.

[25] Siehe unten Ziff. 3.

[26] GAUCH, Werkvertrag, S. 24, N. 20.

riellen Produkt niederschlägt, hängt die Qualifikation des Vertrages vom Willen der Parteien ab und, falls ein solcher nicht erklärt worden ist, von Sinn und Zweck des Vertrages, wie sie sich aus den gesamten Umständen nach Treu und Glauben ergeben[27].

3. Zur Abgrenzung des Auftrages vom Werkvertrag ist der umstrittene Begriff des Werkes von Bedeutung. Ein hinreichendes Kriterium bildet der Werkbegriff indessen nicht. Gewiß liegt kein Werkvertrag vor, wenn das Arbeitsergebnis gar kein Werk darstellt. Umgekehrt ist ein Mandat nicht schon deswegen ausgeschlossen, weil das Arbeitsergebnis als Werk zu qualifizieren ist. Letzteres ist für die unentgeltliche Ausführung eines Werkes sowie im Falle eines dahinlautenden Parteiwillens wohl unbestritten, könnte jedoch noch in weiteren Tatbeständen zutreffen, zumal wenn der Werkbegriff weit gefaßt wird.

a) In einem weiten Sinn fällt der körperliche wie der unkörperliche Leistungserfolg unter den Werkbegriff[28]. «Werk» im weiteren Sinne erstreckt sich nach der früheren Formel des Bundesgerichts auch auf den «unkörperlichen Leistungserfolg» (BGE 70 II, 1944, S. 218); ein Werkvertrag könne jedes «certain résultat matériel ou immatériel, mais objectivement constatable» zum Gegenstand haben (BGE 83 II, 1957, S. 529).

Dieser weite Werkbegriff erlaubt es, die sogenannten Geist-Werkverträge, wie Planung durch den Architekten, aber auch die Veranstaltung von Sport-, Film-, Musik-, Theater- und anderen Darbietungen, als Werkverträge einzustufen[29].

b) In einem engeren Sinn hat der Werkvertrag die Stoffbearbeitung (Herstellung, Veredelung, Reparatur) zum Inhalt. Werk ist demnach das stoffliche, materielle Produkt und niemals ein ideelles Ergebnis, mag es auch zu Papier gebracht, auf Tonbändern aufgezeichnet oder sonstwie dauernd festgehalten werden. Dieser von GAUTSCHI vertretenen Lehre ist das Bundesgericht für

---

[27] Was auf die von PEDRAZZINI (S. 502) für die atypischen Fälle des Grenzbereichs befürwortete, differenzierte Betrachtungsweise hinausläuft: «Denn bei atypischen Sachverhalten muß in jedem Einzelfall und bezüglich jeder einzelnen Norm unter Abwägung der Interessen und unter Berücksichtigung der Rechtssicherheit geprüft werden, ob der durch die Norm bezweckte Interessenausgleich auch beim (atypischen) Sachverhalt erreicht wird.»

[28] JÄGGI, SJZ 69, 1973, S. 301 ff., unterscheidet anschaulich zwischen Geist-Werkvertrag und Stoff-Werkvertrag.

[29] GAUTSCHI, N. 63 zu Art. 394 OR; Vorbem. zu Art. 363–379 OR, N. 2; GAUCH, Werkvertrag, S. 23 ff.; PERRIN, S. 28 ff.; PEDRAZZINI, S. 501 ff.; VON BÜREN II, S. 124 ff.; GUHL/MERZ/KUMMER, S. 418 f. Anders verhält es sich beim Architekten, der als Generalunternehmer auftritt, selbst wenn er ausschließlich durch Unterakkordanten bauen läßt. BGE 97 II, 1971, S. 66 ff.; 94 II, 1968, S. 161 ff.; GAUCH, Werkvertrag, S. 80.

den Fall der Bauprojektierung gefolgt (BGE 98 II, 1972, S. 310 ff.)[30]; die Grenze zwischen Auftrag und Werkvertrag ist aber auch in anderen Fällen zugunsten des Auftrags zu verschieben[31].

Der engere Werkbegriff führt in der Tat zu einer angemessenen Abgrenzung zwischen Auftrag und Werkvertrag. Der Werkvertrag erhält damit wieder seine eigentliche Bedeutung zurück; er dient nicht der Garantierung irgendwelcher Arbeitsergebnisse, sondern bezieht sich auf die Bearbeitung körperlicher Gegenstände. Dadurch wird die künstlerische und intellektuelle Leistung, die nicht in Stoffbearbeitung besteht, wieder dem Auftragsrecht unterstellt[32]. Indem der Werkbegriff aber nicht als absolutes Kriterium aufgefaßt wird, läßt sich vermeiden, daß die Bestellung eines Werkes der bildenden Kunst rechtlich anders eingestuft wird als die Bestellung eines Werkes der Dichtkunst oder der Musik. Die Interessenlage ist für einen Bildhauer und einen Komponisten im Prinzip dieselbe. Die Unterstellung unter Mandatsrecht trägt der Tatsache Rechnung, daß die künstlerisch inspirierte, schöpferische Leistung nicht zu erzwingen ist und daß dem Künstler nicht zuzumuten ist, Werke abzuliefern, zu denen er nicht stehen kann. Ähnliche Überlegungen gelten für intellektuelle Leistungen, die mehr als Routinearbeit darstellen und mit der Persönlichkeit des Urhebers eng verbunden sind. Berufsstolz, Berufsethos und auch wirtschaftliche Überlegungen lassen es für einen Beauftragten unter Umständen ratsam erscheinen, daß sein Name nicht mit Plänen, Projekten etc. in Verbindung gebracht wird, die seiner Überzeugung widersprechen, was wegen der inhaltlichen Offenheit vieler Aufträge und der Weisungsgebundenheit vielleicht nicht von Anfang an erkennbar gewesen ist. Die Anwendung von Art. 404 OR rechtfertigt sich deshalb nicht nur, wie GAUCH[33] annimmt, «wenn es um höchstpersönliche Arbeiten geht, wie sie grundsätzlich der Arzt oder Anwalt verrichten». Träfe letzteres zu, so wäre die jederzei-

---

[30] Kritisch Jäggi, SJZ 69, 1973, S. 301 ff.; Gauch, Werkvertrag, S. 23 ff.; zustimmend Gautschi (dessen und Perrins Ansicht das BGer übernommen hat), SJZ 70, 1974, S. 21 ff.; Merz, ZBJV 110, 1974, S. 66 ff.

[31] Nickel-Schweizer (S. 44, N. 135) verzeichnet einen «allgemeinen Trend des BGer. – wohl auch in Anlehnung an Gautschis Kommentar zum Auftragsrecht –, immer mehr Verträge als Aufträge einzustufen, so z.B. den Architekten-Vertrag in BGE 98 II, 1972, S. 305 ff., entgegen BGE 63 II, 1937, S. 176 ff...». Es geht aber vielmehr darum, der «Flucht» aus dem Auftrag in andere Vertragstypen Einhalt zu gebieten, siehe vorn S. 10.

[32] Zu weit geht Gautschi freilich, wenn er im Kommentar zum Werkvertrag leugnet, daß z.B. bestellte Gemälde und Porträtbüsten stoffliche Werke darstellen (Vorbem. zu Art. 363–379 OR, N. 2). Die Auffassung wird allerdings im Kommentar zum Auftragsrecht richtiggestellt (N. 63 d zu Art. 394 OR). Maßgebend, ob Auftrag oder Werkvertrag vorliege, sei der Parteiwille, der u. a. auch aus der Höhe des Honorars hervorgehe. Gegen das Kriterium des Parteiwillens m. E. zu Unrecht Perrin, S. 36 f.

[33] Werkvertrag, S. 24.

tige Kündigung des Auftrags übrigens nur dem Auftraggeber zuzugestehen, Art. 404 OR gewährt sie indessen beiden Vertragsparteien.

Es sind freilich nicht alle von GAUTSCHI für seine Ansicht aufgeführten Argumente von gleicher Überzeugungskraft. Es kann zum Beispiel kaum entscheidend sein, daß für künstlerische und wissenschaftliche Werke (i. e. S., also Gemälde, Modelle, chemische Substanzen usw.) die im Werkvertrag vorgesehene Sachmängelhaftung nicht zum Tragen kommt[34]; wäre dies stichhaltig, könnten solche Werke nicht Gegenstand von Kaufverträgen sein. Auch ist zu bedenken, daß künstlerische Leistungen eben doch einer objektiven Würdigung zugänglich sind, sonst gäbe es weder Kunstkritik, noch Kunstwettbewerbe und Kunstpreise. – Die Gesetzesmaterialien geben Aufschluß darüber, daß sich der Gesetzgeber der Weite seines Mandatsbegriffs bewußt war. Ein Wille des Gesetzgebers, dafür den Werkbegriff eng zu fassen, läßt sich aber daraus nicht ableiten[35].

4. Was nicht unter den Werkvertrag fällt, weil das Arbeitsergebnis kein Werk darstellt, ist deswegen noch kein Auftrag. Es kann sich um gemischte Verträge oder Arbeitsverträge *sui generis* handeln, sofern man letztere als zulässig erachtet (siehe hinten S. 24 ff.)[36].

5. Genügt es oft nicht festzustellen, daß das vereinbarte Arbeitsergebnis ein Werk darstellt, um den Arbeitsvertrag mit Sicherheit als Werkvertrag oder gegenteils als Auftrag zu qualifizieren, so fragt sich, welches denn, von einem geäußerten Parteiwillen abgesehen, die abgrenzenden Kriterien sind.

Im Gegensatz zum Arbeitsvertrag im engeren Sinne ist der Werkunternehmer in der gleichen selbständigen Stellung wie der Beauftragte. Von diesem unterscheidet er sich indessen als Unternehmer[37]. Der Beauftragte wahrt

---

[34] Siehe die Kritik von JÄGGI, SJZ 69, 1973, S. 304, und GAUCH, Werkvertrag, S. 23 f.; zutreffende Nuancierung bei GUHL/MERZ/KUMMER, S. 418: «Zwar können auch solche Verträge gelegentlich werkvertragliche Elemente enthalten, die von der Stofflichkeit der Ausdrucksmittel getragen werden (Mängelhaftung des Künstlers, dessen Fresko nach kurzer Zeit abbröckelt)...»; siehe hinten S. 94 ff.

[35] GAUTSCHI, N. 63 b und c zu Art. 394 OR; SJZ 70, 1974, S. 21 ff.

[36] *Sui generis* sind demnach z. B. intellektuelle Leistungen, die nicht in Stoffbearbeitung bestehen, bei denen aber dennoch der Erfolg garantiert werden kann, weil es sich um Routinearbeit ohne schöpferische Leistung und ohne besonderes Vertrauensverhältnis handelt, wie bei technischen Berechnungen und bei Übersetzungen, die kein künstlerisches Einfühlungsvermögen erfordern. Das praktische Ergebnis ist für diese Fälle dasselbe wie bei einer Behandlung als Werkverträge, vgl. PEDRAZZINI, S. 503 ff.

[37] Natürlich sind auch die freiberuflichen Beauftragten (Architekten, Ingenieure, Anwälte, Notare, Ärzte, etc.) Unternehmer, wenn ihre Stellung mit den unselbständig Erwerbenden verglichen wird. Im Vergleich zum Werkunternehmer ist der Beauftragte aber nur ein Unternehmer hinsichtlich der Gesamtheit seiner beruflichen Tätigkeit, die auf Honorargewin-

fremde Interessen, er handelt für fremde Rechnung und auf fremdes Risiko, er darf deshalb jederzeit zu Auskunft und Rechenschaft angehalten werden; auch muß er sich fortlaufend den Weisungen des Auftraggebers fügen. Der Werkunternehmer handelt auf eigene Rechnung und auf eigenes Risiko (Art. 376 Abs. 1 OR)[38], er schuldet das Werk und nicht Wahrung von fremden Interessen. Deshalb braucht er im Prinzip über seine Lieferanten, deren Preise und dergleichen keine Auskunft zu erteilen und schuldet insofern keine Rechenschaft (anders in bezug auf gelieferten Stoff, Art. 365 Abs. 3 OR), wie er umgekehrt schlechte Kalkulation auf die eigene Kappe nehmen muß. Der Unterschied zeigt sich bei den Weisungen, die nach Vertragsschluß im Rahmen des bestellten Werks liegen müssen[39], während für den Auftrag ein breiterer Raum für Weisungen offenbleibt.

6. Beim Auftrag ist ein Wirken, beim Werkvertrag das Ergebnis eines Wirkens geschuldet. Die Unterscheidung wird verwischt, wenn der Beauftragte einen Erfolg garantiert. Solche Garantien ändern indessen nicht die Vertragsart. Der Beauftragte kann sich über die Bestimmungen von Art. 398 Abs. 1 und 2 OR hinaus einer verschärften Haftung unterziehen. Wegen des für die Mandate typischen besonderen Vertrauensverhältnisses muß es aber bei der freien Widerruflichkeit, der Weisungsbefugnis durch den Auftraggeber, der Beendigung durch den Tod einer der Parteien usw. bleiben. Auch ist zu bedenken, daß Erfolgsgarantien beim Mandat aus den Umständen heraus oft einer einschränkenden Auslegung rufen. Der Arzt zum Beispiel kann wohl für das Gelingen, das heißt die fachlich richtige Behandlung «garantieren», damit steht er aber noch nicht für die Gesundheit des Patienten ein.

V. Auftrag und Gesellschaft

Beim entgeltlichen Mandat und beim *mandatum mea et tua gratia* sind beide Beteiligte, Auftraggeber und Beauftragter, am Auftrag interessiert. Handelt es sich also um eine einfache Gesellschaft, weil zur Erreichung eines gemeinsamen Zweckes mit gemeinsamen Kräften und Mitteln vorgegangen wird? Beim entgeltlichen Auftrag hat der Beauftragte ein Interesse am Honorar,

---

nung ausgerichtet ist. In bezug auf die einzelnen Geschäfte ist der Beauftragte indessen kein Unternehmer, der (auf eigenes Risiko) das Beste für sich herauswirtschaften darf, ist er doch (auf fremdes Risiko) Hüter von Fremdinteressen. Zu den Generalunkosten siehe hinten S. 65. Vgl. auch BGE 97 II, 1971, S. 66 f.; 94 II, 1968, S. 162.

[38] Vgl. zu den verschiedenen Risikoarten PEDRAZZINI, S. 502.

[39] Ansonsten die Garantiepflicht unbegründet wäre, vgl. Art. 369 OR und hinten S. 80.

die Interessen des Auftraggebers sind andere; von Gemeinschaftlichkeit der
Interessen kann also nicht die Rede sein. Desgleichen beim unentgeltlichen
Auftrag *mea* (oder *aliena*) *et tua gratia*: es werden nicht nur die Interessen des
Auftraggebers *(ego)* oder Dritter, sondern auch jene des Beauftragten ge-
wahrt. Die Interessen sind jedoch nicht gemeinsam.

Beim Auftrag bleibt der Auftraggeber *dominus negotii*. Er verfügt allein über
seine Angelegenheiten und kann einseitig Weisungen erteilen. Bei der Gesellschaft sind die Verfügungen durch Beschlüsse zu treffen, für einseitige Weisungen ist kein Raum.

Die anderen in der Literatur angeführten Kriterien haben nur relativen
Wert [40].

a) Die unterschiedliche Art der «Beitragsleistung»: Zum Beispiel stellt der
Auftraggeber die Forderung zur Verfügung, der Beauftragte bemüht sich um
das Inkasso. Dies ist aber mit der Gesellschaft ebenfalls vereinbar (Art. 531
Abs. 1 und 2 OR).

b) Form des Entgelts: Ist eine Provision vereinbart, so kann es sich sowohl
um Honorierung eines Beauftragten wie um Gewinnbeteiligung an einer Gesellschaft handeln. Daß keine Verlustbeteiligung vorgesehen ist, läßt sich mit
dem Gesellschaftsrecht gerade dann vereinbaren, wenn ein Gesellschafter
Arbeit beisteuert (Art. 533 Abs. 1 und 2 OR).

c) Auch die Eigentumsverhältnisse sind nicht entscheidend. Gewiß deuten
Gesamthands- und Miteigentum auf eine Gesellschaft; eine solche kann aber
auch ohne dingliche Mitberechtigung vorhanden sein.

VI. Arbeitsverträge sui generis[41]

1. Art. 394 Abs. 2 OR bestimmt, daß für «Verträge über Arbeitsleistung, die
keiner besonderen Vertragsart dieses Gesetzes unterstellt sind», die Vorschriften über den Auftrag gelten. Es stellt sich die Frage, ob mit dieser Bestimmung
ein *numerus clausus*[42] der Arbeitsverträge angeordnet ist, indem jene Arbeitsverträge, die nicht unter einen anderen gesetzlichen Vertragstyp fallen,

---

[40] GAUTSCHI, N. 60 zu Art. 394 OR; VON STEIGER, Schweiz. Privatrecht, Bd. VIII/1, S. 327 f.;
VISCHER, S. 314 f. (zur Abgrenzung des Arbeitsvertrages vom Gesellschaftsvertrag).

[41] Zum Begriff des Vertrages *sui generis* SCHLUEP, hinten S. 775; MEIER-HAYOZ, SJK Nr. 1134,
S. 1 ff.

[42] *Numerus clausus* und Typenzwang werden hier gleichbedeutend gebraucht, vgl. aber
SCHLUEP, hinten S. 779, N. 45.

zwangsläufig als Mandate gelten. Die Frage ist in der Doktrin umstritten[43] und auch von der Praxis nicht eindeutig beantwortet worden[44].

Der Typenzwang, den das Sachenrecht, das Gesellschaftsrecht und das Ehegüterrecht aus Gründen der Klarheit und Übersichtlichkeit, der Verkehrssicherheit, der Rechtssicherheit und zum Schutze der schwächeren Partei kennen, ist im Bereich der schuldrechtlichen Verträge vom Gesetzgeber grundsätzlich nicht auferlegt worden[45]. Art. 394 Abs. 2 OR würde, wäre er im Sinne eines Typenzwanges für Arbeitsverträge zu verstehen, eine Ausnahme im Vertragssystem darstellen und bedürfte besonderer Begründung.

2. Die aufgeworfene Frage hat große praktische Bedeutung, weil auf Arbeitsverträge *sui generis* insbesondere die Mandatsregeln von Art. 401 und 404 OR nicht zum vornherein zur Anwendung gelangen müßten. Die Anerkennung von Arbeitsverträgen *sui generis* ist deshalb mit der Frage nach der zwingenden oder dispositiven Natur gewisser Bestimmungen des Auftragsrechts verknüpft. Das praktische Bedürfnis nach Arbeitsverträgen *sui generis* besteht nämlich nur dann, wenn insbesondere die Bestimmungen von Art. 404 OR nicht wegbedungen werden können. Welches die Rechtsnatur der betreffenden Auftragsregeln ist, läßt sich erst bei deren Erörterung bestimmen.

3. GAUTSCHI[46] leitet den *numerus clausus* der Arbeitsverträge aus Art. 394 Abs. 2 OR ab. Ein Typenzwang als Abweichung vom Prinzip der Vertragsfreiheit müßte sich auf ein verstärktes Bedürfnis nach Schutz der schwächeren Vertragspartei, nach Klarheit, Einfachheit, Übersichtlichkeit und Sicherheit des Rechts stützen lassen.

a) Der *numerus clausus* kann sicher nicht mit dem Schutz des Arbeitnehmers gerechtfertigt werden. Im Gegensatz zum Arbeitsvertrag im engeren Sinne tritt der Schutz des Arbeitspflichtigen im Auftrag deutlich zurück (siehe vorn S. 16). Auch um den Schutz des Arbeitsgläubigers kann es nicht gehen. Frei-

---

[43] Gegen einen *numerus clausus* der Arbeitsverträge: PEDRAZZINI, S. 505, N. 28; VISCHER, S. 313 f.; GUHL/MERZ/KUMMER, S. 419, 430; JÄGGI, SJZ 69, 1973, S. 302. Gegen Arbeitsverträge *sui generis* vor allem GAUTSCHI, Vorbem. zu Art. 363–379 OR, N. 7, N. 56 zu Art. 394 OR.

[44] In BGE 83 II, 1957, S. 530 ist die Zulässigkeit von Arbeitsverträgen *sui generis* grundsätzlich anerkannt, die Qualifikation des umstrittenen Vertrages als *sui generis* aber offen gelassen; weitere Judikatur bei PEDRAZZINI, S. 505, N. 28 a. E.

[45] A. MEIER-HAYOZ, Berner Kommentar, Bd. IV/1: Sachenrecht, Das Eigentum, 1. Teilbd.: Systematischer Teil und Allgemeine Bestimmungen, 4. Aufl., Bern 1966, N. 35–40, S. 22 f.; DERSELBE, SJK Nr. 1134, S. 2 f.; P. LIVER, Zürcher Kommentar, Bd. IV/2: a) Das Sachenrecht, Art. 730/792: Dienstbarkeiten und Grundlasten, 2. umgearb. Aufl., Zürich 1951, Einleitung, N. 61, S. 27; VON STEIGER, Schweiz. Privatrecht, Bd. VIII/1, S. 240 f.; TUOR/SCHNYDER, S. 179; VON BÜREN II, S. 7, 112.

[46] Vorbem. zu Art. 363–379 OR, N. 7.

lich liegt eine wichtige Sicherung gegen Mißbräuche im freien Widerrufsrecht des Art. 404 OR. Es ist jedoch nicht einzusehen, warum generell *alle* Arbeitsgläubiger, deren Verträge atypisch sind, dieses Schutzes, der bei den anderen gesetzlichen Arbeitsvertragstypen nicht gewährt ist, bedürften.

b) Klarheit, Einfachheit, Übersichtlichkeit und Sicherheit des Rechts können durch den *numerus clausus* nur gewinnen; der Preis, der für diese Zwangsjacke zu bezahlen ist, besteht in der Hemmung der freien Entfaltung des wirtschaftlichen und sozialen Lebens. Der schweizerische Gesetzgeber hat grundsätzlich für die Vertragsfreiheit optiert und den Typenzwang nur dort auferlegt, wo besondere Gründe dafür sprechen. Im Bereich der Arbeitsverträge sind solche jedoch nicht auszumachen [47].

Es stellt sich schließlich die Frage, ob Art. 394 Abs. 2 OR überhaupt einen Sinn hat, wenn er nicht als Anordnung des Typenzwanges verstanden wird. Das läßt sich bejahen. Wohl sind nach dem Willen des Gesetzes alle Arbeitsverträge, die nicht anderswo im Gesetz geregelt sind, Aufträge, aber doch nur insofern, als dadurch nicht unangemessene Lösungen erzielt werden. Für den letzteren Fall sind Arbeitsverträge *sui generis* durchaus am Platz. Deren Durchsetzung und Verbreitung in der Praxis kann zu gewohnheitsrechtlichen, neuen Arbeitsvertragstypen führen, eine Möglichkeit, die in Art. 394 Abs. 2 OR ebenfalls nicht vorgesehen ist.

4. Ob eine Notwendigkeit beziehungsweise ein Bedürfnis nach Anerkennung von Arbeitsverträgen *sui generis* existiert, steht damit noch nicht fest. Wie bereits ausgeführt, hängt dies damit zusammen, ob gewisse Auftragsregeln zwingend angewendet werden müssen. Die Frage ist in Praxis und Doktrin zum Beispiel für Charter-, Liegenschaftsverwaltungs- und Unterrichtsverträge aufgeworfen worden, wobei jeweils die Anwendbarkeit des freien Widerrufs- und Kündigungsrechts als unangemessen erschien (siehe hinten S. 48 ff.).

Als Resultat ist lediglich festzuhalten, daß der Verwendung der Figur des Arbeitsvertrages *sui generis* der Art. 394 Abs. 2 OR nicht entgegensteht, weil diese Bestimmung keinen Typenzwang der Arbeitsverträge anordnet.

In dem nach Manuskriptabschluß publizierten BGE 104 II, 1978, S. 108 ff., befindet das Bundesgericht, Art. 394 Abs. 2 OR schließe Arbeitsverträge *sui generis* aus.

---

[47] GAUTSCHI, a.a.O. (Anm. 46) nennt als Grund des Typenzwangs: «klare Verhältnisse, namentlich hinsichtlich der Haftung für die geleistete Arbeit (Art. 398 OR) und hinsichtlich der einseitigen Auflösung (Art. 404 OR) schaffen». Wäre das wirklich die Absicht des Gesetzgebers gewesen, so wäre er in diesem Bestreben gründlich gescheitert, ist doch gerade die Abgrenzung des Mandats von anderen Arbeitsverträgen besonders heikel.

VII. Auftrag in gemischten und zusammengesetzten Verträgen

1. Der Auftrag kann Elemente liefern, die mit solchen anderer Vertragsarten zu einem Mischvertrag verschmolzen sind. Ebenso kann der Auftrag mit einem anderen Vertrag verbunden werden, so daß daraus ein zusammengesetzter Vertrag resultiert. Die Probleme, die sich daraus ergeben, sind im Prinzip dieselben wie bei den gemischten und zusammengesetzten Verträgen allgemein, so daß auf deren Darstellung verwiesen werden kann [48].

2. Immerhin ist eine Schwierigkeit den mit Auftrag gekoppelten Verträgen eigentümlich und daher hier zu vermerken. Das Mandat ist gemäß Art. 404 OR frei widerrufbar. Wird nun zum Beispiel ein Liegenschaftskaufvertrag mit einem Architektenauftrag verbunden, so stellt sich die Frage, ob das von den Parteien erzielte Gleichgewicht der ausgetauschten Leistungen bei freiem Widerruf des Mandats nicht empfindlich gestört wird. Die Frage wird in BGE 98 II, 1972, S. 312f. verneint [49].

VIII. Auftrag und Treuhand

1. Das Verhältnis von Auftrag und Treuhand zu bestimmen, ist deshalb schwierig, weil die Treuhand kein vom Obligationenrecht geregelter Geschäftstypus ist und weil die in Lehre und Praxis verwendeten Begriffe der Treuhand stark voneinander abweichen [50]. Vom Mandatsrecht her betrachtet, geht es um die Ermittlung der treuhänderischen Geschäfte, welche zugleich Aufträge darstellen und so in den Anwendungsbereich namentlich der Art. 401 und 404 OR fallen. Eine Klärung hat insbesondere der Entscheid des Bundesgerichts 99 II, 1973, S. 393ff. herbeigeführt [51].

---

[48] SCHLUEP, hinten S. 763ff., 803f.; MEIER-HAYOZ, SJK Nr. 1135. Auftragselemente in Innominatkontrakten sind wegen des weiten Auftragsbegriffes sehr häufig. Zu der besonders engen Verflechtung mit der Hinterlegung vgl. BAERLOCHER, S. 667ff. Das BGer wendet in diesen Tatbeständen die sog. Absorptionstheorie an: BGE 94 II, 1968, S. 169, 316; 96 II, 1970, S. 149; 101 II, 1975, S. 119f. Das galt auch für die in der früheren Praxis zugelassenen gemischten Architekturverträge (vgl. jetzt BGE 98 II, 1972, S. 310f.), mit der Einschränkung, daß «hilfsweise» Vorschriften des absorbierten Vertragstypes herangezogen werden dürfen. Für eine einheitliche Qualifikation des Architektenvertrages nachdrücklich PERRIN, S. 22ff.

[49] Siehe hinten S. 47ff.

[50] NICKEL-SCHWEIZER, S. 1ff., 4ff.; COING, S. 223ff.; STANZL, zu § 1002 ABGB, S. 788ff.; MERZ, Legalzession, S. 451ff.; WÄLLI, S. 6ff.; GUBLER, ZSR 73, 1954, S. 217aff. Zur Sprache des Gesetzgebers, V. MÜLLER, S. 257f.

[51] NICKEL-SCHWEIZER, S. 44, N. 134; MERZ, ZBJV 111, 1975, S. 113ff.; Legalzession, S. 451ff.; V. MÜLLER, S. 266f., 276f. Kritisch REYMOND, JdT 122, 1974, S. 560ff.; SAG 47, 1975, S. 157ff.; BAERLOCHER, S. 676f.

2. Obschon es hier nur um diejenigen Treuhandgeschäfte geht, die unter das Mandatsrecht fallen, sind einige grundsätzliche Erläuterungen zur Treuhand erforderlich. Treuhand wird oft in einem sehr weiten, untechnischen Sinn gebraucht, zum Beispiel in der Bezeichnung Treuhandgesellschaft. Damit ist nur gemeint, daß die Geschäfte in besonders vertraulicher Weise, das heißt unter Wahrung der Geheimhaltung besorgt werden[52]. Einem sich abzeichnenden Sprachgebrauch folgend soll zwischen der Treuhand im weiten und untechnischen Sinn und der Fiduzia, das heißt dem fiduziarischen Rechtsgeschäft unterschieden werden[53]. Letztere bedeutet, daß dem Fiduziar an den anvertrauten Rechtsgütern eine volle, eigenrechtliche Machtstellung eingeräumt wird[54].

3. Freilich enthält jeder Auftrag ein treuhänderisches Element. Der Beauftragte hat fremde Interessen zu wahren und infolgedessen bei der Geschäftsbesorgung

«fremdnützige Überlegungen anzustellen, Entschlüsse mit Rücksicht auf die Interessen des Geschäftsherrn zu fassen und die ihm gewährten Ermächtigungen und Vollmachten so auszunutzen, wie es seine treuhänderische Rechtsstellung verlangt» (ESSER)[55].

Damit sind zwar die Aufgaben des Beauftragten treffend umschrieben, für die Abgrenzung des Auftrages von fiduziarischen Geschäften ist jedoch nichts gewonnen.

4. Die begriffliche Erfassung des fiduziarischen Rechtsgeschäfts kann jedenfalls nicht mit Hilfe eines einzigen Kriteriums geschehen.

a) Der Fiduziar hat sogenannte überschießende Rechtsmacht; er kann über ein Recht beliebig verfügen, darf es indessen gemäß der fiduziarischen Vereinbarung mit dem Fiduzianten nur in bestimmter Weise tun[56]. Nun ist aber zum Beispiel auch der Verkäufer (häufig) Eigentümer, und er soll ebenfalls nicht mehr alles tun dürfen mit der Kaufsache, diese vielmehr gemäß der obligatorischen Bindung auf den Käufer übertragen. Den Verkäufer als Fiduziar zu bezeichnen, fällt jedoch niemandem ein.

---

[52] GUBLER, ZSR 73, 1954, S. 217a ff.; NICKEL-SCHWEIZER, S. 5 f.; WÄLLI, S. 6 f.
[53] NICKEL-SCHWEIZER, S. 6 ff.; WÄLLI, S. 6, N. 2. Eine Definition der Treuhandgeschäfte im Sinne von fiduziarischen Geschäften in Vo zum BaG, Anhang II, lit. C: «... Unter Treuhandgeschäften sind zu verstehen: Anlagen und Kredite, welche die Bank im eigenen Namen, jedoch auf Grund eines schriftlichen Auftrags ausschließlich für Rechnung und Gefahr des Kunden tätigt oder gewährt. Der Auftraggeber trägt das Währungs-, Transfer- und Delkredererisiko, ihm kommt der volle Ertrag des Geschäftes zu; die Bank bezieht nur eine Kommission» (AS 1972, S. 859).
[54] NICKEL-SCHWEIZER, S. 8.
[55] Schuldrecht, Bd. 2, Bes. Teil, 3. Aufl., Karlsruhe 1969, S. 181 f.
[56] GUHL/MERZ/KUMMER, S. 131; WÄLLI, S. 39 f.

b) Der Fiduziar unterscheidet sich von anderen Schuldnern auch nicht unbedingt dadurch, daß er als Treuhänder fremde Interessen wahrt. Bei der Sicherungsübereignung und der Sicherungszession schützt der Fiduziar seine eigenen Interessen.

c) Auch die Herkunft des Treugutes ist nicht entscheidend. Nach deutscher Lehre liegt dann *echte* Treuhand vor, wenn das Treugut vom Fiduzianten auf den Fiduziar übertragen worden ist [57]. Für das schweizerische Recht empfiehlt sich diese Beschränkung nicht. Gerade wenn eine Bank treuhänderisch Wertschriften innehat, wäre es willkürlich, bei einem Konto zu unterscheiden zwischen Werten, die zufällig noch vom Kunden stammen und solchen, die von dritter Seite oder von der Bank selber herrühren. Ferner wäre ausgerechnet für diese, nach deutscher Auffassung echte Treuhand, Art. 401 OR nach seinem Wortlaut nicht anwendbar[58].

5. Zur begrifflichen Erfassung des fiduziarischen Geschäfts ist eine negative Abgrenzung gegenüber der Simulation und der indirekten Stellvertretung von Nutzen.

a) Fiduziarische Rechtsgeschäfte sind nicht simulierte Geschäfte [59]. Zu der gegenteiligen Annahme könnte die Vorstellung der überschießenden Rechtsmacht Anlaß geben, sofern darunter verstanden wird, der Fiduziant gebe mehr aus der Hand, als zur Erreichung des Zieles nötig sei. Soll der Fiduziar von den übertragenen Rechten unter keinen Umständen Gebrauch machen, so fehlt es wohl in der Tat an einem wirklichen Willen, solche Rechtsmacht dem Fiduziar einzuräumen [60]. In der Regel ist die fiduziarische Rechtsübertragung aber ernstgemeint, weil sie zur Verwirklichung des Geschäftszweckes notwendig ist. Die Fiduzia kann eine Vereinfachungsfunktion haben, indem zum Beispiel der fiduziarische Verwalter von Wertpapieren diese allenfalls unbekümmert um Legitimationsfragen zu veräußern vermag. In diesem Fall wäre es besser, an Stelle von überschießender Rechtsmacht von Rechtsmacht in Reserve zu sprechen. Ebensowenig ist überschießende Rechtsmacht dort eingeräumt, wo die Parteiabsicht anders als durch eine Fiduzia gar nicht realisiert werden kann. Das trifft zu, wenn jemand Organfunktion in einer juristischen Person nicht selber ausüben will, aber auch in allen anderen Fällen indirekter Stellvertretung in Verbergungsabsicht.

b) Der Fiduziar wird gelegentlich mit dem indirekten Stellvertreter identifi-

---

[57] Coing, S. 88f.
[58] Merz, ZBJV 111, 1975, S. 113ff.; Legalzession, S. 464; siehe hinten S. 100ff.
[59] BGE 99 II, 1973, S. 393ff.; zuletzt Nickel-Schweizer, S. 20ff.; Baerlocher, S. 676f.
[60] Vgl. insbes. Jäggi, ZSR 73, 1954, S. 536af.; von Büren I, S. 174f.

ziert, das heißt jeder indirekte Stellvertreter als Fiduziar bezeichnet (so GAUT-
SCHI)[61]. Im Interesse einer klaren Terminologie und Systematik sind die beiden Begriffe jedoch auseinanderzuhalten[62]. Die indirekte Stellvertretung betrifft das rechtsgeschäftliche Handeln des Vertreters mit Dritten. Die Fiduzia
aber hat zum Inhalt die Beziehung zwischen Fiduziant und Fiduziar[63]. Indirekte Stellvertretung kommt auch außerhalb der Fiduzia, zum Beispiel auf
Grund eines Arbeitsvertrages im engeren Sinne, und regelmäßig bei der Kommission vor. Andererseits braucht die Fiduzia nicht mit indirekter Stellvertretung verbunden zu sein. Der fiduziarische Verwalter zum Beispiel schließt
nicht notwendigerweise Rechtsgeschäfte mit Dritten für Rechnung des Fiduzianten ab[64]. Endlich braucht der indirekte Stellvertreter keineswegs mit
sogenannter überschießender Rechtsmacht ausgestattet zu sein. Der Einkaufskommissionär zum Beispiel erwirbt am Kommissionsgut nicht notwendigerweise Eigentum[65].

6. Aus den bisherigen Darlegungen läßt sich nur schließen, daß zumindest
für gewisse fiduziarische Geschäfte die Subsumption unter das Mandat zulässig ist. Dies ist nach langem Zweifeln in Lehre und Praxis schließlich vom
Bundesgericht anerkannt worden[66].

Das der Fiduzia zugrundeliegende *pactum fiduciae* kann, muß aber nicht ein
Mandat sein. Entscheidend ist das Vorliegen der allgemeinen Wesensmerk-
male eines Auftrags. Für *pacta fiduciae*, die nicht als Aufträge gelten, kommt die
Subsumption unter andere gesetzliche Arbeitsverträge, unter den Hinterlegungsvertrag oder auch die Behandlung als Arbeitsvertrag *sui generis* in Betracht[67].

---

[61] N. 14a zu Art. 394 OR; N. 5c und 15 zu Art. 401 OR.

[62] NICKEL-SCHWEIZER, S. 32 ff.; DROIN, SJZ 55, 1959, S. 137 ff.; COING, S. 53, 102 f., 228,
234 f.; V. MÜLLER, S. 265 ff.

[63] «Treuhandgeschäft und indirekte Stellvertretung sind in gewisser Hinsicht inkommensu-
rable juristische Bildungen» (COING, S. 102).

[64] Auch bei unselbständiger Stiftung tritt der Fiduziar nicht als indirekter Stellvertreter auf;
auf Fälle dieser Art ist die Bemerkung des BGer sehr zutreffend: «...la distinction entre
représentation indirecte et convention de fiducie étant d'ailleurs malaisée...» (BGE 100 II,
1974, S. 212). Im übrigen ist auf die Bemühungen der deutschen Lehre und Rechtsprechung
zur Abgrenzung von Treuhand und indirekter Stellvertretung nicht einzugehen; denn sie
sollen die Aussonderung und Drittwiderspruchsklage in der Vollstreckung gegen den
Treuhänder auf die echte Treuhand unter Ausschluß der indirekten Stellvertretung einschränken, während im schweizerischen Recht Art. 401 OR entsprechende Privilegien dem
A u f t r a g g e b e r (bei indirekter Stellvertretung) gewährt und streitig ist, ob sie auch dem
Fiduzianten zustehen (vgl. aber jetzt BGE 99 II, 1973, S. 393 ff.).

[65] Siehe hinten S. 153; BAERLOCHER, S. 678 f.

[66] BGE 99 II, 1973, S. 393 ff.

[67] BAERLOCHER, S. 676 f.; MERZ, Legalzession, S. 453 f.; WÄLLI, S. 25 ff.

Die Qualifikation der Fiduzia als Mandat ist in der Doktrin davon abhängig gemacht worden, daß die Art. 401 und 404 OR nicht anzuwenden sind [68]. Die Frage des Anwendungsbereiches dieser beiden wichtigen Bestimmungen stellt sich indessen nicht nur für die Fiduzia, sondern auch für andere Geschäftsbesorgungen. Dabei ist es letztlich nur ein Wortstreit, ob Geschäfte, auf die die beiden Artikel nicht angewendet werden sollen, als atypische Arbeitsverträge gelten, oder ob sie als Mandate eingestuft werden, wobei jedoch nicht alle Bestimmungen des Auftragsrechts zur Anwendung gelangen. Die Frage ist daher bei der Behandlung der Art. 401 und 404 OR weiter zu verfolgen. Methodisch erscheint es jedenfalls fragwürdig, wenn die Qualifikation als Mandat von der Anwendbarkeit der Art. 401 und 404 OR abhängig gemacht wird. Beide Artikel statuieren Rechts f o l g e n eines Mandats und nicht Voraussetzungen für das Bestehen eines Auftragsverhältnisses.

In der Doktrin und andeutungsweise in der bundesgerichtlichen Rechtsprechung sind ferner fiduziarische Geschäfte dann nicht als Aufträge betrachtet worden, wenn sie sich über eine erhebliche Zeit erstrecken [69]. Eine verfeinerte Auffassung stellt nicht auf die Dauer der Fiduzia, sondern darauf ab, wie lange der Fiduziar Rechtsträger des von Dritten erworbenen Treugutes sein soll [70].

Beide Male erscheint aber der Zeitfaktor zur Abgrenzung von fiduziarischen Geschäften ungeeignet, denn Aufträge können kurz- oder langfristig sein, und ohne Willkür läßt sich eine Trennungslinie nicht ziehen [71].

Eine von der Einordnung der Fiduzia in die Mandate verschiedene Frage ist diejenige nach Sinn und Zweck von Art. 401 OR. Es wird, wie erwähnt, bei der Darstellung dieses Artikels zu begründen sein, warum er sich auch auf fiduziarische Geschäfte mit langdauernder Rechtsträgerschaft des Fiduziars erstrecken soll (siehe hinten S. 101).

---

[68] Vgl. NICKEL-SCHWEIZER, S. 30f.
[69] WÄLLI, S. 38f.; MERZ, Legalzession, S. 454ff.; NICKEL-SCHWEIZER, S. 35.
[70] WÄLLI, S. 38f.; MERZ, Legalzession, S. 456f.
[71] MERZ, Legalzession, S. 456f.; NICKEL-SCHWEIZER, S. 35. Die Verwendung des Zeitmoments zur Scheidung von Treuhand und indirekter Stellvertretung, wie in der deutschen Lehre (COING, S. 103), ist für das schweizerische Recht aus den oben in Anm. 64 dargelegten Gründen nicht angezeigt.

§ 3. Wesensmerkmale des Auftrags

I. Treueverpflichtung

Die sehr unterschiedlichen Funktionen des Mandats erschweren es, *das* Wesen des Auftrags herauszustellen. Zwischen einem einer Bank erteilten Zahlungsauftrag und einem Behandlungsauftrag an einen Arzt besteht nicht viel Wesensverwandtschaft. In erster Linie ist die Treueverpflichtung des Beauftragten für den Auftrag kennzeichnend. In der deutschen[1] und italienischen[2] Literatur wird sie auch als Treuhandbindung bezeichnet. Der Beauftragte hat treuhänderisch (im weiten Sinn verstanden) fremde Interessen wahrzunehmen. Das soll heißen, daß er bei der Geschäftsbesorgung den ihm anvertrauten Interessen gegenüber allen andern stets den Vorrang gewähren muß[3].

In der Frage der Doppelvertretung und des Selbstkontrahierens geht die Treueverpflichtung sogar so weit, daß der Beauftragte gehalten ist, Interessenkollisionen dieser Art grundsätzlich aus dem Wege zu gehen (siehe hinten S. 82 ff.). Aus der Treueverpflichtung fließen namentlich die Auskunfts- und Rechenschaftspflicht[4], die Pflicht zur Herausgabe alles dessen, was aus der Auftragstätigkeit erlangt worden ist[5], eine kritische Stellungnahme zu unzweckmäßigen Weisungen, die Diskretions- und allenfalls sogar Geheimhaltungspflicht[6]. Die Treuepflicht ist, wie ESSER[7] hervorhebt, nicht eine Nebenpflicht des Beauftragten, da die Wahrnehmung fremder Interessen ja gerade der Gegenstand des Mandats ist. Dennoch kommt dem Beauftragten nicht bei allen Aufträgen eine ausgeprägte Treuhänderstellung zu. Sie fehlt häufig bei einfachen Tathandlungsaufträgen, Zahlungsaufträgen und dergleichen.

II. Besonderes Vertrauensverhältnis

Jeder Vertragspartner setzt Vertrauen in die Gegenpartei. Dieses Vertrauen braucht nicht auf Zuverlässigkeit und fachlicher Eignung zu beruhen, denn

---

[1] ESSER, Schuldrecht, Bd. 2, Bes. Teil, 3. Aufl., Karlsruhe 1969, S. 182; ESSER/WEYERS, S. 280 f.

[2] DOMINEDÒ, S. 117: «... interviene un elemento personale di fiducia, secondo alcuni addirittura un elemento fiduciario.»

[3] GAUTSCHI, N. 3 b zu Art. 398 OR.

[4] GAUTSCHI, N. 22 a zu Art. 400 OR.

[5] GAUTSCHI, N. 3 b zu Art. 400 OR.

[6] Siehe hinten S. 89 ff.

[7] ESSER, a. a. O. (Anm. 1), S. 184.

oft genug verlassen sich die Vertragsparteien eher auf die Wirksamkeit der für den Fall des Vertragsbruchs drohenden gesetzlichen Sanktionen. Beim Mandat verhält es sich insofern anders und liegt deshalb ein besonderes Vertrauensverhältnis vor, als der Auftraggeber sich tatsächlich auf fachliche Fähigkeiten und charakterliche Qualitäten des Beauftragten dort verläßt, wo die Auftragserfüllung hohe berufliche Anforderungen stellt oder der Beauftragte Einblick in sehr persönliche Angelegenheiten des Auftraggebers oder Dritter erhält und wo Nichterfüllung oder Schlechterfüllung irreparable Nachteile bewirken. Aus dem besonderen Vertrauensverhältnis fließen deshalb die grundsätzliche Verpflichtung des Beauftragten zu persönlicher Besorgung des Auftrags, die Geheimhaltungspflichten, das Recht des Widerrufs und der Kündigung gemäß Art. 404 OR. Wo nämlich ein Auftrag auf einem besonderen Vertrauensverhältnis beruht, ist die Erreichung des Vertragszweckes in Frage gestellt, wenn ein Vertrauensschwund eintritt. Es ist daher richtig, daß der Auftrag einseitig aufgelöst werden kann, ohne daß der Nachweis wichtiger Gründe gefordert wird. So gelangt man zum Paradoxon, daß der Auftrag zwar ein intensives Vertrauensverhältnis mit sehr weitgehenden Verpflichtungen des Beauftragten voraussetzt, daß aber andererseits gerade wegen dieses Vertrauensverhältnisses das Vertragsband brüchig bleibt. Die Frage stellt sich deshalb, ob die Vertragsbindung nicht wenigstens dort unverbrüchlich sein müßte, wo ein besonderes Vertrauensverhältnis nicht vorausgesetzt zu werden braucht[8]. Das besondere Vertrauensverhältnis ist insofern ebenfalls kein absolutes Wesensmerkmal des Auftrags. Es kann bei anderen Vertragsarten als dem Auftrag vorhanden sein, bei letzterem aber fehlen.

III. Inhaltliche Unbestimmtheit der Aufträge

Viele Aufträge lassen sich nicht zum voraus inhaltlich genau bestimmen, weil die Angelegenheiten, die der Beauftragte zu besorgen unternimmt, ständiger Wandlung ausgesetzt sind. Der Krankheitsverlauf läßt sich noch weniger als der Prozeß vor Gericht vorausbestimmen, im Bauwesen tauchen neue Fragen, Schwierigkeiten, Lösungsmöglichkeiten auf usw. Der Mandant darf durch verbindliche Weisungen den Auftragsinhalt fortlaufend präzisieren[9]. Als Gegenstück dazu sind einerseits das Recht des Mandatars auf jederzeitige Niederlegung des Auftrags anzusehen, sowie die Beschränkung seiner Ver-

---

[8] Siehe hinten S. 48 ff.
[9] Für den Auftrag gilt wie für den Arbeitsvertrag, daß er einem Rahmenvertrag gleicht, dessen Inhalt durch Weisungen näher bestimmt wird; VISCHER, S. 335.

antwortung auf das Tun unter Ausschluß einer Garantie für das Resultat der
Auftragstätigkeit.

IV. Selbständige Stellung des Beauftragten

Der Beauftragte unterscheidet sich vom Arbeitnehmer dadurch, daß er
regelmäßig weder organisatorisch noch örtlich in den Betrieb des Auftraggebers eingeordnet ist (siehe vorn S. 18). Insofern hat der freiberufliche Beauftragte die Unabhängigkeit eines Unternehmers, führt jedoch im Gegensatz
zum Werkunternehmer die einzelnen Geschäfte in fremdem Interesse und auf
fremdes Risiko. Lediglich in bezug auf seinen Betrieb als Ganzes, auf seine Generalunkosten[10] und Berufsrisiken ist der Beauftragte ein Unternehmer (siehe
vorne S. 22, Anm. 37).

V. Entgeltliche und unentgeltliche Aufträge

1. Eine Gegenleistung des Auftraggebers ist für den Auftrag nach geltendem Recht nicht begriffswesentlich (Art. 394 Abs. 3 OR). Die Zulässigkeit
eines Entgeltes gibt dem Auftrag im schweizerischen Recht die – verglichen
mit ausländischen Rechten – charakteristische Weite seines Anwendungsbereiches.

2. Das Interesse des Beauftragten am Honorar ändert nichts daran, daß der
Beauftragte f r e m d e Interessen wahrnimmt. Er wird lediglich für diese Tätigkeit in fremdem Interesse honoriert und außerdem ist es zulässig, daß die Wahrung fremder Interessen zugleich auch eigene Interessen schützt oder fördert
(vgl. hinten S. 37ff. zum *mandatum mea et aliena gratia*). Das Interesse am Honorar darf aber mit den zu besorgenden fremden Angelegenheiten nicht in Widerstreit geraten. Der Beauftragte hat das fremde Geschäft gemäß den Weisungen
des Auftraggebers und ausschließlich nach dessen Interessenlage zu führen.
Sein eigenes Interesse an einer vielleicht ausgedehnteren und damit einträglicheren Geschäftsbesorgung muß vollständig unberücksichtigt bleiben.
Die Entgeltlichkeit kann jedoch über die Honorarforderung hinaus Auswirkungen haben auf die Pflichten der Parteien. So ist bei Entgeltlichkeit ein
strengeres Maß für die Sorgfaltspflichten des Beauftragten (Art. 398 Abs. 1
OR) am Platz als bei Unentgeltlichkeit. Andererseits sollte der Auftraggeber

---

[10] GAUTSCHI, N. 11 a zu Art. 402 OR.

bei Entgeltlichkeit nicht für Berufsrisiken des Beauftragten einstehen müssen, obschon Art. 402 Abs. 2 OR unterschiedslos sowohl bei entgeltlichem wie unentgeltlichem Auftrag dem Auftraggeber den Beweis fehlenden Verschuldens für Schädigungen des Beauftragten auferlegt (siehe hinten S. 66 ff.).

3. Das Entgelt ist vertragliche Gegenleistung, mithin weder Schenkung noch Zahlung einer Nichtschuld. Die Zahlung des Honorars ist die wichtigste Verpflichtung des Auftraggebers.

4. Gemäß Art. 400 Abs. 1 OR ist der Beauftragte verpflichtet, a l l e s, was ihm infolge der Geschäftsführung zugekommen ist, zu erstatten. Wörtlich genommen, würde diese Bestimmung ein Entgelt des Beauftragten ausschließen[11]. Die weite Fassung, die an römischrechtliche, das unentgeltliche Mandat betreffende Stellen anschließt, kann jedoch kaum zu Mißverständnissen Anlaß geben. Da in Art. 394 Abs. 3 OR die Entgeltlichkeit des Auftrags ausdrücklich anerkannt ist, kann sich Art. 400 Abs. 1 OR nicht auf den Entgeltsanspruch beziehen. Es ist also zwischen dem umfassenden Erstattungsanspruch und der Gegenleistung des Auftraggebers zu unterscheiden. Art. 400 Abs. 1 OR steht infolgedessen auch der Vereinbarung von Erfolgshonoraren nicht im Weg, ebensowenig wie der Verrechnung von Honoraransprüchen mit Erstattungsansprüchen oder der Ausübung eines Retentionsrechtes durch den Beauftragten.

5. Der Gesetzgeber hat das Entgelt als Vergütung bezeichnet (Art. 394 Abs. 3 OR). Daß diese in Geld bestehen müßte, ist vom Gesetzgeber nicht vorgeschrieben. Sind aber andere Vergütungsformen vereinbart, so liegen gemischte Verträge vor, und eine Unterstellung unter Mandatsrecht wird nur per analogiam oder teilweise erfolgen können. Daß die Verschaffung einer Ausbildungsgelegenheit für den Beauftragten ein Entgelt darstellt, kann nur dann gebilligt werden, wenn wirklich eine auf die Ausbildung gerichtete L e i s t u n g des Auftraggebers vorliegt[12].

---

[11] GAUTSCHI, N. 70 b und c zu Art. 394 OR.
[12] GAUTSCHI, N. 73 a zu Art. 394 OR; ZR 56, 1957, S. 198, Nr. 100

§ 4. Gegenstand des Auftrags und Interessenlage

I. Gegenstand

1. Die «Geschäfte» oder «Dienste», die Gegenstand eines Auftrages sein können, lassen sich nicht aufzählen. Für das Mandat gelten die allgemeinen Schranken der Vertragsfreiheit. Zum Rechtshandlungsauftrag ist anzumerken, dass er sich nicht auf Geschäfte beziehen kann, die wegen ihrer höchstpersönlichen Natur oder infolge einer Vereinbarung der (direkten oder indirekten) Stellvertretung unzugänglich sind[1]. Die Unterscheidung zwischen Tathandlungs- und Rechtshandlungsauftrag bedarf nach schweizerischem Recht keiner näheren Erörterung, da beide zulässig sind. Oft steht bei Mandatsabschluß auch gar nicht fest, um welche Art von Auftrag es sich handelt. Dies ist zum Beispiel dann der Fall, wenn es dem Beauftragten anheimsteht, den Auftrag selber auszuführen oder zu diesem Zwecke Dritte zu verpflichten (siehe hinten S. 72 ff., oder wenn je nach der Entwicklung des zu besorgenden Geschäftes Rechtshandlungen nötig werden.

2. Hauptgegenstand des Auftrages ist stets ein Tun, nie bloßes Unterlassen oder bloßes Dulden, die indessen Inhalt von Nebenpflichten sein können[2]. Der Mandatar handelt in fremdem Interesse, aber nicht zu seinem Nachteil (Art. 402 OR). Wer sich zu einem Unterlassen oder Dulden verpflichtet, schränkt primär seine Freiheit ein, handelt also zu seinem Nachteil. Hierfür läßt er sich allenfalls bezahlen, während der Mandatar dafür, daß er seine Interessen hinter jene des Auftraggebers stellt, keinen Preis verlangen darf. Sehr deutlich wird der Unterschied zwischen Auftrag und Verpflichtung zu bloßem Unterlassen oder Dulden, wenn die freie Widerruflichkeit in Betracht gezogen wird. Auf Verpflichtungen zur Unterlassung oder zum Dulden angewendet, würde sie diese Obligationen praktisch unverbindlich machen, das heißt, sie wären in logischem Widerspruch zum Begriffe der Obligation. Daß der Auftrag auf ein Tun gerichtet sein muß, geht überdies schon daraus hervor, daß er ein Arbeitsvertrag (im weiteren Sinn) ist.

II. Interessenlage

1. Eine Tätigkeit im ausschließlichen Interesse des Beauftragten kann nicht Gegenstand eines Auftrags sein. Hingegen ist für das Vorliegen eines Auf-

---

[1] GAUTSCHI, N. 7 und 8 zu Art. 394 OR.
[2] Zu der *obligatio faciendi* des Arbeitsvertrages vgl. VISCHER, S. 285.

tragsverhältnisses nicht erforderlich, daß es gerade die Interessen des Auftraggebers sind, die gewahrt werden, oder daß der Beauftragte a u s s c h l i e ß l i c h fremde Interessen wahrnimmt. Zulässig sind deshalb seit dem hochklassischen römischen Recht die Mandate *mea gratia* (vom Auftraggeber aus gesehen), *mea et tua/aliena gratia*. *Mandatum mea et tua gratia* bedeutet, daß die Interessen der Parteien gleichgerichtet sind. Als Schulbeispiel mag Gaius D. 17,1,2,4f. gelten: Auftrag, einem Dritten ein verzinsliches Darlehen zu gewähren (zu freier Verwendung oder im Hinblick auf ein Darlehen des Dritten an den Auftraggeber). Aus solchen Situationen ergeben sich zwei Schwierigkeiten. Wo liegt die Grenze zum Gesellschaftsvertrag? Was geschieht, wenn ein Punkt erreicht wird, an dem die Interessen auseinanderstreben? Die erste Frage ist andernorts beantwortet [3]. Auf die zweite erteilt das Auftragsrecht eine klare Antwort, indem es den Interessen des Auftraggebers den Vorrang einräumt, dem Beauftragten jedoch die Möglichkeit der Mandatsniederlegung offenhält. Die Situation ist grundsätzlich nicht anders zu beurteilen, als wenn im Verlaufe der Mandatsabwicklung Interessenkollisionen mit andern Auftraggebern auftreten. Der Beauftragte darf keine Rangordnung der Interessen aufstellen oder Kompromisse schließen; vielmehr hat er den Kollisionen aus dem Weg zu gehen durch Ablehnung oder Rückgabe widerstreitender Aufträge. Die Entgeltlichkeit des Mandats begründet freilich ein spezifisches eigenes Interesse des Beauftragten. GAUTSCHI [4] betrachtet daher solche Mandate als *mea et tua gratia*. Das ist eine nicht ganz unmißverständliche Ausweitung der römischrechtlichen Unterscheidung der Mandate nach der Interessenlage. Auch beim entgeltlichen Mandat setzt sich der Mandatar für f r e m d e Interessen ein und hat in seiner Auftragstätigkeit nur diese, nicht auch seine Honorarinteressen zu wahren (siehe vorne S. 34).

2. Der Auftrag kann die Wahrung der Interessen Dritter zum Gegenstand haben *(mandatum aliena gratia)*, sei es ausschließlich, sei es neben Interessen des Auftraggebers oder des Beauftragten.

Reine Aufträge im Interesse Dritter stellen etwa Mandate des Geschäftsführers ohne Auftrag oder Unteraufträge des Beauftragten dar. Häufiger sind freilich Aufträge im Interesse des Auftraggebers und Dritter.

Es hängt vom Parteiwillen ab, ob der Auftrag *aliena gratia* ein echter Vertrag zugunsten Dritter ist. Trifft letzteres zu, so ist der Auftraggeber grundsätzlich

---

[3] Siehe vorne S. 23 f. Die Einwilligung in die private Pfandverwertung stellt keinen dem Gläubiger erteilten Auftrag mea et tua gratia dar und ist deshalb auch nicht widerruflich. K. OFTINGER, Zürcher Kommentar, Das Sachenrecht, 2. Abt., 23. Tit.: Das Fahrnispfandrecht, Zürich 1952, N. 50 zu Art. 891 ZGB.

[4] N. 45a und 73a zu Art. 394 OR.

zum Rücktritt im Sinne von Art. 112 Abs. 3 OR nicht mehr befugt, wenn der
Begünstigte Forderungen aus dem Vertrag ausgeübt oder erklärt hat, diese
geltend machen zu wollen. Eine besondere Situation entsteht dann, wenn das
Rechtsverhältnis zwischen Begünstigtem und Beauftragtem ebenfalls auftragsrechtlicher Natur ist[5], so etwa, wenn der Begünstigte einen Anspruch auf
Heilbehandlung[6] oder Beratung[7] erwirbt. Die Parteien des ersten Auftrages
kündigen zur Unzeit, wenn der Beauftragte dem Begünstigten gegenüber die
Ausführung nicht mehr unterlassen oder abbrechen darf. Der Begünstigte erwirbt die Forderung auf Mandatsausführung, ohne aber die Pflichten des Auftraggebers zu übernehmen. Des freien Widerrufs gemäß Art. 404 Abs. 1 OR
bedarf er nicht, weil er es stets völlig in seiner Hand hat, die Auftragserfüllung
zu fordern oder darauf zu verzichten[8]. Unproblematisch sind solche Aufträge
zugunsten Dritter freilich nicht. Einerseits sind das Honorar und die Schadloshaltung vom Auftraggeber geschuldet, doch sollten die Weisungen nach
Annahme des Auftrags durch den Begünstigten von diesem erteilt werden
und diesem gegenüber bestehen selbständige Pflichten zu Rechenschaftsablegung, Auskunft und Diskretion. Wie aber läßt sich zum Beispiel bei medizini-
scher Behandlung die an den Auftraggeber gerichtete Honorarforderung
noch kontrollieren, falls eine Detaillierung die Privatsphäre des Begünstigten
verletzt?

Interessenkollisionen sind erst recht beim Mandat *mea et aliena gratia* zu erwarten. Auch hier können und vielleicht sogar unvorhersehbar, die Interessen
des Auftraggebers und des Dritten in Konflikt geraten.

Wessen Interessen hat der Beauftragte zu wahren? Auf einen Kompromiß
wird er nur dann hinzielen dürfen, wenn sein Auftrag gerade auf Vermittlung
und Schlichtung gerichtet ist, wenn er also eine schiedsrichterliche Funktion

---

[5] Vgl. von Tuhr/Siegwart, Bd. II, S. 681.

[6] BGE 41 II, 1915, S. 268 ff.

[7] Besondere Probleme wirft die Rechtsschutzversicherung auf. Kein echter Vertrag zugunsten Dritter besteht bei der sog. indirekten Rechtsschutzgarantie, wo der Versicherer einen
Anwalt mit der Vertretung des Versicherten im Streit mit Dritten beauftragt. R. Brehm,
Rechtsschutzversicherung, SJK Nr. 570, Genf 1965, S. 5; ferner P. Leuch, Die Rechtsschutzversicherung unter besonderer Berücksichtigung ihrer Versicherungsnatur und auf-
sichtsrechtlicher Gesichtspunkte, Diss. Bern 1953, S. 89 f.; H. Giger, ZSR 82, 1963, S. 231.
– Bei direkter Rechtsschutzgarantie ist umstritten, ob Auftrag oder Versicherungsvertrag
vorliegt; für Versicherungsvertrag z. B. Giger, a. a. O., S. 234 ff.; differenzierend B. Viret,
L'assurance de la protection juridique en Suisse, in: Studien zur Rechtsschutzversicherung
in europäischen Ländern und in den Vereinigten Staaten, Karlsruhe 1975, S. 158; für Auftrag Leuch, a. a. O., S. 98 f.; K. Spiro, ZSR 73, 1954, S. 225 f. – Dem Versicherten ist bei
der Anwaltswahl genügender Spielraum zu gewähren, weil sonst der freie Widerruf illusorisch würde.

[8] Beim Rechtshandlungsauftrag mit direkter Stellvertretung steht es dem Begünstigten stets
frei, die Vollmacht zu widerrufen.

ausüben soll. Wenn aber die Parteien davon ausgehen, dass die Interessen des Auftraggebers und des Dritten durchwegs parallel verlaufen und sich dies als Trugschluß erweist, so wird der Beauftragte sich Weisungen geben lassen oder allenfalls sein Mandat niederlegen müssen.

Doch gilt auch dies nicht ohne Einschränkung. Wer fiduziarisch den Auftraggeber als Gesellschafter oder Organmitglied einer Gesellschaft vertritt, hat oft Interessenkonflikte zwischen dem Auftraggeber und der Gesellschaft auszutragen[9]. Diese Interessenkollision ergibt sich aber nicht aus dem Auftrag, denn der Auftraggeber wäre ihr ebenso ausgesetzt, falls er selbst handelnd aufträte. Treuepflichten des Gesellschafters und die weitergehenden Pflichten als Organmitglied lassen in dem vom Gesetz und den Statuten abgesteckten Rahmen die Wahrnehmung primär eigener Interessen des Auftraggebers durchaus zu. Mit anderen Worten ist der Beauftragte zwar der Diener zweier Herren, des Auftraggebers und der Gesellschaft, aber die Interessenkonflikte sind nicht durch diese Doppelstellung bedingt, sondern bestehen unabhängig von ihr. Da durch Gesetz und Statuten die Sonderinteressen der Gesellschafter gegenüber den Interessen der Gesellschaft abgegrenzt sind, kann der Beauftragte zur Wahrnehmung der Sonderinteressen des Auftraggebers auch nur in diesem Rahmen verpflichtet sein, während das Mandat im übrigen auf die Wahrung der Gesellschaftsinteressen hinausläuft[10].

§ 5. Auftrag und Vollmacht

1. Beim Rechtshandlungsauftrag soll der Beauftragte für Rechnung des Auftraggebers Rechtsgeschäfte tätigen. Grundsätzlich stehen zwei Wege offen. Der Beauftragte handelt in eigenem Namen als indirekter Stellvertreter, oder im Namen des Auftraggebers als direkter Stellvertreter. Im letzteren Fall bedarf der Beauftragte einer Vollmacht, ebenso, wenn er zwar in eigenem Namen handelt, jedoch über Rechte des Auftraggebers verfügen soll[1].

2. Auftrag bringt infolgedessen oft direkte Stellvertretung mit sich. Im heutigen schweizerischen und deutschen Recht sind aber beide Institute deutlich

---

[9] Vgl. BGE 78 IV, 1952, S. 28 ff.; 81 II, 1955, S. 534 ff.
[10] GAUTSCHI, N. 46 d zu Art. 394 OR.
[1] Gewiß handelt es sich im letzteren Fall nicht um Vertretungs-, sondern um Verfügungsmacht, die in strenger Terminologie auf Einwilligung (Ermächtigung) und nicht auf Bevollmächtigung beruht. Die Unterscheidung zwischen Vollmacht i. e. S. und Einwilligung oder Ermächtigung ist m. E. jedoch nur von theoretischer Bedeutung. Vgl. VON TUHR/SIEGWART, Bd. I, S. 216, S. 304, N. 9.

getrennt². Der Auftrag ist als Vertrag ein zweiseitiges Rechtsgeschäft, die Ermächtigung, das heißt die Vollmachterteilung erfolgt einseitig. Auf die Stellvertretung ist jedoch hier nur gerade soweit einzugehen, als sie, im Zusammenhang mit dem Mandat auftretend, Besonderheiten aufweist.

Zunächst spricht das Gesetz in Art. 396 Abs. 2 OR die Vermutung aus, daß
der Auftrag die Ermächtigung enthält, die zur Auftragsausführung erforderlichen Rechtshandlungen vorzunehmen. Diese Vermutung ist nichts anderes
als eine Konkretisierung des in Abs. 1 dieser Bestimmung statuierten Prinzips,
daß sich der Umfang des Auftrags bei fehlender Präzisierung im Vertrag nach
der Natur des zu besorgenden Geschäfts richtet. Denn es entspricht einerseits
der Natur eines Rechtshandlungsauftrages, daß der Beauftragte überhaupt
rechtlich in die Lage versetzt wird, ihn auszuführen, wie es andererseits
zweckmäßig und vermutlich dem Parteiwillen entsprechend ist, daß die Ausführung auf dem einfachen Weg der direkten und nicht auf dem Umweg der
indirekten Stellvertretung erfolgt, zumal die letztere die zusätzliche Gefahr
der Insolvenz der anderen Auftragspartei mit sich bringt³. Die gleiche Vermutung wie in Art. 396 Abs. 2 OR ist in Art. 543 Abs. 3 OR für die dem Mandatsrecht unterstellte Geschäftsführung des Gesellschafters ausgesprochen
(Art. 540 Abs. 1 OR).

3. Die Vermutung der Ermächtigung des Beauftragten ist in Art. 396 Abs. 3
OR für einige Ausnahmefälle, in denen es einer besonderen Ermächtigung bedarf, aufgehoben. In diesen Ausnahmefällen genügt eine Generalvollmacht
oder eine stillschweigende Ermächtigung nicht. Die ausdrückliche Ermächtigung zu diesen besonderen, vom Gesetz aufgezählten Geschäften dient dem
Schutz des Auftraggebers, denn es handelt sich um Verfügungen über Grundstücke, um wechselrechtliche Verpflichtungen, um Schenkungen, um Pro-
zeßanhebung, um Vergleich und um Schiedsgericht.

Ruft aber der Schutzgedanke nicht einer über den Wortlaut von Art. 396
Abs. 3 OR hinausgehenden Auslegung, indem nicht nur eine besondere Vollmacht, sondern auch ein besonderer Auftrag zu den in Frage stehenden Geschäften verlangt wird? Das ist zu verneinen. Die erwähnten Geschäfte können durchaus Gegenstand eines umfassenderen, generellen Auftrags mit indirekter Stellvertretung sein, ohne daß diese besonderen Tätigkeiten ausdrücklich erwähnt würden. Da die Wirkungen den Auftraggeber nicht direkt treffen, bietet das interne Auftragsverhältnis einen genügenden Schutz. Hingegen

---

² VON TUHR/SIEGWART, Bd. I, S. 309; GAUTSCHI, N. 8 ff. zu Art. 396 OR.
³ GAUTSCHI, N. 12 b zu Art. 396 OR; FRIEDRICH, S. 456; a. M. OSER/SCHÖNENBERGER, N. 4 zu
   Art. 396 OR.

ist zu erwägen, ob Vorschriften, die die Ermächtigung betreffen, im Auftragsrecht systematisch richtig eingeordnet sind[4]. Dies trifft nur dann zu, wenn lediglich die im Zusammenhang mit einem Auftrag erteilte Ermächtigung von Art. 396 Abs. 3 erfaßt wird.

4. Sicher ist, daß Art. 396 Abs. 3 OR keine Anwendung findet auf Vollmachten des Handelsrechts[5]. Fußt die Ermächtigung aber auf Auftrag, Arbeitsvertrag, einfacher Gesellschaft usw., so ist an die abstrakte Natur der Vollmacht zu erinnern. Der Dritte soll und braucht sich nicht um die auf dem Innenverhältnis zwischen dem Vertretenen und dem Vertreter beruhende Ermächtigung zu kümmern[6]. Würde nun Art. 396 Abs. 3 OR auf Vollmachten beschränkt, denen Mandate zugrundeliegen, so müßte sich ein gutgläubiger Dritter unter Umständen Beschränkungen der Vollmacht entgegenhalten lassen, von denen er keine Kenntnis haben kann. Dem Dritten braucht nicht bekannt zu sein, ob der Bevollmächtigte zum Beispiel ein Arbeitnehmer, ein Beauftragter oder ein Geschäftsführer einer einfachen Gesellschaft ist. Die Vollmacht darf infolgedessen nicht Beschränkungen unterworfen sein, die nur für den jeweils vorliegenden Schuldvertrag gelten. Es ist deshalb Art. 396 Abs. 3 OR analog auf Vollmachten anzuwenden, die nicht durch Mandate veranlaßt werden[7]. Für die einfache Gesellschaft ergibt sich dies aus Art. 540 Abs. 1 OR mit seiner Verweisung auf das Auftragsrecht «soweit weder in den Bestimmungen dieses Titels noch im Gesellschaftsvertrage etwas anderes vorgesehen ist». Diese Einschränkung kommt wohl nicht schon deshalb zum Tragen, weil in Art. 535 Abs. 3 OR die Bestellung eines Generalbevollmächtigten geregelt ist[8].

5. In der schweizerischen Lehre und Rechtsprechung ist unter Berufung auf die deutsche Lehre und Praxis anerkannt, daß die Vollmacht zur Vornahme formbedürftiger Rechtshandlungen formlos erteilt werden kann[9]. Die in Frage kommenden Formvorschriften dienen dem Schutze der Parteien. Man sollte deshalb erwarten, daß sich eine Partei dieses Schutzes nicht begibt, wenn sie durch einen Stellvertreter handelt. Lehre und Rechtsprechung betrachten indessen die freie Widerrufbarkeit der Vollmacht als genügende Kompensation

---

[4] VON TUHR/SIEGWART, Bd. I, S. 309, N. 6.

[5] GAUTSCHI, N. 46a zu Art. 396 OR; ENGEL, S. 269.

[6] GAUTSCHI, N. 14a zu Art. 396 OR.

[7] VON TUHR/SIEGWART, Bd. I, S. 309, 314; OSER/SCHÖNENBERGER, N. 7 zu Art. 396 OR; a. M. ENGEL, S. 269, und wohl VON BÜREN I, S. 157.

[8] VON STEIGER, Schweiz. Privatrecht, Bd. VIII/1, S. 439 ff. (freilich ohne Erwähnung der Vollmachtsbeschränkung gemäß Art. 396 Abs. 3 OR).

[9] GAUTSCHI, N. 47b zu Art. 396 OR; GUHL/MERZ/KUMMER, S. 151 f. VON TUHR/SIEGWART, Bd. I, S. 310; BGE 81 II, 1955, S. 231; 99 II, 1973, S. 41.

für die Schutzfunktion der entfallenden Form. Die Rechnung geht jedoch nicht restlos auf, denn der Widerruf ist nur so lange möglich, als der Vertreter von der Ermächtigung nicht Gebrauch gemacht hat. Es kann also Fälle geben, wo der Auftraggeber den entscheidenden und vielleicht verhängnisvollen Schritt mit der formlosen Ermächtigung unternimmt. Dem deutschen Recht kann das italienische entgegengehalten werden: Art. 1392 CCit. verlangt für formelle Geschäfte die formelle Ermächtigung[10]. Ferner hat das OR selber eine Ausnahme statuiert: «die Erteilung einer besonderen Vollmacht zur Eingehung einer Bürgschaft» bedarf der gleichen Form wie die Bürgschaft selber (Art. 493 Abs. 6 OR)[11].

6. Die Lehre von der Abstraktheit der Vollmacht gebietet die Trennung von Vollmacht und Auftrag. Das eine kann ohne das andere bestehen, insbesondere eine Vollmacht erteilt und der Auftrag noch nicht vereinbart sein, oder die Vollmacht noch bestehen und der Auftrag bereits erloschen sein. Was die Entstehung von Vollmacht und Auftrag betrifft, so ergibt sich dieses, freilich mehr theoretische als praktische Eigenleben beider Institutionen aus der Natur der Begründungsgeschäfte: die Ermächtigung ist ein einseitiges (im Verhältnis zum Vertreter empfangsbedürftiges) Rechtsgeschäft[12], während der Auftrag einen Vertrag darstellt. Die Vollmacht kann also gültig bestellt sein, ein Auftrag indessen fehlen, weil noch nicht angenommen oder überhaupt noch nicht erteilt[13].

Ebensowenig wie für die Frage der Entstehung lassen sich für jene des Erlöschens Vollmacht und Auftrag völlig gleichschalten, das heißt so verknüpfen, dass die Vollmacht ohne den Auftrag nicht weiterbestehen kann. Zwar führen eine Reihe gesetzlicher Gründe zum Erlöschen sowohl der Vollmacht wie des Auftrages: Tod (in Art. 34 OR ist genauer als in Art. 405 Abs. 1 OR auch die Verschollenerklärung aufgeführt), Handlungsunfähigkeit oder Konkurs einer der Parteien (Art. 35 Abs. 1 und 405 Abs. 1 OR). Hingegen fehlt eine Bestimmung, wonach die Beendigung des Auftrages die Vollmacht hinfällig werden läßt. Der Gesetzgeber hat sich hier von der strengen Scheidung zwischen abstrakter Vollmacht und zugrundeliegendem Auftrag leiten lassen, obschon in der Regel bei Wegfall des Auftrags das Erlöschen der Vollmacht dem

---

[10] GAUTSCHI, N. 9 c zu Art. 396 OR.

[11] S. GIOVANOLI, Berner Kommentar, Bd. VI/2: Obligationenrecht, 7. Teilbd.: Die Bürgschaft, Spiel und Wette. Art. 492–515 OR, 2. Aufl., Bern 1978, N. 47 zu Art. 493 OR.

[12] Anderer Meinung GAUTSCHI, N. 12 b zu Art. 396 OR.

[13] Anderer Meinung GAUTSCHI, N. 29 b zu Art. 396 OR. Allerdings ist zu vermuten, daß die gleichzeitig mit der Auftragsofferte erteilte Vollmacht nur bei Annahme des Auftrags wirksam sein soll. VON TUHR/SIEGWART, Bd. I, S. 313, N. 35. – Auch brauchen sich der Umfang von Vollmacht und Auftrag nicht zu decken.

Willen des Auftraggebers entspricht. Das BGB trägt diesem Umstand in § 168 Rechnung. Für die schweizerische Praxis bestehen jedoch keine unüberwindlichen Hindernisse, um zu demselben sachgerechten Ergebnis zu gelangen, genügt es doch, «dem richtig ausgelegten Willen des Vollmachtgebers» Geltung zu verschaffen[14]. Dabei ist freilich das Vertrauen des Dritten zu schützen, der vom Wegfall des Auftrags keine Kenntnis hat[15]. Daß es indessen richtig ist, das Erlöschen von Auftrag und Vollmacht auseinanderzuhalten, zeigen die Fälle des Widerrufs einer Vollmacht bei fortdauerndem Auftrag (der als Tathandlungsauftrag oder als Auftrag mit indirekter Stellvertretung oder auch ohne Spezialvollmachten weiterbestehen kann). Wie auch umgekehrt die (Blanko-)Vollmacht den Auftrag überdauern kann, weil sie für einen allfälligen künftigen Auftrag weiterverwendet werden soll.

7. Die Spezialvollmachten des Art. 396 Abs. 3 OR können für eine Geschäftsgattung insgesamt erteilt werden, sie brauchen nicht ein individuelles Geschäft zum Gegenstand zu haben[16].

a) Der Spezialvollmacht bedarf die Veräußerung und Belastung von Grundstücken. Für den Grundbucheintrag ist außerdem die schriftliche Vollmacht des Eigentümers vorzulegen (Art. 16 GBV). Das Grundbuchamt hat auf diese Weise Gelegenheit zu prüfen, ob eine Spezialvollmacht im Sinne des Art. 396 Abs. 3 OR besteht. Der Vertretene ist dadurch aber, wie bereits ausgeführt, nicht vor unbedachter Vollmachtserteilung und allfälligen nachteiligen Verfügungen durch den Vertreter geschützt. Hat letzterer mit dem Dritten einen förmlichen, gültigen Vertrag abgeschlossen, so ist der Vertretene v e r pflichtet, das zur Eintragung ins Grundbuch Erforderliche vorzukehren (Art. 665 Abs. 1 ZGB). Art. 16 GBV bringt mithin keinen zusätzlichen, über Art. 396 Abs. 3 OR hinausgehenden Schutz des Auftraggebers. Die Bestimmung gewährleistet vielmehr die Richtigkeit von Grundbucheintragungen.

b) Der Auftrag, eine Schenkung zu machen, muß mit einer besonderen Ermächtigung des Beauftragten versehen sein. Der Schutzzweck der Bestimmung liegt auf der Hand.

c) Zur Eingehung wechselrechtlicher Verpflichtungen bedarf der Beauftragte der besonderen Ermächtigung. Der Auftraggeber soll sich nicht unver-

---

[14] VON TUHR/SIEGWART, Bd. I, S. 317, N. 58; a. M. LEUCH, Die Zivilprozeßordnung für den Kanton Bern, 3. Aufl., Bern 1956, N. 1 zu Art. 84; BECKER, N. 1 zu Art. 35 OR.
[15] FRIEDRICH, S. 457 f.
[16] GAUTSCHI, N. 47 b zu Art. 396 OR.

mittelt der materiellen Wechselstrenge und der Wechselbetreibung ausgesetzt sehen. Dadurch, daß er die betreffende Vollmacht ausdrücklich erteilt, hat er Gelegenheit, deren Tragweite zu bedenken[17].

d) Der besonderen Ermächtigung bedarf es endlich zur Anhebung eines Prozesses («unter Vorbehalt der Bestimmungen des eidgenössischen und kantonalen Prozeßrechts», in denen das Erfordernis der Sondervollmacht auch auf die Vertretung des Beklagten oder einer Nebenpartei ausgedehnt ist), zur Annahme eines Schiedsgerichts und zum Abschluß eines Vergleichs. Ergänzend ist Art. 66 Abs. 1 SchKG anzuführen, der für die Vertretung in Betreibungssachen ebenfalls eine Spezialvollmacht verlangt. Wiederum ist die Schutzbedürftigkeit des Auftraggebers offensichtlich. Deshalb soll eine Generalvollmacht Handlungen nicht einschließen, die ihn in Prozesse verwickeln, ihm die staatliche Gerichtsbarkeit verschließen oder Verfügungen über einen Prozeßanspruch darstellen. Letzteres ist nicht nur beim Vergleich, sondern *a fortiori* bei Klageanerkennung und Klagerückzug der Fall[18].

§ 6. Anfang und Ende des Auftrags

I. Vertragsschluß

1. Das Gesetz enthält eine einzige, den Vertragsschluß betreffende Sonderregel (Art. 395 OR). In bezug auf die übrigen Punkte unterscheidet sich das Zustandekommen der Auftragsvereinbarung in nichts von jenem anderer formloser, obligatorischer Konsensualverträge. Der Auftrag kann bedingt oder befristet sein, durch Vertreter, unter An- oder Abwesenden abgeschlossen werden; Offerte und Annahme können ausdrücklich oder durch konkludentes Verhalten erfolgen, sie können mit Willensmängeln behaftet sein. In allen diesen Fragen gelten die Bestimmungen des allgemeinen Teils über die Entstehung der Obligation durch Vertrag.

2. Für drei Fälle stellt Art. 395 OR indessen die unwiderlegbare Vermutung auf, daß eine nicht sofort abgelehnte Auftragsofferte unter Abwesenden[1] als

---

[17] GAUTSCHI, N. 50 b zu Art. 396 OR.
[18] GAUTSCHI, N. 51 b zu Art. 396 OR.
[1] GAUTSCHI, N. 4a zu Art. 395 OR; BECKER, N. 1 zu Art. 395 OR; a. M. OSER/SCHÖNENBERGER, N. 3 zu Art. 395 OR, die die Bestimmung auch auf anwesende Parteien anwenden. Die Kontroverse ist, vom Fall des telephonischen Vertragsschlusses abgesehen, eher theoreti-

angenommen gilt. Es handelt sich um eine Konkretisierung der in Art. 6 OR verankerten Ausnahmeregel *qui tacet consentire videtur*. Stillschweigen gilt als Annahme des Auftrags, wenn dieser Geschäfte betrifft, die der Beauftragte kraft amtlicher Bestellung oder gewerbsmäßig betreibt oder für die er sich öffentlich empfohlen hat. Oft sind alle drei Voraussetzungen gleichzeitig vorhanden. Unter Beauftragten, die ihre Tätigkeit «kraft obrigkeitlicher Bestellung» ausüben, sind jene zu verstehen, die zur Berufsausübung einer behördlichen Bewilligung bedürfen[2]. Praktisch hat die gesetzliche Vermutung der stillschweigenden Offertannahme ein sehr weites Anwendungsfeld[3]. Stillschweigende Annahmen können darüber hinaus auch bei andern Auftragsofferten vorliegen, wenn gemäß Art. 6 OR wegen der besonderen Natur des Geschäfts oder nach den Umständen eine ausdrückliche Annahme nicht zu erwarten ist. Als angenommen kann die empfangsbedürftige Auftragsofferte nur gelten, wenn sie dem Beauftragten oder seinem Stellvertreter zugestellt worden ist, so daß er davon Kenntnis genommen hat oder doch hätte Kenntnis nehmen können. Die Fälle des stillschweigenden Vertragsschlusses sind von der gerade bei Aufträgen häufigen Annahme durch konkludentes Verhalten zu unterscheiden.

Einen weiteren Sonderfall stellt die an den Willensvollstrecker gerichtete Auftragsofferte dar. Gemäß Art. 517 Abs. 2 ZGB ist der Auftrag stillschweigend angenommen, wenn er ihn innert vierzehn Tagen seit der amtlichen Mitteilung nicht abgelehnt hat.

3. Art. 395 OR schreibt vor, daß der Empfänger einer Auftragsofferte, wenn er den Auftrag ablehnen will, dies s o f o r t tun muß, während nach den allgemeinen Regeln über den Vertragsschluß unter Abwesenden (Art. 6 OR) die Ablehnung binnen a n g e m e s s e n e r F r i s t zu geschehen hat[4]. S o f o r t schließt eine angemessene Frist zur Überprüfung der Offerte nicht aus, und andererseits ist bei beruflichen und gewerblichen Aufträgen die angemessene Frist in der Regel eher kurz zu bemessen, da eine rasche Beantwortung möglich ist und verlangt werden darf.

4. Die nachträgliche Genehmigung einer auftragslosen Geschäftsführung

---

scher Natur. Telephonische Verhandlungen gelten als solche unter Anwesenden (Art. 4 Abs. 2 OR), doch sind bloße Terminvereinbarungen für eine Konsultation, zumal mit einem Erfüllungsgehilfen des Beauftragten getroffen, oft wegen der Unbestimmtheit des Auftrages noch keine Auftragsabschlüsse.

[2] GAUTSCHI, N. 6c zu Art. 395 OR.

[3] Was vorn in Anm. 1 zu der Terminvereinbarung per Telephon vermerkt worden ist, gilt auch für Terminvereinbarungen unter Abwesenden: sie ermangeln häufig einer genügenden Bestimmung des Auftragsinhaltes.

[4] OSER/SCHÖNENBERGER, N. 4 zu Art. 395 OR.

(Art. 424 OR) bedeutet nicht nachträglichen Abschluß eines Auftrages. Vielmehr werden auf Grund einer Fiktion die Mandatsregeln auf einen anderen Sachverhalt als den des Auftrages angewendet (siehe hinten S. 191 f.).

II. Beendigung des Auftrags

Von den Beendigungsgründen des Auftrags sind nur die in den Art. 404 und 405 OR aufgeführten, besonderen Beendigungsgründe des Mandats, die sich aus dem für viele Mandate typischen Vertrauensverhältnis ergeben, zu betrachten. Der Auftrag erlischt aber nicht notwendigerweise sofort mit dem Vorliegen der gesetzlichen Beendigungsgründe. Aus Treu und Glauben erklären sich die Erstreckungen der Auftragswirkungen gemäß Art. 405 Abs. 2 und 406 OR. Die Beendigungsgründe von Art. 405 OR bedeuten daher nicht, daß mit ihrem Eintritt der Beauftragte, seine Erben oder Vertreter sofort aller weiteren Pflichten enthoben sind. Vielmehr sind bei Gefährdung der Interessen des Auftraggebers die Geschäfte weiterzuführen, bis letzterer, beziehungsweise seine Erben oder Vertreter es selbst zu tun in der Lage sind (Art. 405 Abs. 2 OR). Ferner bestimmt Art. 406 OR, daß Geschäfte, die der Beauftragte in Unkenntnis der Auftragsbeendigung getätigt hat, den Auftraggeber verpflichten.

Es ist zu unterscheiden zwischen der Beendigung des Auftrags und dem Erlöschen der einzelnen, während der Vertragsdauer oder genauer, im Hinblick auf Art. 406 OR, während der Dauer der Auftragswirkung entstandenen Obligationen. Das Auftragsverhältnis ist beendet, aber Honorarzahlung, Rechenschaftsablegung usw. sind noch ausstehend; Pflichten wie die der Geheimhaltung dauern an. Die Beendigung des Auftrags bedeutet, daß der Beauftragte nicht weiterhin die Angelegenheiten des Auftraggebers zu besorgen hat[5]. Alle bis zur Beendigung des Auftrags erzeugten Rechte und Pflichten bleiben jedoch bestehen. Beendigung des Mandats besagt auch nicht, daß der Auftrag völlig abgewickelt worden ist; vielmehr hat der Beauftragte nicht länger im Interesse des Auftraggebers tätig zu sein, so daß neue Obligationen aus Geschäftsführung (es sei denn auftragsloser) nicht hinzukommen.

Der Auftrag kann ein Dauervertrag sein oder auch nicht, je nachdem, ob er auf Zeit oder auf Dauer angelegt ist. GAUCH[6] hat freilich bestritten, daß der einfache Auftrag den Dauerverträgen zugerechnet werden könne. Es ist aber

---

5 P. GAUCH, System der Beendigung von Dauerverträgen, Freiburg/Schweiz 1968, S. 17; BGE 87 II, 1961, S. 157.
6 GAUCH, a.a.O., S. 11, N. 5.

nicht einzusehen, warum die für den Auftrag typische Hauptleistungspflicht des Beauftragten nicht in fortgesetztem Leisten von Arbeit bestehen könnte (siehe vorn S. 17). Dauerverträge sind nach GAUCH der Arbeitsvertrag im engeren Sinne, der Agentur- und der Hinterlegungsvertrag. Was aber Gegenstand eines Arbeits- oder Agenturvertrags ist, wird bei Unentgeltlichkeit zum Gegenstand eines einfachen Auftrags, ohne jedoch den Charakter eines Dauervertrages zu verlieren. Hinterlegungsverträge sind besonders häufig mit Aufträgen verbunden; für die Auftragselemente solcher gemischter Verträge (BGE 101 II, 1975, S. 123) wird man nicht leugnen können, daß sie ebenfalls auf Dauer angelegt sind.

Eine andere Frage bildet gewiß, ob es bei freier Widerruflichkeit sinnvoll ist, den Vertrag als auf Dauer angelegt anzusehen. Widerruf und freie Kündigung sind aber nicht grundsätzlich andere Beendigungsgründe als etwa die Kündigung unter Einhaltung eines Termins oder die sofortige Kündigung aus wichtigen Gründen[7].

A. Widerruf und Kündigung

1. Widerrufen wird der Auftrag seitens des Auftraggebers, gekündigt seitens des Beauftragten. Der französische Gesetzestext verwendet die Ausdrücke *révocation* und *répudiation*, wobei an letzterer Stelle besser *renonciation* gebraucht würde[8].

2. Widerruf und Kündigung sind einseitige Akte. Man kann sich fragen, ob neben ihnen Platz bleibt für eine Aufhebung des Auftrags durch Übereinkunft. Dies ist zu bejahen[9]. Erfolgen Widerruf und Kündigung zur Unzeit, so entstehen daraus Schadenersatzansprüche der Gegenpartei. Geschieht die Aufhebung durch Übereinkunft, so entfällt eine Ersatzpflicht.

3. Widerruf und Kündigung sind von gleicher rechtlicher Natur, es sind auflösende Gestaltungsrechte[10]. Die unterschiedliche Bezeichnung für Rücknahme und Rückgabe eines Auftrags erweist sich dennoch als praktisch, auch sind die beiden Gestaltungsrechte auf verschiedene Weise zu rechtfertigen.

---

[7] Das Auftragsrecht zeigt, daß Widerruf und Kündigung nicht nur der Beendigung von Dauerschuldverhältnissen dienen (so wohl GUHL/MERZ/KUMMER, S. 274). Auch der auf eine einzelne bestimmte Handlung gerichtete Auftrag kann zurückgenommen und zurückgegeben werden.

[8] MEYLAN, Studi G. Grosso, Bd. I, Turin 1968, S. 466, N. 4.

[9] Anderer Meinung GAUTSCHI, N. 2b zu Art. 404 OR.

[10] GAUTSCHI, N. 8d zu Art. 404 OR; ENGEL, S. 32 f.; FRIEDRICH, S. 475; VON TUHR/ESCHER, Bd. II, S. 168; PEYER, S. 124 ff.

Der deutsche und italienische Text sind insofern mißraten, als sie für beide Vertragsparteien sowohl Widerruf als auch Kündigung vorsehen. Sprachlich korrekt ist in dieser Hinsicht der französische Text[11].

4. Widerruf und Kündigung wirken *ex nunc* und unterscheiden sich dadurch vom Rücktritt. Sie können mit sofortiger Wirkung oder auf einen bestimmten Termin ergehen. Sie sind empfangs-[12], jedoch nicht formbedürftig, sofern die Parteien nicht eine Form vorbehalten haben[13]. Ob sie unter eine Bedingung gestellt werden können, läßt sich nicht eindeutig beantworten. Das Gebot der Rechtssicherheit spricht gegen die Zulässigkeit der Bedingung, denn der Empfänger einer Erklärung mit Gestaltungswirkung soll wissen, woran er ist. Demnach sind aber Bedingungen immerhin insofern statthaft, als sie beim Empfänger keine unklare Situation schaffen, indem zum Beispiel der Widerruf des Auftrags davon abhängig gemacht wird, daß der Beauftragte bis zu einem bestimmten Termin eine geschuldete Auftragshandlung vollbracht hat[14].

5. Widerruf und Kündigung machen den Auftrag zu einem brüchigen Vertragsverhältnis. Um dieser prekären Lage zu entgehen, wird deshalb ein anderer Arbeitsvertragstyp oft vorgezogen, sei es Werkvertrag, Arbeitsvertrag im engeren Sinne oder ein Arbeitsvertrag *sui generis*. Einer weiten Fassung des Auftragsbegriffs und namentlich der weiten Deutung von Art. 394 Abs. 2 OR steht insbesondere die Möglichkeit jederzeitigen Widerrufs oder Kündigung gemäß Art. 404 OR entgegen. Würde Art. 404 OR indessen als dispositives Recht gelten und könnte die Bestimmung somit von den Parteien wegbedungen werden, so entfiele der Hauptgrund für die «Flucht» aus dem Mandat.

Vermittelnde Lösungen sind ebenfalls zu erwägen. Der freie Widerruf könnte dem Auftraggeber allein zugestanden werden, während der Beauftragte gebunden wäre und bei fester Vertragsdauer nur aus wichtigen Gründen kündigen dürfte[15]. Oder es könnte der Verzicht auf das freie Widerrufs-

---

[11] Art. 404 Abs. 1 OR: «Le mandat peut être révoqué ou répudié en tout temps.» GAUTSCHI, N. 14c zu Art. 404 OR; VON TUHR/ESCHER, Bd. II, S. 168.

[12] GAUTSCHI (N. 22c zu Art. 400 OR) läßt den Beauftragten bei unterbliebener Mitteilung der Kündigung wegen Verletzung der Informationspflicht haften. In Frage kommt jedoch Haftung wegen Nichterfüllung, bleibt die vom Auftraggeber nicht empfangene Kündigung doch wirkungslos.

[13] VON TUHR/SIEGWART, Bd. I, S. 232; JÄGGI, N. 43 ff. zu Art. 16 OR. Immerhin dürfen die Parteien für Widerruf und Kündigung nicht Formen vereinbaren, die das Auflösungsrecht unangemessen erschweren und so die zwingende Vorschrift des Art. 404 OR umgehen.

[14] GAUTSCHI, N. 8c und 14a zu Art. 404 OR; ENGEL, S. 573; VON TUHR/ESCHER, Bd. II, S. 262, N. 63; a. M. VON BÜREN I, S. 194 f.

[15] FRIEDRICH, S. 475 ff.; PEYER, S. 150.

und Kündigungsrecht zulässig sein, sofern kein besonderes Vertrauensverhältnis besteht[16]. Für Aufträge, die ein besonderes Vertrauensverhältnis bedingen, ließe sich die Kündigung an die Voraussetzung knüpfen, daß wichtige
Gründe vorliegen. Der Kündigende hätte diese Gründe also namhaft zu
machen und könnte sich einer Auseinandersetzung darüber nicht entziehen.
Auch ist zu prüfen, ob durch Vereinbarung von Konventionalstrafen Widerruf und Kündigung indirekt erschwert werden dürfen.

6. Für unsere Fragestellung ist die Rechtsvergleichung nur von beschränktem Wert, weil die ausländischen Mandatsrechte von der schweizerischen
Regelung erheblich abweichen.

§ 671 Abs. III BGB gestattet ausdrücklich den *Verzicht* auf die sofortige Mandatsniederlegung, die dann nur noch bei Vorliegen wichtiger Gründe statthaft ist. Umstritten ist, ob dasselbe für den Verzicht des Auftraggebers auf Widerruf gilt[17]. Die französische Praxis zu
art. 2004 CCfr. läßt den Verzicht auf den freien Widerruf und die Vereinbarung einer Konventionalstrafe zu[18]. Ebenso erlaubt das italienische Recht den Verzicht auf den Widerruf, der bei
wichtigem Grund freilich möglich bleibt (art. 1723 CCit.); die Widerrufbarkeit entfällt jedoch,
wenn das Mandat auch im Interesse des Mandatars oder Dritter liegt. Art. 1725 CCit. läßt den
Widerruf nur bei Vorliegen wichtiger Gründe zu, falls das Mandat ein bestimmtes Geschäft
zum Gegenstand hat oder auf bestimmte Dauer abgeschlossen ist[19].
Der freie Widerruf und die freie Kündigung des Mandats gehen auf das römische Recht
zurück, doch ist auf die Lehre MEYLANS hinzuweisen, der eine alte Kontroverse aufgegriffen
hat und den freien Widerruf nur dem Mandanten zugesteht[20].

7. Freier Widerruf und freie Kündigung sind getrennt zu prüfen. Sie brauchen nicht gleichermaßen anerkannt zu sein[21]. Das Bundesgericht (BGE 98 II,
1972, S. 308 f.) betrachtet indessen das Kündigungsrecht des Beauftragten als
logisches Gegenstück zum Widerrufsrecht des Auftraggebers. Es stützt sich
auf GAUTSCHI[22], der jedoch den Gedanken der paritätischen Regelung der
Auftragsbeendigung anführt und somit ein vom Arbeitsvertrag im engeren
Sinne übernommenes Wertkriterium verwendet. In der Tat verbietet die
Logik eine für Auftraggeber und Beauftragten verschiedene Lösung nicht.
Der Kollektivanlagevertrag zum Beispiel kann nur vom Anleger, nicht aber
vom Anlagefonds frei widerrufen werden (Art. 21 Abs. 1 AFG). Auch mit

---

[16] BECKER (N. 8 zu Art. 404 OR) hält die freie Widerruflichkeit nur insoweit für zwingendes
    Recht, als sie «um der Persönlichkeit der beiden Parteien willen besteht.» J. PEYER, Der
    Widerruf im schweizerischen Auftragsrecht, Diss. Zürich 1974, S. 156 ff.
[17] LARENZ, Bd. II, S. 307.
[18] MAZEAUD/JUGLART, tome III, no. 1420 ff., 1421: Unwiderruflichkeit des mandat d'intérêt
    commun. Der Beauftragte kann kündigen, wird jedoch schadenersatzpflichtig (Art. 2007
    CCfr.).
[19] DOMINEDÒ, S. 131 ff.; BAVETTA, S. 366 ff.
[20] Siehe vorne Anm. 8; KASER, Bd. I, S. 578, N. 18; FRIEDRICH, S. 481.
[21] VON BÜREN II, S. 140; FRIEDRICH, S. 475 ff., 479; PEYER, S. 150.
[22] N. 15a zu Art. 404 OR.

dem Argument der paritätischen Behandlung wird man zurückhaltend sein müssen, weil die Parteien nicht in gleicher Weise des Schutzes bedürfen wie beim Arbeitsvertrag, wo ungleiche Kündigungsfristen Ausdruck unfairer Machtausübung durch die stärkere Vertragspartei sind[23]. Man muß demnach Widerruf und Kündigung getrennt untersuchen und beurteilen.

8. Der freie Widerruf durch den Auftraggeber ist in der Doktrin unange-fochten[24]. Niemand ist gehalten, die eigenen Angelegenheiten durch Dritte besorgen zu lassen, oder dies länger geschehen zu lassen, als ihm beliebt. Es muß also dem Auftraggeber jederzeit möglich sein, seine Geschäfte selbst in die Hand zu nehmen. Einen Anspruch des Beauftragten, den Auftrag auch wirklich auszuführen, darf es infolgedessen nicht geben. Freilich kann der Be-auftragte, vom Honorar abgesehen, ein sehr erhebliches Interesse an der Man-datsdurchführung haben, die ihm zum Beispiel Prestige und weitere bedeu-tende Aufträge einbringt. Allein auf solche durchaus legitime Interessen des Beauftragten kommt es bei diesem Vertragsverhältnis nicht an, da es beim Mandat um die Wahrung der Auftraggeberinteressen unter Hintanstellung eigener Interessen des Beauftragten geht.

Hierbei mag man es bewenden lassen, wenn der Beauftragte zur Ausfüh-rung des Mandats noch nichts vorgekehrt hat (wenn also in den Termini der römischen Quellen noch eine *res integra* vorliegt) und wenn das Mandat unent-geltlich ist. Sind indessen Aufwendungen durch den Beauftragten gemacht worden, so erfolgt der Widerruf zur Unzeit und der Auftraggeber wird zu Schadenersatz verpflichtet[25]. Das ergibt sich auch aus dem Grundsatz von Art. 402 Abs. 1 OR: der Beauftragte ist für alles, was er in richtiger Ausfüh-rung des Mandats vorgekehrt hat, vom Auftraggeber schadlos zu halten.

Die Kernfrage des freien Widerrufs läuft letztlich darauf hinaus, was dem Beauftragten an Schadenersatz zusteht, wenn der Auftraggeber einen entgelt-lichen Auftrag widerruft[26]. Hat nämlich der Auftraggeber das Honorarinter-esse, das heißt das Erfüllungsinteresse des Beauftragten zu ersetzen, so wird er vielleicht sein Widerrufsrecht wegen des drohenden finanziellen Nachteils nicht ausüben wollen. Die Frage ist vom Gesetzgeber zwar indirekt, aber ein-deutig beantwortet worden. Schadenersatz ist vom Auftraggeber geschuldet, wenn zur Unzeit widerrufen wird. Hätte der Gesetzgeber das Honorarinter-

---

[23] Vgl. VISCHER, Schweiz. Privatrecht, Bd. VII/1, S. 410f.

[24] VON BÜREN II, S. 140f.; FRIEDRICH, S. 478; MAZEAUD/JUGLART, tome III, no. 1418.

[25] Ob ein Verschulden des Widerrufenden vorausgesetzt ist, wird offengelassen in BGE 55 II, 1929, S. 183f.

[26] FRIEDRICH, S. 479; PEYER, S. 128ff.

esse, das heißt das Erfüllungsinteresse des Beauftragten schützen wollen, so hätte er nicht auf das Kriterium der Unzeitigkeit des Widerrufs abstellen dürfen, denn das Erfüllungsinteresse entsteht mit dem Vertrag und wird durch den Zeitpunkt des Widerrufs nicht berührt.

Bleibt zu prüfen, ob dem Beauftragten das negative Interesse in vollem Umfange zusteht. Die Frage drängt sich aus demselben Grunde auf, der soeben zur Ablehnung des Erfüllungsinteresses geführt hat: inwieweit ist das Kriterium der Unzeitigkeit des Widerrufs für die Frage der Zusprechung von negativem Interesse sinnvoll? In bezug auf bereits erfolgte Aufwendungen und nachteilige, aber infolge des Widerrufs unnütz gewordene Dispositionen des Beauftragten geschieht der Widerruf natürlich stets zur Unzeit. Dasselbe gilt für die Kosten des Vertragsschlusses. Läßt sich der Beauftragte im Hinblick auf das Honorar den Auftrag etwas kosten, so erfolgt der Widerruf insofern zur Unzeit, als der Beauftragte kein Honorar verdienen konnte. Einen Sinn hat das Kriterium der Unzeitigkeit des Widerrufs hingegen für den Gewinn, der dadurch entgangen ist, daß andere, entgeltliche Aufträge abgelehnt werden mußten. Erfolgt der Widerruf in einem Zeitpunkt, in dem der Verlust nicht mehr durch Annahme anderer Aufträge wettgemacht werden kann, so geschieht er zur Unzeit[27]. Zum Beispiel kann bei bereits laufenden Kursen der den Auftrag widerrufende Schüler nicht mehr ersetzt werden; der Beauftragte hat aber vielleicht seinetwegen andere Kurskandidaten abgewiesen[28]. Der Widerruf bringt im Rahmen des negativen Interesses nur dann einen Verlust in Form von entgangenem Gewinn mit sich, wenn er zur Unzeit erfolgt. Bei vielen Berufsbeauftragten ist es nun freilich so, daß ihre Klientel aus einer unbestimmten Vielzahl von Auftraggebern besteht. Man kann also nicht sagen, daß wegen eines bestimmten Auftrages andere zurückgewiesen worden sind und daß bei Widerruf die Lücke nicht durch neue Aufträge gefüllt werden könnte.

Die bisherigen Überlegungen weisen zwei schwache Punkte auf. Einmal ist der Ersatz entgangenen Gewinns fragwürdig, weil die unterbliebenen Aufträge ebenfalls widerrufliche Aufträge gewesen wären. Zum andern führt der Ersatz des entgangenen Gewinns im Rahmen des negativen Interesses zu der Lösung, die unter dem Titel des positiven Interesses abgelehnt wurde, nämlich zum Schutz des Honorarinteresses des Beauftragten.

Man wird beide Einwände beiseite schieben müssen. Denn bei anderer dog-

---

[27] Gautschi, N. 17d zu Art. 404 OR; Becker, N. 5 zu Art. 4 OR; Oser/Schönenberger, N. 8 zu Art. 404 OR.

[28] Zum Unterrichtsvertrag siehe hinten Schluep, Innominatverträge S. 907 ff., 914 ff.; Peyer, S. 189.

matischer Konstruktion hat Abs. 2 von Art. 404 OR neben der Bestimmung von Art. 402 Abs. 2 OR keine Bedeutung und zielt die Voraussetzung des Widerrufs z u r U n z e i t ins Leere.

Erfolgt der Widerruf aus wichtigen Gründen[29], so entfällt die Schadenersatzpflicht. Das Widerrufsrecht darf nicht indirekt durch Konventionalstrafen beeinträchtigt werden[30].

9. Schwieriger ist es zu entscheiden, ob Art. 404 OR zwingendes oder nachgiebiges Recht darstellt. Während in der Doktrin die Meinungen geteilt sind[31], hat die Judikatur bisher am zwingenden Charakter der Bestimmung festgehalten[32]. Es wird vertreten, Art. 404 OR sei nur insofern zwingendes Recht, als dies des persönlichen Vertrauensverhältnisses wegen geboten sei, zum Beispiel, weil der Auftrag Einblicke und Eingriffe in die geschützte Persönlichkeitssphäre mit sich bringe. Andernfalls sollten Widerruf und Kündigung wegbedungen oder eingeschränkt werden dürfen.

a) Die Beschränkung des freien Widerrufs auf Fälle persönlicher Vertrauensverhältnisse, namentlich weil der Auftrag die geschützte Privat- und Intimsphäre des Auftraggebers betrifft, ist mit dem Nachteil der Rechtsunsicherheit behaftet (BGE 98 II, 1972, S. 309). Das Argument der Rechtssicherheit bietet noch keine tragfähige Begründung des freien Widerrufs. Im Grunde wird die heikle Widerrufsfrage auf ein anderes Thema abgeschoben: sind Verträge, bei denen ein freier Widerruf schlecht paßt, als atypische Arbeitsverträge *sui generis* aufzufassen? Von Büren beanstandet, «daß allerhand Verdrehungen in Kauf genommen werden, um das Dogma intakt zu halten»[33]. Die Auffassung des Bundesgerichts verdient dennoch den Vorzug. Bei ihr ist wenigstens Gewähr dafür geboten, daß bei den traditionell im Auftragsverhältnis ausgeüb-

---

[29] GAUTSCHI (N. 17b und c zu Art. 404 OR) verneint Schadenersatzpflicht, wenn der Widerruf sachlich begründet ist; diese Formel ist für den Beauftragten wohl zu nachteilig. Keine Ersatzpflicht besteht, wenn der Widerruf wegen ernsthaften vertragswidrigen Verhaltens des Beauftragten erfolgt; BECKER, N. 6 zu Art. 404 OR; OSER/SCHÖNENBERGER, N. 8 zu Art. 404 OR; PEYER, S. 128 f.

[30] BGE 98 II, 1972, S. 309 f. GAUTSCHI, SJZ 70, 1974, S. 23; RUPPERT, SJZ 66, 1970, S. 286; PERRIN, S. 69 ff. – Hingegen ist es wohl zulässig, den vielleicht schwer zu bestimmenden Schaden pauschal festzusetzen, sofern damit keine Straffunktion verbunden ist. OSER/ SCHÖNENBERGER, N. 3 zu Art. 404 OR; PERRIN, S. 72; BGE 103 II, 1977, S. 130 f.

[31] Für nachgiebiges Recht, soweit nicht höchstpersönliche Arbeit in Frage steht, BECKER, N. 8 zu Art. 404 OR; VON BÜREN II, S. 140 f.; FRIEDRICH, S. 475 ff.; JÄGGI, SJZ 69, 1973, S. 304; RUPPERT, SJZ 66, 1970, S. 284 f. – Für zwingende Natur von Art. 404 OR: GAUTSCHI, N. 10 zu Art. 404 OR; SJZ 70, 1974, S. 23; OSER/SCHÖNENBERGER, N. 2 zu Art. 404 OR; GUHL/ MERZ/KUMMER, S. 437; MERZ, ZBJV 110, 1974, S. 67 f.; PEYER, S. 130 f., 134 f.

[32] BGE 98 II, 1972, S. 307 ff., mit Rechtsprechung und Literatur; 103 II, 1977, S. 130.

[33] VON BÜREN II, S. 141.

ten liberalen Berufen der freie Widerruf dem Auftraggeber zusteht. Anderes gilt nur für die Arbeitsverträge *sui generis*, stellt also die Ausnahme dar[34]. Die Lösung hat ferner den Vorteil, daß für die Arbeitsverträge *sui generis* das Widerrufsrecht nicht nur durch Vereinbarung, sondern auch durch den Richter beschränkt oder aufgehoben werden kann.

b) Das Recht zum freien Widerruf läßt sich auch mit der vielen Aufträgen eigentümlichen O f f e n h e i t begründen. Beim Werkvertrag ist ein Resultat geschuldet, das vertraglich fixiert wird. Das Gesetz regelt den Konflikt, der entsteht, wenn das wirkliche Ergebnis vom vertraglich vereinbarten abweicht. Beim Auftrag schwebt den Parteien ebenfalls ein Ziel vor, aber dessen Verwirklichung wird weder vom Beauftragten garantiert, noch in einer den Auftraggeber bindenden Weise festgelegt. Der Auftraggeber kann durch seine Weisungen die Zielsetzung ändern, sich zum Einsatz anderer Mittel oder Methoden entschließen usw. Das bedeutet, daß in allen diesen Aufträgen seitens des Auftraggebers ein erhöhtes Vertrauen in die Qualitäten des Beauftragten vorausgesetzt werden muß als bei anderen Arbeitsverträgen und sich mithin der freie Widerruf rechtfertigt. Andererseits hat diese inhaltliche Unbestimmtheit des Mandats zur Folge, daß der Beauftragte von Weisungen des Auftraggebers abhängig ist, was wiederum das freie Kündigungsrecht des Beauftragten rechtfertigt. In dieser Beziehung besteht also Reziprozität.

Ferner gilt es zu bedenken, daß die Qualität der Arbeitsleistung schwerer zu beurteilen ist als diejenige eines Werkes, so daß trotz der gesetzlichen Sorgfaltspflicht des Beauftragten der Auftraggeber in hohem Maß Vertrauen in die Person des Beauftragten legen muß. Beim Arbeitsvertrag im engeren Sinne stellt sich die Situation wesentlich anders dar: der Arbeitnehmer kann seinen Fähigkeiten entsprechend eingesetzt und vom Arbeitgeber fortlaufend kontrolliert werden. Beides entfällt beim Auftrag. Der Beauftragte muß dem gesamten Geschäft, wie immer es sich entwickelt, gewachsen sein. Eine ständige Kontrolle ist nicht möglich, weil der Beauftragte nicht in einen Betrieb des Auftraggebers eingeordnet ist und der Auftraggeber über das zur Überwachung nötige Wissen und Können oft gerade nicht verfügt.

Das Mandat ist auch insofern offen, als der Beauftragte das Geschäft nicht selbst besorgen muß, sondern Hilfspersonen, Unter- und Ersatzbeauftragte einsetzen darf[35].

Diese aus der Offenheit des Mandats abgeleiteten Erwägungen treffen nicht nur für die traditionell liberalen Berufe zu, sondern auch für Aufträge, die

---

[34] GUHL/MERZ/KUMMER, S. 437; PEYER, S. 161.
[35] MERZ, ZBJV 110, 1974, S. 67.

weniger die Persönlichkeitssphäre des Auftraggebers als sein Vermögen berühren, also auch etwa für Verwaltungs- und Architektenaufträge.

10. *a)* Stärkerer Kritik als der freie Widerruf durch den Auftraggeber ist die
freie Kündigung durch den Beauftragten ausgesetzt [36]. Sie läßt sich weder aus
dem Persönlichkeitsschutz ableiten, noch drängt sie sich als Gegenstück des
freien Widerrufs aus Gründen der Logik oder der Parität auf (siehe vorn S. 49).

b) Hingegen muß der Beauftragte den Auftrag deshalb niederlegen können,
weil er die Weisungen des Auftraggebers zu befolgen hat. Man darf dem Beauftragten nicht zumuten, daß er sich den Weisungen des Auftraggebers unter
allen Umständen fügt.

c) Aus der Unbestimmtheit der Aufträge folgt, daß im Verlaufe unvorher-
gesehener Entwicklungen der Beauftragte in Interessenkonflikte geraten
kann, ohne daß ihm daraus ein Vorwurf zu machen wäre. Er muß in solchen
Situationen den Auftrag niederlegen können.

d) Die Aufzählung verschieden gelagerter Situationen, in denen der Beauftragte das Mandat niederlegen darf, führt zwar zur Schlußfolgerung, daß die
Kündigung bei allen Mandaten zuzulassen sei, sie sagt aber noch nichts darüber aus, ob die erwähnten Umstände nur als w i c h t i g e G r ü n d e zur Niederlegung berechtigen, so daß sie im Streitfall vom Beauftragten nachzuweisen
wären. Die radikale, vom Bundesgericht vertretene Lösung (BGE 98 II, 1972,
S. 308) ist jedoch heilsam. Welch ergiebiges Feld eröffnet sich fruchtlosen
Streitereien, wenn der Beauftragte wichtige Gründe nachweisen soll, falls der
Auftraggeber einen Erfüllungsanspruch geltend macht! Ist dem Klienten
damit gedient, daß ihm der Anwalt nachweisen muß, er sei ein Querulant?
Dem Patienten damit, daß ihn der Arzt als Hypochonder hinstellt? Wie weit
hätte der Beauftragte mit dem Nachweis der Interessenkollision zu gehen? Oft
könnte der Auftraggeber die Überprüfung der Stichhaltigkeit der wichtigen
Gründe des Beauftragten praktisch gar nicht verlangen, so daß ihm die Beschränkung der Kündbarkeit schließlich nichts nützt. Das ist etwa dann der
Fall, wenn der Auftrag die Privatsphäre des Auftraggebers betrifft und dieser
die Diskretion gewahrt haben will. Eine gerichtliche Auseinandersetzung
über das Vorliegen wichtiger Gründe würde im Gegenteil diese privaten Be-
lange publik machen.
Der berufsmäßige Beauftragte hat im übrigen kein Interesse, Aufträge
leichthin niederzulegen; für ihn steht das Verdienstinteresse auf dem Spiel und

---

[36] von Büren II, S. 142; Friedrich, S. 479 ff.; Peyer, S. 149 ff.

außerdem hat er unter Umständen erhebliche Schadenersatzansprüche zu gewärtigen, wenn er zur Unzeit kündigt. Letzteres ist stets der Fall, wenn die Kündigung in einem Zeitpunkt erfolgt, in dem deren Nachteile nicht mehr durch einen neuen Auftrag an einen anderen Beauftragten ausgeglichen werden können, während bei der Verweigerung der Mandatsübernahme oder bei frühzeitiger Kündigung dieser Ausweg offengestanden hätte.

e) Die unter d) aufgeführten Argumente gegen eine Kündigung bloß aus wichtigen Gründen richten sich auch gegen den vertraglichen Ausschluß der freien Kündigung. Würde man die Unkündbarkeitsvereinbarung gelten lassen, so müßte die Auflösung des Vertrages aus wichtigen Gründen doch möglich bleiben, wobei man wieder bei der bereits beschriebenen unerfreulichen Situation anlangt.

11. Läßt sich das eben befürwortete freie Auflösungsrecht, wie es vom Bundesgericht anerkannt worden ist (BGE 98 II, 1972, S. 307 ff.), harmonisch in das Vertragssystem einordnen?

a) Pacta sunt servanda: das Auflösungsrecht hebt die Verbindlichkeit des Auftrags nicht auf. Wer die Erfüllung schuldhaft versäumt hat, wird zu Schadenersatz verpflichtet. Er befreit sich nicht mit der Ausrede, er hätte das Mandat ja jederzeit niederlegen dürfen. Das freie Auflösungsrecht steht mithin zu der Verbindlichkeit des Mandats nicht in Widerspruch. Es unterscheidet sich von der schuldnerabhängigen reinen Wollensbedingung oder der ausschließlich vom Schuldner inhaltlich zu bestimmenden Obligation dadurch, daß an der Vertragsbindung nicht gerührt wird und lediglich die Vertrags d a u e r vom einseitigen Willen der Parteien abhängt.

b) Das freie Auflösungsrecht wird bei einer Spielart des Mandats, dem Agenturvertrag, nicht gewährt. Muß daraus geschlossen werden, die jüngere gesetzliche Regelung des Agenturvertrags drücke das für die Arbeitsverträge allgemein geltende Prinzip aus, während Art. 404 Abs. 1 OR eine restriktiv zu interpretierende Ausnahme sei? Von der Fragwürdigkeit der Regel, daß Ausnahmen restriktiv auszulegen seien, einmal abgesehen, ist auf die besondere Interessenlage beim Agenturvertrag hinzuweisen, die den Gesetzgeber veranlaßte, die Kündigung dem Arbeitsvertrag im engeren Sinne anzugleichen. Der Agenturvertrag ist regelmäßig auf Dauer angelegt und sodann ist die wirtschaftliche Abhängigkeit des Agenten insofern größer, als er entweder ausschließlich für den Auftraggeber tätig ist oder doch von einer kleinen Zahl von Auftraggebern abhängig ist, auf deren Geschäfte hin er sich organisiert hat. Er kann sich somit nicht ebenso einfach auf andere Klienten einstellen wie ein Arzt, Anwalt usw.

c) Endlich drängt sich ein Vergleich mit dem Kollektivanlagevertrag auf. Er gibt in Art. 21 Abs. 1 AFG dem Anleger ausdrücklich das Recht auf jederzeitigen Widerruf. Die Bestimmung ist zwingender Natur (Art. 8 Abs. 4 AFG). *E contrario* ist zu schließen, daß der Fondsleitung und der Depotbank die freie Kündigung nicht zusteht[37]. Das geht auch daraus hervor, daß im Gesetz zwar die Kündigung a l l e r auf unbestimmte Zeit laufenden Kollektivaufträge vorgesehen ist (Art. 28 Abs. 1 lit. b AFG), nicht aber jene von einzelnen Kollektivaufträgen. Damit hat der Gesetzgeber aber wiederum nicht ein Prinzip statuiert. Daß Fondsleitung und Depotbank nicht kündigen dürfen, ist vielmehr als begründete Ausnahme zu betrachten. Der Beauftragte ist keinen Weisungen des Anlegers ausgesetzt (Art. 12 Abs. 1 AFG) und kann deshalb nicht durch den Anleger in Gewissens- und Interessenkonflikte manövriert werden.

12. Bei solidarischer Berechtigung der Auftraggeber kann der Auftrag nur gemeinsam widerrufen werden[38].

B. Tod, Handlungsunfähigkeit und Konkurs (Art. 405 OR)

1. Tod (dem die Auflösung einer juristischen Person gleichzusetzen ist), Handlungsunfähigkeit und Konkurs einer der Vertragsparteien lassen den Auftrag erlöschen (vgl. auch Art. 211 Abs. 2 SchKG). Diese tiefgreifenden Veränderungen bei einer Vertragspartei müssen den Auftrag hinfällig werden lassen, kommt es beim Auftrag doch typischerweise auf die Person des Vertragspartners an. Immerhin handelt es sich nicht um zwingendes Recht. Nach Eintritt von Handlungsunfähigkeit oder Konkurs können die Parteien das Auftragsverhältnis trotzdem andauern lassen[39]. Zum vornherein können die Parteien vereinbaren, daß der Auftrag über den Tod hinaus bestehen soll. Letzteres kann sich aus der Natur des Geschäfts ergeben, soll doch oft der Auftrag erst besorgt werden, wenn der Auftraggeber gestorben ist (*mandatum post mortem*). Die Natur des Geschäftes weist aber auch dort auf Vererblichkeit des Auftrags seitens des Auftraggebers hin, wo die Geschäfte unpersönlichen und standardisierten Charakter haben, wie im kaufmännischen Verkehr und bei Bankgeschäften[40].

---

[37] AMONN, hinten S. 301, 310; GUHL/MERZ/KUMMER, S. 457 f.
[38] BGE 101 II, 1975, S. 120; 94 II, 1968, S. 318.
[39] Vgl. Art. 211 Abs. 2 SchKG; VON BÜREN II, S. 142 f.; GUHL/MERZ/KUMMER, S. 437.
[40] BGE 101 II, 1975, S. 120 f.; 94 II, 1968, S. 171, 316; GAUTSCHI, N. 5 zu Art. 405; OSER/SCHÖNENBERGER, N. 3 zu Art. 405 OR; VON BÜREN II, S. 141; GUHL/MERZ/KUMMER, S. 437; KLEINER, S. 71 f.

2. *a)* Daß das Mandat aus verschiedenen Gründen über den Tod der Parteien hinaus andauern kann, ist bereits dargelegt worden. Schwieriger als die t r a n s - m o r t a l e n sind die p o s t m o r t a l e n Aufträge zu beurteilen [41]. Es handelt sich um Aufträge, die erst nach dem Tod des Auftraggebers ausgeführt werden sollen. Es ist naheliegend, daß solche Geschäfte hauptsächlich vom Standpunkt des Erbrechts aus betrachtet werden, ist doch das vom Beauftragten auszuführende Geschäft häufig eine unentgeltliche Zuwendung, die als Schenkung von Todes wegen durch Art. 245 Abs. 2 OR unter die Vorschriften der Verfügungen von Todes wegen gestellt ist. PIOTET [42] hat das Auftragsverhältnis an sich geprüft und es folgerichtig als Willensvollstreckung qualifiziert. Allenfalls sei ein Mandat durch Konversion als Willensvollstreckung aufrechtzuerhalten. Der Vorteil der Lösung liegt auf der Hand: die den Auftrag enthaltenden Dokumente sind als Testamente zu betrachten und müssen deshalb der zuständigen Behörde abgeliefert werden (Art. 556 ZGB). Dadurch werden Machenschaften, die zu einer Aushöhlung des Erbrechts führen, unterbunden.

b) Man darf sich indessen fragen, ob derselbe Zweck nicht auch erreicht werden könnte, wenn die Mandate *post mortem* als Aufträge anerkannt und behandelt würden. Es stünden dann zwei Wege offen zur Besorgung von Nachlaßgeschäften: der Auftrag gemäß Art. 394 ff. OR und die Willensvollstreckung gemäß Art. 517 ZGB ff. Der Erblasser könnte als Ausfluß der Privatautonomie zwischen beiden Rechtsinstituten wählen. Den Willensvollstrecker kann er den Erben aufzwingen, den Beauftragten nicht, weil die Erben den Auftrag widerrufen dürfen. Andererseits verpflichtet sich der Beauftragte dem Erblasser gegenüber sofort durch Vertrag, während der Willensvollstrecker erst nach dem Tode des Erblassers das Amt annimmt, so daß nur der Beauftragte sofort Treue- und Verschwiegenheitspflichten übernimmt. Auftrag und Willensvollstreckung können also nebeneinander bestehen, denn je nach den Umständen ist für den Erblasser das eine oder das andere die geeignetere Lösung.

c) Die Anerkennung von Mandaten *post mortem*, die der Ausführung erbrechtlicher Zuwendungen dienen, ist deshalb bedenkenlos, weil der Beauftragte die Geschäfte nicht hinter dem Rücken der Erben tätigen darf. Er hat vielmehr die Erben von der Existenz des Mandats in Kenntnis zu setzen und während angemessener Frist abzuwarten, ob die Erben den Auftrag widerrufen [43]. Daß er sich der positiven Zustimmung der Erben vergewissert, geht

---

[41] HARDER, Zum transmortalen und postmortalen Auftrag nach römischem und geltendem Recht, in: Festgabe von Lübtow, Sein und Werden im Recht, Berlin 1970, S. 515 ff.

[42] Droit successoral, Traité de droit privé suisse, Bd. IV, Freiburg 1975, S. 180; ebenso AUBERT/KERNEN/SCHÖNLE, Le secret bancaire suisse, Bern 1976, S. 201 ff., 214 f.

[43] Vgl. HARDERS (a.a.O., S. 517 f.) Kritik am deutschen Bundesgerichtshof (NJW 1969,

wohl zu weit, da er ja den Auftrag des Erblassers und nicht einen neuen, von
den Erben erteilten Auftrag ausführen soll.

d) Die vorgeschlagene Lösung hat außerdem drei Vorteile. Erstens braucht
sich der Beauftragte nicht um den Rechtsgrund der aufgetragenen Zuwendung zu kümmern, wie ihn ja auch die Formrichtigkeit des Geschäfts nichts
angeht [44]. Der Beauftragte wird nicht immer wissen können, ob die Leistung,
die er einem Dritten erbringen soll, *solvendi, donandi* oder *credendi causa* erfolgt.
Er weiß auch nicht, ob es sich bei den ihn beauftragenden Dokumenten um
letztwillige Verfügungen handelt, mit anderen Worten, er weiß nicht, ob er
diese Verfügungen der Behörde abzuliefern hat oder nicht. Zweitens wird verhindert, daß für allfällige, vom Beauftragten zu Lebzeiten des Erblassers getroffene Maßnahmen Auftragsrecht zur Anwendung gelangt, während die
eigentliche Ausführung des Geschäfts nach den Bestimmungen über die Willensvollstreckung zu erfolgen hätte. Drittens wird erreicht, daß Aufträge *post
mortem* zu Ausführungsgeschäften, die unter Art. 245 ff. OR fallen, gleich behandelt werden können wie Aufträge *post mortem* mit anderem Inhalt als der
unentgeltlichen Zuwendung, zum Beispiel Inkassomandate, Prozeßführungs-
aufträge oder auch Tathandlungsaufträge. Es zeigt sich kein zwingender
Grund, in bezug auf die Mandate *post mortem* die Privatautonomie einzuschränken.

§ 7. Pflichten des Auftraggebers

I. Entgelt

1. Ein Entgelt ist geschuldet, wenn es vereinbart oder üblich ist. Die Entgeltsvereinbarung kann bei Auftragserteilung oder später erfolgen, sie kann
ausdrücklich oder stillschweigend sein. Letzteres wird von GAUTSCHI abgelehnt, freilich mit dem zutreffenden Hinweis: «Im praktischen Ergebnis dürfte
der Bereich der entgeltlichen einfachen Aufträge der nämliche sein, wenn man
auf die ausdrückliche und stillschweigende Vereinbarung (§ 1004 ABGB)
oder wenn man auf die Vereinbarung und die Üblichkeit abstellt (Art. 394

S. 1245 ff.), der das mandatum post mortem allzu großzügig anerkannt hat. Richtig sei vielmehr die Auffassung von FLUME (Das Rechtsgeschäft, Berlin 1975, S. 847 ff.), der Beauftragte habe sich nach dem Tode des Auftraggebers zu vergewissern, ob die Auftragsdurch-
führung dem (allenfalls präsumptiven) Willen des Erben entspreche.
[44] BGE 89 II, 1963, S. 87 ff.; PIOTET, a.a.O (oben Anm. 42), S. 179.

Abs. 3 OR).»¹ Es ist aber immerhin möglich, daß bei Tätigkeiten, für die üblicherweise kein Entgelt geleistet wird, aus den Umständen des Vertrages hervorgeht, es sei stillschweigend eine Vergütung vereinbart worden². Stillschweigen begründet auch in diesem Fall keine unwiderlegbare Vermutung für Unentgeltlichkeit. Ausschlaggebend ist der Parteiwille, ob dieser nun ausdrücklich oder durch konkludentes Verhalten geäußert wird. Andererseits ist nicht grundsätzlich auszuschließen, daß bei üblicherweise entgeltlichen Aufträgen stillschweigend Unentgeltlichkeit vereinbart ist. Leichthin wird allerdings eine solche stillschweigende Vereinbarung nicht angenommen werden dürfen, weil sonst das vom Gesetzgeber gewählte, praktische Kriterium der Üblichkeit bei der Entscheidung der Entgeltlichkeitsfrage ausgeschaltet würde. Solche Fälle liegen etwa vor bei unentgeltlicher Behandlung durch (vielleicht sogar befreundete) Berufskollegen, zumal wenn schon bei früheren Behandlungen die Honorarstellung unterblieben ist, oder wenn von gelegentlicher Leistung von Gegendiensten ausgegangen wird. Stillschweigende Entgeltsvereinbarung läßt sich ferner schon deshalb nicht völlig ausschließen, weil für seltene und neuartige Tatbestände des Auftrags die Frage der Üblichkeit nicht oder noch nicht zu beantworten ist.

2. Haben die Parteien nichts vereinbart, so ist die Vergütung dann geschuldet, wenn sie für die Leistung des Beauftragten ü b l i c h ist. Diese Bestimmung ist zweckmäßig, weil sie dem Beauftragten nicht den Nachweis eines subjektiven Elementes, nämlich einer stillschweigenden Honorarvereinbarung, und dem Richter nicht die oft künstliche Unterstellung solcher Vereinbarungen zumutet, sondern auf einem objektiven Element beruht. Üblich ist die Vergütung insbesondere bei beruflicher Mandatstätigkeit. Sie ist in aller Regel auch stillschweigend vereinbart, weil der Auftraggeber ja weiß, daß es sich um Berufsausübung zu Erwerbszwecken handelt. Überdies läßt das Bestehen von Verbandstarifen vermuten, daß für die erfaßten Tätigkeiten ein Entgelt üblich ist³. Wie bereits unter Ziff. 1 dargelegt, fließt aus der Entgeltsüblichkeit eine Vermutung der Entgeltlichkeit, die aber widerlegbar ist.

3. Steht die Entgeltlichkeit des Auftrags fest, so ist die Form und die Höhe der Vergütung zu bestimmen, eine Aufgabe, die der Praxis oft Schwierigkeiten bereitet. Der Gesetzgeber hat hierfür im Auftragsrecht keine Regel veran-

---

¹ N. 74c zu Art. 394 OR. Kein Entgelt ist die bloße Erwartung von Gegendiensten im Sinne des freundnachbarlichen do ut des. BGE 61 II, 1935, S. 98.
² Stillschweigen ist hier im weiten, auch das konkludente Verhalten einschließenden Sinn gemeint; vgl. von Tuhr/Peter, Bd. 1, S. 163 f.
³ Gautschi, N. 77b zu Art. 394 OR.

kert. Maßgebend muß deshalb die Parteivereinbarung sein. Die Vergütung kann auf verschiedenste Weise bestimmt werden. Entweder durch eine Pauschalsumme oder durch einen festen Prozentsatz vom Wert des besorgten Geschäfts, durch feste Summenansätze pro Einheit der aufgewendeten Arbeitszeit oder endlich durch Beteiligung am Erfolg der Geschäftsbesorgung. Diese Methoden lassen sich zudem kombinieren. Die Entgeltsvereinbarung ist innerhalb der Schranken der Vertragsfreiheit gültig; sie ist unwirksam, soweit sie eine Übervorteilung im Sinne von Art. 21 OR darstellt [4].

4. Oft treffen die Parteien keine oder nur unvollständige Absprachen wegen der Höhe des Entgelts. Der Beauftragte setzt den Umfang seines Entgeltsanspruchs selber fest, wobei er sich an Treu und Glauben zu halten hat.

Folgende Fälle sind zu unterscheiden:

a) Der Beauftragte hält sich an Tarife, auf die im Vertrag verwiesen wird, ohne daß aber die einschlägigen Ansätze aufgeführt werden. Der Auftraggeber ist durch solche Tarife nicht gebunden, wenn die Ansätze unüblich hoch sind [5].

b) Der Beauftragte berechnet die Vergütung, ohne sich auf Anhaltspunkte im Vertrag stützen zu können. Das Mandatsrecht schweigt sich über die anzuwendende Methode der Entgeltsbestimmung aus. Verschiedene Möglichkeiten fallen in Betracht:

aa) Der Beauftragte hält sich an einen Verbandstarif, zu dessen Anwendung er sich dem Verband gegenüber verpflichtet hat. Der Auftraggeber braucht sich nicht in jedem Falle mit einem solchen Tarif abzufinden. Letzterer kann, obschon von einem Verband aufgestellt, dennoch unüblich hoch sein, also der Übung nicht entsprechen, oder aber die in einer Branche üblichen Tarife erscheinen als übersetzt. Hier erhebt sich die Frage nach der Maßgeblichkeit der Übung, auf die sogleich einzugehen sein wird.

bb) Der Beauftragte berechnet sein Honorar nach Ansätzen, wie sie in seiner

---

[4] Für Teilnichtigkeit E. W. STARK, Die Übervorteilung (Art. 21 OR) im Lichte der bundesgerichtlichen Rechtsprechung, in: Festschrift 100 Jahre Schweiz. Bundesgericht, Basel 1975, S. 395; völlige Nichtigkeit der wucherischen Honorarvereinbarung in BGE 92 II, 1966, S. 178 ff.

[5] Dies wäre eine mit Treu und Glauben unvereinbare Erschleichung eines Vertragsinhaltes. Die sog. Ungewöhnlichkeitsregel findet auch im Falle der Verweisung im Vertrag auf andere Dokumente Anwendung; siehe H. MERZ, Berner Kommentar, Bd. I: Einleitung, Bern 1962, N. 167 zu Art. 2 ZGB; DERSELBE, Ausgewählte Abhandlungen zum Privat- und Kartellrecht, Bern 1977, S. 326 (= Massenvertrag und allgemeine Geschäftsbedingungen, in: Festgabe Schönenberger, Freiburg 1968, S. 137 ff.); JÄGGI, N. 153 zu Art. 1 OR.

Branche üblich sind. Das garantiert noch nicht, daß sie nicht übersetzt sind[6]. Wo freier Wettbewerb herrscht, dürfte allerdings gegen die üblichen Ansätze nichts einzuwenden sein. Dasselbe gilt für Verbandstarife, die aus Verhandlungen zwischen den Organisationen der wirtschaftlichen Partner hervorgegangen sind. Anders ist es zu beurteilen, wenn die üblich gewordenen Ansätze auf Verbandsabsprachen beruhen oder sich aus stillschweigend erkannter Interessengemeinschaft einer Branche heraus ergeben oder auch aus monopolähnlicher Machtposition (der sich die schwächere Konkurrenz unter Umständen willig anschließt) fließen. Der Verweis von Art. 394 Abs. 3 OR auf die Übung betrifft nur die Frage, o b ein Entgelt geschuldet ist. Für die Bestimmung der Entgelts h ö h e ist die Übung wegen des Fehlens einer gesetzlichen Verweisung nur insofern maßgebend, als sich die Parteien einer solchen ausdrücklich oder stillschweigend unterworfen haben[7]. Eine stillschweigende Unterwerfung darf insbesondere dort nicht leichthin angenommen werden, wo es sich nicht um Branchengeschäfte, sondern um Vertragsabschlüsse mit dem breiten Publikum handelt. Die Unterwerfung unter eine bestimmte Übung ist von derjenigen Partei zu beweisen, die sich auf die Übung beruft. Übliche Tarife schaffen im übrigen nicht einmal eine Vermutung der Angemessenheit[8]. Die Übung ist somit im Auftragsrecht für das Maß der Vergütung nicht schlechthin verbindlich[9], womit vermieden wird, daß der Richter bei übersetzten Tarifen zwar eingreifen kann, sofern diese noch nicht verbreitet sind, hingegen machtlos wäre im schwerer wiegenden Fall der eingelebten Unsitte.

Wer beim einfachen Auftrag die Üblichkeit von Tarifansätzen nicht als verbindlichen Maßstab des Entgelts anerkennt, muß sich allerdings mit dem Einwand auseinandersetzen, der Gesetzgeber habe in den Art. 414, 418g und 432 OR für den Mäklervertrag, den Agenturvertrag und die Kommission ausdrücklich die Üblichkeit als Kriterium zur Bestimmung der Höhe des Entgelts

---

[6] STARK, a.a.O. (Anm. 4), S. 380.

[7] MERZ, a.a.O. (Anm. 5), Berner Kommentar, N. 142 zu Art. 2 ZGB; Ausgewählte Abhandlungen, S. 321 ff.; P. LIVER, Berner Kommentar, Bd. I: Einleitung, Bern 1962, N. 70 ff. zu Art. 5 ZGB; JÄGGI, N. 518 zu Art. 1 OR; ENGEL, S. 169 f.; GUHL/MERZ/KUMMER, S. 120 f., 431; anderer Meinung GAUTSCHI, N. 77a zu Art. 394 OR unter Hinweis auf art. 1709, Satz 2 CCit.; VON BÜREN I, S. 170 f.; zum Handelsbrauch R. PATRY, Grundlagen des Handelsrechts, in: Schweiz. Privatrecht, Bd. VIII/1, Basel 1976, S. 57 f.

[8] GAUCH, Der Unternehmer im Werkvertrag, N. 148, S. 53.

[9] Zu der Honorarordnung des Schweiz. Ingenieur- und Architektenverbandes (SIA) vgl. MERZ, Ausgewählte Abhandlungen, S. 322 ff.; PERRIN, S. 41 ff. GAUCH, a.a.O. (Anm. 8), N. 148, S. 53; PEDRAZZINI, Schweiz. Privatrecht, Bd. VII/1, S. 542; GAUTSCHI, N. 77d zu Art. 394 OR. Zu der Bemessung des Arzthonorars P. POPP und A. SCHWEIZER, SJZ 53, 1957, S. 113 ff., 196 ff., 271 ff.

verwendet. Es stellt sich indessen die Frage, ob in den genannten Fällen ein Prinzip oder Ausnahmen zum Ausdruck gelangen. Generell ist festzustellen, daß die drei erwähnten qualifizierten Aufträge (für Kreditbrief und Kreditauftrag sowie den Frachtvertrag fehlen besondere Bestimmungen betreffend das Entgelt) typischerweise kommerzieller Natur sind und in diesem Gebiet mit einer marktkonformen Ausgestaltung von Tarifen und Übungen gerechnet werden darf. Zudem ist beim Mäklerlohn die Erfolgsabhängigkeit zu berücksichtigen. Art. 417 OR sieht für zwei Mäklerverträge die richterliche Herabsetzung unverhältnismäßig hoher Löhne auf einen a n g e m e s s e n e n B e t r a g vor. Im Agenturvertrag galt es offensichtlich nicht, den Auftraggeber gegen übersetzte Provisionen des Agenten zu schützen, läuft doch die ganze Regelung umgekehrt auf den Schutz des Agenten hinaus, so daß es in bezug auf die Provision beim Kriterium der Üblichkeit bleiben konnte. Bei der Kommission endlich ist, wie beim Mäklervertrag, die Erfolgsabhängigkeit der Provision in Betracht zu ziehen. Dem Kommissionär steht bei Ausbleiben der Ausführung des Geschäfts lediglich eine sogenannte Auslieferungsprovision zu, und zwar nur, wenn und soweit dies ortsüblich ist. Das trifft wohl einzig bei Handelsgeschäften zu, wo die Bildung übersetzter Tarifansätze weniger zu befürchten ist.

cc) Für den Werkvertrag besagt Art. 374 OR, daß bei fehlender oder nur ungefährer Angabe des Werkpreises dieser «nach Maßgabe des Wertes der Arbeit und der Aufwendungen des Unternehmers» festzusetzen ist. Was die Aufwendungen des Beauftragten betrifft, so sind diese nach Art. 402 Abs. 1 OR ohnehin zu ersetzen, so daß sich die Frage nach der analogen Anwendung nur für den Wert der Arbeit stellt. Dieser Analogie steht meines Erachtens nichts im Wege, sind doch sowohl Werkvertrag als auch Auftrag Arbeitsverträge, die sich nahe kommen und sich öfters in zusammengesetzten und Mischverträgen verbinden. Im Werkvertrag ist anerkannt, daß der Unternehmer seinen Arbeitsaufwand und einen angemessenen Unternehmergewinn in Rechnung stellen darf (sofern dieser nicht schon im Arbeitsaufwand enthalten ist). Als angemessen gilt der übliche Ansatz und «ergänzend das Ermessen des Richters»[10]. Was den Wert der Arbeit betrifft, ist damit ebenfalls noch kein sicherer Boden gewonnen, weil auch hier sich die Frage nach der Maßgeblichkeit von Tarifen und üblichen Ansätzen stellt. Bei der Bemessung des Wertes der Arbeit sind die Ausbildung und das besondere Können des Beauftragten, die Schwierigkeit der Aufgabe und deren Dringlichkeit zu berücksichtigen.

---

[10] PEDRAZZINI, Schweiz. Privatrecht, Bd. VII/1, S. 542; GAUCH, a.a.O. (Anm. 8), N. 130, S. 49; GAUTSCHI, N. 4–7 zu Art. 374 OR.

Nebst dem zeitlichen Aufwand wird der Beauftragte auch das mit dem Auftrag übernommene Maß an Verantwortung und andere von ihm zu tragende Risiken in Rechnung stellen. So darf ein Erfolgshonorar höher angesetzt werden als ein erfolgsunabhängiges Honorar. Anhaltspunkte liefern Vergleiche mit Tarifen für ähnliche Leistungen, doch ist zu unterscheiden, ob mit dem Honorar die Generalkosten eines berufsmäßigen Beauftragten gedeckt werden müssen oder ob dem Beauftragten solcher Aufwand erspart ist (BGE 101 II, 1975, S. 109 ff.; 83 II, 1957, S. 153 in bezug auf den Mäklervertrag).

Drängt der Auftraggeber trotz ihm bekannter erschwerender persönlicher Umstände zur Auftragsannahme, so erscheint ein angemessener Honorarzuschlag erlaubt. Das Honorar vorwiegend nach den im Auftrag wahrgenommenen Interessen zu bestimmen, kann unangemessen sein, doch wirkt sich die Interessenhöhe auf das Maß der übernommenen Verantwortung aus und so indirekt auch auf den Honoraransatz. Das bedeutet, daß Honorare in Form von Prozentsätzen nicht ohne weiteres als angemessen gelten können (BGE 101 II, 1975, S. 111 f.). Ebenso ist wohl abzulehnen, wenn Honorare primär nach den Vermögensverhältnissen des Auftraggebers bestimmt werden und dadurch den normalen Tarifansatz erheblich übersteigen[11]. Andererseits eignet sich die Relation zwischen Nutzen der Auftragstätigkeit und Honorar nicht ohne weiteres, um die Angemessenheit zu ermitteln. Das Kriterium wurde vom Bundesgericht (BGE 92 II, 1966, S. 170) für eine Betriebsberatung verwendet. Mit Recht hat MERZ indessen bemerkt, daß es dabei eher um die Frage mangelhafter Vertragserfüllung als um diejenige angemessener Vergütung geht[12]. Wer Betriebsberatung ausübt, hat doch als erstes zu überlegen, ob denn eine aufwendige Untersuchung des Betriebes überhaupt in einer vernünftigen Relation zum Ergebnis stehen wird. Als Fachmann hat der Beauftragte hierüber den Auftraggeber zu informieren und zu beraten; unterläßt er es, oder tut er es nicht fachgerecht, so verletzt er seine Pflichten und haftet daraus dem Auftraggeber. Dies gilt jedoch nicht nur für Beraterverträge; auch bei Gutachten und weiteren Tätigkeiten darf der Beauftragte, nicht ohne darüber den Auftraggeber ins Bild gesetzt und sein Einverständnis erlangt zu haben, aufwendige Arbeiten leisten, von denen er weiß, daß sie für den Auftraggeber ohne oder nur von geringem Nutzen sind.

5. Die oft schwierige Bewertung der Arbeitsleistung wird in weiten Bereichen durch das Vorhandensein verbindlicher, sei es öffentlichrechtlicher, sei es privatrechtlicher Tarife beseitigt. Andere behördliche Taxordnungen wol

---

[11] GAUTSCHI, N. 80d zu Art. 394 OR, mit berechtigter Kritik gegenüber ZBJV 93, 1957, S. 122.
[12] ZBJV 104, 1968, S. 54 f.

len bloß Richtlinien ziehen, indem sie die örtliche Übung bekanntgeben. Kantonale behördliche Tarife sind nur verbindlich, soweit der Auftrag eine Materie betrifft, die in die Zuständigkeit des Kantons fällt[13]. Den Vorteilen der Zwangstarife stehen freilich auch Nachteile gegenüber wie die Ablehnung von Tätigkeiten, für die solche Zwangstarife bestehen, oder tariforientierte Organisation der Arbeitsleistung, um daraus ein Maximum ziehen zu können, während sich doch die Arbeitsleistung nach den Interessen des Auftraggebers richten müßte[14].

II. Auslagen- und Verwendungsersatz

1. Der Beauftragte nimmt fremde Interessen wahr, jedoch für Rechnung des Auftraggebers. Daraus folgt, daß dem Beauftragten grundsätzlich aus dem Mandat kein Vermögensnachteil entstehen soll[15]. Art. 402 Abs. 1 OR verpflichtet den Auftraggeber zum Ersatz der dem Beauftragten in richtiger Ausführung des Auftrags entstandenen Kosten, während Abs. 2 dieser Bestimmung eine entsprechende Ersatzpflicht für Schäden vorsieht, die dem Beauftragten ohne Verschulden des Auftraggebers aus dem Auftrag erwachsen sind. Als Auslagen und Verwendungen gelten in Lehre und Rechtsprechung Vermögenseinbußen, die der Beauftragte gewollt hat, um damit den Auftrag zu besorgen. Ein Schaden hingegen liegt dann vor, wenn die Einbuße gegen den Willen des Beauftragten erfolgt ist[16]. Die Voraussetzungen der Ersatzpflicht sind in den beiden Fällen zu Recht verschieden geregelt, wenn es auch Situationen geben mag, in denen sich die Begriffe «Auslagen» und «Schaden» überschneiden.

2. Die Auftragsausführung kann den Beauftragten zu Auslagen verschiedenster Art veranlassen[17]. Die Terminologie ist entsprechend vielfältig: Auslagen, Kosten, Unkosten, Spesen, Verwendungen, Aufwendungen usw. Die besondere Erwähnung der Verwendungen stellt klar, daß nicht die im Sachenrecht geregelten Ausgleichspflichten, namentlich nicht Art. 939 ZGB maßgebend sind[18].

---

[13] GAUTSCHI, N. 78e zu Art. 394 OR.

[14] GAUTSCHI, N. 78b zu Art. 394 OR.

[15] GAUTSCHI, N. 20d zu Art. 402 OR; BECKER, N. 1 zu Art. 402 OR; E. H. KADEN, Des pertes fortuites du mandataire (Esquisse historique), in: Mélanges Georges Sauser-Hall, Neuenburg 1952, S. 19.

[16] GAUTSCHI, N. 10b zu Art. 402 OR; OSER/SCHÖNENBERGER, N. 5 zu Art. 402 OR.

[17] BGE 78 II, 1952, S. 51; GAUTSCHI, N. 11a zu Art. 402 OR; OSER/SCHÖNENBERGER, N. 2 zu Art. 402 OR.

[18] E. W. STARK, Berner Kommentar, Bd. IV: Sachenrecht, 3. Abt., 1. Teilbd.: Der Besitz, 2. Lieferung, Art. 926–941 ZGB, Bern 1966, N. 1 zu Art. 939 ZGB.

3. Die Auslage muß aus dem konkreten Auftrag erwachsen sein. Dienen die Auslagen dazu, einen Berufsbeauftragten generell in die Lage zu versetzen, bestimmte Auftragsgattungen ausführen zu können, so handelt es sich um Generalunkosten, die nicht gemäß Art. 402 Abs. 1 OR auf den Auftraggeber abgewälzt werden dürfen[19]. Der Beauftragte trägt ihnen vielmehr bei der Bewertung seiner Arbeit, das heißt bei den Honoraransätzen Rechnung, wäre es doch bare Willkür, Auslagen wie Büromieten, Löhne, Anschaffungen von Büchern, Mobiliar, Apparaten, Instrumenten, Amortisationen und dergleichen einem Einzelnen aus einer unbestimmten Vielzahl von Auftraggebern zu belasten.

4. Der Beauftragte ist ohne entsprechende Vereinbarung nicht zur Vorschußleistung verpflichtet. Andererseits ist auch der Auftraggeber nicht zur Leistung von Vorschuß oder Gewährung von Deckung gehalten. Da er sich nicht verpflichtet, dem Beauftragten die Geschäftsbesorgung zu überlassen, kann er auch nicht verpflichtet sein, die hierfür erforderlichen Mittel zur Verfügung zu stellen. Leistet keine der Vertragsparteien den Vorschuß für die nötigen Auslagen, so bleibt der Auftrag liegen; der Beauftragte wird ihn mit Vorteil kündigen[20].

5. Von den Generalunkosten abgesehen hat der Auftraggeber auch sonst nicht schlechthin alle Auslagen des Beauftragten zu ersetzen. In Betracht fallen nur die «in richtiger Ausführung des Auftrages» gemachten Auslagen. Darunter sind Verwendungen zu verstehen, die objektiv dem Auftrag und den Weisungen entsprechen[21]. Handelt der Beauftragte in entschuldbarem Irrtum, so kann er unter Umständen gemäß Abs. 2 von Art. 402 OR den Ersatz der verfehlten Aufwendung als Schaden beanspruchen[22]. Stets aber hat der Beauftragte die gebotene Sorgfalt walten zu lassen, wenn er Auslagen auf Kosten des Auftraggebers macht. Er hat zweckmäßig vorzugehen, das heißt nicht mehr Aufwand zu betreiben, als die vereinbarungsgemäße Auftragsausführung erheischt, und er hat zu prüfen, ob die Aufwendungen geeignet sind, das Auftragsziel zu erreichen. Maßgeblich für die Beurteilung ist die Situation im Zeitpunkt, in dem die Auslage gemacht wird[23]. Ob der mit einer auftragsge-

---

[19] GAUTSCHI, N. 11a zu Art. 402 OR; BECKER, N. 3 zu Art. 402 OR.

[20] GAUTSCHI, N. 3 zu Art. 402 OR; BECKER, N. 14 zu Art. 402 OR.

[21] BGE 51 II, 1925, S. 188, 558; GAUTSCHI, N. 7c zu Art. 402 OR; OSER/SCHÖNENBERGER, N. 4 zu Art. 402 OR. Selbstverständlich dürfen die Auslagen nicht in der Absicht gemacht werden, ein unerlaubtes oder unsittliches Ziel zu erreichen. Schmiergelder hat der Auftraggeber m. E. nicht zu ersetzen, selbst wenn sie weisungsgemäß bezahlt worden sind. GAUTSCHI, N. 15b zu Art. 397 OR; anderer Meinung BECKER, N. 4 zu Art. 402 OR.

[22] BGE 59 II, 1933, S. 256 ff.; 51 II, 1925, S. 188 f.; GAUTSCHI, N. 10b zu Art. 402 OR.

[23] In bezug auf Auslagen, die einen Schaden darstellen, BGE 59 II, 1933, S. 257.

mäßen Auslage erstrebte Zweck erreicht wird, ist für die Ersatzpflicht unerheblich, weil der Beauftragte für den Erfolg seines Wirkens nicht einsteht[24].

6. Die Ersatzpflicht entsteht und wird fällig mit der Vermögensverminde-
rung auf seiten des Beauftragten. Hat letzterer Geld ausgegeben, so beginnen
zu Lasten des Auftraggebers sofort Verwendungszinsen zu laufen[25]. Freilich
können die Parteien die Vorschußpflicht des Beauftragten und überhaupt eine
von Art. 402 OR abweichende Regelung vorsehen[26].

III. Befreiungsanspruch

Geht der Beauftragte Dritten gegenüber Verpflichtungen ein, so vermindert er zwar nicht seine Aktiven, erhöht aber die Passiven. Die Lage ist grundsätzlich dieselbe wie bei geleisteten Auslagen. Der Befreiungsanspruch ist deshalb unter denselben Voraussetzungen wie beim Auslagenersatz zu gewähren[27].

IV. Schadenersatzanspruch

1. Gemäß Art. 402 Abs. 2 OR ist der Auftraggeber zu Ersatz verpflichtet,
wenn dem Beauftragten aus dem Auftrag Schaden erwächst und der Auftraggeber sich nicht exkulpieren kann. In der Regel schädigt nicht der Auftraggeber direkt den Beauftragten. Der Schaden wird meist durch Dritte oder durch
Zufall bewirkt. Dennoch kann ein Verschulden des Auftraggebers vorliegen,
wenn er entgegen seiner Treuepflicht nicht alles Zumutbare unternimmt, um
den Beauftragten vor Schaden aus dem Auftrag zu bewahren[28]. Es handelt
sich um eine Nebenpflicht des Auftraggebers, deren schuldhafte Verletzung
eine vertragliche Haftung auslöst. So hat der Auftraggeber den Beauftragten
namentlich über besondere, ihm, aber nicht dem Beauftragten bekannte Ge-

---

[24] Becker, N. 5 zu Art. 402 OR; Oser/Schönenberger, N. 4 zu Art. 402 OR.
[25] Gautschi, N. 14 zu Art. 402 OR; Becker, N. 8 zu Art. 402 OR; Oser/Schönenberger,
N. 7 zu Art. 402 OR.
[26] Gautschi (N. 13a zu Art. 402 OR) erachtet den Vorausverzicht auf Auslagen- und Verwen-
dungsersatz als mit dem Mandat unvereinbar. Diese Auffassung hat den Nachteil, daß dem
Auftraggeber keine actio mandati directa zusteht, wenn der unentgeltlich tätige «Beauftragte» durch mangelnde Sorgfalt Schaden verursacht. Vgl. BGE 78 II, 1952, S. 51 f.
[27] Gautschi, N. 15 ff. zu Art. 402 OR; Oser/Schönenberger, N. 8 f. zu Art. 402 OR.
[28] Gautschi, N. 22 b zu Art. 402 OR; Becker, N. 10 zu Art. 402 OR.

fahren zu informieren. Die Sorgfaltspflicht des Auftraggebers wird dabei sehr weit gespannt. Es genüge *levissima culpa*[29]. Dadurch würde jedoch der dem Auftraggeber zugestandene Exkulpationsbeweis übermäßig erschwert und die Verschuldenshaftung praktisch einer objektiven Haftung angenähert. Für ein Berufsrisiko des Beauftragten bliebe kaum Platz. Die Sorgfaltspflicht des Auftraggebers hängt vielmehr von den Umständen ab. Dem im Auftragsgeschäft bewanderten Auftraggeber sind weitergehende Auskunfts- und Schutzmaßnahmen zuzumuten als dem Laien, der sich an einen Berufsbeauftragten wendet. Letzterer wird sich oft selber darum bemühen müssen, vom Auftraggeber Auskünfte über allfällige Gefahren zu erhalten.

2. Ohne Verschulden des Auftraggebers dem Beauftragten aus Auftrag erwachsene Schäden sind nach dem Wortlaut des Gesetzes nicht zu ersetzen. Ein Versehen des Gesetzgebers liegt an sich nicht vor, denn in Art. 402 Abs. 2 OR wird zu einer bekannten Streitfrage des gemeinen Rechts klar und ausgewogen Stellung bezogen[30]. Art. 402 Abs. 2 OR, der unverändert aus dem alten OR übernommen worden ist, steht nun aber in Widerspruch zu der Lösung, die der Gesetzgeber im revidierten OR für den analogen Fall des dem Geschäftsführer ohne Auftrag erwachsenen Schadens neu getroffen hat. Art. 422 OR sieht vor, daß dem Geschäftsführer nach Ermessen des Richters Schadenersatz zugebilligt wird. Da bei Geschäftsführung ohne Auftrag von einer Verletzung vertraglicher Pflichten des Geschäftsherrn nicht die Rede sein kann, ergibt sich, daß bei gleicher Interessenlage das Gesetz den Geschäftsführer ohne Auftrag besser stellt als den Beauftragten. Diesen Widerspruch im System nicht bemerkt und behoben zu haben, darf allerdings als Versehen des Gesetzgebers angesehen werden. Das Bundesgericht hat es gestützt auf Art. 1 ZGB in dem Sinne korrigiert, als bei unentgeltlichem Auftrag der dem Beauftragten erwachsene Schaden auch vom schuldlosen Auftraggeber zu ersetzen ist[31]. Beim entgeltlichen Auftrag hingegen trägt der Beauftragte die sogenannten Berufsrisiken[32]. Er kennt die Gefahren besser als der Auftraggeber, ist selber in der Lage, Schutzvorkehrungen zu treffen oder sich gegen Schädigungen zu versichern und allenfalls mit dem Auftraggeber ausdrücklich eine abweichende Risikoverteilung zu vereinbaren. Es geht also in diesen Fällen

---

[29] BGE 51 II, 1925, S. 189; GAUTSCHI, N. 11 b zu Art. 402 OR;

[30] C. CH. BURCKHARDT, ZSR 22, 1903, S. 507 ff.; KADEN, a. a. O. (Anm. 15), S. 19 ff.; GAUTSCHI, N. 21 a zu Art. 402 OR.

[31] BGE 48 II, 1922, S. 490; 61 II, 1935, S. 98.

[32] GAUTSCHI, N. 22 a zu Art. 402 OR; OSER/SCHÖNENBERGER, N. 12 zu Art. 402 OR; BECKER, N. 10 zu Art. 402 OR.

nicht um vertragliche Haftpflicht, sondern um sachgerechte Zuteilung von
Risiken[33].

Das Kriterium des Entgelts hat freilich keine absolute Geltung. Werden Geschäfte von einem berufsmäßigen Beauftragten ausnahmsweise unentgeltlich
besorgt, so ändert das hinsichtlich des «risque professionnel» nichts. Andererseits finden sich gerade bei den üblicherweise unentgeltlichen Aufträgen solche, die den Beauftragten einer erheblichen Gefahr aussetzen, etwa wenn er zu
einer Rettungsaktion aufgefordert wird. Sollte in einem solchen Fall dem
nicht berufsmäßigen Beauftragten ein Entgelt versprochen werden, so bedeutet das meines Erachtens an sich noch nicht, daß er die Risiken einer ihm
weder berufsmäßig noch sonst vertrauten Aktion übernimmt.

Selbstverständlich kommt eine Haftung des Auftraggebers nur für Schäden
in Frage, die adäquat kausal mit der Mandatsausführung zusammenhängen[34].
Das Bestehen eines solchen Zusammenhanges genügt indessen auch beim unentgeltlichen Auftrag noch nicht, um die Haftung des Auftraggebers zu begründen. Zur weiteren Einschränkung der objektiven Haftung des Auftraggebers ist nach wie vor die gemeinrechtliche Unterscheidung zwischen Schaden, der *ex occasione mandati* (bei Gelegenheit der Mandatsausführung) und
Schaden, der *ex causa mandati* (durch die Mandatsausführung) entstanden ist,
tauglich[35]. Für Schäden, die die Mandatsausführung «nur zufällig begleiten»,
haftet der Auftraggeber nicht; es braucht vielmehr einen «eindeutigen Kausalzusammenhang»[36]. Diese Formeln sind freilich alle recht unbestimmt und bedürfen daher der richterlichen Konkretisierung[37].

3. Die Schadloshaltung entfällt, wenn der Beauftragte nicht vertrags- oder
weisungsgemäß handelt, oder wenn er nicht die gebotene Sorgfalt walten

---

[33] Die Konstruktion einer (gesetzlichen) Gefährdungshaftung bei GAUTSCHI (N. 24 zu
   Art. 402 OR) erscheint als verfehlt. Für jeden Vertragstypus ist die ihm angemessene Haftungsregelung und Risikoverteilung aufzufinden. Der Gesichtspunkt der Gefährdung ist
   beim Mandat schon deswegen nicht generell zutreffend, weil der Beauftragte keineswegs
   besonderen Gefahren ausgesetzt sein muß. Es entfällt dann auch die Frage, ob die einjährige
   Verjährungsfrist des Art. 60 OR anwendbar ist.
[34] GAUTSCHI, N. 21 a zu Art. 402 OR.
[35] Vgl. dazu die Literatur vorne in Anm. 30.
[36] E. BETTI, Zum Problem der Gefahrtragung bei nichtsynallagmatischen Schuldverhältnis-
   sen, in: Gedenkschrift Rudolf Schmidt, Berlin 1966, S. 383 ff.
[37] Zum Beispiel ist zu berücksichtigen, ob das Mandat im ausschließlichen Interesse des Auftraggebers oder Dritter oder auch in jenem des Beauftragten liegt. Aus den Umständen, z. B.
   schon aus der vorbehaltlosen Erteilung eines Auftrages mit erhöhter Gefahr, kann auf eine
   Risikogarantie des Auftraggebers geschlossen werden. BECKER, N. 11 zu Art. 402 OR.

läßt [38]. Hingegen schließt ein Mitverschulden des Beauftragten Schadenersatzansprüche wegen schuldhafter Vertragsverletzung durch den Auftraggeber nicht schlechthin aus [39].

§ 8. Die Pflichten des Beauftragten

I. Ausführungsobligation des Beauftragten

1. Der Beauftragte verpflichtet sich vertraglich zur Ausführung der übernommenen Angelegenheit. Das geht aus Art. 398 Abs. 2 und 3 OR hervor, wonach der Beauftragte für getreue und sorgfältige Ausführung des ihm übertragenen Geschäfts haftet und in der Regel das Geschäft persönlich zu besorgen hat. Unterbleibt die Ausführung oder erfolgt sie unsorgfältig und hat dafür der Beauftragte einzustehen, so schuldet er im Prinzip das Erfüllungsinteresse. Dieser Konsequenz kann sich der Beauftragte freilich durch Niederlegung des Mandats entziehen, sofern die Ausführung überhaupt noch möglich ist. Trifft dies zu, ist aber die Kündigung zur Unzeit erfolgt, so hat der Beauftragte den dadurch entstandenen Schaden, nicht aber das Erfüllungsinteresse zu decken, denn der Auftraggeber kann das Geschäft entweder noch selbst besorgen oder durch neue Beauftragte besorgen lassen.

2. Es ist demnach keineswegs so, daß ein Erfüllungsanspruch des Auftraggebers zu verneinen ist mit dem Argument, der Beauftragte könne im nachhinein, also nach verpaßter Mandatsausführung des Beauftragten, geltend machen, die Kündigung sei ihm jederzeit freigestanden und er hätte infolgedessen keine echte Erfüllungspflicht gehabt [1]. Bei solcher Argumentation wer-

---

[38] GAUTSCHI, N. 21 b/c zu Art. 402 OR.

[39] GAUTSCHI (N. 22c zu Art. 402 OR) zieht nur jene Fälle in Betracht, bei denen der Beauftragte nicht eine Ausführungsobligation verletzt, sondern es lediglich unterlassen hat, alles vorzukehren, um den (ihn selber treffenden) Schaden abzuwenden. Die Verletzung von Sorgfaltspflichten in der Erfüllung der Ausführungsobligation hingegen präkludiere einen Schadenersatzanspruch (N. 21 c zu Art. 402 OR).

[1] Nicht zutreffend ist m. E. die Auffassung von GAUTSCHI (N. 26 zu Art. 395 OR), die Arbeitspflicht sei von einer Wollensbedingung abhängig und infolgedessen bestehe keine echte Obligation. Eine Haftung ergebe sich lediglich, weil die Pflicht, die Mandatsniederlegung anzuzeigen, verletzt worden sei. Worauf beruht aber die Haftung, wenn der Mandatar den Auftrag nicht durchgeführt hat, ohne ihn niederlegen zu wollen, oder wenn das Geschäft nicht mehr durchführbar ist?

den zwei verschiedene rechtliche Gesichtspunkte vermengt: nämlich die Erfüllungspflicht des Beauftragten, die solange besteht, als das Mandat andauert,
und die Beendigungsgründe des Auftrags.

3. Weiter ist zu prüfen, wie die *obligatio faciendi* des Beauftragten prozessual
durchsetzbar ist. GAUTSCHI[2] ist der Ansicht, bei Nichterfüllung wandle sich ex
lege die *obligatio faciendi* in eine Schadenersatzforderung. Das Fehlen eines «Er-
füllungsanspruchs auf Auftragsausführung» wird *e silentio* aus den Art. 398
und 399 OR gefolgert und rechtsvergleichend auf art. 1142 CCfr. gestützt[3].
Gewiß läßt sich die *obligatio faciendi* des Beauftragten nicht direkt erzwingen.
Die Prozeßgesetze können jedoch indirekte Zwangsmittel zur Verfügung
stellen, und es ist nicht einzusehen, warum dieser Vollstreckungsweg gegen
den Beauftragten versagen sollte[4]. Ebenso ist für vertretbare Leistungen die
Ermächtigung zur Ersatzvornahme gemäß Art. 98 Abs. 1 OR zu erteilen[5].
Wenn Art. 398 OR hierüber nichts enthält, so doch wohl nicht, weil die *obligatio faciendi* des Beauftragten von anderen Verpflichtungen zur Leistung persönlicher Dienste abweicht und sich bei Nichterfüllung von Gesetzes wegen
in eine Sekundärobligation auf Schadenersatz verwandelt, sondern vielmehr
weil auch für diese Ausführungsobligation die allgemeinen Grundsätze einer
Verpflichtung zu einem Tun gelten. Es lohnt sich kaum, die Frage weiterzuverfolgen, denn praktisch ist es doch wohl immer so, daß es nicht bis zu indirekter Zwangsvollstreckung und zu ermächtigter Ersatzvornahme kommen
wird, weil der Beauftragte schon vorher das Mandat niederlegt, wenn auch mit
Schadensersatzfolge, sofern zur Unzeit.

Allerdings trifft es zu, daß die Zwangsvollstreckung der Ausführungsobligation praktisch an der jederzeitigen Kündbarkeit des Mandats scheitert[6].
Auch im Vollstreckungsverfahren müßte berücksichtigt werden, daß es sich
um eine Auftragsobligation handelt, die der Bestimmung des Art. 404 OR un-

---

[2] N. 25, 26a zu Art. 395 OR; N. 10a zu Art. 397 OR; N. 1a zu Art. 398 OR; N. 30 zu Art. 400
   OR.
[3] J. CARBONNIER, Droit civil, tome 4: Les obligations, 9. Aufl., Paris 1976, S. 563 ff.; die Regel
   «nemo praecise cogi potest ad factum» hat auch im französischen Recht nicht absolute Geltung. Zu § 888 der deutschen ZPO, der in Abs. 2 indirekte Zwangsmittel gegen den Beauftragten nicht ausdrücklich ausschließt, vgl. STEIN/JONAS, Kommentar zur Zivilprozeßordnung, Bd. III, 19. Aufl., Tübingen 1975, Abschnitt III zu § 888 ZPO; J. BAUMANN, Zwangsvollstreckung, Bielefeld 1975, S. 387 ff.
[4] OSER/SCHÖNENBERGER, N. 3 zu Art. 98 OR; VON TUHR/ESCHER, S. 87 ff.; GUHL/MERZ/
   KUMMER, S. 63; B. MIESCHER, Die Folgen nicht vertragsgemäßer Arbeitsleistung nach dem
   Dienstvertragsrecht und nach den allgemeinen Bestimmungen des Obligationenrechts,
   Diss. Bern, Zürich 1968, S. 77 f.
[5] BECKER, N. 101 zu Art. 97 OR; N. 1 zu Art. 98 OR; MIESCHER, a. a. O. (Anm. 4), S. 78 ff.
[6] GAUTSCHI, N. 30a zu Art. 400 OR.

tersteht. Hingegen haben indirekte Zwangsmittel bei Nebenverpflichtungen des Beauftragten, die von der Kündigung nicht berührt werden, einen Sinn, vor allem bei der Pflicht zur Rechenschaftsablegung[7].

4. Bei Nichterfüllung eines entgeltlichen Auftrages[8] oder mangelhafter Erfüllung steht der Anwendung der Art. 107–109 OR nichts im Wege[9]. Freilich wird auch hier der Beauftragte, um dem vom Auftraggeber gewählten, allfällig ungünstigeren Erfüllungsanspruch zu entgehen, den Auftrag noch niederlegen, mit Schadenersatzfolge, sofern er zur Unzeit kündigt. Das grundsätzliche Festhalten am Erfüllungsanspruch auf sorgfältige Auftragsausführung kann im Interesse sowohl des Auftraggebers wie des Beauftragten liegen. Letzterer behält, wenn er will, trotz Säumnis die Möglichkeit der Auftragsausführung; der Auftraggeber bedarf zur Ersatzvornahme der behördlichen Ermächtigung und muß die gesetzlichen Voraussetzungen für die Ausübung des Gestaltungsrechts gemäß Art. 107 OR erfüllen.

Der Auftraggeber kann also bei Verzug nicht unmittelbar durch bloßen Widerruf vom Erfüllungsanspruch zum Schadenersatzanspruch übergehen[10]. Es ist deshalb zu unterscheiden zwischen dem Widerruf des Auftrags gemäß Art. 404 OR und dem Rücktritt gemäß Art. 107 OR mit Schadenersatzfolgen für den Beauftragten. Andererseits liegt der Anspruch auf Auftragsausführung unter Umständen auch im Interesse des Auftraggebers, wenn nämlich sonst niemand zur Dienstleistung verfügbar ist.

5. Schwerwiegende Verletzungen von Treuepflichten[11], namentlich die Verletzung der Diskretionspflicht, bilden einen wichtigen Grund für die sofortige Kündigung. Mahnung und Nachfristansetzung nach Art. 107 OR

---

[7] a. M. in bezug auf die Informationspflicht GAUTSCHI, N. 26 zu Art. 400 OR; zu Art. 405 bern. ZPO vgl. G. LEUCH, Die Zivilprozeßordnung für den Kanton Bern, 3. Aufl., Bern 1956, insbes. N. 4.

[8] Der entgeltliche Auftrag ist ein zweiseitiger Vertrag im Sinne von Art. 107 OR. BECKER, N. 10 zu Art. 82 OR; a. M. VON TUHR/PETER, S. 149, die immerhin den Frachtvertrag als zweiseitig anführen. Die Doktrin offenbar zögernd, vgl. OSER/SCHÖNENBERGER, N. 5 zu Art. 107 OR; ENGEL, S. 490. – Im Falle der verschuldeten Unmöglichkeit der Erfüllung eines entgeltlichen Auftrags kann der Auftraggeber zwischen positivem und negativem Interesse wählen. GUHL/MERZ/KUMMER, S. 221; M. AUBERT/J.-P. KERNEN/H. SCHÖNLE, Le secret bancaire suisse, Bern 1976, S. 37, N. 44; MIESCHER, a. a. O. (Anm. 4), S. 92.

[9] a. M. GAUTSCHI, N. 10b zu Art. 397 OR; N. 26a zu Art. 398 OR; N. 30b zu Art. 400 OR.

[10] Bereits entstandene Schadenersatzansprüche wegen Unsorgfalt oder Untreue bleiben vom Widerruf des Auftrages unberührt. Der Widerruf wirkt *ex nunc*, der Rücktritt gemäß Art. 107 Abs. 2 OR hingegen *ex tunc*. Bei Dauerschuldverhältnissen kommt nur Kündigung in Betracht, sobald die dauernde Hauptleistung eingesetzt hat; GAUCH, S. 163, 166. Zum Alleinvertretungsvertrag SCHLUEP, hinten S. 846; BGE 78 II, 1952, S. 36.

[11] AUBERT/KERNEN/SCHÖNLE, a. a. O., S. 36 ff.

sind hier sinnlos. Äußerlich unterscheiden sich in diesen Fällen Widerruf gemäß Art. 404 Abs. 1 OR und Kündigung aus wichtigem Grund in Analogie zu Art. 337b Abs. 1 und 418r Abs. 2 OR nicht; hingegen sind die Rechtsfolgen verschieden. Im Falle der Kündigung aus wichtigem Grund kann der Auftraggeber vollen Schadenersatz verlangen. Darunter fällt aber nicht das Interesse an der Erfüllung der Ausführungsobligation, da zu berücksichtigen ist, daß der Beauftragte den Auftrag jederzeit noch niederlegen könnte (mit Schadenersatzfolge, sofern dies zur Unzeit geschieht) [12].

II. Persönliche Auftragsausführung. Erfüllungsgehilfen. Mandatsübertragung

1. Der Beauftragte hat grundsätzlich den Auftrag persönlich zu erfüllen (Art. 398 Abs. 3 OR). Damit ist für den Auftrag die allgemeine Regel von Art. 68 OR, der persönliche Erfüllung nur dort vorsieht, wo es auf die Persönlichkeit des Schuldners ankommt, umgekehrt worden [13]. Da aber auch für den Auftrag gilt, daß Erfüllung durch einen Dritten dann zulässig ist, wenn der Auftraggeber einwilligt «oder wenn eine Vertretung übungsgemäß oder durch die Umstände geboten» ist, hat die Sonderregel von Art. 398 Abs. 3 OR keine große Tragweite. Denn einerseits kommt es gerade beim Mandat als dem Arbeitsvertrag der liberalen Berufe häufig auf die Persönlichkeit des Beauftragten an und andererseits sind im Bereich der Aufträge, bei denen das nicht zutrifft, Vertretungen weitgehend üblich und Ermächtigungen des Auftraggebers zum Beizug von Dritten häufig [14].

---

[12] AUBERT/KERNEN/SCHÖNLE, a.a.O., S. 39f.

[13] GAUTSCHI, N. 4 zu Art. 398 OR; BECKER, N. 12ff. zu Art. 398 OR. Es ist wohl zu Recht bestritten worden, daß dem Abs. 3 von Art. 398 OR diese allgemeine Bedeutung zukommt. Systematische und historische Gründe sprechen dafür, daß der Abs. 3 sich nur auf den Spezialfall der Auftragssubstitution bezieht, während für die Erfüllungsgehilfen die Regelung sich aus Art. 398 Abs. 1 OR in Verbindung mit Art. 327 Abs. 1 OR (in der alten Fassung des Dienstvertrages vor 1972) und Art. 364 OR ergibt. H. BÄCHLER, Über den Beizug eines Dritten durch den Beauftragten, Diss. Bern 1960, S. 14ff.; VON BÜREN, Der Auftrag, S. 83ff. Praktische Bedeutung kommt diesem Streitpunkt für die Frage der Zulässigkeit des Beizugs Dritter nicht zu. Sofern nämlich die Substitution erlaubt ist, dürfen auch Erfüllungsgehilfen im engeren Sinne beigezogen werden, während das Umgekehrte nicht gilt. OSER/SCHÖNENBERGER, N. 7 zu Art. 398 OR. Hingegen ist es für die Haftung des Beauftragten entscheidend, ob er einen Substituten oder einen Erfüllungsgehilfen beizieht (Art. 399 Abs. 2 OR; siehe hinten S. 73ff.).

[14] FRIEDRICH, S. 458f.; OSER/SCHÖNENBERGER, N. 6 zu Art. 398 OR.

Die persönliche Leistungspflicht des Beauftragten wird vom Gesetz vermutet, die Befugnis, einen Dritten zur Leistungserbringung beizuziehen, hat demnach der Beauftragte zu beweisen, während umgekehrt nach der Grundregel von Art. 68 OR der Gläubiger die persönliche Leistungspflicht des Schuldners beweisen muß[15].

2. Verwendet der Beauftragte u n b e f u g t e r w e i s e einen Dritten[16] zur Auftragsbesorgung, so haftet er gemäß Art. 399 Abs. 1 OR «für dessen Handlungen, wie wenn es seine eigenen wären». Die Formulierung ist indessen zu eng. Sie setzt eine Haftung fest, die den Schuldner für den Erfüllungsgehilfen ohnehin gemäß Art. 101 OR trifft. Im Grunde hätte der Gesetzgeber also nur die Haftungsmilderung ins rechte Licht gerückt, die er gemäß Art. 399 Abs. 2 OR für den Fall der befugten Verwendung von Hilfspersonen vorgesehen hat. Eine solche Auslegung befriedigt jedoch kaum. Sie trägt dem Umstand nicht Rechnung, daß die unbefugte Verwendung von Hilfspersonen an sich schon eine Vertragsverletzung darstellt[17], die sich beim Auftraggeber schädigend auswirken kann. Der Beauftragte haftet in einem solchen Fall, selbst wenn der Auftrag durch den Gehilfen vertragskonform ausgeführt worden ist, das heißt, wenn den Beauftragten bei persönlicher Erfüllung keine Haftpflicht treffen würde. Man denke etwa an das Interesse des Auftraggebers, die Kenntnis privater Angelegenheiten auf einen von ihm persönlich ausgewählten Personenkreis zu beschränken.

3. Wesentlich differenzierter stellen sich die Sachverhalte und entsprechend die Rechtsfolgen bei e r l a u b t e r Verwendung von Dritten zur Auftragsbesorgung dar. Die gesetzliche Regel von Art. 399 Abs. 2 OR wird dieser Vielfalt nicht gerecht. Die Rechtsprechung ist zu wenig ergiebig, um umfassend Klarheit zu schaffen, die Lehre uneinheitlich, sowohl in der Terminologie als auch in der Sache.

a) Daß der Beauftragte Erfüllungsgehilfen verwenden darf für die üblichen Hilfsarbeiten, die die persönlich zu leistende *obligatio faciendi* mit sich bringt, versteht sich von selbst, sofern nicht das Gegenteil vereinbart worden ist. Normalerweise ist der Beauftragte zur Verwendung von Personal in Kanzlei, Labor, Praxis etc. ohne weiteres berechtigt. Zweifellos ist auf diese Kategorie von Erfüllungsgehilfen Art. 101 Abs. 1 OR und nicht die Sonderregel von

---

[15] BÄCHLER, a. a. O., S. 3; N. JAUSSI, Die Auftragssubstitution nach schweizerischem Obligationenrecht, Diss. Zürich, 1926, S. 1 f.

[16] Nach seinem Wortlaut betrifft Art. 399 Abs. 1 OR die Auftragssubstitution. Eine Unterscheidung zwischen Erfüllungsgehilfe und Substitut ist bei unbefugter Beiziehung von Dritten sachlich jedoch nicht gerechtfertigt.

[17] BÄCHLER, a. a. O., (vorne Anm. 13), S. 12; VON TUHR/ESCHER, S. 124.

Art. 399 Abs. 2 OR anwendbar. Es ist kein Grund ersichtlich, den Beauftragten in bezug auf die Haftung für Erfüllungsgehilfen besser zu stellen als andere Schuldner, die zur Erhöhung ihrer Leistungskapazität Hilfspersonen einsetzen [18].

b) Ebenfalls ohne Wirkung ist die Regel von Art. 399 Abs. 2 OR dann, wenn der Beauftragte den Erfolg seines Wirkens garantiert hat. Er kann von seinem Versprechen nicht abrücken unter dem Hinweis, Fehler seien von Hilfspersonen begangen worden [19].

c) Werden Hilfspersonen befugterweise zur Erfüllung der eigentlichen *obligatio faciendi* verwendet, so sind zwei Fälle zu unterscheiden:

aa) Die Hilfsperson wirkt im Interesse des B e a u f t r a g t e n, der einen «Betrieb» organisiert hat, um damit eine größere und ergiebigere Geschäftstätigkeit entfalten zu können [20]. Hier haftet der Beauftragte gemäß der Regel von Art. 101 OR. Wie schon unter lit. a) bemerkt, rechtfertigt nichts, daß der Beauftragte besser gestellt ist als ein anderer, Hilfspersonen beiziehender Schuldner. Ob der Erfüllungsgehilfe im Innenverhältnis zum Beauftragten Arbeitnehmer, Beauftragter, Werkunternehmer usw. ist, spielt keine Rolle.

bb) Der Beauftragte wendet sich, um den Auftrag sachgemäß zu erfüllen, an einen Spezialisten, dem er seinerseits einen Auftrag erteilt. Der Beizug des Dritten liegt im Interesse des Auftraggebers. Erteilt der Hauptbeauftragte in einer solchen Lage einen Unterauftrag, um seine *obligatio faciendi* ganz oder teilweise zu erfüllen, so fällt der Sachverhalt unter Art. 399 Abs. 2 OR. Ob dabei der Beauftragte als direkter oder indirekter Stellvertreter des Hauptauftraggebers auftritt, ist unerheblich, hingegen gilt die Sonderregelung nur dann, wenn der Dritte im Auftragsverhältnis, nicht wenn er etwa im Arbeitsvertragsverhältnis beigezogen wird [21]. Die Beschränkung der Haftung auf *culpa in eligendo et instruendo* unter Ausschluß der *culpa in custodiendo* rechtfertigt sich hier, weil eine Überwachung des Unterbeauftragten durch seinen Auftraggeber kaum möglich ist. Der Dritte ist für den Gegenstand des Unterauftrags die sachkundige Partei und arbeitet als Beauftragter in Unabhängigkeit und Selb-

---

[18] GAUTSCHI, N. 40c und d zu Art. 390 OR; OSER/SCHÖNENBERGER, N. 7 zu Art. 398 OR; BECKER, N. 13 zu Art. 398 OR. BGE 92 II, 1966, S. 238 ff.
[19] GAUTSCHI, N. 40c, d, f zu Art. 398 OR.
[20] BÄCHLER, a. a. O., S. 30.
[21] GAUTSCHI, N. 40c, Ziff. 3 zu Art. 398 OR; OSER/SCHÖNENBERGER, N. 2 zu Art. 399 OR; BECKER, N. 3 zu Art. 399 OR. – Steht der Dritte zum Beauftragten in einem Arbeitsvertragsverhältnis, so besteht wegen der Beaufsichtigungsmöglichkeit kein Anlaß, den Beauftragten von seiner Haftung für culpa in custodiendo zu befreien.

ständigkeit. Die Beispiele dieser Art von Unterauftrag sind in der Praxis zahllos: der behandelnde Arzt zieht als Spezialisten einen Chirurgen, Internisten, Radiologen usw. bei; der beratende Anwalt einen Spezialisten für Steuerrecht, für internationales Privatrecht, für ausländisches Recht usw. Oder wollte man etwa den hauptbeauftragten Anwalt, der sich in einer schwierigen Frage sorgfältigerweise und gewissenhaft auf ein professorales Gutachten abstützt, für einen (horribile dictu) Kunstfehler des Gutachters haften lassen? Kaum. Er steht richtigerweise gemäß Art. 399 Abs. 2 OR nur für *culpa in eligendo et instruendo* ein[22]. Gewissermaßen als Ausgleich für die reduzierte Haftung in bezug auf den Unterbeauftragten gewährt Art. 399 Abs. 3 OR dem Hauptauftraggeber direkte Ansprüche gegen den Unterbeauftragten. Ein solcher Auftrag wird deshalb als Vertrag zugunsten Dritter qualifiziert[23].

Das Charakteristische des Tatbestands liegt also darin, daß der Hauptbeauftragte den Unterbeauftragten nicht zur Bewältigung eines größeren Geschäftsvolumens beizieht, sondern im ausschließlichen Interesse des Hauptauftraggebers, um nämlich dessen Geschäfte in jeder Hinsicht fachmännisch zu besorgen[24].

d) Schließlich kann das bloße Vermitteln eines Dritten, der den Auftrag übernehmen und ausführen soll, Inhalt des ersten Auftrages sein[25]. Es ist wiederum klar, daß der Erstbeauftragte nur für Sorgfalt in der Auswahl und allenfalls in der Instruktion des Dritten haftet. Solche Verträge, die das Vermitteln eines geeigneten Dritten zum Ziele haben, sind in der Praxis ebenfalls häufig. Auch in diesem Fall sind mehrere Varianten möglich: der Hauptauftraggeber verpflichtet den vermittelten Dritten selbst, oder der Dritte wird durch den Beauftragten als direkter oder indirekter Stellvertreter verpflichtet.

4. Das übliche Schema zur Erfassung der verschiedenartigen Situationen, bei denen Dritte in die Mandatsbesorgung eingeschaltet werden, unterschei-

---

[22] Zu rigoros BÄCHLER, a.a.O. (vorne Anm. 13), S. 38 ff.; VON BÜREN II, S. 131; FRIEDRICH, S. 458 ff. Diese Autoren beschränken den Art. 399 Abs. 2 OR auf diejenigen Fälle, bei denen der Beauftragte als Hauptaufgabe oder als Ersatzleistung dem Auftraggeber eine fremde Arbeitskraft verschaffen muß.

[23] GAUTSCHI, N. 10c zu Art. 399 OR.

[24] B. SCHNYDER, Die Haftung des Arztes für seinen Vertreter, SJZ 51, 1955, S. 107, mit Hinweis auf VON TUHR/SIEGWART, Bd. II, S. 564 (= VON TUHR/ESCHER, S. 123) und BECKER, N. 5 zu Art. 399 OR.

[25] Der Dritte kann, im Gegensatz zu dem oben unter lit. *c)* behandelten Fall, durch einen beliebigen Arbeitsvertrag verpflichtet werden. Die Frage der culpa in custodiendo stellt sich nicht, denn der Beauftragte schuldet bloß die Verschaffung einer Arbeitskraft. BÄCHLER, a.a.O. (vorne Anm. 13), S. 49 f.; a. M. GAUTSCHI (siehe hinten Anm. 30), der aber einen weiter gefaßten Substitutsbegriff zugrundelegt.

det zwischen Hilfspersonen im engeren Sinne (Erfüllungsgehilfen), Auftragssubstituten und Ersatzbeauftragten. Nach VON BÜREN[26] und FRIEDRICH[27] ist
der sogenannte Auftragssubstitut (Unterbeauftragte) wie ein Erfüllungsgehilfe zu behandeln, Art. 399 Abs. 2 OR demgemäß nur auf den Ersatzbeauftragten[28], nicht aber den Unterbeauftragten anwendbar. Diese Autoren
machen geltend, daß die Praxis (und teilweise auch die Doktrin) «bei der Annahme eines Unterauftragsverhältnisses außerordentlich zurückhaltend»
ist[29]. GAUTSCHI[30] ist demgegenüber für eine Anwendung von Art. 399 Abs. 2
OR auf alle Fälle einer Auftragssubstitution. Als Substituten betrachtet er den
Erfüllungsgehilfen des Beauftragten, «der ganz oder teilweise die Ausführung
der ‹persönlichen› Verrichtungen des Beauftragten, namentlich der geistigen
oder künstlerischen Arbeit übernimmt». Er gelangt dabei zu dem Ergebnis,
daß die Mandatsbesorgung durch Associés des hauptbeauftragten Anwalts
oder Architekten auch ohne ausdrückliche Einwilligung des Auftraggebers
zulässig sei und daß für den Substituten vom Hauptbeauftragten nur gemäß
Art. 399 Abs. 2 OR gehaftet werde[31]. Das Resultat erscheint anfechtbar[32],
denn GAUTSCHI[33] stellt fest: «Assoziationen werden in freien Berufen eingegangen, um eine vernünftige Arbeitsteilung zu ermöglichen». Vernünftig ist
diese Arbeitsteilung eher als vom Standpunkt des Auftraggebers, von jenem
des Beauftragten aus, der seinen «Betrieb» mit Hilfe von Associés zweckmäßi-
ger einrichten kann. Daß bei Anwaltsgeschäften die Dossiers von einer Hand
in die andere wandern, ist übrigens von den Klienten kaum erwünscht. Es läge
also hier vielmehr Beizug eines Erfüllungsgehilfen im Interesse des Beauftragten vor, was zur Haftung gemäß Art. 101 OR führt.

Im Fall des ärztlichen Ferienvertreters ist zu unterscheiden[34]:

---

[26] II, S. 131 f.

[27] S. 462 f.

[28] Um einen Ersatzbeauftragten handelt es sich, «wo der Inhalt des Auftrages geradezu darin
besteht, einen anderen Beauftragten zu suchen, der an Stelle des Erstbeauftragten das Geschäft besorgen soll, oder wo doch der Auftraggeber deutlich zu erkennen gegeben hat, daß
er mit der vollen Übertragung des Auftrages an einen anderen einverstanden sei» (FRIED-
RICH, S. 463). Siehe zu anderen Definitionen hinten S. 77.

[29] FRIEDRICH, S. 462; VON BÜREN, Der Auftrag, S. 90, N. 20.

[30] N. 40c, Ziff. 2 zu Art. 398 OR. Zum Begriff der Substitution VON TUHR/ESCHER, S. 24. Für
bloß graduellen Unterschied zwischen Erfüllungsgehilfen und Erfüllungsvertreter BÄCH-
LER, a.a.O. (vorne Anm. 13), S. 4 ff., 7 f., 19 f.

[31] GAUTSCHI, N. 42b zu Art. 398 OR in Verbindung mit N. 40c, Ziff. 3.

[32] FRIEDRICH, S. 462.

[33] N. 42b zu Art. 398 OR.

[34] ZR 52, 1953, S. 352, Nr. 207. SCHNYDER, a.a.O. (vorne Anm. 24), S. 105 ff.; VON BÜREN II,
S. 132, N. 17; BÄCHLER, a.a.O. (vorne Anm. 13), S. 33 ff.

aa) Der abwesende Arzt verweist seine Patienten an einen andern, selbständig praktizierenden Arzt, der sich bereit erklärt, diese Vertretung zu besorgen. Hier kann nur *culpa in eligendo et instruendo* vorliegen; der vertretende Arzt steht zu dem vermittelten Patienten in einem unabhängigen Auftragsverhältnis.

bb) der Vertreter arbeitet in der Praxis des abwesenden Arztes, in der Regel im Arbeitsvertragsverhältnis. Der Arzt kann auf diese Weise «seinen Betrieb» trotz Abwesenheit weiterführen; er haftet für den Vertreter gemäß Art. 101 OR.

Uneinheitlich ist auch die Verwendung des Terminus Ersatzbeauftragter. In einem engen Sinn versteht ihn zum Beispiel GAUTSCHI [35]. Für ihn ist es der vom Hauptauftraggeber bestimmte Beauftragte eines bedingten oder aufschiebend befristeten Auftrags, der seine Wirkungen entfalten soll, falls der erste Auftrag mit demselben Inhalt hinfällig wird. Der Hauptauftraggeber sichert auf diese Weise eine zeitlich lückenlose Wahrung seiner Interessen [36]. Endlich werden außerdem auch gewisse Substitute als Ersatzbeauftragte bezeichnet. Nämlich jene, die zum Hauptauftraggeber in ein direktes Mandatsverhältnis treten und so die *obligatio faciendi* des ersten Beauftragten ablösen [37].

5. Von geringerem Gewicht, aber doch im Sinne der oben vertretenen Lösung ist das Argument, daß Art. 399 Abs. 2 OR als *lex specialis* gegenüber der *lex generalis* von Art. 101 OR der restriktiven Auslegung bedarf. In der Literatur wird ferner die Analogie zu Art. 449 OR hervorgehoben [38]. Der Frachtführer haftet danach für seinen Zwischenfrachtführer nach dem Grundsatz von Art. 101 OR. Es handelt sich jedoch insofern um einen Sonderfall, als die Haftung des Frachtführers (Art. 447 OR) über jene des gewöhnlichen Beauftragten (Art. 398 OR) hinausgeht und als Erfolgshaftung ausgestaltet ist. Dies erklärt sich historisch, weil im gemeinen Recht der Frachtvertrag als Werkvertrag galt. Aus der objektiven Haftung des Frachtführers folgt zwangsläufig das Einstehenmüssen für den Zwischenfrachtführer [39].

---

[35] N. 44 zu Art. 398 OR.

[36] BGE 78 II, 1952, S. 452.

[37] JAUSSI, a.a.O. (vorne Anm. 15), S. 20ff. Eine nähere Erörterung darf unterbleiben, weil es sich bei Substitution und Ersatzauftrag nicht um gesetzliche Begriffe handelt und weil die Begriffe wenig ergiebig sind, verläuft doch der Anwendungsbereich von Art. 399 Abs. 2 OR quer durch die Substitutionsfälle, die ihrerseits von jenen der Erfüllungsgehilfen nur graduell verschieden sind.

[38] GAUTSCHI, N. 40 f. zu Art. 398 OR; FRIEDRICH, S. 464.

[39] Siehe hinten S. 171 f.

III. Weisungen (Vorschriften)

1. Wenn der Auftraggeber eigene Geschäfte einem Beauftragten zur Besorgung anvertraut, so oft deswegen, weil ihm die Materie unvertraut ist, zumal es sich häufig um komplexe Angelegenheiten handelt, die sich nicht bis in alle Verästelungen voraussehen lassen. Ferner können sich die Verhältnisse nach der Auftragserteilung objektiv verändern oder es ändert deren subjektive Beurteilung durch den Auftraggeber. Das alles hat zur Folge, daß der Auftrag bei seiner Erteilung nicht immer endgültig und genügend präzis umrissen werden kann und deshalb durch einseitige Weisungen des Auftraggebers auch nachträglich noch modifiziert werden muß. Der Beauftragte hat dem Wesen des Auftrags gemäß die Interessen des Mandanten zu wahren und das kann nur bedeuten, daß er sich um die a k t u e l l e n Interessen zu bemühen hat, und nicht auf derjenigen Lage beharren darf, die bei der Mandatserteilung bestanden hat. Denn der Mandatar hat sein eigenes, legitimes Interesse an der Ausführung des Mandats sowie an deren Art und Weise zurückzustellen hinter die jeweiligen Interessen des Auftraggebers. Daß der Auftraggeber zur Wahrung seiner Interessen einen Beauftragten beizieht, ändert nichts an seinem Recht, in den eigenen Angelegenheiten nach Belieben zu verfahren[40].

2. Rechtlich sind die Weisungen einseitige, empfangsbedürftige Willenserklärungen des Auftraggebers, mit denen der Inhalt des Auftrags konkretisiert oder auch abgeändert wird[41]. Der Auftraggeber kann auf das Weisungsrecht nicht verzichten. Die Weisungen sind widerruflich und abänderlich, weshalb Bedenken bestehen, das Weisungsrecht den Gestaltungsrechten zuzuordnen[42]. Freilich kann der Auftraggeber den Vertragsinhalt, auch wenn es sich nicht um die Bezeichnung des Gegenstandes, sondern um Ausführungsabreden handelt, einseitig nicht beliebig abändern. Die Weisungsbefugnis besteht nur innerhalb des vereinbarten Vertragsgegenstandes. Überschreitet die Weisung diese Grenze, so liegt bloß eine Offerte für einen neuen Auftrag vor, der bei Stillschweigen des Beauftragten freilich meist als angenommen zu gelten hat[43]. Der Unterschied ist wesentlich. Bei einer dem Beauftragten nicht geneh-

---

[40] Das Mandat gibt dem Beauftragten, von abweichenden Vereinbarungen abgesehen, kein exklusives Recht auf die Geschäftsbesorgung. Umso weniger steht ihm ein Anspruch zu, das Geschäft genau so besorgen zu dürfen, wie es ihm ursprünglich aufgetragen worden ist. Daran ändert auch nichts, daß der Beauftragte an der Mandatsangelegenheit (vom Honorar abgesehen) ein eigenes Interesse hat. Wer den einseitigen Weisungen entgehen will, muß einen Gesellschaftsvertrag abschließen.
[41] GAUTSCHI, N. 2 zu Art. 397 OR; VISCHER, Schweiz. Privatrecht, Bd. VII/1, S. 333 ff.
[42] GAUTSCHI, N. 2c, 5 zu Art. 397 OR; VON TUHR/PETER, S. 147.
[43] GAUTSCHI, N. 3a zu Art. 397 OR.

men Weisung kann er den Auftrag niederlegen, was aber unter Umständen
eine Schadenersatzforderung auslöst. Hingegen ist er völlig frei, eine Auftragsofferte anzunehmen oder abzulehnen. Wo die Grenze zwischen Weisung
und Antrag zu einem neuen Auftrag verläuft, läßt sich kaum generell bestimmen. Verbreitet ist die Meinung, Weisungen erfolgten stets nach Vertragsabschluß, während der vereinbarte Vertragsinhalt nur einverständlich abgeändert werden könne[44]. Das ist zu vereinfachend. Es ist weitgehend Zufall, in
welchem Maße der Auftrag gleich zu Beginn konkretisiert wird. Dies hängt
zum Beispiel davon ab, wieviel Zeit die Parteien für ihre erste Besprechung
aufbringen wollen. Man wird deshalb nach materiellen Kriterien suchen müssen. Aus der deutschen Rechtsprechung stammt die Formel, daß Weisungen
für den Beauftragten nicht «beschwerend» sein dürfen[45]. Aber «beschwerend» ist letztlich jede Konkretisierung des Auftrags, weil sie den Spielraum
des Schuldners einengt. Allerdings kann die Weisung den Auftrag auch unbestimmter machen, das heißt dem Beauftragten mehr Spielraum geben. Der
ausschließlich mit der Prozeßführung beauftragte Anwalt erhält Weisung, die
Erledigung des Streitfalles auch durch Vergleich zu versuchen. Diese Vorschrift könnte ebenfalls als «beschwerend» angesehen werden, weil dem Beauftragten zusätzliche Bemühungen zugemutet werden.

Von der verbindlichen Weisung zu unterscheiden sind bloße Vorschläge
und Anregungen des Auftraggebers[46]. Sie binden den Beauftragten nicht, der
nach eigenem Fachwissen den richtigen Weg einschlagen soll.

3. Rechtswidrige und unsittliche Weisungen darf der Beauftragte nicht befolgen[47]. Hingegen machen sie weder den gesamten Auftrag ungültig, noch
sind sie als inexistent zu betrachten, so daß der Beauftragte freie Hand erhielte.
Der Beauftragte muß vielmehr, sofern er nicht den Auftrag niederlegt, die
Weisung unverzüglich ablehnen und andere Weisungen verlangen, allenfalls
solche vorschlagen. Er gibt damit dem Auftraggeber Gelegenheit, den Auftrag zu widerrufen, falls dieser beim Wegfall seiner Vorschriften daran nicht
mehr interessiert ist. Rechtswidrige und unsittliche Weisungen, die nicht ausgeführt werden, befreien den Beauftragten nicht von seiner Ablieferungspflicht (BGE 99 Ia, 1973, S. 417 ff.).

---

[44] Oser/Schönenberger, N. 3 zu Art. 398 OR; in bezug auf Weisungen im Werkvertrag siehe
F. Nicklisch, Risikoverteilung im Werkvertragsrecht bei Anweisungen des Bestellers, in:
Festschrift F. W. Bosch, Bielefeld 1976, S. 734 ff.

[45] Gautschi, N. 3a zu Art. 397 OR.

[46] Die Trennung nach imperativen, deklarativen und fakultativen Weisungen, die Oser/
Schönenberger (N. 2 zu Art. 397 OR) vertreten (siehe auch Becker, N. 4 zu Art. 397 OR),
ist praktisch schwer durchführbar; Gautschi, N. 2b zu Art. 397 OR.

[47] Gautschi, N. 11–15 zu Art. 397 OR.

Unzweckmäßige Weisungen sind im Prinzip verbindlich, doch ist es Pflicht des Beauftragten, den Auftraggeber auf diesen Umstand aufmerksam zu machen[48]. Das fließt aus der Treuepflicht des Beauftragten, der in der Regel wegen seines überlegenen Fachwissens beigezogen wird und auf dessen Rat der Auftraggeber Anspruch hat. Beharrt der Auftraggeber auf der Weisung, so muß sie der Beauftragte ausführen oder, wenn ihm dies unerträglich ist, das Mandat niederlegen. Bei der Ausführung unzweckmäßiger Weisungen ist analog die den Werkvertrag betreffende Bestimmung von Art. 369 OR heranzuziehen. Die gerechtfertigte Abmahnung des Beauftragten hat zur Folge, daß ihm kein Verschulden zur Last gelegt werden kann, wenn die Weisung eine Schädigung des Auftraggebers zur Folge hat. Ohne Abmahnung hat der Beauftragte die Verantwortung für seine Tätigkeit zu tragen, auch wenn sie weisungskonform ist.

4. In einem *obiter dictum* hat das Bundesgericht (BGE 91 II, 1965, S. 439) ausgeführt, die Prozeßtaktik sei Angelegenheit des Anwalts und dieser deshalb berechtigt, diesbezügliche Weisungen abzulehnen. Grundsätzlich ist aber nicht einzusehen, warum es weisungsfreie Bereiche geben sollte. Der Beauftragte kann zum Beispiel ein erhebliches Interesse daran haben, daß gewisse Sachverhalte oder juristische Erwägungen nicht oder erst später vorgebracht werden. Kann der Beauftragte die Weisungen mit seinem Berufsgewissen nicht vereinbaren, so muß er das Mandat niederlegen oder dem Auftraggeber mitteilen, daß er sich an diese Weisungen nicht halten könne. Es ist dann Sache des letzteren, falls er an seiner Weisung festhalten möchte, den Auftrag zu widerrufen.

5. Von verbindlichen Weisungen darf und muß der Beauftragte unter drei kumulativen Bedingungen abweichen[49]:
a) Die Sachlage weicht von den Voraussetzungen der Parteien ab.
b) Die Umstände verhindern das Einholen neuer Weisungen.
c) Das vom Beauftragten gewählte Vorgehen entspricht dem vermutlichen Willen des Auftraggebers[50].

6. Sind die Voraussetzungen für ein erlaubtes Abweichen von Weisungen nicht gegeben, so stellt die Weisungsmißachtung einen Fall von Vertragsver-

---

[48] GAUTSCHI, N. 17/18 zu Art. 397 OR.
[49] GAUTSCHI, N. 17–19 zu Art. 397 OR; OSER/SCHÖNENBERGER, N. 4/5 zu Art. 397 OR; BECKER, N. 6–11 zu Art. 397 OR.
[50] Diese Voraussetzung ist bei den sog. imperativen Weisungen (siehe vorne Anm. 46) nicht erfüllt. Hier gilt, daß der Beauftragte nur zu gehorchen, nicht zu denken hat, während er sonst «denkenden Gehorsam» schuldet; VON BÜREN, Der Auftrag, S. 60 f.

letzung dar[51]. Grundsätzlich kann der Auftraggeber auf weisungskonformer Leistung beharren und die Annahme nichtkonformer Leistung verweigern. Ist die Leistungserbringung nicht mehr möglich, so ist Schadenersatz wegen Nichterfüllung geschuldet. In vielen Fällen läßt sich indessen das Ergebnis noch korrigieren, indem der Beauftragte den dem Auftraggeber erwachsenen Schaden auf sich nimmt, zum Beispiel die Preisdifferenz bei Nichtbeachtung von Limiten. Art. 397 Abs. 2 OR gibt dem Beauftragten das Recht, den Schadenersatz in dieser Form zu leisten. Der Auftraggeber hat alsdann die Leistung als gehörige Erfüllung anzunehmen; er kann deren Annahme nicht verweigern und keinen Schadenersatz wegen Nichterfüllung verlangen.

7. Hingegen ist der Haftungsmaßstab bei unerlaubter Abweichung von Vorschriften verschärft, indem der Beauftragte das Risiko der vorschriftswidrigen Tätigkeit trägt; freilich muß der dem Auftraggeber erwachsene Schaden eine Folge der Weisungsabweichung sein. Besteht kein Kausalzusammenhang, das heißt wäre der Schaden auch bei weisungsgemäßem Verhalten eingetreten, haftet der Beauftragte nicht. Dem Beauftragten steht der Beweis offen, daß er von der Weisung u n v e r s c h u l d e t abgewichen ist. Die Abweichung von einer unzweckmäßigen, aber verbindlichen (imperativen) Weisung wird an sich meist keinen Schaden verursachen, ist aber dennoch zu vermeiden, weil der Beauftragte das Risiko trägt für Schäden, die sich zufällig ereignet haben, bei weisungsgemäßer Erfüllung aber verhütet worden wären[52].

8. Sind vorschriftswidrige Geschäfte des Beauftragten mit einem bösgläubigen Dritten nichtig? Dies ist zu verneinen, wenn der Beauftragte in eigenem Namen abschließt. Der Dritte darf es (sofern er von der Vertretung weiß) dem Beauftragten überlassen, sich um die nachträgliche Genehmigung zu bemühen oder allenfalls den Nachteil des Geschäftes auf sich zu nehmen (Art. 397 Abs. 2 OR)[53]. Handelt der Beauftragte als direkter Stellvertreter, so schränkt die Weisung in der Regel die interne Vollmacht ein[54]; genehmigt der Auftraggeber das weisungswidrige Geschäft nicht oder übernimmt der Beauftragte die Nachteile gemäß Art. 397 Abs. 2 OR nicht, ist das Geschäft nichtig, der

---

[51] GAUTSCHI, N. 20–23 zu Art. 397 OR; OSER/SCHÖNENBERGER, N. 7 zu Art. 397 OR; BECKER, N. 8 zu Art. 397 OR.

[52] Das Verschulden des Beauftragten liegt in der Weisungsabweichung.

[53] a. M. GAUTSCHI, N. 9b zu Art. 397 OR.

[54] GAUTSCHI, N. 9a zu Art. 397 OR. Es kann aber auch der Wille des Auftraggebers sein, nur den Auftrag, nicht jedoch die Vollmacht einzuschränken; VON TUHR/SIEGWART, Bd. II, S. 314f. Zu der Beschränkung externer Vollmachten durch Weisungen, siehe Art. 34 Abs. 3 OR.

gutgläubige Dritte kann indessen vom Beauftragten Schadenersatz verlangen (vgl. Art. 34, 38, 39 OR).

IV. Treuepflichten: Selbstkontrahieren und Doppelvertretung

1. Der Beauftragte ist zur Wahrung der Interessen des Auftraggebers oder einer von diesem bezeichneten Person verpflichtet. Er hat diese Interessen anderen Interessen vorzuziehen. Der Beauftragte gerät in einen unlösbaren Interessenkonflikt, wenn er bei Vertretung entgegengesetzter Interessen die Priorität der Interessenwahrung nach mehreren Seiten gewähren muß. Deshalb fließt aus der Treuepflicht, die auf der Grundlage von Art. 2 Abs. 1 ZGB dem Schuldner gebietet, nach Treu und Glauben zu erfüllen[55], daß der Mandatar derartigen Interessenkollisionen ausweicht. Typische und ausgeprägte Fälle entgegengerichteter Interessen der Auftragsparteien treten oft bei Selbstkontrahieren und bei Doppelvertretung ein. Wenn der Gesetzgeber den Selbsteintritt nur für die Kommission und nur unter Einschränkungen zugelassen hat (Art. 436–438 OR)[56], so ist aus dem Gesetzessystem zu schließen, daß das Selbstkontrahieren und die unter dem Gesichtspunkt der Interessenkollision gleichzustellende Doppelvertretung in den übrigen Mandatsfällen eine Verletzung der Treuepflicht darstellen und deshalb unstatthaft sind. Ob der vom Beauftragten ebenfalls vertretene Dritte dem Vertreter auch einen Auftrag erteilt oder ob die Vertretung auf einem anderen Rechtsverhältnis beruht, ist unerheblich.

2. Selbstkontrahieren und Doppelvertretung sind freilich nicht schon an sich verpönt, sondern nur insofern, als der Beauftragte gegensätzliche Interessen zu wahren hat und dieser Sachverhalt weder dem Willen des Auftraggebers entspricht noch nachträglich genehmigt wird[57]. Ist indessen ein Interessenkonflikt ausgeschlossen, so widersprechen Selbstkontrahieren und Doppelvertretung der Treuepflicht nicht. Sie sind demnach zulässig, wenn die vom Beauftragten vertretenen Interessen parallel verlaufen[58] oder wenn der

---

[55] H. MERZ, Berner Kommentar, Bd. I/1: Einleitung, Bern 1962, N. 262 zu Art. 2 ZGB; VON BÜREN, Der Auftrag, S. 30 ff., 35 f.

[56] Siehe hinten S. 158 ff. F. GILLIARD, Le contrat avec soi-même (Etude de droit comparé et de science juridique pure), Diss. Lausanne 1946, S. 164 ff., 246 ff.

[57] GAUTSCHI, N. 49a zu Art. 396 OR; N. 10 zu Art. 398 OR; GUHL/MERZ/KUMMER, S. 150 f.; VON TUHR/SIEGWART, Bd. I, S. 316 f.; VON BÜREN I, S. 158 f.; BGE 93 II, 1967, S. 481 f.; 89 II, 1963, S. 321 ff., insbes. auch BGE 39 II, 1913, S. 566. Selbstkontrahieren eines Organs einer jur. Person BGE 95 II, 1969, S. 452 f.

[58] Ob das bei reinen Erfüllungsgeschäften (von unbestrittenen Zahlungen abgesehen, GAUT-

Auftrag Angelegenheiten zum Gegenstand hat, die ihrer Natur nach einem Ausgleich rufen (z. B. Vertretung von Gruppen- und Gesellschaftsinteressen). Auch können die Auftraggeber eben gerade einen Interessena u s g l e i c h herbeiführen wollen und deshalb den Beauftragten mit einer Vermittlung betraut haben. Endlich kann der Auftraggeber zum vornherein oder nachträglich durch Genehmigung mit Selbstkontrahieren oder Doppelvertretung einverstanden sein. Er akzeptiert dadurch, daß seine Interessen vom Beauftragten nicht mit Vorrang vertreten werden. Die Befugnis zur Genehmigung zeigt auch, daß eine unstatthafte Doppelvertretung den Auftrag nicht hinfällig macht. Die Übernahme eines Auftrages, der eine Doppelvertretung zur Folge hat, verletzt die Interessen des Auftraggebers noch nicht; der Beauftragte kann sich vor der Mandatsausführung der Interessenkollision entziehen, indem er sich zum Beispiel von einer der beiden Aufgaben befreit. Die unerlaubte Tätigkeit liegt erst im Ausführungsgeschäft. Hingegen kann der Auftrag an einen Doppelvertreter unter Umständen wegen Grundlagenirrtums oder Täuschung anfechtbar sein.

3. Es ist bisher dargelegt worden, was der Beauftragte seiner Treuepflicht gemäß im Innenverhältnis tun darf und tun soll. Verletzt er diese Pflichten, so schuldet er Ersatz des verursachten Schadens. In der Regel werden nun aber das Selbstkontrahieren und die Doppelvertretung von einem anderen Gesichtspunkt her untersucht. Gefragt wird nämlich, was der V e r t r e t e r gestützt auf seine Vertretungsmacht im Außenverhältnis tun kann, mit anderen Worten, wann das Selbstkontrahieren und die Doppelvertretung eine Vollmachtsüberschreitung darstellen oder die Vollmacht ungültig machen und die entsprechenden Rechtsfolgen auslösen[59]. Dies ist indessen eine Frage, die grundsätzlich das Institut der Stellvertretung betrifft.

Hier müssen zwei Bemerkungen genügen.

a) Die Doppelvertretung ist dann aus dem Innenverhältnis heraus zu beurteilen, wenn der Beauftragte als indirekter Stellvertreter handelt. Er schließt in eigenem Namen ab, bedarf also keiner Vollmacht im engeren Sinne, so daß sich die Frage der Gültigkeit des mit dem Dritten abgeschlossenen Geschäftes wegen Vollmachtsüberschreitung nicht stellt. Hingegen braucht der Auftrag-

---

SCHI, N. 49b zu Art. 396 OR) zutrifft, ist nach der Bundesgerichtspraxis ungewiß. Bejahend BGE 39 II, 1913, S. 566; zweifelnd 57 II, 1931, S. 556 ff.; offengelassen in BGE 89 II, 1963, S. 324 ff.; als Ausnahme vom Verbot nicht erwähnt in BGE 50 II, 1924, S. 183; 63 II, 1937, S. 174; 82 II, 1956, S. 393.

[59] GAUTSCHI, N. 10 c–g zu Art. 398 OR; VON BÜREN II, S. 159.

geber solche Geschäfte, der Fall von Art. 397 Abs. 2 OR vorbehalten, nicht als Erfüllung gelten zu lassen[60].

b) Was die Doppelvertretung und den Selbsteintritt bei direkter Stellvertretung angeht, so sei lediglich daran erinnert, daß das von der Praxis gestützt auf Art. 1 Abs. 2 und 3 ZGB in Anlehnung an § 181 BGB und die deutsche Doktrin und Praxis entwickelte grundsätzliche Verbot von Selbstkontrahieren und Doppelvertretung und die zulässigen Ausnahmen davon[61] genau mit dem übereinstimmen, was die Treuepflicht dem Beauftragten aus dem Innenverhältnis heraus gebietet. Folgt man der herrschenden Lehre, so entpuppt sich die Unterscheidung von Innen- und Außenverhältnis in der Frage des Selbstkontrahierens und der Doppelvertretung bei direkter Stellvertretung als rein theoretischer Natur ohne praktische Konsequenz[62].

V. Treuepflichten: Diskretions- und Geheimhaltungspflicht

1. Aus der Treuepflicht des Beauftragten fließt die Pflicht zu Diskretion und Geheimhaltung, soweit nicht die Erfüllung des Auftrags eine Kundgabe an Dritte nötig macht[63]. Die vom Beauftragten zu wahrenden Interessen des Auftraggebers oder Dritter können so beschaffen sein, daß sie entweder Geheimhaltung gebieten oder wenigstens verbieten, daß die Kenntnis der Mandatsangelegenheit durch den Beauftragten verbreitet wird. Letzteres ist nur insoweit statthaft, als es die sachgemäße, weisungskonforme Mandatsausführung erfordert. Wiederum ist durch den Beauftragten das eigene Interesse, zum Beispiel dem Geschäft Publizität zu geben, zurückzustellen. Dies gilt freilich nicht absolut. Die Interessen des Beauftragten an der Durchbrechung selbst der Geheimhaltung können schutzwürdiger sein als jene des Auftraggebers auf Einhaltung der Schweigepflicht[64]. Handelt es sich um einen Fall straf-

---

[60] GAUTSCHI, N. 10 f zu Art. 398 OR; 49c zu Art. 396 OR.
[61] Siehe vorne Anm. 57/58.
[62] Anders ENGEL (S. 283), der Selbstkontrahieren und Doppelvertretung nur im Innenverhältnis berücksichtigt. Seine klare Trennung in Innen- und Außenverhältnis hat den Vorteil, «d'éviter l'immixtion judiciaire dans des relations qui relèvent essentiellement de l'autonomie privée».
[63] GAUTSCHI, N. 13–19 zu Art. 398 OR; OSER/SCHÖNENBERGER, N. 3 zu Art. 398 OR; BECKER, N. 7 zu Art. 398 OR; AUBERT/KERNEN/SCHÖNLE, a. a. O. (vorne Anm. 8), S. 36 ff., 184 ff., 212 ff.; J. J. SCHWAAB, Devoirs de discrétion et obligation de témoigner et de produire des pièces, Diss. Lausanne 1976.
[64] z. B. Abwehr ehrenrühriger oder schädigender Vorwürfe des Auftraggebers; Honorareintreibung und dergl. BGE 97 I, 1971, S. 831 ff.

rechtlich geschützten Berufsgeheimnisses (Art. 321 StGB), so hat sich der Beauftragte von der zuständigen Aufsichtsbehörde vom Schweigegebot befreien
zu lassen, sofern dies nicht der Auftraggeber selber tut.

Diskretion und Geheimhaltung sind Nebenpflichten des Beauftragten, was
natürlich nur besagen will, daß sie sich zur Hauptobligation, der *obligatio
faciendi* hinzugesellen, nicht aber, daß sie nebensächlicher Art seien. Gerade in
dem vom Auftragsrecht erfaßten Bereich der liberalen Berufe kann das Interesse des Auftraggebers an diesen Nebenpflichten erheblich größer sein als an
der Ausführung des Mandats, so wenn in einer an sich unbedeutenden medizinischen oder rechtlichen Besorgung der Beauftragte sehr persönliche und in-
time Umstände erfährt. Die schuldhafte Verletzung dieser Nebenpflichten
(eine positive Vertragsverletzung, wenn man den Begriff als förderlich erachtet) macht den Beauftragten schadenersatzpflichtig, unter Umständen auch
genugtuungspflichtig.

2. Unter Geheimhaltungspflicht wird hier die Verschwiegenheitspflicht
verstanden, die entweder auf dem Gesetz beruht (Strafgesetzbuch, Bankengesetz) oder sich aus Vereinbarung, Weisung sowie aus den Umständen ergibt.
Wo den Beauftragten keine derartige Verschwiegenheitspflicht trifft, hat er
dennoch den Auftrag mit Diskretion zu besorgen. Es ist stets Sache des Auftraggebers, darüber zu bestimmen, ob seine eigenen Angelegenheiten Dritten
bekanntzumachen sind. Die Diskretionspflicht geht weniger weit als die Geheimhaltungspflicht. Letztere bringt besondere Vorkehrungen beim Beauftragten mit sich (Aufbewahrung der Dossiers, Art der Postzusendungen, Per-
sonalinstruktion und -überwachung usw.). Bei der bloßen Diskretionspflicht
dürfen solche die Geheimhaltung sichernde Maßnahmen entfallen, es genügt,
daß der Beauftragte und seine Hilfspersonen nicht selber aktiv die Kenntnisse
unnötig weitertragen. Wo das Gesetz zur Geheimhaltung verpflichtet, umschreibt es auch deren Grenzen (Art. 321 StGB, Art. 47 BaG, kantonale Diszi-
plinarstrafrechte). Soweit der strafrechtliche Schutz des Geheimnisses reicht,
ist der Beauftragte auch vertraglich zum Schweigen verpflichtet, und umgekehrt liegt dann keine Vertragsverletzung vor, wenn eine gesetzliche Auskunftspflicht besteht, das heißt praktisch dort, wo die Prozeßgesetze kein
Recht auf Zeugnis- und Editionsverweigerung zugestehen, und in den Fällen
gesetzlicher Anzeigepflicht [65]. Strafbar ist gemäß Art. 321 StGB nur die vorsätzliche Geheimnispreisgabe, während für die vertragliche Haftung des Beauftragten der Maßstab von Art. 398 Abs. 1 OR, der auch die Fahrlässigkeit
einschließt, gilt.

---

[65] GAUTSCHI, N. 17a zu Art. 398 OR.

3. Gegenstand der Diskretions- und Geheimhaltungspflicht ist nicht nur, was der Auftraggeber dem Beauftragten anvertraut, sondern alles, was der Beauftragte in Ausführung des Auftrags über dessen Gegenstand überhaupt erfährt, insbesondere auch Sachverhalte, von denen der Auftraggeber nicht weiß, daß sie dem Beauftragten bekannt geworden sind, und ferner alles, was das Verhalten des Auftraggebers dem Beauftragten gegenüber betrifft[66]. Verbreitet der Beauftragte allgemein Bekanntes, so kann dies die Interessen des Auftraggebers an Geheimhaltung nicht berühren, dennoch besteht aber eine Diskretionspflicht. Der Beauftragte muß auch hier verhindern, daß der Auftraggeber mehr als nötig ins Gerede kommt. Oft liegt dem Auftraggeber daran, daß über einen Fall Gras wächst, und daß Dritte keine Stütze für ihre Mutmaßungen geliefert bekommen[67]. Jedenfalls hat stets der Auftraggeber selber zu bestimmen, wie weit er eigene Angelegenheiten publik machen will. Die Diskretionspflicht ist demnach nicht nur verletzt, wenn nachteilige Umstände preisgegeben werden. Letzteres löst Schadenersatzfolgen aus, doch ist bei jeglicher Mißachtung des Diskretionsgebotes der Vertrag verletzt. Deshalb fallen, auch ohne Verschuldensnachweis, Unterlassungsansprüche in Betracht. Indiskretion kann auch einen wichtigen Grund zur Auftragsauflösung mit Schadenersatzpflicht des Beauftragten darstellen[68]. Endlich ist noch hervorzuheben, daß bereits das Bestehen eines Auftragsverhältnisses von der Diskretions- und Geheimhaltungspflicht erfaßt wird[69].

Ersucht der Beauftragte den Auftraggeber um Befreiung von dieser Pflicht, so hat er den Auftraggeber stets dann über den Umfang seines Wissens aufzuklären, wenn er mehr weiß, als der Auftraggeber sich vorstellt. Überhaupt ist es Pflicht des Beauftragten, den Auftraggeber über die Tragweite der Einwilligung zu informieren. Entsteht eine heikle Situation, weil der Auftraggeber nicht voll urteilsfähig ist, so soll es bei der Schweigepflicht bleiben[70].

4. Zum Schweigen verpflichtet sind der Beauftragte selber sowie seine Hilfspersonen, für die er gemäß Art. 101 OR einzustehen hat[71]. Aus den Ver-

---

[66] GAUTSCHI, N. 14 zu Art. 398 OR; BGE 97 I, 1971, S. 838; 75 IV, 1949, S. 74; D. BODMER/
B. KLEINER/B. LUTZ, Kommentar zum schweiz. Bankengesetz, Zürich 1976, N. 5 zu Art. 47
BaG.

[67] BGE 75 IV, 1949, S. 74.

[68] AUBERT/KERNEN/SCHÖNLE, a.a.O. (vorne Anm. 8), S. 36 ff.; vgl. vorne bei Anm. 11.

[69] GAUTSCHI, N. 14b zu Art. 398 OR.

[70] So für die Anwälte H. W. BLASS, Die Berufsgeheimhaltungspflicht der Ärzte, Apotheker
und Rechtsanwälte, Diss. Zürich 1944, S. 340.

[71] GAUTSCHI, N. 13a zu Art. 398 OR; BGE 92 II, 1966, S. 15 (= JdT 1966 I, S. 526 ff.); dem
Bankgeheimnis unterworfen sind auch die Beauftragten einer Bank, BODMER/KLEINER/
LUTZ, a.a.O. (vorne Anm. 66), N. 49, 57 zu Art. 47 BaG.

einbarungen, Weisungen oder Umständen des Falles kann sich ergeben, daß der Beauftragte gewisse Umstände streng für sich zu behalten hat und bereits deren Weitergabe an Hilfspersonen die Schweigepflicht verletzt.

Zu schweigen hat der Beauftragte Dritten gegenüber, also nicht im Verhältnis zum Auftraggeber und zu dessen Rechtsnachfolgern[72]. Letzteren gegenüber besteht vielmehr weiter die Auskunfts- und Rechenschaftspflicht des Beauftragten, und zwar auch der Banken, in vollem Umfang, nicht nur betreffend den Stand einer Angelegenheit beim Tod des Auftraggebers[73]. Fragen muß man sich hingegen, ob sich die Auskunftspflicht bei entgegenstehender Weisung des Auftraggebers auch auf Sachverhalte erstreckt, die in die Privatsphäre des Auftraggebers fallen und an deren Kenntnis die Erben kein schutzwürdiges Interesse haben[74]. Die Privatsphäre des Auftraggebers verdient den Vorrang vor der Neugierde und Sensationslust selbst seiner Erben. Haben letztere einen Anspruch auf Einblick in eine vielleicht weit zurückliegende Krankengeschichte, die mit dem Tod des Auftraggebers nicht zusammenhängt und nicht zur Begründung von Ansprüchen wieder aufgeschlagen werden soll? Man wird den Beweis, daß ein schutzwürdiges Interesse vorliegt, den Erben auferlegen.

Das Berufsgeheimnis ist auch jenen Dritten gegenüber zu wahren, die ihrerseits zur Geheimhaltung verpflichtet sind. Den Eltern oder gesetzlichen Vertretern der unmündigen, beziehungsweise entmündigten, aber urteilsfähigen Auftraggebern gegenüber besteht grundsätzlich ebenfalls Geheimhaltungspflicht. In der Praxis treten schwierig zu entscheidende Interessenkonflikte zum Beispiel bei ärztlicher Behandlung auf. Für eine streng zu respektierende Geheimhaltungspflicht auch in diesen Fällen spricht sich REHBERG[75] aus, während HEGNAUER[76] dem Arzt eine Informationspflicht dort auferlegt, wo er Umstände erfährt, die den Eltern oder den gesetzlichen Vertretern offenbart werden müssen, wenn diese die ihnen obliegenden Fürsorge- und Erzie-

---

[72] Die Banken können sich namentlich den Erben, Testamentsvollstreckern und amtlichen Liquidatoren gegenüber nicht auf ihre Geheimhaltungspflicht berufen, wohl aber gegenüber Legataren. GAUTSCHI, N. 16e zu Art. 398 OR; eingehend AUBERT/KERNEN/SCHÖNLE, a.a.O. (vorne Anm. 8), S. 194 ff.; BODMER/KLEINER/LUTZ, a.a.O. (vorne Anm. 66), N. 17–20 zu Art. 47 BaG. BGE 94 II, 1968, S. 313; 89 II, 1963, S. 93; 82 II, 1956, S. 567; 74 I, 1948, S. 493.

[73] SJZ 61, 1965, S. 354 ff.; ZR 64, 1965, S. 187 ff., Nr. 136.

[74] BGE 89 II, 1963, S. 87: schutzwürdige Enthüllungsinteressen der Erben gehen den Vorschriften des Erblassers zur Geheimhaltung vor; BODMER/KLEINER/LUTZ, a.a.O. (vorne Anm. 66), N. 17 zu Art. 47 BaG.

[75] J. REHBERG, Ärztliches Berufsgeheimnis und gesetzlicher Vertreter des Patienten, in: Festschrift F. Schwarz, Bern 1968, S. 23 ff.

[76] C. HEGNAUER, Berner Kommentar, Bd. II/2, 1. Teilbd.: Das Familienrecht, Die Verwandtschaft, Das eheliche Kindesverhältnis, Bern 1964, N. 30a zu Art. 273 ZGB.

hungspflichten erfüllen sollen. Auch ist nach HEGNAUER eine Offenbarungspflicht dort angezeigt, wo eine notwendige medizinische Maßnahme ohne
Kenntnisgabe beziehungsweise Einwilligung der Inhaber der elterlichen Gewalt unmöglich ist.

Der Auffassung von REHBERG ist der Vorzug zu geben. Die Offenbarungspflicht des Beauftragten kann nicht aus dem Familienrecht abgeleitet werden.
Familienrechtliche Pflichten sind nur den Familienangehörigen und deren gesetzlichen Vertretern auferlegt, nicht aber Dritten, zu denen lediglich schuld-
vertragliche Bindungen bestehen. Aus der zur Heilung nötigen medizinischen
Maßnahme läßt sich die Offenbarungspflicht ebenfalls nicht begründen,
denn eine Behandlung setzt das Einverständnis des Auftraggebers voraus. Mit
REHBERG wird man aber annehmen dürfen, daß in vielen Fällen die Einwilligung des Auftraggebers zu der medizinischen Maßnahme diejenige zur Mitteilung an die Eltern oder den Vormund mit einschließt[77]. Hingegen hat der
Beauftragte in solchen Situationen seine Beratungs- und Aufklärungspflicht
dem Beauftragten gegenüber mit besonderer Sorgfalt und wenn nötig mit
Nachdruck auszuüben.

Die Schweigepflicht gilt auch den Behörden gegenüber, findet aber ihre
Grenze an den gesetzlichen Auskunfts-, Zeugnis-, Editions- und Anzeige-
pflichten. Besser geschützt gegenüber einer Behörde sind die unter Art. 321
StGB fallenden Berufsgeheimnisse. Der Beauftragte darf in diesen Fällen nur
Auskunft geben, wenn ihn hierzu ein Gesetz speziell verpflichtet, indem es
das generelle Schweigegebot von Art. 321 StGB ausdrücklich aufhebt. Die
Prozeßgesetze tendieren auf Anerkennung des Zeugnisverweigerungsrechts
derjenigen, die gemäß Art. 321 StGB ein Berufsgeheimnis zu wahren haben.
Statuiert ein Gesetz das Zeugnisverweigerungsrecht, ohne das Editionsver-
weigerungsrecht zu erwähnen, so gilt letzteres dennoch, weil es dann eben
beim Schutze des Berufsgeheimnisses gemäß Art. 321 StGB bleiben muß[78].

5. Diskretions- und Geheimhaltungspflichten dauern über das Mandat hinaus an. Das ist selbstverständlich, denn häufig ist das Interesse des Auftraggebers an Geheimhaltung nach der Auftragsbeendigung nicht geringer als während des Auftrags, so daß bei Gefahr verfrühter Beendigung der Diskretions-
pflichten ein Vertrauensverhältnis zwischen den Parteien nur schwer entstehen könnte. Diese Pflichten treffen auch die Erben des Beauftragten, sie sind
immerhin zeitlich nicht unbegrenzt. Ihr Untergang läßt sich jedoch nicht generell ziffernmäßig festlegen. Entscheidend sind die Interessen des Auftraggebers. Ist die zeitliche Distanz groß genug, so verflüchtigt sich die persönliche

---

[77] Vgl. auch GAUTSCHI, N. 15c zu Art. 398 OR.
[78] GAUTSCHI, N. 16 zu Art. 398 OR.

Betroffenheit des Auftraggebers oder seiner Erben. Die Auftragsumstände dürfen dann als geschichtliches Material betrachtet und publik gemacht werden.

Die Geheimhaltungspflichten betreffen primär das, was der Beauftragte in der Mandatsangelegenheit während der Auftragsbesorgung erfahren hat. Kenntnisse, die nachher erworben werden, verpflichten den Beauftragten nicht, da nach Mandatsende neue Pflichten nicht hinzutreten können. Jedoch sind zwei Einschränkungen anzuführen:

1) Geheimzuhalten sind auch Umstände, die dem Beauftragten zwar nach Beendigung des Mandats bekannt werden, jedoch nur deswegen, weil er als Beauftragter tätig gewesen ist.

2) Alles, was durch Kombination von Auftragswissen mit später Erfahrenem erschlossen wird, ist ebenfalls geheimzuhalten.

Den gewöhnlichen Verjährungsregeln unterworfen sind hingegen die Auftraggeberansprüche aus Verletzung der Diskretions- und Geheimhaltungspflichten. Die Verjährungsfrist beläuft sich demnach auf zehn Jahre (die Fünfjahresfrist von Art. 128 Ziff. 3 OR betrifft nur die Entgeltsforderung gewisser Beauftragter)[79].

VI. Treuepflichten: Rechenschaftsablegung

1. Der Beauftragte schuldet dem Auftraggeber jederzeit Rechenschaft über seine Geschäftsführung (Art. 400 Abs. 1 OR). Diese Nebenpflicht des Beauftragten fließt aus der allgemeinen Treu- und Sorgfaltspflicht und gliedert sich in Benachrichtigungs-, Auskunfts- und Abrechnungspflichten[80]. Die Benachrichtigungs- und Auskunftspflicht sind nicht grundsätzlich verschieden, doch spricht man von Benachrichtigung dann, wenn der Beauftragte unaufgefordert den Auftraggeber zu informieren hat. Lautet der Auftrag auf Beschaffung von Informationen, so bildet die Benachrichtigung die Hauptpflicht des Beauftragten[81]. Auch als Nebenpflicht stellt die Rechenschaftsablegung ein *essentiale* des Mandats dar. Denn sie ist die Voraussetzung für die Geltendmachung der Ablieferungsobligation, ohne welche von fremdnütziger Geschäftsbesorgung durch den Beauftragten nicht die Rede sein könnte. Die Rechenschaftsablegung erweist sich aber auch als unerläßlich für den Auftraggeber, wenn er

---

[79] K. Spiro, Die Begrenzung privater Rechte durch Verjährungs-, Verwirkungs- und Fatalfristen, Bd. I, Bern 1975, S. 669 ff.
[80] So ausdrücklich § 666 BGB; Gautschi, N. 22a zu Art. 400 OR.
[81] Gautschi, N. 24 zu Art. 400 OR.

über Weisungen, die Fortsetzung des Mandats oder über Schadenersatzansprüche gegenüber dem Beauftragten entscheiden soll. Die Rechenschaftsablegung liegt ebenfalls im Interesse des Beauftragten, der sich auf diese Weise vergewissern kann, ob er weiterhin das Vertrauen des Auftraggebers genießt, und der mit der Rechenschaftsablegung überhaupt erst eine Bereinigung der Situation herbeiführt[82]. Die Rechenschaftsablegung ist das Minimum, das vom Beauftragten zu leisten ist, damit wirklich fremdnützige Geschäftsbesorgung vorliegt, sie beruht auf einer Vorschrift zwingenden Rechts[83].

2. Es zählt zu den Sorgfaltspflichten des Beauftragten, die Geschäftsbesorgung so durchzuführen, daß er in der Lage ist, Rechenschaft darüber abzulegen. Dazu gehören schriftliche Aufzeichnungen über seine Tätigkeit, das Anlegen von Krankengeschichten, das Aufbewahren von Plänen, Skizzen, Berechnungen, Quittungen und anderen Dokumenten, die Führung einer Buchhaltung usw. Ob der Beauftragte von sich aus den Auftraggeber zu benachrichtigen hat oder die Aufforderung zur Information abwarten darf, ergibt sich aus dem Vertrag, den Weisungen, den Umständen und im Falle der gebotenen Weisungsabweichung implizit aus dem Gesetz (Art. 397 Abs. 1 OR).

3. Die Information hat vollständig, wahrheitsgemäß und rechtzeitig zu erfolgen[84]. Für Schäden, die aus schuldhafter Nichterfüllung oder Schlechterfüllung hervorgehen, haftet der Beauftragte. Die Rechenschaftsablegung ist insofern der Zwangsvollstreckung zugänglich, als die Prozeßgesetze hierfür indirekte Zwangsmittel vorsehen[85].

4. Gegenstand der Informationspflicht bildet alles, was für den Auftraggeber von Bedeutung ist. Sofern der Auftraggeber nicht gezielte Auskunft verlangt, bestimmt sich der Gegenstand aus der Sicht eines sorgfältigen Beauftragten. Der Beauftragte hat, wenn er dem Auftraggeber als Fachmann gegenübersteht, selbstverständlich ohne Rücksicht auf das eigene Honorarinteresse, über die Zweckmäßigkeit des Auftrages und der Weisungen, die Kosten und die Gefahren des Auftrages, die Erfolgschancen und dergleichen laufend und unaufgefordert Auskunft zu erteilen. Bei Bankgeschäften sind Ausführungsanzeigen üblich[86].

---

[82] GAUTSCHI, N. 23b zu Art. 400 OR.
[83] AUBERT/KERNEN/SCHÖNLE, a. a. O. (vorne Anm. 8), S. 184 ff. GAUTSCHI, N. 38 zu Art. 400 OR; a. M. BECKER, N. 5 zu Art. 400 OR.
[84] GAUTSCHI, N. 23a zu Art. 400 OR; AUBERT/KERNEN/SCHÖNLE, a. a. O., S. 184 f.
[85] Mahnung und Nachfristansetzung im entgeltlichen Mandat gemäß Art. 107 OR erscheinen bei ausgebliebener oder unvollständiger Rechenschaftsablegung sinnvoll, nicht aber bei Verletzung der Schweigepflicht, siehe vorne Anm. 11/12; a. M. GAUTSCHI, N. 26 zu Art. 400 OR.
[86] GAUTSCHI, N. 23a zu Art. 400 OR.

5. Besondere Fragen wirft die Aufklärungspflicht der Ärzte auf[87]. Dem Prinzip nach unterscheidet sie sich nicht von der Informationspflicht anderer Beauftragter. Der Arzt hat in einer dem Auftraggeber verständlichen Weise Auskunft zu geben über Gesundheitszustand, Heilungschancen, Krankheitsverlauf, Art, Dauer und eventuelle Kosten der Behandlung, Ansteckungsgefahren, Arbeitsunfähigkeit, Folgen der Krankheit oder Verletzung, Folgen und allfällige Nebenwirkungen einer Therapie und dergleichen. Das Besondere liegt darin, daß der Patient die schonungslose Wahrheit vielleicht nicht erträgt.

Der Arzt befindet sich in solchen Fällen in einem Dilemma: soll er der Aufklärungspflicht voll genügen und so den Zustand des Patienten verschlimmern oder dessen Einwilligung in eine Therapie gefährden? Oder soll er seiner Hauptpflicht den Vorrang einräumen, nämlich zu heilen oder jedenfalls möglichst günstig auf den Zustand des Patienten einzuwirken? Die Entscheidung ist rechtlicher Überprüfung zugänglich; sie liegt jedoch weder ausschließlich in der Kompetenz des Arztes noch in jener des Juristen. Im Sinne einer Orientierungshilfe können gewisse Leitlinien formuliert werden. Die schonungslose Aufklärung kann einen Kunstfehler darstellen, wenn der Patient erkennbar die Wahrheit nicht ohne Schaden erträgt. Deshalb hat der Arzt abzuschätzen, was dem Patienten an Information zugemutet werden kann, wann und in welcher Form sie erteilt wird. In jedem Fall muß der Arzt den Patienten wenigstens in allgemeiner Weise über die Schwere seines Falles informieren, und ihn so in die Lage versetzen, seine Angelegenheiten *en connaissance de cause* zu ordnen. Der Arzt darf nicht zur Lüge greifen, aber er darf in gewissenhafter Abwägung von Nutzen und Gefahr der Mitteilung der vollen Wahrheit ausweichen. Er braucht auf der erteilten Information nicht zu insistieren, wenn der Patient sich lieber an eine trügerische Hoffnung klammert. Umgekehrt darf der Arzt die Wahrheit nicht schon deshalb schonungslos und restlos darlegen, weil ihn der Patient darum bittet. Auch in dieser Situation hat er die Auswirkungen der Information zu bedenken. Freilich wird bei konstant geäußertem, ernsthaftem Begehren um volle Aufklärung diese schließlich nicht verweigert werden dürfen. Als Fazit ergibt sich, daß die bei der ärztlichen Aufklärung gebotene Rücksichtnahme auf den Zustand des Patienten niemals bequemer Vorwand sein darf, um einer menschlich schwierigen Aufklärungspflicht auszuweichen.

---

[87] GAUTSCHI, N. 23 zu Art. 400 OR; H. HINDERLING, Die ärztliche Aufklärungspflicht, BStR 66, Basel 1963, S. 47 ff.; G. GRÜNWALD, Heilbehandlung und ärztliche Aufklärungspflicht, in: Arzt und Recht, Becksche Schwarze Reihe, Bd. 41, München 1966, S. 125 ff.; zu weiteren arztrechtlichen Fragen H. HAUSHEER, SJZ 73, 1977, S. 245 ff.

6. Die Information ist nur nützlich, wenn sie den Auftraggeber rechtzeitig erreicht. Es ergibt sich aus dem Mandatsinhalt, den Weisungen oder den Umständen, ob die Information sofort zu geschehen hat oder ob sie einen Aufschub erträgt. Der Auftraggeber darf die Auskunft wiederholt verlangen, auch nach Beendigung des Auftrags, wird aber für die zusätzlichen Kosten und für den Zeitaufwand des Beauftragten aufkommen müssen[88]. Die Kosten der erstmaligen Rechenschaftsablegung trägt ebenfalls der Auftraggeber, doch sind diese oft bereits im Honoraransatz berücksichtigt.

7. Die Rechenschaftsablegung ist dem Beauftragten oder dessen Erben geschuldet, sowie den vom Auftraggeber bezeichneten Dritten. Auch ohne solche Weisung ist die Auskunft nahestehenden Angehörigen zu erteilen, wenn sie der Auftraggeber nicht empfangen kann, jedoch anzunehmen ist, daß die Mitteilung an Dritte seinem Willen entspricht, und wenn die Empfänger ein schützenswertes Interesse an der Auskunft haben.

8. Der Beauftragte schuldet dem Auftraggeber Abrechnung. Sie muß, wie die übrige Information, vollständig, wahrheitsgemäß und rechtzeitig erfolgen. Die Abrechnung hat alle Elemente zu enthalten, die nötig sind, um überprüfen zu können, ob die Geschäfte getreulich und haushälterisch besorgt worden sind. Sie ist deshalb schriftlich und detailliert zu erstellen, sowie mit den Belegstücken zu versehen[89]. Der Beauftragte kann die Abrechnung jederzeit verlangen, sie ist bei Beendigung des Auftrags unaufgefordert vorzulegen. Der Auftraggeber kann auf die Abrechnung nicht zum voraus verzichten. Erklärt er sich mit einer summarischen Abrechnung zufrieden, ist der Beauftragte von der Detaillierungspflicht nur solange entbunden, als der Auftraggeber nicht Rechenschaft im einzelnen verlangt.

VII. Treuepflichten: Ablieferungsobligation

1. Der Mandatar soll sich aus der Besorgung fremder Geschäfte, vom Honorar abgesehen, nicht bereichern. Die Ablieferungspflicht betrifft deshalb «alles», was ihm aus dem Mandat zugekommen ist. Sie ist das Gegenstück zu dem Prinzip, wonach dem Mandatar aus dem Auftrag keine Nachteile erwach-

---

[88] Die Informationspflicht wird auch nicht durch die Genehmigung der Geschäftsbesorgung, Saldoanerkennung, Entlastungserklärungen und dergl. aufgehoben. AUBERT/KERNEN/SCHÖNLE, a.a.O. (vorne Anm. 8), S. 185; BODMER/KLEINER/LUTZ, a.a.O. (vorne Anm. 66), N. 8 zu Art. 47 BaG.

[89] GAUTSCHI, N. 27–31 zu Art. 400 OR; OSER/SCHÖNENBERGER, N. 3 zu Art. 400 OR; BECKER, N. 3 zu Art. 400 OR.

sen sollen. Der gesetzliche Ausdruck «erstatten» ist insofern zu eng, als die Ablieferungspflicht sich nicht nur auf das erstreckt, was der Beauftragte vom Auftraggeber, sondern auch auf alles, was er von Dritten in Ausführung des Auftrags erhält[90]. Der Ablieferungsanspruch ist ein *essentiale* des Auftrags, wird er völlig wegbedungen, so entfällt die für den Auftrag wesentliche Fremdnützigkeit der Geschäftsbesorgung. Hingegen ist die Vereinbarung zulässig, daß ein Teil des Erworbenen als Erfolgshonorar beim Beauftragten verbleibt[91].

2. Gegenstand der Ablieferungspflicht sind nicht nur Vermögenswerte, sondern namentlich auch Dokumente, insbesondere Vollmachtsurkunden. Ein besonderes Interesse daran braucht der Auftraggeber nicht nachzuweisen. Es genügt, daß die Gegenstände in Ausführung des Auftrags erworben oder geschaffen worden sind. Kein Zweifel besteht hinsichtlich solcher Schriftstücke, Skizzen, Pläne, künstlerischen Werke, die zu schaffen oder zu beschaffen, Hauptverpflichtung des Beauftragten gewesen ist. Hingegen erstreckt sich die Ablieferungspflicht nicht auf jedes mit dem Auftrag in Zusammenhang stehende Dokument. Die eigene Buchhaltung hat der Beauftragte weder vorzulegen noch abzuliefern[92]; nicht abzuliefern, aber unter Umständen vorzulegen sind bloße Entwürfe, Materialsammlungen, wissenschaftliche Auswertungen, Aktennotizen, Krankengeschichten und dergleichen[93]. Es sind dies Materialien, die den Beauftragten in die Lage versetzen, der Auskunftspflicht Genüge zu tun, nicht aber die Gegenstände der Ablieferungspflicht. Der Beauftragte darf Kopien von Dokumenten behalten, die nötig sind, um sich vor allfälligen späteren Vorwürfen der Unsorgfalt oder Untreue zu schützen. Denn er hat keine Gewißheit, daß der Auftraggeber im Bedarfsfall in der Lage sein wird, die Originaldokumente vorzulegen.

3. Schmiergelder darf der Beauftragte nicht annehmen; über deren Angebot ist der Auftraggeber sofort zu benachrichtigen. Sind die Schmiergelder dennoch in das Vermögen des Beauftragten gelangt, so hat er nach den Weisungen des benachrichtigten Auftraggebers zu verfahren. Der Auftraggeber darf die Ablieferung der Schmiergelder verlangen[94]. Diese Lösung ist nicht makellos, weil auch der Auftraggeber sich nicht an unsittlichen Geschäften berei-

---

[90] GAUTSCHI, N. 1a zu Art. 400 OR.
[91] Unter Vorbehalt entgegenstehenden kantonalen Berufsrechts, z. B. kantonaler Anwaltsgesetze, die das Erfolgshonorar verbieten.
[92] GAUTSCHI, N. 7e zu Art. 400 OR.
[93] GAUTSCHI, N. 7b und 22d zu Art. 400 OR.
[94] BECKER, N. 6 zu Art. 400 OR; OSER/SCHÖNENBERGER, N. 7 zu Art. 400 OR; für den Arbeitsvertrag VISCHER, Schweiz. Privatrecht, Bd. VII/1, S. 346 f.

chern soll. Sie verdient aber den Vorzug gegenüber der Auffassung, die die
Schmiergelder dem Beauftragten belassen will mit der Begründung, sie seien
nicht *ex causa mandati,* sondern *ex occasione mandati* erlangt worden[95].

Rabatte und Provisionen (BGE 80 IV, 1954, S. 55 f.), die der Beauftragte für
Geschäfte des Auftraggebers erhält, gehören dem Auftraggeber, es sei denn
die Rabatte betreffen Auslagen, die der Beauftragte als Generalunkosten selber zu tragen hat. Werden Mengenrabatte gewährt für Geschäfte, die der Beauftragte auf Rechnung einer Vielzahl von Auftraggebern im Verlauf eines bestimmten Zeitabschnittes getätigt hat, so sind sie an die Auftraggeber *pro rata*
auch nach abgeschlossener Abrechnung weiterzuleiten, sofern im Mandats-
vertrag keine anderslautende Regelung getroffen worden ist. Weder bei
Schmiergeldern noch bei Rabatten kommt es auf den Willen des Dritten an,
die Zuwendung ausschließlich zugunsten des Beauftragten zu machen[96]. Hingegen unterstehen die üblichen Gelegenheitsgeschenke von Geschäftspartnern an berufsmäßige Beauftragte keiner Ablieferungspflicht.

4. Ist im Vertrag nichts anderes vorgesehen, so wird die Ablieferungspflicht
mit dem Erwerb durch den Beauftragten sofort fällig. Ist der Beauftragte mit
der Ablieferung von Geldern im Rückstand, so hat er sie zu verzinsen
(Art. 400 Abs. 2 OR). Im Rückstand ist der Beauftragte stets dann, wenn er
verlangte Gelder nicht sofort vertrags- oder weisungsgemäß ausbezahlt. Es ist
nicht nötig, daß der Beauftragte durch Mahnung in Verzug gesetzt wird[97].

VIII. Sorgfaltshaftung

1. Das Gesetz (Art. 398 Abs. 1 OR) auferlegt dem Beauftragten «im allgemeinen» die gleiche Sorgfaltspflicht wie dem Arbeitnehmer im Arbeitsver-

---

[95] ESSER/WEYERS, S. 288. – Bildet die Bestechung einen Straftatbestand, so kann eine Ablieferungspflicht an den Staat gemäß Art. 58, 58bis und 59 StGB entstehen. Sie hat m. E. den Vorrang vor der Ablieferung an den Auftraggeber, sofern dieser nicht geschädigt ist. Vgl. die
Lit. hinten S. 215 Anm. 25. Die Bestechung kann ferner einen Straftatbestand gemäß Art. 13
lit. e UWG darstellen. Das deutsche UWG ordnete in § 12 Abs. 3 den Verfall an den Staat ausdrücklich an; seit 1975 gelten §§ 73 ff. StGB. Zu der Konkurrenz mit den Ansprüchen des
Auftraggebers vgl. A. BAUMBACH/W. HEFERMEHL, Wettbewerbs- und Warenzeichenrecht,
Bd. I: Wettbewerbsrecht, 12. Aufl., München 1978, N. 28 ff. VON BÜREN, (Kommentar zum
Bundesgesetz über den unlautern Wettbewerb, Zürich 1957, S. 154, N. 8 zu Art. 1 Abs. 2
lit. e) und A. TROLLER (Kurzlehrbuch des Immaterialgüterrechts, Basel/Stuttgart 1973,
S. 148) stellen fest, daß zum Bestechungstatbestand des UWG kaum eine Gerichtspraxis be-
steht.

[96] VISCHER, Schweiz. Privatrecht, Bd. VII/1, S. 347.

[97] VON TUHR/ESCHER, Bd. II, S. 140, N. 46; in BGE 94 II, 1968, S. 314 und 319, ist der Beauftragte in Verzug gesetzt worden.

hältnis. Die Selbstbescheidung des Gesetzgebers, der sich mit einer Richtlinie anstelle einer starren Norm begnügt, ist angezeigt, da die vielgestaltige Verwendung des Auftrages auch in der Frage der Haftung des Beauftragten nach differenzierten Lösungen ruft. In Art. 398 Abs. 2 OR wiederholt sich der Gesetzgeber teilweise, indem er bestimmt, daß der Beauftragte dem Auftraggeber «für getreue und sorgfältige Ausführung des ihm übertragenen Geschäftes» haftet. Der Absatz hat lediglich eine verdeutlichende Funktion, weil er als ausdrückliche Grundlage aller aus der allgemeinen Treuepflicht fließenden Nebenpflichten dient[98].

2. Das gesetzliche Sorgfaltsmaß findet auf alle Pflichten des Beauftragten Anwendung. Sowohl für die Ausführungsobligation (*obligatio faciendi*) wie für die Ablieferungsobligation (eine *obligatio dandi,* sofern dingliche Rechte zu übertragen sind) und die im Auftrag besonders ausgeprägten Nebenpflichten gilt, daß der Schuldner bei deren Erfüllung Sorgfalt walten lassen muß. GAUTSCHI[99] bezieht die Sorgfaltspflicht lediglich auf die Hauptleistung. Bei der *obligatio dandi* habe der Beauftragte für den Erfolg einzustehen. Bei Treueverletzungen sei nur der Vertrauensschaden (negatives Interesse) zu ersetzen[100]. Diese Unterscheidungen ergeben sich weder aus dem Gesetz, noch aus Gründen der Billigkeit oder der Dogmatik. Es ist nicht einzusehen, warum der Beauftragte ohne Garantiezusage bei gewissen Leistungen für den Erfolg einzustehen hat. Und es leuchtet andererseits nicht ein, daß die Nichterfüllung von Treuepflichten nicht zum Ersatz des Erfüllungsinteresses führen soll. Freilich ist zuzugeben, daß bei der Schadensberechnung zum Beispiel im Falle der Verletzung der Schweigepflicht, die Unterscheidung zwischen Vertrauensschaden und Erfüllungsschaden kaum sinnvoll ist[101].

3. Der Beauftragte soll (im allgemeinen) die gleiche Sorgfalt auf das übernommene Geschäft verwenden wie der Arbeitnehmer. Der Verweis auf die Haftungsnorm im Arbeitsvertrag (Art. 321 e OR) ist nicht besonders hilfreich,

---

[98] Verfehlt ist die Reihenfolge der Absätze in Art. 398 OR. Die Prinzipien sind in Abs. 2 festgehalten: Treue- und Sorgfaltspflicht des Beauftragten. Abs. 1 bestimmt das Maß der Sorgfalt und Abs. 3 regelt die sowohl aus dem Treue- wie aus dem Sorgfaltsgebot resultierende Pflicht zur persönlichen Leistung durch den Beauftragten mit ihren Ausnahmen. Da letztere aber wohl die Substitution betreffen (siehe vorne Anm. 13), wäre die Bestimmung von Abs. 3 eher als Abs. 1 des Art. 399 OR am Platz. Vgl. auch die Systematik des Arbeitsvertragsrechts: Art. 321a OR statuiert die Sorgfalts- und Treuepflicht, Art. 321e OR die Haftung des Arbeitnehmers.

[99] N. 21b/c zu Art. 398 OR; N. 5d zu Art. 398 OR.

[100] Siehe vorne S. 71f.; GAUTSCHI, N. 5d, 19a, 29a zu Art. 398 OR; a. M. AUBERT/KERNEN/SCHÖNLE, a.a.O. (vorne Anm. 8), S. 39f.

[101] LARENZ, Bd. II, S. 351.

weil auch diese der Konkretisierung bedarf. Immerhin wird deutlich, daß eine Verschuldenshaftung besteht, daß also weder für den Erfolg einzustehen ist, noch die Sorgfalt nach ausschließlich objektiven Kriterien sich bestimmt wie etwa bei der Haftung des Geschäftsherrn (Art. 55 OR)[102]. In wichtigen Punkten unterscheidet sich jedoch die Haftung des Beauftragten von derjenigen des Arbeitnehmers.

a) Während die Bestimmung von Art. 321 e OR zugunsten des Arbeitnehmers relativ zwingender Natur ist, stellt Art. 398 Abs. 1 OR dispositives Recht dar. Der Beauftragte, der nicht desselben Schutzes bedarf wie der unselbständige Arbeitnehmer, kann den Erfolg seines Wirkens garantieren oder die Haftung auch für *levissima culpa* übernehmen[103]. Eine Haftungserweiterung kann sich übrigens auch aus dem öffentlichen Recht ergeben[104]. Hingegen sind Schranken in der anderen Richtung angezeigt. Der seinen Beruf gestützt auf ein staatliches Fähigkeitszeugnis ausübende Beauftragte soll seine Sorgfaltshaftung nicht wegbedingen können[105]. Der Zweck von staatlichen Fähigkeitszeugnissen und Berufsausübungsbewilligungen würde verfehlt, wenn wegen der Haftungsfreizeichnung dennoch keine Gewähr für Qualität der Leistung und Zuverlässigkeit des Beauftragten bestünde.

b) Im Auftragsrecht tritt als weiteres Kriterium bei der Bestimmung des Sorgfaltsmaßes die Frage nach der Entgeltlichkeit oder Unentgeltlichkeit hinzu.

c) Der Fähigkeit des Arbeitnehmers kommt zur Bestimmung der Sorgfaltspflicht im Arbeitsvertrag mehr Bedeutung zu als im Auftragsrecht der Fähigkeit des Beauftragten. Dies gilt insbesondere für den entgeltlichen Auftrag. Der Beauftragte tritt als selbständiger Berufsmann auf, der vom Auftraggeber nicht so ausgelesen und kontrolliert werden kann wie ein Arbeitnehmer vom Arbeitgeber.

---

[102] a. M. GAUTSCHI, N. 22 zu Art. 398 OR, der dem subjektiven Verschulden die objektive Sorgfalt entgegensetzt. Er stützt sich teilweise auf die objektiven Sorgfaltspflichten des Geschäftsherrn gemäß Art. 55 OR und wohl auch auf die Objektivierung, welche die Sorgfaltspflichten erfahren, wenn für culpa in abstracto gehaftet wird. Im Bereich der Verschuldenshaftung ist nach herrschender Lehre indessen die Sorgfalt (diligentia) das Gegenstück zur Fahrlässigkeit (neglegentia, culpa). OSER/SCHÖNENBERGER, N. 63 zu Art. 41 OR; BECKER, N. 89 zu Art. 41 OR; ENGEL, S. 312 ff.; E. W. STARK, Die Bemessung des Verschuldens in Arzt-Haftpflicht-Fällen, in: Festschrift F. Schwarz, Bern 1968, S. 47; VON TUHR/SIEGWART, S. 367, 378 ff.

[103] GAUTSCHI, N. 77b zu Art. 395 OR.

[104] GAUTSCHI, N. 31 c zu Art. 394 OR; N. 35 zu Art. 398 OR; BGE 96 II, 1970, S. 47; 70 II, 1944, S. 225.

[105] GAUTSCHI, N. 25 zu Art. 398 OR; PERRIN, S. 58 ff.

d) Die Beweislast hinsichtlich des Verschuldens obliegt gemäß den allgemeinen Regeln des Schuldrechts (Art. 97 Abs. 1 OR) dem Beauftragten, der sich exkulpieren muß. Im Arbeitsvertrag dürfte die Beweislast für die Unsorgfalt beim Arbeitgeber liegen [106].

e) Art. 321 e Abs. 2 OR schreibt vor, daß bei der Beurteilung der Sorgfaltspflicht das Berufsrisiko zu berücksichtigen ist. Das Risiko sogenannt «gefahrengeneigter» Arbeit trägt somit der Arbeitgeber, weil sonst dem Arbeitnehmer eine Sorgfalt zugemutet würde, die auf die Dauer nicht durchzuhalten ist [107]. Im Auftragsrecht soll diesem Berufsrisiko in der Regel nicht Rechnung getragen werden. Für jeden einzelnen Auftrag hat der Beauftragte die volle Verantwortung zu tragen [108]. Er kann sich nicht entschuldigen mit dem Hinweis, daß bei dieser Art von Tätigkeit gelegentliche Fehler unvermeidlich seien. Es ist deshalb Sache des Beauftragten, sich gegen Berufsrisiken zu versichern. Die Versicherungsprämien zählen zu den Generalunkosten, die ihrerseits bei den Honoraransätzen berücksichtigt werden, so daß letzten Endes eine angemessene Verteilung des Risikos gefahrengeneigter Arbeit auf alle Auftraggeber erfolgt.

4. Die Haftung des Beauftragten bemißt sich verschieden, je nachdem, ob der Auftrag gegen Entgelt oder unentgeltlich übernommen worden ist [109]. Dem Utilitätskriterium kommt indessen kein absoluter Wert zu. Wer in einem Bereich, in dem er als Berufsmann, Experte, Kenner, Könner oder Spezialist tätig ist, Aufträge entgegennimmt, soll nicht deswegen weniger streng haften, weil er gefälligkeitshalber ohne Entgelt arbeitet. Der Auftraggeber geht in solchen Fällen in aller Regel davon aus, daß der Beauftragte die Angelegenheit mit nicht geringerer Sorgfalt an die Hand nimmt. Dieses Vertrauensmoment wiegt schwerer als der Umstand, daß ein Honorar nicht vorgesehen ist.

Beim entgeltlichen Auftrag bemißt sich die Sorgfalt in der Regel in abstrakter Weise (*culpa in abstracto*). Wer sich für Dienste zahlen läßt, muß dem übernommenen Geschäft gewachsen sein, er kann sich nicht auf seine Unfähigkeit, auf Mängel in der Ausbildung und fehlende Erfahrung oder darauf berufen,

---

[106] Vischer, Schweiz. Privatrecht, Bd. VII/1, S. 360 f. Immerhin ist auch beim Mandat die Beweislastverteilung den Umständen anzupassen, da es dem Beauftragten u. U. praktisch unmöglich ist, das Fehlen eines Verschuldens zu beweisen. Gautschi, N. 26b zu Art. 398 OR; Stark, a. a. O. (vorne Anm. 102), S. 47.

[107] Vischer, Schweiz. Privatrecht, Bd. VII/1, S. 360, N. 12.

[108] Vorausgesetzt der Beauftragte habe die mit dem Risiko belastete Arbeit nur einmal zu leisten. Schuldet er solche Arbeit auf längere Dauer, so rechtfertigt sich beim Mandat, daß das Risiko vom Auftraggeber getragen wird.

[109] Gautschi, N. 24d zu Art. 398 OR; Oser/Schönenberger, N. 1 zu Art. 398 OR; Becker, N. 5 zu Art. 398 OR.

daß in seinem Tätigkeitsbereich Fortschritte und Entwicklungen stattgefunden haben, denen er nicht zu folgen vermochte. Ist der Auftrag unentgeltlich, so ist der Maßstab je nach den Umständen zu mildern und auf die dem konkreten Beauftragten angemessene Sorgfalt abzustellen (*culpa in concreto*).

Aus der Unentgeltlichkeit des Mandats kann sich auch ergeben, daß der Auftraggeber der Angelegenheit nur geringe Bedeutung beimißt. Der Beauftragte hat dementsprechend zu handeln und Vorsichtsmaßnahmen, die im Verhältnis zur Bedeutung des Geschäftes als zu kostspielig und aufwendig erscheinen, zu unterlassen. Für derart dem vermutlichen Willen und Interesse des Auftraggebers angepaßte, reduzierte Sorgfalt darf dem Beauftragten kein Vorwurf gemacht werden[110].

5. Oft erfährt der Beauftragte vom Auftraggeber nicht, daß mit dem Auftrag ein besonders hohes Risiko verbunden ist, dessen Kenntnis den Beauftragten veranlassen würde, ein erhöhtes Entgelt zu verlangen und vermehrte Vorsichtsmaßnahmen zu ergreifen. Unabhängig davon, ob dies nun als Obliegenheitsverletzung des Auftraggebers oder als Treueverletzung durch unfaires Aufbürden eines nicht erkennbaren Risikos angesehen wird, gilt solches Verhalten als Grund zur Herabsetzung des Schadenersatzes[111].

§ 9. Legalzession und Aussonderungsrechte zugunsten des Auftraggebers. Solidarhaftung. Verjährung

I. Legalzession und Aussonderungsrechte des Auftraggebers

Literatur:

R. Bär, Zum Gesetzesentwurf über die Anlagefonds (Investmenttrusts), ZBJV 98, 1962, S. 289 ff.; H. Coing, Die Treuhand kraft privaten Rechtsgeschäfts, München 1973; J. Droin, Acte fiduciaire et représentation indirecte, SJZ 55, 1959, S. 137 ff.; G. Gautschi, Eigentumsverhältnisse am Treuhandvermögen, SJZ 63, 1967, S. 5 ff.; Derselbe, Im Ausland hinterlegte Wertpapiere im Konkurs, bei Arrestlegung oder Pfändung gegenüber Depotkunden einer Schweizer Bank, SJZ 65, 1969, S. 249 ff.; F. T. Gubler, Besteht in der Schweiz ein Bedürfnis nach Einführung der angelsächsischen Treuhand (trust)?, ZSR 73, 1954, S. 215a ff.; H. Merz, Legalzession und Aussonderungsrecht gemäß Art. 401 OR. Ein Beitrag zum Verhältnis von Auftrag und fiduziarischem Rechtsgeschäft, in: Festschrift Hundert

---

[110] BGE 33 II, 1907, S. 426.
[111] von Tuhr/Peter, S. 112; § 254 II BGB.

Jahre Schweizerisches Bundesgericht, Basel 1975, S. 451 ff.; V. MÜLLER, Das Treuhandverhältnis unter Berücksichtigung aktueller Fragen aus dem Sachen- und Zwangsvollstreckungsrecht, ZBGR 55, 1974, S. 257 ff.; G. NICKEL-SCHWEIZER, Rechtsvergleichender Beitrag zum fiduziarischen Eigentum in Deutschland und in der Schweiz, Basel 1977; C. REYMOND, Essai sur la nature et les limites de l'acte fiduciaire, Diss. Lausanne 1948; DERSELBE, Le trust et le droit suisse, ZSR 73, 1954, S. 119a ff.; DERSELBE, L'arrêt Feras Anstalt et consorts c. Vallugano S. A. et l'évolution de la jurisprudence du Tribunal fédéral sur l'acte fiduciaire, JdT 122, 1974, S. 596 ff.; P. WÄLLI, Das reine fiduziarische Rechtsgeschäft, Diss. Zürich 1969; E. WOLF, Bemerkungen zum Aussonderungsrecht des Fiduzianten bei der Zwangsvollstreckung gegen den Fiduziar, in: Festschrift Simonius, Basel 1955, S. 425 ff.

1. Der Beauftragte knüpft als indirekter Vertreter Rechtsbeziehungen zwischen dem Dritten und sich, an denen der vertretene Auftraggeber direkt nicht beteiligt ist. In Art. 401 OR sind indessen drei Regeln aufgestellt, die der praktischen Bedürfnisse wegen und aus Billigkeitserwägungen von der streng folgerichtigen Durchführung der indirekten Stellvertretung abweichen und eine Annäherung an die direkte Stellvertretung bewirken.

a) Hat der Beauftragte in Ausführung des Auftrags in eigenem Namen Forderungen gegen Dritte erworben, so gehen diese durch Legalzession (Subrogation) auf den Mandanten über, sobald letzterer seinerseits allen Verbindlichkeiten aus dem Auftragsverhältnis nachgekommen ist.

b) Diese Subrogation findet auch dann noch statt, wenn der Beauftragte in Konkurs gefallen ist.

c) Im Konkurs des Beauftragten hat der Auftraggeber ferner ein irreguläres Aussonderungsrecht an den beweglichen Sachen, die der Beauftragte in Ausführung des Mandats von Dritten zu Eigentum erworben hat, unter Vorbehalt freilich des Retentionsrechts des Beauftragten, falls der Auftraggeber nicht seinerseits seine Verbindlichkeiten aus dem Auftrag erfüllt hat.

Die erste der Regeln bildet eine Ausnahmebestimmung insofern, als sie die Einzelnachfolge in eine Forderung ohne Vornahme einer Zession erlaubt. Die beiden anderen Regeln weichen in schwerwiegender Weise vom Grundsatz ab, daß der Konkurs eine Gesamtvollstreckung darstellt und daß die Gläubiger derselben Klasse gleichbehandelt werden, ist doch der Auftraggeber, sofern er Aussonderungsrechte geltend machen kann, im Verhältnis zu den übrigen Gläubigern privilegiert.

Es ist zu prüfen, ob die Ausnahmen sachlich gerechtfertigt sind, welches ihre Tragweite ist und ob im Hinblick auf die künftige Rechtsprechung und Gesetzgebung eine harmonischere Einfügung in das Privatrechtssystem möglich ist. Von diesen Ausnahmen geht eine Dynamik aus, die zu einem immer weitergreifenden Einreißen der erwähnten Grundsätze führt. Immerhin bilden die Regeln von Art. 401 OR schon im geltenden Recht nicht die einzigen Ausnahmen im Gebiete des Mandats und der Treuhand, statuieren doch Art. 201 SchKG und Art. 17 AFG ebenfalls Ausnahmen, die mit Art. 401 OR in Zusammenhang stehen [1].

2. In Rechtsprechung und Lehre wird offenbar einhellig anerkannt, daß die Regeln von Art. 401 OR der Billigkeit und den praktischen Bedürfnissen entsprechen, ohne daß hierfür nähere Begründungen geliefert würden [2]. Immerhin bestätigen die Geschichte dieser Bestimmungen und die Rechtsvergleichung den Sachverhalt in eindrücklicher Weise. Die Wurzeln der Bestimmung von Art. 201 SchKG gehen auf das 17. Jahrhundert zurück [3], während die Vorbilder zu Art. 401 OR in Gesetzgebungen und Gesetzesentwürfen des 19. Jahrhunderts zu finden sind [4]. Rechtsvergleichend ist auf die italienischen [5] und österreichischen Kodifikationen [6], sowie auf die deutsche Lehre und Praxis hinzuweisen [7]. So sehr die Rechtsvergleichung bekräftigt, daß die Privilegierung des Auftrag- und Treugebers im Konkurs des Beauftragten, beziehungsweise des Treuhänders den Billigkeitsvorstellungen entgegenkommt, so ist sie doch wenig hilfreich, wenn es um die schwierigere Frage geht, unter welchen Voraussetzungen und in welcher Ausgestaltung die Privilegien zu gewähren sind. Es drängen sich hier auch Überlegungen *de lege ferenda* auf.

3. Legalzessionar und Aussonderungsberechtigter ist nach Art. 401 OR der Auftraggeber. Es handelt sich somit um Sonderrecht des Auftrags [8]. Sofern

---

[1] Ferner ist auf das Anwachsungsrecht der Mitfiduziare hinzuweisen, das im Nachlaß des verstorbenen Beauftragten ebenfalls die Wirkungen einer Aussonderung zeigt; BGE 78 II, 1952, S. 455; siehe hinten S. 108. Zu weiteren irregulären Aussonderungsfällen WÄLLI, S. 99.

[2] GAUTSCHI, N. 1 c zu Art. 401 OR; MERZ, S. 462; WÄLLI, S. 94; COING, S. 101; BGE 78 II, 1952, S. 451. Eine allgemeine Tendenz zur Verstärkung der Stellung des Treugebers stellt BGE 81 II, 1955, S. 232 fest.

[3] F. X. THÜRIG, Über den rechtlichen Charakter und die Tragweite des Art. 201 des Schuldbetreibungs- und Konkursgesetzes, Diss. Bern 1928, S. 7 ff.; H. FRITZSCHE, Schuldbetreibung und Konkurs nach schweizerischem Recht, Bd. II, 2. Aufl., Zürich 1968, S. 56 ff.; NICKEL-SCHWEIZER, S. 92.

[4] MERZ, S. 459 ff.; GAUTSCHI, N. 4 zu Art. 401 OR.

[5] Zu Art. 1706/07 CCit. siehe BAVETTA, S. 335 f.; DOMINEDÒ, S. 112.

[6] Vgl. COING, S. 221 f., S. 241, zum liechtensteinischen Recht.

[7] COING, S. 176 ff.; NICKEL-SCHWEIZER, S. 88 ff.; § 392 HGB privilegiert den Kommittenten bezüglich Forderungen, die der Kommissionär erworben hat; GAUTSCHI, SJZ 72, 1976, S. 317 ff.

[8] Zu der Legitimation des Hauptauftraggebers, die Aussonderung im Konkurs des Auftragssubstituten zu verlangen, vgl. GAUTSCHI, N. 21 zu Art. 401 OR. Das Aussonderungsrecht nach Art. 401 Abs. 3 OR bewirkt keinen gesetzlichen Eigentumsübergang auf den Auftraggeber, wie ihn das italienische Recht kennt (Art. 1707 CCit.); dies ist insbesondere bei Fiduzia

eine Fiduzia auf Mandat beruht, finden auf sie die Regeln von Art. 401 OR ebenfalls Anwendung. Gegen diese, seit 1973 auch vom Bundesgericht[9] vertretene Auffassung ist kritisch eingewendet worden, Art. 401 OR ziele nach dem Willen des Gesetzgebers und der *ratio legis* nur auf Fälle hin, bei denen der Beauftragte das Eigentum kurzfristig als Zwischenstation innehabe[10]. Das Hauptbeispiel bilde der Eigentumserwerb des Kommissionärs[11]. Hier sei es gerechtfertigt, von der formalrechtlichen Zuordnung des Rechtsgutes an den Beauftragten (als indirekten Stellvertreter) abzusehen und auf die eigentliche, nämlich die wirtschaftliche Zuordnung abzustellen. Keines dieser Argumente schlägt durch. Der historische Wille des Gesetzgebers ist nicht entscheidend, ganz abgesehen davon, daß eine Absicht, die Bestimmung von Art. 401 OR auf die Kommission und ähnliche kurzfristige Eigentümerpositionen zu beziehen, nicht erwiesen ist[12]. Sodann stellt sich das Hindernis entgegen, kurzfristiges Durchgangseigentum ohne Willkür und Gefährdung der Rechtssicherheit von längerwährender fiduziarischer Rechtsträgerschaft abzugrenzen[13]. Endlich ist auf die Unbilligkeit der Unterscheidung hinzuweisen. Die deutsche Rechtsprechung und Lehre erachten ein Aussonderungsrecht des Fiduzianten für geboten, während bei der indirekten Stellvertretung, in welcher dem Vertreter das Eigentum nicht auf längere Dauer verbleibt, die Privilegierung sich nicht aufdränge[14]. Ob also die Rechtsträgerschaft des Beauftragten von kürzerer oder längerer Dauer sein soll, erscheint nicht als geeignetes Kriterium, um die auf Mandat fußende Fiduzia von den Bestimmungen des Art. 401 OR auszunehmen.

De lege ferenda ist jedoch zu erwägen, ob Art. 401 OR wirklich seinen Platz im Mandatsrecht hat. Da es darum geht, gewisse Wirkungen der indirekten Stellvertretung zu vermeiden oder abzuschwächen, müßten die Bestimmungen im allgemeinen Teil des Obligationenrechts bei der Regelung der Stellvertretung eingefügt werden. Sie sind nicht deswegen gerechtfertigt, weil ein Beauftragter als indirekter Stellvertreter handelt, sondern weil überhaupt jemand in dieser Weise handelnd auftritt, einerlei welches Rechtsverhältnis der indirekten Stellvertretung zugrunde liegt. In Betracht fallen neben dem

---

auch gar nicht erwünscht. Die Legalzession wird dem Schuldner gegenüber erst durch Notifikation wirksam; Merz, S. 463.

[9] BGE 99 II, 1973, S. 393 ff.

[10] Becker, N. 6 zu Art. 401 OR; Wälli, S. 101 f.; Nickel-Schweizer, S. 110; a. M. Merz, S. 454 ff.; vgl. BGE 39 II, 1913, S. 814.

[11] Vgl. etwa Oser/Schönenberger, N. 1 und 10 zu Art. 401 OR.

[12] Gautschi, N. 1 b zu Art. 401 OR; Merz, S. 459 ff.

[13] Merz, S. 456 f.

[14] Coing, S. 102 f., 176 ff.; Nickel-Schweizer, S. 35.

Auftrag insbesondere der Arbeitsvertrag im engeren Sinn, die Hinterlegung, gemischte Verträge, Arbeitsverträge *sui generis*, namentlich auch die Sicherheitsfiduzia[15].

4. Nach dem Wortlaut des Gesetzes und nach ständiger Rechtsprechung fallen unter das Aussonderungsrecht des Art. 401 Abs. 2 und 3 OR nur diejenigen Forderungen und beweglichen Sachen, die der Beauftragte für Rechnung des Auftraggebers von D r i t t e n erworben hat, nicht aber jene, die ihm der Auftraggeber übertragen hat[16]. Diese Beschränkung entbehrt der inneren Rechtfertigung. Der Wortlaut von Art. 401 OR zielt zwar auf Forderungen und bewegliche Sachen, die der Beauftragte von Dritten erworben hat, doch wäre es wohl noch nicht Rechtsschöpfung *contra legem*, wenn die Rechtsprechung das Aussonderungsrecht auf Werte ausdehnen würde, die der Beauftragte vom Auftraggeber empfangen hat. Gegen die ausdehnende Auslegung wird die Auslegungsregel ins Feld geführt, Ausnahmen seien restriktiv zu interpretieren. Aber dieser Satz ist methodisch fragwürdig und gerade in bezug auf Art. 401 OR nicht eingehalten worden[17]. Für die extensive Auslegung sprechen Gründe der inneren Folgerichtigkeit des Systems. Mit der privatrechtlichen Privilegierung des Auftrag- oder Treugebers geht ein strafrechtlicher Schutz vor Veruntreuung einher (Art. 140 StGB), der gewährt ist ohne zu unterscheiden, ob die Güter vom Gläubiger direkt anvertraut worden sind oder ob sie von Dritten stammen[18]. In die gleiche Richtung weisen Art. 201 SchKG[19] und Art. 17 AFG. Das SchKG gestattet die Aussonderung von Inhaber- und Ordrepapieren, sofern sie vom Aussonderungsberechtigten selber dem Konkursiten übergeben worden sind. Das Anlagefondsgesetz stellt nicht darauf ab, ob die Werte von den Anlegern selbst oder von Dritten auf den Fonds übertragen worden sind. Gerade bei Verwaltungs- und Anlageaufträgen hängt es weitgehend vom Zufall ab, in welchem Umfang die ursprünglich vom Auftraggeber empfangenen Werte noch vorhanden oder durch Surrogate ersetzt worden sind[20]. Endlich ist wiederum auf die deutsche Lehre und Rechtsprechung zu verweisen, welche die Aussonderung nur für unmittelbar vom Treugeber empfangene Güter zuläßt[21]. Die Kritik läuft hier in entgegen-

---

[15] Nickel-Schweizer, S. 89. Für Aussonderungsrechte bei indirekter Stellvertretung allgemein J. Droin, La représentation indirecte en droit suisse, Diss. Lausanne 1956, S. 184.

[16] Gautschi, N. 20 zu Art. 401 OR; Nickel-Schweizer, S. 110 ff.; Merz, S. 464.

[17] In BGE 99 II, 1973, S. 396 wurde die Aussonderung nicht im Konkurs, sondern im Nachlaßverfahren gewährt; Art. 401 OR ist demnach ausdehnend interpretiert worden; vgl. Müller, S. 277.

[18] Gautschi, N. 20 d zu Art. 401 OR.

[19] Fritzsche a.a.O. (vorne Anm. N. 3), S. 56 ff.

[20] Typisch BGE 99 II, 1973, S. 393 ff.

[21] Coing, S. 176 ff.; Nickel-Schweizer, S. 96 f.

gesetzter Richtung: die Aussonderung sei auch auf Werte auszudehnen, welche der Treuhänder von Dritten erworben hat.

Die enge Fassung und Auslegung von Art. 401 Abs. 3 OR läßt sich häufig dadurch ausgleichen, daß angenommen wird, der Beauftragte habe Sachen vom Auftraggeber nicht zu Eigentum übertragen erhalten, sondern lediglich den Besitz, mit der Ermächtigung, über die Sache zu verfügen [22].

5. Grundstücke sind einer Aussonderung nicht zugänglich, da der dem Grundbuch zuerkannte öffentliche Glaube vor den Interessen eines Auftraggebers den Vorrang verdient [23]. Hat der Beauftragte ein Grundstück von einem Dritten erworben, ist der Erwerb jedoch noch nicht zur Grundbucheintragung angemeldet, so wird der obligatorische Anspruch auf das Grundstück Gegenstand der Legalzession gemäß Art. 401 Abs. 2 OR, falls der Beauftragte in Konkurs fällt [24].

6. Die Legalzession setzt voraus, daß die Forderung noch besteht. Ist sie durch Erfüllung untergegangen, so stellt sich insbesondere bei Geld die Frage, ob eine Aussonderung gemäß Art. 401 Abs. 3 OR an ihre Stelle tritt. Fließt das Geld u n a u s g e s c h i e d e n in die Kasse des Beauftragten, so entfällt die Aussonderungsmöglichkeit [25]. Soll sie gewahrt bleiben, so muß der Beauftragte das Geld entweder von eigenem und fremdem Geld g e s o n d e r t aufbewahren oder es s o f o r t auf ein ausschließlich für diesen Zweck begründetes Konto bei einem Dritten überweisen. Ist das Konto auf den Namen des Auf-

---

[22] Wälli, S. 38, N. 63; S. 100.
[23] Gautschi, N. 6 und 7 zu Art. 401 OR; Nickel-Schweizer (S. 113 f.) befürwortet, wie zuvor schon E. Wolf (S. 425 ff.), *de lege ferenda* die Ausdehnung der Aussonderung auf Grundstücke; der öffentliche Glaube des Grundbuchs wolle nur die Erwerber von Rechten an Grundstücken schützen, nicht aber «die Zugehörigkeit zur Haftungsmasse garantieren». Das erscheint fragwürdig, ist doch zur Einsichtnahme in das Grundbuch jedermann berechtigt, der ein schutzwürdiges Interesse glaubhaft machen kann; hierzu gehören auch die persönlichen Gläubiger eines Grundeigentümers, die ein wirtschaftliches Interesse daran haben, die Rechte ihres Schuldners an Liegenschaften und deren Belastungen zu kennen. A. Homberger, Zürcher Kommentar, Bd. IV/3: Das Sachenrecht, Besitz und Grundbuch, 2. Aufl., Zürich 1938, N. 7 zu Art. 970 ZGB.
[24] Gautschi, N. 6, 9 b, 12 c zu Art. 401 OR. Es ist unklar, warum die Legalzession in BGE 64 II, 1938, S. 226 nicht stattfindet, denn der obligatorische Anspruch des Käufers gegen den Verkäufer einer Liegenschaft auf Eintragung des Erwerbs im Grundbuch ist abtretbar, kann also auch durch Legalzession auf den Mandanten des Käufers übergehen. Meier-Hayoz, Berner Kommentar, Bd. IV/1, 2. Teilbd.: Sachenrecht, Das Grundeigentum, 3. Aufl., Bern 1964, N. 48 und 91 zu Art. 657 ZGB; Haab/Simonius, Zürcher Kommentar, Bd. IV/1: Das Sachenrecht, Das Eigentum, 2. Aufl., Zürich 1931, N. 5 zu Art. 657 ZGB.
[25] Gautschi, N. 8, 10 c zu Art. 401 OR; Becker, N. 8 zu Art. 401 OR; Oser/Schönenberger, N. 15 zu Art. 401 OR; Reymond, JdT 112, 1974, S. 598. BGE 87 III, 1961, S. 23; 99 II, 1973, S. 398; 102 II, 1976, S. 107 f.; S. 303.

traggebers eröffnet, so wird letzterer direkt Gläubiger des Kontos; lautet das
Konto auf den Beauftragten, so findet Subrogation des Auftraggebers statt,
sobald die Voraussetzungen dazu erfüllt sind. Das Bundesgericht hat in drei
neueren Entscheidungen die Grenzen der Aussonderung einkassierten Geldes
abgesteckt[26]. Allerdings sind nicht alle Fragen geklärt[27], und es besteht nach
dem ersten Entscheid aus dem Jahre 1973 der Eindruck, als möchte das Bundesgericht diese Aussonderung wieder in allerengste Schranken verweisen.
Folgende Punkte verdienen hervorgehoben zu werden:

a) Die Eröffnung des Sonderkontos oder die sonstige Ausscheidung im
Vermögen des Beauftragten haben s o f o r t zu erfolgen. Ohne dieses Erfordernis ist die Individualisierung des Aussonderungsgutes im Vermögen des Beauftragten illusorisch (BGE 102 II, 1976, S. 304). In BGE 102 II, 1976, S. 105
sind die einkassierten Mietzinsen nicht laufend, sondern zweimal in einem Abstand von über einem Monat auf ein Bankkonto überwiesen worden. Das
Bundesgericht hat die Aussonderung abgelehnt, ohne zu berücksichtigen, daß
die Gelder nicht sofort weitergeleitet worden sind.

b) Hingegen beanstandet das Bundesgericht im selben Entscheid, daß der
Beauftragte die einkassierten Gelder auf ein zwar gesondertes, aber auf seinen
Namen lautendes Bankkonto einbezahlt hat (BGE 102 II, 1976, S. 107, 110),
während im Fall BGE 99 II, 1973, S. 393 ff. das Sonderkonto auf den Namen
des Auftraggebers gelautet hat. Die Fälle liegen indessen verschieden. Im
neueren Entscheid ist ein Sonderkonto bei einem Dritten eröffnet worden,
während im älteren der Beauftragte die Gelder durch Eröffnung eines Sonderkontos bei sich ausgeschieden hat. Wird verlangt, daß das Konto beim Dritten
auf den Namen des Auftraggebers lautet, so entfällt die Frage der Aussonderung, denn der Beauftragte handelt als direkter Stellvertreter, oder es liegt ein
Vertrag zugunsten Dritter vor. Die Kontoerrichtung auf den eigenen Namen
des Beauftragten stellt aber doch eine einwandfreie Ausscheidung der dem
Auftraggeber abzuliefernden Gelder dar. Die Aussonderung sollte in solchen
Fällen nicht grundsätzlich verweigert werden[28].

---

[26] BGE 99 II, 1973, S. 393 ff.; 102 II, 1976, S. 103 ff., S. 297 ff.
[27] MERZ, ZBJV 114, 1978, S. 152: «Weitere Differenzierungen in der Auslegung von Art. 401
OR sind nicht auszuschließen»; REYMOND, JdT 112, 1974, S. 599 f.
[28] Sie ist jedenfalls im ältesten einschlägigen BGE 21, 1895, S. 809 ff. bei Hinterlegung in eigenem Namen durch den Mandatar gewährt worden; BECKER, N. 8 zu Art. 401 OR; OSER/
SCHÖNENBERGER, N. 15 zu Art. 401 OR; MERZ, S. 461 f. Fragwürdig ist hingegen der Fall
der beauftragten Bank, die ein auf den Auftraggeber lautendes Sonderkonto bei sich selbst
eröffnet (BGE 99 II, 1973, S. 393 ff.). Die bloß buchhalterische Ausscheidung als Sonderkonto genügt m. E. nicht, ihr muß eine getrennte Verwaltung und eine Kennzeichnung der

c) Von einem Sonderkonto, das die Individualisierung der Auftraggeber-gelder erlaubt, kann dann nicht die Rede sein, wenn der Beauftragte über die-ses Konto beliebig verfügen darf[29].

d) In BGE 102 II, 1976, S. 109 wird die Aussonderung auch deswegen ver-weigert, weil die Hinterlegung der einkassierten Gelder auf dem Sonderkonto einer Bank nicht Gegenstand des Auftrages gewesen sei. Es ist zwar richtig, daß der Beauftragte, der keine besonderen Weisungen erhalten hat, mit den einkassierten Geldern beliebig verfahren darf, schuldet er dem Auftraggeber doch lediglich eine Geldsumme. Dennoch erscheint es als rigoros, die Aus-sonderung zu verweigern, wenn der Beauftragte in Erfüllung seiner Treue-pflichten und jedenfalls nicht gegen den Willen des Auftraggebers die Gelder auf einem Sonderkonto aus seinem Vermögen ausscheidet. Der Auftraggeber kann dieses Vorgehen nachträglich noch genehmigen.

e) Zu Recht werden strenge Anforderungen an die Voraussetzung der Be-stimmtheit des Aussonderungsgutes gestellt[30]. Die Individualisierung ein-kassierter Gelder im Vermögen des Beauftragten ist unmöglich, wenn sie nicht auf gesonderte Konten überwiesen werden. Weder Legalzession noch Aus-sonderung sind statthaft bei Einzahlungen auf das gewöhnliche Postcheck- oder Bankkonto des Beauftragten[31]. Zur Individualisierung ist ferner nötig, daß der Bestand des Kontos mit den Summen der einkassierten Gelder über-einstimmt[32]. Hingegen sollte die Aussonderung nicht daran scheitern, daß das Sonderkonto dazu dient, die Gelder mehrerer Auftraggeber aufzunehmen, die sich alle in gleicher Weise auf ein Aussonderungsrecht stützen können[33].

7. Die Privilegien von Art. 401 Abs. 2 und 3 OR werden nicht nur, wie es dem Wortlaut entspricht, im Falle des Konkurses gewährt, sondern auch bei Pfändung, Arrestlegung und Nachlaßvertrag[34].

8. Der Auftraggeber hat zu beweisen, daß die Voraussetzungen einer Aus-

---

betreffenden Werte entsprechen. Zu den Anforderungen des deutschen Rechts an die Iden-tifikation des Treugutes vgl. Nickel-Schweizer, S. 97 f.; das schweizerische AFG (Art. 13, 18) verlangt, daß Fondsleitung, bzw. Depotbank die Fondswerte besonders kennzeichnen und getrennt verwalten, K. Amonn, Der Kollektivanlagevertrag, hinten S. 291 f.

[29] BGE 102 II, 1976, S. 109, 304; Amonn, a. a. O.: die Fondsleitung hat «jede Befugnis des Aufbewahrers zu selbständiger Verfügung auszuschließen».

[30] Merz, S. 464; Nickel-Schweizer, S. 97 f., 115.

[31] BGE 102 II, 1976, S. 303 f.

[32] BGE 102 II, 1976, S. 110, 304.

[33] Strenger urteilt BGE 102 II, 1976, S. 110. Wie weit die fein differenzierten Regeln des anglo-amerikanischen Rechts über das *tracing* von Treugut im Rahmen von Art. 401 OR Berück-sichtigung verdienen, muß weiter geprüft werden.

[34] Siehe vorne Anm. 17; ferner Gautschi, N. 10 b, 27 zu Art. 401 OR.

sonderung gegeben sind, also insbesondere das Bestehen eines Auftrages, den Erwerb einer Forderung oder beweglichen Sache durch den Beauftragten für Rechnung des Auftraggebers und die Erfüllung der eigenen Verbindlichkeiten[35].

9. Zu der oben vertretenen Ausweitung der Privilegien des Art. 401 OR durch Rechtsprechung und Gesetzgebung drängen sich noch weitere Erwägungen auf.

a) Die Aussonderung beweglicher Sachen verstößt gegen die dem Besitz zuerkannte Publizitätsfunktion. Die Gläubiger des Beauftragten, insbesondere des auf längere Zeit waltenden Fiduziars, beurteilen dessen Kreditwürdigkeit teilweise gestützt auf den Besitz von Auftragssachen. Dagegen ist einzuwenden, daß dem Besitz zur Beurteilung der Kreditwürdigkeit nur relativer Wert zukommt[36]. Insbesondere schließt die indirekte Stellvertretung nicht aus, daß das Eigentum infolge von Besitzkonstituten und Besitzanweisungen sofort auf den Mandanten übergeht[37]. Es ist dann nur eine Frage der geschickten Vertragsredaktion und nicht der Unterscheidung verschiedengelagerter Sachverhalte und Interessen, ob der Auftraggeber im Konkurs des Beauftragten privilegiert ist oder nicht. Andererseits steht die Publizitätsfunktion des Besitzes einer Aussonderung sicher dort nicht im Wege, wo der Beauftragte für den Dritten erkennbar als Rechtsträger für fremde Rechnung auftritt. Es wird zu prüfen sein, ob in einem künftigen Gesetz die Regelung der Aussonderung geradezu von dem Offenkundigkeitsprinzip beherrscht sein soll[38]. Zum mindesten ist die Aussonderung zu verweigern, wenn der Beauftragte beim Dritten Mandatsgüter dazu verwendet, um eine erhöhte Kreditwürdigkeit vorzuspiegeln[39].

b) Sind die Forderungen des vollstreckenden Drittgläubigers aus Geschäften entstanden, die der Beauftragte in richtiger Ausführung des Auftrags getätigt hat, so rechtfertigt sich eine Aussonderung zugunsten des Auftraggebers

---

[35] GAUTSCHI, N. 5 d, 30 c zu Art. 401 OR; BGE 89 II, 1963, S. 410.

[36] Dies gilt für das schweizerische Recht etwas weniger ausgeprägt als für das deutsche, das die Sicherungsübereignung mit Besitzkonstitut zuläßt; man denke aber an die sich ausbreitenden Leasingverträge. Vgl. COING, S. 179; NICKEL-SCHWEIZER, S. 99.

[37] WÄLLI, S. 36, N. 56; R. J. BAERLOCHER, Der Hinterlegungsvertrag, Schweiz. Privatrecht, Bd. VII/1, S. 678, N. 12.

[38] NICKEL-SCHWEIZER, S. 99 f., 114; WOLF, S. 433.

[39] Zum Schutze gutgläubiger Dritter machen am Aussonderungsrecht Vorbehalte: BGE 99 II, 1973, S. 400 und 78 II, 1952, S. 455. Vgl. MERZ, S. 464; ZBJV 111, 1975, S. 115; NICKEL-SCHWEIZER, S. 115; WOLF, S. 433 ff.

nicht, weil letzterer für diese Verbindlichkeiten dem Beauftragten gemäß Art. 402 Abs. 1 OR einzustehen hat[40].

c) Es stellt sich letztlich die Frage, warum das Aussonderungsrecht auf Fälle beschränkt werden soll, bei denen der Ablieferungsanspruch gegen einen indirekten Stellvertreter gerichtet ist. Mit Sicherheit ist anzunehmen, daß die Zeit dafür noch nicht gekommen ist, sofern dem Bestimmtheitsprinzip Genüge getan wird, schlechthin jedem Gläubiger das Aussonderungsprivileg zuzugestehen[41]. Es würde sich nicht mehr bloß darum handeln, aus Billigkeitsgründen eine Ausnahme in angemessener Weise abzugrenzen, sondern vielmehr Grundlagen des Privatrechts, wie die Unterscheidung zwischen obligatorischen und dinglichen Rechten aufzugeben. Was den Beauftragten als Fiduziar betrifft, so sei auf die Warnung von REYMOND[42] hingewiesen, daß die Rücksichtnahme auf die Interessen des Fiduzianten die Stellung des Fiduziars schwächt, was letztlich gerade nicht zum Vorteil des Fiduzianten ausschlägt, würden doch Mißtrauen und Zurückhaltung der Dritten die wirkungsvolle Geschäftsbesorgung durch den Fiduziar gefährden.

II. Solidarität

1. Als dispositive Bestimmung ordnet Art. 403 OR bei einer Mehrheit von Auftraggebern oder Beauftragten die Solidarität an[43]. Darüber hinaus wird in Abs. 2 dieser Bestimmung die Beauftragtenmehrheit zu gemeinschaftlichem Handeln verpflichtet, sofern sie nicht zur Substitution an einen Dritten ermächtigt ist[44]. Die häufigsten Parteienmehrheiten, denen man im Auftragsrecht begegnet, sind Erbengemeinschaften und einfache Gesellschaften. Für letztere gilt mithin, wenn es um Auftragsbesorgung geht, eine von Art. 535 Abs. 2 OR abweichende Sonderregel. Zustimmung verdient GAUTSCHIS[45] Auffassung, daß bei Beauftragtengesellschaften mit mehr als zwei Personen nicht das gemeinschaftliche Handeln aller erforderlich sei.

---

[40] MERZ, S. 464.
[41] NICKEL-SCHWEIZER, S. 98.
[42] JdT 122, 1974, S. 600.
[43] GAUTSCHI, N. 13 b zu Art. 401.
[44] Zur Rechtsvergleichung GAUTSCHI, N. 1 b zu Art. 403 OR. Vom schweizerischen Recht weichen namentlich das französische und italienische ab, indem sie bei Beauftragtenmehrheit eine Vermutung für Alternativ- und nicht für Kollektivauftrag statuieren, was die Ausführung solcher Aufträge stark erleichtert (art. 1995 CCfr.; art. 1716 und 1730 CCit.).
[45] N. 13 c zu Art. 403 OR.

2. Beauftragt der Mandant eine Mehrheit von Fiduziaren, so nimmt das Bundesgericht an, daß beim Tode eines von ihnen der vermutliche Parteiwille auf Fortführung des Auftrags gerichtet sei. Die Erben treten nicht in die Rechtsstellung des Fiduziars ein, es findet vielmehr Anwachsung zugunsten der Mitfiduziare statt[46]. Die Lösung läßt sich damit begründen, daß die Fiduziare eine einfache Gesellschaft bilden und am Treugut gesamthänderisch berechtigt sind[47]; gemäß Art. 545 Ziff. 2 OR (in Verbindung mit Art. 576 OR) kann im Gesellschaftsvertrag bestimmt werden, daß die Gesellschaft beim Tode eines Gesellschafters mit oder ohne dessen Erben fortgesetzt wird[48].

Ob dasselbe gilt, wenn der Fiduziant einen Ersatzfiduziar bestimmt hat, ist vom Bundesgericht offengelassen worden[49].

Selbst bei konkursamtlicher Liquidation des Nachlasses eines Mitfiduziars findet Akkreszenz statt, was bedeutet, daß auch in diesem Fall das Treugut erhalten bleibt. Man kann diese Lösung als Sonderfall der Aussonderungsrechte gemäß Art. 401 Abs. 2 und 3 OR betrachten[50]. Allerdings läßt sich die Unstimmigkeit nicht beseitigen, daß beim Tode des Alleinfiduziars die Aussonderungsrechte gemäß Art. 401 Abs. 2 und 3 OR die Erhaltung des Treugutes nur unter wesentlich engeren Voraussetzungen sichern als im Falle der Akkreszenz an einen Mitfiduziar[51].

Ob die Gesellschafter das Anwachsen der Rechte von Mitgliedern vorsehen können, die in Konkurs fallen, ist umstritten[52].

3. Die solidarisch verbundene Mehrheit von Auftraggebern kann den Auftrag nur gemeinsam widerrufen[53]. Dasselbe muß für die Kündigung solidarisch verpflichteter Mandatare gelten[54].

---

[46] BGE 78 II, 1952, S. 445 ff.

[47] GAUTSCHI, N. 11 b zu Art. 403 OR; NICKEL-SCHWEIZER, S. 84 ff.; WÄLLI, S. 88 ff.; WOLF, S. 426 ff.

[48] Zu der Fortsetzungsklausel vgl. VON STEIGER, Die einfache Gesellschaft, in: Schweiz. Privatrecht, Bd. VIII/1, S. 424 f.

[49] BGE 78 II, 1952, S. 452: es bestehen keine Bedenken, «wenn der Ersatzfiduziar schon vor Eintritt der Bedingung tatsächlich und rechtlich in die Lage versetzt wird, über das Treugut zu verfügen, und wenn der spätere Eigentumsübergang an keine formellen Erfordernisse gebunden ist.»

[50] BGE 78 II, 1952, S. 455; GUBLER, S. 457 a ff.

[51] REYMOND, ZSR 73, 1954, S. 161 a, N. 44; WÄLLI, S. 92; NICKEL-SCHWEIZER, S. 87; GAUTSCHI, N. 11 b zu Art. 403 OR.

[52] Bejahend NICKEL-SCHWEIZER, S. 87 f.; WOLF, S. 427; ablehnend GAUTSCHI, N. 11 b zu Art. 403 (i. f.); vgl. VON STEIGER, a. a. O. (vorne Anm. 48), S. 453 N. 7.

[53] BGE 94 II, 1968, S. 318 f.

[54] GAUTSCHI, N. 16 c zu Art. 404 OR, mit Erörterung der anderen Frage, ob der Auftrag weiterbesteht, wenn einer der Beauftragten aus der Gemeinschaft ausscheidet.

III. Verjährung

1. Die Ansprüche aus Mandat unterstehen grundsätzlich der zehnjährigen Verjährungsfrist gemäß Art. 127 OR. In bezug auf die Honorarforderungen sowie die Erstattungs- und Ersatzansprüche gemäß Art. 402 OR aus «ärztlicher Besorgung, Berufsarbeiten von Anwälten, Rechtsagenten, Prokuratoren und Notaren» verkürzt Art. 128 Ziff. 3 OR die Verjährung auf fünf Jahre[55]. Für Schadenersatzansprüche gegen den Beauftragten wegen Vertragsverletzung gilt stets die zehnjährige Frist[56], die nach den gewöhnlichen Regeln mit der Fälligkeit des Anspruchs zu laufen beginnt, das heißt «im Zeitpunkt der Vornahme der ungehörigen Erfüllungshandlung» (BGE 87 II, 1961, S. 163; 53 II, 1927, S. 342) und nicht etwa erst bei Kenntnis des Schadens und der Person des Ersatzpflichtigen (Art. 60 Abs. 1 OR).

2. Umstritten ist der Verjährungsbeginn für die Ablieferungsansprüche des Auftraggebers, wenn der Beauftragte mit der Vermögensverwaltung betraut ist. Das Bundesgericht gleicht zu Recht in bezug auf den Verjährungsbeginn den Rückerstattungsanspruch aus Auftrag (Art. 400 Abs. 1 OR) jenem aus Hinterlegung (Art. 475 Abs. 1 OR) an[57]. Es darf daher auf die Darstellung des Problems durch BAERLOCHER[58] im Rahmen des Hinterlegungsvertrags verwiesen werden.

---

[55] K. SPIRO, Die Begrenzung privater Rechte durch Verjährungs-, Verwirkungs- und Fatalfristen, Bd. 1, Bern 1975, S. 643 ff.

[56] Nach GAUTSCHI stellt die Haftpflicht des Auftraggebers gemäß Art. 402 Abs. 2 OR eine außervertragliche Gefährdungshaftung dar. Diese Auffassung ist vorn auf S. 68 Anm. 33 abgelehnt worden, womit auch die Anwendbarkeit der einjährigen Frist von Art. 60 OR entfällt.

[57] BGE 91 II, 1965, S. 450; zustimmend MERZ, ZBJV 103, 1967, S. 46.

[58] a. a. O. (vorne Anm. 37), S. 700, 704 f. Neben TREYVAUD, Le contrat de dépôt bancaire, Diss. Lausanne 1972, S. 72 ff., der einen befriedigenden Interessenausgleich über eine weite Auslegung von Art. 134 Ziff. 6 OR anstrebt, hat insbes. K. SPIRO, a. a. O. (vorne Anm. 55) S. 55, N. 17, die bundesgerichtliche Begründung einer eingehenden dogmatischen Kritik unterzogen. Doch läßt auch SPIRO gerade beim Verwaltungsauftrag die Verjährung erst beginnen, wenn die fällige Verwaltungs- und Aufbewahrungspflicht des Mandatars ausbleibt. Ferner betrachtet er die Verjährung als gehemmt, wenn die Geltendmachung dieser kumulativen, jedoch zeitlich vorangehenden Pflichten «dem Gläubiger nicht möglich oder nicht zuzumuten ist...» (S. 100).

Zweites Kapitel

Die qualifizierten Aufträge

§ 10. Die Systematik des Gesetzes

Der einfache Auftrag bildet die Grundform einer Reihe gesetzlich geregelter, sogenannter qualifizierter Aufträge: Kreditbrief und Kreditauftrag (Art. 407–411 OR), Mäklervertrag (Art. 412–418 OR), Agenturvertrag (Art. 418a–418v OR), Kommission (einschließlich Spedition, Art. 425–439 OR) und Frachtvertrag (Art. 440–457 OR). Der enge systematische Zusammenhang geht aus der vom Gesetz befolgten Technik der Verweisung auf den einfachen Auftrag hervor. Im Prinzip sind diese Verträge im Gesetz nur soweit geregelt, als sie vom einfachen Auftrag abweichen. Diese rationelle Darstellungsweise soll auch hier befolgt werden. Deshalb werden die qualifizierten Aufträge nur gegenseitig und gegenüber dem einfachen Auftrag abgegrenzt. Für die Abgrenzung von anderen Vertragstypen gilt, was beim einfachen Auftrag ausgeführt worden ist. Die gesetzlichen Verweisungen auf den einfachen Auftrag finden sich für den Kreditbrief in Art. 407 Abs. 1 OR, für den Kreditauftrag in Art. 408 Abs. 2 OR, für den Mäklervertrag in Art. 412 Abs. 2 OR, für den Agenturvertrag in Art. 418a OR (in indirekter Weise durch die Verwendung der Parteibezeichnung «Auftraggeber», durch die Einfügung als vierter Abschnitt in den dreizehnten Titel «Der Auftrag» und durch die Verweisung in Art. 418b Abs. 1 OR auf den Mäklervertrag und die Kommission), für die Kommission in Art. 425 Abs. 2 OR und für den Frachtvertrag in Art. 440 Abs. 2 OR.

Zu der wenig glücklichen Systematik des Gesetzes vgl. die Ausführungen vorne S. 6 f.

Erster Abschnitt

Kreditauftrag, Kreditbrief, Dokumentenakkreditiv

§ 11. Der Kreditauftrag

Literatur:

E. FURLER, SJK Nr. 328, Kreditbrief-Kreditauftrag, Genf 1942; G. C. MÜLLER, Der Kreditauftrag als mandatum qualificatum, insbesondere nach römischem und schweizerischem Recht, Diss. Zürich 1926.

I. Begriff, Funktion und Bedeutung in der Praxis

Der schriftlich zu erteilende Kreditauftrag verpflichtet den Beauftragten, in eigenem Namen und auf eigene Rechnung, jedoch unter der Verantwortlichkeit des Auftraggebers, einem Dritten Kredit zu gewähren oder zu erneuern.

Der Kreditauftrag dient in erster Linie der K r e d i t v e r m i t t l u n g. Weil der Auftraggeber den Beauftragten nach den allgemeinen Mandatsgrundsätzen (Art. 402 OR) schadlos zu halten hat, bildet der Kreditauftrag, sobald der Kredit vom Beauftragten gewährt ist, ebenfalls ein Mittel zur K r e d i t s i c h e - r u n g und entfaltet deshalb bürgschaftsähnliche Wirkungen. Es ist diese Sicherungsfunktion, die von jeher Anlaß gegeben hat, den Kreditauftrag besonderen Regeln zu unterstellen und ihn der Bürgschaft anzunähern[1]. Die Stellung zwischen Auftrag und Bürgschaft führt jedoch zu inneren Widersprüchen und Abgrenzungsschwierigkeiten. Es verwundert deshalb nicht, daß der Kreditauftrag in der Praxis kaum eine Rolle spielt[2].

II. Form

Der Auftraggeber hat den Auftrag schriftlich zu erteilen. Annahmeerklärung und Antragstellung durch den Beauftragten sind formlos gültig. Die

---

[1] Zum römischen Recht vgl. KASER, Bd. I, S. 666; Bd. II, S. 460; der Kreditauftrag war das einzige *mandatum qualificatum* des gemeinen Rechts.
[2] Ein Fall in Sem. Jud. 92, 1970, S. 426 f.

Formvorschrift soll den Auftraggeber wegen der bürgschaftsähnlichen Wirkungen des Kreditauftrags schützen. Der Gesetzgeber ist indessen auf halbem Wege stehen geblieben, denn er hat es unterlassen, diese Formvorschriften den Bestimmungen des revidierten Bürgschaftsrechts (in Kraft seit 1. Juli 1942) anzupassen.

III. Abgrenzungen

1. Vom einfachen Auftrag unterscheidet sich der Kreditauftrag durch die Beschränkung seines Gegenstandes auf die Kreditvermittlung. Nach dem Wortlaut des Gesetzes (Art. 408 Abs. 1 OR) gewährt der Kreditbeauftragte den Kredit in eigenem Namen und auf eigene Rechnung. Die Kreditierung als direkter Stellvertreter fällt deshalb unter den einfachen Auftrag. Dasselbe muß gelten, wenn der Beauftragte auf Rechnung des Auftraggebers kreditiert. Es stellt sich jedoch die Frage, ob die Kreditierung auf eigene Rechnung des Beauftragten überhaupt im Einklang steht mit den Grundsätzen des Auftragsrechts. Soll doch der Beauftragte einerseits die Interessen des Auftraggebers oder Dritter wahren, dies aber andererseits nicht auf eigene Rechnung tun müssen und dürfen. Kreditiert daher der Beauftragte «auf eigene Rechnung», so nimmt er eine Stellung zwischen Beauftragtem und Bürgschaftsgläubiger ein. Auf eigene Rechnung bedeutet wohl in erster Linie, daß der Beauftragte ein eigenes Geschäft tätigt, das heißt grundsätzlich zu eigenem Nutzen und auf eigene Gefahr handelt. Der Beauftragte darf einen verzinslichen Kredit gewähren und hat den Zinsertrag nicht abzuliefern. Umgekehrt besteht kein Anspruch auf Vorschuß [3] oder Spesenersatz. Lediglich die Insolvenzgefahr und das Risiko der Vertragsunfähigkeit (Art. 409 OR) des Kreditnehmers kann der Kreditbeauftragte auf den Auftragnehmer abwälzen. Andere Geschäftsrisiken trägt er selbst. In weiteren Fragen bestehen aber wegen der Zwitterstellung des Kreditbeauftragten Zweifel. So ist ungewiß, ob er bei erhöhtem Risiko dem Interesse des Auftraggebers auf Kündigung des Kredits den Vorzug zu geben hat vor seinem eigenen Interesse auf Zinserwerb. Unklar ist auch, wie weit das Weisungsrecht des Auftraggebers reicht.

2. Durch einen Garantievertrag im Sinne von Art. 111 OR steht der Garant dem Begünstigten dafür ein, daß ein Dritter eine Leistung erbringt. Im Kreditauftrag hat der Beauftragte primär eine Verpflichtung zu erfüllen, nämlich einem Dritten Kredit zu gewähren, erst die Erfüllung dieser Schuld bringt den

---

[3] BECKER, N. 10 zu Art. 408 OR.

Auftraggeber dem Beauftragten gegenüber in die Stellung eines Garanten im weiteren Sinn[4].

3. Von der Bürgschaft unterscheidet sich der Kreditauftrag in der gleichen Weise wie gegenüber dem Garantievertrag[5]. Der Kreditsicherung geht die Kreditvermittlung voraus. Der Beauftragte ist zur Kreditvermittlung verpflichtet, die Kreditsicherung nur eine Rechtsfolge davon. Trotzdem ist der Kreditauftrag im Gegensatz zu der Bürgschaft und zum Garantievertrag kein geeignetes Mittel, um dem Beauftragten, das heißt dem Gläubiger einer künftigen Forderung eine definitive Sicherheit zu verschaffen, kann doch der Auftraggeber vor Erfüllung den Auftrag widerrufen[6]. Aber auch die Verpflichtung des Beauftragten steht auf schwachen Füßen, weil der Beauftragte durch Kündigung den Auftrag einseitig auflösen kann. Der Kreditauftrag ließe sich deshalb auch in Fällen verwenden, wo den Parteien an der Kreditierungsobligation des Beauftragten wenig, um so mehr aber am Ausweichen vor dem Bürgschaftsrecht gelegen ist.

IV. Vertrag zugunsten Dritter

Der Kreditauftrag kann als Vertrag zugunsten Dritter vereinbart werden[7]. Ob zu der Verpflichtung des Beauftragten dem Auftraggeber gegenüber eine solche gegenüber dem begünstigten Kreditnehmer hinzutritt, ist für die Qualifikation als Kreditauftrag unerheblich. Die bereits entstandene Forderung des Kreditnehmers wird vom Widerruf und von der Kündigung, die *ex nunc* wirken, nicht betroffen.

V. Haftung des Auftraggebers «wie ein Bürge»

1. Der Auftraggeber haftet dem Kreditbeauftragten nicht nach Art. 402 OR, sondern wie ein einfacher Bürge[8]. Voraussetzung ist freilich, daß der Beauftragte die Grenzen des Kreditauftrags und die Weisungen des Auftraggebers

---

[4] B. KLEINER, Die Abgrenzung der Garantie von der Bürgschaft und anderen Vertragstypen, Zürich 1974, S. 105.
[5] Vgl. S. GIOVANOLI, Berner Kommentar, Bd. VI/2: Obligationenrecht; 7. Teilbd.: Die Bürgschaft, Spiel und Wette, Art. 492–515 OR, Bern 1978, N. 70 zu Art. 492 OR.
[6] Vgl. LARENZ, Bd. II, S. 422.
[7] Anderer Meinung GUHL/MERZ/KUMMER, S. 442.
[8] GAUTSCHI, N. 2d zu Art. 408 OR.

betreffend das Vorgehen gegen den Schuldner beachtet hat. Der Beauftragte kann nicht nach Art. 397 Abs. 2 OR die Nachteile der Weisungsabweichung auf sich nehmen, er verliert vielmehr seine Erstattungsansprüche völlig.

2. Der Bürge übernimmt das Risiko der Insolvenz des Schuldners. Er trägt ferner, weil er hierzu den Auftrag erteilt hat, das Risiko, daß der Kreditnehmer wegen Vertragsunfähigkeit nicht oder nicht voll verpflichtet wird (Art. 409 OR). Die anderen Risiken des Geschäfts trägt der Beauftragte[9]. Deshalb kann der Auftraggeber dem Beauftragten alle Einwendungen und Einreden des Schuldners entgegenhalten.

VI. Rechte des Auftraggebers gegenüber dem Kreditnehmer

Im Verhältnis zum Kreditnehmer gilt der Auftraggeber als Bürge (Art. 411 OR).

VII. De lege ferenda

Der Kreditbrief sollte seiner Zwitterstellung wegen eine Revision des Obligationenrechts nicht unverändert überstehen. Zwei Lösungen erscheinen vertretbar. Entweder wird der Kreditbrief, um allenfalls der Umgehung des Bürgschaftsrechts entgegenzuwirken, unter Vorbehalt von Formvorschriften, vollständig dem einfachen Auftrag unterstellt. Oder der Kreditauftrag wird in zwei Elemente aufgegliedert:

a) in das Element der Kreditvermittlung; der Kreditauftrag wird zu einem gewöhnlichen Auftrag, der mit der Gewährung des Kredits erfüllt ist. Der Beauftragte hat nach der Einräumung des Kredits keine auftragsrechtlichen Treue- und Benachrichtigungspflichten mehr, der Auftraggeber kein auftragsrechtliches Weisungsrecht;

b) in das Element der Kreditsicherung; der Kreditauftrag enthält eine Bürgschaftserklärung (mit Angabe des Höchstbetrages), die unter der Bedingung steht, daß der Beauftragte den Kredit in Ausführung des Auftrags gewährt. Der Vorteil dieser Lösung besteht darin, daß die Konkurrenzprobleme zwischen Auftrags- und Bürgschaftsrecht entfallen. In einer ersten zeitlichen Phase liegt ein Auftrag vor. Ist er erfüllt, so wird die Bürgschaft wirksam. In

---

[9] Namentlich die Gefahr der Ungültigkeit des Kreditvertrages wegen Willensmängel.

der zweiten Phase haftet der Beauftragte nicht wie ein Bürge, er i s t vielmehr ein Bürge.

§ 12. Der Kreditbrief

Literatur:

E. FURLER, SJK Nr. 328, Kreditbrief-Kreditauftrag, Genf 1942.

I. Begriff. Funktion. Bedeutung in der Praxis

1. Der Empfänger eines Kreditbriefes überbringt als Bote dem Adressaten in Form des Kreditbriefes die Offerte des Briefausstellers, einen Zahlungsauftrag zugunsten des Briefempfängers zu übernehmen. Im Kreditbrief sind Auftrag und Anweisung miteinander verknüpft. Der Briefaussteller ist zugleich Auftraggeber und Anweisender, der Adressat, falls er den Auftrag annimmt, Beauftragter und Angewiesener; der Briefempfänger schließlich spielt die Rolle des Anweisungsempfängers, steht jedoch außerhalb des Auftragsverhältnisses. Art. 407 OR enthält keine Bestimmung, die nicht aus den allgemeinen Grundsätzen des Obligationenrechts, dem Auftrags- und Anweisungsrecht abzuleiten wäre. Andererseits ist es nicht das Gesetz, sondern die Lehre, die feststellt, daß der Kreditbrief vom Anweisungsrecht abweicht, indem der Briefempfänger nicht verpflichtet ist, die Zahlung vom Angewiesenen gemäß Art. 467 Abs. 2 OR zu fordern und im Falle der Zahlungsverweigerung den Anweisenden sofort zu benachrichtigen (Art. 469 OR)[1].

2. Trotz seines Namens ist der Kreditbrief kein eigentliches Mittel der Kreditgewährung[2]. Er stellt vielmehr ein Zahlungsmittel dar. Mit dem Kreditbrief will zum Beispiel der Empfänger sich auf einer Reise ins Ausland die Beträge auszahlen lassen, die er zuvor der den Brief ausstellenden Bank einbezahlt hat. Auch im Deckungsverhältnis erfolgt die Auszahlung typischerweise *solvendi* und nicht *credendi causa*, ist doch der Angewiesene regelmäßig eine Bank, die mit dem Briefaussteller in einem Kontokorrentverhältnis steht. Die Auftragsparteien sind praktisch stets Banken. Kreditbriefe sind sel-

---

[1] GAUTSCHI, N. 6 zu Art. 407 OR; BECKER, N. 1 zu Art. 407 OR; OSER/SCHÖNENBERGER, Vorbem. zu Art. 407–411 OR, N. 2; N. 5 zu Art. 469 OR.
[2] GAUTSCHI, N. 6 zu Art. 407 OR.

ten geworden, teils wegen der hohen Spesen, teils, weil der Auslandreisende mit Reisechecks in bezug auf Verlust, Diebstahl oder Fälschung die gleichen Vorteile erlangt wie mit Reisekredit- und Zirkularkreditbriefen[3].

II. Abgrenzungen

1. Keiner Abgrenzung bedarf der Kreditbrief zum einfachen Auftrag und zur Anweisung, stellt er doch eine Verbindung dieser beiden Institute dar. Nimmt der Adressat des Kreditbriefes den Auftrag an, so wird er gemäß Art. 396 Abs. 2 OR *eo ipso* zu den Rechtshandlungen ermächtigt, die zur Ausführung des Auftrags nötig sind. Deshalb wird beim Kreditbrief der Beauftragte zur Zahlung auf Rechnung des Auftraggebers an den Briefempfänger ermächtigt. Im Auftrag liegt somit eine Anweisung. Art. 407 Abs. 1 OR erklärt sich aus der Geschichte der Anweisung, deren Loslösung vom Auftrag für den Gesetzgeber noch nicht selbstverständlich war[4].

2. Beim Kreditauftrag gewährt der Beauftragte Kredit auf eigene Rechnung. Beim Kreditbrief bezahlt er auf Rechnung des Auftraggebers. Hat dieser keine Deckung, so ist er der Kreditgeber.

3. Der Kreditbrief ist keine Schulddurkunde und erst recht kein Wertpapier. Er ist nicht übertragbar[5].

III. Rechte und Pflichten des Beauftragten

1. Der Adressat des Kreditbriefes ist zur Annahme nicht verpflichtet, es sei denn das Gegenteil ergebe sich aus einem anderen Rechtsverhältnis, das ihn mit dem Adressanten verbindet. Lehnt der Adressat den Auftrag ab, so besteht auch keine Anweisung, weil die Zahlungsermächtigung im Auftrag eingeschlossen ist. Der Auftraggeber will die Zahlungsanweisung nur zusammen mit dem Auftrag erteilen, denn der Adressat hat bei der Zahlung wichtige, aus dem Auftrag fließende Sorgfaltspflichten zu erfüllen. Weil die Anweisung

---

[3] Im Zirkularkreditbrief figurieren mehrere Adressaten, vgl. GAUTSCHI, N. 7a zu Art. 407 OR.

[4] Vgl. GAUTSCHI, N. 1b zu Art. 407 OR.

[5] Es ist «einer bestimmten Person» zu bezahlen. Auf die Person des Briefempfängers kommt es an, wenn im Kreditbrief kein Höchstbetrag angegeben ist (Art. 407 Abs. 2 OR). GAUTSCHI, N. 14b, N. 32 zu Art. 407 OR; BECKER, N. 6 zu Art. 407 OR; OSER/SCHÖNENBERGER, N. 4 zu Art. 407 OR.

vom Bestand eines Auftrages abhängig ist, kann die Verpflichtung zur Zahlung auch dann nicht aus dem Anweisungsrecht hervorgehen, wenn der Angewiesene der Schuldner des Anweisenden ist (Art. 468 Abs. 2 OR)[6]. Dem Briefempfänger gegenüber hat der Adressat ebenfalls keine Verpflichtung, den Auftrag anzunehmen, tritt jener doch vorerst nur als Bote in Erscheinung.

2. Voraussetzung für die Gültigkeit der Annahme des Auftrages gegenüber dem Auftraggeber oder der Anweisung gegenüber dem Anweisungsempfänger ist, daß sie auf eine bestimmte Summe lautet. Ohne Angabe des Betrages sind Auftrag und Anweisung unbestimmt und daher wirkungslos.

3. Die Annahme des Auftrages läßt ein Auftragsverhältnis zwischen dem Auftraggeber und dem Beauftragten entstehen. Der Kreditbrief ist kein Vertrag zugunsten Dritter, weshalb der Briefempfänger vom Beauftragten aus Auftragsrecht nichts fordern kann.

4. Der Beauftragte ist dem Auftraggeber gegenüber zur Zahlung unter Beachtung von Sorgfalts- und Treuepflichten gehalten. Der Beauftragte hat nach den Weisungen des Auftraggebers die Identität des Zahlungsempfängers und die Echtheit des Kreditbriefes zu prüfen. Ist im Kreditbrief kein Höchstbetrag angegeben, so darf der Beauftragte nicht auszahlen, falls die vom Dritten verlangten Summen «den Verhältnissen der beteiligten Personen offenbar nicht entsprechen»; der Beauftragte muß den Auftraggeber benachrichtigen und dessen Weisungen abwarten[7].

5. Die Rechtsstellung der Beteiligten ist auch nach Anweisungsrecht zu beurteilen. Von Bedeutung ist aber lediglich die Annahme der Anweisung, die der Angewiesene dem Anweisungsempfänger erklärt, weil durch sie der letztere dem Angewiesenen gegenüber forderungsberechtigt wird. Zu der Annahme kann der Angewiesene aus Auftrag verpflichtet sein.

6. Solange der Beauftragte nicht bezahlt oder die Anweisung nicht angenommen hat, kann der Auftraggeber widerrufen und der Beauftragte kündigen. Erhält der Adressat vom Widerruf Kenntnis, bevor ihm der Kreditbrief vorgezeigt wird, so liegt nicht ein Widerruf des Auftrags, sondern der Auftragsofferte vor. Nach Anweisungsrecht kann der Anweisende die Anweisung gegenüber dem Empfänger nicht widerrufen, wenn letzterer Gläubiger des Anweisenden ist.

---

[6] Anderer Meinung Oser/Schönenberger, N. 2 zu Art. 407 OR. Der Auftrag kann dem Adressaten nicht aufgezwungen werden, weil damit Sorgfaltspflichten verbunden sind, was eine Erschwerung seiner Rechtsstellung bedeutet (Art. 468 Abs. 2 OR).

[7] Vgl. die einzelnen Sorgfaltspflichten bei Gautschi, N. 14 zu Art. 407 OR.

IV. Rechtsstellung des Briefempfängers

1. Der Briefempfänger kann zum Aussteller in einem bestimmten Rechtsverhältnis stehen, zum Beispiel kann er dem Aussteller den Auftrag erteilt haben, ihm einen Kreditbrief zu geben. Ein solcher Auftrag kann jedoch auch von einem Dritten stammen. Gegenüber dem Adressaten hat der Briefempfänger weder aus Auftrag noch aus Anweisung Verpflichtungen. Das Besondere des Kreditbriefes liegt nun aber darin, daß der Anweisungsempfänger nicht verpflichtet ist, die Zahlung vom Angewiesenen zu fordern (Art. 468 Abs. 2/3 OR). Deshalb hat die Annahme der Anweisung durch den Empfänger keine Stundungswirkung zugunsten des Anweisenden. Weil der Anweisungsempfänger die Zahlung nicht verlangen muß, hat er auch keine Präsentations- und Benachrichtigungspflichten, falls der Angewiesene die Zahlung verweigert (Art. 469 OR)[8]. Die Abweichungen erklären sich aus dem Zweck des Kreditbriefes. Der Empfänger will vom Kreditbrief nur bei Bedarf Gebrauch machen. Es ist seinem Belieben überlassen, ob er vom Adressaten Zahlung oder vom Aussteller Rückzahlung der Deckung verlangen will.

§ 13. Das Dokumentenakkreditiv

Literatur:

E. Colombo, Das Warenakkreditiv und der internationale Zahlungsverkehr, Zürich 1960; F. Eisemann, Considérations sur les règles et usances uniformes relatives aux crédits documentaires (édition revisée 1970), in: Festschrift Bärmann, München 1975, S. 265 ff; B. R. Hahn, Die Übertragung von Dokumentenakkreditiven. Ein rechtsvergleichender Beitrag zu ihrer rechtlichen Qualifikation, Diss. Freiburg, 1968; J. Hartmann, Der Akkreditiv-Eröffnungsvertrag nach den einheitlichen Richtlinien und Gebräuchen für Dokumenten-Akkreditive (Revision 1962) und dem schweizerischen Recht, Diss. Zürich 1974; N. Horn, Internationale Zahlungen und Akkreditiv, S. 9 ff. in: Horn/von Marschall/Rosenberg/Pavićević, Dokumentenakkreditive und Bankgarantien im internationalen Zahlungsverkehr, Arbeiten zur Rechtsvergleichung 87, Frankfurt 1977; B. Kleiner, Die Zahlungspflicht der Bank bei Garantien und unwiderruflichen Akkreditiven, SJZ 72, 1976, S. 353 ff.; V. Lüdi, Die Pfändung resp. Verarrestierung von Akkreditivguthaben unter Berücksichtigung der neuen Bundesgerichtspraxis, SJZ 48, 1952, S. 313 ff.; D. Michalek, Pfändung in das Dokumentenakkreditiv, BlSchK 1970, S. 129 ff.; H. Reichwein, Bankkonti und Akkreditive im Arrestverfahren, SJZ 51, 1955, S. 65 ff.; Der-

---

[8] Siehe vorne Anm. 1; Gautschi, N. 31a zu Art. 407 OR: Stundungswirkung, wenn der Kreditbrief zur Bezahlung einer Kaufpreisschuld ausgestellt wird.

SELBE, Vom unerlaubten Gebrauch nichtkonformer Akkreditivdokumente, SJZ 61, 1965, S. 56 ff.; A. F. SCHNITZER, SJK Nr. 314 (Ersatzkarte), Akkreditiv I: Allgemeines – Einheitliche Richtlinien und Gebräuche – Schweizerisches Recht, Genf 1971; H. SCHÖNLE, Bank- und Börsenrecht, 2. Aufl., München 1976, S. 115 ff.; R. SODER, Besitzt der Akkreditierte bei einem bestätigten unwiderruflichen Dokumentenakkreditiv zwei konkurrierende Ansprüche gegen die das Akkreditiv eröffnende Bank und gegen die zur Auszahlung an den Begünstigten verpflichtete (bestätigende) zweite Bank?, SJZ 49, 1953, S. 7 ff.; B. STAUDER, Le crédit subsidiaire, instrument du financement de la vente internationale, in: Mémoires publiés par la Faculté de droit de Genève, no 27, 1969, S. 161 ff.

I. Begriff und Bedeutung

1. Der Kreditbrief wird auch als Akkreditiv bezeichnet, weil er den Empfänger beim Angewiesenen akkreditiert, das heißt beglaubigt und empfiehlt. Der Kreditbrief ist jedoch nur eine der Erscheinungsformen des Akkreditivs. Die wichtigste bildet das Dokumentenakkreditiv. Es ist wie der Kreditbrief eine Verbindung von Auftrag und Anweisung. Vereinbarungsgemäß soll der Akkreditierte gegen Vorlage von genau bezeichneten Dokumenten Zahlung vom Angewiesenen verlangen, der seinerseits vom Anweisenden den Auftrag übernommen hat, sorgfältig zu prüfen, ob die vorgelegten Dokumente den Auftragsweisungen entsprechen und, falls dies zutrifft, zu zahlen[1]. Das Dokumentenakkreditiv dient in erster Linie als Zahlungsmittel. Es erlaubt, auf einfache und für beide Parteien sichere Weise Distanzkäufe Zug um Zug abzuwickeln. Die Vereinfachung und der hohe Grad an Sicherheit sind der Verwendung von Dokumenten zuzuschreiben, die die Ware repräsentieren. Denselben Zwecken dient die abstrakte Natur der Anweisung, die Einreden aus dem Liefergeschäft ausschließt (Art. 468 Abs. 1 OR; BGE 100 II, 1974, S. 150 f.). Es sind vor allem die internationalen Käufe, die mit Dokumentenakkreditiven abgewickelt werden. Das Dokumentenakkreditiv wird praktisch ausschließlich von den Banken besorgt. Es können eine oder mehrere Banken beteiligt sein. Häufig schaltet die vom Käufer mit der Eröffnung des Akkreditivs beauftragte Bank eine Korrespondenzbank im Lande des Verkäufers ein. Der Vorteil für den Verkäufer liegt darin, daß er sich, wenn die zweitbeauf-

---

[1] Zahlen ist dabei in weitem Sinne zu verstehen; es braucht sich nicht um Barzahlung zu handeln; sieht das Akkreditiv einen Zahlungsaufschub vor, so dient es auch als Kreditmittel (BGE 100 II, 1974, S. 150 ff.). HORN, S. 17. – Unsorgfalt des Beauftragten kann auch Dritte schädigen, die u. U. aus unerlaubter Handlung Ersatz fordern können; so im zitierten Entscheid des Bundesgerichts. – Umstritten ist die Übertragbarkeit des Dokumentenakkreditivs; vgl. SCHÖNLE, S. 125 ff.; HAHN, Diss.; SCHNITZER, S. 3. – Zur Pfändung in das Dokumentenakkreditiv vgl. SCHNITZER, S. 8 f., MICHALEK und LÜDI.

tragte Bank das Akkreditiv bestätigt, an einen solidarischen Gläubiger im eigenen Land wenden kann[2].

2. Das Dokumentenakkreditiv weicht rechtlich nicht vom einfachen Auftrag und der Anweisung ab. Es ist deshalb zu Unrecht als Spielart des Kreditbriefes angesehen worden[3]. In der Regel beurteilt sich das Dokumentenakkreditiv nicht nur nach den Parteivereinbarungen und den gesetzlichen Bestimmungen, sondern auch nach den Einheitlichen Richtlinien und Gebräuchen für Dokumentenakkreditive (ERG), die in einer zuletzt 1974 revidierten Fassung vorliegen[4]. Entweder verweisen die Parteien auf die Einheitlichen Richtlinien oder diese können als Ausdruck des Handelsbrauchs ergänzend und erläuternd herangezogen werden, ohne daß ihnen freilich normative Kraft zukommt[5].

II. Abgrenzung

Es bedarf lediglich das Verhältnis zum Kreditbrief einer weiteren Klärung. Zwar dienen beide der Durchführung von Zahlungen, die vom Beauftragten, der zugleich Angewiesener ist, besorgt werden sollen. Damit erschöpft sich aber das Gemeinsame der beiden Institute. Der Kreditbrief als schriftliches Dokument findet keine Entsprechung im Dokumentenakkreditiv, das direkt durch Auftrag des Akkreditivstellers an die eröffnende Bank zustande kommt.

III. Aufträge im Rahmen des Dokumentenakkreditivs

1. Der Akkreditivaussteller erteilt der Bank einen Akkreditiv-Eröffnungsauftrag[6]. Darin ist vorgeschrieben, unter welchen Bedingungen die eröff-

---

[2] Weniger Vorteile bietet ihm eine bloße Avisbank. Zu der zweitbeauftragten Bank als Zahlstelle vgl. SCHÖNLE, S. 122 f.; HARTMANN, S. 97.

[3] So namentlich GAUTSCHI, N. 1a zu Art. 407 OR; vgl. dagegen SCHÖNENBERGER/JÄGGI, Allg. Einleitung OR, N. 293; vgl. mit Lit. HARTMANN, S. 15, N. 75.

[4] Publikation Nr. 290 der Internationalen Handelskammer Paris, Paris 1975; die erste Ausgabe geht auf 1933 zurück; Revisionen in den Jahren 1951, 1962 und 1974.

[5] Vgl. PATRY, Schweiz. Privatrecht, Bd. VIII/1, Basel 1977, S. 58 f.; KUMMER, ZbJV 112, 1976, S. 139 ff.; SCHÖNLE, S. 118 f.; HORN, S. 13. Bei der Komplexität und dem steten Wandel der Materie kann der Gesetzgeber nur Grundsätze aufstellen; damit kommt solchen Handelsbräuchen zwangsläufig eine große Bedeutung zu, selbst wenn es sich um neue Praktiken handelt.

[6] Vgl. hierüber die Dissertation von HARTMANN.

nende Bank oder eine zweitbeauftragte Bank bezahlen muß und in welcher Weise die eröffnende und allenfalls die zweitbeauftragte Bank die Anweisung gegenüber dem Akkreditierten annehmen soll. Die Leistung Zug um Zug ist nur möglich, wenn dem Akkreditierten mitgeteilt wird, daß das Akkreditiv eröffnet ist. Enthält das Eröffnungsschreiben die Annahme der Anweisung gemäß Art. 468 Abs. 1 OR, so wird das Akkreditiv unwiderruflich. Über den Sinn einer unverbindlichen Anzeige besteht eine Kontroverse[7], die freilich in den Einheitlichen Richtlinien von 1974 behoben worden ist[8]. Danach verpflichtet auch eine solche Anzeige die eröffnende Bank zur Zahlung, doch steht die Verpflichtung unter der Bedingung des Widerrufs. Nach schweizerischem Recht liegt eine bedingte Anweisungsannahme vor.

2. Schaltet die eröffnende Bank eine zweitbeauftragte Bank ein, so kommt dieser entweder die Stellung eines Substituten oder eines Erfüllungsgehilfen zu[9]. Zum Akkreditivbesteller steht sie in keinem Auftragsverhältnis. Sie kann von der eröffnenden Bank zur bloßen Avisierung oder zur Bestätigung des Akkreditivs beauftragt sein. Im letzteren Fall verpflichtet sie sich dem Akkreditierten gegenüber solidarisch neben der eröffnenden Bank. Diese Auffassung ist durch die Einheitlichen Richtlinien von 1974 bestätigt worden (Art. 3b ERG)[10]. Die eröffnende Bank ist trotz dem Beizug einer zweitbeauftragten Bank zur selbständigen Prüfung der Dokumente verpflichtet[11].

3. Der vorbehaltlosen Aufnahme der Dokumente durch die beauftragte Bank wird gleichgestellt, wenn diese zwar die Aufnahme formell verweigert, aber von den Dokumenten dadurch Gebrauch macht, daß sie über die Waren verfügt[12]. Nimmt die zweitbeauftragte Bank die Dokumente auf, verweigert aber die eröffnende Bank die Aufnahme, so hat sie die Dokumente der zweitbeauftragten sofort zur Verfügung zu stellen[13].

4. Das Bundesgericht hat entschieden, daß die eröffnende Bank nicht auftragswidrig handelt, wenn sie dem Akkreditierten vor Ablauf des Termins bezahlt, mit dem dem Käufer Zahlungsaufschub gewährt werden soll. Die Bank hat lediglich mit der Remboursierung bis zum Ablauf der Frist zuzuwarten[14].

---

[7] Vgl. HARTMANN, S. 21 f.; SCHÖNLE, S. 117 f.; HORN, S. 17.
[8] Der die widerruflichen Akkreditive betreffende Passus von Art. 2 Abs. 1 ERG «keine rechtlich bindenden Verpflichtungen der beteiligten Bank oder Banken gegenüber dem Begünstigten» ist eliminiert worden.
[9] HARTMANN, S. 40 ff., 97.
[10] HORN, S. 18; so bereits HARTMANN, S. 43; a. M. GAUTSCHI, N. 4b zu Art. 407 OR.
[11] Vgl. zur Haftung für die Korrespondenzbank HARTMANN, S. 97, 100; HORN, S. 15.
[12] BGE 90 II, 1964, S. 306 ff.
[13] Art. 8 ERG.
[14] BGE 100 II, 1974, S. 148 ff.; vgl. HORN, S. 17, N. 34.

Andere Interessen des Käufers am Zahlungsaufschub bleiben unberücksichtigt. Das erscheint im Hinblick auf die grundlegende Bedeutung der Akkreditivstrenge als zweifelhaft.

5. Aufträge können frei widerrufen und gekündigt werden.Das gilt auch im Dokumentenakkreditiv. Jedoch ist zu beachten, daß der Widerruf nur Wirkungen *ex nunc* entfaltet. Nach Zahlung oder Annahmeerklärung bleibt er wirkungslos. Das Auftragsrecht wird in diesem Punkt durch die Anweisung modifiziert (siehe sogleich).

IV. Das Dokumentenakkreditiv als Anweisung

1. Mit der Annahme der Anweisung willigt der Akkreditierte in die Stundung seiner Forderung ein und verpflichtet sich, die Bezahlung vom Angewiesenen zu fordern. Diese Wirkung des Anweisungsrechts deckt sich mit der Vereinbarung der Parteien, als Zahlungsmodus das Dokumentenakkreditiv zu verwenden. Dieses ist befristet (Art. 37–39 ERG); nach Ablauf der Frist machen die Parteien wieder ihre ursprünglichen Forderungen und allenfalls Schadenersatz wegen Verletzung der Akkreditivklausel des Liefergeschäfts geltend, soweit das Akkreditiv nicht zum Leistungsaustausch geführt hat.

2. Nach schweizerischem Recht beruht die Verpflichtung der eröffnenden Bank und der zweitbeauftragten Bank dem Akkreditierten gegenüber auf der Annahme der Anweisung gemäß Art. 468 OR[15].

3. Gegenüber der eröffnenden Bank kann der Akkreditivsteller nicht mehr widerrufen, wenn die Annahme der Anweisung dem Akkreditierten erklärt worden ist (Art. 470 Abs. 2 OR). Gegenüber dem Akkreditierten kann er nicht widerrufen, sofern er der Schuldner des letztern ist (Art. 470 Abs. 1 OR); der Widerruf stünde in krassem Gegensatz zu der mit der Annahme der Anweisung übernommenen Verpflichtung des Akkreditierten, die Zahlung nur vom Angewiesenen zu fordern. Das Widerrufsrecht des Angewiesenen gegenüber dem Anweisungsempfänger endlich kann nur auf einen bei der Eröffnung des Akkreditivs dem Akkreditierten mitgeteilten Vorbehalt gestützt werden.

---

[15] Zum deutschen Recht vgl. Schönle, S. 120 f., 123 f. BGE 78 II, 1952, S. 48 f. geht zu Recht von zwei Anweisungsverhältnissen aus; die bestätigende Bank ist die (Zweit-)Angewiesene der eröffnenden Bank (Erst-Angewiesene); vgl. Hartmann, S. 19, 43; a. M. Gautschi, N. 4b zu Art. 407 OR.

Zweiter Abschnitt

Der Mäklervertrag

§ 14. Der Mäklervertrag: Allgemeines

Literatur:

G. ANTOGNAZZA, Voraussetzungen der Mäklerprovision, Diss. Zürich 1965; DERSELBE, SJK Nr. 417, 1972, Der Mäklervertrag; CH. DÜRR, Lettre et ordre de crédit, courtage, Commentaire jurisprudentiel des art. 407–418 du Code des obligations, Vira 1970; R. GEISMAR, Der Mäklervertrag im Schweizerischen Obligationenrecht, im BGB und HGB unter Berücksichtigung des französischen Rechts, Diss. Basel 1939 (Maschinenschrift); A. GUGGENBÜHL, Die Liegenschaftsmäklerei, Diss. Zürich 1951; L.-P. MINOLA, Le contrat de courtage spécialement au point de vue du salaire du courtier (art. 412–418 C. O.), Lausanne 1921; C. PFENNINGER, Mäklervertrag und Provisionsgarantie, SJZ 46, 1950, S. 337ff.; H. REICHEL, Die Mäklerprovision, München 1913; W. SCHMID, Provisionsgarantie und Aufwendungsersatz im Mäklervertrag nach Obligationenrecht, SJZ 46, 1950, S. 171ff.; L. SCHÜRMANN, Mäklervertrag und Culpa in Contrahendo, SJZ 51, 1955, S. 240ff.; E. THILO, Le courtage en immeubles et la rémunération du courtier, JdT 97, 1949 I, S. 34ff., 66ff.; P. TURRETTINI, Le contrat de courtage et le salaire du courtier, Diss. Genf 1952.

I. Begriff

1. Im Mäklervertrag verspricht der Auftraggeber dem Mäkler eine Belohnung, wenn ein bestimmter Vertrag (Hauptvertrag) abgeschlossen wird und der Mäkler hierzu durch den Nachweis der Abschlußgelegenheit, durch die Zuführung eines Interessenten oder durch Vermittlungsbemühungen beigetragen hat.

Für den in den Art. 412–418 OR geregelten Mäklervertrag gelten ergänzend die Bestimmungen über den einfachen Auftrag (Art. 412 Abs. 2 OR), doch bestehen in der Struktur der beiden Verträge wesentliche Unterschiede.

2. Der Mäklervertrag dient der Vermittlung von Geschäften. Die Tätigkeit des Mäklers kann nach dem Willen der Parteien auf den Nachweis von Interessenten beschränkt oder weitergehend auf die Zuführung von Interessenten oder auf die Vermittlung in den Verhandlungen zwischen den Parteien gerich-

tet sein[1]. Hingegen erstreckt sich die Aufgabe des Mäklers nicht auf den Abschluß des Hauptvertrages. Er führt einen Tathandlungsauftrag aus. Soll der Mäkler zugleich als Vertreter abschließen, so bedarf er hierzu der ausdrücklichen Ermächtigung durch den Auftraggeber. Art. 396 Abs. 2 OR findet auf ihn keine Anwendung. Der Vermittlungsmäkler wird oft in die Lage kommen, Willenserklärungen als Bote zu übermitteln.

Der Mäklervertrag spielt in der Praxis eine bedeutende Rolle und hat zu einer reichhaltigen Rechtsprechung Anlaß gegeben. Im Gegensatz zum HGB kennt das schweizerische Recht keine Sonderregelung für den Handelsmäkler[2].

II. Struktur des Mäklervertrages

1. Der Mäkler ist nach dem Gesetz berechtigt, nicht aber verpflichtet, sich um die Vermittlung eines Abschlusses zu bemühen[3]. Hierin unterscheidet er sich von allen anderen Beauftragten. Er ist aber auch kein Geschäftsführer ohne Auftrag, denn er handelt auf Grund einer Vereinbarung mit dem Auftraggeber. Die Vermittlungsbemühungen des Mäklers stellen deshalb eine Obliegenheit dar, die erfüllt werden muß, um den Mäklerlohn zu verdienen. Dies ist freilich dispositives Recht, die Parteien können eine Ausführungspflicht des Mäklers vereinbaren. Im Regelfall wirkt die Aussicht auf Belohnung nach erfolgreicher Vermittlung als genügender Ansporn.

2. Lediglich der Auftraggeber verpflichtet sich zu einer Leistung, nämlich zur Entrichtung des Mäklerlohnes. Daraus folgt, daß der Mäkeleivertrag entgeltlich sein muß, sonst würde es auf beiden Seiten an Verpflichtungen fehlen. Die Belohnung hängt von zwei Bedingungen ab: daß nämlich der angestrebte Hauptvertrag abgeschlossen wird und daß der Abschluß mit Hilfe des Mäklers herbeigeführt worden ist. Trotzdem liegt ein Vertrag und kein einseitiges, bedingtes Versprechen vor wie bei der Auslobung. Die Parteien sind mit dem Vertragsschluß, der unbedingt ist, Treue- und Sorgfaltspflichten unterwor-

---

[1] Der Nachweismäkler hat Interessenten nachzuweisen, nicht bloß Branchenangehörige; auch muß es sich um Gelegenheiten handeln, die dem Auftraggeber nicht bereits bekannt sind. BECKER, N. 7 zu Art. 412 OR; OSER/SCHÖNENBERGER, N. 14/15 zu Art. 412 OR; GAUTSCHI, Vorbem. zum Mäklervertrag, N. 3a. – Die Zuführungsmäkelei ist ein von der Praxis geschaffener Typ. Es handelt sich dabei nur um das Minimum einer Vermittlungsmäkelei. Der Vermittlungsmäkler, der den Interessenten bloß zuführt, hat den Mäklerlohn nicht verdient. BGE 90 II, 1964, S. 96 f.

[2] §§ 93–104 HGB.

[3] BECKER, N. 1 zu Art. 412 OR; VON BÜREN II, S. 203; LARENZ, Bd. II, S. 286; ANTOGNAZZA, S. 2 ff.; DÜRR, S. 36 ff.; a. M. OSER/SCHÖNENBERGER, N. 13 zu Art. 412 OR.

fen. Die Nebenpflichten des Mäklers bilden nicht das rechtliche Äquivalent des Mäklerlohnes. Der Mäklervertrag ist deshalb kein synallagmatischer Vertrag, auf den die Bestimmungen der Art. 107–109 OR anwendbar sind.

Der Abschluß des Hauptvertrages ist für die Entstehung eines Lohnanspruchs eine aufschiebende Potestativbedingung. Der Auftraggeber ist durch das bedingte Versprechen nicht zum Abschluß verpflichtet. Verhindert er aber wider Treu und Glauben den Bedingungseintritt und insbesondere den Eintritt innerhalb der vereinbarten Frist, so gilt nach Art. 156 OR die Bedingung als erfüllt[4].

3. Im Mäklervertrag sind zwei aleatorische Momente enthalten. Einmal ist es ungewiß, ob den Bemühungen des Mäklers, Interessenten zu finden oder mit ihnen in Kontakt zu treten, Erfolg beschieden sein wird. Zum andern besteht kein Anspruch darauf, daß der Auftraggeber mit dem vermittelten Interessenten den Hauptvertrag abschließt. Diese doppelte Erfolgsabhängigkeit des Mäklerlohnes, die den Interessen des Auftraggebers gerecht wird, findet ihren Ausgleich im Fehlen einer Ausführungsverpflichtung des Mäklers und in der Aussicht, eine im Verhältnis zu der effektiven Bemühung unter Umständen hohe Belohnung zu verdienen. Der Mäkler wird versuchen, sich durch geeignete Vertragsklauseln Provisionsgarantien zu verschaffen, doch steht dem ausgleichend das freie Widerrufsrecht des Auftraggebers gegenüber.

III. Abgrenzungen

1. Vermittlungstätigkeiten können auch den Gegenstand eines einfachen Auftrages bilden. Die vereinbarte Ausführungspflicht des Mäklers macht indessen den Mäklervertrag nicht schon zum einfachen Auftrag. Tritt hingegen noch hinzu, daß der Lohn ausschließlich nach den Bemühungen des Vermittlers und nicht nach dem Erfolg bemessen und unabhängig vom Erfolg geschuldet wird, so überwiegen die Elemente des einfachen Auftrages[5].

2. Mit der Kommission und der Agentur hat der Mäklervertrag die wirtschaftliche Funktion als Vermittlungsinstrument gemeinsam. Die rechtlichen Unterschiede zu diesen Vertragstypen sind aber offensichtlich, ebenso zu der einfachen Gesellschaft und brauchen nicht weiter erörtert zu werden[6].

---

[4] Frage der Anwendbarkeit in BGE 100 II, 1974, S. 367 offengelassen.

[5] Vgl. im einzelnen ANTOGNAZZA, S. 7 f.; der Mäkler untersteht namentlich nicht nachträglichen Weisungen des Auftraggebers; BGE 84 II, 1958, S. 527; vgl. in bezug auf Werbung BGE 103 II, 1977, S. 134.

[6] Vgl. ANTOGNAZZA, S. 12 ff.; GAUTSCHI, Vorbem. zum Mäklervertrag, N. 9b; OSER/SCHÖNENBERGER, N. 11 zu Art. 412 OR; DÜRR, S. 27 ff.

§ 15. Anfang und Ende des Mäklervertrages

1. Der Abschluß des Mäklervertrages bedarf keiner Form. Schwierigkeiten bereitet jedoch oft die Tatfrage, ob eine Willenseinigung vorliegt. Der Mäkler hat das Bestreben, sich in Geschäfte einzuschalten; der Auftraggeber wird auf die unerbetenen Bemühungen hin sich nicht stets klar äußern. Man wird aber, um den Auftraggeber vor Zudringlichkeit zu schützen, aus dem bloßen Dulden gewisser Vermittlungstätigkeiten nicht ohne weiteres auf einen Vertragswillen schließen dürfen[1]. Der von der Gegenpartei beauftragte Mäkler darf sein Vermittlungsbemühen nicht als Realofferte zu einem doppelten Auftrag deuten[2].

2. Die Beendigungsgründe des einfachen Auftrages gelten auch für den Mäklervertrag. Der Mäklervertrag ist infolgedessen frei widerruflich[3]. Diese Vorschrift zwingenden Rechts hat für den Auftraggeber größere Bedeutung als für den Mäkler, den nach den Bestimmungen des Gesetzes keine Tätigkeitspflicht trifft. Auch befristete Mäklerverträge können jederzeit widerrufen werden[4]. Eine Erschwerung des Widerrufs durch Konventionalstrafen ist unstatthaft; dies trifft nicht zu, wenn die Konventionalstrafe eine angemessene Pauschalierung des durch die Unzeitigkeit des Widerrufs entstandenen Schadens darstellt. Es ist die freie Widerruflichkeit, die die Alleinaufträge, zumal wenn sie unbefristet sind und auch dem Auftraggeber selber den Abschluß ohne Mitwirkung des Mäklers verbieten, als noch erträglich erscheinen läßt.

Der Mäklerlohn ist verdient, wenn der Mäkler den Abschluß gefördert hat, dieser aber erst nach Beendigung des Mäklervertrages zustandekommt. Anders verhält es sich nur, wenn der Mäklervertrag eine Frist vorsieht und der Abschluß erst später erfolgt[5].

§ 16. Pflichten des Auftraggebers

I. Belohnung

1. «Der Mäklerlohn ist verdient, sobald der Vertrag infolge des Nachweises oder infolge der Vermittlung des Mäklers zustande gekommen ist.» (Art. 413

---

[1] GAUTSCHI, N. 5 zu Art. 412 OR; BECKER, N. 14 zu Art. 412 OR; VON BÜREN II, S. 205 f.; GUHL/MERZ/KUMMER, S. 445; DÜRR, S. 51 ff.
[2] VON BÜREN II, S. 205 f.; GUHL/MERZ/KUMMER, S. 445.
[3] BGE 103 II, 1977, S. 130; 100 II, 1974, S. 365.
[4] BGE 103 II, 1977, S. 130.
[5] OSER/SCHÖNENBERGER, N. 7 zu Art. 413 OR; VON BÜREN II, S. 213; TURRETTINI, S. 103 ff.; DÜRR, S. 77; BGE 97 II, 1971, S. 357.

Abs. 1 OR). Diese dispositive Bestimmung nennt drei Elemente, die in der Bedingung des Vertragsabschlusses enthalten sind: Zustandekommen des Hauptvertrages; Mäklertätigkeit; Kausalzusammenhang zwischen den beiden Geschehnissen. Durch Vereinbarung kann die Provision unabhängig vom Erfolg für die Tätigkeit allein versprochen werden. Ferner kann der Auftraggeber den Lohn versprechen unter Verzicht auf den Nachweis eines Kausalzusammenhanges. Unabdingbar ist indessen, daß der Mäkler überhaupt vertragsgemäß tätig geworden ist zur Förderung des Hauptvertrages. Das Versprechen von Mäklerlohn, ohne daß eine Tätigkeit ausgeübt worden ist, läßt sich lediglich als Schenkungsversprechen aufrechterhalten, setzt aber den Schenkungswillen und die Beachtung der Schriftform voraus[1].

2. *a)* In einem einzigen Punkt präzisiert das Gesetz, was unter dem Zustandekommen des Hauptvertrages zu verstehen ist. Wird der Hauptvertrag unter einer aufschiebenden Bedingung abgeschlossen, so ist der Mäklerlohn erst verdient, wenn die Bedingung eingetreten ist (Art. 413 Abs. 2 OR). Zu der Frage besteht eine reiche und reizvolle Kasuistik[2]. Der Hauptvertrag muß formrichtig abgeschlossen sein, unter Umständen genügt bereits die Einräumung eines Kaufsrechts. Keine Provision ist verdient bei Nichtigkeit oder Ungültigkeit infolge Anfechtung, sofern die Mangelhaftigkeit nicht einem Verschulden des Auftraggebers zuzuschreiben ist.

Der Provisionsanspruch ist, entgegenstehende Abrede vorbehalten, verdient, auch wenn es nicht zur Erfüllung kommt. Der Rücktritt wegen Nichterfüllung gemäß Art. 107 OR läßt den Mäklerlohn nicht hinfällig werden, ebensowenig die Ausübung eines Vorkaufsrechts nach Verkauf durch den Auftraggeber. Der Mäkler trägt nicht das Risiko der Insolvenz der Gegenpartei. Bei aufschiebend befristeten Geschäften und beim nachträglichen Wegfall des Geschäftes ist darauf abzustellen, inwiefern der Vertragszweck erreicht worden ist. Die Auflösung des Hauptvertrages durch *contrarius consensus* ändert am Lohnanspruch nichts.

b) Der Hauptvertrag muß dem entsprechen, was im Mäklervertrag als Ziel der Vermittlungstätigkeit bezeichnet worden ist[3]. Doch sind diese Bedingungen und Limiten nach Treu und Glauben und mit Rücksicht auf den erstrebten Zweck zu beurteilen. Verkauf unter der Limite befreit insofern nicht vom Mäklerlohn, als dadurch der Auftraggeber bereichert würde. Vorverträge (wenn sie nicht endgültig binden) und Vorkaufsrechte an Stelle eines Kaufes

---

[1] BGE 100 II, 1974, S. 366; BECKER, N. 12 zu Art. 413 OR; OSER/SCHÖNENBERGER, N. 18 zu Art. 413 OR.
[2] Vgl. VON BÜREN II, S. 208 f.; ANTOGNAZZA, S. 62 ff.; DÜRR, S. 70 ff.; TURRETTINI, S. 114 ff.
[3] VON BÜREN II, S. 206 ff.; ANTOGNAZZA, S. 75 ff.; TURRETTINI, S. 105 ff.; GUGGENBÜHL, S. 224 ff.

genügen in der Regel nicht. Bleibt der Hauptvertrag in quantitativer Hinsicht hinter dem angestrebten Vertrag zurück, so tritt Provisionskürzung ein.

c) Unter Vorbehalt entgegenstehender Abrede kommt es nicht darauf an, ob der Hauptvertrag während der Dauer des Mäklervertrages oder später abgeschlossen wird. Entscheidend ist das Bestehen eines Kausalzusammenhanges. Verspricht der Auftraggeber den Lohn auch für den Fall, daß ein Kausalzusammenhang fehlt, so muß das nach Beendigung des Mäklervertrags abgeschlossene Geschäft wenigstens auf Kontakte zurückgehen, die in jene Zeit zurückreichen[4].

d) Der Lohn ist grundsätzlich auch geschuldet, wenn der Auftraggeber abschließt, ohne zu wissen, daß die Gegenpartei von seinem Mäkler vermittelt worden ist (BGE 84 II, 1958, S. 524). Hat der Mäkler die Benachrichtigung unterlassen, so sollte er das Risiko tragen, daß der Auftraggeber beim Ansetzen des Preises den Mäklerlohn nicht in Anschlag bringt.

e) Kein Mäklerlohn ist für die Folgegeschäfte geschuldet, das heißt für Geschäfte, die der Mäklervertrag nicht vorgesehen hat, die aber indirekt eine Folge davon sind, daß der Mäkler die Parteien zusammengebracht hat. Der Lohn wird für bestimmte G e s c h ä f t e versprochen, nicht für eine Kundschaft[5].

3. Zwischen der Mäklertätigkeit und dem Abschluß des Hauptvertrages muß ein Kausalzusammenhang bestehen, doch braucht die Tätigkeit des Mäklers nicht den ausschließlichen oder vorwiegenden Grund zu bilden; es genügt auch ein mittelbarer Zusammenhang (BGE 76 II, 1950, S. 381 f.). Weil der Vermittlungsmäkler auf den Willen des Interessenten Einfluß zu nehmen versucht, liegt ein psychologischer Kausalzusammenhang vor. Schließt der Auftraggeber den Hauptvertrag mit einer Gegenpartei, die ohne Zutun des Mäklers gefunden und mit der ohne den Mäkler verhandelt worden ist, so entsteht kein Lohnanspruch. Darin liegt für gewerbsmäßige Mäkler ein erhebliches Risiko, weil sie vielleicht große Aufwendungen für Werbung, Prospekte und dergleichen gemacht haben. Das Risiko läßt sich durch geeignete Abreden beseitigen (BGE 100 II, 1974, S. 365).

4. Setzen die Parteien den Umfang der Belohnung nicht fest, gelten nach der Anordnung des Gesetzes Tarife, und falls solche fehlen, ist der übliche Lohn zu entrichten. Die Tarife können jedoch nicht absolute Geltung beanspruchen. Sie gelten, wenn im Mäklervertrag darauf verwiesen wird[6]; ferner,

---

[4] VON BÜREN II, S. 217; BGE 97 II, 1971, S. 357.
[5] VON BÜREN II, S. 218f.
[6] VON BÜREN II, S. 213; BECKER, N. 3 zu Art. 414 OR; a. M. OSER/SCHÖNENBERGER, N. 3 zu Art. 414 OR.

wenn sie Ausdruck der Übung sind. Der Auftraggeber darf aber nicht unüblich hohen Tarifansätzen von Berufsvereinigungen ausgesetzt sein. Vorbehalten bleibt stets das Übervorteilungsverbot von Art. 21 OR.

Auch ohne daß der Wuchertatbestand gegeben ist, sieht Art. 417 OR in zwei Fällen die richterliche Herabsetzung des Mäklerlohnes auf einen angemessenen Betrag vor. Der Auftraggeber kann die Herabsetzung verlangen, wenn es sich um die Vermittlung eines Einzelarbeitsvertrags oder nicht landwirtschaftlichen Grundstückkaufes handelt. Die Herabsetzung erfolgt wohl nicht auf den üblichen Lohn, sondern auf eine noch angemessene, aber doch relativ hohe Provision[7]. Bei der Beurteilung der Angemessenheit sind die vom Mäkler in Aussicht gestellte Art der Tätigkeit (Nachweis, Zuführung, Vermittlung) und der Erfolg zu berücksichtigen, nicht aber die wirklich erbrachte Leistung, weil dies mit dem aleatorischen Charakter der Mäkelei in Widerspruch stehen würde. Der gewerbsmäßige Mäkler kann mehr verlangen, denn er muß Generalunkosten decken und erfolglose Vermittlungen in anderen Geschäften ausgleichen (BGE 83, II, 1957, S. 153). Umstritten ist, ob die Herabsetzung auch nach Bezahlung der Provision noch verlangt werden darf[8].

5. Durch Selbsteintritt könnte der Mäkler die Belohnung verdienen, ohne eine Leistung zu erbringen[9]. Er hat indessen kein Selbsteintrittsrecht. Die Parteien haben es deshalb in der Hand, beim Abschluß des Hauptvertrages die Provisionsfrage zu regeln. Besteht Unklarheit, so ist nach der Interessenlage zu entscheiden. Muß der Mäkler vermitteln und tritt er selber in das Geschäft ein, so kann er wegen Interessenkollision seine Aufgabe nicht erfüllen und hat deshalb im Zweifel den Lohn nicht verdient. Das Bundesgericht hat die Frage offengelassen, ob der Mäkler den Lohn verdient, wenn er bei bestimmtem Verkaufspreis selber kauft (BGE 83 II, 1957, S. 149). Anders verhält es sich beim bloßen Nachweis- und Zuführungsmäkler. Dient der Selbstabschluß für den Auftraggeber erkennbar der Sicherung der Provision für einen Mäkler, der bisher erfolglos mit Aufwand tätig gewesen ist, so soll der Lohn geschuldet sein. Kauft der Mäkler vom Auftraggeber, so muß er den Provisionsanspruch ausdrücklich vorbehalten, damit der Verkäufer dem Umstand bei seinem Angebot Rechnung tragen kann[10].

---

[7] VON BÜREN II, S. 214f.; für landwirtschaftliche Liegenschaften verpflichtet Art. 22 des BG über die Erhaltung des bäuerlichen Grundbesitzes vom 22. Juni 1951 die Kantone, Zwangstarife aufzustellen. Nach BGE 83 II, 1957, S. 153, genügt Vermittlung eines Kaufsrechts.
[8] VON BÜREN II, S. 215; Rückforderung zugelassen in BGE 88 II, 1962, S. 512ff., unter Hinweis auf das öffentliche Interesse an der Herabsetzung wegen der Auswirkungen überhöhter Gewinne auf den Liegenschaftsmarkt.
[9] GAUTSCHI, N. 3 zu Art. 415 OR; VON BÜREN II, S. 218.
[10] BGE 83 II, 1957, S. 150.

6. Betraut der Auftraggeber zur Förderung seiner Geschäfte unabhängig voneinander mehrere Vermittlungsmäkler, so verdient jeder, der selbständig zum Abschluß des Hauptvertrages beigetragen hat, die volle Provision[11]. Zieht der Auftraggeber einen zweiten Mäkler bei, weil der erste den Erfolg allein nicht herbeizuführen vermag, so hat dieser jedenfalls nicht auf die ganze Provision Anspruch.

7. Der Mäkler verwirkt die Provision nach Art. 415 OR in zwei Fällen. Erstens, wenn er vertragswidrig für die Gegenpartei (nicht notwendigerweise nur als Mäkler) tätig wird. Zweitens, wenn er sich, ohne daß dies eine Bestimmung des Mäklervertrages verletzen würde, in treuwidriger Weise von der Gegenpartei Lohn versprechen läßt. Die Verwirkung erstreckt sich auch auf den Ersatzanspruch für Aufwendungen[12]. Man darf dem Auftraggeber nicht zumuten, dem Mäkler Lohn für die Förderung seiner Interessen zu bezahlen, wenn der Mäkler vertrags- oder doch treuwidrig im Solde der Gegenpartei steht.

II. Aufwendungen

Auslagenersatz steht dem Mäkler nur bei besonderer Vereinbarung zu. Der Anspruch besteht dann allerdings unabhängig vom Erfolg der Mäklertätigkeit (Art. 413 Abs. 3 OR).

III. Treue- und Sorgfaltspflichten

Pflichten dieser Art treffen in erster Linie den Mäkler, doch hat auch der Auftraggeber Anzeige- und Auskunftspflichten. Er soll nicht den Mäkler, der davon nichts weiß, sich um Personen bemühen lassen, mit denen bereits erfolglos verhandelt worden ist, oder ihn weiter arbeiten lassen, obschon das Geschäft bereits getätigt worden ist oder der Auftraggeber sich entschlossen hat, davon abzusehen. Stellt der Auftraggeber dem Mäkler Unterlagen zur Verfügung und schädigen diese den Mäkler, weil sie fehlerhaft sind, so haftet der Auftraggeber wegen Unsorgfalt. Ist für den Abschluß des Hauptvertrages

---

[11] Umstritten; vgl. GAUTSCHI, N. 15 zu Art. 412 OR; VON BÜREN II, S. 217 f.; ANTOGNAZZA, S. 55 f.; DERSELBE, SJK Nr. 417, S. 5; für Aufteilung des Mäklerlohnes z. B. GUHL/MERZ/KUMMER, S. 446; BGE 72 II, 1946, S. 422. – Keine Schwierigkeit bietet der Fall der Nachweis- und Zuführungsmäkelei; die Provision ist vom Mäkler verdient, der zuerst den Interessenten nachgewiesen oder zugeführt hat.

[12] GAUTSCHI, N. 5 zu Art. 415 OR.

ein Termin vorgesehen und verzögert der Auftraggeber den Abschluß in der Absicht, dadurch der Provisionszahlung zu entgehen, so handelt er treuwidrig. Die Bedingung gilt als eingetreten[13]. Die Provision ist auch verdient, wenn ein Dritter abschließt, der vom Auftraggeber nur der rechtlichen Form nach verschieden, bei wirtschaftlicher Betrachtungsweise jedoch mit ihm identisch ist, oder wenn ein enger wirtschaftlicher oder menschlich-sozialer Zusammenhang zwischen dem Dritten und dem Auftraggeber besteht (BGE 76 II, 1950, S. 383).

§ 17. Pflichten des Mäklers

1. Den Mäkler trifft ohne besondere Vereinbarung keine Ausführungsverpflichtung; wird er aber tätig, so hat er die Interessen des Auftraggebers mit aller Sorgfalt zu fördern.

2. Der Mäkler hat weitreichende Treuepflichten.

a) Er muß gewissenhaft unterscheiden zwischen Angaben des Auftraggebers, die er vertraulich zu behandeln hat, und Informationen, die zur Weitergabe an die Interessenten bestimmt sind.

b) Er darf den Interessen des Auftraggebers nicht entgegenwirken, indem er zum Beispiel Dritte vom Auftraggeber abhält. Hingegen ist es zulässig, daß der Mäkler ähnliche Geschäfte für andere Auftraggeber, die untereinander in Konkurrenz treten, übernimmt[1].

c) Als Doppelmäkler darf er nur auftreten, sofern dadurch keine Interessenkollisionen entstehen[2]. Dies ist beim Nachweis- und Zuführungsmäkler kaum zu befürchten, beim Vermittlungsmäkler kaum zu vermeiden. Der Mäkler darf einen Vermittlungsauftrag von beiden Parteien nur annehmen, wenn die Auftraggeber unter sich eine Kompromißlösung anstreben. Der Doppelmäkler soll nach dem Willen der Parteien als «ehrlicher Makler» eine objektiv angemessene Lösung zustandebringen.

d) Der Mäkler hat den Auftraggeber über alle ihm bekannten Umstände, die für den Hauptvertrag von Bedeutung sein können, zu unterrichten. Insbesondere hat er dem Auftraggeber mitzuteilen, wenn Zweifel über die Solvenz und

---

[13] Siehe vorne S. 127.
[1] BECKER, N. 17 zu Art. 412 OR; OSER/SCHÖNENBERGER, N. 13 zu Art. 412 OR. Unteraufträge sind in der Regel zulässig; BGE 76 II, 1950, S. 382.
[2] GAUTSCHI, N. 2 c–f zu Art. 415 OR.

sonstige Zuverlässigkeit des Interessenten auftauchen. Wie jeder Beauftragte muß auch der Mäkler seine eigenen Interessen am Mäklerlohn hinter jene des Auftraggebers zurückstellen.

3. Verletzt der Mäkler die Sorgfalts- und Treuepflichten, so schuldet er dem geschädigten Auftraggeber Ersatz. In den zwei Fällen des Art. 415 OR verwirkt er darüber hinaus den Lohnanspruch.

§ 18. Sicherung der Provision

1. Es ist weder gewiß, daß der Mäkler einen Interessenten nachweisen oder zuführen kann, noch daß eine Vermittlung zum Abschluß eines Hauptvertrages führt. Der Mäklerlohn hängt deshalb von zwei aleatorischen Momenten ab. Der Mäkler wird versuchen, durch Provisionsgarantien und Alleinaufträge das Risiko zu verringern, zumal in Fällen, in denen die Förderung der Auftraggeberinteressen erhebliche Aufwendungen und Bemühungen bedingt.

2. Unter Provisionsgarantien sind Vereinbarungen zu verstehen, die dem Mäkler die Provision auf alle Fälle zusichern, auch wenn nicht er den Abschluß vermittelt hat oder wenn ein Abschluß überhaupt unterbleibt. Voraussetzung ist freilich, daß der Mäkler eine Tätigkeit entfaltet hat[1]. Erfolgt ein Abschluß, so erspart die Provisionsgarantie dem Mäkler den Nachweis des Kausalzusammenhangs (BGE 97 II, 1971, S. 357). Ist die Provision auch ohne Zustandekommen eines Hauptvertrages versprochen, so stellt sie die Vergütung für die (erfolglosen) Bemühungen des Mäklers dar. Der Provisionsgarantie kann der Auftraggeber durch den Widerruf des Mäklerauftrags entgehen[2]. Der Widerruf darf nicht durch offene oder versteckte Konventionalstrafen erschwert werden, die über das hinausgehen, was der Mäkler an Schadenersatz wegen Widerrufs zur Unzeit fordern darf. Zulässig ist eine angemessene Vergütung für die geleistete Arbeit[3].

---

[1] In BGE 100 II, 1974, S. 366, ist die Frage offengelassen; vgl. BECKER, N. 12 zu Art. 413 OR; OSER/SCHÖNENBERGER, N. 18 zu Art. 413 OR.

[2] BGE 100 II, 1974, S. 365; 103 II, 1977, S. 130 ff.

[3] In BGE 103 II, 1977, S. 130 ff. ist die Konventionalstrafe nicht wegen Kündigung, sondern wegen Vertragsverletzung verfallen. Bei der Prüfung der Angemessenheit der Konventionalstrafe wird berücksichtigt, «daß der Kläger vom Vertragsschluß an mit jederzeitigem, wenn auch nicht mit einem unzeitigen Widerruf des Mäklervertrages rechnen mußte» (S. 136).

3. *a)* Läßt sich der Mäkler einen Alleinauftrag geben, so schaltet er damit die Konkurrenz anderer Vermittler aus. Er kann sich sogar versprechen lassen, daß selbst der Auftraggeber nicht ohne Mitwirkung des Mäklers abschließt. Darin liegt oft eine Provisionsgarantie im Sinne des Verzichts auf einen Kausalzusammenhang. Dem Auftraggeber ist nicht verboten, dank anderen Vermittlern oder selbständig abzuschließen, der Exklusivmäkler soll den Lohn aber auf alle Fälle verdienen. Voraussetzung bildet freilich auch hier, daß der Mäkler überhaupt tätig geworden ist. Ob der Alleinauftrag in diesem Sinne zu verstehen ist, hängt vom Willen der Parteien ab und ist bei Unklarheit nach der Interessenlage zu beurteilen.

b) Der Alleinauftrag kann aber auch eine wirkliche Unterlassungspflicht des Auftraggebers begründen, der keinen anderen Vermittler heranziehen und, je nach Vereinbarung, sich auch selbst nicht um den Abschluß bemühen darf. Ein solcher Unterlassungsanspruch entspricht dann dem Willen der Parteien, wenn vom Mäkler Werbung in größerem Umfang erwartet wird und diese Publizität nicht durch jene der Konkurrenz oder des Auftraggebers selber gestört werden soll. Der Mäkler kann bei Verletzung der vertraglichen Unterlassungspflicht gemäß Art. 98 Abs. 2 OR Schadenersatz fordern[4]. Je nach dem Willen der Parteien bedeutet der Alleinauftrag den Verzicht auf den Kausalzusammenhang und zugleich eine Pflicht zur Unterlassung (BGE 97 II, 1971, S. 357).

c) In Rechtsprechung und Lehre wird zum Teil die Ansicht vertreten, der Alleinauftrag, insbesondere wenn er den Auftraggeber selber ausschließt, müße befristet sein[5] und verpflichte den Mäkler zur Tätigkeit[6]. Man kann sich indessen fragen, ob die freie Widerruflichkeit den Auftraggeber nicht genügend schütze. Fesseln, die sich jederzeit abschütteln lassen, sind keine unzulässige Beschränkung der persönlichen Freiheit. Wichtig ist jedoch, daß das Widerrufsrecht nicht durch offene oder versteckte Konventionalstrafen erschwert werden darf.

Hingegen stellt die Beauftragung anderer Mäkler in Verletzung des Alleinauftrages nicht einfach das Minus des freien Widerrufsrechts dar, so daß der Auftraggeber überhaupt nicht gebunden wäre[7]. Der Alleinmäkler kann ein schützenswertes Interesse daran haben, die Geschäfte des Auftraggebers im Alleingang zu fördern.

---

[4] BGE 100 II, 1974, S. 366.
[5] Abgelehnt unter Hinweis auf die freie Widerruflichkeit in BGE 100 II, 1974, S. 365.
[6] So BGE 103, II, 1977, S. 133 f. Der Entscheid zeigt jedoch, daß der Gegenstand der Ausführungspflicht des Mäklers schwierig zu bestimmen ist. Vgl. ANTOGNAZZA, S. 3.
[7] Gegen GAUTSCHI, N. 3e zu Art. 412 OR: BGE 103 II, 1977, S. 131; 100 II, 1974, S. 365.

4. Ein weiteres Mittel der Provisionssicherung bildet der Selbsteintritt, sofern er nach dem Willen der Parteien oder nach der Interessenlage den Anspruch auf den Mäklerlohn begründet. Der Mäkler erhält freie Hand und unbeschränkt Zeit, um einen Interessenten zu finden. Der deutsche Handelsmäkler kann eine sogenannte anonyme Schlußnote unterbreiten. Nimmt sie der Auftraggeber an, so verpflichtet er sich, mit einem zumutbaren späteren Interessenten abzuschließen. Den Mäkler selbst als Gegenpartei zu akzeptieren, ist er nicht verpflichtet[8].

§ 19. Besondere Mäklerverträge

1. Der Ehemäkler hat keinen klagbaren Anspruch auf Mäklerlohn (Art. 416 OR). Die Praxis hat die Bestimmung auch auf den Aufwendungsersatz erstreckt[1]. Der Vorschrift liegen moralische Vorbehalte des Gesetzgebers gegen die Ehevermittlung zugrunde, die heute anders beurteilt werden dürfte. Gegen die Klagbarkeit der Belohnung für Ehevermittlung lassen sich indessen praktische Erwägungen anführen, wäre doch schwierig zu bestimmen, was einen angemessenen Lohn für die Ehevermittlung darstellt.

2. In Art. 418 OR ist kantonales Recht vorbehalten für die Verrichtungen der Börsenmäkler, Sensale und Stellenvermittler. Der Vorbehalt in bezug auf Stellenvermittler ist jedoch durch den 1947 eingefügten Art. 34ter der Bundesverfassung, der die Arbeitsvermittlung der Kompetenz des Bundes zuweist, aufgehoben worden. Die Stellenvermittlung ist im Bundesgesetz über die Arbeitsvermittlung vom 22. Juni 1951 geregelt[2]. Was die Börsenmäkler und Sensale betrifft, so ist der Vorbehalt des kantonalen Rechts gegenstandslos, weil an den schweizerischen Börsen keine Mäkler (= Sensale) zugelassen sind[3].

In BGE 65 I, 1939, S. 65 ff., 79 ff. ist entschieden worden, daß kantonale Bestimmungen über die gewerbsmäßige Liegenschaftenvermittlung nicht in das Bundeszivilrecht eingreifen dürfen, indem sie Formvorschriften erlassen, Höchsttarife festsetzen und den Auslagenersatz regeln (vgl. BGE 70 I, 1944, S. 235).

---

[8] Hingegen hat der Handelsmäkler, auf Verlangen des Auftraggebers, eine Pflicht zum Selbsteintritt, falls kein Abschluß vermittelt werden konnte (§ 95 HGB).

[1] Vgl. von Büren II, S. 220, N. 80, zu SJZ 67, 1971, S. 256; Oser/Schönenberger, N. 3 zu Art. 416 OR; a. M. und wohl zutreffender Becker, N. 2 zu Art. 416 OR.

[2] SR 823.11. Vgl. F. Vischer, Schweiz. Privatrecht, Bd. VII/1, S. 316 ff.

[3] Gautschi, N. 1/2 zu Art. 418 OR; Antognazza, SJK Nr. 417, S. 6 f.

Dritter Abschnitt

Der Agenturvertrag

Literatur:

M. Bénédict, Le contrat de concession de vente exclusive, Diss. Lausanne 1975; P. Bideau, SJK Nr. 585, Der Agenturvertrag, Genf 1964; B. von Büren, Das überflüssige Gesetz über den Agenturvertrag, SJZ 45, 1949, S. 151 ff.; J.-C. Burnand, Le contrat d'agence et le droit de l'agent d'assurances à une indemnité de clientèle, Diss. Lausanne 1977; P. Carry, Voyageur de commerce dépendant ou agent autonome?, Genf 1953; K.-D. Demisch, Die Kundschaftsentschädigung des Agenten. Die Anwendbarkeit der zum § 89b HGB (Ausgleichsanspruch des Handelsvertreters) vorliegenden deutschen Rechtsprechung auf die entsprechende schweiz. Bestimmung des Art. 418u OR, Diss. Zürich 1968, Fachschriften der Handelskammer Deutschland-Schweiz; K. Dürr, Mäklervertrag und Agenturvertrag. Kommentar der Art. 412 bis 418v des schweizerischen Obligationenrechts, Freiburg/Bern 1959; H. Fehr, Das neue schweizerische Gesetz über den Agenturvertrag, Zeitschr. f. d. gesamte Handelsrecht und Konkursrecht, 114, 1951, S. 1 ff.; K. Fehr, Das neue Bundesgesetz über den Agenturvertrag, ZSR 69, 1950, S. 1 ff.; K. Heller, Das Handelsvertreterrecht in Österreich, in: Der Handelsvertreter in den Ländern der EWG und der EFTA, Schriftenreihe Europäische Wirtschaft, Bd. 79, Baden-Baden 1976; W. Hug, Rechtsprobleme der Geschäftsvermittlung zwischen Unternehmen und Markt, in: Festschrift Individuum und Gemeinschaft, zur Fünfzigjahrfeier der Handels-Hochschule St. Gallen, St. Gallen 1949, S. 329 ff.; J. Langer, Das Handelsvertreterrecht in Frankreich, in: Der Handelsvertreter in den Ländern der EWG und der EFTA; G. H. Leiss, Der Anspruch des Agenten auf Entschädigung für die Kundschaft in rechtsvergleichender Darstellung, Diss. Zürich 1965; B. Littmann, Die kollisionsrechtliche Bedeutung von Art. 418 lit. b Abs. 2 OR, Diss. Zürich 1955; H. J. Maier, Das Handelsvertreterrecht in der Schweiz, in: Der Handelsvertreter in den Ländern der EWG und der EFTA; H. J. Meyer-Marsilius, Die wirtschaftliche Funktion des Handelsvertreters, in: der Handelsvertreter in den Ländern der EWG und der EFTA; H. Padel, Der Agenturvertrag und seine Stellung im schweizerischen Obligationenrecht, Diss. Bern 1943; J. Peyer, Der Widerruf im Schweizerischen Auftragsrecht, Diss. Zürich 1974 (= Zürcher Beiträge zur Rechtswissenschaft 455); H. J. Reber, Die Anwendung des Bundesgesetzes über den Agenturvertrag auf Verträge mit Auslandsagenten, SJZ 48, 1952, S. 281 ff.; H. Schärer, Der Agent nach der neuen schweizerischen Gesetzgebung, Diss. Basel 1952; A. Schläpfer, Handelsreisende, Agenten, Vertreter, Ausführlicher Leitfaden, Zürich 1957; H. Schönle, De la représentation exclusive en droit suisse et comparé, Mémoires publiés par la Faculté de droit de Genève, Nr. 27, Genf 1969, S. 141 ff.; H. Schweingruber, Der Agenturvertrag nach schweizerischem Recht, Diss. Basel 1946; H. Testuz, Les pouvoirs de représentation de l'agent d'assurances en droit suisse, Diss. Lausanne 1959; G. Vetsch, Handelsreisender oder Handelsagent?, SJZ 48, 1952, S. 281 ff.; H. U. Zürcher, Der Provisionsanspruch des Agenten nach dem Bundesgesetz über den Agenturvertrag vom 4. Februar 1949, Diss. Bern 1952.

§ 20. Begriff. Abgrenzungen

I. Begriff. Geschichte. Bedeutung in der Praxis

1. Im Agenturvertrag verpflichtet sich der Agent, dem Auftraggeber dauernd Verträge zu vermitteln oder in dessen Namen und auf dessen Rechnung selber abzuschließen. Als Agent gilt nur, wer dem Auftraggeber nicht durch Arbeitsvertrag verpflichtet ist[1], hingegen kann der Agent für mehrere Auftraggeber und auch bloß nebenberuflich tätig sein (Art. 418a, 418c Abs. 2 OR)[2].

2. Wie der Mäkler und der Kommissionär befaßt sich der Agent mit dem Umsatz wirtschaftlicher Güter, sei es durch die Vermittlung, sei es durch den Abschluß von Geschäften. Deshalb sind auf den Vermittlungsagenten ergänzend die Bestimmungen über den Mäklervertrag, auf den Abschlußagenten diejenigen über die Kommission anwendbar. Da diese beiden Verträge wiederum durch Verweisungen (Art. 412 Abs. 2 und 425 Abs. 2 OR) mit dem einfachen Auftrag verbunden sind, gelangen auf den Agenturvertrag subsidiär die Vorschriften über den einfachen Auftrag zur Anwendung[3]. Der Gesetzgeber verweist ferner in Art. 418d Abs. 2 OR für das vertragliche Konkurrenzverbot auf den «Dienstvertrag» (Arbeitsvertrag) und in Art. 418e Abs. 3 OR (vgl. auch Art. 348b Abs. 3 OR) für die Vertretungsbefugnis des Versicherungsagenten auf die Art. 34 und 44 Abs. 3 des Versicherungsvertragsgesetzes[4].

3. *a)* Der Agenturvertrag ist erst durch eine am 1. Januar 1950 in Kraft getretene Gesetzesnovelle in das Obligationenrecht aufgenommen worden.

---

[1] Der Agent ist infolgedessen ein selbständiger Gewerbetreibender. Agent kann sowohl eine natürliche als auch eine juristische Person sein.

[2] Als nebenberuflich tätig gilt im allgemeinen ein Agent nur, wenn sein Erwerbseinkommen zu weniger als der Hälfte aus der Agententätigkeit fließt. GAUTSCHI, N. 15c zu Art. 418a–418b OR; BURNAND, S. 38: vor allem Versicherungsagenten sind oft nebenberuflich tätig.

[3] GAUTSCHI (N. 4b zu Art. 418a–418b OR) zieht der mittelbaren Verweisung auf das Recht des einfachen Auftrags die Behandlung des Agenturvertrags als Arbeitsvertrag *sui generis* vor.

[4] Zum Versicherungsagenten vgl. W. KÖNIG, hinten S. 522 ff.; BURNAND, S. 67 ff.; BIDEAU, SJK 1964, S. 2; LEISS, S. 211 ff.

Lehre und Rechtsprechung hatten schon zuvor den Agenturvertrag als besonderen Auftragstyp entwickelt und anerkannt[5].

In der Praxis, wie auch im Versicherungsvertragsgesetz, wird der Ausdruck Agent in einem weiten, untechnischen Sinne verwendet. Im deutschen und österreichischen Recht wird der Agent als Handelsvertreter bezeichnet, im italienischen Recht heißt er *agente di commercio*, im französischen *agent commercial*, doch nehmen die *voyageurs*, *représentants*, *placiers* (V.R.P) eine Mittelstellung zwischen Agenten und Handelsreisenden ein[6].

b) Die Notwendigkeit einer gesetzlichen Regelung des Agenturvertrages ist umstritten gewesen[7]. Die Gesetzesnovelle zielt auf den Schutz des wirtschaftlich oft stark vom Auftraggeber abhängigen Agenten. Deshalb sind die Rechte und Pflichten der Parteien bis ins einzelne umschrieben, und es überwiegen die Vorschriften zwingenden Rechts[8] sowie die dispositiven Bestimmungen, von denen nur durch schriftliche Abrede[9] oder zum Nachteil des Auftraggebers abgewichen werden kann[10]. Auf gewisse Rechte kann der Agent nicht zum voraus verzichten[11], für gewisse zusätzliche Verpflichtungen oder Leistungen ist ein besonderes Entgelt zwingend vorgeschrieben[12]. Kündigung mit sofortiger Wirkung ist nur aus wichtigen Gründen zulässig; ist der Agent schuldlos verhindert zu arbeiten, so hat er, ähnlich dem Arbeitnehmer, unter gewissen Voraussetzungen Anspruch auf eine angemessene Vergütung. Die Agenten erhalten für ihre Forderungen zum Teil ein Konkursprivileg im dritten Rang, zusammen u.a. mit den Honorarforderungen der Ärzte (Art.219 SchKG; BGE 90 III, 1964, S.109ff.). Auf diese Weise hat die Gesetzesnovelle dem Agenten eine gegenüber anderen Arbeitspflichtigen bevorzugte Stellung geschaffen, was um so fragwürdiger gewesen ist, als die Agenten keine soziale Klasse bilden und ein erheblicher Teil von ihnen gar nicht eines besonderen Wohlwollens des Gesetzgebers bedürfen. Eine Differenzierung findet sich einzig für die wesentlich weniger schutzbedürftigen nebenbe-

---

[5] GAUTSCHI, Vorbem. zu Art.418a–418v OR, N.1 und 4; BURNAND, S.13ff.; LEISS, S.10ff.

[6] Vgl. Der Handelsvertreter in den Ländern der EWG und der EFTA, hg. v. H.J. MAIER/ H.J. MEYER-MARSILIUS/R. REGUL, Schriftenreihe Europäische Wirtschaft, Bd.79, Baden-Baden 1976; GAUTSCHI, N.3a zu Art.418a–418b OR; LEISS, S.78ff.

[7] GAUTSCHI, Vorbem. zu Art.418a–418v OR, N.4; VON BÜREN, SJZ 45, 1949, S.151ff.; BURNAND, S.17f.

[8] Es sind die Art.418b Abs.2 (umstritten), 418c Abs.3, 418d Abs.2 (siehe Art.340 Abs.2, 340a Abs.1 OR), 418k Abs.2, 418m, 418o, 418q, Abs.3, 418r, 418u OR.

[9] Es sind die Art.418c Abs.2 und 3, 418d Abs.2 (siehe Art.340 Abs.1, 340b Abs.3), 418f Abs.3, 418g Abs.1 und 3, 418k Abs.1, 418q Abs.1, 418t Abs.3 OR.

[10] Art.418a Abs.2 OR.

[11] Es sind die Art.418k Abs.2, 418m Abs.2, 418o Abs.1 OR.

[12] Art.418c Abs.3 (Delcredere), 418d Abs.2 OR (Karenzentschädigung).

ruflichen Agenten, indem der Gesetzgeber den Parteien in der Gestaltung der Verträge hier mehr Freiheit beläßt (Art. 418a Abs. 2 OR). Die Privilegierung des Agenten ist durch das neue Arbeitsvertragsrecht, das auch den Handelsreisendenvertrag regelt (Art. 347 ff. OR), zwar nicht beseitigt, aber doch abgeschwächt worden, zum Beispiel weil dem Arbeitnehmer unter bestimmten Voraussetzungen allgemein eine Abgangsentschädigung zusteht (Art. 339 b–d OR). Vorbehaltlos ist jedoch GAUTSCHI beizupflichten, wenn er den «unwissenschaftlichen, auf den politischen und sozialen Kompromiß ausgerichteten» Charakter, den Verlust von Sprachkultur, die Weitschweifigkeit und Maßlosigkeit in bezug auf zwingende Eingriffe des Gesetzgebers rügt[13]. Ob die Gesetzesnovelle ihren Schutzzweck erreicht hat, läßt sich heute kaum beurteilen, da die günstige Wirtschaftsentwicklung der Novelle die Bewährungsprobe erspart hat. Enttäuschend ist hingegen festzustellen, daß die eingehende Regelung des Agenturvertrages nicht zu einer Verminderung der Streitfälle geführt hat. Am meisten Konfliktstoff liefert die Kundschaftsentschädigung des Art. 418u OR[14], die kollisionsrechtliche Vorschrift des Art. 418b Abs. 2 OR[15], sowie die Abgrenzung des Agenturvertrages vom Handelsreisenden- und Alleinvertretungsvertrag[16].

4. Die Agenten haben in weiten Bereichen den Mäklern und Kommissionären den Rang abgelaufen. Sie nehmen zwischen den Handelsreisenden und den Alleinvertretern (Eigenhändlern) eine Mittelstellung ein[17]. Verwendet der Unternehmer Agenten, so kann er seine Absatzorganisation stark vereinfachen, sich finanziell entlasten und das Risiko erfolgloser Absatzbemühungen auf den Agenten abwälzen. Noch besser steht er in dieser Hinsicht freilich, wenn er seine Absatzorganisation mit Alleinvertretern aufbaut, doch muß er diesen eine größere Gewinnmarge einräumen. Es versteht sich deshalb, daß die wirtschaftlichen Bedürfnisse zu nationalen Regelungen geführt haben, die sich in den Grundtendenzen ähnlich sind. Den Anfang nahm die gesetzliche Regelung des Agenturvertrages in Österreich (Bundesgesetz vom 24. Juni 1921 über die Rechtsverhältnisse der selbständigen Handelsvertreter; novelliert am 13. Juli 1960)[18].

---

[13] N. 4d zu Art. 418a–418b OR.

[14] BGE 103 II, 1977, S. 277 ff.; 85 II, 1959, S. 118 f.; 84 II, 1958, S. 164 ff., 529 ff.

[15] BGE 103 II, 1977, S. 279 f.; 100 II, 1974, S. 34 ff.; S. 450 ff.; vgl. zum IPR SCHÖNENBERGER/ JÄGGI, Allg. Einleitung IPR, N. 296–98; GAUTSCHI, N. 17 ff. zu Art. 418a–418b OR; MAIER S. 377 ff.

[16] Abgrenzung zum Handelsreisenden: BGE 99 II, 1973, S. 313 ff.; Abgrenzung zum Alleinvertreter: BGE 89 II, 1963, S. 30 ff.; 88 II, 1962, S. 169 ff., 325 ff.

[17] Vgl. MEYER-MARSILIUS, S. 22 ff.; LEISS, S. 4 ff.

[18] Vgl. HELLER, S. 247 ff.; GAUTSCHI, N. 3 zu Art. 418a–418b OR; LEISS, S. 41 ff.

II. Abgrenzungen

1. Von der Mäkelei und der Kommission hebt sich die Agentur deutlich ab. Der Agent ist dauernd für den Auftraggeber tätig, Mäkler und Kommissionär werden nur mit bestimmten Geschäften betraut. Der Mäkler hat keine Pflicht, für den Auftraggeber tätig zu werden. Der Kommissionär schließt nur Verträge über Kauf und Verkauf von beweglichen Sachen und Wertpapieren ab. Der Mäkler schließt die vermittelten Verträge nicht selber ab, der Kommissionär tut dies in eigenem Namen und der Agent im Namen des Auftraggebers. Aus der Dauerhaftigkeit der Agentur ergibt sich eine größere wirtschaftliche Abhängigkeit des Agenten als des einfachen Beauftragten, Mäklers und Kommissionärs. Der Agenturvertrag kann deshalb nicht frei widerrufen werden. Einen aus Agentur und Kommission gemischten Vertrag stellt die Kommissionsagentur dar [19]. Hier hat der Beauftragte den Dauerauftrag, in eigenem Namen für Rechnung des Auftraggebers zu kaufen oder zu verkaufen.

2. Schwieriger ist es, den Agenten vom Handelsreisenden und vom Alleinvertreter abzugrenzen. Der Handelsreisende ist Angestellter [20], der Agent selbständiger Gewerbetreibender, meist selbständiger Kaufmann [21]. Der Handelsreisende steht deshalb in einem rechtlichen Unterordnungsverhältnis zum Arbeitgeber. Er ist in den Betrieb eingegliedert, hat sich an Arbeitszeiten zu halten und ist der Ferienordnung des Betriebes unterstellt. Er muß Rapporte erstatten und sich den Weisungen fügen. Der Agent ist in einer rechtlich unabhängigen Stellung. Namentlich organisiert er seinen Betrieb selber, teilt seine Zeit nach seinem Willen ein, stellt selbständig Personal ein, untersteht in diesen Bereichen keinen nachträglichen Weisungen des Auftraggebers, ist als Kaufmann in das Handelsregister eingetragen. Als weiteres Kriterium dient die Belastung mit einem Unternehmerrisiko. Der Handelsreisende übernimmt ein solches nur in dem beschränkten Umfang, als sein Lohn aus Provisionen besteht. Der Agent ist Unternehmer, wenn seine Tätigkeit als Gesamtheit betrachtet wird, denn er trägt die Kosten und Risiken seiner Agentur. Nur für die einzelnen Geschäfte, die er vermittelt oder abschließt, übernimmt er, von der Provision und allfälligem Delcredere abgesehen, kein Risiko.

---

[19] Vgl. Leiss, S. 301.
[20] Gautschi, Vorbem. zu Art. 418a–418v OR, N. 2; Dürr, S. 83 ff.; BGE 99 II, 1973, S. 313 f.
[21] Nach Art. 53 A Ziff. 3 der VO über das Handelsregister sind die Agenten zur Eintragung im Handelsregister verpflichtet. Burnand, S. 36. Zu den Versicherungsagenten vgl. BGE 65 I, 1939, S. 82; Gautschi, N. 13b zu Art. 418a–418b OR; Burnand, S. 36.

3. Der Alleinverkaufsvertrag bildet einen gemischten Vertrag, der zudem, weil er Elemente von Innominatkontrakten enthält, *sui generis* ist[22]. In die Nähe des Agenturvertrages rückt er wegen der Absatzförderungspflichten des Käufers. Auch für die Kündigung aus wichtigen Gründen ist das Agenturvertragsrecht analog anwendbar. In der Lehre umstritten, vom Bundesgericht jedoch im Prinzip abgelehnt[23] ist der Anspruch des Käufers auf die dem Agenten zustehende Kundschaftsentschädigung. In der Frage des anwendbaren Rechts ist das Agenturstatut maßgebend. Der wesentliche Unterschied zu der Agentur liegt im Kaufselement. Der Alleinvertreter ist ein Käufer, der in eigenem Namen und auf eigene Rechnung vom Lieferanten kauft und an Dritte weiterverkauft. Das Besondere des Kaufselements liegt im ausschließlichen Bezugsrecht des Käufers, dem in der Regel Bezugspflichten, die ebenfalls ausschließliche sein können, gegenüberstehen.

§ 21. Anfang und Ende des Agenturvertrages

I. Entstehung

Das Gesetz schreibt keine Form vor, doch kommt praktisch nur Schriftlichkeit in Betracht wegen der Komplexität des Gegenstandes und wegen der vom Gesetz geforderten Schriftform für gewisse, von dispositiven Normen abweichende Abreden. Der Agenturvertrag kann nach Ablauf der Vertragsdauer stillschweigend auf höchstens ein Jahr erneuert werden (Art. 418 p OR).

II. Beendigung

1. Auf den Agenturvertrag findet der freie Widerruf gemäß Art. 404 OR keine Anwendung[1]. An seine Stelle tritt die ordentliche Kündigung unter Beachtung von Fristen und die ausserordentliche Kündigung aus wichtigen Gründen mit sofortiger Wirkung.

a) Agenturverträge auf unbestimmte Zeit können «im ersten Jahr der Vertragsdauer beiderseits auf das Ende des der Kündigung folgenden Kalender-

---

[22] W. R. SCHLUEP, hinten S. 844; CAVIN, Schweiz. Privatrecht, Bd. VII/1, S. 174 f.; BÉNÉDICT, S. 18 f.; BURNAND, S. 34; WYNIGER, S. 9, 20; GAUTSCHI, N. 10–12 zu Art. 418a–418b OR.
[23] Vgl. SCHLUEP, hinten S. 847 f.; LEISS, S. 144 ff., 285 ff.; SCHÖNLE, S. 156. BGE 88 II, 1962, S. 169 ff.
[1] Vgl. PEYER, S. 80, 175 ff.

monats gekündigt werden» (Art. 418q Abs. 1 OR). Für überjährige Agenturverträge ist eine Kündigungsfrist von zwei Monaten auf das Ende eines Kalendervierteljahres vorgeschrieben. Unnötig kompliziert sind die Bestimmungen über abweichende Abreden. *De lege ferenda* ist die Kündigung des Agenturvertrages derjenigen des Arbeitsvertrages anzugleichen.

b) «Aus wichtigen Gründen kann sowohl der Auftraggeber als auch der Agent jederzeit den Vertrag sofort auflösen» (Art. 418r OR). In Abs. 2 der zitierten Bestimmung wird zutreffenderweise auf den Dienstvertrag (*sic*) verwiesen.

2. Mit den Grundsätzen des einfachen Auftrages stimmen die weiteren Beendigungsgründe des Art. 418s OR überein, nämlich Handlungsunfähigkeit und Tod des Agenten sowie Konkurs und unter Umständen auch Tod des Auftraggebers. Hingegen löst der Konkurs des Agenten den Vertrag nicht auf, wird aber meist einen wichtigen Grund zur Kündigung mit sofortiger Wirkung abgeben.

3. Der Agent behält die Provisionsansprüche für Geschäfte, die er vor Beendigung des Agenturvertrages vermittelt oder abgeschlossen hat. Nachbestellungen von Kunden, die der Agent geworben hat, begründen hingegen nur dann einen Provisionsanspruch, wenn sie vor Vertragsablauf eingegangen worden sind (Art. 418t OR). Die Beendigung des Agenturvertrages bewirkt die Fälligkeit sämtlicher Ansprüche des Agenten auf Provision oder Ersatz (Art. 418t Abs. 2 OR).

4. Das besondere Entgelt für ein vertraglich vereinbartes Konkurrenzverbot (Art. 418d Abs. 2 OR) und die Kundenentschädigung (Art. 418u OR) werden mit Auflösung des Vertrages geschuldet.

5. Im Zeitpunkt der Beendigung des Vertrages hat jede Partei «der andern alles herauszugeben, was sie von ihr für ihre Rechnung erhalten hat. Vorbehalten bleiben die Retentionsrechte der Vertragsparteien.» Diese Vorschriften von Art. 418v OR enthalten nichts, was nicht ebenfalls aus dem Recht des einfachen Auftrages abgeleitet werden kann.

§ 22. Pflichten des Auftraggebers

I. Treue- und Sorgfaltspflichten

1. «Der Auftraggeber hat alles zu tun, um dem Agenten die Ausübung einer erfolgreichen Tätigkeit zu ermöglichen...» (Art. 418f. Abs. 1 OR). Nimmt

man den Gesetzgeber beim Wort, so sind die Rollen, verglichen mit den anderen Aufträgen, vertauscht. Der Auftraggeber hat a l l e s zu tun, um die Interessen des Agenten zu fördern! In dieser übertriebenen Formulierung liegt immerhin eine Abweichung vom Grundsatz, daß die Interessen des Beauftragten jenen des Auftraggebers untergeordnet sind, und zwar selbst beim *mandatum mea et tua gratia*[1]. Im Agenturvertrag hat der Auftraggeber jedoch auf die Interessen des Agenten Rücksicht zu nehmen. Die Rechtfertigung dieser Pflicht liegt in der wirtschaftlichen Abhängigkeit des dauernd für den Auftraggeber tätigen Agenten sowie in dem gesellschaftsrechtlichen Moment, das dem Agenturvertrag innewohnt (nach französischem Recht ein «mandat d'intérêt commun»). Wichtiger als die Unterstützungs- und Förderungspflicht des Auftraggebers sind indessen die sich aus der Treuepflicht ergebenden Unterlassungspflichten.

a) Der Auftraggeber hat zwar keine eigentliche Verpflichtung, die vom Agenten vermittelten Geschäfte abzuschließen, doch darf er den Abschluß nicht gegen Treu und Glauben verweigern[2]. Damit hängt zusammen, daß der Auftraggeber den Agenten unverzüglich benachrichtigen muß, wenn er eine Verringerung der Geschäftstätigkeit voraussieht, die Provisionsverluste des Agenten mit sich bringt (Art. 418f Abs. 2 OR). Zur Erfüllung der abgeschlossenen Verträge ist der Auftraggeber dem Agenten gegenüber nicht verpflichtet. Dessen Provisionsanspruch wird davon nicht berührt, daß der Auftraggeber aus Gründen, die er selbst zu vertreten hat, den Vertrag nicht erfüllt (Art. 418h Abs. 1 OR). Hingegen kann die Nichterfüllung oder die Schlechterfüllung die Treuepflicht gegenüber dem Agenten verletzen, wenn der letztere nämlich auf diese Weise Kunden verliert und seine Absatzchancen geschmälert werden.

b) Im Gesetz besonders erwähnt ist die Pflicht des Auftraggebers, dem Agenten die nötigen Unterlagen zur Verfügung zu stellen (Art. 418f Abs. 1 OR).

c) Der Auftraggeber hat darüber hinaus allgemein die Pflicht, alles zu unterlassen, was den Provisionsinteressen des Agenten abträglich ist[3]. Ist deshalb dem Agenten ein bestimmtes Gebiet oder ein bestimmter Kundenkreis zugewiesen worden, so hat der Auftraggeber, ohne gegenteilige schriftliche Vereinbarung, die Konkurrenzierung des Agenten durch andere Beauftragte zu

---

[1] GAUTSCHI, N. 1 a und b zu Art. 418f OR.
[2] MAIER, S. 349; BURNAND, S. 48.
[3] GAUTSCHI, N. 1 und 2 zu Art. 418f OR; MAIER, S. 348.

unterlassen. Schließt der Auftraggeber die Geschäfte ohne Mitwirkung des Agenten selber ab, so verdient letzterer gleichwohl die Provision (Art. 418g Abs. 2 OR). Es ist umstritten, ob der Agent darüber hinaus unter Umständen Schadenersatzansprüche wegen der Verletzung seiner Exklusivitätsrechte geltend machen darf[4].

2. Der Auftraggeber hat Benachrichtigungspflichten. Die Ankündigungspflicht beschränkter Auftragsannahme ist bereits erwähnt worden. Der Auftraggeber hat jedoch überhaupt alles mitzuteilen, was für die Absatzbemühungen des Agenten von Belang ist[5].

3. Die Verletzung der Treue- und Sorgfaltspflichten macht den Auftraggeber schadenersatzpflichtig (BGE 95 II, 1969, S. 143 ff.). Das Gesetz (Art. 418m Abs. 1 OR) gesteht dem Agenten eine a n g e m e s s e n e Entschädigung zu, was aber nichts anderes als vollen Schadenersatz bedeuten kann. Ferner können Treueverletzungen wichtige Gründe für eine Kündigung mit sofortiger Wirkung darstellen.

II. Provision

1. Voraussetzung dafür, daß der Agent seine Provisionsansprüche überhaupt wirksam geltend machen kann, ist das Recht, in die für die Abrechnung maßgebenden Bücher und Belege Einsicht zu nehmen. Ferner hat der Auftraggeber dem Beauftragten auf jeden Fälligkeitstermin eine schriftliche Abrechnung mit Angabe der provisionspflichtigen Geschäfte zu übergeben (Art. 418k Abs. 1 und 2 OR). Die letztere Verpflichtung entfällt, wenn sich der Agent selber schriftlich zur Aufstellung einer Provisionsabrechnung verpflichtet hat.

2. Die Provisionsansprüche sind geschuldet:

a) für rechtsgültig vom Agenten selbst oder auf seine Vermittlung hin vom Auftraggeber abgeschlossene Geschäfte;

b) für Nachbestellungen von Kunden, die der Agent geworben hat, auch wenn die Bestellungen ohne Mitwirkung des Agenten direkt beim Auftraggeber eintreffen (Art. 418g OR). Zwischen der Tätigkeit des Vermittlungsagenten und dem Geschäftsabschluß muß, wie beim Mäklervertrag, ein psycholo-

---

[4] GAUTSCHI, N. 4b zu Art. 418g/h/i/k OR.
[5] MAIER, S. 347.

gischer Kausalzusammenhang bestehen[6]. Das Erfordernis des Kausalzusammenhangs entfällt, wenn der Agent, gestützt auf seine Exklusivrechte, sich
eine Provision an allen in seinem Bereich abgeschlossenen Geschäften versprechen läßt, ebenso bei direkten Nachbestellungen durch Kunden, die der
Agent geworben hat.

3. Der Provisionsanspruch fällt wiederum insoweit dahin, als Leistungsstörungen einwirken, die der Auftraggeber nicht zu vertreten hat (BGE 95 II,
1969, S. 143 ff.). Hierzu gehört auch der Fall, wo der Auftraggeber zwar erfüllt
hat, die Gegenleistung jedoch ganz oder zu einem erheblichen Teil ausbleibt
(Art. 418h OR).

4. Der Provisionsanspruch wird auf das Ende des Kalenderhalbjahres fällig,
in dem das Geschäft abgeschlossen worden ist. Mit der Beendigung des Agenturverhältnisses werden alle Provisionsansprüche fällig. Es handelt sich um
Kompromißlösungen, die nicht befriedigen, weil der Agent zu Recht ausbezahlte Provisionen unter Umständen zurückerstatten muß[7].

III. Provisionen für Delcredere und Inkasso

1. Übernimmt der Agent das Delcredere, so erwächst ihm daraus ein unab-
dingbarer Anspruch auf ein angemessenes Entgelt. Ohne Delcredere trägt der
Auftraggeber das Insolvenzrisiko des Dritten, während der Agent lediglich
haftet, wenn er in schuldhafter Verletzung seiner Treuepflicht dem Auftraggeber Zweifel an der Zahlungsfähigkeit nicht mitgeteilt hat oder wenn er mit
einem zweifelhaften Kunden selber abgeschlossen hat.

2. Ist der Agent mit dem Inkasso beauftragt, so hat er, sofern nichts anderes
vereinbart oder üblich ist, Anspruch auf eine Inkassoprovision an den abgelie-
ferten Beträgen. Die Sonderprovision rechtfertigt sich, weil der Agent mit
dem Inkasso eine zusätzliche Arbeit übernimmt (Art. 418l OR).

IV. Verhinderung des Agenten an seiner Tätigkeit

Wird der Agent durch Krankheit, schweizerischen obligatorischen Militärdienst oder ähnliche Gründe ohne sein Verschulden an seiner Tätigkeit ver-

---

[6] GAUTSCHI, N. 2d zu Art. 418g/h/i/k OR.
[7] GAUTSCHI, N. 6b zu Art. 418g/h/i/k OR.

hindert, so hat er für verhältnismäßig kurze Zeit Anspruch auf eine angemessene Entschädigung nach Maßgabe des eingetretenen Verdienstausfalls. Der Anspruch steht jedoch nur Agenten zu, die seit wenigstens einem Jahr und ausschließlich für den Auftraggeber tätig gewesen sind.

V. Kosten und Auslagen

Wenn nichts anderes verabredet oder üblich ist, trägt der Agent die Kosten seiner Tätigkeit selber. Anders verhält es sich bei Kosten, die auf Weisungen des Auftraggebers hin entstanden sind, sowie bei Kosten, die der Agent als Geschäftsführer ohne Auftrag auf sich genommen hat. Art. 418n Abs. 1 OR erwähnt als Beispiele Auslagen für Fracht und Zölle. Dogmatisch wäre es richtiger, diese Ansprüche auf die Treuepflicht des Auftraggebers zurückzuführen[8]. Die Erstattungsansprüche des Agenten sind erfolgsunabhängig.

VI. Entgelt für das Konkurrenzverbot

Konkurrenzverbote in Agenturverträgen werden nach den Vorschriften des Arbeitsvertrages beurteilt (Art. 418d Abs. 2, 340ff. OR). Dem Agenten steht ein angemessenes besonderes Entgelt zu als Gegenleistung für seine Verpflichtung, sich nach Vertragsende konkurrierender Tätigkeiten zu enthalten (sogenannte Karenzentschädigung: Art. 418d Abs. 2 OR).

VII. Kundschaftsentschädigung

1. Das Gesetz gewährt dem Agenten bei Vertragsauflösung unter bestimmten Voraussetzungen eine «Entschädigung» dafür, daß er den Kundenkreis wesentlich erweitert hat (Art. 418u OR). Es ist dies die meistumstrittene Bestimmung des Agenturvertragsrechts[9]. In der Tat ist nicht ohne weiteres einzusehen, warum der Auftraggeber dem Agenten eine «Entschädigung» schulden soll für einen Vorteil – die Erweiterung des Kundenkreises –, den der Agent dem Auftraggeber in Erfüllung seiner Vertragspflichten verschafft hat. Eine solche Bereicherung des Auftraggebers ist nicht ungerechtfertigt, ein Schaden, der dem Agenten aus der Beendigung des Vertrags erwächst, nicht

---

[8] Vgl. vorne S. 141ff.
[9] Gautschi, N. 1 zu Art. 418u OR; Leiss S. 229ff.; Burnand, S. 94f.

widerrechtlich. Sicher ist deshalb die Bezeichnung der Leistung als «Entschädigung» verfehlt[10]. Nach der Auffassung des Bundesgerichts ist die Vergütung weder ein Ausgleich für erlittene Nachteile, noch ein «nachträgliches
Entgelt für Leistungen des Agenten während der Vertragsdauer, sondern ein
Ausgleich für einen Geschäftswert, den der Auftraggeber nach Beendigung
des Vertrages weiter nutzen kann» (BGE 103 II, 1977, S. 280)[11].

Damit ist aber die Frage nicht beantwortet, warum der Auftraggeber dieses Vorteils wegen
zu einer Vergütung verpflichtet sein soll[12]. Meines Erachtens ist entgegen der Meinung des
Bundesgerichts die Vorstellung eines nachträglichen Entgelts noch am ehesten geeignet, den
Anspruch zu rechtfertigen. In der Regel bemißt sich die Agentenprovision nach dem Umsatz.
Der erfolgreiche Agent verschafft aber in vielen Branchen dem Auftraggeber neben dem Umsatz ein weiteres wirtschaftliches Gut, nämlich einen Kundenstamm oder die Erweiterung
eines solchen. Zu Beginn des Agenturvertrages ist es meist schwierig, für diese zweite Leistung eine angemessene Vergütung zu vereinbaren, weil die Voraussetzungen allzu unsicher
sind. Bei Vertragsende kann sich deshalb billigkeitshalber eine Korrektur der Entgeltsvereinbarung aufdrängen, weil jetzt ersichtlich ist, daß die Parteien zu Beginn des Agenturvertrages
zum Nachteil des Agenten von unzutreffenden Voraussetzungen ausgegangen sind oder gewisse Voraussetzungen wegen der Ungewißheit ihrer Verwirklichung nicht haben in Rechnung setzen können. Die Kundschaftsentschädigung ist deshalb am besten mit der Lehre von
der Geschäftsgrundlage oder mit der Annahme von stillschweigenden Bedingungen zu begründen.

2. Die Kundschaftsentschädigung ist nur unter engen Voraussetzungen geschuldet: Der Agent hat die Auflösung des Vertrages nicht zu vertreten; er
muß durch seine Tätigkeit den Kundenkreis des Auftraggebers erheblich erweitert haben; dem Auftraggeber müssen aus diesem Kundenstamm auch
nach der Auflösung des Agenturverhältnisses erhebliche Vorteile erwachsen;
die Kundschaftsentschädigung darf nicht unbillig sein. Mit dieser letzten Voraussetzung ist der Rechtsprechung die Möglichkeit gegeben, die Fälle der
Kundschaftsentschädigung stark einzuschränken. Das Bundesgericht will
namentlich Umstände berücksichtigen, «wie besonders hohe Vergütungen
während des früheren Vertragsverhältnisses, dessen lange Dauer oder besonders günstige Fürsorgeleistungen des früheren Arbeitgebers» (BGE 103 II,
1977, S. 286). Zu der langen Vertragsdauer ist anzumerken, daß es genau genommen darauf ankommt, wie lange der Agent den Kundenkreis durch
direkte Geschäfte oder Nachbestellungen nutzen konnte. Die Kundschaftsentschädigung drängt sich nur dort auf, wo der Agent einen Kundenstamm
schafft, aber durch Vertragsauflösung daran gehindert wird, die Früchte seines Wirkens zu ernten. Hingegen ist es unerheblich, ob der Auftraggeber aus

---

[10] Vgl. die Kritik in BGE 84 II, 1958, S. 531 f.
[11] Siehe auch BGE 84 II, 1958, S. 532.
[12] Zu den Lehren über die Rechtsnatur der Kundschaftsentschädigung vgl. LEISS, S. 229 ff.;
BURNAND, S. 96 ff.

vertretbaren Gründen oder treuwidrig den Vertrag auflöst oder rechtsmißbräuchlich den Abschluß eines neuen Vertrages verweigert [13].

3. Der «Anspruch beträgt höchstens einen Nettojahresverdienst aus diesem
Vertragsverhältnis, berechnet nach dem Durchschnitt der letzten fünf Jahre
oder, wenn das Verhältnis nicht so lange gedauert hat, nach demjenigen der
ganzen Vertragsdauer» (Art. 418u Abs. 2 OR).

4. Der Agent kann während der Dauer des Agenturvertrages auf die Kundschaftsentschädigung nicht verzichten (Art. 418u Abs. 1 OR).

5. Das Verhältnis der Kundschaftsentschädigung zum Entgelt für ein Konkurrenzverbot ist nicht geklärt [14]. Zunächst ist festzuhalten, daß die beiden
Ansprüche nur dann in Konkurrenz treten, wenn keine der Parteien die Vertragsauflösung zu vertreten hat [15]. Eine Kumulierung erscheint unbillig, weil
dem Agenten keine Karenzentschädigung zustehen darf für eine Kundschaft,
deren Verlust ihm vergütet worden ist. Soweit jedoch die Karenzentschädigung Altkunden oder künftige Kunden betrifft, tritt sie zu der Kundenentschädigung hinzu [16].

§ 23. Pflichten und Befugnisse des Agenten

1. Der Agent ist zur Tätigkeit im Interesse des Auftraggebers verpflichtet.
Er soll entweder Verträge vermitteln oder sie im Namen des Auftraggebers
und auf dessen Rechnung abschließen. Der Agent hat wie jeder andere Beauftragte seine eigenen Interessen jenen des Auftraggebers unterzuordnen. Deshalb darf der Agent, sofern es der Agenturvertrag nicht untersagt, auch für
andere Auftraggeber tätig sein, nicht aber für Konkurrenten des Auftraggebers [1]. Er darf nichts tun, was den Interessen des Auftraggebers zuwiderläuft,
verpflichtet er sich doch dazu, diese Interessen zu fördern.

2. Der Agent hat die Interessen des Auftraggebers mit der Sorgfalt eines
ordentlichen Kaufmanns zu wahren [2]. Das setzt voraus, daß der Agent über
Fachkenntnisse verfügt. Er haftet für *culpa in abstracto*.

---

[13] Im französischen Recht geht der Anspruch auf Kundenentschädigung in der Schadenersatzforderung des *agent commercial* wegen unverschuldeter Kündigung auf. Vgl. SCHÖNLE,
S. 156; LEISS, S. 107 ff.; LANGER, S. 182 ff.
[14] GAUTSCHI, N. 5d zu Art. 418u OR; BURNAND, S. 103 f.; MAIER, S. 372; LEISS, S. 280 ff.
[15] Sonst entfällt entweder das Konkurrenzverbot (Art. 340c OR) oder die Kundenentschädigung.
[16] Ein *obiter dictum* in BGE 103 II, 1977, S. 282 f. lautet allerdings in entgegengesetztem Sinn.
[1] MAIER, S. 350.
[2] Die Berufung auf den Kaufmann in Art. 418c Abs. 1 OR ist verfehlt, vgl. GAUTSCHI, N. 5a zu
Art. 418c OR.

3. Der Agent hat den Auftraggeber über die abgeschlossenen Geschäfte unverzüglich zu benachrichtigen. Er ist, soweit es nicht die Organisation seiner Agentur betrifft, auskunftspflichtig, insbesondere über die Zahlungsfähigkeit der vermittelten Kunden, die Marktsituation, das Vorgehen der Konkurrenz und dergleichen (Rapportpflicht)[3]. Er schuldet Rechenschaft, wenn er mit dem Inkasso beauftragt ist. Provisionsabrechnungen hat er nur bei besonderer Vereinbarung zu erstellen.

4. Zur Wahrung von Geschäftsgeheimnissen ist der Agent über das Ende des Agenturvertrages hinaus verpflichtet (Art. 418d OR). Er darf die Geschäftsgeheimnisse auch nicht für sich selber verwerten. Zu den Geschäftsgeheimnissen zählen ebenfalls Kundenlisten, nicht jedoch die vom Agenten selber geworbenen Kunden[4].

5. Der Agent kann besondere Pflichten mit dem Delcredere, dem Inkassoauftrag und dem Konkurrenzverbot übernehmen.

6. Zu der Befolgung nachträglicher Weisungen des Auftraggebers ist der Agent nur insoweit verpflichtet, als sie die konkreten Geschäfte betreffen, die der Agent vermittelt oder abschließt[5]. Unbeachtlich sind hingegen die Weisungen in bezug auf die Organisation der Agentur. In diesem Bereich ist der Agent ein selbständiger Unternehmer. Man wird nicht darauf abstellen dürfen, ob die Weisungen erschwerend sind oder nicht[6]. Sofern der Auftraggeber nicht treuwidrig handelt, darf er dem Agenten zum Beispiel Vorschriften über Preise und einzelne Kunden machen[7].

7. Nach Beendigung des Agenturvertrags entstehen Rückgabepflichten.

8. Der Agent ist befugt, Erfüllungsgehilfen beizuziehen. Die Verwendung von Substituten gilt bei größeren Verkaufsagenturen als üblich[8].

9. Der Agent gilt im Zweifel als Vermittlungsagent. Die Vollmacht zum Vertragsabschluß bedarf jedoch nicht der Schriftform, sie kann sogar aus einem konkludenten Verhalten des Auftraggebers hervorgehen[9].

---

[3] MAIER, S. 347; GAUTSCHI, N. 6d zu Art. 418c OR.
[4] BIDEAU, SJK Nr. 585, S. 4.
[5] MAIER, S. 346f.; BURNAND, S. 45.
[6] a. M. GAUTSCHI, N. 2b zu Art. 418f OR.
[7] MAIER, S. 347.
[8] MAIER, S. 347; GAUTSCHI, N. 7b zu Art. 418c OR.
[9] MAIER, S. 338.

10. Der Agent ist nicht befugt, die Kundenverträge abzuändern, Zahlungen zu empfangen oder Zahlungsfristen zu gewähren. Hingegen darf er Mängelrügen und andere Erklärungen entgegennehmen, «durch die der Kunde sein Recht aus mangelhafter Leistung des Auftraggebers geltend macht oder sich vorbehält». Er ist auch befugt, «die dem Auftraggeber zustehenden Rechte auf Sicherstellung des Beweises geltend zu machen» (Art. 418e OR)[10].

---

[10] GAUTSCHI, N. 4 zu Art. 418e OR; BURNAND, S. 36f.

Vierter Abschnitt

Die Kommission

Literatur:

K. Amonn, Spiel und spielartige Verträge, hinten S. 457 ff.; E. A. Barazetti, Die mehrstufige Kommission, Diss. Freiburg, Bern 1952; W. Berger, Das Kommissionsgeschäft im Rechtsvergleich und Internationalprivatrecht unter Berücksichtigung der Rechtsbeziehungen zu Drittpersonen, Diss. Freiburg, Düsseldorf 1955; D. Curti, Gli obblighi del commissionario nel diritto svizzero, Diss. Bern 1941; K. Fehr, SJK Nr. 592, Genf 1942: Die Kommission; H. Jenny, Die Außenseite der Warenkommission in der Rechtsvereinheitlichung unter Berücksichtigung des deutschen, schweizerischen, englischen und amerikanischen Rechts, Diss. Freiburg 1962, Arbeiten aus dem juristischen Seminar der Universität Freiburg Schweiz 23; P. Lemp, Das Eigentum am Erlös aus Kommissionsware, ZSR 61, 1942, S. 281; C. Pache, Le contrat de commission appliqué au commerce des valeurs mobilières, Diss. Lausanne 1956; P. Piotet, Le contrat estimatoire dit de soumission ou de consignation (Trödelvertrag), Bern 1967; Th. Rüede, The Criteria Applying to the Position in Contracts of Principal an Agent and of «Kommittent» and «Kommissionär», Diss. Bern 1966; A. Rüegg, Der Effektenbörsenauftrag unter spezieller Berücksichtigung der Treue-, Sorgfalts- und Rechenschaftspflicht, Diss. Zürich 1974; H. Schönle, Bank- und Börsenrecht, 2. Aufl., München 1976; R. Secrétan, Les limites de la contrepartie du commissionaire dans le commerce des valeurs mobilières, in: Mélanges F. Guisan, Lausanne 1950, S. 129 ff.; P. Zihlmann, Der Konsignationslagervertrag, SJZ 67, 1971, S. 317 ff.

§ 24. Begriff. Arten. Abgrenzungen

I. Begriff. Arten. Bedeutung in der Praxis

1. Im Kommissionsvertrag übernimmt es der Kommissionär gegen Entgelt, in eigenem Namen für Rechnung des Kommittenten bewegliche Sachen oder Wertpapiere zu kaufen oder zu verkaufen (Art. 425 Abs. 1 OR). Die Kommission ist ein entgeltlicher Auftrag; Art. 425 Abs. 2 OR verweist deshalb auf die Bestimmungen über den einfachen Auftrag, die ergänzend zur Anwendung gelangen.

Der Kommissionsvertrag stellt einen Rechtshandlungsauftrag dar, wobei der Kommissionär als mittelbarer Stellvertreter kaufen oder verkaufen soll. Die eingehende gesetzliche Regelung der Einkaufs- und Verkaufskommission in den Art. 425–438 OR enthält keine Bestimmung, die mit den Grundsätzen des Auftragsrechts unvereinbar wäre. Das gilt entgegen der herrschenden Lehre auch für das Selbsteintrittsrecht des Kommissionärs. Der Wert der Sonderregelung liegt in der Konkretisierung der den Vertragsparteien auferlegten Pflichten. Kommissionsgeschäfte in weitem Sinne kommen in bezug auf andere Gegenstände als den Kauf und Verkauf von beweglichen Sachen und Wertpapieren in der Praxis häufig vor [1]. Von der Spedition abgesehen, die eine Transportkommission darstellt, gelten für diese Kommissionsgeschäfte im weiten Sinne die Bestimmungen über den einfachen Auftrag.

2. Es ist zwischen Einkaufs- und Verkaufskommission zu scheiden, sowie zwischen Kommission ohne und Kommission mit Selbsteintritt [2]. Eine große praktische Bedeutung kommt der Einkaufs- und Verkaufskommission im Börsenhandel mit Effekten zu. Im internationalen Handel hat sie gegenüber der Agentur und dem Alleinvertretungsvertrag an Bedeutung eingebüßt, sie behauptet sich aber immerhin in gewissen Branchen [3].

II. Abgrenzungen

1. Vom einfachen Auftrag hebt sich die Kommission durch ihren Gegenstand ab, vom Mäklervertrag und Agenturvertrag durch die Art der Tätigkeit, die der Kommissionär übernommen hat, vom Alleinvertretungsvertrag dadurch, daß der Kommissionär für fremde Rechnung kauft und verkauft [4]. Von größerem Interesse ist die Abgrenzung zum Trödlervertrag, zum Spielgeschäft und zum Kauf.

2. Der Trödler handelt für eigene Rechnung und in eigenem Namen [5]. Er hat keine Rechenschaftspflicht und untersteht nicht den Weisungen des Vertrödlers. Daß der Trödler die Differenz zwischen dem Verkaufserlös und dem im Trödlervertrag bestimmten Preis für sich behält, unterscheidet ihn nicht in jedem Fall vom Verkaufskommissionär, weil auch ihm die Differenz als Provision zustehen kann.

---

[1] BECKER, N. 4 zu Art. 425 OR; OSER/SCHÖNENBERGER, Vorbem. zu Art. 425–439 OR, N. 2f. Zu der Rechtsnatur der Konsignations- oder Exportkommission vgl. ferner GAUTSCHI, N. 6c zu Art. 425 OR; BERGER, S. 18 ff.; BARAZETTI, S. 25 f.

[2] Entscheidend ist nicht, ob ein Selbsteintrittsrecht besteht, sondern ob es ausgeübt wird. Nur in diesem Fall tritt die Überlagerung der Kommission durch das Kaufgeschäft ein.

[3] Vgl. z. B. ZIHLMANN, SJZ 67, 1971, S. 317 über den Konsignationslagervertrag.

[4] Zu der Abgrenzung von der Agentur vgl. vorne S. 139; GAUTSCHI, Vorbem. zur Kommission, N. 5; zur Alleinvertretung GAUTSCHI, Vorbem. zur Kommission, N. 6.

[5] PIOTET, S. 6 f.; VON BÜREN II, S. 195 f.; GAUTSCHI, Vorbem. zur Kommission, N. 4.

3. Kaufs- und Verkaufskommissionen begründen keine klagbaren Forderungen, wenn sie Differenzgeschäfte oder spielartige Liefergeschäfte über Waren oder Börsenpapiere darstellen (Art. 513 Abs. 2 OR)[6]. Es ist jedoch sehr umstritten, was unter Differenzgeschäften und spielartigen Liefergeschäften zu verstehen ist und wie sich das Spiel von der Spekulation unterscheidet.

4. Wenn der Kommissionär ein Selbsteintrittsrecht hat und die Parteien sich nicht in der juristischen Fachsprache ausdrücken, ist oft schwierig zu entscheiden, ob eine Kommission oder ein Kaufvertrag vorliegt[7]. Für die Annahme einer Kommission spricht es, wenn eine Partei nur gerade an der Provision interessiert ist, während Nutzen und Gefahr bei der anderen Partei liegen[8]. Bestehen weder Weisungsbefugnisse noch Auskunfts- und Rechenschaftspflichten, so handelt es sich um Kauf oder Verkauf. Gerade letzteres ist für die Banken oft ein Grund, beim Fehlen des Selbsteintrittsrechts den Kauf der Kommission vorzuziehen[9].

§ 25. Das Eigentum am Kommissionsgut

1. Bei der Verkaufskommission ist davon auszugehen, daß dem Kommissionär am Kommissionsgut nur soviel Rechte zustehen, als nötig sind, um die Kommission durchzuführen. Der Verkauf durch den Kommissionär setzt voraus, daß er in der Lage ist, das Eigentum an den Käufer zu übertragen. Hierzu braucht er selber nicht Eigentümer zu sein, es genügt, daß er vom Berechtigten zur Eigentumsübertragung ermächtigt worden ist[1]. Die Ermächtigung liegt nach der Regel von Art. 396 Abs. 2 OR bereits im Kommissionsvertrag selber. Der gutgläubige Käufer kann sich für den Eigentumserwerb ferner auf Art. 933 ZGB berufen. Die Vorteile einer bloßen Ermächtigung zur Veräußerung des Kommissionsgutes sind offensichtlich, nichts hindert jedoch die Parteien, das Eigentum auf den Kommissionär zu übertragen. Zu vermuten ist dies aber nicht.

---

[6] GIOVANOLI, Berner Kommentar, Bd. VI/2: Obligationenrecht, 7. Teilbd.: Die Bürgschaft, Spiel und Wette, Bern 1978, N. 23 ff. zu Art. 513 OR; GAUTSCHI, Vorbem. zur Kommission, N. 10; AMONN, hinten S. 466 ff.; RÜEGG, S. 24 ff.

[7] PACHE, S. 23; RÜEGG, S. 85 ff.

[8] Eine im Verhältnis zum Risiko geringe Provision deutet auf Kommission hin; BGE 59 II, 1933, S. 249.

[9] PACHE, S. 24 f.

[1] GUHL/MERZ/KUMMER, S. 462; H. HINDERLING, Schweiz. Privatrecht, Bd. V/1, Basel 1977, S. 485; E. W. STARK, Berner Kommentar, Bd. IV/3: Sachenrecht, 1. Teilbd: Der Besitz, 2. Lieferung, Bern 1976, Art. 926–941 ZGB, N. 70 zu Art. 933 ZGB; BERGER, S. 25 ff.; a. M. GAUTSCHI, N. 20b zu Art. 401 OR; N. 2a zu Art. 434 OR.

2. Am Verkaufserlös erwirbt der Kommissionär regelmäßig Eigentum dadurch, daß der bezahlte Preis mit seinem eigenen Geld vermischt wird[2]. In bezug auf die Kaufpreisforderung kann sich der Kommittent auf die Legalzession gemäß Art. 401 Abs. 1 OR berufen, sofern er seinerseits allen Verbindlichkeiten aus dem Kommissionsvertrag nachgekommen ist. Wenn der Kommittent den Kommissionsvertrag gewählt hat, um seine Verkaufsabsicht zu verwirklichen, so wohl deshalb, weil er sich mit dem Dritten nicht selber befassen will. Hierzu zwingt ihn die Legalzession keineswegs, denn es genügt, daß er dem Dritten den Forderungsübergang nicht gemäß Art. 167 OR anzeigt, um das Geschäft weiterhin über den Kommissionär laufen zu lassen[3].

3. Umstritten ist, ob der Kommissionär oder direkt der Kommittent an dem vom Verkäufer gelieferten Kommissionsgut Eigentum erwirbt[4]. Das hängt vom Willen der Parteien und von der Einhaltung der gesetzlichen Vorschriften über den Eigentumserwerb ab. Der derivative Eigentumserwerb an beweglichen Sachen setzt die Besitzübertragung an den Erwerber voraus. Es ist deshalb grundsätzlich der Kommissionär, der zunächst am Kommissionsgut Eigentum erwirbt. Anders verhält es sich, wenn die Kommissionsparteien die Besitzübertragung durch ein Besitzkonstitut ersetzt haben. Ein Besitzkonstitut kann aber nur vorliegen, wenn zwischen den Parteien außer der Kommission, zum Beispiel durch einen Hinterlegungsvertrag, ein weiteres Rechtsverhältnis begründet wird, in welchem der Kommissionär dem Kommitenten den Besitz vermittelt. Das Besitzkonstitut kann von den Parteien antizipiert werden, das will heißen, daß es schon vor dem Besitzerwerb durch den Kommissionär vorhanden ist. Es bewirkt, daß der Kommittent mit der Lieferung des Kommissionsgutes an den Kommissionär sofort Eigentümer wird. Daneben kommt in Betracht, daß der Kommissionär zwar in eigenem Namen kauft, aber als direkter Stellvertreter den Besitz für den Kommittenten erwirbt. Gerade bei der Kommission wird oft stille Vertretung angenommen werden können, weil es dem Verkäufer nicht darauf ankommt, ob der Käufer jemanden und wen er allenfalls vertritt (Art. 32 Abs. 2 OR)[5]. Endlich erwirbt der Kommittent direkt das Eigentum am Kommissionsgut, wenn der Kommissionär als direkter Stellvertreter mit dem Verkäufer ein Besitzkonstitut abschließt. Praktisch ergibt sich somit, daß der unmittelbare Eigentumserwerb durch den

---

[2] GAUTSCHI, N. 20 c zu Art. 434 OR; vgl. jedoch LEMP, S. 323 ff.
[3] H. MERZ, Legalzession und Aussonderungsrecht gemäß Art. 401 OR, in: Festschrift 100 Jahre Schweiz. Bundesgericht, Basel 1975, S. 463.
[4] Vgl. R. J. BAERLOCHER, Schweiz. Privatrecht, Bd. VII/1, S. 678 f.; HINDERLING, a.a.O. (Anm. 1) S. 436, 445; LEMP, S. 290 ff.; GAUTSCHI, N. 1a zu Art. 434 OR.
[5] BGE 84 II, 1958, S. 262.

Kommittenten die Regel darstellt. Damit verliert im Bereich der Kommission das Aussonderungsrecht nach Art. 401 Abs. 3 OR erheblich an Bedeutung.

4. Für den strafrechtlichen Tatbestand der Veruntreuung kommt es nicht darauf an, ob der Kommissionär am Kommissionsgut Eigentum erworben hat oder nicht (Art. 140 Zif. 1 StGB).

§ 26. Die Pflichten von Kommittent und Kommissionär

I. Pflichten des Kommittenten

1. Bei der Verkaufskommission ist der Kommittent verpflichtet, das Kommissionsgut zur Verfügung zu stellen, wenn der Kommissionär mit einem Dritten abgeschlossen hat oder selbst in das Geschäft eintritt. Bevor ein Ausführungsgeschäft vorliegt, hat der Kommittent keine Verpflichtung, die Ware zur Verfügung zu stellen, da er die Kommission jederzeit widerrufen kann. Praktisch wird jedoch der Kommittent dem Kommissionär stets Besitz oder Mitbesitz verschaffen, um den Verkauf zu erleichtern.

2. Der Kommittent schuldet die vereinbarte Kommissionsgebühr (Provision), «wenn das Geschäft zur Ausführung gekommen ist oder aus einem in der Person des Kommittenten liegenden Grund nicht ausgeführt worden ist» (Art. 432 Abs. 1 OR). Der Abschluß des Ausführungsgeschäftes genügt nicht; der Kommissionär hat also ein eigenes Interesse daran, nur mit zuverlässigen Geschäftspartnern zu kontrahieren[1].
Widerruft der Kommittent vor Abschluß des Ausführungsgeschäfts, so ist nicht die Provision geschuldet, sondern allenfalls Schadenersatz wegen Widerrufs zur Unzeit[2]. Im Kommissionsrecht erscheint dieser Schadenersatz auch in Form der sogenannten Auslieferungsprovision. Art. 432 Abs. 2 OR bestimmt, daß der Kommissionär den ortsüblichen Anspruch auf Vergütung für seine Bemühungen hat in bezug auf Geschäfte, deren Ausführung aus Gründen unterblieben ist, welche der Kommittent nicht zu vertreten hat. Hierzu zählen Geschäfte, die wegen unzeitigen Widerrufs nicht abgeschlossen werden konnten, ferner Geschäfte, die nach dem Abschluß nicht abgewickelt worden sind[3]. Erfolgsabhängig ist nur die Provision, nicht aber die Vergü-

---

[1] BECKER, N. 3 zu Art. 432 OR; OSER/SCHÖNENBERGER, N. 1 zu Art. 432 OR.
[2] BECKER, N. 2 zu Art. 432 OR; OSER/SCHÖNENBERGER, N. 7 zu Art. 432 OR.
[3] OSER/SCHÖNENBERGER, N. 8 zu Art. 432 OR; nach BECKER, N. 7/8 zu Art. 432 OR, ist auch die Auslieferungsprovision nur geschuldet, wenn das Ausführungsgeschäft gültig abgeschlossen worden ist.

tung für die Bemühungen des Kommissionärs. Darin liegt ein Kompromiß zwischen den Grundsätzen des einfachen Auftrags und der Erfolgsabhängigkeit der Provision im Mäkler- und Agenturrecht. Auf derselben Linie liegt auch die Regelung der Erstattungsansprüche des Kommissionärs. Einschränkend muß gelten, daß der Kommissionär keine Auslieferungsprovision fordern darf, wenn die Ausführung aus Gründen unterblieben ist, die er zu vertreten hat.

3. Der Kommittent schuldet dem Kommissionär den Ersatz von Vorschüssen, Verwendungen und Auslagen samt Zinsen, und zwar unabhängig vom Erfolg[4]. Wie in Art. 402 Abs. 1 OR zutreffend formuliert ist, muß es sich um Auslagen in richtiger Ausführung des Auftrags handeln. Art. 431 Abs. 2 OR bringt eine wichtige Abgrenzung der erstattungsfähigen Auslagen zu den Generalunkosten, die dem Kommissionär zur Last fallen: er darf zwar eine Vergütung für die benutzten Lagerräume und Transportmittel, nicht aber den Lohn seiner Angestellten in Rechnung bringen. Zu Vorschüssen ist weder der Kommittent noch der Kommissionär verpflichtet. Leistet keine der Parteien die Vorschüsse, so unterbleibt das Geschäft.

4. Verzögert der Kommittent in ungebührlicher Weise die Rücknahme des Kommissionsgutes bei Unverkäuflichkeit oder nach Widerruf der Kommission, so gerät er in Gläubigerverzug. Für den Selbsthilfeverkauf des Kommissionärs gilt aber nicht die allgemeine Vorschrift des Art. 93 OR, sondern die spezielle Bestimmung des Art. 435 OR. Diese liegt im Interesse des Kommissionärs, denn sie gestattet ihm, bei Gläubigerverzug sich der Sorge um das Kommissionsgut stets durch amtlich bewilligte Versteigerung zu entledigen, ohne hinterlegen zu müssen und dadurch das Retentionsrecht zu verlieren[5].

Die sinngemäße Auslegung des Gesetzes ergibt, daß die amtliche Versteigerung auch in den anderen Fällen der erfolglosen Beendigung einer Verkaufskommission und ebenfalls bei der Einkaufskommission zuzulassen ist.

II. Pflichten des Kommissionärs

1. Der Kommissionär ist ein Beauftragter und als solcher im Interesse des Kommittenten tätig. Es treffen ihn Treue- und Sorgfaltspflichten, bei Interessenkollision hat er die eigenen Interessen denjenigen des Kommittenten unterzuordnen. Er hat eine Abschlußpflicht, sofern sich eine Gelegenheit dazu

---

[4] BECKER, N. 6 zu Art. 431 OR; OSER/SCHÖNENBERGER, N. 1 zu Art. 431 OR.
[5] GAUTSCHI, N. 1c zu Art. 435 OR.

bietet. Wenig praktisch ist die Frage, ob sich der Kommissionär um den Abschluß *bemühen* muß und allenfalls in welchem Maße. Am Ausführungsgeschäft ist er interessiert, um die Provision verdienen zu können, was für ihn einen genügenden Ansporn bildet. Dem Kommissionär in dieser Hinsicht besondere Pflichten aufzuerlegen, erscheint schon im Hinblick auf das Recht des Kommittenten, das Ausführungsgeschäft selbst zu besorgen und die Kommission zu widerrufen, als übertrieben. Hingegen ist vom Kommissionär zu erwarten, daß er Handlungen unterläßt, die den Interessen des Kommittenten abträglich sind. Mit seiner Treuepflicht ist es vereinbar, daß er mehrere Kommissionen übernimmt, die in Konkurrenz treten können.

2.*a)* Der Kommissionär ist nach den Grundsätzen des einfachen Auftrages zu sorgfältiger Geschäftsbesorgung verpflichtet. Das bezieht sich nicht nur auf die korrekte Abwicklung des Ausführungsgeschäftes, sondern auch bereits auf die Auswahl der Gegenpartei. Der Kommissionär hat bei Kreditgeschäften die Zahlungsfähigkeit sorgfältig zu prüfen.

b) Er muß das Kommissionsgut sorgfältig behandeln und aufbewahren. Hingegen ist er ohne besonderen Auftrag zur Versicherung des Kommissionsgutes nicht verpflichtet (Art. 426 Abs. 2 OR). In Art. 427 OR werden dem Kommissionär besondere Sorgepflichten für das zugesandte Verkaufsgut auferlegt. Erreicht ihn die Ware in erkennbar mangelhaftem Zustand, so hat er «die Rechte gegen den Frachtführer zu wahren, für den Beweis des mangelhaften Zustandes und soweit möglich für Erhaltung des Gutes zu sorgen und dem Kommittenten ohne Verzug Nachricht zu geben» (Art. 427 Abs. 1 OR). Soweit es die Interessen des Kommittenten erfordern, ist der Kommissionär verpflichtet, schnell verderbliche Waren unter amtlicher Mitwirkung verkaufen zu lassen. Zu diesem Vorgehen ist der Kommissionär nicht nur verpflichtet, sondern mit Rücksicht auf sein Retentionsrecht auch berechtigt [6].

c) Der Kommissionär hat sich an die Weisungen des Kommittenten zu halten. Verkauf unter der Limite verpflichtet ihn zur Vergütung der Differenz; der Verkauf über die Limite oder der Kauf unter der Limite verpflichtet ihn zur Ablieferung der Differenz (Art. 428 OR). Entsteht dem Kommittenten bei Verkauf unter der Limite darüber hinaus ein Schaden, so ist der Kommissionär bei Verschulden auch hierfür ersatzpflichtig [7].

---

[6] GAUTSCHI, N. 5 zu Art. 427 OR; BECKER, N. 9 zu Art. 427 OR.
[7] GAUTSCHI, N. 5 zu Art. 428 OR; BECKER, N. 3 zu Art. 428 OR; OSER/SCHÖNENBERGER, N. 3 zu Art. 428 OR.

3. Der Kommissionär hat grundsätzlich die Benachrichtigungspflichten eines Beauftragten. Er hat insbesondere den Kommittenten zu benachrichtigen, wenn er Weisungen braucht. Im Kommissionsrecht sind außerdem eine Reihe von besonderen Anzeigepflichten vorgesehen:

a) Der Kommissionär muß dem Kommittenten die Ausführung des Auftrages sofort anzeigen (Art. 426 Abs. 1 OR). Die Anzeige muß alle Angaben enthalten, die für den Kommittenten von Bedeutung sind, dazu gehört die Nennung des Käufers oder Verkäufers, weil sonst der Selbsteintritt des Kommissionärs zu vermuten ist (Art. 437 OR)[8].

b) Der Verkaufskommissionär muß den mangelhaften Zustand der zugesandten Ware sofort dem Kommittenten mitteilen (Art. 427 Abs. 1 OR).

c) Implicite ist eine Anzeigepflicht bei Unverkäuflichkeit des Kommissionsgutes in Art. 435 Abs. 1 OR enthalten. Ungebührliche Verzögerung der Rücknahme gibt dem Kommissionär das Recht, mit amtlicher Bewilligung die Ware zu versteigern. Ungebührliche Verzögerung setzt aber voraus, daß der Kommittent Kenntnis hat von der Unverkäuflichkeit und dem Begehren des Kommissionärs, die Ware zurückzugeben.

d) Eine amtliche Mitteilung hat der Versteigerung von Kommissionsware infolge von Gläubigerverzug nach Art. 435 Abs. 3 OR voranzugehen.

4. Der Kommissionär schuldet Rechenschaft und Herausgabe all dessen, was er in Ausführung der Kommission erlangt hat[9].

5. Der Kommissionär hat die Treuepflichten des Beauftragten. Er muß zu den für den Kommittenten günstigsten Bedingungen kaufen oder verkaufen, was Preis- oder Kursschnitte ausschließt. Er hat Interessenkollisionen, die aus Doppelauftrag entstehen können, zu vermeiden. Er ist zur Diskretion verpflichtet und darf insbesondere dem Dritten interne Weisungen wie Limiten und dergleichen nicht bekannt geben.

6. Der Kommissionär ist zur persönlichen Geschäftsbesorgung verpflichtet. Zur Substitution ist er nur befugt, wenn sie vereinbart worden oder wenn sie üblich ist, ferner, wenn sie im dringenden Interesse des Kommittenten liegt, die Einwilligung jedoch nicht eingeholt werden kann[10].

---

[8] GAUTSCHI, N. 2c zu Art. 426 OR; BECKER, N. 4 zu Art. 426 OR; Oser/Schönenberger, N. 9 zu Art. 426 OR.

[9] Zu den Rabatten, Bonifikationen und Schmiergeldern vgl. BECKER, N. 6 zu Art. 428 OR; OSER/SCHÖNENBERGER, N. 9 zu Art. 428 OR.

[10] Zu der großen Bedeutung der Exportkommission vgl. vorne S. 151; BARAZETTI, S. 25 f.

7. Der Kommissionär kann sich zu weiteren Leistungen wie dem Delcre-dere-Stehen verpflichten[11]. Er hat dann Anspruch auf eine besondere Vergü-tung (Art. 430 OR). Ohne Delcredere haftet der Kommissionär nicht für die Zahlung oder anderweitige Erfüllung der Verbindlichkeiten durch den Drit-ten. Vorschußleistung und Kreditgewährung an den Dritten ohne Einwilli-gung des Kommittenten gehen freilich auf Gefahr des Kommissionärs. Ent-spricht das Kreditieren des Kaufpreises einem Handelsbrauch, so darf der Kommissionär ebenfalls kreditieren, sofern es der Kommittent nicht verbietet (Art. 429 OR).

8. Die Verletzung von Sorgfalts-, Treue- und Benachrichtigungspflichten berechtigt den Kommittenten zu Schadenersatz. Als weitere Sanktion sieht Art. 433 Abs. 1 OR die Verwirkung der Provision vor, wenn «sich der Kom-missionär einer unredlichen Handlungsweise gegenüber dem Kommittenten schuldig gemacht, insbesondere, wenn er einen zu hohen Einkaufs- oder einen zu niedrigen Verkaufspreis in Rechnung gebracht hat»[12]. In dem letzteren Fall des Preisschneidens kann der Kommittent den Kommissionär überdies als Eigenhändler in Anspruch nehmen. Die Sanktion geht über die gewöhnliche Pflicht, die Abrechnung zu korrigieren und die Preisdifferenzen zu erstatten, hinaus. Der Verkaufskommissionär trägt, wenn er als Eigenhändler behandelt wird, das Insolvenzrisiko des Dritten, ohne hierfür eine Delcredere-Provision zu erhalten. Der Einkaufskommissionär haftet als Käufer für die Mängel der Ware.

§ 27. Das Selbsteintrittsrecht des Kommissionärs

1. Der Kommissionär darf, wenn der Kommittent nicht etwas anderes be-stimmt hat, das Kommissionsgut selber kaufen oder verkaufen, sofern die Waren oder Wertpapiere einen Markt- oder Börsenpreis haben. Das Selbstein-trittsrecht des Kommissionärs gilt als charakteristische Abweichung des Kommissionsrechts von den Mandatsgrundsätzen. Dieser Ansicht ist nicht beizupflichten. Die Problematik des Selbsteintritts entspricht derjenigen des Selbstkontrahierens (als direkter Stellvertreter) im Auftragsrecht. Letzteres ist, wie auch die Doppelvertretung, zulässig, sofern die Gefahr einer Interes-

---

[11] Das Delcredere-Stehen begründet keine Bürgschaft. GIOVANOLI, a.a.O. (vorne S. 152 Anm. 6), N. 15 zu Art. 492 OR.
[12] Zu den Fällen der Treueverletzung vgl. GAUTSCHI, N. 1b zu Art. 433 OR; BECKER, N. 2 zu Art. 433 OR; OSER/SCHÖNENBERGER, N. 2 zu Art. 433 OR.

senkollision nicht vorhanden ist. Das Selbsteintrittsrecht des Kommissionärs ist vom Gesetzgeber so ausgestaltet worden, daß Interessenkollisionen vermieden werden sollten. Leider wird dieses Ziel nicht ganz erreicht. Eine restriktive Interpretation des Selbsteintrittsrechts drängt sich deshalb auf. Der Vergleich, namentlich mit dem deutschen Recht, zeigt, daß ein wirksamerer Schutz des Kommittenten möglich ist, ohne das Institut, das einem großen praktischen Bedürfnis der Banken entspricht, preiszugeben[1].

2. Die Voraussetzungen des Selbsteintrittsrechts sind im einzelnen:

a) Das Kommissionsgut besteht aus Waren oder Wertpapieren mit Markt- oder Börsenpreisen. Für andere Waren oder Wertpapiere besteht kein gesetzliches Eintrittsrecht, doch kann es vom Kommittenten gewährt werden. In der Festsetzung einer Preislimite liegt nicht bereits eine solche Einwilligung[2].

b) Der Selbsteintritt ist vom Kommittenten nicht verboten worden.

c) Der Eigenhändler muß die Ausführungsanzeige abgesandt haben, bevor der Auftragswiderruf bei ihm eintrifft (Art. 438 OR) oder bevor die vertraglich bestimmte oder aus den Umständen hervorgehende Frist zur Ausübung verstrichen ist (BGE 71 IV, 1945, S. 124 ff.).

d) Hat der Kommissionär zu günstigen Bedingungen gekauft oder verkauft, so darf er nicht mehr selber durch Zustellung einer anonymen Ausführungsanzeige nach Art. 437 OR in das Geschäft eintreten. Damit wird verhindert, daß der Kommissionär risikolos auf Kosten des Kommittenten spekuliert, indem er die schlechten Geschäfte weitergibt und bei den guten den Selbsteintritt erklärt[3].

3. Der Selbsteintritt ist ein Gestaltungsrecht, das durch einseitige, empfangsbedürftige Erklärung ausgeübt wird. In Art. 437 OR ist außerdem bestimmt, daß eine anonyme Ausführungsanzeige die Vermutung des Selbsteintritts begründet. Der Kommittent kann die Vermutung umstoßen durch den allerdings schwierigen Beweis, daß der Kommissionär das Geschäft bereits vor der anonymen Anzeige zu günstigeren Bedingungen ausgeführt hat.

---

[1] Vgl. RÜEGG, S. 77 f.; GAUTSCHI, N. 1 zu Art. 436 OR; SCHÖNLE, S. 239 ff.. Will die Bank ihre Beziehung zum Dritten vor dem Kommittenten verbergen, so muß sie einen Kauf- und nicht einen Kommissionsvertrag abschließen.

[2] Zutreffend RÜEGG, S. 80 ff., in seiner Kritik an GAUTSCHI, N. 2b zu Art. 428 OR, N. 1b und 2b zu Art. 436 OR.

[3] GAUTSCHI, N. 1b zu Art. 437 OR; GUHL/MERZ/KUMMER, S. 465.

4. Der Kommissionär tritt in ein Kaufgeschäft ein. Er ist gegenüber dem Kommittenten Käufer oder Verkäufer. Der Preis bestimmt sich nach dem Markt- oder Börsenpreis am Tag des Selbsteintritts am maßgebenden Ort[4]. Das Kaufverhältnis entfaltet alle seine Wirkungen, einschließlich der Gewährleistungspflichten des Verkäufers.

5. Der Selbsteintritt hebt den Kommissionsvertrag nicht auf. Der Kommissionär behält seinen Anspruch auf die gewöhnliche Provision und die Erstattung der regelmäßig vorkommenden Auslagen (Art. 436 Abs. 2 OR). Auch bleibt dem Kommittenten das Recht, wegen Verletzung von Treue- oder Sorgfaltspflichten, zum Beispiel bei Auskunftserteilung und Beratung, Schadenersatz zu verlangen. Der Kommittent soll durch den Selbsteintritt weder besser- noch schlechtergestellt werden[5].

6. Die rechtliche Konstruktion der Kommission mit Selbsteintritt mag theoretisch umstritten sein, praktische Konsequenzen ergeben sich kaum, da die Wirkungen des Selbsteintritts im Gesetz bestimmt sind.

Die Kommission mit Selbsteintrittsrecht bildet einen gemischten Vertrag, in welchem dem Kommissionär ein Gestaltungsrecht eingeräumt ist. Bei Widerruf der Kommission geht auch das Gestaltungsrecht unter. Es gibt dem Kommissionär die Befugnis, ein Kaufverhältnis mit dem Kommittenten zu begründen. Man kann das Selbsteintrittsrecht indessen auch als abänderndes Gestaltungsrecht auffassen, das die Ausführungsart der Kommission modifiziert. An die Stelle des Ausführungsgeschäftes mit dem Dritten tritt dasjenige mit dem Kommittenten[6].

---

[4] Zu den Schwierigkeiten der Ermittlung des Markt- und Kurswertes vgl. RÜEGG, S. 56 ff., 97 ff.; im Grundsatz ist SECRÉTAN (S. 131 ff.) zuzustimmen, wonach der Kommissionär auf Grund der Kursschwankungen keine Schnitte machen darf. Vgl. SCHÖNLE, S. 253 f.

[5] Der Sinn des Selbsteintritts liegt nicht darin, daß dem Kommissionär Kurs- und Preisschnitte zugestanden werden, sondern in der Vereinfachung der Geschäftsabwicklung und damit in der Einsparung von Spesen; auch wahrt sich der Kommissionär als Eigenhändler die Chance, *nach* dem Selbsteintritt durch günstigen Deckungskauf oder durch Verkauf Gewinn zu erzielen. Vgl. RÜEGG, S. 71 ff.

[6] Vgl. GAUTSCHI, N. 2b zu Art. 436 OR; BECKER, N. 3 zu Art. 436 OR; OSER/SCHÖNENBERGER, N. 3 zu Art. 436 OR; GILLIARD, a.a.O. (vorne S. 82 Anm. 56), S. 246 ff.; RÜEGG, S. 54 ff.

Fünfter Abschnitt

Speditions- und Frachtvertrag

Literatur:

A. AEBLI, Die Nachnahmesendung im Speditions- und Frachtgeschäft, Diss. Zürich 1950; P. BÜCHI, Haftung und Freizeichnung des Frachtführers im schweizerischen Recht, Diss. Basel 1953 (Maschinenschrift); M. DUMONT, Haftung des Spediteurs auf Grundlage des europäischen Speditionsgewerbes unter besonderer Berücksichtigung der Allgemeinen Bedingungen des Schweizerischen Spediteurverbandes, Bern 1939 (Berner wirtschaftswissenschaftliche Abhandlungen, Heft 25); W. HÄNGGI, Haftung des Spediteurs für Erfüllungsgehilfen und Drittpersonen unter besonderer Berücksichtigung des Zwischenspediteurs nach schweizerischem, deutschem und französischem Recht, Diss. Basel 1940 (Maschinenschrift); H. HARTMANN, Die Stellung des Versenders gegenüber dem Spediteur und dem Frachtführer im Speditionsvertrag, Diss. Basel 1944 (Maschinenschrift); P. HÄWERT, Die Ansprüche des Auftraggebers oder eines Dritten gegen den Spediteur aus Speditionsvertrag, Frachtvertrag und unerlaubter Handlung nach deutschem, schweizerischem und englischem Speditionsrecht, Diss. Berlin 1960; W. HECHT, Der Speditionsvertrag zugunsten Dritter, Diss. Bern, Abhandlungen zum schweiz. Recht, NF Heft 146, Bern 1939; R. ISLER, Zur Rechtsnatur des Spediteurempfangsscheins, BJM 1978, S. 113 ff.; H. B. KNUCHEL, Der Frachtvertrag als Vertrag zu Gunsten Dritter unter Berücksichtigung des ausländischen und internationalen Transportrechts, Diss. Basel 1946 (Maschinenschrift); W. LEUMANN, Die Rechtsstellung des schweizerischen Sammelladungsspediteurs, Diss. Bern 1950; W. LÜTZELSCHWAB, Über Pfand- und Retentionsrecht im Frachtvertrag nach schweizerischem Recht, Diss. Basel 1931 (Maschinenschrift); N. MEYER, Der Speditionsvertrag nach schweizerischem Recht, Diss. Bern, Abhandlungen zum schweiz. Recht, NF Heft 68, Bern 1931; W. MÜLLER, Die Unterscheidungsmerkmale des Chartervertrages und des Frachtvertrages im schweizerischen Recht, in: Recueil de travaux suisses présentés au VIII⁰ Congrès international de droit comparé, Basel 1970, S. 191 ff.; J. OCHSÉ, Der Speditionsvertrag im schweizerischen Recht, Diss. Zürich 1933; A. PERRIN-JAQUET, Le droit de disposition de l'expéditeur dans le contrat de transport suisse, Diss. Lausanne 1924; V. REHSTEINER, Das Verfügungsrecht des Absenders und des Empfängers im Frachtvertrag nach schweizerischem Recht, Diss. Bern 1929; J.-P. TSCHUDI, Die Verträge des Speditionsgeschäfts unter Berücksichtigung der Allgemeinen Bedingungen des Schweizerischen Spediteur-Verbandes, Diss. Zürich 1975; G. ZIMMERMANN, La responsabilité du commissionaire-expéditeur, Diss. Lausanne 1955; D. ZOELLY, Bankgeschäfte durch den Speditionsunternehmer, Diss. Zürich 1954.

§ 28. Einleitung

Speditions- und Frachtvertrag sind spezielle Auftragstypen, in denen der Beauftragte es übernimmt, Gütertransporte zu besorgen. Ihrer gesetzlichen Regelung kommt nicht mehr die Bedeutung zu, die ihr der Gesetzgeber zugedacht hat. Dafür sind zwei Gründe zu nennen. Erstens wird das Transportrecht heute in weiten Gebieten von Sonderregelungen öffentlichen und privaten, nationalen und übernationalen Rechts beherrscht. Zweitens ist in der Praxis das dispositive Recht der beiden Transportverträge des Obligationenrechts weitgehend durch Allgemeine Geschäftsbedingungen verdrängt worden. Sogar Praktiken, die mit dem zwingenden Recht in Widerspruch stehen, drohen sich auf diese Weise einzuleben. Dennoch erscheint es als sinnvoll und nützlich, die beiden Transportverträge des Obligationenrechts nicht als Teile des gesamten Transportrechts, sondern als Teile des Auftragsrechts darzustellen. Das will heißen, daß nicht geprüft werden soll, welcher Anwendungsbereich dem Frachtvertrag und welche Wirkung dem Speditionsrecht (neben Allgemeinen Geschäftsbedingungen) verbleiben. Die beiden Auftragstypen genügen sich selbst, bilden sie doch weiterhin das Grundmuster der Transportverträge, in das die klassischen Lösungen der typischen und immer wiederkehrenden Konfliktsituationen eingewoben sind. Ebenfalls nicht in die Darstellung einbezogen sind der unter das einfache Mandat fallende Personentransportvertrag und die im Gütertransport verwendeten Warenpapiere.

§ 29. Der Speditionsvertrag

I. Begriff. Abgrenzung zum Frachtvertrag

1. Der Spediteur übernimmt gegen Entgelt die Versendung oder die Weiterversendung von Gütern in eigenem Namen für fremde Rechnung (Art. 439 OR). Der Speditionsvertrag ist vom Gesetzgeber im letzten Artikel des 15. Titels über die Kommission geregelt worden. Eine weitere, die Spedition betreffende Bestimmung ist Art. 457 OR am Schluß des 16. Titels über den Frachtvertrag. Sie betrifft die Haftung des Spediteurs, der sich zur Ausführung des Vertrages einer öffentlichen Transportanstalt bedient. Der Gesetzgeber konnte sich diese Kürze gestatten, weil der Speditionsvertrag lediglich eine besondere Art des Kommissionsvertrags darstellt, nämlich eine Frachtvertragskommission. Statt in eigenem Namen für fremde Rechnung zu kaufen oder zu verkaufen, schließt der Spediteur Frachtverträge ab. Ergänzend zum

Kommissionsrecht ist gemäß Art. 425 Abs. 2 OR das Recht des einfachen Auftrags anwendbar. Im Gegensatz zur Einkaufs- und Verkaufskommission steht beim Speditionsvertrag nicht der Selbsteintritt als Hauptschwierigkeit im Vordergrund; es sind vielmehr Fragen der Haftung, die Lehre und Rechtsprechung beschäftigen. In der Praxis wird das Speditionsrecht in erster Linie von den allgemeinen Bedingungen des Schweizerischen Spediteur-Verbandes[1] beherrscht, weil praktisch jeder Spediteur durch Verweisung darauf die dispositiven Gesetzesbestimmungen über die Kommission und den einfachen Auftrag ausschaltet.

2. Der Speditionsvertrag ist ein Rechtshandlungsauftrag, der auf den Abschluß eines Frachtvertrages zielt. Letzterer ist ein Tathandlungsauftrag mit dem Inhalt, ein Frachtgut von einem Ort zu einem andern zu befördern. Obschon im Vertragssystem des Obligationenrechts der Frachtvertrag ebenfalls eine besondere Auftragsart darstellt, leitet er sich historisch doch aus dem Werkvertrag ab, was auch die Erfolgshaftung des Frachtführers erklärt. Wenngleich Spedition- und Frachtvertrag deutlich getrennt sind, ergibt sich durch die eigentümliche Haftungsregelung der Spedition dennoch eine Überschneidung. Der Spediteur haftet nur für einen Teil seiner Tätigkeit als Kommissionär und Beauftragter, während ihn das Gesetz «in bezug auf den Transport der Güter» unter die Bestimmungen des Frachtvertrages stellt (Art. 439 OR). Es soll damit dem Versender erspart werden, sich für die eigentlichen Transportschäden an den Frachtführer halten zu müssen, mit dem er in keinem Vertragsverhältnis steht. Er kann sich an den sachkundigen Spediteur wenden, der seinerseits auf den Frachtführer Rückgriff nehmen wird[2].

II. Pflichten des Versenders

1. Es sind grundsätzlich die Pflichten des Kommittenten zur Bezahlung eines Entgelts und zum Auslagenersatz. Art. 439 OR bestimmt als Entgelt nicht eine Provision, sondern eine Vergütung. In den Allgemeinen Bedingungen werden denn auch die Frachtkosten und die Provision in einen einheitlichen Übernahmesatz zusammengefaßt[3]. Diese Spedition mit fixen Spesen (à

---

[1] Die Allgemeinen Bedingungen des Schweizerischen Spediteurverbandes (= Allgemeine Bedingungen) sind seit 1922 zweimal revidiert worden, zuletzt 1967. Vgl. Ochsé, S. 20 f.
[2] Oser/Schönenberger, N. 3 zu Art. 439 OR; Becker, N. 12 zu Art. 439 OR; Tschudi, S. 43 f.
[3] Gautschi, N. 9 zu Art. 439 OR.

forfait) ist nicht als Selbsteintritt in den Frachtvertrag aufzufassen[4]. Es ist eine besondere Art der Entgeltsvereinbarung, die im Rahmen der Privatautonomie liegt.

2. Die wichtigste Auslage des Spediteurs besteht in der Bezahlung der Frachtkosten. Doch ist bei der Spedition mit fixen Spesen dieser Posten bereits abgegolten. Wie weit andere Auslagen besonders berechnet und vom Versender erstattet werden müssen, ist in den Allgemeinen Bedingungen im einzelnen geregelt[5]. In bezug auf die Verwendung von Lagerräumen und Transportmitteln des Spediteurs gilt die Bestimmung von Art. 431 Abs. 2 OR; er darf hierfür eine Provision verlangen, nicht aber für die Löhne seiner Angestellten.

III. Pflichten des Spediteurs

1. Wie der Kaufs- und Verkaufskommissionär hat auch der Spediteur eine Abschlußpflicht. Ihre Unterlassung macht ihn schadenersatzpflichtig, ebenso die Unsorgfalt bei der Auswahl des Frachtführers, des Transportmittels, der Route und bei der Bestimmung der Modalitäten des Transports (BGE 102 II, 1976, S. 256 ff.).

2. Ob der Spediteur befugt ist, einen Zwischenspediteur zu beauftragen, entscheidet sich nach den allgemeinen Auftragsregeln (Art. 398 Abs. 3 OR), die auch für die Haftung des Zwischenspediteurs sowohl dem Hauptspediteur wie dem Auftraggeber gegenüber maßgebend sind[6]. Für internationale Transporte ist die Einschaltung von Zwischenspediteuren üblich und zweckmäßig.

3. Der Spediteur hat sich an die Weisungen des Versenders zu halten, allenfalls hat er Weisungen einzuholen[7]. Er darf davon nur unter den Voraussetzungen des Art. 397 OR abweichen.

4. Mit dem Speditionsvertrag sind zahlreiche Nebenpflichten verbunden[8]. Zur Versicherung des Transportgutes ist der Spediteur nach der Vorschrift

---

[4] GAUTSCHI, N. 9 b zu Art. 439 OR; TSCHUDI, S. 49.
[5] GAUTSCHI, N. 10 zu Art. 439 OR.
[6] In den Allgemeinen Bedingungen ist die Haftung auf *culpa in eligendo et instruendo* beschränkt. GAUTSCHI, N. 5 zu Art. 439 OR; TSCHUDI, S. 97 ff. BGE 103 II, 1977, S. 59 ff., vgl. auch HÄNGGI, S. 46 ff.
[7] GAUTSCHI, N. 6 zu Art. 439 OR; TSCHUDI, S. 77 ff.
[8] GAUTSCHI, N. 3 zu Art. 439 OR; TSCHUDI, S. 57 ff.

von Art. 426 Abs. 1 OR nur bei besonderem Auftrag verpflichtet, ebenso verhält es sich mit der Bevorschussung. Meist hat der Spediteur das Transportgut abzuholen, in sein Lager zu bringen, es zu verwahren, nicht selten auch zu verpacken oder doch die Verpackung zu prüfen und sie allenfalls zu verbessern. Als Adreßspediteur hat er das Speditionsgut dem Empfänger zuzuführen und, falls beauftragt, das Inkasso zu besorgen (Nachnahme). Ferner hat er die nötigen Dokumente auszustellen, wobei er sich auf die vom Versender erhaltenen Angaben verlassen darf. Er besorgt die Verzollung. Der Zwischenspediteur und der Adreßspediteur haben die wichtige Pflicht, die Empfängerrechte gegen den Frachtführer auszuüben (Art. 427 Abs. 1 OR)[9].

5. Der Spediteur hat, immer nach Auftragsrecht, die Pflicht zur Rechenschaftsablegung, doch nur soweit, als er nicht mit fixen Spesen vergütet wird[10].

6. Die Ablieferungspflicht trifft in der Regel nicht den Spediteur, sondern den Frachtführer, allenfalls den Adreßspediteur[11]. Der begünstigte Empfänger hat infolgedessen keinen Anspruch gegen den Hauptspediteur.

IV. Haftung des Spediteurs

1. Der Spediteur haftet in seiner Eigenschaft als Kommissionär für Sorgfalt nach den Regeln des einfachen Auftrags (Art. 398 Abs. 1 und 2 OR)[12]. Für den Transport der Güter haftet er jedoch wie ein Frachtführer. Es ist nicht immer leicht zu entscheiden, ob nach Kommissionsrecht oder Frachtvertragsrecht gehaftet wird. In BGE 102 II, 1976, S. 256 ff. wird der Verlust des Gutes infolge von Diebstahl während des Transportes als Transportschaden bezeichnet, für den der Spediteur nach den Regeln des Frachtvertrages (Art. 447–449 OR) haftet. In BGE 88 II, 1962, S. 430 ff. hingegen ist der Diebstahl während der Überbringung des Gutes mit dem Lieferwagen des Spediteurs nach Kom-

---

[9] Nicht selten tätigen die Spediteure auch Nebengeschäfte als Kommissionäre oder Mäkler, oder sie übernehmen Bankgeschäfte wie die Eröffnung eines Akkreditivs. Tschudi, S. 13 f.; Zoelly, S. 35 ff. Großzügige Beurteilung des Geschäftszweckes einer Speditionsfirma in BGE 84 II, 1958, S. 168 ff.

[10] Gautschi, N. 14 zu Art. 439 OR.

[11] Gautschi, N. 13 zu Art. 439 OR; Tschudi, S. 110 ff. Der Adreßspediteur ist streng genommen überhaupt kein Spediteur, sondern ein gewöhnlicher Beauftragter; an seiner Rechtsstellung ändert damit aber kaum etwas. Vgl. Tschudi, S. 104 f.

[12] Gautschi, N. 4 zu Art. 439 OR; Becker, N. 11–15 zu Art. 439 OR; Oser/Schönenberger, N. 20 zu Art. 439 OR; Zimmermann, Diss.; Tschudi, S. 85 ff.

missionsrecht beurteilt worden[13]. Das Maß der Sorgfalt wird in den Allgemeinen Bedingungen auf grobes Verschulden beschränkt[14]. Das hat in dem eben zitierten Bundesgerichtsentscheid zu dem Ergebnis geführt, daß ein auf Goldtransporte spezialisierter Spediteur, der zweifellos ein entsprechend erhöhtes Entgelt verlangt, trotz einer Häufung von Nachlässigkeiten für den Diebstahl nicht gehaftet hat.

2. Für den eigentlichen Transport der Güter haftet der Spediteur wie der Frachtführer oder die beigezogene öffentliche Transportanstalt. Er kann vom Versender belangt werden, bevor er selbst auf den Frachtführer Rückgriff genommen hat, doch nur im Umfang der eigenen Haftung des Frachtführers. In den Allgemeinen Bedingungen ist vorgesehen, daß der Spediteur sich durch Zession der Ansprüche gegen den Frachtführer befreien kann[15]. Soweit den Spediteur jedoch ein Verschulden trifft, haftet er nach Gesetz, auch wenn kein Rückgriffsrecht besteht. (Art. 457 OR)[16]. Das Verschulden wird oft gerade darin liegen, daß der Spediteur die Geltendmachung seiner Ansprüche gegen den Frachtführer oder gegen die öffentliche Transportanstalt versäumt hat. Daß er für andere Sorgfaltsverletzungen und für die Mißachtung von Weisungen haftet, versteht sich von selbst. Der Spediteur ist somit eine Art Garant, der für den Transport und für die Ablieferung des Gutes dem Versender einsteht. Man sagt deshalb, der Spediteur übernehme das Delcredere für den Frachtführer.

V. Selbsteintrittsrecht

Es ist nach den Regeln des Art. 436 OR auch dem Spediteur erlaubt, den Transport selber zu besorgen. Er garantiert dann nicht nur für den Frachtführer, sondern ist selber der Frachtführer. Selbsteintritte des Spediteurs sind weniger häufig als die der Einkaufs- und Verkaufskommissionäre, zumal die Spedition mit fixen Spesen nicht als Selbsteintritt aufgefaßt wird.

---

[13] GAUTSCHI, N.6b zu Art.439 OR; BECKER, N.14 zu Art.439 OR; OSER/SCHÖNENBERGER, N.22 zu Art.439 OR; VON BÜREN II, S.201, N.347. Gegen Frachtführerhaftung des Spediteurs bei Camionnage ZIMMERMANN, S.36; bejahend TSCHUDI, S.85f.
[14] GAUTSCHI (N.4 zu Art.439 OR) hält das für unzulässig; dagegen TSCHUDI, S.87f.
[15] TSCHUDI, S.93ff.; auch gegenüber dieser Haftungsbeschränkung Zweifel bei GAUTSCHI, N.12c zu Art.439 OR.
[16] Art.457 OR erwähnt nur die öffentlichen Transportanstalten; GAUTSCHI (N.1d zu Art.457 OR) und TSCHUDI (S.91) wollen die Bestimmung auch anwenden, wenn der Transport einem privaten Frachtführer obliegt. Bei Vorsatz und grobem Verschulden gilt die Beschränkung des Umfanges der Haftung auf den Sachwert nicht; GAUTSCHI, N.8a und b zu Art.447 OR.

VI. Sammelladungsspedition

Mehrere Speditionsaufträge dürfen, wenn keine anders lautende Weisung vorliegt, zu Sammelladungen für den Transport zusammengefaßt werden[17]. Dadurch vermindern sich die Transportkosten erheblich; es stellt sich deshalb die Frage, wem der Gewinn zusteht. Hat der Spediteur den Selbsteintritt erklärt und hernach eine Sammelladung organisiert, so kann er den Gewinn für sich beanspruchen. Ein solches Vorgehen wird die Ausnahme sein. Wenn, wie es oft geschieht, die Sammelladungsspedition zu festen Sätzen übernommen wird, die natürlich niedriger sind als die Spesen für Einzelspedition, stellt sich die Frage des Gewinnanspruchs nicht. In den übrigen Fällen erfolgt in der Praxis eine Teilung der Ersparnis unter den Parteien. Für Transportschäden haftet der Spediteur als fingierter Frachtführer[18].

VII. Widerruf des Speditionsvertrages

Die freie Widerruflichkeit gilt auch für den Speditionsvertrag. Der Widerruf darf nicht durch Konventionalstrafen erschwert werden. Der bereits abgeschlossene Frachtvertrag wird vom Widerruf nicht berührt. Will der Versender, daß der Spediteur den Frachtvertrag widerruft, so muß er ihm eine entsprechende Weisung erteilen.

VIII. Der Speditionsvertrag als Vertrag zugunsten Dritter

Der Adreßspediteur ist beauftragt, das Frachtgut am Bestimmungsort vom Frachtführer entgegenzunehmen und dem Empfänger abzuliefern[19]. Ist der Empfangsspediteur nicht der Beauftragte des Empfängers, sondern des Hauptspediteurs oder des Versenders, so liegt ein Vertrag zugunsten Dritter vor. Der Empfänger muß dem Adreßspediteur gegenüber die gleichen Rechte

---

[17] Vgl. LEUMANN, S. 26 ff.; HÄWERT, S. 99 f.

[18] Den Spediteur einer Sammelladung als Frachtführer zu betrachten, besteht kein Grund; er würde u. U. nicht in den Genuß von Haftungsbeschränkungen bei Verwendung öffentlicher Transportanstalten gelangen. Für die Frage des Teil- oder Totalverlustes, wenn ein Gut aus der Sammelladung verloren geht, spielt es ebenfalls keine Rolle, ob der Sammelladungsspediteur als Frachtführer gilt oder ob er als Spediteur behandelt wird. Gegen GAUTSCHI, N. 8a zu Art. 439 OR, TSCHUDI, S. 55.

[19] HECHT, S. 49 ff.; TSCHUDI, S. 105 f.

haben wie gegenüber dem Frachtführer. Noch wenig geklärt ist jedoch die Rechtsnatur des vom Spediteur ausgestellten Empfangsscheines[20].

IX. Die Stellung des Versenders gegenüber dem Frachtführer und Zwischenspediteur

Der Versender kann sich nach der Bestimmung von Art. 401 Abs. 1 OR auf die Legalzession der Forderungen des Spediteurs gegen den Frachtführer berufen, sofern er selber seine Verbindlichkeiten gegen den Spediteur erfüllt hat[21].

Beauftragt der Hauptspediteur einen Zwischenspediteur und kommt diesem die Stellung eines Substituten zu, so kann der Versender nach Art. 399 Abs. 3 OR die Ansprüche des Hauptspediteurs gegen den Zwischenspediteur unmittelbar gegen diesen geltend machen[22].

§ 30. Der Frachtvertrag

I. Begriff. Abgrenzungen

1. Im Frachtvertrag verpflichtet sich der Frachtführer gegen einen Frachtlohn, den Transport von Sachen auszuführen (Art. 440 Abs. 1 OR). Ergänzend gilt für den Frachtvertrag Auftragsrecht (Art. 440 Abs. 2 OR). Der Frachtvertrag weist aber auch im schweizerischen Recht eine Ähnlichkeit mit dem Werkvertrag auf, weil den Frachtführer eine, wenn auch gemilderte Erfolgshaftung für den Transport trifft.

2. Eine eigenartige Stellung zwischen Frachtvertrag und Miete nimmt der Chartervertrag ein[1]. Der Verfrachter übernimmt nicht die Rolle eines Frachtführers und vermietet auch nicht sein Transportmittel dem Befrachter, sondern stellt Transportraum zur Verfügung auf einer Fahrt, die er selber durchführt. Das ist mehr als Miete, aber weniger als ein Frachtvertrag, weil der Verfrachter sich nicht zum Transport von Gütern verpflichtet, das heißt nicht den Erfolg der Beförderung von einem Ort an den andern garantiert. Der lediglich

---

[20] ISLER, S. 113 ff.
[21] HARTMANN, S. 92 f.
[22] HARTMANN, S. 101 ff.
[1] MÜLLER, S. 191 ff., 204, insbes. S. 206 f.

im schweizerischen Seeschiffahrtsgesetz (Art. 94) definierte Chartervertrag stellt einen Innominatkontrakt dar, dem auch außerhalb des Seerechts wachsende Bedeutung zukommt.

3. Gegenstand eines Frachtvertrags können nur Sachen sein, also auch Tiere und der menschliche Leichnam. Die Personenbeförderung untersteht nicht dem Frachtvertrag, sondern dem einfachen Auftrag, sofern sie nicht in anderen Gesetzen besonders geregelt ist [2].

4. Der Frachtvertrag ist ein Vertrag zugunsten Dritter, wenn der Empfänger mit dem Absender nicht identisch ist [3].

II. Pflichten des Absenders

1. Die Hauptpflicht des Absenders besteht in der Bezahlung des Frachtlohnes. Dieser ist nur geschuldet, wenn der Frachtführer den Transport mit Erfolg durchgeführt hat. Die Lohngefahr trägt der Frachtführer [4], sofern nicht der Absender den Mißerfolg zu vertreten hat. Der unentgeltliche Transportauftrag untersteht dem einfachen Auftrag mit der Folge, daß der Beauftragte weniger streng haftet als der Frachtführer. Für Frachtlohn, Aufwendungs- und Schadenersatz steht dem Frachtführer ein Retentionsrecht am Frachtgut zu (Art. 450 OR). Will der Empfänger die Ablieferung, so muß er den streitigen Betrag amtlich hinterlegen [5].

2. In den Art. 441/42 OR werden dem Absender Obliegenheiten und Pflichten auferlegt. Er hat dem Frachtführer bestimmte Angaben zu machen und für die gehörige Verpackung des Gutes zu sorgen. Die Mißachtung dieser Vorschriften hat, soweit es Obliegenheiten sind, zur Folge, daß der Versender unter Umständen keine Ansprüche stellen kann; wenn er jedoch Pflichten verletzt, so hat er Schadenersatz zu leisten, etwa im Falle der Beschädigung anderer Güter infolge äußerlich nicht erkennbarer mangelhafter Verpackung. Erfüllt der Versender seine Obliegenheiten nicht, so gerät er in Gläubigerverzug [6].

---

[2] Etwas völlig anderes ist der Innominatkontrakt, der die Reiseveranstaltung zum Gegenstand hat. Vgl. SCHLUEP, hinten S. 919 ff.; vorne S. 9 und 26.

[3] KNUCHEL, S. 90 ff.

[4] GAUTSCHI, N. 2c zu Art. 440 OR; BECKER, N. 2 zu Art. 440 OR; OSER/SCHÖNENBERGER, N. 22 zu Art. 440 OR.

[5] LÜTZELSCHWAB, S. 28 ff.

[6] GAUTSCHI, N. 9b zu Art. 441 OR; BECKER, N. 2 zu Art. 441 OR; OSER/SCHÖNENBERGER, N. 13 zu Art. 441 OR.

III. Pflichten des Frachtführers

1. Der Frachtführer ist zu der vertrags- und weisungsgemäßen Durchführung des Transportes verpflichtet. Der Frachtvertrag begründet keine persönliche Leistungspflicht, deshalb darf der Frachtführer Hilfspersonen und Zwischenfrachtführer beiziehen, sofern es vom Absender nicht untersagt worden ist[7]. Der Frachtführer haftet für alle Unfälle und Fehler des Zwischenfrachtführers (Art. 449 OR), nicht nur für *culpa in eligendo et instruendo* gemäß Art. 399 Abs. 2 OR. Die Kausalhaftung entfällt, wenn der Beizug eines bestimmten Zwischenfrachtführers vom Absender angeordnet worden ist[8]. Ist der Zwischenfrachtführer eine öffentliche Transportanstalt oder sonst ein Transportunternehmen, das einer Spezialgesetzgebung untersteht, so paßt sich die Haftung des Frachtführers derjenigen der Transportanstalt an (Art. 456 OR). Der Frachtführer soll nicht für mehr einstehen müssen, als er vom Zwischenfrachtführer bei Anwendung der erforderlichen Sorgfalt erlangen kann (Art. 457 OR). Der Frachtführer greift, wenn er vom Berechtigten belangt worden ist, auf den Zwischenfrachtführer zurück (Art. 449 OR).

2. Der Frachtführer hat die Weisungen desjenigen zu befolgen, der über das Gut verfügen darf. Die Weisungen müssen sich im Rahmen des Frachtvertrages halten, dem Frachtführer können nicht Erschwerungen auferlegt werden[9]. Für Schäden aus Nichtbeachtung der Weisungen haftet der Frachtführer gemäß Art. 397 OR.

3. Der Frachtführer hat sofort nach Ankunft des Gutes dem Empfänger Anzeige zu erstatten (Art. 450 OR). Spätestens mit dieser Anzeige kommt der Empfänger in die Lage, über das Frachtgut gemäß Art. 443 OR verfügen zu können. Der Frachtführer ist dem Empfänger ablieferungspflichtig.

4. Kann der Frachtführer das Frachtgut dem Empfänger nicht abliefern, weil es nicht angenommen wird oder weil die auf dem Frachtgut haftenden Forderungen nicht gedeckt werden, so hat er den Absender zu benachrichtigen und inzwischen das Frachtgut auf Kosten des Versenders aufzubewahren oder zu hinterlegen. Verfügen weder der Absender noch der Empfänger in angemessener Zeit über das Frachtgut, so kann es der Frachtführer unter behördlicher Mitwirkung verkaufen lassen (Art. 444 OR). Ohne Benachrichtigung und Fristgewährung darf zum Selbsthilfeverkauf geschritten werden bei

---

[7] GAUTSCHI, N. 4a zu Art. 449 OR.
[8] GAUTSCHI, N. 5c zu Art. 449 OR.
[9] GAUTSCHI, N. 2–6 zu Art. 443 OR, insbes. N. 4a.

schnell verderblichem Frachtgut und wenn der vermutliche Wert des Frachtgutes die darauf haftenden Kosten nicht deckt (Art. 445 OR).

5. Der Frachtführer muß bei der Ausübung seiner Befugnisse auf die Interessen des Eigentümers Rücksicht nehmen (Art. 446 OR). Der Schadenersatzanspruch steht aber nicht notwendigerweise dem Eigentümer direkt zu, denn
aktivlegitimiert ist entweder der Absender oder der Empfänger, der jedoch
seinerseits regelmäßig dem Eigentümer verantwortlich sein wird[10]. Die Bestimmung hat für das Retentionsrecht, das schonend ausgeübt werden soll,
Bedeutung.

IV. Haftung des Frachtführers

1. Die Haftung des Frachtführers zeichnet sich vor allem durch drei Merkmale aus. Sie ist einerseits streng, weil sie im Prinzip auf den Erfolg abstellt[11],
und sie ist andererseits im Umfange beschränkt. Das dritte Merkmal besteht in
der überaus leicht eintretenden Verwirkung der Haftungsansprüche. Bei Verlust oder Zerstörung eines Frachtgutes hat der Frachtführer den vollen Wert
(des Frachtgutes) zu ersetzen, sofern er sich nicht entlasten kann[12]. Art. 447
Abs. 1 OR nennt drei Entlastungsgründe, die vom Frachtführer zu beweisen
sind:

a) Verlust oder Untergang durch die natürliche Beschaffenheit des Gutes;

b) Verlust oder Untergang durch ein Verschulden oder eine Anweisung des
Absenders oder Empfängers;

c) Verlust oder Untergang durch Umstände, die mit der Sorgfalt eines
ordentlichen Frachtführers nicht abgewendet werden konnten. In Abs. 2 von
Art. 447 OR wird noch bestimmt, daß es dem Absender als Verschulden anzurechnen ist, wenn er den Frachtführer nicht von dem besonders hohen Wert
des Frachtgutes unterrichtet hat.

2. Nach denselben Grundsätzen haftet der Frachtführer auch für Schäden
wegen Verspätung in der Ablieferung und für Beschädigung oder Teilverlust
des Frachtgutes.

---

[10] GAUTSCHI, N. 2–5 zu Art. 446 OR; BECKER, N. 1/2 zu Art. 446 OR.
[11] GAUTSCHI, N. 4 zu Art. 447 OR, betrachtet die Haftung des Frachtführers als eine Sorgfaltshaftung mit Umkehrung der Beweislast. Anders BGE 103 II, 1977, S. 61; 102 II, 1976,
S. 260.
[12] Zum Umfang der Haftung BGE 88 II, 1962, S. 94 ff.

3. Die Haftungsregeln sind im Prinzip dispositiver Natur. In Abs. 3 von Art. 447 OR wird ein höherer oder geringerer Umfang des Schadenersatzes vorbehalten, in Abs. 2 von Art. 448 OR die dispositive Natur in bezug auf den Umfang indirekt bestätigt, indem für Verspätung, Beschädigung und Teilverlust ein höherer Ersatz als für gänzlichen Verlust vereinbart werden kann. Auch die konzessionsbedürftigen Transportanstalten gemäß Art. 455 OR können für den Umfang des Schadenersatzes vom Gesetz abweichende Bestimmungen in ihren Reglementen vorsehen oder besonders vereinbaren (Art. 455 Abs. 2 OR).

4. Nimmt der Empfänger das Frachtgut vorbehaltlos an und bezahlt er die Fracht, so erlöschen alle Haftungsansprüche gegen den Frachtführer (Art. 452 OR). Immerhin bestimmt das Gesetz, daß die stillschweigende Genehmigung durch den Empfänger in zwei Fällen ohne Wirkung bleibt:

a) bei absichtlicher Täuschung und grober Fahrlässigkeit;

b) bei verborgenen Schäden, das heißt solchen Schäden, die der Empfänger während einer angemessenen Prüfungsdauer nicht erkennen konnte, sofern er sie nach Entdeckung dem Frachtführer sofort anzeigt, was aber jedenfalls innert acht Tagen von der Ablieferung hinweg geschehen muß.

Verwirkt werden die Haftungsansprüche der Art. 447–449 OR, nicht aber andere Ansprüche aus Frachtvertrag[13].

5. Eine Sonderregelung ist auch für die Verjährung getroffen worden (Art. 454 OR). Die Verjährung tritt nach einem Jahr ein; sie läuft vom Zeitpunkt hinweg, in dem die Ablieferung hätte erfolgen sollen, oder bei Beschädigung von der Übergabe an. Einredeweise kann die Verjährung auch später geltend gemacht werden, sofern der Berechtigte innerhalb Jahresfrist reklamiert und nicht durch Genehmigung die Ansprüche verwirkt hat. Die Verjährungsfrist gilt nicht bei Arglist oder grober Fahrlässigkeit des Frachtführers.

§ 31. Das Verfügungsrecht über das reisende Gut

1. Beim Frachtvertrag zugunsten Dritter stellt sich die Frage, wer durch Weisungen an den Frachtführer über das Frachtgut verfügen darf. Dieses Recht steht grundsätzlich dem Absender zu, solange der Frachtführer das Frachtgut dem Empfänger nicht ausgeliefert hat. Nimmt der Absender das Frachtgut zurück oder erteilt er andere Weisungen, aus denen dem Frachtfüh-

---

[13] BECKER, N. 4 zu Art. 452 OR; a. M. OSER/SCHÖNENBERGER, N. 7 zu Art. 452 OR.

rer Kosten erwachsen, so ist er hierfür erstattungspflichtig und hat überhaupt für die Nachteile einzustehen, die dem Frachtführer aus den Weisungen erwachsen [1].

2. Das Gesetz zählt vier Fälle auf, bei denen der Empfänger schon vor Auslieferung des Frachtgutes das ausschließliche Verfügungsrecht erhält. Da aber nicht feststeht, ob es wirklich zur Ablieferung des Frachtguts an den Empfänger kommt, erlischt das Verfügungsrecht des Absenders noch nicht, es wird lediglich suspendiert. Der Empfänger erwirbt vor Ablieferung des Frachtguts das Verfügungsrecht in den folgenden Fällen:

a) Der Frachtführer hat den vom Absender ausgestellten Frachtbrief dem Empfänger übergeben.

b) Der Absender hat vom Frachtführer einen Empfangsschein erhalten, den er nicht zurückgeben kann. Weist der Empfänger den Schein vor, so ist er damit verfügungsberechtigt. Weist keiner den Schein vor, so wird der Transport vertragsgemäß durchgeführt [2].

c) Der Frachtführer hat nach dem Eintreffen des Frachtgutes am Bestimmungsort dem Empfänger einen Abholungsavis zugesandt (vgl. Art. 450 OR).

d) Der Empfänger verlangt nach Ankunft des Gutes am Bestimmungsort die Ablieferung. Es handelt sich um eine Erklärung im Sinne von Art. 112 Abs. 3 OR; der Empfänger ist unwiderruflich anspruchsberechtigt. Dadurch löst sich auch die Schwierigkeit, daß keine der Parteien den Empfangsschein vorzuweisen vermag.

3. Hat der Empfänger vor dem Eintreffen des Frachtgutes den Frachtbrief, nicht aber den Empfangsschein erhalten, so ist der Frachtführer an die Weisungen des Empfängers bis zum Eintreffen des Frachtgutes nicht gebunden.

4. Modifiziert wird das Verfügungsrecht, wenn Warenpapiere ausgestellt worden sind [3]. Frachtbriefe und -duplikate, sowie Empfangsscheine sind keine Wertpapiere.

5. Der Absender kann den Frachtvertrag frei widerrufen. Der Widerruf wirkt jedoch *ex nunc*. Hat der Empfänger bereits einen Anspruch auf das Frachtgut erworben, bleibt der Widerruf wirkungslos.

---

[1] OSER/SCHÖNENBERGER, N. 28–30 zu Art. 443 OR.
[2] GAUTSCHI, N. 12e zu Art. 443 OR; OSER/SCHÖNENBERGER, N. 22 zu Art. 443 OR; a. M. BECKER, N. 9 zu Art. 443 OR.
[3] GAUTSCHI, N. 22–28 zu Art. 443 OR.

Drittes Kapitel

Die Geschäftsführung ohne Auftrag

§ 32. Die Geschäftsführung ohne Auftrag: Allgemeines

Literatur:

Kommentare und Lehrbücher siehe Allgemeine Literatur zum Auftragsrecht.

Schweiz

G. GAUTSCHI, Berner Kommentar, Band VI/2: Obligationenrecht, Die einzelnen Vertragsverhältnisse. 5. Teilbd.: Der Kreditbrief und der Kreditauftrag, der Mäklervertrag, der Agenturvertrag, die Geschäftsführung ohne Auftrag, Bern 1963; K. AEBY, Die Geschäftsführung ohne Auftrag nach schweizerischem Recht, Diss. Zürich 1928; M.P. AMREIN, Die Gewinnherausgabe als Rechtsfortwirkung. Ein Beitrag zur Lehre von der unechten (eigennützigen) Geschäftsführung ohne Auftrag, Diss. Zürich 1967; G. BERMANN, Die Geschäftsführung ohne Auftrag nach schweizerischem Obligationenrecht, Diss. Zürich 1896; F. BIRRER, Das Verschulden im Immaterialgüter- und Wettbewerbsrecht, in: Arbeiten aus dem Juristischen Seminar der Universität Freiburg/Schweiz 37, Freiburg 1970; R. E. BLUM/M. M. PEDRAZZINI, Das schweizerische Patentrecht, Bd. 3, Bern 1975; M. BRINER, Der Tatbestand der sog. unechten Geschäftsführung ohne Auftrag nach schweizerischem Recht, Diss. Basel 1928; F. VON FISCHER, Voraussetzungen und Umfang der Pflicht zur Herausgabe der durch unlauteren Wettbewerb gewonnenen Vorteile, Diss. Bern 1950; T. FISCHER, Schadenberechnung im gewerblichen Rechtsschutz, Urheberrecht und unlauteren Wettbewerb, in: Studien zum Immaterialgüterrecht 3, herausgegeben von P. J. POINTET und A. TROLLER, Basel 1961; H.-P. FRIEDRICH, Die Voraussetzungen der unechten Geschäftsführung ohne Auftrag (Art. 423 OR) insbesondere bei Annahme einer für einen andern bestimmten Leistung, ZSR 64, 1945, S. 9 ff.; H. A. HAGENBÜCHLI, Die Ansprüche des Geschäftsführers ohne Auftrag und ihre Voraussetzungen, Diss. Zürich, Davos 1926; J. HOFSTETTER, Gewinnherausgabe und Aufwendungsersatz des unechten Geschäftsführers ohne Auftrag, ZBJV 100, 1964, S. 221 ff.; H. KREIS, Art. 423 OR: Geschäftsführung im Interesse des Geschäftsführers, Diss. Basel 1928; R. MOSER, Die Herausgabe des widerrechtlich erzielten Gewinnes, insbesondere unter dem Gesichtspunkt der eigennützigen Geschäftsführung ohne Auftrag, Diss. Zürich 1940; DERSELBE, Zur Frage der Gewinnherausgabe, insbesondere im Wettbewerbsrecht, SJZ 42, 1946, S. 1 ff.; F. VON ORELLI, Die Eingriffskondiktion im schweizerischen Recht, Diss. Basel 1973 (Maschinenschrift); A. REICHEL, Geschäftsführung ohne Auftrag und Vertretung ohne Vertretungsmacht, SJZ 26, 1930, S. 198 ff.; K. SPIRO, Die Begrenzung privater

Rechte durch Verjährungs-, Verwirkungs- und Fatalfristen, Bd. 1: Die Verjährung der Forderungen, Bern 1975; R. SUTER, Echte und unechte Geschäftsführung ohne Auftrag nach schweizerischem Obligationenrecht, Diss. Bern 1933; A. TROLLER, Immaterialgüterrecht, Bd. 2, Basel 1971; E. WOLF, Geschäftsführung ohne Auftrag, I, SJK Nr. 1077, 1950; II, Nr. 1078, 1950; III, Nr. 1079 (Ersatzkarte), 1956; R. FRANK, Die Tragung der Kosten alpiner Rettungsaktionen, SJZ 72, 1976, S. 185 ff.

Deutschland

E. VON CAEMMERER, Bereicherung und unerlaubte Handlung, in: Festschrift Rabel, Bd. I, Tübingen 1954, S. 333 ff.; B. FRANKE, Herausgabe des Gewinns bei Verletzung absoluter Rechte, Diss. Göttingen 1931; H. H. JAKOBS, Eingriffserwerb und Vermögensverschiebung in der Lehre von der ungerechtfertigten Bereicherung, Bonn 1964; CH. KELLMANN, Grundsätze der Gewinnhaftung. Rechtsvergleichender Beitrag zum Recht der ungerechtfertigten Bereicherung, in: Schriften zum Wirtschaftsrecht, Bd. 10, Berlin 1969; F. SCHULZ, System der Rechte auf den Eingriffserwerb, AcP 105, 1909, S. 1 ff.; CH. WOLLSCHLÄGER, Die Geschäftsführung ohne Auftrag. Theorie und Rechtsprechung, Berlin 1976.

Österreich

E. SWOBODA, Bevollmächtigungsvertrag und Auftrag, Geschäftsführung ohne Auftrag, versio in rem, Wien 1932; W. WILBURG, Die Lehre von der ungerechtfertigten Bereicherung, Graz 1934.

Italien

S. FERRARI, s. v. Gestione di affari altrui, Enciclopedia del diritto, Bd. 18, Mailand 1969, S. 644 ff.; DE SEMO, s. v. Gestione di affari altrui (diritto vigente), in: Novissimo Digesto Italiano, Bd. 7, Turin 1965, S. 812 ff.

Anglo-amerikanisches Recht und Rechtsvergleichung

J. P. DAWSON, Negotiorum gestio: The Altruistic Intermeddler, Harvard Law Review 74, 1961, S. 817 ff., 1073 ff. (grundlegend); A. MÜNCH, s. v. Geschäftsführung ohne Auftrag, in: F. SCHLEGELBERGER, Rechtsvergleichendes Handwörterbuch f. d. Zivil- und Handelsrecht des In- und Auslandes, Bd. 3, Berlin 1931, S. 689 ff.; R. WELLMANN, Der Aufwendungsersatz des Geschäftsführers ohne Auftrag in der Rechtsprechung der anglo-amerikanischen Gerichte, Berlin 1959.

I. Einleitung

1. Die Geschäftsführung ohne Auftrag steht dem einfachen Auftrag insofern sehr nahe, als es sich dabei um eine Geschäftsbesorgung im weitesten Sinne handelt, während die qualifizierten Aufträge sich auf besondere Gegenstände beschränken. Als Gegenstand der Geschäftsführung ohne Auftrag kommt nämlich, von zwei Ausnahmen abgesehen, jede Angelegenheit in Betracht, die auch Gegenstand eines Auftrages sein kann[1]. Der Unterschied zwischen den beiden Instituten liegt darin, daß der Beauftragte dem Auftraggeber gegenüber vertraglich zur Geschäftsbesorgung verpflichtet ist, während beim Geschäftsführer eine solche Verpflichtung fehlt. Er handelt eigenmächtig. Die Geschäftsführung ohne Auftrag setzt nicht nur voraus, daß, wie es der Name sagt, ein Auftrag fehlt, sondern auch, daß nicht eine auf anderer privat- oder öffentlichrechtlicher Grundlage ruhende Verpflichtung des Gestors dem Geschäftsherrn gegenüber besteht[2]. Die enge Verwandtschaft mit dem Auftrag zeigt sich darin, daß nach dem Wortlaut von Art. 424 OR die vom Geschäftsherrn nachträglich gebilligte Geschäftsbesorgung den Vorschriften über den Auftrag unterstellt wird. Ferner wenden Lehre und Praxis die Bestimmungen des Auftragsrechts über die Rechenschaftsablegung, die Informations- und die Ablieferungspflichten (Art. 400 OR) auf die Geschäftsführung an[3]. Dasselbe muß dem Grundsatz nach für alle Treuepflichten gelten, namentlich die Diskretions- und Geheimhaltungspflichten. Die analoge Anwendung von Auftragsrecht beruht auf dem der echten Geschäftsführung und dem Auftrag gemeinsamen Umstand der Wahrung fremder Interessen. Der spontan eingreifende Gestor soll nicht anders handeln, als wenn er in derselben Situation einen Auftrag erhalten hätte.

Die Geschäftsführung ohne Auftrag, sofern sie eine echte ist, das heißt im Interesse des Geschäftsherrn unternommen wird, begründet zwischen den Parteien quasivertragliche Obligationen. Das hat den Gesetzgeber veranlaßt, in Art. 421 OR die Rechtsstellung des vertragsunfähigen Geschäftsführers besonders zu regeln. In Analogie zum Vertragsrecht wird der vertragsunfähige Geschäftsführer zwar voll berechtigt, seine Haftung ist indessen auf die Bereicherung gemäß Art. 64 OR beschränkt[4]. Eine weiterreichende Haftung be-

---

[1] Siehe hinten S. 199
[2] Siehe hinten S. 178 ff.; 201
[3] Siehe hinten S. 204 ff.
[4] E. BUCHER, Berner Kommentar, Bd. I/2: Einleitung und Personenrecht, Die natürlichen Personen, 1. Teilband: Art. 11–26 ZGB, Bern 1976, N. 75–77 und N. 175 zu Art. 19 ZGB, siehe ferner hinten S. 211.

steht für denjenigen handlungsunfähigen Geschäftsführer, der unerlaubte Handlungen begeht (Art. 421 Abs. 2 OR), wobei zwischen urteilsfähigen und urteilsunfähigen Geschäftsführern zu unterscheiden ist (Art. 19 Abs. 3 ZGB; Art. 54 Abs. 1 OR)[5]. Auf seiten des Geschäftsherrn hingegen kommt es auf die Vertragsfähigkeit nicht an[6].

2. Die Geschäftsführung ohne Auftrag umfaßt verschiedene, teils stark voneinander abweichende Sachverhalte. Nach der objektiven Interessenlage sind die gebotene und die nichtdringliche Geschäftsführung auseinanderzuhalten[7]. In subjektiver Hinsicht unterscheidet das Gesetz die Geschäftsführung im Interesse des Geschäftsherrn (kurz die fremdnützige, altruistische Geschäftsführung) von derjenigen im Interesse des Geschäftsführers (kurz die eigennützige, egoistische «Geschäftsführung», besser die Geschäftsanmaßung)[8]. Die sechs, der Geschäftsführung gewidmeten Artikel fassen Tatbestände zusammen, die so wenig Gemeinsames aufweisen wie Rettungsaktionen in Notlagen und Gewinnabschöpfung bei Patentverletzung. Die Folge davon ist die Ausweitung des Instituts, das in seinem Kern die eigenmächtige, aber uneigennützige Geschäftsführung betrifft, zu einem der Begründung von Regreß-, Herausgabe- und Ersatzansprüchen dienenden Rechtsbehelf, der gegenüber den anderen Ausgleichsansprüchen aus Bereicherung und Sachenrecht und den Schadenersatzansprüchen aus unerlaubter Handlung nur schwer abzugrenzen ist[9]. Um dem Geschäftsführungsrecht schärfere Konturen zu verleihen, seine Anwendung in der Praxis zu erleichtern und die Rechtssicherheit zu erhöhen, erscheinen zwei Bedingungen erforderlich. Seitens der Rechtswissenschaft und der Rechtsprechung ist auf die Abgrenzung der Geschäftsführung von anderen auf Ausgleichsansprüche gerichteten Rechtsfiguren Gewicht zu legen. Und *de lege ferenda* ist die Ausklammerung der unechten Geschäftsführung ohne Auftrag aus dem besonderen Teil des Obligationen-

---

[5] Art. 421 Abs. 2 OR hat insbes. für die unechte Geschäftsführung ohne Auftrag Bedeutung. Wer sich bösgläubig fremde Geschäfte anmaßt, begeht in der Regel eine unerlaubte Handlung. Hingegen ist Abs. 1 für die unechte Geschäftsführung gegenstandslos. Bei ihr fehlt ein Geschäftsführungswille, weshalb die Frage nach den Voraussetzungen seiner Wirksamkeit entfällt. Die unechte Geschäftsführung steht überhaupt den Delikten näher als den Verträgen und ist deshalb als Quasidelikt anzusehen.

[6] BECKER, N. 2 zu Art. 424 OR.

[7] Zu der durch die Interessenlage des Geschäftsherrn nicht gebotenen Geschäftsführung zählt hier auch diejenige, die nicht dem mutmaßlichen Willen des Geschäftsherrn entspricht (Art. 419 OR).

[8] Vgl. VON BÜREN, II, S. 337, N. 95.

[9] Vgl. z. B. BLUM/PEDRAZZINI, Bd. III, N. 7, S. 564 zu Art. 73 PatG. – Von einem Fall überspannter Geschäftsführung handelt BGE 97 II, 1971, S. 266 ff.; siehe hinten S. 201.

rechts und ihre Einordnung in den allgemeinen Teil zu empfehlen[10]. Neben Schadenersatz, Genugtuung und Bereicherungsansprüchen wäre als weiterer Ausgleichsanspruch nach einer Rechtsverletzung die Gewinnabschöpfung, das heißt die Herausgabe des sogenannten Eingriffserwerbs zuzulassen. Als Geschäftsführung würde nur die fremdnützige Geschäftsführung gelten, die, wenn sie nicht geboten ist, der Genehmigung durch den Geschäftsherrn bedarf. Diese echte Geschäftsführung braucht sich nach ethischen Kriterien von der unechten Geschäftsführung nicht zu unterscheiden. Das Recht kümmert sich nicht um die Beweggründe des Geschäftsführers, vorausgesetzt, daß er im Interesse des Geschäftsherrn handelt. Ob er aus Nächstenliebe, sozialem Pflichtbewußtsein, Geltungsbedürfnis, in Erwartung von Belohnung oder verpflichtendem Dankbarkeitsverhältnis, aus Verpflichtung einem Dritten gegenüber oder aus sonstigen handfesten Eigeninteressen zur Tat schreitet, ist einerlei[11].

3. *a)* Geschäftsführung ohne Auftrag setzt voraus, daß der Geschäftsführer im Verhältnis zum Geschäftsherrn nicht zum Handeln verpflichtet ist, beziehungsweise, daß der Geschäftsherr gegenüber dem Geschäftsführer keinen Anspruch auf die Geschäftsbesorgung hat[12]. Besteht ein solches subjektives Recht, so ist die Geschäftsführung nach dem Rechtsverhältnis zu beurteilen, aus dem der Anspruch erwächst. Die Konkurrenz zwischen Geschäftsführung, zu der der Gestor dem Geschäftsherrn verpflichtet ist, und auftragsloser Geschäftsführung ist im Sinne der Subsidiarität der letzteren gelöst[13].

---

[10] TROLLER (Bd. II, S. 1133, N. 95 i. f) spricht in bezug auf die vom Verschulden unabhängige Gewinnherausgabe vom «Umweg über die Geschäftsführung ohne Auftrag», den der Gesetzgeber vermeiden sollte; WOLF, SJK Nr. 1077, S. 3; HOFSTETTER, S. 222, 250 f., in Anlehnung an die für das deutsche Recht formulierten Vorschlag von FRANKE, S. 81.

[11] Die sog. Theorie der Menschenhilfe ist zur Erklärung der Geschäftsführung ohne Auftrag zuletzt überzeugend von WOLLSCHLÄGER widerlegt worden. In den weitaus meisten Fällen von echter Geschäftsführung ohne Auftrag der deutschen Gerichtspraxis hat der Geschäftsführer fremde *und* eigene Interessen gewahrt, wobei häufiger die Eigeninteressen den Beweggrund des Handelns bildeten. In der schweizerischen Praxis ist dies weniger ausgeprägt, weil die Geschäftsführung nur zu Ersatzansprüchen führt, wenn eine gewisse Dringlichkeit für das Eingreifen des Geschäftsführers besteht. Ferner scheidet für das schweizerische Recht die Geschäftsführung als Grundlage des Regreßes unter einer Schuldnermehrheit aus, vgl. hinten S. 180 f.; zu der Aufteilung der Ersatzleistungen zwischen Geschäftsherr und Geschäftsführer bei beidseitigem Interesse siehe hinten S. 206; zur Verwirkung von Ersatzansprüchen, wenn der Geschäftsführer rechtsmißbräuchliche Aufwendungen macht, siehe hinten S. 198; siehe GAUTSCHI, N. 6b zu Art. 419 OR; BECKER, N. 6 zu Art. 419 OR.

[12] Art. 419 OR: «... ohne von *ihm* (sc. dem Geschäftsherrn) beauftragt zu sein...»; BECKER, N. 10 zu Art. 419 OR; OSER/SCHÖNENBERGER, N. 17 zu Art. 419 OR; FRIEDRICH, S. 35 f.; VON ORELLI, S. 24 ff.

[13] WOLF, SJK Nr. 1077, S. 4 f. – Zu der Konkurrenz zwischen Geschäftsführung ohne Auftrag und Vertragsrecht bei (positiver) Vertragsverletzung, Weisungs- und Vollmachtsüberschreitung siehe hinten S. 189 f.

b) Auf Nothilfe, wie sie teils die kantonalen Rechte [14], teils das Bundesrecht vorschreiben [15], hat meines Erachtens der Verletzte oder Gefährdete keinen subjektiven Anspruch, so daß die Hilfeleistung als Geschäftsführung ohne Auftrag zu qualifizieren ist [16]. Die vom Haftpflichtigen geleistete Nothilfe ist nicht Geschäftsführung ohne Auftrag, denn er hat für die Kosten der Rettungsmaßnahmen einzustehen.

c) Der Geschäftsführer kann Dritten gegenüber zu der Geschäftsführung verpflichtet sein [17]. Der Dritte will vielleicht nicht als Helfer in Erscheinung treten und beauftragt einen Vertreter mit der Geschäftsführung, die im Verhältnis zum Geschäftsherrn ohne Auftrag ist.

Ebenso wie der Auftrag zum Gegenstand haben kann, daß der Beauftragte zum Dritten in ein Auftragsverhältnis tritt, kann der Auftrag auch auf Geschäftsführung ohne Auftrag gerichtet sein. Voraussetzung ist indessen, daß der Beauftragte sich zu einer Geschäftsführung ohne Auftrag verpflichtet [18]. Häufiger sind freilich die Fälle eines Vertrages zugunsten Dritter [19] oder der Erbringung einer Leistung an einen Dritten, ohne daß der Wille besteht, mit ihm vertragliche oder quasivertragliche Beziehungen einzugehen; der Beauftragte *erfüllt* durch Leistung an den vom Gläubiger bezeichneten Dritten [20].

---

[14] Zum Beispiel Art. 6 bern. EG zum StGB; § 25 Abs. 2 und 3 des Reglements für die Bergführer und Träger des Kantons Bern vom 6. Juli 1948.

[15] Art. 51 SVG; das Seeschiffahrtsgesetz vom 23. Sept. 1953 (Art. 121 Abs. 2) verweist auf das Internationale Übereinkommen vom 23. Sept. 1910 zur einheitlichen Feststellung einzelner Regeln über die Hilfeleistung und die Bergung in Seenot, dessen Art. 11 den Kapitän zur Nothilfe verpflichtet.

[16] Unterlassene Nothilfe ist ein echtes Unterlassungsdelikt ohne sog. Garantenpflicht; vgl. G. STRATENWERTH, Schweiz. Strafrecht, Bes. Teil I, 2. Aufl., Bern 1978, S. 81 ff.; HOFSTETTER/VON MARSCHALL, The American Journal of Comparative Law 11, 1962, S. 66 ff.

[17] Ohne Anspruch des Geschäftsherrn auf die Geschäftsbesorgung; BECKER, N. 10 zu Art. 419 OR; OSER/SCHÖNENBERGER, N. 17 zu Art. 419 OR; VON BÜREN II, S. 331 f.; FRIEDRICH, S. 36 ff.

[18] Man denke an Aufträge, Rettungsaktionen durchzuführen.

[19] Vgl. vorne S. 37 ff.

[20] Das Bundesgericht verneint den Geschäftsführungswillen; BGE 99 II, 1973, S. 134; 75 II, 1949, S. 226. Besser ist es, von der Subsidiarität der Geschäftsführung im Verhältnis zu der vertraglichen Verpflichtung auszugehen. Zeigt es sich, daß der Geschäftsführer irrtümlich eine Nichtschuld geleistet hat, so ist die Berufung auf die Geschäftsführung ohne Auftrag nicht verwehrt, sofern deren Voraussetzungen erfüllt sind. Der Bauunternehmer, der ohne gültigen Vertrag am Bau eines Schulhauses beteiligt ist, hat den Willen, den Erfolg seiner Leistung einem anderen zukommen zu lassen (VON BÜREN, II, S. 332; hinten S. 202). Hingegen läßt sich an der Hilfsbedürftigkeit des Geschäftsherrn zweifeln. Der Geschäftsherr darf deshalb den Geschäftsführer auf dem Geschäft sitzen lassen mit der Wirkung, daß die Auseinandersetzung nach Bereicherungsgrundsätzen zu erfolgen hat. In der Frage der Bereicherung scheiden sich allerdings die Geister, vgl. LIVER, ZBJV 111, 1975, S. 65 ff.; PIOTET, SJZ 71, 1975, S. 19. Für die Auffassung des Bundesgerichts kann D. 12,6,44 (Paulus) angeführt

d) In der deutschen Doktrin ist umstritten, ob Geschäftsführung ohne Auftrag dann vorliegt, wenn der Geschäftsführer dem Gläubiger eine Leistung erbringt, zu der sowohl er selber wie auch der Geschäftsherr verpflichtet sind. In der neueren Literatur [21] ist es abgelehnt worden, die Geschäftsführung ohne Auftrag als Regreßmittel bei einer Mehrheit von Schuldnern zu verwenden, doch ist die Judikatur der Lehre nicht gefolgt, weshalb WOLLSCHLÄGER zuletzt eine differenzierte Lösung vorgeschlagen hat [22]. Für das schweizerische Recht ist die Geschäftsführung ohne Auftrag zur Begründung von Regreßansprüchen untauglich. Der Grund liegt nicht darin, daß der Geschäftsführer bei der Geschäftsbesorgung keine eigenen, gleichgerichteten Interessen wahren darf. Vielmehr eignet sich die Geschäftsführung deshalb nicht, weil der Aufwendungsersatz im schweizerischen Recht an die Voraussetzung einer gewissen Dringlichkeit und Notlage gebunden ist und zudem die Regreßverhältnisse im Gesetz geregelt sind. Der Bürge nimmt gegenüber Mitbürgen gemäß Art. 497 Abs. 2 und 4 OR und gegenüber dem Hauptschuldner gemäß Art. 506 OR Regreß [23]. Für die Leistung von Schadenersatz nach unerlaubten Handlungen sind die Art. 50/51 OR anwendbar. Unter Solidarschuldnern richtet sich der Regreß nach Art. 148 OR [24]. Bei Konkurrenz (unechter Solidarität) hängt er ausschließlich vom internen Rechtsverhältnis unter den Schuldnern ab [25]; fehlt ein solches, so fehlt auch der Regreß, der nicht über den Umweg der Geschäftsführung ohne Auftrag eingeschmuggelt werden darf. Nicht in diesen Zusammenhang gehören die Fälle des Art. 329 ZGB: unter einer Mehrheit

---

werden: Repetitio nulla est ab eo, qui suum recepit, tametsi ab alio quam vero debitore solutum est. Vgl. KASER, Bd. II, S. 440, N. 4. Anders jedoch D. 12,6,19,1; 65,9; 46,3,38,2; 5,3,31 pr. Siehe WINDSCHEID/KIPP, Lehrbuch des Pandektenrechts, Bd. 3, 9. Aufl., Frankfurt a. M. 1906, S. 426, N. 10. – Zu Recht ist hingegen in BGE 95 II, 1969, S. 221 ff. eine Geschäftsführung ohne Auftrag nicht erwogen worden, weil der Bauunternehmer den Einbau auf Grund eines mit einem Dritten abgeschlossenen gültigen Werkvertrags getätigt hat.

[21] W. VON MARSCHALL, Reflexschäden und Regreßrechte. Die Ersatzansprüche Dritter bei mittelbaren Vermögensschäden infolge vertraglicher und ähnlicher Beziehungen zum Verletzten, Stuttgart/Berlin/Köln/Mainz 1967, S. 196 f.; W. SELB, Schadensbegriff und Regreßmethoden, Heidelberg 1963, S. 30 ff.; siehe aber bereits E. RABEL, Ausbau oder Verwischung des Systems, Rheinische Zeitschr. f. Zivil- und Prozeßrecht 10, 1919, S. 89 ff. (= Gesammelte Aufsätze, Bd. I, Tübingen 1965, S. 309 ff.).

[22] WOLLSCHLÄGER. S. 123 ff.

[23] Die Sorgfaltspflicht des zahlenden solidaren Mitbürgen zur Erhaltung der Pfänder wird immerhin in BGE 94 III, 1968, S. 3 und in BGE 66 II, 1940, S. 126 aus Mandat oder Geschäftsführung ohne Auftrag abgeleitet; S. GIOVANOLI, Berner Kommentar, Bd. VI/2: Obligationenrecht, 7. Teilbd.: Die Bürgschaft, Spiel und Wette, Bern 1978, N. 24a zu Art. 497 OR.

[24] Zum Regreß unter Solidargläubigern vgl. VON TUHR/ESCHER, Bd. II, S. 324. – Zum ganzen Fragenkreis des Rückgriffs zahlender Dritter eingehend SPIRO, Bd. I, S. 476 ff., 487 ff.

[25] VON TUHR/ESCHER. Bd. II, S. 319 f.

von Unterstützungspflichtigen besteht keine Solidarität[26]. Wer über seinen Teil hinaus Unterstützung entrichtet, kann sich deshalb, soweit die Voraussetzungen erfüllt sind, insbesondere keine Liberalität gewollt ist, auf Geschäftsführung ohne Auftrag oder subsidiär auf ungerechtfertigte Bereicherung berufen, denn er hat nicht eine eigene, sondern eine fremde Verbindlichkeit erfüllt.

e) Der Gläubiger, der nach Art. 98 oder Art. 256 Abs. 2 OR vorgeht, führt keine fremden Geschäfte. Er hat sich nicht nach dem Vorteil und dem mutmaßlichen Willen des Schuldners zu richten[27]. Nach der Auffassung des Bundesgerichts ist der Mieter dann als Geschäftsführer zu betrachten, wenn die nach Art. 256 Abs. 2 OR erforderliche Anzeige an den Vermieter unmöglich ist (BGE 61 II, 1935, S. 37 ff.). Aber auch in diesem Fall wahrt der Mieter seine eigenen Gläubigerinteressen.

f) Keine fremden Geschäfte führt derjenige, der Maßnahmen trifft, um eine eigene Haftpflicht zu vermeiden oder zu vermindern.

4. Die Regelung der Geschäftsführung ohne Auftrag geht in den der romanistischen Tradition verhafteten Rechtsfamilien auf die *negotiorum gestio* zurück, ist jedoch an weitere oder engere Voraussetzungen geknüpft, je nachdem der Gesetzgeber mehr Wert auf die Solidarität oder auf den Individualismus gelegt hat[28]. Der schweizerische Gesetzgeber hat sich zurückgehalten. Um die unerwünschte Einmischung Dritter in eigene Angelegenheiten zu verhindern, muß die Geschäftsführung durch die Interessen des Geschäftsherrn geboten sein. Es genügt nicht, daß sie wohlmeinend und objektiv wirklich im Interesse des Geschäftsherrn liegt, denn letzterer soll grundsätzlich selber bestimmen, wie er seine Angelegenheiten besorgen will. Im angloamerikanischen Recht fehlt ein einheitliches Rechtsinstitut, das mit der *negotiorum gestio* vergleichbar wäre[29]. Trotzdem unterscheidet sich namentlich das amerikanische Recht in den Ergebnissen oft nicht grundsätzlich von dem *civil law*, da für die praktisch wichtigsten Fallgruppen der Geschäftsführung ohne Auftrag Ausgleichsansprüche anerkannt sind.

Ähnliches gilt für die unechte Geschäftsführung ohne Auftrag. Im An-

---

[26] A. EGGER, Zürcher Kommentar, Bd. II/2: Das Familienrecht, Die Verwandtschaft, Zürich 1943, N. 4–6 und 9 zu Art. 329 ZGB; SPIRO, Bd. I, S. 639, N. 4.

[27] VON TUHR/ESCHER, Bd. II, S. 91, N. 50.

[28] MÜNCH, S. 689 ff.; FRIEDRICH, S. 12 f.; WOLF, SJK Nr. 1077, S. 5. Für das italienische Recht siehe DE SEMO und FERRARRI.

[29] J. P. DAWSON, Harvard Law Review 74, 1961, S. 817 ff. und 1073 ff.; WELLMANN, Der Aufwendungsersatz.

schluß an D. 3,5,5,5 kann im schweizerischen und deutschen Recht der Geschäftsherr auch denjenigen Geschäftsführer belangen, der sich in eigennütziger Absicht an fremde Geschäfte herangemacht hat, wobei freilich die Voraussetzungen und Wirkungen dieser unechten Geschäftsführung unterschiedlich geregelt sind. Im angloamerikanischen Recht kann es, weil die *negotiorum gestio* als solche nicht existiert, auch keine unechte Geschäftsführung ohne Auftrag geben. Aber wiederum ist festzuhalten, daß trotz anderen rechtlichen Voraussetzungen vergleichbare Ergebnisse erzielt werden, stehen doch Rechtsbehelfe zur Verfügung, um den Gewinn abzuschöpfen, den jemand durch unerlaubten Eingriff in fremde Rechte erlangt hat [30].

II. Geschäftsführung ohne Auftrag und ungerechtfertigte Bereicherung

1. Sowohl der Geschäftsherr wie auch der Geschäftsführer können aus der Geschäftsführung eine Bereicherung erfahren. Der Geschäftsherr zum Beispiel durch Einsparungen, die den Auslagen des Geschäftsführers zuzuschreiben sind, der Geschäftsführer durch Erwerb, der dem Geschäftsherrn zusteht. Im Verhältnis zu vertraglichen und dinglichen Ansprüchen sind die Bereicherungsansprüche subsidiärer Natur [31]. Es liegt weder Bereicherung noch Entreicherung vor, wenn der Ausgleich einer Vermögenseinbuße oder einer Bereicherung vertraglich geschuldet wird oder wenn die dinglichen Ansprüche auf eine Sache erhalten bleiben. Subsidiarität der Bereicherungsansprüche gilt ebenfalls bei quasivertraglichen Verpflichtungen zum Ausgleich [32]. Trotz seiner Auslagen ist der echte Geschäftsführer nicht entreichert, denn an die Stelle der ausgegebenen Werte tritt der Ersatzanspruch gegen den Geschäftsherrn. Zahlt ein Geschäftsführer zum Beispiel fremde Schulden, so handelt es sich um echte *negotiorum gestio*, wenn die Zahlung spontan erfolgte und aus der Interessenlage des Geschäftsherrn geboten war [33]. Sind diese Voraussetzungen nicht erfüllt, so ist zu prüfen, ob der Schuldner durch die mit der Zahlung des Dritten herbeigeführte Befreiung auf Kosten dieses Dritten ungerechtfertigt bereichert ist [34]. Dies wird in der Regel zu bejahen sein, doch braucht die Berei-

---

[30] Ebenfalls unter Verwendung von Fiktionen wie des constructive trust, vgl. FRIEDRICH, S. 48 ff.; F. T. GUBLER, ZSR 73, 1954, S. 287 a ff.

[31] OSER/SCHÖNENBERGER, Vorbem. zu Art. 62–67 OR, N. 2; VON TUHR/SIEGWART, Bd. I, S. 432 ff.; GUHL/MERZ/KUMMER, S. 203.

[32] GAUTSCHI, Vorbem. zur Geschäftsführung ohne Auftrag, N. 18 und 20.

[33] Das wird oft bei Erfüllung von Unterhaltspflichten zutreffen; VON BÜREN, II, S. 333, N. 83; BGE 83 II, 1957, S. 536 f.; 55 II, 1929, S. 265.

[34] Bundesgericht und herrschende Lehre begründen den Regreß mit unechter Geschäftsfüh-

cherung nicht den Umfang der Zahlung auszumachen[35]. Das Beispiel zeigt, daß die Abgrenzung von Bereicherung und Geschäftsführung ohne Auftrag nicht theoretischer Natur ist, sondern praktische Bedeutung hat, weil die jeweiligen Ansprüche nach Voraussetzungen, Umfang und Wirkungen nicht übereinstimmen.

2. Bereicherung und Geschäftsführung ohne Auftrag können nebeneinander auftreten, brauchen es aber nicht. Gibt zum Beispiel eine gültige Geschäftsführung ohne Auftrag zu erfolglosen Aufwendungen des Geschäftsführers Anlaß, so bleibt eine Bereicherung des Geschäftsherrn aus. Dies ist unproblematisch für die echte Geschäftsführung ohne Auftrag. Die unechte Geschäftsführung ohne Auftrag hingegen läßt sich so weit fassen, daß schließlich jeder Bereicherte als Geschäftsführer ohne Auftrag des Entreicherten gelten könnte.

Wäre der Bereicherungsanspruch subsidiär, so würde die unechte Geschäftsführung das Bereicherungsrecht völlig ausschließen. Die unechte Geschäftsführung ist, wie ihr Name sagt, eine Fiktion. Der Gesetzgeber gestattet es, den Verletzer eines fremden Rechts wie einen Geschäftsführer zu behandeln. Mit dieser Fiktion soll das Bereicherungsrecht (wie auch das Schadenersatzrecht, siehe unten S. 188 ff.) eine E r g ä n z u n g erfahren. Der Verletzer kann nicht nur für den Eingriffserwerb im Umfange des vom Berechtigten erlittenen Schadens belangt werden, sondern für die erlangten Vorteile schlechthin, ohne Rücksicht auf eine vom Berechtigten erlittene Vermögenseinbuße[36]. Die unechte Geschäftsführung ohne Auftrag tritt deshalb n e b e n die Bereicherungsansprüche[37]. Was auf Grund des einen Anspruchs erlangt worden ist, muß auf den anderen angerechnet werden[38].

---

rung ohne Auftrag, die nach Art. 423 Abs. 2 OR zum Aufwendungsersatz im Rahmen der Bereicherung berechtigt. Dies ist ein unnötiger Umweg. Vgl. BGE 86 II, 1960, S. 25 ff.; Spiro, Bd. I, S. 731, N. 27.

[35] Der befreite Schuldner kann alle seine Einwendungen und Einreden, die ihm dem Gläubiger gegenüber zur Verfügung stehen, geltend machen, ebenso sind seine Chancen zu schützen, faktisch vom Gläubiger unbehelligt zu bleiben oder jedenfalls nicht mit Strenge zur Leistung angehalten zu werden.

[36] Diese Funktion der unechten Geschäftsführung ohne Auftrag fällt dahin, wenn im schweizerischen Bereicherungsrecht nach deutschem Vorbild das Erfordernis der Entreicherung preisgegeben wird, was aber nicht der herrschenden Lehre entspricht. Oser/Schönenberger, N. 2 ff. zu Art. 62 OR; Guhl/Merz/Kummer, S. 204; von Tuhr/Siegwart, Bd. I, S. 400; Engel, S. 396; Amrein, S. 16, N. 82, S. 25; a. M. von Büren, I, S. 309, N. 672; von Orelli, S. 33 f.; vergleichend mit dem deutschen Recht Jakobs, S. 113, N. 28.

[37] Die unechte Geschäftsführung erweist sich wiederum als ein Quasidelikt; siehe vorne Anm. 5; Amrein, S. 41, N. 206. Zu deliktischen und quasideliktischen Ansprüchen sind diejenigen aus Bereicherung nicht subsidiär; von Tuhr/Siegwart, Bd. I, S. 433 f.

[38] Es ist nicht widersprüchlich, sich zugleich auf Schadenersatz oder Bereicherung und un-

Die unechte Geschäftsführung ohne Auftrag dient ausschließlich der Vorteilsaneignung. Die Fiktion ist selbstverständlich vom Gesetzgeber nicht dazu geschaffen worden, dem unredlichen Geschäftsführer gegenüber dem Geschäftsherrn erweiterte Rechte zu gewähren. Auf Art. 423 Abs. 2 OR kann sich der Geschäftsführer nur stützen, wenn der Geschäftsherr seinerseits die Gewinne gestützt auf Art. 423 Abs. 1 OR abschöpft.

3. Wie aus den vorangehenden Abschnitten erhellt, sind die Voraussetzungen der Bereicherungs- und der Geschäftsführungsansprüche nicht dieselben, sie treten aber häufig vereint auf. Die Bereicherungsansprüche beruhen auf objektiven Voraussetzungen. Nach herrschender Lehre muß eine ungerechtfertigte Bereicherung vorliegen, die unmittelbar eine Vermögenseinbuße auf der anderen Seite bewirkt[39]. Demgegenüber ist die echte Geschäftsführung sowohl an objektive wie an subjektive Voraussetzungen geknüpft: sie ist die aus der Interessenlage des Geschäftsherrn heraus gebotene Führung eines fremden Geschäftes mit der Absicht, fremde Interessen zu wahren. Bei der unechten Geschäftsführung ist umstritten, ob das subjektive Erfordernis des schuldhaften Eingriffs in fremde Rechte besteht[40]. Objektiv wird das Vorhandensein eines Gewinns vorausgesetzt, der einen Eingriffserwerb darstellt, jedoch nicht einem Verlust des Geschäftsherrn zu entsprechen braucht. Das Vorhandensein eines subjektiven Erfordernisses bei der Geschäftsführung ohne Auftrag erklärt die Sonderregel des Art. 421 OR. Hingegen wäre es unpassend, die Regel auf die unechte Geschäftsführung anzuwenden, sofern man der Ansicht ist, letztere sei lediglich von der objektiven Voraussetzung des Eingriffserwerbs abhängig.

4. Die Ansprüche aus Bereicherung und aus Geschäftsführung ohne Auftrag können dem Umfang nach verschieden sein[41]. Bei der Geschäftsführung ohne Auftrag hat der Geschäftsführer den gesamten Ertrag seiner Tätigkeit abzuliefern und andererseits Anspruch auf Erstattung der gesamten Auslagen. Der Ertrag braucht nicht einer Vermögenseinbuße, die Aufwendung nicht einer Bereicherung des Geschäftsherrn zu entsprechen. Der Bereicherungsanspruch richtet sich bei gutem Glauben des Bereicherten auf das noch Vorhan-

---

echte Geschäftsführung ohne Auftrag zu berufen. Letztere ist eine Fiktion, keine Realität und soll der Ergänzung der anderen Ansprüche dienen. Wer sich die Vorteile gemäß Art. 423 Abs. 1 OR aneignet, übt kein Gestaltungsrecht aus, das Ansprüche aus unerlaubter Handlung oder Bereicherung zum Erlöschen bringt. Zu wenig differenziert in diesem Punkt BGE 97 II, 1971 S. 178; selbstverständlich ist Kumulierung ausgeschlossen, vgl. TROLLER, Bd. II, S. 1134.

[39] Vgl. vorne Anm. 37.
[40] Vgl. hinten S. 211 ff.
[41] AMREIN, S. 24 ff.; HOFSTETTER, S. 225 ff.

dene (Art. 64 OR), während der Geschäftsführer alles abliefern muß, was er für den Geschäftsherrn erworben hat. Es sind indessen zwei Ausnahmen zu verzeichnen.

a) Der vertragsunfähige Geschäftsführer haftet nur für die noch vorhandene Bereicherung (Art. 421 OR).

b) Einige Vertreter der objektiven Theorie der unechten Geschäftsführung ohne Auftrag wollen den gutgläubigen Geschäftsführer nicht für die Herausgabe des gesamten Gewinns, sondern lediglich gemäß Art. 64 OR für den bei der Rückforderung noch vorhandenen Gewinn haften lassen [42].

5. Der echte Geschäftsführer hat Sorgfalts- und Treuepflichten, der Bereicherungsschuldner hingegen nicht. Er schuldet lediglich die Erstattung der Bereicherung. Man kann ihm nicht vorwerfen, wegen Unsorgfalt zu wenig bereichert zu sein. Verwendet der Geschäftsführer für seine Tätigkeit Hilfspersonen, so haftet er für diese nach denselben Regeln wie der Beauftragte, was meist auf die Anwendung des Art. 101 OR hinausläuft [43]. Liegt keine Geschäftsführung vor, so besteht für Hilfspersonen lediglich eine Haftung gemäß Art. 55 OR [44].

6. Art. 423 Abs. 2 OR bestimmt, daß der Ersatzanspruch des unechten Geschäftsführers auf die Bereicherung des Geschäftsherrn beschränkt ist. Diese Bestimmung betrifft nicht nur den Umfang des Aufwendungsersatzes, sondern verweist auch für dessen Voraussetzungen auf das Bereicherungsrecht [45], es ist also insbesondere zu prüfen, ob die Bereicherung als ungerechtfertigt bezeichnet werden darf. Die Tatsache allein, daß der unredliche Geschäftsführer Auslagen macht, die im Endeffekt den Geschäftsherrn bereichern, sagt über deren Rechtfertigung noch nichts aus. Lediglich wenn der Geschäftsherr sich die Vorteile gemäß Art. 423 Abs. 1 OR a n e i g n e t, ist die aus den Aufwendungen des Geschäftsführers erwachsene Bereicherung ungerechtfertigt. Denn der Geschäftsherr hat auch gegenüber dem unechten Geschäftsführer nur einen Anspruch auf den Nettovorteil. Wollte man, von diesem letzteren Fall der Vorteilsa n e i g n u n g abgesehen, den Abs. 2 des Art. 423 OR als Grundlage von Bereicherungsansprüchen gelten lassen, so würde das Erfordernis der ungerechtfertigten Bereicherung praktisch unterlaufen und ein wichtiger Schutz vor aufgedrängter Bereicherung preisgegeben [46].

---

[42] BIRRER, S. 108; FISCHER, S. 128f.; FRIEDRICH, S. 48; HOFSTETTER, S. 238, N. 1; MOSER, S. 218; VON ORELLI, S. 31. Anderer Meinung AMREIN, S. 37, N. 190.
[43] Vgl. vorne S. 72ff.; Frage offengelassen in BGE 75 II, 1949, S. 227.
[44] GAUTSCHI, Vorbem. zur Geschäftsführung ohne Auftrag, N. 5b; BGE 75 II, 1949, S. 225f.
[45] BGE 86 II, 1960, S. 26; siehe hinten S. 215.
[46] Siehe hinten S. 203.

7. Die Ansprüche aus Bereicherung verjähren nach der Vorschrift von Art. 67 OR mit Ablauf eines Jahres, diejenigen aus echter Geschäftsführung ohne Auftrag gemäß der herrschenden Lehre nach Art. 127 OR mit Ablauf von zehn Jahren. Für die unechte Geschäftsführung ohne Auftrag soll nach einer nicht unbestrittenen, jedoch vom Bundesgericht bestätigten Lehre in Analogie zu Art. 67 OR die einjährige Frist gelten[47].

III. Geschäftsführung ohne Auftrag und sachenrechtliche Ausgleichsansprüche

1. *a)* Verschafft die echte Geschäftsführung ohne Auftrag dem Geschäftsführer Besitz an einer Sache, deren Berechtigter der Geschäftsherr ist, so gehen die Bestimmungen über die quasivertragliche Geschäftsführung denjenigen von Art. 938 ff. ZGB über die Verantwortlichkeit des Besitzers vor. Diese *lex specialis* des Besitzrechts ist im Verhältnis zur echten Geschäftsführung ohne Auftrag ebenso subsidiär wie die ungerechtfertigte Bereicherung. Der echte Gestor wird somit, weil er nicht unberechtigt besitzt, nicht anders behandelt als der Beauftragte, Mieter, Pächter, Verwahrer und andere, deren Besitz auf einem Vertrag beruht[48]. Soweit der Gesetzgeber die Ausgleichspflichten des Besitzers geregelt hat, besteht hingegen kein Anlaß, die F i k t i o n der Geschäftsführung ohne Auftrag auf den Besitzer zu erstrecken. Deshalb steht die unechte Geschäftsführung ohne Auftrag zu den Ausgleichsansprüchen aus unberechtigtem Besitz im Verhältnis der Subsidiarität. Sie ist nur am Platz, wenn es um die vom Gesetzgeber nicht speziell geregelte Frage des Veräußerungsgewinns des Besitzers geht.

b) Die Art. 938–40 ZGB bestimmen nichts über den vom Besitzer erzielten Veräußerungsgewinn. Das Bundesgericht beläßt ihn dem gutgläubigen Besitzer[49]. In der Lehre ist dies mit guten Gründen angefochten worden. Zur Begründung des Ablieferungsanspruchs werden die ungerechtfertigte Bereicherung und die unechte Geschäftsführung ohne Auftrag herangezogen[50]. Nach

---

[47] BGE 86 II, 1960, S. 26. Siehe hinten S. 196 f.

[48] H. HINDERLING, Schweiz. Privatrecht, Bd. V/1, Basel 1977, S. 509.

[49] BGE 71 II, 1945, S. 90 ff.; 84 II, 1958, S. 378, wo allerdings nicht über einen Veräußerungsgewinn zu befinden war. HINDERLING, a.a.O., S. 512; STARK, Berner Kommentar, Bd. IV/3: Das Sachenrecht, Besitz und Grundbuch, 1. Teilbd.: Der Besitz, Bern 1966, N. 8 und 18 zu Art. 938 ZGB. Grundlegend bleibt die Kritik von A. SIMONIUS, Kauf als Mittel der Übertragung und Verletzung des Eigentums, in: Festschrift Guhl, Zürich 1950, S. 41 ff.

[50] Vgl. HINDERLING, a.a.O., S. 512.

der hier vertretenen Meinung setzt die Geschäftsanmaßung jedoch bösen Glauben des Geschäftsführers voraus, so daß, was nicht unbillig ist, ein die Vermögenseinbuße des Berechtigten übersteigender Gewinn dem gutgläubigen Veräußerer verbleibt[51]. Der bösgläubige Besitzer hat den Veräußerungserlös zweifellos abzuliefern. Als Grundlage des Anspruchs dienen Art. 41 ff. und 62 ff. OR. Subsidiär kommt unechte Geschäftsführung in Betracht, um einen den Schaden übersteigenden Gewinn abschöpfen zu können[52].

c) Die Regeln von Art. 938–40 ZGB sind im Verhältnis zum Bereicherungsrecht und zur unechten Geschäftsführung ohne Auftrag eine *lex specialis*. Es wird dennoch zu prüfen sein, ob die Unterscheidung zwischen gut- und bösgläubigem Besitzer und deren Auswirkungen auf Impensen- und Schadenersatz sowie auf den Fruchterwerb für die unechte Geschäftsführung richtungweisend sein kann.

2. Für die weiteren sachenrechtlichen Ausgleichsansprüche aus Einbau (Art. 672 ZGB), Einpflanzungen (Art. 678 ZGB), Verarbeitung (Art. 726 ZGB), Verbindung und Vermischung (Art. 727 ZGB), sowie Nutznießung (Art. 753 ZGB) bestehen teils *leges speciales* (Art. 672, 678 Abs. 1 ZGB), teils wird auf unerlaubte Handlungen und ungerechtfertigte Bereicherung (Art. 726 Abs. 3 und 727 Abs. 3 ZGB), teils auf Geschäftsführung ohne Auftrag verwiesen (Art. 753 Abs. 1 ZGB). Soweit diese Tatbestände durch einen echten Geschäftsführer verwirklicht werden, unterstehen sie den Bestimmungen der Art. 419 ff. OR[53]. Für die unechte Geschäftsführung lassen Einbau und Einpflanzung keinen Raum, soweit der Gesetzgeber die Ausgleichsansprüche geregelt hat[54]. Hingegen läßt sich vorstellen, daß nach Verarbeitung,

---

[51] Vgl. vorne Anm. 42. Da der Veräußerungserlös ein Indiz für den Wert der Sache darstellt, die dem Berechtigten verlorengeht, bleibt nach dem Schadensausgleich nur selten ein Gewinn übrig.

[52] HINDERLING, a. a. O., S. 516, N. 8, mit berechtigter Kritik an BGE 93 II, 1967, S. 373 ff. wegen der fehlenden Abgrenzung zur Bereicherung. In diesem Entscheid geht es in Wahrheit nicht um den Veräußerungsgewinn, sondern um die bösgläubige Annahme einer Leistung ohne Rechtsgrund, die gemäß Art. 62 ff. OR zurückzuerstatten ist. Deshalb ist nicht der geringere Veräußerungserlös, sondern der höhere Wert, den die Ware bei der Annahme hatte, maßgeblich.

[53] Vgl. vorne Anm. 20 zu BGE 99 II, 1973, S. 131 ff. Die sachenrechtlichen Ausgleichsregeln betreffen außervertragliche Verhältnisse. Die echte Geschäftsführung ist in dieser Hinsicht den Verträgen gleichzustellen. Auf vertraglich geregelte Beziehungen gelangen die erwähnten sachenrechtlichen Bestimmungen allenfalls ergänzend zur Anwendung; vgl. LIVER, Schweiz. Privatrecht, Bd. V/1, S. 171, N. 3.

[54] Ob das Bauen mit fremdem Material auf fremdem Boden von den Art. 671 ff. ZGB erfaßt wird, bildet den Gegenstand einer Kontroverse, vgl. LIVER, ZBJV 111, 1975, S. 67.

Verbindung oder Vermischung die Gewinnabschöpfung ergänzend zu Scha-
denersatz- und Bereicherungsanspruch hinzutritt[55]. Der Nutznießer, der,
ohne verpflichtet zu sein, Aufwendungen macht, kann nach den Regeln der
Geschäftsführung Ersatz verlangen. Das bedeutet, daß bei der echten und bei
der genehmigten Geschäftsführung voller Impensenersatz geschuldet wird, in
den übrigen Fällen jedoch der Nutznießer auf die Bereicherungsansprüche
verwiesen ist.

In BGE 75 II, 1949, S. 46f. wird die analoge Anwendung der Nutznießungsregel auf die Gebrauchsleihe abgelehnt zugunsten einer Analogie zu Art. 298/99 OR[56]. Für außerordentliche
Verbesserungen kommen deshalb die Bereicherungsregeln zur Anwendung. Zu demselben
Ergebnis gelangt man freilich auch bei einer Beurteilung nach dem Geschäftsführungsrecht,
weil bei fehlender Genehmigung der nicht gebotenen Geschäftsführung ebenfalls Bereicherungsrecht anzuwenden ist.

IV. Geschäftsführung ohne Auftrag und unerlaubte Handlung

1. Die echte Geschäftsführung ohne Auftrag erlaubt den Eingriff in Rechtsgüter des Geschäftsherrn, nicht aber in solche Dritter. Liegt ein Notstand vor,
so kann der Richter gemäß Art. 52 Abs. 2 OR den vom Geschäftsführer dem
Dritten geschuldeten Schadenersatz nach seinem Ermessen festsetzen.

2. Die Herausgabe des Gewinns durch den unechten Geschäftsführer ohne
Auftrag kann zum Schadenersatz aus unerlaubter Handlung hinzutreten,
sofern die besonderen Erfordernisse des Art. 423 Abs. 1 OR gegeben sind.
Dies ist der eigentliche Sinn der bloß fingierten Geschäftsführung. Das Unrecht soll sich nicht lohnen. Über den Schadenersatz hinaus ist deshalb die Gewinnabschöpfung vorgesehen. In diesem Punkt wird der Schädiger behandelt, wie wenn er die Geschäfte des Geschädigten hätte führen wollen. Im Verhältnis zwischen Schadenersatz und Gewinnherausgabe gilt Anrechnung[57].
In Theorie und Praxis ist die Gewinnherausgabe lange als ein Schadensposten, mithin als eine Methode der Schadensberechnung betrachtet worden[58].
Das hatte meines Erachtens den Vorteil, daß in der Regel nur die schuldhafte
Geschäftsanmaßung zur Gewinnherausgabe führte, während nach der neuen
Praxis des Bundesgerichts und der herrschenden Lehre Art. 423 Abs. 1 OR

---

[55] Weil dem Gewinn auf der einen Seite ein Verlust auf der anderen entspricht.
[56] Kritisch Spiro, Bd. I, S. 730, N. 21; vgl. auch C. Reymond, Schweiz. Privatrecht, Bd. VII/1,
S. 270, 278.
[57] Siehe vorne Anm. 38.
[58] Vgl. BGE 97 II, 1971, S. 176 ff.; Birrer, S. 95 ff.

sich dem Wortlaut gemäß auch auf den gutgläubigen Verletzer bezieht. Der Nachteil der älteren Auffassung lag aber darin, daß die Gewinnherausgabe nur statthaft war, wenn sie dazu diente, einen effektiven Schadensposten des Verletzten auszugleichen. In dieser Funktion spielt die Gewinnherausgabe natürlich weiterhin eine Rolle, wenn der Geschädigte als Schaden entgangenen Gewinn geltend macht, zu dessen Berechnung er sich auf den vom Verletzer erzielten Gewinn stützt[59].

3. Eine weitere Beziehung zwischen Schadenersatz und Geschäftsführung ohne Auftrag stellen jene Autoren her, die eine Reduktion der Gewinnherausgabe im Falle der unechten Geschäftsführung ohne Auftrag nach den Regeln des Schadenersatzrechts für zulässig halten[60]. In Betracht fallen Art. 43 Abs. 1 und Art. 44 Abs. 2 OR. Die Abstufung der Gewinnabschöpfung nach dem Verschuldensgrad erscheint indessen sachlich nicht gerechtfertigt. Hingegen trifft der Gedanke von Art. 44 Abs. 2 OR auf die Gewinnherausgabe *a fortiori* zu, da die Rücksichtnahme auf eine Notlage des Geschäftsführers nicht auf Kosten eines Geschädigten geht.

V. Geschäftsführung ohne Auftrag und Vertrag

1. Auftragslosigkeit ist eine zu eng gefaßte negative Voraussetzung für das Vorliegen einer echten Geschäftsführung. Dies ist bereits dargelegt worden[61].

2. Die unechte Geschäftsführung ohne Auftrag kann neben Vertragsansprüchen bestehen. Das Unrecht soll sich nicht lohnen, bestehe es nun in einer unerlaubten Handlung oder in einer Vertragsverletzung. Selbstverständlich müssen die besonderen Voraussetzungen der unechten Geschäftsführung vorliegen, namentlich muß der Gewinn nach dem Zuweisungsgehalt des verletzten Rechts dem Geschäftsherrn zustehen. Das ist nicht der Fall beim Arbeitnehmer, der unter Bruch einer eingegangenen Verpflichtung bei einem anderen Arbeitgeber mehr verdient. Wohl aber, wenn der Fabrikant entgegen seiner vertraglichen Verpflichtung die nach Plänen des Bestellers gebauten Maschinen auch an Dritte verkauft[62]. Die Gewinnherausgabe stellt in diesen

---

[59] BGE 98 II, 1972, S. 333.
[60] WOLF, SJK Nr. 1079 (Ersatzkarte), S. 5, in bezug auf die Anrechnung des Aufwandes des Geschäftsführers; AMREIN, S. 51 ff.
[61] Siehe vorne S. 178 ff.; WOLF, SJK Nr. 1077, S. 4 f.
[62] BGE 45 II, 1919, S. 208.

Fällen eine Sanktion des Vertrages dar, die den Schadenersatzanspruch ergänzt[63].

3. Geschäftsführungsrecht kommt weiter in Betracht, wenn auf Grund eines
ungültigen oder *beendigten* Vertrags oder in Überschreitung einer Weisung,
Befugnis oder Vollmacht gehandelt wird[64]. Es können die Voraussetzungen
der echten oder der unechten Geschäftsführung gegeben sein, je nach der Willensrichtung des Geschäftsführers. Die Genehmigung solcher Handlungen
durch die Gegenpartei hat zur Folge, daß sie bei Bestehen eines Vertrages vertragskonform werden. Liegt die Handlung freilich völlig außerhalb des Vertrages, was eine Auslegungsfrage ist, oder fehlt ein gültiger Vertrag, so entfaltet die Genehmigung die Wirkungen gemäß Art. 424 OR. Stellt die Vertrags-
überschreitung eine Vertragsverletzung dar, so konkurriert lediglich die unechte Geschäftsführung ohne Auftrag mit den Vertragsansprüchen, da die
echte Geschäftsführung zu den Vertragsansprüchen subsidiär ist.

Deshalb ist GAUTSCHI nicht beizupflichten, wenn er den Spediteur für Schaden, der bei
Mißachtung einer Weisung entstanden ist, gemäß Art. 420 Abs. 3 OR in vollem Umfang ohne
die Exkulpationsmöglichkeit des Art. 97 OR haften läßt[65]. Die Mißachtung der Weisung ist
eine Vertragsverletzung und der Fall ausschließlich unter diesem Gesichtspunkt zu beurteilen.
Wegen des Geschäftsführungswillens des Spediteurs fällt die Anwendung von Art. 423 OR
nicht in Betracht.

4. Einen Sonderfall stellt das Eintrittsrecht des Prinzipals in Geschäfte dar,
die der Prokurist zu seinem eigenen Vorteil oder zum Vorteil Dritter in Verletzung des Konkurrenzverbotes macht. Das dem Prinzipal eingeräumte Eintrittsrecht entspricht der Vorteilsaneignung durch den Geschäftsherrn gemäß
Art. 423 Abs. 1 OR. Das Eintrittsrecht ist denn auch eine die Schadenersatzpflicht ergänzende Sanktion (Art. 464 Abs. 2 OR; siehe hinten S. 210 Anm. 11).

VI. Sonderfälle der Geschäftsführung ohne Auftrag

1. Einer besonderen gesetzlichen Regelung unterstellt ist der Finder einer
verlorenen fremden Sache, der ohne die *lex specialis* (Art. 720–22 ZGB) als Geschäftsführer ohne Auftrag gelten müßte.

---

[63] Es stellt sich die Frage, die indessen in der Praxis noch nicht beantwortet ist, ob die vertraglichen Verjährungsfristen oder die einjährige Frist für Ansprüche aus Art. 423 OR gelten;
vgl. hinten S. 196 f.
[64] Vgl. Art. 418n Abs. 1 OR; GAUTSCHI, Vorbem. zur Geschäftsführung ohne Auftrag, N. 9,
12, 26; N. 3 zu Art. 419 OR; Art. 540 Abs. 2 OR, siehe vorne S. 145.
[65] GAUTSCHI, N. 3 f zu Art. 420 OR.

2. Besondere Fälle der Geschäftsführung stellen zum Teil die Rettungsaktionen nach See- und Luftfahrtrecht dar[66].

3. Das Gesetz verweist auf die Geschäftsführung ohne Auftrag in Art. 540 Abs. 2 OR für die unbefugte Geschäftsführung eines Gesellschafters, in Art. 753 Abs. 1 ZGB für die freiwilligen Aufwendungen des Nutznießers und in Art. 418n Abs. 1 OR für Auslagen des Agenten (siehe vorne S. 145).

VII. Genehmigung

1. Art. 424 OR sieht vor, daß der Geschäftsherr die Gestion des Geschäftsführers genehmigen kann. Nach dem Wortlaut des Gesetzes bewirkt die Genehmigung, daß auf die Geschäftsführung die Vorschriften über den Auftrag zur Anwendung gelangen. Der Sinn und der Anwendungsbereich dieser Bestimmung sind unklar.

2. Die Regel stammt aus dem römischen Recht: *ratihabitio mandato comparatur*[67]. Im klassischen römischen Recht hatte die Genehmigung indessen nur beschränkte Bedeutung. Sie entfaltet die gleiche Wirkung wie eine rechtzeitig erteilte Vollmacht *(iussum, mandatum)*. Deshalb ist die *negotiorum gestio* wirksam, wenn der Dominus die Veräußerung oder die Schuldeintreibung durch den Gestor nachträglich genehmigt. Auch kann die *ratihabitio* bedeuten, daß der Gestor von der Haftung für mangelhafte Geschäftsführung befreit wird. Hingegen verwandelt die *ratihabitio* die *negotiorum gestio* nicht in ein Mandat[68]. Diese Bedeutung erhielt die Regel erst im nachklassischen Recht[69].

3. Auch im modernen Recht kann die Genehmigung nur beschränkte Bedeutung haben. Sicher verwandelt sie die Geschäftsführung ohne Auftrag, das heißt ein quasivertragliches Verhältnis nicht in ein vertragliches Auftragsverhältnis[70]. Damit ein Mandat vorliegt, bedarf es des Konsenses der Vertragsparteien. Die Gestion ist, wenn dies nicht dem Willen des Gestors entspricht, nicht als Realofferte auf Abschluß eines Mandats zu deuten, die nachträglich durch Genehmigung angenommen wird, und zwar auch dann nicht, wenn die

---

[66] Vgl. vorne Anm. 15; ferner BRB über den Such- und Rettungsdienst der zivilen Luftfahrt vom 11. März 1955.
[67] D. 46, 3, 12, 4; 43, 16, 1, 14; 50, 17, 60 und 152, 2 – alles Ulpianstellen. SEILER, Der Tatbestand der negotiorum gestio im römischen Recht, Köln/Graz 1968, S. 61 f.
[68] Es sei denn, eine Realofferte werde nachträglich angenommen.
[69] KASER, Bd. I, S. 265, 579; Bd. II, S. 418, N. 26; S. 603; SEILER, a. a. O., S. 72.
[70] BECKER, N. 3 zu Art. 424 OR; OSER/SCHÖNENBERGER, N. 1 zu Art. 424 OR; a. M. GAUTSCHI, N. 1 b zu Art. 424 OR.

Genehmigung vor Abschluß der Geschäftsbesorgung erteilt wird, diese
jedoch schon weit fortgeschritten und ihrer Natur nach nicht rückgängig zu
machen ist, so daß zwangsläufig nur die Beendigung in Betracht fällt (BGE 95
II, 1969, S. 225 betreffend Genehmigung eines vom Vertreter ohne Vollmacht
abgeschlossenen Werkvertrages). Der Geschäftsherr ist vielleicht bereit, in
der Not einzuspringen, nicht aber sich durch Mandat zu verpflichten.

4. Gemäß dem Wortlaut des Gesetzes ist die genehmigte Geschäftsführung
nach Auftragsrecht zu behandeln. Es tritt eine Fiktion ein: die Geschäftsführung wird so beurteilt, wie wenn ein Auftrag vorläge. Die Fiktion ist jedoch
nicht eine vollständige[71]. Die einseitige Genehmigung kann die Rechtsstellung
des Geschäftsführers nicht verschlechtern. Er kann nicht auf diese Weise zu der
verstärkten Treuepflicht eines Beauftragten gezwungen werden; man denke
etwa an die Verpflichtung des Beauftragten, Interessenkollisionen auszuweichen. Auch bleibt der Geschäftsherr trotz Genehmigung für Schäden, die der
Geschäftsführer erlitten hat, gemäß Art. 422 Abs. 1 OR haftbar. Die für den
Auftraggeber günstigere Regel von Art. 402 Abs. 2 OR ist nicht anwendbar.
Es ist freilich daran zu erinnern, daß sich nach anerkannter Lehre und Praxis
das Mandatsrecht in diesem Punkt an die Bestimmung des Geschäftsführungsrechts angepaßt hat[72]. Durch Genehmigung kann auch nicht der dem vertragsunfähigen Geschäftsführer gemäß Art. 421 OR zustehende Schutz ausgeschaltet werden. Endlich bewirkt die Genehmigung nicht Solidarität unter
einer Mehrheit von Geschäftsführern; es gibt keinen Grund, die strengere
Haftung nach Art. 403 OR zur Anwendung zu bringen, bloß, weil die Gestion
genehmigt worden ist. Läßt man es zu, daß die Genehmigung in den erwähnten Punkten zur Anwendung von Mandatsrecht führt und so die Rechtsstellung des Geschäftsherrn verschlechtert, so muß man im Interesse des Geschäftsführers hoffen, daß eine Genehmigung unterbleibt, was offensichtlich
dem Sinn der Genehmigung nicht entspricht.

5. Die Genehmigung hat die folgenden Wirkungen:

a) Die Geschäftsführung gilt als durch das Interesse des Geschäftsherrn geboten und mithin als erlaubter Eingriff in fremde Rechtssphäre[73]. In dieser
Hinsicht herrscht unter den Parteien oft Unklarheit, die mit der Genehmigung
beseitigt wird.

---

[71] BECKER, N. 1 zu Art. 424 OR; OSER/SCHÖNENBERGER, N. 1 zu Art. 424 OR.
[72] Siehe vorne S. 67 f.
[73] Ein Übernahmeverschulden ist ausgeschlossen, denn es ist gerade die Übernahme des Geschäftes, die genehmigt wird; BECKER, N. 2 zu Art. 424 OR; OSER/SCHÖNENBERGER, N. 1 zu
Art. 424 OR.

b) Hat der Geschäftsführer als direkter Stellvertreter Rechtshandlungen vorgenommen, so entfaltet die Genehmigung der Geschäftsführung die Wirkungen von Art. 38 OR; die nachträgliche Genehmigung ersetzt die fehlende Ermächtigung des Vertreters. Das gilt, weil das Ergebnis der Geschäftsführung bereits vorliegt, auch für die einer besonderen Ermächtigung bedürftigen Geschäfte von Art. 396 Abs. 3 OR. Sowenig wie die Ermächtigung bedarf die Genehmigung einer Form (zu BGE 102 II, 1976, S. 203 siehe hinten S. 199 Anm. 2).

c) Eher Tat- als Rechtsfrage ist, ob die Genehmigung der Geschäftsführung darüber hinaus auch bedeutet, der Geschäftsherr billige die Ausführung der unternommenen Aufgabe. Meines Erachtens ist eine solche Ausdehnung der Genehmigungswirkung nicht zu vermuten[74].

d) Die Genehmigung bewirkt, daß die Auftragsregeln zur Anwendung gelangen. Das bedeutet einmal negativ, daß die Anwendung der Vorschriften anderer gesetzlicher Arbeitsverträge ausgeschlossen ist. Dadurch wird die Unterstellung unter schärfere Haftungsregeln wie diejenige des Werk- oder des Frachtvertrags vermieden[75].

e) Positiv bedeutet die Anwendung von Auftragsrecht praktisch lediglich, daß der Geschäftsherr sich nach der Genehmigung auf die Legalzession und die Aussonderung gemäß Art. 401 OR berufen kann. Dadurch wird nicht die Rechtslage des Geschäftsführers erschwert, vielmehr dem Geschäftsherrn ein Privileg im Verhältnis zu den anderen Gläubigern des Geschäftsführers eingeräumt. Die Sonderregel von Art. 401 OR rechtfertigt sich insofern, als die Fiduzia und die mittelbare Stellvertretung gefördert werden sollen. Daß die Ermächtigung erst nachträglich durch Genehmigung erteilt wird, darf keinen Unterschied ausmachen, da sie nach Art. 38 OR auch für die direkte Stellvertretung nachträglich erteilt werden kann.

Eine andere Frage ist, ob die Geschäftsanmaßung in derselben Weise gebilligt werden kann. Sie ist meines Erachtens zu verneinen (siehe hinten S. 194 ff.). Das hat zur Folge, daß der Geschäftsherr sich bei Geschäftsanmaßung nie auf Art. 401 OR berufen kann. Das Ergebnis ist nicht unbillig[76]. Die unechte Geschäftsführung ohne Auftrag ist eine Fiktion, die zu dem Zwecke eingeführt

---

[74] So BECKER, N. 5 zu Art. 424 OR; GAUTSCHI, N. 5a zu Art. 424 OR; a. M. OSER/SCHÖNENBERGER, N. 3 zu Art. 424 OR.
[75] BECKER, N. 1 zu Art. 424 OR; OSER/SCHÖNENBERGER, N. 1 zu Art. 424 OR; GAUTSCHI (N. 1b zu Art. 424 OR) geht überhaupt von einem vereinbarten Auftrag aus; dann könnte unter Umständen aber auch ein qualifizierter Auftrag von den Parteien gewollt sein.
[76] Anderer Meinung SPIRO, Bd. I, S. 426, N. 14.

worden ist, neben Schadenersatz- und Bereicherungsansprüchen *ergänzend* auch die Gewinnabschöpfung zuzulassen. Für solche Ausgleichsansprüche bedarf der Geschäftsherr keiner Privilegierung. Es ist nicht stoßend, daß der Eigentümer nach dem Verkauf durch den Dieb die ausstehende Kaufpreisforderung nicht direkt gegen den Käufer geltend machen kann[77]. Ist der Dieb zahlungsfähig, hat die Frage geringe praktische Bedeutung. Ist er es nicht, so bildet die Kaufpreisforderung einen gewöhnlichen Aktivposten im Vermögen des Schuldners. Der unechte Geschäftsführer ohne Auftrag *ist* kein Mittelsmann, er wird nur zur Gewinnabschöpfung als solcher behandelt. Ihn auch zwecks Anwendung von Art. 401 OR als Mittelsmann zu betrachten, wäre verfehlt.

f) Zusammenfassend darf also festgestellt werden, daß die Hauptbedeutung der Genehmigung trotz des Wortlauts des Gesetzes nicht in der Unterstellung der Geschäftsführung unter die Regeln des Auftrags liegt, sondern vielmehr darin zu suchen ist, daß

a) die Geschäftsführung unzweifelhaft als eine gebotene gilt und

b) der als direkter Vertreter handelnde Geschäftsführer nachträglich ermächtigt wird.

6. Aus dem Inhalt der vorstehenden Ziffer erhellt, daß die Genehmigung große praktische Bedeutung für die fremdnützige, aber nicht gebotene Geschäftsführung hat. Die fremdnützige, gebotene Geschäftsführung wird von der Genehmigung nur insoweit verändert, als Art. 401 OR anwendbar wird.

Die Hauptfrage bildet nun, ob auch eigennützige Geschäftsführungen, bei denen der Geschäftsführungswille fehlt, genehmigt werden können.

a) Die Stellung des Art. 424 OR am Schluß der Geschäftsführung ohne Auftrag spricht für die Anwendung auf jegliche Art von Geschäftsführung. Diesem Argument kommt jedoch keine grosse Bedeutung zu. Im BGB ist die Genehmigung ausdrücklich nicht vorgesehen für die eigennützige (gut- oder bösgläubige) Geschäftsführung[78].

b) Genehmigung im Obligationenrecht bedeutet zumeist, daß eine eigene oder fremde Willensäußerung voll wirksam wird[79]. Einer Genehmigung bedürfen zum Beispiel die Geschäfte von Handlungsunfähigen, nicht Legitimierten, Vertretern ohne Vollmacht, sowie die mit Willensmängeln behafte-

---

[77] Bejaht bei Spiro, Bd. I, S. 426, N. 14; Oser/Schönenberger, N. 1 zu Art. 424 OR; Gautschi, N. 2a zu Art. 424 OR.

[78] § 684 Satz 2 und § 687 BGB.

[79] von Tuhr/Peter, Bd. I, S. 150 f.

ten Erklärungen. Es ist deshalb fragwürdig, das Fehlen eines Geschäftsführungswillens durch Genehmigung seitens des Geschäftsherrn ersetzen zu wollen. Dank der Fiktion des Art. 423 OR kann trotz mangelnden Geschäftsführungswillens der Sachverhalt als Geschäftsführung angesehen werden. Durch die Genehmigung der gesetzlichen Fiktion soll darüber hinaus die Geschäftsanmaßung auch noch als Mandat gelten dürfen. Der Sinn dieser Doppelspurigkeit ist schwer ersichtlich.

c) Befürwortet man dennoch eine Genehmigung der unechten Geschäftsführung ohne Auftrag, so ist jedenfalls zwischen gut- und bösgläubiger egoistischer Geschäftsführung zu unterscheiden[80]. An der Genehmigung bösgläubiger Geschäftsanmaßung hat der Geschäftsherr in der Regel kein Interesse, da Art. 423 Abs. 1 OR die Vorteilsaneignung ohne Genehmigung gestattet. Der Geschäftsherr hätte an einer Genehmigung allenfalls ein Interesse, um in den Genuß der Privilegien von Art. 401 OR zu gelangen. Es ist schon dargelegt worden, daß diese Bestimmung im vorliegenden Fall nicht angemessen ist[81].

Die gutgläubige Geschäfts-«Anmaßung» hingegen stellt meines Erachtens überhaupt keinen Fall von Geschäftsführung dar, weder im Sinne der Art. 419 ff. OR, weil ein Geschäftsführungswille fehlt, noch im Sinne des Art. 423 OR, weil es sich um eine über Schadenersatz und Bereicherung hinausreichende Sanktion handelt, deren Anwendung auf einen gutgläubigen Geschäftsführer sich nicht rechtfertigt[82]. Damit entfällt die Frage der Genehmigung. Aber auch von der objektiven Geschäftsführungstheorie aus betrachtet, muß die Genehmigung der unechten Geschäftsführung Bedenken erwecken. Die Auftragsvorschriften über die Sorgfaltspflichten des Beauftragten passen nicht auf gutgläubige Geschäftsführer[83]. Jene Autoren, die die Herausgabepflicht des gutgläubigen eigennützigen Geschäftsführers auf die Bereicherung beschränken wollen, müssen Anstoß nehmen an der vollumfänglichen Ablieferungspflicht des Beauftragten[84]. Die Ansprüche aus unechter Geschäftsführung ohne Auftrag verjähren nach einem Jahr[85], durch Genehmigung hätte es der Geschäftsherr hingegen in der Hand, die zehnjährige Frist des Auftragsrechts zur Anwendung zu bringen. Er hätte ferner eine Art Wahlrecht, ob er für die Ersatzleistungen nach Mandatsrecht oder ohne Ge-

---

[80] So BECKER, N. 2 zu Art. 424 OR.
[81] Siehe vorne S. 193 f.
[82] Siehe hinten S. 211 f.
[83] BECKER, N. 2 zu Art. 424 OR.
[84] Siehe vorne S. 185; 189.
[85] Siehe hinten S. 196 f.

nehmigung gemäß Art. 423 Abs. 2 OR nach Bereicherungsrecht einstehen will[86].

7. Die Genehmigung kann ausdrücklich oder stillschweigend erfolgen. Die Aneignung der Vorteile einer altruistischen Geschäftsführung ist meines Erachtens bereits Genehmigung[87]. Ebenso liegt eine Genehmigung vor, wenn der Geschäftsherr gestützt auf Art. 401 OR Forderungen direkt gegen Dritte geltend macht. Die Subrogation setzt die Genehmigung der Geschäftsführung voraus. Die Genehmigung ist ein Gestaltungsrecht. Sie ist deshalb unwiderruflich, nicht jedoch die Verweigerung der Genehmigung.

Weil die Vorteilsaneignung durch den Geschäftsherrn einer Genehmigung gleichzusetzen ist, die die Anwendung von Mandatsrecht zur Folge hat, ist die Ablieferungspflicht des Geschäftsführers in den Art. 419–422 OR nicht erwähnt, wohl aber in Art. 423 OR in bezug auf die unechte Geschäftsführung, die der Genehmigung nicht unterliegt, so daß die Ablieferung nicht aus Auftragsrecht hergeleitet werden kann.

VIII. Verjährung

1. Auf die Geschäftsführung ohne Auftrag kommt nach der Systematik des Gesetzes gemäß Art. 127 OR die ordentliche Frist von zehn Jahren zur Anwendung. Dieser Schluß ist von der herrschenden Lehre und vom Bundesgericht für die unechte Geschäftsführung ohne Auftrag abgelehnt worden[88], von SPIRO sogar allgemein für die Ansprüche aus Geschäftsführung ohne Auftrag[89]. An Stelle der zehnjährigen wird die einjährige Frist postuliert.

2. Im Falle der bösgläubigen Geschäftsanmaßung drängt sich die kürzere Verjährungsfrist in Analogie zu der einjährigen Verjährungsfrist der Schadenersatzansprüche aus unerlaubter Handlung (Art. 60 OR) und der Bereiche-

---

[86] So ausdrücklich AMREIN, S. 65 f. Das läuft darauf hinaus, den Gutgläubigen für Sorgfalt haften zu lassen. AMREIN übersieht, daß Art. 402 Abs. 1 OR sich auf den gutgläubigen eigennützigen Geschäftsführer überhaupt nicht sinnvoll anwenden läßt, denn dem Beauftragten wird ein Ersatzanspruch gewährt für Auslagen und Verwendungen, «die dieser in richtiger Ausführung des Auftrags gemacht hat».

[87] GAUTSCHI, N. 1 b zu Art. 424 OR: Genehmigung durch widerspruchslose Entgegennahme der Abrechnung; zurückhaltend BECKER, N. 4 zu Art. 424 OR; a. M. OSER/SCHÖNENBERGER, N. 5 zu Art. 424 OR.

[88] BGE 86 II, 1960, S. 26; AMREIN, S. 66; FISCHER, S. 122 f.; HOFSTETTER, S. 238; SPIRO, Bd. I, S. 723 ff., 729; a. M. OSER/SCHÖNENBERGER, N. 3 zu Art. 423 OR; VON ORELLI, S. 44, 61. GAUTSCHI, Vorbem. zur Geschäftsführung ohne Auftrag, N. 21.

[89] SPIRO, a. a. O.

rungsansprüche (Art. 67 OR) auf. Die in Art. 423 Abs. 1 OR vorgesehene Gewinnherausgabe ist eine Ergänzung des Schadenersatz- und Bereicherungsrechts. Die kurze Verjährungsfrist rechtfertigt sich aus den gleichen Gründen, wie sie für die Art. 60 und 67 OR vorgebracht werden.

3. In Analogie zu den Bereicherungsansprüchen will Spiro auch die Ansprüche aus echter Geschäftsführung ohne Auftrag der einjährigen Frist unterstellen[90]. Da er dem Wortlaut von Art. 424 OR folgend die genehmigte Geschäftsführung nach Auftragsrecht beurteilt, unterliegen diese Ansprüche der zehnjährigen Frist. *De lege ferenda* verdient diese Auffassung den Vorzug, freilich nicht, was die Genehmigungswirkung betrifft. Die genehmigte Geschäftsführung ist kein Auftrag. Die Gründe, die für eine rasche Verjährung der Geschäftsführungsansprüche geltend gemacht werden, bestehen auch nach der Genehmigung weiter. Überdies würde die Genehmigung in bezug auf die Verpflichtungen des Geschäftsführers (Ablieferung, Schadenersatz) eine Erschwerung infolge Verlängerung der Verjährungsfristen herbeiführen.

4. Zahlt der Geschäftsführer an den Gläubiger des Geschäftsherrn mit befreiender Wirkung für diesen, so bedeutet die zehnjährige Verjährungsfrist für die Regreßansprüche unter Umständen eine erhebliche Verschlechterung der Stellung des Schuldners. Es ist deshalb Spiro zu folgen, der im Prinzip auf die Ersatzforderung «die für die getilgte Forderung laufende Verjährung anwendet»[91]. Hingegen erstreckt eine längere Verjährungsfrist der getilgten Forderung die Verjährung des Ersatzanspruchs nicht[92]. Zu der Verjährung von Ersatzansprüchen für bezahlte Zinsen ist auf die eingehende Untersuchung von Spiro zu verweisen[93].

5. Für den Sonderfall des Nutznießers, der nach Geschäftsführungsrecht erstattungspflichtige Aufwendungen macht, sieht das Gesetz die einjährige Frist vor (Art. 754 ZGB).

---

[90] Gautschi (siehe Anm. 88) unterstellt die Schadenersatzansprüche aus Art. 422 OR der einjährigen Frist; dies stimmt überein mit der von ihm vertretenen Deliktsnatur des Anspruchs aus Art. 402 Abs. 2 OR, den er folgerichtig der Verjährung gemäß Art. 60 OR unterwirft. Beides ist abzulehnen. Siehe vorne S. 96 Anm. 102.
[91] Spiro, Bd. I, S. 484.
[92] Spiro, Bd. I, S. 482.
[93] Spiro, Bd. I, S. 639.

IX. Verwirkung

1. Die Verzögerung der Rechtsausübung kann rechtsmißbräuchlich sein und zu der Verwirkung des Rechts führen[94]. Das ist für den Gewinnherausgabeanspruch nach Verletzung von Immaterialgüterrechten von besonderer Bedeutung. Der Berechtigte setzt sich dem Vorwurf eines unannehmbaren widersprüchlichen Verhaltens unter anderem aus, wenn er die Rechtsverletzung zunächst bewußt duldet, um im Falle eines günstigen Ergebnisses den Erfolg zu beanspruchen[95]. Dieser Geschäftsherr versucht zu ernten, wo er nicht gesät hat. Er will auf fremdes Risiko und unter Ausnützung fremder Tätigkeit einen Gewinn einbringen. Daß die Rechtsausübung in einem solchen Fall besonders lange verzögert worden ist, erscheint keineswegs erforderlich; es genügt, daß für das Zuwarten keine schützenswerten Gründe vorgelegen haben. Ferner dürfte die Verwirkung bei diesem Sachverhalt unabhängig vom guten oder bösen Glauben des Verletzers eintreten. Sie rechtfertigt sich beim dolosen Spekulieren auf Gewinnabschöpfung weniger durch schutzwürdige Interessen des Verletzers als durch die Schutzunwürdigkeit des Berechtigten. Keinen Verwirkungsgrund bildet hingegen der Umstand allein, daß die auf Eigennutz gerichtete Tätigkeit des Geschäftsführers dem Geschäftsherrn ebenfalls Vorteile gebracht hat[96].

2. Auf seiten des Geschäftsführers werden Ersatzansprüche dann rechtsmißbräuchlich geltend gemacht, wenn die Auslagen zwar dem Geschäftsherrn Vorteile bringen, der Geschäftsführer sie aber aus eigenem Interesse gemacht hat, das gerade im Erwerb des Ersatzanspruches besteht[97]. Rechtsmißbräuchlich handelt deshalb, wer ohne Befugnis auf fremdem Boden baut, um so seinem Betrieb dank den Ausgleichsleistungen, zu denen der Eigentümer nach Gesetz verpflichtet ist, Arbeit zu verschaffen. «Arbeitsbeschaffung wäre sonst nur noch eine Frage der Arroganz.»[98] Das Bundesgericht hat offengelassen, ob bei Einbau durch einen bösgläubigen Materialeigentümer die Ersatzpflicht verwirkt wird oder «äußerst knapp» zu bemessen ist (vgl. Art. 672 Abs. 3 ZGB; BGE 95 II, 1969, S. 227).

---

[94] Vgl. H. Deschenaux, Schweiz. Privatrecht, Bd. II, Basel 1967, S. 183 ff.; H. Merz, Berner Kommentar, Bd. I/1: Einleitung, Art. 1–10 ZGB, Bern 1962, N. 511 ff., 530 ff. zu Art. 2 ZGB; Troller, Bd. II, S. 859 ff.

[95] von Caemmerer, S. 356.

[96] Ein Beispiel liefert BGE 85 II, 1959, S. 129 f.

[97] BGE 95 II, 1969, S. 227. Zu der die Vermögensplanung störenden aufgedrängten Bereicherung vgl. Larenz, Bd. II, S. 513 ff.

[98] Amrein, S. 64.

§ 33. Die echte Geschäftsführung ohne Auftrag

I. Voraussetzungen

1. Der Geschäftsführer besorgt fremde Geschäfte. Bei der echten Geschäftsführung ohne Auftrag ist der Begriff des Geschäftes weit zu fassen[1]. Jede auf Befriedigung eines menschlichen Bedürfnisses gerichtete Tätigkeit fällt darunter, nicht aber bloßes Unterlassen. Neben Tathandlungen kommen auch Rechtshandlungen in Betracht. Als direkter Stellvertreter kann der Geschäftsführer handeln, soweit sich die fehlende Ermächtigung durch Genehmigung nachholen läßt[2]. Die Geschäftsführung braucht sich nicht auf Vermögensangelegenheiten zu beziehen. Der Bereich der Geschäftsführung erstreckt sich auch auf Tätigkeiten, die – man denke an äußerst gewagte Rettungsaktionen – Leib und Leben des Geschäftsführers so stark gefährden, daß sich ein Beauftragter hierzu nicht gültig verpflichten könnte[3].

Schwieriger als die Bestimmung des Geschäftsbegriffes ist die Zuordnung des Geschäftes. Geschäftsführung ohne Auftrag setzt voraus, daß für einen andern gehandelt wird. Zunächst sind die objektiv fremden von den subjektiv fremden Geschäften zu unterscheiden. Objektiv fremd ist das Geschäft, wenn der Geschäftsführer auf Rechte oder Pflichten des Geschäftsherrn unmittelbar einwirkt. Subjektiv fremde Geschäfte liegen dagegen vor, wenn der Geschäftsführer Maßnahmen trifft, die die Rechtslage des Geschäftsherrn nicht direkt berühren, jedoch nach dem Willen des Geschäftsführers dem Rechts- und Interessenbereich des Geschäftsherrn zugeordnet werden[4]. Ein objektiv

---

[1] GAUTSCHI, Vorbem. zur Geschäftsführung ohne Auftrag, N. 12a; N. 1a zu Art. 419 OR; BECKER, N. 4 zu Art. 419 OR; OSER/SCHÖNENBERGER, N. 2 zu Art. 419 OR; LARENZ, Bd. II, S. 312; FRIEDRICH, S. 25 ff.; AMREIN, S. 3 ff.; VON ORELLI, S. 15 ff.; BGE 68 II, 1942, S. 36: «Einmischung in den fremden Interessenkreis», «Einmischung, ein Eingriff in die fremde Rechtssphäre».

[2] Ausgeschlossen sind demnach stellvertretungsfeindliche Geschäfte und solche, bei denen die Ermächtigung von Anfang an vorhanden sein muß. OSER/SCHÖNENBERGER, N. 6 zu Art. 419 OR. Letztere Geschäfte können Gegenstand eines Auftrags sein. Ein Beispiel in BGE 102 II, 1976, S. 203: Der vom Willensvollstrecker mit einem der Erben abgeschlossene Teilungsvertrag könne nicht dadurch Gültigkeit erlangen, daß ihn die anderen Erben unter Berufung auf Geschäftsführung ohne Auftrag genehmigen. Art. 634 Abs. 2 ZGB schreibe für den Erbteilungsvertrag die Schriftform vor, was bedeute, daß er nur gültig sei, wenn er die Unterschrift aller Erben trage. Überzeugender wirken die anderen Erwägungen. Der Teilungsvertrag ist demnach ungültig, weil das Vertretungsverhältnis nicht verurkundet worden ist und weil der Willensvollstrecker wegen der Gefahr von Interessenkollisionen unfähig ist, nur einen Teil der Erben zu vertreten.

[3] Also kann nicht alles, was ein Geschäft im Sinne der *negotiorum gestio* bildet, Gegenstand eines Auftrags sein.

[4] In BGE 68 II, 1942, S. 36 ist Geschäftsführung abgelehnt worden für die Entgegennahme

fremdes Geschäft besorgt der Veräußerer einer fremden Sache; ein subjektiv fremdes Geschäft, wer für den Geschäftsherrn kauft. Da es der weitgefaßte Geschäftsbegriff gestattet, darunter die Besorgung von Angelegenheiten zu verstehen, die die Interessen verschiedener Geschäftsherren und nicht zuletzt auch jene des Geschäftsführers selbst berühren, bereitet die Zuordnung des Geschäftes Schwierigkeiten[5]. Eine Rettungsaktion liegt nicht nur im Interesse des Geretteten, sondern ebenfalls in jenem des Haftpflichtigen, und sogar die Interessen von Versicherungen, sowohl des Geretteten wie des Haftpflichtigen, werden gewahrt. Durch die Rettung wird Schaden vermieden oder vermindert, was im Interesse Dritter liegt, die für den Schaden aufzukommen haben. Von der Pflichtenseite her läßt sich nicht bestimmen, wer in solchen Fällen als Geschäftsführer anzusehen ist. Es ist nicht unbillig, daß alle diejenigen Ersatzleistungen zu erbringen haben, deren Interessen geschützt worden sind. Zutreffend ist jedoch, nur denjenigen als Geschäftsherrn zu betrachten, dem sinnvollerweise die *Rechte* eines solchen zuerkannt werden können. Dies ist in der Regel der unmittelbar von der Geschäftsführung Betroffene. Als Geschäftsherr soll nur gelten, wer einen Anspruch auf sorgfältige und vollständige Ausführung hat und wer Benachrichtigung, Auskunft sowie Rechenschaft verlangen darf. Dessen Angelegenheiten sind es, die besorgt worden sind, auf dessen Interessen und dessen mutmaßlichen Willen kommt es an. Wollte man die Rechte des Geschäftsherrn auch den mittelbar in ihren Interessen Betroffenen zuerkennen, so würde das auf unerträgliche Interessenkollisionen hinauslaufen. Der Haftpflichtige ist, rein wirtschaftlich gesehen, an der Rettung vielleicht nicht in derselben Weise interessiert wie der Verletzte, können doch seine Leistungen bei Invalidität größer sein als im Todesfall. Das Vorgehen des Retters hat sich nach dem erklärten oder mutmaßlichen Willen des Notleidenden und nicht nach dem Willen des Haftpflichtigen zu richten.

---

einer Zahlung, die für einen anderen Gläubiger bestimmt war. Da diese Zahlung an die falsche Adresse den Schuldner nicht befreit hat, könnte die Entgegennahme lediglich ein subjektiv fremdes Geschäft bilden; allein, der Empfänger hatte keine Kenntnis davon, daß die Zahlung nicht für ihn bestimmt war. Ob die bloße Entgegennahme falsch adressierter Zahlungen überhaupt eine Geschäftsführung darstellt, ist umstritten; vgl. FRIEDRICH, S. 33 f. Dies ist m. E. nur für den bösgläubigen Empfänger zu bejahen. Bei gutem Glauben des Empfängers lassen sich mit Bereicherungsrecht allseits befriedigende Lösungen erzielen; HOFSTETTER, S. 242 ff. zu BGE 68 II, 1942, S. 36.

[5] VON BÜREN II, S. 330; LARENZ, Bd. II, S. 313 f., sucht eine vernünftige Beschränkung der Geschäftsführung dadurch zu erzielen, daß er unterscheidet zwischen der fremden *Angelegenheit,* auf die der Geschäftsführer einwirkt, und fremden *Interessen,* die von der Geschäftsführung berührt werden. Da aber der Begriff des Geschäfts, im Sinne von Angelegenheit, sehr weit gefaßt ist, lassen sich auch mit diesen Begriffen wohl nicht immer eindeutige Ergebnisse gewinnen.

Nicht auszuschließen ist die Besorgung von Angelegenheiten, die unmittelbar mehrere Geschäftsherren berühren. In solchen Fällen rechtfertigt sich die Annahme einer Interessen- und Gefahrengemeinschaft, die für die Kosten der Geschäftsführung nach Anteilen aufkommt[6]. Keine fremde Angelegenheit wird hingegen besorgt, wenn sich gewisse Handlungen zwar als indirekt förderlich für die Interessen eines Dritten erweisen, die Handlungen jedoch nicht mit Rücksicht auf seine Interessen und gemäß seiner mutmaßlichen Absicht vorgenommen werden und er darauf überhaupt nicht einwirken könnte. Er darf infolgedessen nicht als Geschäftsherr behandelt werden. Das ist etwa der Fall bei Geschäftsbetrieben, die aus der Verbesserung von Zufahrten, aus der Eröffnung oder Schließung von Nachbarbetrieben und dergleichen Vorteile ziehen[7].

2. Es ist bereits dargelegt worden, daß in negativer Hinsicht die Geschäftsführung das Fehlen einer Handlungspflicht gegenüber dem Geschäftsherrn voraussetzt[8]. Der Geschäftsführer handelt eigenmächtig, aber nicht stets spontan, da er durchaus in Erfüllung einer Pflicht zur Geschäftsführung veranlaßt sein kann[9]. Ist die Verpflichtung gegenüber dem Geschäftsherrn lediglich moralischer Art, so schließt das Bundesgericht Geschäftsführung nicht aus[10]. Das ist indessen zweifelhaft.

Nach BGE 97 II, 1971, S. 266 f. erfüllen die Eltern, die ihre verletzte Tochter im Spital besuchen, eine moralische Pflicht. Dennoch liege, wegen der günstigen Auswirkung solcher Besuche auf den Heilungsverlauf, Geschäftsführung ohne Auftrag vor. Wer Krankenbesuche macht, hat indessen kaum die Absicht, für die Kosten Ersatz zu verlangen, schon gar nicht, wenn es sich um einen nahen Angehörigen handelt, und auch dann nicht, wenn dadurch die Heilung gefördert wird. Eine Handlung ist entweder Geschäftsführung ohne Auftrag oder nicht. Sie kann es nicht ausnahmsweise deswegen sein, weil mit dieser rechtlichen Konstruktion die Besuchskosten als Schadensposten der Verletzten dem Haftpflichtigen, beziehungsweise seiner Versicherung angelastet werden können. Die Kritik erstreckt sich nur auf die bundesgerichtliche Begründung. Ob es sachlich richtig ist, die Besuchskosten beim Schaden zu berücksichtigen, bleibt hier dahingestellt[11].

---

[6] Es liegt eine *societas periculi* vor; so Papinian in D. 26, 7, 38 pr. in bezug auf das Haftungsrisiko einer Mehrheit von Tutoren; vgl. auch Gaius, Inst. 3,122.

[7] Vgl. den Fall der Oranienburgstraße in ZBJV 67, 1931, S. 536 ff., 545 ff.

[8] Siehe vorne S. 178 f.

[9] von Büren II, S. 331, S. 335, N. 90.

[10] Vgl. schon BGE 16, 1890, S. 811: es komme auf den Willen an, Ersatz zu verlangen, dieser fehle aber, wenn der Geschäftsführer eine, wenn auch unklagbare Forderung erfülle. Becker, N. 9 zu Art. 419 OR.

[11] Vgl. K. Oftinger, Schweizerisches Haftpflichtrecht, Bd. I: Allgemeiner Teil, Zürich 1975, S. 171. – Hätten die hergereisten Besucher den Willen, Ersatz zu verlangen, so wäre eher der Haftpflichtige, bzw. die Versicherung als Geschäftsherr zu betrachten und nicht die besuchte Person.

3. Ob die Geschäftsführung allein von objektiven Voraussetzungen abhängt oder auch einen Geschäftsführungswillen erfordert, ist umstritten[12],
doch leidet die Diskussion unter Mißverständnissen. Zunächst sind echte und
unechte Geschäftsführung auseinanderzuhalten. Bei der unechten Geschäftsführung fehlt der Wille, die Geschäfte als fremde zu besorgen. Der Geschäftsführer, der hier seinen Namen zu Unrecht trägt, handelt für sich, ob bewußt
oder unbewußt, ob gutgläubig oder bösgläubig, ob schuldhaft oder schuldlos,
ist später zu prüfen. Bei der echten Geschäftsführung hingegen ist der Wille,
für einen anderen tätig zu werden, unerläßlich. Wenn für die echte Geschäftsführung dieses subjektive Erfordernis bestritten wird, so ist im Grunde etwas
anderes gemeint. Es kommt nämlich, entgegen der Auffassung des Bundesgerichts, nicht darauf an, ob der Wille besteht, die fremden Geschäfte in der Stellung eines Geschäftsführers ohne Auftrag zu besorgen[13]. Auch wer in der irrigen Meinung, er sei dazu beauftragt, in einer Notlage rettend eingreift, ist ein
echter Geschäftsführer ohne Auftrag. Ebenso wer auf Grund eines ungültigen
Werkvertrags dringende Arbeiten für den Eigentümer ausführt. Es genügt
mithin das Bewußtsein und der Wille, «für einen andern» zu handeln[14]. Der
Geschäftsführungswille in diesem Sinne kann auch vorhanden sein, wenn der
Geschäftsführer gegenüber dem Geschäftsherrn keine Ersatzansprüche stellen, sondern eine Liberalität erweisen will[15]. Das ist häufig der Fall, wenn Ver-
wandte oder Freunde an Stelle des Unterhaltpflichtigen für die Kosten von
Erziehung, Ausbildung und Unterhalt aufkommen[16]. Die Willensrichtung
des Geschäftsführers entscheidet ferner bei neutralen Geschäften über deren
Zuordnung. Wer in einer Notlage spontan reagiert, hat nicht den deutlichen
Entschluß gefaßt, fremde Geschäfte zu besorgen. Er will instinktiv ein Un-

---

[12] GAUTSCHI, Vorbem. zur Geschäftsführung ohne Auftrag, N.4a; N.1b zu Art.419 OR;
OSER/SCHÖNENBERGER, N.9 zu Art.419 OR. Das Bundesgericht hat für die echte Ge-
schäftsführung den *animus alieni negotii gerendi* stets verlangt; z.B. BGE 99 II, 1973, S.134; 75
II, 1949, S.226.

[13] Vgl. die oben zitierten Entscheidungen.

[14] BGE 86 II, 1960, S.25 in bezug auf Art.422 OR: «Cette disposition suppose en effet que le
gérant a agi avec l'intention d'engager le maître.» Diese Voraussetzung ist gegeben, wenn
ein Dritter Schulden zahlt, nicht in Liberalitätsabsicht, sondern in der aus den Umständen
klar ersichtlichen Absicht, Regreß zu nehmen. Das Bundesgericht verneint indessen den
Geschäftsführungswillen, weil der Dritte (eine Gewerkschaft, die an Stelle des bestreitenden Arbeitgebers den Arbeitnehmern Ferienentschädigungen bezahlte) *auch* aus eigenem
Interesse bezahlt hat: «notamment par la crainte de perdre leurs adhérents». Hingegen läßt
sich die Hilfsbedürftigkeit des bestreitenden Schuldners leugnen, so daß für die Ersatzansprüche bei fehlender Genehmigung das Bereicherungsrecht Platz greift.

[15] OSER/SCHÖNENBERGER, N.22 zu Art.419 OR. Die Liberalitätsabsicht ist jedoch nicht zu
vermuten; BGE 55 II, 1929, S.264; 83 II, 1957, S.533ff.

[16] VON BÜREN II, S.333, N.83; z.B. BGE 83 II, 1957, S.533ff.

glück vermeiden. Es läßt sich hinterher nicht ausmachen, ob er dabei den Schutz eigener oder fremder Interessen im Sinne gehabt hat. Sind durch die Schadensabwehr wirklich fremde Angelegenheiten besorgt worden, so ist der Geschäftsführungswille ohne weiteres zu vermuten.

4. Damit die Geschäftsführung ihre Wirkungen auch ohne Genehmigung durch den Geschäftsherrn voll entfaltet, muß sie durch die Interessen des Geschäftsherrn geboten sein (Art. 422 Abs. 1 OR). Trifft dies nicht zu, so kann der Geschäftsführer seine Ersatzansprüche nicht aus Geschäftsführungsrecht ableiten, sondern muß sich mit Bereicherungsansprüchen begnügen[17]. Das schweizerische Recht steht mit dem Erfordernis der Dringlichkeit dem österreichischen Recht näher als dem deutschen[18]. In der Praxis scheitert die Anwendung von Geschäftsführungsrecht nicht selten an der Dringlichkeitsvoraussetzung, die einen wirksamen und nötigen Schutz vor unerbetener Einmischung bildet[19]. Durch die Interessen des Geschäftsherrn geboten ist ein Eingreifen nicht nur in einer echten Notlage, sondern auch bei sonstiger dringlicher Hilfsbedürftigkeit. Hat der Geschäftsherr für bestimmte Arbeiten selber zweckmäßige Anordnungen getroffen, so ist das Eingreifen eines Geschäftsführers wegen fehlender Hilfsbedürftigkeit nicht gerechtfertigt, es sei denn, es lägen andere als die vom Geschäftsherrn vorausgesetzten Umstände vor[20]. Ebenfalls nicht geboten durch die Interessen des Geschäftsherrn ist die Zahlung bestrittener Schulden[21].

5. Die objektiven Voraussetzungen der Geschäftsführung müssen tatsächlich vorhanden sein, die vermeintliche Existenz, selbst aus entschuldbarem Irrtum des Geschäftsführers, genügt nicht[22]. Der Irrtum kann die Zugehörigkeit der Angelegenheit betreffen. Wer glaubt, eine fremde Angelegenheit zu besorgen, während es sich in Wahrheit um die eigene handelt, ist nicht Ge-

---

[17] Anerkennt der Geschäftsherr in diesem Fall die Ersatzansprüche nicht, so kann er sich allerdings nicht die Vorteile der Geschäftsführung aneignen; dies ist jedoch umstritten, siehe hinten S. 207 f.

[18] §§ 1035–1039 ABGB gewähren Ersatzansprüche nur bei notwendiger und zum klaren überwiegenden Vorteil des Geschäftsherrn übernommener Gestion; § 683 BGB: «Entspricht die Übernahme der Geschäftsführung dem Interesse und dem wirklichen oder dem mutmaßlichen Willen des Geschäftsherrn ...»

[19] BGE 95 II, 1969, S. 103 f.; 61 II, 1935, S. 37 ff.: Keine Dringlichkeit, wenn der Mieter einen Ofen ersetzen läßt nach Mitteilung an den Vermieter, der jedoch die Angelegenheit noch prüfen will. OSER/SCHÖNENBERGER, N. 3 zu Art. 422 OR; VON BÜREN II, S. 328; GUHL/MERZ/KUMMER, S. 439.

[20] BGE 95 II, 1969, S. 103 f.

[21] BGE 86 II, 1960, S. 25.

[22] BECKER, N. 7 zu Art. 419 OR; OSER/SCHÖNENBERGER, N. 9/10 zu Art. 419 OR; GAUTSCHI, Vorbem. zur Geschäftsführung ohne Auftrag, N. 12 a/b; VON BÜREN II, S. 332 f.

schäftsführer. Im umgekehrten Fall, wo fremde Angelegenheiten in der Meinung besorgt werden, es seien eigene, fehlt es am Geschäftsführungswillen. Ob auf diesen Fall Art. 423 OR anzuwenden ist, wird hinten auf S. 211 ff. erörtert. Als Geschäftsführer kann gelten, wer irrtümlich annimmt, dem Geschäftsherrn verpflichtet zu sein, doch entbehrt sein Eingreifen vielleicht der Dringlichkeit[23]. Oft täuscht sich der Geschäftsführer über die Dringlichkeit seines Handelns. Der Fehler geht grundsätzlich zu seinen Lasten. Anders ist hingegen zu entscheiden, wenn der Geschäftsherr für die Umstände einzutreten hat, die den Geschäftsführer zu seinem unnötigen Einschreiten bewogen haben[24]. Unbeachtlich ist der Irrtum über die Person des Geschäftsherrn.

II. Wirkungen

1. Der Eingriff in Rechte des Geschäftsherrn ist dem echten Geschäftsführer trotz Fehlens einer Ermächtigung durch den Geschäftsherrn erlaubt.

2. Der Geschäftsführer verpflichtet sich durch die Übernahme zur Ausführung des Geschäftes. Er hat unter Umständen andere Personen vom Eingreifen abgehalten, deshalb ist die freiwillig übernommene Aufgabe sorgfältig und vollständig auszuführen. Darin liegt kein wirklicher Unterschied zum Auftragsrecht, denn die Niederlegung des Mandats zur Unzeit verpflichtet den Beauftragten zu Schadenersatz (Art. 404 Abs. 2 OR).

3. Der Geschäftsführer hat das Geschäft zum Vorteil und nach der mutmaßlichen Absicht des Geschäftsherrn zu besorgen. Ist der Wille des Geschäftsherrn bekannt oder doch erkennbar, so ist dieser richtungweisend. Der Wille hat den Vorrang vor den objektiven Interessen des Geschäftsherrn. Niemand ist verpflichtet, seine eigenen Interessen zu fördern, und eine solche Verhaltensweise darf dem Geschäftsherrn auch vom Geschäftsführer nicht aufgezwungen werden. Bei solchen Zielkonflikten ist indessen eine Geschäftsführung zu unterlassen[25]. Widerspricht die Übernahme der Geschäftsführung

---

[23] Keine Geschäftsführung besteht selbstverständlich im umgekehrten Fall des Schuldners, der mit seiner Zahlung als Geschäftsführer zu intervenieren glaubt.
[24] Der *leading case* findet sich in SJZ 46, 1950, S. 208: Pfarrer Junger von Lauterbrunnen veranlaßte als Rettungsobmann eine Suchaktion für einen Wengener Hotelgast, der im Winter von einer Tour unabgemeldet nicht zurückgekehrt war, jedoch wohlbehalten in einem Hotel auf der Kleinen Scheidegg übernachtete. Der Tourist hatte für die Suchkosten aufzukommen.
[25] LARENZ, Bd. II, S. 316. Das Gesetz verlangt, daß die Interessen *und* der mutmaßliche Wille des Geschäftsherrn die Richtung weisen. Es handelt sich um kumulative Erfordernisse.

dem ausgesprochenen oder erkennbaren Willen des Geschäftsherrn, so sind die Eingriffe des Geschäftsführers ungerechtfertigt. Stellt die Mißachtung des Interventionsverbotes darüber hinaus ein Verschulden des Geschäftsführers dar, so hat dieses Übernahmeverschulden eine Verschärfung seiner Haftung zur Folge (Art. 420 Abs. 3 OR). Unbeachtlich bleibt der Wille des Geschäftsherrn nur dann, wenn sein Interventionsverbot unsittlich oder rechtswidrig ist. Die Rettung des Selbsttöters ist deshalb erlaubt und stellt eine echte Geschäftsführung ohne Auftrag dar.

4. Der Geschäftsführer haftet für Sorgfalt. Greift er in einer Notlage ein, um drohenden Schaden abzuwehren, so ist seine Haftung milder zu beurteilen (Art. 420 Abs. 2 OR). Doch hängt alles von den Umständen ab. Wer berufsmäßig in Notsituationen tätig wird, haftet strenger als der Laie, der in solchen Lagen nach seinen konkreten Fähigkeiten zu beurteilen ist. Anders als im Auftragsrecht kann dem Geschäftsführer in Notfällen nicht zum Vorwurf gemacht werden, sich einer Aufgabe anzunehmen, der er nicht gewachsen ist. Strenger beurteilt sich die Haftpflicht des Geschäftsführers beim Vorliegen eines Übernahmeverschuldens. Er haftet auch für Zufallsschäden, sofern ein adäquater Kausalzusammenhang zwischen der Geschäftsführung und dem Schaden besteht.

5. Der Geschäftsführer ist wie der Beauftragte zur Treue verpflichtet, insbesondere zur Diskretion und unter Umständen zur Geheimhaltung.

6. Der Geschäftsführer hat Benachrichtigungs-, Auskunfts- und Rechenschaftspflichten wie ein Mandatar. Die Benachrichtigungspflicht ist sogar von besonderer Bedeutung, weil der Geschäftsherr von der unternommenen Tätigkeit in der Regel vorher nichts weiß, jedoch möglichst rasch in die Lage versetzt werden soll, seine Angelegenheit wiederum selbst in die Hand zu nehmen. Abzuliefernde Geldbeträge sind verzinslich vom Moment hinweg, wo die Ablieferung möglich ist.

7. Dem echten Geschäftsführer schuldet der Geschäftsherr gemäß Art. 422 Abs. 1 und 2 OR Auslagen-, Verwendungs- und Schadenersatz, sowie die Befreiung von übernommenen Verbindlichkeiten. Der Beauftragte hat diese Erstattungsansprüche unter der Voraussetzung, daß seine Auslagen «in richtiger Ausführung des Auftrages» gemacht worden sind. Entsprechend kann der Geschäftsführer nur Ersatz verlangen für Verwendungen, die notwendig, nützlich und den Verhältnissen angemessen sind. Auslagen, die darüber hinausreichen, ergeben bloß ein Wegnahmerecht (Art. 422 Abs. 3 OR). Hingegen hängt der Erstattungsanspruch nicht vom Erfolg der Tätigkeit ab. Es genügt, daß unter Beachtung aller Sorgfalt die Auslage in der damaligen Situation not-

wendig oder nützlich und angemessen erschienen ist. Der Geschäftsführer hat nicht für den Erfolg einzustehen. Deshalb trägt der Geschäftsherr das Risiko einer richtig übernommenen und ausgeführten Geschäftsführung. D. 3, 5, 9, 1 (Ulpian): i. f. ... eventum non spectamus, debet utiliter esse coeptum[26]. Für diese Ersatzansprüche schuldet der Geschäftsherr Zins vom Zeitpunkt der Entstehung hinweg[27].

In der Frage des Ersatzes von Schaden, den der Geschäftsführer bei seiner Tätigkeit erleidet, hat der Gesetzgeber in Art. 422 Abs. 1 OR auf das richterliche Ermessen verwiesen. Diese Formel ist glücklich, weil sich die sehr verschiedenartigen Situationen nicht schematisch behandeln lassen.

Die für den Beauftragten ungünstigere Regel des Art. 402 Abs. 2 OR wird von der Praxis im Sinne des Geschäftsführungsrechts modifiziert, da der Beauftragte nicht schlechter gestellt sein soll als der auftragslose Geschäftsführer. Der Richter darf namentlich in Rechnung stellen, daß eine Geschäftsführung auch im Interesse des Geschäftsführers oder Dritter gelegen hat. Ferner wird er prüfen, ob das schadenstiftende Risiko dem erstrebten Erfolg angemessen gewesen ist.

8. Werden die Angelegenheiten mehrerer Geschäftsherren oder des Geschäftsherrn und des Geschäftsführers gemeinsam besorgt, so sind die Ersatzansprüche im Verhältnis zum Wert der geschützten Interessen aufzuteilen. Es geht nicht um die Fälle, bei denen indirekt die Interessen Dritter oder des Geschäftsführers berührt werden, sondern um eine Geschäftsbesorgung, die u n m i t t e l b a r die Angelegenheit Mehrerer bildet[28].

9. Der Geschäftsherr schuldet dem Geschäftsführer ein Entgelt, sofern der Geschäftsführer eine Tätigkeit ausgeübt hat, für die ein Entgelt üblich ist[29]. Für die Bemessung des Entgelts empfehlen sich die gleichen Grundsätze wie für diejenigen entgeltlichen Aufträge, bei denen die Parteien keine Honorarregelung getroffen haben.

---

[26] Vgl. SEILER, a.a.O. (vorne S. 191, Anm. 67), S. 55 f.; FRANK, a.a.O.

[27] Hingegen sind die Ersatzansprüche des Nutznießers nach Art. 753 ZGB erst nach Beendigung des Nießbrauchs zu verzinsen, weil sie sich bis dahin zum Vorteile des Nutznießers auswirken; H. LEEMANN, Berner Kommentar, Bd. IV/2: Sachenrecht, Die beschränkten dinglichen Rechte, Bern 1925, N. 7 zu Art. 753 ZGB.

[28] Siehe vorne S. 200 f.

[29] GAUTSCHI, N. 6b zu Art. 422 OR, N. 10c zu Art. 424 OR; BECKER, N. 4 zu Art. 422 OR; OSER/SCHÖNENBERGER, N. 8 zu Art. 422 OR.

III. Irreguläre altruistische Geschäftsführung

1. Nicht selten greift ein Geschäftsführer aus Irrtum, Übereifer, Zudringlichkeit, Unkenntnis des Gesetzes und dergleichen in uneigennütziger Weise in fremde Angelegenheiten ein, ohne daß hierzu ein genügender Anlaß besteht. Genehmigt der Geschäftsherr die Geschäftsführung, so gilt sie als reguläre echte und bereitet rechtlich keine Schwierigkeiten.

2. Verweigert jedoch der Geschäftsherr die Genehmigung, so erweist sich die Geschäftsführung als unerlaubt. Der Geschäftsführer haftet deshalb für schuldhaft bewirkte Schädigungen des Geschäftsherrn. Besonders streng wird, wie schon erwähnt, der Geschäftsführer behandelt, der sich gegen den Willen des Geschäftsherrn eingemischt hat. Er haftet auch für Zufallschäden, sofern die Übernahme der Geschäfte bereits ein Verschulden darstellt.

3. Der Wortlaut des Gesetzes bietet dem Geschäftsherrn bei irregulärer altruistischer Geschäftsführung keine Handhabe, um sich die Vorteile des Geschäftes ohne Genehmigung anzueignen. Aus den Art. 419–422 OR läßt sich die Vorteilsaneignung jedenfalls nicht direkt ableiten. Wer sich indessen die Vorteile aneignet, genehmigt damit die Geschäftsführung[30], so daß die Ablieferungspflicht sich aus Auftragsrecht ergibt (Art. 400 OR). Auf die Vorteilsaneignung nach Art. 423 Abs. 1 OR kann sich der Geschäftsherr einem altruistischen Geschäftsführer gegenüber nicht berufen, denn diese Bestimmung betrifft, wie auch das Marginale eindeutig sagt, lediglich den egoistischen Geschäftsführer. Es wird nun eingewendet, dem Gesetzgeber sei in der Formulierung des Art. 423 Abs. 1 OR (= Art. 473a OR) ein Versehen unterlaufen[31]. In der Tat bildete in den früheren Entwürfen die Bestimmung des (heutigen) Art. 423 Abs. 1 OR das genaue Gegenstück zu Art. 422 OR[32]. Der Artikel erstreckte sich auf alle irregulären Fälle von Geschäftsführung. Erst im Entwurf von 1879 findet sich der heutige Wortlaut, leider ohne zu begründen, warum die altruistische Geschäftsführung gestrichen worden ist. An ein Versehen zu glauben, fällt deshalb schwer, weil es zu offensichtlich ist, daß Art. 423 OR den Art. 422 OR nicht mehr lückenlos ergänzt. Auch das BGB behandelt die irre-

---

[30] Siehe vorne S. 196.

[31] SUTER, S. 119 ff., insbes. S. 124; FRIEDRICH, S. 43. OSER/SCHÖNENBERGER, N. 1 zu Art. 423 OR.

[32] Der Text der früheren Entwürfe lautet: «Hat ein Geschäftsführer ohne Auftrag fremde Geschäfte übernommen, ohne daß dies durch das Interesse des Geschäftsherrn geboten war, oder hat er die fremden Geschäfte in der irrigen Meinung oder in der rechtswidrigen Absicht, lediglich in seinem eigenen Interesse zu handeln, besorgt, so ist der Geschäftsherr berechtigt, die aus der Führung seiner Geschäfte entspringenden Vorteile sich anzueignen.»

guläre altruistische Geschäftsführung ausdrücklich anders als die Geschäftsanmaßung. Es ist deshalb unwahrscheinlich, daß eine echte Gesetzeslücke besteht. Die vom Geschäftsführungsrecht ausgeklammerten Fälle sind vielmehr,
wenn sie nicht genehmigt worden sind, nach Bereicherungsrecht zu beurteilen[33].

Die vom Gesetzgeber getroffene Lösung stellt den Geschäftsherrn vor eine
Wahl. Entweder genehmigt er die Geschäftsführung und zieht deren Vorteil
an sich, oder er läßt den Geschäftsführer mit Vor- und Nachteilen auf dem
Geschäft sitzen, wobei ein Aufwendungsersatz des Gestors dann aus dem Bereicherungsrecht abzuleiten ist. Das Ergebnis erscheint billig. Gegenstand der
irregulären altruistischen Geschäftsführung sind oft subjektiv fremde Geschäfte. Es wäre stoßend, wenn der Geschäftsherr sich zum Beispiel den vom
Geschäftsführer gekauften Gegenstand als Vorteil aneignen dürfte, für die
Aufwendungen aber nicht voll, sondern nur bis zu seiner Bereicherung haften
würde. Findet der Geschäftsherr, der Geschäftsführer habe ungünstig einge-
kauft, so soll er die Sache sein lassen.

Noch keine Genehmigung liegt in dem Begehren um Auskunft und
Rechenschaft. Diese bilden vielmehr die Voraussetzungen dazu, daß sich der
Geschäftsherr in Kenntnis der Sachlage für oder gegen die Genehmigung entscheiden kann. Die Zahlung fremder Schulden bildet eine weitere Tatbe-
standsgruppe, bei der häufig irreguläre altruistische Geschäftsführung vorliegt[34]. Die Angelegenheit ist zwangsläufig zum Vorteil des Schuldners besorgt, weil die Zahlung durch einen Dritten schuldbefreiende Wirkung hat.
Aus demselben Grund dürfen an den Geschäftsführungswillen keine strengen
Anforderungen gestellt werden. Daß es eigene Interessen sind, die den Geschäftsführer zu der Tätigkeit veranlaßt haben, ändert an der Fremdnützigkeit
nichts. Oft fehlt es jedoch an der Dringlichkeit der Zahlung. Verweigert der
Geschäftsherr die Genehmigung, so haftet er nach den Voraussetzungen und
im Umfange der Bereicherung. Das Resultat ist in diesem Falle dasselbe wie
bei einer Beurteilung nach Art. 423 OR, wo in Abs. 2 für die Ersatzleistungen
auf das Bereicherungsrecht verwiesen ist[35].

---

[33] Für die geringe Überzeugungskraft der Entstehungsgeschichte des Art. 423 OR
(= Art. 473a OR) spricht, daß GAUTSCHI nicht von einer mangelhaften Fassung dieses Artikels, sondern vielmehr von Art. 422 OR ausgeht; N. 2c zu Art. 422 OR.
[34] GAUTSCHI, Vorbem. zur Geschäftsführung ohne Auftrag, N. 28; BECKER, N. 6 zu Art. 419
OR.
[35] BGE 86 II, 1960, S. 25ff.; siehe vorne S. 202 Anm. 14.

§ 34. Die unechte Geschäftsführung ohne Auftrag

I. Voraussetzungen

1. Unter Geschäft ist bei der unechten Geschäftsführung lediglich der Eingriff in fremde subjektive Rechte zu verstehen[1]. Zudem fallen nur Rechte in Betracht, die dem Berechtigten ein Gut zur ausschließlichen wirtschaftlichen Nutzung zuweisen[2]. Aus dem Zuweisungsgehalt des verletzten Rechts muß sich ergeben, daß der Eingriffserwerb dem Träger dieses Rechts gebührt, weil ihm die «Ausbeutung» ausschließlich eingeräumt ist. Geht das Recht durch den Eingriff unter, so kann der Anspruch auf Vorteilsaneignung als Rechtsfortwirkung aufgefaßt werden[3]. Aus der Lehre vom Zuweisungsgehalt ergibt sich, daß nicht jede Vertragsverletzung zugleich eine unechte Geschäftsführung ohne Auftrag darstellt. Denn nicht jeder widerrechtlich gezogene Gewinn gehört dem Verletzten. Er steht ihm dann nicht zu, wenn er ihn selber von Rechts wegen ebenfalls nicht hätte erzielen dürfen[4]. Ebensowenig läßt sich die Verletzung von Rechten mit rein negativem Inhalt unter die unechte Geschäftsführung ohne Auftrag subsumieren, denn es fehlt der notwendige Zuweisungsgehalt zugunsten des Verletzten[5]. Hingegen kommen sowohl absolute als auch relative Rechte in Betracht[6]. Doch stellt wiederum nicht jede

---

[1] Moser, SJZ 42, 1946, S. 3 ff.; Amrein, S. 4 f.; vgl. aber Friedrich, S. 26.

[2] Die Lehre vom Zuweisungsgehalt eines Rechtes, die auf Wilburg zurückgeht, ist in Deutschland z. T. abgelehnt worden; vgl. Larenz, S. 474 f.; siehe auch von Orelli, S. 5 ff. Für das schweizerische Recht ist sie jedenfalls nützlich.

[3] So Amrein, S. 12 f., 39 f.

[4] Moser, SJZ 42, 1946, S. 4; Amrein, S. 28; R. Schumacher, Die Presseäußerung als Verletzung der persönlichen Verhältnisse. Insbesondere ihre Widerrechtlichkeit, Arbeiten aus dem Jur. Seminar der Universität Freiburg Schweiz, 20, Freiburg 1960, S. 216.

[5] Hofstetter, S. 240. Beispiele: Negative Servituten; Verbot der Untermiete; Konkurrenzverbot nach Beendigung des Arbeitsvertrages und dergl.

[6] Unter den absoluten Rechten stehen die Immaterialgüterrechte im Vordergrund; es ist deshalb auf die Spezialliteratur zu verweisen; siehe auch die Zusammenstellung bei Gautschi, N. 2 b zu Art. 423 OR. Der Eingriff in das Eigentum oder in beschränkte dingliche Rechte stellt zumeist auch einen Schaden dar, den der Berechtigte erleidet. BGE 51 II, 1925, S. 575 ff. liefert ein Beispiel für einen Gewinn aus unerlaubter Veräußerung, dem kein Schaden entsprach und der deshalb nur unter Berufung auf Art. 423 Abs. 1 OR herausverlangt werden konnte. Der Pfandgläubiger hatte die unbefugt verkauften Wertpapiere durch billiger eingekaufte ersetzt; den Zwischengewinn mußte er abliefern. – Von besonderer Bedeutung ist die Gewinnherausgabe bei der Verletzung von Persönlichkeitsrechten. Wer unbefugt Namen, Bild oder Vorkommnisse, die der Privatsphäre zugehören, gewinnbringend verwendet, hat neben Schadenersatz und Genugtuung auch mit der Gewinnablieferung zu rechnen; K. Oftinger, Die Rechtsordnung im technischen Zeitalter, in: Zürcher Festschrift zum Zentenarium des Schweizerischen Juristenvereins, Zürich 1961, S. 33 f.; Derselbe, Lärmbekämpfung in rechtlicher Hinsicht, ZBJV 100, 1964, S. 109 f.; Merz, ZSR 79,

Vertragsverletzung eine unechte Geschäftsführung ohne Auftrag dar[7]. Nur wenn der Schuldner einen Gewinn erzielt, der nach dem Zuweisungsgehalt der verletzten Forderung dem Gläubiger gebührt, kann in Ergänzung der Vertragshaftung die Geschäftsführung ohne Auftrag herangezogen werden. In der Praxis ist die verbotene Untermiete nicht als unechte Führung von Geschäften des Vermieters betrachtet worden[8]. Ebensowenig werden fremde Geschäfte bei der Verletzung von Konkurrenzverboten oder beim mehrfachen Verkauf derselben Sache geführt[9]. Im letzteren Fall hat der Käufer Anspruch auf die Lieferung der Ware; vor der Lieferung gehört sie ihm noch nicht. Freilich ist gerade das letztere behauptet worden gestützt auf die Vorstellung, der Kauf sei ein Veräußerungsvertrag, der *inter partes* das Kaufgut wirtschaftlich bereits dem Käufer zuweist. Auf diese Weise sollte der Übergang von Gefahr und Nutzen der Kaufsache mit Abschluß des Kaufvertrages gerechtfertigt werden[10]. Da aber der Grundsatz des *periculum emptoris* im schweizerischen Recht höchst umstritten ist, darf die Veräußerungstheorie nicht strapaziert und zur Grundlage von Gewinnherausgabeansprüchen gemacht werden. Der durch vertragswidrige Weiterveräußerung erzielte Mehrpreis entspricht in der Regel einem Schaden des Käufers[11].

1960, S. 676a; SCHUMACHER, a.a.O. (vorne Anm. 4), S. 213 ff. – Zur Gewinnherausgabe nach Verwendung billigerer, aber unerlaubt lärmiger Bauverfahren ist AMREIN (S. 28, N. 144) darin beizupflichten, daß sich Fälle denken lassen, bei denen dieser Gewinn dem Verletzten gebührt. – Zweifellos kann es sich beim Einzug fremder Forderungen um Geschäftsanmaßung handeln.

[7] WOLF, SJK Nr. 1077, S. 4 f; vgl. auch OSER/SCHÖNENBERGER, N. 21 zu Art. 419 OR; FRIEDRICH, S. 36.

[8] BGE 39 II, 1913, S. 707. Das Verbot der Untermiete gibt dem Vermieter einen Anspruch negativen Inhalts. Er selbst darf, solange der Mietvertrag dauert, ebenfalls nicht untervermieten. Zweifelnd FRIEDRICH, S. 33.

[9] HOFSTETTER, S. 241, N. 1; der nach unerlaubtem Selbsteintritt vom Kommissionär erzielte Veräußerungsgewinn ist abzuliefern; BGE 26 II, 1900, S. 39 f.; 45 II, 1919, S. 208.

[10] Vgl. P. CAVIN, Schweiz. Privatrecht, Bd. VII/1, Basel 1977, S. 29 f.; H. GIGER, Berner Kommentar, VI/2: Obligationenrecht, 1. Teilbd.: Kauf und Tausch, Schenkung, Bern 1974, N. 23 zu Art. 185 OR.

[11] Anders wäre bei vertragswidriger Weiterverpachtung zu entscheiden. Der Pächter hat Anspruch auf Gewinnabschöpfung, denn der Pachtvertrag räumt ihm im Verhältnis zum Verpächter allein die wirtschaftliche Nutzung des Pachtobjektes ein. In BGE 47 II, 1921, S. 198 erscheint die Gewinnabschöpfung freilich zu Unrecht gewährt; der Verpächter hatte als Vergütung für die kriegswirtschaftliche Konfiskation des Pachtgrundstückes mehr erhalten, als die Pachtzinse eingebracht hätten. Es lag aber keine Vertragsverletzung vor. Vgl. die weitere Kritik bei FRIEDRICH, S. 32 f. – Eine besondere Form der Vorteilsaneignung stellt das Eintrittsrecht des Prinzipals in unerlaubte Konkurrenzgeschäfte des Prokuristen und Handlungsbevollmächtigten gemäß Art. 464 Abs. 2 OR dar. Der Arbeitnehmer ist allgemein als unechter Geschäftsführer zu behandeln, wenn er während der Arbeitszeit mit den Betriebsmitteln des Arbeitgebers in Verletzung des Arbeitsvertrages auf eigene Rechnung Gewinne erzielt; BGE 34 II, 1908, S. 699 f. Anders verhält es sich aber, wenn der

Weil die unechte Geschäftsführung ohne Auftrag voraussetzt, daß der Geschäftsführer zu eigenem Vorteil handelt, fallen nur objektiv fremde Geschäfte in Betracht.

2. Der Eingriff in das fremde subjektive Recht muß widerrechtlich erfolgen. Die Rechtswidrigkeit kann, wie eben dargelegt worden ist, in einer Vertragsverletzung bestehen.

3. In subjektiver Hinsicht ist zunächst negativ festzuhalten, daß ein Geschäftsführungswille fehlen muß. Deshalb kommt für die unechte Geschäftsführung Art. 421 Abs. 1 OR, der die Haftung des vertragsunfähigen Geschäftsführers betrifft, nicht in Betracht [12]. Positiv steht fest, daß das schuldhafte unerlaubte Eingreifen in fremde Rechte in eigennütziger Absicht den Tatbestand des Art. 423 OR erfüllt. Der Geschäftsführer maßt sich bewußt fremde Geschäfte an mit dem Willen, sich selber oder einem Dritten [13], nicht aber dem Berechtigten, den Nutzen zukommen zu lassen. Schuldhaft verletzt der Geschäftsführer die fremden Rechte auch dann, wenn er sich aus Fahrlässigkeit über die Fremdheit der Geschäfte irrt. Dieser Geschäftsführer ist bösgläubig [14].

Nach der Praxis des Bundesgerichts und nach der herrschenden Lehre findet Art. 423 OR jedoch auch auf den gutgläubigen Geschäftsführer Anwendung, also auf denjenigen, dem das irrtümliche Eingreifen in fremde Rechtssphären nicht zum Vorwurf gemacht werden kann [15]. Diese Auffassung ist durch den Wortlaut des Art. 423 OR gedeckt. Sie erscheint dennoch fragwürdig.

Arbeitnehmer, statt seine Leistungspflicht zu erfüllen, außerhalb des Betriebs einer anderen einträglicheren Arbeit nachgeht. Der Arbeitgeber hat keinen ausschließlichen Anspruch auf die Arbeitskraft des Arbeitnehmers.

[12] Siehe vorne S. 176 f.

[13] Insofern ist die Bestimmung von Art. 423 Abs. 1 OR zutreffender formuliert als das Marginale. Während letzteres «Geschäftsführung im Interesse des Geschäftsherrn» lautet, ist die Bestimmung durch die negative Umschreibung weiter gefaßt: «Wenn die Geschäftsführung nicht mit Rücksicht auf das Interesse des Geschäftsherrn unternommen wurde...».

[14] Guter Glaube ist im Sinne von entschuldbarem Irrtum über eine Tatsache zu verstehen; zu BGE 99 II, 1973, S. 147 ff.: Liver, ZBJV 111, 1975, S. 68; Piotet, SJZ 71, 1975, S. 19, N. 13. Zu der Frage des guten Glaubens allgemein: Deschenaux, Schweiz. Privatrecht, Bd. II, S. 213 f.; Piotet, JdT, 1970 II, S. 134 f.

[15] BGE 97 II, 1971, S. 177 f.; Becker, N. 1 und 3 zu Art. 423 OR; Oser/Schönenberger, N. 2 zu Art. 423 OR; von Tuhr/Siegwart, Bd. I, S. 434 f.; Friedrich, S. 39 ff.; Troller, Bd. II, S. 1132; Blum/Pedrazzini, N. 7 zu Art. 73 PatG; Wolf, SJK Nr. 1077, S. 1 und 6; Nr. 1078, S. 1; Nr. 1079 (Ersatzkarte), S. 5 ff.; A. Simonius, Kauf als Mittel der Übertragung und der Verletzung des Eigentums, in: Festschrift Guhl, Zürich 1950, S. 66. – Nur bei Verschulden des Geschäftsführers wollen die Gewinnherausgabe gewähren: F. Fick/A. von Morlot, Das Schweizerische Obligationenrecht vom 30. März 1911, Zürich 1915, N. 17 und 26 zu Art. 419 OR; Guhl/Merz/Kummer, S. 440 f.; Birrer, S. 88 ff.; Hofstetter, S. 232 ff. –

a) Die Gleichstellung des gutgläubigen mit dem bösgläubigen Geschäftsherrn in Art. 423 OR widerspricht dem grundsätzlichen Auseinanderhalten
der beiden Tatbestände durch das Gesetz bei den anderen, mit der unechten
Geschäftsführung ohne Auftrag vergleichbaren privatrechtlichen Ausgleichsansprüchen. Der gutgläubige Besitzer ist in bezug auf Schaden- und Impensenersatz sowie Fruchterwerb wesentlich besser gestellt als der bösgläubige.
In der Frage des Einbaus und der Einpflanzung wirken sich guter und böser
Glaube erheblich auf den Umfang der Ausgleichsansprüche aus[16]. Die Bereicherungsansprüche sind in ihrem Umfang ebenfalls je nach dem guten oder
bösen Glauben des Bereicherten verschieden (Art. 64 OR).

b) Das Bundesgericht hat die Verpflichtung des gutgläubigen Besitzers zur
Herausgabe des Veräußerungsgewinns verneint[17]. Allerdings ist diese Auffassung meines Erachtens zu Recht kritisiert worden. Allein, zur Rechtfertigung
der Gewinnherausgabe des gutgläubigen Geschäftsführers fällt die Ablieferung des Veräußerungsgewinns durch den gutgläubigen Besitzer noch nicht
entscheidend ins Gewicht. Der Veräußerungserlös entspricht regelmäßig
einem Substanzverlust des Berechtigten, der mit Schadenersatz- oder Bereicherungsansprüchen auszugleichen ist.

c) Schadenersatz ist grundsätzlich nur bei Verschulden zu leisten. Ohne
Verschulden fallen lediglich Bereicherungsansprüche in Betracht. Es wäre
systemwidrig, dem Geschäftsherrn ohne Verschulden des Geschäftsführers
eine, je nach dem Sachverhalt über den Schadenersatz und die Bereicherung
hinausgehende Gewinnabschöpfung einzuräumen.

d) Die Herausgabe des Gewinns kann für den Gutgläubigen eine Härte darstellen. Mit dem Gewinn verfährt man anders als mit der gewinnproduzieren-

---

GAUTSCHI (N. 2a zu Art. 423 OR) betrachtet es als «zu weitgehend, wenn angenommen
wird, Art. 423 OR könne auch auf gutgläubige Geschäftsbesorgungen Anwendung finden». Siehe auch GAUTSCHI, N. 13e und 25 zu Vorbem. zur Geschäftsführung ohne Auftrag.
Der gutgläubige Geschäftsführer unterliege jedoch gleichwohl einer Ablieferungspflicht
(N. 1c und 9c zu Art. 419 OR). In N. 4c zu Art. 423 OR vertritt GAUTSCHI dann aber die
Meinung, daß den unechten Geschäftsführer stets ein Übernahmeverschulden treffe; deshalb erübrige es sich, zwischen einer gutgläubigen schuldlosen und einer bösgläubigen
schuldhaften Rechts*anmaßung* zu unterscheiden. – Man darf auch nicht übersehen, daß,
soweit in der älteren Praxis und Lehre die Gewinnabschöpfung als erweiterter Schadenersatz aufgefaßt wurde, lediglich die schuldhafte Geschäftsanmaßung in Betracht fiel; vgl. die
Zusammenstellung der älteren Praxis in BGE 97 II, 1971, S. 176f. Für das Markenrecht
E. MATTER, Kommentar zum Bundesgesetz betreffend den Schutz der Fabrik- und Han-
delsmarken, der Herkunftsbezeichnung von Waren und der gewerblichen Auszeichnun-
gen, Zürich 1939, S. 238.
[16] Siehe vorne S. 187f.
[17] Siehe vorne S. 186f.

den Substanz. Deshalb wollen eine Reihe von Autoren die Gewinnherausgabe des Gutgläubigen auf die noch vorhandene Bereicherung beschränken, in analoger Anwendung von Art. 64 OR [18]. Andere wiederum schlagen eine analoge Anwendung der Regeln über die Bestimmung und die Herabsetzung des Schadenersatzes vor (Art. 43/44 OR) [19]. Das bedeutet eine starke Annäherung an den hier vertretenen Standpunkt. Kann der Richter den Schadenersatz unter Würdigung der Größe des Verschuldens festsetzen, so darf er wohl auch die Gewinnabschöpfung beim schuldlosen Verletzer, zumal diese eine Härte darstellen sollte, völlig verweigern.

e) Wenn die Gewinnherausgabe für den gutgläubigen Verletzer eine Härte darstellen kann, so ist umgekehrt die Gewinnabschöpfung für den Geschäftsherrn kein zwingendes Postulat der Gerechtigkeit wie etwa der Ausgleich von widerrechtlich zugefügtem Schaden. Sie hat eher eine generalpräventive Funktion. Die Aussicht, trotz rechtlicher Sanktionen einen Gewinn behalten zu können, darf nicht Anreiz zu Rechtsverletzungen sein. Diese primär gegen den Verletzer gerichtete Sanktion soll nicht von weniger strengen Voraussetzungen abhängen als Schadenersatz- und Bereicherungsansprüche, die um des Geschädigten willen vom Gesetz gewährt werden. Der Sinn der Fiktion von Art. 423 OR besteht darin, das Unrecht nicht zum Rechenexempel werden zu lassen. Die Gewinnherausgabe ist deshalb eine E r g ä n z u n g zu Schadenersatz und Bereicherung. Läßt man aber auch den gutgläubigen Geschäftsführer auf Gewinnherausgabe haften, so wird in Wirklichkeit das Bereicherungsrecht k o r r i g i e r t.

f) Die objektive Lehre der Geschäftsführung wird für das Immaterialgüterrecht mit Entschiedenheit von T ROLLER vertreten [20]. Es muß hier offen bleiben, ob sich in diesem Rechtsbereich eine von den allgemeinen Grundsätzen abweichende Lösung aufdrängt. Das Bundesgericht, das sich der objektiven Lehre angeschlossen hat, gibt hierfür keine Begründung [21]. T ROLLER führt Praktikabilitätsgründe an. Die Berufung auf Geschäftsführung erspart dem Kläger sowohl den Beweis erlittenen Schadens, als auch eines Verschuldens des Verletzers [22]. Damit ist jedoch noch nicht dargetan, warum die Beweis-

---

[18] Siehe vorne S. 185.
[19] A MREIN, S. 51 f.; W OLF, SJK Nr. 1079 (Ersatzkarte), S. 5, möchte den Gutgläubigen bei der Berechnung des Reingewinnes besser stellen als den Bösgläubigen, bei ihm steht die Idee des gerechten Ausgleichs und nicht die Präventiv- und Repressivfunktion der Gewinnherausgabe im Vordergrund.
[20] Bd. II, S. 1132 ff.
[21] BGE 97 II, 1971, S. 177 f.
[22] Gewiß ist der Beweis, daß und wieviel Gewinn erzielt worden ist, u. U. ebenfalls sehr

schwierigkeiten des Berechtigten eher ein Entgegenkommen verdienen als die Schwierigkeiten des gutgläubigen Verletzers, die Existenz fremder Immaterialgüterrechte zu erkennen. Dies dürfte der entscheidende Gesichtspunkt zur Lösung des Interessenkonfliktes sein. Wiederum ist von den Sachenrechten auszugehen. Durch Publizität und Typisierung hat der Gesetzgeber dafür gesorgt, daß Existenz und Inhalt dieser absoluten Rechte Dritten erkennbar werden. Dennoch haftet der gutgläubige Verletzer in geringerem Umfang als der bösgläubige. Die Immaterialgüter sind oft schwieriger zu erkennen und deshalb auch verletzlicher. Es geht meines Erachtens nicht an, das aus dem Wesen der Immaterialgüterrechte hervorgehende erhöhte Risiko der Verletzung dem Gutgläubigen aufzubürden, zumal verbunden mit einer Sanktion, die dem Berechtigten mehr einbringen kann als Schadenersatz und Bereicherungsansprüche.

g) Der Vergleich mit dem deutschen Recht bestätigt dieses Ergebnis. Als unechter Geschäftsführer gilt nur, wer bewußt in fremde Rechte eingreift. Der gutgläubige Verletzer, der durch seinen Eingriff Vorteile erwirbt, haftet im Rahmen der Eingriffskondiktion. Diese zielt nicht auf Gewinnherausgabe, sondern auf Wertersatz, das heißt bei Immaterialgüterrechten auf angemessene Vergütung[23]. Einen solchen bereicherungsrechtlichen Anspruch gegen den gutgläubigen Verletzer auch im schweizerischen Recht zuzulassen, würde weniger Bedenken erwecken. Die Frage betrifft jedoch das Bereicherungsrecht.

h) Die Haftung des gutgläubigen Geschäftsherrn auf Gewinnherausgabe wird mit dem beruhigenden Verweis auf die ältere gemeinrechtliche Lehre hingenommen. Es muß aber an deren deutliche Ablehnung durch die späteren Pandektisten erinnert werden: «Wer fremde Geschäfte im Glauben, es seien *eigene,* besorgt, kann unmöglich, wie manche vermeinen, schlechthin als Vertreter desjenigen behandelt werden, welchem das Geschäft objektiv zugehört. Dies würde ihn und den Geschäftsherrn mit einer Verantwortlichkeit belasten, für die es an inneren Gründen fehlt, und stünde mit anerkannten Rechtssätzen, namentlich hinsichtlich der Stellung eines gutgläubigen Besitzers fremder Sachen in schroffem Widerspruch» (DERNBURG)[24].

---

schwierig zu erbringen, um so mehr ist es gerechtfertigt, dem Kläger die Wahl des für ihn günstigeren Standpunktes zu überlassen; vgl. BLUM/PEDRAZZINI, Bd. III, N. 7 zu Art. 73 PatG.
[23] Vgl. LARENZ, Bd. II, S. 507 ff., S. 323 N. 3; a. M. JAKOBS, S. 113, N. 28.
[24] H. DERNBURG/P. SOKOLOWSKI, System des römischen Rechts, 8. Aufl., Berlin 1912, S. 811.

II. Wirkungen

1. Die unechte Geschäftsführung ohne Auftrag verleiht allein dem Geschäftsherrn Rechte. Es ist ausgeschlossen, daß der Geschäftsführer unter Berufung auf eine begangene Rechtsverletzung Ansprüche aus Geschäftsführungsrecht erheben kann. Deshalb wird in Art. 423 Abs. 2 OR auf das Bereicherungsrecht verwiesen.

2. Wer sich fremde Geschäfte anmaßt, kann vom Berechtigten wie ein Geschäftsführer behandelt werden. Der Berechtigte übt indessen kein Wahlrecht aus, vielmehr tritt die Vorteilsaneignung nach Art. 423 Abs. 1 OR ergänzend zu Schadenersatz- und Bereicherungsansprüchen, wobei allerdings nicht Kumulierung, sondern Anrechnung stattfindet[25]. Der Anspruch auf Vorteilsaneignung setzt voraus, daß der Geschäftsführer zu Auskunft und Rechenschaft gehalten ist[26]. Die Behandlung des Verletzers als Geschäftsführer stellt eine Fiktion dar. Der unechte Geschäftsführer ist jedoch in einem einzigen Punkt dem echten Geschäftsführer gleichzustellen, nämlich darin, daß er den Gewinn abzuliefern sowie Auskunft und Rechenschaft zu erteilen hat. Alle anderen Regeln der echten Geschäftsführung sind auf den unechten Geschäftsführer nicht sinnvoll anwendbar. Er hat keine Sorgfaltspflicht und keine Pflicht, das übernommene Geschäft zu Ende zu führen[27]. Eine solche Verpflichtung stünde in Widerspruch zum Unterlassungsanspruch des Geschäftsherrn. Dieser kann nicht gleichzeitig die Verletzung der Unterlassungspflicht und die «unsorgfältige», sowie nicht zu Ende geführte Verletzung dieser Unterlassungspflicht geltend machen. Möglicherweise hat aber der Geschäftsführer dem Geschäftsherrn einen Schaden und nicht bloß eine Gewinnverminderung verursacht, zum Beispiel sind dem Geschäftsherrn Kunden

---

[25] Siehe vorne S. 183, 188; die ergänzende Funktion der Gewinnabschöpfung geht auch aus Art. 464 Abs. 2 OR hervor. Die privatrechtliche Gewinnabschöpfung kann zu der strafrechtlichen Einziehung und zum Verfall gemäß Art. 58–60 StGB in Konkurrenz treten. Der Geschäftsherr darf m. E. den Gewinn als anspruchsberechtigter Dritter gemäß Art. 58bis StGB herausverlangen. Vgl. zum Konkurrenzproblem: H. SCHULTZ, Die Einziehung, der Verfall von Geschenken und anderen Zuwendungen sowie die Verwendung zugunsten des Geschädigten gemäß Art. 58f. rev. StGB, ZBJV 114, 1978, S. 305 ff., insbes. S. 333 f.; J. GAUTHIER, Quelques aspects de la confiscation selon l'article 58 du Code pénal suisse, Schweiz. Zeitschr. f. Strafrecht 94, 1977 (= Festgabe Schultz), S. 364 ff.

[26] GAUTSCHI, N. 5 zu Art. 423 OR.

[27] Nach der herrschenden Meinung haftet der unechte Geschäftsführer für den erlangbaren Gewinn: GAUTSCHI, N. 4 b zu Art. 423 OR; BECKER, N. 3 zu Art. 423 OR, und OSER/SCHÖNENBERGER, N. 2 zu Art. 423 OR, unterscheiden für die Frage der Sorgfalts- und Fortsetzungspflicht zwischen dem gutgläubigen und dem bösgläubigen Geschäftsführer. Dagegen HOFSTETTER, S. 223 f.

verloren gegangen. Hierfür ist Schadenersatz zu verlangen [28]. Nach einem allgemeinen Prinzip haftet der unechte Geschäftsführer, wenn ein Übernahmeverschulden vorliegt, auch für Zufallsschäden [29].

3. Der Geschäftsführer hat den *Netto* gewinn abzuliefern. Das geht indirekt aus Art. 423 Abs. 2 OR hervor, wo dem Geschäftsführer Ersatz- und Entlastungsansprüche im Rahmen der Bereicherung des Geschäftsherrn zuerkannt werden. Unter den Gewinn fällt auch die bloße Verminderung eines Verlustes durch Verletzung eines fremden Rechts [30]. Der Gewinnherausgabe steht nicht im Wege, daß der Geschäftsherr durch die unerlaubte Einwirkung des Verletzers einen anderweitigen Vorteil gezogen hat [31]. Besondere Probleme wirft der häufige, sogenannte Kombinationseingriff auf [32]. Der Gewinn ist nicht nur der Verletzung fremder Rechte zuzuschreiben, er stellt also keinen reinen Eingriffserwerb dar, sondern ist zum Teil durch eigene Leistungen und Mittel des Geschäftsführers erzielt worden. Einfach ist lediglich der Fall der Rechtsverletzung, die eine *conditio sine qua non* des Gewinnes darstellt. Hier sollte es auf die eigenen Leistungen des Gestors nicht ankommen. Es kann im übrigen auf die Literatur zum Immaterialgüterrecht verwiesen werden.

4. Der Beauftragte und der echte Geschäftsführer ohne Auftrag dürfen bei der Ermittlung des Ablieferungsanspruches nicht alle Auslagen in Rechnung stellen. Nur was in richtiger Ausführung des Auftrages ausgegeben worden ist oder was als notwendige oder nützliche und angemessene Auslage erscheint, ist bei der Berechnung des Reingewinnes zu berücksichtigen (Art. 402 Abs. 1 und 422 Abs. 1 OR). Wendet man auf den unechten Geschäftsführer ohne Auftrag die für den echten Geschäftsführer geltende Regel an, so wird vermieden, daß sich der unredliche Geschäftsführer besser stellt als der redliche. Andererseits wird jedoch dem Geschäftsanmaßer dadurch eine Sorgfaltspflicht auferlegt, die mit seiner Unterlassungspflicht in Widerspruch steht. Der unredliche Geschäftsführer hat daher den tatsächlichen Reingewinn abzuliefern, nicht denjenigen, den er durch sparsameres Wirtschaften hätte erzielen können [33]. Die Sorgfaltspflicht des echten Geschäftsführers, die auch darauf ge-

---

[28] Man denke an den Marktverwirrungs- und Diskreditierungsschaden. Hierzu VON ORELLI, S. 50 ff., 58.
[29] AMREIN, S. 59, der auf Art. 103 Abs. 1, 306 Abs. 3, 474 Abs. 3 OR und Art. 940 ZGB verweist.
[30] Vgl. WOLF, SJK Nr. 1079 (Ersatzkarte), S. 4, zum Gewinn in Form von Ersparnissen; TROLLER, Bd. II, S. 1134, N. 98.
[31] BGE 97 II, 1971, S. 177; vgl. auch BGE 85 II, 1959, S. 129 f.
[32] TROLLER, Bd. II, S. 133 f.; AMREIN, S. 42 ff.
[33] Wenig geklärt ist die Frage, ob der Verletzer für seinen Arbeitsaufwand Lohn in Abzug

richtet sein muß, die Kosten der Geschäftsbesorgung möglichst gering zu halten, rechtfertigt sich stets aus der Überlegung, daß der Gestor durch seine Übernahme der Geschäftsbesorgung Andere, vielleicht besser Geeignete von der Interessenwahrung abgehalten hat. Das Argument eignet sich nicht für die unechte Geschäftsführung. Man kann vom Unredlichen nicht mehr herausverlangen wollen mit der Begründung, ein anderer Unredlicher hätte kostensparender gewirtschaftet.

5. Der Geschäftsführer schuldet für den der Ablieferung unterstehenden Reingewinn Zinsen vom Zeitpunkt hinweg, in dem der Gewinn erzielt worden ist [34].

---

bringen darf; vgl. TROLLER, Bd. II, S. 1133, N. 96; AMREIN, S. 62. WOLF, SJK Nr. 1079 (Ersatzkarte), S. 5, will nur dem schuldlosen Verletzer den Abzug von allgemeinen Geschäftskosten, Fabrikationslasten, einschließlich Abschreibungen auf den benützten Maschinen zugestehen. Beim Bösgläubigen sind «höchstens die effektiven Unkosten und Beiträge des Verletzers zu berücksichtigen».

[34] AMREIN, S. 60.

Der Darlehensvertrag

BERNHARD CHRIST

Literatur zum Darlehensvertrag

Die hier angeführten Werke werden in der Folge nur mit dem Namen des Autors, gegebenenfalls einem zusätzlichen Stichwort zitiert. Weitere nur vereinzelt vorkommende Werke sind am betreffenden Ort mit vollständigen Angaben aufgeführt. Die wesentlichste ausländische Literatur ist in § 35, Anm. 27–30 zitiert. Die Literatur zum Sparkassengeschäft findet sich vor § 40.

O. AESCHLIMANN, Kreditgeschäft und Kreditvertrag, Diss. Bern 1926; E. ALBISETTI/D. BODMER/N. BOEMLE/N. GSELL/E. RUTSCHI, Handbuch des Geld-, Bank- und Börsenwesens der Schweiz, 3. Aufl., Thun 1977; H. BECKER, Berner Kommentar, Bd. VI/2: Obligationenrecht, Die einzelnen Vertragsverhältnisse, Bern 1943; B. VON BÜREN, Schweizerisches Obligationenrecht, Besonderer Teil, Zürich 1972; C. CROME, Die partiarischen Rechtsgeschäfte, Freiburg i. Br./Leipzig/Tübingen 1897; H. DERNBURG, Pandekten, 5. Aufl., Berlin 1896; A. EGGER, Die rechtliche Natur der stillen Beteiligung an einem Unternehmen, in: Ausgewählte Schriften und Abhandlungen, hg. von W. HUG, Bd. II, Zürich 1957, S. 197 ff.; P. ENGEL, Traité des obligations en droit suisse, Dispositions générales, Neuchâtel 1973; L. ENNECCERUS, Lehrbuch des Bürgerlichen Rechts, Bd. II: Recht der Schuldverhältnisse, 15. Bearbeitung von H. LEHMANN, Tübingen 1958 (zit. ENNECCERUS/LEHMANN); P. FISCHER, Das Darlehen und die Abgrenzung von den ihm ähnlichen Rechtsgeschäften, Diss. Bern 1929; P. GAUCH, System der Beendigung von Dauerverträgen, Freiburger Arbeiten 34, Fribourg 1968; G. GAUTSCHI, Berner Kommentar, Bd. VI/6: Obligationenrecht, Besondere Auftrags- und Geschäftsführungsverhältnisse sowie Hinterlegung, Art. 425–491 OR, Bern 1962; P. GRAF, Das Darlehen mit Gewinnbeteiligung oder das partiarische Darlehen, Diss. Zürich 1951; GUHL/MERZ/KUMMER, Das schweizerische Obligationenrecht, 6. Aufl., Zürich 1972; M. KASER, Das römische Privatrecht, München, Bd. I, 1955; Bd. II, 1959; U. VON LÜBTOW, Die Entwicklung des Darlehensbegriffs im römischen und im geltenden Recht, Berliner Juristische Abhandlungen 10, Berlin 1965; W. OPPIKOFER, Le crédit d'acceptation, Diss. Genf 1931; H. OSER, Zürcher Kommentar, Das Obligationenrecht, Zürich 1915; OSER/SCHÖNENBERGER, Zürcher Kommentar, Bd. V/1: Obligationenrecht, Art. 1–183 OR, Zürich 1929; Bd. V/2, Art. 184–418 OR, Zürich 1936; Bd. V/3, Art. 419–529 OR, Zürich 1945; E. PFISTER, Das Darlehensgeschäft, Diss. Zürich 1924; M. PICENONI, Gesellschaftsrechtliche Entscheide, Bern 1974; K. SPIRO, Die Begrenzung privater Rechte durch Verjährungs-, Verwirkungs- und Fatalfristen, Bern 1975; H. TOBLER, Zur Rückzahlung unbefristeter Darlehen, SJZ 10, 1913, S. 57 ff.; O. STOBBE, Handbuch des Deutschen Privatrechts, 2. Aufl., Berlin 1882 ff.; VON TUHR/PETER/ESCHER, Allgemeiner Teil des Schweizerischen Obligationenrechts, Bde. I und II, Zürich 1974; C. WIELAND, Zürcher Kommentar, Bd. IV: Sachenrecht, Zürich 1909; P. WIND, Die Bestimmungsgründe der Höhe der Zinssätze im Schweizerischen Bankgeschäft, Diss. Bern 1953.

§ 35. Begriff und Abschluß des Darlehensvertrages

I. Der Begriff des Darlehensvertrages

1. Nach der gesetzlichen Umschreibung von Art. 312 OR verpflichtet sich durch den Darlehensvertrag der Darleiher zur Übertragung, oder allgemeiner zur Verschaffung des Eigentums an einer Summe Geld oder an andern vertretbaren Sachen, der Borger zur Rückerstattung der Geldsumme oder der andern vertretbaren Sachen der gleichen Art in gleicher Menge und Güte.

Das Obligationenrecht kommt zur Regelung des Darlehensvertrages mit sieben zum Teil knappen Artikeln aus. Sie gehören – abgesehen von einigen Retouchen – zum ältesten Bestand des kodifizierten Obligationenrechtes des Bundes.

Im alten OR vom 14. Brachmonat (Juni) 1881 war das Darlehen in den Art. 329 bis 337 enthalten; das sind zwei Artikel mehr als heute. Art. 337 schied im OR von 1911 aus: Er hatte den Vorbehalt des kantonalen Rechtes für grundpfändlich gesicherte Darlehen zum Inhalt. Die Art. 334 und 335 des Entwurfs von 1905[1] wurden zum heutigen Art. 314 zusammengefaßt. Neu wurde die Bestimmung eingeführt, daß versprochene Zinse mangels anderer Abrede als Jahreszinse zu gelten haben (Art. 314 Abs. 2 OR). Art. 332 des Entwurfes (entspricht Art. 316 OR) erhielt im endgültigen Text eine etwas knappere Fassung: statt der Enumeration der Kreditverfallsgründe beim Borger – fruchtlose Pfändung, Konkurs, Einstellung der Zahlungen – wurde der umfassendere, flexiblere Begriff der Zahlungsunfähigkeit aufgenommen[2]. In der Revision von 1936 blieb der Abschnitt über das Darlehen unberührt.

2. Das Gesetz nennt die Vertragsparteien «Darleiher» und «Borger». In Literatur und Praxis finden sich auch die schwerfälligeren Bezeichnungen «Darlehensgeber» und «Darlehensnehmer»[3]. Geht es um ein Kreditgeschäft im weiteren Sinn, so sind die Bezeichnungen «Kreditgeber» und «Kreditnehmer» gebräuchlich.

Im Gegensatz etwa zum Vermieter und Mieter, Arbeitgeber und Arbeitnehmer, Abzahlungsverkäufer und -käufer, haben Darleiher und Borger keine sozial (relativ) bestimmte Rolle: Der kleine Anleger, der bei einer Bank ein bescheidenes Festgeld stehen hat, ist nicht weniger typischer Darleiher wie die Großbank, die einen Handwerksbetrieb mit Krediten finanziert. Selbst der Größte der Großen, der Staat, ist Borger. Die Anleihensobligation (Art. 1156 ff. OR) – ihre Sonderregelung ist nicht in diesem Zusammenhang zu behandeln – macht das breite Anlegerpublikum zu Darleihern, Bund, Kantone, Gemeinden, halbstaatliche und private Großunternehmen zu Borgern. Anderseits floriert seit der Hochkonjunktur der sechziger Jahre auch in der Schweiz

---

[1] Botschaft des Bundesrates betr. die Ergänzung des Entwurfs eines schweizerischen Zivilgesetzbuches durch Anfügung des Obligationenrechtes und der Einführungsbestimmungen vom 3. März 1905; 36. Titel, Das Darlehen, Art. 1361 (329) bis 1368 (336).

[2] Vgl. hinten § 37, I 7.

[3] Die Bezeichnung «Darlehensschuldner» für den Borger sollte vermieden werden: Auch der Darleiher ist vor seiner Hingabe der Valuta Schuldner des Darlehens.

das sogenannte Kleinkreditgeschäft: viele weniger wohlhabende Leute stehen als Borger –
allerdings meist nur vorübergehend – in Verschuldung bei Bankinstituten, um sich den Ankauf von aufwendigeren Konsumgütern zu ermöglichen. Daneben bleiben das volkswirtschaftlich wertvollste Anwendungsgebiet für das Darlehen Investitionskredite für kleine,
mittlere und große Unternehmen, das heißt die Darlehen, die für den Ausbau der Ertragskraft der
Unternehmen gegeben werden. Mit Recht beschränkt sich das Gesetz angesichts dieser sich aufhebenden sozialen und wirtschaftlichen Interessenvektoren und angesichts des ungeheuer weiten
Anwendungsfeldes auf eine knappe, der Vertragsfreiheit breiten Raum lassende Regelung. Mit
gleichem Recht begnügt sich das Gesetz mit einigen wenigen zwingenden Vorschriften zum Schutz
des Borgers und verzichtet auf Regeln wie die Art. 257 Abs. 2 und 337 c OR[4].

Es wäre nicht angemessen, die eine der Parteien prinzipiell als die wirtschaftlich schwächere zu betrachten.

3. Das Darlehen gehört zu den «Überlassungsverträgen»[5]. Der Darleiher
verschafft dem Borger den Gebrauch des Wertes eines Kapitals von
Geld oder anderen vertretbaren Sachen. Es wird deshalb im gleichen Titel
wie die Gebrauchsleihe unter dem Oberbegriff der Leihe abgehandelt. Der
Gebrauch, den der Borger vom Kapital vertragsgemäß macht, nimmt eine
gewisse Zeit in Anspruch. Das Darlehen ist deshalb als Dauerschuldverhältnis zu betrachten[6].

4. Zum Begriff des Darlehens gehört die Beschaffenheit der zum Gebrauch
gegebenen Sachen: Es muß sich um Geld oder vertretbare Sachen
handeln, also eine ersetzbare Sacheinheit, die der Borger, wenn er zurückzuerstatten hat, in gleicher Art und Menge wiederbeschaffen kann. Im Vordergrund steht das Geld. Allerdings können auch andere vertretbare Sachen zu
Darlehen gegeben werden, so namentlich verbrauchbare Güter des täglichen
Bedarfs.

Zu denken ist an jene Fälle, wo sich Nachbarinnen mit Nahrungsmitteln leihweise aushelfen.
Streitig dürften diese Darlehen selten werden. Immerhin könnte die dispositive sechswöchige
Kündigungsfrist zu Unzukömmlichkeiten führen. Vielfach dürfte bei diesen Gefälligkeitsdarlehen
stillschweigend vereinbart sein, daß schon früher zurückzuleisten ist, sofern der Borger objektiv
dazu in der Lage ist.

Ausdrücklich läßt das Gesetz das Darlehen nicht nur an verbrauchbaren
(konsumptiblen), sondern an allen vertretbaren (fungibeln) Sachen zu. Nach

---

[4] Vgl. W. STÜTZEL, in: Evangelisches Soziallexikon, hg. von F. KARRENBERG, 6. Aufl., Stutt-
   gart/Berlin 1969, Sp. 638; an dieser Stelle wird sogar die Meinung vertreten, der «Stamm der
   Gläubiger» setze sich vorwiegend aus der «Großzahl der Kontensparer und Versicherungs-
   sparer» zusammen.
[5] VON BÜREN, OR, Bes. Teil, S. 81, 110. Über den Zweck des Darlehens ausführlich der folgende
   § 36.
[6] GAUCH, S. 10.

Art. 71 OR ist die Valuta in mittlerer Qualität zu leisten, eine Regel, die beim Sachdarlehen aktuell werden kann.

5. Begriffsnotwendig ist beim Darlehen ferner die Übertragung des Eigentums an der Darlehensvaluta vom Darleiher auf den Borger. Damit der Vertragszweck erreicht werden kann, muß der Borger die Valuta verbrauchen, das heißt, er muß über sie uneingeschränkt verfügen können. Dies setzt voraus, daß er ihr Eigentümer wird.

Die Hingabe der Valuta zu Eigentum an den Borger ist ein Angelpunkt des Vertrages: im römischen Recht, im gemeinen Recht und in manchen neueren Rechtsordnungen wird überhaupt erst durch die Hingabe der Valuta der Vertrag perfekt. Nach Schweizerischem Recht ist die Hingabe der Valuta Erfüllungshandlung; sie kann allerdings mit dem Vertragsschluß zeitlich zusammenfallen. «Ut ex meo tuum fiat» wird von GAIUS[7] als Erklärung für den Begriff «mutuum» gegeben.

6. Die Valuta wird zum Gebrauch hingegeben, wobei dieser beim Darlehen regelmäßig auch ein Verbrauch ist. Dabei macht es für den Begriff des Vertrages grundsätzlich keinen Unterschied, welchen Gebrauch der Borger von der Valuta macht, ob er sie zu Konsumtions- oder Investitionszwecken oder zu einem im Vertrag bezeichneten Zweck benutzt. Es ist allerdings auf zwei Ausnahmen hinzuweisen:

a) Nach Art. 513 OR sind «Darlehen und Vorschüsse, die wesentlich zum Behufe des Spieles oder der Wette» gegeben werden, nicht rückforderbar. Diese Verträge gelten demnach offenbar nicht als Darlehen, sondern als Unterarten von Spiel und Wette[8].

b) Es sind Fälle denkbar, wo die Valuta weder für Konsum- noch für Investitionszwecke, sondern zum bloßen Vorzeigen, zur «Ostentation» gebraucht werden soll. Der Freier will den Eltern der Braut eine Summe Geld als sein Erspartes vorzeigen können, um sie für seine Werbung günstig zu stimmen, und leiht sich das Geld von der Braut[9]. Das Bundesgericht ließ offen, ob es sich in solchen Fällen um eine besondere Art von Darlehen (mutuum ad ostentationem, Ostentationsdarlehen) oder um Auftrag handelt. Jedenfalls stehe dem Leiher/Auftraggeber der Rückforderungsanspruch zu. Meines Erachtens liegt Gebrauchsleihe vor mit der Irregularität, daß der Entlehner dem Verleiher statt der speziell empfangenen Sachen, gleichviel der selben Art zurückgeben darf. Der Verleiher kann die Banknoten, wenn sie noch in specie vorhanden ist, vindizieren. Getrennt stellt sich die Frage, ob der Vertragszweck vor dem Gesetz, den guten Sitten standhält.

7. Zum Begriff des Darlehens gehört die Rückerstattungspflicht des Borgers[10]. Ist der Empfänger der Valuta nicht zur Rückerstattung verpflich-

---

[7] Institutionen 3.14. pr.
[8] OSER/SCHÖNENBERGER, N. 36 ff. zu Art. 513 OR.
[9] BGE 54 II, 1928, S. 283 ff.
[10] BGE 83 II, 1957, S. 210.

tet, so liegt kein Darlehen vor[11]. Nicht begriffsnotwendig ist, daß in einem Mal restituiert wird: es können Abzahlungen (Amortisationen, Annuitäten) vereinbart sein. Die Auszahlung der Valuta durch den Darleiher und ihre Rückerstattung durch den Borger stehen zueinander nicht im Verhältnis von Leistung und Gegenleistung[12], bilden also kein Austauschverhältnis (Synallagma). Ein solches besteht lediglich zwischen der Gebrauchsüberlassung und dem Zins als Entgelt hiefür. Das unentgeltliche Darlehen ist deshalb ein unvollkommen zweiseitiger Vertrag[13].

Zum Problem des sogenannten Rangrücktritts, das heißt der Abschwächung der Rückzahlungspflicht siehe hinten § 37, II 3.

8. Zurückzugeben ist das Kapital als Wert, das heißt nicht die empfangenen vertretbaren Sachen in natura, sondern gleichviel davon in gleicher Güte (tantundem ejusdem generis eadem bonitate)[14].

Das schließt unter Umständen die Restitution der bezogenen Sachen in specie gerade aus: wer vor zwei Monaten ein Dutzend Trinkeier geborgt hat, kann heute nicht dieselben Stücke zurückgeben; es müssen andere, frische Eier sein.

Differiert die rückzahlbare Summe von der empfangenen, so liegt in der Differenz, wenn weniger zurückzuzahlen ist, eine Liberalität an den Borger, wenn mehr zurückzuzahlen ist, ein Entgelt für den Gebrauch. Dieses ist mit einem allfälligen Zins zusammenzurechnen[15].

9. Nicht zum Begriff des Darlehens gehört die Zinszahlungspflicht des Borgers, obwohl ihr wirtschaftlich größte Bedeutung zukommt. Das Darlehen kann zinslos, unentgeltlich sein. Das Gesetz sieht dies im nichtkaufmännischen Verkehr sogar als Normalfall an.

Im Gefälligkeitsdarlehen darf meines Erachtens keine Liberalität im Sinne von Art. 239 ff. OR gesehen werden. Es ist deshalb ausgeschlossen, aufgrund von Art. 249 OR für ein zinsloses Darlehen nachträglich Zinsen zu verlangen, oder die Erfüllung nach Art. 250 Ziff. 2 oder 3 OR zu verweigern. Immerhin kann in solchen Fällen das Beharren des Borgers auf der Auszahlung gegen

---

[11] Die Wegbedingung der Kündigungsmöglichkeit auf seiten des Geldgebers wird im allg. als statthaft angesehen. Ein solches Verhältnis ist aber wohl eher eine Art ewige Rente, kein Darlehen.
     Vgl. OSER/SCHÖNENBERGER, N. 1 zu Art. 318 OR; BGE 76 II, 1950, S. 146; SPIRO, S. 1215, S. 1249, Anm. 17; ENNECCERUS/LEHMANN, S. 597.
[12] OSER/SCHÖNENBERGER, N. 14 zu Art. 312 OR.
[13] BGE 92 II, 1967, S. 192.
[14] D. 12.1.3.
[15] BGE 80 II, 1954, S. 327 ff.; 93 II, 1967, S. 191.

Treu und Glauben verstoßen[16]. Wird allerdings ein zinsloses Darlehen für eine sehr lange Vertragsdauer gewährt, so ist die Grenze zur Liberalität überschritten: Dieser Vertrag bedarf wohl der Form des Schenkungsversprechens[17]. Auch die Anwendung von weiteren Schenkungsregeln wäre zu erwägen.

II. Vertragsabschluß, Natur des Darlehensvertrages

1. Der Darlehensvertrag kommt zustande durch die übereinstimmende gegenseitige Willensäußerung der Parteien[18], begrifflich also ehe und bevor der Darleiher dem Borger die Darlehenssumme verschafft. Das Darlehen ist nach positiver Regelung ein Konsensualvertrag wie die andern Verträge des Obligationenrechtes. Die Theorie ist damit fruchtloser Kontroversen und gequälter Hilfskonstruktionen (Darlehensvorvertrag usw.) enthoben, die sich ergeben, wenn das Darlehen als Realvertrag, das heißt als Vertrag aufgefaßt wird, den die Parteien erst und nur mit der Hingabe und dem Empfang der Darlehenssumme zum Entstehen bringen[19].

Die moderne und damals noch mutige Entscheidung des aOR von 1881 hat dazu geführt, daß die theoretische und praktische Behandlung von verwandten Kreditgeschäften zu keinen besonderen Problemen geführt hat. Die verschiedensten Abweichungen vom gewöhnlichen Bardarlehen lassen sich unter die Bestimmungen von Art. 312 ff. OR subsumieren. Namentlich die Konstruktion eines Darlehensversprechens, eines Vorvertrags (pactum de mutuo dando) ist entbehrlich.

2. Vielfach wird der Abschluß des (konsensualen) Vertrags mit Übergabe und Empfang des Darlehenskapitals zeitlich zusammenfallen. Die Übergabe des Kapitals ist Erfüllungshandlung des Darleihers[20], nicht die Abschlußform. Ein solches Zusammenfallen ist auch bei andern Konsensualverträgen häufig zu beobachten (Barkauf über den Ladentisch, Verwahrung in öffentlichen Schließfächern durch Einwerfen von Münzen usw.).

3. Im klassischen römischen Recht gehörte das Darlehen (mutuum) zusammen mit der Gebrauchsleihe (commodatum), der Hinterlegung (depositum) und der Faustpfandbestellung (pignus)

---

[16] Im Entschluß des Darleihers, von der Vereinbarung eines Zinses abzusehen, liegt weder Verzicht auf ein Recht noch auf eine konkrete Anwartschaft; es liegt deshalb keine Leistung ohne entsprechende Gegenleistung vor. Vgl. BGE 102 II, 1976, S. 323.

[17] Spiro, § 453, S. 1223.

[18] Art. 312, Art. 1 OR.

[19] Diese Auffassung ist in Lehre und Judikatur unbestritten. Oser/Schönenberger, Vorbem. zu Art. 305–318 OR, N. 2 und dort zitierte ältere Literatur.

[20] Es ist m.E. verwirrend, die Valutaleistung des Darleihers als Bedingung der Rückerstattungspflicht des Borgers aufzufassen, wie dies Oser/Schönenberger (Vorbem. zu Art. 305–318 OR, N. 2) anzunehmen scheinen: Der Darlehensvertrag ist jedenfalls nicht bloß ein bedingter Vertrag!

zu den sogenannten Realverträgen. Wie schon aus den Bezeichnungen hervorgeht, stand die Vertragsleistung selbst an Stelle des Vertrags: dadurch, daß die Vertragsleistung erbracht wurde, entstand der Vertrag, nur so konnte er entstehen. Die Form des Vertrags – und jeder Vertrag bedurfte im römischen Recht der bestimmten Form – war das *re contrahere*. Dieser Grundgedanke – er mochte seinen Ursprung in der alten Praxis dieser Handverträge auf Rückgabe gehabt haben – erlitt schon in klassischer Zeit Durchbrechungen. So konnte namentlich das pignus auch ohne Besitzübertragung vereinbart werden. Obwohl die Sachhingabe als Voraussetzung des Vertragsabschlusses galt, wurde doch, sei es schon in klassischer Zeit, sei es erst später, auch bei diesen Verträgen die auf Verpflichtung gerichtete Vertragsabsicht vorausgesetzt[21].

Im Vulgarrecht trat an Stelle der Valutahingabe der Schuldschein (chirographum, cautio) als vertragsbegründendes Element. Dem Borger steht, falls er geltend machen will, er habe die Valuta nicht erhalten, die sogenannte *exceptio* oder *querela non numeratae pecuniae* zu, ursprünglich offenbar während fünf Jahren (C. 4.30.14.pr.), dann seit Justinian während zwei Jahren. Während dieser Zeit muß der Darleiher außer dem *chirographum* einen weiteren Beweis der Valutahingabe erbringen können. Nach Ablauf der Frist andererseits läßt sich der Schuldschein nicht mehr entkräften: Eine bizarre Ordnung, die auch ins rezipierte gemeine Recht eindrang und dann Anlaß zu einer vielfältigen abrogierenden Partikulargesetzgebung gab.

Das rezipierte gemeine Recht, namentlich auch die praktische Jurisprudenz des 16. und 17. Jahrhunderts, hielt an der realvertraglichen Natur des Darlehens fest. Immerhin verbrämte dieses klassische Gewand nur noch notdürftig die materielle Konsensualität des Darlehens. G. A. STRUVE[22] bezeichnete das Darlehen als titulus des Eigentumsübergangs. *Titulus, traditio* und *acceptio* des Borgers machen den Vertrag perfekt.

Erstaunlicherweise wagte das Preußische Allgemeine Landrecht von 1792[23] den Schritt zum Konsensualdarlehen nicht (wiewohl doch den «in einigen Theilen des römischen Rechts herrschenden Subtilitäten und ängstlichen Förmlichkeiten» abhold), sondern unterschied zwischen dem «eigentlichen Darlehen, vermöge dessen jemand ... Geld ... unter bedungener Wiedererstattung in gleicher Qualität und Quantität einem anderen zum Verbrauch übergiebt» (§ 653), und den «Verträgen über künftige Darlehne» (§ 654), dem alten pactum de mutuo dando, das schon im gemeinen Recht klagbar war. Gleich verfuhr auch das Allgemeine Bürgerliche Gesetzbuch von Österreich aus dem Jahre 1811.

C.F. VON SAVIGNY folgend, blieben die Pandektisten treulich bei der realvertraglichen Natur des Darlehens, bis sich in der zweiten Hälfte des 19. Jahrhunderts kritische Stimmen meldeten: KOEPPEN[24], BRUNS[25] und andere. Ihnen folgte O. STOBBE[26]. Er sprach verbindlich aus, daß es im modernen Recht keine Realverträge mehr geben könne. Die Kontroverse spann sich freilich fort. Obwohl das aOR von 1881 die neue Lehre positivierte, glaubten die Väter des deutschen BGB (unter dem Einflusse WINDSCHEIDS) es der Wissenschaft schuldig zu sein, diese Kontroverse am Leben zu erhalten.

4. Ein Blick auf die großen europäischen Kodifikationen vermittelt das überraschende Ergebnis, daß überall – außer in der Schweiz – das Darlehen nach dem Buchstaben der Gesetze als Realkontrakt gilt. Das relativiert den Wert der ausländischen Wissenschaft für die schweizerische Lehre vom Darlehen.

---

[21] KASER, Bd. I, S. 43; VON LÜBTOW, S. 18.
[22] GEORG ADAM STRUVE (1619–1692), Syntagma Juris Civilis, Exercitatio XVI, § 8 (vgl. auch R. STINTZING/E. LANDSBERG, Geschichte der deutschen Rechtswissenschaft, München/Leipzig 1880 ff., Bd. II, S. 146 ff.).
[23] Allg. Pr. LR I 11, § 653.
[24] IHERINGS Jahrb. XI, S. 352.
[25] In HOTZENDORFFS Enzyklopädie, 2. Aufl., S. 390.
[26] STOBBE, Bd. III, Berlin 1885, S. 70.

a) Das Deutsche BGB (§ 607 ff.) formuliert den Begriff des Darlehens realvertraglich, läßt allerdings offen, ob der Vertrag eigentlich durch die Hingabe der Valuta oder durch den auf Abschluß dieses Vertrages hinzielenden Willen der Parteien zustande komme. Entsprechend wird in der neueren Literatur nun doch die konsensuale Natur des Vertrags behauptet. Die Rechtsprechung scheint diesen Schritt noch nicht vollzogen zu haben[27].

b) Nach dem französischen Code civil (art. 1892) ist das Darlehen (prêt de consommation) ein Realkontrakt. Entsprechend ist das Darlehen an Sachen eines Dritten nichtig, da der Darleiher nur eigene Sachen zu Eigentum übertragen kann. Der Borger ist allenfalls nach art. 2279 Cc geschützt[28].

c) Auch nach dem Recht des Codice civile von Italien (Art. 1813) ist das Darlehen ein Realkontrakt. Die Möglichkeit des pactum de mutuo dando (promessa di dare a mutuo) ist ausdrücklich vorgesehen. Der Codice civile regelt neben dem gewöhnlichen Darlehensvertrag im selben Zusammenhang noch andere darlehensartige Bankgeschäfte wie den *Deposito Bancario* (Realvertrag) und den *Conto Corrente* (vermutlich Konsensualvertrag)[29].

d) Auch nach österreichischem Recht gilt das Darlehen als Realvertrag (§ 983 ff. ABGB)[30].

III. Beschränkungen der Verpflichtungsfähigkeit beim Darlehen

1. Wer Geld borgt, tut dies, weil er es nicht seinen eigenen Mitteln entnehmen kann. Er und sein Gläubiger zählen zwar darauf, später würden die Mittel zur Rückzahlung vorhanden sein. Daß diese Rechnung aufgeht, hängt aber davon ab, ob die Zukunft richtig eingeschätzt worden ist. Das setzt eine gewisse Geschäftskundigkeit voraus, und zwar nicht nur beim Borger, der die Kosten fremden Kapitals und seine zukünftigen Möglichkeiten verkennen und so in Schulden, Abhängigkeit und finanziellen Ruin geraten kann; Vorsicht braucht auch der kapitalkräftige Darleiher, der leicht an Schwärmer und Schwindler gerät und sein Geld an kreditunwürdige

---

[27] J. ESSER, Schuldrecht, Besonderer Teil, 3. Aufl., Karlsruhe 1969, S. 209; PALANDT, Bürgerliches Gesetzbuch, bearb. von B. DANCKELMANN u.a., 32. Aufl., München 1973, Einführung vor § 607, Nr. 1; J. VON STAUDINGER, Kommentar zum BGB, 11. Aufl., Berlin 1955; Vorbem. zu § 607 ff., N. 2a und dort zitierte ältere Literatur; Das Bürgerliche Gesetzbuch, herausgegeben von REICHSGERICHTSRÄTEN UND BUNDESRICHTERN, 11. Aufl., Berlin 1959, Bd. II, Teil 1, ad §§ 433 bis 704, Vorbem. zu § 607, Anm. 3 und dort zitierte Reichsgerichtspraxis; ENNECCERUS/LEHMANN, S. 592 ff.

[28] DALLOZ, Encyclopédie juridique, Paris 1954, «prêt», N. 175 ff. und dort zitierte ältere Literatur; 2. Aufl., Loseblattbde. mit mises à jour 1972/1973/1974/1975, «prêt» und dort zitierte Literatur und Praxis; M. FERID, Das französische Zivilrecht, Frankfurt a.M./Berlin 1971, Bd. I, S. 711 ff. (2 G 85 ff.).

[29] A. BURDESE, Manuale di diritto privato Italiano, Torino 1974, S. 526 ff.; SCIALOJA/BRANCA, Commentario del Codice Civile, Art. 1754–1860, bearb. von M. FRAGALI, Bologna/Roma 1953, ad Art. 1813 ff. und dort zitierte Literatur.

[30] KLANG/GSCHNITZER, Kommentar zum ABGB, Bd. IV/1, Wien 1968, §§ 983 ff., bearb. von G. STANZL, S. 694.

Schuldenmacher verliert. Das Gesetz wertet das Darlehen deshalb als ein besonders riskantes Geschäft[31] und führt es unter jenen Rechtshandlungen auf, die bei Vormundschaft und Beiratschaft besonderer Kautelen bedürfen.

2. Es sind drei Fälle auseinanderzuhalten:

a) Die Vormundschaft: Die Aufnahme und Gewährung von Darlehen bedarf der Zustimmung der Vormundschaftsbehörde. Erforderlich ist also das Zusammenwirken von Vormund und Behörde (Art. 412 Ziff. 4 ZGB).

b) Die Verwaltungsbeiratschaft: Nach Art. 395 Abs. 2 ZGB kann einem Schutzbedürftigen bloß die Verwaltung der Vermögenssubstanz entzogen werden, wogegen er die Verfügung über die Erträgnisse behält. Hier bedarf zweifellos die Gewährung oder die Aufnahme eines Darlehens zulasten der verwalteten Vermögenssubstanz nicht nur der Mitwirkung des Beirats, sondern auch der Zustimmung der Vormundschaftsbehörde. Da im Normalfall der Schutzbefohlene urteilsfähig sein dürfte, ist auch sein Einverständnis erforderlich.

c) Die (reine) Mitwirkungsbeiratschaft nach Art. 395 Abs. 1 ZGB: Sie beschränkt sich auf die Mitwirkung des Beirats bei einer Reihe besonders weittragender Geschäfte. Zu diesen gehört die Aufnahme und Gewährung von Darlehen (Ziff. 5) und die Annahme von Kapitalrückzahlungen (Ziff. 6). Es genügt das Zusammenwirken von Schutzbefohlenem und Beirat. Wo allerdings diese Mitwirkungsbeiratschaft mit der Verwaltungsbeiratschaft kombiniert wird, geht die strengere Bindung vor: Die Zustimmung der Vormundschaftsbehörde ist zusätzlich erforderlich[32].

3. Die Aufnahme von Darlehen gehört zu den Geschäften, für die der Handlungsbevollmächtigte (Art. 462 OR) einer ausdrücklichen Ermächtigung bedarf. Die Gewährung von Darlehen kann im Bereiche des Geschäfts liegen und deshalb von der Handlungsvollmacht gedeckt sein.

IV. Konjunkturrechtliche Beschränkungen

Gestützt auf den Bundesbeschluß über Maßnahmen auf dem Gebiet des Kreditwesens hatte der Bundesrat eine Verordnung über Kleinkredit- und Abzahlungsgeschäfte erlassen. Sie ist inzwischen außer Kraft getreten[33]. Die Verordnung enthielt neben Bestimmungen über die Höchstdauer des Vertrags und die Offenlegung der Kreditkosten auch die den Abschluß des Darlehensvertrages betreffende Beschränkung, daß vor Auszahlung eines neuen Kleinkredites frühere Kleinkredite desselben Borgers zurückbezahlt sein müssen. Als Sanktion nannte die Verordnung Haft und Buße für die Täter, Verwaltungsmaßnahmen für die Bank. Das Bundesgericht erachtete ein gegen das Verbot der Verordnung abgeschlossenes Kleindarlehen als nichtig, obwohl diese Folge nicht ausdrücklich angedroht war, und versagte der Bank überdies die Rückforderung[34].

---

[31] In einem Entscheid des AppGer Basel-Stadt (BJM 1957, S. 87) wird das Darlehen zu den «gefährlichsten Geschäften» gezählt.

[32] Zum ganzen Komplex AppGer Basel-Stadt, BJM 1957, S. 85 ff.

[33] BB vom 20. Dezember 1972 über Maßnahmen auf dem Gebiet des Kreditwesens, Art. 6, AS 1972, S. 3068; Verordnung vom 10. Januar 1973 über Kleinkredit und Abzahlungsgeschäfte; geändert am 16. Januar 1974, AS 1973, S. 88; 1974, S. 235.

[34] BGer, Pra 66, 1977, Nr. 110, S. 268 ff. Es wäre in diesem Falle wohl angemessener gewesen, der Regel A. von Tuhrs (Schweizerisches Obligationenrecht, § 52, VI 2) zu folgen, wonach Art. 66

In gewandelter Form sollen diese Beschränkungen nach Plänen des Eidgenössischen Justiz-departementes in die ordentliche Gesetzgebung überführt werden: In einem Gesetz über den Konsumkredit sollen ausführliche Regelungen über den Abzahlungskauf, den Vorauszahlungs-kauf und die sogenannten Kleinkredite enthalten sein. Als Kleinkredite sollen Darlehen bis zum Betrag von Fr. 40 000.– gelten, sofern ein überdurchschnittlicher Zins zu leisten ist. Es bleibt zu hoffen, daß sich die mit diesen Gesetzgebungsplänen befaßten Stellen der Problematik bewußt sind, die dieser Art von Gesetzen anhaftet. Sie mögen als Notbehelfe in Zeiten, wo sich eine Steue-rung der Konjunktur aufdrängt, nicht zu vermeiden sein. Eine Überlagerung des Privatrechtes durch ein konjunkturpolitisch determiniertes Sonderrecht ist mit den größten Gefahren für die Rechtsordnung überhaupt verbunden. Aus dem Recht der Krise wächst – nach dem denkwürdigen Wort Robert Haabs – die Krise des Rechts.

§ 36. Der Zweck des Darlehensvertrages, seine Abgrenzung von anderen Verträgen

I. Der Vertragszweck

1. Der Zweck des Darlehensvertrages ist es, dem Borger vorübergehend den Gebrauch des Wertes einer ihm vom Darleiher übereigneten Summe Geldes (oder anderer vertretbarer Sachen) zu verschaffen. Wie die Ge-brauchsleihe und Miete hat das Darlehen den Zweck, den Gebrauch einer Sache zu verschaffen. Im besonderen geht es beim Darlehen um den Gebrauch von Geld oder andern vertretbaren Sachen, und zwar als Summe, als Kapital. Wenn auch das Darlehen an nichtverbrauchbaren vertretbaren Sachen be-stellt werden kann, so können sinnvollerweise nur solche Fungibilien Dar-lehenskapital bilden, die entweder verbraucht (Eßwaren, Baumaterial) oder doch ausgegeben (Geld, Wertpapiere) werden können. Dies geht aus der französischen Bezeichnung «prêt de consommation» hervor. Der Darlehens-vertrag bezweckt deshalb nicht bloß den Gebrauch der Sache als Gegenstand, sondern darüber hinausgehend den Gebrauch ihres Wertes. Darleihen ist – wie im deutschen Ausdruck mitschwingt – ein besonders intensives Leihen, ein Leihen, das die Sache ganz aus den Händen gibt und nur auf die Rück-erstattung des Äquivalents zählt. Die zu Darlehen gegebene Summe, das Kapital, heißt deshalb «Wert» schlechthin, «Valuta».

Aus der Beschränkung des Zwecks auf den Wertgebrauch folgt die Rück-erstattungspflicht des Borgers. Aus der Ausdehnung des Zwecks auf den Gebrauch nicht bloß der Sache selbst, sondern ihres Wertes folgt, daß dem

---

OR nicht auf Zuwendungen anzuwenden ist, die nach der Verabredung der Parteien an den Leistenden zurückgegeben werden sollen.

Borger die umfassende Verfügungsmacht über die Sache, das Eigentum daran verschafft werden muß, und daß nicht die empfangene Sache selbst zurückzugeben, sondern bloß ihr Äquivalent – tantundem ejusdem generis – zurückzuerstatten ist.

2. Zwecknotwendig ist es zwar, daß der Borger über das Kapital frei verfügen kann, nicht aber, daß er es auch darf. Es ist durchaus mit dem Darlehenszweck vereinbar, den Borger zu einem bestimmten Gebrauch zu verpflichten, wie das beim partiarischen Darlehen regelmäßig der Fall ist. Eine solche obligatorische Verpflichtung schränkt allerdings nur des Borgers Dürfen, nicht sein Können ein[1]. Zweckwesentlich ist andererseits, daß der Borger sich die Valuta in irgend einer Weise zum eigenen Vorteil nutzbar machen kann[2].

3. Ein klarer Begriff des Darlehenszwecks ist erforderlich wegen der hinten behandelten Abgrenzungsprobleme. Wir setzen uns deshalb mit einigen in der Literatur zum Darlehenszweck vertretenen Meinungen auseinander.

Die Pandektisten – als Beispiel nennen wir DERNBURG[3] – erfaßten den Zweck zu begrifflich und drängten ihn in das Wort «Leihe»: «Darlehen ist die Überlassung einer Summe Geld zum Zweck der Leihe...», was doch ein circulus in definiendo sein dürfte und bei Abgrenzungsfragen nicht weiter hilft. Ebenso formalistisch definiert EIGENBRODT den Darlehenszweck[4]. Beim Darlehen sei der Parteiwille auf Übertragung des Eigentums am Vertragsobjekt gerichtet, unter Begründung einer generischen Restitutionsschuld. Übertragung des Eigentums und Restitutionsschuld gehören zwar zum Begriff des Darlehens, und insofern müssen diese essentialia negotii von den Parteien gewollt sein: der Zweck des Geschäfts kann sich darin aber nicht erschöpfen; denn wir finden die selben Elemente auch beim depositum irregulare. GRAF[5] vermengt den Zweck des Darlehens mit den wirtschaftlichen Motiven der Parteien: «Das Darlehen dient den verschiedensten Zwecken.» «Partiar und Borger ... verfolgen keinen gemeinsamen Zweck...». In ähnlicher Weise sucht OSER[6] den Zweck im einseitigen Interesse des Borgers an Geld. Nach PFISTER[7] bezweckt das Darlehen, dem Borger zwar nicht eine Vermehrung des Nettovermögens, aber Betriebskapital, flüssige Mittel zu verschaffen. Die Parteien streben mehr als bloß den Gebrauch an. Der Empfänger wolle, daß die Valuta in sein Vermögen übergehe, «damit er über das Empfangene frei verfügen kann wie er will.» Diese Definition trifft nur den Regelfall und ist zu eng.

Unsere vorne gegebene Umschreibung des Zwecks kann sich in der Sache auf folgende Äußerungen stützen: Das Bundesgericht führte in einem noch unter dem aOR erteilten Entscheid[8] aus: «..wohingegen beim Darlehen der Zweck in der Gebrauchsüberlassung besteht, in der Überlassung

---

[1] Dies scheint GAUTSCHI (N. 6a zu Art. 481 OR) zu verkennen.

[2] M. KUMMER (ZBJV 112, 1976, S. 144) zu BGE 100 II, 1974, S. 153: «... die Bank will das Geld zu eigenem Vorteil verwenden...» Freilich: nicht «verwenden» im technischen Sinn, sondern «nutzen», «gebrauchen»!

[3] Pandekten, S. 232.

[4] H. EIGENBRODT, Der unregelmäßige Hinterlegungsvertrag, insbesondere die Rechtsnatur des Sparkassavertrags, Diss. Zürich 1970, S. 46f.

[5] P. GRAF, Das Darlehen mit Gewinnbeteiligung oder das partiarische Darlehen, Diss. Zürich 1951, S. 7.

[6] N. 4b zu Art. 481 OR.

[7] E. PFISTER, Das Darlehensgeschäft, Diss. Zürich 1924, S. 29.

[8] BGE 21, 1895, S. 1170 ff.

eines Kapitals, um sich seiner zu bedienen, wobei die Zinsen, sofern solche vereinbart sind, die Gegenleistung für den Gebrauch dieses Kapitels darstellen» (Original französisch). Den Gebrauch des Wertes der überlassenen Sache bringt das Bundesgericht mit dem Begriff «Überlassung eines Kapitals, um sich seiner zu bedienen» («remise d'un capital pour s'en servir») zum Ausdruck. Ähnlich definiert BECKER[9] das Darlehen als Überlassung des Gebrauchs eines Kapitals. Das Kapital erläutert er als Vermögensinbegriff, bei dem es nur auf den Wert, nicht auf die Individualität der Vermögensstücke ankommt.

VON BÜREN[10] beginnt den Abschnitt über das Darlehen mit dem Aphorismus: «Neben die Gegenstandsgebrauchsüberlassung tritt die Wertgebrauchsüberlassung.» Diese bestehe darin, daß mehr als bloß der Gegenstand als solcher, sondern «geradezu der Wert, den er verkörpert» zur Verfügung gestellt werde. Wenn wir VON BÜREN richtig interpretieren, so deckt sich seine mit der hier vertretenen Auffassung.

4. Manche Unklarheiten über den Zweck des Darlehensvertrags beruhen darauf, daß man ihn mit dem Zweck der Zuwendung, der causa im weiteren Sinn vermengt. Im weiteren Sinn ist causa der Zuwendung des Darleihers bei Bezahlung der Valuta an den Borger der Zweck, seine Pflicht auf Zahlung der Valuta zu erfüllen (causa solvendi), sowie die Forderung auf Rückerstattung zu begründen (causa credendi)[11]. Diese causa credendi im weiteren Sinn findet sich überall, wo ein Forderungsrecht begründet werden soll, also auch bei der Hinterlegung, der Miete usw. Sie ist deshalb keineswegs dem Darlehenszweck im engeren Sinn gleichzusetzen. Verwirrend ist es deshalb von einer causa credendi (im engeren Sinn) als gemeinsamem Vertragszweck der Kreditverhältnisse zu sprechen. Es ist eindeutiger, diesen Vertragszweck den «Kreditzweck», die «Absicht zu kreditieren» zu nennen. Der Kreditzweck, der Vertragszweck also, der den Kreditgeschäften im allgemeinen zugrunde liegt, ist etwas weiter zu fassen als der Darlehenszweck: Mit dem Kreditieren bezwecken die Parteien, dem Kreditnehmer die Nutzung eines Wertes aus dem Vermögen des Kreditgebers auf Zeit zu ermöglichen, wobei sich der Kreditgeber für diese Zeit mit einer bloßen Wertforderung begnügt. Dabei verläßt sich der Kreditgeber wesentlich auf die zukünftige, bei Erfüllung der Forderung relevant werdende Zahlungsfähigkeit des Kreditnehmers[12]. Das Vorliegen dieses Kreditzwecks allein genügt nicht für die Subsumtion eines Vertragsverhältnisses unter die Bestimmungen des Darlehensvertrags. Sein Fehlen allerdings schließt das Darlehen aus.

II. Abgrenzung von anderen Verträgen

1. Die Abgrenzungsfragen, namentlich die Abgrenzung des (partiarischen) Darlehens von der Gesellschaft und des Darlehens vom depositum irregulare, spielen in der Praxis der Gerichte im Zusammenhang mit dem Darlehen eine relativ wichtige Rolle. Sie werden deshalb hier etwas eingehender behandelt.

2. Die Abgrenzung des Darlehens vom Kauf kann problematisch werden beim sogenannten *contractus mohatrae*, das heißt bei jenen Darlehensgeschäf-

---

[9] N.2 zu Art.312.
[10] OR, Bes. Teil, S.110.
[11] ENGEL, S.119.
[12] D. 12.1.1.1.: Der Begriff der «res credita» umfaßt alle Verträge die eingegangen werden, indem man es wesentlich auf die Verläßlichkeit (fides) des andern ankommen läßt, «omnes enim contractus, quos alienam fidem secuti mox recepturi quid, ex hoc contractu credere dicimur.» Oder an der gleichen Stelle etwas enger: «Nam cuicumque rei adsentiamur alienam fidem secuti mox recepturi quid, ex hoc contractu credere dicimur.» Wesentlich ist offensichtlich das «fidem alienam sequi», das Abstellen auf die Treue, Verläßlichkeit, Zahlungsfähigkeit eines andern.

ten, wo die Valuta nicht in Geld, sondern in Wertpapieren, Waren oder gar Speziessachen gegeben wird (Art. 317 OR). Kauf liegt vor, wenn es Zweck des Vertrages ist, dem Verkäufer gegen Hingabe der Kaufsache deren Wert zu verschaffen, Darlehen, wenn dem Borger die Nutzung des Wertes der Waren auf Zeit ermöglicht werden soll. Liegt in diesem Sinne ein Darlehen vor, so hat der Borger gemäß zwingender Vorschrift höchstens den Kurswert der Wertpapiere oder den Marktwert der Ware zur Zeit der Hingabe, nicht einen allenfalls vereinbarten höheren Preis zurückzuvergüten. Liegt Kauf vor, so sind die Parteien in der Festsetzung des Preises innerhalb der allgemeinen Schranken von Recht und Sitte frei. Wird der «Kaufpreis» bei solchen Geschäften über Waren und Wertpapiere «stehen gelassen», so ist wohl regelmäßig ein Kreditverhältnis anzunehmen und Art. 317 OR anzuwenden.

3. Kein Abgrenzungsproblem besteht bei der Schenkung, da schon die allgemeine Zuwendungscausa (causa credendi/causa donandi) die Unterscheidung ermöglicht. Jedoch ergeben sich häufig Schwierigkeiten beim Beweis: A kann beweisen, dem B 100 übergeben zu haben, und verlangt sie als Darlehen zurück. B behauptet, die Summe zu Geschenk erhalten zu haben. Zwar wird eine Schenkung nicht vermutet[13]. Es gibt aber auch keine Vermutung zugunsten des Darlehens. Der Richter muß solche Fälle unter Würdigung der Umstände des Vertragsschlusses, seiner Erfüllung und der Beziehungen der Parteien unter Berücksichtigung der allgemeinen Lebenserfahrung entscheiden, so daß er, wenn zum Beispiel die Parteien nahe miteinander verwandt sind, zu Schenkung, wenn sie miteinander in bloß geschäftlichem Verkehr stehen, zu Darlehen gelangen kann. Immer sollte in solchen Fällen auch die Möglichkeit des Dissenses geprüft werden[14].

4. Die Abgrenzung zu Miete, Pacht und Gebrauchsleihe ergibt sich aus der Art des Sachgebrauchs: Bei diesen Verträgen soll die Sache als konkreter Gegenstand, beim Darlehen die hingegebene Summe als Valuta, als Wert genutzt werden. Meist ergibt sich die Unterscheidung ohne weiteres daraus, daß keine Summe vertretbarer Sachen, sondern eine Speziessache übertragen worden ist. Wurde die Rückgabe der Sache in natura vereinbart, so ist Darlehen ausgeschlossen, und zwar gleichgültig, ob die Sache vertretbar, eventuell verbrauchbar ist oder nicht.

5. Die Abgrenzung des Darlehens von der Hinterlegung wird schwierig, wenn die Hinterlegung eine «irreguläre» ist, das heißt Geld zur Aufbewah-

---

[13] Oser/Schönenberger, N. 8 zu Art. 239 OR.
[14] BGE 54 II, 1928, S. 287.

rung übergeben wird, und der Depositar nicht die selben Stücke, sondern bloß die gleiche Summe zurückzuerstatten hat (Art. 481 OR). Identisch ist bei beiden Verträgen die Hingabe einer Geldsumme unter Begründung einer generischen Restitutionsforderung. Unterschiedlich sind die Regelungen von Verrechnung, Verjährung und Rückforderung. Beim Hinterlegungsvertrag ist der Gebrauch der Sache durch den Verwahrer in der Regel ausgeschlossen. Allerdings kann es – nach Art. 474 Abs. 2 OR – zum Gebrauch durch den Verwahrer kommen, ohne daß der Vertrag deshalb ohne weiteres zu einem Miet- oder Leiheverhältnis wird. Immerhin muß sich beim Hinterlegungsvertrag der Gebrauchszweck dem Verwahrungszweck eindeutig unterordnen[15]. Wo also der Verwahrungszweck vorherrscht, ist (unregelmäßige) Hinterlegung, wo der Wertgebrauchszweck vorherrscht, Darlehen anzunehmen. Es darf dabei nicht übersehen werden, daß auch beim Darlehen auf seiten des Darleihers ein – freilich untergeordnetes – Verwahrungsinteresse mitspielen kann, und daß der Nachweis eines solchen nicht ohne weiteres zur Annahme einer Hinterlegung führen darf.

6. Die Abgrenzung des Darlehens, namentlich des partiarischen Darlehens vom Gesellschaftsvertrag ist immer wieder Gegenstand richterlicher Entscheidung: Geht das Geschäft aufwärts, so will sich der Geldgeber am Geschäftsvermögen beteiligen, er behauptet, Gesellschafter zu sein[16], endet es mit Verlust, so will er Partiar, Darleiher sein und zumindest die Valuta retten, sie notfalls in fünfter Konkursklasse geltend machen können. Partiarische Verträge, wie auch Gesellschaftsverträge, erfordern eine juristisch besonders klare und konsequente Redaktion, eine Aufgabe, der offenbar selbst Juristen nicht immer genügen[17]. Oft lassen die Parteien im Vertrauen, es werde sich keine Konfliktsituation ergeben, wichtige Punkte offen.

Bei der Abgrenzung sind zwei Aspekte klar auseinander zu halten: das Abgrenzungskriterium auf der einen, die äußeren Elemente, die den Rückschluß auf den Vertragszweck zulassen, auf der andern Seite.

Das Abgrenzungskriterium kann, wie nun auch das Bundesgericht klargestellt hat[18], nur der Vertragszweck sein, der bei der Gesellschaft im sogenannten *animus (affectio) societatis* seinen Ausdruck findet. Den Gesellschaftsvertrag gehen die Parteien ein, um mit gemeinsamen Mitteln einen gemeinsamen Zweck zu verfolgen. Die Gelder, die ein Gesellschafter einbringt und die er zu diesem Behuf dem Partner allenfalls übergibt, sollen dem Gesell-

---

[15] R. J. Baerlocher, Schweizerisches Privatrecht Bd. VII/1, § 114, S. 696 ff.
[16] BGE 99 II, 1973. S. 303 ff.
[17] BGE 99 II, 1973. S. 304. In diesem Falle war der Vertrag von einem Juristen formuliert worden.
[18] BGE 99 II, 1973. S. 305.

schaftszweck nutzbar gemacht werden. Zweifellos erwartet in vielen Fällen der einlegende Gesellschafter, sein Kapital – womöglich vermehrt um einen Gewinn – eines Tages zurückzuerhalten. Er weiß aber oder nimmt in Kauf, daß er einen solchen Anspruch nur unter den vom Gesellschaftszweck her bestimmbaren Umständen hat, und daß zu seiner Befriedigung grundsätzlich nur das Gesellschaftsvermögen herhält[19].

Beim Darlehen geht der Wille des Gebers weniger weit: Er kennt vielleicht den Zweck, für den der Borger das Kapital einsetzen will, und billigt ihn wohl auch. Er weiß auch, daß er mit seinem Kapital wesentlich zur Verwirklichung dieses Zwecks beiträgt, will dem Borger aber doch nur einen vorübergehenden Gebrauch daran erlauben, da ihm die Rückzahlung wichtiger ist als die Erreichung des vom Borger verfolgten Zwecks.

Um feststellen zu können, ob der animus societatis vorlag, oder ob nur der vorübergehende Gebrauch des Kapitalwertes beabsichtigt war, ist auf die «Gesamtheit der Umstände» abzustellen und nicht etwa auf das Fehlen oder Vorhandensein eines Elementes[20]. In erster Linie ist der Vertrag nach Wortlaut und Auslegung heranzuziehen. Es ist aber, wie bei allen Dauerschuldverhältnissen, auch darauf abzustellen, wie während der Vertragsdauer die vertraglichen Pflichten im gemeinsamen Einverständnis gehandhabt worden sind[21].

Als solche äußere Elemente sind erheblich:

a) Die Bezeichnung des Vertrags durch die Parteien. Sie vermag allerdings für sich allein noch nicht den Beweis zu erbringen, wenn andere Elemente abweichen[22].

b) Die ausdrückliche Vereinbarung der Valutarückzahlung in vollem Umfang ist selbst dann ein starkes Indiz für ein Darlehen, wenn dem Geldgeber Ingerenzrechte eingeräumt werden[23].

c) Die Verpflichtung des Geldgebers, am Verlust mitzutragen, weist auf ein Gesellschaftsverhältnis[24]. Das Bundesgericht[25] meinte zwar, daß es nicht angehe, bei vereinbarter Verlustbeteiligung ohne weiteres ein Gesellschaftsverhältnis anzunehmen, da andere Umstände den Schluß auf ein Darlehen aufdrängen können. M.E. ist in solchen Fällen eine stille Gesellschaft anzunehmen (vgl. hinten S. 263).

d) Ein erheblicher Indizienwert kommt den zwischen den Parteien vereinbarten oder bei der Vertragsabwicklung ausgeübten Mitbestimmungs- und Kontrollrechten (Ingerenzrechten) zu. Ein reines Kontrollrecht über die vertraglich vorgesehene Bestimmung des Kapitals (Einsicht in

---

[19] PICENONI, S. 12.
[20] BGE 99 II, 1973, S. 305; CROME, S. 377; Bern. AppHof, ZBJV 99, 1963, S. 151.
[21] BGE 99 II, 1973, S. 307; H. MERZ, Berner Kommentar, Bd. I/1, Bern 1962, N. 155f. zu Art. 2 ZGB.
[22] BGE 99 II, 1973, S. 304; Cour de Justice Genf, Sem. Jud. 64, 1942, S. 8.
[23] Cour de Justice Genf, Sem. Jud. 79, 1957, S. 273; SJZ 54, 1958, S. 125.
[24] BGer, Sem. Jud. 76, 1954, S. 537.
[25] BGE 99 II, 1973, S. 303ff.

Bilanz und Betriebsrechnung) verträgt sich ohne weiteres mit dem Darlehen und ist beim partiarischen Darlehen regelmässig stipuliert. Jedoch kann eine eigentliche Einmischung des Geldgebers
in die Geschäftsführung des Geldnehmers durch Kontrollen, Weisungen usw. auf Gesellschaft
deuten, auch wenn von einer Beteiligung am Verlust nie die Rede war[26]. Dabei braucht diese Ingerenz nicht notwendig im ursprünglichen Vertrag vereinbart zu sein. Es genügt, wenn sie nachträglich in das Dauerschuldverhältnis Eingang findet. Ein bloßer Versuch der Ingerenz durch den
Geldgeber macht den Vertrag allerdings nicht zur Gesellschaft.

§ 37. Die Wirkungen des Darlehensvertrages

I. Hingabe des Kapitals durch den Darleiher

1. Der Darlehensgeber wird aus dem Darlehensvertrag hauptsächlich zur
Hingabe des vereinbarten Kapitals an den Borger verpflichtet. Das ist die
klare Folge der konsensualen Natur des Darlehensvertrages. Bei realver-
traglicher Konstruktion wäre ein allenfalls vorausgehendes *pactum de mutuo
dando* als Verpflichtung zum Abschluß eines Darlehensvertrages aufzufassen.
Der Anspruch des Borgers gegen den Darleiher auf Verschaffung der Valuta
ist eine gewöhnliche Geldforderung, die nach allgemeinen Regeln abgetreten,
verrechnet, vererbt und gepfändet werden kann[1].

VON BÜREN hält die Valutaleistungsschuld für unverrechenbar. Das ergebe sich aus dem Zweck
des Instituts. Das Darlehen wolle die Kaufkraft des Borgers steigern, ihm nicht bloß Schuldbe-
freiung verschaffen[2]. Dem ist entgegenzuhalten, daß Zweck des Darlehens – auch nach der an
gleicher Stelle vertretenen Auffassung VON BÜRENS – die «Wertgebrauchsüberlassung», das heißt
die Verschaffung eines Kapitals zum Gebrauch seines Wertes ist. Diesem Zweck kann auch die
Schuldenminderung dienstbar sein. Es steht den Parteien frei, für jene Fälle, die VON BÜREN
offenbar im Auge hat, die Verrechenbarkeit wegzubedingen. Eine solche Abmachung kann sich
auch aus den Umständen ergeben.

2. Beim Sachdarlehen ist die Haftung des Darleihers für Sach- und Rechts-
mängel nach den Vorschriften beim Kauf zu beurteilen[3].

3. Umstritten ist die Frage, wann die Gefahr übergeht: bei Vertragsabschluß nach der Regel von Art. 185 OR (wobei Abs. 2 dieser Bestimmung zu

---

[26] KGer Schaffhausen, SJZ 54, 1958, S. 42; ObGer Luzern, ZBJV 88, 1952, S. 495.
[1] OSER/SCHÖNENBERGER, N. 14 zu Art. 312 OR.; FISCHER, S. 51. Der Borger bleibt auch nach
   Abtretung der Valutaforderung zur Rückerstattung verpflichtet. Vgl. ENNECCERUS/LEHMANN,
   15. Bearb., S. 599.
[2] OR Bes. Teil, S. 111.
[3] OSER/SCHÖNENBERGER, N. 11 zu Art. 312 OR.

beachten wäre)[4] oder erst bei der Eigentumsübertragung[5] nach allgemeinen Grundsätzen. Die zweite Auffassung erscheint als die angemessenere, da sie besser geeignet ist, Streitigkeiten zu vermeiden. Der Darleiher kann sich befreien durch Zahlung oder Hinterlegung; er wird aber nicht befreit, wenn die (bereits ausgeschiedene) Valuta zufällig untergeht.

4. Der Zahlungsort bestimmt sich nach den allgemeinen Grundsätzen von Art. 74 OR. Das Gelddarlehen ist eine Bringschuld[6].

Anderer Meinung sind FISCHER[7] und BECKER[8]. Da das Darlehen ein Konsensualgeschäft ist, verbietet es sich, die Regeln des alten Realvertrages – wie es diese Autoren tun – weiter anzuwenden. Immerhin ist BECKER soweit Recht zu geben, daß es oft die stillschweigende Vertragsmeinung der Parteien sein wird, der Borger habe sein Geld zu holen, so namentlich beim Gefälligkeitsdarlehen und regelmäßig auch beim kaufmännischen Darlehen. Nur in diesen Fällen trägt der Borger die Versandkosten und die Gefahr beim Transport.

5. Grundsätzlich ist das Darlehenskapital in bar zu leisten; der Borger braucht sich weder mit der Zahlung auf ein Bankkonto noch mit einem Check abzufinden. Doch wird oft – sei es ausdrücklich, sei es stillschweigend – eine der heute üblichen bargeldlosen Zahlungsmodalitäten vereinbart sein. Die bargeldlose Verschaffung des Kapitals ist als «Übertragung des Eigentums an einer Summe Geldes» im Sinne von Art. 312 OR anzusehen, obwohl dies sachenrechtlich betrachtet nicht immer zutrifft. Wesentlich ist, daß dem Borger auf Kosten des Darleihers eine Wertsumme rechtsgültig verschafft wird[9].

Anstelle der Barzahlung können die Post- oder Banküberweisung (Gutschrift auf ein Postcheck- oder Bankkonto des Borgers), die Hingabe eines Checks, eines Wechsels oder die Abtretung einer Forderung treten, wobei die Hingabe erst mit ihrer Einlösung perfekt wird, was aus Art. 317 OR hervorgeht[10]. Die Einlösung kann wiederum durch Gutschrift auf ein Konto erfolgen (Verrechnungscheck)[11].

6. Werden dem Borger statt der verabredeten Geldsumme Wertpapiere oder Waren gegeben, so gilt nach Art. 317 OR als Darlehenssumme der Kurs-

---

[4] OSER/SCHÖNENBERGER, N. 11 zu Art. 312 OR.

[5] PFISTER, S. 100 f.; VON TUHR/PETER, Bd. I, S. 56 (wobei Anm. 16 eine andere Meinung als der Text vertritt); FISCHER, S. 16.

[6] Dies ergibt sich auch aus Art. 314 Abs. 1 OR: Im Zweifel ist der Zinssatz am Orte des Empfangs anzuwenden.

[7] S. 15.

[8] N. 11 zu Art. 312 OR.

[9] ENNECCERUS/LEHMANN, S. 593; AESCHLIMANN, S. 11.

[10] BECKER, N. 2 zu Art. 317 OR.

[11] Art. 1125 OR: «Die Gutschrift gilt als Zahlung». ENNECCERUS/LEHMANN, S. 594.

wert oder Marktpreis dieser Papiere oder Waren zur Zeit und am Ort der Hingabe. Eine entgegenstehende Übereinkunft ist nichtig. Diese Bestimmung will den Borger vor Benachteiligungen schützen, die in einer zu hohen Schätzung des Wertes der hingegebenen Papiere oder Waren liegen können[12]. Wird ein niedrigerer Wert als der Börsen- oder Marktwert zur Zeit der Hingabe stipuliert, so besteht kein Grund, diese Liberalität des Darleihers nicht gelten zu lassen.

Die Bestimmung ist analog anzuwenden, wenn statt der Valuta in Geld, Speziessachen, nicht börsengängige Wertpapiere oder Forderungen, womöglich zu einem Schätzungspreis, übergeben werden: In diesem Falle gilt als Valuta der Preis, den der Borger durch Verkauf oder Inkasso erzielt hat oder in guten Treuen hätte erzielen können[13]. Dies ergibt sich daraus, daß das Darlehen den Gebrauch einer Valuta, eines Wertes verschaffen soll, und daß sich deshalb die Rückerstattungspflicht immer nur auf einen objektiven Wert beziehen kann. Sodann ist das Schutzbedürfnis des Borgers, dem Art. 317 OR Rechnung tragen will, bei der Valutierung von nicht handelbaren Sachen wesentlich höher als bei markt- und börsengängigen Objekten[14]. Erweisen sich die Waren als unverkäuflicher Ramsch, so kann der Borger die ordnungsgemäße Erfüllung der Valutaleistungsschuld verlangen, gegebenenfalls die Sachen zurückgeben, vom Vertrag zurücktreten und das negative Vertragsinteresse geltend machen[15].

Keine Gefährdung des Borgers kann eintreten, wenn schlicht und redlich der vom Borger für die Wertpapiere, Waren, Speziesobjekte erzielte tatsächliche Erlös als Valuta gelten soll. Da ist allenfalls der Darleiher zu schützen, indem der objektive Verkaufswert zur Zeit der Hingabe als Valuta zu gelten hat, wenn der Borger die Ware zu verkaufen unterläßt. Der Borger kann nämlich – außer es handle sich um objektiv unverkäufliche Objekte – nicht wählen zwischen Rückgabe der Sache in natura oder Rückerstattung ihres Wertes: Wenn Darlehen, Wertgebrauch vereinbart war, muß der Geldwert restituiert werden.

---

[12] OSER/SCHÖNENBERGER, N.1 zu Art.317 OR; BECKER, N.1 zu Art.317 OR.
[13] BECKER, N.3f. zu Art.317 OR.
[14] Vgl. BECKER, N.4 zu Art.317 OR.
 OSER/SCHÖNENBERGER (N.5 zu Art.317 OR) und PFISTER (S.95) halten bei Papieren (und offenbar a fortiori auch bei andern Sachen), die nicht regelmäßig gehandelt werden, die freie Vereinbarung einer Schätzung vorbehältlich der Wucherbestimmungen für zulässig. Im Ergebnis führt das wohl kaum zu andern Resultaten.
[15] MOLIÈRE hielt solche Geschäfte für Wucher von der schlimmsten Art: In jener berühmten Szene (L'Avare II/1) gibt der Geizhals Harpagon seinem Sohn ein Darlehen, das zum großen Teil in grotesken Möbelstücken zu übersetzten Schätzungspreisen besteht.

Die Vereinbarung der Hingabe von Ware, eventuell Speziesobjekten an Stelle von Geld als Darlehensvaluta wird in der älteren Literatur *contractus mohatrae* genannt. Der Begriff stammt aus dem Mittelalter und ist wohl auf das arabische *mokhâtara* (Chance, Risiko) zurückzuführen. Der mittelalterliche contractus mohatrae war ein fingierter Doppelverkauf mit aufgeschobener Fälligkeit des ersten Kaufpreises[16] und diente der Umgehung des kanonischen Zinsverbotes: A verkauft dem B ein Objekt X zu einem Preis von 108 mit auf ein Jahr aufgeschobener Fälligkeit dieses Preises. A kauft die Ware von B unverzüglich zurück zu einem Preis von 100, wobei dieser Preis sofort bezahlt wird. A ist Darleiher, B ist Borger. Valuta ist 100, der Zins 8%. Die Ware spielt eine rein fiktive Rolle. Diese Geschäft wurde als verbotener Wucher betrachtet[17].

7. Der Darleiher kann die Aushändigung des Darlehens verweigern, wenn der Borger seit dem Vertragsabschluß zahlungsunfähig geworden ist (Art. 316 Abs. 1 OR). Da der Darleiher kreditieren, in Vorleistung gehen muß, ist ihm nicht zuzumuten, seine Leistung erbringen zu müssen, obwohl nach menschlichem Ermessen feststeht, daß der Borger nie wird zurückzahlen können. Die Spezialbestimmung ist erforderlich, da das zinslose Darlehen ein nur unvollkommen zweiseitiger Vertrag ist und deshalb Art. 83 OR nicht untersteht. Art. 316 OR erleichtert die Stellung des Darleihers in doppelter Hinsicht: Entgegen der allgemeinen Bestimmung von Art. 83 OR braucht er keine Gefährdung seiner Ansprüche nachzuweisen. Art. 316 OR stellt eine diesbezügliche praesumptio iuris et de iure auf. Sodann kann der Borger auch durch Sicherstellung keine Leistung des Darleihers erzwingen. Dem Darleiher verbleibt lediglich der Beweis der Zahlungsunfähigkeit des Borgers.

Das Rückbehaltungsrecht des Darleihers erlaubt diesem, die Valutazahlung definitiv zu verweigern. Der Vertrag ist damit hinfällig. Der Darleiher ist vom Vertrag zurückgetreten[18]. Wenn ein Teilbetrag der Valuta bereits geleistet worden ist, gilt Art. 316 OR nur für die noch verbleibenden Restbeträge, so daß der Rücktritt nur teilweise wirksam wird.

Die Verweigerung der Auszahlung steht dem Darleiher auch dann zu, wenn die Zahlungsunfähigkeit des Borgers schon bei Vertragsabschluß bestand, ihm aber erst nachträglich bekannt geworden ist[19]. Solange die Valuta nicht ausbezahlt ist, braucht sich der Darleiher demnach nicht auf Irrtum oder Täuschung zu berufen. Nach Auszahlung bleiben ihm nur diese Behelfe, wobei allerdings ein Irrtum über die Zahlungsfähigkeit des Borgers nicht ohne weiteres ein wesentlicher im Sinne von Art. 24 Abs. 1 Ziff. 4 OR ist. Es kommt auf den Inhalt des Vertrages und die Umstände an[20].

---

[16] Dernburg, S. 236, Anm. 7.

[17] R. J. Pothier, Traité du contrat de vente, Nr. 38; Traité de l'usure, Nr. 88 und 89 (Œuvres complètes de Pothier, Paris 1830).

[18] So die herrschende Lehre. Oser/Schönenberger, N. 3 zu Art. 316 OR und dort zitierte Literatur. a.M. Pfister, S. 77 f.

[19] Art. 316 Abs. 2 OR.

[20] Allerdings darf man den Irrtum über die Zahlungsfähigkeit nicht ohne weiteres als Motivirrtum

Inwiefern bleibt neben dieser Sondervorschrift noch Raum für eine Anwendung der allgemeinen Regel von Art. 83 OR? Beim unverzinslichen Darlehen – soviel steht fest – ist Art. 83 OR nicht anwendbar, denn jenes ist kein zweiseitiger Vertrag im Sinne dieser Bestimmung. Was aber, wenn Zinsen vereinbart sind, und das Verhältnis deshalb ein synallagmatisches ist? Daß für die Rückzahlung der Valuta nachträglich Sicherstellung verlangt werden könnte, wenn der Borger zahlungsunfähig geworden ist und der Anspruch des Darleihers dadurch gefährdet wird, ist ausgeschlossen, denn die Rückzahlung der Valuta ist nicht «Gegenleistung» im Sinne von Art. 83 OR. Gegenleistung sind nur die Zinsen.

GAUCH[21] glaubt, daß Art. 83 OR beim verzinslichen Darlehen bezüglich der Zinsen Anwendung findet: Da das Darlehen ein Dauerschuldverhältnis sei, erschöpfe sich die Pflicht des Darleihers nicht in der Hingabe der Valuta. Darüber hinaus habe er während der ganzen Dauer des Vertrages die Pflicht, dem Borger den Gebrauch des Kapitals zu belassen. Er habe also noch nicht vollständig geleistet, sondern erst mit seiner Leistung begonnen. Zudem bestehe kein Grund, den Darleiher schlechter zu stellen als andere Dauerleistungsschuldner.

Diese These würde zum seltsamen Ergebnis führen, daß zwar die Zinsen, nicht aber das Kapital sichergestellt würden. Wenn der Borger die Sicherheiten nicht leistet, könnte der Darleiher – noch ehe der Borger mit Zinszahlungen im Verzug ist – vom Vertrag zurücktreten. Die Argumentation GAUCHS scheitert daran, daß der Darleiher keine Leistung mehr zu erbringen hat, die er im Sinne von Art. 83 OR «zurückhalten» könnte. «Er befindet sich», wie das Bundesgericht formulierte[22], «nach der Hingabe des Darlehens in der gleichen Lage wie jeder andere Gläubiger, der selbst bereits erfüllt und eine Forderung gegen den Schuldner hat». Er muß deshalb den nächsten Zinstermin abwarten und dann, falls der Borger in Verzug kommt, den Rücktritt nach Art. 107 ff. OR anstreben[23]. Dies ist auch billig, da das nachträgliche Bonitätsrisiko im Wesen des Kreditverhältnisses liegt. Es ist dem Darleiher zuzumuten, von Anfang an Sicherheiten in den Vertrag aufzunehmen, wenn er dieses Risiko nicht tragen will. Insofern unterscheidet sich eben seine Stellung von der eines Vermieters oder Arbeitnehmers.

8. Die Valuta kann in der Weise verschafft werden, daß eine Schuld von Geld oder andern vertretbaren Sachen in eine Darlehensschuld umgewandelt wird. Man spricht dann von einem «Vereinbarungsdarlehen»[24].

Nach dem Wortlaut des Gesetzes wäre in solchen Fällen Neuerung (Novation), das heißt die Tilgung der alten Schuld durch Begründung einer neuen anzunehmen[25]. Will man mit VON BÜREN[26] in der Novation bloß ein Scheininstitut ohne materielle Tragweite sehen, so stünde man vor einer totalen Schuldänderung (Schuldersetzung, Schuldumschaffung). In beiden Fällen erlöschen die Einreden aus dem früheren Verhältnis. Bei Neuerung (und wohl auch bei totaler Schuldänderung) gehen grundsätzlich auch die Nebenrechte der Forderung unter, doch ist nach der bundesgerichtlichen Praxis auf den Parteiwillen abzustellen[27]. Die Neuerung – und auch die totale Schuldänderung – ist nicht zu vermuten, das heißt im Zweifel bleiben die Nebenrechte und Einreden bestehen. Wird zum Beispiel eine Kaufpreis- oder Werklohnforderung «stehen gelassen» und werden bei

---

abtun. Vgl. OSER/SCHÖNENBERGER, N. 4 zu Art. 316 OR. Die ausdrückliche Regelung des Gesetzes fängt die Streitfrage auf, ob bei einem Kreditverhältnis (vgl. vorne § 36, Anm. 12) die Bonität des Borgers nicht eine Grundlage des Geschäfts sei.
[21] System, S. 104 f.
[22] BGE 100 II, 1974, S. 351.
[23] BGE 100 II, 1974, S. 350.
[24] OSER/SCHÖNENBERGER, N. 9 zu Art. 312 OR.
[25] BECKER, N. 8 zu Art. 116 OR: ENGEL, S. 517 ff.; GUHL/MERZ/KUMMER, S. 270; PFISTER, S. 96.
[26] VON BÜREN, OR, Allg. Teil, S. 361 ff.
[27] GUHL/MERZ/KUMMER, S. 270.

dieser Gelegenheit Zinsen und Kündigungsfristen vereinbart, so ist, selbst wenn die Parteien diese Abmachung «Darlehen» nennen, eher eine Stundung des Kaufpreises oder Werklohnes oder eine bloße Schuldabänderung, das heißt eine teilweise Unterwerfung der fortbestehenden alten Schuld unter gewisse Darlehensregeln anzunehmen. Nebenrechte und Einreden würden mithin weiter bestehen[28].

9. Der Borger erwirbt Eigentum am Kapital nach den allgemeinen Grundsätzen des Fahrnisrechts. Wurde eine Geldsumme übertragen, so ist der gutgläubige Borger im Erwerb geschützt, selbst wenn es sich um abhandengekommenes Geld handelte (Art. 935 ZGB). Die Valuta ist dem Borger rechtswirksam verschafft worden, so daß dem Darleiher der Rückerstattungsanspruch zusteht.

10. Der Hingabepflicht des Darleihers entspricht die Abnahmepflicht des Borgers[29]. Der Borger ist verpflichtet, die Valuta entgegenzunehmen; er kommt in Gläubigerverzug, wenn er dieser Pflicht nicht genügt, so daß der Darleiher nach Art. 92 OR hinterlegen kann. Voraussetzung für die Abnahmepflicht ist, daß der Darleiher an ihr ein rechtliches Interesse hat. Beim verzinslichen Darlehen besteht ein solches Interesse in der Regel, beim unverzinslichen Darlehen fehlt es meistens.

11. Bei Verzug in der Leistung der Valuta hat der Darleiher dem Borger den gesetzlichen Verzugszins zu leisten (Art. 104 OR). Er darf den Vertragszins, den der Borger bei rechtzeitiger Erfüllung hätte leisten müssen, nicht abziehen. Diese *compensatio lucri cum damno* ist beim Verzugszins nicht zulässig. Anders verhält es sich bei einem nach Art. 106 OR geltend gemachten weiteren Schaden[30].

12. Der Anspruch des Borgers auf Aushändigung und der Anspruch des Darleihers auf Annahme der Darlehensvaluta verjähren in sechs Monaten vom Eintritt des Verzuges an gerechnet (Art. 315 OR).
Diese spezielle Verjährungsbestimmung (es handelt sich um eine echte Verjährung) wurde als nötig erachtet, weil das nicht vollzogene Darlehen nicht zu lange in der Schwebe bleiben sollte. Die Frist wurde wohl im Hinblick auf das Darlehen unter Privatleuten und das Gefälligkeitsdarlehen so kurz bemessen. Unglücklicherweise macht das Gesetz den Beginn der Verjährung vom V e r z u g abhängig. Damit wird der Zweck der Norm in den

---

[28] Enneccerus/Lehmann, S. 595.
[29] Oser/Schönenberger, N. 3 zu Art. 312 OR; N. 2 zu Art. 315 OR; anderer Ansicht ist von Büren, OR, Bes. Teil, S. 112. Diese abweichende Auffassung wird vom Wortlaut des Gesetzes (Art. 315 Abs. 2 OR) desavouiert.
[30] Becker, N. 13 zu Art. 312 OR.

meisten Fällen vereitelt, und die Parteien bleiben auf die allgemeine Verjährungsfrist verwiesen. Ein sachlicher Grund für diese Regelung läßt sich nicht nennen[31].

II. Die Rückerstattungspflicht des Borgers

1. Der Borger ist nur zum vorübergehenden, zeitlich begrenzten Gebrauch des Kapitalwertes berechtigt. Er ist deshalb verpflichtet, das Kapital, die Valuta zurückzuzahlen: Er muß die gleiche Summe Geld, die selbe Quantität vertretbarer Sachen in der vereinbarten und empfangenen Qualität (tantundem ejusdem generis eadem qualitate) zurückerstatten. Bei Sachdarlehen fallen Preisdifferenzen, Kursschwankungen außer Betracht: Der Borger nutzt und trägt das Kursrisiko[32].

Entsprechend hat der Darleiher grundsätzlich keinen Anspruch auf einen Ausgleich des durch die allgemeine Geldentwertung verursachten Minderwerts seines Kapitals. Bei sehr weitgehender Inflation kann die Berufung des Borgers auf sein Recht, nur *tantundem ejusdem generis* zurückerstatten zu müssen, nach Art. 2 ZGB rechtsmißbräuchlich sein, so namentlich beim zinslosen Darlehen.

Die Rückerstattung steht zur Hingabe des Kapitals nicht im Verhältnis von Leistung und Gegenleistung (Synallagma, Austausch); das zinslose Darlehen ist deshalb kein zweiseitiger Vertrag[33].

2. Der Borger kann grundsätzlich erst auf den vereinbarten Termin oder unter Einhaltung der Kündigungsfrist zurückerstatten. Allerdings dürfte dem Darleiher meistens zuzumuten sein, die Valuta zurückzunehmen, sofern der Borger im übrigen seinen vertraglichen Pflichten nachkommt, besonders wenn er die Zinsen für die noch offene Dauer zu zahlen bereit ist[34]. Der Darleiher ist nicht verpflichtet, sich den Zins, den er mit der vorzeitig zurückerhaltenen Valuta anderweitig erzielen kann, anrechnen zu lassen, denn der vom Borger gezahlte Zins ist nicht Schadenersatz, der eine compensatio

---

[31] SPIRO (§ 40, S. 76) nennt diese Regelung eine «zwar echte, jedoch isolierte und kaum mehr erklärbare Besonderheit».
    BECKER, N. 1 zu Art. 315 OR bezeichnet sie als «unsachgemäß».
[32] OSER/SCHÖNENBERGER, N. 12 zu Art. 312 OR.
[33] OSER/SCHÖNENBERGER, N. 14 zu Art. 312 OR; PFISTER (S. 56, 63 f.) läßt die Frage offen, was nicht befriedigen kann.
[34] Er braucht erst auf die vereinbarten Zinstermine zu zahlen, BECKER, N. 9 zu Art. 318 OR.

lucri cum damno zuließe, sondern Vertragsleistung, die ohne Abzüge zu erbringen ist[35].

Der Abzug des sogenannten «Bereicherungszinses» kann allerdings kaufmännischer Übung entsprechen. Es ist dann eine stillschweigende Vereinbarung anzunehmen[36].

3. In diesem Zusammenhang ist auf die sogenannte Rangrücktrittsvereinbarung (Subordinationserklärung, Nachgangserklärung) hinzuweisen. Sie kann bei jeder Art von Geldforderung begegnen; in der Praxis wird sie sich meist auf eine Darlehensforderung beziehen. Bei diesem schuldrechtlichen Rangrücktritt[37] erklärt der Darleiher (Gläubiger), seine Forderung erst dann und nur dann geltend zu machen, wenn bestimmte andere, eventuell alle andern Gläubiger befriedigt sind. Zu solchen Rangrücktritten wird es namentlich im Verhältnis zwischen Hauptaktionär und Aktiengesellschaft kommen: Durch den Rangrücktritt des Darlehens des Hauptaktionärs (Muttergesellschaft) soll eine manifeste Überschuldung und damit der Gang zum Richter gemäß Art. 725 Abs. 3 OR vermieden werden. Wird dieser Zweck mit der Rangrücktrittsvereinbarung erreicht? In Treuhand- und Revisionskreisen wird dies offenbar angenommen. Es sind aber Bedenken anzubringen: Die im Rang zurückgestellte Forderung besteht nämlich weiter. Sie wird, sobald alle andern Gläubiger befriedigt sind, geltend gemacht und schmälert dann das Liquidationsbetreffnis der Aktionäre[38]. Vom Gang zum Richter kann aus rein praktischen Gründen abgesehen werden, wenn der Darleiher alleiniger Aktionär ist, weil es dann keinen möglichen Verantwortlichkeitskläger mehr gibt.

Beim Darlehen ist die Rangrücktrittsvereinbarung eine Modifikation der Rückerstattungsforderung: Diese wird nachträglich von der (suspensiven) Bedingung abhängig gemacht, daß zuerst bestimmte andere, eventuell alle andern Gläubiger für ihre Forderungen befriedigt worden sind. Die Valutaforderung bleibt als solche bestehen und ist im Konkurs nach Art. 210

---

[35] Die sozialrechtlich motivierten abweichenden Regelungen im Arbeitsrecht (Art. 337 c OR) und im Mietrecht (Art. 257 Abs. 2 OR) bedurften der positiven Gesetzesbestimmung. Diese fehlt hier, da Darleiher und Borger in keinem determinierten sozialen Gegensatz stehen.
    Anderer Ansicht von Büren, OR, Bes. Teil, S. 113, Anm. 160.

[36] Becker, N. 9 zu Art. 318 OR.

[37] Er darf nicht mit dem Rangrücktritt eines Pfandgläubigers oder eines anderen dinglich Berechtigten bezüglich der grundbuchlichen Stellung seines Rechtes verwechselt werden. Wieland, N. 8 c, S. 330 zu Art. 814 ZGB.

[38] Anders hätte diese Vereinbarung wenig Sinn: Der Hauptaktionär-Darleiher würde sonst besser schlechthin auf seine Forderung verzichten. Dann müßte er aber den allfälligen Überschuß, den er nach Befriedigung aller andern Gläubiger in Form eines Liquidationsbetreffnisses erhält, unter Umständen als Gewinn versteuern.

SchKG zu kollozieren. Die Konkursdividende wird erst ausbezahlt, wenn
alle andern Gläubiger voll befriedigt sind.

III. Zinsen und andere Vergütungen

1. Die beim entgeltlichen Darlehen vereinbarte Vergütung für den Gebrauch des Kapitals ist für das Darlehen nicht begriffswesentlich. Wirtschaftlich kommt ihr jedoch die höchste Bedeutung zu[39]. Diese Vergütung wird
gewöhnlich als Zins, das heißt als eine nach der Nutzungsdauer berechnete
Quote des Kapitals bezahlt[40], und zwar gerechnet auf ein Jahr und in Hun-
dertsteln des Kapitals (Jahreszins in Prozenten). Obschon im sorgfältig redigierten Vertrag der Zins üblicherweise ausdrücklich *per annum* stipuliert
wird, ist er, auch wo diese Präzisierung fehlt, mangels anderer Abrede nach
Art. 314 Abs. 2 OR als Jahreszins zu entrichten.

Im «gewöhnlichen», das heißt im bürgerlichen, nichtkaufmännischen Verkehr ist das Darlehen gemäß Art. 313 OR nur dann zu verzinsen, wenn es
verabredet ist. Die Verabredung bedarf allerdings von Bundesrechts wegen
keiner besonderen Form: Sie kann deshalb stillschweigend sein, sich aus den
Umständen ergeben oder nachträglich zum Darlehensvertrag hinzutreten[41].

Im kaufmännischen Verkehr[42] sind, wie sich Art. 313 Abs. 2 OR ausdrückt,
«auch ohne Verabredung Zinse zu bezahlen»[43]. Das ist so zu verstehen, daß
dort, wo das Darlehen ein kaufmännisches ist[44], eine (widerlegbare) Vermutung für die (vertragliche) Vereinbarung von Zinsen spricht. Wer ein
kaufmännisches Darlehen aufnimmt, erklärt sich damit stillschweigend mit
der üblichen Zinszahlungspflicht einverstanden. Auch unter Kaufleuten im
kaufmännischen Verkehr kann aber das Darlehen zinslos vereinbart werden,

---

[39] Die Kapitalrente ist neben der Grundrente und dem Arbeitslohn wichtigste Säule einer freien
Wirtschaft.

[40] OSER/SCHÖNENBERGER, N. 1 zu Art. 73 OR.

[41] OSER/SCHÖNENBERGER, N. 2 zu Art. 313 OR; BECKER, N. 3 zu Art. 313/314 OR.

[42] Zum Begriff des kaufmännischen Verkehrs: R. PATRY, in: Schweizerisches Privatrecht, Bd. VIII/1,
S. 5 ff.; OSER/SCHÖNENBERGER, N. 7 ff. zu Art. 190 OR; BECKER, N. 3 zu Art. 190 OR; P. CAVIN,
in: Schweizerisches Privatrecht, Bd. VII/1, S. 4; C. WIELAND, Handelsrecht, München/Leipzig
1921, S. 4 f., S. 59 ff.

[43] Vgl. Deutsches Handelsgesetzbuch § 354.

[44] d.h. «ein Handelsgewerbe begründet, vorbereitet oder sonst mit ihm zusammenhängt» (WIE-
LAND, a.a.O., Anm. 42, S. 59 f.). Es ist für das schweizerische Recht auf ein materielles Kriterium
abzustellen, was freilich gewisse Unsicherheiten bei der Behandlung von Grenzfällen nicht ausschließt. Anders gilt in Deutschland ein formales Kriterium; es ist auf die Kaufmannseigenschaft
des Darleihers abzustellen (BAUMBACH/DUDEN, Kommentar zum Deutschen Handelsgesetzbuch,
17. Aufl., München/Berlin 1966, S. 518, N. 2A zu § 354 HGB).

nur daß der Borger für eine so ungewöhnliche Abmachung einen positiven Beweis zu erbringen hat. Der Zins des kaufmännischen Darlehens ist also trotz der mißverständlichen Formulierung des Gesetzes vertraglicher, nicht gesetzlicher Zins[45]. Der Darlehenszins ist immer bedungener Zins.

2. Der Zins ist vom Zeitpunkt an geschuldet, da der Darleiher geleistet hat[46]. Ist die Valuta vom Darleiher zu bringen, so beginnt der Zinsenlauf, wenn der Borger sein Kapital erhalten hat. In den häufigen Fällen, wo die Valuta zu holen ist, laufen die Zinsen, sobald das Geld beim Darleiher für den Borger bereit liegt, sobald es an ihn versandt wird. Der Darlehenszins ist, wo nichts anderes vereinbart wurde, für die ganze Vertragsdauer zu leisten, nicht etwa nur solange, als das Kapital dem Borger zum Wertgebrauch nützlich ist. Namentlich befreit eine vorzeitige Rückzahlung nicht von der Zinszahlungspflicht.

3. Der Zins kann in den Schranken der Rechtsordnung und der guten Sitten frei vereinbart werden. In der Praxis hat sich eine Art «Reizschwelle» bei Zinsen um 18% ausgebildet. Ist zu ermitteln, ob ein Zins wucherisch sei, spielt die Art des Darlehens, namentlich die Kreditsicherheit eine entscheidende Rolle: Je riskanter der Kredit für den Kreditgeber, desto höhere Zinse sind möglich. Werden Sicherheiten geleistet, so hat sich der Zins nach dem Wert der Sicherheiten zu ermäßigen. Auch die Dauer des Darlehens ist in Rechnung zu stellen.

Nach Art. 73 Abs. 2 OR können die Kantone «gegen Mißbräuche im Zinswesen» Bestimmungen aufstellen, so namentlich Höchstzinssätze dekretieren. Diese Bestimmung enthält keinen Vorbehalt kantonalen Privatrechts. Bei Erlaß des Gesetzes galt der Vorbehalt einer öffentlich-rechtlichen Mißbrauchsgesetzgebung namentlich dem damals noch kantonalen Strafrecht. Seit 1942 ist der Wucher bundesrechtlich mit Strafe bedroht (Art. 157 StGB). Diese bundesrechtliche Strafbestimmung verzichtet in weiser Erkenntnis des Problems darauf, starre Grenzen zu ziehen. Zinse, die zwischen erfahrenen Geschäftsleuten angesichts eines besonderen Risikos durchaus erlaubt, ja angemessen sein können, sind vielleicht im privaten Verkehr, beim Konsumtionskredit offener Wucher. Es ist deshalb darauf zu achten, in welcher objektiven Lage (berufliche, soziale Stellung der Parteien, Geschäftsbeziehungen, Risiken des Geschäftes) und in welcher subjektiven Lage (Notlage, Abhängigkeit, Geistesschwäche, Unerfahrenheit, Charakterschwäche, Leichtsinn) das fragliche Geschäft abgeschlossen worden ist. Angesichts dieser umfassenden bundesrechtlichen Regelung ist der Vorbehalt einer besonderen kantonalen Wuchergesetzgebung kaum mehr zu rechtfertigen[47].

---

[45] OSER/SCHÖNENBERGER, (N. 2 zu Art. 313 OR) sagen, die Verzinslichkeit ergebe sich «aus dem Abschluß im kaufmännischen Verkehr». Derselbe Kommentar (N. 9 ff. zu Art. 73 OR) erwähnt jedoch den Zins des kaufmännischen Darlehens nicht bei den durch Rechtsvorschrift entstehenden Zinsen. Er scheint also die hier vertretene Meinung zu teilen.
[46] So ausdrücklich § 354 Abs. 2 HGB.
[47] VON BÜREN (OR, Bes. Teil, S. 114) sieht das bundesrechtliche Korrektiv in Art. 21 OR (Übervorteilung). Angesichts der kurzen Frist des Art. 31 OR versage der Schutz vielfach, so daß der

4. Die Gesetzgebung mit dem Zwecke, das Zinsennehmen zu verbieten oder doch einzuschränken, hat eine große Tradition. Wir müssen uns mit wenigen Hinweisen begnügen.

Die XII Tafeln setzten einen Höchstzinssatz von 100% (fenus unciarium) fest; im vierten Jahrhundert v. Chr. wurde er durch Plebiszit auf die Hälfte reduziert. Schon 342 v. Chr. soll es ein Gesetz gegeben haben, das jegliches Zinsennehmen verbot. In der späteren Republik dürfte dieses radikale Verbot bereits außer Übung gekommen sein[48]. Andere Gesetze scheinen damals das Zinsennehmen wenn schon nicht verboten, so doch stark eingeschränkt zu haben. Gegen Ende der Republik galten 12% Jahreszins (1% Monatszins, centesimae usurae) als normaler Höchstzins. Keine Beschränkungen bestanden beim Seedarlehen (fenus nauticum) wegen seiner besonderen Risiken[49]. Die justinianische Gesetzgebung – bereits unter dem Einfluß christlicher ethischer Vorstellungen – ordnete die Zinshöchstsätze nach Stand und Tatbestand differenziert: 6% für den Regelfall, 4% für *Illustres*, 8% für Kaufleute, Unternehmer und Bankiers, 12% für das Seedarlehen[50]. Daß das Zinsennehmen ethisch problematisch sei, ist keine Erkenntnis, die erst mit dem Christentum gewonnen worden wäre. In der ganzen Antike wurden immer wieder Versuche unternommen, das Zinsennehmen zumindest gegenüber Mitbürgern einzuschränken, ja zu verbieten. Die besondere Vehemenz des christlichen Anlaufs gegen das Zinsennehmen ist wohl damit zu erklären, daß man das Jesus-Logion «Leiht nichts in der Hoffnung auf Rückgabe» (Lukas 6, 35: δανείζετε μηδὲν ἀπελπίζοντες) – ein Wort, das nur eschatologisch verstanden sinnvoll wird – als moralisches Gebot mißverstand und demnach in der Vulgata so weitergab: *Mutuum date nihil inde sperantes* – wenn ihr darleiht, sollt ihr keinen Nutzen davon erwarten.

Schon die Kirche des ausgehenden Altertums, noch unbedingter aber die Kirche des Mittelalters sah im Verbot des Zinsennehmens ein religiös-ethisches Gebot, dem alle Christen (freilich nur sie!) unterworfen seien. Den Juden war das Zinsennehmen in gewissen Grenzen erlaubt. Es verdient allerdings hervorgehoben zu werden, daß auch nach jüdischer Auffassung das Zinsennehmen innerhalb der jüdischen Volksgemeinschaft als bedenklich galt. Im ausgehenden Mittelalter – die wirtschaftlichen Zwänge der frühen Kapitalwirtschaft ließen sich nicht länger zurückdrängen – erstreckte sich die Ausnahmeregelung auf die norditalienischen und südfranzösischen Bankiers (Lombarden und Cavertschen). Die reformierten (kalvinistischen) Theoretiker (schon Calvin selber, nach ihm Salmasius) erkannten das Problem richtig: Für die Überlassung eines Kapitals dürfe ein billiges Entgelt gefordert werden, ebenso wie für die Gebrauchsüberlassung einer anderen nutzbaren Sache. Nur müße der Wert, den der Gebrauch für den Borger darstelle, in gerechtem Verhältnis zum Entgelt stehen. Wucher ist erst derjenige Zins, der diese Grenze überschreitet[51].

In der Neuzeit hielt auch die katholische Kirche nicht mehr am absoluten Zinsverbot fest[52]. Diese Relativierung des Zinsennehmens rief einer vielfältigen Gesetzgebung, und zwar – soviel ich sehe – in allen Staaten. Im römisch-deutschen Reich bestanden noch recht restriktive Regelungen in der Reichspolizeiordnung von 1577 (XVIII § 9, XX § 6). Reichsgesetzlich wurde das Zinsennehmen erst im sogenannten Jüngsten Reichsabschied von 1654 (§ 174) gestattet. Im 16., 17. und 18. Jahrhundert entwickelte sich eine ungeheuer reichhaltige Gesetzgebung der Partikularstaaten und auch der schweizerischen Orte gegen *usurae, wucherliche Contracte* usw., polizeirechtliche Bestimmungen, die nicht nur die Zinssätze für Adlige, Bürger, Kaufleute, Juden regelten, sondern auch allerhand Umgehungsgeschäfte zu verhindern trachteten. Diese Normen finden sich

---

kantonalen Mißbrauchsgesetzgebung eine Aufgabe verbleibe. Die wucherische Zinsabrede ist aber angesichts der genannten Strafrechtsbestimmung rechtswidrig, zumindest unsittlich, mithin nichtig, nicht bloß anfechtbar (BGE 93 II, 1967, S.191).

[48] Kaser, Bd. I, S.149.

[49] Kaser, Bd. I, S.415f.

[50] Kaser, Bd. II, S.250.

[51] Claudius Salmasius (Claude de Saumaise), 1588–1652, De mutuo et foenore trapezitico.

[52] Vgl. Encyclica ad ep. Italiae «Vix pervenit», § 31ff. (Benedict XIV., 1745), in: H. Denzinger/ A. Schönmetzer, Enchyridion Symbolorum, 32. Aufl., Freiburg i.Br. 1963, Nr.2546ff.

zum Teil in «Reformationen», «Polizeiordnungen», «Landesordnungen», zum Teil in besonderen Wuchergesetzen und -mandaten; Verordnungen, die ständig in neuer, bald geschärfter, bald geschwächter Form wiederholt werden mußten und mit ihrer wortreichen Eindringlichkeit immer neu bewiesen, daß eine wuchernde Gesetzgebung wuchernden Geldgebern nicht beikommt[53]. Mit gutem Grund baute deshalb das 19. Jahrhundert diese letztlich wirkungslosen Schranken ab[54]. Auch in den schweizerischen Kantonen verschwanden die meisten speziellen Wuchergesetze: Der Tatbestand wurde vernünftigerweise mit flexiblen Generalklauseln aufgefangen.

5. Da das Zivilgesetzbuch den Kantonen die Möglichkeit einräumt, für grundpfändlich gesicherte Darlehen Höchstzinssätze festzulegen (Art. 795 ZGB), finden sich in einigen kantonalen Einführungsgesetzen diesbezügliche Regelungen[55]. Zürich hat eine «Verordnung über die Darleiher, Darlehens- und Kreditvermittler» vom 10. Dezember 1942. § 14 ordnet die Höchstsätze für Provision, Kommission und Gebühren des Vermittlers, gestaffelt nach der Höhe der Valuta, und bestimmt außerdem, daß sich die Ansätze für Provisionen um so viele Prozente reduzieren, als die Gesamtbelastung des Kredites oder Darlehens 18% im Jahr übersteigt. Daraus wäre zu folgern, daß eine Kreditbelastung von mehr als 18% in Zürich nicht ohne weiteres als rechtswidrig anzusehen ist. Für gewerbsmäßige Gelddarleiher gilt allerdings die Beschränkung des § 212 EG zum ZGB, wonach jährlich nicht mehr als 18% an Zinsen, Provisionen, Kommissionen und Gebühren bezogen werden dürfen.

Die Kantone Bern, Zug, Freiburg, Schaffhausen, Waadt, Wallis, Neuenburg und Genf gehören dem Konkordat über Maßnahmen zur Bekämpfung von Mißbräuchen im Zinswesen vom 8. Oktober 1957 an[56]. Dessen Art. 5 und 12 Abs. 2 lit. a Ziff. 4 und lit. b Ziff. 5 sind durch Entscheid des

---

[53] Über die Entwicklung im einzelnen: Stobbe, Bd. III, § 190; G. K. Schmelzeisen, Polizeiordnungen und Privatrecht, Münster/Köln 1955; vgl. auch H. R. Hagemann, Maß und Askese im Recht, in: Ekstase, Maß und Askese als Kulturfaktoren, Akad. Vorträge geh. an der Universität Basel, 5, Basel 1967, S. 68 ff.: «Das Polizeirecht... gedieh weitgehend im Schatten der Wissenschaft; es wurde von ihr kaum in Pflege und Zucht genommen.»

[54] Stobbe, a.a.O. (Anm. 53).
Man kann leider nicht behaupten, die überängstliche Wuchergesetzgebung sei eine Besonderheit des Barocks und des vernunftrechtlichen Obrigkeitsstaates. Man vertiefe sich etwa in das französische Gesetz no. 66–1010 vom 28. Dezember 1966 «Loi relative à l'usure, aux prêts d'argent et à certaines opérations de démarchage et de publicité». Es steht in seiner Sorge um den unmündigen Untertan, in seiner krausen Weitschweifigkeit einem entsprechenden Mandat aus der Zopfzeit in nichts nach.

[55] Obwalden EG ZGB § 141: 5%; Nidwalden EG ZGB § 150: 4%; bei amtl. Güterschatzung: 5%; Außerrhoden EG ZGB § 231 für Schuldbriefe, Gülten und landwirtschaftliche Hypotheken: 4½%; Neuenburg, Arrêté fixant le maximum du taux d'intérêt pour les créances garanties par un immeuble vom 2. April 1971: Hypotheken 1. Ranges 6½%, späteren Ranges 7%.

[56] SR 221.121.1.
Das Konkordat enthält nicht nur einen Höchstzinssatz (Art. 1), sondern noch allerhand andere Einschränkungen. Verboten ist, u.a. das «Schneeball-System», wobei das Konkordat keine Definition dieses Begriffes gibt. Gemeint ist offenbar eine Form der Darlehensgewährung, bei der dem Borger ein Zinsnachlaß oder andere Vergünstigungen versprochen werden, wenn er dem Darleiher einen weiteren Borger wirbt. Vgl. W. Haefelin, SJZ 73, 1977, S. 171 f.
Art. 12 enthält detaillierte Formvorschriften. Es scheint mir fraglich, ob sie vor dem Bundesrecht standhalten. Es kann ihnen nur der Charakter von kantonalen Ordnungsvorschriften zukommen. Der Vertrag, der den Formvorschriften nicht genügt, ist deshalb weder nichtig noch anfechtbar. Die Kontrahenten sind jedoch u.U. nach Art. 13 des Konkordates strafbar. Allenfalls wäre nur die Zinsabrede von der Anfechtbarkeit oder Nichtigkeit betroffen, da der Vorbehalt von Art. 73 OR sich nur auf Mißbräuche im Zinswesen bezieht. Um zinslose Darlehen haben sich die Kantone – entgegen dem zu weiten Wortlaut des Konkordats – nicht zu kümmern.

Bundesgerichtes vom 4. März 1959 aufgehoben worden. Dieser Entscheid ist seltsamerweise nicht publiziert worden.

Art. 1 setzt den Höchstzinssatz auf 12% im Jahr fest und gestattet höchstens 6% im Jahr für ausgewiesene Auslagen und Kosten; die Gesamtbelastung darf also 18% nicht überschreiten.

Schwierig ist das Problem des Anwendungsbereiches dieses Konkordates. Art. 1 sagt: «Wer auf dem Gebiete der Konkordatskantone in irgend einer Form Gelddarlehen oder Kredite gewährt, darf ... nicht...» Bezieht man diese Bestimmung auf die Person des Darleihers («wer... Gelddarlehen gewährt...»), so wäre das Konkordat auf Verträge anwendbar, bei denen der Darleiher seinen Wohn- oder Geschäftssitz im Konkordatsgebiet hat. Bezieht man jedoch die Bestimmung mehr auf die Tätigkeit der Darlehensgewährung, so läge es näher, das Konkordat auf jene Verträge anzuwenden, bei denen der Borger im Konkordatsgebiet wohnt, da ja das Darlehen grundsätzlich eine Bringschuld ist. In diesen Fällen besteht ja auch am ehesten die Chance, daß sie von Gerichten im Konkordatsgebiet beurteilt werden. Meines Erachtens ist diese zweite Auslegung die sinnvollere, da der Zweck des Konkordates nicht so sehr die Bestrafung und Behinderung wucherischer Geldgeber als der Schutz unerfahrener, sozial benachteiligter Borger ist. Das Konkordat – es handelt sich um öffentliches Recht der beteiligten Kantone – ist also (abgesehen von den klaren Fällen, bei denen beide Vertragsparteien im Konkordatsgebiet wohnen) dann anwendbar, wenn der Borger hier seinen Wohnsitz hat. Beim internationalen Darlehensverhältnis haben es die Parteien in der Hand, das anwendbare Recht zu bestimmen. Wohnt also der Borger im Konkordatsgebiet, so kann durch die Wahl des (ausländischen) Rechts des Darleihers die Anwendbarkeit des Konkordats vermieden werden. Diese Rechtswahl scheitert nicht am Vorbehalt des ordre public, da die Normen des Konkordates, die nur in einem Teil der Schweiz gelten, nicht als «fundamentale Sätze» der schweizerischen Rechtsordnung gelten können[57]. Gegen die Ausbeutung des in besonderer Weise schutzwürdigen inländischen Borgers durch ausländische Geldgeber schützen die bundesrechtlichen Regeln (Art. 20 OR), die durchaus in den Bereich des ordre public hineinreichen können[58]. Eine zwingende Anwendung des Konkordats im internationalen Verhältnis wäre auch praktisch mit den größten Unzukömmlichkeiten verbunden.

Im interkantonalen Verhältnis ist dem Konkordat die in seinem Ziele liegende Nachachtung zu verschaffen: Es ist also zum Schutze eines im Konkordatsgebiet wohnenden Borgers anzuwenden, und zwar auch durch den Richter eines nicht zum Konkordat gehörenden Kantons.

6. Soweit keine kantonale Höchstzinsvorschrift Platz greift, ist das Maß des Zinses nach Art. 19 OR zu beurteilen. Der übersetzte Zins ist rechtswidrig, die wucherische Zinsabrede nach Art. 20 OR nichtig[59]. Im allgemeinen wird sich das erlaubte Höchstmaß beim unversicherten Darlehen bei 18 bis 20% im Jahr bewegen. Besondere Umstände können auch höhere Zinssätze rechtfertigen; diese Umstände sind dann allerdings vom Darleiher darzutun[60]. Solche besonderen Umstände können sich im internationalen Verhältnis ergeben, namentlich wenn die Währung der Darlehensvaluta einer starken Entwertung unterliegt, oder die Rückzahlung von besonderen

---

[57] F. Vischer, in: Schweizerisches Privatrecht Bd. I, S. 533.

[58] Die amerikanischen Gliedstaaten kennen ebenfalls verschiedene Zinshöchstsätze. Die Parteien können durch Vereinbarung des Rechts eines andern Staats, die Höchstzinssätze ihres Wohnsitzstaates ausschließen. Voraussetzung ist, daß das Geschäft mit der vereinbarten Rechtsordnung eine «sufficient factual connection» – eine hinreichende tatbeständliche Verbindung besitzt. Ch. Reithmann, Internationales Vertragsrecht, Köln 1972, S. 212, Nr. 276.

[59] BGE 93 II, 1967, S. 189 ff.

[60] BGE 93 II, 1967, S. 191 f.

Risiken abhängt. Zum Zins hinzuzurechnen sind alle Leistungen des Borgers an Provisionen, Bereitstellungskommissionen usw., soweit sie nicht echte Auslagen des Darleihers für den Borger sind. Diese Auslagen sind meines Erachtens gesondert zu betrachten. Sie dürften meist auf ein akzessorisches Auftragsverhältnis zurückzuführen sein.

Ist ein übersetzter Zins vereinbart, so ist er auf das erlaubte Höchstmaß zu reduzieren, nicht etwa schlechthin zu streichen oder auf einen Zins von 5% herabzusetzen, da in der Regel nicht angenommen werden darf, die Parteien würden, wenn sie die Nichtigkeit der verabredeten Vergütung gekannt hätten, gar keinen oder einen besonders günstigen Zins vereinbart haben[61].

7. In der Vereinbarung des Darlehenszinses sind die Vertragsparteien innerhalb der genannten Schranken frei.

a) Die Höhe des Zinsfußes und die Kadenz der Zinszahlung (Jahreszins, Semesterzins, Quartalszins usw.) sind in erster Linie der Vereinbarung der Parteien zu entnehmen. Die Vorschrift von Art. 314 Abs. 2 OR hat die doppelte Funktion einer dispositiven Regelung und einer Auslegungshilfe: Zinsen sind – andere Vereinbarung vorbehalten – als Jahreszinse zu entrichten, das heißt einmal jährlich nach Ablauf des Zinsjahres, das ein Jahr nach Hingabe der Valuta endet[62]. Zinsen gelten als Jahreszinse. Es ist tatsächlich ganz unüblich, Zinsprozente pro Monat, Quartal oder Semester zu vereinbaren[63].

b) Ist das Darlehen nach dem Willen der Parteien grundsätzlich verzinslich, wie namentlich das kaufmännische Darlehen, die Höhe des Zinsfußes jedoch nicht ausdrücklich bestimmt, so gilt nach Art. 314 Abs. 1 OR «der zur Zeit und am Orte des Darlehensempfanges für die betreffende Art von Darlehen» übliche Zinssatz als vereinbart. Fehlt es am Ort des Darlehensempfangs (vgl. vorne I, 4.) an einer sicher feststellbaren Übung, so ist auf die Verhältnisse am nächsten für den betreffenden Ort maßgeblichen Handels-

---

[61] So nunmehr unmißverständlich: BGE 93 II, 1967, S. 192.

In BGE 80 II, 1954, S. 327 wurde der Zins auf 5% reduziert. Eine solche Korrektur des Vertrags hat poenalen Charakter, was systemfremd ist. Der Borger kommt in den Genuß eines vom Gericht verfügten billigen Kredits.

VON BÜREN, OR, Bes. Teil, S. 114. Die Entscheide BlZR 54, Nr. 82, S. 152 und BlZR 47, Nr. 101 (in diesen Entscheiden wurde das ganze Geschäft nichtig erklärt) dürfen, wie VON BÜREN, a.a.O., Anm. 167 zutreffend sagt, nicht wegleitend sein.

[62] OSER/SCHÖNENBERGER, N. 6 und 7 zu Art. 314 OR. Der Hingabe gleich kommt hier der Annahmeverzug des Borgers.

[63] Das Konkordat gegen die Mißbräuche im Zinswesen rechnet allerdings – wie die alten Römer – den Zins pro Monat.

platz abzustellen[64]. In der Regel sind die Zinssätze der am Ort tätigen Banken anzuwenden. Dabei ist zu prüfen, welcher Art das Darlehen ist. Zu berücksichtigen sind: die Höhe des Darlehensbetrages, die Laufzeit, der Zweck (Investition, Refinanzierung, Konsum, Warengeschäft usw.) und die Sicherheiten (Grundpfand, Mobiliarpfand, Lombardkredit, Bürgschaft, Garantie, Lebensversicherung)[65].

Die an einem Platze tätigen Handelsbanken pflegen diesbezügliche «Konventionen» zu vereinbaren, wobei sie sich verpflichten, die festgehaltenen Sätze als Minimum einzuhalten. Es handelt sich also nicht so sehr um eine Fixierung dessen, was üblich sein soll, als um eine wettbewerbslenkende Abrede. Am Platze Basel (der die umliegenden Orte von Baselland mitumfaßt) galten am 1. April 1977 beispielsweise die folgenden Sätze: Bei den gedeckten Kontokorrentkrediten wird unterschieden nach der Sicherheit. Bei Sicherung durch leichtverkäufliche Wertschriften, Hypothekartitel innerhalb der Grenze von 60% des Schatzungswertes, Lebensversicherungspolicen, Guthaben in Schweizerfranken oder fremder Währung wurden 5¼% nebst ¼% Quartalskommission berechnet. Bei anderweitigen Sicherheiten beträgt der Zins 5½% nebst ¼% Quartalskommission. Ungedeckte Kontokorrentkredite kosten 5¾% Zins nebst ¼% Quartalskommission. Für feste Vorschüsse, das heißt Darlehen mit mindestens drei Monaten Kündigungsfrist[66], gelten die folgenden Zinssätze: Gegen gute Sicherheiten 5¼% für im Schweizerischen Handelsregister eingetragene Firmen, 5¾% für Privatpersonen. Bei zweitklassigen Sicherheiten beträgt der Zins 5½% als Richtsatz, jedoch nicht weniger als 5¼% für im Schweizerischen Handelsregister eingetragene Firmen, 6% als Richtsatz für Privatpersonen, jedoch nicht weniger als 5¾%. Ein ungedeckter fester Vorschuß wird gleich behandelt. Für die einzelnen Sicherheiten sind die Deckungsmargen ebenfalls detailliert festgelegt.

c) Zinsen und Kommissionen können nach verschiedenen Methoden berechnet werden. Die gewöhnliche zivilrechtliche Berechnung beruht auf dem Kalenderjahr von 365 Tagen, die Monate nach ihrer kalendermäßigen Tageszahl berechnet. Die Zeit vom 1. Januar bis zum 28. Februar umfaßt nach dieser Berechnungsweise 59 Zinstage[67]. Diese Berechnungsweise ist anzuwenden auf alle Darlehen, bei denen nicht usanzgemäß eine andere Methode zum Zuge kommt.

Im Bankverkehr ist eine andere Berechnungsweise üblich. Das Jahr wird zu 360 Tagen, der Monat zu 30 Tagen gerechnet. Für die Zeit vom 1. bis 28. Februar werden 30 Zinstage gerechnet, für die Zeit vom 27. bis zum 28. Februar sind es 3 Zinstage, da gerechnet wird, wie wenn der Februar 30 Tage hätte. Der 31. eines Monats fällt als Zinstag mit dem 30. zusammen. Dieser Berechnungsweise unterzieht sich, wer bei einer Schweizer Bank ein Kontokorrent, ein Depot unterhält oder einen festen Vorschuß bezieht.

Für «feste Vorschüsse» mit Auslandbeziehung bestehen noch weitere Usanzen: zum Beispiel eine sogenannte «amerikanische Usanz», heute vielfach auch «Euro-Usanz» genannt, bei der das Jahr zu 360 Tagen, das angebrochene Jahr bzw. einzelne Zinstage auf den Monatstag genau gerechnet werden. «Englische Usanz» nennt man die in England, Belgien und in Teilen von Kanada übliche Berechnung von 365 Tagen und auf den Monatstag genau, die unser zivilrechtlichen Usanz entspricht.

---

[64] OSER/SCHÖNENBERGER, N. 3 zu Art. 314 OR.

[65] P. WIND, Die Bestimmungsgründe der Höhe der Zinssätze im Schweizerischen Bankgeschäft, Diss. Bern 1953.

[66] Die Bezeichnung «Vorschuß» ist in den meisten Fällen juristisch unzutreffend. Sie ist aber bei den Banken üblich; FISCHER, S. 26.

[67] Der Schalttag (29. Februar) ist mitzurechnen. Der Tageszins ist jedoch aufgrund von 366 Tagen zu ermitteln.

d) Als rechnerische Methoden der Kontokorrentzinsberechnung unterscheidet man die retro-
grade, die progressive und die Staffelmethode. Die Staffelmethode ist die differenzierteste und wird
heute regelmäßig angewendet. Der Zins wird vom jedesmaligen Saldo berechnet, und zwar für
so viele Tage, als er unverändert geblieben ist. Alle Methoden führen zum selben Zinsbetrag und
sind juristisch indifferent[68].

Neben dem Zins berechnen die Banken beim Kontokorrent (nicht jedoch beim sogenannten
festen Vorschuß) Quartalskommissionen. Die Berechnungsweisen sind nicht einheitlich. Die auf
der Kreditlimite berechnete Kommission (Bereitstellungskommission) findet sich am ehesten bei
Baukrediten, ist im übrigen aber eher die Ausnahme. Anders wird etwa auf dem höchsten Soll-
betrag pro Quartal mit einer Limitierung auf die Hälfte des Zinssatzes gerechnet, oder die Kommission wird auf dem Umsatz berechnet, wobei neuerdings die Berechnung nur auf dem Sollum-
satz bevorzugt wird.

**8. Art. 314 Abs. 3 OR erklärt die vorherige Übereinkunft, wonach Zinsen
zum Kapital geschlagen und mit diesem weiter verzinst werden sollen, für
grundsätzlich ungültig, das heißt nichtig.**

Das römische Recht verbot die *usurae usurarum*, und zwar war es verpönt, die Zinseszinse zum
voraus zu vereinbaren, wie auch aufgelaufene Zinsen nachträglich für verzinslich zu erklären[69].
Nichtig war also sowohl das, was im gemeinrechtlichen Jargon *anatocismus conjunctus sive adjectus*
(das heißt der zum voraus vereinbarte Zinseszins), wie auch das, was *anatocismus separatus* (das heißt
der nachträglich vereinbarte Zins auf aufgelaufenen Zinsen) hieß. Im gemeinen Recht des 17. und
18. Jahrhunderts wurde zum Teil die Meinung vertreten, daß der anatocismus separatus erlaubt
sei: Die verfallenen Zinsen konnten nachträglich zum Kapital geschlagen und der Verzinsung
unterworfen werden. Diese Auffassung verschaffte sich Eingang in die Kodifikationen[70].

Die nachträgliche Vereinbarung, daß aufgelaufene Zinsen zum Kapital
geschlagen und der Verzinsung unterstellt werden, ist nach schweizerischem
Recht zulässig[71]. Das Verbot des *anatocismus conjunctus* nach Art. 314 Abs. 3
OR soll den Borger davor schützen, in eine zum voraus nur schwer überblickbare Überschuldung zu geraten. Diese Schutzbedürftigkeit besteht
weniger beim kaufmännischen Kontokorrentverkehr und bei ähnlichen
Geschäftsformen. Das Gesetz nimmt sie deshalb vom Verbot aus. Üblich
und erlaubt ist die vorgängige Vereinbarung von Zinseszinsen bei Bank-
depots und Sparguthaben. Die Bank als Schuldnerin ist gut in der Lage, die
ihr überbürdeten Zinse zum voraus zu kalkulieren[72].

---

[68] Beschrieben im Handbuch des Geld-, Bank- und Börsenwesens der Schweiz (ALBISETTI/BODMER/
BOEMLE/GSELL/RUTSCHI), «Kontokorrent», S. 386 ff.

[69] D. 22.1.29; D. 42.1.27; D. 21.6.26.1; C. 4.28.

[70] Allg. Pr. LR I 11, § 819, 820 in restriktiver Form; ABGB § 998 (aufgehoben durch ein Gesetz
von 1868); CCfr. art. 1154.

[71] Das ergibt sich aus dem Wortlaut des Gesetzes und wird bestätigt durch die kurz skizzierte
geschichtliche Entwicklung.
OSER/SCHÖNENBERGER, N. 9 zu Art. 314 OR.

[72] OSER/SCHÖNENBERGER, N. 8 und 10 zu Art. 314 OR.

§ 38. Die Beendigung des Darlehensverhältnisses

I. Die ordentliche Beendigung

Die Parteien haben es grundsätzlich in der Hand, die Dauer des Darlehens zu bestimmen. Ist das Darlehen für anhaltende Kreditbedürfnisse des
Borgers vorgesehen, so wird die Dauer nicht zum voraus begrenzt, sondern
eine Kündigungsmöglichkeit vereinbart werden. Dient das Darlehen einem
konkreten Kreditbedürfnis des Borgers, so werden die Parteien das Darlehen zum voraus befristen, vielleicht auch die Beendigung vom Eintritt
gewisser Ereignisse, beispielsweise der Durchführung einer Transaktion,
abhängig machen.

1. Das Darlehen auf unbestimmte Dauer

Wenn die Parteien, was ihnen angesichts der nicht ganz zweifelsfreien
dispositiven Regelung des Gesetzes dringend zu empfehlen ist, beim Darlehen auf unbestimmte Dauer die Kündigung regeln, stehen ihnen die verschiedensten Möglichkeiten offen. Das Gewöhnliche wird eine beidseitige
gleiche Kündigung unter Einhaltung einer bestimmten Frist sein[1]. Es ist
auch zulässig, das Darlehen gegenseitig jederzeit «auf beliebige Aufforderung hin» rückzahlbar zu stellen. Das Gesetz (Art. 318 OR) sieht diese Möglichkeit ausdrücklich vor. Enthält der Vertrag eine Kündigungsvorschrift,
so wird im Zweifel anzunehmen sein, daß für Darleiher und Borger die
gleiche Frist (oder die gleiche Befreiung von einer Kündigungsfrist) gilt[2].
Eine Parität der Fristen ist jedoch – im Gegensatz etwa zum Arbeitsvertrag
(Art. 336 Abs. 2 OR) – vom Gesetz nicht zwingend vorgeschrieben[3]. Als
unbedenklich darf es angesehen werden, wenn sich der Borger beim verzinslichen Darlehen vorbehält, jederzeit zurückzahlen zu dürfen. Anders
kann, wenn sich der Darleiher die jederzeitige fristlose Rückforderung einseitig vorbehält, der Borger aber eine ins Gewicht fallende Kündigungsfrist
zu beobachten hat, ein Fall von Übervorteilung, vielleicht eine unzulässige

---

[1] z.B.: «Dieses Darlehen ist beidseits auf drei Monate zur Rückzahlung kündbar.»
[2] BECKER, N. 8 zu Art. 318 OR; SPIRO, § 444, S. 1195, sowie dort Anm. 15.
[3] Auch die Regelung von § 609 BGB, welche die Parität ausdrücklich vorsieht, ist nicht zwingend.
ENNECCERUS/LEHMANN, S. 597; VON BÜREN (OR, Bes. Teil, S. 117) verlangt die Parität. Das
geht zweifellos zu weit. Bedenklich ist nur ein Mißverhältnis der Fristen, welches das Darlehen
für den Borger (nahezu) wertlos macht. SPIRO, § 439, S. 1179.

Selbstbindung auf seiten des Borgers vorliegen[4]. Haben die Parteien für die Rückzahlung des Darlehens keine zeitlichen Bestimmungen getroffen, so ist es «innerhalb von sechs Wochen von der ersten Aufforderung an zurückzuzahlen» (Art. 318 OR). Man hat sich die Frage gestellt, ob diese dispositive Kündigungsfrist nur für den Darleiher gelte, so daß der Borger gemäß Art. 75 (oder Art. 81) OR ein verzinsliches Darlehen sogleich, das heißt ohne eine Kündigungsfrist einhalten zu müssen, zurückzahlen und sich damit auch von der Zinszahlungspflicht befreien könne[5]. Diese Frage ist zu verneinen: Die Frist von sechs Wochen muß auch für den Borger gelten[6]. Läßt der Darleiher dem Borger, ohne ihm sechs Wochen vorher eine andere Zahlungsaufforderung geschickt zu haben, einen Zahlungsbefehl zustellen, so erreicht er damit keine Verkürzung der Fristen. Der Zahlungsbefehl gilt lediglich als erste Aufforderung zur Rückzahlung eines (bis dahin noch nicht fälligen) Darlehens. Die Rechtsöffnung kann deshalb erst auf einen zweiten Zahlungsbefehl hin erwirkt werden[7].

2. Das Darlehen mit bestimmter Dauer

Keine besonderen Probleme ergeben sich beim Darlehen, das auf eine zum voraus zeitlich bestimmte Dauer vereinbart worden ist: auf den Termin tritt ohne weitere Mahnung die Fälligkeit ein. In diesem Falle kann auch nach Eintritt des Zeitpunktes ohne weiteres die Betreibung angehoben werden. Es mag freilich die Meinung der Parteien sein, daß der im Vertrag vorgesehene Termin bloß die Kündbarkeit des Darlehens, nicht seine Fälligkeit herbeiführen soll: Das ist ein Problem der Auslegung des Vertrages.

BECKER[8] will im Zweifel diese Auslegung anwenden, da sie für den Schuldner die geringere Belastung bringe. Indessen ist auch der Darleiher Schuldner, nämlich des Anspruchs des Borgers auf Überlassung der Valuta zum Gebrauch. Der Richter hat deshalb zu prüfen, ob die Parteien, sei es beim Abschluß des Vertrages, sei es später, eine Fortsetzung des Verhältnisses für möglich gehalten haben.

---

[4] SPIRO, § 440, S. 1183 f.

[5] H. TOBLER, Zur Rückzahlung unbefristeter Darlehen, SJZ 10, 1913, S. 57 ff.

[6] So ist wohl BECKER (N. 6 und N. 8 zu Art. 318 OR) zu verstehen; OSER/SCHÖNENBERGER, N. 3 zu Art. 81 OR; VON BÜREN, OR, Bes. Teil, S. 117; SPIRO, S. 1195 bei Anm. 15.

[7] TOBLER, a.a.O. (Anm. 5), S. 59; BECKER, N. 8 zu Art. 318 OR.

[8] N. 1 zu Art. 318 OR.

3. Das Darlehen mit bestimmbarer Dauer

Die Parteien können die Rückzahlung auf einen zukünftigen Termin festlegen, der als Datum zwar noch nicht feststeht, jedoch früher oder später eintreten muß, also bestimmbar ist[9]. Bei solchen Vereinbarungen mag sich allenfalls das Problem einer zeitlich zu langen Bindung stellen[10], im übrigen bringen sie kaum Schwierigkeiten.

Heikler wird die Sache, wenn die Rückzahlung von einer zukünftigen Erbschaft des Borgers aus dem Nachlaß einer noch lebenden Person abhängig gemacht wird. Eine solche Terminabrede kann als pactum de futura hereditate nach Art. 636 ZGB rechtswidrig sein. Nicht in dem Sinne, daß der empfangene Betrag nicht zurückgezahlt werden müßte: Aber die Terminierung und die Bindung an den Erbanfall erscheinen als bedenklich[11]. Ist die Vereinbarung als reine Terminierung zu verstehen, so dürfte sie zulässig sein. Bezweckt sie aber, die Rückleistungspflicht von der Höhe des Erbanfalles abhängig zu machen, enthält sie meines Erachtens ein verpöntes votum mortis: der Darleiher wird direkt daran interessiert, daß der Erblasser die Augen schließt, bevor sein Vermögen zerronnen ist. Da nicht der Darlehensvertrag, sondern nur die Terminierung und Bedingtheit auf das Ableben eines Dritten sittenwidrig sind, fällt wohl nur diese Klausel dahin, und das Darlehen ist auf die gesetzliche Frist kündbar, allenfalls auf das Ableben des Dritten einfach terminiert.

Wie ist zu verfahren, wenn der Borger sich verpflichtet zurückzuzahlen, «sobald er dazu in der Lage ist», wenn die Schuld «den Verhältnissen entsprechend zu amortisieren», «aus dem Erlös bei einem eventuellen Verkauf der Liegenschaft X zurückzuzahlen» ist? Dergleichen seifige Formulierungen finden sich wesentlich häufiger, als man glauben möchte. Bei extensiver Interpretation von Art. 318 OR kann in einer solchen Formel ein «bestimmter Termin» im Sinne des Gesetzes gesehen werden[12]. Die Vereinbarung wäre dann gültig, und der Darleiher müßte mit der Rückforderung warten, bis es ihm gelingt, dem Borger nachzuweisen, daß er sich nun in Verhältnissen befinde, die ihm die Rückzahlung erlauben. Der Prozeß-Stoff wird dabei auf Tatsachen ausgedehnt, die mit dem Darlehen nichts zu tun haben.

---

[9] z.B.: «Nach dem Ausscheiden des Borgers aus den Diensten der Firma X»; vgl. auch BGE 56 II, 1930, S. 348: «Innert angemessener Frist nach Beendigung des Krieges». Damals durfte eine solche Klausel (sie bezog sich auf den 1. Weltkrieg) noch als feste Terminierung gelten. Wie wäre wohl heute z.B. bezüglich der Waffengänge im Nahen Osten zu entscheiden?

[10] Vgl. hinten II 3.

[11] Das BGer (BGE 42 II, 1916, S. 190 ff., und 56 II, 1930, S. 347 ff.) hatte weniger Bedenken. Es stellte sich allerdings nur die Frage, ob überhaupt zurückzuzahlen sei, und diese Frage ist bei solchen Darlehen zu bejahen.

[12] BECKER (N. 1 zu Art. 318 OR) scheint dieser Ansicht zuzuneigen. Er beruft sich auf den französischen Gesetzestext. Gerade dieser scheint mir aber eine solche Auslegung auszuschließen. «Terme» hat im Französischen eine rein temporale Bedeutung. Die fraglichen Formulierungen enthalten aber ein konditionales Element.

Das Prozeßrisiko wächst erheblich. Der Darleiher ist praktisch von der Willkür des Borgers abhängig.

Im Entscheid BGE 77 II, 1951, S.144 ff. erachtete das Bundesgericht eine Vereinbarung der Rückzahlung «sobald nach dem Geschäftsergebnis möglich» als Vereinbarung eines bestimmten Zeitpunktes nach Art.318 OR (S.145). Die Bindung des Darleihers könne zwar angesichts der Unsicherheit eines genügenden Geschäftsergebnisses unbeschränkt lange dauern. Eine solche Unkündbarkeit auf seiten des Darleihers sei aber nicht rechtswidrig. Dem ist entgegenzuhalten: Es mag zulässig sein, eine Art ewige Rente zu begründen. Der Verzicht auf die Rückzahlung des Kapitals wird sich dann aber in der Höhe der Rente niederschlagen. Der Geldgeber weiß zum voraus, worauf er sich einläßt. Nicht so in dem vom Bundesgericht entschiedenen Fall: Die Bindung des Darleihers ist völlig unüberschaubar. Er ist der Willkür des Borgers ausgeliefert[13]. Ist ein echtes Darlehen gewollt, so kann es nicht im Belieben des Borgers stehen, ob er zurückzahlen will oder nicht. Den Parteien steht es aber frei, die Rückzahlungspflicht von einer Bedingung abhängig zu machen. Der Vertrag ist dann kein eigentliches Darlehen mehr, sondern eine bedingte Liberalität, eventuell eine Schenkung mit Vorbehalt des Rückfalles. Sofern die Liberalität vom Geldgeber gewollt ist, wird man nichts dagegen einwenden müssen. Die Anwendung der Normen über die Schenkung bleibt allerdings vorbehalten. Anders wenn die Rückzahlung der Valuta als eine wesentliche Bedingung des Geschäftes anzusehen ist: Da hat meines Erachtens der Darleiher seine Zusicherung, mit der Rückforderung zu warten, bis die in Aussicht genommene Vermögenslage des Borgers eintritt, grundsätzlich zu honorieren. Er kann also nicht mit der gesetzlichen Frist kündigen. Ein ewiges Warten ist ihm jedoch nicht zuzumuten[14]. Wie bei der zeitlich bestimmten übermäßigen Dauer muß nach Ablauf einer (Fatal-)Frist die Kündbarkeit eintreten[15].

4. Darf der Borger, wenn für das Darlehen eine bestimmte Dauer oder eine Kündigungsfrist vorgesehen ist, vorzeitig zurückzahlen? Diese Frage wird im allgemeinen bejaht, freilich mit der wichtigen Einschränkung, daß der Borger beim verzinslichen Darlehen an seine Zinszahlungspflicht für die Vertragsdauer gebunden bleibt[16].

Es lassen sich allerdings Fälle denken, bei denen der Darleiher ein schützenswertes Interesse hat, die Valuta nicht vorzeitig zurückzunehmen zu müssen[17].
Für diese Fälle – sie werden die Ausnahme bilden – muß dem Darleiher das Recht zugebilligt werden, vom Borger die Einhaltung der Kündigungsfrist auch für die Rückzahlung der Valuta verlangen zu können[18]. Meines Erachtens geht diese Regel aus dem Darlehensvertrag selbst her-

---

[13] SPIRO (§ 326, S.797, Anm.4) scheint solche Vereinbarungen zumindest für den Beginn der Verjährung für maßgeblich zu erachten.

[14] SPIRO, § 444, S.1196: «... die Unsicherheit des Gläubigers über den Bestand seines Rechts und die Möglichkeit, es durchzusetzen, darf nicht über Gebühr dauern».

[15] Hinten II 3.

[16] OSER/SCHÖNENBERGER, N.5 zu Art.318 OR; VON BÜREN, OR, Bes. Teil, S.116.

[17] Wenn z.B. die borgende Hausfrau die ausgeliehenen Eier (trotz entgegenstehender Abmachung) der gefälligen Nachbarin am Tag vor deren Abreise in die Ferien zurückbringen will; wenn dem Darleiher ein großer Geldbetrag am Samstag in die Wohnung gebracht wird, wo er über keine sichere Aufbewahrungsmöglichkeit verfügt etc.

[18] BECKER, N.9 zu Art.318 OR; PFISTER, S.133; ENNECCERUS/LEHMANN, S.597.

vor, der durchaus ein marginales Aufbewahrungsinteresse mitenthalten kann[19]. Die Konstruktion eines akzessorischen Depositums wäre für den Borger die ungünstigere Lösung, da er, wenn er die Valuta dem Darleiher vorzeitig angeboten hat und von diesem begründeterweise abgewiesen worden ist, das Kapital von da an bis zum Ablauf der Vertragsdauer nach Verwahrungsregeln für den Darleiher/Depositar bereithalten müßte.

II. Außerordentliche Auflösungsgründe

1. Verzug des Borgers

Der Borger kann während der Dauer des Vertrages in Verzug kommen, wenn er die vereinbarten Zinsen nicht zahlt oder andere vor der Rückzahlung zu erbringende Leistungen verweigert, so namentlich vertraglich vereinbarte Pfänder und Sicherheiten nicht stellt. Ist der Borger in diesem Sinne neben der Rückleistung der Valuta zu anderen Leistungen verpflichtet, so ist der Vertrag ein zweiseitiger: die allgemeinen Regeln von Art. 107–109 OR sind anwendbar. Der Darleiher kann demnach die Frist von Art. 107 OR ansetzen und hat nach deren unbenütztem Ablauf die Wahl, entweder auf der nachträglichen Erfüllung zu beharren und Schadenersatz für die verspätete Erfüllung zu verlangen (wobei die Beschränkungen von Art. 105 OR zu beachten sind) oder, wenn er es sofort erklärt, vom Vertrage zurückzutreten und das negative Vertragsinteresse zu verlangen (Art. 109 OR)[20]. Der Rücktritt vom Vertrag kann beim Darlehen nur zu einer Vertragsauflösung mit Wirkung ex nunc, also praktisch zu einer fristlosen[21] Kündigung führen[22]: Der Borger hat das Kapital zurückzuzahlen und bis dahin zu verzinsen.

MERZ[23] stellte im Zusammenhang mit BGE 100 II, 1974, S. 345 zur Diskussion, ob die Rücktrittsmöglichkeit der Art. 107–109 OR für das Darlehen passe, und ob nicht eher die Auflösungsmöglichkeiten der Art. 265 und 293 OR analog anzuwenden seien. Das schnelle Mietrecht weicht insofern von der allgemeinen Regelung ab, als der Vermieter zugleich mit der Ansetzung der Nachfrist die Auflösung des Vertrags androhen kann, und daß dieser nach ungenütztem Ablauf ohne weitere Erklärung des Rücktritts dann auch aufgelöst ist. Diese Vereinfachung wäre für den Darleiher ein Vorteil. MERZ bemerkt aber durchaus richtig, daß diesem Vorteil für den Gläubiger auch ein echter Vorteil für den Schuldner gegenübersteht: Die im Gesetz genannte Frist kann nicht abgekürzt werden. Würde man also, wie dies MERZ vorschlägt, das schnelle Mietrecht beim Darlehen analog anwenden, käme der Borger in den Genuß einer zu seinen Gunsten zwingend geordneten Nachfrist. Klauseln, wie sie gelegentlich vereinbart werden, wonach das Kapital bei Verzug in der Zinszahlung sofort zur Rückzahlung fällig erklärt werden könne, wären dann nichtig. Auch

---

[19] Zu apodiktisch ist VON BÜREN (OR, Bes. Teil, S. 116), der diese Möglichkeit ausschließt.
[20] OSER/SCHÖNENBERGER, N. 6 zu Art. 318 OR; BGE 100 II, 1974, S. 350.
[21] Wobei allerdings die Nachfrist von Art. 107 Abs. 1 OR beobachtet sein muß.
[22] GAUCH, S. 150.
[23] ZBJV 112, 1976, S. 110 ff.

die Vereinbarung eines sogenannten Strafzinses, das heißt einer automatischen Erhöhung des Zinsfußes bei Verzug, würde diskutabel[24]. So bestechend der Vorschlag von MERZ auf den ersten Blick erscheint: es bestehen doch gewichtige Gründe dagegen.

Dem eher formalen Argument, die Regelung von Art. 265 OR stelle eine *lex specialis* dar, die ohne einen Hinweis des Gesetzgebers nicht auf andere Vertragsverhältnisse übertragen werden dürfe, möchte ich nicht das entscheidende Gewicht zumessen[25]. Es sind zwei sachliche Bedenken, die meines Erachtens entscheidend sind:

a) Der Mieter, namentlich der Mieter einer Wohnung, ist im allgemeinen sozial schwächer als der Vermieter. Er bedarf deshalb – selbst wenn er vertragliche Pflichten verletzt – einer gewissen Schonung. Beim Darlehen fehlt es an einer gleichartigen apriorischen sozialen Rollenverteilung. Zwar gibt es die große Zahl der Kleinkreditnehmer. Dort sichert sich aber die Bank meist durch Lohnzessionen, nicht durch besondere Fälligkeitsbestimmungen. Auch im Hypothekargeschäft verzichten die Hypothekarbanken meist auf radikale Fälligkeitsbestimmungen und vertrauen auf den Wert des Pfandes.

b) Der Darleiher hat – wie noch zu zeigen sein wird – kein Recht, die vorzeitige fristlose Rückzahlung aus wichtigen Gründen zu verlangen. So kann er namentlich nicht vom Vertrag zurücktreten, wenn die Bonität des Borgers zerfällt, solange dieser seine Zinsen zahlt, selbst wenn schon an den Händen abzuzählen ist, daß das Kapital verloren gehen wird. Verzug in der Zinszahlung ist für den Darleiher ein Sturmzeichen. Es muß ihm deshalb – namentlich beim unversicherten Darlehen – die Möglichkeit bleiben, wenigstens vertraglich bei Verzug die sofortige Fälligkeit auszubedingen, um nicht dem Vermögenszerfall des Borgers noch während der außerordentlichen Zahlungsfrist zuschauen zu müssen. Es kann für ihn entscheidend sein, sofort betreiben zu können und so bei der Pfändung möglichst weit vorne zu liegen. Demgegenüber bleibt dem Vermieter immer sein dingliches Recht an der Mietsache. Er riskiert nur die Zinse, nicht den Kapitalwert. Für die Zinse steht ihm überdies das gesetzliche Retentionsrecht zu.

2. Auflösung aus wichtigem Grund?

Bei den meisten Dauerschuldverhältnissen bietet das Recht den Parteien besondere Möglichkeiten, den Vertrag aufzulösen. Es soll vermieden werden, daß die Parteien an einen Vertrag gebunden bleiben, dessen materielle Voraussetzungen hinweggefallen sind[26]. Eine Regel dieser Art fehlt für das Darlehen. Eine Auflösung aus wichtigem Grund ist nur möglich, wenn sie im Vertrag vorbehalten wurde[27].

Eine andere Meinung vertritt GAUCH[28]. Das Gesetz enthalte diesbezüglich eine echte Lücke. Sie sei in dem Sinne zu füllen, daß auch das Darlehen aus wichtigem Grunde von beiden Parteien

---

[24] «Strafzins» oder «Verspätungszins.» Solche Klauseln lauten etwa: «Bei Verspätung in der Zinszahlung um mehr als einen Monat erhöht sich der Zinssatz um ¼%, wenn die Verspätung drei Monate übersteigt, um ½%» (Basler Kantonalbank bei Hypothekardarlehen).

[25] GAUCH, S. 148 ff.

[26] Fristloser Widerruf bei Auftrag und Hinterlegung; Auflösung aus wichtigem Grund bei Immobiliarmiete, Arbeitsvertrag, Gesellschaft, Agenturvertrag; Rückforderung wegen Eigenbedarf bei Leihe etc.

[27] BGE 100 II, 1974, S. 345 ff.

[28] GAUCH, S. 188 ff. und S. 193 ff.

jederzeit gekündigt werden könne. Soviel ich sehe, wird diese Meinung sonst nirgends vertreten[29]. Sie ist aus folgenden Gründen abzulehnen:

a) Die rein hermeneutische und formale Argumentation von GAUCH ist auch bei der Hypothese ihrer Richtigkeit problematisch bei einer Frage von so hoher praktischer wirtschaftlicher Bedeutung. Die auslegungstechnische Begründung GAUCHS vermag indes auch für sich genommen nicht einzuleuchten: Daß bei den meisten anderen Dauerschuldverhältnissen besondere Regeln eingeführt, beim Darlehen aber bis jetzt nicht einmal andeutungsweise vorgeschlagen wurden, zeigt, daß das Schweigen des Gesetzes ein «beredtes» sein will.

b) Die Verpflichtung des Darleihers betrifft nicht seine Person (Arbeitsvertrag, Agenturvertrag), auch nicht sein ganzes Vermögen (Gesellschaft), noch Vermögenswerte, die *intuitu personae* zur Nutzung gegeben werden (Leihe, Miete), sondern eine Summe Geld. Die Risiken, die mit der Bindung einer Geldsumme auf Zeit verbunden sind, kann der bonus pater familias (für Sonderfälle sorgt das Vormundschaftsrecht) in aller Regel abschätzen. Spielen besondere Elemente in den Vertrag, die den Vorbehalt besonderer Auflösungsgründe nötig machen, so ist den Parteien zuzumuten, ausdrückliche Regelungen zu treffen.

c) Die Nachteile, die einer gesetzlichen Generalklausel unvermeidlich anhaften (Unsicherheit über die Verbindlichkeit des Vertrages, Risiko von Streitigkeiten mit schwer voraussehbarem Ausgang usw.), würden bei dem auf Einfachheit angelegten Darlehensvertrag in den allermeisten Fällen gegenüber den nur in wenigen Einzelfällen fühlbaren Vorteilen überwiegen. Wenn für das geltende Recht eine solche Bestimmung undenkbar ist, so ist sie auch de lege ferenda entschieden abzulehnen.

3. Begrenzung langfristiger Darlehensverträge

In einem Punkt erscheint allerdings eine Begrenzung notwendig: Eine übertrieben lange Bindung kann zu stoßenden Ergebnissen führen.

a) Wird für mehrere Jahrzehnte dem Darleiher die Kündigung versagt, andererseits keine dingliche Sicherheit geboten, so erscheint das mit dem Kreditieren verbundene Risiko nach einer gewissen Dauer als untragbar: Die Forderung des Darleihers steht in Gefahr, mit den Jahren zusehends an Wert zu verlieren. Eine Berechnung des Bonitätsrisikos, sozusagen über Generationen hinweg, ist auch dem Geschäftskundigsten nicht möglich. Anders verhält es sich nur, wenn ausdrücklich eine Kündigung durch den Geldgeber (von einem Darleiher ist kaum mehr zu reden) für immer ausgeschlossen wird. Wer sein Geld so anlegt, weiß, daß er entweder eine ewige

---

[29] BGE 100 II, 1974, S.348 lehnte eine Auflösung aus persönlichen Gründen ab (Scheidung des Borgers von der Tochter des Darleihers), «weil solche Beziehungen jedenfalls für einen Vertrag auf entgeltliche Überlassung einer Geldsumme unwesentlich» seien. Damit wollte das BGer wohl andeuten, daß beim unentgeltlichen Darlehen solche persönlichen Gründe vielleicht ins Gewicht fallen könnten. Sie wären dann (wie aus S.349 desselben Entscheids hervorgeht) unter dem Blickwinkel des Rechtsmißbrauchs zu prüfen. Damit ist auch gesagt, daß nur extrem gelagerte Fälle vom Richter gemäß Art.2 ZGB korrigiert werden könnten.

Rente begründet und mit dem Kapital nicht mehr rechnen darf, oder aber eine (womöglich in einem Wertpapier verkörperte) leichtveräußerliche Forderung erhält[30]. Die sehr lang dauernde Bindung ist aber gegenüber der ewigen Bindung nicht einfach die weniger weit gehende und deshalb a fortiori ebenfalls erlaubte Vinkulierung. In jenen Fällen, bei denen es an einer auf sehr lange Zeit angelegten Sicherheit (Grundpfand) oder an der leichten Übertragbarkeit der Forderung (Wertpapier) fehlt[31], ist die von SPIRO vorgeschlagene Begrenzung durch eine sogenannte Fatalfrist angemessen.

Die Beschränkung der festen Vertragsdauer auf zwanzig Jahre, die er für diesen Fall in Anlehnung an die Frist von Art. 509 Abs. 3 OR anregt, erscheint als richtig[32]. Nach zwanzig Jahren soll es dem Darleiher möglich sein, das Darlehen zur Rückzahlung zu kündigen.

Zu Recht sagt SPIRO, daß der Borger durch ein solches nach zwanzig Jahren gewährtes Kündigungsrecht weniger belastet wird als durch die Unsicherheit, die mit einer richterlichen Beurteilung der Sittenwidrigkeit und Ernsthaftigkeit einer solchen extrem lang dauernden Beschränkung verbunden ist[33]. Abweichend hievon wird wohl der Darleiher (in Analogie zum Vermieter) dem Borger die Valuta auf Lebenszeit zusagen können. Länger als auf Lebenszeit oder auf zwanzig Jahre kann aber die Bindung nicht sein, soll sie vor Art. 27 ZGB standhalten. Entsprechend sind Fälligkeiten mit bloß bestimmbarem Fälligkeitstermin zu behandeln[34].

b) Es ist unbestritten, daß für den Borger in einer ewigen oder sehr lang dauernden Darlehensverpflichtung eine unzulässige Selbstbindung liegen kann. Eine ewige Bindung des Borgers wird einhellig als mit Art. 27 ZGB unvereinbar angesehen[35]. Lehnt man aber die ewige Bindung ab, so stellt sich sofort die Frage nach der zulässigen Höchstdauer. In überzeugender Weise sieht SPIRO die Grenze in einer Dauer von dreißig Jahren. Nach Ablauf dieser Frist muß es dem Borger unter Einhaltung der (gesetzlichen oder vertraglichen) Kündigungsfrist freistehen, das Kapital zurückzuzahlen und sich damit von der Zinszahlungspflicht für die Zukunft zu befreien. Dreißig Jahre sind angemessen angesichts von Art. 788 Abs. 1 Ziff. 2 ZGB (Ablösung der Grundlasten)[36]. Bei dieser Frist muß es auch bleiben, wenn sich der

---

[30] Die gläubigerseits unkündbare Kreditforderung wird für zulässig erachtet: OSER/SCHÖNEN-BERGER, N. 1 zu Art. 318 OR; PFISTER, S. 131; ENNECCERUS/LEHMANN, S. 597.

[31] Meines Erachtens namentlich auch beim unentgeltlichen Darlehen und zwar ohne die von SPIRO (§ 448, S. 1209, Anm. 22) erwogene Diskontierung.

[32] SPIRO, § 460, S. 1246 ff., insbes. S. 1249.

[33] SPIRO, a.a.O., S. 1249.

[34] SPIRO, § 465, S. 1276, Anm. 5.

[35] OSER/SCHÖNENBERGER, N. 1 zu Art. 318 OR; PFISTER, S. 131; ENNECCERUS/LEHMANN, S. 597; BGE 76 II, 1950, S. 146.

[36] SPIRO, § 462, S. 1257 ff., namentlich S. 1259 f.

Darleiher auf Lebenszeit die Leistung der Zinse vorbehalten hat. Die vorzeitige Ablösung ist ihm zuzumuten, da er sein Kapital anderweitig plazieren kann[37].

§ 39. Besondere Kreditverhältnisse

I. Das partiarische Darlehen

1. Begriff, Abgrenzung von der Gesellschaft

a) Von einem partiarischen Darlehen spricht man, wenn die Vergütung für den Kapitalgebrauch nicht in Zinsen des Darlehenskapitals oder in anderen im Vertrag zahlenmäßig festgelegten Leistungen des Borgers (Kommissionen, Provisionen usw.) besteht, sondern wenn dem Darleiher (Partiar) ein Anteil am Ertrage dessen versprochen wird, was der Borger durch den im Vertrag bestimmten Gebrauch des Kapitals während der Dauer der Leihe gewinnt[1]. Das partiarische Darlehen ist ein echtes Darlehen: das Kapital wird gegeben zum Wertgebrauch auf Rückgabe. Vom gewöhnlichen verzinslichen Darlehen unterscheidet es sich wesentlich nur durch die Art des Entgelts. Die Eigenart der Vergütung bringt allerdings einige besondere Regeln mit sich.

b) Die Abgrenzung des partiarischen Darlehens von der Gesellschaft ergibt sich aus dem Zweck der beiden Geschäfte. Das partiarische Darlehen ist die Überlassung von Kapital zum Gebrauch. Der Partiar will lediglich kreditieren, das heißt, er ordnet das Geschäftsinteresse des Borgers seinem Interesse, die Valuta zurückzuerhalten, unter. Bei der Gesellschaft verfolgen die Parteien einen gemeinsamen Zweck mit gemeinsamen Mitteln. Die Erreichung des Zwecks geht der Restitution der Einlage vor[2]. Bei der Beurteilung des vertraglichen Sachverhaltes sind besonders die Ausgestaltung der Rechnungslegung, der Kontroll- und Ingerenzrechte und ihre tatsächliche Handhabung zu prüfen: Das Darlehen verträgt sich schlecht mit einer Ein-

---

[37] Spiro, § 465, S. 1279 f.
[1] Crome, S. 374. Diese Begriffsbestimmung ist derjenigen von Graf (S. 20 f.) vorzuziehen. BGE 99 II, 1973, S. 303 ff.
[2] Egger, S. 207; vgl. vorne § 36, II 6.

mischung in die Geschäftsführung des Borgers[3]. Wo sich deshalb eigentliche Kontrollrechte oder gar Mitspracherechte finden, spricht eine starke
Vermutung für ein Gesellschaftsverhältnis[4].

2. Die Wirkungen des Vertrages

a) Die besondere Art des Entgelts für die Kapitalüberlassung, der Anteil
an einem Geschäftsergebnis, macht es nötig, daß die Parteien den Verwendungszweck der Valuta festlegen. Es muß zwischen den Parteien zur
Einigung kommen, welchen allgemeinen Gebrauch der Borger vom Kapital
machen soll, für welchen Betrieb, welches Unternehmen, welche Art von
Handel oder welche besondere Spekulation er es einzusetzen hat. Das kann
eine bestimmte überblickbare Transaktion sein. Häufiger wird das Kapital
jedoch in einem Geschäftsbetrieb investiert. Der Borger ist dem Partiar zur
vertragskonformen Verwendung der Valuta verpflichtet. Er darf den für
seine Firma bestimmten Kredit nicht für die Deckung privater Konsum-
tionsbedürfnisse brauchen. In der einzelnen geschäftlichen Entscheidung
bleibt er jedoch grundsätzlich frei[5].

b) Der Borger ist dem Partiar ferner zur Ausrichtung des vereinbarten
Gewinnanteiles verpflichtet. Eine Kombination mit einem fixen Zinssatz
ist möglich; die Vergütung kann durch einen festen Zins nach oben oder
nach unten begrenzt werden. Für die Berechnung des Anteils ist die Vereinbarung der Parteien maßgeblich: sie können auf das Netto- oder das Brutto-
ergebnis, auf den Umsatz abstellen. Im Zweifel ist eine Beteiligung am
Nettoergebnis anzunehmen[6], und zwar ist, wie in analogen Fällen im Arbeitsvertragsrecht, auf den Betriebsgewinn, das heißt auf den durch den eigent-

---

[3] Vgl. vorne § 36, II 6.
   CROME, S. 378: «Im Allgemeinen läßt sich sagen, daß bei dem letzteren Vertrag (part. Darlehen)
   der Geldgeber ... im Gegensatz zu einem Sozius keinerlei Einfluß auf die Leitung des von ihm
   subventionierten Unternehmens hat und auch zu einer Beaufsichtigung des Betriebes und der
   kaufmännischen Geschäftsführung nicht berechtigt ist, wie letztere regelmäßig einem von der
   Geschäftsführung ausgeschlossenen Gesellschafter zusteht.»
[4] Der Vorentwurf von 1919 enthielt einen Art. 623, der auch die stille Beteiligung den Darlehensregeln unterstellen und den Geldgeber als Gläubiger, nicht als Gesellschafter behandeln wollte.
   EGGER (S. 200, Anm. 2) sagt, diese Bestimmung sei in der Exp.Komm. inhaltlich nicht beanstandet, sondern als überflüssig fallengelassen worden. Das ist nicht richtig: C. WIELAND,
   in diesen Fragen sicher der schärfere Geist, hatte vorgeschlagen, die stille Gesellschaft als
   einfache Gesellschaft zu behandeln. Man einigte sich dann auf die Streichung (Prot.Exp.Komm.
   1925, S. 145 ff.).
[5] GRAF, S. 30 ff.
[6] CROME, S. 375.

lichen Betrieb erzielten Geschäftsgewinn, und nicht etwa auf den bilanz-mäßigen Vermögensgewinn des Unternehmens abzustellen[7].

Freiwillige Zuweisungen an die Personalfürsorgestiftung, Abschreibungen zur Anlegung stiller Reserven, besondere Gratifikationen und Abfindungen, welche nicht diese Berechnungsperiode betreffen, sind demnach im Zweifel zum Gewinn hinzuzurechnen.

Die Höchstzinssätze der kantonalen Wuchergesetzgebung, insbesondere des Konkordates, sind auf die partiarischen Darlehen nicht anwendbar, doch setzen Recht und gute Sitte auch der partiarischen Vergütung Grenzen. Das Maß des Erlaubten wird sich aus einer vorsichtigen analogen Anwendung gesellschaftsrechtlicher Grundsätze ergeben.

c) Der Vertrag hat sich über die für die Gewinnberechnung verbindliche Periode auszusprechen. Fehlen Hinweise, so ist das Rechnungsjahr des Betriebs, um dessen Ertrag es geht, eventuell das Kalenderjahr maßgebend. In Analogie zur Vorschrift von Art. 323 OR hat der Borger spätestens sechs Monate nach Abschluß der Rechnungsperiode abzurechnen und zu zahlen. Im Gegensatz zur arbeitsvertraglichen Regelung können jedoch die Parteien eine andere, für den Partiar ungünstigere Lösung wählen.

d) Der Borger ist mit der Zahlung auch zur Rechnungslegung verpflichtet. Dem Partiar muß es möglich sein, verifizieren zu können, ob seine Dividende vertragskonform berechnet worden ist. Er hat deshalb in der Regel Anspruch auf eine Abschrift der Gewinn- und Verlustrechnung. Ich würde auch nicht zögern, ihm die in Art. 322a Abs. 2 OR für den ergebnis-beteiligten Arbeitnehmer vorgesehenen Kontrollmöglichkeiten zu gewähren. Diese Kontrolle kann sich jedoch nur auf die Richtigkeit der Ergebnis-ermittlung, nicht auf die Zweckmäßigkeit und Sorgfalt des Geschäftsge-barens des Borgers beziehen[8].

e) Der Partiar seinerseits ist zur Verschwiegenheit über die ihm aus Anlaß seiner Rechnungsprüfung bekannt werdenden Geschäftsinterna und -geheimnisse verpflichtet. Eine Konkurrenzenthaltungspflicht trifft ihn je-doch nicht[9].

---

[7] Botschaft zum Arbeitsvertragsrecht, BBl 1967 II, S. 316; BGE 81 II, 1955, S. 151.

[8] GRAF, S. 44.

[9] Die (dispositive) Konkurrenzenthaltungspflicht eines Kommanditärs ergibt sich aus dessen Stellung als Gesellschafter. Der Partiar ist Darleiher. In der Konkurrenzierung kann deshalb kein illoyales Verhalten gesehen werden. Für Sonderfälle können die Parteien mit besonderen Vereinbarungen sorgen.

f) Der Borger ist zur Rückerstattung der Valuta verpflichtet. Der Partiar hat in keinem Fall Anteil am Verlust des Borgers[10]. Deshalb kann er auch notfalls seine Forderung in voller Höhe im Konkurs des Borgers geltend machen.

Ist vereinbart, daß der Geldgeber intern am Verlust beteiligt sei, so ist (stille) Gesellschaft anzunehmen, da eine Verlustbeteiligung beim Darlehen nicht möglich ist. Ist jedoch die Verlustbeteiligung des Geldgebers ausdrücklich wegbedungen, so darf allein deswegen noch nicht unbedingt auf ein partiarisches Darlehen geschlossen werden, da (nach freilich umstrittener Auffassung) Gesellschaftsverhältnisse möglich sind, bei denen einzelne Gesellschafter von der Verlusttragung ausgenommen sind. Die Regelung der Verlusttragung ist deshalb für sich allein genommen kein geeignetes Unterscheidungsmerkmal[11].

3. Beendigung des Verhältnisses

a) Für die Beendigung des partiarischen Darlehens gelten dieselben Grundsätze wie für das verzinsliche Darlehen. Auch das partiarische Darlehen ist als zweiseitiger Vertrag im Sinne von Art. 107 OR aufzufassen, wenn auch die Leistungen des Kreditnehmers von der Bedingung abhängen, daß ein Ertrag im Sinne der partiarischen Vereinbarung entsteht[12].

b) Da beim partiarischen Darlehen die gegenseitigen Rechte und Pflichten vielfältiger sind als beim festverzinslichen Darlehen, sind die Anwendungsfälle für die Auflösung des Vertrags nach Art. 107–109 OR zahlreicher. So sind namentlich auch Fälle denkbar, bei denen der Borger vom Vertrag zurücktreten kann, da der Partiar nach erfolgter Leistung des Kapitals andere vertragliche Pflichten, zum Beispiel eine Geheimhaltungspflicht oder ein vertraglich vereinbartes Konkurrenzverbot verletzt.

c) Für die zeitliche Begrenzung sollten dieselben Prinzipien gelten wie für das gewöhnliche Darlehen. Eine Auflösung des Verhältnisses aus wichtigem Grunde in Analogie zu Art. 545 Ziff. 7 OR erscheint auch hier als ausgeschlossen, da das partiarische Darlehen in aller Regel keine persönlichen Beziehungen schafft, die das Ausharren in der vertraglichen Bindung bei Vorliegen gewisser wichtiger Gründe unzumutbar erscheinen lassen. Der Vereinbarung einer entsprechenden Auflösungsklausel steht allerdings auch hier nichts entgegen.

---

[10] GRAF, S. 71.
[11] BGE 99 II, 1973, S. 305; W. VON STEIGER, in: Schweizerisches Privatrecht, Bd. VIII/1, S. 388 f.; CROME, S. 379. Anderer Ansicht ist GRAF (S. 71). Er schließt konsequenterweise die Gesellschaftsbeteiligung ohne Verlustbeteiligung aus.
[12] GRAF, S. 9; BGE 99 II, 1973, S. 305 ff. Das BGer spricht von einem aleatorischen Element.

Fraglich erscheint mir, ob das Darlehen für den Partiar unkündbar vereinbart werden kann. Wir haben vorne gesehen[13], daß ein gegen Verzinsung gegebenes Kapital auf seiten des Kreditgebers unkündbar gestellt werden kann[14]. Das Vertragsverhältnis gleicht einer ewigen Rente; ein Darlehen im technischen Sinne ist es unseres Erachtens freilich nicht. Die Bindung des Kreditgebers ist tolerierbar, da er die festverzinsliche Forderung in aller Regel veräußern und sich damit den Kapitalwert verschaffen kann. Die feste Zinsabrede erlaubt es ihm, von Anfang an den Wert von Leistung und Gegenleistung abzuschätzen und den Zinssatz so zu kalkulieren, daß er auf seine Rechnung kommt, auch wenn er dauernd gebunden bleibt. Diese Voraussetzungen fehlen beim partiarischen Darlehen: Ihm eignet ein spekulatives Element[15]. Meist wird es nur mit Mühe möglich sein, die Forderung durch Veräußerung zu liquidieren. Sichere Vorausberechnung der Rente ist ebenfalls von der Natur der Sache her unmöglich. Das partiarische Darlehen muß deshalb vom Partiar in jedem Fall nach Ablauf von zwanzig Jahren gekündet werden können[16].

In seiner Dissertation «Le bon de participation» vertritt HENGGELER die Meinung, dem Partizipationsschein liege ein partiarisches Darlehen zwischen PS-Inhaber und Gesellschaft zugrunde[17]. Diese Theorie muß daran scheitern, daß gerade das partiarische Darlehen gläubigerseits nicht unkündbar sein kann. Die Partizipationsscheinbeteiligung ist gesellschaftlicher Art; anders könnte die Aktiengesellschaft dieses Kapital nicht als eigene Mittel deklarieren, sondern müßte es bei den echten Passiven einstellen. Im Konkurse der Gesellschaft käme den PS-Inhabern eine Forderung in fünfter Klasse zu. Das kann wohl nicht die Meinung sein[18].

II. Der Krediteröffnungsvertrag (Kreditvertrag)

1. Begriff

Mit dem Krediteröffnungsvertrag verpflichtet sich der Kreditgeber, dem Kreditnehmer in der vereinbarten Grenze auf sein Verlangen revolvierend Kredite zu gewähren, oder er verpflichtet sich, seinen Kredit (im kaufmännischen Sinn) zugunsten des Kreditnehmers zu verwenden[19]. Der Kredit wird in der Regel bis zu einem bestimmten oder bestimmbaren Höchstbetrag (Kreditlimite) bewilligt. Möglich ist auch ein unbeschränkter (illimitierter) Kredit.

Die Kreditlimite kann in einem Höchstbetrag zahlenmäßig fixiert sein oder sich aus der vertraglich verlangten Deckung jeweils variabel ergeben, zum Beispiel 60% des Börsenwerts der sicherungshalber hinterlegten Wertpapiere (Belehnungsgrenze als Kreditlimite)[20].

Innerhalb der Kreditlimite kann der Kreditnehmer jederzeit einzelne Beträge als Kredit beanspruchen und immer wieder Rückzahlungen in beliebi-

---

13 Vorne § 38, II 3.
14 SPIRO, § 450, S. 1213 f.
15 CROME, S. 385; vgl. Anm. 12 hievor.
16 Vorne § 38, II 3.
17 P. HENGGELER, le bon de participation, Diss. Genf 1971, S. 59 f.
18 Vgl. auch R. ZÄCH, ZBJV 111, 1975, S. 544.
19 OSER/SCHÖNENBERGER, N. 22 zu Art. 312 OR; AESCHLIMANN, S. 22.
20 ALBISETTI/BODMER/BOEMLE/GSELL/RUTSCHI, S. 400, S. 427.

ger Höhe machen, in der Weise, daß er seinen Geschäftsverkehr über das Kreditkonto abwickelt, für seine Zahlungen den Kredit beansprucht und umgekehrt auch wieder seine Eingänge auf das Kreditkonto fließen läßt. Während der Dauer des Vertrags kann der Kreditnehmer beliebig viele dieser Operationen durchführen, wobei das Kreditverhältnis dasselbe bleibt, auch wenn sukzessive der Kredit mehrmals in voller Höhe beansprucht und wieder ausgeglichen wird. Im Normalfall dient dieses Verhältnis einem ständigen Umsatz.

2. Rechtsnatur

Verschiedene Elemente weisen den Krediteröffnungsvertrag in die Nähe des Darlehensvertrages: Der Kreditgeber verspricht die Leistung von Geldsummen[21], für das zur Auszahlung in Aussicht genommene Geld wird zum voraus die Rückzahlung vereinbart, die beanspruchten Beträge sind zu verzinsen. Dennoch läßt sich der Kreditvertrag nicht als Darlehen verstehen[22]: Es wird nicht einfach ein Kapital – aufgeteilt in vom Borger bestimmte Teilbeträge – versprochen mit der Vereinbarung, diese Valuta, sei es in einem Mal oder sukzessive, zurückzuzahlen, sondern unbestimmt viele Auszahlungen und Rückzahlungen sollen sich folgen können. Das Kreditverhältnis erlischt nicht durch Erfüllung, wenn der Kreditnehmer das Konto ausgleicht. Diese Möglichkeit der ständigen Wiederholung von (revolvierenden) Valutazahlungen und Rückzahlungen, deren Beträge keineswegs übereinzustimmen brauchen, hebt dieses Verhältnis vom Darlehensvertrag ab. Man wird deshalb im Krediteröffnungsvertrag ein Rechtsverhältnis sui generis sehen müssen[23]. Immerhin ergibt sich aus der nahen Verwandtschaft zum Darlehen, daß nicht nur auf die einzelnen Kreditbezüge, sondern auch auf das Rahmenverhältnis einige Regeln des Darlehens anzuwenden sind.

3. Die Wirkungen des Krediteröffnungsvertrages

a) Der Kreditgeber ist verpflichtet, dem Kreditnehmer für die Dauer des Verhältnisses die von diesem gewünschten Beträge zu kreditieren. Oft wird der Kreditgeber auf Anweisung an dritte Gläubiger des Kreditnehmers zu zahlen haben. Seine Verpflichtung ist durch die Kreditlimite in dem Sinne

---

[21] Andere vertretbare Sachen dürften kaum in Frage kommen.
[22] ALBISETTI/BODMER/BOEMLE/GSELL/RUTSCHI, S. 403.
[23] AESCHLIMANN, S. 22 ff.

begrenzt, daß die jeweilige Beanspruchung des Kredits in keinem Zeitpunkt mehr als den vereinbarten Höchstbetrag ausmachen darf. Der Kreditgeber ist in der Regel verpflichtet, auf sofortigen Abruf hin zu leisten.

Gleich einem Darleiher kann er indessen die Auszahlung nach Art. 316 OR verweigern, wenn der Kreditnehmer zahlungsunfähig wird. Es muß sich auch hier um eine eigentliche Zahlungsunfähigkeit handeln. Andere die Kreditwürdigkeit des Kreditnehmers beeinträchtigende Tatsachen berechtigen ihn (solange es keine Vertragsverletzungen sind) nicht zum Rücktritt.

b) Der Kreditnehmer ist berechtigt, jedoch nicht verpflichtet, den Kredit zu beanspruchen.

> Zwar hat der Kreditgeber, wenn es eine Bank ist, ein wirtschaftliches Interesse daran, daß der Kredit rege benützt wird, nämlich so, daß der Kreditnehmer seine Geschäftsbeziehungen, seinen Zahlungsverkehr über das Kreditkonto abwickelt. Dieser ständige Umsatz bringt der kreditgebenden Bank Einnahmen an Zinsen und Umsatzprovisionen und verschafft ihr zugleich Einblick in die Geschäftstätigkeit des Kreditnehmers, so daß sie seine Kreditwürdigkeit fortwährend überwachen kann. Dennoch darf – außer wenn es ausdrücklich vereinbart ist – keine Verpflichtung des Kreditnehmers angenommen werden, seinen ganzen bankmäßigen Zahlungsverkehr über die kreditgebende Bank abzuwickeln und nur bei ihr Kredit zu nehmen. Die einseitige Bindung nur auf seiten des Kreditgebers und das Fehlen einer Abnahmepflicht auf seiten des Kreditnehmers ist gerade typisch für dieses Vertragsverhältnis.

c) Üblich, wenn auch nicht begriffsnotwendig, ist ein Entgelt für die Einräumung des Kredits. Im kaufmännischen Verkehr darf es in Analogie zu Art. 313 Abs. 2 OR als stillschweigend vereinbart gelten. Diese Leistung des Borgers ist nicht zu verwechseln mit der Vergütung für den Wertgebrauch des (beanspruchten) Kapitals: Dieses ist regelmäßig separat nach Darlehensgrundsätzen zu verzinsen. Das Entgelt für den Kredit, die Provision oder Kommission, wird geleistet für die Bereitstellung des Kredits, grundsätzlich unabhängig von seiner tatsächlichen Beanspruchung. In seiner reinen Form ist dieses Entgelt deshalb Bereitstellungskommission, berechnet in Prozenten der Kreditlimite nach der Dauer des Verhältnisses (z. B. ¼% pro Quartal) oder als einmalige Abschlußprovision. Daneben findet sich auch die Umsatzkommission, heute meist berechnet auf den Passivumsatz[24].

> Diese Vergütungen sind rechtlich wie Kapitalzinsen zu behandeln, da schon in der bloßen Möglichkeit, Kapital im Rahmen der Kreditlimite beanspruchen zu können, ein (wenn auch nur partieller) Gebrauch des Kapitalwertes zu erblicken ist. Die Kreditkommission verjährt deshalb in fünf Jahren und unterliegt der selben Beschränkung wie der eigentliche Zins (Art. 73 OR, Art. 209 SchKG etc.)[25].

---

[24] Vgl. vorne § 37, bei Anm. 68.
[25] Anderer Meinung AESCHLIMANN, S. 69 ff.

d) Die Verpflichtung zur Bereitstellung des Kredites kann nicht als Geldschuld bezeichnet werden. Erfüllungsort ist deshalb nach Art. 74 Abs. 2
Ziff. 3 OR der Wohn- oder Geschäftssitz des Kreditgebers. Der gleiche Erfüllungsort muß für die einzelnen Vergütungen gelten.

4. Verpflichtungskredite

Dem Kreditnehmer ist oft schon mit einer bloßen Benützung der finanziellen Potenz der Bank (ihrem Kredit im kaufmännischen Sinne) gedient,
ohne daß er eigentliche Geldzahlungen zu beanspruchen braucht. Die Bank
als Kreditgeberin räumt dem Kreditnehmer innerhalb einer Limite die
Möglichkeit ein, ihren Kredit (im kaufmännischen Sinne) zu beanspruchen
(«Kreditleihe»).

a) Der Akzeptkredit (Trassierungskredit)[26] ist ein Krediteröffnungsvertrag, mit dem sich der Kreditgeber bereit erklärt, die vom Kreditnehmer auf
ihn gezogenen Wechsel innerhalb der vereinbarten Grenzen mit seinem
Akzept zu versehen. Zu einer Valutazahlung des Kreditgebers kommt es nur,
wenn der Kreditnehmer den Wechselbetrag bei Fälligkeit nicht honoriert,
oder wenn der Kreditgeber den Wechsel zusätzlich diskontiert. Der Akzeptkredit ist ein Finanzierungsmittel des Import- und Transitgeschäftes[27].

Bezüglich der Rechtsnatur des Akzeptkredites gilt ähnliches wie für den gewöhnlichen Kreditvertrag. Das einzelne, aufgrund des Rahmenakzeptkreditvertrags gewährte Akzept kann – wie
OPPIKOFER[28] scharfsinnig nachgewiesen hat – als Darlehen nach Art. 317 OR verstanden werden.
Der Rahmenvertrag aber ist hier so wenig oder so viel Darlehen wie beim gewöhnlichen Krediteröffnungsvertrag. Eine besondere praktische Bedeutung scheint dieser dogmatischen Frage nicht
zuzukommen[29].

b) Beim Kautionskredit übernimmt der Kreditgeber für den Kreditnehmer gegenüber einem
Dritten die Haftung für die Erfüllung seiner Leistung[30]. Man spricht vielfach von einer «Bankgarantie». Die Verpflichtung erfolgt aber als akzessorische Verpflichtung, mithin als Bürgschaft,
so daß von einem darlehensartigen Geschäft kaum mehr gesprochen werden kann. Die Anwendung des Bürgschaftsrechtes ist angemessen.

---

[26] OPPIKOFER (Lit.verz. zum Darlehensvertrag); ALBISETTI/BODMER/BOEMLE/GSELL/RUTSCHI,
   S. 30 f.; BGE 42 III, 1916, S. 148 ff.
[27] ALBISETTI/BODMER/BOEMLE/GSELL/RUTSCHI, S. 31.
[28] S. 40 ff.
[29] OPPIKOFER, S. 80.
[30] ALBISETTI/BODMER/BOEHMLE/GSELL/RUTSCHI, S. 370.

5. Beendigung des Kreditvertrages

Für die Beendigung des Kreditvertrages haben die Regeln des Darlehens-vertrages zu gelten[31]. So hat namentlich, wenn nicht die Möglichkeit frist-loser Beendigung vereinbart wurde, der Kreditgeber die Frist des Art. 318 OR zu beobachten. Die Vereinbarung einer fristlosen Auflösung ohne Grund-angabe durch den Kreditgeber wurde vom Bundesgericht[32] ausdrücklich für zulässig erklärt.

§ 40. Der Sparkassenvertrag

Literatur:

1. Dissertationen und Aufsätze

P. E. BERGER, Die Sparkassen in der Schweiz nach wirtschaftlichen und recht-lichen Gesichtspunkten, Diss. Bern 1941; P. BOLLA, Sui libretti di cassa di risparmio al portatore, Repertorio di Giurisprudenza Patria 76, 1943, S. 49 ff.; J. COIGNY, De la nature juridique des livrets d'épargne, Diss. Lausanne 1933; A. COMMENT, Le Dépôt d'épargne et la compensation de la créance de la banque sur le déposant contre la volonté de celui-ci, SJZ 33, 1936/37, S. 65 ff.; G. EDLIN, Verjährung von Gut-haben aus Spar- und Einlageheften, SJZ 35, 1939, S. 369 f.; A. EGGER, Verjährung von Sparguthaben, in: Ausgewählte Schriften und Abhandlungen, hg. von W. HUG, Bd. II, Zürich 1957, S. 109 ff.; DERSELBE, Die rechtliche Natur der Sparhefte, Ausge-wählte Schriften, Bd. II, S. 249 ff.; H. EIGENBRODT, Der unregelmäßige Hinter-legungsvertrag, insbesondere die Rechtsnatur des Sparkassenvertrags, Diss. Zürich 1970; F. GLÜCKSMANN, Die Rechtsnatur der Sparhefte, Diss. Zürich 1971; P. GRABER, Die Sicherung der Spareinlagen, Diss. Bern 1935; F. HEIZMANN, Das Sparheft nach Schweizerischem Recht, Diss. Bern 1930; J. HENGGELER, Verjäh-rung von Guthaben aus Spar- und Einlageheften. SJZ 35, 1939, S. 321 f.; R. HUG-GENBERG, Die Sparkassen und das Sparkassengeschäft, Diss. Zürich 1906; M. KUM-MER, Besprechung des BGE 100 II, 1974, S. 153, ZBJV 112, 1976, S. 144 ff.; E. LEH-MANN, Das Sparkassenwesen der Schweiz, Diss. Bern 1926; H. P. NAPP, Die rechtliche Natur des Sparkassengeschäfts und des Sparhefts, Diss. Basel Mschr. 1955; J. OSTER, Les rapports juridiques entre la caisse d'épargne et les déposants, Diss. Neuchâtel 1919; H. R. SCHILLER, Die Sparkassengesetzgebung in der Schweiz, Diss. Zürich 1933; M. VILLIGER, Das Sparheft im geltenden Schweizerischen

---

[31] Abweichend hält AESCHLIMANN (S. 83) die Beobachtung einer «angemessenen» Frist für er-forderlich. Gerade beim Kreditvertrag ist es für beide Parteien von höchster Bedeutung, mit einer zum voraus bekannten Frist rechnen zu können.

[32] BGE 70 II, 1944, S. 213.

Obligationenrecht, Diss. Zürich 1923; M. Widmer, Die rechtliche Natur des Sparkassenvertrages unter besonderer Berücksichtigung der Verjährungsbestimmungen, Diss. Bern, Abh.schweiz.R., N.F.282, Bern 1951; A. Zeerleder, Die Sparkassen und ihre Schuldverschreibungen, ZBJV 29, 1893, S.117ff.

2. Handbücher und Kommentare

E. Albisetti/D. Bodmer/M. Boehmle/M. Gsell/E. Rutschi, Handbuch des Geld-, Bank- und Börsenwesens der Schweiz, 3. Aufl., Thun 1977; R. J. Baerlocher, Schweizerisches Privatrecht, Bd.VII/1, Basel/Stuttgart 1977, S.700f.; D. Bodmer/B. Kleiner/B. Lutz, Kommentar zum Bundesgesetz über die Banken und Sparkassen, Zürich 1976; G. Gautschi, Berner Kommentar, Bd.VI/6: Obligationenrecht, Bern 1962, N.6aff. zu Art.481 OR; Oser/Schönenberger, Zürcher Kommentar, Obligationenrecht V.3, Zürich 1945, N.1ff. zu Art.481 OR; P. Jäggi, Zürcher Kommentar, Bd.V/7a: Obligationenrecht, Zürich 1959, N.290f. zu Art.965 OR et passim; P. Stauffer/U. Emch, Das Schweizerische Bankgeschäft, 2. Aufl., Thun 1972.

I. Die Bedeutung des Sparkassengeschäfts

1. Eine Vorbemerkung: Es beruht auf organisatorischen Motiven der Herausgeber, das Sparkassengeschäft im Anschluß an das Darlehen kurz behandeln zu lassen. Ein Entscheid in der Kontroverse über die Rechtsnatur dieses Verhältnisses (Darlehen oder irreguläre Hinterlegung) sollte damit nicht getroffen werden. Mit Recht ist deshalb der Bearbeiter des Hinterlegungsvertrages auf die Rechtsnatur des Sparkassenvertrages eingetreten[1]. Sicher wird auch im Wertpapierrecht die ebenfalls kontroverse Frage der Rechtsnatur des Sparheftes (seine Wertpapiernatur etc.) von berufener Feder im Zusammenhang erörtert werden müssen. Daß die Literatur über das Sparkassengeschäft und den Sparkassenvertrag so reichhaltig ist, muß den beiden genannten Kontroversen zugeschrieben werden. Obgleich der Sparhefte in der Schweiz Legion und diese Form der Geldanlage in unserem Lande überaus verbreitet ist, sind die gerichtlich ausgetragenen Streitfälle doch nicht besonders häufig, was zeigt, daß bei der praktischen Handhabung die Probleme, die in den Dissertationen mit ständig erneuertem Eifer[2] erwogen werden, im allgemeinen zu keinen besonderen Schwierigkeiten führen.

2. Die volkswirtschaftliche Bedeutung des Sparkassengeschäftes ist erheblich. Die Schweizer Banken und Sparkassen verwalteten in der Mitte der siebziger Jahre Spareinlagen von insgesamt ca. 57 Milliarden Franken. Das Sparkassengeschäft wird von ungefähr 300 Banken und Sparkassen betrieben; es gibt in der Schweiz kaum einen Ort oder Weiler, der nicht über eine Schalterstelle für Sparkasseneinlagen verfügt. Die Streuung der Spareinlagen selber ist ebenso groß. Es dürfte in unserem Lande zur Zeit über neun Millionen Sparhefte geben. Die meisten Einwohner – vom Säugling bis zum Greis – nennen ein Sparheft ihr eigen[3]. Aus den Sparhefteinlagen

---

[1] Baerlocher, S.700f.

[2] Die Dissertationen über die «Rechtsnatur der Sparhefte» – es sind ihrer acht, wenn ich recht gezählt habe – folgen sich seit Anfang des Jahrhunderts in einer Kadenz von ca. sieben Jahren.

[3] Albisetti/Bodmer/Boemle/Gsell/Rutschi, S.542; Stauffer/Emch, S.94f.

wird ein wesentlicher Teil des Hypothekengeschäftes bestritten. Die Spareinlage ist deshalb wirtschaftlich von Bedeutung nicht nur als Möglichkeit der Anlage kleiner und kleinster Gelder, sondern als Basis für die Mobilisierung des Bodens.

Das Sparkassengeschäft – die Entgegennahme von Spareinlagen aus den breiten Schichten der Bevölkerung – ist heute kein Monopol der Sparkassen und Kantonalbanken mehr. Auch die Großbanken sind daran beteiligt. Immerhin halten die Kantonalbanken, deren Spezialität das Sparkassengeschäft recht eigentlich ist, zwei Fünftel sämtlicher Spareinlagen[4]. Im Durchschnitt besteht bei den Schweizer Banken das Fremdgeld zu einem Viertel aus Spargeldern[5].

3. Die Geschichte des Sparkassengeschäftes reicht nicht sehr weit zurück[6]. Die Idee dazu scheint vom Franzosen Hugo Delestreus (Hugues Delêtre), einem Diplomaten im Dienste der letzten Valois, 1611 erstmals formuliert worden zu sein[7]. Allerdings ohne daß seine Vorschläge verwirklicht worden wären. Die ersten Sparkassen im modernen Sinne entstanden gegen Ende des 18. Jahrhunderts vornehmlich in Norddeutschland[8]. In der Schweiz ging die Berner Obrigkeit voran mit der Gründung einer «Dienstboten-Zinskasse» (1787). Während und nach der französischen Revolution folgten sich überall die Gründungen, inspiriert wohl eher durch die deutschen Vorbilder (Zürich, 1805, rezipierte die Statuten der Hamburger Ersparniskasse) als durch die während der Revolution in Frankreich unternommenen Versuche[9]. Ziel dieser Gründungen war es, die untern Schichten der Bevölkerung zur Sparsamkeit, zur wirtschaftlichen Selbsthilfe anzuregen, ihnen eine sichere und doch verzinsliche Anlage auch sehr bescheidener Gelder zu ermöglichen. Die Initiative ging denn auch nicht von Bankiers, sondern entweder von der Obrigkeit (herzogliche Leihkasse Braunschweig, Hamburg, Bern) oder von philantropischen Vereinigungen aus. So gründete in Basel die von Isaac Iselin ins Leben gerufene «Gesellschaft zur Beförderung des Guten und Gemeinnützigen» eine «Zinstragende Ersparniskasse»[10]. Man versprach sich einen wohltätigen Einfluß auf die sittlichen Kräfte des Volkes, wenn es die Früchte seiner Arbeit zur Selbstvorsorge spare[11]. In der Schweiz wurden in der ersten Hälfte des 19. Jahrhunderts eine große Zahl solcher Sparkassen gegründet. Sie sind zum Teil in den späteren Kantonalbanken aufgegangen.

Dem Bedürfnis nach einer besonderen Sicherung der Spareinlagen trug die kantonale Gesetzgebung Rechnung. Bei Erlaß des Zivilgesetzbuches wurde die Schaffung eines besonderen pfandrechtlichen Instituts zur Sicherung von Spareinlagen erwogen, schließlich aber die Kompetenz hiezu in Art. 57 des Schlußtitels zum Zivilgesetzbuch den Kantonen belassen. Diese machten von der ihnen übertragenen Möglichkeit einen regen Gebrauch[12]. Mit Erlaß des Bundesgesetzes über

---

[4] Albisetti/Bodmer/Boemle/Gsell/Rutschi, S. 542.

[5] Stauffer/Emch, S. 95.

[6] Vgl. dazu Zeerleder, S. 117 f.; Oster, S. 26 ff.; Graber, S. 11 ff.

[7] «Le premier plan du mont-de-piété français consacré à Dieu.»

[8] Herzogliche Leihkasse Braunschweig, 1765; Ersparniskasse Hamburg, 1778; Oldenburg, 1786; Kiel, 1796; Altona, 1801; Göttingen, 1801.

[9] «Caisse nationale de prévoyance», gemäß Gesetz vom 19. März 1793; Banque de France, gemäß Gesetz vom 19. März 1793; Banque de France, gemäß Gesetz vom 24. pluviose An VIII; Dekret vom 16. Januar 1808. Über eine eigentliche Sparkasse verfügte Frankreich erst in der Restaurationszeit: Caisse d'Epargne de Paris, 1818.

[10] Sie besteht unter dem nüchternen Namen «Sparkasse Basel» noch heute.

[11] Diesem aufklärerischen Optimismus huldigt noch Oster in seiner Dissertation von 1919 (S. 24 f.) mit folgenden dithyrambischen Worten: L'épargne... «fait renoncer à certaines consommations inutiles, elle affranchit son esprit comme tout sacrifice et chaque oubli de soi-même, fortifie son énergie et son caractère et le relève à ses propres yeux, en lui donnant à la fois le sentiment de son indépendance, le calme et le repos de l'âme».

[12] Vgl. Graber, wo die kantonale Gesetzgebung – heute nur noch von historischem Interesse – zusammengestellt ist.

die Banken und Sparkassen vom 8. November 1934 übernahm der Bund die Sicherung der Spareinlagen als seine Aufgabe. Er schuf das Konkursprivileg in 3. Klasse und beschränkte die Sparkassengeschäfte auf die Banken mit öffentlicher Rechnungslegung. Den Kantonen wurde freilich die Kompetenz eingeräumt, durch Gesetz eine pfandrechtliche Sicherung vorzuschreiben. Bei der Revision des Bankengesetzes (1971) wurden das Konkursprivileg erweitert und die Finanzgesellschaften ausdrücklich vom Sparkassengeschäft ausgeschlossen[13].

II. Die bankengesetzlichen Voraussetzungen

1. Die volkswirtschaftliche Bedeutung des Sparkassengeschäftes und das Bedürfnis, die große Zahl der Einleger aus den weniger bemittelten Volksschichten zu schützen, erfordern eine Beschränkung der Sparkassentätigkeit auf jene Institute, die der Bankaufsicht unterstehen. Es dürfen deshalb nur Banken, die öffentlich Rechnung ablegen, Einlagen entgegennehmen, die in irgendeiner Wortverbindung durch den Ausdruck «Sparen» gekennzeichnet sind (Art. 15 Abs. 1 BankG). Der Begriff der Spareinlage beruht auf einem formalen Kriterium: es kommt auf die Bezeichnung des Kontos oder der Schuldurkunde an. Ist darin das Wort «Sparen» enthalten (Sparbuch, Postsparbuch, Sparheft, Sparkonto, Spartip usw.), so gilt das Guthaben als Spareinlage im Sinne des Gesetzes. Aus diesem, durch ein rein äußerliches Merkmal bestimmten Begriff ergibt sich, daß die verschiedensten rechtlichen Gebilde Spareinlagen im Sinne des Bankengesetzes sein können[14].

2. Da außer den Privatbankiers, die sich nicht öffentlich zur Annahme fremder Gelder empfehlen, alle Banken ihre Jahresrechnung nach den bankengesetzlichen Vorschriften veröffentlichen müssen, sind außer den Privatbankiers und den seit der Revision von 1971 ebenfalls ausdrücklich ausgeschlossenen Finanzgesellschaften alle Banken zur Entgegennahme von Spareinlagen berechtigt. Das schweizerische Recht ist hier wesentlich weitherziger als die ausländische Gesetzgebung, die das Sparkassengeschäft auf dafür spezialisierte Institute beschränkt[15]. Besondere Anlagevorschriften fehlen für die Spareinlagen, so daß sie, was zweifellos unerwünscht ist, für spekulative oder riskante Geschäfte eingesetzt werden könnten. Die gesetzliche Regelung ist deshalb nicht ohne Grund kritisiert worden[16].

---

[13] BODMER/KLEINER/LUTZ, Vorbem. zum 7. Abschnitt, N. 3 ff.
[14] BODMER/KLEINER/LUTZ, N. 2 zu Art. 15 BankG.
[15] BODMER/KLEINER/LUTZ, N. 4 ff. zu Art. 15 BankG.
[16] BODMER/KLEINER/LUTZ, N. 7 zu Art. 15 BankG.

III. Begriff, Rechtsnatur und Wirkungen des Sparkassenvertrages

1. Unter einem Sparkassen- oder Spareinlagevertrag wird im allgemeinen das Rechtsverhältnis verstanden, in dem der Spareinleger der zur Entgegennahme der Spareinlage berechtigten Bank eine Geldsumme gegen Verzinsung anvertraut mit der Möglichkeit, sie kurzfristig zurückfordern zu können. Mit der Spareinlage üblicherweise verbunden ist die einfache Kontoführung über die sukzessiven Einzahlungen und Rückzüge in einem unter Umständen als Präsentations-, eventuell als Wertpapier ausgestatteten sogenannten Sparheft. Der Einleger bezweckt sowohl die sichere Verwahrung seines Geldes wie auch dessen zinstragende Anlage; im Begriff des Sparens ist beides enthalten: das Bewahren[17] der Substanz und ihre Vermehrung durch Zins und Zinseszins. Die Bank versorgt sich mit fremden Mitteln, die sie für ihre Zwecke einsetzt, sie befriedigt ihr Kreditbedürfnis.

2. Diese spezielle Interessenlage liegt an der Wurzel der Kontroverse über die Rechtsnatur des Spareinlagevertrages. Mit Berufung auf das Kreditbedürfnis der Bank und die Verzinsung des Sparguthabens wurde er als Darlehen verstanden. Im Hinblick auf das Verwahrungsinteresse wurde er als unregelmäßiger Hinterlegungsvertrag nach Art. 481 OR angesehen.

Die Subsumtion unter das Darlehen befürworten: BECKER (N. 6 zu Art. 481 OR), HUGGENBERG (S. 75), BERGER (S. 15), ZEERLEDER (S. 19), COMMENT (S. 66 ff.), HENGGELER (S. 321 ff.); von den neueren Autoren nur STAUFFER/EMCH (S. 96 ff.). Die oft als Argument angeführte Verzinslichkeit der Einlage deutet nicht unbedingt auf das Darlehen. Weder ist dieses seinem Begriff nach verzinslich, noch schließt der Begriff des depositum irregulare einen Vergütungszins aus. Schwieriger ist es, das Kreditinteresse der Bank beiseite zu schieben. Andere, darunter die neueren Autoren, sehen im Sparkassengeschäft eine unregelmäßige Hinterlegung, so WIDMER (S. 16 ff.), VILLIGER (S. 28), HEIZMANN (S. 23), NAPP (S. 33), GAUTSCHI (N. 6 a ff. zu Art. 481 OR), EIGENBRODT (S. 135 ff., S. 141). Wesentliches Argument dieser Autoren ist, daß das Verwahrungsinteresse des Spareinlegers gegenüber einem allfälligen Kreditinteresse der Bank prävaliere. Überraschend ist, daß nicht mehr als zwei Autoren (OSTER, S. 72 ff.; COIGNY, S. 103) im Sparkassengeschäft einen Vertrag sui generis erblicken. Die Begründung COIGNYS ist nicht ohne weiteres von der Hand zu weisen: Im (in der Zwischenzeit durch das Bankengesetz überholten) Art. 57 SchlT ZGB wird der Bundesrat verpflichtet, darauf zu achten, «daß der Begriff der Spareinlage genügend festgestellt» wird. Daraus sei zu folgern, daß der Spareinlagevertrag von Bundesrechts wegen ein besonderes Vertragsverhältnis sei. Die besondere Behandlung der Spareinlage im Konkurs der Bank sei ein Privileg, das weder dem Darlehen noch dem depositum irregulare zukomme. Eine vermittelnde Stellung nehmen auch OSER/SCHÖNENBERGER (N. 22 zu Art. 481 OR) ein: Die Sparkasseneinlage könne je nach Willensmeinung der Parteien bald Darlehen, bald depositum sein. Im Zweifel sei eher auf depositum zu schließen. KUMMER (S. 145) sieht in der einzelnen Sparkasseneinlage eine Hinterlegung, denn hier prävaliere das Interesse des Einlegers, sein Geld sicher verwahrt zu wissen und jederzeit zurückziehen zu können. Der Gesamtheit ihrer Einleger begegne die Bank jedoch als Borgerin, da die Vielzahl der Spareinlagen, die jede für sich genommen ohne Wert für sie seien, als

---

[17] In England heißen die Sparkassen *Savings-banks*.

Gesamtheit den Kredit der Bank befriedigen. Das Bundesgericht[18] hat entschieden, die Sparheft-einlage beruhe auf einem unregelmäßigen Hinterlegungsvertrag. Es urteilte so aufgrund des ihm vorliegenden Einzelfalles und schloß für andersgelagerte Fälle eine Subsumtion unter das Darlehen nicht aus.

Der Frage kommt wenig praktische Bedeutung zu, da die Verrechnung von Forderungen der Bank mit dem Sparguthaben – beim unregelmäßigen Hinterlegungsvertrag wäre sie nach der dispositiven Regelung des Gesetzes ausgeschlossen – in den meisten Sparheftbedingungen ausdrücklich vorbehalten wird.

3. Die Bank hat das Recht, die ihr übergebenen Gelder zu nutzen[19]. Sie ist verpflichtet, das Guthaben zu verzinsen. Für Spareinlagen besteht ein besonderer üblicher Zins. Die Bank behält sich im allgemeinen vor, diesen Zins, gegebenenfalls mit einer Frist bis zur Änderung, einseitig festzulegen. Sie veröffentlicht ihn in der Presse und an ihren Schaltern. Nimmt sie neben Spareinlagen noch andere Depositen entgegen, so muß sie den Zinsfuß gesondert angeben[20]. Diese einseitige Befugnis zur Festlegung des Zinssatzes berechtigt die Bank nicht, überhaupt keinen Zins auszurichten, da die Einlage nicht nur die Verwahrung, sondern auch den Zinszuwachs bezweckt. Ein Zins, wenn auch unbestimmter Höhe, ist verabredet. In dieser Beziehung ist Darlehensrecht (Art. 313 OR) anzuwenden. In aller Regel ist in den Sparheftbestimmungen ausdrücklich vorgesehen, daß die Zinsen jährlich zum Kapital geschlagen und weiterverzinst werden. Diese Vereinbarung des *anatocismus conjunctus* ist nach der Ausnahmebestimmung von Art. 314 Abs. 3 OR erlaubt. Sie wird dort sogar als «üblich» bezeichnet, so daß man sich die Frage stellen kann, ob die Zinseszinsen nicht auch geschuldet sind, wenn ein Sparheft eine ausdrückliche Bestimmung dieser Art vermissen läßt.

4. Den im Sinne des Bankengesetzes als Spareinlagen qualifizierten Guthaben steht bis zum Betrag von Fr. 5000.– ein Konkursprivileg in 3. Klasse, für weitere Fr. 5000.– ein Konkursprivileg in 4. Klasse zu. Verschiedene Spareinlagen einer Person werden zusammengerechnet. Sind mehrere Personen zusammen an einem Guthaben beteiligt, so gelten sie als ein einziger Einleger[21]. Für die (atypischen) Inhabersparhefte ist meines Erachtens Art. 213 Abs. 2 SchKG, der die nach Eröffnung des Konkurses erworbenen Inhaberpapiere nicht zur Verrechnung zuläßt, analog anzuwenden, da sonst der Besitzer mehrerer Inhabersparhefte diese auf verschiedene Strohmänner verteilen und so mehrmals in den Genuß des Konkursprivilegs kommen könnte.

---

[18] BGE 100 II, 1974, S. 153 ff.
[19] Sowohl nach Darlehens- wie nach Hinterlegungsrecht.
[20] Art. 31 Abs. 1 Verordnung zum BankG.
[21] Art. 15 Abs. 2 BankG; BODMER/KLEINER/LUTZ, zu Art. 15 BankG.

5. Nach Art.16 BankG können die Kantone für Spareinlagen, die einer Bank in ihrem Gebiet einbezahlt werden, an Wertpapieren und Forderungen dieser Bank ein gesetzliches Pfandrecht bis Fr. 5000.– schaffen, das wiederum von jedem Einleger nur einmal geltend gemacht werden kann[22]. Soweit dieses Pfandrecht das Guthaben deckt, kann das Konkursprivileg nicht beansprucht werden. Von dieser Kompetenz haben die Kantone Zürich, Basel-Stadt, Tessin und Glarus Gebrauch gemacht[23].

IV. Das Sparheft

1. Dem Einleger wird, da das Sparkassengeschäft in der Regel über den Bankschalter abgewickelt wird, ein auf seinen Namen, denjenigen eines Dritten oder den Inhaber ausgestelltes Sparheft (Sparbuch, Kassabüchlein) ausgehändigt. Darin verbucht die Bank Einlagen, Rückzüge und Zinsgutschriften und hält jedesmal den Guthaben-Saldo[24] fest. Die Rechtsnatur der Sparhefte ist ebenso umstritten wie diejenige des Sparkassenvertrags. Nach heutiger Auffassung kann ein Sparheft als Wertpapier gelten, wenn die Bank sich in den im Sparheft abgedruckten Bedingungen verpflichtet, nur gegen Vorweisung des Sparheftes zu zahlen[25].

Zum Beispiel «Rückzahlungen erfolgen nur gegen Vorweisung des Sparheftes». Wohingegen die im Reglement der Basler Kantonalbank enthaltene Klausel nicht als Wertpapierklausel genügt: «Rückzahlungen an den Bankschaltern erfolgen nur gegen Vorweisung des Sparheftes». Die Bank behält sich offenbar vor, Überweisungen auf Bankkonten auch ohne Vorweisung des Sparheftes vorzunehmen.

2. Die Namensparhefte enthalten in der Regel eine Präsentationsklausel in dem Sinne, daß sich die Bank vorbehält, nur gegen Vorweisung des Sparheftes zu leisten, sowie eine Legitimationsklausel mit dem Vorbehalt, daß die Bank jeden Inhaber eines Namensparheftes als berechtigt ansehen dürfe und ihrerseits zwar befugt, nicht aber verpflichtet sei, seine Berechtigung zu prüfen. Diese Klausel macht das Sparheft zum sogenannten «hinkenden Inhaberpapier» (Art.976 OR), jedoch noch nicht zum Wertpapier, wenn nicht die einfache Wertpapierklausel, das heißt die Verpflichtung der Bank hinzutritt, nur gegen Vorweisung des Sparheftes zu leisten[26]. Das Inhaber-

---

[22] Art.16 BankG, Art.32 Verordnung zum BankG.
[23] BODMER/KLEINER/LUTZ, N.1 zu Art.16 BankG.
[24] Eine Überziehung des Bankheftes ist nicht möglich. Es ist notwendige Aktivrechnung.
[25] JÄGGI, N.290 zu Art.965 OR und dort zitierte Literatur und Rechtsprechung.
[26] JÄGGI, a.a.O.

sparheft ist ein Wertpapier; belanglos ist, daß der Schuldbetrag variiert und nicht immer durch eine Unterschrift der Bankorgane bekräftigt ist[27]. Ist das Sparheft ein Wertpapier, so muß es bei Verlust nach Art. 971 ff. OR amortisiert werden. In den Sparheften wird aber meist die Entkräftung (Mortifikation) nach Art. 90 OR vorbehalten, so daß die Frage der Wertpapiernatur des Sparheftes nicht oft praktisch bedeutsam werden dürfte.

3. Wird das Sparheft vom Einleger nicht auf den eigenen Namen, sondern auf den eines Dritten angelegt, so erhält der Dritte ein selbständiges Recht nur, wenn dies die Absicht des Einlegers war und ein entsprechendes Rechtsgeschäft zustande kommt. Wird das Sparheft dem Dritten übergeben, so darf eine Schenkung vermutet werden. Behält der Einleger das Sparheft, ohne dem Dritten Mitteilung zu machen, so ist eine Schenkung noch nicht zustande gekommen[28].

V. Beendigung des Sparkassenvertrages

1. Rückzug und Rückzahlung

Am häufigsten endet das Verhältnis mit dem Rückzug des Guthabens durch den Einleger. Es liegt im Wesen der Spareinlagen, daß sie jederzeit, größere Beträge allenfalls unter Beobachtung einer kurzen Kündigungsfrist, zurückgezogen werden können. Die Banken verpflichten sich im allgemeinen, ihrerseits für die Rückzahlung eine bestimmte Kündigungsfrist zu beobachten.

2. Verjährung

Bei der ungeheuren Verbreitung, welche die Sparhefte genießen, kommt es immer wieder vor, daß sich für ein Guthaben während sehr langer Zeit niemand meldet, die Bank zwar intern die Zinsen nachträgt, jedoch keine Gelegenheit erhält, die Nachträge im Sparheft vorzunehmen. Viele Einleger vernachlässigen den jährlichen Zinsnachtrag und vertrauen darauf, daß ihr Guthaben langsam zunimmt, ohne daß sie sich darum zu kümmern brauchen.

---

[27] Jäggi, a.a.O.
[28] Egger, Die rechtliche Natur der Sparhefte, S. 250 ff.

Die Verjährung ist gehemmt, solange die Bank die Zinsen gutschreibt, wozu sie verpflichtet ist, unabhängig davon, ob der Einleger sein Sparheft zur Nachführung vorlegt. Es ist dem Gläubiger nicht zuzumuten, die Forderung geltend zu machen, solange ihm das Zuwarten den Vorteil des weiteren Zinszuwachses bringt[29]. Die Bank kann das Einsetzen der Verjährung nur bewirken, indem sie das Guthaben zur Rückzahlung kündet[30]. Sie kann die Kündigung an die letzte ihr bekannte Adresse des Einlegers richten, wenn sie sich diese Möglichkeit in den Vertragsbedingungen vorbehalten hat. Andernfalls muß sie die Kündigung im Amtsblatt veröffentlichen. Eine Verletzung des Bankgeheimnisses wird man darin nicht sehen dürfen, da der Einleger durch die Unterlassung einer Mitteilung über seinen Wohnort die Bank stillschweigend ermächtigt, ihn auf jede andere geeignete Weise zu erreichen[31]. Bei Bankliquidationen beginnt die Frist mit dem letzten Schuldenruf oder der letzen besonderen Mitteilung an die Gläubiger[32]. Die Verjährungsfrist ist die ordentliche zehnjährige, und zwar für das ganze Guthaben, da die Zinsen mit der jährlichen Saldierung gemäß der Anatozismusvereinbarung «zum Kapital geschlagen», das heißt zur Kapitalforderung werden[33].

---

[29] Spiro, § 50, S.101. Die Verjährung wird allerdings bloß gehemmt, nicht unterbrochen, da es an einer Erklärung an den Gläubiger fehlt. Spiro, § 153, S.357.

[30] Spiro, § 35, S.55.

[31] Anderer Meinung Widmer, S.67; vgl. Bodmer/Kleiner/Lutz, N.43 zu Art.47 BankG.

[32] Widmer, S.68; vgl. auch Spiro, § 228, S.547, Anm.20.

[33] Spiro, § 259, S.610; § 271, S.633.

Der Kollektivanlagevertrag

KURT AMONN

Der Kollektivanlagevertrag

Literatur

(Die hier angeführten Werke werden in der Folge nur mit dem Namen des Autors, gegebenenfalls einem zusätzlichen Stichwort zitiert.)

Botschaft des Bundesrates an die Bundesversammlung zum Entwurf eines Bundesgesetzes über die Anlagefonds, vom 23. November 1965, BBl 1965 III, S. 258 ff.

Probst, R. Fragen einer schweizerischen Gesetzgebung über die Investment-Trusts (Entwurf zu einem BG über die Anlagefonds), WuR 14. Jahrgang, Zürich 1962, S. 36 ff.; Bär, R. Zum Gesetzesentwurf über die Anlagefonds, ZBJV 98, 1962, S. 289 ff.; Amonn, K. Über die Eigentumsverhältnisse bei den schweizerischen Investmenttrusts, Abh. schweiz. R. 367, Bern 1965.

Albertini, A. von. Grundlagenforschung zum schweizerischen Anlagefondsgesetz, Zürich 1974; Amonn, K. Das Bundesgesetz über die Anlagefonds, Orientierungen der Schweiz. Volksbank, Nr. 52, Bern 1972 (2. Aufl.); Forstmoser, P. Zum schweizerischen Anlagefondsgesetz, Bankwirtschaftliche Forschungen, Bd. 6, Bern/Stuttgart 1972; Hirsch, A. Das Bundesgesetz über die Anlagefonds, SJK Nr. 1307, Genf 1968; Jäggi, P. La loi sur les fonds de placement, JdT 1967 I, S. 226 ff.; Kleiner, B. Die Gesetzgebung über das Bankwesen in Bund und Kantonen, Zürich 1972, § 1 IV: Anlagefondsgesetz, S. 67–95; Schuster, J.B. Anlagefondsgesetz, Zürich 1975 (2. Aufl. einer Textausgabe mit Anmerkungen).

Guhl, Th./Merz, H./Kummer, M. Das Schweizerische Obligationenrecht, 6. Aufl., Zürich 1972, § 50bis: Der Kollektivanlagevertrag, S. 453–460 (zit. Guhl/Merz/Kummer); Jeanprêtre, R. Le contrat de placement collectif dans le système du droit des obligations, in: Festgabe für Wilhelm Schönenberger, Fribourg 1968; Geiger, B. Der zivilrechtliche Schutz des Anlegers, Darstellung nach dem BG über die Anlagefonds unter besonderer Berücksichtigung der Wertschriftenanlagefonds, Zürcher Beiträge, NF Heft 354, Diss. Zürich 1971; Lusser, F. Die Haftungsverhältnisse bei Anlagefonds, Diss. Fribourg 1964; Müller, G. Die Rechtsstellung der Depotbank im Investmentgeschäft nach deutschem und schweizerischem Recht, Diss. Genf 1969; Haefliger, H.-J. Die Auflösung des Kollektivanlagevertrages, Diss. Zürich 1969; Mätzener, U.B. Die Auflösung und Liquidation von Anlagefonds, Europäische Hochschulschriften II/57, Diss. Bern 1972; Metzger, A. Die Stellung des Sachwalters nach dem Bundesgesetz über die Anlagefonds, Zürcher Beiträge, NF Heft 357, Diss. Zürich 1971; Amonn, K. Die Aufgaben des Sachwalters nach dem Bundesgesetz über die Anlagefonds, WuR 22. Jahrgang, Zürich 1970, S. 52 ff.

SIARA, G./TORMANN, W. Kommentar zum Gesetz über die Kapitalanlagegesellschaften, 2. Aufl., Frankfurt/M. 1957; BAUR, J. Investmentgesetze, Kommentar
zum Gesetz über Kapitalanlagegesellschaften und das Gesetz über den Vertrieb
ausländischer Investmentanteile, Berlin 1970; TORMANN, W. Die Investmentgesell-
schaften, 3. Aufl., Frankfurt/M. 1968; SCHÄCKER, H.-E. Entwicklung und System
des Investmentsparens, Frankfurt/M. 1961; REUTER, G. Investmentfonds und die
Rechtsstellung der Anteilinhaber, Diss. Frankfurt/M. 1965; KASTNER, W./Sixt, E./
MAYER, J./FEYL, W. Investmentfondsgesetz, Juristische Blätter, 85. Jahrgang, Wien
1963, S. 549 ff.; SENN, J.-P. Les sociétés d'investissement en droit français et comparé, Diss. Nancy 1956.

§ 41. Der Anlagefonds als Funktion des Kollektivanlagevertrages

I. Der Anlagefonds

Als Anlagefonds (im Ausland Investment-Fonds oder Investment-Trust)
bezeichnet man die vertraglich begründete Form des sogenannten
Investmentsparens. Dieses beruht auf der Überlegung, daß sich ein großes Vermögen leichter und besser mit angemessener Verteilung des jeder
Kapitalanlage innewohnenden Risikos anlegen läßt als ein kleines, und daß
deshalb kleine Kapitalien mit Vorteil zwecks kollektiver Anlage zu einem
größeren Vermögen zusammengelegt werden. Beim Anlagefonds geschieht
dies in der Weise, daß der einzelne Sparer (Anleger) sein Geld in einen Fonds
einbringt, der aus einer Vielzahl solcher Einlagen geäufnet wird und dessen
Vermögensbestand eine sachkundige Fondsleitungsgesellschaft planmäßig in
Wertpapieren (Obligationen, Aktien) oder Liegenschaften anlegt und verwaltet. Das Bundesgesetz über die Anlagefonds vom 1. Juli 1966 (AFG)[1],
das am 1. Februar 1967 mit einer Vollziehungsverordnung vom 20. Januar
1967 (AFV)[2] in Kraft getreten ist, umschreibt den Anlagefonds als «ein Vermögen, das auf Grund öffentlicher Werbung von den Anlegern zum Zwecke
gemeinschaftlicher Kapitalanlage aufgebracht und von der Fondsleitung nach
dem Grundsatz der Risikoverteilung für Rechnung der Anleger verwaltet
wird» (Art. 2 Abs. 1 AFG). Die Teilnahme des einzelnen Anlegers beruht auf
einem Vertrag mit der Fondsleitung, der nach seinem Zweck «Kollektivanlagevertrag» genannt wird. Der Kollektivanlagevertrag bildet die

---

[1] AS 1967, S. 115 ff.
[2] AS 1967, S. 135 ff.

rechtliche Grundlage des Anlagefonds, und zwar beruht dieser, obwohl er eine Kollektivanlage zum Zwecke hat, stets auf einer Summe derartiger Einzelverträge, nicht etwa auf einem gemeinschaftlichen Vertrag aller Anleger mit der Fondsleitung. «Kollektiv» ist nämlich nicht der Vertragsschluß, sondern bloß die Anlage des gemeinsam aufgebrachten Kapitals; es handelt sich also um einen « Kollektivanlage-Vertrag» und nicht um einen «Kollektiv-Anlagevertrag»[3].

Die auf einem Bündel von Einzelverträgen zur Kollektivanlage aufgebaute Form des Investmentsparens wurde in der Schweiz entwickelt, wo man danach strebte, den ursprünglichen «Investment-Trust» in der Gestalt des angelsächsischen *«common law trust»* möglichst getreu nachzubilden. Weil man bei diesem Vorbild das Schwergewicht in der eigentümerähnlichen Rechtsstellung der Anleger erblickte, entschied man sich dabei für die sogenannte «Miteigentumslösung». Das «Miteigentum», das man den Anlegern zum Schutze ihrer vermögensrechtlichen Ansprüche geben wollte, war allerdings bloß als ein sehr prekäres «Eigentum» gedacht; es sollte den Anlegern nicht mehr bieten als den dinglichen Aussonderungsanspruch im Konkurs der Fondsleitung. Rechtlich erwies sich diese Annahme jedoch als unhaltbar. Was von der Trustform in der vertragsrechtlichen Ausgestaltung des Anlagefonds übrig blieb, war die Treuhänder-Stellung der Fondsleitung[4].

Kollektive Kapitalanlage kann – außer in trustrechtlicher oder vertragsrechtlicher – auch in körperschaftsrechtlicher Form betrieben werden, sei es in einer Gesellschaft des ordentlichen Handelsrechts oder in einer besonderen «Investmentgesellschaft». So wurden Investmenttrusts in England in Limited Companies, in den Vereinigten Staaten in Corporations gekleidet; im kontinentaleuropäischen Recht benützt man dazu meist Aktiengesellschaften[5]. Die Kapitalgeber sind dann Gesellschafter (Aktionäre) und

---

[3] Wie FORSTMOSER (a.a.O., S.19) versehentlich annimmt, was ihn dazu führen muß, den Begriff als irrtümlich zu bezeichnen.

[4] Die Miteigentumsthese, die bis zum Erlaß des AFG vorherrschte, wurde vor allem vertreten von: U. BOVERI, Über die rechtliche Natur der Investment Trusts und die Rechtsstellung der Zertifikatinhaber, Diss. Zürich 1945, S. 24ff., 51ff., 86ff.; A. FRAUTSCHI, Die rechtliche Stellung des Zertifikatinhabers eines sog. Investment-Trusts, Diss. Basel 1946, S. 48ff.; TH. GUHL, Das Schweizerische Obligationenrecht, 5. Aufl.; R. SPOERRI, Der Investment-Trust nach schweizerischem Recht, Basler Studien, Heft 51, Basel 1958, S. 62ff.; L.-M. SERVIEN, Les fonds de placement collectif en Suisse (Investment-Trust), Diss. Lausanne 1958, S. 121ff.; P. JÄGGI, Die Eigentumsverhältnisse bei Anlagefonds, SJZ, 58, 1962, S. 129ff., immerhin schon mit Vorbehalten. – Miteigentum verneint und ein rein obligationenrechtliches Verhältnis angenommen haben: G. GAUTSCHI, Kommentar zum Auftragsrecht, Bern 1960, N.19 zu Art. 394 OR; BÄR, S. 290–295; AMONN, Eigentumsverhältnisse, S. 64ff.

[5] Sociétés d'investissement in Frankreich, Belgien und Luxemburg.

damit gesellschaftsrechtlich am gesamten Vermögen der Gesellschaft, das mit dem Anlagekapital identisch ist, beteiligt. Ihre Rechte sind in Beteiligungsurkunden (Aktien) verbrieft. Eigentümer der Anlagewerte ist ausschließlich die Investmentgesellschaft, deren Organen alle Verwaltungsfunktionen obliegen. Diese körperschaftsrechtliche Gestaltungsform vermag jedoch nur zu befriedigen, wo Gesellschaften mit veränderlichem Kapital zulässig sind, wie zum Beispiel nach angelsächsischem, niederländischem oder französischem Aktienrecht. Nur sie erlauben es, laufend Kapitaleinlagen entgegenzunehmen und Aktien eines zurücktretenden Anlegers zurückzunehmen. Die schweizerische Aktiengesellschaft ist wegen des Gebotes eines festen Kapitals und des Verbotes, eigene Aktien zu erwerben, dazu völlig ungeeignet. Im übrigen liegt den Anlegern nichts ferner als das Verlangen nach irgendwelcher persönlicher Verbundenheit untereinander oder gar nach Mitbestimmung; allein schon deshalb erscheint die körperschaftliche Ausgestaltung des Investmentsparens als fragwürdig. Schließlich hätte jede Art der rechtlichen Personifizierung des Anlagefonds noch zusätzliche Steuerlasten zur Folge, die sich im föderalistisch zersplitterten schweizerischen Steuersystem nicht einfach beseitigen lassen. So hat auch das AFG mit guten Gründen an dem von der Praxis ausgebildeten Anlagefonds mit dem Kollektivanlagevertrag als Rechtsgrundlage festgehalten.[6]

II. Entwicklung, wirtschaftliche und soziale Bedeutung des Investmentsparens[7]

Modernes Investmentsparen wurde in den Sechziger Jahren des vorigen Jahrhunderts zuerst in Schottland, der Heimat des «Investment-Trust», und bald darauf in England entwickelt. Anfangs dieses Jahrhunderts faßte es in den Vereinigten Staaten von Amerika Fuß, nach dem Ersten Weltkrieg, als es sich allgemein stark auszubreiten begann, dann auch auf dem europäischen Kontinent.

In der Schweiz wurden im Jahre 1930 die ersten Wertschriften- und 1938 die ersten Immobilien-Anlagefonds gegründet. Zu einem eigentlichen Sieges-

---

[6] Zur Frage, ob der schweizerische Anlagefonds mit eigener Rechtspersönlichkeit ausgestattet werden sollte, sei es als Körperschaft oder als Anstalt: BOTSCHAFT, S. 285–287; sowie AMONN, Eigentumsverhältnisse, S. 6 und S. 61–64; ferner ALBERTINI, S. 125 ff.

[7] Nähere Ausführungen hierüber finden sich u.a. in der BOTSCHAFT, S. 260 ff. und 276 ff.; ferner in der von A. NEUBURGER verfaßten Einleitung zum Kommentar SIARA/TORMANN, S. 5 ff.

zug des Investmentsparens kam es hier aber erst nach dem Zweiten Weltkrieg. Gab es 1946 bloß 12 Anlagefonds mit knapp einer Viertelmilliarde Franken Fondsvermögen, so waren es 1956 bereits deren 37 mit 1,9 Milliarden, 1966 deren 94 mit 5,7 Milliarden, und Ende 1976 zählte man 119 Fonds mit 15 Milliarden Franken Fondsvermögen, wovon rund ein Drittel auf Immobilien-Anlagefonds entfallen.

Diese eindrückliche Entwicklung der Anlagefonds ist zurückzuführen auf die starke Expansion der Wirtschaft in der westlichen Welt, auf die Liberalisierung des Kapitalverkehrs (Konvertibilität) und den damit gebotenen Anreiz zu Investitionen im Ausland, nicht zuletzt aber auch auf den Versuch, mittels Sachwertsparens dem durch Geldinflation und Teuerung verursachten Kaufkraftschwund einigermaßen zu entgehen. So haben die Anlagefonds heute auch in der Schweiz eine beachtliche volkswirtschaftliche und soziale Bedeutung erlangt. Als völlig neu orientierte, weitesten Kreisen zugängliche Sparform dienen sie der für die wirtschaftliche Entwicklung unentbehrlichen Kapitalbildung. Die Anlagefonds sind auf dem schweizerischen Kapitalmarkt heute ein wesentlicher Faktor, entfallen auf sie doch rund 10% des gesamten Banksparens. Kleinen und mittleren Sparern erlaubt der Anlagefonds eine Beteiligung an Sachwerten, die ihnen mit ihren bescheidenen Mitteln sonst nicht möglich wäre; er trägt damit – wenn auch nur wirtschaftlich und nicht rechtlich – zu einer breiteren Streuung des Sachwertbesitzes bei. Die Immobilien-Anlagefonds insbesondere haben den weitaus größten Teil der von ihnen mobilisierten Kapitalien im Wohnungsbau eingesetzt.

III. Eingriff und Zielsetzung des Gesetzgebers[8]

Angesichts des Ausmaßes sowie der volkswirtschafts- und sozialpolitischen Bedeutung, welche das Investmentsparen zunehmend gewann, einerseits und des Fehlens jeder Aufsicht in diesem Tätigkeitsbereich anderseits drängte sich – wie in andern Ländern – eine gesetzliche Ordnung des Anlagefonds auf. Dies nicht zuletzt auch wegen der schon angedeuteten rechtlichen Unsicherheit der Stellung der Anleger beim Anlagefonds und der nicht von der Hand zu weisenden Möglichkeit einer Gefährdung ihrer Interessen durch eine allzu autokrate und selbstinteressierte Fondsleitung.

---

[8] Vgl. hiezu Botschaft, S. 279 ff.

So wurde das Anlagefondsgesetz mit dem Hauptzweck erlassen, die Anleger zu schützen. Hiezu setzte der Gesetzgeber sowohl öffentlich- als auch privatrechtliche Mittel ein, wobei er sich auf die Art. 31bis Abs. 2, 31^{quater}, 64 und 64bis BV stützen konnte. Vor allem erwies es sich als notwendig, die Anlagefonds, die sich, gleich wie die Banken, an das breite Publikum wenden und öffentlich zur Annahme von Geld empfehlen, der gewerbepolizeilichen Aufsicht des Staates zu unterstellen, ähnlich derjenigen über die Banken und die Versicherungsgesellschaften. Überdies galt es, das dem Anlagefonds zugrundeliegende, durch den Kollektivanlagevertrag geschaffene Privatrechtsverhältnis gerecht und klar zu ordnen.

Der funktionelle Zusammenhang der einschlägigen privat- und öffentlichrechtlichen Vorschriften rechtfertigte es, beides in einem Spezialgesetz unterzubringen, obwohl der Kollektivanlagevertrag systematisch eigentlich ins Obligationenrecht gehörte. Auch vom praktischen Standpunkt der Rechtsanwendung aus war es zweckmäßig, die komplexe Materie des Anlagefonds in ein und demselben Gesetz zu regeln. Dem Kollektivanlagevertrag ist der zweite Titel mit den Art. 8 bis 36 AFG gewidmet.

§ 42. Begriff und Rechtsnatur des Kollektivanlagevertrages

I.

Nach der gesetzlichen Begriffsumschreibung verpflichtet sich die Fondsleitung durch den Kollektivanlagevertrag dazu, den Anleger nach Maßgabe seiner Einzahlungen an einem Anlagefonds zu beteiligen und diesen gemäß den Bestimmungen des Fondsreglementes und des Gesetzes gegen Entgelt zu verwalten (Art. 8 Abs. 1 AFG). Es handelt sich also in erster Linie und in jedem Falle um einen Vertrag zwischen dem Anleger und der Fondsleitung; die Rechtsbeziehungen zwischen diesen beiden sind für den Anlagefonds wesentlich. Wo beim Anlagefonds eine Depotbank besteht, nimmt allerdings auch sie am Vertrag teil (Art. 8 Abs. 2 AFG).

II.

Seinem Inhalt nach ist der Kollektivanlagevertrag eine Unterart des Auftrages, mit der Aufgabe der Fondsleitung, für einen andern vertragsgemäß Geschäfte zu besorgen (Art. 394 OR). Das Gesetz unterstellt ihn denn auch ausdrücklich den Vorschriften über den Auftrag, soweit es nicht selbst etwas anderes bestimmt (Art. 8 Abs. 3 AFG). Abweichungen vom individuellen Charakter des gewöhnlichen Einzelauftrages sind namentlich im Hinblick auf die Kollektivität der Anlage geboten. Der Anleger ist eben an einem Sondervermögen beteiligt, das von der Fondsleitung aus den Einzahlungen der durch öffentliche Werbung gewonnenen großen Zahl von Anlegern gebildet wird (Art. 2 Abs. 1 AFG). Sein Einzelinteresse muß deshalb bis zu einem gewissen Grade hinter das Gesamtinteresse aller Anleger an der Kollektivanlage des Anlagefonds zurücktreten. Unter diesem modifiziert auftragsrechtlichen Gesichtspunkt sind die Rechtsbeziehungen beim Anlagefonds im einzelnen ausgestaltet und zu verstehen[1].

III.

Der Kollektivanlagevertrag ist ein typischer Formularvertrag, der von der Fondsleitung (allenfalls gemeinsam mit der Depotbank) einseitig als sogenanntes Fondsreglement aufgestellt und tausendfach mit einheitlichem Inhalt dem breiten Publikum zum Abschluß angeboten wird[2]. Durch Zeichnung und Liberierung eines Anteils unterwirft sich der Anleger den Bestimmungen des Fondsreglementes, womit der Vertrag zustandekommt. Daraus folgt, daß alle Verträge über die Beteiligung an ein und demselben Anlagefonds gleich lauten und alle daran beteiligten Anleger gleich zu behandeln sind. Im Hinblick auf die allen Massenverträgen innewohnende Gefahr einseitiger Interessenwahrung und mangelhafter Aufklärung des schwächeren Vertragspartners zog der Gesetzgeber die zum Schutze des Anlegers gebotenen Konsequenzen[3]:

1. Einmal wird die Privatautonomie sehr weitgehend durch zwingendes Recht eingeschränkt. Wo nicht abweichende Vereinbarungen ausdrücklich vorbehalten sind, gehen die privatrechtlichen Bestimmungen des Gesetzes dem Fondsreglement vor (Art. 8 Abs. 4 AFG). Wesentliche Teile des Vertragsinhalts sind also schon im Gesetz selbst verbindlich festgelegt[4].

---

[1] BGE 101 I b, 1975, S. 422, E. 2.
[2] BGE 95 I, 1969, S. 590; 101 I b, 1975, S. 422, E. 2.
[3] Wie z. B. auch beim Abzahlungs- und beim Versicherungsvertrag.
[4] So darf z. B. das Widerrufsrecht des Anlegers gemäß Art. 21 Abs. 1 AFG weder durch das Fondsreglement noch durch individuelle Vereinbarung ausgeschlossen oder eingeschränkt werden: BGE 100 II, 1974, S. 420, E. 2.

2. Außerdem schreiben das Gesetz und die Verordnung (Art. 11 AFG und Art. 10–13 AFV) noch einen bestimmten Mindestinhalt des Fondsreglementes vor. Dieses muß – neben anderen, mehr formellen Angaben – vor allem einmal die Richtlinien der Anlagepolitik enthalten, die beim betreffenden Anlagefonds zu befolgen ist; insbesondere muß es festlegen, welche Art von Wertpapieren oder Immobilienwerten für den Anlagefonds erworben und in welchen Ländern oder Ländergruppen Anlagen getätigt werden dürfen. Gewisse im allgemeinen riskantere Anlagen dürfen überhaupt nur vorgenommen werden, wenn und soweit es im Fondsreglement ausdrücklich vorgesehen ist: so zum Beispiel in nicht oder nicht an einer Schweizer Börse kotierten Wertpapieren, in Beteiligungen an und Forderungen gegen Unternehmungen, die noch nicht fünf Jahre bestehen, in Bauland und Abbruchobjekten, in Wohnhäusern mit mehr als 40 Wohnungen, in Geschäftshäusern sowie in Liegenschaften, die größtenteils gewerblichen Zwecken (dem Betrieb von Hotels, Restaurants, Shopping Centers, Großgaragen usw.) dienen. Das Fondsreglement hat ferner die Verwendung des Reinertrages und der Kapitalgewinne, die aus der Veräußerung von Sachen und Rechten erzielt werden, zu regeln: es muß bestimmen, ob und inwieweit der Reinertrag zu Anlagenzwecken verwendet oder nach Ermessen der Fondsleitung zurückbehalten werden darf und ob Kurs- oder Kapitalgewinne ausgeschüttet werden dürfen. Ohne solche Bestimmung ist aller Reinertrag auszuschütten und jeder Veräußerungsgewinn zurückzubehalten. Sodann muß das Fondsreglement auch Bestimmungen enthalten über die Berechnung der Ausgabe- und Rücknahmepreise der Anteilscheine, die Art und die Berechnung aller Vergütungen an die Fondsleitung und die Depotbank, das Verhältnis, in welchem bei gemischten Anlagefonds die Immobilienwerte zu den andern Anlagen stehen dürfen, sowie über die Dauer des Anlagefonds. Die vorschriftsgemäße Regelung aller dieser Einzelpunkte soll dazu beitragen, daß das im Gesetz aufgestellte Postulat, die Rechte und Pflichten der Vertragsparteien seien im Fondsreglement einläßlich und klar zu umschreiben (Art. 11 Abs. 1 AFG), möglichst verwirklicht werde.

3. Ob das Fondsreglement den mannigfaltigen Anforderungen des Gesetzes genügt, hat die Aufsichtsbehörde (die Eidgenössische Bankenkommission, Art. 40 Abs. 1 AFG) zu prüfen. Erst mit ihrer Genehmigung wird es rechtswirksam. Dies in dem Sinne, daß es, nach Auflegung zur Einsicht des Publikums bei den Zeichnungsstellen, als Grundlage für den Abschluß gültiger Kollektivanlageverträge dienen kann (Art. 9 Abs. 1 und 2 AFG).

4. Schließlich kann das einmal genehmigte Fondsreglement auch nicht mehr ohne behördliche Mitwirkung geändert werden. Eine Änderung am

Fondsreglement, die zwangsläufig einen Eingriff in die bestehenden Kollektivanlageverträge bedeutet, darf nur in einem öffentlich bekanntgemachten
Verfahren vor dem Richter vorgenommen werden. Dieses wird durch ein
Gesuch der Fondsleitung (gemeinsam mit der Depotbank, wo eine solche
besteht) angehoben und bietet den Anlegern Gelegenheit, ihre Interessen zu
wahren. Auch die Aufsichtsbehörde hat zum Änderungsvorschlag Stellung
zu nehmen; doch ist ihre Meinungsäußerung für den Richter nur hinsichtlich
der Frage verbindlich, ob der neue Wortlaut des Fondsreglementes die gesetzlichen Erfordernisse erfülle. Im übrigen darf aber selbst der Richter das
Fondsreglement nur ändern, wenn ein wichtiger Grund dazu nachgewiesen
ist und die Änderung den Verhältnissen angemessen scheint. Eine Anpassung des Fondsreglementes kann sich vor allem bei veränderten wirtschaftlichen Verhältnissen aufdrängen, zum Beispiel hinsichtlich des Anlagekonzeptes oder der Dauer des Anlagefonds. Die gesetzliche Regelung bewahrt die
Anleger vor einseitiger und willkürlicher Beeinträchtigung ihrer vertragsmäßigen Rechte (Art. 9 Abs. 3 und Art. 10 AFG).

§ 43. Die Vertragsparteien

   Wie schon erwähnt, wird der Kollektivanlagevertrag nach seiner begrifflichen Umschreibung im Gesetz grundsätzlich zwischen dem einzelnen Anleger als Auftraggeber und der Fondsleitung als seiner Beauftragten abgeschlossen; hinzu kann oder muß unter Umständen noch eine Depotbank als
Nebenbeauftragte kommen (Art. 8 Abs. 1 und 2 AFG).

I.

   Zum Anleger wird jede natürliche oder juristische Person, die einen
Anteil am Anlagefonds erwirbt. Das kann geschehen durch Zeichnung und
Einzahlung des Wertes eines Anteils oder durch entgeltlichen oder unentgeltlichen Erwerb eines solchen von einem andern Anleger, womit der Erwerber in dessen Vertragsrechte eintritt.

II.

   Jeder Anlagefonds muß von einer Fondsleitung für Rechnung der Anleger verwaltet werden (Art. 2 Abs. 1 AFG). Konnte vor Erlaß des AFG jedermann voraussetzungslos die Leitung eines Anlagefonds übernehmen, so bedarf es jetzt dazu einer Bewilligung der Aufsichtsbehörde (Art. 3 Abs. 1 AFG). Zudem werden als Fondsleitung nur Banken im Sinne des Bankengesetzes zugelassen oder Aktiengesellschaften und Genossenschaften, deren Gegenstand und Zweck ausschließlich die Leitung von Anlagefonds ist (Art. 3 Abs. 2 AFG).

Da sich die Fondsleitung dem Publikum zur Entgegennahme von Geld empfiehlt, muß sie – gleich wie eine Bank – von Anfang an über eine gewisse finanzielle Grundlage verfügen. Ist sie eine juristische Person, so hat sie ein mindestens zur Hälfte einbezahltes Grund- oder Stammkapital von einer Million Franken auszuweisen; handelt es sich um eine Bank, so ist mit Rücksicht auf die Haftung des Kapitals für ihre andern Bankgeschäfte ein doppelt so hohes voll einbezahltes Kapital notwendig (Art. 3 Abs. 3 AFG). Für Privatbankiers (Einzelfirmen, Kollektiv- und Kommanditgesellschaften) erachtet der Gesetzgeber stillschweigend die persönliche unbeschränkte Haftung mit dem eigenen Vermögen als genügende Garantie.

Außerdem muß die Fondsleitung dauernd ein angemessenes Verhältnis zwischen ihren eigenen Mitteln und dem Gesamtwert der von ihr verwalteten Anlagefonds aufrechterhalten (Art. 4 Abs. 1 AFG). Da bei ordnungsmäßiger Verwaltung des Anlagefonds die Ansprüche der Anleger auf ihren Anteil am Ertrag und am Vermögen durch den Anlagefonds selbst gedeckt sind, haben die eigenen Mittel der Fondsleitung nur für allfällige Verantwortlichkeitsansprüche Garantie zu bieten. Das Gesetz fordert deshalb nur eigene Mittel bis zu 1% der verwalteten Fondsvermögen, höchstens aber zehn Millionen Franken (Art. 4 Abs. 3 AFG). Anderseits verbietet es, die vorgeschriebenen eigenen Mittel in Anteilscheinen anzulegen, welche die Fondsleitung selber ausgegeben hat (Art. 4 Abs. 2 AFG); denn dadurch würde die Garantie für die Anleger illusorisch. Anstelle der eigenen Mittel kann eine Kaution durch Hinterlegung von Wertschriften, Bankgarantie oder durch eine Kautionsversicherung bestellt werden. Die Vollziehungsverordnung regelt die technischen Einzelheiten der eigenen Mittel, ihres Ersatzes durch Kautionsleistung sowie die Gliederung der Jahresrechnung der Fondsleitung, wie sie der Aufsichtsbehörde einzureichen ist (Art. 7–9 AFV).

III.

Die Depotbank als dritter Partner im Vertragsverhältnis geht auf die beim schweizerischen Anlagefonds schon von jeher meistens zugezogene «Treuhänderin» oder «Treuhandbank» zurück, diese ihrerseits wiederum auf

den «trustee» beim angelsächsischen Investment-Trust in trustrechtlicher
Form. Sie übernimmt gewisse Aufgaben der Fondsverwaltung, in der Hauptsache, wie ihre Bezeichnung besagt, die Aufbewahrung des Fondsvermögens
sowie den Zahlungsverkehr. Diese ausgesprochen bankmäßigen Funktionen,
die namentlich bei einem Wertschriften-Anlagefonds unentbehrlich sind,
kann natürlich auch die Fondsleitung selbst ausüben, wenn sie eine Bank ist.
Eine besondere Depotbank ist dann nicht unbedingt erforderlich. Deshalb
schreibt das Gesetz die Einsetzung einer Depotbank bloß für den Fall vor,
wo die Fondsleitung nicht in den Händen einer Bank liegt (Art. 5 Abs. 1
AFG); in allen übrigen Fällen ist sie fakultativ. Diese Regelung ist sachlich
gerechtfertigt, wenn als Fondsleitungen nicht nur Banken zugelassen werden.
In der Praxis hat man zwar auch die «freiwilligen» Depotbanken meistens
beibehalten; denn vielfach sind die Anlagefonds Gründungen von Banken,
welche die Fondsverwaltung einer eigenen Fondsleitungsgesellschaft überlassen und selbst nur als Depotbank mitwirken. Die Erfahrung hat zudem
gezeigt, daß selbst Depotbanken, die kapitalmäßig und personell eng mit der
Fondsleitung verbunden sind, dem Anleger doch eine gewisse zusätzliche
Garantie bieten. Das Vertrauen, das sie bei ihrer Kundschaft und einem weiteren Publikum genießen, stärkt ihre Verantwortung und ist für den Erfolg
des Anlagefonds entscheidend.

§ 44. Die Rechtsstellung der Fondsleitung

I. Die Pflichten

1. Obwohl von jedem einzelnen Anleger beauftragt, hat die Fondsleitung
die Anlagegeschäfte sämtlicher Anleger gemeinsam zu besorgen. Ihre Verwaltungsaufgabe ist einheitlich: sie äufnet die Einzahlungen der Anleger
im Anlagefonds und verwaltet ihn für deren Rechnung, jedoch in ihrem
eigenen Namen, das heißt als fiduziarische Eigentümerin der Sachen und
Gläubigerin der Forderungen, die zum Fondsvermögen gehören. Sie verfügt
dabei über anvertrautes Gut, das wirtschaftlich den Anlegern zugehört.
Die Fondsleitung entscheidet insbesondere über den Erwerb und die Veräußerung der Anlagen, den Bestand an flüssigen Mitteln und die Ausgabe
von neuen Anteilscheinen; sie setzt die Ausgabepreise und die Gewinnaus-
schüttungen fest und macht alle zum Anlagefonds gehörenden Rechte, inbe-
griffen Schadenersatzansprüche, geltend. Diese Verwaltungtätigkeit, die Ka-

pitalanlage und Vermögensverwaltung im engeren Sinne umfaßt, übt die Fondsleitung «selbständig» aus (Art. 12 Abs. 1 AFG). Damit will das Gesetz zum Ausdruck bringen, daß die Fondsleitung in ihrer Geschäftspolitik grundsätzlich frei, aber auch allein dafür verantwortlich ist. Selbst ihre Auftraggeber besitzen ihr gegenüber – abweichend vom allgemeinen Auftragsrecht (Art. 397 OR) – keine Weisungsbefugnis, weder einzeln noch gemeinschaftlich[1]. Mit Rücksicht darauf, daß es sich um eine Kollektivanlage handelt, sind die von der Fondsleitung zu befolgenden Verwaltungsgrundsätze ein für allemal im Gesetz und in den Richtlinien der Anlagepolitik des Fondsreglementes[2] festgelegt.

So gestattet das Gesetz die Anlage von Fondsvermögen grundsätzlich nur in Wertpapieren und in Liegenschaften (Art. 6 Abs. 1 AFG). Ausdrücklich untersagt ist es, in Warenpapieren anzulegen oder in Anteilscheinen eines andern Anlagefonds, der von der gleichen oder von einer mit ihr verbundenen Fondsleitung verwaltet wird, sowie in anderen Wertpapieren, die von der Fondsleitung ausgestellt sind (Art. 6 Abs. 2 AFG)[3]. Die Bestimmung, daß nicht mehr als 7½% des gesamten Fondsvermögens im gleichen Unternehmen angelegt werden dürfen (Art. 7 Abs. 1 AFG), will eine minimale Risikomischung gewährleisten. Die Begrenzung des Umfanges der an der gleichen Unternehmung zulässigen Beteiligung eines Anlagefonds auf 5% der Stimmen bzw. auf 10%, wenn mehrere Anlagefonds unter der gleichen Fondsleitung stehen (Art. 7 Abs. 2 AFG), soll die Fondsleitung auf die bloße Kapitalanlage verpflichten und von jeder Einflußnahme auf andere Unternehmungen abhalten.

Etwas andere Grundsätze gelten für Immobilien-Anlagefonds. Diese können ihr Vermögen direkt in Grundbesitz oder in Beteiligungen an sowie in Hypothekar- und Buchforderungen gegen Immobiliengesellschaften mit eigener Rechtspersönlichkeit anlegen. Damit bei bloß indirektem Besitz die Herrschaft über das Grundstück zugunsten des Fonds auch wirklich gesichert ist, müssen dann aber mindestens zwei Drittel des Grundkapitals der Immobiliengesellschaft und der Stimmen im Anlagefonds vereinigt sein (Art. 7 Abs. 4 und Art. 31 Abs. 2 AFG). Hier ist die beherrschende Beteiligung, die bei einem Wertschriften-Anlagefonds sachwidrig wäre, sachgerecht und notwendig[4].

---

[1] BGE 93 I, 1967, S. 654.
[2] Siehe vorn § 42, III 2.
[3] Vgl. dazu auch BGE 95 I, 1969, S. 486, wo die «Anlage» in Anteilscheinen des von der Fondsleitung selbst verwalteten Anlagefonds als Rücknahme und die Wiederinverkehrsetzung als Neuausgabe qualifiziert wird.
[4] Der heute noch vorherrschende indirekte Grundbesitz über Immobiliengesellschaften, die

Zu diesen aus dem Wesen des reinen Anlagefonds hergeleiteten Grundsätzen kommt bei den Wertschriften-Anlagefonds noch ein allgemeines Verpfändungsverbot, das die Spekulation unter Beanspruchung von Faustpfandkrediten verhindern soll: Sachen und Rechte, die zum Anlagefonds gehören, dürfen nicht mit Pfandrechten belastet oder zur Sicherung übereignet werden (Art. 12 Abs. 2 AFG). Bei Immobilien-Anlagefonds ist die Interessenlage auch hier wiederum anders, da die Fondsleitung einer gewissen Beweglichkeit bedarf, insbesondere für die Planung von Bauten und die Beschaffung von Bauland, aber auch um Rücknahmebegehren leichter entsprechen zu können; deshalb gestattet ihr das Gesetz, für Schulden, die den Fonds betreffen, Grundstücke zu verpfänden, soweit die Belastung im Durchschnitt aller Grundstücke die Hälfte der Anlagekosten nicht überschreitet (Art. 35 Abs. 3 AFG)[5]. Das Bundesgericht wendet jenes Verpfändungsverbot und diese Belastungsgrenze analog auch auf Blankokredite an, weil jede Fremdfinanzierung des Anlagefonds, mit oder ohne dingliche Absicherung, den Interessen der Anleger in gleicher Weise abträglich sein kann[6].

Die Verwaltungsaufgabe der Fondsleitung schließt auch die Pflicht zur Aufbewahrung des Fondsvermögens ein: alle beweglichen Vermögens-

---

beim Anlagefonds keine andere Funktion haben als diejenige eines Rechtsträgers der Liegenschaften, geht auf die früher angestrebte «Miteigentumslösung» zurück (siehe vorn § 41, I Abs. 2). Man glaubte, auf diese Weise den Anlegern wenigstens indirekt – über den Aktienbesitz – Miteigentum an den Liegenschaften zu verschaffen, was direkt nicht möglich ist, weil eine unbestimmte Zahl unbekannter Anleger nicht als Eigentümer in das Grundbuch aufgenommen werden kann. Obwohl das AFG sich von der Miteigentumsthese abgewendet und zum fiduziarischen Eigentum der Fondsleitung an den zum Anlagefonds gehörenden (beweglichen und unbeweglichen) Sachen bekannt hat (siehe hinten § 46, I 1), können die nun an sich überflüssig gewordenen Immobiliengesellschaften nicht ohne weiteres aufgelöst werden. Sie besitzen nämlich oftmals recht beträchtliche noch nicht besteuerte stille Reserven, die bei der Liquidation der Gesellschaft zum Vorschein kommen und dann versteuert werden müssen. In Betracht käme immerhin wenigstens eine Zusammenlegung dieser Gesellschaften auf dem Wege steuerlich neutraler Fusionen; vgl. hiezu die Ausführungen von H. MASSHARDT im Archiv für Schweiz. Abgaberecht, Band 28, 1959, S. 197/98.
[5] Die Bautätigkeit der Fondsleitung ist gesetzlich eingeschränkt. Diese darf nur insoweit Bauten für Rechnung des Anlagefonds erstellen lassen, als es der Beschaffung von Kapitalanlagen für den Anlagefonds dient und das Fondsreglement dies ausdrücklich vorsieht (Art. 35 Abs. 1 AFG). So wird jede spekulative Bauerei zum Zwecke des anschließenden Verkaufs der Liegenschaft und die Betätigung der Fondsleitung als Bauunternehmung ausgeschlossen. – Folgerichtig und analog zum Aktienrecht wird der Fondsleitung erlaubt, zu Lasten des Anlagekontos für Bauland und angefangene Bauten der Ertragsrechnung des Anlagefonds während der Zeit der Vorbereitung und des Bauens einen Bauzins zum marktüblichen Satz gutzuschreiben; dies aber nur, sofern dadurch die Anlagekosten nicht über den geschätzten Verkehrswert erhöht werden (Art. 35 Abs. 2 AFG). Auf diese Weise wird einerseits die Ausschüttung nicht realisierter Gewinne ermöglicht, anderseits aber die Ausschüttung bloß fiktiver Gewinne ausgeschlossen.
[6] BGE 97 I, 1971, S. 869 ff.

werte und die Beweisurkunden über die übrigen Vermögenswerte des Anlagefonds sind besonders zu kennzeichnen und an einem sicheren Ort aufzubewahren. Tut es die Fondsleitung nicht selber, so hat sie jede Befugnis des
Aufbewahrers zu selbständiger Verfügung auszuschließen. Auch im Ausland
darf Fondsvermögen hinterlegt werden, wenn es das Fondsreglement ausdrücklich vorsieht; dann ist die ausländische Hinterlegungsstelle der Aufsichtsbehörde zu melden. Wesentlich an dieser Aufbewahrungsordnung ist,
daß sie das sogenannte irreguläre Depot gemäß Art. 481 Abs. 3 OR ausschließt (Art. 13 AFG).

2. Dieser umfassenden, durch keine Weisungen der Auftraggeber begrenz-
baren Verwaltungs- und Verfügungsbefugnis, deren die Fondsleitung zu
einer erfolgreichen Anlagetätigkeit unbedingt bedarf, steht ausgleichend auf
der andern Seite ihre absolute Treuepflicht gegenüber. Die Verpflichtung
zur Treue in der Ausführung der übertragenen Geschäfte ergibt sich zwar
schon aus dem allgemeinen Auftragsrecht (Art. 398 Abs. 2 OR). Das Gesetz
begnügt sich aber nicht mit diesem allgemeinen Grundsatz in der Formulierung, die Fondsleitung habe «ausschließlich die Interessen der Anleger zu
wahren» (Art. 14 Abs. 1 AFG). Vielmehr hebt es zwei besondere Punkte ausdrücklich hervor: im Zusammenhang mit Geschäftsabschlüssen für den Anlagefonds darf die Fondsleitung für sich oder für Dritte keine Vermögens-
vorteile irgendwelcher Art beanspruchen oder entgegennehmen, außer die
im Fondsreglement vorgesehenen Provisionen; der Selbsteintritt als Käufer
oder Verkäufer ist ihr nur erlaubt für Wertpapiere zum geltenden Börsenpreis
(Art. 14 Abs. 2 und 3 AFG)[7]. Diese Verpflichtungen treffen auch die Mitglieder der Verwaltung und Geschäftsleitung sowie die Gesellschafter der
Fondsleitung und die ihnen nahestehenden Gesellschaften (Art. 14 Abs. 4
AFG). Verstöße gegen die Treuepflicht geben dem Anleger einen Erfüllungs-
und Schadenersatzanspruch[8].

3. Sehr eingehend geregelt ist schließlich die Pflicht zur Buchführung
und Rechenschaftsablage (Art. 15 AFG und Art. 14ff. AFV). Eine hinreichende Publizität soll den Anlagefonds für den Anleger möglichst durch-
sichtig machen. Im Hinblick darauf hat die Fondsleitung über jeden Anlagefonds gesondert und nach einheitlicher Gliederung Buch zu führen und auf

---

[7] Dagegen verbietet die Treuepflicht der Fondsleitung und der Depotbank grundsätzlich
nicht, Anteilscheine auf eigene Rechnung zu zeichnen oder zu erwerben: BGE 100 Ib,
1974, S. 213, E. 5; 101 Ib, 1975, S. 222, E. 4.
[8] BGE 96 II, 1970, S. 388.

dieser Grundlage alljährlich über ihre Tätigkeit und deren Ergebnis Rechenschaft zu geben. Der Katalog der Angaben, die im Rechenschaftsbericht zu veröffentlichen sind, ist umfangreich. Er trägt dem Umstand Rechnung, daß es sich um Rechenschaftsablegung eines Vermögensverwalters handelt, nimmt aber auch gebührend darauf Rücksicht, daß nicht durch zu weitgehende Veröffentlichung die künftige Verwaltung des Anlagefonds, insbesondere die Geschäftspolitik, beeinträchtigt wird.

Die Abrechnung umfaßt allgemein eine Vermögensrechnung zu Verkehrswerten und eine Ertragsrechnung sowie Angaben über die Verwendung des Reinertrages. Wesentlich ist auch die Veröffentlichung des Inventars des Fondsvermögens zu Verkehrswerten und des daraus errechneten Wertes eines Anteils am Anlagefonds.

Auch hier werden die besonderen Verhältnisse beim Immobilien-Anlagefonds berücksichtigt. Seine Grundstücke sind zu den Anschaffungs- oder Herstellungskosten in die Vermögensrechnung aufzunehmen. Um der Reparaturbedürftigkeit und der Überalterung der Liegenschaften Rechnung zu tragen, müssen zu Lasten der Ertragsrechnung die den Umständen angemessenen Abschreibungen auf den Grundstücken und Rückstellungen für künftige Reparaturen vorgenommen werden (Art. 34 Abs. 2 AFG). Im Inventar des Fondsvermögens sind außer den Gestehungskosten auch die Versicherungswerte und die geschätzten Verkehrswerte der Grundstücke aufzuführen (Art. 34 Abs. 3 AFG); um möglichst einheitliche Schätzungen zu erhalten, muß die Fondsleitung mindestens einen von ihr unabhängigen Schätzungsexperten ernennen, von dessen Gutachten sie nicht ohne nähere Begründung abweichen darf (Art. 33 AFG[9]). Zur weiteren Unterrichtung der Anleger hat der Bundesrat noch die Auflegung einer Reihe zusätzlicher Aufstellungen (über die Immobiliengesellschaften, die Bruttoerträgnisse, die Käufe und Verkäufe) angeordnet (Art. 34 Abs. 4 AFG, Art. 30 AFV).

Besonders beim Immobilien-Anlagefonds mit Immobiliengesellschaften kann es an der wünschbaren Durchsichtigkeit ihrer Vermögens- und Ertragslage fehlen. Deshalb schreibt das Gesetz für sie vor, daß im Rechenschaftsbericht eine Gesamtrechnung zu veröffentlichen ist, in der die Rechnungen für den Anlagefonds und die Immobiliengesellschaften zusammengelegt sind. In dieser sogenannten konsolidierten Rechnung wird also das Vermögen, der Aufwand und der Ertrag der Immobiliengesellschaften so dar-

---

[9] Der Schätzungsexperte hat nach dieser Bestimmung außerdem den Wert jedes Grundstücks zu schätzen, das die Fondsleitung erwerben oder veräußern will, sowie für Bauvorhaben zu untersuchen, ob die voraussichtlichen Kosten durch den Verkehrswert der Anlage gedeckt sind.

gestellt, wie wenn sie dem Anlagefonds direkt zustünden (Art. 34 Abs. 1
AFG, Art. 22 AFV).

II. Die Rechte (Art. 16 AFG)

Als entgeltlicher Auftrag gibt der Kollektivanlagevertrag der Fondsleitung
Anspruch auf die im Fondsreglement vorgesehenen Vergütungen; damit
es bei Immobilien-Anlagefonds nicht zu ungerechtfertigten Mehrbelastungen
kommt, muß deren Fondsleitung alle Leistungen der Immobiliengesellschaften an die Mitglieder ihrer Verwaltung und Geschäftsleitung sowie an ihre
Angestellten auf ihre eigenen Bezüge anrechnen (Art. 32 Abs. 2 AFG). Jeder
Bezug irgendeines Vorteils über diese Vergütungen hinaus würde, wie erwähnt, einen Treubruch bedeuten (Art. 14 Abs. 2 AFG). Dagegen kann die
Fondsleitung selbstverständlich verlangen, von den Verbindlichkeiten
befreit zu werden, die sie in richtiger Ausführung des Kollektivanlagevertrages – im eigenen Namen für Rechnung der Anleger – eingegangen ist,
ebenso, daß ihr auch alle Aufwendungen ersetzt werden, die sie zur
Erfüllung solcher Verbindlichkeiten gemacht hat; so wenn sie z. B. aus ihren
eigenen Mitteln den Kaufpreis eines Anlageobjektes bezahlt hat[10]. Alle diese
Ansprüche werden aus den Mitteln des Anlagefonds erfüllt; die persönliche
Haftung der Anleger ist ausdrücklich ausgeschlossen.

§ 45. Die Rechtsstellung der Depotbank

I. Verhältnis zum Anleger und zur Fondsleitung

Dadurch, daß die Depotbank am Kollektivanlagevertrag teilnimmt (Art. 8
Abs. 2 AFG), wird sie Vertragspartnerin sowohl des Anlegers als auch der
Fondsleitung[1].

---

[10] Analog Art. 402 Abs. 1 OR.
[1] Anders z. B. im deutschen Recht, wo nach § 11 des Gesetzes über Kapitalanlagegesellschaften vom 16. April 1957 die Depotbank außerhalb des Kollektivanlagevertrages bleibt
und nur zur Kapitalanlagegesellschaft (wie die Fondsleitung dort genannt wird) in unmittelbaren Vertragsbeziehungen steht; SCHÄCKER, S. 71/72 und 122–126.

Die Teilnahme der Depotbank am Vertrag beruht darauf, daß sie gemeinsam mit der Fondsleitung das Fondsreglement aufstellt und die Anteilscheine unterzeichnet (Art. 9 Abs. 1, Art. 20 Abs. 4 AFG). Damit geht auch die Depotbank dem Anleger gegenüber Verpflichtungen ein; sie wird ebenfalls Beauftragte des Anlegers, gleich wie die Fondsleitung, jedoch bloß neben dieser, nicht etwa mit ihr gemeinsam (als Mitbeauftragte). Die Aufgaben, welche Inhalt des Auftrages an die Depotbank bilden, sind im Gesetz genau umschrieben und von denjenigen der Fondsleitung klar abgegrenzt; man will vermeiden, daß die Verantwortlichkeiten verwischt werden. Einesteils handelt es sich um Aufgaben, die sonst – wo keine Depotbank besteht – der Fondsleitung obliegen (Pflicht zur Aufbewahrung und zur Besorgung des Zahlungsverkehrs). Andernteils sind es Aufgaben, die nach ihrer Zielsetzung überhaupt nur die Depotbank erfüllen kann (Überwachungspflichten). Fondsleitung und Depotbank übernehmen also nicht etwa gemeinschaftlich einen Auftrag mit einheitlichem Inhalt, für dessen vertragsgemäße Ausführung sie solidarisch haften würden (Art. 403 Abs. 2 OR), sondern jede erhält ihren besonderen Auftrag mit verschiedenem Inhalt und unter eigener Verantwortung. Mißachtet zum Beispiel die Fondsleitung die gesetzlichen oder vertraglichen Anlagevorschriften, so haftet sie wegen ungetreuer Erfüllung ihrer Verwaltungsaufgabe, die Depotbank allenfalls wegen ungetreuer Erfüllung ihrer Überwachungspflicht.[2]

Die im Kollektivanlagevertrag gekoppelten Aufträge des Anlegers, welche jeder der beiden Beauftragten ihre besonderen Aufgaben zuweisen, begründen auch Rechtsbeziehungen zwischen der Depotbank und der Fondsleitung. Die Pflichten der einen Beauftragten gegenüber dem Anleger bedingen zugleich entsprechende Rechte gegenüber der andern; so bedarf insbesondere die Depotbank zur Erfüllung ihrer Pflichten gegenüber dem Anleger zweckdienlicher Rechte gegenüber der Fondsleitung. Die gegenseitigen Rechte und Pflichten von Fondsleitung und Depotbank sind «Ausfluß, Reflexwirkungen der gegenüber dem Anleger bestehenden und im Fondsreglement von ihnen übernommenen Pflichten»[3]. Eine gesellschaftsrechtliche Verbindung zwischen Fondsleitung und Depotbank begründet jedoch der Kollektivanlagevertrag – mangels einer gemeinschaftlichen Auf-

---

[2] Folgerichtig kann die Fondsleitung nicht einfach die Aufgaben der Depotbank übernehmen, wenn diese wegen Bewilligungsentzuges oder Konkurses ausfällt (siehe hinten § 47, II 1d). Ist die Depotbank gesetzlich vorgeschrieben und wird sie nicht durch eine andere ersetzt, so muß der Anlagefonds aufgelöst werden; beruht sie bloß auf dem Fondsreglement, so müsste man zumindest dieses ändern (vgl. hiezu auch § 47, Anm. 6).
[3] Botschaft, S. 300.

tragspflicht zu einer einheitlichen Leistung unter gemeinsamer Verantwortung – nicht[4].

II. Die Pflichten

Herkömmliche Aufgabe der Depotbank und für sie auch charakteristisch ist die Aufbewahrung des gesamten Fondsvermögens; und zwar ist die Depotbank dazu dem Anleger direkt verpflichtet, nicht etwa bloß als Hinterlegungsstelle gegenüber der Fondsleitung. Die Aufbewahrungspflicht der Depotbank tritt an Stelle derjenigen der Fondsleitung. Mit dieser Verwahrungsaufgabe verbindet das Gesetz eng die Pflicht der Depotbank, nach Gesetz oder Fondsreglement unzulässige Anlagen zu verhindern (Art. 18 Abs.1 AFG). Da sie das gesamte Fondsvermögen verwahrt, kann und soll sie durch Verweigerung einer Zahlung aus dem Fondsvermögen ihr Veto gegen gesetz- oder reglementswidrige Anlagen durchsetzen. Damit die

---

[4] Gegenteiliger Meinung sind: GAUTSCHI, Kommentar zum Auftragsrecht, N.6a und 12b zu Art.403 OR, N.19a zu Art.394 OR; GUHL/MERZ/KUMMER, a.a.O., S.459 und S.526; R. LUTZ, Der Immobilien-Investment-Trust in der Schweiz, Diss. Zürich 1957, S.64ff.; eventualiter auch M. AUBERT, La protection des porteurs de parts dans les Investment Trusts, Genève 1957, S.10. Sie alle sehen die Fondsleitung und die Depotbank in einer einfachen Gesellschaft vereinigt.

Indessen sind die Aufgaben der Fondsleitung einerseits – Anlage und Vermögensverwaltung – und der Depotbank anderseits – Depotverwaltung und Aufsicht über die Tätigkeit der Fondsleitung – so grundverschieden, daß man kaum von einem «gemeinsamen Zweck», wie ihn der Gesellschaftsvertrag nach Art.530 OR voraussetzt, sprechen kann. Namentlich die Überwachungsaufgabe, die der Depotbank im Interesse der Anleger zugewiesen ist, spricht gegen die Annahme einer echten Interessengemeinschaft mit gemeinsamem Leistungsziel zwischen Fondsleitung und Depotbank (vgl. hiezu A. SIEGWART, Zürcher Kommentar, Bd. V/4: Die Personengesellschaften, Zürich 1938, N.57 der Vorbem. zu Art.530–551 OR). Noch weniger kann davon die Rede sein, daß Fondsleitung und Depotbank einen gemeinsamen Zweck «mit gemeinsamen Kräften und Mitteln» erreichen wollen. Ihre besonderen Dienstleistungen stellen keinen gesellschaftsrechtlichen Beitrag im Sinne von Art.531 Abs.1 OR an eine gemeinsame Aufgabe dar. Vielmehr handelt es sich dabei einfach um die Erfüllung individueller Auftragspflichten, um Leistungen auf Grund von Austauschverträgen, für die jeder Leistende besonders entschädigt wird und für die auch jeder von ihnen unabhängig vom andern haftet. Einen «Gewinn aus gesellschaftlichem Zusammenwirken», an dem die beiden Beauftragten als Gesellschafter beteiligt wären, gibt es hier nicht, ebensowenig einen «Gesellschaftsverlust», den sie gemeinsam zu tragen hätten (Art.532 und 533 OR). Im übrigen hätte man es bei Vorliegen einer einfachen Gesellschaft mit gemeinschaftlichem Eigentum (Gesamt- oder Miteigentum) der Gesellschafter zu tun (SIEGWART, N.8 zu Art.544 OR), was der alleinigen Rechtszuständigkeit der Fondsleitung bezüglich des Fondsvermögens gemäß AFG vollends widerspricht.

Depotbank wirklich das gesamte Fondsvermögen unter ihre tatsächliche Herrschaft bekommt, hat sie auch die Ausgabe und Rücknahme der Anteilscheine sowie den ganzen Zahlungsverkehr für den Anlagefonds zu besorgen (Art. 18 Abs. 2 AFG).

Über die gesetzlich vorgeschriebene Anlagen-Kontrolle hinaus kann das Fondsreglement der Depotbank zusätzliche Überwachungspflichten auferlegen (Art. 18 Abs. 3 AFG), aber ausschließlich solche; zum Beispiel die Pflicht, die von der Fondsleitung festgesetzten Ausgabe- und Rücknahmepreise zu überprüfen. Diese erweiterte Überwachung darf selbstverständlich nicht so weit gehen, daß sie die Selbständigkeit der Fondsleitung in ihrer Geschäftspolitik beeinträchtigen würde; hiefür soll die Fondsleitung allein die volle Verantwortung tragen.

Im übrigen erklärt das Gesetz die Bestimmungen über die Pflichten der Fondsleitung sinngemäß auf die Depotbank anwendbar (Art. 18 Abs. 4 AFG). Das betrifft vor allem die Treuepflicht.

Bestehen für einen Anlagefonds mehrere Depotbanken, so haften sie dem Anleger für die Erfüllung ihrer gemeinsam übernommenen Pflichten notwendigerweise solidarisch (Art. 18 Abs. 4 AFG, 2. Satzhälfte)[5]. Sie können ihre Haftung nur intern unter sich aufteilen. Kommt es zu einem Wechsel der Depotbank, was nur mit Genehmigung der Fondsleitung und der Aufsichtsbehörde geschehen kann, so wird die alte Depotbank von der weiteren Erfüllung ihrer Verbindlichkeiten befreit (Art. 19 AFG).

III. Die Rechte

Die Rechte der Depotbank gegenüber den Anlegern entsprechen grundsätzlich denjenigen der Fondsleitung (Art. 18 Abs. 4 AFG). Auch die Depotbank hat also – zu Lasten des Fondsvermögens – Anspruch auf die ihr zustehenden reglementarischen Vergütungen, auf Befreiung von Verbindlichkeiten und auf Ersatz von Auslagen. Ihre Rechte gegenüber der Fondsleitung werden nicht besonders erwähnt; sie ergeben sich ohne weiteres aus ihren Pflichten gegenüber dem Anleger, aus denen sie, wie schon erwähnt, fließen.

---

[5] Hier kann die Grundregel von Art. 403 Abs. 2 OR zur Anwendung kommen, weil die Depotbanken den Auftrag zur «Aufbewahrung des gesamten Fondsvermögens» gemeinschaftlich übernehmen.

§ 46. Die Rechtsstellung des Anlegers

Weil jeder Anleger für sich, wenn auch mit einheitlichem Inhalt (gemäß Gesetz und Fondsreglement), einen Kollektivanlagevertrag abschließt, erwirbt er individuelle Rechte gegen den oder die Beauftragten, die Fondsleitung und die Depotbank. Diese Rechte kann er selbständig und frei ausüben; denn untereinander stehen die Anleger, obwohl ihre Einzelaufträge eine Kollektivanlage in ein und demselben Anlagefonds bezwecken, in keinerlei rechtlichen Beziehungen; insbesondere bilden sie keine rechtliche Gemeinschaft oder Gesellschaft, wie etwa bei einem Anlageklub oder einer Kapitalanlagegesellschaft[1].

I. Die vermögensrechtlichen Ansprüche

1. Mit seiner Einzahlung erwirbt der Anleger «Forderungen gegen die Fondsleitung auf Beteiligung am Vermögen und am Ertrag des Anlagefonds» (Art. 20 Abs. 1 AFG). In dieser Formulierung bringt das Gesetz klar zum Ausdruck, daß das Beteiligungsrecht des Anlegers weder ein körperschaftliches noch ein dingliches ist, sondern bloß ein obligatorisches Recht auf Auszahlung des ihm zukommenden Wertanteils an Ertrag und Vermögen des Anlagefonds. Der Anleger wird Gläubiger der Fondsleitung und diese seine Schuldnerin. Die Fondsleitung schuldet ihm jedoch nicht einen seiner Einzahlung entsprechenden festen Betrag und einen auf diesem berechneten Zins, wie zum Beispiel bei Obligationen, sondern eine veränderliche Summe, deren Höhe sich nach dem jeweiligen Wert des Fondsvermögens beziehungsweise nach dem Jahresertrag richtet.

Mit dieser Regelung hat der Gesetzgeber die früher angestrebte «Miteigentumslösung» für das Investmentsparen eindeutig zugunsten der reinen Treu-

---

[1] BGE 93 I, 1967, S. 654. – Es gibt demnach keine vom Gesetz anerkannte Anlegerversammlung, welcher irgendwelche Zuständigkeiten zugewiesen wären, wie etwa einer Gläubigerversammlung im Konkurs oder einer Gläubigergemeinschaft bei Anleihensobligationen.

Der Anlage- oder Investmentklub unterscheidet sich vom Anlagefonds dadurch, daß er ohne öffentliche Werbung von einer nur sehr kleinen Gruppe von Sparern (in der Regel nicht mehr als 20) in der Form einer einfachen Gesellschaft gebildet wird und seine Verwaltungsangelegenheiten selbst besorgt. Die Kapitalanlagegesellschaft (meist eine AG) dient der körperschaftlich organisierten Kollektivanlage; sie verwaltet ihr Vermögen ebenfalls selbst, und den Sparern, die als Aktionäre daran beteiligt sind, kommen Einfluß und Schutz des Aktienrechts zu.

handlösung auf der Grundlage eines fiduziarischen Rechtsverhältnisses aufgegeben. Die These vom Miteigentum der Anleger am Fondsvermögen wurde bewußt verworfen[2]. Man wollte nicht mehr bloße Etikette, rein «formales Eigentum», was nichts anderes als eine sinnlose Aushöhlung des sachenrechtlichen Eigentumsbegriffs bedeutete; denn «Miteigentum» ohne Sachherrschaft, ohne Verwaltungsbefugnis, ohne jedes Weisungsrecht und ohne Aufhebungsanspruch des «Miteigentümers» ist kein Eigentum im Rechtssinne. Dieses muß nach dem Wesen des Anlagefonds als ein (vom eigenen Vermögen der Fondsleitungsgesellschaft getrenntes) Sondervermögen, das ohne Rücksicht auf Einzelwünsche der vielen Anleger einheitlich (kollektiv) anzulegen und zu verwalten ist, der hiefür verantwortlichen Fondsleitung zustehen. Dies ist nun klargestellt: die Fondsleitung ist (fiduziarische) Eigentümerin der Sachen und dementsprechend auch Gläubigerin der Forderungen, die zum Anlagefonds gehören[3].

2. Als bloße Inhaber von Forderungsrechten besitzen die Anleger den ihnen früher zugedachten sachenrechtlichen, dem Eigentumsrecht entspringenden Aussonderungsanspruch in einer gegen die Fondsleitung gerichteten Zwangsvollstreckung nicht. Dafür gewährt ihnen jetzt das Gesetz zum Schutze ihrer Vermögensinteressen ein besonderes «Aussonderungsrecht», das dem allgemeinen auftragsrechtlichen Aussonderungs- und Subrogationsrecht (Art. 401 OR) nachgebildet ist und eine Fortentwicklung desselben darstellt[4]. Danach werden im Konkurs der Fondsleitung Sachen und Rechte, die zum Anlagefonds gehören, nicht zur Konkursmasse gezogen, sondern zugunsten der Anleger «ausgesondert»; vorbehalten bleiben

---

[2] Deshalb wurde in der Übergangsbestimmung des Art. 45 Abs. 4 AFV ausdrücklich angeordnet, Anteilscheine, die vor dem Inkrafttreten des Gesetzes gedruckt und als «Miteigentumszertifikate» oder «Miteigentumsanteile» bezeichnet wurden, mit dem Stempelaufdruck zu versehen: «Gemäß Gesetz über die Anlagefonds kein Miteigentum, sondern nur Forderungsrechte der Anleger.»

[3] Das Gesetz bringt das in Art. 12 Abs. 1 zum Ausdruck, wonach die Fondsleitung den Anlagefonds «in eigenem Namen» verwaltet; deutlicher noch in Art. 46 Abs. 3, der bestimmt, daß Forderungen und Eigentum von Gesetzes wegen auf die neue Fondsleitung übergehen, auf welche die Aufsichtsbehörde die Kollektivanlageverträge der von ihr abgesetzten Fondsleitung übertragen hat. Das wird in BGE 101 II, 1975, S. 154, E. 1 übersehen, wo aber dennoch – unter Hinweis auf BGE 99 I b, 1973, S. 438 – das fiduziarische Eigentum der Fondsleitung am Fondsvermögen als einem Sondervermögen anerkannt ist.

[4] Art. 401 OR erfaßt nur Forderungsrechte und Eigentum an beweglichen Sachen, die der Beauftragte in eigenem Namen für Rechnung des Auftraggebers erworben hat; überdies wurde die Bestimmung vom Bundesgericht bisher nur auf vorübergehende (kurzfristige) Rechtsbeziehungen angewendet: BGE 39 II, 1913, S. 814; 83 II, 1957, S. 530; 85 II, 1959, S. 101.

nur die bereits erwähnten reglementsmäßigen Entschädigungs- und Schuldbefreiungsansprüche der Fondsleitung, die aus den Mitteln des Anlagefonds zu erfüllen sind (Art. 17 Abs. 1 AFG). Dagegen können Schulden der Fondsleitung, die sich nicht aus dem Kollektivanlagevertrag ergeben, nicht mit Forderungen, die zum Anlagefonds gehören, verrechnet werden (Art. 17 Abs. 2 AFG).

Rechtlich betrachtet handelt es sich hier nicht um Aussonderung (bzw. Subrogation) von Vermögenswerten aus der Konkursmasse, sondern um Absonderung des Fondsvermögens vom Vermögen der Fondsleitung, bestehend in einer außerordentlichen Trennung dieser beiden rechtlich der Fondsleitung zustehenden Vermögensmassen nach ihrer wirtschaftlichen Zugehörigkeit, womit das wirtschaftlich den Anlegern zugehörige Treugut von Gesetzes wegen dem Zugriff der Konkursgläubiger der Fondsleitung entzogen wird[5]. Diese gegenüber der Aussonderung und Subrogation des Auftragsrechts erweiterte Absonderung, die das gesamte Fondsvermögen (gewöhnliche Forderungen, Wertpapiere und Liegenschaften) erfaßt, rechtfertigt sich deshalb, weil der Anlagefonds ein öffentlich bekanntes und getrennt verwaltetes Sondervermögen darstellt, so daß eine Benachteiligung der andern Gläubiger der Fondsleitung nicht zu befürchten ist. Beim Immobilien-Anlagefonds mit direktem, auf den Namen der Fondsleitung in das Grundbuch eingetragenem Grundeigentum wird die Absonderung durch Vormerkung der Zugehörigkeit des Grundstücks zum Anlagefonds sichergestellt (Art. 31 Abs. 2 AFG).

Die Absonderung zugunsten der Anleger hat der Sachwalter geltend zu machen, der bei Konkursausbruch über die Fondsleitung von der Aufsichtsbehörde eingesetzt wird (Art. 44 Abs. 2, Art. 45 Abs. 1 AFG und Art. 43 Abs. 1 AFV).

---

[5] Vgl. hiezu AMONN, WuR, S. 62/63; MÄTZENER, S. 103/104; ferner AMONN, Eigentumsverhältnisse, S. 53 ff. und S. 81, wo darauf hingewiesen wird, daß es beim Anlagefonds überhaupt schon am Gegenstand echter auftragsrechtlicher Aussonderung fehlt, weil der Anleger keinen Anspruch auf Herausgabe von Sachen und Rechten aus dem Fondsvermögen, sondern nur einen schuldrechtlichen Anspruch auf Auszahlung seines Liquidationsanteils besitzt. – Die Rechtslage ist vergleichbar mit derjenigen im Konkurs einer Lebensversicherungsgesellschaft hinsichtlich des Sicherungsfonds gemäß BG über die Sicherstellung von Ansprüchen aus Lebensversicherungen inländischer Lebensversicherungsgesellschaften, vom 25. Juni 1930, BS 10, S. 303. – Anderer Meinung HAEFLIGER, S. 90 f., der aber das Wesen der besonderen «Aussonderung» nach Art. 17 AFG offensichtlich verkennt.

II. Das Recht auf Anteilscheine

Die Vermögensrechte der Anleger müssen in Anteilscheinen, auch Zertifikate genannt, verurkundet werden. Dies sind Wertpapiere ohne Nennwert, die einen oder mehrere Anteile am Anlagefonds verbriefen und auf den Namen oder den Inhaber lauten; auf den Namen lautende Anteilscheine sind von Gesetzes wegen Orderpapiere, womit sie eine ähnliche Zirkulationsfähigkeit aufweisen wie die auf den Inhaber lautenden (Art. 20 Abs. 2 AFG). Die Anteilscheine enthalten das vollständige Fondsreglement und werden von der Fondsleitung sowie von einer allfälligen Depotbank unterzeichnet (Art. 20 Abs. 4 AFG).

Nach Barzahlung des Ausgabepreises hat der Anleger Anspruch darauf, daß ihm Anteilscheine ausgehändigt werden; vorher dürfen sie nicht ausgegeben werden (Art. 20 Abs. 3 AFG). Gesetz und Verordnung bestimmen genau, wie der Ausgabepreis zu berechnen ist, damit weder die bisherigen noch die neuen Anleger (jene durch einen zu niedrigen, diese durch einen zu hohen Ausgabepreis) geschädigt werden. Maßgebend dafür ist der Verkehrswert des Fondsvermögens im Zeitpunkt der Ausgabe, geteilt durch die Zahl der im Umlauf befindlichen Anteile (Art. 12 Abs. 3 AFG, Art. 11 AFV).

III. Das Recht auf Widerruf des Kollektivanlagevertrages

1. «Der Anleger kann den Kollektivanlagevertrag jederzeit widerrufen und gegen Rückgabe des Anteilscheines die Auszahlung seines Anteils am Anlagefonds in bar verlangen» (Art. 21 Abs. 1 AFG). Dieses dem auftragsrechtlichen Charakter des Vertrages entsprechende freie Widerrufsrecht ist für den Anleger, dem allein es hier zusteht[6], besonders wichtig: einmal wegen der Machtfülle der Fondsleitung, auf deren Fachkunde und Zuverlässigkeit sein Vertrauen beruht, zum andern, weil ihm jedes Weisungsrecht fehlt. Wenn ein Anleger das Vertrauen zur Fondsleitung verliert oder mit ihrer Geschäftspolitik nicht einverstanden ist, aber auch, wenn er bloß sein investiertes Kapital benötigt, soll er seine Beteiligung am Anlagefonds jederzeit ohne Schaden, das heißt zu ihrem wirklichen Barwert, zurückziehen können. Die Kotierung der Anteilscheine an der Börse bietet ihm hiefür keinen gleich-

---

[6] Abweichend von Art. 404 Abs. 1 OR, der auch den Beauftragten zu jederzeitigem Widerruf berechtigt. Hinsichtlich des Rechts der Fondsleitung und der Depotbank zur Vertragsauflösung siehe hinten § 47, II 1a und c.

wertigen Ersatz; denn der Börsenkurs entspricht nur selten dem innern Wert des Beteiligungspapieres, er kann darüber, vor allem aber auch darunter liegen.[7]

2. Der widerrufende Anleger hat Anspruch darauf, den sogenannten Rücknahmepreis seines Anteilscheines ausgezahlt zu erhalten. Dieser ist nach den gleichen Grundsätzen zu berechnen wie der Ausgabepreis, also vom Verkehrswert des Fondsvermögens ausgehend, hier jedoch auf den Zeitpunkt der Auszahlung; vom Inventarwert kommen die Nebenkosten für den Verkauf der Anlagen und die Rücknahmekommission der Fondsleitung in Abzug (Art. 21 Abs. 3 AFG, Art. 11 AFV)[8].

3. Das Recht, zu beliebiger Zeit den Vertrag zu widerrufen und Auszahlung des Anteils zu verlangen, gehört zu den wesentlichen Rechten des Anlegers. Es kann deshalb grundsätzlich nicht durch Vereinbarung abgeschwächt werden[9]. Sind die für die Auszahlung erforderlichen flüssigen Mittel im Fondsvermögen nicht vorhanden, so muß die Fondsleitung unverzüglich Anlagen des Anlagefonds verwerten (Art. 21 Abs. 2 AFG). Durch unzeitige und überstürzte Verwertung könnte unter Umständen allerdings das Interesse der übrigen Beteiligten an der Kollektivanlage beeinträchtigt werden. Die Gefahr einer Schädigung ist besonders groß bei einem Immobilien-Anlagefonds, weil Liegenschaften nicht so leicht zu versilbern sind wie Wertpapiere. Diesen auseinanderfallenden Interessen der widerrufenden und der verbleibenden Anleger suchte der Gesetzgeber durch angemessene Abweichungen von der Regel sofortiger Auszahlung Rechnung zu tragen.

Fehlen einem Immobilien-Anlagefonds die für die Auszahlung notwendigen Mittel, so muß die Fondsleitung Grundstücke nicht sofort verwerten, sondern erst innerhalb einer Frist von 12 Monaten; diese Frist kann im Fondsreglement verkürzt oder auf 24 Monate verlängert werden (Art. 36 AFG). Die Fondsleitung darf die sofortige Auszahlung sogar dann verweigern, wenn zwar flüssige Mittel vorhanden sind, diese aber in den nächsten

---

[7] Widerrufene Anteilscheine müssen selbstverständlich zu Lasten des Fondsvermögens zurückgenommen, dürfen also nicht etwa von der Fondsleitung oder der Depotbank auf eigene Rechnung erworben werden, es sei denn, der Anleger ziehe seinen Widerruf zurück: BGE 100 Ib, 1974, S. 213; 101 Ib, 1975, S. 422, E. 4.

[8] Der vom Anlagefonds zurücktretende Anleger soll nicht mehr und nicht weniger als seinen «fiktiven Liquidationsanteil» erhalten.

[9] Siehe vorn § 42, Anm. 4.

12 Monaten für die richtige Verwaltung des Anlagefonds (z. B. für Reparaturen, die Fortsetzung angefangener Bauten, die normalen Ertragsausschüttungen) benötigt werden (Art. 3 Abs. 2 AFV). Diese Ordnung gewährleistet das normale Funktionieren des Anlagefonds wenigstens für 12 Monate.

Außerdem ist die Aufsichtsbehörde bei allen Anlagefonds ermächtigt, der Fondsleitung einmal oder wiederholt einen befristeten Zahlungsaufschub zu gewähren, wenn außerordentliche Verhältnisse vorliegen; so etwa in einer wirtschaftlichen oder politischen Krise oder auch schon bei einer starken Häufung von Widerrufen (Art. 21 Abs. 4 AFG).

IV. Das Recht auf Auskunft

Als Auftraggeber hat der Anleger gegenüber der Fondsleitung Anspruch auf Auskunft und Abklärung. Mit Rücksicht auf die große Zahl von Anlegern bei einem Anlagefonds sowie auf das Gesamtinteresse aller Anleger an der Kollektivanlage muß aber das Recht des einzelnen Anlegers auf individuelle Auskunfterteilung eingeschränkt werden; es ginge nicht an, daß die Fondsleitung ihm nach allgemeinem Auftragsrecht (Art. 400 Abs. 1 OR) jederzeit auf Verlangen über ihre Geschäftsführung Rechenschaft abzulegen hätte.

Der Gesetzgeber hat deshalb die allgemeine Information der Anleger über alle wesentlichen Punkte vorweggenommen und in den jährlich zu veröffentlichenden Rechenschaftsbericht (Art. 15 AFG) verlegt[10]. Die jährliche Kontrolle des Anlagefonds und der Geschäftätigkeit der Fondsleitung durch eine unabhängige, von der Aufsichtsbehörde anerkannte Revisionsstelle (Art. 37 bis 39 AFG und Art. 31 bis 41 AFV) sowie die Überwachung durch die mit hinreichenden Kompetenzen ausgestattete Aufsichtsbehörde (Art. 40 bis 47 AFG und Art. 42 AFV) sollen die Zuverlässigkeit dieser alle wesentlichen Beurteilungsgrundlagen umfassenden Rechenschaftsablegung gewährleisten.

Auf diese Weise wird das Bedürfnis nach individueller Auskunft stark vermindert. Das Recht des einzelnen Anlegers auf zusätzliche Auskunft geht immerhin noch mindestens so weit wie dasjenige eines Aktionärs (Art. 697 OR). So kann der Anleger von der Fondsleitung jederzeit über einzelne Geschäftsvorfälle abgelaufener Jahre oder über die Grundlagen für die Berechnung des Ausgabe- oder Rücknahmepreises der Anteilscheine Auf-

---

[10] Siehe vorn § 44, I 3.

schluß verlangen, wenn er ein berechtigtes Interesse an genaueren Angaben hierüber glaubhaft macht (Art. 22 Abs. 1 AFG). Dieses Interesse muß durch die Sachlage (objektiv) gerechtfertigt und schutzwürdig sein[11]; es kann vor allem darin liegen, daß der Anleger selbst von Sachumständen Kenntnis erhalten hat, welche die veröffentlichten Angaben als lücken- oder zweifelhaft erscheinen lassen.

Unter keinen Umständen ist die Fondsleitung verpflichtet, dem Anleger Einblick in ihre Bücher und Korrespondenz zu gewähren (Art. 22 Abs. 2 AFG). Indessen kann der Richter verfügen, daß die Revisionsstelle, die dieses Einsichtsrecht besitzt (Art. 39 Abs. 1 und 3 AFG), den abklärungsbedürftigen Sachverhalt untersucht und dem Anleger darüber Bericht erstattet (Art. 22 Abs. 3 AFG). Dies wird namentlich in Frage kommen, wenn eine Auskunft der Fondsleitung unbestimmt und unbelegt bleibt. Die Revisionsstelle hat dabei nicht den Sachverhalt zu würdigen, sondern ihn bloß festzustellen. Ob und welche rechtliche Bedeutung ihm zukommt, hat der Richter in einem allfälligen Zivilprozeß zu beurteilen.

V. Das Recht auf Vertragserfüllung und auf Schadenersatz

Als Folge des individuell erteilten Auftrages und mangels einer rechtlichen Gemeinschaft der Anleger unter sich kann jeder von ihnen seine Ansprüche auf Erfüllung des Kollektivanlagevertrages sowie auf Schadenersatz frei ausüben und sie selbständig geltend machen. Jeder Anleger kann also allein auf Erfüllung, auf Schadenersatz oder auf beides zugleich klagen. Nur hinsichtlich des Klageanspruches selbst ist zu unterscheiden, ob ihm materiell das Individualinteresse des einzelnen Anlegers oder das Kollektivinteresse sämtlicher Anleger zugrunde liegt.

1. Erfüllungsansprüche gegenüber der Fondsleitung

Daß der Anleger Anspruch auf Erfüllung aller ihm persönlich zukommenden Leistungen hat – wie auf Ablieferung seines Anteils an Ertrag, Kapitalgewinn und Vermögen oder auf Auskunft –, ist selbstverständlich. Diese Leistungspflichten entspringen den «besonderen Rechtsbeziehungen»[12] zwischen ihm und der Fondsleitung.

---

[11] Daran fehlt es, wo Ansprüche des Anlegers schon verjährt sind.
[12] BOTSCHAFT, S. 297.

Darüber hinaus hat der Anleger aber ganz allgemein Anspruch darauf, daß die Fondsleitung ihre vertraglichen Pflichten erfülle. Er kann deshalb auch dann Erfüllung fordern, wenn der Zuspruch der Klage «Auswirkungen auf alle Anleger hat» (Art. 23 Abs. 1 AFG)[13]. Das trifft etwa zu, wenn er die Einzahlung widerrechtlich erzielter Zwischengewinne oder die Rückerstattung von zu Unrecht belasteten Kosten in den Anlagefonds verlangt («Einwerfungsansprüche» im Sinne von Art. 23 Abs. 2 AFG) oder die Wiederherstellung des vertragsmäßigen Zustandes oder die Unterlassung einer vertragswidrigen Anlage oder der Ausgabe von neuen Anteilscheinen zu einem die bisherigen Anleger schädigenden (untersetzten) Preis. In allen diesen Fällen betrifft die Erfüllungsklage die allgemeine Verwaltung des Anlagefonds, also die einheitliche Geschäftsbesorgung, eine unteilbare Leistung, oder sie geht unter Umständen auf Einzahlung einer Geldsumme in den Anlagefonds. Die Erfüllung der Leistungspflicht wirkt sich hier notwendigerweise zugunsten aller Anleger aus. Zwar wird der Anleger wegen des für ihn persönlich unverhältnismäßig hohen Streitwertes und entsprechend großen Kostenrisikos auf selbständige Klageerhebung verzichten oder versuchen müssen, sich mit anderen Anlegern zusammenzuschließen[14]. In Betracht käme aber wohl auch, daß die Aufsichtsbehörde den Anlegern einen Rechtsbeistand beistellen würde[15] oder anstelle der fehlbaren Fondsleitung einen Sachwalter einsetzt, wo die gesetzlichen Voraussetzungen dazu erfüllt sind (Art. 44 Abs. 1, Art. 45 Abs. 1 AFG und Art. 43 Abs. 2 AFV)[16].

2. Schadenersatzansprüche gegenüber der Fondsleitung

a) Auch Anspruch auf Schadenersatz steht dem einzelnen Anleger zu, sowohl wenn er in seinem Vermögen persönlich – unmittelbar – von einem Schaden betroffen wird (z. B. dadurch, daß ihm ein zu hoher Ausgabepreis oder ein zu niedriger Rücknahmepreis berechnet wurde), als auch, wenn im Fondsvermögen ein Schaden entstanden ist (z. B. zufolge Vornahme einer

---

[13] BOTSCHAFT, S. 297.

[14] Worauf u. a. GUHL/MERZ/KUMMER (S. 458) und KLEINER (S. 87) hinweisen; mit Recht gibt KLEINER zu bedenken, daß eine bloß anteilsmäßige Geltendmachung geldwerter Ansprüche den Anleger ebenso, dann aber wegen allzu geringen Streitwertes von der Klage abhalten würde.

[15] Wie es das Bundesgericht im Falle einer negativen Feststellungsklage der Fondsleitung gegen die Anleger zwecks Freigabe der von ihr auf Anordnung der Aufsichtsbehörde geleisteten Sicherheit (Art. 43 Abs. 2 AFG) als notwendig erkannte: BGE 96 I, 1970, S. 84.

[16] Siehe hinten § 47, II 1 d. – Wo hohe Beträge auf dem Spiele stehen, werden diese Voraussetzungen – grobe Verletzung gesetzlicher oder vertraglicher Pflichten – in der Regel gegeben sein.

pflichtwidrigen oder Unterlassung einer gebotenen Verwaltungshandlung), der den Anleger bloß mittelbar trifft. Daß der Anleger im Falle unmittelbarer Schädigung Ersatz des vollen, nur von ihm persönlich erlittenen Schadens fordern kann, ist so selbstverständlich wie sein Klagerecht auf Erfüllung aller ihm persönlich zukommenden Vertragsleistungen. Entsprechend der Klage auf Erfüllung einer Leistung zugunsten aller Anleger an den Anlagefonds muß der Anleger aber auch bei bloß mittelbarer Schädigung den unmittelbar im Anlagefonds entstandenen Schaden gesamthaft geltend machen können. Dies ergibt sich schon aus der Subsidiarität der Schadenersatzklage zur Erfüllungsklage, aber auch aus der Verwandtschaft der Schadenersatzansprüche mit den auf Einwerfung in den Anlagefonds gerichteten Ansprüchen[17].

b) In der Gesetzesbotschaft[18] wird allerdings erklärt, der Klageanspruch des Anlegers müsse im Falle mittelbarer Schädigung auf die Vergütung der auf seinen Anteil am Anlagefonds entfallenden Quote des Gesamtschadens beschränkt bleiben. Dies soll denn auch die Formulierung im Gesetz zum Ausdruck bringen, die Fondsleitung hafte dem Anleger bei Pflichtverletzung «für den ihm daraus entstehenden Schaden» (Art. 24 Abs. 1 AFG). Vermutlich deswegen wurde die «Klage mit Auswirkungen auf alle Anleger» nur in der Bestimmung über die Erfüllungsansprüche (Art. 23 Abs. 1 AFG) ausdrücklich erwähnt. Offensichtlich scheint dann aber die zwiespältige und widersprüchliche Regelung in der Vollziehungsverordnung, wonach der an Stelle der Fondsleitung eingesetzte Sachwalter zwar den Aussonderungsanspruch und die Einwerfungsansprüche für alle Anleger geltend zu machen hat, jedoch Haftungstatbestände bloß zuhanden der Anleger erforschen soll (Art. 43 Abs. 1 und 2 AFV), dieser Betrachtungsweise entsprungen zu sein. Die in der Botschaft vertretene Ansicht wird im wesentlichen damit begründet, daß der Anlagefonds auf einer Vielzahl von Einzelverträgen zwischen den Anlegern und der Fondsleitung beruht.

Gegen diese Auffassung ist indessen Verschiedenes einzuwenden. Einmal trägt sie dem Wesen des Anlagefonds als einer Institution zur Kollektivanlage nicht Rechnung, wie es das Gesetz selbst durchwegs tut. Sodann führt sie – völlig unzweckmäßig – zu unzähligen neben- und nacheinander laufenden Prozessen, deren Gegenstand sich einzig durch die von den Einzelklägern geltendgemachten Schadenanteile unterscheidet. Weil diese Anteile meist ver-

---

[17] METZGER (S. 118, 119 und 125) deutet auf die «fliessende Grenze» zwischen Einwerfungs- und Schadenersatzklage hin.
[18] BOTSCHAFT, S. 298.

hältnismäßig gering sein werden, macht die Aufsplitterung der Ansprüche aus mittelbarer Schädigung ihre Durchsetzung praktisch illusorisch. Infolgedessen würden eher die für den Schaden Verantwortlichen geschützt als die Anleger, was dem Zweck des Gesetzes eindeutig widerspricht; jene hätten nie zu befürchten, den gesamten Schaden ersetzen zu müssen. Will man der Sache wirklich gerecht werden, so muß man den Anspruch des Anlegers auf Leistung von Ersatz für den Gesamtschaden an den Anlagefonds anerkennen, gleich wie seinen Anspruch auf Erfüllung (bzw. Einwerfung) mit Wirkung für alle Anleger. Die Ausführungen in der Gesetzesbotschaft können dieser durch den Gesetzeszweck gebotenen Auslegung nicht im Wege stehen[19]. Bei allzu hohem Streitwert und entsprechendem Kostenrisiko wird sich auch hier (wie bei der Erfüllungsklage) eine Gruppe von Anlegern zu gemeinsamem Vorgehen zusammenfinden müssen[20], es sei denn die Aufsichtsbehörde ernenne für sie einen Rechtsbeistand[21] oder viel eher noch einen Sachwalter; denn dann dürfte wohl in der Regel die Schwere der Pflichtverletzung es rechtfertigen, die Fondsleitung durch einen Sachwalter zu ersetzen (Art. 44 Abs. 1 und 45 Abs. 1 AFG)[22].

c) Haftbar ist in erster Linie die Fondsleitung. Sie haftet dem Anleger sowohl für den Schaden aus eigener Pflichtverletzung als auch für Schaden, den eine von ihr beigezogene Hilfsperson (z. B. eine ausländische Hinter-

---

[19] Denn der Wortlaut der Botschaft (zum AFG) ist – wie in BGE 98 Ia, 1972, S. 12 erkannt wurde – «nicht unbedingt maßgeblich».

[20] Vgl. Anm. 14.

[21] Vgl. Anm. 15.

[22] Die Geltendmachung von Schadenersatzansprüchen gegenüber einer pflichtvergessenen Fondsleitung zugunsten aller Anleger muß nach dem Sinn und Zweck des Gesetzes eine der Hauptaufgaben des Sachwalters sein; sie ist deshalb im Wege vernünftiger Auslegung zu billigen. Nur wenn der Sachwalter den Gesamtschaden geltend zu machen hat, wird die in Art. 43 Abs. 2 AFG vorgesehene Sicherheitsleistung verständlich, zu der die Aufsichtsbehörde die Fondsleitung oder Depotbank verpflichten kann, wenn die Rechte der Anleger als gefährdet erscheinen. – Zur näheren Begründung dieser Auffassung sei verwiesen auf AMONN, WuR, S. 63f.; auch METZGER, S. 115ff. und 123, anerkennt durchaus die Notwendigkeit dieses Schrittes, begnügt sich aber anscheinend mit einem bloßen Postulat an den Gesetzgeber sowie mit der Empfehlung an den Sachwalter, vor allem die Einwerfungsklage zu benützen (S. 125); ähnlich MÄTZENER, S. 137ff., der zwar klar erkennt, daß die zu enge Umschreibung der Kompetenz des Sachwalters zur Verfolgung von Schadenersatzansprüchen in Art. 43 Abs. 2 AFV nicht gesetzeskonform ist, dennoch aber «de lege lata» dabei verharrt. – In diesem Sinne hat nun auch das Bundesgericht entschieden (BGE 100 III, 1974, S. 52ff.): Dem Sachwalter steht sowohl die Klageberechtigung als auch die Befugnis zur Prozeßführung zu. Ohne selbst Eigentümer zu sein, verlangt er als Kläger im eigenen Namen eine zum Fonds gehörende Leistung. Die Sonderregelung in Art. 43 Abs. 2 AFV entbehrt jeder Rechtfertigung und ist deshalb unbeachtlich.

legungsstelle) verursacht hat (Art. 24 Abs. 1 und 2 AFG). Beim Immobilien-Anlagefonds hat die Fondsleitung außerdem dafür einzustehen, daß die zum Anlagefonds gehörenden Immobiliengesellschaften die Vorschriften des Gesetzes und des Fondsreglements einhalten, soweit nicht zwingende Vorschriften des Gesellschafts- und Genossenschaftsrechts entgegenstehen (Art. 32 Abs. 1 AFG). Die Fondsleitung bleibt damit den Anlegern in gleicher Weise verpflichtet, wie wenn ihr die Liegenschaften des Anlagefonds unmittelbar zu Eigentum zustünden. Das ist namentlich von Bedeutung für die Zulässigkeit der Anlagen, die Berechnung und Verwendung des Reingewinns, die Belastung der Liegenschaften und die Erfüllung der Treuepflicht.

Wie jeder andere Vertragsschuldner kann sich die Fondsleitung von ihrer Haftpflicht befreien, indem sie nachweist, daß ihr an der Vertragsverletzung kein Verschulden zur Last fällt; hingegen ist jede vertragliche Beschränkung ihrer Haftung zum Schutze der Anleger ausgeschlossen (Art. 24 Abs. 1 und 3 AFG).

Außer der Fondsleitung haften dem Anleger auch die Personen, die mit der Revision, der Sachwalterschaft, der Schätzung von Vermögenswerten und der Liquidation betraut sind, für die getreue und sorgfältige Ausführung der ihnen übertragenen Aufgaben (Art. 25 Abs. 1 AFG). Schließlich kann noch jedermann schadenersatzpflichtig werden, der in der Werbung für einen Anlagefonds absichtlich oder fahrlässig unrichtige oder den gesetzlichen Erfordernissen nicht entsprechende Angaben macht oder verbreitet (Art. 25 Abs. 2 AFG); die Verwandtschaft mit der aktienrechtlichen Prospekthaftung (Art. 752 OR) ist unverkennbar.

Gleich wie im Aktienrecht (Art. 759 OR) haften mehrere Personen, die nach Vertrag oder Gesetz für denselben Schaden verantwortlich sind, solidarisch; der Rückgriff unter ihnen wird vom Richter nach seinem Ermessen bestimmt (Art. 26 Abs. 1 AFG).

d) Der Anspruch auf Schadenersatz verjährt nach 10 Jahren seit Eintritt des Schadens, jedenfalls innerhalb eines Jahres seit der Rückzahlung des Anteilscheines (Art. 26 Abs. 2 AFG).

3. Erfüllungs- und Schadenersatzansprüche gegenüber der Depotbank

Der Kollektivanlagevertrag gibt dem Anleger auch gegenüber der Depotbank Anspruch auf Erfüllung der von ihr übernommenen Pflichten und allenfalls auf Schadenersatz. Das Gesetz sagt über diese Ansprüche nichts Näheres aus, außer daß mehrere Depotbanken dem Anleger solidarisch haften (Art. 18 Abs. 4 AFG, 2. Satzhälfte). Das mag daraus zu erklären sein, daß es sich hauptsächlich um Ansprüche auf Leistung zugunsten aller Anleger handelt, deren Geltendmachung zu den Verwaltungspflichten der Fondsleitung gehört (Art. 12 Abs. 1 AFG). Der einzelne Anleger braucht sich folglich nur um diejenigen Leistungen selbst zu kümmern, die aus der Überwachungspflicht der Depotbank hervorgehen oder die ihm ihr gegenüber persönlich zustehen. Insoweit sind die für die Fondsleitung aufgestellten Bestimmungen sinngemäß auf die Depotbank anwendbar (Art. 18 Abs. 4 AFG, 1. Satzhälfte).

VI. Prozessuale Sonderrechte

Um dem Anleger die gerichtliche Geltendmachung seiner Ansprüche zu erleichtern, erlaubt ihm das Gesetz, die Fondsleitung und die Depotbank sowie alle andern verantwortlichen Personen gleichzeitig und am gleichen Ort zu belangen; er kann seine Zivilklage immer beim Richter am Sitz der Fondsleitung anbringen (Art. 27 Abs. 1 AFG).

Ferner garantiert das Gesetz dem Anleger die Beurteilung von Streitigkeiten aus dem Kollektivanlagevertrag durch die staatliche Justiz, indem es die Aufnahme von Schiedsgerichtsklauseln in die Fondsreglemente, wie sie vor seinem Erlaß üblich waren, ausschließt (Art. 27 Abs. 2 AFG). Der Anleger soll nicht im voraus unbedacht in einem Formularvertrag auf den ordentlichen Rechtsschutz verzichten. Den Vertragsparteien steht es jedoch frei, nach Eintritt eines Streitfalles die schiedsgerichtliche Erledigung zu vereinbaren.

§ 47. Die Beendigung des Kollektivanlagevertrages

Je nach dem Untergangsgrund wird der Kollektivanlagevertrag einzeln oder zusammen mit allen anderen Kollektivanlageverträgen ein und desselben Anlagefonds aufgelöst. Die Auflösungsgründe tragen den nicht immer gleichgerichteten Interessen der Vertragsparteien Rechnung, insbesondere denjenigen der Anleger.

I.

Zur Einzelauflösung eines Kollektivanlagevertrages führt ausschließlich dessen Widerruf[1] durch den Anleger. Dabei spielt es keine Rolle, ob der Anlagefonds nach dem Vertrag für eine bestimmte Dauer oder auf unbestimmte Zeit besteht. Dieses Widerrufsrecht auch der Fondsleitung einzuräumen – entsprechend der Regelung beim einfachen Auftrag (Art. 404 Abs. 1 OR) – bestand kein Anlaß, weil sie unabhängig von irgendwelchen Weisungen der Anleger allein nach den im Gesetz und im Fondsreglement festgesetzten Grundsätzen die Geschäfte des Anlagefonds selbständig führt[2]. Ihr kann es deshalb gleichgültig sein, wer als Anleger am einzelnen Kollektivanlagevertrag beteiligt ist.

Mit jeder Vertragsauflösung wird ein Teil des Anlagefonds in dem Sinne «aufgelöst», daß das Fondsvermögen um den Anteil des ausscheidenden Anlegers vermindert wird. Die Gesamtliquidation des Anlagefonds, mit der Folge, daß sämtliche Kollektivanlageverträge aufgelöst würden, kann der einzelne Anleger nicht herbeiführen. Er hätte daran auch kein anerkennenswertes Interesse; denn die Vorschriften über die Berechnung des Rücknahmepreises, auf dessen Auszahlung ihm der Widerruf seines Vertrages Anspruch gibt, bieten ihm hinreichend Gewähr, daß er seinen «fiktiven Liquidationsanteil» entsprechend dem tatsächlichen Wert des Fondsvermögens erhält. So ist sowohl seinem Interesse, sich vom Anlagefonds zurückzuziehen, als auch demjenigen der übrigen Anleger am Fortbestehen des Anlagefonds Genüge getan.

II.

Gleichzeitige Beendigung aller Kollektivanlageverträge bewirkt notwendigerweise die Auflösung des Anlagefonds selbst. Die Tatbestände, die zu einer solchen Gesamtauflösung führen, sind somit zugleich die Beendigungsgründe für sämtliche Einzelverträge, auf denen der Anlagefonds beruht. Sie berücksichtigen in einer den jeweiligen Gegebenheiten angemessenen Weise das Interesse, das jede Vertragspartei an der Gesamtauflösung haben kann, aber auch das Interesse der Gesamtheit der Anleger, den Anlagefonds weiterzuführen.

---

[1] Siehe vorn § 46, III.
[2] BGE 95 I, 1969, S. 590.

1. Die Auflösungsgründe

Der Anlagefonds kann zufolge Kündigung, von Gesetzes wegen, kraft
richterlicher Verfügung oder durch Beschluß der Aufsichtsbehörde aufgelöst werden.

a) Durch Kündigung können die Fondsleitung oder die Depotbank
einen Anlagefonds zur Auflösung bringen, der nach dem Fondsreglement
auf unbestimmte Zeit besteht; die Kündigung ist jederzeit auf sechs Monate
möglich, sofern das Fondsreglement nichts anderes anordnet (Art. 28 Abs. 1
lit. b AFG). Dieses kann eine kürzere oder längere Kündigungsfrist vorsehen,
den Anlagefonds (und mit ihm zugleich die Gesamtheit der ihm zugrundeliegenden Kollektivanlageverträge) erst nach Ablauf einer Mindestdauer als
kündbar erklären oder bestimmte Kündigungstermine festlegen. Die Kündigungsfrist darf natürlich nicht soweit gekürzt oder gar wegbedungen werden, daß es auf eine «fristlose Kündigung» hinausliefe. Damit erhielten die
Fondsleitung und die Depotbank das jederzeitige Widerrufsrecht gegenüber
allen Anlegern, das ihnen der Gesetzgeber schon dem einzelnen Anleger
gegenüber bewußt nicht einräumen wollte. Die Einhaltung einer gewissen
Frist bei der einseitigen Auflösung aller Kollektivanlageverträge durch Kündigung liegt nicht zuletzt im Interesse der Anleger. Fondsleitung und Depotbank sollen deshalb nur «auf Zeit» kündigen können.

Das selbständige Kündigungsrecht ist für die Depotbank ebenso wichtig
wie für die Fondsleitung. Zwar hätte sie die Möglichkeit, sich durch die
Übertragung ihrer Rechte und Pflichten auf eine andere Depotbank von ihrer
Aufgabe zu befreien (Art. 19 Abs. 1 AFG). Weil aber sehr häufig Gründung
und Erfolg eines Anlagefonds in erster Linie auf dem Vertrauen der Anleger
zur Depotbank beruhen, wird sie nicht ohne weiteres diesen Weg einschlagen können, selbst wenn die Fondsleitung den Anlagefonds weiterführen
würde. Vor allem dann, wenn die Depotbank nicht mehr das volle Vertrauen
zur Fondsleitung besitzt, wird sie, auch im Interesse der Anleger, den Anlagefonds durch Kündigung zur Auflösung bringen, statt sich einfach ihrer
weiteren Verantwortung zu entziehen.

b) Von Gesetzes wegen tritt jeder Anlagefonds durch Zeitablauf in
Auflösung, wenn er nach dem Fondsreglement nur auf eine bestimmte Dauer
errichtet ist (Art. 28 Abs. 1 lit. a AFG). Fondsleitung und Depotbank können
ihn nicht von sich aus vorher auflösen.

c) Dagegen kann ein befristeter Anlagefonds auf Antrag der Fondsleitung
oder der Depotbank durch Verfügung des Richters vorzeitig aufgelöst

werden, wenn wichtige Gründe dafür sprechen (Art. 28 Abs. 1 lit. a AFG).
Der wichtige Grund kann nur darin bestehen, daß sich die vorzeitige Auflösung im Interesse der Anleger aufdrängt. Darum muß der Richter gleich
vorgehen wie bei einer Änderung des Fondsreglementes und den Anlegern
durch Publikation des Auflösungsantrages Gelegenheit geben, ihre Einwendungen vorzubringen, sowie die Stellungnahme der Aufsichtsbehörde
einholen (Art. 10 AFG).

d) Schließlich wird jeder Anlagefonds, sei er befristet oder unbefristet,
durch Beschluß der Aufsichtsbehörde aufgelöst, wenn die Fondsleitung oder die Depotbank die Bewilligung zur Geschäftätigkeit verloren
hat und nicht eine neue Fondsleitung oder Depotbank eingesetzt wird (Art.
28 Abs. 1 lit. c AFG). Zum Verlust der Bewilligung kommt es, wenn die
Aufsichtsbehörde sie der Fondsleitung oder der Depotbank, welche die Voraussetzungen der Bewilligung nicht mehr erfüllt oder ihre gesetzlichen oder
vertraglichen Pflichten grob verletzt, entzieht oder wenn die Fondsleitung
oder die Depotbank in Konkurs fällt, womit die Bewilligung von Gesetzes
wegen erlischt[3]; mit dem Wegfall der Bewilligung verliert die Fondsleitung
jedes Verfügungsrecht über den Anlagefonds[4] (Art. 44 AFG). Die Aufsichtsbehörde ernennt für die geschäftsunfähige Fondsleitung oder Depotbank
einen Sachwalter, der ihr innerhalb eines Jahres entweder die Einsetzung
einer neuen Fondsleitung bzw. Depotbank oder die Auflösung des Anlagefonds zu beantragen hat (Art. 45 Abs. 1 und 2 AFG)[5]. Sind die Anleger an

---

[3] Anders als beim einfachen Auftrag (Art. 405 Abs. 1 OR) bewirkt also der Konkurs eines
der beiden Beauftragten noch keineswegs den Untergang der Kollektivanlageverträge und
damit die Auflösung des Anlagefonds; hierüber hat erst noch die Aufsichtsbehörde zu
befinden.

[4] Sie bleibt jedoch weiterhin Rechtsträgerin des Fondsvermögens – ähnlich wie der Ge-
meinschuldner im Konkurs und beim Nachlaßvertrag mit Vermögensabtretung nur das
Verfügungsrecht, nicht auch die Rechtsträgerschaft über sein Vermögen verliert (Art. 204
Abs. 1 und Art. 316a SchKG); BOTSCHAFT, S. 330.

[5] Der Sachwalter ist nicht etwa gesetzlicher Vertreter der Fondsleitung (bzw. der Depotbank) oder der Anleger (was beides zugleich METZGER, S. 152, für möglich hält), sondern
ein Hilfsorgan der Aufsichtsbehörde, ausgestattet mit den Kompetenzen eines amtlichen
Treuhänders der Anleger, deren Interessen allein er wahrzunehmen hat; er übt als kom-
missarischer Vermögensverwalter bzw. als Liquidator öffentliche Funktionen aus und handelt dabei aus eigenem Recht und selbständig wie ein Stundungssachwalter, ein Konkurs-
verwalter oder ein Willensvollstrecker. Diese Ansicht wurde auch in BGE 98 I a, 1972,
S. 12 gutgeheißen, unter Hinweis auf AMONN, WuR, S. 56/57, und METZGER, S. 154; gl. M.
auch MÄTZENER, S. 92 ff. – Demgegenüber hält HAEFLIGER, S. 93 ff., den Sachwalter für
den Rechtsnachfolger der ausfallenden Fondsleitung, der an ihre Stelle als privatrechtlich
Beauftragter der Anleger in die Kollektivanlageverträge eintritt und demzufolge auch
Eigentümer der Sachen im Fondsvermögen wird; vgl. aber die zutreffende Kritik dieser

der Fortführung des Anlagefonds erheblich interessiert und findet sich eine neue Fondsleitung bzw. Depotbank, so kann die Aufsichtsbehörde die Kollektivanlageverträge mit Rechten und Pflichten auf diese übertragen; wird die Fondsleitung ersetzt, so gehen deren fiduziarische Eigentümer- und Gläubigerrechte am Fondsvermögen von Gesetzes wegen auf die neue Fondsleitung über (Art. 46 Abs. 1 und 3 AFG). Andernfalls muß der Anlagefonds aufgelöst werden (Art. 46 Abs. 2 AFG)[6].

2. Das Auflösungsverfahren

Kündigung und Auflösung werden öffentlich bekanntgemacht (Art. 28 Abs. 2 AFG). Ihr Ziel ist die Liquidation des Anlagefonds: Sachen und Rechte seines Vermögensbestandes werden veräußert, und das Liquidationsergebnis wird gegen Rückgabe der Anteilscheine an die Anleger verteilt (Art. 30 AFG); eine Abfindung der Anleger in natura wäre unzulässig. Das alles ist in erster Linie Aufgabe der Fondsleitung als Schuldnerin der Anleger. Hat jedoch die Aufsichtsbehörde an Stelle der Fondsleitung einen Sachwalter eingesetzt, so liquidiert dieser kraft seiner Verfügungsbefugnis den Anlagefonds (Art. 46 Abs. 2 AFG)[7].

Sobald ein Auflösungsgrund eingetreten oder auch nur ein Entscheid über die Auflösung hängig ist, soll im Hinblick auf die bevorstehende Gesamtliquidation des Anlagefonds am Bestande der ausgegebenen Anteilscheine nichts mehr ändern. Selbstverständlich dürfen neue Anteilscheine nicht mehr ausgegeben werden; im Interesse der Gleichberechtigung der Anleger ist aber auch die Rücknahme von Anteilscheinen verboten (Art. 29 AFG). Das Widerrufsrecht des einzelnen Anlegers ist damit aufgehoben.

Auffassung bei MÄTZENER, S. 95, Anm. 20. – Die Einsetzung des Sachwalters ändert an den Kollektivanlageverträgen weiter nichts, als daß die geschäftsunfähige Fondsleitung von der weiteren Erfüllung der Ausführungsobligation entbunden wird.

[6] Nur in einem Sonderfall kann dann u. U. noch von der Auflösung abgesehen werden: wenn nämlich die geschäftsunfähig gewordene Depotbank ausschließlich auf dem Fondsreglement beruht (eine Depotbank für den betreffenden Anlagefonds also nicht nach Art. 5 Abs. 1 AFG erforderlich ist) und durch Änderung des Fondsreglementes auf den weiteren Beizug einer Depotbank verzichtet wird; vgl. hiezu AMONN, WuR, S. 68.

[7] Art. 43 Abs. 3 AFV ermächtigt die Aufsichtsbehörde, für diese amtliche Liquidation konkursrechtliche Vorschriften des SchKG und des Bankengesetzes «ganz oder teilweise» anwendbar zu erklären, was indessen weder sachgerecht noch gesetzmäßig ist; der Sachwalter hat das Fondsvermögen nicht anders zu liquidieren als ordentlicherweise die Fondsleitung. Vgl. hiezu: AMONN, WuR, S. 68 ff.; MÄTZENER, S. 123 ff.; teilweise a. M. METZGER, S. 129 ff.

Garantievertrag und Bürgschaft

GEORGES SCYBOZ

Das Manuskript wurde im Juli 1977 abgeschlossen.
Die Übersetzung besorgte
Dr. ROBERT MÜLLER, Bundesgerichtsschreiber, Lausanne.

Literatur zu Garantievertrag und Bürgschaft

Die hier angeführten Werke werden im folgenden nur mit dem Namen des Autors, nötigenfalls mit einem zusätzlichen Stichwort zitiert. Neben der Botschaft des Bundesrates vom 20. Dezember 1939 (BBl 1939 II, S. 927/28, nur in der französischen Ausgabe) enthalten mehrere angeführte Werke – darunter diejenigen von KLEINER, SCHÖNENBERGER (S. 1788 und 2080), BECK (S. VII–X) und GIOVANOLI (2. Aufl., S. 14 und 15) – ausführliche Literaturangaben.

Schweiz

ANDEREGG, C. Die Formerfordernisse im neuen Bürgschaftsrecht, Diss. Bern 1943.

BÄR, T. Zum Rechtsbegriff der Garantie, insbesondere im Bankgeschäft, Diss. Zürich 1963.

BECK, E. Das neue Bürgschaftsrecht, Kommentar, Zürich 1942.

BECKER, H. Berner Kommentar, Das Obligationenrecht, 1. Abteilung: Art. 1–183, Bern 1941; 2. Abteilung: Art. 184–551, Bern 1934.

BÉGUELIN, E. Vertrag zu Lasten eines Dritten (Garantievertrag), SJK Nr. 769, 1943.

BIASIO, A. DE. Der Übergang der Gläubigerrechte auf den Bürgen und dessen Regreßrechte, Diss. Bern 1944 (Abh. schweiz. R NF 211).

BREHM, R. L'assurance-cautionnement, Diss. Lausanne, Winterthur 1960.

CAVIN, P. La révision de la législation en matière de cautionnement, JdT 1938 I, S. 290 ff.
– Le nouveau droit du cautionnement, JdT 1942, S. 34 ff.
– La nature juridique des obligations du créancier dans le nouveau droit du cautionnement, ZSR 63, 1944, S. 280 ff.

CUÉNOD, A. La résiliation du cautionnement souscrit pour un temps déterminé qui garantit une dette dénonçable, SJZ 50, 1954, S. 206.

DESCHENAUX, H. Der Einleitungstitel, Schweizerisches Privatrecht, Bd. II, Basel/Stuttgart 1967, S. 1 ff. (franz. Originalfassung, Freiburg i. Ue. 1969).

DUFT, L. Die Zustimmung des Ehegatten als Gültigkeitserfordernis für die Bürgschaft, Diss. Freiburg i. Ue., Immensee 1943.

DUPERREX, E. Cautionnement et crédit, Sem. jud. 1942, S. 81 ff.

ENGEL, P. Traité des obligations en droit suisse, Neuenburg 1973.

FREY, H. Die Voraussetzungen der Bürgschaft unter dem Gesichtspunkt des Bürgenschutzes, insbes. im neuen schweizerischen Bürgschaftsrecht, Diss. Zürich 1943.

FUCHS, M. Zur Revision des Bürgschaftsrechtes, SJZ 33, 1937, S. 337.

GAUTSCHI, G. Berner Kommentar, Das Obligationenrecht, 2. Abteilung, 5. TBd.: Art. 407–424 OR; 6. TBd.: Art. 425–491 OR, 2. Aufl., Bern 1964 und 1962.

GEIGY-WERTHEMANN, C. Die rechtliche Bedeutung garantieähnlicher Erklärungen von herrschenden Unternehmen im Konzern, in: Festgabe zum Schweizerischen Juristentag 1973, S. 21–38.

GILLIÉRON, P. A. Les garanties personnelles en matière bancaire, 2. Aufl., Genf 1969.

GIOVANOLI, S. Ausgewählte Fragen aus der Revision des Schweizerischen Bürgschaftsrechtes, ZSR 60, 1941, S. 205 ff.

GIOVANOLI, S. Berner Kommentar, Bd. VI, Revidiertes Bürgschaftsrecht: Art. 492–512, Bern 1942. – Leider konnte die zweite Auflage des «Berner Kommentars» sozusagen nicht mehr berücksichtigt werden; sein von S. GIOVANOLI der Bürgschaft gewidmeter Teil erschien im Verlauf des ersten Halbjahres 1978, d.h. zur Zeit, wo wir die Abzüge unserer eigenen Abhandlung zum gegenwärtigen «Schweizerischen Privatrecht» korrigierten.

GUGGENHEIM, E. Der Garantievertrag, Diss. Zürich 1917.

GUHL, TH. Das neue Bürgschaftsrecht der Schweiz, Zürich 1942.

GUHL, TH./MERZ, H./KUMMER, M. Schweizerisches Obligationenrecht, 6. Aufl., Zürich 1972 (zit. GUHL/MERZ/KUMMER).

GUT, G. Die Wirkungen der Solidarbürgschaft im Verhältnis des Gläubigers zum Bürgen, Diss. Bern 1941.

HAASE, U. Der Schutz des Bürgen vor den Gefahren einer unüberlegten Bürgschaft in rechtspolitischer Sicht, ein Vergleich des deutschen mit dem schweizerischen Recht, Diss. Freiburg i. Br. 1971.

HÄUSLER, W. Die Haftung des Bürgen für den aus dem Dahinfallen des Vertrages entstehenden Schaden, Diss. Basel 1947.

HASLER, G. Die Schuldübernahme in der Theorie und im schweizerischen Recht, Diss. Zürich 1911.

HEGG, F. Die gewerblichen Bürgschaftsgenossenschaften in der Schweiz, Diss. Bern 1932.

HEMMELER, H. Die Gründe für den Untergang der Bürgschaft nach dem Schweizerischen Recht, Diss. Bern 1943, Aarau 1954.

HENRY, M. La révision de la législation en matière de cautionnement, ZSR 54, 1935, S. 145 ff.

HOMBERGER, M. Vom neuen Bürgschaftsrecht: Art. 501 Abs. 2 OR, SJZ 41, 1945, S. 4.

JÄGGI, P. Zürcher Kommentar, Obligationenrecht, TBd. V/1a: Vorbemerkungen vor Art. 1 OR, und Kommentar zu den Art. 1–17 OR, Zürich 1973.

KELLERHALS, O. Zur gesetzlichen Höchstdauer von Bürgschaften beim Bankgeschäft, Wirtschaft und Recht 1957, S. 237 ff.

KLEINER, B. Die Abgrenzung der Garantie von der Bürgschaft und anderen Vertragstypen, mit besonderer Berücksichtigung des Bankgarantiegeschäftes (Bankgarantie), Zürich 1972; die 2. Aufl., Zürich 1974, enthält einen Nachtrag von 2 Seiten.

– Die Zahlungspflicht der Bank bei Garantien und unwiderruflichen Akkreditiven, SJZ 1976, S. 353–356.

LERCH, E./TUASON, V. Die Bürgschaft im schweizerischen Recht, Zürich 1936.

MEYER-WEGENSTEIN, A. Die Mitbürgschaft, Diss. Zürich 1926.

MÜLLER, E. Die Solidarbürgschaft und die Reform des Bürgschaftsrechtes, SJZ 36, 1939/40, S. 277 ff.

NUSSBAUMER, L. Subrogation et recours de la caution lors du concours des sûretés personnelles et réelles dans le nouveau droit de cautionnement, Diss. Freiburg i. Ue., Lausanne 1945.

ODERMATT, H. Die Stellung des Bürgen nach dem Bundesgesetz über die Entschuldung landwirtschaftlicher Heimwesen, Diss. Bern 1942.

OFTINGER, K. Über Bankgarantien, SJZ 38, 1941, S. 58 ff.

OSER, H./SCHÖNENBERGER, W. Zürcher Kommentar, Obligationenrecht, 1. HbBd.:

Art. 1–183, Zürich 1929; 2. HbBd.: Art. 184–418, Zürich 1936; 3. HbBd.: Art. 419–529, Zürich 1945 (zit. OSER/SCHÖNENBERGER).

OSSIPOW, P. Promesse de porte-fort et contrat de garantie, Etude de droit positif et de droit comparé, Lausanne 1944.

PRIESTER, H. Der Garantievertrag, Diss. Bern 1935.

RAAFLAUB, A. Die Solidarbürgschaft im Bankverkehr, Diss. Bern 1932.

REICHEL, H. Die Schuldmitübernahme (Kumulative Schuldübernahme), München 1909.

– Zum Bürgschaftsrecht, SJZ 10, 1913/14, S. 47 ff.; 11, 1914/15, S. 104/05; 13, 1916/17, S. 211/12; 17, 1920/21, S. 177 ff.; 18, 1921/22, S. 265 ff.; 20, 1923/24, S. 173 ff.; 29, 1932/33, S. 3 ff.

REICHWEIN, H. Bankgarantie und Bürgschaft, SJZ 52, 1956, S. 374 ff.

REUSSER, S. Der Garantievertrag und sein Verhältnis zur Bürgschaft und anderen Sicherungsverträgen nach schweizerischem Recht, Diss. Bern 1938.

ROSSEL, V. Le porte-fort en droit fédéral (art. 127 CO), JdT 1893, S. 465 ff.

RUTZ, A. Die Dividendengarantie, Diss. Freiburg i. Ue., Chur 1928.

SCHÖNENBERGER, W. Zürcher Kommentar, Obligationenrecht, TBd. V/1a: Allgemeine Einleitung, einschließlich Internationales Privatrecht, Zürich 1973.

SCHULTHESS, F. Die Verpflichtung des Bürgen nach schweizerischem Recht, ZSR 44, 1925, S. 63–119.

SPIRO, K. Die Begrenzung privater Rechte durch Verjährungs-, Verwirkungs- und Fatalfristen; Bd. I: Die Verjährung der Forderungen, §§ 1–365; Bd. II: Andere Fristen und Rechte, §§ 366–543, Bern 1975.

STAUFFER, W. Die Revision des Bürgschaftsrechtes, ZSR 54, 1935, S. 1a ff.

STEINER, E. Die Bürgschaften der mit der Geschäftsführung einer AG betrauten Personen, Schweiz. AG 17, 1944/45, S. 12.

STOOSS, A. Der Anspruch des Bürgen auf Diligenz des Gläubigers nach schweizerischem OR, insbesondere nach Art. 508 (neu Art. 509), ZBJV 47, 1911, S. 473, 529.

THALMANN, A. Das Wesen der Bürgschaft des schweizerischen Obligationenrechtes, Diss. Bern 1920.

TOBLER, H. Der Schutz des Bürgen gegenüber dem Gläubiger nach dem schweizerischen Obligationenrecht, Diss. Bern 1926.

TUHR, A. VON. Zum Regreß des Bürgen, ZSR 42, 1923, S. 101 ff.

– Bemerkungen zum Bürgschaftsrecht, SJZ 19, 1922/23, S. 225 ff., 245 ff.

TUHR, A. VON/SIEGWART, A. Allgemeiner Teil des schweizerischen Obligationenrechts, 2. Aufl., Zürich 1942/44. Übersetzung der ersten Auflage ins Französische durch E. THILO/M. DE TORRENTÉ, Lausanne 1929/31. Auf Grund der Ausgabe von A. SIEGWART neu bearbeitete 3. Aufl.: Bd. I von H. PETER, Bd. II von A. ESCHER, Zürich 1974.

UMAR, B. Une «Exception de la discussion» n'existe pas en droit Turco-Suisse, SJZ 70, 1974, S. 81 ff.

WAVRE, A. Le Porte-Fort en Droit Fédéral, Diss. Bern 1898.

WEGELIN, A. Der Schutz des Bürgen gegen Betreibung durch Leistung von Realsicherheit, Diss. Bern 1943.

Frankreich

AUBRY et RAU, Droit civil français, 7. Aufl., herausgegeben unter der Leitung von P. ESMEIN/A. PONSARD, tome VI, von A. PONSARD/N. DEJEAN DE LA BATTE, Paris 1975.

COLIN, A./CAPITANT, H. Traité de droit civil, überarbeitet von L. JULLIOT DE LA MORANDIÈRE, tome II, Paris 1959.

MARTY, G./RAYNAUD, P. Droit civil, tome II, premier volume: Les obligations, Paris 1961; tome III, premier volume: Les sûretés – La publicité foncière, Paris 1971.

MAZEAUD, H./L. et J. Leçons de droit civil, tome II, premier volume: Obligations, Théorie générale, 5. Aufl., Paris 1973; tome III, 4. Aufl., von M. DE JUGLARD, premier volume: Sûretés – Publicité foncière, Paris 1974.

RIPERT, G./BOULANGER, J. Traité de droit civil, tome III, Paris 1957.

WATTIEZ, J.-P. Le cautionnement bancaire, Paris 1964.

Deutschland

CAEMMERER, E. VON. Bankgarantien im Außenhandel, in: Festschrift für Otto Riese, Karlsruhe 1964.

ESSER, J. Schuldrecht, Band II, Besonderer Teil, 4. Aufl., Karlsruhe 1971.

FLUME, W. Studien zur Akzessorietät der römischen Bürgschaftsstipulationen, Weimar 1932.

LARENZ, K. Lehrbuch des Schuldrechts, Zweiter Band, Besonderer Teil, 7. Aufl., München/Berlin 1965.

STAMMLER, R. Der Garantievertrag, Archiv für die civilistische Praxis, Bd. 69, 1886, S. 1 ff.

STAUDINGER, J. Kommentar zum Bürgerlichen Gesetzbuch, Achtzehnter Titel: Die Bürgschaft, von F. BRÄNDLE, 11. Aufl., Berlin 1959.

WACKE, A. Grundlagen des Schweizerischen Bürgschaftsrechts in vergleichender Sicht, Archiv für die civilistische Praxis, 1978.

Die Materialien zur Revision des Titels des Obligationenrechts betreffend die Bürgschaft vom Jahre 1941 sind insbesondere aufgeführt im Werk von BECK (S. XI) und im Zürcher Kommentar (S. 1787 und 1792–94). Das wesentliche davon bilden der Bericht und der Vorentwurf (I) der eidgenössischen Justizabteilung vom Juni 1937, der Vorentwurf (II) vom 11. März 1939 und die Botschaft des Bundesrates an die Bundesversammlung vom 20. Dezember 1939 (BBl 1939 II, S. 841 ff.).

Erstes Kapitel

Die persönlichen Garantien

Einleitung: Die Garantie als Gegenstand und Wirkung eines Vertrages

1. Risiko und Garantie

Sowohl der Garant (Art. 111 OR) wie der Bürge (Art. 492 OR) leisten eine Garantie. Die vertragliche Übernahme einer Garantie setzt das Bestehen eines Risikos voraus. Das aleatorische Moment besteht in der Möglichkeit des Eintritts eines befürchteten, nachteiligen – oder des Ausbleibens eines erwarteten, vorteilhaften – ungewissen Ereignisses. Grundsätzlich genügt eine subjektive Ungewißheit im Zeitpunkt des Vertragsabschlusses. Der Eintritt der Gefahr muß sich auf das Vermögen auswirken. Das Risiko kann vom Bedrohten selbst geschaffen werden; so kommt eines der geläufigsten Risiken beim Kreditgeschäft vor wegen der Gefahr, daß die eine Vertragspartei im Zeitraum, der zwischen der Fälligkeit der beidseitigen Verpflichtungen liegt, zahlungsunfähig wird. Häufig entsteht die Gefahr jedoch ohne Beteiligung des Bedrohten. Schließlich nimmt oft ein Dritter die nachteiligen Folgen des Eintritts des ungewissen Ereignisses auf sich, indem er seinem Vertragspartner für diesen Fall eine eigene Leistung verspricht, deren Inhalt je nach den Umständen verschieden sein kann.

2. Die Vereinbarungen mit einer Garantie als Gegenstand

Eine Garantie wird vertraglich nur übernommen, wenn der Promittent nicht nur eine Auskunft erteilen, beraten, empfehlen, eine Hoffnung ausdrücken oder wecken oder gar ermuntern will, sondern wenn er sich verpflichten will, seine eigene Leistung oder diejenige eines Dritten auf irgendeine Weise wirksam sicherzustellen. Das ist nicht der Fall bei den guten Diensten, das heißt beim Auftrag, sich um die Leistung eines Dritten zu bemühen. Dabei soll nicht der Eintritt eines Erfolgs gewährleistet werden, sondern nur eine dahingehende Tätigkeit (obligation de moyens, non de résultat), und das Versprechen bezieht sich nur auf das eigene Verhalten, nicht dasjenige eines Dritten. Dieses Versprechen ist gehalten, auch wenn die Bemühungen umsonst waren, und der Beauftragte haftet nur für die sorgfältige Ausführung des ihm übertragenen Geschäftes (Art. 398 OR). Ebensowenig ist eine Garantie – es sei denn in einem zu weiten Sinne – das bedingte Versprechen, eine Schenkung zu machen oder, allgemeiner, eine Leistung, und zwar auch die eines Dritten[1], zu erbringen für den Fall, daß der Dritte sich nicht in einer bestimmten Weise verhalten wird. Auch hier wird zwar eine eigene Leistung versprochen; diese ist aber von einer Bedingung abhängig. Bei der Garantie im eigentlichen Sinne (wo es übrigens in der Regel am *animus donandi* fehlt) ist dagegen das ungewisse Ereignis selbst der Rechtsgrund der Verpflichtung, die eben in der unmittelbaren Gefahrübernahme besteht[2], obwohl auch hier die Vereinbarung vom Eintritt einer (anderen) Bedingung oder vom Ablauf einer Frist abhängig gemacht werden kann.

Wegen der Autonomie, die das Gesetz den Parteien einräumt, sind die Vereinbarungen, die eine Garantie zum Gegenstand haben, zahlreich und vielfältig. Hiezu kommen diejenigen Abreden, die nur gelegentlich diese Funktion erfüllen. Die gängige Terminologie ist unsicher und erlaubt für sich allein oft nicht, die Rechtsnatur dieser Vereinbarungen zu bestimmen. Der Inhalt der Leistung, die als Garantie dienen soll, ist verschiedenartig: Lieferung der geschuldeten Sache, Ersatzleistung an Stelle der Erfüllung, Schadenersatz, selten andere Leistungen. Endlich kann die Garantie Hauptleistung eines Vertrages sein, der allerdings mit einem andern Vertrag verbunden sein kann, oder bloße Nebenabrede eines Hauptvertrages.

Angesichts der **Tragweite** gewisser Risiken sind die Geschäftsleute schon früh darauf gekommen, die Vertragsabwicklung zu organisieren. Zunächst greift die Praxis häufig zum Vertrag mit vorgeformtem Inhalt (Formularvertrag), der auf Grund von vereinheitlichten Allgemeinen Geschäftsbedingungen abgeschlossen wird. So gebrauchen zum Beispiel die Banken als Gläubigerinnen Formulare für die Solidarbürgschaft und eliminieren auf diese Weise die einfache Bürgschaft und, so weit wie möglich, die Verteidigungsmittel des Bürgen. Sodann hat die geschäftsmäßige Risikoverteilung spezifische Tätigkeitsbereiche: die Versicherung, insbesondere die Kredit- und die Kautionsversicherung, sowie die Bürgschaftsgenossenschaften.

---

[1] Bei der privaten Kompensation von Zahlungen im Außenhandel dient das dem Gläubiger eines Dritten abgegebene Versprechen, die Leistung dieses Dritten zu erbringen, der Erfüllung selbst und hat nicht zum Zweck, sie zu garantieren; vgl. GUHL/MERZ/KUMMER, S. 252.

[2] Es wird versprochen daß, nicht wenn nicht; OSER/SCHÖNENBERGER, N. 4 zu Art. 111 OR. Demgemäß verspricht der Garant die Leistung eines Dritten, nicht die eigene Leistung unter einer Bedingung. Vgl. auch REUSSER, S. 63, der die Argumentation von STAMMLER wiedergibt.

§ 48. Der Garantievertrag

I. Zur Typologie

Im Abschnitt, der mit «Beziehungen zu dritten Personen» betitelt ist, handelt das Obligationenrecht vom «Vertrag zu Lasten eines Dritten» beziehungsweise vom «porte-fort»[3]. Gemäß der allgemeinen Bestimmung des Art. 111 OR ist derjenige, der einem andern die Leistung eines Dritten verspricht, wenn die Leistung nicht erfolgt, zum Ersatz des hieraus entstandenen Schadens verpflichtet («celui qui promet à autrui le fait d'un tiers, est tenu à des dommages-intérêts pour cause d'inexécution de la part de ce tiers»). Das Marginale und die gesetzliche Definition, die in den beiden Texten nicht übereinstimmen, lassen sich durch den Ursprung der Bestimmung und durch ihre systematische Stellung im Gesetz erklären; hinter ihnen verbirgt sich eine komplexe Wirklichkeit.

a) In einem weiten Sinne verspricht der Garant seinem Vertragspartner (dem Promissar, der dadurch sein Gläubiger wird) mit sofortiger Wirkung, aber nur für den Fall des Eintritts beziehungsweise Ausbleibens eines bestimmten, ungewissen (erwünschten oder befürchteten) Ereignisses, das für diesen ein vermögenswertes Interesse darstellt, eine selbständige Leistung, die sich nach diesem Interesse bemißt. Dabei handelt es sich nur um ein Überbleibsel, eine Untergruppe innerhalb des sehr weiten Begriffes der mittelalterlichen «promissio indemnitatis», von dem sich inzwischen verschiedene Tatbestände abgespalten haben, die infolge ihrer Besonderheiten in den heutigen Rechten speziell geregelt werden[4]. Die Garantie ist hier kein Akzessorium zu einer Schuld, sei es des Garanten oder eines Dritten; ihre Gegenleistung bemißt sich, sofern überhaupt eine solche vereinbart wird, nicht nach den Grundsätzen der Risikoverteilung, wie bei der Versicherung; sie ist weder Anweisung noch Auftrag (wie der Kreditauftrag), noch kumulative Schuldübernahme und noch weniger bloße Nebenabrede eines andern Vertrages.

So verstanden umfaßt die Garantie zwei Erscheinungsformen. Bei der ersten (der reinen Garantie) steht das ungewisse Ereignis nicht in Beziehung

---

[3] Der Begriff hat eine doppelte Bedeutung. Er bezeichnete anfänglich nur den Garanten, also denjenigen, «qui se porte fort». Heute umfaßt er auch das Garantieversprechen selbst (JdT 1955, S. 319 und P. ROBERT, Dictionnaire alphabétique et analogique de la langue française, Paris 1970).

[4] Diese typologischen Überlegungen wurden neulich hervorgehoben durch KLEINER (vgl. S. 14, 18, 27–31, 111/12, 119–121, 123–125).

zu einer bestimmten Schuld. Die Dritten, mit denen der Promissar allenfalls
in Verbindung steht, schulden ihm nichts. In diesem Sinne kann sich jemand
(häufig eine Bank, gelegentlich ein Gemeinwesen) verpflichten, einen Verlust
zu decken oder für den günstigen Ausgang eines Geschäftes beziehungsweise
den Gewinn eines Unternehmens, insbesondere für die Ausschüttung einer
Dividende, einzustehen. In der Regel beabsichtigt der Garant damit, den
Promissar zu einem bestimmten Verhalten zu veranlassen oder den Erfolg
einer seiner Veranstaltungen zu fördern.

Bei der heute häufigeren zweiten Form (der bürgschaftsähnlichen Garantie)
besteht hinsichtlich des Gegenstandes der Garantie eine Analogie mit der
Bürgschaft. Dadurch entsteht die Schwierigkeit, die beiden Geschäfte voneinander abzugrenzen. Bei der bürgschaftsähnlichen Garantie erwartet der
Promissar von einer bestimmten Person eine Leistung, die ihm geschuldet ist. Wesentlich ist somit in diesem Fall, daß die Möglichkeit des Eintritts eines Schadens vom Verhalten eines Dritten abhängt, der Schuldner
des Promissars ist. Wie die Bürgschaft bezieht sich diese Art der Garantie
auf eine individualisierte Leistung; aber ihr Gegenstand ist die Erfüllung als
erhoffter Erfolg, mag die Leistung geschuldet und erzwingbar sein oder nicht.
Demgegenüber haftet der Bürge nur unter dieser doppelten Voraussetzung,
das heißt akzessorisch.

b) Die Systematik des Gesetzes hat zu Kontroversen geführt, die sich,
abgesehen von den Problemen der Terminologie, vor allem auf die Rechtsnatur und die Tragweite des in Art. 111 OR geregelten Rechtsgeschäftes beziehen. Liegt ein eigentlicher Vertrag vor – dessen Regelung in den Besonderen Teil des Gesetzes gehörte –, ein bloßes Vertragselement oder ein
Rahmen, in welchem verschiedene Vertragstypen untergebracht werden können, so daß die Aufnahme in den Allgemeinen Teil gerechtfertigt wäre?

Anfänglich – in Frankreich war dies in der Praxis während langer Zeit das
Hauptanwendungsgebiet – wurde die Garantie vor allem verwendet für den
Fall, wo es unmöglich ist, von einem Dritten, insbesondere wegen Abwesenheit und vor allem wegen Handlungsunfähigkeit, eine gültige Ver-
pflichtungserklärung zu erhalten. So kann man im Namen eines Minderjäh-
rigen, Bevormundeten oder Abwesenden einen Vertrag abschließen und für
dessen Genehmigung einstehen. Ebenso kann man für die Zustimmung einer
Behörde einstehen. Fehlt es an einem solchen Versprechen und wird der
Vertrag nicht genehmigt, so haftet im schweizerischen Recht der vollmacht-
lose Stellvertreter unter den Voraussetzungen von Art. 39 OR.

Da aber Art. 111 OR von Lehre und Rechtsprechung sehr ausdehnend
interpretiert wird, was übrigens seine Stellung im Allgemeinen Teil nahelegt,

kann das in dieser Bestimmung geregelte Versprechen nicht nur dazu dienen, den Abschluß oder die Genehmigung eines Vertrages zu garantieren, sondern gemäß dem ausschlaggebenden französischen Gesetzestext jedes Verhalten (fait) eines Dritten, insbesondere jede Leistung, sei sie geschuldet oder nicht. Ist die Leistung geschuldet, so entspricht die Sicherheit der Bürgschaft. Art. 492 Abs. 3 OR erklärt ausnahmsweise die Grundsätze des Bürgschaftsrechts für anwendbar, wenn jemand sich verpflichtet, für eine verjährte Schuld oder für die Schuld aus einem wegen Irrtums oder Handlungsunfähigkeit für den Schuldner unverbindlichen Vertrag einzustehen, wenn er bei der Eingehung seiner Verpflichtung den Mangel gekannt hat. Dagegen sehen wir keinen ernsthaften Grund, die in Art. 111 OR, der übrigens dem dispositiven Recht angehört, direkt geregelten Garantien anders zu behandeln als jene, die sich nicht auf das Verhalten eines bestimmten Dritten beziehen (die restlichen Fälle der reinen Garantie).

Die Garantieverträge bilden somit einen besondern Vertragstyp, der allerdings teilweise – jedoch im Ganzen genommen zu Unrecht – im Allgemeinen Teil des Obligationenrechts geregelt wird[5]. Der Inhalt der Leistung des Garanten besteht von Anfang an im Ersatz eines Schadens. Die Verpflichtung des Garanten gehört somit neben derjenigen des Schadensversicherers zu den Ersatzpflichten, die allein vertraglich genannt zu werden verdienen[6]. Das Anwendungsgebiet des Garantievertrags beschränkte sich während langer Zeit auf gewisse traditionelle Fälle, welche die Autoren, die sich kaum von der grundlegenden Abhandlung STAMMLERS entfernten, ständig wiederkauten. Vor allem seit dem Zweiten Weltkrieg haben es die Banken beträchtlich ausgedehnt, allerdings ohne sich einer Terminologie zu bedienen, die in allen Fällen eine sichere und einfache Unterscheidung zur Bürgschaft erlauben würde.

II. Der Garantievertrag im engern Sinne: Der Vertrag zu Lasten eines Dritten (porte-fort; Art. 111 OR)

1. Begriff

Mit dem Garantievertrag verspricht der Garant (Promittent, porte-fort) dem Promissar die «Leistung» (le fait) eines Dritten; er verpflichtet sich unmittelbar, aber nur für den Fall der Nichterfüllung, persönlich und in einer selbständigen Abrede, den Vertragspartner, der demnach sein Gläubiger

---

[5] VON TUHR/ESCHER, S. 236. Anderer Meinung REUSSER, S. 107/08 und 111 (zu Art. 111 OR).
[6] P. JÄGGI, Zum Begriff der vertraglichen Schadenersatzforderung, in: Festgabe für Wilhelm Schönenberger, Freiburg i. Ue. 1968, S. 181 ff.

wird, zu entschädigen, wenn der Dritte sich nicht so verhält, wie der Garant es versprochen hat.

Abgesehen vom Fall der direkten Stellvertretung (und hier auf Grund der Ermächtigung des Vertreters oder der Genehmigung durch den Vertretenen) erzeugen die Verträge direkte Rechtswirkungen nur zwischen den Vertragsparteien[7]. Einerseits räumen sie Dritten keine Rechte ein, unter Vorbehalt der Subrogation und vor allem des Vertrags zugunsten Dritter (Art. 112 OR). Anderseits können sie Dritte niemals verpflichten, abgesehen vom Sonderfall der Gesamtarbeitsverträge, deren Geltungsbereich ausgedehnt worden ist (BG vom 28. September 1956). Bei Fehlen einer Ermächtigung kann man sich im eigenen Namen nur für sich selbst verpflichten. Von diesem Grundsatz macht der Vertrag «zu Lasten eines Dritten» keine Ausnahme; er bildet vielmehr einen Anwendungsfall davon, dies trotz der Fassung von Art. 1119 und 1120 des französischen Code civil[8]. Es handelt sich dabei nicht um das Versprechen für einen andern, sondern der «Leistung» eines andern, das heißt um eine Verpflichtung, die der Garant im eigenen Namen und auf eigene Rechnung auf sich nimmt, ohne Wirkung auf den Dritten[9], der dadurch nicht Schuldner wird. Und aus diesem Grunde, der ihn erst zur Garantie macht, gehört der Vertrag auch in den Besonderen Teil des Gesetzes, der den einzelnen Vertragsverhältnissen gewidmet ist.

Der Garant verspricht nicht eine eigene Leistung, sondern ein bestimmtes Verhalten eines Dritten. Gewöhnlich nimmt er sich zwar vor, den Dritten dazu zu veranlassen, und er erwartet auch vom Promissar, daß er sich in bestimmter Weise verhält[10]. Im Falle des Versagens des Dritten ist der Garant jedoch nur zur Garantie verpflichtet, das heißt, er hat einzig den Schaden zu ersetzen, der dem Interesse des Promissars an der Erfüllung beziehungsweise am erwarteten Erfolg entspricht. Der Inhalt seiner Verpflichtung ist nicht das versprochene Verhalten, und er verspricht nicht, es herbeizuführen.

Das Versprechen des Garanten ist als solches nicht bedingt. Es kann mit andern Verpflichtungen in einem Vertrag kombiniert werden und bildet dann

---

[7] Art. 1165 CCfr.

[8] «On ne peut s'engager… que pour soi-même. Néanmoins on peut se porter fort pour un tiers…»

[9] Entgegen der Überschrift zum Dritten Abschnitt des Titels des Gesetzes über die Wirkungen der Obligationen und dem Marginale zu Art. 111 OR im deutschen Text, das einzig deswegen gewählt wurde, um zu jenem von Art. 112 OR einen Gegensatz zu bilden (Vertrag «zu Lasten eines Dritten» an Stelle von «auf Leistung durch Dritte» oder «über die Leistung eines Dritten»). BGE 25 II, 1899, S. 853. Als Vorbild für die Vereinigung von Garantievertrag und Vertrag zugunsten Dritter diente das französische Recht.

[10] Für die Autoren in der Tradition STAMMLERS grenzt diese Erwartung an eine Ermunterung, die zum notwendigen und immer vorhandenen Zweck des Garantievertrages wird.

eine seiner Klauseln (so z. B. der Verkauf von Aktien mit Dividendengarantie)[11]. Der Garantievertrag weist manchmal Elemente der Zweiseitigkeit auf, wenn der Promissar eine Gegenleistung verspricht (z. B. eine Bankprovision). Diese kann aber nicht so wichtig sein, daß sich das Interesse des Garanten an ihrer Erlangung erschöpfen und ihn von jedem Risiko befreien würde. Unerheblich ist dagegen, ob der Promissar zur Rückerstattung in besseren Zeiten verpflichtet ist; das Risiko bleibt.

Da Art. 111 OR dispositiven Rechts ist[12], können die Parteien die gesetzlichen Voraussetzungen und Wirkungen des Garantievertrages modifizieren, solange die Natur des Vertrages nicht geändert wird. Insbesondere können sie das Ausmaß der Verpflichtung des Garanten einschränken.

Für das Internationale Privatrecht ist der Wohnsitz des Garanten maßgebend[13].

2. Die Entstehung des Garantievertrages

a) Wenn der Promissar keine Verpflichtungen auf sich nimmt, genügt seine Urteilsfähigkeit (Art. 19 Abs. 2 ZGB)[14]. Der Garant muß dagegen voll handlungsfähig sein. Es kann sich dabei um ein Gemeinwesen handeln, das im öffentlichen Interesse ein Unternehmen fördern will, gegebenenfalls indem es an einen Garantiefonds beisteuert. Mehrere Garanten können sich unabhängig voneinander oder gemeinsam, anteilsmäßig oder für das Ganze, solidarisch oder nicht, verpflichten. Hinsichtlich des Dritten ist einzig erforderlich, daß man von ihm das versprochene Verhalten ernstlich erwarten kann.

Das Garantieversprechen, das mit einer Konventionalstrafe verbunden sein kann[15], ist formlos gültig, auch wenn der Abschluß des garantierten Vertrages eine besondere Form erfordert; ein Versuch, es der Schriftform zu unterwerfen, ist gescheitert[16]. Die Willensäußerungen der Parteien – vor

---

[11] BGE 24 II, 1898, S. 117 und 177; 27 II, 1901, S. 65; 39 II, 1913, S. 761.

[12] BGE 36 II, 1910, S. 390.

[13] Der Garantievertrag ist von zahlreichen andern Abreden zu unterscheiden. Um Wiederholungen zu vermeiden, werden die erforderlichen Abgrenzungen einerseits in § 49 dieses Kapitels, anderseits bei der Behandlung der Bürgschaft vorgenommen.

[14] BGE 47 II, 1921, S. 208.

[15] BGE 17, 1891, S. 702; 26 II, 1900, S. 121/22; JdT 1911 I, S. 270.

[16] Art. 494 Abs. 3 des Entwurfs des Bundesrates zur Revision des Bürgschaftsrechts. Man hält gewöhnlich den Garanten für vorsichtiger als den Bürgen, da er ein größeres Risiko eingeht, vor allem wenn er kein Rückgriffsrecht besitzt. – Es dürfte in der Praxis sehr selten sein, daß eine Garantie im eigentlichen Sinne ein Schenkungsversprechen enthält und deshalb der Schriftform bedarf (vgl. REUSSER, S. 65, und VON TUHR, SJZ 1923, S. 227, N. 18).

allem diejenige des Promissars – können sich deshalb aus den Umständen
ergeben. Doch wird es manchmal schwierig sein, nachträglich den Willen
des Garanten, sich selbst in eigenem Namen zu verpflichten, festzustellen.
In diesem Falle bildet ein persönliches Interesse an der Sache ein ernsthaftes
Indiz für den Verpflichtungswillen. Im übrigen kann man auch als (bevoll-
mächtigter oder vollmachtloser) Stellvertreter handeln und sich zudem
gleichzeitig als Garant verpflichten; doch impliziert das eine nicht ohne
weiteres das andere[17].

b) Beim Garantievertrag im weiteren Sinne, auf welchen die Anwendbarkeit von Art. 111 OR ausgedehnt werden darf, kann der Eintritt beziehungsweise das Ausbleiben irgendeines ungewissen Ereignisses – soweit es im Vertrag näher bestimmt ist – den Garanten dazu verpflichten, die vorgesehene,
nach dem Interesse des Promissars bemessene Leistung zu erbringen. Dieses
Interesse muß in Geld ausgedrückt werden können, da man sich sonst nicht
recht vorstellen kann, daß die Schuld des Garanten auf Schadenersatz geht.
    Der Garant im Sinne von Art. 111 OR dagegen verspricht ein bestimmtes
oder bestimmbares Verhalten eines Dritten. Er kann gegebenenfalls berechtigt sein, dieses Verhalten im Interesse des Promissars zu fordern. Es ist
nicht nötig, daß der Dritte den Parteien bekannt ist, noch daß er im Zeitpunkt der Abgabe des Versprechens individualisiert ist, noch schließlich,
daß er handlungsfähig ist; er kann sich sogar unter der Gewalt des Garanten
befinden[18].
    Der Begriff der «Leistung» in Art. 111 OR wird in der Rechtsprechung
sehr weit ausgelegt («fait» im französischen Text gibt den Sinn des Gesetzes
zutreffender wieder). Sie versteht darunter jedes zukünftige Verhalten eines
Dritten, sei es positiven oder negativen, rechtlichen oder faktischen Charakters[19], soweit es nicht vom Willen des Garanten, aber auch nicht ausschließlich vom Zufall abhängig ist und für den Promissar ein vermögenswertes
Interesse beinhaltet.
    Da die Garantie nicht akzessorisch ist, hängt sie grundsätzlich nicht von
der versprochenen Leistung ab und setzt deshalb insbesondere keinen gültigen Vertrag zwischen Promissar und Drittem voraus. Sie besteht somit auch,

---

[17] BGE 25 II, 1899, S. 853; 27 II, 1901, S. 209.
[18] BGE 26 II, 1900, S. 120; 46 II, 1920, S. 162. Ist eine Person nicht mehr «Dritter», wenn sie
    einer Partei im Rechte nachfolgt? Offenbar. Deshalb hat man sich in Frankreich gefragt,
    ob der Erbe des Garanten gehalten sei, den Vertrag bei dessen Tod zu genehmigen.
    Jedenfalls ist er es nicht in seiner Eigenschaft als Garant (Recueil DALLOZ/SIREY 1976,
    Jurisprudence, S. 353, und die Note von LARROUMET).
[19] BGE 56 II, 1930, S. 383; 65 II, 1939, S. 30; 96 II, 1970, S. 22 lit. b Abs. 2.

wenn die Verpflichtung des Dritten wegen Form- oder Willensmängeln, Handlungsunfähigkeit oder Simulation nichtig ist. Die Erfüllung einer rechtswidrigen oder gegen die guten Sitten verstoßenden Handlung (sei es der versprochene Erfolg oder das mit Risiken behaftete Verhalten, zu dem der Promissar veranlaßt wird) kann jedoch keine Schadenersatzforderung begründen[20], ebensowenig ein (indirekter) unzulässiger Druck auf den Dritten. Ist jedoch die Leistung an sich zulässig, so kommt es nicht darauf an, ob die Freiheit des Dritten beträchtlich eingeschränkt wird, wenn er sich dem Versprechen des Garanten gemäß verhält, denn durch die Garantie wird der Dritte ja nicht verpflichtet.

Wenn sich das Verhalten, zu dem der Promissar veranlaßt werden soll, als unmöglich erweist, fällt die Garantie ins Leere, da die Gefahr nicht entstehen kann.

Jede nachträgliche Unmöglichkeit der Leistung des Dritten (insbesondere die Unmöglichkeit der Erfüllung eines Vertrages) bildet der Natur des Garantievertrags entsprechend ein Risiko, das der Garant mangels gegenteiliger Abrede zu decken hat. Die ursprüngliche objektive Unmöglichkeit macht dagegen die Verpflichtung des Garanten nichtig, ebenso die Widerrechtlichkeit. Ist die ursprüngliche Unmöglichkeit subjektiv, so gibt dies Probleme auf.

Der Vertrag ist gültig, wenn die Parteien im Zeitpunkt des Vertragsabschlusses nicht wußten, daß sich das zu deckende Risiko bereits verwirklicht hatte, wenn sie also die Unmöglichkeit der vom Dritten erwarteten Leistung (z.B. die Lieferung eines echten Kunstwerkes) nicht kannten. War nur der Promissar im Bild, so wird sich der Garant gewöhnlich auf einen Mangel des Vertragsabschlusses (Irrtum oder – vor allem – Täuschung) berufen können. Kannten schließlich beide oder der Garant allein die Unmöglichkeit, so ist dessen Verpflichtung gültig, doch handelt es sich dabei mangels einer Ungewißheit wohl nicht mehr um einen Garantievertrag[21].

c) Lehre und Rechtsprechung kennen zahlreiche und vielfältige Arten von Garantien, herkömmliche und moderne (so verschiedene Bankgarantien, die in der Schweiz vor allem

---

[20] BGE 76 II, 1950, S. 37, Erw 4.
[21] ENGEL (N. 95) verdeutlicht: Die beiden Parteien bekannte subjektive ursprüngliche Unmöglichkeit begründet die Vermutung, die Parteien hätten ihre Folgen wie diejenigen einer subjektiven nachträglichen Unmöglichkeit, eines Zufalls oder höherer Gewalt übernehmen wollen. – Über diese Fragen REUSSER, S. 69–72. Vgl. BGE 72 I, 1946, S. 278, der jedoch zum mindesten zu wenig nuanciert ist. – Ein Garantievertrag und nicht ein Kauf liegt vor, wenn sich eine Aktiengesellschaft gegenüber einem Dritten verpflichtet, diesem gegen eine Geldleistung so schnell wie möglich neue Aktien zu verschaffen. Diese Verpflichtung setzt voraus, daß die bisherigen Aktionäre auf die Ausübung ihres Bezugsrechts verzichten; ein solcher Vertragsinhalt ist möglich (BGE 96 II, 1970, S. 18).

von KLEINER, OFTINGER und REICHWEIN untersucht wurden). Hier einige Beispiele von
Versprechen einer negativen Tatsache: Der Garant verspricht seinem Gläubiger, daß ein
Dritter ihn nicht konkurrenzieren wird; jemand, der nicht selber Alleinvertreter ist, sichert
einem andern die Alleinvertretung zu; ein Anleihenskonsortium garantiert, daß die schuld-
nerische Gesellschaft keine neuen Anleihen mehr aufnehmen wird; ein Kanton, eine Gemeinde oder auch andere Interessenten decken das allfällige Defizit eines Unternehmens oder
einer Ausstellung, gegebenenfalls bis zu einer bestimmten Höhe. Was das positive Verhalten anbetrifft, so begegnet man ihm häufig. Zunächst einfache Tatsachen: Die Erfüllung
irgendeiner Handlung, die andauernd sein kann oder nicht (eine Begegnung, eine Reise,
eine Unternehmung); die Erzielung eines Gewinnes, insbesondere die Ausschüttung einer
Dividende oder die Erzielung eines Ertrages, der der vollen Besetzung der vermieteten
Räumlichkeiten entspricht; Lieferung ungeachtet der Einreden des Verkäufers; die Mitwirkung eines Dirigenten, Sängers, Schauspielers oder Sportlers an einer bestimmten Vorstellung (Impresariovertrag). Aber der Garant kann auch eine einseitige Rechtshandlung
versprechen, wie etwa den Rückzug einer Betreibung, auch wenn diese Handlung von einer
Behörde ausgehen soll, wie dies bei der Erteilung einer Konzession der Fall ist[22]. Die Leistung des Dritten kann auch im Abschluß eines oder mehrerer Verträge bestehen (Absatz-
garantie), sogar eines Garantievertrags, und um so mehr in der Genehmigung eines Vertrages durch eine Behörde oder durch eine abwesende oder vorübergehend handlungs-
unfähige Person. Vor allem aber kann man im schweizerischen Recht die Erfüllung
einer Verpflichtung des Dritten (der Hauptschuld) garantieren, zum Beispiel die Rückzahlung eines Darlehens. Gerade diese Fälle sind in erster Linie verantwortlich für die
Schwierigkeiten der Unterscheidung von Garantie, Bürgschaft und kumulativer Schuldübernahme[23]. Das Gesetz selbst erwähnt im Titel über die Bürgschaft zwei besondere Arten
von Garantien: Zunächst das Versprechen desjenigen, der für die Schuld aus einem wegen
Irrtums oder Vertragsunfähigkeit für den Hauptschuldner unverbindlichen Vertrag einzustehen erklärt, wenn er bei der Eingehung seiner Verpflichtung den Mangel gekannt hat
(Art. 492 Abs. 3 OR); sodann die Verpflichtung des in der Schweiz wohnhaften Bürgen, der
auf die Einrede des Art. 501 Abs. 4 OR verzichtet hat[24].

3. Die Wirkungen des Garantievertrages

Gegenstand der Garantieverpflichtung ist ein Erfolg, der nicht vom Garanten abhängt, eine «Leistung», die ihm fremd ist.

a) Der Garantievertrag verpflichtet den Dritten nicht, die versprochene
Leistung zu erbringen. Doch kann dieser selbst – vor oder nach Abschluß
des Vertrages – dem Promissar die Leistung versprechen. Das ist für den

---

[22] Im Zweifel wird man im letzteren Fall eher ein Versprechen, sich um die Leistung eines
Dritten zu bemühen, annehmen (BGE 36 II, 1910, S. 387, Erw 4).

[23] In Frankreich dürfte die Abgrenzung oft einfacher sein, da der Garant dort in der Regel
einzig die Genehmigung des Vertrages garantiert und nicht dessen Erfüllung (MAZEAUD,
Obligations, Théorie générale, N. 242 am Ende). Doch würde es nicht verwundern, wenn
in der Praxis auch selbständige Erfüllungsgarantien vorkämen.

[24] Vgl. aus der Rechtsprechung BGE 17, 1891, S. 702; 26 II, 1900, S. 117; 36 II, 1910, S. 204
und 373; 37 II, 1911, S. 69; 39 II, 1913, S. 56; 43 II, 1917, S. 301 und 346; 46 II, 1920,
S. 157; 47 II, 1921, S. 208; 56 II, 1930, S. 375; 65 II, 1939, S. 30; 72 I, 1946, S. 267 (278);
72 II, 1946, S. 19; 75 II, 1949, S. 49; 76 II, 1950, S. 33; 81 II, 1955, S. 520; 82 II, 1956,
S. 238; 88 II, 1962, S. 350; 96 II, 1970, S. 18; 101 II, 1975, S. 323. – GUHL/MERZ/KUMMER,
S. 165–171.

Garanten unerheblich, ebenso der Umstand, daß seinem Vertragspartner allenfalls eine Schadenersatzforderung gegen denjenigen zusteht, der ihm einen Schaden zugefügt hat. Da der Garant selbständig für den versprochenen Erfolg haftet, kann er dem Promissar die Einreden des Dritten nicht entgegenhalten. Die Verpflichtung des Dritten hat weder die Akzessorietät noch auch nur die Subsidiarität der Garantie zur Folge; hiefür besteht nicht einmal eine Vermutung. Die Subsidiarität kann jedoch vereinbart werden oder sich aus den Umständen ergeben.

b) Der Garantievertrag verpflichtet auch den Garanten nicht, selbst den versprochenen Erfolg herbeizuführen, das heißt die Leistung des Dritten zu erbringen oder diesen zu einem bestimmten, positiven oder negativen Verhalten zu veranlassen, das den Eintritt eines Schadens verhindert, oder doch – wie der Bürge – an Stelle der Erfüllung Ersatz zu leisten. Gemäß dem Wortlaut von Art. 111 OR verpflichtet er sich im Gegenteil nur zur Leistung von Schadenersatz für den Fall, daß sich das im Vertrag umschriebene Risiko verwirklicht. Diese vertragliche Schadenersatzleistung soll das Erfüllungsinteresse decken, nicht das sogenannte negative Vertragsinteresse wie bei der Schadenersatzpflicht des vollmachtlosen Stellvertreters (Art. 39 Abs. 1 OR)[25].

Es würde – jedenfalls in der Regel – gegen Treu und Glauben verstoßen, wenn der Promissar seine Forderung behielte, obwohl er die Gefahr durch schuldhaftes Verhalten selbst herbeigeführt hat, vor allem im Falle von Vorsatz. Für leichtes Verschulden kann jedoch wohl etwa anderes vereinbart werden, und wäre es nur durch eine analoge Anwendung des Gedankens, der Bestimmungen wie jenen von Art. 100 Abs. 1 und 2 und 101 Abs. 2 und 3 OR zugrundeliegt[26]. Desgleichen erlischt die Verpflichtung des Garanten, wenn der Promissar sich ohne Grund weigert, die Leistung des Dritten anzunehmen, oder wenn er es unterläßt, die notwendigen Vorbereitungshandlungen vorzunehmen[27].

Von anderweitigen Abreden abgesehen und im Rahmen des durch den Garantievertrag gedeckten Risikos haftet der Garant für Zufall und höhere Gewalt; zudem kann er sich zu seiner Entlastung grundsätzlich nicht auf

---

[25] BGE 25 II, 1899, S. 855, Erw 8; 17, 1891, S. 706, Erw 3; a.M.: GIOVANOLI, 1978, Nr. 13a/b zu Art. 492.

[26] Dem Promissar wird, von gegenteiligen Abreden abgesehen, keine Verpflichtung auferlegt; sein Anspruch hängt jedoch von der Erfüllung einer Obliegenheit ab. Der Garant kann nichts daraus ableiten, daß der Aktionär dem Beschluß, keine Dividende auszuschütten, zugestimmt hat.

[27] Man kann sich fragen, ob der Promissar, der nicht verrechnet, obwohl er gegen den Dritten eine Forderung hat, gegenüber dem Garanten nicht rechtsmißbräuchlich handelt. Im Ergebnis läuft dies darauf hinaus, den Dritten zum Nachteil des Garanten zu entlasten.

außerordentliche Umstände berufen[28]. Das folgt aus der Funktion der Garantie und ist vor allem dann gerechtfertigt, wenn der Garant den Promissar zur Eingehung des Risikos veranlaßt hat.

Wenn der Dritte die versprochene «Leistung» erbringt oder wenn er vom Verhalten absieht, das das vom Garanten übernommene Risiko verwirklichen würde, wird dieser befreit. Gleich verhält es sich, wenn der Garant selbst (er ist dazu berechtigt, aber nicht verpflichtet) oder jemand anders die Leistung erbringt, solange der Promissar kein Interesse daran hat, daß der Dritte persönlich erfüllt (Art. 68 OR). Dagegen hilft ihm nicht, wenn er nur beweisen kann, daß er sich nach Kräften und im besten Interesse des Promissars bemüht hat, den Dritten zur Leistung zu veranlassen, oder daß sich dieser ihm gegenüber verpflichtet hat. Denn er hat einen Erfolg versprochen, eine bestimmte Leistung oder ein bestimmtes Verhalten.

Der Anspruch auf Schadenersatz entsteht, wenn der Dritte seine Leistung innert der vereinbarten Frist nicht erbringt. Eine Inverzugsetzung oder die Ansetzung einer Nachfrist sind überflüssig, da der Garant nicht in die Rechtsstellung des Dritten eintritt. Der Promissar ist auch nicht gehalten, zuerst den Dritten zu belangen. Es ist ferner nicht erforderlich, daß diesen ein Verschulden trifft, und die Garantie bleibt bestehen, wenn die versprochene Leistung objektiv unmöglich wird.

Für die Berechnung des Schadens und die Bemessung des Schadenersatzes sind die allgemeinen Grundsätze maßgebend (insbesondere Art. 99 Abs. 3 OR, der auf die Regeln der außervertraglichen Haftung verweist). Vorbehalten bleiben abweichende Vereinbarungen der Parteien. Diese können zum Beispiel einen Höchstbetrag für die Haftung festsetzen oder eine Konventionalstrafe vorsehen, die geschuldet sein kann, auch wenn dem Promissar kein Schaden erwachsen ist (Art. 161 Abs. 1 OR).

c) Gelegentlich haftet der Garant gleichzeitig aus verschiedenen (vertraglichen) Rechtsgründen, so etwa, wenn er sich neben der Garantie verpflichtet hat, sich um die Herbeiführung der Leistung zu bemühen. Vor allem aber ist der Promissar häufig Gläubiger des Dritten hinsichtlich der vom Garanten versprochenen Leistung, oder er wird es nach Abschluß des Garantievertrages. Erfüllt der Dritte seine Verpflichtung nicht, so wird er dem Promissar schadenersatzpflichtig (Art. 97 ff. OR). Dann liegt eine Konkurrenz vertraglicher Ansprüche vor. Es besteht weder Solidarität[29] noch Subsidiari-

---

[28] BGE 46 II, 1920, S. 162, Erw 6: Die clausula rebus sic stantibus ist beim Garantievertrag und allgemein bei einseitigen Verpflichtungen nicht stillschweigender Vertragsinhalt.

[29] Art. 143 OR; über die (echte oder unechte) Solidarität vgl. z. B. BGE 53 II, 1927, S. 413 und 89 II, 1963, S. 419.

tät, und die Schuld ist nicht in beiden Fällen gleich groß. Der Promissar kann belangen, wen er will, doch kann er seine Ansprüche nicht über den von ihm erlittenen Schaden hinaus kumulieren[30].

d) Im allgemeinen besteht keine Verpflichtung des Dritten gegenüber dem Garanten. Dieser hat weder ein Regreßrecht, noch findet eine Subrogation statt (die Voraussetzungen von Art. 110 OR sind nicht erfüllt). Der Garant hat nicht einmal einen Anspruch auf Abtretung der Forderung des Promissars[31]. Das kann unbillig sein. Eine freiwillige Abtretung ist indessen zulässig. Sie kann von Anfang an mit dem Garantievertrag verbunden sein oder erst nachträglich vereinbart werden. Vor allem aber ist möglich, daß der Garant seine Garantie auf Grund eines besondern Rechtsverhältnisses mit dem Dritten leistet (z.B. Auftrag, Geschäftsführung ohne Auftrag, Gesellschaft). Gestützt auf ein solches Rechtsverhältnis kann er gegebenenfalls auf den Dritten Regreß nehmen[32]. Im übrigen kann sich der Garant vom Dritten das Recht einräumen lassen, die dem Promissar versprochene Leistung zu dessen Gunsten zu fordern[33].

§ 49. Die persönlichen Sicherheiten

I. Die Sicherung von Forderungen

1. Die Forderung ist das Recht, eine Leistung zu verlangen. Ihr Inhaber ist nie sicher, daß die Leistung erbracht werden wird, und es kommt vor, daß der Schuldner weder erfüllen kann noch will.

Der Gläubiger hat von Gesetzes wegen – und auf Grund des Inhalts der Forderung, der sich aus dem privaten wie dem öffentlichen Recht ergibt – das Recht, gegen den böswilligen Vertragspartner ein Urteil und allenfalls

---

[30] REUSSER, S. 80.
[31] Die «cessio necessaria» von Art. 1127 Abs. 2 des Entwurfes von 1904.
[32] Sicher gibt es auch Verhältnisse, die verwickelter sind. Und es könnte vorkommen, daß der Dritte noch aus einem andern Grund als einer Vereinbarung über die vom Garanten versprochene «Leistung» Schuldner des Promissars ist, sei es aus Gesetz, Vertrag oder unerlaubter Handlung; vgl. REUSSER, § 36, S. 79–84. Einige Autoren denken auch an die ungerechtfertigte Bereicherung des Dritten.
[33] BGE 43 II, 1917, S. 346.

die Zwangsvollstreckung zu erwirken. Im Falle der Nichterfüllung treffen den renitenten Schuldner andere rechtliche Nachteile. Er kann insbesondere zu Leistung von Schadenersatz verpflichtet werden. Der Wert dieser Sanktionen besteht für den Gläubiger in der normalerweise bestehenden Möglichkeit, auf das Vermögen des Schuldners zu greifen, dessen Verwertung durch die Vollstreckungsbehörden zu verlangen und sich aus dem Verwertungserlös zu befriedigen.

Auch wenn diese Haftung des schuldnerischen Vermögens (das «gage général» des französischen Rechts) mit Ausnahme der unpfändbaren Gegenstände (Art. 92 f. SchKG) und unter Vorbehalt gewisser Einschränkungen im ehelichen Güterrecht, im Sachen-, Erb- und Gesellschaftsrecht vollständig ist, so ist sie doch nicht durch ein Folgerecht gesichert, von Ausnahmen wie der Anfechtungsklage (Art. 285 ff. SchKG) abgesehen. Der Schuldner kann nämlich über sein Vermögen verfügen, und die Zwangsvollstreckung erfaßt nur das, was übrigbleibt. Zudem besitzt der Gläubiger grundsätzlich kein Vorzugsrecht, sondern er konkurriert mit allen andern. Er ist deshalb einem doppelten Risiko ausgesetzt, wobei das Versagen des Schuldners in diesem Falle in seiner Zahlungsunfähigkeit besteht, das heißt in der Unfähigkeit, seine Verpflichtungen zu erfüllen.

Um der Weigerung oder der Nachlässigkeit des Schuldners, vor allem aber dessen Mangel an Mitteln, zu begegnen, gewährt das Gesetz selbst gelegentlich dem Gläubiger Sicherheiten oder gestattet ihm, solche zu verlangen. Diese dienen übrigens auch dem Schuldner, da er ohne sie keinen Kredit bekäme. Darüber hinaus – aber dabei handelt es sich nicht um Sicherheiten im eigentlichen Sinne – kann der Gläubiger seine Stellung gegenüber dem Schuldner verstärken, so etwa, indem er die Ausstellung einer Beweisurkunde oder eines Wertpapiers, das sein Recht verkörpert und es leichter umlauffähig macht, verlangt oder indem er eine Konventionalstrafe, ein Haft- oder ein Reugeld vereinbart.

Die Sicherheit ist die Garantie für die gehörige Erfüllung einer Verpflichtung. Sie ist nicht Erfüllung durch einen Dritten, das heißt Intervention[1], die beiden Parteien entgegengehalten werden kann, wenn es bei der Leistung nicht auf die Persönlichkeit des Schuldners ankommt, und die unter gewissen Voraussetzungen die Schuld nicht tilgt, sondern die Rechte des Gläubigers auf den Intervenienten übergehen läßt (Art. 110, 149, 1022 Abs. 3 und 1044 Abs. 3 OR; Art. 72 VVG und Art. 100 KUVG). Dagegen kann die Sicherheit in einer Interzession bestehen, die dann vorliegt, wenn

---

[1] Das Wechselrecht kennt nicht nur die Zahlung, sondern auch das Akzept durch Intervention (Ehrenannahme; Art. 1054 ff. OR).

sich ein Dritter im Interesse einer Partei verpflichtet, indem er sich an ihre
Seite stellt, ihre Schuld übernimmt oder die Forderung garantiert.

2. Zahlreiche gesetzliche Bestimmungen sehen Sicherheiten vor oder verpflichten zur Sicherheitsleistung. Dabei ist manchmal das Begehren des Gläubigers, das Ermessen einer Behörde oder das Urteil des Richters vorausgesetzt. Die Sicherheitsleistung kann auch Gegenstand eines Versprechens
bilden, insbesondere eines Vertrages, der synallagmatischen Charakter haben
kann. So verpflichtet sich der Schuldner gelegentlich, einen annehmbaren
Bürgen zu stellen; ebenso kann ein Dritter durch Vorvertrag versprechen,
die Hauptschuld (allenfalls unter gewissen Bedingungen) zu verbürgen, oder
er kann sich gegenüber dem Hauptschuldner verpflichten, die Erfüllung der
Schuld zu garantieren (pactum de fideiubendo). Die Sicherheiten kraft Gesetzes – insbesondere diejenigen, die im Verwaltungs- und im Prozeßrecht
vorgesehen sind – werden in den entsprechenden Erlassen mehr oder weniger
eingehend geregelt. Diese können namentlich bestimmen, wie die Sicherheit
geleistet werden muß; sie können die Wahl aber auch dem Schuldner überlassen, indem sie diesen einzig zur Leistung einer angemessenen und hinreichenden Sicherheit verpflichten[2].

3. Es gibt verschiedene Arten der Sicherheitsleistung. Einmal kann der
Schuldner die Sicherheit selbst leisten. Es kann dies aber auch ein Dritter
tun. In diesem Fall erstreckt sich die Haftung entweder bloß auf bestimmte
Vermögensstücke des Dritten (Dritthaftung), oder dieser verspricht eine
eigene Leistung, so daß er mit dem oder für den Schuldner zu einer frem-
den Schuld verpflichtet ist. Bei einigen Arten ist die Sicherheit selbständig
(Wechselbürgschaft, Garantie), bei andern akzessorisch (Bürgschaft). Die
Vereinbarung der Parteien kann die Hauptabrede des Vertrages bilden oder
auch nur eine Nebenabrede (so die Konventionalstrafe), die in einer separaten
Abmachung getroffen werden kann.

Eine Realsicherheit liegt vor, wenn bewegliche Sachen (Wertpapiere),
Forderungen oder Grundstücke für die Sicherung der Schuld eingesetzt
werden. Sie entsteht von Gesetzes wegen oder durch ein Verfügungsgeschäft, dem häufig der Abschluß eines Schuldvertrages vorausgeht. Sie erzeugt nur eine (beschränkte) Haftung, gewährt aber kein Privileg, das aus

---

[2] VON TUHR/PETER, § 19; OFTINGER, Das Fahrnispfand, Zürich 1952, S. 93/94. – Vgl. Art.
205 Abs. 2, 297 Abs. 2, 463 Abs. 2 und 760 ff. ZGB; Art. 83, 175 Abs. 3, 266, 295, 392,
506 und 733 OR; Art. 273 Abs. 1 und 277 SchKG; Art. 118 Abs. 2 WStB. – In Frankreich
gibt es Erfordernisse hinsichtlich Zahlungsfähigkeit und/oder Wohnsitz, wenn die Bürgschaft gesetzlich oder richterlich geboten ist.

der Natur der Forderung fließt und ein generelles oder spezielles Vorzugsrecht auf das Vermögen des Schuldners vermittelt. Neben den im Zivilgesetzbuch vorgesehenen Pfandrechten und dem Eigentumsvorbehalt hat die
Praxis verschiedene weitere zulässige Mittel zur Sicherung von Forderungen
geschaffen. Zunächst das «pignus irregulare», das heißt die Übergabe von
vertretbaren Sachen an den Gläubiger, der deren Eigentümer wird und darüber verfügen kann, aber verpflichtet ist, ebensoviele Sachen gleicher Art zurückzugeben, wenn er befriedigt wird. Sodann die Barkautionen, die durch
Übergabe einer bestimmten Summe Geldes geleistet werden. Diese Sicherheit
eignet sich, um die Deckung eines allfälligen zukünftigen Schadens sicherzustellen (Dienst-, Amtskaution) oder um die Erfüllung gewisser Pflichten
zu gewährleisten, die dem Bürger gegenüber einer Behörde obliegen. Andere
Arten bezwecken die Erhöhung der Sicherheit oder die Vereinfachung der
Rechtsbeziehungen durch das Mittel des fiduziarischen Rechtsgeschäftes: die
Sicherungsübereignung oder die Sicherungszession; dabei liegt ein voller
Rechtserwerb vor mit der Verpflichtung, das Recht nur zum vereinbarten
Zweck auszuüben. Endlich bedient man sich der Hinterlegung sicherheits-
halber, die als Mittel der Erfüllung in Art. 92 OR geregelt ist: Ein Dritter
bewahrt die hinterlegte Sache im Interesse des Gläubigers auf, dem er sie
herauszugeben hat, wenn die Schuld bei Fälligkeit nicht erfüllt wird; dabei
entsteht ein Pfandrecht (BGE 102 Ia, 1976, S. 236/37).

Die persönliche Sicherheit besteht dagegen in einer Verpflichtung
(Schuld mit unbegrenzter Haftung) zur Sicherung einer andern. Eine allfällige
Begrenzung der Verantwortlichkeit schränkt in diesem Falle auch den Inhalt
der Schuld selber ein.

II. Die persönlichen Sicherheiten

In der Umgangssprache spricht man oft von Sicherheiten und vor allem
von (persönlichen) Garantien, wobei diese Ausdrücke, die bei verschiedenen
Vertragstypen auch zur Bezeichnung von gewissen Klauseln und Rechtswirkungen verwendet werden, jedoch bei weitem nicht immer die gleiche
Bedeutung haben. Deshalb empfiehlt es sich, Unterscheidungen vorzunehmen, die sowohl den Garantievertrag als auch die Bürgschaft – den eigentlichen Gegenstand dieses Beitrages – betreffen und deren
Notwendigkeit sich aus den unterschiedlichen rechtlichen Regelungen ergibt.
Zu den persönlichen Sicherheiten in einem weiteren Sinne kann man außer
jenen, die der Schuldner für seine eigene Leistung erbringt, einerseits diejenigen Verträge zählen, die gegebenenfalls als Garantie dienen können,

ohne zum vornherein zu diesem Zweck angelegt zu sein, und anderseits vor
allem diejenigen, die ausschließlich Garantiefunktion aufweisen. Gerade diese
Unterscheidungen sind am meisten umstritten, zumal seit dem Aufkommen
der Bankgarantien.

1. Die Garantie in gewissen Verträgen

Unterscheiden wir zunächst vom Garantievertrag und der Bürgschaft, die
nur äußerlich an einen Hauptvertrag gebunden sind, diejenigen Verpflichtungen, die einen Nebenbestandteil im Rahmen und zum Zweck eines Hauptvertrages bilden. Die Bestimmungen über die Haftung der Parteien sind
dispositiver Natur, von einigen zwingenden Regeln abgesehen. Doch besteht
für jeden Vertragstyp ein Bereich von Risiken, die ihm seiner Natur nach
eigen sind. Gegenstand echter, unabhängiger Garantien können nur andere
Risiken sein, die außerhalb dieses Bereichs liegen[3]. STAMMLER hat ein Merkmal zur Erkennung der Garantie im eigentlichen Sinne vorgeschlagen:
Würde diese von einem Dritten übernommen, so sähe der Vertrag keine
Haftung mehr vor für das ins Auge gefaßte Risiko; in der Tat ist es ein
rein äußerliches Band, das Verpflichtungen aus zwei verschiedenen Verträgen
vereinigt. Aber dieses Kriterium ist nicht immer einfach zu handhaben und
ist auch nicht immer entscheidend; zudem ist die Unabhängigkeit der Verpflichtungen nicht vollständig, sind doch die beiden Punkte des Gesamtver-
trages in der Regel gemeinsam gewollt, nicht der eine ohne den andern.

a) Wer seine eigene Leistung «garantiert», ändert offensichtlich nichts an
seiner Verpflichtung, sie zu erfüllen, und fügt ihr nichts bei. Und die Parteien präzisieren nur den Umfang einer Forderung, wenn sie deren Höhe
von den Änderungen eines bestimmten Faktors abhängig machen, jedoch
gleichzeitig ein Minimum vorsehen (unechte Einnahme- oder Minimal-
garantie); dieses Minimum ist immer geschuldet, nicht nur, wenn der erwartete Erfolg nicht eintritt. Dennoch gibt es Fälle, bei denen eine echte
Garantie vorliegt[4].

---

[3] Nur insoweit, als er mit einem andern Vertrag verknüpft ist, könnte der Garantievertrag
als Rahmen, als allgemeines Vertragselement angesehen werden, das sich den besondern
Fällen anpaßt.
[4] So kann z. B. der Architekt außerhalb seines eigentlichen Auftrages und unabhängig von
jedem Verschulden garantieren, daß der Preis des Bauwerks einen bestimmten, zum voraus festgelegten Betrag nicht übersteigen wird. Desgleichen verspricht gelegentlich ein
Gemeinwesen einem fixbesoldeten Spitalarzt, es werde nötigenfalls die Honorare, die
dieser von seinen Privatpatienten bezieht, bis zu einem bestimmten Betrag ergänzen.

b) Bei den Verträgen, die nicht eine Sicherung zum Gegenstand haben, sondern insbesondere, wenn auch nicht ausschließlich, die Übertragung des Eigentums oder des Besitzes, des Gebrauchs oder der Nutzung an einer Sache, spricht man von Garantie üblicherweise unter zwei Aspekten. Einerseits bestimmt das Gesetz den Zeitpunkt des Gefahrübergangs; die Gefahr über diesen Zeitpunkt hinaus zu übernehmen, heißt im eigentlichen Sinne garantieren. Anderseits haben der Verkäufer wie auch die Parteien des Tauschvertrages, der Schenker und der Unternehmer, sowie der Vermieter und der Verleiher bei der Gebrauchsleihe und schließlich der Zedent für Mängel und das Fehlen zugesicherter Eigenschaften Gewähr zu leisten. Diese gesetzlich oder vertraglich geregelte Gewährleistungspflicht soll dem Empfänger – manchmal während einer bestimmten Zeitspanne – eine Leistung sichern, die dem von den Parteien vorausgesetzten Zweck entspricht, und zwar zu dem gesetzlich festgelegten Zeitpunkt, spätestens aber bei der Übergabe der Sache und gegebenenfalls bis zu deren Rückgabe. Für den Weiterbestand von Eigenschaften einer Sache einstehen, auch wenn diese in der Zukunft durch ungewisse Ereignisse betroffen werden, oder Eigenschaften zusichern, die erst später in Erscheinung treten und die nicht notwendig aus dem ursprünglichen Zustand hervorgehen werden, heißt wiederum eine eigentliche Garantie übernehmen[5].

Bei der vertraglichen Zession, sei sie unentgeltlich oder entgeltlich, zahlungshalber oder nicht (Art. 171 und 172 OR), gründet sich die selbständige und keinen Rückgriff einräumende, gesetzliche oder vertragliche Gewährspflicht für den Bestand der Forderung zur Zeit der Abtretung oder darüber hinaus auch für die Zahlungsfähigkeit des Schuldners (nomen esse verum et bonum) auf den Vertrag, durch welchen sich der Zedent verpflichtete, die Zession vorzunehmen (Kauf, Tausch, Schenkung, Einbringung in eine Gesellschaft), nicht auf das ihn vollziehende Verfügungsgeschäft[6]. Einige Autoren sind der Ansicht, die Gewährleistungsabrede sei

---

[5] Beispiele: Zusicherung, daß die Gemeinde eine öffentliche Zufahrtsstraße zum verkauften Grundstück baut, auf welchem der Käufer eine Villa errichten will; Garantie eines Minimalertrages oder eines Absatzmarktes. Auch im Garantieschein, der vom Produzenten einer Sache durch den Letztverkäufer dem Empfänger übergeben wird, darf unseres Erachtens eine Garantie erblickt werden (LARENZ, S. 63). – Vgl. Art. 171, 192ff., 197ff., 238, 248 Abs. 2, 254, 258, 280, 365, 367, 381, 531 OR.

[6] Da es sich um die Übergabe einer Sache zu vollem «Eigentum» handelt und sich die Gewährleistungspflicht – wenn sie überhaupt besteht – mindestens auf den Bestand der Forderung wie auf eine Eigenschaft der übertragenen Sache erstreckt, ist die Haftung des Zedenten der selbständigen Verpflichtung des Garanten verwandt. Die Vorschriften über die Bürgschaft sind nicht anwendbar, es sei denn, man habe wirklich eine solche Sicherheit vereinbaren wollen, was im Zweifel nicht zu vermuten ist: die Verpflichtung des Zedenten ist unabhängig vom Geschäft, das der Zession zugrundeliegt (BGE 68 II, 1942, S. 181).

schon dann nicht mehr ein natürliches Element des pactum de cedendo, wenn sich der Zedent verpflichtet, für die Zahlungsfähigkeit des Schuldners zu einem Zeitpunkt nach der Zession einzustehen. Man wird auf jeden Fall eine Bürgschaft oder eine Garantie annehmen müssen, wenn der Zedent weiterhin für die Zahlungsfähigkeit des debitor cessus beziehungsweise für den Bestand der zedierten Forderung haften soll, nachdem die Forderung fällig geworden ist, der Zessionar sie aber nicht geltend gemacht hat; überdies kann der Zedent auch etwas anderes als die Verität und die Bonität der Forderung garantieren, und zwar im eigentlichen Sinne (so im Devisenhandel)[7].

c) Gewisse Beauftragte oder Arbeitnehmer gehen besondere Risiken ein. So verhält es sich beim Kreditauftrag (Art. 408 OR) und wenn sich der Kommissionär oder der Handelsreisende verpflichtet, dem Kommittenten beziehungsweise dem Arbeitgeber für die Zahlung des Käufers einzustehen (Delcredere-Stehen, wofür die Delcredereprovision geschuldet ist: Art. 430 und 348a OR).

Trotz der Einfachheit der Form im Vergleich zur Bürgschaft seit 1942 greift man selten zum Kreditauftrag (mandatum qualificatum), auch nicht in der Bankpraxis, vor allem wegen der Verpflichtung zur Kreditgewährung. Im Gegensatz zum Gläubiger beim Garantievertrag oder bei der Bürgschaft nimmt beim Kreditauftrag der Beauftragte den ihm erteilten Auftrag an, in eigenem Namen und auf eigene Rechnung, jedoch unter Verantwortlichkeit des Auftraggebers, einem Dritten Kredit zu eröffnen oder zu erneuern (Art. 408 Abs. 1 OR). Zwar reiht das Deutsche Bürgerliche Gesetzbuch (§ 778) das Institut unter die Bürgschaft (für eine zukünftige Schuld) ein; doch sieht das schweizerische Recht darin zu Recht einen jederzeit widerruflichen Auftrag. Angesichts der speziellen Natur der versprochenen Leistung haftet deshalb der Auftraggeber, wenn der Beauftragte die Grenzen des (schriftlichen) Auftrages nicht überschritten hat, nicht a l s, sondern w i e ein einfacher Bürge der Schuld des Dritten für das Risiko, das dem Beauftragten durch die sorgfältige Ausführung des Auftrages entsteht (Art. 408 Abs. 1 und 411 OR). Für diesen Spezialfall wird damit die actio mandati contraria des Art. 402 Abs. 1 OR, die hier das charakteristische Element des Auftrages bildet, auf dem Wege der Analogie geregelt[8].

---

[7] Der Zessionar übernimmt nicht als Nebenrecht die Gewährleistungsansprüche des Zedenten gegen dessen Vorgänger; eine besondere Übertragung ist erforderlich.

[8] Ist die subsidiäre Verpflichtung des Auftraggebers auch akzessorisch? Und enthält Art. 409 OR eine Regel oder eine Ausnahme? Die Lehre ist nicht einheitlich: Oser/Schönenberger und Becker, N. 8 zu Art. 408 OR; Kleiner, S. 106.

Der Kommissionär, der ein Beauftragter ist (Art. 425 Abs. 2 OR) und dem der Abschlußagent gleichgestellt wird (Art. 418 b OR), wie auch der Handelsreisende – ein Arbeitnehmer – können gegen eine spezielle Provision (Delcredere) die Verpflichtung eingehen, für diejenigen einzustehen, mit welchen sie auf Rechnung des Kommittenten beziehungsweise des Arbeitgebers Geschäfte abschließen. Der Einkaufs- oder Verkaufskommissionär handelt im eigenen Namen und haftet für die Zahlung und die anderweitige Erfüllung der Verbindlichkeiten des Schuldners, soweit er sich hiezu verpflichtet hat oder es Handelsbrauch ist und wenn er unbefugterweise Kredit gewährt hat (Art. 430 Abs. 1 OR). Hat der Handelsreisende Geschäfte mit Privatkunden abzuschließen, so kann er sich schriftlich verpflichten, beim einzelnen Geschäft für höchstens einen Viertel des Schadens zu haften, der dem Arbeitgeber durch die Nichterfüllung der Verbindlichkeiten der Kunden erwächst (Art. 348 a Abs. 2 OR; eine spezielle Regelung gilt für den Versicherungsvermittler: Abs. 3). Will man das Delcredere in den allgemeinen Rahmen der betreffenden Verträge stellen, so muß man an die Haftung des Beauftragten und des Arbeitnehmers (nicht des Auftraggebers wie beim Kreditauftrag bzw. des Arbeitgebers) für sorgfältige Ausführung ihrer Verpflichtungen anknüpfen (Art. 398 OR, der auf den Arbeitsvertrag verweist). Den Auftrag getreu erfüllen heißt aber hier, den Schuldner sorgfältig auswählen, das heißt sich seiner Zahlungsfähigkeit im Zeitpunkt des Vertragsabschlusses versichern, gegebenenfalls die Interessen des Auftraggebers bei der Abwicklung des Geschäftes nach besten Kräften wahren, keinesfalls aber dessen Erfolg garantieren (Erfolgshaftung), jedenfalls soweit nicht ohne Bewilligung Kredit gewährt wird (Art. 429 OR). Wer darüber hinaus, für die Zukunft, für die Zahlungsfähigkeit des Schuldners einsteht, übernimmt eine umfassendere Haftung, als es normalerweise Auftrag und Arbeitsvertrag mit sich bringen. Diese zusätzliche Haftung, die akzessorisch ist, gleicht im Ergebnis stark der Bürgschaft, auch wenn der Kommittent nicht von Anfang an Gläubiger ist[9]. Wie grundsätzlich beim Kreditauftrag bezieht sie sich einzig auf die Zahlungsfähigkeit. Wegen ihrer Besonderheiten ist sie aber speziell geregelt: der Verpflichtete wirkt bei der Begründung der gesicherten Schuld mit, und er wird nach dem Ausmaß des Risikos besonders entschädigt[10].

d) Die Anweisung ist ein Vertrag, durch welchen der Angewiesene ermächtigt wird, Geld, Wertpapiere oder andere vertretbare Sachen auf Rechnung des Anweisenden an den Anweisungsempfänger zu leisten, und dieser,

---

[9] Anderer Meinung Gautschi, N. 3b zu Art. 430 OR.
[10] Die unter lit. c behandelten Fälle sind der Zession (lit. b) insoweit verwandt, als sich die Garantie beidesmal auf die Forderung der einen Partei gegen einen Dritten bezieht.

die Leistung von jenem in eigenem Namen zu erheben (Art. 466 OR). Der Anweisende will seine Verpflichtung durch den Angewiesenen erfüllen. Verlangt dagegen jemand von einem Dritten, ihm eine Garantie oder eine Bürgschaft zu leisten, so will er nicht durch Substitution bezahlen.

Der Angewiesene, der dem Anweisungsempfänger die Annahme ohne Vorbehalt erklärt, wird ihm zur Zahlung verpflichtet und kann ihm nur solche Einreden entgegenhalten, die sich aus ihrem persönlichen Verhältnis oder aus dem Inhalt der Anweisung selbst ergeben (Art. 468 Abs. 1 OR). Durch die Zahlung erbringt der Angewiesene seine eigene Leistung. In der Bankpraxis wird die Annahme der Anweisung nicht selten als «Garantie» bezeichnet. Es scheint somit eine Analogie zum Garantievertrag vorzuliegen. Doch während die Verpflichtung des Garanten (durch das Versprechen der Leistung eines Dritten als zu erwartenden Erfolgs) eine Sicherheit bieten soll, beruht der Rechtsgrund der Zahlung des Angewiesenen auf dessen Annahme, die Schuld des Anweisenden zu tilgen. Diese Annahme ist abstrakt in dem Sinne, als sie nicht von den Beziehungen zwischen dem Anweisenden einerseits und dem Angewiesenen beziehungsweise dem Anweisungsempfänger anderseits abhängig ist. Insoweit ist die aus der Annahme der Anweisung entstehende Verpflichtung wie jene des Garanten selbständig, im Gegensatz zu derjenigen des Bürgen. Doch bleibt es dabei, daß nur der Garant die Gefahr des Eintritts eines ungewissen Ereignisses übernimmt und daß er nur leisten muß, wenn sich die Gefahr verwirklicht, im Falle der bürgschaftsähnlichen Garantie also subsidiär. Demgegenüber ist die Verpflichtung des Angewiesenen primär[11].

e) Bei der **einfachen Gesellschaft** ist die Verteilung von Gewinn und Verlust integrierender Bestandteil des Vertrages. Doch kann einer der Gesellschafter gegenüber den andern die Garantie für allfällige Verluste übernehmen. Daneben gibt es Fälle, bei denen die Unterscheidung zwischen Gesellschaft und Bürgschaft schwer fällt[12].

---

[11] Bei dem im internationalen Handel so häufigen bestätigten Dokumentenakkreditiv ist die Annahme qualifiziert, aber bedingt; der Begünstigte muß sein Recht prima facie durch Vorlage von Dokumenten beweisen. Für die von uns behandelte Frage unterscheidet sich dieser Fall nicht von der gewöhnlichen schriftlichen Anweisung, indem in jedem Kreditbrief oder Akkreditiv neben dem Auftrag eine doppelte Ermächtigung enthalten ist (Art. 407 OR).

[12] Zu den Fragen, die in dieser ersten Ziffer behandelt werden, vgl. vor allem REUSSER und KLEINER, sowie die Kommentare.

2. Die Konventionalstrafe

Die Konventionalstrafe ist das bedingte und – auch wenn in einem separaten Vertrag vereinbart – stets zu einer Hauptabrede hinzutretende Versprechen, durch welches sich ein Schuldner gegenüber dem Gläubiger mittels Begründung einer neuen Schuld neben der alten verpflichtet, eine Leistung zu erbringen als Schadenersatz für den Fall der (mangels anderer Abrede, Art. 163 Abs. 2 OR) schuldhaften Nichterfüllung oder nicht gehörigen Erfüllung einer vertraglichen oder nicht vertraglichen Hauptschuld, die dadurch verstärkt wird. Wegen ihrer Ausgestaltung übt diese Leistung – in der Regel eine Summe Geldes – einen psychologischen Druck in der Art einer (vertraglichen) Strafe aus, wird sie doch zum voraus festgesetzt und verfällt, auch wenn dem Gläubiger kein Schaden erwachsen ist (Art. 161 Abs. 1 OR). Diese Strafe ist nicht eine Sicherheit im eigentlichen Sinne, sondern eine Sanktion; sie kann ihrerseits garantiert werden, zum Beispiel durch Ausstellung eines Wechsels. Demgegenüber schwächt die exklusive Konventionalstrafe (Wandelpön, Art. 160 Abs. 3 und Art. 340b Abs. 2 OR) die Hauptverpflichtung ab, statt sie zu verstärken.

Durch die Akzessorietät, die zwar nicht gleich ausgestaltet ist wie bei der Bürgschaft, ähnelt die Konventionalstrafe jener Sicherheit, kaum dagegen dem Garantievertrag, der eine selbständige Verpflichtung beinhaltet. Eine besondere Form ist nicht vorgeschrieben; doch wenn der Hauptvertrag einer besonderen gesetzlichen oder vertraglichen Form bedarf, so muß auch die Konventionalstrafe in dieser Form verabredet werden, da sie die Stellung des Schuldners erschwert.

3. Die passive Solidarität

Solidarität unter mehreren Schuldnern besteht, wenn diese für die Erfüllung der gleichen Schuld und für das Ganze haften, wenn der Gläubiger von jedem von ihnen die ganze oder teilweise Erfüllung verlangen kann und wenn die Tilgung der Schuld durch den einen Schuldner die andern in dem Maße befreit, als dadurch der Gläubiger befriedigt wird (Art. 143 Abs. 1, 144 und 147 Abs. 1 OR). Dieses letztere Moment ist der Solidarität und den Garantien gemeinsam. In diesem Sinne ist die Solidarität eine Sicherheit: die Leistung ist nur einmal geschuldet.

Garantie und Bürgschaft werden durch Vertrag begründet, während die Solidarität auch von Gesetzes wegen entstehen kann. Obwohl normalerweise von gleicher Art sind die solidarischen Verpflichtungen doch verschieden; sie haben nicht immer den gleichen Gegenstand und können sich voneinander in mehrfacher Hinsicht unterscheiden. Dagegen hat die Leistung des

Garanten und des Bürgen nie den gleichen Inhalt wie die Hauptschuld; es handelt sich dabei immer um einen Geldbetrag, sei es als Schadenersatz oder als Ersatzleistung für die Erfüllung. Dieser Gesichtspunkt liefert daher kein zwingendes Unterscheidungskriterium. Anders verhält es sich dagegen mit dem Rechtsgrund. Während dieser bei den solidarischen Verpflichtungen einheitlich ist, ist die causa der Hauptschuld nie identisch mit jener der Sicherheiten, die eben ihrem Wesen nach Garantien begründen sollen. Was die Beziehungen zum Gläubiger anbelangt, so sind die Solidarschuldner gleichgeordnet; alle haften selbständig und primär (jedenfalls bei der Solidarität im eigentlichen Sinne), während auch die Bürgschaft seit 1942 immer – mehr oder weniger – subsidiär ist. Das ist ein zweites Kriterium, um die beiden Erscheinungen zu unterscheiden. Die Solidarschulden haben ferner alle ihr eigenes Schicksal, von den gemeinsamen Einreden abgesehen (Art. 145 Abs. 1, am Ende OR), auch wenn sie in gewisser Beziehung voneinander abhängig sind (so befreit z. B. die Tilgung der einen Schuld die andern Solidarschuldner). Wenn der Garantievertrag ebenfalls eine selbständige und unabhängige Verpflichtung beinhaltet, so verhält es sich nicht so mit der Bürgschaft, die akzessorisch ist – ein drittes Kriterium, das jedoch nur die Abgrenzung von dieser letzteren Sicherheit erlaubt. Es gibt ein letztes, das Garanten und Bürgen von den Solidarschuldnern unterscheidet: Im internen Verhältnis haben diese in der Regel die Schuld zu gleichen Teilen zu tragen, was durch den Regreß herbeigeführt werden kann; jene dagegen überwälzen ihre Belastung letztlich einzig auf den Hauptschuldner.

Durch die kumulative Schuldübernahme (Schuldmitübernahme, Schuldbeitritt)[13], ein Interzessionsgeschäft, tritt eine Person einer Verpflichtung des Schuldners bei, ohne daß dieser frei würde. Die Schutzbestimmungen des Bürgschaftsrechts sind nicht anwendbar, und der Vertrag bedarf keiner besonderen Form[14]. Die Verpflichtung des Übernehmers ist in ihrer Entstehung naturgemäß von der Gültigkeit der Schuld abhängig, der er beitritt. Im Gegensatz zur Bürgschaft folgt sie jedoch nachträglich deren Schicksal nicht, sondern wird zur gewöhnlichen Solidarschuld. Was den Garanten

---

[13] Dieses Institut, das gesetzlich nicht geregelt ist, deckt sich vielleicht nicht vollständig mit dem constitutum debiti alieni des römischen Rechts, wo der Übernehmer offenbar verpflichtet blieb, auch wenn die Schuld des Altschuldners erlöscht war (STAUDINGER, Vorbem. zur Bürgschaft, N. 53 und 59).

[14] In Art. 494 Abs. 3 seines Entwurfes wollte der Bundesrat zum Schutze des Übernehmers die Formen der Bürgschaft vorschreiben, weil befürchtet wurde, es könnte auf die kumulative Schuldübernahme ausgewichen werden, statt die Bürgschaft zu gebrauchen. Die Bestimmung wurde vom Parlament jedoch gestrichen. Der Bürge bedarf deswegen eines besonderen Schutzes, weil er im Gegensatz zum Schuldübernehmer nur eine Eventualverpflichtung eingeht, deren Last er vielleicht nicht von Anfang an spürt.

betrifft, so verpflichtet sich dieser nicht neben dem Schuldner, sondern er verspricht die Leistung eines Dritten und, für den Fall des Ausbleibens des versprochenen Erfolgs, Schadenersatz.

In der Praxis ist es häufig nicht leicht, den wirklichen und gemeinsamen Willen der Parteien zu erkennen und die Grenze zwischen Solidarität und Garantie beziehungsweise Bürgschaft zu ziehen[15]. Wenn der Wortlaut des Vertrages Zweifel offen läßt, ist der mit dem Geschäft verfolgte wirtschaftliche und rechtliche Zweck zu ermitteln und darauf abzustellen, wie dieser am besten verwirklicht werden könnte. Im Rahmen aller Umstände wird ein Indiz für eine kumulative Schuldübernahme dann gegeben sein, wenn der neue Schuldner nicht nur irgendeinen Vorteil daran hat, zugunsten des alten zu interzedieren, sondern wenn er in das Geschäft «eintritt» und es zu seinem eigenen macht, wenn er sich – der Gegenpartei erkennbar – auf Grund des gleichen Rechtsgrundes zum gleichen Vertrag verpflichten will, an dessen Schicksal er ein unmittelbares und materielles Interesse hat, wenn er also nicht nur eher intuitu personae den Kredit eines Dritten konsolidieren oder die Zahlung seiner Schuld (häufig gratis) garantieren will, sei es selbständig oder (vor allem) akzessorisch und subsidiär. Doch dieses materielle Interesse an der Erfüllung der Schuld, das in der deutschen Rechtsprechung entscheidend ist, erlaubt für sich allein die Unterscheidung nicht immer, zumal es vorab die Beziehungen zum Altschuldner und nicht diejenigen zum Gläubiger betrifft. Im Zweifel wird sich der Richter für Bürgschaft entscheiden, die der Gesetzgeber strengen Vorschriften unterworfen hat, um unbedachte Verpflichtungen zu verhindern[16].

4. Die persönlichen Sicherheiten im eigentlichen Sinne

Zu den persönlichen Sicherheiten im eigentlichen Sinne gehören der Garantievertrag (dessen Begriff mehr umfaßt) und die Bürgschaft. Diese beiden Vertragstypen bilden den Hauptgegenstand der vorliegenden Abhandlung. Wir haben den Garantievertrag in § 48 definiert (vgl. auch § 49, II). Die Grenzziehung zur Bürgschaft werden wir nach Klärung der Eigenschaften dieses zweiten Sicherungsgeschäfts vornehmen (§ 52, V 4). Es bleibt vorerst die Aufgabe, die beiden Sicherheiten von der Wechselbürgschaft und der Versicherung abzugrenzen.

---

[15] Der Bürge, auch der einfache, ist insoweit ein Solidarschuldner, als er neben dem Hauptschuldner in den Grenzen von Art. 499 OR für die ganze Schuld haftet.

[16] BGE 81 II, 1955, S. 525, Erw 3 und 4; 66 II, 1940, S. 28; 42 II, 1916, S. 263; 40 II, 1914, S. 402; 39 II, 1913, S. 772; 37 II, 1911, S. 185; SJZ 1962, S. 307; ZBJV 1942, S. 330; ZR 1952, Nr. 79 und 1942, Nr. 100; Sem. Jud. 1952, S. 111 und 1944, S. 315; Repertorio 1970, S. 77.

a) Die Wechselbürgschaft

Die Wechsel- und Checkbürgschaft oder das Aval (Art. 1020 ff., 1098 Abs. 3 und 1114 OR)[17] ist von Gesetzes wegen zwar eine Sicherheit, die zugunsten eines bestimmten Wechselschuldners geleistet wird. Trotz des Namens handelt es sich dabei in Wirklichkeit jedoch nicht um eine Bürgschaft, sondern um eine kumulative Schuldübernahme, also um eine Solidarschuld, die aber speziell geregelt ist: Der Wechselbürge haftet in der gleichen Weise wie derjenige, für den er sich verbürgt hat (akzessorischer Charakter der Schuld nur hinsichtlich ihres Inhalts; Art. 1022 Abs. 1 OR); seine – unabhängige und abstrakte – Verpflichtung ist jedoch gültig, auch wenn die Verbindlichkeit, für die er sich verbürgt hat, aus einem andern Grund als wegen eines Formfehlers nichtig ist (Abs. 2); dagegen hat er den vollen Wechselregreß auf den Avalierten. Eine nichtige Wechselbürgschaft kann nicht in eine Garantie oder eine Bürgschaft umgedeutet werden; die betreffenden Vorschriften sind in keiner Weise anwendbar.

b) Der Versicherungsvertrag

Der Versicherer schützt seinen Vertragspartner (den Versicherungsnehmer) oder einen Dritten (den Versicherten) gegen die nachteiligen Folgen eines ungewissen, aber befürchteten Ereignisses oder gegen die Gefahren eines Verhaltens, einer Tätigkeit oder eines Unternehmens. Nach dem Wortlaut von Art. 48 VVG kann jedes wirtschaftliche Interesse, das jemand am Ausbleiben eines befürchteten Ereignisses hat, Gegenstand einer Schadensversicherung sein. Oft könnte der Schutz auch durch das Versprechen der Leistung eines Dritten (Art. 111 OR) erreicht werden. Entsteht die Gefahr aus der Gewährung eines Kredites, so nähert sich die Versicherung entweder der Bürgschaft oder dem Garantievertrag, je nachdem sich die Garantie –

---

[17] Die Wechselbürgschaft unterliegt gewissen Formvorschriften (Art. 1021 OR). Das schweizerische Recht kennt das Aval durch separates Geschäft nicht. Möglich sind natürlich auch Garantieverträge oder Bürgschaften, die sich auf die Wechselschuld selbst beziehen; sie kommen in der Bankpraxis vor (ZR 1974, Nr. 94; BGE 25 II, 1899, S. 50; Kleiner, S. 69, Ziff. 3). Zu unterscheiden ist ferner die Vereinbarung, die dem Aval zugrundeliegt; dabei kann es sich um eine Bürgschaft handeln; insoweit nimmt sie teil am akzessorischen Charakter, der diesem Vertrag eigentümlich ist (und dem eine mehr oder weniger weitgehende Bedeutung zukommen kann), und gewisse zwingende Bestimmungen der Art. 492 ff. OR können anwendbar sein, wenn es gerade auf den Rechtsgrund der Wechselbürgschaft ankommt. In andern Ländern, z.B. in Frankreich, werden übrigens Aval und Bürgschaft nicht immer auseinandergehalten. Wechsel werden oft als Sicherheit übergeben, und ihre Diskontierung erlaubt es, Kredit zu erhalten, ohne Sicherheit leisten zu müssen. – Über den Begriff der Wechselbürgschaft im schweizerischen Recht: BGE 44 II, 1918, S. 145; Spiro, Fragen zur Wechselbürgschaft, in: Aequitas und bona fides, Festgabe zum 70. Geburtstag von August Simonius, Basel 1955, S. 372 ff.

die in diesem Fall bei allen drei Vertragstypen im Hinblick auf das Versagen des Schuldners und insbesondere auf die Gefahr seiner Zahlungsunfähigkeit geleistet wird – nur auf die Erfüllung der Schuld bezieht oder aber auf die Rückgabe der geleisteten Beträge als erwarteten Erfolg, unabhängig vom Bestand irgendeiner Schuld[18].

Außer dem Umstand, daß sich der Versicherer in diesem Fall zugunsten eines Dritten (des versicherten Gläubigers) verpflichtet, unterscheidet ihn ein einziges Kriterium sicher vom Garanten und vom Bürgen. Während diese letzteren keinen Austausch von Leistungen bezwecken – jedenfalls nicht notwendig und nicht immer –, ist der Versicherungsvertrag wesentlich zweiseitig. Vor allem aber weist die Prämie die Besonderheit auf, daß ihre Höhe sich zunächst nach dem durchschnittlichen Risiko des Eintritts des befürchteten Ereignisses bemißt. Die Prämienberechnung beruht demnach auf dem Prinzip der Risikoverteilung, die ihrerseits einen planmäßig kalkulierenden Großbetrieb voraussetzt. Gewiß verlangen auch die Banken von ihren Kunden, die nicht Parteien des Garantievertrages sind, eine Kommission; diese soll jedoch genau genommen nicht das Risiko decken, das aus ihrem Versprechen als Garanten entsteht, sondern die Gefahr, daß ihre auf Grund eines Auftrages gemachten Aufwendungen nicht ersetzt werden. Und auch wenn sich der Begünstigte aus Bürgschaft oder Garantie gelegentlich verpflichtet, eine Gegenleistung zu erbringen, so bleibt diese doch grundsätzlich verschieden von der Versicherungsprämie[19].

---

[18] Obwohl die Verpflichtung des Bürgen weit geht, genügt sie doch dem Gläubiger nicht immer als Sicherheit. Dagegen kann der anonyme, zahlungsfähige und informierte Versicherer gegen eine bescheidene Prämie eine stets sichere Bürgschaft anbieten. Die Kreditversicherung und die verschiedenen Zweige der Bürgschaftsversicherung (Veruntreuungsversicherung; Kauf-, Werk-, Frachtvertragsgarantien; Berufskautions-, Zollbürgschafts- und Wechselbürgschaftsversicherung; Bürgschaft für gesellschaftsvertragliche Verpflichtungen oder für Konventionalstrafen usw.) bieten Schwierigkeiten hinsichtlich der Natur und der Konstruktion der Verpflichtungen der Beteiligten wie auch hinsichtlich des Ausmaßes der Anwendbarkeit des Bürgschaftsrechts (R. BREHM, L'assurance-cautionnement, Diss. Lausanne, Winterthur 1960). In Frankreich kam es zu einem Streit zwischen den Banken und den Versicherungsgesellschaften über die Abgrenzung ihrer Geschäftsbereiche auf diesem Gebiet, der am 6. Oktober 1952 von Conseiller d'Etat Renaudin durch Schiedsspruch geschlichtet wurde (WATTIEZ, S. 85).

[19] KLEINER, S. 87–89. ZBJV 1975, S. 300 f.: Gegen die Annahme einer Bürgschaft spricht der geschäftsmäßige Abschluß von Versicherungsverträgen in großer Zahl auf vorgedrucktem Formular durch eine Versicherungsgesellschaft gegen Entgelt, bei rationeller Schadensverteilung unter eine Gefahrengemeinschaft auf Grund statistischer Massenbeobachtungen über die Häufigkeit und die Art des Risikos. – K. GOLSER, Die Abgrenzung bürgschaftsähnlicher Versicherungen gegenüber der Bürgschaft, Diss. Bern 1956.

Zweites Kapitel

Die Bürgschaft – Allgemeines und Begriff

§ 50. Allgemeines

I. Die Entwicklung der persönlichen Sicherung von Forderungen

Die persönliche Sicherung von Forderungen, deren Notwendigkeit sehr früh erkannt worden ist, erfolgte im Laufe der Geschichte durch zahlreiche verschiedenartige Rechtsinstitute, die zunächst mit der Bürgschaft nichts zu tun hatten. Diese Institute paßten sich nicht nur den Besonderheiten von Ort und Zeit an, sondern existierten häufig nebeneinander, manchmal in der gleichen Rechtsordnung. Wir verzichten darauf, dieser komplizierten Entwicklung im einzelnen nachzugehen, und begnügen uns damit, in ihren Grundzügen kurz einige Mittel aufzuzeigen, die seit dem Mittelalter bis zum Aufkommen der modernen Bürgschaft nacheinander beziehungsweise nebeneinander zur persönlichen Sicherung von Forderungen verwendet wurden[1].

1. Ursprünglich unterschied man scharf zwischen Schuld (Leistensollen) und Haftung (Zugriffsmacht des Gläubigers durch Zwangsvollstreckung), die nicht den Schuldner, sondern einzig den Garanten traf. Dieser hatte daher die Schuld voll zu tragen, und der Gläubiger konnte nur gegen ihn vor-

---

[1] Vgl. vor allem E. HUBER, System und Geschichte des Schweizerischen Privatrechtes, Bd. 4, Basel 1893, § 165, S. 875 ff.; O. VON GIERKE, Deutsches Privatrecht, Bd. 3: Schuldrecht, München/Leipzig 1917, S. 16 ff. und 770 ff.; P. R. WALLISER, Das Bürgschaftsrecht in historischer Sicht, dargestellt im Zusammenhang mit der Entwicklung des Schuldrechts in den schweizerischen Kantonen Waadt, Bern und Solothurn bis zum 19. Jahrhundert, Basel/Stuttgart 1974; G. RONCORONI, La fideiussione nelle terre ticinesi, con particolare riferimento al suo impiego procedurale, in: Studi in onore di Peter Liver, Bellinzona 1972, S. 109 ff.; J. J. LEU, Le cautionnement dans le pays de Vaud (XIIᵉ–XVIᵉ siècle), Diss. Lauvol. XXIX et XXX, Les sûretés personnelles, IIᵉ et IIIᵉ parties, Moyen âge et temps modernes, Période contemporaine, Bruxelles 1969/71; A. LECHNER, Das Obstagium oder die Giselschaft nach schweizerischen Quellen, Diss. Bern 1906.

gehen. Erst später haftete neben dem Dritten auch der Schuldner. Schließlich wurde der Dritte seinerseits zum Schuldner, indem er durch eine eigene Verpflichtung gehalten war, eine fremde Schuld zu erfüllen.

Der Garant, später der Schuldner, verpflichtete sich zunächst mit seiner Person (Personalpfand). Das schloß die Vererblichkeit aus, öffnete aber den Weg zu verschiedenartigstem Gebrauch des Instituts. Der Gläubiger erwarb dabei eine absolute (Töten, Verkauf, Verknechtung auf Lebenszeit) oder teilweise (Knechtschaft oder Arbeit bis zur Tilgung der Schuld) Herrschaft über den Garanten beziehungsweise den Schuldner. Überall kannte man – unter verschiedenen Formen – die vertragliche Geisel (obstagium, Giselschaft), die üblicherweise versprach, sich an einen bestimmten Ort zu begeben und auf ihre Kosten dort zu bleiben bis zur Befriedigung des Gläubigers, um auf diese Weise mit, wenn auch passivem Verhalten den Schuldner zur Erfüllung zu veranlassen. Recht bald kam jedoch die Vermögenshaftung auf, die schließlich die Haftung der Person ersetzte.

Sobald der Schuldner neben dem Garanten haftete, mußte ihr gegenseitiges Verhältnis zum Gläubiger geregelt werden. Der Dritte, der anfänglich selbständig verpflichtet war, übernahm nach und nach wie heute eine akzessorische Schuld, die dem angestrebten Zweck, eine Forderung zu sichern, am besten entspricht. Die ursprünglich subsidiäre Haftung des Schuldners wurde primär – wobei der Gläubiger jedoch nicht gegen den Bürgen vorgehen konnte, wenn er zuerst den Schuldner belangt hatte –, später voll solidarisch mit dem Garanten. Am Ende der Entwicklung erwarb der Bürge aus Billigkeitsgründen, wie im spätrömischen Recht, seinerseits die vorteilhafte Stellung des subsidiär Verpflichteten (beneficium excussionis). Darauf kam das beneficium divisionis für die einfachen Mitbürgen und schließlich die definitive Regelung des Rückgriffs auf den Schuldner.

2. Die alten Gesetze und coutumes waren gewiß vom römischen Recht beeinflußt. Doch scheint dieser Einfluß über den Schulbetrieb hinaus bis zur Rezeption des Corpus iuris civilis, die im Zusammenhang stand mit der Renaissance der antiken Kultur und die in den einzelnen Ländern zu verschiedenen Zeitpunkten stattfand, bescheiden gewesen zu sein. Im übrigen fand das römische Recht Rechtsinstitute vor, die ihm nahestanden, und verschmolz sich häufig mit ihnen. Daraus entstand, vor allem in Deutschland, das Gemeine Recht, welches keine Form mehr für die Bürgschaft verlangte und das im Senatusconsultum Velleianum aufgestellte Interzessionsverbot für die Frau aufgab[2].

---

[2] In Frankreich haben DOMAT und POTHIER das römische Recht assimiliert in Werken, die durch Gelehrsamkeit und Eleganz der Darstellung bestechen, insbesondere auch auf dem

So bildete sich allmählich die moderne Bürgschaft heraus, die ordentliche persönliche Sicherheit, die zum Zweck der Garantie der Schuld eines andern übernommen wird, eine eigene akzessorische Verpflichtung für eine fremde Verbindlichkeit, die zugleich Schuld und unbegrenzte Haftung beinhaltet und je nachdem primär («solidarisch») oder subsidiär (einfach) sein kann.

Dieses Institut wurde in die Kodifikationen des schweizerischen Privatrechts aufgenommen, zunächst in die kantonalen, danach in Anwendung von Art. 64 der BV vom 29. Mai 1874 in die eidgenössische. Das Obligationenrecht vom 14. Juni 1881 ließ der Privatautonomie freien Lauf, verlangte aber im Gegensatz zu den aus dem Gemeinen Recht hervorgegangenen kantonalen Kodifikationen die Schriftform. Die kleine Revision vom 30. März 1911 fügte neben Art. 497 Abs. 3, der 1941 ergänzt wurde, die Angabe des Höchstbetrages der Haftung des Bürgen bei sowie auf dem Gebiet der Wirkungen des Vertrages das Verbot, zum voraus zwar nicht auf die Sorgfaltspflicht des Gläubigers, doch wenigstens auf den Rückgriff gegen den Hauptschuldner zu verzichten (Art. 505 Abs. 2). Diese Reformen hatten keinen Erfolg: die einfache Schriftform erwies sich als ungenügend und das Erfordernis der Angabe des Höchstbetrages der Haftung als unpräzis; in den Vertragsformularen wurde die Sorgfaltspflicht des Gläubigers wegbedungen. Doch hatte schon das Zivilgesetzbuch von 1907 mehrere wirksame Einschränkungen eingeführt.

II. Gefahren der Bürgschaft und Revision von 1941

1. In einem gewissen Grad geradezu Ursache von Kredit und Verschuldung war die Bürgschaft seit jeher eine gefährliche Einrichtung, deren Mißbräuche Richter und Gesetzgeber von Anfang an – schon in Rom – bekämpft haben, vor allem um den Bürgen, der schlechter gestellt ist als der Pfandeigentümer, zu schützen. Wenn sich auch der Bürge gegenüber dem Gläubiger verpflichtet, ohne eine Gegenleistung zu erhalten, ist er sich dennoch nicht immer der Risiken bewußt, die er auf sich nimmt, denn die Wirkung seiner Verpflichtung ist nur eventuell. Da er neben dem Schuldner verpflichtet ist, dem er vertraut, gibt er sich einer falschen Hoffnung hin und glaubt an eine bloße Formsache, indem ihm die Zahlungspflicht zu häufig sehr unwahrscheinlich oder doch weit entfernt scheint. Darum verleiten ihn die dringenden Bitten eines Verwandten oder eines Freundes, verbunden

---

Gebiet des Bürgschaftsrechts. – W. GIRTANNER, Die Bürgschaft nach gemeinem Civilrechte, 1850/51; H. HASENBALG, Die Bürgschaft des gemeinen Rechts, 1870.

mit seiner Leichtgläubigkeit und Unerfahrenheit, leichthin eine Verpflichtung zu unterschreiben, die gelegentlich in keinem Verhältnis steht zu seinen
finanziellen Fähigkeiten, wenn er sich nicht gar in die gegenseitige Bürgschaft verirrt.

Die Bürgschaft, die in der Schweiz sehr verbreitet ist, mehr als anderswo,
ist indessen ein notwendiges Kreditinstrument, sofern Gläubiger und Schuldner seriös davon Gebrauch machen. Sie würde sogleich ersetzt – und beim
Fehlen von wirksamen, als besser eingeschätzten Garantien eher schlecht –,
wenn man ihre Wirksamkeit und dadurch ihre Existenz selbst zum Schaden
der Wirtschaft durch eine zu weit gehende Begünstigung des Bürgen in Frage
stellen würde, wenn nicht beim Abschluß des Vertrages, der in der Tat reif-
lich überlegt sein will, so doch bei dessen Wirkungen, vor allem im Verhältnis zum Gläubiger. Indessen gilt es auf der Hut zu sein. Die Praxis – vor
allem im Bankgeschäft – hat nämlich immer versucht, den Verzicht auf die
Vorteile zu erlangen, die dem Bürgen nach und nach eingeräumt worden
sind. So hat sich – außerhalb der gesetzlichen oder richterlichen Bürgschaft –
die solidarische Verpflichtung durchgesetzt, selbst da, wo das Gesetz wie in
Frankreich nur die einfache Bürgschaft kennt.

2. Zweifellos wegen der großen Zahl der vom Mittelstand unseres Landes
eingegangenen Bürgschaftsverpflichtungen haben der erste Weltkrieg und
die Nachkriegszeit, vor allem aber die Wirtschaftskrise, die der Bürgschaft
innewohnenden Gefahren in der Schweiz mehr als anderswo an den Tag gebracht und das Parlament dazu geführt, das Gesetz zu revidieren, während
man in den Nachbarländern beim bisherigen Recht blieb – was die Revision
auf internationaler Ebene interessant macht.

Den Unannehmlichkeiten der Krise, die zahlreiche Sicherheiten fällig werden ließ, begegnete der Gesetzgeber zunächst durch Noterlasse, die neben
der Hauptschuld vor allem die bestehenden Bürgschaften von zahlungsunfähig gewordenen Personen in der Landwirtschaft, der Hotellerie und dem
Stickereigewerbe betrafen (Betreibungsstillstand und Erstreckung der Nachlaßstundung, Zinserlaß, Herabsetzung der Haftung beziehungsweise der
Bürgschaftsfähigkeit)[3].

Doch die interessierten Kreise wurden sich sogleich bewußt, daß das
Drama der Bürgen tiefere, dauerhafte Ursachen hatte. Diese riefen einer Re-

---

[3] Neben den Werken über die Entstehung des Gesetzes von 1941 und dem Bericht über den
Vorentwurf vom Juni 1937 vgl. A. COMMENT, Les atteintes portées au droit civil par des
mesures législatives exceptionnelles, und K. OFTINGER, Gesetzgeberische Eingriffe in das
Zivilrecht, beide ZSR 1938, S. 215 a ff. und S. 481 a ff.

vision des ordentlichen Bürgschaftsrechts, die sich als langwierig und schwierig erwies. Unter Verzicht auf ein – stoßendes – Privileg für die betroffenen Regionen beziehungsweise Bevölkerungsschichten (abgesehen davon, daß die im Handelsregister eingetragenen Personen gelegentlich unterschiedlich behandelt werden) und unter Vermeidung von Einbrüchen in das Prinzip der Vertragstreue bemühte man sich eher, unbedachte Vertragsschlüsse zu verhindern und sodann die Bürde der gültig eingegangenen Bürgschaft zu erleichtern, soweit dies mit dem Sicherungszweck verträglich ist. Aus verschiedenen Kreisen, sowohl auf seiten der Schuldner wie der Gläubiger, aus politischen Versammlungen auf kantonaler und eidgenössischer Ebene, schließlich auch aus dem Schweizerischen Juristenverein (Referate von HENRY und STAUFFER am Juristentag 1935) kamen die mannigfachsten Vorschläge und Argumente. Das Gesetz vom 10. Dezember 1941, in Kraft getreten am 1. Juli 1942, dessen Text zum Schaden der Verständlichkeit schwerfällig ist, versuchte zwischen den sich widersprechenden Interessen empirisch einen billigen Ausgleich zu finden. Es verzichtet auf die Publizität eines Registers, beschränkt aber die Bürgschaftsfähigkeit und erhöht die Formerfordernisse; es verbessert die Stellung des Bürgen – vor allem des solidarischen – hinsichtlich der Belangbarkeitsvoraussetzungen und des Ausmaßes seiner Verpflichtung und befreit ihn in verschiedenen Fällen völlig; schließlich verstärkt es die Pflichten des Gläubigers und das Rückgriffsrecht gegen den Hauptschuldner, und es regelt das Erlöschen des Vertrages im besten Interesse des Verpflichteten. Über dem Ganzen – und darin liegt die Wirksamkeit des Gesetzes – steht zum Schutze des Bürgen eine generelle Unabdingbarkeitsklausel.

III. Die Quellen des Bürgschaftsrechts

Die Bürgschaft ist geregelt durch allgemeine und spezielle, ordentliche und außerordentliche (Krieg, Krisen, Devisenmarkt) Bestimmungen, die sowohl dem privaten wie dem – eidgenössischen oder kantonalen – öffentlichen Recht angehören.

Neben dem auf den 1. Juli 1942 in Kraft gesetzten Zwanzigsten Titel (Art. 492–512 OR), für den besondere Übergangsbestimmungen bestehen, finden sich im Obligationenrecht einzelne verstreute Vorschriften (Art. 114 Abs. 1, 116 Abs. 2, 117 Abs. 3 und 121; Art. 135, 136 Abs. 2 und 3 und 141 Abs. 3; Art. 170 Abs. 1 und 178 Abs. 2; Art. 568 Abs. 3), wozu diejenigen im Zivilgesetzbuch (Art. 177 Abs. 3, 395 Abs. 1 Ziff. 9, 408 und 305, 582, 591, 637 Abs. 2) und im Bundesgesetz über Schuldbetreibung und Konkurs (Art. 129

und 143, 156 und 259; Art. 149; Art. 215, 216 und 217; Art. 232 Ziff. 5; Art.
277; Art. 298, 303 und 317; Art. 317i) zu zählen sind. Die Art. 67–71 des
Zollgesetzes vom 1. Oktober 1925 regeln die Zollbürgschaft. Der Bundesbeschluß vom 22. Juli 1949 will die gewerblichen Bürgschaftsgenossenschaften fördern; das Bundesgesetz vom 25. Juni 1976 erleichtert die Bürg-
schaftsgewährung in Berggebieten, indem es Beiträge an eine dieser Genossenschaften vorsieht.

Aus der Krisengesetzgebung, die insoweit zum ordentlichen Recht geworden ist, sind nur noch die Maßnahmen zugunsten der Landwirtschaft übrig-
geblieben (Art. 33–37 und 41 des EGG vom 12. Juni 1951; Art. 11 Abs. 2,
15 Abs. 2 und 3, 18–20, 30–32, 34 Abs. 2, 36, 37 Abs. 5, 45 Abs. 2, 53–56,
61–63, 68 und 69 des LEG vom 12. Dezember 1940).

Zahlreiche eidgenössische und kantonale Gesetze (letztere manchmal ergänzt durch ein Konkordat) sehen die Sicherheitsleistung vor, insbesondere
im Verfahrensrecht und im Hinblick auf die Ausübung gewisser Berufe oder
Tätigkeiten[4]. Doch scheint es, daß Bürgschaften im eigentlichen Sinne immer
weniger angenommen werden[5].

IV. Der Anwendungsbereich des Zwanzigsten Titels des Obligationenrechts

Mangels eines Vorbehaltes findet der Zwanzigste Titel des Obligationenrechts auch Anwendung auf Bürgschaften des (privaten oder öffentlichen)
kantonalen Rechts, das jedoch die Pflicht zur Sicherheitsleistung regelt. Für

---

[4] Nach Art. 68 Abs. 3 des Zollgesetzes richten sich die Rechtsverhältnisse zwischen dem
   Hauptschuldner und dem Bürgen sowie zwischen mehreren Bürgen nach den Vorschriften des Obligationenrechts, diejenigen zwischen den Bürgen und dem Bund dagegen nach
   dem Zollgesetz (Art. 61–71, vorbehalten durch die Übergangsbestimmungen des Bürgschaftsrechts). Art. 31 BV verbietet nicht, die Viehhändler zur Kautionsleistung zu verpflichten (BGE 48 I, 1922, S. 274). Wenn die Ausübung eines Berufs von der Leistung
   einer Sicherheit abhängig gemacht wird, greift man mehr und mehr zur Versicherung
   (BREHM, S. 170 ff.). – BGE 96 IV, 1970, s. 87 ff.: Sicherheitsleistung durch Bürgschaft, die
   vom Bundesanwalt im gerichtspolizeilichen Ermittlungsverfahren angeordnet worden ist.
   – Ein Konkordat vom 5./20. November 1903 befreit den Kläger von der Verpflichtung
   zur Sicherheitsleistung für die Prozeßkosten (SR 273.2; AS 1976 I, S. 811).
      In Anwendung von Art. 6 Abs. 2 des BB vom 30. Juni 1972 über Maßnahmen gegen
   Mißbräuche im Mietwesen haben gewisse Kantone die Verwendung der (einfachen oder
   solidarischen) Bürgschaft beschränkt (BGE 102 Ia, 1976, S. 372).
[5] Vgl. Art. 5 des BG über die Kautionen («Cautionnements») der Versicherungsgesellschaften vom 4. Februar 1919; Art. 4 der VO des Bundesrates über Sicherstellungen zugunsten der Eidgenossenschaft vom 21. Juni 1957; BIRCHMEIER, Bundesrechtspflege,
   Zürich 1950, N. 5 zu Art. 150 OG.

die Wechsel- und Checkbürgschaft (Aval) gelten dagegen besondere Vorschriften[6].

Das spezielle Übergangsrecht von 1941 ist nicht mehr von praktischem Interesse.

Was das internationale Privatrecht anbetrifft, so sah Art. 512 des Vorentwurfes I ausnahmsweise eine Regelung vor. Sie wurde jedoch nicht ins Gesetz aufgenommen. Wir verweisen daher auf die Lehre, die sich mit diesem Spezialgebiet befaßt[7], sowie auf die Rechtsprechung. Von besonderen Fragen wie Form, Handlungsfähigkeit usw. und von der Parteiautonomie abgesehen, werden sowohl die Bürgschaft (ihr akzessorischer und subsidiärer Charakter, die Einreden des Bürgen, die Wirkungen der Zahlung usw.) und erst recht der Garantievertrag, der eine selbständige Verpflichtung enthält, unabhängig von der Hauptschuld angeknüpft. Anknüpfungspunkt ist dabei der Wohnsitz oder der gewöhnliche Aufenthalt des Bürgen beziehungsweise des Garanten, dessen Verpflichtung für den Vertrag charakteristisch ist. Das auf die Hauptschuld anwendbare Recht ist jedoch maßgebend, soweit die Sicherheit von Bestand und Ausmaß dieser Schuld abhängig ist. Das Bundesgericht betrachtet die öffentliche Beurkundung und die Angabe des Höchstbetrages der Haftung als nicht um des schweizerischen ordre public willen aufgestellte Vorschriften[8]. Die internen Beziehungen zwischen Schuldner und Bürgen (oder zwischen Mitbürgen) folgen ihrem eigenen Recht.

V. Zwingendes Recht und Vertragsfreiheit

Grundsätzlich läßt das Obligationenrecht der Privatautonomie der Parteien «innerhalb der Schranken des Gesetzes» weitesten Raum, insbesondere was die Freiheit der Gestaltung des Inhalts des Vertrages betrifft (Art. 19 OR), das heißt die Freiheit, nicht auf gesetzlich vorgegebene Vertragstypen be-

---

[6] BGE 38 II, 1912, S. 131; 43 I, 1917, S. 64 Erw 2 (Bürgschaft an Stelle der effektiven Leistung eines Prozeßkostenvorschusses gemäß der ZPO des Kantons Wallis vom 30. Mai 1856). – BGE 44 II, 1918, S. 145 (Aval).

[7] W. Schönenberger, Kommentar, Einleitung, IPR N. 311–317 (Bürgschaft und Garantievertrag); E. Beck, Die Bürgschaft im internationalen Privatrecht der Schweiz, ZBJV 1935, S. 514 ff.; M. Domke, Le projet suisse sur le conflit de lois en matière de cautionnement, Journal du droit international (Clunet) 1938, S. 417 ff.; A. Schnitzer, Handbuch des Internationalen Privatrechts, 4. Aufl., S. 744, und SJK Nr. 975, VIII, nachgeführt am 15. Juni 1976; F. Vischer, Schweizerisches Privatrecht, Bd. 1, Basel 1969, S. 677 (und zitierte Entscheide); S. Giovanoli, Osservazioni sulla nascita della fideiussione in diritto internazionale privato svizzero, in: Studi in onore di Peter Liver, Bellinzona 1972, S. 47; ders., Kommentar, 2. Aufl., Vorbemerkungen zu Art. 492–512 OR, S. 16–24; M. Keller, Die Subrogation als Regreß im Internationalen Privatrecht, SJZ 1975, S. 305 ff. und 325 ff. (vgl. auch SJZ 1972, S. 1 ff., 40 ff. und 74 ff.; 1978, S. 171 ff.).

[8] BGE 93 II, 1967, S. 379 ff. – Über Art. 501 Abs. 4 OR vgl. § 52, II 4 und Anm. 19.

schränkt zu sein und vor allem, durch besondere Abreden die gesetzlichen Folgen der vom Gesetzgeber geregelten Vertragstypen abändern zu können durch Vereinbarung von accidentalia an Stelle der naturalia negotii. Im Zwanzigsten Titel verhält es sich gleich.

Doch das zwingende Recht setzt sich mehr und mehr durch[9]. Nach Art. 492 Abs. 4 OR kann der Bürge auf die ihm in diesem Titel eingeräumten Rechte[10] nicht zum voraus verzichten, soweit sich aus dem Gesetz nicht etwas anderes ergibt. Die Ausnahme ist von Gewicht, denn die Revision von 1941 hat die Pflichten beziehungsweise Obliegenheiten des Gläubigers und dadurch ebensosehr die Rechte des Bürgen beträchtlich erweitert. Sie war sehr umstritten. Die Generalklausel, von der die Befürworter Klarheit und Sicherheit erwarteten, obsiegte schließlich. Sie hat die Entwicklung der Bürgschaft nicht verhindert. Es war ein geeignetes Mittel, um den Schwachen und Unerfahrenen vor den Kreditinstituten zu schützen. Diese traten mit ausschließlich zu ihrem eigenen Vorteil ausgestalteten Formularen auf, denen der Bürge beitrat, ohne sie zu lesen, jedenfalls ohne sich über die Verzichte, die man von ihm verlangte, und insbesondere über deren Tragweite Rechenschaft zu geben[11]. Schon Art. 505 Abs. 2 des OR von 1911 verbot, zum voraus auf den Übergang der Gläubigerrechte gegen den Hauptschuldner zu verzichten.

Der Verzicht ist immer zulässig, n a c h d e m sich der Tatbestand verwirklicht hat, der dem Bürgen ein Recht gewährt. Er ist es aber auch z u m v o r a u s, «soweit sich aus dem Gesetz etwas anderes ergibt». Diese (ausdrücklichen oder stillschweigenden) Ausnahmen von der lex specialis des Art. 492 Abs. 4 OR sind selten; doch die Banken vergessen sie nicht in ihren Formularen (Art. 495 Abs. 4, 496 Abs. 2, 497 Abs. 2, 4. Satz, und Abs. 4, Art. 499 Abs. 2 und 3, 500 Abs. 1, 1. Satz, und Art. 501 Abs. 4 am Ende; andere Bestimmungen, die abweichende Vereinbarungen vorbehalten: Art. 507 Abs. 2 und 512 Abs. 4).

---

[9] Versicherungsvertrag (Art. 97 und 98 VVG), dann Agenturvertrag, Abzahlungsvertrag, Anlagefonds, neues Arbeitsvertragsrecht (Art. 361 und 362 OR).

[10] Neben Rechten hat der Bürge auch gewisse Sorgfaltspflichten, vor allem diejenige des Art. 502 Abs. 1 OR, nämlich die Obliegenheit, dem Gläubiger alle Einreden entgegenzuhalten, die dem Hauptschuldner oder dessen Erben zustehen und die sich nicht auf die Zahlungsunfähigkeit des Hauptschuldners stützen. Ein Versagen in dieser Hinsicht berührt jedoch seine Beziehung zum Gläubiger nicht, sondern nur diejenige zum Hauptschuldner. Die Sanktion besteht einzig in der Gefährdung des Rückgriffs gegen diesen (Abs. 3).

[11] JÄGGI, N. 36 der Vorbem. vor Art. 1 OR, N. 544 ff. zu Art. 1 und N. 24 ff. zu Art. 6 OR, vor allem aber N. 427–525 zu Art. 1 OR mit der zitierten Lehre; H. MERZ, Massenvertrag und Allgemeine Geschäftsbedingungen, in: Festgabe W. Schönenberger, Freiburg i. Ue. 1968, S. 137 ff., und Le contrôle judiciaire des conditions générales du contrat en droit suisse, Sem. jud. 1975, S. 193 ff. (wo verschiedene Genfer Juristen zitiert sind: PATRY, YUNG, ENGEL und PERRIN); PH. NORDMANN, Le contrat d'adhésion, abus et remèdes, Diss. Lausanne, Fribourg 1974; H. KELLER, Allgemeine Geschäftsbedingungen, Bern 1970.

Zahlreich und wichtig sind dagegen die zwingenden Vorschriften. Zunächst diejenigen, die die Entstehung, die Abänderung und die Beendigung des Vertrages regeln: Art. 493, 494, 499 Abs. 1, 500 Abs. 1, 2. Satz, und Art. 509 OR. Sodann die Bestimmungen bezüglich der Rechte des Bürgen und der «Pflichten» des Gläubigers: Art. 496 Abs. 1, 497 Abs. 2 und 3, 501 Abs. 1–3, 502, 503, 504 Abs. 1 und 2, 505 Abs. 1 und 2, 506, 507 OR – mit den in Abs. 2, 4 und 6 vorgesehenen Ausnahmen –, Art. 508 Abs. 3, 510 und 511 OR.

Die Sanktion des Art. 492 Abs. 4 OR liegt darin, daß jede Abrede, durch welche der Bürge zum voraus auf die durch diese Bestimmung geschützten Rechte verzichtet, nichtig ist, wobei aber die Bürgschaft als solche mit dem gesetzlichen Inhalt bestehen bleibt.

Anders verhält es sich dagegen mit dem Verbot des Verzichts auf das Recht, dem Gläubiger die Einreden entgegenzuhalten, die dem Hauptschuldner oder seinen Erben zustehen und die sich nicht auf die Zahlungsunfähigkeit des Hauptschuldners stützen (Art. 502 Abs. 1, 1. Satz OR). Hier geht es um den akzessorischen Charakter der Bürgenschuld. Dieser gehört zum Wesen des Vertrages. Doch wenn auch die Einwendungen im eigentlichen Sinne die Gültigkeit der Hauptschuld – eine Voraussetzung für die Verpflichtung des Bürgen – berühren, und obgleich den Verzicht auf die Einreden zulassen wohl bedeutet, den Mitverpflichteten schlechter zu stellen als den Hauptschuldner[12], kann der Verpflichtete dennoch zum voraus oder nach Abschluß des Bürgschaftsvertrages auf diese Behelfe verzichten. Nur verpflichtet er sich dann, gegebenenfalls durch Abänderung eines ursprünglichen Vertrages, als Garant oder durch eine kumulative Schuldübernahme, und Art. 492 Abs. 4 OR ist nicht mehr im Spiel. Wenn aber trotz eines allgemeinen Verzichts dem Wortlaut nach die Auslegung ergäbe, daß eine akzessorische Sicherheit gewollt war, was sehr selten sein dürfte, käme die Bestimmung zur Anwendung, ebenso wenn sich der Verzicht nur auf eine bestimmte Einrede bezieht, ohne das Wesen der Bürgschaft, nämlich das Prinzip der Akzessorietät, zu beeinträchtigen[13].

---

[12] STAUFFER, S. 105a, Ziff. 3; SCHÖNENBERGER, N. 33 zu Art. 502 OR.
[13] KLEINER, S. 73 ff. – Man kann sich auch dazwischen liegende Fälle vorstellen, bei welchen der Verpflichtete durch teilweisen Verzicht auf die Einreden seine Verpflichtung in einem gemischten Vertrag je nachdem, ob die Akzessorietät bleibt oder im wesentlichen ausgeschaltet wird, mehr der Bürgschaft oder dem Garantievertrag annähert. Das Gesetz sieht selbst solche Fälle vor. Bei den in Art. 492 Abs. 3, 502 Abs. 1, 2. Satz, und Art. 507 Abs. 6 OR geregelten Sicherheiten hat es sich für den Garantievertrag entschieden; doch haftet der Garant (der «einsteht», nicht «verbürgt») wie eine Bürge. Nur Art. 501 Abs. 4 OR läßt die Bürgschaft trotz des Verzichts auf eine Einrede, die sich auf die Akzessorietät bezieht, bestehen.

§ 51. Das Wesen der Bürgschaft

I. Vertrag, der eine Verpflichtung zu Lasten des Bürgen begründet

Die Bürgschaft ist ein Vertrag, durch welchen sich jemand (der Bürge) gegenüber dem Gläubiger eines Schuldners verpflichtet, akzessorisch für die Erfüllung der Hauptschuld einzustehen[1].

1. Der Vertrag wird zwischen zwei Parteien abgeschlossen, von denen die eine zugleich Gläubiger des Hauptschuldners und des Bürgen ist[2].

Jede Vertragspartei kann aus einer Mehrheit von Personen bestehen. Doch nimmt der Hauptschuldner nicht am Vertrag teil, dem gelegentlich ein Versprechen des Bürgen gegenüber der einen oder andern Partei der Hauptschuld vorausgeht, auch wenn er bei den Vertragsverhandlungen dabei war und sich zur Leistung der Sicherheit verpflichtet hat. Die Bürgschaft ist insbesondere unabhängig (abstrakt) von der Beziehung, die den Hauptschuldner an den Bürgen bindet (Deckungsverhältnis)[3], der sich übrigens verpflichten kann, ohne dazu beauftragt zu sein und sogar ohne daß der Schuldner es weiß (Art. 2014 CCfr.). Und wenn der Bürge auf Grund einer ungültigen Bürgschaft leistet, muß die Bereicherungsklage gegen den Gläubiger gerichtet werden, jedenfalls solange der Hauptschuldner noch belangt werden kann und daher nicht endgültig bereichert ist[4].

---

[1] In Frankreich wird der Vertrag als «ziviles» Rechtsgeschäft angesehen, auch wenn er eine Schuld aus einem «Handelsgeschäft» sichert, es sei denn, der Bürge habe ein persönliches Interesse an der Sache.

[2] Der Bürge kann sich nicht in die Beziehung zwischen den Parteien der Hauptschuld einmischen (z.B. den Schuldner zur Zahlung oder den Gläubiger zur Klage zwingen), soweit dies das Gesetz nicht erlaubt (BGE 41 III, 1915, S. 98).

[3] Diese Beziehung ist nur ein Motiv für die Verpflichtung des Bürgen (Art. 24 Abs. 2 OR). Ist aber der vom Hauptschuldner und vom Bürgen angestrebte Zweck für den Gläubiger erkennbar, so kann er eine notwendige Grundlage der Bürgschaft bilden.

Der Bürge ist jedoch kein «Dritter», wenn er bezahlt; im Verhältnis zum Gläubiger gilt seine Leistung als Erfüllung durch den Hauptschuldner. Schon deshalb kann man bezweifeln, ob über die Subrogation von Art. 507 OR hinaus Art. 110 Ziff. 2 OR anwendbar sei, selbst wenn der Bürge wirklich an Stelle des Hauptschuldners leisten würde (Art. 68 OR) oder sich diese Möglichkeit in solutione vorbehalten hätte (BGE 53 II, 1927, S. 29). Jedenfalls wäre es als Gesetzesumgehung zu betrachten, wenn der Bürge im Einverständnis mit dem Hauptschuldner zum alleinigen Zweck intervenierte, die Regel «nemo subrogat contra se» auszuschalten und dem Gläubiger so eine Sicherheit zu entziehen.

[4] BGE 70 II, 1944, S. 271 und 92 II, 1966, S. 340, Erw 6. In Erfüllung der Schuld eines Dritten bezahlt werden, heißt sich bereichern. Im Vermögen des Gläubigers wird eine unsichere Forderung durch einen sichern Wert ersetzt. Cavin (JdT 1945 I, S. 272) hält

2. Die Bürgschaft begründet eine Verpflichtung. Anders als der Verpfänder übernimmt der Bürge eine Schuld mit unbegrenzter Haftung. Von Gesetzes wegen ist nur er verpflichtet; der Vertrag ist einseitig verpflichtend (unilateral). Weder die Übergabe von Titeln und Sicherheiten oder die Auskunftspflicht gegenüber dem Bürgen noch die gesetzliche Subrogation bei der Zahlung, auch wenn sie vertraglich verstärkt wird, sind selbständige Gegenleistungen des Gläubigers. Doch kann die Bürgschaft im Rahmen eines synallagmatischen Vertrages, der einen Vertrag zugunsten eines Dritten (des Hauptschuldners) enthalten kann, vereinbart werden, mit den Wirkungen eines derartigen Austauschgeschäfts.

Der Gläubiger übernimmt demnach nur Nebenverpflichtungen gegenüber dem Bürgen. Wohl auferlegt ihm das Gesetz gewisse «Pflichten» (Art. 503 Abs. 1, 3 und 4, 504 und 505; Art. 510 und 511 OR). Sie implizieren die Einmischung des Bürgen in die Beziehungen zwischen Gläubiger und Schuldner oder verlangen vom ersteren eine gewisse Sorgfalt, um die allfälligen Rechte des Bürgen, vor allem sein Rückgriffsrecht, nicht zu gefährden. Diese «Pflichten», die häufig mit dem Grundsatz von Treu und Glauben (Art. 2 ZGB) verknüpft werden – vor allem die Sorgfaltspflicht –, sollen wohl den Gläubiger gegenüber seinem Vertragspartner oder in seinem eigenen Interesse ebenfalls zu einem bestimmten Verhalten, wie die eigentliche Obligation, veranlassen, doch räumen sie dem Bürgen als Gegenleistung für dessen Verpflichtung weder eine Forderung (ein Recht) noch eine Klage ein, und zwar auch nicht auf Schadenersatz. Sie obliegen dem Gläubiger einzig unter der Sanktion, bei Nichterfüllung einen andern Nachteil zu erleiden (Verlust oder Verminderung eines Rechts, Entstehung eines Gestaltungsrechts usw.); dabei schädigt der Gläubiger allenfalls sich selbst, verletzt aber nicht das Recht eines andern. Das sind keine Obligationen, auch nicht unvollkommene, sondern Voraussetzungen, deren Erfüllung die Hauptleistung sichert, die in diesem Sinne von ihnen abhängt. Wenn auch die Revision des Gesetzes empirisch war und man die Rechtsstellung des Bürgen durch recht verschiedenartige Mittel verbessern wollte, kann man diese gesetzlichen Beschränkungen doch unter der Kategorie der Obliegenheiten[5] zusammenfassen, wobei nicht zu übersehen ist, daß jede von ihnen einer besonderen Regelung unterliegt (vgl. § 55, 1. Abs.).

---

dafür, daß der Bürge, der die (subsidiäre) Bereicherungsklage verjähren läßt oder darauf verzichtet, den Hauptschuldner auf der – günstigeren – Grundlage seines ordentlichen Rückgriffs (der actio mandati contraria) belangen muß, da die Ausführung des Auftrags nicht «unrichtig» war (Art. 402 OR).

[5] JÄGGI, Vorbem. 78 zu Art. 1 OR, von dem wir auch die Einteilung der unvollkommenen Obligationen übernommen haben. CAVIN hat die Rechtsnatur der «Verpflichtungen» des

Obwohl sie grundsätzlich nur eine einzige Obligation begründet und für den Gläubiger unentgeltlich ist, ist die Bürgschaft – und nicht nur ihre Erfüllung solvendi causa – doch nicht als Schenkung zu betrachten. Der Bürge will gegenüber dem Gläubiger keine unentgeltliche Zuwendung vornehmen, während dieser sein Vermögen nicht vergrößert und nichts erlangt über das hinaus, was ihm der Hauptschuldner schuldet. Der Hauptschuldner seinerseits erhält vom Bürgen, sofern dieser nicht eine Entschädigung verlangt[6], einen Freundesdienst, der in der Regel keine Schenkung darstellt (vgl. Art. 507 Abs. 3 OR und hinten § 59, I 2. Abs.).

II. Sicherung einer Forderung

A. Nach dem Wortlaut des Gesetzes steht der Bürge für die Erfüllung einer S c h u l d ein und setzt jede Bürgschaft eine zu Recht bestehende Hauptschuld voraus (Art. 492 Abs. 1 und 2 OR). Eine bloß sittliche Pflicht genügt also nicht. Fehlt es an einer Hauptschuld, so kann allenfalls nur ein Garantievertrag vorliegen[7]. Auf den Gegenstand der Schuld kommt es nicht an, wenn er nur in Geld ausgedrückt werden kann, ebensowenig auf ihren Entstehungsgrund (Rechtsgeschäft oder unerlaubte Handlung, Gesetz oder Urteil; öffentliches oder privates Recht: Art. 493 Abs. 3, 500 Abs. 2, 503 Abs. 2, 509 Abs. 3, 510 Abs. 1 und Art. 512 Abs. 1 und 2 OR)[8].

B. Die Bürgschaft ist von ihrer c a u s a nicht unabhängig. Diese ist vielmehr in dem Sinne qualifiziert, als sie geradezu ihr Wesen bildet. Eine erste Schuld durch Beifügung einer zweiten zu sichern, ist der von den Parteien unmittelbar angestrebte Zweck (Sicherungszweck), der zur gemeinsamen

---

Gläubigers im neuen Bürgschaftsrecht studiert. Seine Kritik ist richtig, doch zögert er gerade wegen der Verschiedenheit der gesetzlichen Bestimmungen, eine Lösung vorzuschlagen (ZSR 1944, S. 280 ff.). – Für das Privatversicherungsrecht vgl. ROELLI/KELLER, Kommentar zum schweizerischen Bundesgesetz über den Versicherungsvertrag, 2. Aufl., Bd. I, Bern 1968, zu Art. 45, S. 638. – Für die Bürgschaft im französischen Recht AUBRY/ RAU, § 429, N. 23.

[6] REICHEL, SJZ 1914/15, S. 104 (condicionis implendae causa). – STAMMLER, S. 52; STAUDINGER, N. 6 der Vorbem. zum Bürgschaftsrecht. – Die Frage ist in Frankreich umstritten, doch handelt es sich vielleicht nur um einen Streit um Worte: MAZEAUD, N. 12, S. 19; MARTY/RAYNAUD, N. 543, S. 336. – Die Anwendung von Art. 286 Abs. 2 SchKG ist jedoch dennoch möglich: BGE 31 II, 1905, S. 352.

[7] So verhält es sich mit der Dividendengarantie (BGE 46 II, 1920, S. 157).

[8] Die Hauptschuld kann eine Unterlassung oder ein rechtliches bzw. tatsächliches Verhalten zum Gegenstand haben. – Eine Bank kann eine Warenlieferung verbürgen (REICHWEIN, S. 376).

   Wird ein ganzes Schuldverhältnis verbürgt, so bezieht sich die Bürgschaft auf die Forderungen, die daraus hervorgegangen sind oder in Zukunft hervorgehen werden (Forderungen aus Miete, aus Kreditgewährung, aus einem Kontokorrentverhältnis, aus Arbeitsvertrag oder aus einem Beamtenverhältnis). Daraus ergeben sich Besonderheiten hinsichtlich des Ausmaßes der Sicherheit und ihres Erlöschens sowie hinsichtlich der Beendigung der unbefristeten Bürgschaft (hinten § 52, III 3 und Anm. 25, § 58, II A 1). Der Zwanzigste Titel hat nie das Schuldverhältnis als Ganzes im Auge, sondern stets die einzelne Forderung.

Vertragsgrundlage gehört. Die Bürgschaft ist nicht etwa eine Einrichtung, die durch eine bloße Nebenwirkung als Sicherheit dienen könnte, sondern es liegt im Gegenteil in ihrer Natur, diese Funktion zu erfüllen. Und das ist auch ihr einziger Zweck, während die causa der Hauptschuld sowie diejenige der Beziehung zwischen Bürge und Schuldner ganz verschiedenartig sein kann.

1. Weil der Bürge nur bezweckt, eine Forderung zu sichern, schuldet er nur, wenn der Hauptschuldner nicht erfüllt. Daraus folgt notwendig, daß er dem Gläubiger die Einreden, die sich auf die Zahlungsunfähigkeit des Hauptschuldners stützen, nicht entgegenhalten kann (Art. 502 Abs. 1 OR).

2. Aus dem Sicherungszweck ergeben sich ferner – auch für die Solidarbürgschaft – zwei andere Konsequenzen, die dem Solidarschuldverhältnis und vor allem der kumulativen Schuldübernahme[9] fremd sind.

a) Einerseits ist der erhoffte Erfolg immer die Erfüllung der Schuld eines Dritten. Der angestrebte Zweck liegt damit außerhalb des Vertrages (Fremdzweck), und der Bürge haftet für eine fremde Schuld. In der Tat kann ein Schuldner seine eigene Schuld nicht verbürgen; jedenfalls würde er dadurch seine Haftung nicht ausweiten, da er ohnehin schon mit seinem ganzen Vermögen für die zu sichernde Schuld einstehen muß (Art. 160 OR schafft einen psychologischen Zwang, mit antizipierter Bemessung des Schadens)[10].

---

[9] Wird bei der kumulativen Schuldübernahme dem Übernehmer das beneficium excussionis eingeräumt, so ändert das am Wesen seiner Verpflichtung nichts, sondern diese wird einfach bedingt (subsidiär).

[10] Die nachträgliche Vereinigung von Hauptschuld und Bürgenschuld bzw. der Hauptschuldner- und der Bürgeneigenschaft in derselben Person (so etwa, wenn der eine den andern beerbt) ist keine Konfusion (durch welche die Forderung erlischt; Art. 118 OR) und ist an sich nicht unmöglich; es würde sich dabei um eine – wenig natürliche – Konkurrenz verschiedener Schulden handeln. In einer speziellen Bestimmung ordnet das Gesetz an, daß dem Gläubiger in diesem Falle die ihm aus der Bürgschaft zustehenden besonderen Vorteile gewahrt bleiben.

Der Schuldner kann seine eigene Schuld verbürgen für den Fall, daß sie von einem Dritten übernommen wird. Ebenso kann der Gläubiger für den Fall der Zession seine eigene Forderung verbürgen, auch wenn der Zessionar noch nicht bekannt ist (BGE 38 II, 1912, S. 132; REICHEL, SJZ 1913/14, S. 47, der einen Vertrag zugunsten Dritter annimmt).

Was Art. 568 Abs. 3, 2. Satz OR anbetrifft, der in Abweichung von der früheren Praxis eine Streitfrage löst, so bildet diese Bestimmung nicht eigentlich eine Ausnahme, da zwei verschiedene Vermögenskomplexe – ja zwei verschiedene Wesenheiten – vorliegen; sie erlaubt es, gewisse Beschränkungen der gesetzlichen Haftung des Gesellschafters auszuschließen und diese derjenigen des Solidarbürgen gleichzustellen (Ausschaltung der Subsidiarität und andere Vorteile für den Gläubiger). Desgleichen kann der Kommanditär eine Schuld der Gesellschaft in dem die Kommanditsumme übersteigenden Betrag verbürgen (BGE 57 II, 1931, S. 358). SIEGWART, N. 3–9 zu Art. 568/69 und N. 1 zu Art. 610–612 OR; STAUFFER, ZSR 1935, S. 37a; REICHEL, SJZ 1921/22, S. 265; VON BÜREN, Schweizerisches Obligationenrecht, Bes. Teil, Zürich 1972, S. 305/06.

b) Anderseits kann die Bürgschaft nur akzessorisch sein (Nebenschuld). Diese Eigenschaft, die bei der Revision noch verstärkt wurde, ist für sie wesentlich. Wenn sie einzig die Sicherung einer Forderung bezweckt, setzt das voraus, daß diese besteht, wenn der Bürge belangt wird, wobei der Gläubiger hiefür beweispflichtig ist. Nicht die Erbringung einer Leistung an sich – also ein Erfolg – wird sichergestellt, sondern diese Leistung als Gegenstand einer rechtsgültigen Schuld, das heißt soweit sie geschuldet ist. Die Verpflichtung des Bürgen ist mit andern Worten beschränkt auf das, was zur Erreichung des angestrebten Zweckes, nämlich der Sicherung einer Forderung, genügt. Das Abhängigkeitsverhältnis ist daher wesentlich, zunächst in dem Sinne, daß die Hauptschuld bestehen muß, aber auch insoweit, als der Inhalt der Schuld des Bürgen grundsätzlich durch das Verhalten des Hauptschuldners bestimmt wird.

Kurz gesagt macht der von den Parteien angestrebte Zweck die Bürgenschuld zu einer akzessorischen Verpflichtung, die dazu bestimmt ist, eine fremde Schuld zu sichern.

C. Darin erschöpft sich das Wesen der Bürgschaft. Doch kann das positive Recht die Sicherheit in verschiedener Weise ausgestalten. Das Gesetz von 1941 betont die Garantiefunktion.

1. Dies gilt zunächst auf dem Gebiet der allgemeinen Wirkungen des Vertrages.

a) Da der angestrebte Zweck in der persönlichen Garantie besteht, kann der Bürge gegen Leistung von Realsicherheit verlangen, daß der Richter die Betreibung gegen ihn einstellt, bis alle Pfänder verwertet sind und gegen den Hauptschuldner ein definitiver Verlustschein vorliegt oder ein Nachlaßvertrag abgeschlossen worden ist (Art. 501 Abs. 2 OR), obwohl die Fälligkeit der Haupt- und jene der Bürgenschuld unter Vorbehalt von Art. 501 Abs. 1 und 3 OR und abweichender Abrede der Parteien gleich sind. Diese zwingende Einstellung der Betreibung errichtet eine Rangordnung unter den Sicherheiten und verstärkt die Subsidiarität der Bürgschaft, und zwar auch der solidarischen. Das ist (mit den Art. 493 und 494 OR) eine der hauptsächlichsten Neuerungen der Revision (GIOVANOLI, 2. Aufl., Nr. 9 ff. zu Art. 501 OR).

b) Der Bürge steht für eine fremde Schuld ein. Es ist also nicht ein Nebenverpflichteter, der sie letzten Endes allein zu tragen hat. Deshalb auferlegt ein Gesetz, welches wie das aus der Revision hervorgegangene dem Bürgen günstig gesinnt ist, in gewissen Situationen dem Gläubiger Sorgfaltspflichten, die dazu bestimmt sind, die Entstehung der zukünftigen Schuld zu verhindern (Art. 503 Abs. 2 OR), die Rechte des Gläubigers gegen den Hauptschuldner zu wahren (Art. 505 Abs. 2 OR) und dem Bürgen die Ausübung des Rückgriffs gegen diesen und die andern Verpflichteten (Mitbürgen oder Pfandgeber) zu ermöglichen (Art. 503 Abs. 1, 3 und 4 OR).

2. Es sind jedoch vor allem die für jede Bürgschaftsart charakteristischen besonderen Vertragswirkungen, die nach Ort und Zeit verschieden ausgestaltet werden. Dem Gläubiger stehen konkurrierende Ansprüche zu: darf er frei wählen, welchen Anspruch er in erster Linie geltend machen will? Seit 1941 ist stets eine Reihenfolge vorgeschrieben, handle es sich nun um eine einfache, eine solidarische oder um eine Schadlosbürgschaft. Die Konkurrenz ist nunmehr bloß subsidiär, zwar nicht im traditionellen – qualifizierten – Sinne des Wortes, der sich auf das nur bei der einfachen Bürgschaft gegebene beneficium excussionis beschränkt, sondern im allgemeinen Sinn einer zeitlichen Reihenfolge. Die persönliche Sicherheit kann nur in Anspruch genommen werden, wenn neben der Fälligkeit der Hauptschuld bestimmte andere Voraussetzungen erfüllt sind[11]. Sogar der Solidarbürge kann nach zwingendem Recht erst belangt werden, wenn der Hauptschuldner mit seiner Leistung in Rückstand und erfolglos gemahnt worden ist oder wenn seine Zahlungsunfähigkeit offenkundig ist (Art. 496 Abs. 1 OR). In Wirklichkeit ergibt sich diese minimale Subsidiarität naturgemäß aus dem Sicherungszweck der Bürgschaft. Der Bürge muß nicht die Hauptleistung erbringen, sondern eine Ersatzleistung im Falle des Versagens des Schuldners, indem er das Interesse des Gläubigers an der Erfüllung der Hauptschuld befriedigt. Doch die Gesetze von 1881 und 1911 wie auch ausländische Rechte betrachten den Solidarbürgen als Hauptverpflichteten, der wie ein solidarischer Mitschuldner vor jedem Vorgehen gegen den Hauptschuldner belangt werden kann[12].

III. Eigene Verpflichtung auf Erbringung einer Geldleistung

1. Trotz der Abhängigkeit der Bürgenschuld von der Hauptschuld, die sich aus dem akzessorischen Charakter der Sicherheit ergibt, übernimmt der für eine fremde Schuld einstehende Bürge eine eigene Verpflichtung, die von derjenigen des Hauptschuldners zu unterscheiden ist und ihren eigenen Regeln folgt.

---

[11] Daß die Fälligkeit der Bürgenschuld von derjenigen der Hauptschuld abhängig ist, ist eine Folge der Akzessorietät, nicht ein Moment der Subsidiarität, die aus dem Bürgen einen «Nachschuldner» macht (vgl. hinten § 52; a.M. SCHULTHESS, ZSR 1924, S. 94/95).
[12] Dennoch gehörte es sich in der Praxis, zunächst gegen den Hauptschuldner vorzugehen.

Zunächst stehen dem Bürgen eigene, persönliche Verteidigungsmittel zu. Die nachträgliche Verschlechterung der Stellung des Hauptschuldners trifft ihn nicht. Seine Verpflichtung kann mit besonderen Sicherheiten ausgestattet werden[13].

Vor allem aber ist der Inhalt dieser Verpflichtung, der immer gleich sein muß, nicht identisch mit demjenigen der verbürgten Schuld. Wenn die Hauptschuld, die der Bürge nicht übernimmt, nicht erfüllt wird, so hat dieser dem Gläubiger eine Leistung zu erbringen, die an die Stelle der Erfüllung durch den Schuldner tritt. Der Bürge verspricht weder diese Erfüllung, noch erfüllt er die Verpflichtung des Hauptschuldners (handle es sich dabei um eine Geldleistung oder nicht), noch erbringt er die von einem Garanten geschuldete Schadenersatzleistung. Vielmehr schuldet er eine besonders geregelte Ersatzleistung (nach dem Wortlaut von Art. 492 Abs. 1 OR hat er «für die Erfüllung der Schuld einzustehen»). Gegenstand dieser Leistung ist im Rahmen des Gesetzes (Art. 499 Abs. 1 und 2, Ziff. 1 und 3 OR) das Interesse des Gläubigers an der Erfüllung (unter Vorbehalt anderweitiger Vereinbarungen, vgl. Art. 499 Abs. 2, Ziff. 1, 2. Satz OR)[14].

Wenn er bezahlt, erfüllt (und tilgt) der Bürge deshalb seine eigene Schuld, obwohl er es wegen einer (weiter bestehenden) fremden Schuld tut und er den Schuldner gegenüber dem Gläubiger, den er befriedigt, befreit; er ist Fremd-, nicht Mitschuldner[15]. Dies ermöglicht auch die Subrogation des Art. 507 OR.

Schließlich bildet die Hauptschuld, nach welcher sich die Bürgenschuld richtet, im Verhältnis des Bürgen zum Gläubiger eine Einheit, die aus mehreren Verpflichtungen bestehen kann (Art. 499 Abs. 3 OR). Deckt sie nicht die ganze Schuld, so ist die Zahlung des Bürgen eine Teilzahlung (Art. 85 Abs. 2 OR), und der Gläubiger behält soweit erforderlich alle seine Sicherheiten «vorrangig» (Art. 507 Abs. 2, 2. Satz OR)[16].

---

[13] Weitere Konsequenz: Der Bürge, der für verschiedene Schulden des Hauptschuldners einsteht, kann nicht darüber entscheiden, welche von ihnen durch seine Zahlung getilgt werden soll; die Art. 85–87 OR über die Anrechnung betreffen nur die Erfüllung eigener Schulden.

[14] Anders BGE 65 II, 1939, S. 33: die Bürgschaft verpflichte den Bürgen, die Hauptschuld zu erfüllen («exécuter la prestation du débiteur principal»).

[15] Einige Autoren ziehen die Möglichkeit in Betracht, daß der Bürge die Hauptschuld tilgen wolle, wenn er bezahlt, ohne dazu gewungen zu sein, d.h. während er durch das beneficium excussionis geschützt ist. § 766, 2. Satz BGB und das römische Sprichwort «solvit *et* suo nomine» haben indessen jedenfalls im schweizerischen Recht keinen Platz. Und unserer Ansicht nach steht dem Bürgen die Bereicherungsklage zu, wenn er ohne gültigen Grund bezahlt hat, denn er hat seine eigene Schuld bezahlt; auf das Verhältnis zum Hauptschuldner kommt es nicht an (von TUHR, SJZ 1922/23, S. 249, der unseres Erachtens zu Unrecht gewisse Unterscheidungen vornimmt; vgl. auch BGE 70 II, 1944, S. 117).

[16] STAUDINGER, N. 9 zu § 774, 2. Satz BGB.

2. Als Ersatzleistung besteht die vom Bürgen geschuldete Leistung stets und von Anfang an in der Bezahlung eines Geldbetrages (Art. 493 Abs. 4 und 499 Abs. 1 OR), genau gesagt in der Bezahlung des Geldwertes der Leistung eines Dritten. Das Interesse an dieser muß also in Geld festgesetzt werden oder doch schätzbar sein, und sei es auch nur in Form von Schadenersatz (Art. 107 Abs. 2 OR). Der Unterschied zur Leistung des Hauptschuldners springt in die Augen bei der Schadlosbürgschaft, vor allem aber, wenn die Hauptforderung nicht eine vertretbare Sache, sondern ein persönliches[17] Verhalten (eine Dienstleistung, ein Werk, eine Unterlassung usw.) zum Gegenstand hat, auch wenn sie sich nachträglich in eine Schadenersatzforderung umwandeln kann.

§ 52. Die Wirkungen des akzessorischen Charakters der Bürgenschuld

Von Ausnahmen abgesehen muß der Bürge nur leisten, wenn und soweit die Hauptschuld im Zeitpunkt seiner Belangung geschuldet, fällig und erzwingbar ist; die Bürgschaft ist mit dem Schicksal der Hauptschuld verknüpft, ohne daß sie deswegen bedingt wäre[1]. Diese Abhängigkeit wurde im schweizerischen Recht in zunehmend stärkerem Maße verwirklicht. Sie kann dennoch in verschiedenartiger Weise ausgestaltet werden und sogar Ausnahmen erleiden. Doch nimmt sie grundsätzlich am Wesen der Bürgschaft teil; etwas anderes wollen heißt, eine andersartige Verpflichtung eingehen.

Im Verhältnis zwischen Bürgen und Gläubiger zeigt sich der akzessorische Charakter der Sicherheit in verschiedener Hinsicht. Zunächst beim Vertragsabschluß: Zu den materiellen Voraussetzungen objektiver Natur gehört in erster Linie das Bestehen einer bestimmten und gültigen Verpflichtung als Gegenstand der Sicherheit. Sodann hat das Erlöschen der Hauptschuld dasjenige der Bürgenschuld zur Folge; diese abhängige Beendigung der Bürgschaft ist bedingt durch die Akzessorietät. Schließlich sind die allgemeinen Wirkungen des Vertrages zu einem großen Teil mit denjenigen der Hauptschuld verknüpft, so etwa die Fälligkeit und das Ausmaß der Bürgenschuld.

---

[17] Und sogar höchstpersönliches.
[1] Offenbar war der Grundsatz der Akzessorietät dem klassischen römischen Recht fremd: KLEINER, S. 78, Abs. 2, der auf FLUME, S. 64 ff., verweist.

Die Abhängigkeit der Bürgenschuld von der Hauptschuld ist daher v o n
s o g r o ß e r B e d e u t u n g, daß es sich rechtfertigt, z u e r s t i h r e g e n a u e
T r a g w e i t e d a r z u s t e l l e n, so daß wir uns in den späteren Kapiteln mit
V e r w e i s u n g e n begnügen können.

I. Verbürgung einer zukünftigen oder bedingten Schuld; Individualisierung der Hauptschuld

1. Zur Wahrung des akzessorischen Charakters genügt es, daß die Hauptschuld besteht, wenn der Gläubiger den Bürgen belangt; entscheidend ist ihr
Zustand in diesem Zeitpunkt («der jeweilige Bestand» sagt § 767 Abs. 1 BGB).
Eine künftige (nicht bloß in Zukunft fällige, sondern künftig entstehende)
oder eine bedingte Schuld (z. B. eine Konventionalstrafe) kann verbürgt werden für den Fall, daß sie wirksam werde (Art. 492 Abs. 2, Satz 2 OR; vgl.
Art. 824 Abs. 1 ZGB für die Grundpfandverschreibung). Soweit sich nichts
anderes aus dem Bürgschaftsvertrag oder den Umständen ergibt, ist dies
sogar der zu vermutende Normalfall, haftet doch der Bürge nur für die nach
der Unterzeichnung der Bürgschaft eingegangenen Verpflichtungen des
Hauptschuldners (Art. 499 Abs. 3 OR). Doch wenn die Parteien eine Schuld
sichern wollten, von der sie zu Unrecht annahmen, sie bestehe, so ist die
Bürgschaft nichtig, auch wenn die Schuld nachträglich doch noch entsteht.

Häufig wird die künftige Schuld aus einer bereits bestehenden rechtlichen
Dauerbeziehung hervorgehen (Verbürgung von Mietzinsen oder eines er-
öffneten, aber noch nicht beanspruchten Kredits; Amts- oder Dienstbürgschaft). Der Bürge ist in diesem Falle von Anfang an gebunden und kann
nur unter den Voraussetzungen von Art. 510 Abs. 1 OR zurücktreten. Doch
wird die Garantie nur wirksam, wenn die Schuld im Zeitpunkt der Belangung
des Bürgen besteht (Suspensivbedingung)[2].

2. Wegen der Akzessorietät ist die Verpflichtung des Bürgen nur individualisiert – bestimmt oder bestimmbar –, wenn auch die (allenfalls zukünftige)
Hauptschuld von Anfang an im Bürgschaftsvertrag individualisiert ist. Wenigstens muß der Schuldner klar bezeichnet sein. Sodann muß die Hauptschuld hinsichtlich ihres Rechtsgrundes hinreichend präzisiert sein[3]. Dagegen

---

[2] Zum Unterschied zwischen künftigen und bedingten Forderungen vgl. JÄGGI, Vorbem.
175 zu Art. 1 OR.

[3] Hat sich der Bürge mit Wissen des Gläubigers für einen hypothekarisch sichergestellten
Baukredit verbürgt, so haftet er nicht, wenn der Kredit als gewöhnlicher behandelt wird
und sich der Gläubiger nicht vergewissert, daß das Geld für den Bau auf dem belaste-

ist nicht erforderlich, daß ihr Ausmaß in jedem Falle zum vornherein feststeht, was bei der Amts- und Dienstbürgschaft ohnehin nicht möglich ist. Handelt es sich um einen Kredit, so muß die Operation als Ganzes bestimmt sein, damit man weiß, welche Forderungen dazugehören[4].

Was den Gläubiger (zugleich des Bürgen und des Hauptschuldners, der die andern Beteiligten vertreten kann) anbetrifft, so kommt es unter dem Gesichtspunkt der Individualisierung der Hauptschuld nicht wesentlich auf dessen Persönlichkeit an, da diese sich kaum auf die Verpflichtung des Bürgen auswirkt[5]. Immerhin muß der erkennbare Wille des Bürgen beachtet werden[6], und die allein den Formvorschriften unterliegende Bürgschaftserklärung muß sich grundsätzlich auf einen identifizierbaren Gläubiger beziehen. Es ist jedoch zulässig, sich in incertam personam, zugunsten einer noch nicht bestimmten Person, zu verbürgen (z.B. des zukünftigen Erwerbers eines Inhaberpapiers oder eines Grundpfandtitels, oder eines noch zu findenden Darleihers)[7].

II. Die Hauptschuld muß gültig sein

Die Bürgschaft hängt von Bestand und Fortbestand einer gültigen Hauptschuld ab («zu Recht bestehen», sagt Art. 492 Abs. 2, 1. Satz OR, der den ersten Absatz verdeutlicht). Sie entsteht und besteht nur, wenn und soweit die Hauptschuld besteht (BGE 50 II, 1924, S. 402/03).

---

ten Grundstück verwendet wird (BGE 64 II, 1938, S. 208). Die künftige Schuld muß, wenn sie entsteht, im wesentlichen diejenige sein, die die Parteien bei Eingehung der Bürgschaft im Auge hatten (BGE 49 II, 1923, S. 104). Die Bürgschaftserklärung kann auf das Schriftstück verweisen, in welchem die Hauptschuld verurkundet ist (BGE 49 II, 1923, S. 376); ein solcher Verweis ist heute jedoch hinsichtlich der Angabe des Höchstbetrages der Haftung ausgeschlossen. Die notwendige, aber auch ausreichende Genauigkeit ist diejenige, welche die sichere Identifikation der verbürgten Schuld erlaubt; Angaben über deren Ausmaß sind angesichts der erhöhten Anforderungen des Gesetzes hinsichtlich der Festsetzung des Höchstbetrages der Haftung kaum mehr erforderlich.

[4] Verbürgung eines Kontokorrentkredites: BGE 49 II, 1923, S. 103; 44 II, 1918, S. 261.

[5] BGE 33 II, 1907, S. 402.

[6] Wird der Name des Gläubigers blank gelassen, so ist der Bürge nicht gebunden, wenn die Bürgschaftsurkunde entgegen der von ihm geäußerten Absicht ausgefüllt wird.

[7] BGE 46 II, 1920, S. 95; 45 II, 1919, S. 171, Erw 2; 38 II, 1912, S. 132. Äußert im übrigen ein Antragsteller den Willen, mit einem beliebigen Dritten einen Vertrag abzuschließen, sofern sich dieser nur in der vorgesehenen Weise binden will, so kommt es ihm im allgemeinen nicht auf die Person des Vertragspartners, sondern auf den wirtschaftlichen Erfolg an, und es besteht prinzipiell kein Grund, diesen Willen nicht zu beachten (BGE 47 II, 1921, S. 208).

1. Die Bürgschaft entfaltet keinerlei Wirkungen, wenn die Klage des Gläubigers bereits rechtskräftig abgewiesen worden ist oder wenn die Hauptschuld unter welchem Titel auch immer nichtig ist (Handlungsunfähigkeit, Dissens, Simulation, Formmangel, Art. 20 OR usw.). Das Nichtgeschuldete kann zurückgefordert werden (Art. 63 Abs. 1 OR); begründen Gläubiger und Hauptschuldner eine neue, gültige Verpflichtung, so ist ein neuer Bürgschaftsvertrag erforderlich. Kennen aber Gläubiger und Bürge den Mangel und ist eine Garantie zulässig, so können sie in Wirklichkeit einen Garantievertrag gewollt haben. Vorbehalten ist Art. 492 Abs. 3 OR.

2. Die Hauptschuld kann anfechtbar (Art. 230, 240 Abs. 3, 525, 706, 808 Abs. 5/6 und 891 OR) oder einseitig unverbindlich sein (Art. 21 und 31 OR). Der Bürge kann ohne Vollmacht nicht auf sie einwirken oder über sie verfügen; seine Rolle als Garant ist passiv. Deshalb stehen ihm die Gestaltungsrechte des Schuldners nicht zu. Wenn dieser den Vertrag genehmigt oder ihn nicht rechtzeitig anficht, wird die Bürgschaft wirksam. Im gegenteiligen Fall bleibt wiederum die Möglichkeit eines Garantievertrages und Art. 492 Abs. 3 OR vorbehalten[8]. Solange der Schuldner nicht Stellung genommen hat, bleibt die Bürgschaft bestehen, doch kann und muß der Bürge einstweilen die Zahlung verweigern.

3. Eine sittliche Pflicht kann, wie bereits gesagt, mangels einer rechtlichen Bindung nicht verbürgt werden. Eine Forderung, die nur einredeweise geltend gemacht werden kann, ist dagegen zweifellos verbürgbar, ebenso eine solche, deren Erzwingbarkeit abgeschwächt ist, soweit sie sich in eine Schadenersatzforderung umwandeln läßt. Bei andern unvollkommenen Obligationen[9] sollte sich der Bürge auf die Einreden des Hauptschuldners berufen dürfen. So können Forderungen, denen eine peremptorische Einrede entgegengehalten werden kann, verbürgt werden; der nachträgliche Verzicht des Hauptschuldners auf die Einrede schadet dem Bürgen nicht (Art. 502 Abs. 1 und 2 OR)[10]. Die Verbürgung von verjährten Forderungen ist im Gesetz anders geregelt. Gewiß kann der Verzicht des Hauptschuldners dem Bürgen nicht entgegengehalten werden (Art. 141 Abs. 3 OR), doch kann dieser die Einrede der Verjährung, die der Richter nicht von Amtes wegen zu berücksichtigen hat, nur erheben, wenn ihm diese bei Eingehung der Bürg-

---

[8] Art. 502 Abs. 2 OR ist nicht anwendbar (BGE 23 II, 1897, S. 1642). Der Bürge haftet nicht für den vom Irrenden geschuldeten Schadenersatz (Art. 26 OR).
[9] JÄGGI, Vorbem. 71–77 zu Art. 1 OR.
[10] Wenn der Schuldner davon Gebrauch macht, so liegt eine natürliche Obligation in dem Sinne vor, daß der Gläubiger wie bei der sittlichen Pflicht einzig berechtigt ist, die Leistung entgegenzunehmen.

schaft nicht bekannt war (Art. 492 Abs. 3 OR). Aus Spiel und Wette entsteht keine Forderung (Art. 513 und 514 OR). Deshalb sollte es für den Gläubiger zum mindesten unzulässig sein, den Bürgen einzuklagen; die Unklagbarkeit ist hier von Amtes wegen zu berücksichtigen. Die Revision von 1941 gestattet die Bürgschaft und überläßt es dem Bürgen, die Einreden des Hauptschuldners zu erheben, auch wenn er die Natur der Schuld gekannt hat (Art. 502 Abs. 4 OR). Der Grundsatz der Akzessorietät wird hier durch eine Spezialbestimmung bestätigt, mit dem Zweck, die Erzwingung der Spielschuld auf dem Umweg über eine Sicherheit zu verunmöglichen, das heißt praktisch die Sicherheit zu verbieten[11].

4. In drei Fällen haben wir nun geprüft, ob eine gültige Hauptschuld vorliege und die Bürgschaft deshalb zulässig sei. Jedesmal blieb Art. 492 Abs. 3 OR vorbehalten, dessen Gegenstück sich in Art. 502 Abs. 1, 2. Satz OR findet und der eine Ausnahme vom Grundsatz der Akzessorietät bildet: Der Interzedent steht nicht mehr nur für die Zahlungsfähigkeit des Schuldners ein, sondern in bestimmten Fällen, die nicht durch Analogie ausgeweitet werden dürfen, auch für die Gültigkeit oder Klagbarkeit der Hauptschuld[12].

Nach dem Wortlaut des Gesetzes haftet unter den Voraussetzungen und nach den Grundsätzen des Bürgschaftsrechts, wer für die Schuld aus einem wegen Irrtums oder Vertragsunfähigkeit für den Hauptschuldner unverbindlichen Vertrag einzustehen erklärt, wenn er bei der Eingehung seiner Verpflichtung den Mangel gekannt hat. Das Gleiche gilt, wenn jemand sich verpflichtet, für die Erfüllung einer für den Hauptschuldner verjährten Schuld einzustehen[13].

An der Handlungsfähigkeit fehlt es insbesondere dann, wenn der urteilsfähige Unmündige oder Entmündigte ohne Zustimmung seines gesetzlichen

---

[11] Gleich verhält es sich bei der Heiratsvermittlung (Art. 416 OR). SCHULTHESS bejaht die Möglichkeit der Verrechnung (S. 82); SCHÖNENBERGER schließt die Bürgschaft aus (N. 33 zu Art. 492 OR).

[12] Es wäre rechtswidrig, für eine nach Art. 20 OR nichtige oder wegen Täuschung bzw. Furchterregung, also einer unerlaubten Handlung, unverbindliche Schuld einzustehen. Wegen Art. 502 Abs. 4 OR, der dem Bürgen die Einrede beläßt, ist Art. 492 Abs. 3 OR auch nicht auf Spiel- und Wettschulden anwendbar, ebensowenig auf Schulden aus Heiratsvermittlung (BECK, N. 130/31 zu Art. 492 OR). SPIRO (§ 425, N. 27) sieht immerhin eine Analogie im Falle der Verwirkung. – Im Zwangsnachlaß: GIOVANOLI, 2. Aufl., N. 82 zu Art. 492 OR.

[13] Oder wenn er eine Forderung vor dem Risiko der Verjährung sichern will (BECK, N. 129 zu Art. 492 OR), in welchem Fall der Interzedent seinerseits zum voraus auf die Einrede verzichten könnte. Der Wortlaut des Gesetzes verbietet dies jedoch. Dieser Umweg gäbe übrigens dem Schuldner, der zu diesem Zweck einen Bürgen stellt, die Möglichkeit des Vorausverzichts (SPIRO, Bd. I, S. 849).

Vertreters handelt (Art. 19 ZGB) oder der Ehegatte ohne Zustimmung der Vormundschaftsbehörde (Art. 177 Abs. 2 und 3 ZGB), oder ferner, wenn die zu gründende Aktiengesellschaft, in deren Namen gehandelt wird, das Recht der Persönlichkeit nicht erwirbt[14]. Der Interzedent muß im Zeitpunkt des Vertragsabschlusses den Mangel der garantierten Verpflichtung kennen[15]. Um ihn zu schützen, stellt das positive Recht seine Garantie der Bürgschaft gleich. Sie muß deren Gültigkeitserfordernisse erfüllen (Bürgschaftsfähigkeit, Form; Art. 493 und 494 OR) – darin liegt der Hauptzweck der Bestimmung; deren Wirkungen zeitigt sie jedoch nur, soweit es mit dem Institut vereinbar ist: Der «Bürge» kann weder Mängel geltend machen, die er gekannt hat, noch sich auf das beneficium excussionis berufen[16]; der Hauptschuldner anderseits, der gegenüber dem Gläubiger nicht verpflichtet ist, darf nicht auf dem Umweg über den Rückgriff des Bürgen letzten Endes doch mit der Schuld belastet werden; hat er jedoch den Bürgen damit beauftragt, die Haftung für eine verjährte Schuld zu übernehmen, so haftet er diesem nach den Regeln des Auftragsrechts (Art. 507 Abs. 6 und 402 OR).

Das Gesetz definiert die Natur dieser speziellen Verpflichtungen, die nicht von ihm abhängt, nicht. Aber es geht davon aus, daß es sich dabei nicht um Bürgschaften handelt («verbürgt» sagte der alte Art. 494 Abs. 3 OR, «einzustehen erklärt» verdeutlicht die heute geltende Bestimmung, gemäß welcher der Garant «nach» den Grundsätzen des Bürgschaftsrechts haftet). Es betrachtet sie also als Garantieverträge[17]. In Wirklichkeit sind verschiedene Mischformen denkbar, bei denen die Akzessorietät für einzelne Einreden des Hauptschuldners wegbedungen wird, für andere aber bestehen bleibt. Je nach dem Ausmaß des Verzichts auf die Akzessorietät wird man sich für Bürgschaft oder Garantievertrag entscheiden. Art. 492 Abs. 3 OR geht auf das justinianische Recht zurück, wo man die Ausnahme vom (damals neuen) Grundsatz der Akzessorietät damit rechtfertigte, daß eine natürliche Obligation als Grundlage für die Bürgschaft genüge[18].

---

[14] Dagegen wird selten jemand für eine Schuld einstehen wollen, wenn er sich des Irrtums oder der Verjährung bewußt ist, ohne die Entscheidung des Hauptschuldners abzuwarten und sich dementsprechend zu verhalten (von Tuhr, SJZ 1922/23, S. 227).

[15] BGE 81 II, 1955, S. 9: Will der Gläubiger einer nach Art. 177 Abs. 3 ZGB nichtigen Schuld sich auf Art. 492 Abs. 3 OR berufen, so muß er beweisen, daß dem Bürgen (dem Ehemann) das Erfordernis der Zustimmung der Vormundschaftsbehörde für die Verpflichtung der Frau nicht unbekannt war.

[16] Haben die Parteien eine einfache Bürgschaft vereinbart, so ist darin ein Indiz dafür zu erblicken, daß sie nicht eine Garantie im Sinne von Art. 492 Abs. 3 OR gewollt haben.

[17] Doch wenn der Interzedent im Falle von Irrtum, teilweiser Handlungsunfähigkeit oder beschränkter Handlungsfähigkeit für die Schuld nur einstehen will unter der Voraussetzung, daß der Vertrag genehmigt wird, liegt eine bedingte Bürgschaft vor.

[18] Kleiner, S. 77/78. – Eine Bürgschaft im rechtlichen Sinne liegt vor, wenn der Haupt-

Im übrigen hat die Revision von 1941 außerhalb der sedes materiae (Art. 502 OR) noch eine weitere Ausnahme vorgesehen. Nach A r t. 5 0 1 A b s. 4 OR kann der in der Schweiz wohnhafte Bürge, wenn die Leistungspflicht eines im Ausland wohnhaften Hauptschuldners durch die ausländische Gesetzgebung aufgehoben oder eingeschränkt wird, wie beispielsweise durch Vorschriften über Verrechnungsverkehr oder durch Überweisungsverbote, zum voraus darauf verzichten, sich auf diese Einrede zu berufen[19].

III. Die Hauptschuld darf nicht untergegangen sein

1. Wegen des akzessorischen Charakters seiner Verpflichtung, die zum Wesen der Bürgschaft gehört, wird der Bürge bei sämtlichen Bürgschaftsarten d u r c h   j e d e s   E r l ö s c h e n   d e r   H a u p t s c h u l d   b e f r e i t (Art. 509 Abs. 1 OR, der einen Anwendungsfall von Art. 114 Abs. 1 OR darstellt), ebenso der Garant des Art. 492 Abs. 3 OR, soweit es sich nicht um das Einstehen für eine verjährte Schuld handelt, in welchem Falle die Verpflichtung ausnahmsweise bestehen bleibt. Die Befreiung tritt von Gesetzes wegen ein[20]. Da der Bürge kein Solidarschuldner ist (Art. 147 Abs. 2 OR), kommt es

---

schuldner vom Rechte der Anfechtung nicht Gebrauch oder die Verjährung nicht geltend macht.

[19] Die Auslegung dieser Bestimmung ist nicht einfach. Es kommt nicht darauf an, ob der Hauptschuldner zivilrechtlich befreit wird oder nicht. Ist seine Schuld vom ausländischen Recht beherrscht, so ist die Berufung auf dieses Recht normal, und es ist der Verzicht darauf, der eine Ausnahme vom Prinzip der Akzessorietät darstellt. Umgekehrt verhält es sich dagegen, wenn die Schuld dem schweizerischen Recht untersteht. Die Revision von 1941 wollte der früheren Ansicht des Bundesgerichts entgegentreten, das die Beschränkungen des internationalen Zahlungsverkehrs zu den Einreden, die der Sicherungszweck der Bürgschaft nicht zu erheben erlaubt, indem es das Zahlungsverbot der Zahlungsunfähigkeit des Hauptschuldners, beziehungsweise der Unfähigkeit, zu erfüllen, gleichsetzte (BGE 60 II, 1934, S. 304; nach einem zweiten, in BGE 63 II, 1937, S. 311 publizierten Fall deckt die Solidarbürgschaft auf jeden Fall nicht die Gefahr einer durch Clearingabkommen zwischen dem Staat des Hauptschuldners und jenem des Gläubigers bewirkten Verzögerung der Zahlung). Art. 501 Abs. 4 OR bezieht sich nur auf den in der Schweiz wohnenden Bürgen, oder den, der dem schweizerischen Recht hinsichtlich der Frage untersteht, ob und in welchem Ausmaß die Bürgschaft vom Schicksal der Hauptschuld abhängig ist. Die Anwendung besonderer Vorschriften des Internationalen Privatrechts kann sowohl bei der einfachen wie auch bei der Solidarbürgschaft im Einzelfall zu Schwierigkeiten führen.
Einige Autoren sind der Ansicht, daß die S c h a d l o s b ü r g s c h a f t ebenfalls ein Garantievertrag ist (fideiussio «indemnitatis»): VON TUHR, Allg. Teil des BGB, § 76, S. 176, N. 14.

[20] Der Bürge handelt nur dann rechtsmißbräuchlich, wenn er durch die Berufung auf seine Befreiung gegen das beim Gläubiger erweckte Vertrauen verstößt, d. h., wenn er die Handlungsweise des Gläubigers beeinflußt hat, nicht aber, wenn die Hauptschuld ausschließlich infolge einer Handlung des Gläubigers, sei es aus Unachtsamkeit oder aus mangelnder Rechtskenntnis, untergegangen ist (BGE 64 II, 1938, S. 289, Erw 3a).

grundsätzlich nicht darauf an, ob das Erlöschen der Hauptschuld dem Gläubiger Befriedigung verschafft oder nicht. Ein teilweiser Untergang der Hauptschuld vermindert das Ausmaß der Verpflichtung des Bürgen. Vorbehalten bleiben die besonderen Vorschriften, vor allem über den Nachlaßvertrag (Art. 114 Abs. 3 OR). Die speziellen, gesetzlich oder vertraglich vorgesehenen Untergangsgründe (Kündigung, Widerruf, Rücktritt, Bedingung) bewirken ebenfalls das Erlöschen der Bürgschaft.

Eine erloschene Forderung kann wieder aufleben. Als akzessorische Verpflichtung lebt auch die Bürgschaft wieder auf, ob dies das Gesetz ausdrücklich sagt (Art. 94 Abs. 2 und Art. 180 OR) oder nicht (Art. 118 Abs. 2 OR und Art. 291 Abs. 2 SchKG)[21].

2. Weder bei der Erfüllung und ihren Surrogaten (Hinterlegung, Hingabe an Zahlungs Statt) noch bei der Verrechnung (vgl. indessen hinten V 1) ergeben sich Schwierigkeiten, ebensowenig beim vertraglichen Schulderlaß, wozu auch der außergerichtliche Nachlaßvertrag gehört[22].

Doch kann in normalen Zeiten wie in Zeiten der Krise auch das Gesetz eine Schuld teilweise (z. B. Zinserlaß) oder ganz erlassen, jedenfalls hinsichtlich der Wirkungen auf den Schuldner. In diesem Fall kann es die Sicherheit dennoch aufrechterhalten, wenn sein Zweck die Ausnahme vom Prinzip der Akzessorietät rechtfertigt. So läßt der gerichtliche Nachlaßvertrag, eine dem Schuldner gewährte Erleichterung und zugleich eine Art der Zwangsvollstreckung, unter den Voraussetzungen des Art. 303 SchKG (den Art. 114 Abs. 3 OR vorbehält) und soweit der Gläubiger seine Sorgfaltspflicht erfüllt (Art. 505 Abs. 2 OR), die Verpflichtung derjenigen bestehen, die für die Zahlungsfähigkeit des Hauptschuldners einstehen[23]. Ebenso befreien die dem Schuldner persönlich gewährten Vergünstigungen der Art. 149 Abs. 4, Art. 209 und 265 Abs. 2 SchKG den Bürgen nicht (auch nicht auf dem Umweg des Regresses; Art. 149 Abs. 4 SchKG) von der Haftung für die

---

[21] BGE 61 III, 1935, S. 49; 64 III, 1938, S. 147; 89 III, 1963, S. 22/23; a. M. A. FAVRE, Droit des poursuites, 3. Aufl., Freiburg i. Ue. 1974, S. 385. Eine analoge Situation kann sich ergeben bei der Anwendung von Art. 188 ZGB (BGE 66 II, 1949, S. 10). Zweifel bestehen beim Schulderlaß, wenn man diesen als abstraktes Geschäft ansieht. Vgl. Ziff. 3 und Anm. 25 hinten.

[22] BGE 33 II, 1907, S. 146; die Befreiung eines Solidarschuldners, die nicht zugunsten der andern wirkt (Art. 147 Abs. 2 OR), wird einem Schuldnerwechsel gleichgestellt, welcher der schriftlichen Zustimmung des Bürgen bedarf. – Vgl. Anm. 21, in fine.

[23] Stundung und Nachlaßvertrag sind Gegenstand besonderer Vorschriften im Krisenrecht sowie in gewissen Sondergebieten, wie dem Agrar- und dem Bankenrecht. Die Wirkungen des gerichtlichen Nachlaßvertrages dürfen nicht auf den außergerichtlichen Nachlaßvertrag ausgedehnt werden; es besteht keine Analogie (STAUFFER, S. 88a).

während des Konkurses verfallenen Zinsen noch für die Zinsen einer in einem Verlustschein verurkundeten Forderung; sie erlauben ihm auch nicht, sich auf die Einrede des mangelnden neuen Vermögens zu berufen. Schließlich bleibt die Haftung des Bürgen auch im Falle der amtlichen Erbschaftsliquidation erhalten, während die Erben befreit werden (Art. 593 Abs. 3 ZGB)[24].

3. Die Bürgschaft erlischt auch durch N e u e r u n g[25]. Diese wird nicht vermutet, insbesondere nicht bei der Ausstellung eines neuen Bürgschaftsscheines (Art. 116 Abs. 1 und 2 OR)[26]. Sie tritt ein mit der Errichtung eines Schuldbriefes oder einer Gült (Art. 855 Abs. 1 ZGB). Keine novierende Wirkung hat es jedoch, wenn der Grundbuchverwalter in der Folge von sich aus eine neue Eintragung vornimmt und eine neue Urkunde ausstellt und so das im Titel verkörperte Recht formell modifiziert (zwecks Vereinfachung oder Berichtigung oder wegen gewisser inhaltlicher Änderungen: Art. 874 ZGB). Vereinbaren dagegen die Parteien die Ausstellung eines neuen Titels (so bei Gelegenheit eines Rangwechsels), so erlischt die alte Schuld mit ihrer akzessorischen Sicherheit, und eine neue Bürgschaft ist erforderlich[27].

Nach Art. 117 Abs. 3 OR werden, unter Vorbehalt anderer Vereinbarung, besondere Sicherheiten, die für einzelne Posten eines K o n t o k o r r e n t e s bestehen, durch die Ziehung und Anerkennung des Saldos nicht aufgehoben. Dabei handelt es sich nicht um eine Ausnahme vom Prinzip der Akzessorietät. In Wirklichkeit ist nämlich die Anerkennung des Saldos, welche die neue Schuld begründet, trotz der normalerweise abstrakten Formulierung

---

[24] Wenn der Gläubiger beim öffentlichen Inventar die Anmeldung seiner Forderung versäumt (Art. 590 Abs. 1 ZGB), verliert er seine Rechte gegen den Bürgen des verstorbenen Hauptschuldners insoweit, als jenem aus der Unterlassung ein Schaden entstanden ist, d. h. in dem Maße, als er aus der Erbschaft befriedigt worden wäre (analoge Anwendung von Art. 505 Abs. 3 OR: BGE 39 II, 1913, S. 298).

[25] Dieses heute seltene Institut hat keine eigenständige Bedeutung, wenn man das Erlöschen der alten Schuld als Erlaß ansieht. Die alte Schuld muß gültig sein; ebenso kann man eine wegen Formmangels nichtige Bürgschaftsverpflichtung nicht novieren (BGE 44 II, 1918, S. 65).
Der Gläubiger- oder Schuldnerwechsel, die Gewährung einer Stundung oder die Erhöhung des Schuldbetrages haben kein Erlöschen der Schuld zur Folge (BGE 60 II, 1934, S. 332). Der Untergang der Bürgschaft ist nicht immer gerechtfertigt, wenn die Novation im Ergebnis rein formeller Natur ist (BGE 25 II, 1899, S. 54).
Für die beiden Hypothesen des Art. 268 OR vgl. P. GAUCH, «Stillschweigende Erneuerung» des Mietvertrages, in: Festschrift für Henri Deschenaux, Freiburg i. Ue 1977. Weitere entsprechende Bestimmungen: Art. 292, 335, 418p und 546 OR. Vgl. Ziff. 1 in fine und Anm. 21 vorn.

[26] Auch wenn es sich zum Teil nicht um die gleichen Bürgen handelt (BGE 20, 1894, S. 616/17). Neuerungswille: BGE 23 II, 1897, S. 757.

[27] BGE 66 II, 1940, S. 151; 64 II, 1938, S. 284. BECK hält dafür, daß sich der Bürge zum voraus für die neue Schuld verpflichten kann (N. 28 in fine zu Art. 509 OR).

kausal in dem Sinne, daß sie grundsätzlich keinen Verzicht auf die Einreden aus den bei der Saldoziehung kompensierten Schuldposten beinhaltet. Es ist eher die vom Gesetz vorbehaltene «andere Vereinbarung», welche die Novation bewirkt, indem Art. 117 Abs. 2 OR nur eine Vermutung enthält[28]. Sicher bewirkt die Saldoziehung gewisse Modifikationen der Kontokorrentschuld. Eine von ihnen besteht gerade darin, daß sich die Bürgschaft nunmehr auf den Saldo bezieht. Unter Vorbehalt anderweitiger Abreden hat dies folgende Auswirkungen: Wenn die Bürgschaft zugunsten eines bestimmten Schuldpostens vereinbart worden ist und der Saldo niedriger wird als der verbürgte Betrag, so beschränkt sich die Sicherheit endgültig auf den Rest und erlischt völlig, wenn sich der Saldo auf null vermindert. Hatten die Parteien jedoch das Kontokorrentverhältnis als solches im Auge, also den Komplex von gegenseitigen Verpflichtungen in seiner Gesamtheit, so bezieht sich die Garantie – die manchmal nicht nur als solche, sondern auch hinsichtlich des Kreditbetrages beschränkt ist[29] – auf den anerkannten Saldo, der veränderlich ist, die Zinsen auf dem Kapital einschließt und vorübergehend aktiv werden kann. Die gesetzliche Verringerung des Haftungsbetrages tritt nicht ein (Art. 500 Abs. 1 OR)[30].

Die Neuerung setzt voraus, daß die Verpflichtung in ihrer Substanz, ihrer Identität, verändert wird. In Frankreich bewirkt die stillschweigende Verlängerung eines schriftlichen Mietvertrages einen neuen Vertrag (Art. 1738 CCfr.); logischerweise bestimmt deshalb das Gesetz, daß sich die Bürgschaft nicht auf die aus der Verlängerung entstehenden Verpflichtungen erstreckt (Art. 1740 CCfr.). Art. 268 OR hat zwei Tatbestände im Auge. Erfolgt von keiner Seite die vertraglich vorgesehene Kündigung, so bleibt der auf eine bestimmte Zeit – hier eine Minimaldauer – abgeschlossene Mietvertrag nach deren Ablauf wie vorher weiter bestehen, also mit einer allfälligen Bürgschaft, sofern diese nicht ihrerseits befristet oder aus einem andern Grund untergegangen ist. Mit der stillschweigenden Erneuerung im eigentlichen Sinne verhält es sich jedoch gleich. Wird nämlich nach Ablauf der bestimmten Zeit das Mietverhältnis mit Wissen und ohne Widerspruch des Vermieters fortgesetzt, so lebt die Bürgschaft wieder auf in dem Maße, als der Mietvertrag – obwohl abgelaufen am Ende einer Dauer, die hier maximal ist – als «erneuert», das heißt «reaktiviert» gilt: das Liquidationsverfahren läßt Raum für den alten Inhalt (der nur hinsichtlich der Vertragsdauer verändert wird) im Rahmen des ursprünglichen Vertrags, dessen Grundlage fortbestanden hat. Das Wiederaufleben einer Sicherheit ist eine geläufige Erscheinung (vgl. Ziff. 1 vorn, wie auch Anm. 21; Art. 94 Abs. 2, 118 Abs. 2 und 180 Abs. 1 OR; Art. 291 Abs. 2 SchKG)[25].

---

[28] SCHULTHESS, ZSR 1924, S. 87, N. 49; JÄGGI, N. 13 ff. zu Art. 17 und N. 106 zu Art. 965 OR.

[29] Ist diese Grenze niedriger als der in der Bürgschaftsurkunde angegebene Höchstbetrag der Haftung, so deckt die Differenz nicht die Kreditüberschreitung, sondern nur die Nebenschulden des Art. 499 Abs. 2 OR. Im umgekehrten Fall liegt eine Teil- oder eine Limitbürgschaft vor (wobei letztere zu vermuten ist; SCHÖNENBERGER, N. 73 zu Art. 492 OR).

[30] Über Begriff und Wirkungen des Kontokorrentvertrages: BGE 100 III, 1974, S. 79 mit Hinweisen; über die Bürgschaft auf diesem Gebiet: BGE 26 II, 1900, S. 416; 40 II, 1914, S. 252; 44 II, 1918, S. 261; 48 II, 1922, S. 208/09; 49 II, 1923, S. 103. Wird ein Baukredit «konsolidiert» und der sowohl durch ein nachrangiges Grundpfand als auch durch eine Bürgschaft gedeckte Teil unter der gleichen Bezeichnung und mit der Realsicherheit, aber für andere Geschäfte als die Vollendung der Baute, als Kontokorrent weitergeführt, so scheint es der Übung zu entsprechen, die Bürgschaftserklärung nicht erneuern zu lassen (im Falle BGE 64 II, 1938, S. 208 lag ein anderer Tatbestand vor; vgl. vorn § 51, Anm. 3). Bezieht sich dagegen die Konsolidation auf das Ganze, so tritt die Novation für das Ganze ein. Man kann jedoch zum voraus vereinbaren, daß die Sicherheit sowohl das laufende wie auch das darauf konsolidierte Konto betreffen soll.

4. Die Bürgschaft erlischt auch im Falle der V e r e i n i g u n g, das heißt beim Zusammentreffen der Eigenschaften des Gläubigers und des Schuldners infolge Singular- oder Universalsukzession unter Lebenden oder von Todes wegen in einer Person, insbesondere wenn die eine Partei allein die andere beerbt. Die Forderung und ihre Sicherheit können jedoch weiterbestehen – ruhen –, wenn die erstere in einem Wertpapier verkörpert ist, zum Beispiel in einem Schuldbrief oder einer Gült (Art. 118 Abs. 1 und 3, Art. 114 Abs. 3 OR).

Die unverschuldete Unmöglichkeit (A r t . 1 1 9 OR) spielt kaum eine Rolle, da sich die Bürgschaft in der Regel auf eine Geldschuld bezieht. Hat der Bürge die Unmöglichkeit verschuldet, so bleibt dieser zweifellos verpflichtet, doch ist sich die Lehre über die rechtliche Begründung dieser Lösung nicht einig[31]. Vorbehalten bleibt Art. 501 Abs. 4 OR[32].

Die V e r j ä h r u n g ist nicht ein Grund für das Erlöschen der Obligation, sondern des Anspruchs. Doch kann sich der Bürge mit Ausnahme des Falles von Art. 492 Abs. 3 OR darauf berufen und kann ihm der Verzicht des Hauptschuldners auf die Verjährung nach Ablauf der Verjährungsfrist nicht entgegengehalten werden (Art. 141 Abs. 3 und 502 Abs. 2 OR). An dieser Stelle sei daran erinnert, daß die Verjährung unterbrochen wird, wenn der Hauptschuldner die Forderung durch Bürgschaftsbestellung anerkennt (Art. 135 Ziff. 1 OR), und daß die Unterbrechung gegen den Hauptschuldner auch gegen den Bürgen wirkt, nicht aber umgekehrt (Art. 136 Abs. 2 und 3 OR)[33].

---

[31] SCHULTHESS, ZSR 1924, S. 85; STAUFFER, S. 89a; BECK, N. 9 und SCHÖNENBERGER, N. 12 zu Art. 509 OR.

[32] Vgl. vorn II 4 und Anm. 19.

[33] a) Das meisterhafte Werk von SPIRO gibt erschöpfend und mit überzeugender Begründung Auskunft über alle Punkte, wo Verjährung und Bürgschaft zusammentreffen. Hinsichtlich der Wirkungen der Akzessorietät behandelt es insbesondere folgende Fragen: Fristenlauf für die dienenden Ansprüche – Bestehen einer Gesamtverjährung neben der Einzelverjährung für diese Ansprüche (§§ 61 und 113; § 274; §§ 289 und 317, N. 6); Einrede der Verjährung der Hauptschuld (§ 227); Einfluß des Verzichts des Hauptschuldners auf die Stellung des Bürgen (§§ 229, 343 und 425); Vertretung des Hauptschuldners durch den Bürgen (§§ 184 und 185, N. 5); gegenseitige Unterbrechung? (§ 182, N. 21–24; §§ 183, 337, N. 24); Art. 492 Abs. 3 OR (§ 238, N. 2 und § 244); Art. 591 ZGB (§ 315, N. 12).
   Art. 136 A b s . 2 OR ist keine Folge der Subsidiarität und auch nicht der Akzessorietät, die nicht verhindert, daß eine akzessorische Schuld weniger lange besteht als die Hauptschuld; tatsächlich kann denn auch die Bürgenschuld vor der Hauptschuld verjähren (BGE 50 II, 1924, S. 401 und 29 II, 1903, S. 254: die Bürgschaft für eine unverjährbare Schuld – Art. 807 ZGB, Verlustschein – verjährt). «In Wirklichkeit bleibt letztere (die Regel des Art. 136 Abs. 2 OR) eine Anwendung des in Art. 499 Abs. 2 Ziff. 1 OR anerkannten Gedankens, daß der Bürge auch das weitere Verhalten des Hauptschuldners gegen sich gelten lassen muß, allerdings, soweit die Unterbrechung durch Anerkennung in Frage

IV. Abhängigkeit hinsichtlich der Strenge und des Umfangs der akzessorischen Verpflichtung

Nach Eingehung der Bürgschaft kann die Hauptschuld nicht nur erlöschen oder noviert werden, sondern auch verschiedenartige Veränderungen erleiden, welche die Haftung des Hauptschuldners beschränken oder ausdehnen. Diese haben als Ursache gewisse vom Willen des Hauptschuldners unabhängige Ereignisse (Zahlungsunfähigkeit, vorgerückte Fälligkeit im Falle des Konkurses, Urteil in einem Prozeß, den der Schuldner gegen den Gläubiger angestrengt hat) oder ein gegen dessen vertragliche Pflichten verstoßendes Verhalten (schuldhafte Nichterfüllung, Art. 97 ff. OR; Schuldnerverzug, Art. 102 ff. OR), oder aber ein Verhalten des Gläubigers (Gläubigerverzug, Art. 92 ff. OR; Zession), schließlich vom Gläubiger oder vom Hauptschuldner abgeschlossene Rechtsgeschäfte und vor allem Vereinbarungen zwischen diesen beiden, die sich auf zahlreiche Punkte beziehen können. Welche Auswirkungen haben diese Veränderungen auf den Bürgen, dessen Interesse nicht mit demjenigen des Gläubigers übereinstimmt? Das Gesetz regelt nur einzelne Fälle. Man muß daher allgemeine Grundsätze aufstellen, wobei klar ist, daß sich der Inhalt der Bürgenschuld nicht ändert: angesichts des Zweckes seiner Verpflichtung schuldet der Bürge von Anfang an, was er im gegebenen Zeitpunkt leisten muß.

Da seine Verpflichtung eine Sicherheit darstellt, haftet der Bürge nicht strenger als der Hauptschuldner. Der Garant schuldet nichts anderes als der Begünstigte, nicht mehr und auch keine beschwerlichere Leistung. Doch wird zum Schutze des Bürgen – unter Vorbehalt der Ausübung von Gestaltungsrechten – grundsätzlich auf die Lage abgestellt, wie sie im Zeitpunkt der Eingehung der Bürgschaft bestand. Wenn der Hauptschuldner in der Folge auf eine ihm zustehende Einrede verzichtet, so kann sie der Bürge deshalb dem Gläubiger trotzdem entgegenhalten (Art. 502 Abs. 2 OR)[34].

steht, in nicht unbedenklichem Gegensatz zur Regel des Art. 502 Abs. 2 OR, daß Geschäfte des Hauptschuldners die Lage des Bürgen nicht erschweren sollen. Sie paßt auch nicht zu Art. 505 OR, der den Gläubiger zu laufenden Mitteilungen an den Schuldner verpflichtet (allerdings nur bei Vermeidung von Schadenersatz) und damit die Regel des Art. 136 Abs. 2 OR allerdings ganz wesentlich mildert» (SPIRO, a.a.O., § 185, N. 5).

Art. 136 Abs. 3 OR ist eine Wirkung der Subsidiarität der Haftung für eine fremde Schuld; der Hauptschuldner darf damit rechnen, daß sich der Gläubiger zuerst gegen ihn wende. Die Regel gilt deshalb seit 1941 auch für den Solidarbürgen.

Schließlich befreit die Verjährung der Hauptschuld den Bürgen auch dann, wenn dessen eigene Verpflichtung noch nicht verjährt ist.

b) Beim Schuldnerwechsel, siehe Art. 178 Abs. 2 und 493 Abs. 5 OR.

[34] Für den Gläubiger kann die Belangung des Bürgen jedoch Vorteile bieten (Konventionalstrafe, Pfänder, Nachbürgschaft).

Der Hauptschuldner und der Gläubiger können demnach die Haftung des Bürgen, also eines Dritten, ohne dessen formgültige Zustimmung nicht verschärfen (vgl. § 767 Abs. 1 BGB und a contrario Art. 499 Abs. 2 Ziff. 1 OR, der von «gesetzlichen» Folgen spricht), abgesehen von den Veränderungen, die sich aus der Natur der Sache ergeben (zukünftige oder veränderliche Schulden: Sukzessivlieferungen, Kontokorrentkredit). Doch da es sich dabei um dispositives Recht handelt, steht es dem Bürgen frei, sich zum voraus für den Fall zu verpflichten, daß eine bestimmte Verschärfung der Hauptschuld eintreten sollte, soweit er sich über deren Tragweite Rechenschaft gibt. Dagegen kommen ihm wegen der Akzessorietät von Gesetzes wegen und unabdingbar die gesetzlichen und vertraglichen Erleichterungen der Hauptschuld, wie die Bedingung oder Haftungsbeschränkungen (Wirkungen des Gläubigerverzugs) zugute. Beinhaltet die vereinbarte Veränderung für den Hauptschuldner sowohl Vorteile wie auch Nachteile (außergerichtlicher Vergleich, Stundung gegen Erhöhung der Schuld), sollen dann dem Bürgen die ersteren von selbst zugute kommen oder nur dann, wenn er unter Einhaltung der Formvorschriften (und gegebenenfalls derjenigen über die Handlungsfähigkeit) auch die letzteren auf sich nimmt? Wir halten die zweite Lösung für richtig, in Übereinstimmung insbesondere mit VON TUHR[35], SCHULTHESS[36] und SCHÖNENBERGER[37]. Es kommt auch vor, daß durch die Erleichterung der Hauptschuld indirekt die Stellung des Bürgen verschlechtert wird, so im Falle der Stundung, wenn der Schuldner zahlungsunfähig wird; dann sollte der gleiche Grundsatz gelten (für den – verschiedenen – Fall der Wechselbürgschaft: BGE 84 II, 1958, S. 645, Erw 2 und 4; nach Art. 2039 des französischen Code civil entlastet die vom Gläubiger dem Hauptschuldner gewährte einfache Erstreckung der Fälligkeit den Bürgen nicht, der diesfalls den Hauptschuldner belangen kann, um ihn zur Zahlung zu zwingen).

A. Fälligkeit der Bürgenschuld

Infolge der zeitlichen Wirkung der Akzessorietät kann der Bürge – auch der Solidarbürge – nicht vor dem für die Bezahlung der Hauptschuld festgesetzten Zeitpunkt belangt werden (Art. 501 Abs. 1 OR). Verzug des Hauptschuldners ist dagegen nicht erforderlich. Entscheidend ist, wie die Fälligkeit im Zeitpunkt der Eingehung der Bürgschaft geregelt war. Wir haben soeben gesehen (vorn in fine), unter welchen Voraussetzungen eine nachträglich dem Hauptschuldner gewährte Stundung dem Bürgen zugute kommt. Eine nach-

---

[35] SJZ 1922/23, S. 227 III.
[36] ZSR 1924, S. 103.
[37] N. 20 zu Art. 499 OR.

trägliche Verbesserung der Stellung des Gläubigers berührt ihn dagegen nicht (so die Abkürzung einer Kündigungsfrist oder das Vorrücken der Fälligkeit ohne seine Zustimmung, sei es durch Vertrag oder infolge der Eröffnung des Konkurses über den Hauptschuldner, Art. 208 und 271 Abs. 2 SchKG, Art. 501 Abs. 1 in fine OR)[38]. Demgegenüber beruht Art. 501 Abs. 3 OR auf der Vorstellung, daß der akzessorisch Verpflichtete gleich behandelt werden soll (d.h. daß ihm die gleichen Fristen zugute kommen sollen) wie der Hauptschuldner: Bedarf die Hauptschuld zu ihrer Fälligkeit der Kündigung durch den Gläubiger oder den Hauptschuldner, so beginnt die Frist für den Bürgen (und seinen Nachbürgen) erst mit dem Tage zu laufen, an dem ihm diese Kündigung mitgeteilt wird[39]. In beiden Fällen besitzt der Bürge eine dilatorische Einrede.

Nicht aus der Akzessorietät, sondern aus dem Sicherungszweck der Bürgschaft folgt, daß die Bürgenschuld im allgemeinen mit der Fälligkeit der Hauptschuld fällig wird (Art. 75 OR). Immerhin untersteht sie auch eigenen Regeln (allfällige Kündigung; Art. 215–217 SchKG), und es versteht sich von selbst, daß der Bürge von Anfang an oder nachträglich mit dem Gläubiger eine spätere Fälligkeit vereinbaren kann[40], ohne eine besondere Form einhalten zu müssen. Ist jedoch die Bürgschaft nur für eine bestimmte Zeit eingegangen und ist bei Ablauf der Frist die Hauptschuld noch nicht fällig (d.h. wenn das Ende der Belangbarkeit vor deren Beginn eintritt), so kann sich der Bürge nur durch Leistung von Realsicherheit befreien; unterläßt er dies, so gilt die Bürgschaft unter Vorbehalt der Bestimmung über die Höchstdauer weiter, wie wenn sie bis zur Fälligkeit der Hauptschuld vereinbart worden wäre (Art. 510 Abs. 4 und 5 OR).

Im übrigen gestattet es der Gesetzgeber dem Bürgen in einigen Fällen, die Fälligkeit der Hauptschuld herbeizuführen, wenn er die Unvorsichtigkeit beging, seine Verpflichtung nicht zeitlich zu begrenzen: Handelt es sich um eine Forderung, deren Fälligkeit durch Kündigung des Gläubigers herbeigeführt werden kann, so kann der Bürge nach Ablauf eines Jahres seit Eingehung der Bürgschaft verlangen, daß der Gläubiger, sofern dies möglich

---

[38] Der Bürge haftet für die während des Konkursverfahrens verfallenen Zinsen, während gegenüber dem Hauptschuldner der Zinsenlauf aufhört (Art. 209 SchKG); er besitzt unter diesem Titel kein Rückgriffsrecht gegenüber dem Gemeinschuldner (FAVRE, a.a.O. [Anm. 21], S. 304).

[39] Die Mitteilung obliegt dem Gläubiger, denn er belangt den Bürgen, welcher durch die Mitteilung in die Lage versetzt wird, durch Befriedigung des Gläubigers Kosten zu vermeiden (vgl. Art. 499 Abs. 2 Ziff. 2 OR). Ebenso bewahrt Art. 831 ZGB den Pfandeigentümer davor, überrascht zu werden (VON TUHR, SJZ 1922/23, S. 246/47, der die 1941 verbesserte Fassung der Bestimmung von 1911 kritisiert; STAUFFER, S. 84/85a).

[40] BGE 26 II, 1900, S. 320.

ist, die Kündigung vornehme (Art. 511 Abs. 2 OR); entsprechend Art. 501 Abs. 3 OR wird ihm der Gläubiger mitteilen, wenn er diesem Verlangen nachgekommen ist; diese Mitteilung ist nicht unnütz, denn der Bürge weiß so, ob er nach Ablauf von vier Wochen frei wird (Art. 511 Abs. 3 OR)[41].

B. *Umfang der Bürgenschuld*

In bezug auf den Umfang der Bürgenschuld ergeben sich aus der Natur und dem Inhalt der Hauptschuld zunächst zwei Probleme, die mit dem akzessorischen Charakter der Bürgschaft nichts zu tun haben. In erster Linie muß die geschuldete Leistung in Geld ausgedrückt werden, wenn es sich nicht bereits um eine Geldleistung handelt. In zweiter Linie muß sogar bei sorgfältig redigierten Formularen mangels einer klaren, durch Auslegung ermittelten Abmachung häufig abgeklärt werden, welche Schulden zeitlich gesehen von der Bürgschaft gedeckt sind. Nach Art. 499 Abs. 3 OR haftet der Bürge nur für die nach der Unterzeichnung der Bürgschaft eingegangenen Verpflichtungen des Hauptschuldners, wenn sich nichts anderes aus dem Bürgschaftsvertrag oder aus den Umständen ergibt. Diese Vermutung, die dem normalen Lauf der Dinge entspricht, schafft Klarheit; der Gläubiger muß deutlich zum Ausdruck bringen, daß die verbürgte Schuld schon entstanden ist, und der Bürge hat sich nicht mit der Anrufung von Willensmängeln herumzuschlagen. Entscheidend ist der wirtschaftliche Gesichtspunkt, nicht schon der Umstand, daß die alte Schuld rechtlich durch eine neue ersetzt worden ist (Novation durch Saldoziehung beim Kontokorrent oder durch Umwandlung einer Kaufpreisschuld in eine Darlehensschuld, Gewährung eines neuen Kredites zur Tilgung einer alten Schuld)[42].

1. Gläubiger und Bürge setzen den Umfang der Bürgenhaftung im Verhältnis zur Hauptschuld zum voraus oder nach Eingehung der Bürgschaft frei fest. Jede Verschärfung setzt jedoch, wie bereits gesagt, die Einhaltung der im Einzelfall vorgeschriebenen Form voraus; Schriftform genügt bei nachträglicher Abänderung der Bürgschaft (Art. 493 Abs. 5, 1. Satz OR).

---

[41] Art. 511 Abs. 2 OR ist anwendbar, wenn sich die Kündigung auf die Fälligkeit der Forderung bezieht, nicht aber, wenn sie die Beendigung eines Vertragsverhältnisses mit oder ohne periodische Leistungspflichten herbeiführt (Miete, Kontokorrentkredit); vgl. von Tuhr, SJZ 1922/23, S. 247 VIII.

[42] Da sich eine Willensübereinstimmung nach dem Gesetz auch aus den Umständen ergeben kann, müssen die besonderen Formvorschriften nicht eingehalten werden. – Zur Praxis vor der Revision von 1941: BGE 61 II, 1935, S. 129; 59 II, 1933, S. 240; 57 II, 1931, S. 278; 49 II, 1923, S. 103; 41 II, 1915, S. 264.

Von anderweitigen Abreden abgesehen ist Art. 499 Abs. 2 OR anwendbar, der den Grundsatz der Akzessorietät mehr oder weniger streng durchführt.

a) Wegen des akzessorischen Charakters seiner Garantie haftet der Bürge grundsätzlich nur für den jeweiligen Betrag der im Bürgschaftsvertrag bezeichneten und individualisierten Hauptschuld. Hiezu kommen jedoch gewisse Veränderungen der Schuld, die durch die gesetzlichen Folgen des Verschuldens oder des Verzugs des Hauptschuldners bedingt sind (Art. 499 Abs. 2 Ziff. 1, 1. Satz OR). Sie entstehen aus einer zum mindesten objektiven Vertragsverletzung. Dabei handelt es sich zunächst um die Kosten der Ersatzvornahme (Art. 98 Abs. 1 und 3 OR) und die Umwandlung der Obligation in Schadenersatz, das sogenannte positive Vertragsinteresse, das im Falle der verschuldeten Nichterfüllung beziehungsweise nicht gehörigen Erfüllung das Interesse des Gläubigers an der Erfüllung deckt (Art. 97 Abs. 1, Art. 98 Abs. 2 und Art. 107 Abs. 2 OR, sowie die entsprechenden Regelungen bei den einzelnen Vertragsarten). Ferner gehören dazu die Folgen des Schuldnerverzugs: Schadenersatz wegen verspäteter Erfüllung und Haftung für Zufall, Verzugszins und Schadenersatz für verschuldeten weiteren Schaden (Art. 103–106 und 107 Abs. 2 OR). Im übrigen kann sich der Bürge auch verpflichten, wenn die Vertragsverletzung bereits eingetreten ist, da es auf den Inhalt der Hauptschuld nicht ankommt.

Der Bürge steht nur für die Erfüllung ein, welche die Aufrechterhaltung des Vertrages voraussetzt. Der Rücktritt, der ihn aufhebt (Art. 107 Abs. 2 in fine OR), hat den Untergang der akzessorischen Verpflichtung zur Folge. Es entspricht daher der Logik, daß der Bürge für den aus dem Dahinfallen des Vertrages – das den Ersatz des Erfüllungsinteresses ausschließt – entstandenen Schaden nicht haftet (Art. 109 Abs. 2 OR, wenn der Gläubiger nach Art. 107 Abs. 2 in fine OR zurücktritt)[43]. Gleich verhält es sich bei den zahlreichen andern Fällen, in denen eine Partei das negative Vertragsinteresse zu ersetzen hat oder für etwas anderes als die schuldhafte Nichterfüllung haftet[44]. Gleichwohl läßt das Gesetz die Bürgschaft zu, wenn dies ausdrücklich vereinbart worden ist (Art. 499 Abs. 2 Ziff. 1, 2. Satz OR)[45].

---

[43] Gleiche Lösung: BGE 26 II, 1900, S. 54; 48 II, 1922, S. 268; 49 II, 1923, S. 378.

[44] Culpa in contrahendo und Mängel des Vertragsabschlusses im Falle der Verbürgung einer zukünftigen Schuld; Schadenersatz bei Wandelung und Minderung. Vgl. insbes. die Art. 26, 31 Abs. 3, 36, 39, 195/96, 205, 208, 219, 234, 248, 254, 255 Abs. 2, 258, 261 Abs. 2, 277 Abs. 2, 280, 365 Abs. 1, 366 Abs. 1, 368 Abs. 1, 383 Abs. 3, 473 Abs. 2, 527 Abs. 2 OR.

[45] Die Sicherheit bleibt akzessorisch; sie bezieht sich auf eine Leistung des Schuldners nur insoweit, als diese geschuldet ist, doch hängt sie nicht mehr von der ursprünglichen Hauptschuld ab, die infolge des Rücktritts untergegangen ist.

Zum ganzen Problem vgl. OFTINGER, Die Haftung des Bürgen für die gesetzlichen Folgen eines Verschuldens oder Verzugs des Hauptschuldners, in: Festgabe Fritz Fleiner, Zürich 1937, S. 175 ff., und HÄUSLER.

Dagegen enthält Ziff. 2 von Art. 499 Abs. 2 OR eine Ausnahme vom Grundsatz der Akzessorietät, die nicht durch Analogie ausgeweitet werden darf (etwa auf die Kündigung, die Inverzugsetzung oder die Belangung anderer Bürgen). Danach werden die allfälligen Kosten für die Herausgabe von Pfändern und die Übertragung von Pfandrechten an den zahlenden Bürgen gleich behandelt wie die in Ziff. 1 erwähnten gesetzlichen Folgen eines Verschuldens oder Verzugs, ebenso die Kosten der Betreibung und Ausklagung des Hauptschuldners, insbesondere im Hinblick auf die Verwertung der Realsicherheiten, die der Gläubiger in guten Treuen aufwenden durfte, soweit dem Bürgen rechtzeitig Gelegenheit gegeben war (durch Anzeige mit Ansetzung einer angemessenen Frist), sie durch Befriedigung des Gläubigers zu vermeiden[46].

b) Was die Wirkungen einer Vereinbarung zwischen Gläubiger und Hauptschuldner anbetrifft, so haftet der Bürge nur dann für die vertraglichen Folgen der Nichterfüllung und des Verzugs, wozu die Konventionalstrafe zu zählen ist (Art. 499 Abs. 2 Ziff. 1, 2. Satz in fine OR), wenn er dies mit dem Gläubiger ausdrücklich und in den gesetzlichen Formen verabredet hat. Er haftet dagegen für nicht kapitalisierte, vertragliche Zinsen (also andere als Verzugszinsen) bis zum Betrag des laufenden (d.h. seit dem letzten Fälligkeitstermin aufgelaufenen) und eines (vor diesem Termin) verfallenen Jahreszinses; gegebenenfalls für eine laufende und eine verfallene Annuität (Art. 499 Abs. 2 Ziff. 3 OR), die neben der Kapitalrückzahlung auch Zinsen umfaßt[47]. Darin liegt eine Einschränkung des Grundsatzes der Akzessorietät, die den Gläubiger veranlaßt, mit der Belangung des Bürgen nicht zuzuwarten (vgl. auch Art. 505 OR). Hinsichtlich der Zinsen geht die Haftung weniger weit als beim Grund- und beim Fahrnispfand (Art. 891 und 818 ZGB).

c) Wir haben gesehen, wie es sich mit den Vereinbarungen zwischen Gläubiger und Schuldner verhält, welche die vom Bürgen bei der Eingehung der Bürgschaft übernommene Haftung verschärfen würden. Von Gesetzes wegen kann in denjenigen Fällen, in denen der Sicherungszweck eine Ausnahme von der Akzessorietät rechtfertigt, die Schuld des Bürgen weiter gehen als die Hauptschuld (vorn III 2, Abs. 2).

2. Der Umfang der akzessorischen Schuld bestimmt sich aber auch unabhängig von jenem der Hauptschuld.

---

[46] Anzeige und Fristansetzung sind vor gewissen weiteren rechtlichen Schritten gegebenenfalls zu erneuern; der Richter entscheidet über die Notwendigkeit von Fall zu Fall. – Die Gerichts- und Anwaltskosten sind eingeschlossen: BGE 36 II, 1910, S. 462.

[47] Über den Begriff der Annuität vgl. BECK, N. 28 zu Art. 499 OR.

a) Im Bürgschaftsvertrag müssen Gläubiger und Bürge die Haftung begrenzen. Als Folge einer Beschränkung der Parteiautonomie, die 1911 eingeführt und durch die Präzisierungen und die Sanktion, die 1941 beigefügt wurden, verstärkt worden ist, haftet nämlich der Bürge in allen Fällen nur bis zu einem bestimmten Höchstbetrag, der in der Bürgschaftsurkunde selbst zahlenmäßig anzugeben ist. Art. 493 Abs. 1 OR macht die Gültigkeit der Bürgschaft von dieser Angabe abhängig und regelt deren Form; aus Art. 499 Abs. 1 und 2 OR ergibt sich die materielle Folge, die zwingenden Rechts ist: der vereinbarte Höchstbetrag ist nunmehr absolut.

Somit ist die Verpflichtung des Bürgen in zweifacher Hinsicht begrenzt. Selbstverständlich können die Parteien einen hohen Maximalbetrag vorsehen, um allfällige Erhöhungen des ursprünglichen Kapitals der Hauptschuld zu decken, gegebenenfalls über den Rahmen von Art. 499 Abs. 2 OR hinaus. Ist der in der Bürgschaftsurkunde angegebene Betrag niedriger als die Hauptschuld mit Einschluß der gesetzlichen oder vertraglichen Veränderungen, die der Bürge zu übernehmen hat, so beschränkt sich dessen Verpflichtung auf diesen Betrag (Höchstbetrag). Das ist eine Ausnahme vom Grundsatz der Akzessorietät.

Wird der Bürge frei, sobald die verbürgte Quote bezahlt ist, so liegt eine Teilbürgschaft vor, so, wenn die Parteien unter Einhaltung der Schriftform vereinbart haben, die Haftung auf denjenigen Teil der Schuld zu beschränken, der zuerst abgetragen wird (Art. 493 Abs. 6, 2. Satz OR). Die Verpflichtung kann jedoch auch in dem Sinne begrenzt sein, daß der Bürge bis zur vollständigen Tilgung der Hauptschuld haftet, aber nur bis zu dem in der Bürgschaftsurkunde angegebenen Höchstbetrag (Limitbürgschaft). Das ist in der Praxis der Normalfall, der daher zu vermuten ist.

b) Bei Bürgschaften natürlicher Personen hat das Gesetz von 1941 eine Neuerung eingeführt, indem es eine zweifache, periodische und proportionelle gesetzliche Verringerung des Haftungsbetrages vorsah, die immerhin Ausnahmen erleidet (Art. 500 OR). Auf diese Weise fördert es die (häufige) Amortisierung der Schulden und sucht zusammen mit Art. 509 Abs. 3–5 OR die Belastung natürlicher Personen, die eine Bürgschaft eingegangen sind, im Laufe der Jahre zu vermindern und schließlich völlig aufzuheben.

Zunächst verringert sich der Höchstbetrag der Haftung jedes Jahr um 3%, wenn die Forderung durch Grundpfand gesichert ist um 1% (Art. 500 Abs. 1, 1. Satz OR). Der Satz bemißt sich immer nach dem ursprünglichen Kapital. Vorbehalten bleibt eine anderweitige Vereinbarung, die zum voraus oder nachträglich abgeschlossen werden kann. Da die Regel dispositiven Rechts ist, wird sie im allgemeinen ganz oder teilweise wegbedungen.

Sodann verringert sich der Haftungsbetrag bei Bürgschaften natürlicher Personen in jedem Falle und zwingend mindestens im gleichen Verhältnis wie die Hauptschuld (Art. 500 Abs. 1, 2. Satz OR). Durch Vereinbarung kann über dieses Minimum hinausgegangen werden.

Ausgenommen sind die gegenüber der Eidgenossenschaft oder ihren öffentlich-rechtlichen Anstalten oder gegenüber einem Kanton eingegangenen Bürgschaften für öffentlich-rechtliche Verpflichtungen, wie Zölle, Steuern und dergleichen, und für Frachten, sowie die Amts- und Dienstbürgschaften und die Bürgschaften für Verpflichtungen mit wechselndem Betrag, wie Kontokorrent, Sukzessivlieferungsvertrag, und für periodisch wiederkehrende Leistungen (Art. 500 Abs. 2 OR).

V. Das Recht, dem Gläubiger die Einreden des Hauptschuldners entgegenzuhalten

Der akzessorische Charakter der Verpflichtung des Bürgen, der zum Wesen der Bürgschaft gehört, ergibt sich im positiven Recht, wie wir gesehen haben, aus mehreren gesetzlichen Bestimmungen, darunter Art. 492 und 509 Abs. 1 OR. Doch war dem Gesetzgeber daran gelegen, diesen Charakter daneben noch auf andere Weise zum Ausdruck zu bringen, nämlich als Verteidigungsmittel des Bürgen gegen die Erfüllungsklage des Gläubigers, das sich auf den Nichtbestand oder das Erlöschen der Hauptschuld oder auf die Abschwächung von deren Wirkungen stützt. Nach Art. 502 Abs. 1 OR ist der Bürge berechtigt, dem Gläubiger alle Einreden entgegenzusetzen, die dem Hauptschuldner oder seinen Erben zustehen und sich nicht auf die Zahlungsunfähigkeit des Hauptschuldners stützen.

Das sind nicht die einzigen Verteidigungsmittel, die dem Bürgen gegen den Gläubiger zustehen. Was zunächst die Entstehung des Vertrages anbetrifft, so verfügt er daneben über diejenigen, die in formeller und materieller (subjektive und gewisse objektive Entstehungsvoraussetzungen) Hinsicht von der Hauptschuld unabhängig sind. Er kann sich sodann auch auf das Erlöschen der Bürgschaft aus den Gründen, die ihr eigen sind, berufen. Hinsichtlich der Wirkungen seiner Verpflichtung kann er neben der gesetzlichen Verringerung des Haftungsbetrages die vertraglich festgesetzten Beschränkungen geltend machen, wie auch die Folgen gewisser Pflichtverletzungen durch den Gläubiger. Überdies hat er bei jeder Bürgschaftsart und beim Vorliegen einer Mehrzahl von Bürgen besondere Rechte[48].

1. Der Grundsatz und seine Anwendung

Der Bürge haftet nur, wenn und soweit der Hauptschuldner seinerseits verpflichtet ist. Er übt dessen Verteidigungsmittel – ob diese nun vor oder nach Eingehung der Bürgschaft entstehen und ob er ein Rückgriffsrecht gegen den Hauptschuldner hat oder nicht – kraft eigenen Rechts aus (Ausfluß der Garantiefunktion) und nicht durch irgendeinen gesetzlichen Rechtsübergang (kraft abgeleiteten Rechts wie der Schuldübernehmer; Art. 179 Abs. 1 OR). Beweis dafür ist, daß der Bürge, wenn der Hauptschuldner auf eine ihm zustehende Einrede verzichtet, diese trotzdem geltend machen kann (Art. 502 Abs. 2 OR, eine Einschränkung der Akzessorietät, wovon Art. 141 Abs. 3 OR einen Anwendungsfall bildet: nach dieser Bestimmung kann der Verzicht des Hauptschuldners auf die Verjährung dem Bürgen nicht entgegengehalten werden).

Das Gesetz gewährt dem Bürgen auch die Einreden der Erben des Hauptschuldners, soweit sie dessen Schulden übernehmen (Art. 589 und 590 ZGB[49]), nicht dagegen, wenn die Erbschaft – im Falle der Überschuldung

---

[48] Verschiedene besondere Einreden aus dem Titel über die Bürgschaft haben wir soeben behandelt: Art. 492 Abs. 3 und 502 Abs. 1, 2. Satz, Art. 501 Abs. 4 und 502 Abs. 4, Art. 501 Abs. 1 und 3, 510 Abs. 5 und 511 Abs. 2, schließlich Art. 499 OR (vorn II 3 und 4, IV A und B).
    Angesichts der komplizierten Verhältnisse, die sich aus dem akzessorischen Charakter der Bürgenschuld ergeben, wird die Bürgschaft oft systematisch dargestellt unter dem Gesichtspunkt der Verteidigungsmittel des Bürgen gegen die Klage des Gläubigers:
1. Voraussetzungen hinsichtlich der Hauptschuld – Bestand einer Forderung, welche
   a) gültig entstanden, nicht untergegangen und – von gewissen Ausnahmen abgesehen – nicht mit Einreden behaftet ist,
   b) fällig ist,
   c) bestimmte Wirkungen entfaltet.
    (Vgl. die hier behandelte Ziff. V und die in Abs. 1 dieser Anm. erwähnten Einreden.)
2. Besondere Voraussetzungen hinsichtlich der eigenen Schuld des Bürgen, die sich beziehen auf
   a) Bestand, Gültigkeit und Erlöschen gemäß den allgemeinen Regeln oder den besonderen Bestimmungen des Bürgschaftsrechts,
   b) ihre Fälligkeit und die Einstellung der Betreibung,
   c) ihre allgemeinen und besonderen Wirkungen (Vereinbarung, gesetzliche Verringerung des Haftungsbetrages; Sorgfaltspflichten des Gläubigers; Bürgschaftsart, Mehrheit von Bürgen).
[49] Nicht ohne Grund will Schulthess Art. 502 Abs. 2 am Ende und Abs. 3 OR anwenden (ZSR 1924, S. 111, N. 114). – Auf Grund einer Spezialvorschrift ist im Falle der Annahme der Erbschaft unter öffentlichem Inventar die Haftung der Erben für die Bürgschaftsschulden des Erblassers besonders eingeschränkt (Art. 591 ZGB).

nach den Vorschriften des Konkursrechts (Art. 597 ZGB) – amtlich liquidiert wird (Art. 593 Abs. 3 ZGB).

Art. 502 OR verwendet den Begriff der Einrede, jedoch nicht in der Bedeutung, die ihm die moderne Zivilrechtslehre beigelegt hat. Gewiß versteht das Gesetz hier darunter das Recht, durch Abgabe einer Willenserklärung und aus einem besonderen Grund die geschuldete Leistung zu verweigern (Einrede im technischen Sinne, die peremptorisch oder dilatorisch, total oder partiell, von einem andern Recht abhängig oder unabhängig sein kann). Es zählt jedoch auch die Bestreitung des Klagefundaments und die Einwendung dazu, mit welcher der Beklagte eine (rechtsaufhebende oder rechtshindernde) Tatsache behauptet, die dem geltend gemachten Recht entgegensteht[50]. Die Bestimmung bezieht sich ferner auch auf die Verteidigungsmittel, die sich aus der Ausübung eines Gestaltungsrechtes durch den Hauptschuldner ergeben.

Da ihre Wirkung stärker ist als diejenige der Einreden im technischen Sinne, kann dagegen nur der Hauptschuldner die ihm zustehenden Gestaltungsrechte ausüben, und nur er kann darauf verzichten: Rücktritt, Anfechtung, Widerruf, Erklärung einen Vertrag nicht zu halten, Kündigungen aller Art, Ausübung von Wahlrechten (Wandelung oder Minderung, Folgen bei Mängeln des gelieferten Werkes, alternative Ermächtigung usw.). An sich ist der Bürge weder zur Vertretung noch zur Verfügung ermächtigt, und als Garant hat er eine passive Stellung. Dagegen steht ihm eine dilatorische Einrede zu, solange das Gestaltungsrecht nicht ausgeübt und nicht verwirkt ist, solange also die Ungewißheit dauert[51]. Nach diesem Zeitpunkt hat der Bürge die Entscheidung des Hauptschuldners zu respektieren, die keine Verschärfung der verbürgten Schuld darstellt.

Die Verrechnung wird nicht mehr wie im Gemeinen Recht durch eine Einrede, sondern durch Ausübung eines Gestaltungsrechts vorgenommen. Unter der Herrschaft des alten Art. 134 OR konnte der Bürge in Abweichung vom Erfordernis der Gegenseitigkeit der

---

[50] Bestreitung und Einwendung verstanden sich wegen der Akzessorietät von selbst (Art. 492 Abs. 2 und Art. 509 Abs. 1 OR); dagegen rechtfertigte es sich, die Einreden, die in der Ausübung eines Rechts durch Willenserklärung bestehen, im Gesetz ausdrücklich zu erwähnen. Man braucht nicht mehr zwischen exceptiones rei und personae cohaerentes zu unterscheiden; auch die streng persönlichen Einreden können grundsätzlich vom Bürgen ausgeübt werden. Zu den zahlreichen Verteidigungsmitteln des Hauptschuldners, die der Bürge geltend machen kann, gehört insbesondere die Einrede des nicht erfüllten Vertrages (Art. 82 OR); vgl. im übrigen die Aufzählung bei Beck, Schönenberger und Giovanoli.

[51] Steht das Recht dem Gläubiger zu, so hat der Bürge die gleiche dilatorische Einrede; der Gläubiger, der sich nicht rechtzeitig entscheidet, ist im Verzug, weil er eine ihm obliegende Vorbereitungshandlung nicht vorgenommen hat (Art. 91 OR).

Verpflichtet sich jemand in Kenntnis des Mangels, der die Hauptschuld belastet, so geht er normalerweise eine selbständige, unabhängige Verpflichtung ein.

Forderungen seine Schuld mit der Forderung des Hauptschuldners gegen den Gläubiger ver-rechnen. Heute können nur die Hauptparteien auf diese Weise über ihre Forderungen ver-fügen. In analoger Anwendung von Art. 502 Abs. 2 OR nimmt indessen die herrschende Lehre an, daß der Hauptschuldner nicht zum Nachteil des Bürgen auf sein Verrechnungs-recht verzichten kann. Der Bürge selbst hat nur eine dilatorische Einrede gegen den Gläu-biger, mit welcher er diesen darauf verweisen kann, sich durch Verrechnung zu befriedi-gen. Nach dem heutigen Art. 121 OR kann er die Zahlung verweigern, soweit dem Haupt-schuldner das Verrechnungsrecht zusteht. Wie verhält es sich, wenn die Gegenforderung des Hauptschuldners zu denjenigen gehört, die gegen seinen Willen durch Verrechnung nicht getilgt werden können (Art. 125 OR)? Wenn der Hauptschuldner sein Recht nicht ausüben will, wird der Bürge trotz des Wortlauts von Art. 121 OR nicht frei[52].

Art. 250 Abs. 2 und 3 OR gewährt dem Schenker – und nur ihm – ein Gestaltungs-recht (Einrede des Notbedarfs). Auch hier steht dem Bürgen bis zur Fälligkeit des Schen-kungsversprechens eine dilatorische Einrede zu[53].

Wenn schließlich der Inhalt der akzessorischen Verpflichtung durch ein vor Eingehung der Bürgschaft ergangenes rechtskräftiges Urteil zwi-schen Gläubiger und Hauptschuldner bestimmt wird und wenn sich der Bürge auf ein nachträgliches Urteil berufen kann, das die Klage des Gläubigers abweist, so bleibt doch eine ganze oder teilweise Verurteilung des Hauptschuldners res inter alios acta[54]. Mit andern Worten muß sich der Gläubiger den ungünstigen Ausgang des Prozesses entgegenhalten lassen, da er Prozeßpartei ist. Ähnlich verhält es sich beim gerichtlichen Vergleich.

2. Die Ausnahmen vom Grundsatz

Gewisse Einreden stehen dem Bürgen nicht zu, sei es wegen dem Zweck der Bürgschaft, sei es kraft besonderer Vorschrift.

Die Funktion der Bürgschaft, die darin besteht, den Gläubiger gegen das Versagen des Hauptschuldners zu sichern, rechtfertigt den Ausschluß der zahlreichen Einreden, die sich auf die Zahlungsunfähigkeit des Hauptschuld-ners oder andere Beschränkungen seiner Belangbarkeit stützen (Art. 502 Abs. 1, 1. Satz in fine OR). So kann sich der Bürge zu seinem Vorteil nicht berufen auf die Art. 586, 592 und 593 Abs. 3 ZGB, Art. 149, 209 und 265 Abs. 2 SchKG; Nachlaßstundung und gerichtlicher Nachlaßvertrag kom-men ihm nicht zugute (Art. 295 ff., insbesondere 303 SchKG; vgl. im übrigen

---

[52] STAUFFER, ZSR 1935, S. 106–108a; VON TUHR, SJZ 1922/23, S. 245/46; BECK und SCHÖ-NENBERGER, N. 19–21 und N. 11 zu Art. 502 OR; SPIRO, § 211, N. 9.

[53] SCHÖNENBERGER, N. 13 zu Art. 502 OR, der die (geteilte) Lehre zitiert; a. M.: GIOVANOLI, 2. Aufl., N. 15.

[54] BGE 57 II, 1931, S. 518 (ebenso kann der auf dem Regreßweg belangte Bürge von neuem die Gültigkeit der Hauptschuld bestreiten, selbst wenn diese Gültigkeit durch ein rechts-kräftiges Urteil gegen den rückgriffsberechtigten Mitschuldner festgestellt worden ist); REICHEL, Die Schuldmitübernahme, S. 541. In gleicher Weise präjudiziert die Verurtei-lung des Bürgen nicht diejenige des Hauptschuldners.

die besonderen Vorschriften des Krisenrechts und des Banken- und Agrarrechts)[55].

Was Art. 502 Abs. 1, 2. Satz OR anbetrifft, so behält diese Bestimmung den
Fall der Verbürgung einer für den Hauptschuldner wegen Irrtums oder
Vertragsunfähigkeit unverbindlichen oder einer verjährten Schuld vor (Art.
492 Abs. 3 OR).

3. Verzicht des Hauptschuldners

Verzichtet der Hauptschuldner auf eine ihm zustehende Einrede, so
kann sie der Bürge nach Art. 502 Abs. 2 OR trotzdem geltend machen. Es
handelt sich dabei um eine neue Bestimmung, doch war der eine Einschränkung der Akzessorietät darstellende Grundsatz bereits bekannt, wonach ein
nachträgliches Rechtsgeschäft des Hauptschuldners die akzessorische Verpflichtung, wie sie im Zeitpunkt ihrer Eingehung bestand, nicht verschärfen
kann. Nur der rechtsgeschäftliche Verzicht ist gemeint. Wenn dagegen die
dem Hauptschuldner zustehenden Einreden durch bloßen Zeitablauf ver-
wirken, kann dies dem Bürgen entgegengehalten werden; ebenso ein ausdrücklicher Verzicht vor Ablauf der Verwirkungsfrist[56].

4. Verzicht des Bürgen gegenüber dem Gläubiger auf die dem Hauptschuldner zustehenden Einreden: der Garantievertrag

Es obliegt dem Bürgen, dem Gläubiger die dem Hauptschuldner zustehenden Einreden entgegenzuhalten. Unterläßt er dies, so verliert er seinen
Rückgriff insoweit, als er sich durch diese Einreden hätte befreien können,
wenn er nicht darzutun vermag, daß er sie ohne sein Verschulden nicht gekannt hat (Art. 502 Abs. 1 und 3 OR). Der Hauptschuldner kann sich weiterhin auf seine Einreden berufen. An der Natur der akzessorischen Verpflichtung ändert dies nichts. Anders verhält es sich jedoch mit dem (ursprünglichen oder nachträglichen) Vorausverzicht des Bürgen gegenüber
dem Gläubiger auf das Recht, die Einreden des Hauptschuldners geltend
zu machen. Ein solcher Verzicht läßt – jedenfalls wenn er vollständig ist
oder sich auf Elemente bezieht, die für den akzessorischen Charakter der
übernommenen Verpflichtung wesentlich sind – auf das Vorliegen eines

---

[55] Vorn III 2. Für die Spezialgesetzgebung, insbes. das Krisenrecht, vgl. SCHÖNENBERGER,
N. 23 zu Art. 502 OR.
[56] VON TUHR, SJZ 1922/23, S. 229 V und BGE 45 II, 1919, S. 568 (der Käufer unterließ es,
rechtzeitig Mängelrüge zu erheben). Es handelt sich hier um Einreden im technischen
Sinne, denn man kann nicht auf Tatsachen verzichten. Doch ist die Bestimmung auch
anwendbar auf die «Einrede» der Verrechnung (vorn Ziff. 1).

Garantievertrages schließen, der eine von der Hauptschuld unabhängige Verpflichtung darstellt. Welches der wirkliche Wille der Parteien war, ist durch Auslegung zu ermitteln.

Was ihre Wirkungen anbetrifft, so behandelt das Gesetz Garantievertrag
und Bürgschaft in zahlreichen Punkten auf verschiedene Weise. Ihr spezifisches Wesen ist jedoch eine Gegebenheit, die der rechtlichen Regelung vorgeht. Diese kann eine bestimmte Art der Sicherheit nur entweder anerkennen
oder verbieten oder eine besondere Form vorschreiben, und sie kann im
einzelnen Fall den sekundären Inhalt der Verpflichtung näher bestimmen.
Der Garantievertrag, der keiner besondern Form bedarf, ist gegenüber der
Bürgschaft, die formbedürftig ist, nicht subsidiär, weil die weniger belastende
Sicherheit – die Bürgschaft – den Vorrang hätte, und noch weniger in dem
Sinne, daß die Parteien ihn stets wollten, wenn keine gültige Bürgschaft vor-
liegt.

Wir haben die Unterscheidung zwischen Garantievertrag und Bürgschaft
einerseits und andern Rechtsinstituten, die zur Sicherung von Forderungen
dienen oder dienen können, anderseits, bereits vorgenommen (§ 49, II: Die
persönlichen Sicherheiten). Hier ist nunmehr der Ort, die beiden Vertragstypen unter sich abzugrenzen, wenn auch einzelne Marksteine schon gesetzt
worden sind (§ 48, I: Typologie des Garantievertrages; § 50, V in fine:
Tragweite von Art. 492 Abs. 4 OR)[57]. Ein Interesse an der Abgrenzung besteht nur in dem Falle, wo die Garantie in bezug auf ihren Inhalt der akzessorischen Verpflichtung entspricht, das heißt, wenn der Promissar von einer
bestimmten Person eine Leistung erwartet, die ihm geschuldet ist.

Entgegen einer verbreiteten Meinung ist der Gegenstand der als Sicherheit
vereinbarten Leistung in dem Sinne, daß der Bürge an Stelle des Hauptschuldners erfülle, während der Garant Schadenersatz schulde, nicht maßgebend. Denn der Promittent verpflichtet sich stets durch eine von der
garantierten Schuld verschiedene Obligation, etwas anderes als die Erfüllung
dieser Schuld (eine Ersatzleistung) zu erbringen, das heißt Schadenersatz oder
ein spezielles Surrogat zu leisten, die beide dem Gläubiger das (sogenannte
positive) Interesse an der Erfüllung verschaffen, die ihn befriedigen, aber
durch die er keine Zahlung der Hauptschuld erhält. Die Schuld des Garanten
ist nicht wie bei der kumulativen Schuldübernahme diejenige des ursprünglichen Schuldners. Auch der Bürge erfüllt nicht die Schuld eines Dritten,

---

[57] Als letzter hat es – überzeugend – KLEINER getan, in Erneuerung der Darlegung im
Hinblick auf die Bankgeschäfte. Vgl. insbes. auch REICHWEIN, OFTINGER, GILLIÉRON
(Kap. XII) und REUSSER. In der Praxis bereitet die Abgrenzung noch zahlreiche Schwierigkeiten, wie auch die Unterscheidung von Bürgschaft und Garantievertrag einerseits und
von kumulativer Schuldübernahme anderseits.

sondern seine eigene an deren Stelle, was die Subrogation ermöglicht, da die Hauptschuld durch seine Zahlung nicht untergeht. In Wirklichkeit ist das einzige Unterscheidungsmerkmal der akzessorische Charakter der Bürgschaftsverpflichtung, aus dem sich ergibt, daß der Bürge dem Gläubiger die dem Hauptschuldner zustehenden Einreden entgegenhalten darf[58]. Der Garant will für den Eintritt eines erhofften Erfolges einstehen, für die Leistung als solche, ob sie geschuldet und erzwingbar sei oder nicht, also auch für den Fall, daß es überhaupt an einer Obligation fehlen oder diese keinen klagbaren Anspruch gewähren sollte. Ein solcher Erfolg erschöpft sich nicht in der Erfüllung einer Schuld. Die Sicherheit bezieht sich hier nicht nur auf die Zahlungsfähigkeit des Dritten, sondern auch auf den Bestand der Forderung und ihre Erzwingbarkeit, und es ist eine bloß zufällige und indirekte Folge, daß die Garantie beim Bestehen einer klagbaren Hauptschuld eine Sicherheit für die Erfüllung einer fremden Schuld darstellt. Dies ist demgegenüber die einzige Wirkung, die der Bürge anstrebt, dessen Verpflichtung vom Schicksal der Hauptschuld abhängt, im ganzen Ausmaß, wie wir es soeben dargelegt haben: sich in einer der Gegenpartei erkennbaren Weise im Interesse eines Dritten zu verpflichten, eine Forderung gegen diesen Dritten zu garantieren.

Die Auslegung der Garantieerklärung gestattet es, die Absicht ihres Urhebers aufzudecken und zu entscheiden, ob sich die Parteien über die Tragweite ihrer Vereinbarung geeinigt haben. Aus allen Umständen ist zu ermitteln, welches der beim Vertragsabschluß maßgebende rechtliche und wirtschaftliche Zweck war. Darauf ist zu prüfen, durch welches der in Betracht fallenden Rechtsinstitute der Zweck am besten verwirklicht werden kann. Kommt man zu keinem sicheren Schluß, so wird man im Zweifel eine Bürgschaft annehmen, um dem Verpflichteten nicht den vom Gesetzgeber gewollten Schutz zu entziehen. Die Umstände sprechen häufig gegen die übliche Bedeutung der verwendeten Begriffe, selbst im Bankverkehr (außer in den Formularen und Allgemeinen Geschäftsbedingungen, die die Banken als Gläubigerinnen gebrauchen). Es gibt zahlreiche Indizien, die von ungleichem Gewicht sind; sie können sich auf beide Seiten auswirken, wenn sie auch in der Regel eher für die eine Lösung sprechen als für die andere. Erste Indizien finden sich im Wortlaut des Vertrags: Hinweis auf die Verpflichtung oder bloß die Leistung eines Dritten; dokumentarischer Beweis des Ausbleibens der Leistung oder der Nichterfüllung des Vertrages; vollständiger Ausschluß der dem Hauptschuldner zustehenden Einreden oder Versprechen, auf erstes Verlangen zu zahlen; oder im Gegenteil indirekte Anspielung auf eine Hauptverpflichtung oder auf die Regelung der Bürgschaft: am Fuße eines Vertrags angebrachte Garantie, «solidarische» Verpflichtung, Hinweis auf das Verschulden des Dritten oder Verzicht auf das beneficium excussionis und divisionis (Bürgschaft). Andere ergeben sich, vor allem wenn die versprochene Garantie in abstrakten Begriffen umschrieben ist, aus den Umständen des

---

[58] Allerdings ist im Auge zu behalten, daß das Abhängigkeitsverhältnis notwendig am Wesen der Bürgschaft und somit an ihren Wirkungen teilhat. Es ist daher an sich und ohne weiteres nicht ein geeignetes Mittel, um den Vertrag zu qualifizieren, da sonst jede Abrede, welche die Akzessorietät in irgendeinem Punkt ausschließt, den Verpflichteten des vom Gesetzgeber von 1941 gewollten, besonderen Schutzes berauben würde.

Vertragsabschlusses, wozu insbesondere die Beziehung zwischen dem Drittschuldner und dem durch die Sicherheit begünstigten Gläubiger gehört; so verhält es sich mit der Absicht des Garanten und den Erwartungen des Begünstigten, soweit sie für die Gegenpartei erkennbar sind. Gewisse Situationen sind typisch. Der Promittent, der ein eigenes, unmittelbares und gewichtiges Interesse am Geschäft des Dritten hat oder es fördern will, übernimmt in der Regel eine selbständige Verpflichtung, wenn auch die Tragweite dieses – zwar ernstlichen – Indizes nicht überschätzt werden darf. Dagegen liegt im allgemeinen eher eine Bürgschaft vor, wenn sich jemand in bezug auf ein Schuldverhältnis verpflichtet, in welches ein Dritter einbezogen ist[59].

VI. Die Akzessorietät in anderer Hinsicht

1. Die Abhängigkeit der Bürgschaft von der Hauptschuld entfaltet ihre Wirkungen auch bei der Übertragung dieser Schuld.

a) Nach Art. 170 Abs. 1 OR gehen im Falle der Zession mit der Forderung die Vorzugs- und Nebenrechte über, mit Ausnahme derer, die untrennbar mit der Person des Abtretenden verknüpft sind. Dies ist nicht der Fall bei der Forderung gegen den Bürgen, die demnach auf den Zessionar übergeht, soweit im Bürgschaftsvertrag nichts anderes vereinbart ist[60]. Entgegen der allein gebliebenen Ansicht VON TUHRS kann diese Forderung nicht ohne die Hauptforderung abgetreten werden[61].

b) Obwohl die Nebenrechte grundsätzlich vom Schuldnerwechsel nicht berührt werden, soweit sie nicht mit der Person des bisherigen Schuldners untrennbar verknüpft sind, haftet der Bürge dem Gläubiger nur dann weiter, wenn er der Schuldübernahme zugestimmt hat (Art. 178 Abs. 2 OR). Ist nämlich der Schuldübernehmer weniger zahlungsfähig als der Schuldner, so erschwert sich die Stellung des Nebenverpflichteten (Risiko und Rückgriff). Die Zustimmung stellt keine neue Bürgschaft dar, aber sie muß in jedem einzelnen Fall gesondert spätestens im Zeitpunkt der Schuldübernahme abgegeben werden; andernfalls ist eine neue Bürgschaftserklärung erforderlich. Der Bürge kann nicht zum voraus jedem beliebigen Schuldnerwechsel zu-

---

[59] Allein in der bundesgerichtlichen Rechtsprechung gibt es zahlreiche Beispiele; vgl. insbes. BGE 101 II, 1975, S. 323; 82 II, 1956, S. 247; 81 II, 1955, S. 520; 76 II, 1950, S. 33; 75 II, 1949, S. 49; 72 II, 1946, S. 19; 66 II, 1940, S. 26; 65 II, 1939, S. 30 (unrichtig hinsichtlich des Gegenstands der Leistung des Bürgen); 64 II, 1938, S. 346; 56 II, 1930, S. 375; 47 II, 1921, S. 209; 46 II, 1920, S. 159; 42 II, 1916, S. 263; 39 II, 1913, S. 772; 37 II, 1911, S. 184; 37 II, 1911, S. 77; 28 II, 1902, S. 274; Sem. jud. 1962, S. 129; ZR 1942, Nr. 100.

[60] SCHULTHESS, ZSR 1924, S. 88; das Schicksal der Bürgschaft ist umstritten (LARENZ, Bd. I, Allg. Teil, S. 344, N. 1). – Im Hinblick auf eine allfällige Zession können die Parteien der Verbürgung eines Kredits durch Vertrag zugunsten Dritter vereinbaren, daß die Sicherheit die nach der Zession zugunsten des neuen Gläubigers entstehenden Forderungen decken wird (LARENZ, a.a.O., S. 349, N. 2).

[61] VON TUHR/ESCHER, S. 346; BGE 78 II, 1952, S. 57.

stimmen[62]. In Abänderung von Art. 178 Abs. 2 OR verlangt das Gesetz von 1941 für die Zustimmung die Schriftform und behandelt so die (nicht kumulative) Schuldübernahme gleich wie die nachträglichen Erschwerungen der Stellung des Bürgen: Wird die Hauptschuld von einem Dritten mit befreiender Wirkung für den Schuldner übernommen, so geht die Bürgschaft unter, wenn der Bürge dieser Schuldübernahme nicht schriftlich zugestimmt hat (Art. 493 Abs. 5, 2. Satz OR)[63].

2. Die Abhängigkeit der akzessorischen Verpflichtung besteht in andern Punkten grundsätzlich nicht, so etwa beim anwendbaren Recht, dem Erfüllungsort (Art. 74 Abs. 2 Ziff. 1 OR), dem Betreibungsort, der Betreibungsart und dem Gerichtsstand[64]. Desgleichen ist bei der Belangung eines Bürgen einer öffentlich-rechtlichen Schuld der Zivilweg zu beschreiten. Ebenso ist unter Vorbehalt anderweitiger Anordnung der ordentliche Richter zuständig, wenn die Hauptschuld der Beurteilung durch ein Spezialgericht oder ein Schiedsgericht unterliegt.

---

[62] Analog der privativen Schuldübernahme ist die Befreiung eines von zwei Solidarschuldnern zu behandeln, ebenso der Wechsel der Rechtsform einer juristischen Person, einer Gesellschaft. Im Falle des Art. 181 OR kann die Zustimmung noch zwei Jahre nach der Übernahme des Vermögens oder des Geschäfts mit Aktiven und Passiven abgegeben werden (Abs. 2 und 3). Die Zustimmung ist nur bei der vertraglichen Übernahme erforderlich, nicht dagegen, wenn diese im Falle des Konkurses von Gesetzes wegen eintritt. BGE 47 III, 1921, S. 146/47; 60 II, 1934, S. 332; 63 II, 1937, S. 15 und 410; 67 II, 1941, S. 128.

[63] Im Konkurs des Hauptschuldners wird bei der Überbindung von grundpfandgesicherten Forderungen auf den Erwerber im Falle der Konkurssteigerung der Gemeinschuldner bis auf die Wirkungen des Verlustscheins frei, nicht aber der Bürge: diesem wird der Schuldnerwechsel – wie dem Gläubiger – aufgezwungen (BGE 47 III, 1921, S. 141: Ausnahme von Art. 178 Abs. 2 OR). Ähnlich in Art. 303 SchKG.
Geht die Hauptschuld auf die Erben des Hauptschuldners über, so bleibt der Bürge im Falle der amtlichen Erbschaftsliquidation verpflichtet (Art. 593 Abs. 3 und 597 ZGB; vorn III 2 am Ende), doch nur in beschränktem Ausmaß, wenn der Gläubiger bei der Aufnahme des öffentlichen Inventars säumig war (Art. 590 Abs. 1 ZGB; vorn Anm. 24). Beim öffentlichen Inventar ist die Haftung der Erben des Bürgen stets zum mindesten beschränkt (Art. 591 ZGB, gegebenenfalls Art. 590 Abs. 2 ZGB für die nicht im Inventar aufgenommenen Bürgschaften, sofern dieser Betrag geringer ist). – Nach der Teilung haben die Miterben einander den Bestand der Forderungen, die ihnen bei der Teilung zugewiesen worden sind, zu gewährleisten und haften einander, soweit es sich nicht um Wertpapiere mit Kurswert handelt, für die Zahlungsfähigkeit des Schuldners im angerechneten Forderungsbetrag wie einfache Bürgen (Art. 637 Abs. 2 ZGB). – A. MAFFLI, La responsabilité des héritiers pour les cautionnements du défunt en droit suisse, Diss. Bern 1944.

[64] Art. 499 OR spricht im Randtitel von der «Haftung» («responsabilité») des Bürgen, im Text dagegen nur vom «Betrag» seiner Schuld. – Wirkung der Abhängigkeit bei der Rechtsöffnung: GIOVANOLI, 2. Aufl., Nr. 22 zu Art. 492. – Die Pflichten des Gläubigers dem Bürgen gegenüber ergeben sich aus der Verbundenheit der Bürgschaft mit der Hauptschuld. Ausdehnung der Abhängigkeit auch mit Bezug auf die Geltendmachung der Bürgschaftsforderung.

Drittes Kapitel

Die Entstehung der Bürgschaft

Die Gültigkeit der Bürgschaft hängt von formellen und materiellen Voraussetzungen ab, wobei letztere objektiver und subjektiver Natur sind.

§ 53. Die materiellen Voraussetzungen

I. Die subjektiven Voraussetzungen

Hierbei handelt es sich um die gesetzlichen Erfordernisse hinsichtlich der Handlungsfähigkeit des Bürgen, der sich allein verpflichtet. Der spezielle Charakter seiner Verpflichtung veranlaßt den Gesetzgeber, ihn zu schützen, damit er sie nicht allzu leicht auf sich nimmt.

Die Bürgschaftsfähigkeit, die zur Handlungsfähigkeit gehört[1], steht grundsätzlich jedermann zu, der durch seine Handlungen Rechtsfolgen begründen kann (Art. 12 ZGB; Art. 490 OR 1881), wie die juristischen Personen, die Kollektiv- und Kommanditgesellschaften[2]. Indessen sind gewisse Personen absolut unfähig, eine Bürgschaft einzugehen, auch nicht mit der Zustimmung oder durch das Handeln ihres gesetzlichen Vertreters. Andere können es nur mit der Zustimmung eines Dritten oder der Genehmigung durch eine Be-

---

[1] Als einziger vertritt BECK die Ansicht, die Ausnahmen von der Bürgschaftsfähigkeit schränkten die Rechtsfähigkeit ein, d. h. die Fähigkeit, Subjekt von Rechten und Pflichten zu sein (Art. 11 ZGB, passive Verbürgungsfähigkeit; N. 10–26 zu Art. 492 OR). Die Frage kann sich auf jeden Fall nur stellen bei der absoluten Bürgschaftsunfähigkeit, ja nur bei gewissen Fällen derselben.

[2] Die vom Bund und gewissen Kantonen geförderten Bürgschaftsgenossenschaften sind solvente und hinsichtlich der Person des Borgers vorsichtige Bürgen. Sie spielen eine wichtige Rolle, jedenfalls in gewissen Bereichen der Wirtschaft. Die Schweiz scheint hier eine Pionierrolle gespielt zu haben (STAUFFER, S. 39 a–44 a; GIOVANOLI, 2. Aufl. S. 24/25; Botschaft des Bundesrates vom 28. Januar 1949 zum Entwurf eines BB über die Förderung der gewerblichen Bürgschaftsgenossenschaften, BBl 1949 I, S. 238 ff.).

Die Bürgschaftsfähigkeit der öffentlichen Gemeinwesen und Anstalten ist in den für sie maßgeblichen Gesetzen geregelt.

hörde. Gewisse Fälle der Bürgschaftsunfähigkeit sind die Folge gegenwärtiger oder in der Vergangenheit liegender, ordentlicher oder krisenbedingter finanzieller Schwierigkeiten[3].

A. Absolute Bürgschaftsunfähigkeit

1. Absolut unfähig, eine Bürgschaft einzugehen, sind in erster Linie Unmündige unter Vormundschaft und Entmündigte (Art. 408 ZGB) sowie Unmündige unter elterlicher Gewalt[4] (Art. 305 Abs. 1 ZGB), mit Ausnahme des Falles von Art. 412 ZGB[5]. Weder der Vormund noch die Eltern noch die vormundschaftlichen Behörden können diese Unfähigkeit beheben, indem sie die Bürgschaftsverpflichtung genehmigen oder den Vertrag selbst abschließen. Wenn der Bürgschaftsunfähige seine volle Handlungsfähigkeit erlangt, kann er, in den vorgeschriebenen Formen, eine neue Bürgschaft eingehen. Dabei handelt es sich nicht um eine Genehmigung der alten Bürgschaft, die nichtig ist, auch wenn die Parteien die Rückwirkung vereinbaren.

Die Personen unter Verwaltungsbeiratschaft (Art. 395 Abs. 2 ZGB) sind den Entmündigten gleichgestellt, soweit sich die gesetzliche Vertretung erstreckt, das heißt hinsichtlich der Vermögensverwaltung[6].

2. Andere Fälle ergeben sich bei der Zwangsvollstreckung und bei der Entschuldung landwirtschaftlicher Heimwesen. So kann der Schuldner im Genusse einer Nachlaßstundung keine Bürgschaften eingehen (Art. 298 Abs. 1 SchKG); die Genehmigung des Sachwalters oder der Gläubiger macht die Verpflichtung nicht gültig (vgl. Art. 317i SchKG; Art. 32 BankG und Art. 45 LEG). Solange ferner der Eintrag im Register der Eigentümer landwirtschaftlicher Heimwesen, auf deren Begehren die Entschuldung durchgeführt wird, nicht gelöscht worden ist, kann der Eingetragene sich nicht mehr rechtsgültig verbürgen (Art. 69 Abs. 2 LEG).

---

[3] Der Gesetzgeber von 1941 hat auf ein spezielles Mündigkeitsalter (25 Jahre) und auf die generelle vormundschaftsbehördliche Zustimmung verzichtet. Auch hat er die Möglichkeit eines zeitweiligen Verzichts auf die Bürgschaftsfähigkeit nicht berücksichtigt. Im Revisionsverfahren sind Anforderungen bezüglich der finanziellen Fähigkeiten des Bürgen vorgeschlagen worden.

[4] BGE 63 II, 1937, S. 129; 69 II, 1943, S. 70. Die Revision des Kindesrechts durch das BG vom 25. Juni 1976 (AS 1977 I, S. 237; BBl 1974 II, S. 1) behält in Art. 305 Abs. 1 die Beschränkung der Handlungsfähigkeit bei; in der französischen Fassung des ZGB spricht man nunmehr von puissance «parentale» statt «paternelle». (vorher Art. 280 Abs. 1 und 2).

[5] Diese Bestimmung ist auch anwendbar auf Kinder unter elterlicher Gewalt (BGE 85 III, 1959, S. 161). – Über die Unverbindlichkeit der verbotswidrigen Bürgschaft: GIOVANOLI, 2. Aufl., Nr. 38 zu Art. 492 OR.

[6] EGGER, N. 2 zu Art. 408 und N. 79 zu Art. 395 ZGB; BGE 56 II, 1930, S. 243. Bei der Revision des Vormundschaftsrechts wird man sich möglicherweise auf eine Art «Halbvormundschaft» hin bewegen.

B. Relative Bürgschaftsunfähigkeit

1. Relativ unfähig, sich zu verbürgen, sind vorab die Personen unter Mitwirkungsbeiratschaft (Art. 395 Abs. 1 Ziff. 9 ZGB). Fehlt es an der gesetzlich erforderlichen Bewilligung beziehungsweise an der Mitwirkung, so ist die durch einen Urteilsfähigen eingegangene Bürgschaft in analoger Anwendung von Art. 410 ZGB und Art. 38 OR als hinkendes Rechtsgeschäft zu betrachten, dessen Genehmigung von keiner Form abhängig ist[7].

2. Die relative Bürgschaftsunfähigkeit kann auch auf finanziellen Schwierigkeiten eines Schuldners beruhen. So verhält es sich etwa, wenn die Nachlaßbehörde bei der Bewilligung einer Notstundung verfügt, daß der Schuldner nur mit ihrer Zustimmung oder mit derjenigen des Sachwalters Bürgschaften eingehen kann (Art. 317 i SchKG). Ebenso kann sich der Schuldner von der Einleitung des Entschuldungsverfahrens an ohne Zustimmung des Sachwalters nicht verbürgen (Art. 45 Abs. 2 LEG). Schließlich ist auch während der Dauer der zur Vermeidung der drohenden Zwangsverwertung eines landwirtschaftlichen Heimwesens angeordneten Betriebsaufsicht die Eingehung einer Bürgschaft nur mit Zustimmung des Beraters möglich (Art. 41 Abs. 1 EGG)[8].

3. Vor allem aber stehen die verheirateten Personen unter einem speziellen Statut, sowohl nach dem revidierten Bürgschaftsrecht als auch nach den allgemeinen Bestimmungen des Zivilgesetzbuches über die Rechtsgeschäfte unter Ehegatten und zugunsten des Ehemannes.

a) Gemäß Art. 494 Abs. 1 OR, der richtigerweise dem Familienrecht einzuverleiben wäre, bedarf die Bürgschaft einer verheirateten Person zu ihrer Gültigkeit der im einzelnen Fall vorgängig oder spätestens gleichzeitig abzugebenden schriftlichen Zustimmung des Ehegatten. Diese der Schweiz eigene, politisch heikle und umstrittene, zwingende materielle Be-

---

[7] BGE 75 II, 1949, S. 337 in Abänderung der früheren Rechtsprechung (BGE 54 II, 1928, S. 77). Im Verfahren der Revision des Vormundschaftsrechts, die gegenwärtig im Gange ist, wird die Beibehaltung der Einrichtung der Mitwirkungsbeiratschaft ernsthaft diskutiert; um so mehr gilt dies für die Notwendigkeit der Mitwirkung dieses Beirats in allen Fällen, in denen dies heute erforderlich ist.

[8] Es sei daran erinnert, daß die beiden soeben zitierten Gesetze wie auch das Erbrecht das Schicksal von Bürgschaften des Schuldners oder Dritter in den betreffenden Verfahren speziell regeln. Auch war es den Kreditkassen mit Wartezeit untersagt, ohne Zustimmung des Aufsichtsdienstes Bürgschaften einzugehen (Art. 13 der BRV vom 5. Februar 1935); diese Regelung ist nunmehr außer Kraft gesetzt worden durch das BG vom 11. März 1971 (AS 1971 II, S. 808, SR 952.0), indem Art. 1 BankG die Anwendbarkeit des Gesetzes auf die Kreditkassen mit Wartezeit erstreckt (BBl 1970 I, S. 1185/86).

schränkung der Handlungsfähigkeit, die, obwohl schon früher in Betracht gezogen, erst bei der Revision ins Gesetz aufgenommen worden ist, betrifft beide Ehegatten ohne Rücksicht auf den Güterstand. Sie will die Familie gegen unbedachte Verpflichtungen eines Gatten schützen – zunächst schon dadurch, daß sie diese dem andern zur Kenntnis bringt. Praktisch bezieht sie sich vor allem auf die Bürgschaften des Ehemannes.

Der Grundsatz erleidet zwei Ausnahmen. Die erste bezieht sich auf Ehegatten, die auf Grund eines richterlichen Urteils getrennt leben (nicht bloß gestützt auf eine Vereinbarung oder gemäß den Art. 25 Abs. 2, 145 oder 170 ZGB; Art. 494 Abs. 1 in fine OR). Nach der abschließenden Aufzählung des Art. 494 Abs. 2 OR ist die Zustimmung sodann ebenfalls nicht erforderlich für die Bürgschaft einer Person, die im Handelsregister eingetragen ist (Art. 932 Abs. 1 OR) als Inhaber einer Einzelfirma, als Mitglied einer Kollektivgesellschaft, als unbeschränkt haftendes Mitglied einer Kommanditgesellschaft, als Mitglied der Verwaltung oder Geschäftsführung einer Aktiengesellschaft[9], als Mitglied der Verwaltung einer Kommanditaktiengesellschaft oder als geschäftführendes Mitglied einer Gesellschaft mit beschränkter Haftung. Diese Ausnahme gilt also nicht für den Kommanditär, die Prokuristen oder den Geschäftsführer einer Genossenschaft, wohl aber für denjenigen, der sich freiwillig ins Handelsregister eintragen läßt (Art. 934 Abs. 2 OR), sofern er wirklich ein Gewerbe betreibt.

Neben dem Abschluß des Vertrages[10] (Art. 494 Abs. 1 OR) bedürfen auch gewisse nachträgliche Abänderungen der Bürgschaft der Zustimmung des Ehegatten (Abs. 3): die Erhöhung des Haftungsbetrages, die Umwandlung einer einfachen Bürgschaft in eine Solidarbürgschaft (mit dem Hauptschuldner oder unter den Mitbürgen) und schließlich jede Änderung, die eine erhebliche Verminderung der persönlichen und dinglichen Sicherheiten bedeutet, die dem Gläubiger (und dadurch indirekt auch dem Bürgen) zustehen[11]. Die verheiratete Person, die an Stelle einer gewöhnlichen Bürg-

---

[9] Als Mitglied der Verwaltung (Art. 641 Ziff. 8, 712 ff., 717 OR) oder der «Geschäftsführung», «directeur» (Art. 641 Ziff. 7/8, 714, 717, 720 OR): Die Kommentierung bereitet Schwierigkeiten (SCHÖNENBERGER, N. 11 zu Art. 494 OR, und ZIMMERMANN, SJZ 1942/43, S. 123–125).

[10] Nur die Zollbürgschaft ist ausgenommen.

[11] Art. 494 Abs. 3 OR bezieht sich nicht auf weitere Erschwerungen, wie die Verlängerung der Bürgschaft oder die Erstreckung der Fälligkeit der Hauptschuld. SCHÖNENBERGER erstreckt das Erfordernis der Zustimmung zu Recht nur auf diejenigen Geschäfte, die bereits eine Verpflichtung des Ehegatten als Bürgen beinhalten: Versprechen an den Gläubiger (Art. 22 Abs. 2 OR) oder an den Hauptschuldner (pactum de fideiubendo), sich zu verbürgen, nicht aber die Verpflichtung, einen Bürgen zu stellen, noch die Erteilung einer speziellen Vollmacht zur Eingehung einer Bürgschaft, noch der einfache Schuldnerwechsel (N. 20–23; vgl. Art. 493 Abs. 5, 2. Satz, und Abs. 6 OR); doch bewirkt die Befreiung eines

schaft eine Wechselbürgschaft eingeht, verletzt nach Ansicht des Bundesgerichts diese Bestimmung, die so nicht umgangen werden könne, nicht[12].
Die Zustimmung muß, für jeden einzelnen Fall gesondert, vorgängig oder spätestens gleichzeitig erfolgen, das heißt dem Gläubiger zu gleicher Zeit wie die Bürgschaftserklärung zukommen[13]. Eine nachträgliche Genehmigung ist wirkungslos. Die Schriftform (Art. 14 OR) ist
notwendig, aber auch stets ausreichend. Der zustimmende Ehegatte kann
sich vertreten lassen. Die Verweigerung der Zustimmung kann nicht angefochten werden und hat keine Sanktion zur Folge. Fehlt es an der Zustimmung, so ist die Bürgschaft von Gesetzes wegen nichtig beziehungsweise
besteht weiter ohne die vorgesehene Abänderung.

   b) Art. 494 Abs. 4 OR behält die Bestimmungen über die Zustimmung der
Vormundschaftsbehörde für Rechtsgeschäfte der Ehefrau vor. Dadurch
wird auf Art. 177 Abs. 3 ZGB verwiesen, der auf das Interzessionsverbot des Senatusconsultum Velleianum zurückgeht. Nach dieser Bestimmung sind die Verpflichtungen, die von der Ehefrau Dritten gegenüber
zugunsten des Ehemannes[14] eingegangen werden – die Interzessionsge-
schäfte, vorab die Bürgschaften[15] – nur gültig, wenn sie die Vormundschaftsbehörde genehmigt hat. Das Gesetz schützt hier nur die Ehefrau – die

---

Solidarschuldners, dessen Schuld vom andern übernommen wird, eine Verminderung der
Sicherheiten im Sinne der Art. 494 Abs. 3 und 503 Abs. 1, 3 und 4 OR.

[12] BGE 79 II, 1953, S. 79 und 83 II, 1957, S. 211. – GIOVANOLI, 2. Aufl., Nr. 16a zu Art. 492.

[13] Anderer Meinung: GIOVANOLI, 2. Aufl., Nr. 8 zu Art. 494 OR. Unter Anwesenden gilt der
Grundsatz der unitas actus. Die Zustimmung muß sich unmittelbar auf das in Frage
stehende Geschäft beziehen. Sie kann mit einem Willensmangel behaftet sein: der zustimmende Ehegatte hat dem Gläubiger seine Anfechtungserklärung innerhalb der Frist des
Art. 31 OR abzugeben (AGVE 1952, S. 69 ff.).

[14] Die Frau, die sich nach dem angestrebten Zweck und nach den Wirkungen des Geschäfts zugunsten eines Dritten (BGE 62 II, 1936, S. 2 mit Zitaten) verbürgt, untersteht dieser Bestimmung nicht, auch wenn der Mann der Gläubiger ist oder an der Operation irgendeinen wirtschaftlichen Vorteil hat (BGE 51 II, 1925, S. 28). Sind jedoch der
Dritte und der Ehemann beide zusammen rechtlich interessiert, so ist Art. 177 Abs. 3 ZGB
anwendbar (BGE 40 II, 1914, S. 318: die Frau verbürgt die Schuld einer Kommanditgesellschaft, an welcher der Mann beteiligt ist). Doch genügt es vielleicht, daß das Interesse des Mannes die Frau zur Interzession veranlaßt (BECK, N. 37 zu Art. 494 OR).
   Wenn die Frau als einzige oder neben andern ein rechtliches Interesse am Geschäft
hat, so ist die Zustimmung nicht nötig (LEMP, N. 61–80 zu Art. 177 ZGB; BGE 54 II,
1928, S. 413; 58 II, 1932, S. 10; 61 II, 1935, S. 5).
   Die Rechtsprechung läßt keine Gesetzesumgehungen zu (vgl. BGE 81 II, 1955, S.
15/16).
   Vorbehalten sind Art. 167 und 177 Abs. 2 ZGB sowie die Bestimmungen über das
eheliche Güterrecht (Art. 207 Ziff. 2 und 220 Ziff. 2 ZGB).

[15] BGE 40 II, 1914, S. 320. – Nachbürgschaft oder Rückbürgschaft: BGE 44 II, 1918, S. 61
(wobei der Ehemann oder ein Dritter Bürge sein kann); Solidarbürgschaft: BGE 62 II,
1936, S. 2 (wobei der Mann Hauptschuldner oder Bürge sein kann, sofern nicht die Frau
ein eigenes Interesse am Geschäft hat).

als freigebig, beeinflußbar und weniger geschäftsgewandt angesehen wird –
doch damit auch die Familie als Ganzes[16]. Die Zustimmung der Behörde
wirkt auf den Zeitpunkt des Vertragsabschlusses zurück. In der Zwischenzeit besteht die Bürgschaft als hinkendes Rechtsgeschäft. Der Gläubiger ist
bereits gebunden; wird die Zustimmung verweigert, so ist die Nichtigkeit
absolut.

Die Beziehung zwischen Art. 177 Abs. 3 ZGB und Art. 494 OR führt zu
folgender Unterscheidung: Die Frau, die sich gegenüber einem Dritten im
Interesse des Mannes (auf Schuldnerseite) verbürgt, bedarf der Zustimmung
des Ehegatten wie auch derjenigen der Vormundschaftsbehörde. Verpflichtet
sie sich zugunsten eines Dritten und im Interesse eines andern Dritten, so
genügt die Zustimmung des Mannes. Diese Zustimmung ist weder im einen
noch im andern Fall erforderlich, wenn die Ehefrau unter Art. 494 Abs. 2 OR
fällt.

II. Die objektiven Voraussetzungen

Im Paragraphen, den wir vorweg den Wirkungen des akzessorischen Charakters der Bürgenschuld gewidmet haben, weil darin das Wesen der Bürgschaft begründet ist, haben wir die erste Voraussetzung der Eingehung einer
Bürgschaft, den Bestand einer bestimmten und gültigen Hauptschuld, bereits erschöpfend behandelt, um den Stoff nicht aufteilen zu
müssen (§ 52, I/II). Es bleibt zu prüfen, ob und inwiefern der Vertragsabschluß Besonderheiten aufweist.

1. Wir haben bereits auf die Notwendigkeit der Individualisierung
der Hauptschuld (§ 52, I 2) und der Angabe des Höchstbetrages
der Haftung (§ 52, IV B 2 a) hingewiesen. Und bei der Behandlung der
Form des Vertrages wird der Inhalt der Garantieerklärung zu bestimmen sein, der von der Form gedeckt sein muß (§ 54, I 4).

Der Inhalt des Vertrages kann innerhalb der Schranken des Gesetzes
beliebig festgesetzt werden (Art. 19 Abs. 1 OR). Die Bürgschaft ist daher
nichtig, wenn dieser Inhalt widerrechtlich ist oder gegen die guten Sitten
verstößt (Art. 20 Abs. 1 OR)[17]. Gleich verhält es sich, wenn sich der Bürge

---

[16] Die herrschende Lehre weist auf die Unannehmlichkeiten dieser Regelung hin und schlägt
ihre Aufhebung vor (BGE 88 II, 1962, S. 3); ebenso die Expertenkommission, welche die
Revision der Bestimmungen des Zivilgesetzbuches über die Wirkungen der Ehe im allgemeinen vorbereitet hat, wie auch der Vorentwurf des Bundesrates.

[17] Deutsche Rechtsprechung: STAUDINGER, Vorbem. 19 Abs. 1.

durch die Eingehung der Bürgschaft seiner Freiheit entäußert oder sich in ihrem Gebrauch in einem das Recht oder die Sittlichkeit verletzenden Grade beschränkt (Art. 27 Abs. 2 ZGB).

Deshalb kann eine Buße, ein höchstpersönliches Übel, das dem Schuldigen zum Zwecke der Bestrafung auferlegt wird, nicht durch einen Dritten verbürgt werden, unter Vorbehalt von Art. 69 Abs. 2 des Zollgesetzes[18].

Der Bürge muß sich im Zeitpunkt seiner Verpflichtung eine genaue Vorstellung über Art und Ausmaß des Risikos machen können, das er auf sich nimmt. Das ist nicht der Fall, wenn er zum voraus der Schuldübernahme durch einen beliebigen Schuldner zustimmt, den der Gläubiger an Stelle des alten annehmen will (§ 52, VI 1 b). Und wenn auch eine Bank eine Bürgschaft für alle Schulden verlangen darf, «die sich aus der bankmäßigen Geschäftsverbindung ergeben», so wäre doch eine Bürgschaft «für alle nur irgendwie denkbaren Verbindlichkeiten des Hauptschuldners» unzulässig[19].

Die aus Unerfahrenheit oder Leichtsinn begründete Bürgschaftsverpflichtung ist dagegen einzig nach den Kriterien des Art. 21 OR (Übervorteilung) zu beurteilen. Art. 27 Abs. 2 ZGB schützt nur die persönliche Freiheit, wozu die Entschlußfreiheit gehört, sagt aber nicht, in welchem Ausmaß Versprechen auf Geldleistung zulässig sind. Es ist Sache des Zwangsvollstreckungsrechts, darüber zu wachen, daß der Schuldner seiner Mittel nicht vollständig beraubt wird. Was die von Art. 20 OR verlangte Übereinstimmung mit den guten Sitten anbetrifft, so beurteilt sich diese nach dem Inhalt des Vertrages, nicht nach den Mitteln, die dem Schuldner zur Verfügung stehen, um ihn zu erfüllen[20].

2. Wie jede Willenserklärung, die rechtliche Wirkungen herbeiführen soll, so bedarf auch das Versprechen des Bürgen, um das es in der Regel allein geht, häufig der Auslegung, damit nachträglich zunächst sein Bestand (d. h. der Wille, sich zu verpflichten, und zwar als akzessorischer Garant) und sodann seine Tragweite, wie sie die Parteien ursprünglich verstanden haben, festgestellt werden kann. Trotz dem Erfordernis einer speziellen Form, das übrigens keineswegs die Verwendung bestimmter, feierlicher Ausdrücke vorschreibt, sind bei der Ermittlung des übereinstimmenden wirklichen Willens der Parteien (Art. 18 Abs. 1 OR) die gesamten Umstände in Betracht zu ziehen. Der einseitige Charakter des Vertrages verpflichtet beide Seiten ganz besonders, nach Treu und Glauben zu handeln, und läßt dazu neigen, die Tragweite der Garantie eher einzuschränken als auszuweiten. Die im Geschäftsverkehr, vor allem in der Bankpraxis, geläufigen Formulare und die darin enthaltenen Verzichtserklärungen sind im Zweifelsfall gegen ihren

---

[18] BGE 86 II, 1960, S. 71. Nach Brehm (S. 171) deckt die Berufskautionsversicherung im allgemeinen auch allfällige Bußen. – Zu Art. 54 BStP: BGE 96 IV, 1970, S. 86.

[19] Larenz, S. 320, N. 1. BGE 49 II, 1923, S. 377 und 48 II, 1922, S. 208. – Vgl. Oftinger, Das Fahrnispfand, N. 128 ff. und 139 zu Art. 884 ZGB, sowie BGE 51 II, 1925, S. 281/82.

[20] BGE 95 II, 1969, S. 55. Im übrigen beurteilt sich die Gefahr, welcher der Bürge sein Einkommen und sein Vermögen aussetzt, nicht nur anhand seiner eigenen Mittel (Möglichkeit der Erfüllung durch den Hauptschuldner, Pfänder usw.).

Autor auszulegen – eine notwendige Korrektur des Systems der Allgemeinen Geschäftsbedingungen, die der Bürge nicht liest oder schlecht versteht[21].

3. Sofern der Bürge handlungsfähig ist, können sich sowohl er wie der Gläubiger vertreten lassen, insbesondere durch den Hauptschuldner, der indessen auch bloß Bote sein kann. Art. 493 Abs. 6 OR unterstellt ausnahmsweise die Erteilung einer besonderen Vollmacht zur Eingehung einer Bürgschaft den gleichen Formerfordernissen wie die Bürgschaft selbst, um deren Umgehung zu verhindern. Damit sind die Zweifel, die vor der Revision von 1941 bestanden hatten, überholt. Die gesetzliche Vertretung ist dagegen ausgeschlossen (I A 1).

4. Die Bildung des Vertragswillens – vor allem auf Seiten des Bürgen – kann mit einem Mangel behaftet sein. Im Laufe des Revisionsverfahrens wurden vergeblich verschiedene Behelfe vorgeschlagen, um die Vertragsparteien sowie andere Interessierte oder die Öffentlichkeit zu informieren und aufzuklären (so etwa durch die Schaffung eines Registers).

a) Bei der Täuschung liegt die entscheidende Frage darin, in welchem Maße die unter den gegebenen Umständen erhöhten Anforderungen an Treu und Glauben den Gläubiger[22] verpflichten, den Bürgen aufzuklären, insbesondere über die finanzielle Lage und die Zahlungsfähigkeit des Hauptschuldners. Grundsätzlich ist es Sache des Bürgen, sich zu erkundigen. Wenn auch die Lehre diesbezüglich nicht einmütig ist, muß indessen der Gläubiger ihn doch aufklären, wenn er weiß, daß er schlecht informiert ist und daß er sich nicht verpflichten würde, wenn ihm die wirkliche Sachlage bekannt wäre. Die Angaben des Gläubigers müssen auf jeden Fall immer wahrheitsgemäß und vollständig sein, vor allem wenn er um Auskunft gebeten worden ist. Er darf die Gutgläubigkeit seines Vertragspartners nicht ausnützen, indem er ihm trügerische Dokumente vorlegt[23].

---

[21] § 50, Anm. 11. – Die Auslegung ist zunächst von Bedeutung für die Abklärung der Frage, ob das Geschäft selbständigen oder akzessorischen Charakter hat (KLEINER, S. 19–26; vorn § 52, V 4 und Anm. 55). Zum Gesamten: BGE 30 II, 1904, S. 72; 31 II, 1905, S. 93; 33 II, 1907, S. 104; 38 II, 1912, S. 615; 42 II, 1916, S. 152; 48 II, 1922, S. 208 und 263; 49 II, 1923, S. 377; 50 II, 1924, S. 249 und 518; 64 II, 1938, S. 212, 291, 351 und 382.

[22] Geht die Täuschung von einem Dritten aus, z. B. dem Hauptschuldner, so kann sich der Bürge nur darauf berufen, wenn der Gläubiger sie gekannt hat oder hätte kennen sollen (Art. 28 Abs. 2 OR; BGE 41 II, 1915, S. 54), sofern der Dritte nicht als Vertreter, Abschlußgehilfe oder Bote des Gläubigers gehandelt hat (BGE 40 II, 1914, S. 541, Erw 6; 63 II, 1937, S. 77–79; nicht zu vergessen ist, daß der Hauptschuldner Vertreter des Bürgen sein kann). REICHEL, SJZ 1920/21, S. 177 ff.; SJZ 1971, S. 223, Erw 7.

[23] BGE 25 II, 1899, S. 574; 38 II, 1912, S. 615/16; 49 II, 1923, S. 104; 57 II, 1931, S. 279; 59 II, 1933, S. 242; 60 II, 1934, S. 232; 64 II, 1938, S. 213. BECK, N. 64 zu Art. 492 OR.

b) Der wesentliche I r r t u m kann sich auf die Person des Hauptschuldners (oder – selten – des Gläubigers), auf die Rechtsnatur der abgeschlossenen Vereinbarung oder der verbürgten Schuld, vor allem aber auf die notwendigen Vertragsgrundlagen (Art. 24 Abs. 1 Ziff. 4 OR)[24] beziehen. Keine solchen sind angesichts des Zweckes der Bürgschaft grundsätzlich die finanzielle Lage, die Zahlungsfähigkeit oder der Kredit des Hauptschuldners sowie die Existenz, die Rechtsnatur und der Wert anderer Sicherheiten. Art. 497 Abs. 3 OR behandelt einen Sonderfall, der einer speziellen Regelung unterliegt: Hat ein Bürge in der dem Gläubiger erkennbaren Voraussetzung, daß neben ihm für die gleiche Hauptschuld noch andere Bürgen sich verpflichten werden, die Bürgschaft eingegangen, so wird er befreit, wenn diese Voraussetzung nicht eintritt oder nachträglich ein solcher Mitbürge vom Gläubiger aus der Haftung entlassen oder seine Bürgschaft ungültig erklärt wird; in letzterem Falle kann der Richter, wenn es die Billigkeit verlangt, auch bloß auf angemessene Herabsetzung der Haftung erkennen[25]. Die Art. 499 Abs. 3 und 510 Abs. 1 OR enthalten ebenfalls spezielle Regelungen (vorn § 52, I 1 und hinten § 58, II B).

§ 54. Die Form des Bürgschaftsvertrages

I. Grundsätzliches

Abweichend von der allgemeinen Regel (Art. 11 Abs. 1 OR) verlangt Art. 493 OR die Einhaltung einer besonderen Form.

1. Von den verschiedenen Z w e c k e n, die mit dem Erlaß von Formvorschriften angestrebt werden können, steht auf dem Gebiet des Bürgschaftsrechts derjenige im Vordergrund, durch immer weiter gehende Strenge zu

---

[24] Zunächst ist die Bedingung (BGE 38 II, 1912, S. 132; 44 II, 1918, S. 61; 52 III, 1926, S. 52; 64 II, 1938, S. 211; 63 II, 1937, S. 169, zu Art. 497 Abs. 3 aOR) von den Motiven (Voraussetzungen, Vertragsgrundlage) abzugrenzen (BGE 23, 1897, S. 1643; 25 II, 1899, S. 572; 33 II, 1907, S. 402; 45 II, 1919, S. 47; 48 II, 1922, S. 379; 49 II, 1923, S. 180; 53 II, 1927, S. 38; 56 II, 1930, S. 96; 57 II, 1931, S. 276; 59 II, 1933, S. 240. – Über Irrtum und Täuschung: GIOVANOLI, 2. Aufl., Nr. 57 ff. zu Art. 492 OR.

[25] BGE 63 II, 1937, S. 168, Erw. 1. – Vgl. hinten § 57, II B 1 c.
   Es kommt vor, daß ein Gläubiger eine Bürgschaft erlangt (insbes. von einer dem Hauptschuldner nahestehenden Person) mit der Drohung, zivilrechtlich (gerichtliche Klage, Zwangsvollstreckung) oder strafrechtlich gegen den Hauptschuldner vorzugehen: liegt F u r c h t e r r e g u n g vor? Vgl. REICHEL, SJZ 1932/33, S. 3.

verhindern, daß die eine Partei – der Bürge – unbedacht eine Verpflichtung auf sich nimmt, ohne sich über deren Tragweite Rechenschaft zu geben. Zur Erreichung dieses Zweckes hat der Gesetzgeber von 1941 drei verschiedene und neue Formen vorgesehen und zudem die Zahl der formbedürftigen Abreden und Geschäfte vermehrt. Das war das Kernstück der Revision. Die damit verbundenen Nachteile wurden bewußt in Kauf genommen. In der Verwendung einer andern Sicherheit ist jedoch keine Umgehung der Formvorschriften zu erblicken[1].

2. Die gesetzliche Form der Bürgschaft bildet ein zwingendes M i n i m a l - e r f o r d e r n i s : Die Parteien können eine strengere Form als die gesetzliche vorsehen (Art. 16 OR)[2]. Sie ist G ü l t i g k e i t s f o r m (Art. 11 Abs. 2 OR), nicht Beweisform. Die Mißachtung der Bestimmungen des Art. 493 OR hat deshalb die absolute, totale oder teilweise[3] (Art. 20 Abs. 2 OR) Nichtigkeit der Bürgschaft zur Folge, unter Vorbehalt des Rechtsmißbrauchs (Art. 2 Abs. 2 ZGB), der hier freilich weniger leicht angenommen werden wird als anderswo[4]. Dagegen sind diese Vorschriften, zu denen auch die Angabe des Höchstbetrages der Haftung gehört, im internationalen Verhältnis nicht als um der schweizerischen öffentlichen Ordnung willen aufgestellt zu betrachten[5].

3. Die Form ist hier e i n s e i t i g . Nur die Bürgschaftserklärung ist ihr unterworfen (Art. 493 Abs. 1 OR), denn nur der Bürge verpflichtet sich. Der

---

[1] Die von den Parteien gewählte Form ist nicht entscheidend für die Bestimmung der Rechtsnatur des Geschäftes; im Gegenteil bestimmt sich die einzuhaltende Form nach der einmal erkannten Rechtsnatur, d. h. nach dem übereinstimmenden wirklichen Parteiwillen; eine Konversion ist ausgeschlossen.

[2] JÄGGI, Nr. 66 zu Art. 11 OR; GIOVANOLI, 2. Aufl., N. 42 zu Art. 493 OR. – Der Begriff der Form deckt die Handlungen und Formalitäten nicht, die sich als zusätzliches Element des Rechtsgeschäfts an die Willenserklärung anschließen (wie etwa das Bürgschaftsregister und gewisse Auskunftspflichten, die während der Revision vorgeschlagen, aber nicht ins Gesetz aufgenommen worden sind; STAUFFER, S. 51 a, 52 a ff.).

[3] CAVIN, JdT 1942 I, S. 38/39; A. WACKE, Die Umdeutung formrichtiger «großer» Bürgschaften in «kleine», SJZ 1978, S. 18; GIOVANOLI, 2. Aufl., N. 11, 17, 23, 27 zu Art. 493 OR. – Die absolute Nichtigkeit wird betritten: P. LIVER, Schweizerisches Privatrecht, Bd. V/1, Basel/Stuttgart 1976, S. 137/38, und H. MERZ, ZBJV 1965, S. 429.

[4] BGE 42 II, 1916, S. 154. – Über den Rechtsmißbrauch bei der Berufung auf Formmängel im allgemeinen: MERZ, Berner Kommentar, Einleitungsband, Bern 1962, N. 462–510 zu Art. 2 ZGB (insbes. N. 472 und die zitierten Entscheide); DESCHENAUX, S. 189–194; E. BUCHER, ZBGR 1975, S. 65. – Auf dem Gebiete des Bürgschaftsrechts: SCHÖNENBERGER, N. 48–51 zu Art. 493 OR; WACKE, SJZ 1978, S. 17. – Vorbehalten ist die Schadenersatzpflicht wegen absichtlicher Schadenszufügung.

Nach § 766 BGB wird der Mangel der Form geheilt, soweit der Bürge die Hauptverbindlichkeit erfüllt (vgl. VON TUHR, SJZ 1922/23, S. 225; STAUFFER, S. 50 a, Ziff. 6; richtig WACKE, SJZ 1978, S. 20/21, und Art. 63 Abs. 1 OR).

[5] BGE 93 II, 1967, S. 382; 84 I, 1958, S. 123. SCHÖNENBERGER, N. 314 und 128.

Gläubiger kann seine Willenserklärung – in der Regel die Annahme, selten die Offerte – auf irgendeine Art abgeben[6]. Seine Anwesenheit ist daher nicht erforderlich bei der Beurkundung der Bürgschaft[7]. Die Erklärung des Bürgen muß jedoch, da empfangsbedürftig, mit dessen Willen an den Gläubiger gelangen.

4. Die Form muß grundsätzlich den wesentlichen Inhalt des Vertrages erfassen.

Objektiv wesentlich (essentialia negotii) ist bei der Bürgschaft der Wille, akzessorisch für eine klar individualisierte, fremde Schuld einzustehen (vorn § 51, insbes. II und § 52, insbes. I 2). Das Gesetz verlangt ferner bei Nichtigkeitsfolge die Angabe des Höchstbetrages der Haftung. Diese 1911 erlassene «lex OSER» hatte eine wechselnde Rechtsprechung hervorgebracht, die in der Zeit der Krise nicht mehr befriedigte. Nach der heute geltenden Fassung des Gesetzes, deren Zweck eine strikte Auslegung verlangt, muß sich die Angabe auf den Höchstbetrag der Haftung beziehen; sie muß zahlenmäßig bestimmt (in Ziffern oder Worten, ohne Zusatz, nicht eine Berechnungsgrundlage) und in der Bürgschaftsurkunde selbst enthalten sein, was jede Verweisung ausschließt[8] (Art. 493 Abs. 1 in fine OR). Die Wirkungen der Vorschrift sind in Art. 499 Abs. 1 OR geregelt (vorn § 52, IV B 2 a).

Die subjektiv wesentlichen Vertragsabreden (accidentalia) sind diejenigen, die für den Bürgen von gleicher Bedeutung sind wie die zur Natur seiner Verpflichtung gehörenden Elemente[9]. Doch angesichts ihres besonderen Zweckes (und in Analogie zu den Art. 12 und 115 OR) ist die spezielle Form nur vorgeschrieben für jene Abreden, welche die Rechtsstellung des Bürgen erschweren (so der Verzicht auf das beneficium excussionis[10] oder die in den Art. 495 Abs. 4, 496 Abs. 2, 497 Abs. 2, 4. Satz, und Abs. 4, Art. 499 Abs. 2 und 3, 500 Abs. 1 und 501 Abs. 4 OR vorbehaltenen Abreden), nicht aber für diejenigen, die den Vertrag bloß in einem Nebenpunkt er-

---

[6] Sofern er nicht selber eine – für die Bürgschaft nicht wesentliche – Verpflichtung auf sich nimmt, für welche die Parteien die Schriftform vorgesehen haben (Art. 16 OR).

[7] Kreisschreiben des Eidg. Justiz- und Polizeidepartements an die kantonalen Regierungen betreffend das Inkrafttreten des neuen Bürgschaftsrechts, vom 10. April 1942 (BBl 1942, S. 284, Ziff. 2).

[8] Anderer Meinung CAVIN, JdT 1942 I, S. 37. – Entgegen der allgemeinen Rechtsregel genügt also die Bestimmbarkeit nicht mehr.

[9] Die Einhaltung der Vorschrift des Art. 493 Abs. 5 OR genügt nur für die nachträglichen Abänderungen der Bürgschaft. Formmangel hat hier in der Regel nur Teilnichtigkeit zur Folge (Art. 20 Abs. 2 OR).

[10] Art. 493 Abs. 2 und 5 OR. – Die gewöhnliche einfache Bürgschaft wird vermutet; aus Beweisgründen empfiehlt sich deshalb die Angabe, daß die Parteien eine besondere Art der Bürgschaft gewollt haben, und zwar nicht nur im Falle der Solidarbürgschaft.

gänzen oder die Stellung des Bürgen ausschließlich in dessen Interesse verbessern[11].

II. Die verschiedenen Formen

Die Revision von 1941 hat d r e i bereits bekannte, doch teilweise einer besonderen Regelung unterworfene F o r m e n vorgesehen, je nach der Person des Bürgen oder des Gläubigers oder entsprechend der Natur, dem Inhalt oder der Wichtigkeit des betreffenden Geschäfts. Das Gesetz unterscheidet verschiedene Bürgschaftsarten, ihre nachträglichen Abänderungen sowie gewisse Abreden oder Vereinbarungen, die sich auf jene beziehen. Diese Vielfalt, eine gefürchtete und kritisierte Neuerung des schweizerischen Rechts, hat die Entwicklung des Instituts der Bürgschaft nicht behindert.

Das Bundesrecht schreibt nicht vor, daß Ort und Datum der Bürgschaftserklärung anzugeben sind. Dagegen ist die Unterschrift, die für die Schriftform wesentlich ist (Art. 13–15 OR), immer erforderlich, macht doch Art. 493 OR die Gültigkeit jeder Bürgschaft von der «schriftlichen» Erklärung des Bürgen (oder seines Vertreters) abhängig[12].

1. Der Abschluß des Bürgschaftsvertrages

a) Die durch das Erfordernis der Angabe des Höchstbetrages der Haftung qualifizierte S c h r i f t f o r m wird vom Gesetz als allgemeine Regel betrachtet. Sie ist vorgeschrieben:

– für die Bürgschaften einer juristischen Person oder einer Kollektiv- oder Kommanditgesellschaft (Art. 493 Abs. 2 a contrario, in Verbindung mit Abs. 1);

– für die Bürgschaften, die gegenüber der Eidgenossenschaft oder ihren öffentlich-rechtlichen Anstalten oder gegenüber einem Kanton für öffentlich-rechtliche Verpflichtungen, wie Zölle, Steuern und dergleichen, oder für

---

[11] Befristung der Bürgschaft (BGE 50 II, 1924, S. 249), Bedingung der Leistung einer Rückbürgschaft durch einen Dritten (BGE 44 II, 1918, S. 64).

[12] Nach Abs. 2 bedarf die Bürgschaftserklärung «außerdem» der öffentlichen Beurkundung.
Die Bürgschaftserklärung muß in einer einzigen Urkunde enthalten sein, welches auch deren materielle Form sei (selbständige oder mit einem andern Geschäft verbundene Erklärung, Schriftlichkeit in der Form eines Briefes), doch können Abänderungen auf einer separaten Urkunde vorgenommen werden (SCHÖNENBERGER, N. 39–42 zu Art. 493 OR).
Der Bürge ist nicht gehalten, bestimmte feierliche Formeln zu verwenden. Seine Erklärung ist daher der Auslegung zugänglich (vorn § 53, II 2).

Frachten eingegangen werden, in allen Fällen (Art. 493 Abs. 3 OR, Kautionsbürgschaften);
  – für die Beschränkung der Bürgenhaftung auf denjenigen Teil der Hauptschuld, der zuerst abgetragen wird (Art. 493 Abs. 6, 2. Satz OR; Teilbürgschaft)[13].

  b) Eine qualifizierte Schriftform (oder teilweise Eigenschriftlichkeit,
wenn man diesen Begriff wagen will) ist vorgesehen für die Bürgschaftserklärung natürlicher Personen bis zu einem Haftungsbetrag von 2000 Franken (Art. 493 Abs. 2, 2. Satz OR). Sie ist dadurch gekennzeichnet, daß die
Angabe des Haftungsbetrages und gegebenenfalls der solidarischen Haftung
eigenschriftlich in der Bürgschaftsurkunde selbst erfolgen muß.

  c) Ist der Bürge eine natürliche Person und übersteigt der Haftungsbetrag
2000 Franken, so bedarf die Bürgschaftserklärung außerdem der öffentlichen Beurkundung, die den am Ort ihrer Vornahme – welches immer
er sei – geltenden Vorschriften entspricht (Art. 493 Abs. 2, 1. Satz OR, unter
Vorbehalt der in Abs. 3 vorgesehenen Ausnahme; Art. 55 SchlT ZGB)[14].
Wird der Haftungsbetrag zur Umgehung dieses Erfordernisses in kleinere
Beträge aufgeteilt, so ist die für den Gesamtbetrag vorgeschriebene Form
notwendig (Abs. 4)[15]. Der Bundesrat kann die Höhe der Gebühren für die
öffentliche Beurkundung beschränken (Abs. 7); von dieser Möglichkeit hat er
bis heute keinen Gebrauch gemacht.

2. Die nachträglichen Abänderungen der Bürgschaft

Die Abänderungen, die die Verpflichtung des Bürgen herabsetzen oder
beschränken, unterliegen keiner besonderen Form (Art. 115 OR).
  Für die Abänderungen, welche die Stellung des Bürgen erschweren,
sieht Art. 493 Abs. 5, 1. Satz OR eine Ausnahme von der allgemeinen Regel
vor, gemäß welcher die für den ursprünglichen Vertrag vorgeschriebene
Form erforderlich wäre (Art. 12 OR). Es genügt nämlich die Schriftform,
ausgenommen für die Erhöhung des Haftungsbetrages[16] und für die Umwandlung einer einfachen Bürgschaft in eine solidarische.

---

[13] Weitere Fälle: Art. 494 (schriftliche Zustimmung des Ehegatten), Art. 509 Abs. 5 OR.
[14] Das Bundesrecht regelt hier nicht nur die Mindesterfordernisse und den Minimalinhalt
   der öffentlichen Beurkundung sowie die Prüfungspflicht der Urkundsperson (vgl. das in
   Anm. 7 zitierte Kreisschreiben), sondern auch die örtliche Zuständigkeit. – 2000 Franken
   ist heute zu niedrig (WACKE, SJZ 1978, S. 17/18).
[15] Schon Art. 18 OR schreibt dem Richter vor, bei der Ermittlung der einzuhaltenden Form
   auf den wirklichen Parteiwillen abzustellen (CAVIN, JdT 1942 I, S. 39). Vgl. WACKE, SJZ
   1978, S. 19 Ziff. 3.
[16] Wenn sich also eine natürliche Person nunmehr über den Betrag von 2000 Franken hinaus verpflichtet, ist öffentliche Beurkundung erforderlich.

Was die Zustimmung des Bürgen zur privativen Übernahme der Hauptschuld anbetrifft, so muß diese schriftlich erfolgen (Art. 493 Abs. 5, 2. Satz OR; Art. 178 Abs. 2 OR)[17].

3. Die Form für gewisse die Bürgschaft betreffende Geschäfte

Die Vollmacht zum Abschluß eines formbedürftigen Geschäftes bedarf grundsätzlich keiner speziellen Form. Um eine Umgehung der zum Schutz des Bürgen aufgestellten Formvorschriften zu verhindern, schreibt das Gesetz ausnahmsweise vor, daß die Erteilung einer besonderen Vollmacht zur Eingehung einer Bürgschaft dem gleichen Formerfordernis untersteht wie die Bürgschaft selbst (Art. 493 Abs. 6, 1. Satz OR; § 53, II 3). Diese Bestimmung bezieht sich weder auf Organe juristischer Personen (die keine Vertreter sind), noch auf gesetzliche Vertretungsbefugnisse, noch auf – formlos gültige – generelle Vollmachten mit gesetzlich umschriebenem Inhalt (Prokura und andere Handlungsvollmachten, Art. 459 und 462 OR, BGE 81 II, 1955, S. 60; Vertretung der Kollektiv- und Kommanditgesellschaft)[18].

Der gleichen Form wie die Bürgschaft unterstellt Art. 493 Abs. 6, 1. Satz OR ferner das Versprechen, dem Vertragsgegner oder einem Dritten Bürgschaft zu leisten. In bezug auf den Vorvertrag[19], durch welchen jemand dem Gläubiger verspricht, die Hauptschuld zu verbürgen, handelt es sich dabei um einen Anwendungsfall von Art. 22 Abs. 2 OR. Die Bestimmung bezieht sich ferner auf das pactum de fideiubendo, durch welches sich der zukünftige Bürge gegenüber dem Hauptschuldner verpflichtet, dessen Schuld zu verbürgen, nicht aber auf das Versprechen des Hauptschuldners gegenüber dem Gläubiger, einen Bürgen zu stellen (noch auf dasjenige eines Dritten gegenüber einer dieser beiden Parteien).

---

[17] Vorn § 52, VI 1 b.

[18] Die Bestimmung ist offenbar auch nicht anwendbar auf die Generalvollmacht, die für die Dauer einer längeren Abwesenheit erteilt wird. Dagegen gilt das gesetzliche Erfordernis für alle Geschäfte, die einer besonderen Form bedürfen. Die Vollmacht muß sich auf die beabsichtigte Bürgschaft beziehen und überdies mindestens die Angabe des Haftungsbetrages und gegebenenfalls der solidarischen Haftung enthalten. Die Zustimmung des Ehegatten ist in diesem Stadium noch nicht erforderlich.

[19] Zu gewissen Schwierigkeiten, die sich bei diesem hier unnützen, obsoleten Institut ergeben: CAVIN, Sem. jud. 1970, S. 231.

Viertes Kapitel

Die Wirkungen der Bürgschaft im Verhältnis zwischen Gläubiger und Bürgen

Die Klage des Gläubigers gegen den Bürgen ist in allen Fällen gewissen gemeinsamen Regeln unterworfen (Art. 499–505 OR). Diese beziehen sich zunächst auf das Ausmaß der Haftung des Bürgen (seiner Schuld) und auf die Voraussetzungen seiner Belangbarkeit, sodann auf die Annahme eines bestimmten, ihm obliegenden Verhaltens durch den Gläubiger («Pflichten» des Gläubigers). Dazu kommen besondere Vorschriften beim Vorliegen mehrerer voneinander unabhängiger oder gemeinsamer Bürgschaftsverpflichtungen (Art. 497 OR) und vor allem entsprechend der von den Parteien gewählten Bürgschaftsart (d. h. je nach der Art, wie die Erfüllung der Fremdschuld garantiert beziehungsweise die Subsidiarität ausgestaltet wird: Art. 495 und 496 OR). Das Gesetz unterscheidet zwei Unterarten, je nachdem, ob es sich bei der verbürgten Schuld um die Verpflichtung eines ersten Bürgen gegen den Gläubiger oder aber um den Rückgriff des Bürgen gegen den Hauptschuldner handelt (Art. 498 OR).

Wir haben das Recht des Bürgen, dem Gläubiger die Einreden des Hauptschuldners entgegenzuhalten (vorn § 52, V: Art. 502 Abs. 1, 2 und 4 OR), sowie das Ausmaß seiner Haftung und die Voraussetzungen seiner Belangbarkeit bereits untersucht (vorn § 51, II C 1 a: Art. 501 Abs. 2 OR; § 52, IV A: Art. 501 Abs. 1 und 3 OR, und B: Art. 499 und 500 OR). Es bleiben die «Pflichten» des Gläubigers einerseits und die Wirkungen der Subsidiarität sowie die Mehrheit von Bürgen anderseits.

§ 55. Die «Pflichten» des Gläubigers

Der Begriff «Pflicht» oder «Obligation» des Gläubigers ist in diesem Zusammenhang, wo es sich um einen einseitigen Vertrag handelt, nicht im gewöhnlichen, technischen Sinne zu verstehen (vorn § 51, I 2). So verhält es sich jedenfalls mit den allgemeinen Obliegenheiten, deren Sanktion seit 1942 im vollständigen oder teilweisen (Herabsetzung) Untergang der Verpflichtung des Bürgen besteht (aus einem von der Hauptschuld unabhängigen Grund). Einzige Ausnahme bildet vielleicht noch die in Art. 503 Abs. 2 OR vorgesehene besondere Aufsichtspflicht, deren Verletzung scheinbar einen eigentlichen Schadenersatzanspruch begründet, der dem Gläubiger verrechnungsweise entgegengehalten werden kann[1]. Abgesehen von diesem eventuellen Vorbehalt kann man höchstens noch von einer Anrechnung sprechen, das heißt dem Entgegenhalten eines Umstandes, der die genaue Höhe der akzessorischen Verpflichtung bestimmt[2].

Diese Obliegenheiten und diese Pflicht liegen auf zwei Ebenen. In erster Linie hat der Bürge Anspruch auf Zahlungsannahme (Art. 504 OR). In zweiter Linie hat sich der Gläubiger bei der Zahlung oder schon vorher auf bestimmte Weise zu verhalten. Da der Bürge seine Interessen nicht immer selbst wahren kann, würde es trotz des einseitigen Charakters des Vertrages gegen Treu und Glauben verstoßen, wenn der Gläubiger dazu beitrüge, das vom Bürgen übernommene Risiko zu vergrößern, obwohl er in der Lage ist, diesen zu informieren, den Hauptschuldner zu beaufsichtigen oder mit der gebotenen Sorgfalt gegen ihn vorzugehen (Art. 503 Abs. 2 und Art. 505 OR), oder wenn er den Rückgriff des Bürgen gegen die andern Verpflichteten, vor allem gegen den Hauptschuldner, zunichte machen würde (Art. 503 Abs. 1, 3 und 4 OR)[3].

---

[1] Diese Schadenersatzforderung wie auch der Ersatz des zusätzlichen Schadens in Art. 503 Abs. 4 OR bildet nicht ein synallagmatisches Moment, das dem einseitigen Charakter der Bürgschaft entgegenstünde; es liegt kein gegenseitiger Austausch von Leistungen vor. CAVIN würdigt den Übergang von der Sanktion des alten Rechts (Schadenersatz) zu derjenigen des neuen (Befreiung des Bürgen) anders (JdT 1942, S. 48/49).

[2] Im Falle der Zahlung mit Rückforderung der Bereicherung sowie mit Ersatz eines allfälligen zusätzlichen Schadens (SPIRO, § 408, N. 4).

GIOVANOLI (2. Aufl.) hält sich grundsätzlich an die These einer eigentlichen Schadenersatzforderung, die im allgemeinen den alten Gesetzestexten entspricht, nicht ohne sich allerdings bisweilen der neuen Ausdrucksweise der Revision von 1941 zu bedienen, deren Tragweite er stark herabmindert (vgl. N. 14 und 33 zu Art. 503 Abs. 1 und 3/4, und 19 zu Art. 505, aber auch N. 22 in fine zu Art. 503 Abs. 2 [!]. SCHÖNENBERGER seinerseits verfängt sich vielleicht in einem Versehen (N. 36 zu Art. 503 Abs. 3/4).

[3] Streng genommen hätte der Bürge, der durch ein einseitiges Versprechen gebunden und an einem Vertrag interessiert ist, ohne Vertragspartei zu sein, einerseits kein Recht, den Gläubiger zu geeigneten Maßnahmen zur Wahrung seiner Interessen zu zwingen; anderseits könnte er nicht intervenieren, um den Hauptschuldner zur Zahlung und den Gläubiger zur Einforderung der Zahlung zu verpflichten (CAVIN, ZSR 1944, S. 280/81). – Das Verbot, den Rückgriff des Bürgen zunichte zu machen, ist in Frankreich im Gesetz selbst enthalten: «La caution est déchargée, lorsque la subrogation aux droits, hypothèques et privilèges du créancier ne peut plus, par le fait de ce créancier, s'opérer en faveur de la caution» (art. 2037 CCfr.; Revue trimestrielle de droit civil 1974, S. 309 ff.). Das ist die vom Bürgen dem Gläubiger entgegengehaltene Einrede der Subrogation, die aus dem beneficium cedendarum actionum des römischen und Gemeinen Rechts hervorgegangen ist.

I. Die Pflicht, die Zahlung des Bürgen anzunehmen

Die Fälligkeit der Bürgenschuld bestimmt sich nach Art. 501 Abs. 1 und 3 OR. Der Bürge kann seine Verpflichtung jedoch schon vor dem Fälligkeitstermin erfüllen. Art. 504 OR regelt speziell und zwingend die Bedingungen und Wirkungen der vorzeitigen Erfüllung wie auch die Sanktion des Annahmeverzugs des Gläubigers. Der Gesetzgeber ermöglicht dem Bürgen, sich raschmöglichst zu befreien (wenn das Verfahren nach Art. 510 Abs. 3 und Art. 511 OR nicht genügt), damit er den Umfang seiner Haftung (Art. 499 Abs. 2 OR, Art. 209 SchKG) beschränken und rechtzeitig seinen Rückgriff gegen den Hauptschuldner oder die andern Verpflichteten ausüben kann.

1. Sobald die Hauptschuld fällig ist, sei es auch infolge Konkurses des Hauptschuldners (der die Fälligkeit der Bürgenschuld nicht herbeiführt: Art. 501 Abs. 1 OR) – oder eines Arrestes (Art. 271 Abs. 2 SchKG) –, kann der Bürge jederzeit verlangen, daß der Gläubiger von ihm Zahlung annehme (Art. 504 Abs. 1, 1. Satz OR), das heißt grundsätzlich die gesamte Leistung, zu der er sich verpflichtet hat (Art. 69 und 91 OR). Doch scheint uns der Gesetzestext nicht zu verbieten, daß sich der Bürge schon befreien kann, sobald der Hauptschuldner nach Art. 81 OR berechtigt ist, die Schuld – gegebenenfalls teilweise – zu erfüllen[4]. Art. 504 Abs. 3 OR verdeutlicht, daß der Bürge den Gläubiger auch dann befriedigen kann, wenn dieser zur Annahme bereit ist, was sich von selbst versteht.

Haften für die Forderung mehrere Bürgen (Mitbürgen, auch solidarische, vgl. Art. 497 Abs. 2, 3. Satz OR), so ist der Gläubiger ausnahmsweise auch zur Annahme einer bloßen Teilzahlung verpflichtet, sofern sie mindestens so groß ist wie der Kopfanteil des zahlenden Bürgen (Art. 504 Abs. 1, 2. Satz OR).

Der Bürge kann seine Schuld mit einer Forderung gegen den Gläubiger verrechnen[5].

2. Verweigert der Gläubiger ungerechtfertigterweise die Annahme der Zahlung, so wird der Bürge frei, und die Haftung (nicht der Garantiebetrag) allfälliger solidarischer Mitbürgen vermindert sich um den Betrag seines Kopfanteils (Art. 504 Abs. 2 OR). Die ungerechtfertigte Verweigerung der Annahme der Leistung ist zwar die normale Voraussetzung für den

---

[4] SCHÖNENBERGER, N. 3 zu Art. 504 OR, mit Hinweisen, worunter VON TUHR, SJZ 1922/23, S. 248 IX. Vgl. Art. 827 und 845 ZGB.

[5] VON TUHR, SJZ 1922/23, S. 249.

Gläubigerverzug (Art. 91 OR), doch ist hier die Sanktion strenger (keine Hinterlegung, Art. 92 ff. OR, sondern Verwirkung des Anspruchs); der Gläubiger verliert nur die Garantie, nicht aber seine Forderung gegen den Hauptschuldner.

Wird die Zahlung angenommen, so kann der Bürge seine Rückgriffsrechte ausüben, doch tritt die bürgschaftsrechtliche Subrogation erst bei Fälligkeit der Hauptschuld ein (Art. 504 Abs. 3, 2. Satz OR)[6].

II. Die Sorgfaltspflichten

Der Gläubiger, der mit der Bürgschaft ja ein Sicherungsmittel erhält, übernimmt damit nicht die Wahrung der Interessen seines allein verpflichteten Vertragspartners. Das Gesetz auferlegt ihm deshalb keine allgemeine Sorgfaltspflicht, sondern in einem dem Bürgen immerhin günstigen Kompromiß vielmehr nur eine Reihe spezieller Pflichten, deren Sinn und Tragweite im Einzelfall nach den Umständen (und dem im Jahre 1941 verfolgten Zweck des Gesetzgebers, der den Schutz des Bürgen erweitern wollte) zu ermitteln ist[7]. Mit Ausnahme des in Art. 503 Abs. 2 OR geregelten Falles obliegt ihm von Gesetzes wegen insbesondere nicht die Überwachung der finanziellen Verhältnisse des Hauptschuldners oder des Laufes seiner Geschäfte. Es bleibt jedoch, daß der Gläubiger bei der Ausübung seiner Rechte wie jedes andere Rechtssubjekt nach Treu und Glauben zu handeln hat.

1. Pflicht des Gläubigers zur Erhaltung der Sicherheiten

a) Vermindert der Gläubiger zum Nachteil des Bürgen bei Eingehung der Bürgschaft vorhandene oder vom Hauptschuldner nachträglich erlangte und eigens für die verbürgte Forderung bestimmte Pfandrechte oder anderweitige Sicherheiten und Vorzugsrechte, so verringert sich die Haftung des Bürgen

---

[6] Über die Möglichkeit, die Hauptschuld selbst zu bezahlen, und die Wirkungen der Intervention: vorn § 51, Anm. 3 und SCHULTHESS, ZSR 1924, S. 95, N. 75.

[7] BGE 78 II, 1952, S. 260; 66 II, 1940, S. 128; 39 II, 1913, S. 294; 26 II, 1900, S. 252; 14, 1888, S. 312 Erw 7. In Deutschland verhält es sich gleich (STAUDINGER, N. 1 zu § 776 BGB: «nicht Ausdruck einer allgemeinen Sorgfaltspflicht des Gläubigers gegenüber dem Bürgen»). Für CAVIN, der den in BGE 64 II, 1938, S. 208 publizierten Fall bespricht, ist die gesetzliche Aufzählung nicht abschließend; nach seiner Ansicht sollte der Gläubiger die Interessen des Bürgen immer dann wahrnehmen, wenn das Gesetz diesem die Mittel nicht einräumt, sich selbst wirksam zu wehren (ZSR 1944, S. 290 ff.).
Im Laufe der Zeit und je nach Autor bzw. Richter ist die Sorgfaltspflicht des Gläubigers auf verschiedene Weise gerechtfertigt worden. – Übersicht bei SCHÖNENBERGER, N. 6 zu Art. 503 OR.

nach Art. 503 Abs. 1 OR[8] um einen dieser Verminderung entsprechenden Betrag, soweit nicht nachgewiesen wird, daß der Schaden weniger hoch ist; die Rückforderung des zuviel bezahlten Betrages bleibt vorbehalten.

Die allgemein formulierte und für alle Bürgschaftsarten geltende Bestimmung bezieht sich zunächst auf alle Pfandrechte (wozu auch die Retentionsrechte, insbesondere dasjenige des Vermieters, gehören[9]), mit Einschluß der fiduziarischen Garantien[10]; sodann auf die andern Sicherheiten: Eigentumsvorbehalt, Solidarschuldverhältnisse (Art. 149 Abs. 2 OR), Bürgschaften; schließlich auf die Vorzugsrechte: Eigenschaften der Forderung (privilegia causae), die ihr bei der Zwangsvollstreckung einen bevorzugten Rang verschaffen, die aus der Pfändung erwachsenden Rechte[11], Vormerkungen im Grundbuch.

Diese Rechte, welche die Stellung des Gläubigers verbessern, müssen bei der Eingehung der Bürgschaft vorhanden sein. Werden sie erst später erlangt (aber diese gesetzliche Voraussetzung wird indessen von Giovanoli – N. 9 – mit ziemlich überzeugenden Gründen bestritten), müssen sie vom Hauptschuldner gestellt sein, und zwar, wenn nicht ausschließlich, so doch wenigstens speziell zur Sicherung der verbürgten Schuld. Denn bei Eingehung der Bürgschaft darf der Bürge zwar nicht mit Sicherheiten rechnen, die noch hinzukommen könnten, doch haftet er erst nach dem Hauptschuldner.

Der Gläubiger kann dem Bürgen durch die Verminderung der Sicherheiten – indirekt – auf verschiedenste Weise Schaden zufügen, sei es durch positives Verhalten, sei es durch Unterlassung (in der Zwangsvollstreckung zu intervenieren, sichernde Maßnahmen zu ergreifen usw.). Der Richter entscheidet darüber, ob der Gläubiger in Anbetracht der erforderlichen Kosten oder der drohenden Risiken seiner Sorgfaltspflicht genügt hat[12]. Dessen Haftung ist vertraglicher Natur, da sie auf einer auftragsähnlichen Beziehung beruht, und setzt ein Verschulden voraus[13].

Nach dem neuen Recht besteht die Sanktion nicht mehr in der Entstehung einer Schadenersatzforderung, sondern in der von Gesetzes wegen eintretenden Verringerung der Obligation des Bürgen (allenfalls mit Rückforderung

---

[8] Auch anwendbar auf die Solidarbürgschaft: BGE 64 II, 1938, S. 157.
    Über das Problem in den Gesetzen von 1881 (Art. 508) und 1911 (Art. 509): Stooss, ZBJV 1911, S. 473 ff., 529 ff.; Cavin, ZSR 1944, S. 283 ff.
[9] BGE 64 III, 1938, S. 147; 61 II, 1935, S. 264; 26 II, 1900, S. 251. Das Retentionsrecht der Art. 895 ff. ZGB kommt praktisch nicht in Frage, da es erst im Zeitpunkt der Fälligkeit der Hauptschuld entsteht (Art. 507 Abs. 2, 1. Satz OR); es ist überdies manchmal mit der Person des Gläubigers verknüpft.
[10] Übergabe von Wechseln (BGE 31 II, 1905, S. 726).
[11] BGE 66 II, 1940, S. 129.
[12] Schönenberger, N. 18 und 19 zu Art. 503 OR.
[13] BGE 64 II, 1938, S. 28; 56 II, 1930, S. 107; 33 II, 1907, S. 148.

der Bereicherung) in dem Maße, als dieser eine Verminderung der Sicherheiten nachweist[14]. Es obliegt dem Gläubiger, sich zu exkulpieren oder zu beweisen, daß es am Kausalzusammenhang fehlt beziehungsweise, daß ein Schaden nicht eingetreten ist, jedenfalls nicht im behaupteten Ausmaß.

b) Hat sich der Gläubiger der Pfänder und sonstigen Sicherheiten, für die er verantwortlich ist, **böswillig oder grobfahrlässig entäußert**, so wird der Bürge von Gesetzes wegen ex tunc frei; er kann das Geleistete zurückfordern und für den ihm darüber hinaus erwachsenden Schaden Ersatz verlangen (Art. 503 Abs. 4 OR)[15].

2. Aufsichtspflicht des Gläubigers bei Amts- und Dienstbürgschaften

Hierbei handelt es sich um ein besonderes und zusätzliches Erfordernis für den Arbeitgeber (öffentliches Gemeinwesen oder Privater), wenn die Bürgschaft die künftige Schuld sichern soll, die aus der Verletzung von Dienstpflichten – gegebenenfalls gegenüber Dritten (Art. 112 OR) – entstehen könnte, von welcher die Beteiligten jedoch hoffen, sie komme nicht zur Entstehung. Diese Bürgschaftsart genießt in verschiedener Hinsicht die Aufmerksamkeit des Gesetzgebers (Art. 500 Abs. 2, 503 Abs. 2, 509 Abs. 3, 510 Abs. 1 und 512, nicht aber Art. 493 Abs. 3 OR).

Nach Art. 503 Abs. 2 OR ist der Gläubiger bei der Amts- und Dienstbürgschaft dem Bürgen «überdies» verantwortlich, wenn infolge der Unterlassung der Aufsicht über den Arbeitnehmer, zu der er verpflichtet ist, oder der ihm sonst zumutbaren Sorgfalt die Schuld entstanden ist oder einen Umfang angenommen hat, den sie andernfalls nicht angenommen hätte.

Die Anforderungen an die Aufsichtspflicht, die von der Rechtsprechung schon vor ihrer gesetzlichen Festlegung anläßlich der Revision von 1911 gefordert wurde, ergeben sich aus dem Vertrag mit dem Arbeitnehmer, gegebenenfalls mit dem Bürgen, oder sonst aus den Gesetzen und Verordnungen des öffentlichen Rechts oder aus der Verkehrssitte, den Umständen und Treu und Glauben[16]. Ausnahmsweise wird der Bürge nicht – ganz oder

---

[14] So CAVIN, ZSR 1944, S. 283–285; a.M. SCHÖNENBERGER, N. 22, BECK, N. 32, und GIOVANOLI, 2. Aufl., N. 14 zu Art. 503 OR, die sich an die Rechtsprechung zum alten Recht halten.

[15] Art. 419 oder 503 Abs. 1 und 3/4 OR – letzterer in analoger Anwendung, die sich nicht auf die in Art. 511 OR vorgesehenen Maßnahmen erstreckt – sind anwendbar auf die Sorgfaltspflicht des zahlenden Bürgen, der gegen Mitbürgen oder Rückbürgen Rückgriff nehmen will, soweit es sich nicht um Sicherheiten handelt, die einzig als Garantie seines eigenen Rückgriffs gegen den Hauptschuldner bestellt wurden: BGE 66 II, 1940, S. 127/28; 94 III, 1968, S. 3 Erw 1.

[16] BGE 32 II, 1906, S. 444; 34 II, 1908, S. 549; 41 II, 1915, S. 65; 48 II, 1922, S. 96; 54 II, 1928, S. 391. Eine besonders intensive Beaufsichtigung ist geboten, wenn es sich beim Arbeitnehmer um einen Kassier handelt. Vgl. GIOVANOLI, 2. Aufl., N. 20–24.

teilweise – befreit. Vielmehr hat der Gläubiger, der seiner Aufsichtspflicht nicht nachgekommen ist, den entstandenen Schaden zu ersetzen (er ist «verantwortlich», «responsable»). Zweifellos bildet aber dies nur eine ungeeignete Rechtsfigur (vorn §§ 51 I 2 und 55 initio).

3. Mitteilungspflicht; Maßnahmen gegen den Hauptschuldner zum Zwecke der Zwangsvollstreckung

a) Auf Verlangen hat der Gläubiger dem Bürgen – unter Vorbehalt des Rechtsmißbrauchs – jederzeit über den Stand der Hauptschuld Auskunft zu geben. Ist der Hauptschuldner mit der Bezahlung von Kapital, von Zinsen für ein halbes Jahr oder einer Jahresamortisation sechs Monate im Rückstand – Verzug ist nicht erforderlich –, so hat er ihm von sich aus Mitteilung zu machen[17] (Art. 505 Abs. 1 OR). Desgleichen hat der Gläubiger den Bürgen vom Konkurs und von der Nachlaßstundung des Hauptschuldners zu benachrichtigen, sobald er davon Kenntnis erhält (Art. 505 Abs. 2, 2. Satz OR), sofern der Bürge nicht bereits informiert ist.

Auf diese Weise wird der Bürge in die Lage versetzt, sein Risiko abzuschätzen und seine Rechte zu wahren: Art. 504, 506 und 511 OR; Eingabe seiner Rückgriffsforderung im Zwangsvollstreckungsverfahren, Überwachung des Vorgehens des Gläubigers in diesem Verfahren.

b) Im Konkurs und beim Nachlaßverfahren des Hauptschuldners ist nämlich der Gläubiger gehalten, seine Forderung anzumelden und alles Weitere vorzukehren, was ihm zur Wahrung der Rechte zugemutet werden kann (Art. 505 Abs. 2, 1. Satz OR). Damit der Bürge nur den Ausfall zu tragen hat, muß vermieden werden, daß der Gläubiger im Vertrauen auf die Zahlungsfähigkeit des Bürgen untätig bleibt und es diesem – der seine Rückgriffsforderung im Konkurs erst eingeben kann, wenn er bezahlt hat (Art. 217 SchKG) – überläßt, gegen den nunmehr vermögenslosen Hauptschuldner vorzugehen. Unter Umständen hat der Gläubiger gegebenenfalls Kollokationsklage anzuheben beziehungsweise sich einer gegen ihn gerichteten Klage zu widersetzen; wenigstens muß er den Bürgen über seinen Verzicht auf die Prozeßführung benachrichtigen[18].

c) Die vom Gläubiger verlangte Sorgfalt beruht darauf, daß dieser besser informiert und für das Vorgehen gegen den Hauptschuldner besser gerüstet ist als der Bürge. Kommt der Gläubiger seiner Pflicht nicht nach, so verliert

---

[17] Der Rückbürge wird weder durch den Gläubiger noch durch den Bürgen, dessen Rückgriff auf den Hauptschuldner er verbürgt, informiert (SCHÖNENBERGER, N. 6). – Über die Bedeutung der Frist: GIOVANOLI, 2. Aufl., N. 3a zu Art. 504 OR.

[18] Für die Anwendung des Grundsatzes, die das Gesetz der Praxis überläßt, sei auf Anm. 17, auf Art. 303 SchKG und auf die Kommentare verwiesen.

er seine Ansprüche gegen den Bürgen insoweit, als diesem daraus ein Schaden entstanden ist, wobei der Bürge die Höhe des Schadens nachzuweisen hat (im Gegensatz zu Art. 503 Abs. 1 OR).

d) Der Gläubiger kann gehalten sein, mit der erforderlichen Sorgfalt noch andere Maßnahmen gegen den Hauptschuldner zu treffen (Betreibung bis zur Ausstellung eines definitiven Verlustscheins, Art. 495 Abs. 1 OR; Art. 510 Abs. 3 und 511 OR; vorn § 52, IV A).

III. Pflichten bei der Zahlung des Bürgen

Mit der Zahlung gehen die Rechte des Gläubigers von Gesetzes wegen[19] auf den Bürgen über (Art. 507 Abs. 1 und 2 OR). Das verlangt, daß der Gläubiger diesen darüber informiert und ihm den tatsächlichen Besitz an den erforderlichen Beweismitteln verschafft.

Deshalb hat der Gläubiger nach Art. 503 Abs. 3 OR (eine Verdeutlichung von Art. 170 OR) dem Bürgen die zur Geltendmachung seiner Rechte dienlichen Urkunden herauszugeben – die demnach vorher aufbewahrt werden müssen – und ihm die nötigen Aufschlüsse zu erteilen (wie der Zedent dem Zessionar: Art. 170 Abs. 2 OR). Ebenso hat er die Pfandrechte und die anderen Sicherheiten, zu deren Erhaltung er nach Art. 503 Abs. 1 OR verpflichtet war, dem Bürgen herauszugeben – also diejenigen, die bei Eingehung der Bürgschaft bereits vorhanden waren oder vom Hauptschuldner nachträglich eigens für die verbürgte Forderung bestellt wurden – oder die für ihre Übertragung erforderlichen Handlungen vorzunehmen. Doch bezieht sich diese Herausgabepflicht nicht auf die dem Gläubiger auch für andere Forderungen zustehenden Pfand- und Retentionsrechte, soweit sie denjenigen des Bürgen im Rang vorgehen.

Die Herausgabe hat Zug um Zug mit der Zahlung des Bürgen und auf dessen Verlangen zu erfolgen[20].

Der Bürge kann dem ihn belangenden Gläubiger eine dilatorische Einrede entgegenhalten. Er wird frei, wenn sich der Gläubiger ungerechtfertigterweise weigert (Art. 91 OR), die Herausgabepflicht zu erfüllen (Art. 503 Abs.

---

[19] Vor der tatsächlichen Übergabe des Pfandobjektes übt der Zedent den Besitz für den Zessionar aus (BGE 80 II, 1954, S. 109; OFTINGER, Das Fahrnispfand, N. 162 zu Art. 884 und N. 167/68 zu Art. 895 ZGB).

[20] BGE 78 II, 1952, S. 258. Im Falle der Teilzahlung – die der Gläubiger unter Umständen annehmen muß (Art. 504 Abs. 1, 2. Satz OR) – und deswegen bloß teilweiser Subrogation (Art. 507 Abs. 2, 2. Satz OR) kann der Bürge wenigstens beglaubigte Abschriften verlangen, wenn der Gläubiger die Originalurkunde behält, um den Rest seiner Forderung geltend zu machen.

4 OR: Zurückforderung der Bereicherung, Ersatz des darüber hinaus erwachsenen Schadens)[21].

§ 56. Die Subsidiarität der Bürgschaft

Zu den besonderen Wirkungen der Bürgschaft gehören zunächst diejenigen der Subsidiarität, die je nach der vereinbarten Bürgschaftsart verschieden ausgestaltet ist.

I. Die Subsidiarität

1. Der Gläubiger besitzt eine Mehrheit von konkurrierenden Ansprüchen. Darf er bei Fälligkeit der Hauptschuld frei wählen, welchen von ihnen er in erster Linie geltend machen will? Oder ist der Bürge immer oder aber nur in einzelnen Fällen Nachschuldner? Diese Frage stand im Zentrum der Revisionsbestrebungen und gab Anlaß zu einer lebhaften Diskussion über den Ausschluß der einen oder andern Bürgschaftsart und über deren Ausgestaltung, wobei die Anhänger der Solidarität – jedenfalls anscheinend – unterlagen. Wie wir bereits gesehen haben (vorn § 51, II C 2), ist die Konkurrenz seit 1942 nurmehr subsidiär, nicht nur weil der Gläubiger den Bürgen erst soll belangen dürfen, wenn der Hauptschuldner bei Fälligkeit nicht erfüllt hat, sondern im Sinne einer mehr oder weniger beschleunigten zeitlichen Abfolge der Ansprüche, insoweit als für die Belangung des Bürgen neben der Fälligkeit der Hauptschuld stets noch weitere Voraussetzungen erfüllt sein müssen, mindestens jene des Art. 496 Abs. 1 OR (Art. 492 Abs. 4 OR).

2. Die traditionelle Unterscheidung zwischen der primären Haftung (des Solidarbürgen) und der subsidiären oder sekundären (des einfachen Bürgen) ist somit völlig relativ und vom jeweiligen positiven Recht abhängig. Ebenso hat der Begriff «solidarisch» (oder «selbstschuldnerisch») je nach dem Zusammenhang eine verschiedene Bedeutung. Der Solidarschuldner (Art. 143 OR; vorn § 49, II 3) kann für die ganze Schuld auf Grund einer selbständigen Verpflichtung, die den gleichen Rechtsgrund, wenn auch nicht unbedingt den gleichen Gegenstand hat wie jene der Mitverpflichteten, belangt werden. Bei der Bürgschaft dagegen, die immer akzessorisch ist, be-

---

[21] Die verspätete Herausgabe beinhaltet keine ungerechtfertigte Weigerung, wenn der Rückgriff des Bürgen offensichtlich aussichtslos gewesen wäre und daher der Verdacht besteht, der Bürge berufe sich nur deshalb auf die Verspätung, um sich zu befreien (BGE 78 II, 1952, S. 262, Erw 7).
Über den Anwendungsbereich von Art. 503 Abs. 3/4 OR vgl. Anm. 15.

zeichnen Gesetz und Praxis[1] mit dem Begriff einen besonderen Tatbestand, der dem Bereich der speziellen Voraussetzungen der Belangbarkeit des Bürgen (im Verhältnis zum Hauptschuldner) angehört; der sogenannte Solidarbürge kann (in gewissen Rechtsordnungen oder in einer bestimmten Epoche) primär verpflichtet sein und trotzdem Fremd- und Nebenschuldner bleiben, doch ist auf jeden Fall die Subsidiarität seiner Verpflichtung geringer als bei der einfachen Bürgschaft. Hier hat der Begriff einen ganz andern Sinn. Eine gewisse Subsidiarität ist jedoch zwischen Solidarschuldnern nicht ausgeschlossen, und auch der einfache Bürge haftet wie jene für die gesamte Schuld (in solidum), wenn auch nur im Rahmen der Art. 499 und 500 OR.

Mitbürgen sind akzessorische, subsidiäre und partielle Schuldner, wenn sie einfache Bürgen sind (Art. 497 Abs. 1 OR). Solidarische Mitbürgen haften ebenfalls akzessorisch, können jedoch mit dem Hauptschuldner primär (Solidarbürgen) oder subsidiär (einfache Bürgen) verpflichtet sein; in beiden Fällen sind die solidarischen Mitbürgen unter sich für den dem Gläubiger geschuldeten Betrag unter Vorbehalt von gewissen Erleichterungen (Art. 497 Abs. 2, 2. und 3. Satz OR) Solidarschuldner im Sinne von Art. 143 OR.

3. Jede Bürgschaft ist entweder einfach oder solidarisch.

Die Subsidiarität ist abgeschwächt bei der Solidarbürgschaft; sie ist verstärkt, wenn der Bürge nur für den vom Gläubiger erlittenen Ausfall haftet (Art. 495 Abs. 3 OR)[2].

Heute, am Ende der Entwicklung der Bürgschaft, wird die einfache Bürgschaft vermutet (Art. 495 Abs. 4 und 496 Abs. 1 OR). In der Praxis ist jedoch die Solidarbürgschaft die Regel geblieben, vor allem wenn der Gläubiger ein Kreditinstitut ist. Gewöhnlich nähert man sich sogar der alten Solidarität an, indem das dem Bürgen in Art. 496 Abs. 2 OR eingeräumte Recht wegbedungen wird.

II. Die einfache Bürgschaft

1. Begriff

Als Wirkung einer spezifischen, qualifizierten Subsidiarität stehen dem einfachen Bürgen zugleich zwei Vorrechte zu, nämlich die Einrede der Vorausklage und diejenige der Vorausverwertung der Pfandrechte – beneficia ordinis vel excussionis personale et reale. Er kann bei seiner Belangung auf

---

[1] Vor allem in Frankreich. § 773 BGB verwendet den Ausdruck «Selbstschuldner».

[2] Das Gesetz kennt weitere Fälle subsidiärer Haftung, deren genaue Tragweite verschieden sein kann (Art. 207 Abs. 2 und 243 Abs. 3, Art. 427 und 429 ZGB; Art. 568 Abs. 3 OR; Art. 6 SchKG usw.).

sie verzichten, auch durch konkludentes Handeln[3]. Da abweichende Vereinbarungen vorbehalten sind (Art. 495 Abs. 4 OR), können die Parteien die Subsidiarität zum voraus verstärken oder abschwächen. Verzichtet aber der Bürge beim Abschluß oder bei einer nachträglichen Abänderung des Vertrages auf das Wesentliche, das heißt auf die Einrede der Vorausklage, so geht er eine Solidarbürgschaft ein, und es müssen deshalb deren besondere Anforderungen hinsichtlich Form und Bürgschaftsfähigkeit (Art. 493 und 494 OR) erfüllt sein.

Die Vorrechte des einfachen Bürgen sind dilatorische und selbständige Einreden im technischen Sinne. Sie berechtigen den Bürgen, die Leistung einstweilen zu verweigern, bilden jedoch nicht eine Bestreitung des Klagegrundes. Der Richter wendet sie nicht von Amtes wegen an, da sie die Ausübung eines Rechtes beinhalten; vielmehr hat sich der Berechtigte darauf zu berufen. Der Bürge kann die beiden Vorrechte kombinieren, sie jedoch nicht ein zweites Mal für die gleiche Forderung verwenden, wenn er bereits im Verzug ist, mit der Begründung, die Verhältnisse hätten sich inzwischen geändert[4].

Auch wenn die Vorrechte Einreden in der Hand des Bürgen darstellen, ist es, wenn sie einmal geltend gemacht worden sind und der Bürge das Vorliegen einer einfachen Bürgschaft bewiesen hat, Sache des Gläubigers, den Nachweis dafür zu erbringen, daß die Voraussetzungen für die Belangung des Bürgen erfüllt sind. Die Entwürfe von 1937 und 1939 präzisierten, der Gläubiger könne den einfachen Bürgen erst dann zur Zahlung anhalten, «wenn er nachweist...». Die Präzisierung wurde jedoch gestrichen, da sie sich von selbst verstand[5].

Die Diskussion um die Verteilung der Beweislast erklärt sich vielleicht daraus, daß bei der Suche nach Kriterien zur Lösung des Problems falsch vorgegangen wird. Es geht darum, je nach dem Inhalt einer bestimmten Vorschrift von Fall zu Fall zu entscheiden, welche Verteilung entsprechend der Häufigkeit und der Härte des Risikos eines Mißerfolgs die weniger große Ungerechtigkeit mit sich bringt. System und Redaktion des Gesetzes sind, rein logisch betrachtet, nicht immer entscheidend, ja nicht einmal von großer Hilfe. Unterscheidet man zwischen Angriffs- und Verteidigungsmitteln, so stellt man einfach die Frage anders, statt sie zu beantworten. Schließlich ist auch von geringer Bedeutung, daß es sich

---

[3] BGE 47 II, 1921, S. 349.
[4] STAUFFER, S. 136a, Ziff. 2, der die herrschende Lehre zitiert. Das Verfahrensrecht regelt, wie sich verhält, wenn es der Bürge unterläßt, sich rechtzeitig auf die dilatorische Einrede zu berufen.
   Wenn der Bürge bei seiner Belangung auf die Privilegien verzichtet, kann er immer noch das in Art. 501 Abs. 2 OR geregelte Recht ausüben, was im Ergebnis auf eine Schadlosbürgschaft hinausläuft.
[5] Anderer Meinung die von STAUFFER (S. 137a, N. 278) zitierten Autoren sowie DESCHENAUX, S. 257 unter lit. a.

um eine Einrede, also um ein negatives Recht handelt. Daß der Berechtigte seine Befugnis ausüben muß, hat nicht notwendig zur Folge, daß ihm auch die Beweislast aufzuerlegen ist (vgl. z. B. die dilatorische Einrede des nicht erfüllten Vertrages, Art. 82 OR)[6].

Vor kurzem hat ein türkischer Autor auf ein Problem hingewiesen, das von Bedeutung ist[7]. Das beneficium excussionis sei nicht als Einrede im technischen Sinne anzusehen; die besonderen Voraussetzungen der Belangbarkeit des einfachen Bürgen seien vielmehr im Klagefundament enthalten, also in den Tatsachen, die der Gläubiger behaupten müsse, und ihr Nichtvorhandensein sei vom Richter von Amtes wegen zu berücksichtigen; mindestens seien sie zur Kategorie der Einwendungen zu zählen. Diese Ansicht steht jedoch in Widerspruch zur offenbar einmütigen Auffassung der Doktrin und geht zu Unrecht davon aus, das Problem habe sich in der Vergangenheit nicht gestellt[8]. Wir haben bereits gesehen, daß die Beweislast nicht entscheidend ist. Ebensowenig ist es der Gesetzestext: Wenn Art. 495 OR keine ausdrückliche Regelung enthält wie § 771 BGB oder die Art. 2021 und 2022 CCfr., so kommt das daher, daß sich das schweizerische Gesetz wenig um begriffliche Schärfe kümmert und daß sich der Gesetzgeber bei der Revision des Bürgschaftsrechts darüber hinaus häufig mit Kompromissen begnügen mußte, die der juristischen Klarheit kaum dienlich waren. Der – auch stillschweigend mögliche – Verzicht auf die Einrede im Zeitpunkt der Belangung bedeutet offensichtlich keine Umgehung des Formerfordernisses des Art. 493 Abs. 2, 2. Satz OR, das den Bürgen, der sich solidarisch verpflichten will, warnen soll. Was die angeblich zwingenden Folgerungen aus der Systematik des Gesetzes (durch die Annahme, das beneficium excussionis sei eine Einrede, werde die Solidarität entgegen Art. 143 OR zur allgemeinen Regel gemacht; im Falle von Art. 511 OR habe schon die einfache Verspätung mit der Betreibung als solche die Befreiung des Bürgen zur Folge; der Richter müsse den subsidiären Charakter anderer, entsprechender Haftungen von Amtes wegen berücksichtigen) anbetrifft, so mißachten sie die Verschiedenartigkeit der maßgeblichen Kriterien und die vom Gesetz anerkannte Ungleichheit der miteinander verglichenen Verhältnisse. Entscheidend ist die weit zurückreichende Tradition in der Schweiz wie in den Ländern, wo das Gesetz diesbezüglich besser redigiert ist, die im Laufe der Entwicklung des Instituts und schon in der Praxis zum alten OR, das in diesem Punkt ebenso unpräzis war wie die Revision von 1941, stets angenommen hat, daß die Vorrechte des Bürgen, die nach und nach eingeführt wurden, um die ursprüngliche Strenge der Verpflichtung abzuschwächen, Begünstigungen darstellen, auf die dieser sich berufen muß. Gegen die Geschichte hätte sich der Gesetzgeber klar ausdrücken müssen.

---

[6] SPIRO, S. 869–890. STAUFFER spricht von «tatbestandslosen Einreden» (a.a.O.). – Für Art. 82 OR: BGE 76 II, 1950, S. 299; M. KUMMER, N. 266 ff. zu Art. 8 ZGB. Man braucht vielleicht weder auf einen hypothetischen Grundsatz «negativa non sunt probanda» zurückzugreifen noch auf die für den Bürgen bestehende Schwierigkeit, solche Tatsachen zu beweisen (SJZ 1974, S. 82, N. 4 und 5).

[7] B. UMAR, SJZ 1974, S. 81 ff. GIOVANOLI, Kommentar, 1. und 2. Aufl., N. 9 zu Art. 495 OR und BGE 15, 1889, S. 368 für die Beziehung des Bürgen zu seinem Nachbürgen («es ist... an sich Sache des Gläubigers, ... die Insolvenz des Vorbürgen zu behaupten und zu beweisen»)?

[8] Als Beispiele und zur Betonung der Kontinuität der Ansichten seien zitiert: POTHIER, Œuvres, Paris 1827, tome premier, seconde partie: Des différentes espèces d'obligations, chapitre VI, section VI, N. 411, S. 242; ZSR 1896, S. 99/100; SCHNEIDER/FICK, Das Schweizerische Obligationenrecht, Zürich 1915, N. 7/8 zu Art. 495 OR; REICHEL, SJZ 1917, S. 211; V. ROSSEL, Manuel du droit fédéral des obligations, tome premier, 4. Aufl., 1920, N. 882, S. 575; A. MARTIN, Le code des obligations, Genève 1922, S. 339; SCHULTHESS, ZSR 1924, S. 94; TOBLER, S. 88/89; F. FUNK, Commentaire du Code fédéral des obligations, traduction française, Neuchâtel 1930, S. 295; STAUFFER, S. 136a/137a; HENRY, S. 175a; BECK, N. 14 zu Art. 495 OR; SCHÖNENBERGER, N. 10 zu Art. 495 OR; SPIRO, § 353.

2. Die Einrede der Vorausklage (beneficium excussionis personale)

Diese Einrede ist für die einfache Bürgschaft wesentlich.

Der Gläubiger kann nur dann auf den Bürgen greifen, wenn er vom Hauptschuldner nicht befriedigt worden und eine Befriedigung nicht mehr zu erwarten ist. Die Frage ist, welche Vorkehren zur Erlangung der Erfüllung durch den Hauptschuldner ihm zuzumuten sind. Für den Fall des Fehlens einer (durch Art. 495 Abs. 4 OR vorbehaltenen) Vereinbarung zählt das Gesetz die – alternativen – Belangbarkeitsvoraussetzungen auf, beziehungsweise bezeichnet es negativ die Fälle, bei denen der Gläubiger nicht oder nicht mehr gegen den Hauptschuldner vorgehen muß und der Bürge somit die Einrede der Vorausklage verloren hat.

Die im Gesetz erwähnten Umstände müssen nach Eingehung der Bürgschaft eingetreten sein. Waren sie schon vorher vorhanden und kannte der Gläubiger die wirkliche Sachlage, so wird vermutet, er verzichte darauf, sich auf sie zu berufen. Ist dagegen nur der Bürge auf dem laufenden, so verliert dieser das ihm vom Gesetz eingeräumte Verteidigungsmittel[9].

Nach Art. 495 Abs. 1 OR kann der einfache Bürge unter folgenden Voraussetzungen belangt werden:

a) Der Hauptschuldner ist in Konkurs geraten[10] (Art. 175 und 189 SchKG).

b) Der Hauptschuldner hat Nachlaßstundung erhalten, was seine persönliche Zahlungsunfähigkeit offenbart (Art. 295 SchKG; Art. 36/37 BankG). Art. 495 OR ist nicht anwendbar auf die Notstundung (Art. 317a ff. SchKG), noch auf die den Landwirten gewährte Stundung (Art. 30 Abs. 1 LEG und Art. 34 Abs. 1 EGG); diese Maßnahmen kommen auch dem einfachen Bürgen zugute[11].

c) Der Gläubiger hat den Hauptschuldner unter Anwendung der erforderlichen Sorgfalt bis zur Ausstellung eines definitiven Verlustscheins betrieben (Art. 115 Abs. 1, 149 SchKG). Es obliegt dem Bürgen, vom Gläubiger die Einleitung der Betreibung zu ver-

---

[9] ZR 1930, S. 274, N. 106.

[10] Der Gläubiger muß die Verwertung nicht abwarten – übrigens auch nicht den Abschluß eines Nachlaßvertrages – um die Höhe seines Verlustes zu erfahren (BGE 24 II, 1898, S. 176 und 94 III, 1968, S. 1). Der Widerruf des Konkurses bringt die Einrede nicht von neuem zur Entstehung (vgl. GIOVANOLI, 2. Aufl., N. 12 zu Art. 495 OR). Die Hauptschuld muß fällig sein (Art. 501 Abs. 1 OR).

[11] Im Konkurs und im Nachlaßverfahren des Hauptschuldners hat der Gläubiger die Interessen des Bürgen zu wahren (Art. 505 Abs. 2 OR).

langen (Art. 511 OR). Erst nachher hat dieser die erforderliche Sorgfalt anzuwenden, die nicht so weit geht wie die Anforderung der Art. 510 Abs. 3 und 511 Abs. 1 OR («ohne erhebliche Unterbrechung»)[12]. Ein provisorischer Verlustschein genügt nicht, ebensowenig ein Pfandausfallschein.

d) Zu diesen drei Feststellungen der Zahlungsunfähigkeit des Hauptschuldners kommen zwei Fälle, bei denen dessen Belangung schwieriger geworden ist:

– Der Hauptschuldner hat seinen Wohnsitz ins Ausland verlegt und kann in der Schweiz nicht mehr belangt werden.

– Infolge Verlegung des Wohnsitzes des Hauptschuldners im Ausland (innerhalb des gleichen Staates oder von einem Staat zum andern)[13] ist eine erhebliche Erschwerung der Rechtsverfolgung eingetreten.

Die Vorausklage ist ausgeschlossen in den in Art. 492 Abs. 3 OR geregelten Fällen.

3. Die Einrede der Vorausverwertung der Pfandrechte (beneficium excussionis reale)

Bestehen für die verbürgte Forderung Pfandrechte, so kann der einfache Bürge nach Art. 495 Abs. 2 OR, solange der Hauptschuldner nicht in Konkurs geraten ist oder Nachlaßstundung erhalten hat, verlangen, daß der Gläubiger sich vorerst an diese halte.

Von den zwei Ausnahmen abgesehen muß der Gläubiger also gegebenenfalls zunächst auf Pfandverwertung (Abs. 2) bis zur Ausstellung eines Pfandausfallscheines (Art. 158 SchKG) und danach überdies bis zur Ausstellung eines definitiven Verlustscheins oder bis zur Konkurseröffnung (Abs. 1) betreiben.

Unerheblich ist, wer das Pfand gestellt hat, um was für ein Pfand es sich handelt (z. B. ein Retentionsrecht) und wann es errichtet worden ist (der Zeitpunkt der Errichtung spielt dagegen eine Rolle in Art. 503 Abs. 1 und 3 und Art. 507 Abs. 2 OR). Ist das Pfand untergegangen, so kann der Bürge dies als Befreiungsgrund anrufen, soweit der Untergang dem Gläubiger anzulasten ist[14].

---

[12] Der Bürge hat die mangelnde Sorgfalt, den Schaden und den Kausalzusammenhang zu beweisen (BGE 47 II, 1921, S. 352). Der Gläubiger wird gut daran tun, sich mit dem Bürgen über das Vorgehen gegen den Hauptschuldner zu verständigen.

[13] Der deutsche Gesetzestext («Verlegung seines Wohnsitzes im Ausland») ist dem französischen («transfer de son domicile d'un Etat étranger dans un autre») vorzuziehen.

[14] BGE 47 II, 1921, S. 351/52, Erw 3.

Das beneficium excussionis reale kommt nicht mehr ausschließlich dem einfachen Bürgen zugute (Art. 496 OR).

III. Die Ausfall- oder Schadlosbürgschaft

Grundsätzlich sind die ordentlichen Regeln der einfachen Bürgschaft auch auf diese Unterart anwendbar. Doch ist die Subsidiarität bei ihr verstärkt: Der Bürge verpflichtet sich nur zur Deckung des Ausfalls; es muß also ein Verlust eingetreten sein (Art. 495 Abs. 3 OR)[15]. Daraus ergeben sich zwei Abweichungen. Im Falle des Konkurses ist die Ausstellung eines definitiven Verlustscheines erforderlich (Art. 265 SchKG); ist ein Nachlaßvertrag abgeschlossen worden, so kann der Bürge für den nachgelassenen Teil der Hauptschuld sofort nach Inkrafttreten des Vertrages belangt werden[16]. Dagegen wird der Wohnsitzwechsel des Hauptschuldners gleich behandelt wie bei der gewöhnlichen einfachen Bürgschaft[17].

IV. Die Solidarbürgschaft

1. Die Eingehung der Solidarbürgschaft

Als erstes stellt sich die Frage, wann überhaupt eine Solidarbürgschaft vorliegt. Solidarbürge ist, wer sich als Bürge in den gesetzlichen Formen und, wo nötig, mit der Zustimmung des Ehegatten unter Beifügung des Wortes «solidarisch» oder mit anderen gleichbedeutenden Ausdrücken verpflichtet (Art. 496 Abs. 1, am Anfang OR). Die Solidarbürgschaft muß demnach ausdrücklich vereinbart werden. Doch können sich die Parteien dabei verschiedener Ausdrücke bedienen, die gegebenenfalls ausgelegt werden

---

[15] Aus diesem Grund nehmen einige Autoren an, es liege ein Garantievertrag vor (fideiussio «indemnitatis»). – Die Amtsbürgschaften haben häufig den Charakter von Schadlosbürgschaften. – E. DUPERREX, Schadlos- oder Ausfallbürgschaft, SJK Nr. 1005, 1947.

[16] Für die Nachlaßdividende kann der Bürge dagegen erst nach Ausstellung eines definitiven Verlustscheines belangt werden.

[17] REICHEL erwähnt ein Mittelding zwischen Schadlosbürgschaft und Solidarbürgschaft («Selbstschuld-Ausfallbürgschaft»!): Der Bürge verpflichtet sich zur Zahlung, bevor der Ausfall feststeht, doch nur vorschußweise, mit dem Vorbehalt späterer Rückerstattung durch den Gläubiger, der verpflichtet ist, den Hauptschuldner zu belangen und das Erlangte dem Bürgen auszuzahlen (AcP, Bd. 135, 1932, S. 336 ff.; SCHÖNENBERGER, N. 36 zu Art. 495 OR).

müssen[18]. Indessen ist eine klare Sprache zu empfehlen, damit die Verwechslung einerseits mit der ursprünglichen oder nachträglichen passiven Solidarität, insbesondere mit der kumulativen Schuldübernahme (vorn § 49, II 3), anderseits mit der zu vermutenden einfachen Bürgschaft vermieden werden kann.

2. Die besonderen Wirkungen der Solidarbürgschaft

Auch wenn Art. 496 Abs. 2 OR in den allgemeinen Geschäftsbedingungen und in den Vertragsformularen meistens wegbedungen wird, und trotz Art. 501 Abs. 2 OR sind die Neuerungen von 1941 auf diesem Gebiet von Bedeutung. Sie haben die ehemals und traditionell eine primäre Haftung beinhaltende Solidarbürgschaft merklich der vollkommen subsidiären einfachen Bürgschaft angenähert. Die Parteien können übrigens die Subsidiarität noch verstärken. Seit der Revision kann der Bürge nicht mehr wie früher vorbehaltlos «vor dem Hauptschuldner und vor der Verwertung der Pfänder» belangt werden, sondern nur noch vor der Verwertung der Grundpfänder und nach dem Leistungsrückstand und der erfolglosen Mahnung des Hauptschuldners. Dem Bürgen steht weder die Einrede der Vorausklage noch diejenige der Vorausverwertung der Grundpfänder zu.

Da der Solidarbürge kein Solidarschuldner ist, sind die allgemeinen oder speziellen Regeln des Bürgschaftsrechts anwendbar[19]. Zwei Belangbarkeitsvoraussetzungen charakterisieren die heutige Subsidiarität seiner Verpflichtung, die erste zwingenden Rechts und schon früher geläufig, die zweite neu, aber abdingbar.

a) In erster Linie ist erforderlich, daß der Hauptschuldner mit seiner Leistung im Rückstand und erfolglos gemahnt worden ist, sofern seine Zahlungsunfähigkeit nicht offenkundig ist (Art. 496 Abs. 1 OR).

---

[18] So etwa: Ich verzichte auf die Einrede der Vorausklage, ich zahle vorbehaltlos, als Zahler, Selbstzahler oder Selbstschuldner (comme débiteur, codébiteur solidaire ou pour garantie solidaire) – sofern die andern Auslegungsmittel die Annahme einer akzessorischen Verpflichtung zulassen, jedoch eine einfache Bürgschaft ausschließen (BGE 64 II, 1938, S. 350, Erw 2). Im Zweifel wird die Bürgschaft gegenüber der passiven Solidarität und die einfache Bürgschaft gegenüber der Solidarbürgschaft vermutet; doch spricht bei der Solidarmitbürgschaft die Vermutung für die Solidarität der Mitbürgen mit dem Hauptschuldner und nicht nur der Mitbürgen unter sich (BGE 32 II, 1906, S. 383; 33 II, 1907, S. 406; SCHÖNENBERGER, N. 13, GIOVANOLI, 2. Aufl., N. 14 zu Art. 496 OR).

[19] Das versteht sich von selbst, doch war es in den früheren Art. 495 (1881) und 496 Abs. 2 (1911) ausdrücklich gesagt. So z. B. Art. 502 an Stelle von Art. 145, Art. 499 und nicht Art. 146 (BGE 37 II, 1911, S. 393), Art. 509 Abs. 1 an Stelle von Art. 147 Abs. 2, die Art. 507/08 und nicht die Art. 148/49 OR. Wenn nach BGE 81 II, 1955, S. 60 Art. 144 OR unter Vorbehalt der gesetzlichen Einschränkungen (des Bürgschaftsrechts) anwendbar sein soll, so heißt dies im Ergebnis nichts anderes, als daß es nicht auf die Bestimmungen über die passive Solidarität ankommt.

Der «Leistungsrückstand» ist weder das einfache Ausbleiben der Zahlung bei Fälligkeit noch der Verzug des Art. 102 OR, der manchen ausländischen Rechten unbekannt ist.

Der Schuldner ist mit seiner Leistung im Rückstand, wenn er nach Fälligkeit innert geschäftsüblicher Frist nicht bezahlt (Leistungsrückstand, nicht Verzug oder nur Fälligkeit)[20].

Nach Ablauf dieser Frist und erst dann muß der Gläubiger in allen Fällen den Hauptschuldner mahnen. Eine vorherige Mahnung (z. B. um den Verzug herbeizuführen) genügt nicht. Die Einleitung einer Betreibung ist dagegen nicht erforderlich. Der Bürge kann belangt werden, wenn der Hauptschuldner nicht innert einer neuen, den Umständen angemessenen Frist, die gegebenenfalls mit der Mahnung anzusetzen ist, erfüllt.

Die Mahnung ist nicht nötig, wenn die Zahlungsunfähigkeit des Hauptschuldners offenkundig ist[21], da sie diesfalls keinen Sinn hätte.

b) Die Belangung des Solidarbürgen, die in diesem letzteren Fall erleichtert ist, gestaltet sich dagegen im folgenden Fall schwieriger: Der Gläubiger muß zuerst die Faustpfand- und Forderungspfandrechte verwerten (Art. 496 Abs. 2 OR).

Dabei handelt es sich jedoch um dispositives Recht. Abweichende Vereinbarungen sind häufig, vor allem wenn der Gläubiger eine Bank ist. Sie müssen die Formerfordernisse erfüllen.

Zudem kann sich der Gläubiger direkt an den Bürgen halten, soweit die Pfandrechte nach dem Ermessen des Richters[22] (oder einer von den Parteien gewählten Person) voraussichtlich keine Deckung bieten.

Gleich verhält es sich schließlich, wenn der Hauptschuldner in Konkurs geraten ist[23] oder Nachlaßstundung erhalten hat[24].

V. Schlußbemerkung: Konkurs des Bürgen

Gemäß einer von Art. 215 SchKG vorgesehenen Ausnahme werden die Verpflichtungen des Bürgen in seinem Konkurs unter die Passiven aufgenommen, auch wenn sie noch nicht fällig sind. Die Masse kann die Rechte des Bürgen ausüben; sie kann verlangen, daß sich der Gläubiger an den Hauptschuldner halte und die eventuellen Pfänder verwerten lasse (Art. 495 OR) oder auch nur die Verwertung der Faustpfänder verlange (Art. 496 Abs. 2 OR).

---

[20] Anderer Meinung BECK, N. 20, und GIOVANOLI, 2. Aufl., N. 17 zu Art. 496 OR. Wir teilen die Ansicht von SCHÖNENBERGER, N. 19 zu Art. 496 OR.

[21] Konkurs, nachgesuchte Nachlaßstundung (Art. 31–34 LEG), Verlustschein (auch für andere Forderungen), Verlegung des Wohnsitzes ins oder im Ausland (Art. 495 Abs. 1).

[22] Es ist auch an den Betreibungsbeamten gedacht worden, der für eine solche Schätzung wohl besser geeignet sein dürfte (GIOVANOLI, ZSR 1941, S. 246).

[23] BGE 94 III, 1968, S. 3.

[24] Das bäuerliche Recht (LEG, EGG) enthält eine besondere Regelung.

Gegebenenfalls wird die Dividende hinterlegt; soweit der Gläubiger befriedigt wurde, wird sie ganz oder teilweise unter die andern Konkursgläubiger verteilt.

Auf die Masse gehen die Rechte des Gläubigers gegen den Hauptschuldner und die Mitverpflichteten des Konkursiten im Umfang der von ihr bezahlten Dividende über.

Beim Konkurs des Hauptschuldners oder eines Mitverpflichteten sind die Art. 216 und 217 SchKG anwendbar[25].

§ 57. Mehrheit von Bürgen

I. Nachbürgschaft und Rückbürgschaft

Das ist eine erste Möglichkeit einer Mehrheit von Bürgen. Neben dem Garanten der Hauptschuld tritt ein zweiter Bürge auf, der für die Erfüllung einer andern Schuld im Dreieckverhältnis zwischen Gläubiger, Hauptschuldner und dessen Bürge einsteht[1].

1. Die Nachbürgschaft

Der Nachbürge (Überbürge, Afterbürge, certificateur de caution) verbürgt gegenüber dem Gläubiger, seinem Vertragspartner, die Verpflichtung des Bürgen (Vor- oder Hauptbürgen, der unter diesem Aspekt zum Hauptschuldner wird). Er ist der «fideiussore del fideiussore», wie im italienischen Gesetzestext gesagt wird, und die verbürgte Schuld ist diejenige des Bürgen gegenüber dem Gläubiger. Die Verpflichtung des Nachbürgen ist begriffsnotwendig akzessorisch sowohl mit Bezug auf die Hauptschuld (mittelbar)[2] als auch hinsichtlich der Bürgenschuld. Sie entsteht von Gesetzes wegen, wenn mehrere Personen eine einfache Mitbürgschaft eingehen (Art. 497 Abs. 1 OR). Die Nachbürgschaft, die eine Erleichterung bedeutet, braucht nicht ausdrücklich und unter Einhaltung der Formvorschriften vereinbart zu werden.

Nach Art. 498 Abs. 1 OR haftet der Nachbürge neben dem Vorbürgen in gleicher Weise wie der einfache Bürge neben dem Hauptschuldner, also subsidiär, entsprechend Art. 495 OR[3].

---

[25] BGE 42 III, 1916, S. 475 (Gleichstellung mit den Forderungen unter aufschiebender Bedingung oder mit ungewisser Verfallszeit, Art. 264 Abs. 3 SchKG). – Konkurs des Wechselbürgen: BGE 96 III, 1970, S. 35.

[1] Eine besondere Regelung wäre nicht erforderlich; im deutschen Recht fehlt sie.

[2] BGE 29 II, 1903, S. 151.

[3] Im Entscheid, in welchem es die Bürgschaft des Kommanditärs zugunsten der Kommanditgesellschaft zugelassen hat (BGE 57 II, 1931, S. 356), konvertiert das Bundesgericht eine Nachbürgschaft in eine gewöhnliche einfache Bürgschaft, wenn die Vorbürgschaft sich als nichtig erweist oder dahinfällt, die Haftung aber unter einem andern Titel (Gesellschaft, Haftung als Kommanditär) weiterbesteht.

2. Die Rückbürgschaft

Der Rückbürge (arrière-caution) ist verpflichtet, dem zahlenden Bürgen für den Rückgriff einzustehen, der diesem gegen den Hauptschuldner zusteht (Art. 498 Abs. 2 OR). Der Vertrag wird zwischen dem Rückbürgen und einem andern Bürgen (oder einem Nachbürgen) abgeschlossen, um dessen Rückgriffsanspruch gegen den Hauptschuldner (Art. 507 OR) sicherzustellen. Die Rückbürgschaft kann einfach oder solidarisch sein. Der Gläubiger ist dabei nicht im Spiel[4].

II. Nebenbürgschaft und Mitbürgschaft

Hiebei handelt es sich um eine zweite Möglichkeit einer Mehrheit von Bürgen. Für ein und dieselbe Verpflichtung (des Hauptschuldners oder eines Bürgen, gegenüber dem Gläubiger oder einem Bürgen) können sich bei allen Bürgschaftsarten mehrere Personen als Mit- oder Nebenbürgen (Art. 497 OR) oder aber als bloße Anteilbürgen[5] verbürgen.

A. Die Nebenbürgschaft (uneigentliche Mitbürgschaft)

Es kommt vor, daß mehrere einfache oder Solidarbürgen unabhängig voneinander und nur in einer tatsächlichen Beziehung zueinander stehend ein und dieselbe Schuld oder Teilschuld verbürgen, namentlich wenn ihnen die Verpflichtung des oder der andern Bürgen nicht bekannt ist[6].

Gegenüber dem Gläubiger, dem konkurrierende Ansprüche zustehen, haftet jeder Nebenbürge für die ganze Schuld (Art. 497 Abs. 4 OR), ohne

---

Über die Art der Eingehung einer solidarischen Nachbürgschaft und deren Tragweite vgl. SCHÖNENBERGER, N. 5, Abs. 2 zu Art. 497 OR, und BECK, N. 3 und 8 zu Art. 498 OR. Mehrere Personen können sich als Nachbürgen verpflichten (Art. 497 OR); desgleichen kann eine Mehrheit von Vorbürgschaften verbürgt werden.

[4] BGE 70 II, 1944, S. 276; 61 II, 1935, S. 99; 31 II, 1905, S. 90. Mangels eines Rückgriffes (dessen Entstehung eine Suspensivbedingung darstellt; Art. 210 und 215 SchKG; BGE 54 III, 1928, S. 302) gibt es keine Rückbürgschaft bei den in Art. 492 Abs. 3 geregelten Fällen und keine Haftung mehr im Falle von Art. 502 Abs. 3 OR. Wegen der Akzessorietät muß die erste Bürgschaft gültig sein; sonst entsteht kein Rückgriffsanspruch. Wie bei der Nachbürgschaft muß auch hier die Vereinbarung nicht ausdrücklich sein; die Rückbürgschaft wird vermutet, wenn zugunsten eines Bürgen eine Bürgschaftsverpflichtung eingegangen wird. Mehrere Personen können sich als Neben- oder Mitrückbürgen verpflichten. Die Rückbürgschaft kann auch bloß einen Teil des Rückgriffs sicherstellen (BGE 17, 1891, S. 663). Schließlich kann man sich auch die Verbürgung des Rückgriffs der Bürgen unter sich vorstellen.

[5] Zwischen diesen letzteren besteht ein Rückgriff nur, wenn er vereinbart worden ist, nicht schon auf Grund von Art. 497 Abs. 4 OR.

[6] Ist der Haftungsbetrag ungleich, so besteht Nebenbürgschaft für den geringeren Betrag. Besteht bereits eine Bürgschaft, so bleibt sie unabhängig, während sich der spätere Bürge nach seiner Wahl als Neben- oder als Mitbürge verpflichten kann.

sich auf die dem einfachen oder dem solidarischen Mitbürgen gemäß Art. 497 Abs. 1–3 OR zustehenden Einreden berufen zu können. Seine Zahlung tilgt die Schuld der andern Nebenbürgen.

B. Die Mitbürgschaft

Nach Art. 497 Abs. 1 OR liegt eine Mitbürgschaft (cautionnement conjoint) dann vor, wenn mehrere Bürgen gemeinsam die nämliche teilbare Hauptschuld verbürgen. Es gibt drei Arten der Mitbürgschaft, die man kombinieren kann und deren besondere gesetzliche Voraussetzungen sogar modifizierbar sind, soweit das zwingende Recht es zuläßt und im Falle der Erschwerung der Stellung des Bürgen die Formvorschriften eingehalten werden.

1. Für alle Mitbürgschaften geltende Voraussetzungen
a) Verbürgung der nämlichen Hauptschuld

Die Hauptschuld, welcher Art sie auch sei, wird individualisiert durch die Person des oder der Hauptschuldner und durch ihren Rechtsgrund. Es kann sich um eine Bürgschaftsschuld oder um die Rückgriffsforderung eines Bürgen handeln. Keine Mitbürgschaft liegt vor, wenn von mehreren Solidarschuldnern jeder für seine Schuld einen besonderen Bürgen stellt oder wenn von mehreren Schulden des nämlichen Schuldners gegenüber demselben Gläubiger jede gesondert verbürgt wird. Doch können sich Mitbürgen darauf beschränken, bloß einen Teil – den gleichen Teil, nicht jeder seinen Anteil – der Hauptschuld zu verbürgen (für den gleichen Haftungsbetrag oder nicht, sei es als Teil- oder als Limitbürgen; vorn § 52, IV B 2 a).

Muß die Hauptschuld teilbar sein, wie es das Gesetz vorschreibt? Ist sie nicht teilbar, so könnte der Gläubiger von jedem Bürgen die ganze Leistung fordern (Art. 70 Abs. 2 an Stelle von Art. 497 Abs. 1 OR), während der Rückgriff der Bürgen unter sich bestehen bliebe (Art. 70 Abs. 3 OR). Die Solidarmitbürgen verlören demnach ohne Grund die beschränkte Einrede der Teilung nach Art. 497 Abs. 2, 2. und 3. Satz OR, und bei der einfachen Mitbürgschaft würde es dem System des Art. 497 OR und einer vernünftigen Auslegung des Parteiwillens widersprechen, den Mitbürgen die Einrede der Teilung zu entziehen. In Wirklichkeit rechtfertigt sich das gesetzliche Erfordernis der Teilbarkeit überhaupt nicht. Ist die Hauptschuld unteilbar, so spricht dies für die Absicht, eine solidarische Mitbürgschaft abzuschließen. Ergibt sich aber, daß trotzdem eine einfache Mitbürgschaft gewollt ist, so muß es sich entweder – der Regel entsprechend – um die Verbürgung der Schadenersatzpflicht handeln, oder es gilt eine einfache Mitbürgschaft mit der Beschränkung, daß die Einrede der Teilung nicht erhoben werden kann[7].

---

[7] BECK, N. 14 zu Art. 497 OR. Das Erfordernis der Teilbarkeit erscheint angeblich als Überbleibsel der überholten Vorstellung, daß der Bürge die Hauptschuld zu erfüllen habe, während seine eigene Schuld, deren Gegenstand ein Geldbetrag ist, in Wirklichkeit stets teilbar ist (SCHÖNENBERGER, N. 16 zu Art. 497 OR, dessen Ansicht nicht von allen Autoren geteilt wird).

b) Gemeinsamkeit der Verpflichtung

Im Gegensatz zu den Nebenbürgen (Art. 497 Abs. 4 OR) verpflichten sich die Mitbürgen gemeinsam, das heißt mit Rücksicht aufeinander. Sie sind subjektiv durch eine gemeinsame causa verbunden, ob sich nun ihr Wille in einem einzigen Vertrag ausdrückt oder in mehreren Urkunden, die gleichzeitig oder nacheinander, doch stets unter Bezugnahme auf die anderen Verpflichtungen, errichtet sein können[8]. Die Gemeinsamkeit bedarf keiner ausdrücklichen Erklärung, und die Verwendung bestimmter, feierlicher Ausdrücke wird nicht verlangt[9]. Die Bürgschaften können unter sich verschieden sein nach ihrer Rechtsnatur (einfach oder solidarisch) oder ihren Modalitäten (Bedingung, Befristung).

c) Art. 497 Abs. 3 OR

Verpflichtet sich ein Bürge in der Erwartung, es würden sich neben ihm noch weitere Personen verbürgen, so sollte diese Annahme wie andere auch grundsätzlich keine Rolle spielen, da es sich dabei um ein bloßes Motiv des Vertragswillens handelt. Art. 497 Abs. 3 weicht in diesem einzigen Punkt und ausschließlich für den Fall der Mitbürgschaft von den allgemeinen Regeln über den Grundlagenirrtum[10] wie im übrigen auch von Art. 503 Abs. 1 OR ab. Hat ein Bürge in der dem Gläubiger erkennbaren Voraussetzung, daß neben ihm für die gleiche Hauptschuld noch andere Bürgen sich verpflichten werden, die Bürgschaft eingegangen, so wird er befreit, wenn diese Voraussetzung nicht eintritt oder nachträglich ein solcher Mitbürge vom Gläubiger aus der Haftung entlassen oder seine Bürgschaft ungültig erklärt wird; in letzterem Falle kann der Richter, wenn es die Billigkeit verlangt, auch bloß auf angemessene Herabsetzung der Haftung erkennen[11].

---

[8] Es handelt sich hiebei um eine Eigenheit des schweizerischen Rechts, das den Nebenbürgen die Einrede der Teilung verwehrt (BGE 27 II, 1901, S. 61). Mindestens ein Bürge verpflichtet sich im Wissen, daß neben ihm noch andere Bürgen vorhanden oder in Aussicht genommen sind, und er zählt auf diese Bürgschaftsverpflichtungen (vgl. vorn Anm. 6).

[9] BGE 23 II, 1897, S. 1689.

[10] Vgl. vorn § 53, II 4. – Art. 497 Abs. 3 OR ist nicht anwendbar unter Mitschuldnern oder Garanten und auch nicht, wenn der Bürge die Eingehung einer Rückbürgschaft oder die Bestellung eines dem Gläubiger versprochenen Pfandes erwartet; in diesem letzteren Fall verringert sich die Haftung des Bürgen entsprechend, wenn das Versprechen nicht eingelöst wird; vorbehalten bleiben die Anfechtung wegen Willensmängeln oder die Erhebung der Erwartung zu einer eigentlichen Bedingung.

[11] Da ein Bürge sich unabhängig von andern verpflichten (Abs. 4) und sogar eine für den Hauptschuldner wegen Irrtums unverbindliche Schuld sicherstellen kann (Art. 492 Abs. 3 OR), kann ein Mitbürge auch zum voraus auf die Anwendbarkeit von Art. 497 Abs. 3 OR verzichten; nach Eingehung der Bürgschaft ist der Verzicht jedoch nicht mehr zulässig (Art. 492 Abs. 4 OR; SCHÖNENBERGER, N. 73 zu Art. 497 OR).

Die Voraussetzung, daß (bestimmte) andere Bürgen bereits verpflichtet sind oder sich noch verpflichten werden oder daß ihre Verpflichtung weiterbestehen wird, ist nicht zur Bedingung erhoben und fällt auch nicht notwendig unter den Tatbestand des Art. 24 Abs. 1 Ziff. 4 OR[12]. Doch impliziert der Verpflichtungswille hier über das Bewußtsein der Gemeinsamkeit der Verbürgung (Art. 497 Abs. 1 OR) hinaus eine Abhängigkeit, die Meinung und Erwartung, daß es sich wirklich so verhalten werde, wie man es sich vorstellt[13].

Weiter ist erforderlich, daß sich die Voraussetzung nicht verwirklicht. Das ist zunächst wie schon unter dem alten Recht der Fall, wenn die Person oder die Personen, auf die der Bürge zählte, die Bürgschaft nicht eingehen[14]. Dazu kommen zwei weitere Tatbestände, die in der Praxis schon vor 1942 gleich behandelt wurden: Entlassung eines Mitbürgen durch den Gläubiger ohne Zustimmung des Bürgen, der sich auf Art. 497 Abs. 3 OR beruft; Ungültigkeit oder Ungültigerklärung der Verpflichtung eines Mitbürgen[15].

Entsprechend der jüngsten Praxis unter dem alten Recht und obwohl nicht eine auflösende Bedingung vorliegt, wird der in seinen Erwartungen getäuschte Bürge von Gesetzes wegen vollständig befreit, und zwar ex nunc[16]. Hat er bereits bezahlt, so kann er die Bereicherung zurückfordern; Art. 25 Abs. 2 OR ist nicht anwendbar[17]. In einem Fall, nämlich wenn die Verpflichtung des Mitbürgen ungültig ist oder als ungültig erklärt wird, kann der Richter auch bloß auf angemessene Herabsetzung der Haftung erkennen, wenn es die Billigkeit verlangt; diese Ausnahme ist schwierig zu rechtfertigen.

2. Die einfache Mitbürgschaft

Obwohl sie recht selten vorkommt, ist die einfache Mitbürgschaft zu vermuten. Nach Art. 497 Abs. 1 OR haftet jeder Mitbürge für seinen Anteil als einfacher Bürge und für die Anteile der übrigen als Nachbürge.

---

[12] BGE 59 II, 1933, S. 36, Erw 7; 63 II, 1937, S. 167. Der frühere französische Gesetzestext, der von «condition» sprach, ist korrigiert worden (würde es sich um eine Bedingung im eigentlichen Sinne des Wortes handeln, so wäre die Bestimmung überflüssig, soweit sie den Bürgen befreit).

[13] Das versteht sich gewöhnlich von selbst, so daß der Beweis für den Bürgen in der Regel erleichtert ist (SCHÖNENBERGER, N. 62 und die zitierten Entscheide: BGE 22, 1896, S. 103/04; 23 II, 1897, S. 1689; 26 II, 1900, S. 294; 63 II, 1937, S. 168/69). Das Gesetz will insbesondere verhindern, daß eine Person bloß als Köder dient.

[14] BGE 63 II, 1937, S. 167. Wurden die andern Bürgen nur der Zahl nach bestimmt, so muß es sich um seriöse Garanten handeln.

[15] BGE 63 II, 1937, S. 168; 60 II, 1934, S. 231; 59 II, 1933, S. 28; 44 II, 1918, S. 63: Täuschung durch den Gläubiger, Fehlen der Zustimmung der Vormundschaftsbehörde gemäß Art. 177 Abs. 3 ZGB; auf die Natur des Ungültigkeitsgrundes kommt es jedoch nicht an, sofern nur der Bürge, der sich befreien möchte, ihn nicht selbst gesetzt hat.

[16] Das kann eine Kette von Befreiungen zur Folge haben (indem sich ein erstes Urteil über die Gültigkeit der Verpflichtung eines Mitbürgen auf die in einem späteren Prozeß zu beurteilende Vorfrage auswirkt: SJZ 1976, S. 379, Nr. 115). Wird die erwartete Mithaftung bloß vermindert, so besteht die Sanktion ebenfalls nur in der Verminderung der Haftung, nicht in der vollständigen Befreiung. Der Gläubiger kann sich der Sanktion des Art. 497 Abs. 3 OR nicht entziehen, indem er den in seinen Erwartungen getäuschten Bürgen teilweise befreit (Art. 492 Abs. 4 OR).

[17] BGE 63 II, 1937, S. 169; 59 II, 1933, S. 36, Erw 7. Unerheblich ist, ob der Mitbürger seine Verpflichtung trotz der Ungültigkeit genehmigt, sie erfüllt oder sich nicht selbst auf den Mangel berufen hat (zweiter Fall).

Die Einrede der Teilung, die im folgenden behandelt werden soll, ist bis zu einem gewissen Grad allen Mitbürgschaften gemeinsam; sie eröffnet die Möglichkeit von Teilzahlungen (Art. 504 Abs. 1 OR; vorn § 55, I 1).

Als einfachem Bürgen stehen ihm demnach gegenüber dem Gläubiger die Einreden der Vorausklage und der Vorausverwertung der Pfandrechte zu (Art. 495 Abs. 1 und 2 OR). Soweit er zunächst nur für seinen Anteil haftet, kann er sich überdies auf die Einrede der Teilung berufen: Der Gläubiger kann ihn nur für einen Teil der Schuld belangen, der im Zweifel für alle Mitbürgen gleich groß ist.

Um die Sicherheit zu verstärken, macht das Gesetz jeden einfachen Mitbürgen zum Nachbürgen für den Anteil des andern. Er haftet demnach für diesen Anteil subsidiär wie ein einfacher Bürge und kann für den Betrag, der seinen Anteil übersteigt, vom Gläubiger verlangen, daß er zunächst im Sinne von Art. 495 Abs. 1 und 2 OR gegen den andern Mitbürgen vorgehe. Verbleiben mehrere Mitbürgen, so liegt es in der Natur des Instituts, ihnen die Einrede der Teilung zu gewähren.

3. Die Solidarmitbürgschaft

Diese weitaus häufigste Mitbürgschaft ist «solidarisch» in dem Sinne, als jeder Bürge dem Gläubiger für die ganze Schuld haftet, ohne daß ihm die Einrede der Teilung in gleichem Ausmaß zustünde wie dem einfachen Mitbürgen (er ist deshalb auch nicht Nachbürge)[18].

Diese Solidarität besteht in allen Fällen unter den Bürgen. Das Gesetz kennt nämlich keine Bürgschaft, bei der bloß mit dem Hauptschuldner Solidarität (im Sinne von primärer, oder genauer weniger subsidiärer Haftung), unter den Bürgen aber einfache Mitbürgschaft (Einrede der Teilung, Art. 497 Abs. 1 OR) bestünde. Hinsichtlich der Hauptschuld kann die Bürgschaft jedoch einfach oder solidarisch sein (Art. 495 oder 496 OR). Wie bei Art. 496 OR muß die Solidarität, welcher Art sie auch sei, ausdrücklich vereinbart sein[19]. Die Bürgschaftserklärung muß daher präzisieren, ob sich die Mitbürgen nur unter sich solidarisch verpflichten oder ob sie als Solidarbürgen neben dem Hauptschuldner haften wollen (in welchem Falle sie auch die Einrede der Teilung des einfachen Mitbürgen verlieren)[20].

---

[18] In Art. 497 Abs. 2 OR wurde nur der erste Satz, der diese Definition gibt, aus dem alten Recht übernommen, das durch die «inquiétante disposition» der beiden folgenden Sätze eine bedeutsame Abänderung erfuhr (CAVIN, JdT 1942 I, S. 47, dessen Argumentation durch den französischen Gesetzestext beeinflußt scheint).

[19] Dies wurde im früheren Art. 497 Abs. 2 OR ausdrücklich gesagt.

[20] Der zweite Fall wird vermutet: vorn § 56, Anm. 18.
    Die Formerfordernisse sind diejenigen der Solidarbürgschaft und der Mitbürgschaft.

a) Die Mitbürgschaft bei Solidarität mit dem Hauptschuldner

In diesem ersten Fall haften die Mitbürgen mit dem Hauptschuldner solidarisch im Sinne von Art. 496 OR, das heißt wie Solidarbürgen.

Sind die Voraussetzungen dieser Bestimmung erfüllt, so kann der Gläubiger grundsätzlich jeden Mitbürgen anders als bei der einfachen Mitbürgschaft für die ganze Schuld belangen. Doch enthält das Gesetz von 1941 eine wichtige Neuerung zugunsten der Bürgen. Jedem Mitbürgen steht nämlich für den seinen Kopfanteil übersteigenden Betrag zwingend eine, wenn auch stark beschränkte, doppelte Teilungseinrede zu (Art. 497 Abs. 2, 2. und 3. Satz OR)[21]:

– Der Bürge kann die Leistung des über seinen Kopfanteil hinausgehenden Betrages verweigern, solange nicht gegen alle solidarisch neben ihm haftenden Mitbürgen, welche die Bürgschaft vor oder mit ihm eingegangen haben und für diese Schuld in der Schweiz belangt werden können (auf dem Weg der Zwangsvollstreckung), Betreibung eingeleitet worden ist. Nach Ablauf der zwanzigtägigen Frist des Art. 69 Abs. 2 Ziff. 2 SchKG, oder sogar schon nach der Zustellung des Zahlungsbefehls, kann der Gläubiger somit den ganzen Betrag verlangen, ohne das Ergebnis des Rechtsöffnungsverfahrens abzuwarten.

– Das gleiche Recht steht dem Bürgen zu, soweit seine Mitbürgen für den auf sie entfallenden Teil Zahlung geleistet (das versteht sich von selbst, da die teilweise Tilgung der Schuld den Kopfanteil der übrigen Mitbürgen entsprechend vermindert) oder Realsicherheit gestellt haben (das ist eine Folge des Art. 501 Abs. 2 OR)[22].

b) Die Mitbürgschaft bei Solidarität nur der Bürgen untereinander

Bei der zweiten, seltenen Art der Solidarmitbürgschaft, die nicht vermutet wird, haften die Mitbürger als einfache Bürgen und können sich deshalb auf die Einreden der Vorausklage und der Vorausverwertung der Pfandrechte des Art. 495 OR berufen. Sind diese Voraussetzungen der Subsidiarität erfüllt, so kann der Gläubiger den Mitbürgen für die gesamte Schuld belangen, unter Vorbehalt der beschränkten, doppelten Teilungseinrede des Art. 497 Abs. 2, 2. und 3. Satz OR.

---

[21] Zudem kann sich der Bürge auf Art. 501 Abs. 2 OR berufen. Das wird er jedoch praktisch erst nach Ausschöpfung der genannten Rechtsbehelfe tun, sofern nicht Grundpfänder bestehen oder sofern er nicht nur für seinen Kopfanteil belangt wird (SCHÖNENBERGER, N. 36 zu Art. 497 OR).

[22] Der Kopfanteil jedes Mitbürgen vergrößert sich, wenn ein Mitbürge versagt oder in der Schweiz nicht belangt werden kann. Im übrigen verringert sich die Haftung im Falle der Teilzahlung oder der Leistung von Realsicherheit.

Fünftes Kapitel

Die Beendigung der Bürgschaft

§ 58. Beendigungsgründe

Aus der Natur der Bürgschaft ergibt sich, daß das Erlöschen der Hauptschuld dasjenige der akzessorischen Verpflichtung nach sich zieht. Das ist ein erster Untergangsgrund (vorn § 52, III). Doch hat die Bürgenschuld dennoch eine von der Hauptschuld verschiedene Existenz. Sie kann deshalb auch aus eigenen Gründen, unabhängig von der Hauptschuld, die in diesem Fall ohne Rücksicht auf das Schicksal der Bürgschaft weiterbesteht, erlöschen[1].

Von diesen letzteren gehören die einen zu den allgemeinen Gründen des Erlöschens der Obligationen. So etwa der Schulderlaß und der Nachlaßvertrag zugunsten des Bürgen, die Neuerung, soweit die gesetzlichen Anforderungen, insbesondere hinsichtlich Form und Bürgschaftsfähigkeit, eingehalten sind, oder die Verrechnung zwischen Gläubiger und Bürgen. Die Erfüllung befreit den Bürgen, tilgt aber die Hauptschuld nicht, da die Rechte des Gläubigers auf den zahlenden Bürgen übergehen. Abgesehen von den Fällen der Art. 510 Abs. 1 und 512 OR, den Rechtsbehelfen des Art. 511 OR oder einem vertraglich eingeräumten Gestaltungsrecht kann der Bürge seine Verpflichtung nicht selbst beendigen, insbesondere nicht wegen langer Dauer[2]. Die Unterbrechung der Verjährung gegen den Hauptschuldner wirkt auch gegen den Bürgen; aber das Umgekehrte trifft nicht zu (Art. 136 Abs. 2 und 3 OR)[3].

---

[1] BGE 63 II, 1937, S. 308; 50 II, 1924, S. 403; 29 II, 1903, S. 258. Für die Novation: BGE 23 II, 1897, S. 759; 31 II, 1905, S. 94.

[2] BGE 20, 1894, S. 179; 25 II, 1899, S. 32; 39 II, 1913, S. 262; 43 II, 1917, S. 515.

[3] Vorn § 52, III 4 und Anm. 33. Die Zehnjahresfrist läuft von der Fälligkeit an (vorn § 52, IV A), die sich bei der Hauptschuld nach Art. 130 Abs. 2 OR bestimmen kann. – Über die besondere Verjährung der Forderung gegen den Bürgen, SPIRO § 332, N. 11, §§ 336 und 338; den Beginn des Fristenlaufs, § 182, N. 21, Abs. 3; seine Dauer, §§ 320, N. 9, 321, N. 9, 328, N. 26; die Natur der Begrenzung des Art. 509 Abs. 3 OR, § 45; die Anerkennung der eigenen Schuld durch den Bürgen, §§ 154, 155, 166; die Unabhängigkeit des Verzichts auf die Verjährung (Art. 141 Abs. 3 OR), § 229.

Die andern Gründe, die unabhängig von der Hauptschuld das teilweise oder vollständige Erlöschen der Bürgenschuld bewirken, sind dem Bürgschaftsrecht eigen. Angesichts seiner Wirkungen und obwohl er die Folgen eines Irrtums regelt, bildet Art. 497 Abs. 3 OR einen Fall der nachträglichen Befreiung des Bürgen. Es bleibt uns, die übrigen besonderen Untergangsgründe zu untersuchen beziehungsweise bloß daran zu erinnern.

I. Zeitablauf

Die Dauer der Bürgschaft kann durch das Gesetz oder durch Vereinbarung der Parteien beschränkt sein.

1. Erlöschen der Bürgschaft auf Zeit

Kraft einer gesetzlichen Bestimmung wird der Bürge, der sich nur für eine bestimmte Zeit verpflichtet hat, bei Ablauf der Frist ausnahmsweise nicht ohne weiteres befreit[4]. Es handelt sich hier nicht um einen Termin, der die Fälligkeit bestimmt, und es ist weder erforderlich noch ausreichend, daß die Hauptschuld ihrerseits verfallen oder befristet ist[5]. Die Bürgschaft unter auflösender Bedingung ist nicht «für eine bestimmte Zeit» eingegangen. Die Parteien sind frei, einen Termin innerhalb des Zeitraums von 20 Jahren gemäß Art. 509 Abs. 3 OR zu wählen. Dieser Termin (bzw. diese Befristung) muß objektiv eindeutig bestimmbar sein. Die Vereinbarung einer Befristung ist formlos gültig, denn gegenüber dem zu vermutenden Normalfall, der unbestimmten Dauer des Vertrages, ist die Stellung des Bürgen erleichtert[6].

---

[4] Nach Art. 34 Abs. 3 EGG sind während der Kapitalstundung die dem Bürgen auf Grund der Art. 510 und 511 OR zustehenden Rechte eingestellt; auch kann der Bürge vom Hauptschuldner nicht Sicherstellung oder Befreiung von der Bürgschaft nach Art. 506 OR verlangen. Ebenso Art. 30 Abs. 2 und 3 LEG. Art. 510 Abs. 3–5 OR ist nicht anwendbar auf den Rückgriff der Bürgen unter sich (BGE 66 II, 1940, S. 126).

[5] BGE 54 II, 1928, S. 293; 50 II, 1924, S. 247; 15, 1889, S. 328, Erw 2; 14, 1888, S. 310.

[6] Über den Begriff der «bestimmten Zeit», die Art der Befristung und die Auslegung des Parteiwillens, vgl. Schönenberger, N. 17, und Beck, N. 28 ff. zu Art. 510 OR, je mit weiteren Hinweisen. Wird die Verbürgung zukünftiger, nicht sicher entstehender Verpflichtungen befristet, so wollen die Parteien in der Regel nur den Kreis der gegebenenfalls verbürgten Forderungen zeitlich begrenzen (BGE 16, 1890, S. 434). Bestimmte Zeit: Das Leben des Bürgen; fünf Jahre, sofern die Bürgschaft nicht vorher gekündigt wird; nach zwei Jahren kündbare Bürgschaft; die Hauptschuld muß nach Ablauf einer bestimmten Frist bezahlt werden; der Gläubiger muß bei Fälligkeit gegen den Hauptschuldner

a) Ist die Hauptschuld bei Ablauf der Frist fällig, so wird der Bürge
befreit, wenn der Gläubiger nicht binnen vier Wochen nach Ablauf der Frist
seine Forderung rechtlich geltend macht und den Rechtsweg ohne erhebliche Unterbrechung verfolgt (Art. 510 Abs. 3 OR).

Um seine Sicherheit zu erhalten, muß der Gläubiger demnach den Rechtsweg beschreiten: Betreibung, Klage oder Einrede vor einem Gericht oder
Schiedsgericht, Eingabe im Konkurs oder Nachlaßverfahren, Anmeldung
der Forderung bei einem öffentlichen Rechnungsruf (Art. 582 ZGB). So wird
er zunächst gegen den Hauptschuldner vorgehen und die Nebenrechte der
Forderung geltend machen. Von diesem Zeitpunkt an läuft die Verjährungsfrist gegen den Bürgen. Doch darf sich der Gläubiger nicht damit begnügen,
den geeigneten Rechtsweg einzuleiten. Vielmehr hat er ihn ohne erhebliche
Unterbrechung weiterzuverfolgen, mit der gleichen Sorgfalt, mit der ein
Gläubiger vorgehen würde, dem keine Bürgschaft zusteht[7]. Der Bürge muß
seinerseits in gleicher Weise belangt werden, und zwar, sobald die besonderen
Erfordernisse für jede Bürgschaftsart erfüllt sind[8]. Danach kann der Gläubiger seine Bemühungen gegen den Hauptschuldner oder den Bürgen oder
gegen beide weiterführen.

Die Frist von vier Wochen ist eine Verwirkungsfrist. Sie kann daher weder
unterbrochen werden noch stillstehen[9]. Im übrigen kann sie wegbedungen
(es handelt sich um eine Erleichterung für den Bürgen), nicht aber zum voraus verlängert werden[10]. Ist der Gläubiger säumig, so hat dies ohne weiteres

---

vorgehen; nicht aber: Bürgschaft, die bis zur Stellung eines Pfandes oder eines anderen
Bürgen eingegangen wird.
    Für die Erstreckung des Termins oder die Verlängerung der Frist genügt die Schrift-
form (Art. 493 Abs. 5 OR); darin liegt nicht ein verbotener Verzicht auf die in Art. 510
OR eingeräumten Rechte.

[7] Über den Begriff der «erheblichen Unterbrechung» BGE 64 II, 1938, S. 191. Das im Vordergrund stehende Interesse des Bürgen verbietet es nicht, auch die Lage des Gläubigers
und des Hauptschuldners zu berücksichtigen; zu große Strenge gegen diesen letzteren
könnte sich als unnütz erweisen.

[8] Für die Solidarbürgschaft, auf welche die Regel anwendbar ist (BGE 54 II, 1928, S. 292):
Art. 496 Abs. 1 und 2 und 497 Abs. 2 sowie Art. 501 Abs. 2 OR. Wenn auch Art. 510 Abs. 3
OR wenig klar formuliert ist und die entsprechende Bestimmung des Art. 511 OR in
ihrer deutschen Fassung nur von der rechtlichen Geltendmachung der Forderung «gegenüber dem Hauptschuldner» spricht, scheint uns, daß der Bürge, wenn er einmal ordnungsgemäß und unverzüglich belangt worden ist, dem Gläubiger immer noch eine erhebliche Unterbrechung seiner Bemühungen entgegenhalten kann, und zwar bis zur Zahlung, außer wenn er ihn zunächst den Hauptschuldner in Anspruch nehmen läßt; dies ist
aber fraglich: GIOVANOLI, 2. Aufl., N. 15.

[9] BGE 61 II, 1935, S. 154; 64 II, 1938, S. 197. SPIRO, § 377, N. 11 und 33. Unterbrechung
immerhin durch Konkurseröffnung und Gewährung einer Nachlaßstundung (Art. 207 und
297 SchKG).

[10] SCHÖNENBERGER, N. 13; SPIRO, § 416, N. 21.

den Untergang seiner Rechte gegen den Bürgen zur Folge, auch wenn er bei rechtzeitigem Vorgehen vom Hauptschuldner nichts erhalten hätte und die Verzögerung dem Bürgen nicht geschadet hat[11].

b) Ist die Hauptschuld nicht fällig bei Ablauf der Frist, so kann sich der Bürge nur durch Leistung von Realsicherheit von der Bürgschaft befreien (Art. 510 Abs. 4 OR). Unterläßt er dies, so gilt die Bürgschaft unter Vorbehalt der Bestimmung über die Höchstdauer weiter, wie wenn sie bis zur Fälligkeit der Hauptschuld vereinbart worden wäre (Abs. 5); damit ist wieder die Situation von Abs. 3 gegeben (a). Dabei handelt es sich um eine Neuerung des Gesetzes von 1941.

2. Erlöschen der Bürgschaft durch Ablauf einer gesetzlichen Frist

Dieser Beendigungsgrund gilt nur für Verpflichtungen von natürlichen Personen und unter Vorbehalt von gewissen Bürgschaften. Die zweifache, periodische und verhältnismäßige gesetzliche Verringerung des Haftungsbetrages, die in Art. 500 OR vorgesehen ist, hat die teilweise Beendigung der Bürgschaft zur Folge (vorn § 52, IV B 2 b). Im Falle des Art. 509 Abs. 3–6 OR, der im folgenden behandelt werden wird, ist der Untergang vollständig.

Nach Abs. 3 dieser Bestimmung fällt jede Bürgschaft natürlicher Personen nach Ablauf von 20 Jahren nach ihrer Eingehung dahin. Ausgenommen sind die gegenüber der Eidgenossenschaft oder ihren öffentlich-rechtlichen Anstalten oder gegenüber einem Kanton für öffentlich-rechtliche Verpflichtungen, wie Zölle, Steuern und dergleichen, und für Frachten eingegangenen Bürgschaften (vgl. Art. 493 Abs. 3 OR) sowie die Amts- und Dienstbürgschaften und die Bürgschaften für periodisch wiederkehrende Leistungen[12] (Art. 500 OR fügt die Bürgschaften für Verpflichtungen mit wechselndem Betrag, wie Kontokorrent oder Sukzessivlieferungsvertrag, hinzu).

Der Ablauf der gesetzlichen Frist hat von Gesetzes wegen das Erlöschen der Bürgschaft zur Folge[13]. Die Regel ist im Sinne von Art. 492 Abs. 4 OR

[11] BGE 64 II, 1938, S. 197.

[12] SPIRO, § 465, N. 12.

[13] SPIRO, § 377, N. 33, der die gesetzliche Regelung (die Notwendigkeit für den Gläubiger, den Bürgen zu belangen) und die Systematik der Beendigungsgründe der Bürgschaft bemängelt. Der Gesetzgeber wollte insbesondere dem Bürgen helfen, der von seinen ihm durch Art. 511 Abs. 2 OR eingeräumten Rechten keinen Gebrauch macht; möglicherweise wollte er auch den Auswirkungen von Art. 136 Abs. 2 OR entgegentreten. Die Regelung war sehr umstritten, da sie in die Vertragsfreiheit eingreift; deshalb der beschränkte Anwendungsbereich, die Möglichkeit der Fristverlängerung und die dem Gläubiger eingeräumten Rechte. Über die Wirkungen im Falle der Mitbürgschaft: SCHÖNENBERGER, N. 35; GIOVANOLI, 2. Aufl., N. 31a und b.

zwingend. Es versteht sich indessen von selbst, daß die Parteien jederzeit einen neuen Vertrag abschließen können, wenn sie nur die gesetzlichen Erfordernisse einhalten. Überdies können sie, aber nur im letzten Jahr der Frist, die Bürgschaft um höchstens weitere zehn Jahre verlängern; hiezu genügt die schriftliche Erklärung des Bürgen (Art. 509 Abs. 4 und 5 OR)[14].

Das Gesetz sichert den Gläubiger gegen die Gefahr des Untergangs der Bürgschaft, wenn die Hauptschuld in den letzten Jahren der Frist noch nicht fällig ist, indem es ihm in Abweichung von Art. 495/96 und 501 Abs. 1 und 3 OR gestattet, den Bürgen vorzeitig zu belangen.

Wird die Hauptschuld vor dem 18. Jahr der Bürgschaft fällig oder war sie auf einen früheren Zeitpunkt kündbar, so muß der Gläubiger gemäß den Art. 495 und 496 OR gegen den Hauptschuldner und den Bürgen vorgehen, wenn nötig nach rechtzeitiger Kündigung der Schuld. Unterläßt er dies, so erlischt die Bürgschaft, allenfalls unter den Voraussetzungen des Art. 510 Abs. 3 OR (der Bürge braucht sich nicht auf Art. 511 OR zu berufen, sondern kann die Bürgschaft von selbst untergehen lassen!).

Wird die Hauptschuld erst vom 19. Jahr an fällig oder kann sie erst von diesem Zeitpunkt an oder später gekündigt werden, so kann der Bürge im 20. Jahr belangt werden, und zwar bei jeder Bürgschaftsart und ohne vorherige Inanspruchnahme des Hauptschuldners oder der Pfänder; doch steht ihm diesfalls ausnahmsweise das Rückgriffsrecht auf den Hauptschuldner schon vor der Fälligkeit der Hauptschuld zu (Art. 509 Abs. 4 und 6 OR).

Die Nachfrist des Art. 510 Abs. 3 OR kommt dem Gläubiger nicht zugute. Im übrigen ist diese Bestimmung jedoch anwendbar (Einleitung des Rechtswegs vor Ablauf der Frist, Weiterverfolgung ohne erhebliche Unterbrechung), ebenso Art. 511 OR.

II. Beendigung durch einseitige Erklärung des Bürgen

A. Erlöschen der unbefristeten Bürgschaft

1. Im allgemeinen

Das ist an sich der häufigste Fall, denn die Dauer der Bürgschaft ist in der Regel nicht begrenzt[15]. Auch wenn die Hauptschuld fällig ist oder es durch Kündigung seitens des Gläubigers werden kann, wird dieser dem Bürgen nicht verantwortlich, wenn er nicht gegen den Hauptschuldner vorgeht. Das Gesetz schützt deshalb den Bürgen für den Fall, daß der Gläubiger untätig bleiben sollte, indem es ihm nicht nur gestattet, zu bezahlen (Art. 504 OR), sondern auch sich zu befreien, sofern der Gläubiger der Aufforderung nicht nachkommt, die der Bürge gemäß dem im Sinne von Art. 492 Abs. 4 OR

---

[14] SPIRO, §§ 433, N. 24 und 445, N. 10 in fine (die Dauer eines neuen Vertrages ist ihrerseits nicht beschränkt).

[15] Über die Bestimmung der Dauer, vgl. Anm. 6 oben.

zwingenden Art. 511 OR[16] an ihn gerichtet hat. Nachdem der Gesetzgeber von 1941 nicht so weit gegangen ist, dem Bürgen ein (allenfalls beschränktes) Recht einzuräumen, seine Verpflichtung zu kündigen oder den Hauptschuldner zur Erfüllung zu zwingen, liegt es keineswegs immer im Interesse des Bürgen, auf diese Weise die Geltendmachung der Hauptforderung zu veranlassen.

Bezieht sich Art. 511 OR auch auf Dauerrechtsverhältnisse (Miete, Pacht, Arbeitsvertrag, Darlehen mit Zinsen oder Annuitäten, Renten, Kontokorrent: BGE 36 II, 1910, S. 533) und die daraus (in der Regel sukzessiv bzw. periodisch) hervorgehenden Ansprüche? Die Absätze 1 und 3 sind zweifellos ohne weiteres und unmittelbar auf jede einzelne Forderung anwendbar, ungeachtet des Schicksals der später entstehenden Rechte. Die herrschende Lehre bejaht jedoch die Anwendbarkeit von Abs. 2 auch für das Rechtsverhältnis selbst, sofern es durch den Gläubiger kündbar (und die Frist von 20 Jahren nicht abgelaufen) ist[17]. Doch wird der Bürge gut daran tun, seine Verpflichtung zum voraus zeitlich zu begrenzen.

a) Die Hauptschuld ist fällig

Ist die Bürgschaft auf unbestimmte Zeit eingegangen, so kann der Bürge nach Eintritt der Fälligkeit der Hauptschuld vom Gläubiger verlangen, daß er, soweit es für seine Belangbarkeit Voraussetzung ist, binnen vier Wochen die Forderung gegenüber dem Hauptschuldner rechtlich geltend macht, die Verwertung allfälliger Pfänder einleitet und den Rechtsweg ohne erhebliche Unterbrechung verfolgt (Art. 511 Abs. 1 OR).

Es obliegt demnach dem Bürgen, den Gläubiger aufzufordern, und zwar durch eine empfangsbedürftige Erklärung. Diese Erklärung, die in Art. 510 Abs. 3–5 OR nicht verlangt wird, ist keine Kündigung der Bürgschaft. Sie muß nach dem Wortlaut des Gesetzes «nach Eintritt der Fälligkeit» abgegeben werden, kann aber auch schon etwas vorher erfolgen. Die Parteien können sogar vereinbaren, daß die in Abs. 3 vorgesehene Wirkung – die Befreiung des Bürgen – von selbst eintritt, ohne daß es einer Aufforderung

---

[16] Ausgeschlossen durch Art. 34 Abs. 3 EGG und Art. 30 Abs. 2 und 3 LEG; vgl. Anm. 4 oben. Über die Anwendung von Art. 492 Abs. 4 OR: SCHÖNENBERGER, N. 4, und BECK, N. 15 zu Art. 511 OR.

   Art. 215 SchKG macht Art. 511 OR nicht anwendbar (BGE 56 III, 1930, S. 154 für die Solidarbürgschaft). Diese letztere Bestimmung bezieht sich weder auf den Rückgriff der Bürgen unter sich (BGE 66 II, 1940, S. 126; vgl. Anm. 4) noch auf die Bürgschaften gemäß Art. 512 OR.

[17] SCHÖNENBERGER, N. 8 zu Art. 511 OR mit Zitaten. Wir sind eher geneigt, die gegenteilige Ansicht VON TUHRS (SJZ 1922/23, S. 247/48) zu teilen: Der Gesetzestext spricht von der Fälligkeit der Forderung, nicht von ihrer Entstehung, und bei der Amts- und Dienstbürgschaft kommt Art. 512 OR dem Bürgen gerade auf eine andere Weise zu Hilfe; im übrigen liegt es sicher nicht in der Absicht der Parteien, daß die Sicherheit auf diese Art untergeht. Für die Abwägung im Einzelfall der gegenseitigen Interessen: GIOVANOLI, 2. Aufl., N. 2.

bedürfte, wenn der Gläubiger nicht nach Abs. 1 vorgeht. Eine besondere Form ist nicht erforderlich, doch muß der Gegenstand der Aufforderung deutlich aus der Erklärung hervorgehen[18].

Der Gläubiger muß danach vorgehen wie im Falle der Bürgschaft auf Zeit (Art. 511 Abs. 1, in fine OR übernimmt die Erfordernisse von Art. 510 Abs. 3 OR: rechtliche Geltendmachung der Forderung, Verfolgung des Rechtswegs ohne erhebliche Unterbrechung). Bei der einfachen Bürgschaft hat er gemäß Art. 495 OR den Hauptschuldner zu belangen und die Pfänder zu verwerten, sofern solche vorhanden sind. Einen Solidarbürgen kann er schon vor dem Hauptschuldner belangen, sofern dieser mit seiner Leistung im Rückstand und erfolglos gemahnt worden oder seine Zahlungsunfähigkeit offenkundig ist (Art. 496 Abs. 1 OR). Seit 1942 ist es für den Bürgen ausgeschlossen, seine eigene Belangung zu fordern und dem Gläubiger eine allfällige Verzögerung der Rechtsverfolgung entgegenzuhalten. Die ältere Rechtsprechung, die dies gestattete[19], ist heute überholt, weil im deutschen Gesetzestext nunmehr ausdrücklich gesagt ist, der Gläubiger habe die Forderung «gegenüber dem Hauptschuldner» geltend zu machen. Es bleibt die 1941 eingeführte Subsidiarität, das heißt das Erfordernis, daß der Gläubiger in den Schranken von Art. 496 Abs. 2 OR zunächst seine Faustpfand- und Forderungspfandrechte verwerten muß: Nur in diesem Fall und zu diesem Zweck kommt dem Solidarbürgen Art. 511 Abs. 1 OR zugute. Das ist der Sinn des Vorbehaltes «soweit es für seine Belangbarkeit Voraussetzung ist». Der Solidarbürge kann demzufolge die Verwertung der Mobiliarpfänder verlangen, wenn solche vorhanden und die Ausnahmen des Art. 496 Abs. 2 OR nicht gegeben sind. Ist aber Art. 496 Abs. 2 OR nicht anwendbar, was der Regel entspricht, so kann er nicht beanspruchen, daß der Hauptschuldner binnen vier Wochen belangt und der Rechtsweg ohne erhebliche Unterbrechung weiterverfolgt wird[20].

---

[18] Der Richter wird jedoch keine allzu strengen Anforderungen stellen, da die Bestimmung zugunsten des Bürgen aufgestellt ist (BGE 54 II, 1928, S. 293). Kasuistik: Schönenberger, N. 15, und Beck, N. 21 und 22 zu Art. 511 Abs. 1 OR; BGE 64 II, 1938, S. 192; 43 II, 1917, S. 515; 39 II, 1913, S. 262; 36 II, 1910, S. 535; ZBJV 1963, S. 486/87. Der Hinweis auf Art. 511 OR (bzw. irrtümlich auf Art. 510 OR) genügt. Die Ansetzung der Frist von vier Wochen ist nicht erforderlich (anders BGE 20, 1894, S. 179).

[19] BGE 54 II, 1928, S. 292.

[20] Belangt der Gläubiger zunächst den Bürgen (ohne an die Vorschriften des Art. 511 OR gebunden zu sein), so kann dieser immer noch vom Richter gegen Leistung von Realsicherheit die Einstellung der Betreibung verlangen (Art. 501 Abs. 2 OR).

b) Die Hauptschuld ist kündbar

Handelt es sich um eine Forderung, deren Fälligkeit durch Kündigung des Gläubigers herbeigeführt werden kann, so ist der Bürge gemäß Art. 511 Abs. 2 OR (frühestens) nach Ablauf eines Jahres seit Eingehung der Bürgschaft zu dem Verlangen berechtigt, daß der Gläubiger die Kündigung vornehme und nach Eintritt der Fälligkeit seine Rechte im Sinne von Abs. 1 dieser Bestimmung geltend mache. Das Begehren des Bürgen geht zugleich und zum vornherein auf Kündigung – sobald und soweit sie möglich ist – und auf Geltendmachung des Rechts entsprechend Art. 511 Abs. 1 OR. Der Gläubiger hat die Hauptschuld auf den nächsten gesetzlichen oder vereinbarten Termin zu kündigen, und zwar sofort, das heißt innert üblicher Frist, nicht innert vier Wochen (unter Anzeige an den Bürgen, damit die Forderung gegen diesen fällig wird; Art. 501 Abs. 3 OR). Wird dem Hauptschuldner nicht gekündigt oder die Forderung nicht ordnungsgemäß geltend gemacht, so erlischt die Bürgschaft[21].

2. Erlöschen der Amts- und Dienstbürgschaft

Art. 512 OR – der letzte des Zwanzigsten Titels – ist einzig dem Erlöschen der unbefristeten Amts- oder Dienstbürgschaft gewidmet. Indessen befaßten sich schon andere Sonderbestimmungen mit dieser Bürgschaftsart, die häufig solidarisch ist und ausschließlich dem Bundesprivatrecht untersteht: die Art. 500 Abs. 2 (Ausschluß der gesetzlichen Verringerung des Haftungsbetrages), 503 Abs. 2 (Aufsichtspflicht über den Arbeitnehmer; vorn § 55, II 2, wo die Bürgschaftsart definiert worden ist), 509 Abs. 3 (kein Erlöschen der Bürgschaft natürlicher Personen nach Ablauf der Frist von 20 Jahren; I 2 hievor) sowie Art. 510 Abs. 1 OR, der noch behandelt werden wird (Beschränkung des Rücktrittsrechts bei der Verbürgung einer zukünftigen Forderung)[22].

Ist die Bürgschaft nur für eine bestimmte Zeit eingegangen, so ist Art. 512 OR nicht anwendbar, eher dagegen Art. 510 Abs. 3. Das setzt voraus, daß während der Gültigkeitsdauer der Bürgschaft ein Schaden eingetreten ist. Wird dieser erst später entdeckt, so muß der Gläubiger seiner Sorgfaltspflicht von diesem Zeitpunkt an nachkommen.

Art. 512 OR bezieht sich auf die auf unbestimmte Zeit eingegangenen Bürgschaften. Die Verpflichtung kann (wie ein Mietverhältnis und ohne Einhaltung einer besonderen Form) unter Wahrung einer Kündigungsfrist von einem Jahr auf das Ende einer Amtsdauer[23] oder je auf das Ende des vierten

---

[21] Die Befreiung des Bürgen ist nicht vom Nachweis eines durch die Unterbrechung der Rechtsverfolgung verursachten Schadens abhängig (BGE 64 II, 1938, S. 191).

[22] Diese Regeln beziehen sich ihrem Zweck gemäß auf die Verbürgung einer künftigen Schuld. Doch kann man selbstverständlich auch eine bereits entstandene Schadenersatzforderung aus dem Dienstverhältnis verbürgen (Art. 499 Abs. 3 OR; BGE 32 II, 1906, S. 448). Die nachträgliche Umgestaltung des Dienstverhältnisses ist wie eine Erweiterung der Haftung zu behandeln, wenn sie das Risiko des Bürgen erhöht (vorn § 52, IV).

[23] Gesetzliche oder reglementarische Amtsperiode; Vereinbarung einer bestimmten Dauer, ohne daß eine Erneuerung vorgesehen ist.

Jahres nach dem Amts- beziehungsweise Dienstantritt, wenn keine bestimmte Amts- oder Dienstdauer besteht, gekündigt werden (Art. 512 Abs. 1–3 OR). Der Bürge haftet demnach auf jeden Fall für den Schaden, der während der ersten Amtsdauer beziehungsweise während der ersten Periode von vier Jahren entsteht. Er kann nach Art. 511 OR vorgehen, wenn seine Haftung eingreift.

Trotz seiner Einreihung unter die Bestimmungen über die Beendigung der Bürgschaft bezweckt Art. 512 OR zunächst, den Kreis der gesicherten Forderungen, das heißt die Schuld des Bürgen, zeitlich zu begrenzen. Er ist dispositiven Rechts (Abs. 4); die Kündigungsfrist wird deshalb häufig unter Hinweis auf ein Gesetz oder ein Reglement modifiziert. Die Bestimmung darf nicht analog auf sämtliche Dauerrechtsverhältnisse angewendet werden[24].

B. Rücktritt von der Bürgschaft für eine zukünftige Forderung

Eine Bürgschaft eingehen heißt, das Risiko der Zahlungsunfähigkeit des Hauptschuldners auf sich nehmen. Hat sich der Bürge bei Abschluß der Bürgschaft in diesem Punkt getäuscht, so kann er sich deshalb nicht auf Irrtum berufen. Verschlechtert sich in der Folge die finanzielle Lage des Hauptschuldners, so kann er von diesem Sicherstellung verlangen (Art. 506 Ziff. 3 OR), bleibt aber gegenüber dem Gläubiger weiterhin gebunden, der sich seinerseits gegenüber dem Hauptschuldner auf Art. 83 und 316 OR berufen kann[25]. Ausnahmsweise und in Analogie zu diesen letzteren Bestimmungen hat Art. 510 Abs. 1 OR von 1941, dessen Entstehung mühselig war, aus Gründen der Billigkeit, die sich aus der natürlichen Unentgeltlichkeit der akzessorischen Verpflichtung für die Schuld eines Dritten ergeben, für diesen Fall einen Untergangsgrund zugunsten des Bürgen eingeführt, soweit dies dem Gläubiger zumutbar ist. Diese neue Regel ist auf alle Bürgschaften anwendbar, welcher Dauer sie auch seien (der Randtitel ist insoweit ungenau), sofern sie nur eine zukünftige Forderung garantieren.

Ist eine zukünftige Forderung verbürgt, so kann der Bürge nach dem Wortlaut des Gesetzes die Bürgschaft, solange die Forderung nicht entstanden ist, jederzeit durch eine schriftliche Erklärung an den Gläubiger widerrufen, sofern die Vermögensverhältnisse des Hauptschuldners sich seit der Unterzeichnung der Bürgschaft wesentlich verschlechtert haben oder wenn sich erst

---

[24] Die analoge Anwendung von Art. 512 OR ist immerhin denkbar auf gewisse Kautionsbürgschaften, d. h. auf Bürgschaften, die zugunsten eines öffentlichen Gemeinwesens eingegangen werden für den Fall, daß jemand bestimmte Pflichten verletzt, ohne daß ein Amts- oder Dienstverhältnis bestehen würde (vorn § 50, Anm. 4 und 5; BECK, N. 8).

[25] Vgl. auch Art. 337a und 392 Abs. 3 OR.

nachträglich herausstellt, daß seine Vermögenslage wesentlich schlechter ist, als der Bürge in guten Treuen angenommen hatte (ausnahmsweise erheblicher Motivirrtum).

Die Forderung ist bereits entstanden, wenn der Gläubiger schon eine Leistung erbracht hat (Lieferung, Zurverfügungstellung des gemieteten Lokals, Auszahlung des Darlehensbetrages), aber auch, wenn er auf Grund eines bestehenden Rechtsverhältnisses vom Schuldner zur Leistung gezwungen werden kann, so etwa nach Eröffnung eines Kontokorrentkredites. Daß nach Art. 510 Abs. 1, 2. Satz OR bei einer Amts- oder Dienstbürgschaft der Rücktritt nicht mehr möglich ist, wenn das Amts- oder Dienstverhältnis zustande gekommen ist, entspricht diesem Grundsatz und bedeutet nicht etwa eine Ausnahme davon; denn vom Beginn des Anstellungsverhältnisses an sind diese Personen in der Lage, Schadenersatzforderungen zu begründen, die durch die Bürgschaft gesichert sind.

Die wesentliche Verschlechterung der Vermögensverhältnisse des Hauptschuldners seit der Unterzeichnung der Bürgschaft beziehungsweise der erst nachträglich entdeckte Irrtum über diese Verhältnisse umfaßt zweifellos die Zahlungsunfähigkeit, darüber hinaus aber schon ein so großer Unterschied in der (wirklichen oder vorgestellten) Vermögenslage, daß anzunehmen ist, der Bürge hätte sich nicht verpflichtet, wenn er ihn vorausgesehen oder gekannt hätte. Der Fall des Irrtums entspricht – aber nur zum Teil – Art. 497 Abs. 3 OR, der sich auf die Mitbürgschaft bezieht.

Sind die Voraussetzungen von Art. 510 Abs. 1 OR erfüllt, so kann der Bürge die Bürgschaft durch eine schriftliche Erklärung «widerrufen», ohne an eine Frist gebunden zu sein. Dabei handelt es sich um die Ausübung eines aufhebenden Gestaltungsrechts, um eine besondere Auflösung mit Rückwirkung, sozusagen um eine Zurücknahme der Bürgschaftserklärung, da die Bürgschaft noch keine Wirkungen entfaltet hat[26]. Doch hat der Bürge (Art. 510 Abs. 2 OR) dem Gläubiger den Schaden zu ersetzen, der diesem daraus erwächst, daß er sich in guten Treuen auf die Bürgschaft verlassen hat (so die Kosten und Auslagen für die Vorbereitungshandlungen oder die Verurkundung des Bürgschaftsvertrages, das heißt das negative Vertragsinteresse wie bei den Art. 26 und 39 OR).

---

[26] Es handelt sich nicht um ein Verzichtsrecht nach Überlegungsfrist wie bei Art. 226c OR (einem Novum), wo der Vertrag für den Käufer nicht gleichzeitig in Kraft tritt wie für den Verkäufer.

Ist die Bürgschaft ausnahmsweise zweiseitig onerös und schuldet der Gläubiger dem Bürgen im Austausch zu dessen Leistung eine Gegenleistung, so kann sich dieser selbstverständlich auf die Art. 83 und 107 OR berufen.

III. Vereinigung der Eigenschaft des Hauptschuldners
mit derjenigen des Bürgen

Dieser Fall verwirklicht sich insbesondere dann, wenn der Hauptschuldner den Bürgen oder der Bürge den Hauptschuldner beerbt. Es handelt sich dabei nicht um die Vereinigung der Gläubiger- und der Schuldnereigenschaft, welche die Hauptschuld tilgt (Art. 118 OR), sondern um die Konkurrenz zweier Obligationen. Gleichwohl muß die Bürgschaft als akzessorische Verpflichtung erlöschen; man kann nicht zugleich und für die gleiche Schuld Hauptschuldner und Bürge sein.

Der Gesetzgeber von 1941 hat jedoch gewollt, daß dem Gläubiger die ihm aus der Bürgschaft zustehenden, besonderen Vorteile gewahrt bleiben (Art. 509 Abs. 2 OR). So verhält es sich zum Beispiel, wenn der Bürge einen Nachbürgen gestellt, Pfänder errichtet oder eine Konventionalstrafe versprochen hat; wenn er als Erbe des Hauptschuldners nur beschränkt haftet (Art. 580 ff. und 593 ff. ZGB); wenn er sich schließlich gemäß Art. 492 Abs. 3 OR verpflichtet hat [27].

IV. Andere Gründe, die das (vollständige oder teilweise) Erlöschen
der Bürgschaft bewirken

Wir haben die in Art. 497 Abs. 3 und Art. 500 OR enthaltenen Untergangsgründe bereits behandelt (vorn § 57, II B 1 c und § 52, IV B 2 b). Die Verletzung der Sorgfaltspflichten durch den Gläubiger hat sodann ebenfalls eine vollständige (Art. 503 Abs. 4 und 504 Abs. 2 OR) oder teilweise (Art. 503 Abs. 1 und 2 und 505 OR) Befreiung des Bürgen zur Folge (vorn § 55). Beim öffentlichen Erbschaftsinventar ist die Haftung der Erben des Bürgen immer beschränkt (Art. 591 und 590 Abs. 2 ZGB; vorn § 52, Anm. 24 und 59).

Das Krisenrecht wie auch die ordentliche Sondergesetzgebung auf dem Gebiet des Agrarrechts kennen besondere Gründe, die den teilweisen oder vollständigen Untergang der Verpflichtung des Bürgen zur Folge haben (so die Art. 19/20 und 61 LEG sowie Art. 33 EGG).

An dieser Stelle, am Ende der Ausführungen über die Beziehungen zwischen Gläubiger und Bürgen, rechtfertigt es sich, die bereits behandelten Bürgschaftsarten, die sich voneinander nach verschiedenen Kriterien unterscheiden, systematisch zu gruppieren.

---

[27] Über das Schicksal des allfälligen Rückgriffsanspruchs des verstorbenen Bürgen PIOTET, Traité de droit privé suisse, Vol. IV, Droit successoral, Fribourg 1975, S. 809.

Einteilung der Bürgschaften

1. Die Bürgschaft entsteht ausschließlich aus Vertrag. Dieser kann jedoch freiwillig eingegangen sein oder gegenteils auf gesetzlicher oder richterlicher Vorschrift (cautio necessaria) beruhen, welche die Verpflichtung begründet, einen Bürgen zu stellen, gelegentlich unter gewissen Anforderungen (hinsichtlich der Person, des Wohnsitzes oder der Zahlungsfähigkeit des Bürgen oder hinsichtlich Art und Ausmaß der Haftung). Beruht die Verpflichtung auf Gesetz, insbesondere dem öffentlichen Recht des Bundes oder der Kantone, so können Untereinteilungen vorgenommen werden (Bürgschaft für öffentlich-rechtliche Abgaben, vor allem Zollbürgschaft; Sicherheitsleistung im Verfahrensrecht usw.).

2. Von der Hauptschuld aus gesehen, deren Akzessorium die Bürgschaft ist, unterscheidet man:
a) hinsichtlich der Identität der verbürgten Schuld im Rahmen der Beziehungen zwischen Bürgen, Gläubiger und Hauptschuldner: zwischen ordentlicher Bürgschaft (Verbürgung der Hauptschuld), Nachbürgschaft und Rückbürgschaft;
b) nach der Natur der verbürgten Schuld: zukünftig oder bedingt, Vertragsverhältnis;
c) nach dem Gegenstand der Hauptschuld: öffentlich-rechtliche Verpflichtungen (Zollbürgschaft, Steuerbürgschaft usw.), Amts- oder Dienstbürgschaften (Art. 500 Abs. 2, 503 Abs. 2, 509 Abs. 3, 510 Abs. 1 und 512 OR), Kautionsbürgschaften (Art. 493 Abs. 3, 500 Abs. 2, 509 Abs. 3 OR);
d) danach, ob die Hauptschuld auch durch Pfand gesichert ist oder nicht (was den subsidiären Charakter der Verpflichtung, die Subrogation und den Rückgriff unter den akzessorisch Mitverpflichteten berührt);
e) schließlich nach der Art des gesicherten Geschäftes (Kontokorrentkredit; andere üblicherweise gemachte Unterscheidungen sind nicht von juristischem Interesse).

3. In bezug auf die Person des Bürgen ist die Verpflichtung charakterisiert durch die Bürgschaftsfähigkeit (Ehegatten, Art. 494 OR; Ehefrau, Art. 177 ZGB; im Handelsregister eingetragene Personen, Art. 494 Abs. 2 OR: es handelt sich nicht um die in Frankreich oder Deutschland wichtige Frage des «Handelsgeschäfts»), durch die Natur der Person (natürlich oder juristisch, Art. 493 Abs. 2, 500, 509 Abs. 3–6 OR) oder ihre Identität (öffentliches Gemeinwesen, Bank, Bürgschaftsgenossenschaft).

4. Hinsichtlich der Dauer des Vertrages und des Umfangs der Verpflichtung des Bürgen unterscheidet man die Bürgschaften danach,
a) ob sie befristet sind oder nicht (Art. 510 Abs. 3–5, 511 und 512; Art. 509 Abs. 3–6 OR);
b) ob die Schuld partiell ist – Teilbürgschaft (Art. 493 Abs. 6, 2. Satz OR; vorn § 54, II 1 a) oder ob sie begrenzt ist – Limitbürgschaft (vorn § 52, IV B 2 a).

5. Unter dem Gesichtspunkt der Subsidiarität kennen das Gesetz bzw. die Praxis die einfache Bürgschaft (oder die Schadlosbürgschaft) und die Solidarbürgschaft sowie eine Zwischenform zwischen der Schadlos- und der Solidarbürgschaft: die Selbstschuld-Ausfallbürgschaft (vorn § 56, Anm. 18).

6. Von einer Mehrheit von Bürgen spricht man im Falle der Nachbürgschaft und der Rückbürgschaft, der Nebenbürgschaft sowie der einfachen Mitbürgschaft und der Solidarmitbürgschaft (zwei Unterarten).

N. B. Das Gesetz kennt ferner Haftungen in Analogie zur Bürgschaft (Art. 408 OR). Im übrigen lassen sich auch Besonderheiten feststellen, die sich auf das Verhältnis zwischen Bürgen und Hauptschuldner beziehen (Garantie der Bank für ihren Kunden, der Bürgschaftsgenossenschaft für ihre Mitglieder, des Versicherers für den Versicherungsnehmer – in jedem Fall mit einer besonderen Gegenleistung: Prämie, Kommission, Anteilschein usw.).

Übersicht über die Arten der Mitverpflichtung

Legende
- *selbständig Verpflichteter:* dessen Verpflichtung unabhängig ist von jener eines andern Schuldners
- *akzessorisch Verpflichteter:* dessen Verpflichtung von einer Hauptschuld abhängig ist
- *primär Verpflichteter:* der (grundsätzlich) vor einem andern Mitverpflichteten belangt werden kann (gegebenenfalls unter Vorbehalt, daß gewisse Mindestanforderungen erfüllt sind)
- *subsidiär Verpflichteter:* der erst nach einem andern Mitverpflichteten belangt werden kann
- *solidarisch Verpflichteter:* der für die ganze Schuld haftet
- *anteilsmäßig Verpflichteter:* der nur für einen Teil der Schuld haftet

I. Selbständig Verpflichtete

A. primär
    1. solidarisch: Solidarschuldner (Art. 143 ff. OR)
    2. anteilsmäßig: durch Vereinbarung

B. subsidiär
    1. solidarisch: z. B. Ehefrau für Haushaltsschulden (Art. 207 Abs. 2 ZGB)
    2. anteilsmäßig: durch Vereinbarung

II. Akzessorisch Verpflichtete

A. primär
    1. solidarisch:
        a. «solidarischer» (primärer) Bürge, der mit dem Hauptschuldner für die ganze Schuld haftet (Art. 496 OR);
        b. «solidarische» (primäre) Mitbürgen, die mit dem Hauptschuldner für die ganze Schuld und solidarisch unter sich haften (Art. 497 Abs. 2, 1. Satz, 1. Fall OR);
    2. anteilsmäßig:
    «solidarische» (primäre) Mitbürgen, die mit dem Hauptschuldner für die ganze Schuld und anteilsmäßig (einfach) unter sich haften (im OR nicht vorgesehen)

B. subsidiär
    1. solidarisch:
        a. einfacher (subsidiärer) Bürge, der mit dem Hauptschuldner für die ganze Schuld haftet (Art. 495 OR);
        b. einfache (subsidiäre) Mitbürgen, die mit dem Hauptschuldner für die ganze Schuld und solidarisch unter sich haften (Art. 497 Abs. 2, 1. Satz, 2. Fall OR);
    2. anteilsmäßig:
    einfache Mitbürgen (Art. 497 Abs. 1 OR).

Sechstes Kapitel

Das Verhältnis zwischen dem Bürgen und den andern Verpflichteten

§ 59. Das Verhältnis zwischen Bürgen und Hauptschuldner

I. Grundsatz

Es hätte an sich genügt, im Zwanzigsten Titel des Obligationenrechts die Beziehungen zwischen dem Bürgen und dem Gläubiger zu regeln, also den eigentlichen Bürgschaftsvertrag. Die allfälligen Rechte des Bürgen gegen den Hauptschuldner und ihr Ausmaß bestimmen sich nämlich in erster Linie nach dem Rechtsverhältnis, das die beiden gegebenenfalls aneinander bindet. Besteht ein solches Verhältnis, so liegt der Grund dafür darin, daß der Bürge in der Regel mit Wissen (Art. 2028 CCfr.), häufiger noch auf Begehren des Hauptschuldners interveniert, der ihn darum ersucht hat, eine akzessorische Verpflichtung einzugehen, um ihm die Vergrößerung seines Kredites zu ermöglichen. Der Bürge handelt in diesem Fall credendi causa kraft eines entgeltlichen oder unentgeltlichen Auftrags (verlangt in Art. 507 Abs. 6, in fine OR), aus dem ihm insbesondere eine Forderung auf Ersatz der Auslagen beziehungsweise eine Rückgriffsforderung erwächst, die actio mandati contraria. Er kann sich jedoch auch als Geschäftsführer ohne Auftrag (Art. 422 OR) ohne Wissen des Hauptschuldners oder ohne dessen Zustimmung verpflichten. Es sind noch weitere Rechtsgründe denkbar; so die Schenkung oder ein anderer Vertrag, bei dem das Bürgschaftsversprechen einen unwesentlichen Bestandteil bildet, oder schließlich ein Gesellschaftsvertrag[1]. Kurz gesagt ist die Zahlung des Bürgen in der Regel die indirekte Folge einer gegenüber dem Hauptschuldner übernommenen Verpflichtung, auch wenn nicht unbedingt ein gültiger Rechtsgrund vorliegen muß.

---

[1] Kommt dem Kollektivgesellschafter, der zugunsten der Gesellschaft eine Solidarbürgschaft eingegangen ist, neben dem internen Rückgriff aus dem Gesellschaftsvertrag auch die Subrogation (Art. 507 OR) zugute? SIEGWART, N. 9 zu Art. 568/69 OR, verneint die Frage.

Wie dem auch sei, ist der Bürge verpflichtet und bezahlt er «für einen andern» (Art. 1251 Ziff. 3 CCfr.). Die Sicherheit verstärkt den Kredit, soll aber normalerweise nicht dazu dienen, die Person, deren Zahlungsfähigkeit garantiert wird, zu entlasten beziehungsweise ihr eine Schenkung zu machen. Aus diesem Grund und nicht wegen des akzessorischen Charakters der Bürgschaftsverpflichtung hat letzten Endes der Hauptschuldner die Schuld zu tragen. Deshalb hat das Bürgschaftsrecht, das von diesem Normalfall ausgeht, dem Bürgen seit jeher zusätzliche Rechtsbehelfe eingeräumt, damit der im internen – speziellen – Verhältnis zwischen ihm und dem Hauptschuldner angestrebte Zweck erreicht werden kann. In unserer heutigen Gesetzgebung sind es Behelfe, die man generell nennen kann, der eine ordentlich (das «Rückgriffsrecht» des Bürgen nach der Zahlung gemäß dem Marginale von Art. 507 OR), die andern außerordentlich; schon vor der Zahlung kann der Bürge nämlich nach Art. 506 OR ausnahmsweise vom Hauptschuldner Sicherstellung und, wenn die Hauptschuld fällig ist, Befreiung von der Bürgschaft verlangen. Was Art. 507 OR anbetrifft, so räumt der Text dieser Bestimmung dem Bürgen, der den Gläubiger befriedigt hat, keinen direkten Anspruch gegen den Hauptschuldner ein, sondern läßt die Rechte des Gläubigers durch Subrogation, deren er verlustig gehen kann (Art. 508 und 502 Abs. 3 OR), auf ihn übergehen. Der Hauptschuldner bleibt weiterhin verpflichtet, aber nunmehr gegenüber dem Bürgen, weil dieser den Gläubiger befriedigt hat, indem er seine eigene Schuld, nicht jene des Hauptschuldners, bezahlt – und getilgt – hat[2]. Mittels einer Legalzession (Art. 166 OR), ohne daß es einer Willenserklärung oder irgendeiner Formalität bedürfte, und ohne Anzeige des Schuldners an den Gläubiger (Art. 110 Ziff. 2 OR) erwirbt der Bürge, soweit er bezahlt hat, neben seinen eigenen Rechten diejenigen des Gläubigers, den keinerlei Haftung trifft (Art. 173 Abs. 2 OR). Derjenige der Schuldner, der bezahlt, übernimmt gegenüber dem andern die Stellung des Gläubigers; der ursprüngliche Gläubiger wird durch einen andern ersetzt.

Man könnte also denken, es lägen zwei Rückgriffsansprüche vor, der eine intern, selbständig und speziell, der andere gesetzlich, abgeleitet und generell. Jeder hat seinen eigenen Inhalt, seine Modalitäten und Mängel. Streng ge-

---

[2] Hier liegt die technische Lösung des von VON TUHR (ZSR 1923, S. 101) aufgeworfenen Problems. Dennoch ist die Subrogation nur eine Rechtsfigur, eine juristische Konstruktion, die gleichzeitig zwei verschiedene Wirkungen ausdrücken soll: einerseits die Befreiung des Hauptschuldners gegenüber dem Gläubiger im Ausmaß der Zahlung des Dritten, anderseits die Begründung der gleichen Rechtsbeziehung, grundsätzlich mit allen Modalitäten, zwischen dem Hauptschuldner und dem Dritten, wie sie zwischen dem Hauptschuldner und dem Gläubiger bestand.

nommen führen die beiden Wege nicht notwendig zum gleichen Ergebnis und haben sie beide sowohl Vor- als auch Nachteile, wenn auch die Subrogation den normalen Rechtsbehelf bildet. Da die ursprüngliche Obligation nicht erlischt, verschafft die Subrogation – und hierin liegt, wenn nicht ihre einzige, so doch die im Vordergrund stehende und nützlichste praktische Auswirkung – dem Bürgen von Gesetzes wegen und unmittelbar die Nebenrechte der Forderung, worunter die dem Gläubiger gestellten Sicherheiten sowie die in der Zwangsvollstreckung erworbenen Vorzugsrechte (Art. 114 und 170 Abs. 1, 503 Abs. 1–3 und 4 OR), ferner die Vorteile aus der Rechtskraft des im Prozeß zwischen Gläubiger und Hauptschuldner ergangenen Urteils. Die Subrogation erleichtert sodann dem Bürgen den Beweis, dessen Gegenstand – im Umfang der Subrogation – einzig die Zahlung in Erfüllung der Bürgschaft bildet, während es dem Hauptschuldner obliegt, dem Bürgen die Einreden aus dem internen Verhältnis, das unklar sein kan, entgegenzuhalten. Macht der Bürge demgegenüber den internen Anspruch geltend, so hat er nachzuweisen, daß sämtliche Tatbestandsmerkmale erfüllt sind, so der Bestand des Verhältnisses (keine Schenkung oder Bürgschaft in rem suam) und das Ausmaß des Rückgriffs. Doch während die Subrogation nur den vertraglichen Zinsanspruch auf dem Kapital der Hauptschuld auf den Bürgen übergehen läßt, kann das interne Verhältnis diesem gestatten, von der Zahlung an Zins zum gesetzlichen Zinssatz auf dem bezahlten Betrag in Anrechnung zu bringen, abgesehen von andern Auslagen, insbesondere seinen allfälligen Prozeßkosten. Der spezielle Rückgriffsanspruch verjährt überdies nach Ablauf der ordentlichen Frist von zehn Jahren und ist im Falle der Teilzahlung nicht der Einrede des Gläubigers nach Art. 507 Abs. 2, 2. Satz OR ausgesetzt. Er bleibt schließlich auch bestehen, doch ohne Subrogation, wenn der Bürge auf Grund einer ungültigen Verpflichtung geleistet hat[3].

Die Lehre geht daher gewöhnlich davon aus, daß zum gleichen Zwecke eine Konkurrenz von zwei Ansprüchen im Ausmaß des geringeren von beiden besteht: einerseits der spezielle, auf das sogenannte interne Verhältnis gestützte Rückgriff, anderseits ein genereller, aber subsidiärer Rückgriff, der auf dem Bürgschaftsrecht beruht – das demnach eine Wertung darüber enthält, welcher der beiden Schuldner die Schuld letzten Endes zu tragen hat – und der technisch als Subrogation des Bürgen in die Rechte des Gläubigers ausgestaltet ist. Doch bemißt sich der zweite Rückgriffsanspruch genau nach dem ersten; er ist Mittel, nicht Selbstzweck. In seinem Abs. 3 behält nämlich

---

[3] CAVIN, JdT 1945 I, S. 276/77 (Note zu BGE 70 II, 1944, S. 271): Ist die Zahlung unter dem Aspekt der Bürgschaft ungültig, so folgt daraus nicht ohne weiteres, daß es sich um eine «unrichtige» Ausführung des Auftrags handelt (Art. 402 OR).

Art. 507 OR ausdrücklich die besonderen Ansprüche und Einreden aus dem
zwischen dem Bürgen und Hauptschuldner bestehenden Rechtsverhältnis
vor; nach Abs. 5 bestimmt sich der Beginn der Verjährungsfrist entsprechend
den Regeln des Auftrags, und Abs. 6, in fine, stützt den Rückgriff im Falle
der Bezahlung einer verjährten Schuld auf diesen Vertrag. Ebenso läßt sich
der in Art. 508 Abs. 2 OR für den Fall der Unterlassung der Anzeige der
Zahlung vorgesehene Verlust des Rückgriffs im Rahmen der Haftung des
Beauftragten oder des Geschäftsführers ohne Auftrag besser erklären. Und
nach Art. 502 Abs. 1 und 3 OR verliert der Bürge, der es unterläßt, Einreden des Hauptschuldners geltend zu machen, seinen Rückgriff insoweit, als
er sich durch diese Einreden hätte befreien können, wenn er nicht darzutun
vermag, daß er sie ohne sein Verschulden nicht gekannt hat[4]. Was den Inhalt des «Rückgriffsrechts» gemäß dem Marginale von Art. 507 OR anbetrifft, des der Bürgschaft eigenen, generellen Behelfs, so sind sich die Autoren
darin einig, daß es sich dabei um einen Anspruch des Bürgen auf Ersatz
von Aufwendungen handelt[5]; es ist die actio mandati contraria, die auf die
Rückerstattung der effektiven Kosten beschränkt ist[6]. Schließlich bietet die
Anspruchskonkurrenz Schwierigkeiten[7]. Deshalb erscheint es wohl richtiger,
von der Vorstellung eines einheitlichen Rückgriffsrechts auszugehen, das sich
auf verschiedene gesetzliche Bestimmungen stützt und dessen Wirksamkeit
durch das technische Mittel der Subrogation verstärkt wird[8]. Da dieses Mittel
die Stellung des Bürgen zu verbessern bezweckt, kann es ihm gewiß eine
stärkere Position einräumen. Doch vermag nur die interne, spezielle Grundlage des Rückgriffs die Obligation des Hauptschuldners auszuweiten und dem
Bürgen nicht bloß Erleichterungen, sondern zusätzliche Rechte zu verschaffen (Art. 402 Abs. 1 und 422 Abs. 1 OR).

---

[4] Diese Bestimmung hat zur Folge, daß der Bürge mehr Rechte erwerben kann, als der
Gläubiger ihm auf Grund der ordentlichen Subrogation überträgt (Art. 169 OR; vgl.
KLEINER, S. 84); sie beruht demzufolge auf dem Auftragsverhältnis, nicht auf der Subro-
gation (VON TUHR, ZSR 1923, S. 105).

[5] SCHÖNENBERGER, N. 17.

[6] Unten III C 1 sowie Anm. 19 und 25.

[7] VON TUHR, ZSR 1923, S. 101 ff.

[8] LARENZ, S. 326/27. Desgleichen läßt Art. 149 Abs. 1 OR die Rechte des Gläubigers auf
den «rückgriffsberechtigten» Solidarschuldner übergehen (Art. 148 OR; BGE 103 II, 1977,
S. 137; 53 II, 1927, S. 30, Erw 1; § 426 Abs. 2 BGB). Und § 774 BGB spricht nur vom
Forderungsübergang, ohne über das interne, spezielle Verhältnis etwas zu sagen und ohne
ein eigentliches Rückgriffsrecht einzuräumen.

II. Das Recht des Bürgen, Sicherstellung oder Befreiung zu verlangen

Dieses Recht, das durch Art. 30 Abs. 3 LEG und Art. 34 Abs. 3 EGG ausgeschlossen wird, ist eine gesetzliche Vorwirkung des allgemeinen Rückgriffs des Bürgen gegen den Hauptschuldner, soweit ein solcher besteht. Seine praktische Bedeutung ist gering. Trotzdem kann Art. 506 OR, auf dem es beruht, mangels einer ausdrücklichen Ausnahme von der Regel des Art. 492 Abs. 4 OR nicht wegbedungen werden, obwohl der als wirtschaftlich stärker geltende Gläubiger nicht im Spiel ist[9]. Sind im übrigen die Voraussetzungen für den vom Gesetz eingeräumten, zweifachen Anspruch erfüllt, so besteht auch die Gefahr einer Anfechtungsklage (Art. 285 ff. SchKG); der Richter kann aber den Hauptschuldner nicht dazu verurteilen, sich einer solchen Klage auszusetzen.

1. Der Bürge kann grundsätzlich den Hauptschuldner nicht dazu zwingen, die Hauptschuld zu erfüllen[10], noch mangels Zahlung gegenüber dem Gläubiger die Bürgschaft widerrufen, abgesehen vom Fall des Art. 510 Abs. 1 OR.

Doch gestattet ihm das Gesetz zunächst, Sicherstellung zu verlangen, natürlich nicht, weil er dann den Gläubiger nicht aus seinen eigenen Mitteln zu befriedigen hätte, sondern um ihn für den Fall des Rückgriffs gegen die Zahlungsunfähigkeit des Hauptschuldners zu sichern. Als naturgemäß am besten geeignete Sicherheit erscheint deshalb die Rückbürgschaft, zumal sie nicht der Anfechtung unterliegt.

Ist die Hauptschuld fällig, so kann der Bürge ausnahmsweise Befreiung von der Bürgschaft verlangen. Die Art der Befreiung ist freigestellt.

2. Nach Art. 506 OR kann der Bürge in drei Fällen Sicherstellung oder Befreiung verlangen:

a) wenn der Hauptschuldner den mit dem Bürgen getroffenen Abreden (Sicherheiten zu stellen, Abzahlungen zu leisten usw.) zuwiderhandelt, namentlich die auf einen bestimmten Zeitpunkt versprochene Entlastung des Bürgen nicht bewirkt;

b) wenn der Hauptschuldner in Verzug kommt (Art. 102 ff. OR)[11] oder

---

[9] Aus diesem Grund neigt SCHÖNENBERGER dazu, hier eine stillschweigende Ausnahme vom zwingenden Charakter der gesetzlichen Bestimmungen über die Bürgschaft anzunehmen (N. 3). Contra: GIOVANOLI, 2. Aufl., N. 3 zu Art. 506 OR. – Die Ansprüche des Bürgen sind vom Vorliegen eines Auftrages des Hauptschuldners zur Verbürgung oder wenigstens einer auftragslosen Geschäftsführung abhängig (ibidem N. 2).
[10] BGE 41 III, 1915, S. 94.
[11] BGE 14, 1888, S. 313.

durch Verlegung seines Wohnsitzes in einen andern Staat seine rechtliche Verfolgung erheblich erschwert[12];

c) wenn durch Verschlimmerung der Vermögensverhältnisse des Hauptschuldners, durch Entwertung von Sicherheiten oder durch Verschulden des Hauptschuldners die Gefahr für den Bürgen erheblich größer geworden ist, als sie bei Eingehung der Bürgschaft war.

III. Der Rückgriff des Bürgen gegen den Hauptschuldner

A. Der Anwendungsbereich von Art. 507 OR

1. Das Krisenrecht und das landwirtschaftliche Sonderrecht weichen von der ordentlichen Regelung des Rückgriffs ab (so die Art. 19 Abs. 2 und 62 LEG). Die Subrogation untersteht dem Recht, welches das Rechtsverhältnis regelt, auf Grund dessen die Zahlung erbracht wurde, hier also die Bürgschaft[13].

In Art. 507 Abs. 2, 1. Satz, sowie Abs. 4 OR sind ausdrücklich abweichende Vereinbarungen vorbehalten. Im übrigen ist die Bestimmung zwingenden Rechts, auch im Falle der Teilzahlung[14].

2. Art. 507 OR ist auf alle Bürgschaftsarten anwendbar, sei es die einfache Bürgschaft, die Solidarbürgschaft oder die Mitbürgschaft[15].

Befriedigt der Nachbürge den Gläubiger, so gehen nicht nur dessen Rechte gegen den Bürgen (den Hauptschuldner in der Nachbürgschaft), sondern auch diejenigen gegen den Hauptschuldner auf ihn über, da die Zahlung indirekt auch die Hauptschuld tilgt[16].

---

[12] Art. 495 Abs. 1, in fine OR ist weniger allgemein gefaßt.
[13] BGE 39 II, 1913, S. 77; 74 II, 1948, S. 88; 85 II, 1959, S. 272 ff.
[14] Unter dem alten Recht entzogen sich die Banken für diesen Fall durch eine Klausel in ihren Vertragsformularen häufig der Subrogation bzw. deren Ausübung. Sie machten den Rückgriff auch auf andere Art illusorisch, indem sie sich die bestellten Sicherheiten für alle ihre Forderungen gegen den Hauptschuldner, seien sie gegenwärtig oder zukünftig, vorbehielten (STAUFFER postulierte deshalb, die Forderungen müßten einzeln aufgeführt werden, S. 115/16a; jedenfalls ist erforderlich, daß die verbürgten Forderungen mit Gewißheit identifizierbar sind).
[15] Die Wirkung der Bezahlung des Wechsels durch den Wechselbürgen ist geregelt in Art. 1022 Abs. 3 OR. Die Subrogation der Art. 507/08 OR ist dagegen anwendbar auf den Kreditauftrag (Art. 411 OR), nicht jedoch auf den Garantievertrag.
[16] Der Bürge hat dagegen selbstverständlich keinen Rückgriff gegen seinen Nachbürgen.

Befriedigt der Rückbürge den Bürgen, der nach Befriedigung des Gläubigers sein Rückgriffsrecht ausübt, so gehen sowohl die Rechte des Bürgen gegen den Hauptschuldner als auch jene gegen die Mitbürgen auf ihn über.

B. Die Voraussetzungen der Subrogation

1. Nach Art. 507 Abs. 1 OR genügt es, daß der Bürge den Gläubiger in Erfüllung seiner Bürgschaftsverpflichtung «befriedigt» hat. Auf die Art der Befriedigung kommt es nicht an: Zahlung, Hingabe an Zahlungs Statt, Hinterlegung, Verrechnung mit einer Gegenforderung des Bürgen. Doch ist zusätzlich erforderlich, daß die Bürgschaft und damit auch die Hauptschuld gültig sind, da sonst dem Gläubiger keinerlei Rechte gegen die beiden Verpflichteten zustehen. War die Bürgschaft ungültig, so bleiben dem Bürgen gegen den Gläubiger die Ansprüche aus ungerechtfertigter Bereicherung, gegen den Hauptschuldner gegebenenfalls die Ansprüche aus dem internen Verhältnis mit diesem.

Im Falle der Teilzahlung (die der Gläubiger unter Umständen annehmen muß, Art. 504 Abs. 1, 2. Satz OR) tritt nunmehr ebenfalls, und zwar von Anfang an, Subrogation ein, aber nur in dem Maße, als der Gläubiger befriedigt wurde.

2. Der Bürge kann die Rechte, die auf ihn übergegangen sind, sofort nach Eintritt der Fälligkeit der Hauptschuld ausüben, aber nicht vorher (Art. 507 Abs. 1 und 504 Abs. 3, je 2. Satz OR), abgesehen von der in Art. 509 Abs. 6, 2. Satz OR vorgesehenen Ausnahme.

Wie bei der Zession sollte sich eigentlich die Verjährung der durch Subrogation übergegangenen Forderung nach dem Verhältnis zwischen Gläubiger und Hauptschuldner richten. Die Verjährungsfrist, deren Lauf mit der Fälligkeit der Hauptschuld begonnen, beziehungsweise mit der letzten Unterbrechungshandlung in diesem Verhältnis neu angefangen hat, sollte daher an sich weiterlaufen, da sie durch die Zahlung des Bürgen nicht unterbrochen wird (Art. 136 Abs. 3 OR). Um den Bürgen zu schützen, dem die zur Unterbrechung der Verjährung erforderliche Zeit fehlen könnte, läßt indessen Art. 507 Abs. 5 OR im Ausmaß der Subrogation die Verjährung mit dem Zeitpunkt der Befriedigung des Gläubigers neu beginnen (Art. 137 Abs. 1 OR)[17]. Diese Regel verträgt sich weder mit dem System der Subrogation noch mit demjenigen der Verjährung[18].

---

[17] Frühestens aber von der Fälligkeit der Hauptschuld an (vgl. den vorangehenden Absatz).

[18] CAVIN, JdT 1945 I, S. 274/75. Das ist ein Indiz, das für die Einheitlichkeit des Rückgriffs spricht, bei welchem die Subrogation nur eine Modalität der Ausübung darstellt (vgl. SPIRO, § 56, N. 3, Abs. 2, § 205, N. 5; sowie Ziff. I hievor).

C. Die Wirkungen der Subrogation

1. Übergang der verbürgten Forderung

Die Forderung geht von Gesetzes wegen und sogar gegen den Willen des Gläubigers über, aber nur in dem Maße, als der Bürge diesen aus seinen Mitteln befriedigt hat (Art. 499 OR), nicht zum Nominalwert, und in dem Zustand, in dem sie sich befindet (Art. 169 OR, unter Vorbehalt von Art. 507 Abs. 5 OR). Da der Bürge seine eigene Verpflichtung erfüllt und diese auf Geldleistung geht (das Interesse des Gläubigers an der Erfüllung), hat auch der im Rückgriff belangte Hauptschuldner eine Geldleistung zu erbringen, nicht die andersartige Leistung, die er allenfalls dem Gläubiger versprochen hat.

Somit bestätigt sich in zweifacher Hinsicht, daß der Rückgriff den Ersatz der Aufwendungen des Bürgen bezweckt (Art. 402 OR)[19].

2. Der Übergang der Nebenrechte

a) Die Subrogation erfaßt auch die Vorzugs- und Nebenrechte – worunter die Ansprüche gegen allfällige Mitverpflichtete[20] –, mit Ausnahme derer, die untrennbar mit der Person des Gläubigers verbunden sind (Art. 170 Abs. 1 und 3 OR)[21]. Dieser ist verpflichtet, die Schuldurkunde und die Beweismittel auszuliefern und die nötigen Aufschlüsse zu erteilen (Art. 170 Abs. 2, ergänzt durch Art. 503 Abs. 3 und 4 OR, der systematisch richtiger wie im alten Recht nach den Art. 507/08 OR eingereiht werden sollte).

Kraft einer besonderen Einschränkung (Art. 507 Abs. 2, 1. Satz OR), die Art. 503 Abs. 1 und 3 OR entspricht (vorn § 55, II 1 und III), erwirbt jedoch der Bürge die für die verbürgte Forderung haftenden Pfandrechte und andern S i c h e r h e i t e n n u r , wenn diese bei Eingehung der Bürgschaft bereits vorhanden waren oder vom Hauptschuldner nachträglich eigens für die Forderung bestellt worden sind. Darin liegt eine Abweichung von Art. 170 Abs. 1 OR. Das Gesetz behält freilich anderweitige Abreden vor, doch einzig zu-

---

[19] Ein weiteres Indiz für seine Einheitlichkeit. Vgl. von TUHR, ZSR 1923, S. 104, N. 8: Schon die Römer beschränkten in diesem Sinne die Wirkungen einer vertraglichen Zession für den Nominalwert.

[20] Über den Fall, wo der Bürge nur die Verpflichtung eines von mehreren Solidarschuldnern verbürgt hat, MAZEAUD, N. 38 (seine Stellung entspricht derjenigen des Gläubigers).

[21] Vorn § 55, II 1. Demgemäß tritt der Bürge ein in die Stellung des Gläubigers im Prozeß oder in der Zwangsvollstreckung, unter Vorbehalt der Einreden des Hauptschuldners gegen den Bürgen, die durch nachträglichen Rechtsvorschlag geltend gemacht werden können (Art. 77 SchKG); vgl. insbes. BGE 22, 1896, S. 669; 35 I, 1909, S. 557 (Gerichtsstandsvereinbarung).

gunsten des Bürgen (was überflüssig ist, Art. 492 Abs. 4 OR), wie aus dem Wortlaut der Bestimmung («nur») hervorgeht[22].

b) Wird der Gläubiger nur t e i l w e i s e   b e f r i e d i g t, tritt die Subrogation im Ausmaß der Teilleistung ein, und zwar sofort (Art. 507 Abs. 1 OR), auch wenn die Ausübung des Rückgriffs für den Gläubiger bei der Geltendmachung der Restforderung nachteilig ist[23]. Auch die Sicherheiten gehen entsprechend der Teilleistung auf den Bürgen über. Wie verhält es sich nun mit einem geteilten Pfandrecht, das zur Deckung der gesamten Forderung nicht ausreicht? Diese unter dem alten Recht streitige Frage löste Art. 507 Abs. 2, 2. Satz OR in Bestätigung der damals herrschenden Lehre entsprechend dem Grundsatz «nemo subrogat contra se» (Art. 1252 CCfr.; §§ 268 Abs. 3 und 774 BGB): Der dem Gläubiger verbleibende Teil hat vor demjenigen des Bürgen den Vorrang[24].

Der zahlende Bürge ist nicht ein «Dritter» im Sinne von Art. 110 OR. Jedenfalls kann er nicht zum alleinigen Zweck intervenieren, um dem Gläubiger eine Sicherheit zu entziehen und ihn so um die ihm durch Art. 507 Abs. 2, in fine OR eingeräumte, bevorzugte Stellung zu bringen (vorn § 51, Anm. 3, Abs. 2).

D. Die Beziehungen zwischen Zahlung, Subrogation und Rückgriff

1. Befriedigung des Gläubigers ohne Subrogation und Rückgriff

Stünde dem Bürgen, der eine verjährte oder unverbindliche, aber gültig garantierte (Art. 492 Abs. 3 und 502 Abs. 1, 2. Satz und Abs. 4 OR) Schuld bezahlt hat, der Rückgriff offen, so wäre der Hauptschuldner durch diesen Umweg letzten Endes doch verpflichtet (vorn § 52, II 3 und 4). Aus diesem Grunde hat der Bürge nach Art. 507 Abs. 6 OR seine Auslagen endgültig selbst zu tragen, wenn er eine unklagbare Forderung (Spiel und Wette, Dif-

---

[22] SCHÖNENBERGER, N. 39 (Art. 507 Abs. 2 OR wird ergänzt durch Art. 503 Abs. 3, 3. Satz OR); BECK, N. 38; a.M. GIOVANOLI, 2. Aufl., N. 8.

[23] Über den zwingenden Charakter dieser Wirkung vgl. Anm. 14 oben. Im Konkurs des Hauptschuldners kann jedoch Art. 217 SchKG zum gegenteiligen Ergebnis führen: Der Bürge, der seine Rückgriffsforderung eingegeben hat, erhält nichts, bevor der Gläubiger vollständig befriedigt ist.

[24] W. VISCHER, Der Rückgriff des Bürgen, ZSR 1888, S. 40ff.; von TUHR, ZSR 1923, S. 107, Ziff. II; STAUFFER, S. 113a lit. b; vgl. auch die Diss. von NUSSBAUMER. Der Grundsatz ist allgemein anwendbar (BGE 96 II, 1970, S. 363; 64 III, 1938, S. 48; 60 II, 1934, S. 189; 45 III, 1919, S. 15; 25 II, 1899, S. 951), sogar wenn der Teilbürge seine ganze Schuld bezahlt hat, seine Zahlung aber niedriger ist als die verbürgte Schuld (siehe den Wortlaut der Bestimmung: «Geht infolge bloß teilweiser Bezahlung der Schuld...»; vgl. auch MAZEAUD, N. 35.2, und MARTY/RAYNAUD, N. 559).

ferenzgeschäft) oder eine für den Hauptschuldner wegen Irrtums oder Vertragsunfähigkeit unverbindliche Schuld bezahlt hat. Hat er jedoch die Haftung für eine verjährte Schuld im Auftrag des Hauptschuldners übernommen, so haftet ihm dieser gemäß dem 2. Satz der erwähnten Bestimmung nach den Grundsätzen über den Auftrag – ein erstes Auftauchen ihres internen Verhältnisses.

2. Beziehungen zwischen Subrogation und Rückgriff

a) Beschränkungen des Rückgriffs durch andere Gesetze

Der Hauptschuldner muß dem Gläubiger und dem Bürgen zusammen nicht mehr als die Nachlaßdividende bezahlen. Hat der Bürge dem Gläubiger, dem ein definitiver Verlustschein ausgestellt worden ist (Art. 149 und 265 SchKG), Zinsen bezahlt, so kann er nicht deren Rückerstattung beanspruchen. Andere Einschränkungen ergeben sich aus der Zahlungsunfähigkeit des Hauptschuldners und aus deren Folgen (vorn § 52, V 2).

b) Vorrang des internen Verhältnisses

aa) Erstattung der effektiven Aufwendungen

Erklärt sich der Gläubiger mit weniger als dem Totalbetrag seiner Forderung befriedigt (Vergleich, Teilerlaß zugunsten des Bürgen), so steht diesem der Rückgriff nur für den effektiv aufgewendeten Betrag zu. Das ist eine Ausnahme von den Grundsätzen der Zession (hier Legalzession)[25].

bb) Einreden aus dem besonderen Verhältnis zwischen Hauptschuldner und Bürgen

Wie bereits gesagt (oben I Abs. 3) kann das besondere Verhältnis zwischen Hauptschuldner und Bürgen diesem mehr Rechte einräumen als die Subrogation, nämlich die in Art. 507 Abs. 3 OR erwähnten «besonderen Ansprüche». Insbesondere ist ein Auftrag erforderlich, damit im Falle der Bezahlung einer verjährten Schuld ein Rückgriffsrecht entstehen kann (Art. 507 Abs. 6, 2. Satz OR).

Doch behält Art. 507 Abs. 3 OR auch die «Einreden» vor, das heißt alle Behelfe, die anzurufen – zu behaupten und zu beweisen – dem Hauptschuldner zu seiner Verteidigung obliegt, zum Beispiel, es stehe ihm eine längere Zahlungsfrist zu, der Bürge handle rechtsmißbräuchlich[26], er habe die Schuld

---

[25] BGE 53 II, 1927, S. 30. Auch das ist ein Indiz für die Einheitlichkeit des Rückgriffs; vgl. Anm. 6 und 19 oben.
[26] BGE 53 II, 1927, S. 31; 60 II, 1934, S. 108/09.

in eigenem Interesse (in rem suam) verbürgt oder er habe eine Schenkung machen wollen; die Erben können sich auf Art. 591 ZGB berufen. Dagegen steht der Rückgriff offen, auch wenn der Bürge ohne Wissen, ja entgegen dem Willen und dem Interesse des Hauptschuldners bezahlt hat; doch kann dieser für einen allenfalls daraus entstandenen Schaden Ersatz verlangen.

E. Verlust oder Herabsetzung des Rückgriffsrechts auf Grund des Bürgschaftsrechts

1. Der Bürge hat dem Gläubiger die Einreden des Hauptschuldners nicht entgegengehalten

Nach Art. 502 Abs. 1 OR ist der Bürge nicht nur berechtigt, sondern auch «verpflichtet», dem Gläubiger die Einreden entgegenzuhalten, die dem Hauptschuldner zustehen. In Wirklichkeit handelt es sich hier wie bei den «Pflichten» des Gläubigers gegenüber dem Bürgen (Art. 503–505 OR) um eine Obliegenheit, die Rechtsvoraussetzung der in Abs. 3 vorgesehenen Sanktion: Unterläßt es nämlich der Bürge – zunächst zu seinem eigenen Schaden –, diese Einreden geltend zu machen, so verliert er seinen Rückgriff insoweit, als er sich durch sie ganz oder teilweise hätte befreien können, wenn er nicht darzutun vermag, daß er sie ohne sein Verschulden[27] nicht gekannt hat. Er ist unter diesem Gesichtspunkt nicht verpflichtet, dem Gläubiger seine persönlichen Einreden entgegenzuhalten[28]. Dem Bürgen, der seiner Pflicht nicht nachgekommen ist, bleibt die Bereicherungsklage (Art. 63 OR und Art. 86 SchKG)[29].

2. Der Bürge hat dem Hauptschuldner die Zahlung nicht angezeigt

Nach Art. 508 Abs. 1 und 2 OR hat der Bürge, der die Hauptschuld ganz oder teilweise bezahlt hat, dem Hauptschuldner Mitteilung zu machen; er verliert seinen Rückgriff, wenn er diese Mitteilung unterläßt und der Hauptschuldner, der die Tilgung nicht kannte und auch nicht kennen mußte (Art. 3 Abs. 2 ZGB), die Schuld gleichfalls bezahlt.

---

[27] Wurde die Bürgschaft unentgeltlich gewährt, wird man an die Diligenz des Bürgen gemäß Art. 502 Abs. 3 und 508 Abs. 2 OR weniger strenge Anforderungen stellen (SPIRO, § 413, der Art. 99 Abs. 2 OR analog anwendet; gewiß zu Recht, hinsichtlich der zweiten Bestimmung jedoch ohne Stütze im Gesetzestext).

[28] BGE 40 III, 1914, S. 56; 57 II, 1931, S. 522.

[29] Gegen den Gläubiger bzw. gegen den Hauptschuldner im Fall der Verrechnung, wenn die Unterlassung der Geltendmachung der Einrede diesem eine Forderung bewahrt, die andernfalls untergegangen wäre (vorn § 52, V 1).

Die Anzeigepflicht ist mit dem Rückgriff verknüpft. Ist dieser gegeben, so ist die Anzeige bei jeder Art der Zahlung erforderlich. Obwohl es hier an der klaren Ausdrucksweise des Art. 505 Abs. 3 OR fehlt, tritt der Verlust des Rückgriffs nur ein im Ausmaß der vom Hauptschuldner geleisteten Zahlung, das heißt, soweit dieser durch die Unterlassung der Anzeige geschädigt wurde. Desgleichen ist trotz des Schweigens des Gesetzes ein Verschulden des Bürgen vorausgesetzt[30].

Vorbehalten ist die Forderung gegen den Gläubiger aus ungerechtfertigter Bereicherung (Art. 508 Abs. 3 OR). Sie steht dem Bürgen zu, soweit diesem die Subrogation zugute gekommen ist, denn der Gläubiger hat sich auf dessen Kosten bereichert, indem er ein zweites Mal die Zahlung für eine Forderung entgegennahm, die inzwischen auf den Bürgen übergegangen ist[31].

§ 60. Das Verhältnis zwischen Bürgen untereinander und zwischen Bürgen und Pfandeigentümer

I. Das Verhältnis zwischen Bürgen untereinander

Der Bürge, der den Gläubiger befriedigt, befreit nicht nur den Schuldner (der Hauptschuld, einer ersten Bürgschaft oder des Rückgriffsanspruchs des Bürgen), sondern auch die andern selbständig oder akzessorisch Verpflichteten[1]. Das Verhältnis der Mitbürgen zum ursprünglichen Schuldner ist in den Art. 506–508 OR geregelt, die bereits behandelt worden sind. Zu prüfen bleibt, ob den Mitbürgen auch ein Rückgriff unter sich zusteht. Soweit dies der Fall ist, wird auch er durch Subrogation verstärkt.

Der Bürge, der durch Subrogation an die Stelle des ursprünglichen Gläubigers getreten ist, kann seinen Rückgriff gegen die Mitbürgen aus den gleichen Gründen verlieren, wie er selbst gegenüber dem Gläubiger befreit

---

[30] Dieses ist nach den Umständen zu würdigen; vgl. Anm. 27 oben.
[31] Tritt keine Subrogation zugunsten des Bürgen ein, so steht die Bereicherungsklage dem Hauptschuldner zu; desgleichen im allerdings seltenen Fall, wo der Hauptschuldner den Bürgen befriedigt hat, obwohl dieser seiner Anzeigepflicht nach Art. 508 OR nicht nachgekommen ist, dies auf Grund von Art. 401 OR (SCHÖNENBERGER, N. 6).
   Zahlt der Bürge, obwohl der Hauptschuldner bereits erfüllt hat und er dies gewußt hat oder hätte wissen müssen, so bleibt ihm nur die Bereicherungsklage gegen den Gläubiger (Art. 502 Abs. 3 OR).
[1] Über den Rückgriff unter Anteilbürgen: vorn § 57, Anm. 5. Über den Rückgriff des Nach- und des Rückbürgen: vorn § 59, III A 2.

werden konnte. So verhält es sich etwa, wenn er die für die verbürgte Forderung bestimmten Sicherheiten vermindert oder sich ihrer entäußert. Diese Sicherheiten kommen nämlich auch den andern Bürgen zugute, entsprechend ihrer Regreßpflicht; der Erlös aus ihrer Verwertung ist auf die Gesamtschuld anzurechnen, damit die Anteile der andern Bürgen bestimmt werden können. Aus diesem Grund sind die Art. 419 und 503 Abs. 1, 3 und 4 OR (letzterer in analoger Anwendung, die sich nicht auf die in Art. 511 OR vorgesehenen Maßnahmen erstreckt) auf die Sorgfaltspflicht des Bürgen anwendbar, der nach Befriedigung des Gläubigers gegen Mitbürgen oder Rückbürgen Rückgriff nehmen will, soweit es sich nicht um Sicherheiten handelt, die einzig zur Sicherung seines eigenen Rückgriffs gegen den Hauptschuldner bestellt wurden. Unter den Bürgen besteht, wenn nicht ein Auftragsverhältnis, so doch eine Geschäftsführung ohne Auftrag[2].

Die Bürgen können über den Rückgriff unter sich ausdrückliche oder stillschweigende Vereinbarungen treffen, auch nach Eingehung der Bürgschaft. Für die Solidarmitbürgschaft enthält das Gesetz eine entsprechende Bestimmung (Art. 497 Abs. 2, 4. Satz OR). Dagegen ist der Rückgriff unter Mitverpflichteten allgemein der Einwirkung des Gläubigers gänzlich entzogen; deshalb ist die Zession der verbürgten Forderung durch jenen an einen von mehreren Bürgen oder an einen von diesem vorgeschobenen Dritten für das Rückgriffsverhältnis zwischen den Bürgen unbeachtlich. Ebensowenig ist der Umweg über Art. 110 OR möglich; jedenfalls können auf diese Weise die Vorschriften des Bürgschaftsrechts nicht umgangen werden[3].

1. Der Rückgriff unter Nebenbürgen

Da die Nebenbürgen unter sich nicht verbunden sind, stünde ihnen an sich kein gegenseitiges Rückgriffsrecht zu (so im alten Recht), wäre nicht aus Billigkeit Art. 497 Abs. 4, 2. Satz OR eingeführt worden: Soweit nicht etwas anderes vereinbart ist, hat der zahlende Nebenbürge anteilsmäßigen Rückgriff auf die andern.

---

[2] BGE 56 II, 1930, S. 139; 66 II, 1940, S. 123; 94 III, 1968, S. 1; vgl. vorn § 55, Anm. 15.
[3] BGE 53 II, 1927, S. 29/30; 95 II, 1969, S. 242, Erw 2 und S. 250/51 (Solidarschuldner und Solidarmitbürgen); vorn § 51, Anm. 3, Abs. 2.
    In gewissen Situationen schließt die Rechtsprechung den Rückgriff aus. So ist, wenn es auch grundsätzlich gleichgültig ist, aus welchen Mitteln der Bürge bezahlt, der Fall auszunehmen, wo es sich um Vermögen gerade des belangten Mitbürgen handelt oder um solches, an welchem dieser berechtigt ist (BGE 56 II, 1930, S. 140, Erw 3). Wer sodann die Schuld einer Aktiengesellschaft verbürgt, deren Alleinaktionär er ist, verpflichtet sich im eigenen Interesse; seine Zahlung der Hauptschuld verschafft ihm deshalb keinen Rückgriff auf seine Mitbürgen, auch wenn er durch eine andere, ebenfalls von ihm beherrschte Gesellschaft handelt, welche die Forderung durch Subrogation erworben hat (BGE 81 II, 1955, S. 455; 53 II, 1927, S. 25).

2. Der Rückgriff unter einfachen Mitbürgen

Der Rückgriff ist gerechtfertigt, wenn ein Mitbürge freiwillig oder als Nachbürge, bewußt oder versehentlich (Nichterhebung der Teilungseinrede) mehr als seinen Anteil bezahlt hat.

Trotz des Schweigens des Gesetzes ist der Rückgriff gegeben. Er kann auf den Rechtsbeziehungen unter den Mitbürgen beruhen[4]. Ist dies nicht der Fall, so gründet er sich auf Geschäftsführung ohne Auftrag[5] oder indirekt auf Art. 507 OR; die Nachbürgschaft des Art. 497 Abs. 1 OR verschafft nach dieser letzten Konstruktion dem zahlenden Mitbürgen auch die Rechte des Gläubigers gegen die andern Bürgen[6]. Wie dem auch sei, führt die Gemeinsamkeit[7] der Bürgschaftsverpflichtung zum gleichen Ergebnis wie die Solidarität nach Art. 148 OR; unter Vorbehalt abweichender Vereinbarung hat jeder Mitbürge von der an den Gläubiger geleisteten Zahlung einen gleichen Teil zu übernehmen[8].

3. Der Rückgriff unter Solidarmitbürgen

Hier sieht das Gesetz den Rückgriff ausdrücklich vor. Nach Art. 497 Abs. 2, 4. und 5. Satz OR hat der Bürge, wenn nicht etwas anderes vereinbart worden ist, für die geleisteten Zahlungen Rückgriff auf die solidarisch neben ihm haftenden Mitbürgen, soweit nicht jeder von ihnen den auf ihn entfallenden Teil bereits geleistet hat; dieser Rückgriff kann demjenigen auf den Hauptschuldner vorausgehen.

a) Diese Bestimmung beinhaltet nur eine Präzisierung des Rückgriffs. Wie bei der einfachen Mitbürgschaft beruht dieser auf den persönlichen Beziehungen, auf Geschäftsführung ohne Auftrag oder auf Art. 507 OR. Da unter Solidarmitbürgen immer Solidarität besteht, wären an sich allein Art. 148 und 149 OR anwendbar[9], wenn nicht die 1941 ergänzte Sonderregelung bestünde, mit welcher der Gesetzgeber anstrebte, daß alle Solidarmitbürgen von Anfang an gleich gestellt sein sollten.

---

[4] BGE 57 II, 1931, S. 328.
[5] BGE 56 II, 1930, S. 139; 66 II, 1940, S. 127.
[6] BGE 54 III, 1928, S. 301 und BECK, N. 20 zu Art. 497 OR. Anders: BGE 45 III, 1919, S. 110; 66 II, 1940, S. 126.
[7] BGE 40 III, 1914, S. 60/61 (Gemeinsamkeit nur für einen Teil der Schuld).
[8] Der im Rückgriff belangte Mitbürge kann die Einreden erheben, die er persönlich gegen den Gläubiger gehabt hätte (analoge Anwendung von Art. 502 Abs. 3 OR) oder die ihm gegenüber dem Rückgriff nehmenden Mitbürgen zustehen.
[9] Für das alte Recht: BGE 66 II, 1940, S. 127; 56 II, 1930, S. 139; 53 II, 1927, S. 29; 45 III, 1919, S. 110.

Der Rückgriff ist nunmehr einzig von der Voraussetzung abhängig, daß der Bürge dem Gläubiger vollständig oder teilweise Zahlung geleistet hat. Es ist nicht einmal erforderlich, daß er mehr als seinen Anteil bezahlt hat, im Unterschied zu Art. 148 Abs. 2 OR, wonach der Solidarschuldner nur für den seine Quote übersteigenden Betrag rückgriffsberechtigt ist. Dagegen entspricht es Art. 148 Abs. 1 OR, daß jeder Mitbürge von der Zahlung einen gleichen Teil zu übernehmen hat, soweit nichts anderes vereinbart worden ist. Wer den auf ihn entfallenden Anteil bezahlt hat, kann nicht mehr belangt werden (Art. 497 Abs. 2, 4. Satz OR). Doch was von einem Mitbürgen nicht erhältlich ist, haben die übrigen wie nach Art. 148 Abs. 3 OR gleichmäßig zu tragen.

b) Der Mitbürge, der den Gläubiger befriedigt hat, erwirbt durch Subrogation dessen Rechte gegen die andern Mitbürgen und die für die verbürgte Forderung haftenden Sicherheiten (Art. 507 Abs. 2 OR). Besteht Solidarität mit dem Hauptschuldner, so kann der im Rückgriff belangte Mitschuldner die Einrede der Vorausverwertung der Mobiliarpfänder erheben (Art. 496 Abs. 2 OR). Enthält die Bürgschaft eine abweichende Abrede, so ist diese anwendbar, denn die Subrogation verschafft nicht mehr Rechte, als sie der Gläubiger besaß. Die vorgängige Betreibung auf Pfandverwertung ist auf jeden Fall ausgeschlossen, wenn der Hauptschuldner in Konkurs gefallen ist[10].

Nach dem letzten Satz von Art. 497 Abs. 2 OR steht es dem Solidarmitbürgen frei, ob er zuerst den Rückgriff gegen den Hauptschuldner oder jenen gegen seine Mitbürgen ausüben will.

II. Das Verhältnis zwischen Bürgen und Pfandeigentümer

Art. 507 Abs. 4 OR beantwortet die Frage, ob der Bürge oder der Pfandeigentümer letzten Endes die Hauptschuld zu tragen habe. An sich hängt die Antwort davon ab, in welcher Reihenfolge die beiden belangt werden, indem der zuerst belangte gegen den andern rückgriffsberechtigt wird.

Befriedigt also der Bürge den Gläubiger, so gehen dessen Rechte, insbesondere auch die Pfandrechte, auf ihn über (Art. 507 Abs. 2 OR). Er kann demnach das Pfand verwerten lassen, auch wenn es von einem Dritten gestellt worden ist. Diesem steht kein Rückgriff gegen den Bürgen zu, sondern gegebenenfalls nur ein solcher gegen den Hauptschuldner.

---

[10] Analogie zu Art. 496 Abs. 2 OR: BGE 94 III, 1968, S. 1, der die grundsätzliche Frage offen läßt.

Wie verhält es sich aber, wenn das Pfand verwertet wird oder der Dritt-eigentümer des Pfandes freiwillig bezahlt, wie er berechtigt ist, es zu tun? Im zweiten Fall gehen nach Art. 110 Ziff. 1 OR (Art. 827 Abs. 2 ZGB) die Rechte des Gläubigers mit Einschluß der Nebenrechte, worunter auch der Anspruch gegen den Bürgen, auf den Pfandgeber[11] über. Schon unter dem alten Recht hatte indessen nach herrschender Lehre der Pfandeigentümer den allfälligen Verlust aus der Zahlungsunfähigkeit des Hauptschuldners zu tra-gen[12]. Das Gesetz von 1941 schließt sich ausdrücklich dieser Ansicht an. Wird nämlich ein für eine verbürgte Forderung bestelltes Pfand in Anspruch genommen oder bezahlt der Pfandeigentümer freiwillig, so kann dieser hie-für nach Art. 507 Abs. 4 OR grundsätzlich nicht auf den Bürgen Rückgriff nehmen. Von diesem Grundsatz wird jedoch in zwei Fällen abgewichen, dann nämlich, wenn Bürge und Pfandeigentümer etwas anderes vereinbart haben und wenn das Pfand erst nach Eingehung der Bürgschaft bestellt worden ist[13].

---

[11] Jedoch nur, soweit dieser nicht seinerseits als Bürge verpflichtet ist, in welchem Fall er nicht als «Dritter» im Sinne der Bestimmung anzusehen ist; BGE 53 II, 1927, S. 29.
[12] BGE 62 II, 1936, S. 120, Erw 2; STAUFFER, S. 117 a ff.; VON TUHR, ZSR 1923, S. 119.
[13] Vgl. Art. 503 Abs. 1 und 507 Abs. 2 OR.

Spiel und spielartige Verträge

KURT AMONN

Spiel und spielartige Verträge

Literatur

(Die in diesem Beitrag angegebenen Werke werden im folgenden lediglich mit dem Namen des Verfassers, bei mehreren Werken des gleichen Autors zusätzlich mit einem Stichwort zitiert.)

H. BECKER, Berner Kommentar, Bd. IV/2: Obligationenrecht, Die einzelnen Vertragsverhältnisse, Bern 1934; H. OSER/W. SCHÖNENBERGER, Zürcher Kommentar, Bd. V/3: Obligationenrecht, Die einzelnen Vertragsverhältnisse, 2. Aufl., Zürich 1945; sowie die in diesen Kommentaren aufgeführte frühere Literatur.

Ferner: B. VON BÜREN, Schweizerisches Obligationenrecht, Besonderer Teil, Zürich 1972, S. 225 ff.; TH. GUHL, Das Schweizerische Obligationenrecht, 6. Aufl., bearb. von H. MERZ und M. KUMMER, Zürich 1972 (zit. GUHL/MERZ/KUMMER), S. 43–45; A. MATTI, SJK, OR XXI, Nr. 630, 631, 631 a; Handbuch des Bank-, Geld- und Börsenwesens der Schweiz, Thun 1964, Stichwörter «Differenzgeschäft» und «Termingeschäft»; B. WINDSCHEID, Lehrbuch des Pandektenrechts, 9. Aufl., unter vergleichender Darstellung des Deutschen Bürgerlichen Rechts bearb. von TH. KIPP, Frankfurt/M. 1906 (zit. WINDSCHEID/KIPP).

§ 61. Vorbemerkungen

I. Spiel und Recht

Das Spiel als körperliche oder geistige Betätigung, die ohne jeden unmittelbaren wirtschaftlichen Zweck, allein aus Freude, um ihrer selbst willen geübt wird, dieses reine Spiel bedarf der rechtlichen Regelung nicht[1]. Wird aber an den Ausgang eines Spiels durch vertragliche Abmachung der Spielenden die Verpflichtung zu einer geldwerten Leistung des Verlierers an den Gewinner geknüpft, hat das Recht wohl Grund, sich damit zu befassen. Denn nur allzuleicht läßt derlei Spiel mit versprochener Gewinnaussicht

---

[1] So z.B. das Spiel, das – ohne geldwerten Einsatz – allein um Spielpunkte betrieben wird; es besteht kein Rechtsanspruch auf Einhaltung der Spielregeln, und deren Verletzung hat auch keine Rechtsfolgen. SJZ 53, 1957, S. 152, Nr. 72; ZBJV 100, 1964, S. 550 ff.; M. KUMMER, Spielregel und Rechtsregel, Abh. schweiz. R, Heft 426, Bern 1973, S. 31 ff., insbes. S. 43/44.

natürlichen Spieltrieb in Spielsucht entarten, die Erwerb – statt mit wirtschaftlich vernünftigem Einsatz von Arbeit und Kapital im Güteraustausch – im Risiko bloß vager Spielerei sucht. Im Spiel werden aber Gewinn und Verlust recht launig, unberechenbar verteilt. Dem Glück des Gewinners steht das Pech des Verlierers gegenüber, das für diesen wirtschaftliches Elend bedeuten kann. Daher greift der Gesetzgeber hier aus sozialpolitischen und volkswirtschaftlichen Überlegungen ein: er verbietet gewisse Spiele, läßt andere nur zu, wenn sie von einer Behörde bewilligt sind, oder schränkt zum Schutze des Spielschuldners die Rechtswirkungen vertraglich eingegangener Pflichten ein.

II. Rechtsquellen

Das schweizerische Recht befaßt sich mit den Spielgeschäften auf der Ebene des Verwaltungsrechts in den Bundesgesetzen betreffend die Lotterien und die gewerbsmäßigen Wetten vom 8. Juni 1923 und über die Spielbanken vom 5. Oktober 1929[2], sowie auf der Ebene des Privatrechts in den Art. 513–515 OR. Nur von dieser privatrechtlichen Ordnung ist hier die Rede.

III. Gegenstand der privatrechtlichen Ordnung

1. Unter dem Titel «Spiel und Wette» regelt das Gesetz die Rechtsfolgen verschiedener Abreden, die ausschließlich oder doch überwiegend auf Spielbetrieb beruhen oder ihn wenigstens hintergründig voraussetzen. In erster Linie sind es die Spielverträge, welche das Spiel – widersinnig – zum Geschäft machen: Spiel und Wette im engern Sinne einerseits (Art. 513 Abs. 1 OR) sowie Lotterie- und Ausspielverträge anderseits (Art. 515 OR). Zweitens werden den eigentlichen Spielverträgen gewisse spielartige Verträge gleichgestellt: Lieferungsverträge, die in spielerischer Absicht abgeschlossen werden (Art. 513 Abs. 2, 2. Satzhälfte OR). Und schließlich will das Gesetz auch bestimmte Hilfsgeschäfte erfassen, durch welche der Abschluß von

---

[2] BS 10, S. 255 und 280. Dazu die VV zum LotG vom 27. Mai 1924 (BS 10, S. 267; AS 1948, S. 1173) und die VO vom 1. März 1929 über den Spielbetrieb in Kursälen (BS 10, S. 282; AS 1959 I, S. 226 und 1972 I, S. 1582).

Spiel- und spielartigen Verträgen finanziell ermöglicht oder begünstigt wird:
Darlehen und Vorschüsse zum Zwecke des Spielbetriebes (Art. 513 Abs. 2,
1. Satzhälfte OR).

2. Allen diesen Rechtsgeschäften ist eigen, daß sie das zur Erlangung eines
Gewinnes genutzte Spiel unmittelbar oder mittelbar zum Zwecke haben. Auf
diese Zielsetzung einer spielerischen Tätigkeit, den Spielcharakter,
kommt es bei allen Spielgeschäften entscheidend an. Um Spiel kann es sich
aber nur handeln, wo eine ernsthafte wirtschaftliche Betätigung überhaupt
nicht beabsichtigt ist; wirtschaftlich begründetes Handeln schließt das Spiel
aus. Das Spiel selbst ist seiner Natur nach wirtschaftlich zwecklos. Darum
ist Spekulation niemals Spiel; spekulativ ist nämlich jedes auf kaufmännischer
Überlegung beruhende Geschäft. Wirklich gespielt wird aus Freude, zum
Vergnügen, zur Unterhaltung, Zerstreuung, Entspannung, zur geistigen
oder körperlichen Ertüchtigung, oder auch bloß zum Zeitvertreib, um des
Spielens willen [3].

3. Weil diese Spielgewinnverträge und ihre Förderungsgeschäfte außerhalb des wirtschaftlich begründeten Güterverkehrs stehen, unterstellt sie das
Gesetz besonderen privatrechtlichen Vorschriften. Es läßt sie zwar zu und
fordert ihre Nichtigkeit nur unter den allgemeinen Voraussetzungen der
Rechts- und Sittenwidrigkeit nach Art. 20 OR [4]. Jedoch soll der Gewinn-
anspruch des Siegers oder der Anspruch des Geldgebers auf Rückzahlung
seines Spielvorschusses nicht die Stärke einer mit dem Zwang des Rechtes
durchsetzbaren Forderung erlangen: dem Gläubiger der vereinbarten Ge-
winnleistung wie dem Darleiher wird der Rechtsschutz durch Verweigerung der Klage versagt, der Schuldner wird ihm gegenüber durch Gewährung der Spieleinrede geschützt. Spielverträge, spielartige Verträge
und ihre Hilfsgeschäfte vermögen somit keine vollkommenen, erzwingbaren
Schuldverpflichtungen hervorzubringen. Sie lassen nur unvollkommene, freiwillig erfüllbare Obligationen (Naturalobligationen) entstehen (Art. 513 Abs. 1 in Verbindung mit Art. 514 Abs. 2 OR). [5]

---

[3] Kurz und bündig formuliert KUMMER, a.a.O., S. 17: «Spiel ist, was um des Spiels willen
geschieht, was Überflüssiges ist.» Vgl. auch VON BÜREN, S. 26: «Spiel liegt vor, wenn
immer die wirtschaftliche Gegenständlichkeit fehlt.»
[4] Rechtswidrig sind die rechtlich verbotenen Lotteriegeschäfte.
[5] Klaglosigkeit kennen auch das deutsche BGB (§ 762), das österreichische ABGB (§§ 1271
und 1272), der französische CC (art. 1965), der italienische CC (art. 1933). Von dieser
Grundregel sind die von der zuständigen Behörde bewilligten Lotteriegeschäfte ausgenommen, die vollkommene, erzwingbare Obligationen erzeugen (Art. 515 Abs. 1 OR);
siehe hinten § 62, III.

Dieser Schutz des Spielschuldners wird noch ausgedehnt auf die Zeichnung einer Schuldverschreibung oder Wechselverpflichtung zur Deckung der Spiel- oder Wettsumme, weil damit die Klaglosigkeit umgangen werden könnte (Art. 514 Abs. 1 OR). Auch den Forderungen aus solchen Verpflichtungen gegenüber bleibt die Spieleinrede bestehen.

IV. Rechtsnatur der Schutzvorschriften

Die Bestimmungen der Art. 513 ff. OR, die im wesentlichen eine Einschränkung der Vertragsfreiheit enthalten, sind ihrem sozialpolitischen und volkswirtschaftlichen Zwecke nach im öffentlichen Interesse aufgestellt. Sie gelten demzufolge als zwingendes Recht. Deshalb sind abweichende Vereinbarungen der Parteien unwirksam, und auf dem Boden des internationalen Privatrechts gehören diese Schutzvorschriften zu den schweizerischen Normen des «ordre public». Daran hat sich der schweizerische Richter zu halten, es sei denn, das für die Beurteilung in der Regel maßgebende Gesetz eines ausländischen Erfüllungsortes sei strenger als das schweizerische (beispielsweise, wenn das ausländische Recht das Spielgeschäft verbietet). Folgerichtig muß einem ausländischen, die Klagbarkeit einer Spielforderung anerkennenden Urteil auch die Vollstreckung in der Schweiz versagt werden.[6]

§ 62. Spielverträge

I. Grundsätzliches

Als Spielverträge kommen nur Gewinnabreden in Betracht, die ausschließlich an die ökonomisch indifferente Tätigkeit des Spiels anknüpfen. Sie sind vom aleatorischen Element vollkommen beherrscht und entbehren

---

[6] Vgl. dazu: BGE 58 II, 1932, S. 52; 61 I, 1935, S. 275/76; 61 II, 1935, S. 117. – Immerhin behalten die Vertragsparteien die Entscheidungsbefugnis darüber, ob es sich überhaupt um eine Spielschuld handle, weshalb sie sich über diese Frage in einem Vergleich einigen können. Der darin enthaltene Verzicht auf die Einrede bedeutet nur Anerkennung, daß es sich nicht um Spiel handle, jedoch nicht Anerkennung des Bestandes der Forderung.

so jeder wirtschaftlichen Rechtfertigung. Dadurch unterscheiden sich die Spielverträge von anderen Verträgen mit aleatorischen Zügen, die – wie Leibrenten-, Verpfändungs- und Versicherungsvertrag – wirtschaftlich anerkennenswerten Bedürfnissen und Zwecken dienen, aber vor allem auch von allen nicht aleatorischen Verträgen. Das Gesetz unterscheidet zwei Arten: einerseits Spiel und Wette, anderseits die Lotterie- und Ausspielverträge.

II. Spiel und Wette

Von den Spielverträgen stellt Art. 513 Abs. 1 OR «Spiel und Wette» – hier im engern Sinne verstanden als im Gesetzestitel – in den Vordergrund. Als «Spiel» im Rechtssinne bezeichnet man im allgemeinen den Vertrag, in dem die Parteien sich gegenseitig unter entgegengesetzten Bedingungen eine Leistung außerhalb des Bereiches wirtschaftlicher Betätigung versprechen; es handelt sich um ein Leistungsversprechen mit reinem Spielcharakter[1]. Auch die «Wette» ist «Spiel» in diesem Sinne. Ihre Besonderheit liegt einzig darin, daß die Bedingung, von deren Erfüllung die vereinbarte Leistung abhängig gemacht wird, nicht im ungewissen Ausgang eines eigentlichen Spiels besteht, sondern in der Bewahrheitung von Behauptungen, welche die Parteien in einem Meinungsstreit aufstellen, sei es zur Bekräftigung ihrer Behauptungen, sei es aus ideellem Interesse an der Bestätigung ihrer Richtigkeit. «Wette» ist nichts anderes als eine Art von «Spiel» («Wett-Spiel»)[2]. Die Unterscheidung ist im schweizerischen Recht ohne jede Bedeutung und alles Bemühen der Doktrin um eine begriffliche Abgrenzung nutzlos, weil die Rechtsfolgen beider Spielvertragsarten dieselben sind: «Aus Spiel und Wette entsteht keine (klagbare) Forderung», sagt Art. 513 Abs. 1. Die Aufnahme dieses Begriffspaars in das Gesetz erweist sich nur noch als ein sinnlos gewordenes Überbleibsel des Gemeinen Rechts, wo Forderungen aus «Wette» klagbar und nur Forderungen aus übrigem «Spiel» unklagbar waren[3]. Klar

---

[1] Vgl. die Definition in BGE 77 II, 1951, S. 47, ferner die Ausführungen zum Spielcharakter, vorn § 61, III 2. – Der Spielvertrag kann auch bloß ein einseitiges Leistungsversprechen enthalten.

[2] z.B. das Versprechen, der Gegenpartei eine bestimmte Summe zu bezahlen, je nachdem, ob ein in der Vergangenheit liegender Sachverhalt zutreffe oder nicht (BlZR 51, 1952, Nr. 182).

[3] WINDSCHEID/KIPP, Bd. II, S. 858/59.

und einfach wäre es deshalb, allein von Spiel zu sprechen; denn bedeutsam ist nur die Abgrenzung von den vollwirksamen Verträgen.

Gleichgültig für das rechtserhebliche Spiel ist, ob der Eintritt der Bedingung für die versprochene Leistung ausschließlich entweder vom Zufall oder von geistiger oder körperlicher Geschicklichkeit oder aber von Zufall und Geschicklichkeit zugleich abhängt. Man kann also mit dem reinen Zufall spielen (wie beim Würfelspiel oder beim Totalisator) oder bloß mit der Geschicklichkeit (so z.B. beim Schachspiel oder im Sport) oder mit beidem zusammen (z.B. beim Kartenspiel).

Die Leistung, um die gespielt und um derentwillen der Spielvertrag abgeschlossen wird, besteht immer in einem vermögenswerten Gewinn, den der im Spiel Unterlegene dem Sieger (oder einem Dritten) zu erstatten hat. Damit wird zwar wohl auf eine Vermögensverschiebung hingezielt, also auf einen wirtschaftlichen Vorgang, doch entbehrt dieser jeder wirtschaftlichen Rechtfertigung. Der zu leistende Gewinn entspringt ausschließlich dem der Vereinbarung zugrunde gelegten Spiel, er ist reiner Spielgewinn.

III. Lotterie- und Ausspielvertrag

Die Lotterie ist ein in besonderer Weise veranstaltetes Gewinnspiel; als Ausspielen bezeichnet man eine Lotterie, bei der statt Geld Waren als Gewinn ausgesetzt sind, meint damit also die Warenlotterie im Gegensatz zur Geldlotterie. Rechtlich ist auch diese dem deutschen Recht (BGB § 763) entnommene Unterscheidung bedeutungslos. Wichtig ist nur die Abgrenzung der Lotterieverträge (die Ausspielverträge eingeschlossen) von den übrigen Spielverträgen, weil sie vorweg vom öffentlichen Recht (Verwaltungspolizei- und Verwaltungsstrafrecht) beherrscht werden und demzufolge ihre privatrechtliche Regelung darauf Rücksicht nehmen muß. Diese ist in Art. 515 OR enthalten. Sie besteht im wesentlichen darin, daß sie den Forderungen aus Lotteriegeschäften, die von der zuständigen kantonalen oder eidgenössischen Behörde bewilligt sind, den vollen Rechtsschutz gewährt (Abs. 1 und 3) und bloß die Forderungen aus nicht bewilligten Lotteriegeschäften den gewöhnlichen Spielforderungen gleichsetzt (Abs. 2).

Ob es sich um ein unter die öffentlich- und privatrechtlichen Sondervorschriften fallendes Lotteriespiel handelt, ist aufgrund der Begriffsumschreibung in Art. 1 Abs. 2 des Lotteriegesetzes (LotG) zu beurteilen. Danach gilt als Lotterie jede Veranstaltung, bei der gegen Leistung eines Einsatzes oder bei Abschluß eines Rechtsgeschäftes ein vermögensrechtlicher Vorteil als Gewinn in Aussicht gestellt wird, über dessen Erwerbung, Größe oder Beschaffenheit planmäßig durch Ziehung von Losen oder Nummern oder ein ähnliches auf Zufall gestelltes Mittel entschieden wird.[4]

Im übrigen ist allerdings der praktische Anwendungsbereich des Art. 515 OR durch das in Art. 1 Abs. 1 LotG aufgestellte allgemeine Lotterieverbot stark eingeengt worden. Verträge über die Teilnahme an einer verbotenen Lotterie sind widerrechtlich und demzufolge gemäß Art. 20 OR von vornherein nichtig : Einsatz und Gewinn können zurückgefordert werden. Fast durchwegs setzt die Ausnahme vom Verbot (und damit von der Nichtigkeit dagegen verstoßender Lotterieverträge) die ausdrückliche Bewilligung durch die zuständige Behörde voraus; so insbesondere für die wichtige Gruppe der Lotterien zu gemeinnützigen oder wohltätigen Zwecken sowie für die Prämienanleihen. Was nicht bewilligt ist, bleibt verboten (Art. 3, 5 und 17 LotG). Nur die im Rahmen eines Unterhaltungsanlasses durchgeführte Warenlotterie, die Tombola, wird vom bundesrechtlichen Verbot überhaupt nicht erfaßt, sondern der Regelung durch das kantonale Recht vorbehalten (Art. 2 LotG). In diesem schmalen Bereich könnte allenfalls noch eine rechtlich erlaubte, jedoch nicht bewilligte Lotterie in Frage kommen, wie sie Art. 515 Abs. 2 OR für die Annahme einer bloßen Spielforderung voraussetzt. Art. 515 Abs. 3 OR ist überhaupt nicht mehr anwendbar, weil das Lotteriegesetz (Art. 6) Lotterien von Unternehmungen mit Sitz im Ausland, auf die jene Bestimmung des OR sich bezieht, schlechthin verbietet. So bleibt praktisch nur noch Art. 515 Abs. 1 OR von Bedeutung, wonach aus bewilligten Lotterieverträgen klagbare Forderungen entstehen. Dasselbe trifft auch bezüglich des bewilligten Boulespiels in Kursälen zu; andere Glücksspiele sind durch das Verbot des Betriebes von Spielbanken vom Rechtsschutz ganz ausgeschlossen (Art. 1 und 5 BG über die Spielbanken sowie Art. 1 VO über den Spielbetrieb in Kursälen).

---

[4] BGE 52 I, 1926, S. 48; 55 I, 1929, S. 58; 58 I, 1932, S. 277; 59 I, 1933, S. 101; 62 I, 1936, S. 48; 69 I, 1943, S. 282; 85 I, 1959, S. 176.

§ 63. Spielartige Verträge

I. Grundsätzliches

Die durch Art. 513 Abs. 2 OR in den abgeschwächten rechtlichen Wirkungsbereich der Spielverträge einbezogenen spielartigen Verträge nehmen in der Rechtsliteratur wie vor allem auch in der Rechtspraxis einen weit größeren Raum ein als jene. Das verwundert nicht, sobald man sich der Problematik dieser Verträge bewußt wird (vgl. hierüber II, Ziff. 4 unten).

Die spielartigen Verträge sind nämlich regelmäßig Verträge des gewöhnlichen Geschäftslebens und erfüllen als solche eine echte wirtschaftliche Funktion, nur weisen sie darüber hinaus einen stark spielerischen Einschlag auf. So werden sie zwar nicht (wie Spielverträge) ausschließlich vom aleatorischen Element beherrscht, doch herrscht bei ihnen der Spielcharakter gegenüber dem wirtschaftlichen Bestimmungsgrund des Geschäftes immerhin schon vor. Das kommerzielle Geschäft wird gewissermaßen als Spiel betrieben. Man gerät damit in den Grenzbereich zwischen der jedem Handelsgeschäft innewohnenden Spekulation und dem Spiel zu Gewinnzwecken. Objektiv handelt es sich aber noch nicht um reines Gewinnspiel, vielmehr bleibt es beim bloß spekulativen Geschäft, das jedoch wegen der hinter ihm stehenden Spielabsicht als «spielartig» bezeichnet werden kann. Man geht – etwa beim Börsengeschäft – nicht ein Spielrisiko ein, sondern ein Spekulationsrisiko, dies aber unter Umständen in leichtsinnig-spielerischer Weise, wodurch das Geschäft spielartig wird. Ob Spielabsicht besteht, die den ernsten Geschäftswillen zweitrangig werden läßt, und ob dies dem Vertragspartner bekannt oder erkennbar war, ist äußerst schwierig zu beurteilen, stehen dafür doch nur rein subjektive Unterscheidungsmerkmale zur Verfügung. Zudem besteht noch die Gefahr, daß bei der Rechtsanwendung irrtümlich die Spekulation für Spiel genommen wird, womit jede sachlich vertretbare Abgrenzung verloren geht.

II. Lieferungsverträge mit Spielcharakter

1. Begriff

Als spielartige Verträge, die in ihren Rechtswirkungen den Spielverträgen gleichgesetzt werden, nennt Art. 513 Abs. 2 OR Differenzgeschäfte sowie solche Lieferungsgeschäfte über Waren oder Börsenpapiere, die den Charakter eines Spieles oder einer Wette haben. Diese aus der Gesetzesrevision von 1911 hervorgegangene, der damaligen Rechtsprechung des Bundesgerichts angepaßte Formulierung übersieht jedoch zweierlei: einmal, daß es auch Differenzgeschäfte ohne Spielcharakter gibt, die den vollen Rechtsschutz verdienen, zum andern, daß den Differenzgeschäften praktisch immer Lieferungsgeschäfte zugrunde liegen, und daß umgekehrt das spielartige Lieferungsgeschäft Differenzgeschäftsnatur aufweist. Differenzgeschäft im Sinne von Art. 513 Abs. 2 OR und spielartiges Lieferungsgeschäft ist in Wirklichkeit dasselbe[1]. Stets handelt es sich bei diesen Geschäften um zwei rechtlich voneinander unabhängige, nur wirtschaftlich miteinander in Zusammenhang gebrachte Verträge, um eine Kombination wirklicher Käufe und Verkäufe (Gegenstände), die einen Güterumlauf bewirken. Die Vorstellung der früheren Rechtslehre und Rechtsprechung – die in § 764 des deutschen BGB gesetzlich verankert worden ist –, wonach Differenzgeschäfte in der Absicht geschlossen werden, daß der Unterschied zwischen dem vereinbarten Preis und dem Markt- oder Börsenpreis der Lieferungszeit vom Verlierer an den Gewinner bezahlt wird, entspricht der Wirklichkeit nicht. Der Begriff des Differenzgeschäftes erweist sich nicht nur als eine verunglückte Konstruktion, deren Fragwürdigkeit auch nie eine brauchbare einheitliche Auffassung aufkommen ließ[2]; es fehlt ihm überhaupt jede rechtliche Bedeutung. Darum wäre es an der Zeit, ihn endgültig aufzugeben und sich mit dem Begriff des spielartigen Lieferungsgeschäftes (über Waren oder Börsenpapiere) zu begnügen.

2. Lieferungsgeschäft über Waren oder Börsenpapiere

Ein Lieferungsgeschäft kann nur dann spielartig ausgenützt werden, wenn es erst in einem späteren Zeitpunkt zu erfüllen ist, wenn es sich also um ein Zeit- oder Termingeschäft handelt. Das sofort zu erfüllende Tages- oder Kassageschäft im Wertpapierhandel (Lokogeschäft im Warenhandel) eignet sich zur Betätigung von Spielabsicht nicht; innerhalb der üblichen kurzen Börsenfristen läßt sich nur gewöhnliche Spekulation abwickeln.[3]

---

[1] Vgl. OSER/SCHÖNENBERGER, N. 8–13 zu Art. 513 OR, mit Hinweis auf die Rechtsprechung des Bundesgerichts; ferner Handbuch des Bank-, Geld- und Börsenwesens der Schweiz, Stichwort «Differenzgeschäft».
[2] Näheres hierüber bei OSER/SCHÖNENBERGER, N. 10 und 11 zu Art. 513 OR.
[3] BECKER, N. 16 zu Art. 513 OR; OSER/SCHÖNENBERGER, N. 16 zu Art. 513 OR; BGE 44 II, 1918, S. 157. Vorbehalten bleibt selbstverständlich die Simulation.

Damit das spielartige Termin-Lieferungsgeschäft nach Art. 513 Abs. 2 OR beurteilt werden kann, muß es Waren oder Börsenpapiere zum Leistungsgegenstand haben. Die Abgrenzung ist eindeutig: einerseits Sachen, die im Handel markt- oder börsengängig sind, anderseits die an einer (in- oder ausländischen) Börse kotierten Wertpapiere. Außer Betracht fallen demnach die nicht an einer Börse gehandelten Wertpapiere[4]. Dagegen sind ausländische Devisen den Waren zuzuordnen.

Das spielartige Lieferungsgeschäft ist somit zur Hauptsache im Waren-, Devisen- und Börsenpapier-Terminhandel zu suchen.

3. Spielcharakter

Ob Art. 513 Abs. 2 OR auf Lieferungsgeschäfte über Waren oder Börsenpapiere anwendbar sei, ist letztlich immer auf Grund ihres Spielcharakters zu entscheiden, der das Geschäft zwar nicht zu bloßem Spiel macht, es aber doch als spielartig (im Sinne der Ausführungen unter Ziff. I oben) erscheinen läßt. Weil auch dem spielartigen Lieferungsgeschäft wirkliche Käufe und Verkäufe zugrunde liegen, spricht die Vermutung stets für die Ernsthaftigkeit des Geschäftes, nicht für die Spielabsicht. Der Spielcharakter muß von demjenigen, der sich darauf beruft, nachgewiesen werden. Gerade das macht aber die Erfassung der spielartigen Lieferungsgeschäfte so schwierig; denn ein allgemeingültiges Kriterium für das Vorliegen und Überwiegen des aleatorischen Elementes sowie für dessen Erkennbarkeit gibt es nicht. Zwar wurde auch in der schweizerischen Rechtsprechung (in Anlehnung an die deutsche) während Jahrzehnten die Ansicht vertreten, der Spielcharakter sei ohne weiteres gegeben, wenn die Parteien ausdrücklich oder stillschweigend vereinbaren, daß die wirkliche Lieferung und Abnahme der gekauften oder verkauften Waren oder Wertpapiere ausgeschlossen sei und Gegenstand des Vertrages in Wirklichkeit nur die Kursdifferenz bilden solle[5]. Doch blieb diese Betrachtungsweise, die offensichtlich auf der früheren Vorstellung vom Differenzgeschäft beruhte, nie unangefochten. Im Jahre 1939 erkannte dann auch das Bundesgericht, daß das Kriterium des vertraglichen Ausschlusses der tatsächlichen Erfüllung eine bloße Fiktion war, und daß es überdies durchaus ernsthafte Termingeschäfte gibt, bei denen die Parteien auf die wirk-

---

[4] Anderer Meinung OSER/SCHÖNENBERGER, N. 19 zu Art. 513 OR, der solche Wertpapiere, wenn sie zur Zirkulation bestimmt sind, unter den Begriff der Ware stellt.
[5] BGE 40 II, 1914, S. 545; 57 II, 1931, S. 407; 58 II, 1932, S. 52; 61 II, 1935, S. 118; 62 II, 1936, S. 114.

liche Lieferung verzichten können, ohne daß dadurch die Ernsthaftigkeit des Geschäftes in Frage gestellt würde (so beim Deckungskauf und Verkauf à découvert). Seither muß nun in jedem einzelnen Falle anhand der gesamten Umstände entschieden werden, ob ein ernsthaftes Lieferungsgeschäft ohne oder mit Spielcharakter vorliegt.[6]

Als Indizien für die Spielabsicht läßt das Bundesgericht beispielsweise gelten: das Fehlen jedes Zusammenhanges zwischen der Spekulation und dem Beruf oder Geschäft des Spekulanten, das Fehlen von Kenntnissen im Börsenwesen, die Wahl- und Planlosigkeit im Abschluß der Geschäfte, wie beispielsweise die gleichzeitige Spekulation à la hausse und à la baisse, den Abschluß von Geschäften über Warenmengen, die auf dem Markt überhaupt nicht erhältlich sind, das Mißverhältnis zwischen den Mitteln des Spekulanten und dem überblickbaren Verlustrisiko. – Gegen den Spielcharakter sprechen zum Beispiel die Ausführung des Geschäftes, dessen Zusammenhang mit einem unstreitig ernsthaften Geschäft und die Tatsache, daß die Differenzregulierung nicht Selbstzweck ist, sondern als Erfüllungssurrogat dient.[7]

Gelangt man auf Grund solcher Gesamtwürdigung aller entscheidenden Tatsachen zur Überzeugung, daß das Geschäft spielartig war, so muß erst noch nachgewiesen sein, daß die Absicht des Spekulanten, einen zur Hauptsache auf dem Zufall beruhenden Gewinn aus dem Kauf und Verkauf zu erzielen, der Gegenpartei leicht erkennbar war[8]. Dies wird beim Warenterminhandel eher der Fall sein als beim Wertpapierhandel.

4. Problematik des spielartigen Lieferungsgeschäftes

Der Entscheid über den Spielcharakter eines Termingeschäftes und dessen Erkennbarkeit stellt hohe Anforderungen an das Ermessen des Richters und ist schon deshalb der Gefahr ausgesetzt, fragwürdig auszufallen. Dies um so mehr, als er erst nachträglich getroffen wird, wenn sich der Spekulant wegen

---

[6] Diese Praxisänderung wurde in BGE 65 II, 1939, S. 21 ff., E. 5 vollzogen und in BGE 78 II, 1952, S. 61 bestätigt. Vgl. dazu auch die Darstellungen bei OSER/SCHÖNENBERGER, N. 21 und 22, sowie bei MATTI, Karte Nr. 631, Ziff. 4–6.

[7] BGE 65 II, 1939, S. 29; OSER/SCHÖNENBERGER, N. 25–33. Diese Kriterien entsprechen weitgehend den sog. «Differenzumständen» der früheren Praxis.

[8] BGE 65 II, 1939, S. 28, E. 5c. Nicht nur leichte Erkennbarkeit, sondern sogar Offenkundigkeit wurde laut Sem. jud. 92, 1970, S. 461 in einem nicht veröffentlichten BGE vom 2. Juli 1968 verlangt.

einer fehlgeschlagenen Spekulation auf seine Spielabsicht beruft. Darum war die Gerichtspraxis mit Recht von jeher äußerst zurückhaltend und beurteilte insbesondere auch die Erkennbarkeit der Spielabsicht nach einem strengen Maßstab. Nur in der Weise läßt sich eine für den Geschäftsverkehr unerträgliche Beeinträchtigung des Börsentermingeschäftes einigermaßen vermeiden.[9]

Die Unsicherheit darüber, ob im Einzelfall ein ernsthaftes Geschäft ohne oder mit Spielcharakter angenommen werden darf, liegt vor allem im zwittrigen Wesen des spielartigen Lieferungsgeschäftes selbst begründet, in der unverbindlichen Verbindung von Spekulation und Spiel, die sich im Grunde genommen gegenseitig ausschließen. Man muß sich deshalb fragen, ob das Recht mit dem Begriff des spielartigen Lieferungsgeschäftes nicht überfordert ist. Zumindest sollte beim Börsengeschäft die Spieleinrede ausgeschlossen sein; denn mit einer zurückhaltenden Rechtsprechung allein ist die im Geschäftsleben erforderliche Sicherheit nicht gewährleistet.[10]

§ 64. Hilfsgeschäfte zu Spielzwecken

I. Darlehen und Vorschüsse

Der Gesetzgeber hat nicht nur die Spielgeschäfte selbst – den Abschluß von Spielverträgen und von spielartigen Verträgen – verpönt und vom Erfüllungszwang ausgeschlossen, sondern auch Rechtsgeschäfte, die das Gewinnspiel durch Bereitstellung des dazu erforderlichen Geldes erleichtern oder gar erst ermöglichen. Er umschrieb diese Hilfsgeschäfte als «Darlehen und Vorschüsse, die wissentlich zum Behufe des Spieles oder der Wette ge-

---

[9] Die die Spieleinrede abweisenden Entscheide überwiegen demnach die sie anerkennenden bei weitem; vgl. die Zusammenstellung bei von Büren, S. 229, Anm. 21. Siehe dazu auch Oser/Schönenberger, N. 23 und 24 zu Art. 513 OR; ferner Handbuch des Bank-, Geld- und Börsenwesens der Schweiz, Stichwort «Differenzgeschäft».

[10] Im Börsengeschäft (zwischen den Börsenhändlern) wird der Ausschluß der Spieleinrede bereits allgemein anerkannt; generell, also insbesondere auch für das Börsenaußengeschäft, hat ihn nach Erlaß des BGE 65 II, 1939, S. 21 de lege lata P. Koutaïssoff in JT 87, 1939, S. 280 vorgeschlagen. – Wohl am klarsten und überzeugend – konsequent Spekulation und Spiel auseinanderhaltend – hat von Büren (S. 228 ff.) die Fragwürdigkeit der Spieleinrede beim spielartigen Lieferungsgeschäft, insbes. beim Börsentermingeschäft, aufgezeigt.

macht werden» (Art. 513 Abs. 2 OR). Damit soll schon die bloße Förderung des Spielgeschäftes gleich getroffen werden wie das Spiel selbst. Dieser Zweck der Vorschrift muß für ihre Auslegung wegleitend sein.

Hieraus erhellt sogleich, daß «Spiel und Wette» in diesem Zusammenhang wieder im weiteren Sinne des Gesetzestitels (nicht im engern Sinne des Art. 513 Abs. 1 OR) zu verstehen ist. Der beschränkten Rechtswirkung der Spielgeschäfte müssen nämlich Darlehen und Vorschüsse zur Begünstigung sowohl von Spielverträgen als auch von spielartigen Verträgen unterstellt sein.

Das Begriffpaar «Darlehen und Vorschüsse» umfaßt einerseits die leihweise Hingabe eines bestimmten Geldbetrages (Darlehen im Rechtssinne = fester Vorschuß im Bankverkehr), anderseits die Gewährung von Kredit (Kontokorrentvorschuß). Art. 513 Abs. 2 OR ist also nicht nur anwendbar, wo jemand einem Spieler das Spielgeld vorstreckt, sondern auch da, wo die Abwicklung des Spielgeschäftes mittels bloßen Kredites ermöglicht wird. Die zweite Art der Spielfinanzierung wird vorwiegend bei den spielartigen Lieferungsgeschäften (Börsentermingeschäften) in Frage kommen. Gleichgültig ist, ob das Finanzierungsgeschäft zwischen den Spielenden oder zwischen einem Spielenden und einem Dritten abgeschlossen wird. Das Darlehen oder der Vorschuß kann einem Spielenden von einem Dritten oder von einem Mitspielenden gewährt worden sein.[1]

Dagegen ist für die Anwendbarkeit von Art. 513 Abs. 2 OR nach dem klaren Wortlaut entscheidend, daß der Geld- oder Kreditgeber davon Kenntnis hatte, daß er mit seinem Darlehen oder Vorschuß das Spielgeschäft des Geld- oder Kreditnehmers unterstützte. Bloße Erkennbarkeit des Spielzweckes genügt hier nicht. Selbstverständlich muß das Versprechen finanzieller Beihilfe schon vor der Abwicklung des Spielgeschäftes – solange es dem Spielenden noch freistand, sich daraus zurückzuziehen – abgegeben worden sein. Aus der erst nachträglich versprochenen Bereitstellung von Mitteln zur Bezahlung von bereits entstandenen Spielgeschäftsschulden erwachsen gewöhnliche, erzwingbare Forderungen. Klaglosigkeit einer Forderung aus dem Darlehens- oder Vorschußgeschäft setzt die bewußte Förderung der Spieltätigkeit voraus.[2]

---

[1] Entgegen Oser/Schönenberger, N. 37 zu Art. 513 OR, und Matti, Karte Nr. 630, Ziff. 5 a. E., bedeutet also der Begriff «Vorschuß» keineswegs «Vorauszahlung eines Spielenden» an den Mitspieler; für die Unterscheidung zwischen Darlehen und Vorschuß ist auch nicht entscheidend, ob die Mittel zum Spiel von einem Dritten oder von einem Mitspieler stammen.

[2] von Büren (S. 227/28) möchte aus grundsätzlichen Bedenken die Vorschrift überhaupt nur dort angewendet wissen, «wo zum Spiel ermuntert worden war».

II. Andere Hilfsgeschäfte

Die Ausdehnung der beschränkten Verbindlichkeit von Spielgeschäften
auf Darlehen und Vorschüsse zu Spielzwecken in Art. 513 Abs. 2 OR ist als
Sonderregelung aufzufassen. Sie erstreckt sich deshalb nicht ohne weiteres
auch auf andere Hilfsgeschäfte, die mehr nur Begleiterscheinungen des Spielbetriebes bilden, als daß sie dessen Förderung dienten. Darum erzeugen
namentlich der Auftrag, die Kommission und der Gesellschaftsvertrag – soweit sie nicht als widerrechtlich oder unsittlich nichtig sind –
grundsätzlich vollverbindliche Forderungen. Ausgeschlossen ist jedoch auch
bei diesen Hilfsgeschäften (wie beim Spielgeschäft selbst) der Zwang zur
Vornahme der Spieltätigkeit, und infolgedessen kann auch nicht wegen
Nichtausführung des Spiels auf Schadenersatz geklagt werden.[3]
    Zu beachten ist ferner, daß bei der Kommission der Kommissionär zufolge
Ausführung des Spielgeschäftes durch Selbsteintritt Mitspieler des Kom-
mitténten wird, so daß das Rechtsverhältnis dann direkt den Vorschriften
über die Spielgeschäfte untersteht[4].

§ 65. Rechtswirkungen

I. Ausschluß des Erfüllungszwanges – Erfüllbarkeit der Leistung

Die Hauptwirkung aller Spielgeschäfte (Spiel und Wette im weiteren Sinne)
– umfassend Spiel und Wette im engern Sinne und die behördlich nicht bewilligten Lotterieverträge (= Spielverträge), die spielartigen Lieferungsverträge sowie Darlehen und Vorschüsse zu Spielzwecken – besteht darin, daß
die durch sie eingegangenen Leistungsverpflichtungen zwar freiwillig vom
Schuldner erfüllt werden können, daß sie aber nicht mit Hilfe der Staats-
gewalt rechtlich erzwingbar sind. Die Beschränkung auf bloß freiwillige Er-
füllbarkeit durch den Ausschluß des Erfüllungszwanges beruht nicht auf dem

---

[3] Näheres hierüber bei BECKER, N. 11–13 zu Art. 513 OR; OSER/SCHÖNENBERGER, N. 42–47
zu Art. 513 OR; MATTI, Karte Nr. 630, Ziff. 9.
[4] BGE 29 II, 1903, S. 645; 31 II, 1905, S. 55; 31 II, 1905, S. 615; 61 I, 1935, S. 271.

Parteiwillen, wie die Erzwingbarkeit gewöhnlicher Schuldverpflichtungen, sondern allein auf der Zwecksetzung des Gesetzes; die Privatautonomie wird insoweit ausgeschaltet. Auf diesen Zweck sind alle Rechtswirkungen der Spielgeschäfte im einzelnen ausgerichtet (vgl. auch vorn § 61, III 3).

II. Unklagbarkeit

1. Der Ausschluß des Erfüllungszwanges wird dadurch erreicht, daß dem Gläubiger einer Forderung aus einem Spielgeschäft die Klage versagt wird (Marginale zu Art. 513 OR). Der Schuldner kann ihm einfach die Spieleinrede entgegenhalten, ohne damit gegen Treu und Glauben zu verstoßen[1]. Diese Einrede ist grundsätzlich gegenüber jeder Forderung aus einem Spielgeschäft gegeben: so darf die Vornahme der Spielhandlung, die Leistung des versprochenen Gewinnes, Spieldarlehens oder Vorschusses verweigert werden, aber auch die Abnahme des angebotenen Spielgeldes sowie in der Regel, wenn das Spiel stattgefunden hat, die Rückerstattung eines bereits ausgezahlten Darlehens oder Vorschusses.

2. Die Klaglosigkeit der Forderung aus dem Spielgeschäft allein vermöchte jedoch dem Gesetzeszweck nicht zu genügen. Sie muß noch vor Umgehung bewahrt werden. Das geschieht durch Art. 514 Abs. 1 OR, der «eine Schuldverschreibung oder Wechselverpflichtung, die der Spielende oder Wettende zur Deckung der Spiel- oder Wettsumme gezeichnet hat» nicht geltend machen läßt, was nichts anderes bedeuten kann, als daß auch die Forderung aus dem Schuldschein oder dem Wechsel klaglos wird. Die causa der unklagbaren Forderung aus dem Spielverhältnis wird auf das neue Schuldverhältnis übertragen, und die Spieleinrede bleibt dem Schuldner erhalten. Einer novatorischen Vereinbarung gemäß Art. 116 Abs. 2 OR wird damit im vornherein jede Wirkung genommen; denn eine abstrakte Schuldpflicht läßt Art. 514 Abs. 1 OR nicht entstehen. Die Verpflichtungsurkunde kann demzufolge vom Aussteller zurückverlangt werden, solange dieser sie noch nicht eingelöst hat. Nur der gutgläubige Dritterwerber eines solchen Wechsels bleibt vor der Spieleinrede verschont. Ein Spielgläubiger, der diese allgemeine, für das Wertpapierrecht besonders bedeutsame Rechtsregel auszunützen sucht, indem er den Wechsel unberechtigterweise einem Dritten wei-

---

[1] BGE 61 II, 1935, S. 120.

tergibt, würde allerdings dem dadurch zahlungspflichtig werdenden Spielschuldner gegenüber schadenersatzpflichtig.

Schuldverschreibungen (schriftliche Schuldanerkennungen oder Schuldversprechen) und Wechselverpflichtungen sind nur unter Spielenden unklagbar, dann aber gleichgültig, ob sie zur Deckung einer bereits entstandenen oder einer allenfalls erst künftig entstehenden Schuld gezeichnet werden.

3. Die Unklagbarkeit der Forderung aus einem Spielverhältnis erstreckt sich folgerichtig auch auf alle mit ihr verbundenen Nebenverpflichtungen[2]. Das gilt namentlich für Verpflichtungen aus Rechtsgeschäften, die zur Sicherstellung der unklagbaren Spielforderung oder der Deckungsforderung aus einem Schuldschein oder Wechsel abgeschlossen werden. Darum kann auch der Schuldner einer Konventionalstrafe, der Pfand- oder Retentionsschuldner die Spieleinrede erheben[3]. Dem Bürgen ist dieses Recht in Art. 502 Abs. 4 OR sogar ausdrücklich vorbehalten. Selbst einem Dritten, der zur Deckung einer Spielschuld eine gewöhnliche Schuldverpflichtung eingeht, muß es zustehen. Auch hier ist nicht von Bedeutung, ob die Sicherheiten vor oder erst nach der Abwicklung des Spielgeschäftes, also für eine bestehende oder eine künftige Schuld, gegeben werden. Die akzessorische Verpflichtung teilt das rechtliche Schicksal der Hauptschuld.

III. Erfüllbarkeit

Trotz Unklagbarkeit der Forderung gilt freiwillige Leistung grundsätzlich als rechtsgültige Erfüllung. Sie bewirkt keine ungerechtfertigte Bereicherung. Das ergibt sich aus Art. 514 Abs. 2 OR, der die Rückforderung von freiwillig Geleistetem nur ausnahmsweise, unter engen Voraussetzungen, zuläßt.

1. Das Gesetz spricht nur von freiwillig geleisteter Zahlung. Der Interessenlage und dem Wesen der Naturalobligation entsprechend ist jedoch unter dem Begriff «Zahlung» jede Erfüllungshandlung des Schuldners zu

---

[2] So ist z. B. die in einem Spielvertrag oder spielartigen Vertrag aufgenommene Schiedsklausel unwirksam; eine selbständige Schiedsklausel, beschränkt auf die Entscheidung über den Spielcharakter, wäre dagegen erzwingbar. BECKER, N. 5 zu Art. 513 OR; OSER/SCHÖNENBERGER, N. 62 zu Art. 513 OR.

[3] BGE 39 II, 1913, S. 528/29 betreffend einer Bank verpfändete Wertpapiere. OSER/SCHÖNENBERGER, N. 64 zu Art. 513 OR.

verstehen, die dem Gläubiger die tatsächliche Befriedigung seines fälligen Anspruches bringt. Außer der eigentlichen Zahlung (in Geld oder einem andern üblichen Zahlungsmittel) kommen demnach in Betracht: die Hingabe einer Sache an Zahlungsstatt, die Abtretung einer Forderung, die Weiterbegebung (Indossierung) eines schon bestehenden Wechsels, die Aushändigung des bei einem Dritten hinterlegten Spieleinsatzes an den Gewinner oder der Selbstverkauf eines Pfand- oder Retentionsgegenstandes durch den Gläubiger im Einverständnis des Schuldners und vor allem auch die ausdrückliche Verrechnungserklärung des Schuldners. Keine Zahlung im Sinne wirklicher Erfüllung leistet hingegen der Schuldner, der dem Gläubiger gegenüber bloß eine neue Verpflichtung eingeht, etwa indem er ihm einen Schuldschein oder einen Wechsel ausstellt[4] oder mit ihm die Umwandlung der Spielforderung in ein Darlehen vereinbart, oder indem er einfach seine Schuld anerkennt. Von Zahlung kann auch nicht die Rede sein, solange der Spieleinsatz noch bei einem Dritten hinterlegt ist und nicht schon, mit Zustimmung des Schuldners, dem Gewinner ausgehändigt wurde.

2. Von der Freiwilligkeit der Leistung hängt es ab, ob die Erfüllung der Spielforderung für den Schuldner verbindlich ist. Es muß «Zahlung» ohne jeden (privaten oder staatlichen) Zwang vorliegen: wer unter Drohung oder in einer Betreibung leistet, handelt nicht freiwillig. Außerdem setzt Freiwilligkeit im Sinne von Art. 514 Abs. 2 OR noch voraus, daß der aus dem Spielgeschäft Leistungspflichtige die Schuld im Bewußtsein ihrer Unklagbarkeit begleicht. Der Schuldner soll noch nach Entstehung der Forderung frei entscheiden können, ob er erfüllen oder unter Berufung auf das Spiel die Erfüllung verweigern will; ein früherer Verzicht auf die Spieleinrede wäre unbeachtlich[5]. Darum leistet nicht freiwillig, wer in Unkenntnis über die rechtliche Bedeutung der Spielschuld zahlt[6]. Von freiem Willen kann auch nicht die Rede sein, wo sich der Gläubiger ohne Zustimmung des Schuldners Befriedigung verschafft, zum Beispiel durch Selbstverwertung von Pfändern oder durch Verrechnungserklärung; dann fehlt es zudem noch an einer Erfüllungshandlung des Schuldners. Auch die schon im Kontokorrentvertrag enthaltene Verrechnungsabrede bewirkt, selbst wenn der Saldo anerkannt wird, noch keine freiwillige Zahlung; Spielgewinne sind vielmehr auf beiden Seiten der Rechnung auszuscheiden und dürfen nur ge-

---

[4] Die Einlösung der Schuldschein- oder Wechselverpflichtung durch den Aussteller selbst würde aber wiederum Zahlung bedeuten.

[5] Überhaupt kann m. E. nur durch tatsächliche Erfüllung, also nur realiter und nicht schon verbaliter, verzichtet werden.

[6] OSER/SCHÖNENBERGER, N. 12 zu Art. 514 OR; a. M. BECKER, N. 6 zu Art. 514 OR.

sondert miteinander verrechnet werden, um dem Schuldner des Saldos zunächst die Spieleinrede offen zu halten[7].

Der Bürge kann ebenfalls freiwillig an den Spielgläubiger zahlen und damit rechtsgültig erfüllen, doch ist ihm der Rückgriff auf den Hauptschuldner verwehrt (Art. 507 Abs. 6 OR). Gleich ist es zu halten, wenn ein Drittpfandgeber sein Pfand auslöst. Dem Spielschuldner bleibt die Einrede gewahrt.

IV. Rückforderungsmöglichkeit

Nichtigkeit, Ungültigkeit und einseitige Unverbindlichkeit des Vertrages sowie ungerechtfertigte Bereicherung ganz allgemein geben – unter Vorbehalt der in Art. 66 OR aufgestellten Schranke – stets Anlaß zur Rückforderung dessen, was ohne Schuldpflicht geleistet wurde. Die besondere Rechtsnatur des Spielgeschäftes rechtfertigt darüber hinaus weitere Rückforderungsmöglichkeiten, selbst wenn auf Rechnung einer (unklagbaren) Schuld gezahlt worden ist. Mit ungerechtfertigter Bereicherung haben diese Rückforderungstatbestände nichts mehr zu tun.

1. Zunächst ist festzuhalten, daß Schulden aus Spielgeschäften nur durch freiwillige Zahlung rechtswirksam erfüllbar sind. Daraus ergibt sich, daß alles nicht im oben dargelegten Sinne freiwillig Geleistete, obwohl geschuldet, vom Empfänger ausnahmslos zurückverlangt werden kann. Das gilt namentlich auch bei irrtümlicher Zahlung einer Spielschuld[8].

2. Selbst freiwillig Geleistetes, das zu rechtsgültiger Erfüllung führte, darf der Schuldner ausnahmsweise wieder zurückfordern, wenn einer der beiden in Art. 514 Abs. 2 OR vorausgesetzten Tatbestände verwirklicht ist.

Beim ersten Tatbestand muß der Zufall oder der Empfänger der Leistung die planmäßige Ausführung des Spielgeschäftes vereitelt haben. Der von einem Spieler geleistete Einsatz oder eine sonstige Zahlung desselben wird dann rückforderbar. Dasselbe gilt für Darlehen oder Vorschüsse, die für die Spieltätigkeit gewährt werden. War ein Dritter der Geldgeber, so wird er seine Leistung auch dann zurückverlangen dürfen, wenn die Ab-

---

[7] BECKER, N. 4 zu Art. 514 OR; z. T. andere Auffassungen bei OSER/SCHÖNENBERGER, N. 57 zu Art. 513 OR. Offen geblieben ist die Frage in BGE 44 II, 1918, S. 156 und 57 II, 1931, S. 409.
[8] Vgl. Anm. 6.

wicklung des Spiels von einem Mitspieler des Darlehens- oder Kreditschuld-
ners verhindert wurde.[9]

Der zweite Tatbestand, der zur Rückforderung einer freiwillig geleisteten
Zahlung an die Spielschuld berechtigt, liegt vor, wenn sich der Empfänger
der Leistung einer Unredlichkeit schuldig gemacht hat. Der unlautere
Gewinner soll sich nicht darauf berufen können, der Vertrag sei richtig erfüllt
worden und das Schuldverhältnis damit endgültig erloschen – es sei denn,
der Verlierer hätte bei der Zahlung von der Unredlichkeit gewußt oder diese
habe auf den Ausgang des Spieles überhaupt keinen Einfluß gehabt.

---

[9] Mit Recht anerkennt das Bundesgericht in BGE 77 II, 1951, S. 48 das Rückforderungs-
recht «a fortiori» auch dann, wenn das Spiel überhaupt nicht stattgefunden hat. Ein zu
Spielzwecken gegebenes Darlehen ist in jedem Falle auch dann rückforderbar, wenn es
vom Empfänger anderweitig verwendet wurde; die Spieleinrede setzt den Einsatz des
Geldes im Spiel voraus (SJZ 59, 1963, S. 344; OSER/SCHÖNENBERGER, N. 38/39 zu Art. 513
OR; a. M. BECKER, N. 7 zu Art. 513 OR). Im Grunde genommen hat man es bei diesen
Sachverhalten nicht mehr mit einer eigentlichen «Spielschuld» zu tun, weshalb Rückerstattung schon mit der gewöhnlichen Bereicherungsklage gefordert werden kann. –
Selbstverständlich kann der bei einem Dritten hinterlegte Einsatz vom Hinterleger zurückverlangt werden, solange der Gewinner ihn noch nicht bezogen hat; das hat jedoch –
entgegen dem, was offenbar in BGE 77 II, 1951, S. 48 angenommen worden ist – weder
mit Art. 513 Abs. 2 noch mit Art. 514 Abs. 2 OR etwas zu tun.

Der Versicherungsvertrag

WILLY KOENIG

Das Manuskript wurde im September 1977 abgeschlossen.

Allgemeine Literatur zum Versicherungsvertrag

An dieser Stelle werden nur die allgemeinen Kommentare, Werke und Zeitschriften zum Versicherungsvertragsrecht angeführt, während die zahlreiche Spezialliteratur zu Einzelproblemen den entsprechenden Paragraphen vorausgeschickt wird. Die ausländischen Literaturangaben beschränken sich auf die wichtigsten Werke unserer Nachbarländer Deutschland, Österreich, Frankreich und Italien.

1. Schweiz

Vor allem ist hinzuweisen auf die mehrbändige Kommentarreihe zum Bundesgesetz über den Versicherungsvertrag, umfassend: H. ROELLI, Kommentar, Bd. I, Allgemeine Bestimmungen, Bern 1914 (zit. ROELLI, Kommentar I); H. ROELLI/ C. JAEGER, Kommentar, Bd. II, Schadenversicherung, Bern 1932 (zit. JAEGER, Kommentar II); Bd. III, Personenversicherung, Bern 1933 (zit. JAEGER, Kommentar III) und Bd. IV, Gesetzes- und Verordnungstexte, Einleitung und alphabetisches Sachregister, Bern 1933 (zit. JAEGER, Kommentar IV); H. ROELLI/M. KELLER, Kommentar, Bd. I, Allgemeine Bestimmungen, 2. Aufl., Bern 1968 (zit. KELLER, Kommentar I) und Bd. IV, Das internationale Versicherungsvertragsrecht der Schweiz, Bern 1962 (zit. KELLER, Kommentar IV).

Weitere schweizerische Werke

F. OSTERTAG/P. HIESTAND, Das Bundesgesetz über den Versicherungsvertrag, 2. Aufl., Zürich 1928 (zit. OSTERTAG, VVG); TH. GUHL, Das schweizerische Obligationenrecht, 5. Buch: Das Versicherungsvertragrecht, 5. Aufl., Zürich 1957; W. KOENIG, Schweizerisches Privatversicherungsrecht, 3. Aufl., Bern 1967 (zit. KOENIG, Priv.Vers.R); A. MAURER, Einführung in das schweizerische Privatversicherungsrecht, Bern 1976.

2. Ausland

V. EHRENBERG, Handbuch des Versicherungsrechtes, Leipzig 1893 (zit. EHRENBERG, Vers. R); W. KISCH, Handbuch des Privatversicherungsrechtes: Bd. 2, Die Lehre von der Versicherungsgefahr und Bd. 3, Die Lehre von dem Versicherungsinteresse, München/Berlin/Leipzig 1920 und 1922 (zit. KISCH, Handb.); O. HAGEN, Das Versicherungsrecht, Bd. 3 des Handbuches des gesamten Handelsrechts, Leipzig 1922; E. BRUCK, Das Privatversicherungsrecht, Mannheim/Berlin/Leipzig 1930 (zit. BRUCK, Priv. Vers. R); A. EHRENZWEIG, Versicherungsvertragsrecht, Wien/ Leipzig 1935 (zit. EHRENZWEIG, Vers. VertragsR); M. PICCARD/A. BESSON, Traité Général des Assurances Terrestres, tome I, Paris 1938; tome II, Paris 1940; J. VON GIERKE, Versicherungsrecht, unter Ausschluß der Sozialversicherung, Bd. I, Stuttgart 1937 und Bd. II, Stuttgart 1947 (zit. VON GIERKE, Vers. R); A. DONATI, Trattato di diritto delle assicurazioni private, Mailand 1952/56; E. BRUCK/H. MÖLLER, Kommentar zum (deutschen) Versicherungsvertragsgesetz und zu den allgemeinen Versicherungsbedingungen, 8. Aufl., 1. Band, Berlin 1961 (zit. MÖLLER, Kommentar DVVG); E. PRÖLSS, Versicherungsvertragsgesetz (Beck'sche Kurzkommentare), 14. Aufl., München/Berlin 1965 (zit. PRÖLSS, Kommentar DVVG); H. EICHLER, Versicherungsrecht, Karlsruhe 1966; H. MÖLLER, Versicherungsvertragsrecht, Wiesbaden 1971 (zit. MÖLLER, Vers. VertragsR).

3. Zeitschriften

Schweizerische Versicherungs-Zeitschrift, Bern (zit. Schweiz. Vers. Z); Zeitschrift für die gesamte Versicherungswissenschaft, Karlsruhe/Berlin (zit. Z Vers. Wiss.); Versicherungswissenschaftliches Archiv, Berlin; Juristische Rundschau für die Privatversicherung, Berlin; Österreichische Zeitschrift für öffentliche und private Versicherung, Wien; Das Versicherungsarchiv, Wien; Revue générale des assurances terrestres, Paris; Rivista «Assicurazioni», Rom.

4. Judikatur

Sammlung der Entscheidungen schweizerischer Gerichte in privaten Versicherungsstreitigkeiten, herausgegeben vom Eidgenössischen Versicherungsamt (zit. SVA). Diese von 1886 bis 1966 in periodisch erscheinenden Bänden publizierte Entscheidensammlung enthält nicht nur die bundesgerichtlichen Urteile, sondern auch rechtskräftig gewordene Entscheide kantonaler und unterer Instanzen.

Erstes Kapitel

Grundlagen

Der Behandlung des Versicherungsvertragsrechts vorausgeschickt seien die ihm zugrundeliegenden Rechtsquellen, die begriffliche Umschreibung des Versicherungsvertrages – die zu seiner Abgrenzung von anderen Rechtsgebilden notwendig ist – sowie die diesem Vertrag spezifischen Wesenszüge, durch die er sich von den im Obligationenrecht geregelten Verträgen abhebt.

§ 66. Rechtsquellen

Literatur

H. ROELLI, Die Vorarbeiten für ein Bundesgesetz über den Versicherungsvertrag, Verhandlungen des Schweiz. Juristenvereins, Basel 1899; W. KOENIG, Gesetz und Vertrag als Rechtsquellen der Privatversicherung, in: Berner Festgabe für den Schweiz. Juristenverein, Bern 1955, S. 389f.; DERSELBE, Ist das Versicherungsvertragsgesetz revisionsbedürftig? und R. DE BUREN, La loi sur le contrat d'assurance doit-elle être revisée?, Referate des Schweiz. Juristenvereins, Basel 1962; A. KUPPER, Die allgemeinen Versicherungsbedingungen, Zürich 1969; W. KOENIG, Privates und öffentliches Recht im Versicherungsverhältnis, in: Festschrift Donati, Rom 1970, S. 279f.

Zu den Rechtsquellen, aus denen die geltende schweizerische Ordnung der Privatversicherung hervorgeht, gehören die öffentlichrechtlichen Normen der Aufsichtsgesetzgebung – welche uns nur am Rande beschäftigt –, die das Versicherungsvertragsverhältnis regelnden Normen des Versicherungsvertragsgesetzes sowie die von den Parteien dem Vertrag zugrundegelegten Versicherungsbedingungen.

I. Aufsichtsgesetzgebung

Die Aufsichtsgesetzgebung ordnet die vom Bund ausgeübte Staatsaufsicht über die Versicherungsunternehmungen. Sie zerfällt in drei gesetzliche Erlasse:

– das Bundesgesetz betreffend Beaufsichtigung von Privatunternehmungen im Gebiete des Versicherungswesens, vom 25. Juni 1885 (Aufsichtsgesetz);
– das Bundesgesetz über die Kautionen der Versicherungsgesellschaften, vom 4. Februar 1919 (Kautionsgesetz);
– das Bundesgesetz über die Sicherstellung von Ansprüchen aus Lebensversicherungen inländischer Lebensversicherungsgesellschaften, vom 25. Juni 1930 (Sicherstellungsgesetz)[1].

Als Vollzugsverodnungen zu den Gesetzen sind die Verordnung über die Beaufsichtigung von privaten Versicherungsunternehmungen, vom 11. September 1931, die Verordnung über den Anwerbebetrieb der Lebensversicherungsgesellschaften in der Schweiz, vom 10. Dezember 1973, und die Verordnung betreffend eine vereinfachte Aufsicht über Lebensversicherungseinrichtungen, vom 17. Dezember 1973, hinzugekommen. Außerdem ist der Bundesrat nach Art. 9 des Aufsichtsgesetzes ermächtigt, jederzeit Verfügungen zu treffen, die ihm «durch das allgemeine Interesse und dasjenige der Versicherten geboten» erscheinen. Gestützt darauf wurden die Bundesratsbeschlüsse über die Rechtsschutzversicherung, vom 1. Juni 1945, über die Abonnenten- und die Käufer- und Kundenversicherung, vom 22. November 1955, und über die Bewertung der Wertpapiere in den Bilanzen der inländischen Lebensversicherungsgesellschaften, vom 20. Dezember 1971, erlassen. Die Verfügungen müssen sich trotz des weitgefaßten Art. 9 in den Schranken der Aufsichtsgesetzgebung halten und in dieser ihre Rechtsgrundlage finden[2]; sie vermögen die für die Versicherten verbindlichen Gesetzesvorschriften nicht zu ergänzen oder gar abzuändern.

Bei allen erwähnten Erlassen handelt es sich grundsätzlich um Normen öffentlichrechtlicher Natur. Sie ordnen das Rechtsverhältnis des Staates zu den beaufsichtigten Versicherungsunternehmungen, erfassen dagegen nicht das Vertragsverhältnis der Versicherer zu den einzelnen Versicherten. Sie werden denn auch hier nicht näher behandelt[3]. Zwar wurden sie im Interesse der Gesamtheit der Versicherten erlassen, zu deren Schutz sie sich indirekt auswirken. Doch vermögen die Versicherten aus den öf-

---

[1] Die Trennung der Erlasse ist durch ihre zeitliche Reihenfolge zu erklären; ihrem Wesen nach gehören sie zusammen und würden daher *de lege ferenda* besser in einem einzigen Gesetz vereinigt.
[2] BGer, 4. Juli 1958, AS 84 I, 1958, S. 140.
[3] In dieser Beziehung sei verwiesen auf KOENIG, Priv. Vers. R, S. 15f. und 53f.

fentlichrechtlichen Normen keine Ansprüche herzuleiten, die sie selber geltend machen könnten; dies bleibt der Aufsichtsbehörde überlassen. Trotzdem
resultiert aus der Staatsaufsicht für die Versicherten eine Reflexwirkung,
deren faktische Bedeutung nicht zu übersehen ist.

II. Versicherungsvertragsgesetz

Im Gegensatz zur Aufsichtsgesetzgebung ordnet das Versicherungsvertragsgesetz das Vertragsverhältnis zwischen Versicherer und Versicherungsnehmer. Es ist seinem Wesen nach privatrechtlicher Natur. Vor
seinem Erlaß hatten nur einige wenige kantonale Gesetzbücher, so diejenigen
von Zürich und Schaffhausen, vereinzelte Bestimmungen über den Versicherungsvertrag enthalten. Nachdem aber sowohl der Schweizerische Juristenverein wie eine vom Bundesrat ernannte Expertenkommission eine Verein-
heitlichung des Versicherungsrechts als wünschbar bezeichnet hatten, erhielt
1893 ROELLI den Auftrag, einen Entwurf zu einer bundesrechtlichen Regelung auszuarbeiten[4]. Sein in vielen Punkten bahnbrechend gewordener Entwurf führte nach gründlichen Beratungen zum Bundesgesetz über den
Versicherungsvertrag, vom 2. April 1908 (VVG), das am 1. Januar 1910
in Kraft trat.

Gesetzesmaterialien:

– Entwurf ROELLI mit Motiven vom Jahr 1896;
– Protokolle der juristischen, wirtschaftlichen und technischen Subkommis-
  sionen und der Gesamtexpertenkommission;
– Entwurf und Botschaft des Bundesrates, vom 2. Februar 1904 (zit. Botschaft des Bundesrates);
– Amtliche stenographische Bulletins über die Verhandlungen im National-
  und Ständerat in den Jahren 1905 und 1907.

Der Geltungsbereich des VVG bezieht sich nur auf die Vertragsversicherung. Auf öffentlichrechtliche Versicherungsverhältnisse findet es keine

---

[4] Über die Entstehungsgeschichte des Gesetzes gibt die Botschaft des Bundesrates eingehend
Aufschluß; siehe auch JAEGER, Kommentar IV, S. 70f.

Anwendung⁵. Darüber hinaus ist der Geltungsbereich des Gesetzes positivrechtlich noch weiter eingeschränkt worden. Nach Art. 101 Abs. 1 VVG
findet es keine Anwendung auf Rückversicherungsverträge, da aus diesen
die Versicherten nicht direkt anspruchsberechtigt sind. Ferner ist es nur anwendbar auf Verträge, die von den der Staatsaufsicht unterstellten Versicherungsunternehmungen abgeschlossen werden, während es die Verträge der
von ihr befreiten Versicherungseinrichtungen und Kassen nicht erfaßt. Dadurch ist das Anwendungsgebiet auf dasjenige der Aufsichtsgesetzgebung
abgestimmt worden. In allen diesen Fällen gelten nach dem Wortlaut von
Art. 101 Abs. 2 VVG «ausschließlich» die Bestimmungen des Obligationenrechts. Diese Fassung ist offensichtlich zu eng, da neben dem OR und ZGB
auch die in Statuten und Reglementen aufgestellten Vorschriften eine Regelung der Rechtsverhältnisse zu enthalten pflegen. Zudem kann eine subsidiäre
Heranziehung der im VVG niedergelegten versicherungsrechtlichen Grundsätze vorgesehen werden oder sich deren analoge Anwendung aufdrängen⁶.

Der örtliche Geltungsbereich des VVG ergibt sich daraus, daß bei inter-
nationalrechtlichen Konflikten regelmäßig das am Orte des Versicherers oder
seiner Niederlassung geltende Recht maßgebend ist. Dieses sogenannte Be-
triebsstatut führt auch für die schweizerischen Versicherungsbestände der
ausländischen Versicherer zur Anwendung des schweizerischen Rechts⁷.

III. Versicherungsbedingungen

Zu den gesetzlichen Normen kommen als weitere Rechtsquelle die vertraglich vereinbarten Versicherungsbedingungen hinzu. Sie bilden zwar ihrem
Wesen nach Vertragsrecht, sind aber doch von großer Bedeutung, da sie
über den Umfang des gewährten Versicherungsschutzes, insbesondere die
versicherten Gefahren und Gegenstände, Aufschluß geben. Sie können auch,
soweit das Gesetz nur subsidiär geltende Vorschriften aufgestellt hat, von
ihm abweichende Bestimmungen enthalten. Innerhalb dieses Vertragsrechts

---

⁵ Art. 103 VVG hat die Nichtanwendbarkeit des Gesetzes auf Versicherungsverhältnisse bei
  den von den Kantonen organisierten Versicherungsanstalten noch ausdrücklich hervorgehoben.
⁶ Ebenso Jaeger, Kommentar III, S. 537.
⁷ Im übrigen sei verwiesen auf die eingehende Darstellung des internationalen Versicherungsvertragsrechts durch Keller, Kommentar IV, und durch H. U. Ryser, Der Versicherungsvertrag im internationalen Privatrecht, Bern 1957.

ist zu unterscheiden zwischen allgemeinen und besonderen Versicherungsbedingungen.

1. Die allgemeinen Versicherungsbedingungen (AVB) bringen
den regelmäßigen, einer großen Anzahl von Versicherungsverträgen generell
zugrundegelegten Vertragsinhalt zum Ausdruck. Sie werden üblicherweise
von den Versicherern für die verschiedenen Versicherungszweige aufgestellt
– in einzelnen Branchen sogar von allen Gesellschaften gemeinsam – und verkörpern insoweit das tatsächlich zur Anwendung gelangende Recht. Privatrechtlich sind sie zulässig, solange sie nicht gegen zwingende Vorschriften
des VVG verstoßen. Ihrer faktischen Bedeutung gemäß kommt ihnen daher
gesetzesähnlicher Charakter zu. Dieser tritt rechtlich nach verschiedenen
Richtungen hin zutage.

Aufsichtsrechtlich sind die Versicherer verpflichtet, vor der Verwendung
der AVB die Genehmigung des Eidgenössischen Versicherungsamtes einzuholen. Dieses pflegt die Genehmigung nicht nur zu versagen, wenn eine
Bestimmung der AVB gegen zwingende Vorschriften des VVG verstößt,
sondern auch dann, wenn es sie als unklar, widerspruchsvoll oder offenbar
unbillig erachtet. Das kann gemäß Art. 9 Abs. 1 des Aufsichtsgesetzes als im
allgemeinen Interesse oder demjenigen der Versicherten liegend anerkannt
werden [8]. Dagegen berührt die Erteilung oder Verweigerung der Genehmigung nur das öffentlichrechtliche Verhältnis zum Versicherer. Über die privatrechtliche Gültigkeit einzelner Klauseln der Bedingungen haben einzig die
Gerichte zu befinden [9]. Die versicherungsamtliche Genehmigung einer Klausel steht daher ihrer gerichtlichen Anfechtung keineswegs entgegen. Umgekehrt kann aus dem Mangel einer Genehmigung nicht die Ungültigkeit der
betreffenden Bestimmung abgeleitet werden.

Bei der Auslegung der AVB ist ihrem normativen, gesetzesähnlichen
Charakter Rechnung zu tragen. Wird darauf abgestellt, wie der einzelne Versicherungsnehmer eine Bestimmung verstanden hat, so verunmöglicht das
eine für alle Versicherten einheitliche Auslegung der AVB. Ihre Tragweite
als für einen ganzen Versicherungsbestand generell geltende Geschäftsbedingungen sowie die Gefahrengemeinschaft der Versicherten sprechen dafür,
sie immer gleich zu interpretieren und nicht je nach dem subjektiven Ver-

---

[8] JAEGER, Kommentar III, S. 472; ferner H. MÜLLER, Das Mitspracherecht des Versicherungsamtes bei der Genehmigung der Allgemeinen Versicherungsbedingungen, Schweiz.
Vers. Z 1934, S. 97f.
[9] Art. 13 des Aufsichtsgesetzes bestimmt ausdrücklich, alle Streitigkeiten privatrechtlicher
Natur zwischen den Unternehmungen und ihren Versicherten habe der Richter zu entscheiden.

ständnis der einzelnen Versicherungsnehmer in einem Falle so, in einem anderen anders. Das gilt vor allem für Bestimmungen, die wörtlich oder dem Inhalt nach dem Gesetzestext entnommen sind. Die gleichen Argumente sprechen aber auch für eine einheitliche Auslegung von das Gesetz ergänzenden oder abändernden Vorschriften[10]. Damit gelangt man, soweit es sich um AVB handelt, zu einer objektiven, der Gesetzesauslegung konformen Interpretation. Gemäß den für diese geltenden Regeln sind also auch AVB nach dem den Normen objektiv zukommenden Sinn und wirtschaftlichen Zweck auszulegen[11].

In Berücksichtigung der großen praktischen Bedeutung der AVB hat Art. 35 VVG ferner eine Sondernorm für den Fall einer Revision der AVB aufgestellt. Nach allgemeinen Rechtsgrundsätzen sind für einen Vertrag diejenigen Bedingungen maßgebend, die ihm zur Zeit seines Abschlusses zugrundegelegt worden sind. In Abweichung davon kann der Versicherungsnehmer bei einer im Laufe der Vertragsdauer erfolgenden Revision der AVB durch einseitiges Begehren die Fortsetzung des Vertrages zu den neuen Bedingungen verlangen. Vorausgesetzt wird, daß die Bedingungen derselben Versicherungsart abgeändert worden sind und der Versicherungsnehmer, falls für die Versicherung zu den neuen Bedingungen eine höhere Gegenleistung erforderlich ist, das entsprechende Entgelt gewährt. Das Begehren wirkt erst für die Zukunft, weshalb vorher eingetretene Schadenfälle davon nicht erfaßt werden[12]. Macht der Versicherungsnehmer von dem ihm eingeräumten Recht Gebrauch, so muß er aber die neuen Bedingungen als Ganzes gegen sich gelten lassen; er kann nicht etwa nur einzelne für ihn günstige Klauseln herausgreifen und im übrigen auf den früheren Bedingungen beharren. Darin kommt die Gefahrengemeinschaft und die Gleichbehandlung aller Versicherten zum Ausdruck[13].

2. Unter den besonderen Bedingungen sind solche zu verstehen, die dem Vertrag in Abweichung von den AVB oder zu ihrer Ergänzung beigefügt werden. Sie gehen den letzteren vor, haben also insoweit eine stärkere Kraft als die AVB. Da sie aber nicht generell, sondern nur in besonderen Fäl-

---

[10] So insbes. die deutsche Doktrin: siehe PRÖLSS, Kommentar DVVG, Vorbem. III, S. 19f. und MÖLLER, Kommentar DVVG, Einl., S. 75f.

[11] Auch der deutsche Bundesgerichtshof hat sich in einer Entscheidung vom 22. Oktober 1954 für eine objektive Erforschung des Sinnes von AVB-Bestimmungen unter Beachtung ihres wirtschaftlichen Zweckes ausgesprochen.

[12] Gerichtskommission Untertoggenburg, 17. Februar 1938, SVA VIII, Nr. 26; ZivGer Basel-Stadt, 10. November 1943, SVA IX, Nr. 75.

[13] KELLER, Kommentar I, S. 519.

len zur Anwendung gelangen, unterliegen sie nicht der aufsichtsrechtlichen Genehmigungspflicht. Zur Entscheidung der Frage, ob gewisse Bedingungen als allgemeine oder als besondere zu betrachten sind, ist nicht maßgebend, wie sie bezeichnet werden (Art. 18 OR), sondern welches ihr tatsächlicher Anwendungsbereich ist.

§ 67. Begriff und Abgrenzung

Literatur

A. Manes, Versicherungswesen, Bd. I, Allgemeine Versicherungslehre, Leipzig/Berlin 1930; O. Ziegler, Untersuchungen über die Begriffe «befürchtetes Ereignis» und «Versicherung», Abh. schweiz. R, Heft 111, Bern 1935; D. Bossard, Beitrag zur Versicherungsvertragstheorie, Abh. schweiz. R, Heft 276, Bern 1950; W. Koenig, Studie zum Begriff der Versicherungsunternehmung, in: Festgabe Prölss, Karlsruhe 1957, S. 174f.; P. Steinlin, Das Versicherungswesen der Schweiz, Zürich/St. Gallen, Bd. I 1961, Bd. II 1962; H. Möller, Moderne Theorien zum Begriff der Versicherung und des Versicherungsvertrages, Z Vers. Wiss. 1962, S. 269f.; P. Braess, Zum Problem der «gleichartigen Bedrohung» im Sinne der Versicherungsdefinition von Alfred Manes, Z Vers. Wiss. 1963, S. 313f.; W. Hug, Privatversicherung und Sozialversicherung, Versuch ihrer begrifflichen Umschreibung und Abgrenzung nach rechtlichen Merkmalen, Schweiz. Zeitschr. für Sozialversicherung, Bern 1963, S. 1f., 98f. und 175f.

Bei der Umschreibung des Begriffes der Versicherung ist zu unterscheiden zwischen ihrer Charakterisierung als Institution des Wirtschaftslebens und derjenigen als Rechtsverhältnis des Vertragsrechts. Gestützt auf die Versicherungsdefinition lassen sich alsdann die Abgrenzung der Versicherung gegenüber anderen Rechtsgebilden und die ihr zukommende Rechtsnatur bestimmen.

I. Versicherungsbegriff

In der Literatur ist eine ansehnliche Zahl von Umschreibungen anzutreffen, die sich bemühen, eine sowohl die privat- wie die öffentlichrechtliche Versicherung umfassende und die typischen Eigenschaften jeder Versicherung zum Ausdruck bringende Begriffsbestimmung aufzustellen. Dabei stehen Merkmale wie die Bedarfsbefriedigung, die große Zahl der Bedrohten, die Zufälligkeit und Schätzbarkeit des Bedarfs, der Risikenausgleich und die Planmäßigkeit im Vordergrund. So hat eine von MANES formulierte und häufig zitierte Definition die Versicherung als «gegenseitige Deckung zufälligen schätzbaren Geldbedarfs zahlreicher gleichartig bedrohter Wirtschaften» umschrieben[1]. Auch gegen diese Definition sind kritische Einwände erhoben worden[2]. Eine neuere, 1966 von der Abteilung für Versicherungslehre des Deutschen Vereins für Versicherungswissenschaft aufgestellte Begriffsbestimmung lautet wie folgt: «Versicherung ist die planmäßige Deckung eines im einzelnen ungewissen, insgesamt aber schätzbaren Geldbedarfs auf der Grundlage eines durch Zusammenfassung einer großen Anzahl von Einzelwirtschaften herbeigeführten Risikoausgleichs.» Durch solche Umschreibungen werden die von der Rechtsform der Versicherung unabhängigen technisch-wirtschaftlichen Elemente der Institution hervorgehoben. Hier ist auf sie nicht näher einzutreten.

II. Begriff des Versicherungsvertrages

Für die Anwendung des VVG ist es dagegen erforderlich, sich über die begrifflichen Merkmale des Versicherungsvertrages Klarheit zu verschaffen, um ihn gegenüber Erscheinungen, die vom Gesetz nicht erfaßt werden, abgrenzen zu können[3].

1. Bei den Merkmalen stößt man auf solche, die der Versicherungsvertrag mit allen anderen Verträgen gemeinsam hat, nämlich das Vorhandensein von zwei Parteien, die sich gegenüberstehen (Versicherungsnehmer und Versicherer) und die sich gegenseitig zu Leistungen verpflichten (Versicherungsleistung und Prämienzahlung). Als für den Versicherungsvertrag typisch kommt hinzu, daß die Leistung des Versicherers vom Eintritt eines zukünftigen, ungewissen Ereignisses abhängig ist. Dieser sogenannte Versicherungsfall besteht darin, daß ein als versichert bezeichneter Gegenstand von einer als versichert bezeichneten Gefahr betroffen wird. Gestützt auf diese rechtlich relevanten Merkmale läßt sich folgende Definition des Versicherungsvertrages aufstellen:

---

[1] MANES, Allg. Versicherungslehre, S. 2.
[2] Siehe dazu JAEGER, Kommentar IV, S. 102 und BRAESS, Zum Problem der «gleichartigen Bedrohung», Z Vers. Wiss. 1952, S. 313 f.
[3] ObGer Luzern, 19. Mai 1948, SVA X, Nr. 88.

Der Versicherungsvertrag ist ein selbständiger Vertrag, bei
dem die eine Partei der anderen gegen Entgelt eine Vermö-
gensleistung für den Fall verspricht, daß ein Gegenstand durch
ein Gefahrsereignis betroffen wird[4].
Diese Definition soll und kann den Versicherungsvertrag nur als Vertragsverhältnis im Sinne des VVG charakterisieren[5]. Der Gesetzgeber selber
hat dagegen bewußt davon abgesehen, eine Legaldefinition aufzustellen, in
der Meinung, dies solle der Wissenschaft überlassen bleiben[6].

2. Aus den einzelnen Merkmalen des Versicherungsvertrages ergibt sich
seine Abgrenzung gegenüber artfremden Rechtsverhältnissen und Erscheinungen. So sind begrifflich vom Versicherungsvertrag als Vertragsverhältnis
die öffentlichrechtlichen Versicherungsverhältnisse auszusondern[7]. Das Erfordernis von zwei Parteien sodann fehlt bei der sogenannten «Selbstversicherung», die keine Versicherung im Rechtssinne ist, obschon sie wirtschaftlich den gleichen Zweck verfolgt[8]. Weitere Abgrenzungen verbinden
sich mit den Voraussetzungen und der Art der Versicherungsleistung. Der
bei ihr bestehende Rechtsanspruch auf die Leistung und deren Entgeltlichkeit
trennen den Versicherungsvertrag von bloßen Fürsorgeeinrichtungen. Auch
eine nur auf Beratung und Rechtsauskunft gerichtete Dienstleitung kann
nicht als Versicherung betrachtet werden[9]. Namentlich aber ist es der Umstand, daß der Versicherer seine Leistung nur zu erbringen hat, wenn ein versicherter Gegenstand von einem versicherten Gefahrereignis betroffen worden ist, der den Versicherungsvertrag von anderen Verträgen unterscheidet,
wie dem Kaufvertrag, dem Darlehens- und dem Sparvertrag[10]. Auch bei Spiel

---

[4] Koenig, Priv. Vers. R, S. 31.
[5] Eine andere, damit nicht ohne weiteres zusammenfallende Frage ist, was als Versicherungsgeschäft betrachtet werden muß, das nach der Aufsichtsgesetzgebung einer
Bewilligung der Aufsichtsbehörde bedarf. Als Verwaltungsgericht hat das Bundesgericht
(8. Dezember 1950, AS 76 I, 1950, S. 362) als wesentliche Elemente der Versicherung
bezeichnet: eine Gefahr, eine Prämienleistung, eine Leistung des Versicherers, einen plan-
mäßigen Geschäftsbetrieb und die rechtliche Selbständigkeit der Operation.
[6] Botschaft des Bundesrates, S. 18 und 43; ferner Jaeger, Kommentar IV, S. 101.
[7] Öffentlichrechtlichen Charakter haben z. B. die Versicherungsverhältnisse bei der AHV,
der obligatorischen Unfallversicherung gemäß KUVG, bei den kantonalen Brandversicherungsanstalten und den Versicherungskassen des Bundes, der Kantone und der Gemeinden.
[8] Die Selbstversicherung ist auch dann nicht Versicherung, wenn planmäßig jährliche Beiträge ausgeschieden und in einen Selbstversicherungsfonds gelegt werden.
[9] So zutreffend ObGer Solothurn, 27. November 1942, SVA IX, Nr. 206, für die Tätigkeit
einer Gesellschaft für Versichertenschutz.
[10] Auch die oft als «Sparversicherung» bezeichnete Ansammlung und Verzinsung von Spareinlagen ist keine Versicherung im Rechtssinn (Art. 18 OR).

und Wette ist das erwähnte Tatbestandsmerkmal nicht anzutreffen[11]; abgesehen davon sind diese nicht wirtschaftlich motiviert und lassen daher keine klagbare Forderung entstehen (Art. 513 OR). Schließlich hebt die Selbständigkeit den Versicherungsvertrag von unselbständigen Leistungsversprechen ab, wie dem Garantievertrag, bei dem der Garantierende die Leistung eines Dritten verspricht (Art. 111 OR), oder der Bürgschaft, die akzessorisch zu einer Hauptschuld eingegangen wird (Art. 492f. OR). Das gleiche gilt überall, wo man es mit unselbständigen Nebenabreden im Rahmen eines anderen Rechtsgeschäftes zu tun hat[12]. Es ist jedoch möglich, die versicherungsmäßige Übernahme eines Versicherungsrisikos mit einem Vertragsverhältnis zu verknüpfen, ohne daß zwischen beiden ein innerer Zusammenhang besteht. Das ist insbesondere der Fall bei den Zeitschriften- und Abonnentenversicherungen sowie den Käufer- und Kundenversicherungen. Hier tritt das Versicherungsverhältnis zwar gleichzeitig mit dem Abschluß eines Abonnementsvertrages oder dem Kauf eines Gegenstandes auf, ohne aber als dessen unselbständiger Bestandteil betrachtet werden zu können[13].

III. Rechtsnatur des Versicherungsvertrages

Früher war die Frage der Rechtsnatur des Versicherungsvertrages stark umstritten. Ältere Theorien versuchten, ihn unter eine der gemeinrechtlich bekannten Vertragskategorien zu subsumieren, indem man ihn zum Beispiel als besonders geartetes Kauf- oder Darlehensgeschäft betrachtete. Diese Konstruktionsversuche sind zwar historisch gesehen verständlich, heute aber als überholt zu bezeichnen. Auf Grund der positivrechtlichen Ordnung des Versicherungsvertrages kann kein Zweifel mehr bestehen, daß er ein unter eigenen Rechtssätzen stehendes Vertragsverhältnis *sui generis* bildet[14].

Vielfach wird der Versicherungsvertrag als ein auf Bedarfsbefriedigung gerichteter Vertrag bezeichnet («Bedarfstheorie»)[15]. Die Befriedigung eines Bedarfs bildet aber nur ein wirtschaftliches Kriterium, das dem Versiche-

---

[11] Dazu G. KLUNGE, L'assurance et le jeu, Lausanne 1938.
[12] So bei der Übernahme des delcredere durch einen Kommissionär (Art. 430 OR) oder beim Kauf oder der Miete von Radioapparaten, womit eine Verpflichtung zur Reparatur von Schäden am Apparat verbunden wird.
[13] Ein BRB vom 22. November 1955 hat diese Abonnentenversicherungen aufsichtsrechtlich geregelt.
[14] KOENIG, Priv. Vers. R, S. 35.
[15] MANES, Allg. Versicherungslehre, S. 2f. und 8; ebenso auch BRUCK, Priv. Vers. R, S. 52 und 57.

rungsvertrag ebenso wie anderen Verträgen, die der *homo oeconomicus* eingeht, zugrundeliegt. Darin kann nicht ein juristisches Merkmal des Rechtsgeschäftes selber, sondern bloß ein Motiv zu dessen Abschluß erblickt werden. Das gleiche gilt vom wirtschaftlichen Interesse des Versicherungsnehmers, das von einer verbreiteten Lehre als notwendiges Element des Versicherungsvertrages angesehen wird («Interessetheorie»)[16]; bei der Behandlung des Gegenstandes der Versicherung wird noch darauf zurückgekommen. Abzulehnen ist auch die Ansicht, der planmäßige Großbetrieb gehöre als Begriffsmerkmal in eine Definition des Versicherungsvertrages[17]. Bei ihm handelt es sich vielmehr um ein Element, das zwar wirtschaftlich und versicherungstechnisch sowie aufsichtsrechtlich von Bedeutung ist, dagegen nicht zum Vertrag als solchem gehört. Zwar tritt der Versicherungsvertrag faktisch regelmäßig als Glied eines Massengeschäftes auf, doch läßt sich daraus nicht ableiten, ein vereinzelter Abschluß könne privatrechtlich nicht als Versicherungsvertrag im Sinne des VVG betrachtet werden.

§ 68. Wesenszüge

Literatur

R. HEDINGER, Versicherungstechnische Prinzipien im schweizerischen Versicherungsvertragsrecht, Zürcher Beiträge, Heft 197, Aarau 1955; P. HAINARD, Der rechtlich zulässige Inhalt des Versicherungsvertrages, Zürcher Beiträge, Heft 205, Aarau 1957; H. INNAMI, Das Äquivalenzprinzip in der Versicherungswirtschaft, Z Vers. Wiss. 1966, S. 17 f.; O. HAIDINGER, Die Gerechtigkeitsmaxime bei der rechtlichen Gestaltung der Vertragsversicherung, in: Festgabe Prölss, München 1967, S. 197 f.; B. STIEFEL, Art. 100 VVG, Langnau 1968; W. KOENIG, Automatik und Arithmetik im Versicherungsverhältnis, in: Festgabe Oftinger, Zürich 1969, S. 133 f.; M. KUNZ, Das absolut zwingende Recht des Bundesgesetzes über den Versicherungsvertrag, Abh. schweiz. R, Heft 392, Bern 1970; W. KOENIG, Privates und öffentliches Recht im Versicherungsverhältnis, in: Festschrift Donati, Rom 1970, Bd. I, S. 279 f.; DERSELBE, Gerechtigkeit und Rechtssicherheit im Versicherungsvertrag, in: Festgabe Möller, Karlsruhe 1972, S. 361 f.; A. HUNGERBÜHLER, Die Äquivalenz von Leistung und Gegenleistung im Versicherungsvertrag, Europ. Hochschulschriften, Heft II/54, Bern 1972.

---

[16] So KISCH, Handb., Bd. 2: Die Lehre von dem Versicherungsinteresse und BRUCK, Priv. Vers. R, S. 475.

[17] Für dieses Erfordernis: VON GIERKE, Vers. R, Bd. I, S. 82/83 und KELLER, Kommentar I, S. 19.

Das Versicherungsvertragsrecht weist eine Reihe von Wesenszügen auf, die ihm einen eigenartigen Charakter verleihen und grundlegende Probleme berühren, die bei einer näheren Betrachtung des Vertragsverhältnisses immer wieder durchschimmern. Diese Wesenszüge ergeben sich teilweise aus der Sicherungsfunktion der Versicherung, teilweise aus ihrer gesetzlichen Sonderregelung im VVG wie aus den durch die Aufsichtsgesetzgebung bewirkten Einflüssen auf das Privatrecht.

I. Sicherungsfunktion

Seinem Wesen nach verfolgt der Versicherungsvertrag einen ausgeprägten Sicherungszweck, dem es dient, wenn der Vertrag eine hohe Rechtssicherheit bietet. Gefördert wurde sie durch die Versicherungstechnik, die gleichzeitig die von der Gerechtigkeit verlangte Äquivalenz der Leistungen ermöglicht.

1. Der Versicherungsvertrag gehört an sich wie Spiel und Wette zu den aleatorischen Rechtsgeschäften. Er hebt sich jedoch von ihnen deutlich ab, da er nicht dem Spieltrieb entspringt, sondern dem menschlichen Bedürfnis nach Sicherung gegen die mannigfachen Gefahren, die sowohl Leib und Leben des Menschen als auch seine wirtschaftlichen Güter und sein Vermögen bedrohen. Die Versicherung wirkt zwar nicht präventiv, doch mildert oder beseitigt sie die mit dem Eintritt des Gefahrereignisses verbundenen Folgen durch Verschaffung einer Versicherungsleistung. Ihr fällt damit eine für das ganze Wirtschaftsleben wichtige Funktion zu. Der Versicherer kann die eigentliche Versicherungstätigkeit ergänzen, indem er daneben Gefahrprävention betreibt, wie beim Gesundheitsdienst in der Lebensversicherung, bei der Förderung der Unfallverhütung durch die Unfallversicherer und beim Brandverhütungsdienst der Feuerversicherer[1]. Außerdem besteht die Möglichkeit, in den Versicherungsvertrag Bestimmungen aufzunehmen, die auch dem Versicherungsnehmer bestimmte Obliegenheiten zur Verminderung der Gefahr oder zur Verhütung einer Gefahrerhöhung überbinden.

2. Für das Versicherungsvertragsrecht charakteristisch ist das ihm in besonders starkem Maße innewohnende Bestreben nach einer hohe Rechtssicherheit gewährenden Ordnung. Der Versicherungsvertrag soll dem

---

[1] KOENIG, Priv. Vers. R, S. 6.

Versicherungsnehmer einen festen Anspruch verschaffen, der Streitigkeiten möglichst entzogen ist. Dem entspricht vor allem die Summenversicherung, die in der Lebens- wie in der Unfallversicherung üblich ist; bei
letzterer tritt sie auch durch die Vereinbarung von Gliedertaxen und festen
Taggeldern in Erscheinung. Im Gebiete der Schadenversicherung hat sich
diese Tendenz in der Zulassung der Taxierung des Versicherungswertes
(Art. 65 VVG) geäußert. Nach der gleichen Richtung geht es, wenn die nach
Art. 43 OR von allerlei Ungewißheiten begleitete Durchsetzung von Schadenersatzansprüchen gegen haftbare Dritte dem Versicherungsnehmer ab-
genommen und dem in seine Rechte subrogierenden Versicherer überlassen
wird (Art. 72 VVG). Auch in vielen anderen Einzelbestimmungen des Gesetzes ist die Rücksichtnahme auf das Postulat der Rechtssicherheit deutlich
erkennbar (so z. B. in Art. 1, 4 Abs. 2, 12, 20 und 74 VVG).

3. Einen weiteren Charakterzug des Versicherungsvertragsrechts bildet die
Versicherungstechnik, die auf die rechtliche Ordnung einen großen
Einfluß ausgeübt hat[2]. Sie fand in vielen Gesetzesbestimmungen ihren Niederschlag, so in denjenigen über die Anzeige von Gefahrtatsachen (Art. 4f.
VVG), über die Gefahrverminderung und -erhöhung (Art. 23 und 28f.),
über die Unteilbarkeit der Prämie (Art. 24/25 VVG), über die Proportionalregel in der Sachversicherung (Art. 69 VVG) und über Rückkauf und Umwandlung von Lebensversicherungen (Art. 90f. VVG). Von der Versicherungstechnik stark geprägt wurde auch das Äquivalenzprinzip. Es ist
beim Versicherungsvertrag weit über das allgemeine Recht hinaus durch gesetzliche Sonderbestimmungen berücksichtigt worden; als solche seien beispielsweise Art. 23, 69 und 75 VVG erwähnt. Hervorzuheben bleibt, daß
auch das Versicherungsverhältnis dem allgemeinen Grundsatz von Treu
und Glauben unterliegt (Art. 2 ZGB), wie die Rechtsprechung immer
wieder bekräftigt hat[3]. Dagegen läßt sich nicht sagen, der Versicherungsvertrag werde von einer ihn speziell auszeichnenden *uberrima fides* beherrscht,
wie das früher behauptet wurde[4].

---

[2] Botschaft des Bundesrates, S. 18.
[3] Siehe beispielsweise BGer, 13. November 1931, SVA VII, Nr. 177; 2. April 1942, SVA IX,
   Nr. 97 und 11. Februar 1971, AS 97 II, 1971, S. 72.
[4] So Ehrenberg, Vers. R, S. 73.

II. Gesetzliche Sonderregelung

Die positivrechtliche Ordnung des Versicherungsvertrages weist die Besonderheit auf, daß er nicht – wie andere Verträge – im OR selbst geordnet wurde, trotzdem aber mit ihm innerlich eng verbunden bleibt. Eine eigenartige Gestaltung hat das Versicherungsvertragsrecht durch viele zum Schutze des Versicherungsnehmers aufgestellte zwingende Vorschriften und durch aufsichtsrechtliche Eingriffe erfahren.

1. Das Versicherungsvertragsrecht ist durch ein Spezialgesetz zwar eingehend, aber keineswegs abschließend geregelt worden. Wie Art. 100 VVG ausdrücklich bemerkt, finden vielmehr auch auf den Versicherungsvertrag die Bestimmungen des OR Anwendung, soweit das VVG keine Vorschriften enthält[5]. In dieser subsidiären Anwendbarkeit des OR kommt die Vertragsnatur des Versicherungsvertrages zum Ausdruck. Trotz seines Umfanges von 104 Artikeln ist demnach aus dem VVG nicht etwa das ganze Recht des Versicherungsvertrages ersichtlich. Für sich allein bildet das VVG einen Torso, der ohne Heranziehung des allgemeinen Rechts vielfach unverständlich bleibt. Es ist daher unerläßlich, immer wieder der Eingliederung des Spezialrechts in die generelle Ordnung des Vertragsrechts nachzugehen.

2. Eine gesetzlich zum Ausdruck gekommene Besonderheit des Versicherungsvertrages bildet das häufige Vorkommen von zwingendem Recht. Das VVG unterscheidet dabei absolut zwingende Vorschriften, die – weil im öffentlichen Interesse liegend – überhaupt nicht abänderlich sind, und relativ zwingende Bestimmungen, die zwar zugunsten, nicht aber zuungunsten des Versicherungsnehmers oder Anspruchsberechtigten abgeändert werden dürfen. Die darunter fallenden Gesetzesartikel sind in Art. 97 und 98 VVG einzeln aufgezählt worden[6]. Durch das zwingende Recht wird die Vertragsfreiheit eingeschränkt. Für den Versicherungsvertrag typisch sind namentlich die vielen zum Schutze der Versicherten aufgestellten halbzwingenden Vorschriften. Wo der Vertrag Abreden oder Klauseln enthält, die vom Gesetzestext abweichen oder ihn ergänzen, sei es durch allgemeine, sei es

---

[5] Entgegen dem Wortlaut von Art. 100 VVG sind neben dem OR auch viele Bestimmungen des ZGB auf den Versicherungsvertrag anwendbar, so insbesondere Art. 1–10 ZGB.

[6] Neben den in den Art. 97/98 VVG ausdrücklich angeführten Vorschriften gibt es noch weitere, bei denen die Unabänderlichkeit aus Art. 20 OR abzuleiten ist oder sich aus dem Inhalt der betreffenden Bestimmung selbst ergibt (z.B. Art. 3, 37 und 56 VVG).

durch besondere Versicherungsbedingungen, muß daher immer die Frage
geprüft werden, ob sie nicht gegen zwingendes Gesetzesrecht verstoßen. Das
hat unter Würdigung der vom Gesetzgeber angestrebten Schutzwirkung zu
geschehen. Ob eine Bestimmung rechtsgültig ist oder nicht, muß der Richter
von Amtes wegen feststellen[7]. Für die Transportversicherung, die ihres internationalen Wirkungsbereiches wegen einer größeren Bewegungsfreiheit bedarf[8], ist die Unabänderlichkeit einiger absolut zwingender und sämtlicher
halbzwingender Vorschriften beseitigt worden (Art. 97 Abs. 2 und Art. 98
Abs. 2 VVG). Hier bleibt es also bei bloß dispositivem Recht. Der Bundesrat
kann außerdem gemäß Art. 99 VVG durch Verordnung verfügen, daß die in
Art. 98 VVG festgesetzten Beschränkungen der Vertragsfreiheit auch bei
einzelnen anderen Versicherungsarten soweit außer Kraft treten, als ihre
Eigenart oder besondere Verhältnisse es erfordern[9].

III. Aufsichtsrechtliche Eingriffe

Mit der öffentlichrechtlichen Aufsichtsgesetzgebung über die Versicherungsunternehmungen sind eine Reihe von Eingriffen in das Privatrecht
verbunden, was ebenfalls ein besonderes Charakteristikum des Versicherungsvertragsrechts darstellt. So ist den Versicherern der Betrieb des Ver-
sicherungsgeschäftes ohne Konzession der Aufsichtsbehörde untersagt.
Zwar berührt der Umstand, daß der Versicherer keine Konzession besaß,
nicht die zivilrechtliche Gültigkeit der von ihm abgeschlossenen Verträge[10].
Doch wurde dem Versicherungsnehmer positivrechtlich (Art. 36 VVG) bei
Konzessionsentzug ein sofort wirksames Rücktrittsrecht eingeräumt.
Ein an sich rein öffentlichrechtlicher Vorgang ist dadurch mit privatrechtlichen Folgen verknüpft worden (Marginale zu Art. 36 VVG). Ganz allgemein resultiert sodann aus den durch die Staatsaufsicht an die Versicherer
gestellten finanziellen Anforderungen für die Versicherten eine indirekte Garantie für die Erfüllung der eingegangenen Versicherungsverpflichtungen.
Darüber hinaus haben das Kautionsgesetz und das Sicherstellungsgesetz für

---

[7] JAEGER, Kommentar III, S. 476.
[8] Zum Begriff der Transportversicherung siehe KOENIG, Priv. Vers. R, S. 357 f.
[9] Das ist geschehen in der Verordnung vom 1. März 1966 über die Aufhebung von Beschränkungen der Vertragsfreiheit für Freizügigkeitspolicen und in der Verordnung vom
23. Dezember 1966 über die Aufhebung von Beschränkungen der Vertragsfreiheit bei kantonalen obligatorischen Unfallversicherungen.
[10] Ebenso KELLER, Kommentar I, S. 27.

die Sicherstellung der Ansprüche der Versicherten noch besondere, unmittelbar wirksame Regelungen getroffen[11]. Eine Bestandesübertragung ist, sobald sie aufsichtsamtlich genehmigt wurde, für alle Versicherten dieses Bestandes verbindlich, ohne daß es deren Zustimmung bedarf; zudem kann die Aufsichtsbehörde unter Umständen sogar zur Herabsetzung von Versicherungsansprüchen schreiten[12]. Das alles sind Eingriffe in das materielle Vertragsverhältnis, die sich der einzelne Versicherungsnehmer im Interesse der Gesamtheit der Versicherten gefallen lassen muß. Außerdem hat das Aufsichtsgesetz noch einige weitere für das Vertragsverhältnis der Versicherten bedeutsame Vorschriften aufgestellt, insbesondere über den für Versicherungsansprüche geltenden Erfüllungsort und Gerichtsstand.

---

[11] Zur näheren Ausgestaltung der Sicherstellung siehe § 73, IV.
[12] Weiteres dazu unter § 77, II.

Zweites Kapitel

Abschluß und Ende

Die Fragen, wie der Versicherungsvertrag zustandekommt und beendigt wird, beantworten sich im allgemeinen nach den für alle Verträge geltenden obligationenrechtlichen Bestimmungen. Doch hat das VVG einige versicherungsrechtliche Sondervorschriften aufgestellt, die den Vertragsabschluß, die Ausstellung einer Police sowie die Prolongation und vorzeitige Beendigung des Vertragsverhältnisses berühren. Weiter ist zu prüfen, welche Rolle die Versicherungsagenten spielen.

§ 69. Vertragsabschluß

Literatur

F. BASLER, Der Abschluß des Versicherungsvertrages und die rechtliche Natur des Versicherungsantrages, Z Vers. Wiss. 1914, S. 623 f.; H. HAGEMANN, Das Zustandekommen des Versicherungsvertrages, eine rechtsvergleichende Darstellung, Hamburger Rechtsstudien, Heft 21, 1934; L. RICHTER, Betrachtungen zum Abschluß des Versicherungsvertrages, in: Festschrift Heinrich Silber, Leipzig 1941, S. 247 f.; B. JAHN, Die Entstehung von Versicherungsverhältnissen im schweiz. Recht, Zürcher Beiträge, Heft 93, 1942; E. BISCHOFSBERGER, Die vorläufige Deckungszusage im Versicherungsrecht, Zürich 1946.

Gegenüber der für das Zustandekommen von Konsensualverträgen nach OR geltenden Rechtslage bietet der Versicherungsvertrag nur wenig spezielle Aspekte, auf die hinzuweisen ist. Dagegen hat das VVG verschiedene Sonderbestimmungen über die rechtliche Bindung an einen Versicherungsantrag aufgestellt. Ferner muß untersucht werden, wie sich die durch die Versicherungspraxis entwickelte vorläufige Deckungszusage in den Abschlußmechanismus einordnen läßt.

I. Konsensualvertrag

Für das Zustandekommen des Versicherungsvertrages bedarf es einer übereinstimmenden gegenseitigen Willensäußerung der Parteien (Art. 1 OR). Die Willenseinigung setzt entsprechende Willenserklärungen voraus, die gesetzlich an keine Form gebunden sind, als empfangsbedürftige Erklärungen aber der anderen Partei zugehen müssen. Als jemandem zugegangen gilt dabei eine Erklärung erst, wenn sie in seine Verfügungsgewalt gelangt ist, zum Beispiel durch Einwurf im Briefkasten, Eingang im Postfach, Übergabe an Vertreter oder Hausgenossen[1]. Trotz Konsens kann auch ein Versicherungsvertrag bei Willensmängeln (Irrtum, Täuschung oder Furchterregung) gemäß Art. 23 f. OR unverbindlich sein. Als wesentliche Irrtümer hat die Gerichtspraxis zum Beispiel anerkannt: den Irrtum des Versicherungsnehmers über die Person des Versicherers, dessen Nationalität, Zahlungsfähigkeit und Geschäftsgebaren für den Vertragsabschluß bedeutungsvoll sein können[2], und einen Irrtum in der Bezeichnung des zu versichernden Gegenstandes[3]. In dieser Hinsicht ist die Rechtslage gleich wie bei anderen Verträgen und daher hier nicht näher zu erörtern. Kurz einzugehen ist dagegen auf die Fragen, worin die für den Versicherungsvertrag wesentlichen Punkte zu finden sind und welches die rechtliche Stellung der beiden Parteien beim Vertragsabschluß ist.

1. Nach Art. 2 OR hat sich die Willenseinigung auf alle wesentlichen Punkte zu erstrecken. Was für den Versicherungsvertrag wesentlich ist, geht aus den für seine begriffliche Umschreibung erforderlichen Merkmalen hervor. Solche *essentialia negotii* sind die vom Versicherer zu erbringende Leistung, die in der Prämienzahlung bestehende Gegenleistung des Versicherungsnehmers, die Gefahr, gegen deren Folgen Versicherung genommen wird, und die zu versichernden Gegenstände. Dazu kommt noch die Dauer des Vertrages, da zeitlich unbegrenzte Leistungen gemäß Art. 20 OR unsittlich wären und daher die Nichtigkeit des Vertrages nach sich zögen[4]. Die Parteien können auch beliebige andere Punkte (Nebenpunkte) bezeichnen, von denen der Vertragsabschluß abhängig sein soll. Diese nur subjektiv wesentlichen Punkte müssen aber in einer für die andere Partei erkennbaren Weise als für das Zustandekommen des Vertrages entscheidend

---

[1] KELLER, Kommentar I, S. 41 und 51.
[2] Tribunal cantonal vaudois, 26. Mai 1924, SVA V, Nr. 37.
[3] BGer, 22. Oktober 1964, SVA XII, Nr. 110.
[4] KELLER, Kommentar I, S. 18.

erklärt worden sein; sonst vermögen sie dessen Verbindlichkeit nicht zu hindern. Für den Konsens genügt es, wenn die Vertragspunkte genügend bestimmbar sind. Insbesondere die Prämie, die zweifellos wesentlich ist[5], wird oft nicht von vorneherein ziffernmäßig angegeben, da sie vom Versicherer erst auf Grund der Angaben über das zu versichernde Risiko errechnet werden kann; ihr Betrag ist aber gestützt auf die vom Versicherungsamt genehmigten Tarife objektiv bestimmbar, was als hinreichend erscheint[6].

2. Hinsichtlich der Vertragsparteien fragt sich vor allem, unter welchen Voraussetzungen sie fähig sind, Versicherungsverträge abzuschließen. Eine andere Frage ist, ob sie den Abschluß nach freiem Belieben vornehmen oder verweigern können.

a) Auf der Seite der Versicherungsnehmer beurteilt sich die Fähigkeit, in der Eigenschaft als Vertragspartner des Versicherers auftreten zu können, voll und ganz nach dem allgemeinen Zivilrecht. Beschränkt Handlungsfähige bedürfen zum Abschluß eines Versicherungsvertrages – der ein entgeltliches Rechtsgeschäft bildet – der Zustimmung ihres gesetzlichen Vertreters (Art. 19 ZGB)[7]. Ist ihnen der selbständige Betrieb eines Berufes oder Gewerbes gestattet, so können sie alle Geschäfte vornehmen, die zu dessen regelmäßigen Betrieb gehören (Art. 280 und 412 ZGB). Darunter fallen ohne weiteres die den Betrieb sichernden Schadenversicherungsverträge, wie Feuer-, Diebstahl-, Transport- und Haftpflichtversicherungen; aber auch die dem Schutze des Betriebsinhabers oder seines Personals dienenden Lebens-, Unfall- und Krankenversicherungen dürfen im allgemeinen dazu gerechnet werden[8]. Die Ehefrau kann, da sie voll handlungsfähig ist, auch Versicherungsverträge ohne Zustimmung des Ehemannes gültig abschließen[9]. Jedoch bedürfen Versicherungsverträge der Ehefrau zugunsten des Ehemannes der Zustimmung der Vormundschaftsbehörde (Art. 177 Abs. 3 ZGB)[10]. Die weitere Frage, welche Vermögensstücke für die von der Ehefrau eingegangenen Verbindlichkeiten haften, beantwortet sich verschieden, je nachdem, ob der Ehemann zugestimmt hat oder nicht und unter welchem Güterstand die Ehegatten leben (Art. 207, 208, 219–222 und 243 ZGB). Eine Ehefrau, die zur

---

[5] BGer, 10. Juni 1899, SVA I, Nr. 33.
[6] ObGer Zürich, 24. August 1904, SVA I, Nr. 34; ferner KELLER, Kommentar I, S. 17/18.
[7] AmtsGer Solothurn-Lebern, 1. September 1932, SVA VII, Nr. 7.
[8] Ebenso KELLER, Kommentar I, S. 23.
[9] Dazu M. HELFENSTEIN, Die rechtliche Stellung der Frau im Lebensversicherungsvertrag, Luzern 1942.
[10] ObGer Solothurn, 27. November 1942, SVA IX, Nr. 206.

Ausübung eines Berufes oder Gewerbes ermächtigt ist, kann Versicherungsverträge eingehen, die mit dem regelmäßigen Betrieb dieses Berufes oder Gewerbes verbunden sind und wird daraus mit ihrem ganzen Vermögen haftbar
(Art. 207 Ziff. 3 und Art. 220 Ziff. 3 ZGB)[11]. Ob die Ehefrau kraft der Schlüs-
selgewalt, die sie zur Fürsorge für die laufenden Bedürfnisse des Haushalts
ermächtigt (Art. 163 ZGB), Versicherungsverträge mit für den Ehemann
verpflichtender Wirkung abschließen kann, erscheint als fraglich, bleibe jedoch hier dahingestellt[12].

Nach dem Grundsatz der Vertragsfreiheit ist es dem Versicherungsnehmer
überlassen, sich zu entscheiden, ob er einen Versicherungsvertrag eingehen
will oder nicht. Es kann für ihn aber kraft öffentlichen Rechts ein Obligatorium zum Abschluß bestehen[13]. Aus dessen Verletzung können ihm bestimmte, öffentlichrechtlich geregelte Nachteile erwachsen[14]. Aber auch in
diesen Fällen bleibt das Zustandekommen des Vertrages von einem Willensentschluß des Versicherungsnehmers abhängig. Ein Vertrag läßt sich eben
nicht behördlich erzwingen oder durch einen Verwaltungsakt herbeiführen.
Das zeigt die Problematik von Obligatorien im Gebiete des Vertragsrechts[15].

b) Für die Versicherer wird die Frage, unter welchen Voraussetzungen
sie als Vertragspartei Versicherungsverträge eingehen können, von zwei verschiedenen Normenkomplexen beherrscht: einerseits vom zivilrechtlich geordneten Gesellschaftsrecht und anderseits vom öffentlichrechtlichen Auf-
sichtsrecht. Diese Rechtsgebiete sind zwar gesetzlich getrennt, greifen aber
in ihren Auswirkungen doch mannigfach ineinander über.

Gesellschaftsrechtlich wurde durch die schweizerische Gesetzgebung keine

---

[11] Anders, wenn die Ermächtigung des Ehemannes zur Gewerbeausübung fehlt: Juge de
Paix Lausanne, 19. März 1917, SVA IV, Nr. 15.

[12] Das AmtsGer Balsthal (29. August 1939, SVA VIII, Nr. 16) hat eine von der Ehefrau für
sich abgeschlossene Unfallversicherung als unter Art. 163 ZGB fallend und daher als den
Ehemann verpflichtend betrachtet.

[13] Ein solches Obligatorium kennt vor allem das Straßenverkehrsgesetz für die Motorfahrzeug-Haftpflichtversicherung (Art. 63 SVG). Weitere Haftpflichtversicherungsobligato-
rien brachten die BG über die Seeschiffahrt, die Luftfahrt, die Verwendung der Atomenergie und für Rohrleitungen (dazu OFTINGER, Schweizerisches Haftpflichtrecht, Bd. I,
S. 400f.). Unfallversicherungen sind durch das Landwirtschaftsgesetz sowie für Schiffs-
besatzungen und Reisende oder Benützer gewisser Transportanstalten obligatorisch erklärt worden. Ferner haben eine Anzahl Kantone auch den Abschluß einer Feuerversicherung für das Mobiliar verlangt.

[14] An Zuwiderhandlungen lassen sich öffentlichrechtlich insbesondere Bußen oder Straf-
sanktionen knüpfen. Es können aber auch bloß indirekt wirkende Maßnahmen vorgesehen
werden, wie Verweigerung der Erteilung des Fahrzeugausweises.

[15] Es sei verwiesen auf W. KOENIG, Privates und öffentliches Recht im Versicherungsverhältnis, in: Festschrift Donati, Rom 1970, S. 287/88.

besondere, auf den Versicherungsbetrieb zugeschnittene Gesellschafts-form aufgestellt[16]. Die Versicherer konstituieren sich regelmäßig entweder als Aktiengesellschaften oder als Genossenschaften und unterliegen damit den für diese generell geltenden Vorschriften. Immerhin wurden in das OR doch eine Reihe von Sonderbestimmungen aufgenommen, um der sich aus der Versicherungsaufsicht ergebenden Situation Rechnung zu tragen (Art. 667 Abs. 3, 671 Abs. 6, Art. 858 und 860 Abs. 4 OR). Eine eigenartige Problematik ergab sich bei den Versicherungsgesellschaften «auf Gegenseitigkeit», die zwar Genossenschaften sind, wobei jedoch die Zugehörigkeit zur Genossenschaft statutengemäß mit dem Versicherungsverhältnis verknüpft ist. Dem wurde durch Ausnahmebestimmungen des OR Rechnung getragen, die einen starken Einbruch in das allgemeine Genossenschaftsrecht darstellen. Entgegen der Regel wird die Mitgliedschaft mit der Annahme des Versicherungs-antrages erworben, wie umgekehrt der Hinfall des Vertrages den Verlust der Mitgliedschaft nach sich zieht und die Übernahme des Vertrages durch einen Rechtsnachfolger den Übergang der Mitgliedschaft zur Folge haben kann (Art. 841 Abs. 1, Art. 848 und 849 Abs. 3 OR). Früher war die Frage stark umstritten, ob auf die bei einer Gegenseitigkeitsgesellschaft bestehenden Versicherungsverträge mit Mitgliedern Genossenschafts- oder Versicherungs-vertragsrecht anwendbar sei[17]. Sie ist anläßlich der 1936 erfolgten Revision des OR beantwortet worden. Nach Art. 841 Abs. 2 OR unterstehen die von einer konzessionierten Versicherungsgenossenschaft mit den Mitgliedern ab-geschlossenen Versicherungsverträge in gleicher Weise wie die von ihr mit Dritten eingegangenen Versicherungsverträge den Bestimmungen des VVG. Das Versicherungsverhältnis ist demnach nicht als in die korporativen Rechte und Leistungspflichten eingekapselt zu betrachten. Vielmehr wurde aus-drücklich das Primat des Vertragsrechts vor dem Genossenschaftsrecht an-erkannt[18]. Als praktisch bedeutsamen Ausfluß davon hält Art. 903 Abs. 6 OR fest, daß bei konzessionierten Versicherungsgenossenschaften die Ansprüche der Mitglieder aus Versicherungsverträgen als Gläubigerrechte gelten; sie haben also nicht vor den Ansprüchen von Drittgläubigern zurückzutreten. Zudem ist die Möglichkeit der statutarischen Festlegung einer unbeschränk-

---

[16] Das deutsche Recht hat dagegen im Versicherungsaufsichtsgesetz einen besonderen «Versicherungsverein auf Gegenseitigkeit» geschaffen.

[17] An Literatur dazu siehe: P. EHRET, Das besondere Mitgliedschaftsverhältnis der Versicherungsgenossenschaft, Abh. schweiz. R, Heft 92, Bern 1933; E. HÜGI, Die rechtliche Natur der Versicherung auf Gegenseitigkeit, Bern 1935; W. KOENIG, Problèmes juridiques de l'assurance mutuelle en Suisse, Revue «L'Assurance Mutuelle», Paris 1966, S. 183f.

[18] Für nicht konzessionierte Versicherungsgenossenschaften bleibt die Streitfrage weiterhin offen.

ten oder beschränkten persönlichen Haftung der Genossenschafter ausgeschlossen worden (Art. 869 und 870 OR). Ferner sind für die konzessionierten Versicherungsgenossenschaften noch einige weitere Ausnahmevorschriften aufgestellt worden (Art. 858 Abs. 2, 677 Abs. 3, 893, 896 Abs. 2 und Art. 920 OR). Aus ihnen geht für das Versicherungsgebiet eine bemerkenswerte Annäherung der Genossenschaften an die Aktiengesellschaften hervor[19].

Der Kreis der zum Geschäftsbetrieb im Versicherungswesen zugelassenen Versicherer ist aufsichtsrechtlich durch das Erfordernis einer Bewilligung («Konzession») beschränkt worden. Sie wird grundsätzlich nur an Unternehmungen mit selbständiger juristischer Persönlichkeit erteilt[20]. Dem entsprechen die Aktiengesellschaften und die Genossenschaften, während Kollektiv- und Kommanditgesellschaften ausscheiden[21]. Nicht konzessioniert werden Privatpersonen, da sie keinen das Menschenleben überdauernden, konstanten und gesicherten Versicherungsbetrieb zu gewährleisten vermögen[22]. Weiter beschränkt sich die Zulassung auf Unternehmungen, die für die Erfüllung eingegangener Versicherungsverpflichtungen die notwendige Garantie bieten, weshalb sie vor der Konzessionserteilung in finanzieller, organisatorischer, versicherungstechnischer und juristischer Hinsicht eingehend geprüft werden.

Die Frage, ob die erforderliche Konzession auch die zwischen Versicherer und Versicherungsnehmern abgeschlossenen Versicherungsverträge tangiert, ist grundsätzlich zu verneinen. Das Verbot des Betriebes von Versicherungsgeschäften ohne Konzession richtet sich nur an die der Staatsaufsicht unterstellten Versicherer, die sich bei Zuwiderhandlungen strafrechtlichen Sanktionen aussetzen. Dagegen bleiben die von den Versicherungsnehmern abgeschlossenen Versicherungsverträge zivilrechtlich gültig, auch wenn sie von einem Versicherer getätigt wurden, der keine Konzession dazu

---

[19] Das gilt auch für das deutsche Recht; siehe dazu E. FREY, Der Stand der Angleichung der Unternehmensformen in der deutschen Versicherungswirtschaft, Versicherungswissenschaftliches Archiv, Berlin 1937.

[20] Ausländische Versicherer haben sich vor der Konzessionserteilung darüber auszuweisen, daß sie nach dem Recht ihres Heimatstaates die juristische Persönlichkeit besitzen.

[21] Gesellschaften mit beschränkter Haftung sind nur für die Rechtsschutzversicherung, die sich auf Dienstleistungen (Beratung und Prozeßführung) beschränkt, als konzessionsfähig betrachtet worden.

[22] So wurde schon im Jahre 1900 das Gesuch einer Privatperson zum Betriebe der Glasversicherung abgelehnt; siehe VON SALIS, Bundesrecht V, Nr. 2389. Gemäß Entscheid der Eidg. Justizabt. vom 18. Juni 1947, VEB, Heft 18, Nr. 72, wurden jedoch die Lloyd's Versicherer, London, obwohl sie in Syndikate zusammengeschlossene Einzelversicherer sind, mit Rücksicht auf ihre eigenartige Organisation und große Finanzkraft als konzessionsfähig anerkannt.

besaß[23]. Ferner ist auch der Versicherer frei, ob er einen ihm gestellten Versicherungsantrag annehmen oder ablehnen will. Die aufsichtsrechtliche Bewilligung zum Geschäftsbetrieb schließt keinen Kontrahierungszwang in sich[24]. Eine Verpflichtung zur Annahme gestellter Anträge stünde privatrechtlich im Widerspruch zur Freiheit des Vertragsabschlusses. Dagegen können sich die Versicherer gegenüber Behörden verpflichten, bestimmte «notleidende» Risiken zu übernehmen, um zur Durchsetzung von öffentlichrechtlichen Obligatorien beizutragen[25]. Auch hier bewegt man sich auf einem Grenzgebiet zwischen privatem und öffentlichem Recht.

II. Bindung an den Antrag

Für die Bindung an einen Versicherungsantrag hat das VVG einige Sondervorschriften aufgestellt. Sie beschränken sich aber auf den Fall, wo als Antragsteller der Versicherungsnehmer auftritt. Erklärlich sind sie aus dem Bestreben, dessen Bindung an einen Antrag fest und eindeutig zu umschreiben. Gesetzlich speziell geregelt wurden die Bedeutung des Stillschweigens des Versicherers und die Rolle, welche die Übergabe der allgemeinen Versicherungsbedingungen für die Bindung des Antragstellers spielt.

1. Im allgemeinen ist es rechtlich irrelevant, welche Partei als Antragsteller zu einem Vertragsabschluß auftritt. Anders verhält es sich beim Versicherungsvertrag. Hier muß in der Regel der Versicherungsnehmer als Antragsteller betrachtet werden. Zwar regen faktisch meistens die Versicherer oder ihre Agenten durch Prospekte, Inserate, Agentenbesuche usw. den Abschluß eines Versicherungsvertrages an. Diese Bemühungen sind jedoch meistens nur darauf gerichtet, den Versicherungsinteressenten zur Antragstellung zu veranlassen. Von dieser Situation ist denn auch der Gesetzgeber ausgegangen. Das geht aus Art. 1 VVG hervor, der mit den Worten beginnt: «Wer dem Versicherer den Antrag zum Abschlusse eines Versicherungsvertrages gestellt... hat». Der Geltungsbereich dieser Norm erstreckt

---

[23] Cour de justice Genève, 2. Februar 1932, SVA VII, Nr. 6; BGer, 23. Juni 1934, SVA VII, Nr. 18; Tribunal cantonal vaudois, 19. September 1934, SVA VII, Nr. 30; Cour de cassation Fribourg, 23. Juni 1948, SVA X, Nr. 90; Tribunal cantonal vaudois, 2. Dezember 1955, SVA XI, Nr. 109.

[24] KOENIG, Priv. Vers. R, S. 72; KELLER, Kommentar I, S. 48.

[25] Dazu B. MARCUARD, Die Befugnisse der Kantone im Gebiete der schweizerischen privaten Feuerversicherung, Abh. schweiz. R, Heft 213, Bern 1944.

sich also einzig auf die Fälle, wo die Antragstellung vom Versicherungsnehmer ausgeht.

Das Gesagte schließt nicht aus, daß ausnahmsweise auch der Versicherer
Antragsteller sein kann. Das trifft namentlich zu bei den sogenannten Cou-
pon- oder Automatenpolicen – wie sie für Reiseunfall- und Reisegepäck-
versicherungen vorkommen –, wo der Versicherer an einen offenen Personenkreis einen Antrag stellt, der von jedermann durch Einlösung des Coupons
angenommen werden kann. Der Versicherer wird ferner Antragsteller, wenn
er einen vom Versicherungsnehmer eingereichten Antrag nur mit Vorbehalten, Modifikationen oder verspätet annimmt. Darin sind rechtlich Gegenanträge des Versicherers zu erblicken. In solchen Fällen ist die Sondervorschrift von Art. 1 VVG ihrem Wortlaut und Sinn gemäß nicht anwendbar.
Die Anträge und Gegenanträge des Versicherers unterliegen vielmehr den
allgemeinen Normen von Art. 3–7 OR.

2. Tritt der Versicherungsnehmer als Antragsteller auf, so bleibt er nach
Art. 1 VVG während einer gesetzlich genau bestimmten Frist, die man als
Bindungsfrist zu bezeichnen pflegt, an seinen Antrag gebunden. Da die
Verhandlungen zwischen Versicherungsnehmer und Versicherer, respektive
seinen Agenten, regelmäßig nicht am Sitze der Gesellschaft stattfinden, hat
man alsdann mit einem Vertragsabschluß unter Abwesenden zu tun. In
diesem Falle bleibt der Antragsteller nach Art. 5 OR bis zu dem Zeitpunkt
gebunden, wo er den Eingang der Antwort bei ihrer ordnungsmäßigen und
rechtzeitigen Absendung erwarten darf. Davon abweichend hat Art. 1 VVG
die Dauer der Gebundenheit zeitlich selber fixiert: sie beträgt im allgemeinen 14 Tage, für Versicherungen mit ärztlicher Untersuchung vier Wochen. Man überlegte, es sei für den Versicherungsnehmer schwierig, das obligationenrechtliche Kriterium der «ordnungsmäßigen» Erledigung zu beurteilen, was von den verschiedensten Umständen, wie der Versicherungs-
branche, der Art des Geschäftes, der Organisation des Versicherers, abhängig
ist. Zudem solle der Versicherungsnehmer gegen zu lange Bindungen geschützt werden, um gegebenenfalls bei einem anderen Versicherer Deckung
suchen zu können[26]. Die Erstreckung der Frist auf vier Wochen bei Versicherungen, die eine ärztliche Untersuchung erfordern (Art. 1 Abs. 2 VVG),
erklärt sich aus dem dadurch bedingten längeren Zeitbedarf. Es fallen darunter nicht nur Lebensversicherungen, sondern auch Unfall-, Kranken- und
Viehversicherungen, bei denen eine ärztliche Untersuchung verlangt wird[27].

---

[26] Botschaft des Bundesrates, S. 29.
[27] AppGer Basel-Stadt, 11. Mai 1945, SVA IX, Nr. 1.

Für Beginn und Ende der Bindungsfrist wurden ebenfalls Sondernormen aufgestellt. Die Frist beginnt mit der Übergabe oder Absendung des Antrages an den Versicherer zu laufen und endet, wenn die Annahmeerklärung des Versicherers nicht vor Ablauf der Frist beim Antragsteller eingetroffen ist (Art. 1 Abs. 3 und 4 VVG). Beides sind Zeitpunkte, die der Versicherungsnehmer selber ohne Schwierigkeiten feststellen kann, was die Rechtssicherheit fördert. Für die Berechnung der Fristen und ihre Innehaltung gelten im übrigen die allgemeinen Bestimmungen von Art. 77 und 78 OR.

Die Bindungsfrist wirkt sich nach zwei Richtungen aus. Sie gibt einmal die Zeitperiode an, während welcher der Versicherungsnehmer an seinen Antrag g e b u n d e n bleibt, ohne daß er ihn einseitig zurückziehen oder widerrufen kann. Es handelt sich dabei nicht etwa um eine Bindung an einen Vertrag – der noch gar nicht zustandegekommen ist –, sondern um die Bindung an einen vom Versicherungsnehmer gestellten Antrag. Die Bindungsfrist bezeichnet gleichzeitig den Zeitpunkt, von dem an die Bindung aufhört und der Antragsteller wieder f r e i w i r d. Nach Ablauf der Frist kann daher der Versicherer den Antrag nicht mehr annehmen und dadurch den Vertrag entstehen lassen. Bei Versicherungen mit ärztlicher Untersuchung wird der Antragsteller auch dann frei, wenn er sich der ärztlichen Untersuchung entzogen hat und durch dieses Verhalten dem Versicherer die Beurteilung des Antrages verunmöglicht und das Zustandekommen des Vertrages vereitelt wurde. Der Antragsteller, welcher sich zu einer ärztlichen Untersuchung verpflichtet hatte, haftet jedoch aus der Verletzung dieser vorvertraglich eingegangenen Obliegenheit gemäß Art. 97 OR für Ersatz des negativen Vertragsinteresses[28]; gegebenenfalls muß er auch eine vereinbarte Konventionalstrafe entrichten[29].

3. Es fragt sich weiter, welche Bedeutung dem S t i l l s c h w e i g e n d e s V e r s i c h e r e r s auf einen vom Versicherungsnehmer gestellten Antrag beizumessen ist. Nach allgemeinem Recht bedarf es grundsätzlich der Annahme eines Antrages, damit der Vertrag zustandekommt; ist jedoch wegen der besonderen Natur des Geschäftes oder nach den Umständen eine ausdrückliche Annahme nicht zu erwarten, so gilt der Vertrag als abgeschlossen, wenn der Antrag nicht binnen angemessener Frist abgelehnt wird (Art. 6

---

[28] KELLER, Kommentar I, S. 37.
[29] Tribunal cantonal vaudois, 10. Mai 1920, SVA IV, Nr. 11; ObGer Zürich, 11. März 1927, SVA VI Nr. 17; BezGer Baden, 2. Juni 1931, SVA VII, Nr. 4; Tribunal de Boudry, 14. Juli 1933, SVA VII, Nr. 5.

OR). Die nicht immer leicht zu beantwortende Frage, wann diese besonderen Umstände gegeben sind, wurde für den Versicherungsvertrag spezialrechtlich entschieden.

Im Regelfall bedeutet das Stillschweigen des Versicherers nach Art. 1
VVG Ablehnung des gestellten Antrages. Ein Stillschweigen liegt aber nur
vor, wenn der Versicherer die Annahme weder ausdrücklich noch durch
konkludente Handlung, wie zum Beispiel Zustellung der Police, erklärt hat.
Die Ablehnung bedarf keiner Begründung. Durch sein Stillschweigen verletzt der Versicherer keine Pflicht, weshalb er daraus auch nicht schadenersatzpflichtig wird[30]. Dagegen kann er aus anderen Gründen wegen *culpa in
contrahendo* schuldig werden. Das mag zum Beispiel zutreffen, wenn er bei den
Vertragsunterhandlungen oder bei der Policenausfertigung die nach den Umständen gebotene Sorgfalt außer acht läßt und daraus der anderen Vertragspartei ein Schaden entsteht[31].

Unter dem Marginale «Besondere Antragsverhältnisse» hat Art. 2 VVG
bestimmte Ausnahmefälle vorgesehen, in denen das Stillschweigen des Versicherers als Annahme des Antrages gilt. Es sind durchwegs Fälle, wo ein
Vertragsverhältnis mit dem Versicherer bereits besteht und der Antrag des
Versicherungsnehmers darauf gerichtet ist, diesen Vertrag zu verlängern,
abzuändern oder – wenn er suspendiert war – wieder in Kraft zu setzen.
Äußert sich der Versicherer zu solchen Anträgen nicht binnen der Bindungsfrist, so gelten sie als angenommen. Das Stillschweigen des Versicherers wird
also hier, entgegen dem Regelfall, als Annahme gedeutet: *qui tacet consentire
videtur*. Das erscheint angesichts des Vertrauensverhältnisses, das ein bestehender Versicherungsvertrag zwischen den Parteien begründet, als gerechtfertigt. Die Sonderregelung von Art. 2 VVG beschränkt sich aber auf die
dort angeführten Fälle. Anträge auf andere Vertragsänderungen werden davon nicht erfaßt, insbesondere nicht Anträge auf vorzeitige Aufhebung eines
bestehenden Vertrages und Anträge auf Erhöhung der Versicherungssumme
(Nachversicherung). Von vorneherein nicht anwendbar ist Art. 2 VVG auf
die dem Versicherungsnehmer einseitig zustehenden Gestaltungsrechte, wie
Kündigungs- und Rücktrittsrechte, das Recht auf Prämienreduktion bei
Wegfall gefahrerhöhender Umstände (Art. 23 VVG), das Recht auf Herabsetzung der Versicherungssumme bei Verminderung des Versicherungswertes (Art. 50 VVG) oder das Umwandlungs- und Rückkaufsrecht in der
Lebensversicherung (Art. 90 VVG). Hier überall handelt es sich nicht um
Anträge an den Versicherer, sondern um die Ausübung von Rechten des

---

[30] ObGer Solothurn, 25. April 1923, SVA V, Nr. 18.
[31] BGer, 22. Oktober 1964, SVA XII, Nr. 110.

Versicherungsnehmers, die keiner Annahme des Versicherers bedürfen. Art. 2 VVG hat die unter seine Ausnahmeregelung fallenden Rechtsakte abschließend aufgeführt. Auf diese Weise ist der nach Art. 6 OR bestehende Zweifel, wann nach den Umständen eine ausdrückliche Annahme eines Antrages nicht zu erwarten ist, beseitigt worden, was ebenfalls der Rechtssicherheit dient.

4. Eine Sondervorschrift in bezug auf die Bindung an einen Antrag hat schließlich noch Art. 3 VVG aufgestellt. Danach ist der Antragsteller an seinen Antrag nicht gebunden, wenn die allgemeinen Versicherungsbedingungen weder in den vom Versicherer ausgegebenen Antragschein aufgenommen noch dem Antragsteller vor Einreichung des Antrages übergeben worden sind. Der Zweck dieser Bestimmung ist klar: der Versicherungsnehmer soll vor seiner Antragstellung über die in den AVB umschriebenen Rechte und Pflichten orientiert werden[32]. Art. 3 VVG verlangt jedoch nicht, daß der Antragsteller die AVB gelesen und gekannt hat[33]. Auch handelt es sich nicht um eine Formvorschrift, von deren Beachtung die Gültigkeit des Vertrages abhängt. Wie das Gesetz ausdrücklich klarstellt, hat die Nichtbeachtung nur Einfluß auf die Bindung des Antragstellers an seinen Antrag[34]. Die Ungebundenheit muß von ihm geltend gemacht werden, indem er sich darauf beruft. Unterläßt er das und geht er auf den Vertrag ein – sei es ausdrücklich oder stillschweigend durch Entgegennahme und Einlösung der Police –, so kann er nicht hinterher die Ungültigkeit des Vertrages behaupten, weil ihm die AVB nicht übergeben worden seien. Obschon Art. 3 VVG in Art. 98 VVG nicht unter den halbzwingenden Vorschriften aufgezählt wird, handelt es sich doch um eine Schutzbestimmung zugunsten des Antragstellers, die nicht vertraglich zum voraus wegbedungen werden kann[35].

III. Vorläufige Deckungszusage

Oft möchte der Versicherungsnehmer sofort Versicherungsschutz erhalten, ohne die ganze Abschlußprozedur mit den Vertragsunterhandlungen

---

[32] Eine erst nach der Einreichung des Antrages erfolgende Übergabe der AVB genügt der Vorschrift von Art. 3 VVG nicht; so zutreffend Tribunal de Neuchâtel, 8. August 1928, SVA VI, Nr. 14.

[33] KGer Appenzell-Innerrhoden, 9. März 1916, SVA III, Nr. 8; ObGer Solothurn, 17. Februar 1917, SVA IV, Nr. 28; BezGer Zurzach, 30. Oktober 1918, SVA IV, Nr. 6.

[34] BGer, 10. Juli 1930, SVA VI, Nr. 15; Cour de justice Genève, 21. Oktober 1930, SVA VI, Nr. 148.

[35] So auch KELLER, Kommentar I, S. 73/74. Anders BGer, 26. Juni 1958, SVA XI, Nr. 58, wonach es zulässig sein soll, Art. 3 VVG in den AVB wegzubedingen.

und den Ablauf der durch die Einreichung seines Antrages ausgelösten Bindungsfrist abwarten zu müssen. Für solche Fälle hat die Versicherungspraxis die vorläufige Deckungszusage entwickelt. Danach gewährt der Versicherer sofortige Deckung, obschon noch keine Verständigung über alle Vertragspunkte stattgefunden hat. Der Umfang der Deckung richtet sich alsdann nach den in Frage kommenden AVB und den allfällig, zum Beispiel in bezug auf die Versicherungssumme, bereits getroffenen Vereinbarungen. Solche Deckungszusagen können auf eine bestimmte Zeitdauer (z. B. einen Monat) befristet sein; in der Regel werden sie längstens bis zum Zustandekommen oder Scheitern des endgültigen Vertrages gewährt. Bis dahin wird die Prämienzahlung einstweilen gestundet. Kommt der endgültige Vertrag zustande, so wird das Entgelt für den Zeitraum der Deckungszusage meistens in die auf dem endgültigen Vertrag zu entrichtende Prämie einbezogen. Scheitern dagegen die Vertragsunterhandlungen, so ist nunmehr die allfällig schon vereinbarte, respektive die übliche Prämie für die Zeit zu bezahlen, für die der Versicherungsschutz gewährt worden war. Die Haftung des Versicherers beginnt sofort mit der Deckungszusage und fällt mit ihrem Ablauf oder dem Scheitern des endgültigen Vertrages dahin.

Ihrer Rechtsnatur nach bildet die vorläufige Deckungszusage nicht einen Vorvertrag, sondern einen bereits verbindlichen, dem VVG unterstehenden Versicherungsvertrag[36]. Umstritten ist dagegen in der Doktrin, ob zwei selbständige Rechtsverhältnisse vorliegen (Trennungstheorie)[37], oder ob bei Zustandekommen des endgültigen Vertrages ein einheitlicher Versicherungsvertrag angenommen werden muß (Einheitstheorie)[38]. Die Frage ist namentlich von praktischer Bedeutung, wenn die AVB des endgültigen Vertrages die Einlösungsklausel enthalten, wonach die Versicherung erst mit der Bezahlung der ersten Prämie in Kraft tritt (Art. 19 VVG). Nach der Trennungstheorie würde mit dem Ablauf der Deckungszusage mangels Einlösung der Police keine Haftung des Versicherers mehr bestehen[39]. Ein solcher Unterbruch der Haftung dürfte jedoch regelmäßig nicht dem Parteiwillen entsprechen. Wenn nichts anderes vereinbart wurde, ist vielmehr anzunehmen, die mit der Deckungszusage gewährte Haftung des Versicherers laufe bei Zustandekommen eines endgültigen Vertrages ununterbrochen weiter[40].

---

[36] Cour de justice Genève, 19. Dezember 1947, SVA X, Nr. 41.
[37] So PRÖLSS, Kommentar DVVG, § 1, S. 38.
[38] So MÖLLER, Kommentar DVVG, Bd. I, § 1, S. 131 f.
[29] Dieser Meinung JAEGER, Kommentar II, Vorbem., S. 11 und KELLER, Kommentar I, S. 178.
[40] In diesem Sinne KOENIG, Priv. Vers. R, S. 75.

Diese der Einheitstheorie entsprechende Lösung ist gerechtfertigt, weil die Haftung des Versicherers kraft seiner Deckungszusage bereits begonnen hat; eine Berufung auf die Einlösungsklausel ist daher nicht mehr angängig. Der Versicherungsnehmer muß vielmehr, um wegen Nichtbezahlung der Prämie ein Ruhen der Leistungspflicht des Versicherers herbeizuführen, vorher gemäß Art. 20 VVG in Verzug gesetzt worden sein. Aus dieser Kontroverse ist die Problematik ersichtlich, die sich mit der vorläufigen Deckungszusage verknüpft.

§ 70. Police

Literatur

F. OBERST, Rechtliche Natur der Versicherungspolice, Zürich 1909; A. TSIRINTANIS, Die Order-Police, Hamburger Rechtsstudien, Heft 6, 1930; G. HUTMACHER, Die Inhaberklausel im Lebensversicherungsvertrag, Zürich 1941; H. GAUGLER, Lebensversicherungspolice und Retentionsrecht, Schweiz. Vers. Z 1963, S. 357 f.

Über den Abschluß eines Versicherungsvertrages wird üblicherweise eine Versicherungspolice ausgestellt, die im Laufe der Vertragsdauer durch Nachträge ergänzt oder abgeändert werden kann. Dabei fragt es sich, wie die Pflicht zur Ausstellung einer Police rechtlich zu deuten ist, wie es sich verhält, wenn sie mit den getroffenen Vereinbarungen nicht übereinstimmt, und welche Rechtsnatur ihr zukommt.

I. Pflicht zur Aushändigung

Nach Art. 11 VVG ist der Versicherer gehalten, dem Versicherungsnehmer eine Police auszuhändigen, die gemäß Gesetzeswortlaut über «die Rechte und Pflichten der Parteien» Aufschluß zu geben hat. Das geschieht durch Übergabe eines Dokumentes, das die dem Vertrag zugrundeliegenden Vereinbarungen sowie die allgemeinen und besonderen Versicherungsbedingungen enthält. Die getroffenen Vereinbarungen sollen erschöpfend wiedergegeben werden; es wird dabei nicht etwa zwischen wesentlichen und unwesentlichen Vertragsbestimmungen unterschieden. Vom Versicherungsnehmer darf der Versicherer außer Porto und Stempelkosten[1] eine Gebühr

---

[1] Dazu siehe Art. 21 f. BG vom 27. Juni 1973 über die Stempelabgaben.

für die Ausfertigung der Police erheben. Nach Gesetz könnte die Höhe dieser Policengebühr durch Verordnung des Bundesrates begrenzt werden (Art. 11 Abs. 1, letzter Satz VVG); davon wurde jedoch bisher kein Gebrauch gemacht, da das Versicherungsamt als Aufsichtsbehörde übersetzte Gebühren bei der Genehmigung der Antrags- oder Policenformulare zu verhindern vermag.

Zur Ausstellung einer Police ist der Versicherer auch ohne Begehren des Versicherungsnehmers «gehalten»; er ist also gesetzlich dazu verpflichtet. Wie die in Art. 3 VVG vorgesehene Übergabe der allgemeinen Versicherungsbedingungen bildet aber auch die von Art. 11 VVG verlangte Aushändigung einer Police kein Formerfordernis für die Gültigkeit des Versicherungsvertrages[2]. Darin ist vielmehr bloß eine gesetzliche Nebenverpflichtung des Versicherers aus dem durch den Konsens der Parteien bereits zustandegekommenen Vertrag zu erblicken. Die Police ist also nicht konstitutiv für den Vertragsabschluß, ihre Ausstellung dagegen eine aus ihm resultierende Verpflichtung des Versicherers. Die Nichterfüllung der Verpflichtung zur Ausstellung einer Police hat daher keine Ungültigkeit oder Anfechtbarkeit des abgeschlossenen Vertrages zur Folge. Dagegen kann der Versicherungsnehmer vom Versicherer die Erfüllung der ihm auferlegten Pflicht verlangen, nötigenfalls durch gerichtliche Klage. Das gleiche gilt, wenn eine Police zwar ausgestellt worden ist, diese aber die getroffenen Vereinbarungen nur unvollständig oder unrichtig wiedergibt.

II. Berichtigungsrecht

Aus der Pflicht des Versicherers zur Ausstellung einer Police, die den Vertragsinhalt zutreffend wiedergibt, folgt ohne weiteres das Recht des Versicherungsnehmers, Berichtigung verlangen zu können, falls die Police mit den getroffenen Vereinbarungen nicht übereinstimmt. Dieses Berichtigungsrecht hat jedoch durch Art. 12 VVG eine zeitliche Einschränkung erfahren: es muß vom Versicherungsnehmer binnen vier Wochen nach Empfang der Urkunde ausgeübt werden, widrigenfalls der Inhalt der Police als von ihm genehmigt gilt[3]. Die Feststellung der vorausgesetzten Diskrepanz zwi-

---

[2] Eine Vereinbarung der Schriftform wäre nach Art. 16 OR an sich zulässig, ist jedoch keineswegs zu vermuten; so schon BGer, 4. Oktober 1901, SVA I, Nr. 40.
[3] Ähnlich das deutsche Recht, das diese Rechtslage unter dem Marginale «Billigungsklausel» näher geordnet hat (DVVG § 5).

schen den getroffenen Vereinbarungen und dem Policeninhalt ist dem Versicherungsnehmer durch Art. 11 Abs. 2 VVG erleichtert worden. Danach hat er das Recht, vom Versicherer eine Abschrift der in den Antragspapieren enthaltenen oder anderweitig abgegebenen Erklärungen, auf Grund deren die Versicherung abgeschlossen wurde, zu verlangen.

Die Wirkung der nicht fristgerecht erfolgten Ausübung des Berichtigungsrechts besteht darin, daß alsdann der Policeninhalt als vom Versicherungsnehmer «genehmigt» gilt. Diese Genehmigung führt zu einer dem Prinzip des Konsensualvertrages an sich widersprechenden Änderung des Vertragsinhaltes. Kraft *praesumptio juris et de jure* sind nicht mehr die getroffenen Vereinbarungen maßgebend, sondern der davon abweichende Inhalt der Police. Diese mit der Nichtausübung des Berichtigungsrechtes verbundene materiellrechtliche Wirkung läßt sich nur aus Gründen der Rechtssicherheit rechtfertigen. Der Versicherungsnehmer soll sich hinterher nicht mehr auf die seinerzeitigen Abmachungen berufen können, wenn er die Police akzeptiert hat, ohne rechtzeitig gegen ihren Inhalt Einspruch zu erheben. Dadurch wird die Brauchbarkeit der Police als Beweisurkunde erhöht. Um dem Versicherungsnehmer die schwerwiegende Bedeutung seines Stillschweigens zum Bewußtsein zu bringen, verlangt Art. 12 Abs. 2 VVG, daß der Wortlaut von Art. 12 Abs. 1 VVG in jede Police aufzunehmen sei. Wird dieser Vorschrift nicht genügt, so braucht der Versicherungsnehmer den von den getroffenen Vereinbarungen abweichenden Policeninhalt nicht gegen sich gelten zu lassen[4]. Von der durch Art. 12 VVG vorgesehenen vierwöchigen Berichtigungsfrist ist die einjährige Anfechtungsfrist bei Willensmängeln auseinanderzuhalten. Die Berichtigungsfrist setzt voraus, daß der Inhalt der Police mit den getroffenen Vereinbarungen nicht übereinstimmt; hier steht nicht die Verbindlichkeit des Vertrages, sondern dessen Übereinstimmung mit der Police in Frage. Bei Willensmängeln dagegen werden die Vereinbarungen selbst als unverbindlich angefochten. Der Ablauf der durch Art. 12 VVG eingeräumten Frist von vier Wochen schließt daher das Recht auf Anfechtung des Vertrages nach Art. 31 OR nicht aus[5].

---

[4] Cour de cassation civile Neuchâtel, 10. Mai 1916, SVA III, Nr. 17; BGer, 23. November 1916, SVA III, Nr. 16.
[5] ObGer Solothurn, 17. Februar 1917, SVA IV, Nr. 28; ObGer Aargau, 31. Oktober 1919, SVA IV, Nr. 27.

III. Rechtsnatur der Police

Es stellt sich die Frage, welche Bedeutung der Police zukommt, ob sie bloß eine Beweisurkunde oder ein Wertpapier ist; das gibt namentlich angesichts der oft vorkommenden Inhaber- und Ordreklauseln und der Möglichkeit der Kraftloserklärung von Policen zu Zweifeln Anlaß.

1. Als Vertragsdokument vermag die Police den Parteien ganz allgemein als Beweisurkunde zu dienen. Zu diesem Zwecke bedarf sie nicht der eigenhändigen Unterschrift des Versicherers oder seines Vertreters; eine Facsimile-Unterzeichnung genügt (Art. 14 Abs. 2 OR)[6]. Die Police bildet für sich allein keine Schuldanerkennung und keinen im Sinne von Art. 82 SchKG verwendbaren Rechtsöffnungstitel. Das gilt vor allem für den vom Eintritt des versicherten Ereignisses abhängigen Anspruch auf die Versicherungsleistung[7]. Aber auch für den Prämienanspruch des Versicherers kommt die Police als Rechtsöffnungstitel nur in Frage, wenn in ihr der Prämienbetrag angegeben und zudem das Dokument vom Versicherungsnehmer durch Unterschrift bekräftigt worden ist[8].

In der Doktrin wurde früher vielfach erörtert, ob der Police der Charakter eines Wertpapiers zukomme. Auf Grund des geltenden Rechts bildet die Police jedoch im allgemeinen kein Wertpapier. Sie ist keine Urkunde, mit der ein Recht derart verknüpft ist, daß es ohne die Urkunde weder geltend gemacht noch auf andere übertragen werden kann (Art. 965 OR). Die Geltendmachung des Rechts auf die Versicherungsleistung hängt vielmehr vor allem vom Eintritt des befürchteten Ereignisses ab, der aus der Police als solcher nicht ersichtlich ist. Auch für die Übertragung des Versicherungsanspruches genügt nicht der Übergang des Besitzes an der Urkunde. In dieser Beziehung wären am ehesten noch Zweifel möglich bei der auf eine bestimmte Versicherungssumme lautenden Lebensversicherung. Art. 73 VVG hat jedoch ausdrücklich klargestellt, der Anspruch aus ihr könne weder durch Indossierung noch durch einfache Übergabe der Police abgetreten oder verpfändet werden. Die Police ist also nicht Trägerin des Versicherungsanspruches, dieser nicht mit dem Besitz des Dokumentes – der Police – verbunden,

---

[6] Ebenso KELLER, Kommentar I, S. 192/93.

[7] BGer, 31. Mai 1917, SVA IV, Nr. 210; der für den Anspruch aus einer Lebensversicherungspolice ergangene gegenteilige Entscheid des ObGer Zürich (21. April 1944, SVA IX, Nr. 4) vermag nicht zu überzeugen.

[8] BGer, 7. Juni 1911, SVA III, Nr. 3; Tribunal cantonal vaudois, 29. April 1925, SVA V, Nr. 29 und 8. September 1948, SVA X, Nr. 3.

wie das beim Wertpapier der Fall ist[9]. Da die Police nicht Wertpapier ist, vermag sie auch nicht Gegenstand eines Retentionsrechtes zu sein[10]. Im übrigen wäre der den Wertpapieren eigentümliche Ausschluß der nicht aus der Urkunde selbst hervorgehenden Einreden (Art. 979, 1007 und 1146 OR) mit dem Wesen des Versicherungsvertrages unvereinbar. Der Versicherer kann nicht darauf verzichten, die mannigfachen versicherungsrechtlichen Einreden zu erheben, die sich aus dem Verhalten des Versicherungsnehmers ergeben können, zum Beispiel wegen Nichtbezahlung der Prämie, Verletzung von Obliegenheiten, Gefahrerhöhung oder schuldhafter Herbeiführung des Versicherungsfalles.

2. Oft enthalten Lebensversicherungspolicen eine Inhaberklausel, wonach der Versicherer berechtigt ist, demjenigen, der sich als Besitzer der Police legitimiert, Zahlung zu leisten. Aber auch eine solche Klausel vermag die Police nicht zum Inhaberpapier zu erheben[11]. Nach konstanter Gerichtspraxis kommt ihr nur Legitimationswirkung zu, das heißt der Versicherer ist zwar berechtigt, aber nicht verpflichtet, an den Inhaber zu leisten. Voraussetzung ist zudem, daß er sich in gutem Glauben befindet, wie Art. 73 Abs. 2 VVG ausdrücklich hervorhebt[12]. Die Inhaberklausel macht die Police also bloß zu einem Legitimationspapier. Aus den gleichen Gründen vermag auch die bei Transportversicherungspolicen vorkommende Ordreklausel die Urkunde nicht zum Wertpapier zu stempeln. Es entspricht zwar einem Bedürfnis, im Handelsverkehr und zu Kreditzwecken solche Policen wie andere indossable Papiere durch Indossament übertragen zu können. Dem ist jedoch Genüge getan, wenn der Ordreklausel eine Legitimationswirkung zuerkannt wird. Die wertpapierrechtlichen Konsequenzen, wie insbesondere der Einredenausschluß, sind dagegen auch bei Policen mit Ordreklausel nicht annehmbar[13]. Es ist zwar möglich, eine Präsentationsklausel zu vereinbaren, wonach der Versicherer nur gegen Präsentation und Rückgabe der Police leiste, was der Police den Charakter eines Namenpapiers (Rektapapier) verleiht. Gemäß Art. 975 OR muß sich aber hier der Besitzer der Urkunde über sein Gläubigerrecht ausweisen und es besteht ihm gegenüber kein Einredenausschluß. Solche zu Namenpapieren gemachte Policen wären

---

[9] BGer, 16. Januar 1915, SVA III, Nr. 229; HGer Zürich, 15. Oktober 1915, SVA III, Nr. 233.
[10] ObGer Luzern, 2. Juni 1903, SVA I, Nr. 173.
[11] So schon BGer, 4. Juni 1887, SVA I, Nr. 172.
[12] BGer, 9. Juli 1937, SVA VIII, Nr. 288; BGer, 9. Juni 1938, SVA VIII, Nr. 289; KGer Zug, 2. Juli 1958, SVA XI, Nr. 6.
[13] Roelli, Kommentar I, S. 167, spricht von einem «unvollkommenen» Ordrepapier.

an sich rechtlich zulässig, sind in der Schweiz jedoch nur höchst selten anzutreffen.

3. Wird die Police vermißt, so kann derjenige, dem sie abhanden gekommen ist, nach Art. 13 VVG beim Richter des Erfüllungsortes die Kraftloserklärung der Urkunde beantragen. Dabei sollen die für die Kraftloserklärung von Inhaberpapieren geltenden Bestimmungen des OR sinngemäß zur Anwendung kommen, mit der Abänderung, daß die Anmeldungs-
frist höchstens ein Jahr beträgt. Es wäre irrig, daraus zu schließen, die Police
sei offenbar doch ein Wertpapier. Art. 13 VVG gibt zwar dem Besitzer der
Police, dem sie abhanden gekommen ist, das Recht, eine gerichtliche Kraftloserklärung zu beantragen[14]. Er soll sich auf diese Weise eine Ersatz-
urkunde verschaffen können, um sich über den genauen Wortlaut der
Police zu orientieren, oder weil er sie zur Übergabe an einen Zessionar oder
Pfandgläubiger benötigt (Art. 73 VVG). Dagegen ist der Versicherer nicht
berechtigt, seine Leistung von der Rückgabe der Urkunde oder ihrer gerichtlichen Kraftloserklärung abhängig zu machen, wie das beim Wertpapier der
Fall ist[15]. Es handelt sich bei Art. 13 VVG nicht um eine dem Versicherer
eingeräumte Befugnis, erst nach gerichtlicher Kraftloserklärung leisten zu
müssen, sondern um ein bloß dem Besitzer der Police zustehendes Recht,
dessen Ausübung in seinem Belieben liegt.

Eine Rückgabe der Police bei der Zahlung kommt meistens nicht in
Betracht, da sie ein zweiseitiges und in der Regel länger dauerndes Vertragsverhältnis beurkundet[16]. Nur wenn der Vertrag mit der Zahlung erlischt,
wie bei Kapitalleistungen in der Lebensversicherung, kann der Versicherer
alsdann die Rückgabe der Urkunde oder die Entkräftigung der Police durch
eine öffentliche oder beglaubigte Urkunde verlangen (Art. 88 und 90 OR).
Er muß sich aber mit einer durch eine Urkundsperson vorgenommenen einfachen Entkräftung (Privatamortisation) begnügen, ohne auf gerichtlicher Kraftloserklärung beharren zu können. Aus Art. 13 VVG darf demnach
nicht ein Wertpapiercharakter der Police herausgelesen werden.

---

[14] Als Policenbesitzer kommen der Versicherungsnehmer, Anspruchsberechtigte, Pfandgläubiger oder sonstige Dritte in Frage. Das Bundesgericht (24. September 1925, SVA V,
Nr. 33) hat auch einen Begünstigten, der die Police nie besaß, als zum Begehren nach
ihrer Kraftloserklärung legitimiert betrachtet.

[15] Anders verhält es sich bloß bei einer Police mit Präsentationsklausel.

[16] So zutreffend BGer, 19. März 1919, SVA IV, Nr. 148.

§ 71. Vertragsbeendigung

Literatur

W. BLANK, Die einseitige Lösung des Schadenversicherungsvertrages, Z Vers. Wiss. 1927, S. 391 f.; B. GANTENBEIN, Die außerordentliche Beendigung des Versicherungsvertrages nach dem VVG, Zürich 1939; F. SCHMITZ, Veränderte Umstände und clausula rebus sic stantibus im schweiz. Privatversicherungsrecht, Abh. schweiz. R, Heft 224, Bern 1945; H. FLÜCKIGER, Das Rücktrittsrecht im Teilschadenfall nach schweizerischem Recht, Abh. schweiz. R, Heft 343, Bern 1961; P. LINDT, Außerordentliche gesetzliche Auflösungstatbestände im Versicherungsvertrag (rechtsvergleichend), Europ. Hochschulschriften, Heft II/85, Bern 1974.

Der Versicherungsvertrag gehört zu den Dauerverträgen, deren zeitliche Dauer und Beendigung grundsätzlich durch die Vereinbarungen der Parteien festgelegt werden. Versicherungsrechtliche Sondernormen bestehen jedoch für die Vertragsverlängerung (Prolongation), und teilweise spezialrechtlich geordnet sind die Möglichkeiten einer vorzeitigen Beendigung des Vertragsverhältnisses.

I. Prolongation

Versicherungsverträge werden regelmäßig auf eine bestimmte Vertragsdauer (z.B. 1, 5, 10 oder 20 Jahre) abgeschlossen und gehen alsdann mit ihrem Ablauf zu Ende. Häufig enthalten sie jedoch eine P r o l o n g a t i o n s - k l a u s e l, wonach sie sich m a n g e l s K ü n d i g u n g durch die eine oder andere Partei stillschweigend verlängern. Vor Erlaß des VVG war es üblich, die Erneuerung auf die gleiche Dauer vorzusehen, auf welche der Vertrag ursprünglich abgeschlossen worden war. Wurde die Kündigung vom Versicherungsnehmer vergessen oder verpaßt, so war er wieder auf viele Jahre gebunden. Anläßlich der Beratung des Gesetzesentwurfes im Ständerat erblickte man darin eine «Mäusefalle», die es zu beseitigen gelte[1]. Zu diesem Zwecke wurde die Vertragsfreiheit in diesem Punkt durchbrochen. Nach der absolut zwingenden Vorschrift von Art. 47 VVG ist die Abrede, daß der Versicherungsvertrag mangels Kündigung als erneuert gelten soll, insoweit nichtig, als die Erneuerung für mehr als e i n J a h r ausbedungen wird. Art. 47 VVG bewirkt also nur eine partielle Nichtigkeit, nämlich soweit die Er-

---

[1] StenBullStR 1905, S. 217.

neuerung auf eine längere Dauer vereinbart wurde. Für ein weiteres Jahr
bleibt sie dagegen gültig und kann auch mehrmals hintereinander stattfinden[2]. Der Vertrag mit Prolongationsklausel kommt demnach einem auf
unbestimmte Dauer laufenden Vertrag gleich, indem er mangels rechtzeitiger
Kündigung immer wieder weiterläuft.

Bei der im Marginale als «Vertragserneuerung» bezeichneten Rechtsfolge
handelt es sich um keine Novation im Rechtssinne, sondern um eine Fortsetzung des alten Vertrages, der unverändert bleibt. Art. 47 VVG bezieht
sich aber nur auf Vertragsverlängerungen, die bei Verträgen mit Prolongationsklausel mangels vertragsgemäßer Kündigung stillschweigend eintreten.
Davon nicht erfaßt werden Abreden der Parteien, die bei Ablauf des Vertrages dessen Verlängerung auf eine neue Vertragsdauer von mehreren Jahren vorsehen. Solche Vereinbarungen sind ohne weiteres zulässig und dürfen
nicht etwa als Umgehung der zwingenden Vorschrift von Art. 47 VVG betrachtet werden.

II. Vorzeitige Aufhebung

Eine vor dem vereinbarten Ablauf erfolgende Beendigung des Versicherungsvertrages kann kraft Gesetzes vorgesehen sein, oder es können unter
bestimmten Voraussetzungen Vertragsanpassungen stattfinden. In vielen
Fällen haben sodann die Vertragsparteien Kündigungs- oder Rücktrittsrechte
erhalten.

1. Ein Erlöschen kraft Gesetzes tritt nur in wenigen Ausnahmefällen
ein. Einen solchen bildet nach Art. 37 VVG der Konkurs des Versicherers. In Abweichung von der durch Art. 208f. SchKG getroffenen Ordnung
hat beim Versicherungsvertrag die Konkurseröffnung nicht nur die Fälligkeit
der Verpflichtungen zur Folge, sondern bewirkt das Erlöschen des Vertrages,
und zwar automatisch mit dem Ablauf von vier Wochen nach Bekanntmachung der Konkurseröffnung. Für die Durchführung des Konkurses und
die Ermittlung der Konkursdividende muß also nicht bis zum Ablauf aller
Verträge zugewartet werden, was sehr erschwerend wäre. Der Versicherungsnehmer kann vielmehr sofort die in Art. 36/37 VVG festgelegten Forderungen im Konkurs eingeben: Rückerstattung der für die noch nicht abgelaufene Versicherungszeit bezahlten Prämie, respektive in der Lebens-

---

[2] Cour de justice Genève, 16. Februar 1940, SVA IX, Nr. 6.

versicherung des vollen Deckungskapitals, oder Geltendmachung eines allfälligen Ersatzanspruches gegen den Versicherer, sofern dem Versicherungsnehmer ein solcher aus einem eingetretenen Versicherungsfall erwachsen ist. Diese Ansprüche können nicht kumulativ, sondern nur wahlweise erhoben werden; vorbehalten bleiben überdies Schadenersatzansprüche gegen den Versicherer aus positivem Vertragsinteresse (Art. 37 Abs. 4 VVG)[3]. Ein automatisches Dahinfallen des Vertrages haben Doktrin und Praxis ferner im Falle eines Totalschadens anerkannt, weil damit der Vertrag seinen Zweck erfüllt hat und jede weitere Leistung des Versicherers in bezug auf den versichert gewesenen Gegenstand unmöglich geworden ist[4].

Andere gesetzliche Erlöschensgründe kennt das VVG nicht. Der Versicherungsvertrag erlischt insbesondere nicht mit dem Tod des Versicherungsnehmers[5]. Die Erben haben also den Vertrag weiterzuführen (Art. 560 ZGB), es sei denn, es handle sich um eine auf das Leben des Versicherungsnehmers abgeschlossene Personenversicherung, die naturgemäß mit seinem Tod dahinfällt. Auch der Wegfall der versicherten Gefahr oder des versicherten Gegenstandes und sonstige Veränderungen führen nicht *eo ipso* zum Erlöschen des Vertrages; dies würde das Schicksal des Vertrages ständig in Frage stellen und dadurch die Rechtssicherheit stark beeinträchtigen[6].

Obschon die *clausula rebus sic stantibus* auch im Versicherungsverhältnis nicht generell angerufen werden kann, hat das VVG doch eine ganze Reihe von einzelnen, gesetzlich genau umschriebenen Tatbeständen veränderter Umstände vorgesehen, die zu gewissen Vertragskorrekturen führen können. Das ist der Fall bei Gefahrverminderung, Gefahrerhöhung, Verminderung des Versicherungswertes und bei eintretender Unterversicherung (Art. 23, 28, 30, 50 und 69 VVG)[7].

Eine einseitige Vertragsauflösung wird auch den Parteien des Versicherungsvertrages im allgemeinen nicht gestattet *(pacta sunt servanda)*; anders ist es, wenn sie sich über eine solche Beendigung einigen *(contrarius consensus)*. Eine Ausnahme macht der Lebensversicherungsvertrag, von dem der Versicherungsnehmer gemäß der Sonderbestimmung von Art. 89 VVG

---

[3] KELLER, Kommentar I, S. 528 und 536.
[4] So schon ROELLI, Kommentar I, S. 508.
[5] Anders verhält es sich z.B. beim Mietvertrag (Art. 355 OR) und beim Auftrag (Art. 405 OR).
[6] Siehe KOENIG, Priv. Vers. R, S. 87/88, 164 und 206.
[7] Es sei verwiesen auf SCHMITZ, Veränderte Umstände im schweiz. Privatversicherungsrecht.

nach Bezahlung der Prämie für ein Jahr zurücktreten kann. Im übrigen aber besteht kein generelles Recht auf vorzeitige Vertragsauflösung, auch nicht beim Vorliegen von wichtigen Gründen[8]. Dagegen kennt das VVG eine Reihe von besonderen Tatbeständen, aus welchen der einen oder anderen Partei (oder beiden) ein Recht auf einseitige Auflösung des Vertrages erwächst. Dabei muß zwischen der bloß für die Zukunft wirksamen Kündigung und dem auf die Vergangenheit zurückwirkenden Rücktritt unterschieden werden. Das VVG hält allerdings diese beiden Kategorien terminologisch nicht streng auseinander, indem es oft von Rücktritt spricht, wo es sich im Sinne der gemachten Unterscheidung um eine Kündigung handelt (so in Art. 21, 36, 42, 54 Abs. 3 und 89 VVG). Bei der Kündigung wie beim Rücktritt handelt es sich um empfangsbedürftige Willenserklärungen, die der Gegenpartei zugehen müssen[9].

a) Kündigungsrechte, die das Vertragsverhältnis für die Zukunft beenden, hat das VVG in verschiedenen Fällen vorgesehen. Sie wurden eingeräumt: beiden Parteien nach Eintritt eines Teilschadens (Art. 42), überdies dem Versicherer bei Verzug des Versicherungsnehmers in der Prämienzahlung (Art. 21) und bei Handänderung des versicherten Gegenstandes (Art. 54 Abs. 3) sowie dem Versicherungsnehmer bei Konzessionsentzug des Versicherers (Art. 36). Umstritten ist, ob darüber hinaus der Versicherungsnehmer ganz allgemein ein Kündigungsrecht wegen Unsicherheit des Versicherers habe, zum Beispiel wenn seine Ansprüche wegen Liquidation, Fusion oder Portefeuilleübertragung als gefährdet erscheinen. Ein solches Kündigungsrecht ist von ROELLI bejaht worden[10], läßt sich jedoch nicht aufrechterhalten. Art. 36 VVG hat die Voraussetzungen, unter denen sich der Versicherungsnehmer in solchen Fällen vom Vertrag lösen kann, abschließend geregelt und einzig mit dem Konzessionsentzug verknüpft. Ein weitergehendes Kündigungsrecht wegen «Unsicherheit» des Vertragspartners würde die Rechtssicherheit beeinträchtigen und ist daher wie bei anderen Verträgen abzulehnen[11]. Erst wenn ein Versicherer zahlungsunfähig wird, findet alsdann die allgemeine Bestimmung von Art. 83 OR Anwendung.

Immer wirkt die Kündigung nur *ex nunc* und nicht auf die Vergangenheit[12]; sie kann dagegen sofort mit Zugang der Kündigungserklärung oder erst nach Ablauf einer bestimmten Frist wirksam sein. Bis zum Zeitpunkt der Ver-

---

[8] Anders bei der Miete (Art. 269 OR) und beim Arbeitsvertrag (Art. 337 OR).
[9] BGer, 21. Juli 1932, SVA VII, Nr. 35.
[10] ROELLI, Kommentar I, S. 439.
[11] So nunmehr auch KELLER, Kommentar I, S. 530.
[12] Tribunale di appello Ticino, 6. Oktober 1952, SVA X, Nr. 13.

tragsauflösung bleiben alle Wirkungen des Vertrages aufrecht, insbesondere auch die Haftung des Versicherers für eingetretene Versicherungsfälle. Ob der Anspruch auf die Prämie für die zur Zeit der Vertragsauflösung laufende Versicherungsperiode dem Versicherer gewahrt bleibt oder eine Rückerstattung *pro rata temporis* zu erfolgen hat, ist je nach dem Auflösungsgrund gesetzlich verschieden geordnet worden (Art. 25 Abs. 1 und 5 VVG).

b) Auch Rücktrittsrechte, die das Vertragsverhältnis rückwirkend dahinfallen lassen, sind im VVG häufig anzutreffen. Bei Handänderung der versicherten Sache haben sowohl der Versicherer wie der Erwerber ein Rücktrittsrecht (Art. 54 Ziff. 1 und 2 VVG); wird davon Gebrauch gemacht, so gilt der Versicherungsvertrag als im Zeitpunkt der Handänderung erloschen. Vielfach sind dem Versicherer einseitige Rücktrittsrechte zuerkannt worden, so im Falle einer Verletzung der Deklarationspflicht bei Vertragsabschluß und bei Gefahrerhöhung (Art. 6, 28, 30 und 75 VVG), ferner bei betrügerischen Verletzungen von Anzeige-, Auskunfts- oder sonstigen Verhaltenspflichten (Art. 38 Abs. 3, 40, 51, 53 und 68 Abs. 2 VVG).

Der Rücktritt hebt den Vertrag mit Wirkung *ex tunc* auf. Dazu braucht es eine Willenserklärung des Rücktrittsberechtigten, aus der hervorgeht, daß er den Vertrag nicht aufrechterhalten will; dagegen ist die Verwendung des Wortes «Rücktritt» nicht erforderlich[13]. In bezug auf die Rückwirkung besteht ein zu beachtender Unterschied zur obligationenrechtlichen Unverbindlichkeit eines Vertrages wegen Willensmängeln (Art. 23, 28 und 29 OR). Während diese den Vertrag *ab initio* dahinfallen läßt, reicht bei den im VVG geregelten Tatbeständen die Rückwirkung nur bis zum Zeitpunkt zurück, in welchem der Rücktrittsgrund entstanden ist. Diese versicherungsrechtliche Unverbindlichkeit hat der Gesetzgeber regelmäßig durch die Worte zum Ausdruck gebracht, der Versicherer sei «an den Vertrag nicht gebunden». Alsdann besteht keine Haftung des Versicherers für die seit der Entstehung des Rücktrittsgrundes eingetretenen Schadenfälle; allfällig bereits entrichtete Versicherungsleistungen können nach den Grundsätzen der ungerechtfertigten Bereicherung (Art. 62f. OR) zurückgefordert werden. Dagegen bleiben die vorher bezahlten Prämien sowie der Anspruch auf die Prämie für die zur Zeit der Vertragsauflösung laufende Versicherungsperiode dem Versicherer gewahrt (Art. 25 Abs. 1 VVG). Für mehrere Versicherungsperioden vorausbezahlte Prämien sind vom Versicherer zu mindestens drei Vierteilen zurückzuerstatten und für rückkaufsfähige Lebensversicherungen ist der Rückkaufswert zu gewähren (Art. 25 Abs. 3 und 4 VVG). Hat eine

---

[13] BGer, 19. September 1917, SVA IV, Nr. 64; 9. September 1925, SVA V, Nr. 81; 10. März 1927, SVA VI, Nr. 71; 15. November 1951, SVA X, Nr. 9.

Partei die einseitige Auflösung des Vertrages verschuldet, so bleibt ihre Schadenersatzpflicht vorbehalten (Art. 27 VVG), und bei betrügerischer Verletzung von Anzeigepflichten kann außerdem vertraglich die Kürzung der Leistungen des Versicherers bis auf die Hälfte vereinbart werden (Art. 26 VVG). Die Auswirkungen der Rücktritte sind also abweichend von der obligationenrechtlichen Anfechtbarkeit speziell versicherungsrechtlich ausgestaltet worden.

§ 72. Versicherungsagent

Literatur

G. DUBOIS, Die rechtliche Stellung des Versicherungsagenten, insbesondere nach dem schweizerischen VVG, Bern 1922; P. DUPONT, Les pouvoirs de représentation de l'agent en droit suisse, Lausanne 1932; R. FARNER, Die rechtliche Verantwortung des Versicherers für seine Agenten, Zürich 1946; H. R. MEYER, Die Stellung des Generalagenten und Unteragenten der Versicherungsgesellschaft im schweizerischen Recht, Abh. schweiz. R, Heft 242, Bern 1947; H. BERGER, Das Bundesgesetz über den Agenturvertrag und seine Anwendung im Versicherungsgeschäft, Schweiz. Vers. Z 1950, S. 33f.; E. BRUCK/H. MÖLLER, Kommentar zum deutschen Versicherungsvertragsgesetz, 2. Band: Das Recht der Versicherungsvermittlung, 9. Aufl., Berlin 1956/58; H. J. WEHRLI, Der Versicherungsagenturvertrag, Winterthur 1959.

Zwischen den Vertragsparteien stehen die Versicherungsagenten, welche die sogenannte Außenorganisation des Versicherers bilden und den geschäftlichen Verkehr mit den Versicherungsnehmern vermitteln[1]. Bei der Betrachtung ihrer rechtlichen Stellung sind das interne Verhältnis des Agenten zum Versicherer und seine nach außen wirksame Vertretungsbefugnis gegenüber den Versicherungsnehmern voneinander zu trennen.

I. Interne Rechtsstellung

Das Verhältnis der Agenten zum Versicherer ist unterschiedlich gestaltet. Sie können ihre Agentenfunktionen hauptberuflich, nebenberuflich oder

---

[1] Von der Stellung eines Versicherungsagenten zu unterscheiden ist diejenige eines Generalbevollmächtigten, wie ihn ausländische Gesellschaften als ihren Vertreter gegenüber der Aufsichtsbehörde zu bezeichnen haben und deren Funktionen öffentlichrechtlicher Natur sind.

bloß gelegentlich ausüben (Gelegenheitsvermittler). Es gibt Agenten, die zur Gesellschaft direkt in einem Agenturverhältnis stehen (Generalagenten), und solche, die von einem Generalagenten als Unteragenten bestellt werden. Je nach ihrem räumlichen Tätigkeitsbereich spricht man von Haupt-, Bezirks- und Orts- oder Lokalagenten. Allen diesen Agenten ist aber das Kriterium gemeinsam, daß sie für einen bestimmten Versicherer (oder mehrere) tätig sind. Dadurch unterschieden sie sich vom Versicherungsmäkler, der im Auftrag eines Versicherungsinteressenten handelt, indem er gegen eine Vergütung die Gelegenheit zum Abschluß eines Versicherungsvertrages nachweist oder den Abschluß des Vertrages vermittelt (Art. 412f. OR).

Die Rechte und Pflichten des Agenten gegenüber dem Versicherer oder Generalagenten werden durch den zwischen ihnen bestehenden Agenturvertrag geregelt. Er umschreibt namentlich den Umfang und die räumliche Begrenzung seiner Tätigkeit sowie die Art und Weise seiner Honorierung (Provisionen und Fixum). Durch ein das OR ergänzendes Bundesgesetz über den Agenturvertrag (Art. 418a–418v OR) ist dieses Agenturvertragsverhältnis gesetzlich generell geordnet worden. Dabei wurden viele zum Schutze des Agenten unabdingbar erklärte Vorschriften aufgestellt. Als Agent im Sinne dieser Bestimmungen gilt aber nur, wer dauernd für einen oder mehrere Auftraggeber Geschäfte vermittelt oder in ihrem Namen und für ihre Rechnung abschließt, ohne zu den Auftraggebern in einem Dienstverhältnis zu stehen (Art. 418a Abs. 1 OR). Der Geltungsbereich des Gesetzes erstreckt sich also bloß auf Versicherungsagenten, die als wirtschaftlich selbständige Kaufleute dauernd – sei es haupt- oder sei es nebenberuflich – für einen Versicherer tätig sind. Nicht vom Gesetz erfaßt werden dagegen bloße Gelegenheitsvermittler und Personen, die zum Versicherer oder Generalagenten in einem Dienstverhältnis stehen (Angestellte der Direktionen oder Generalagenturen). Das Agenturvertragsverhältnis selber ist hier nicht näher zu behandeln[2].

II. Vertretungsbefugnis

Von der internen Rechtsstellung des Agenten zum Versicherer zu trennen ist die Frage seiner Vertretungsbefugnis nach außen. Vor Erlaß des VVG war streitig, in welchem Maße der Versicherer durch Handlungen seines

---

[2] Es sei verwiesen auf H. PADEL, Der Agenturvertrag und seine Stellung im schweizerischen Obligationenrecht, Abh. schweiz. R, Heft 208, Bern 1943.

Agenten gebunden werde. Während die einen der Meinung waren, dem Agenten komme überhaupt keine den Versicherer bindende Vertretungsbefugnis zu, wollten ihn andere in vollem Umfange als Stellvertreter des Versicherers behandeln. Art. 34 VVG hat die Frage spezialrechtlich beantwortet [3]. Der Agent ist zwar nicht voll, aber doch in einem bestimmten, beschränkten Ausmaße zum Vertreter des Versicherers erklärt worden. Insoweit ist damit die Wirkung verbunden, daß seine Handlungen den Versicherer unmittelbar berechtigen und verpflichten (Art. 32 OR). Näher zu prüfen bleibt, unter welchen Voraussetzungen die Vertretungsbefugnis wirksam wird und in welchem Umfange sie besteht.

1. Im Unterschied zur Stellvertretung beruht die Vertretungsbefugnis des Agenten nicht auf einer Vollmacht oder Ermächtigung des Versicherers; sie wurde vielmehr von Gesetzes wegen mit seiner Stellung als Agent verbunden. Erforderlich ist nur, daß er vom Versicherer als Agent verwendet und dadurch als solcher anerkannt wird [4]. Das kann nicht nur durch den Abschluß eines Agenturvertrages oder durch eine Publikation in der Presse oder in Zirkularen geschehen, sondern auch durch stillschweigende Duldung der Vornahme von Agentenhandlungen. In Abweichung von Art. 33 OR ist weder der Inhalt des Agenturvertrages noch dessen allfällige Kundgebung gegenüber Dritten maßgebend, sondern die faktisch ausgeübte Tätigkeit als Agent eines Versicherers. Die nach außen wirksame Vertretungsbefugnis des Agenten kann vom Versicherer – anders als nach Art. 34 OR – auch nicht rechtsgeschäftlich beschränkt werden. Sie wurde vielmehr durch Art. 98 VVG als zwingend erklärt, weshalb sie selbst durch Vertragsabrede nicht zuungunsten des Versicherungsnehmers abgeändert werden kann. Nimmt ein Agent Handlungen vor, zu denen er intern – nach dem Agenturvertrag mit dem Versicherer – nicht befugt wäre, so macht ihn das aus Vertragsverletzung schadenersatzpflichtig (Art. 97 f. OR), während es die Verbindlichkeit gegenüber dem Versicherungsnehmer nicht berührt.

Von der Vertretungsbefugnis des Agenten auseinanderzuhalten ist die ganz andere Frage, ob er oder der Versicherer aus seinen Handlungen Dritten gegenüber zivilrechtlich verantwortlich gemacht werden kann. Eine solche Verantwortlichkeit kann nach allgemeinem Recht aus verschiedenen Gründen gegeben sein, sei es aus unerlaubter Handlung (Art. 41 f. OR), sei

---

[3] Das BG über den Agenturvertrag (Art. 418 e OR) enthält denn auch einen ausdrücklichen Vorbehalt der Vertretungsbefugnis des Versicherungsagenten.

[4] KELLER, Kommentar I, S. 500, drückt dies so aus, der Agent müsse «als solcher bestellt» worden sein.

es als Geschäftsherr (Art. 55 OR) oder weil vom Betreffenden die Funktion einer Hilfsperson bei der Erfüllung einer Schuldpflicht oder der Ausübung eines Rechtes aus dem Versicherungsvertrag ausgeübt wurde (Art. 101 OR). Das hat mit der Vertretungsbefugnis von Art. 34 VVG nichts zu tun[5]. Es ist daher unpräzis, wenn dessen Marginale von der «Verantwortlichkeit des Versicherers für seine Agenten» spricht, während es sich nach dem Inhalt dieser Bestimmung um die Vertretungsbefugnis gegenüber dem Versicherungsnehmer handelt.

2. Die Festlegung des Umfanges der Vertretungsbefugnis des Agenten erfolgte im schweizerischen Recht durch Aufstellung einer generellen Formel und nicht durch eine Aufzählung der einzelnen Handlungen, zu welchen er befugt ist[6]. Nach Art. 34 VVG gilt der Agent dem Versicherungsnehmer gegenüber als ermächtigt, für den Versicherer alle diejenigen Handlungen vorzunehmen, welche die Verrichtungen eines solchen Agenten «gewöhnlich mit sich bringen». Damit hat man einen objektiven Maßstab aufgestellt[7]: die Vollmacht soll sich auf das erstrecken, was nach der allgemeinen Verkehrsauffassung mit der Tätigkeit eines Agenten verbunden zu sein pflegt. Die so umschriebene Vertretungsbefugnis wurde gesetzlich erweitert auf Handlungen, die der Agent mit stillschweigender Genehmigung des Versicherers vorzunehmen pflegt, womit ebenfalls auf die effektive, von außen erkennbare Tätigkeit des Agenten abgestellt wird.

Die praktisch entscheidende Frage, welches die konkreten Handlungen sind, zu denen die Versicherungsagenten als ermächtigt gelten, ist nur allgemein beantwortet worden: es fallen darunter diejenigen Handlungen, die zu den Verrichtungen «eines solchen Agenten» gehören. Es muß also je nach der Tätigkeit des Agenten differenziert werden. In Anlehnung an das deutsche VVG wird daher in der Doktrin wie der Judikatur ein Unterschied gemacht, je nachdem, ob man es mit einem Abschlußagenten oder einem bloßen Vermittlungsagenten zu tun hat. Daraus wird alsdann abgeleitet, welches die Rechtshandlungen sind, die nach üblicher Verkehrsauffassung als mit den Verrichtungen eines solchen Agenten verbunden zu betrachten sind.

a) Ein Abschlußagent wird als ermächtigt betrachtet, den Antrag des Versicherungsnehmers anzunehmen oder abzulehnen, ferner bestehende Ver-

---

[5] ObGer Solothurn, 25. April 1923, SVA V, Nr. 18; Tribunal cantonal du Valais, 29. September 1931, SVA VII, Nr. 193; BGer, 27. November 1935, SVA VIII, Nr. 180.
[6] Eine solche Enumerationsmethode hat demgegenüber das deutsche VVG in den §§ 43 f. befolgt.
[7] Ähnlich formuliert wird in Art. 462 OR die Vollmacht eines Handlungsbevollmächtigten.

träge zu verlängern, abzuändern, aufzuheben und wieder in Kraft zu setzen. Der Versicherer hat den Vertrag so gelten zu lassen, wie der Abschlußagent ihn mit dem Versicherungsnehmer geschlossen hat. Mit der Vertretungsbefugnis des Abschlußagenten ist weiter verbunden, daß der Versicherer sich auf Willensmängel (wie Irrtum oder Täuschung) seines Vertreters berufen kann, sich aber umgekehrt auch dessen Kenntnis von erheblichen Gefahrtatsachen entgegenhalten lassen muß[8]. Dagegen gilt auch ein Abschlußagent in der Regel nicht als ermächtigt, im Schadenfall die Ersatzpflicht des Versicherers ganz oder teilweise anzuerkennen oder auf Einreden zu verzichten; er ist auch zur Prozeßführung im Namen des Versicherers nicht legitimiert[9].

Streitig ist, welche Bedeutung Art. 34 Abs. 2 VVG zukommt, wonach der Agent nicht befugt ist, von den AVB zugunsten oder ungunsten des Versicherungsnehmers abzuweichen. Dieser imperativ gehaltene Gesetzeswortlaut widerspricht der rechtlichen Stellung des Abschlußagenten[10]. Es darf aus ihm nicht die Ungültigkeit von Klauseln, die von den AVB abweichen, abgeleitet werden. Nach dem Prinzip der Vertragsfreiheit muß es den Parteien unbenommen bleiben, besondere Bedingungen zu vereinbaren, wie das häufig geschieht. Art. 34 Abs. 2 VVG schränkt die Vertretungsvollmacht der Agenten bloß insofern ein, als sie nicht generell ermächtigt sind, von sich aus Abweichungen zuzugestehen. Hat aber ein Abschlußagent dem Versicherungsnehmer eine Abänderung zu dessen Gunsten zugestanden, so ist eine Berufung auf Art. 34 Abs. 2 VVG nicht möglich[11]. Ebenso kann der Versicherungsnehmer, der einer zu seinen Ungunsten wirksamen Abänderung zugestimmt hat, nicht hinterher eine Ungültigkeit dieser Vertragsklausel geltend machen.

b) Ein Vermittlungsagent ist seiner Aufgabe gemäß weder zum Vertragsabschluß noch zu Änderungen des Vertrages ermächtigt[12]. Trotzdem spielt er bei den Vertragsunterhandlungen faktisch eine bedeutsame Rolle,

---

[8] BGer, 28. April 1920, SVA IV, Nr. 62 und 9. September 1925, SVA V, Nr. 81.
[9] HGer Zürich, 28. März 1923, SVA V, Nr. 216; BGer, 22. November 1934, SVA VII, Nr. 182; Tribunal cantonal vaudois, 13. Dezember 1938, SVA VIII, Nr. 178.
[10] Nach ROELLI, Kommentar I, S. 419, ist ein Abschlußagent kraft der ihm gesetzlich zustehenden Handlungsvollmacht ermächtigt, bei Vertragsabschluß von den AVB zugunsten des Versicherungsnehmers abzuweichen. KELLER, Kommentar I, S. 517, hält dagegen diese Ansicht als mit dem Gesetzeswortlaut für unvereinbar.
[11] So zutreffend BGer, 14. Februar 1957, SVA XI, Nr. 52.
[12] Auch die Erteilung einer vorläufigen Deckungszusage fällt nicht in die Vollmacht eines bloßen Vermittlungsagenten; so zutreffend Tribunal civil de la Glâne, 7. Juli 1947, SVA X, Nr. 1.

da er eben den Verkehr zwischen Versicherer und Versicherungsnehmern vermittelt und sich daher letztere verständlicherweise zur Auskunftserteilung an ihn halten. Der ihm dadurch zufallenden Funktion hat denn auch die Gerichtspraxis Rechnung getragen. Immer wieder wurde festgestellt, der Versicherer müsse eine vom Vermittlungsagenten abgegebene Erklärung über Sinn und Tragweite einer vom Standpunkt des Versicherungsnehmers aus unklaren oder mißverständlichen Bestimmung der Versicherungsbedingungen gegen sich gelten lassen[13]. Das gleiche gilt für Aufklärungen und Belehrungen eines Vermittlungsagenten über zweideutige oder unklare Fragen bei der Antragstellung und die Beratung bei der Erfüllung der Anzeigepflicht bei Vertragsabschluß[14]. Dagegen darf dem Versicherer die Kenntnis des Vermittlungsagenten von Gefahrtatsachen, die dem Versicherer unbekannt geblieben sind, nicht zugerechnet werden[15]. Nach den gleichen Leitgedanken ist auch die Stellung eines Inkassoagenten zu beurteilen, dem ausdrücklich oder stillschweigend für den Prämieneinzug Vollmacht erteilt worden ist. Er kann nicht nur Prämienzahlungen mit für den Versicherungsnehmer befreiender Wirkung entgegennehmen, sondern auch die damit zusammenhängenden Akte verrichten, wie Erlaß der Mahnung und Annahme verspäteter Zahlungen. Dagegen ist er nicht ermächtigt, die vertraglich festgelegte Rechtslage zu ändern, zum Beispiel durch Erlaß oder Reduktion der Prämie, Änderung der Fälligkeit oder Stundung[16].

Nach der Sonderbestimmung von Art. 44 Abs. 3 VVG ist jeder Agent, also auch ein Vermittlungsagent, ermächtigt, Mitteilungen des Versicherungsnehmers oder Anspruchsberechtigten, die sich auf das Vertragsverhältnis beziehen, wie Kündigungs- und Rücktrittserklärungen, Anzeigen von Gefahrerhöhungen oder vom Eintritt des befürchteten Ereignisses, entgegenzunehmen. Der Versicherer muß also solche Mitteilungen an den Agenten sich gegenüber gelten lassen, selbst wenn deren Weiterleitung an den Versicherer unterblieben ist. Nach ausdrücklicher Gesetzesbestimmung (Art. 44 letzter Satz VVG) kann jedoch die Befugnis des Agenten, für den Versicherer Mitteilungen entgegenzunehmen, durch Vereinbarung ausgeschlossen werden. Eine solche vertragliche Einschränkung der Vertretungs-

---

[13] BGer, 18. März 1919, SVA IV, Nr. 158 und 8. Februar 1951, SVA X, Nr. 61.

[14] BGer, 15. November 1951, SVA X, Nr. 9; Tribunal cantonal vaudois, 25. Januar 1963, SVA XII, Nr. 13; BGer, 26. Februar 1970, BGE 96 II, 1970, S. 204.

[15] BGer, 17. Juni 1926, SVA V, Nr. 75; Cour de justice Genève, 4. Dezember 1942, SVA IX, Nr. 22; KGer Zug, 2. Juli 1958, SVA XI Nr. 6.

[16] ObGer Solothurn, 17. Februar 1917, SVA IV, Nr. 28; BGer, 4. Oktober 1922, SVA V, Nr. 119.

befugnis widerspricht der im übrigen zwingend ausgestalteten Stellung des Agenten im Verkehrsleben und läßt sich daher kaum rechtfertigen[17].

Die abstrakte Fassung und elastische Formulierung von Art. 34 VVG haben es der Gerichtspraxis ermöglicht, für die verschiedenen Typen von Versicherungsagenten ohne allzu große Schwierigkeiten die konkreten Handlungen abzuleiten, die mit ihren Verrichtungen gewöhnlich verbunden sind und damit kraft Gesetzes deren Vertretungsvollmacht bestimmen. Dabei kann den oft wechselnden Anschauungen des Verkehrslebens, den Verhältnissen der verschiedenen Versicherungsbranchen und den Umständen des Einzelfalles Rechnung getragen werden. Problematisch bleibt jedoch, welches die Kriterien sind, aus denen der Versicherungsnehmer entnehmen kann, welche Art von Agent er vor sich hat. Einigkeit besteht darüber, daß es weder auf den internen Agenturvertrag noch auf den vom Agenten geführten Titel ankommt[18]; es gibt Generalagenten, die bloß Vermittlungsagenten sind und umgekehrt Unteragenten, denen Abschlußfunktionen zustehen können. Abzustellen ist auf das nach außen bekundete und im Verkehrsleben in Erscheinung tretende Verhalten des Agenten. Dieses zu deuten ist oft nicht leicht. Immerhin lassen sich Schlüsse aus gewissen erkennbaren Handlungsweisen ziehen, zum Beispiel aus dem Umstand, ob Anträge vom betreffenden Agenten selber behandelt werden oder gegenteils an den Gesellschaftssitz oder die Generalagentur eingesandt werden müssen.

---

[17] Auch ROELLI, Kommentar I, S. 424, sowie KELLER, Kommentar I, S. 509, kritisieren die Ausnahmevorschrift, die eine «bedenkliche Rechtslage» schaffe.
[18] BGer, 9. September 1925, SVA V, Nr. 81.

Drittes Kapitel

Rechte und Pflichten

Zweiseitige Verträge begründen für beide Vertragsparteien Rechte und Pflichten. Auch beim Versicherungsvertrag stehen sich die Verpflichtung zur Versicherungsleistung und die Prämienzahlungspflicht des Versicherungsnehmers gegenüber. Diese Hauptpflichten sind voneinander abhängig, das heißt es handelt sich um ein synallagmatisches Verhältnis. Unter den Nebenpflichten erheischen die spezifisch versicherungsrechtlichen Obliegenheiten besondere Beachtung. Schließlich ist eine Übertragung von Rechten und Pflichten an Dritte möglich.

§ 73. Versicherungsanspruch

Literatur

E. THALMANN, Die Verjährung im Privatversicherungsrecht, Zürich 1941; O. HALLER, Die Fälligkeit des Versicherungsanspruches, Bern 1945; W. STUTZ, Die Sicherstellung der Versicherungsansprüche nach schweiz. Recht, Abh. schweiz. R, Heft 261, Bern 1948; H. RYSER, Der Versicherungsvertrag im internationalen Privatrecht, Bern 1957; H. RUBLI, Der Anspruchsberechtigte im schweizerischen VVG, Winterthur 1959; P. PÉTERMANN, La prescription des actions, Schweiz. Vers. Z 1959, S. 299f., 353f., 395f. und 1960, S. 4f.; J. KIENTSCH, Die Auskunfts- und Mitwirkungspflicht des Arztes gegenüber dem privaten Versicherer, Abh. schweiz. R, Heft 374, Bern 1967.

Der Anspruch des Versicherungsnehmers auf die Leistung des Versicherers unterliegt grundsätzlich den gleichen obligationenrechtlichen Bestimmungen, die auch für andere Vertragsansprüche gelten. Doch hat das VVG für den Versicherungsanspruch einige Sondernormen aufgestellt, welche die Begründung und Auskunftspflicht, die Fälligkeit und Geltendmachung des Anspruches sowie seine Verjährung und Befristung betreffen; ferner wurde aufsichtsrechtlich eine besondere Sicherstellung der Versicherungsansprüche vorgesehen.

I. Anspruchsbegründung und Auskunftspflicht

Es ist notwendig, den Unterschieden zwischen der allgemeinrechtlichen Anspruchsbegründung und der versicherungsrechtlichen Institution der Auskunftspflicht nachzugehen, um deren Zusammenhänge zu erkennen. Zivilrechtlich besonders geordnet wurde die betrügerische Anspruchsbegründung.

1. Die Anspruchsbegründung besteht nach allgemeinem Recht im Nachweis aller Voraussetzungen eines behaupteten Anspruches (Art. 8 ZGB). Die sachliche Begründung hat sich beim Versicherungsanspruch nicht nur auf den Bestand eines Versicherungsvertrages, sondern auch auf den Eintritt eines durch ihn versicherten Ereignisses zu erstrecken. In der Schadenversicherung muß der Ansprecher zudem Art und Höhe des entstandenen Schadens dartun. Den sich daraus ergebenden Schwierigkeiten wurde durch spezialrechtliche Regelungen (Art. 38 und 67 VVG) Rechnung getragen, die bei der Behandlung des Versicherungsfalles zur Sprache kommen werden. Zur sachlichen muß die subjektive Begründung hinzutreten, das heißt der Nachweis über die Aktivlegitimation desjenigen, der den Anspruch geltend macht. Ist es nicht der Versicherungsnehmer selber, so muß er sich als Anspruchberechtigter oder als Rechtsnachfolger ausweisen.

2. Von der Anspruchsbegründung auseinanderzuhalten ist die in Art. 39 VVG geordnete Auskunftspflicht. Danach ist der Versicherer berechtigt, vom Anspruchsberechtigten bestimmte Auskünfte und Belege zu verlangen. Dies geht von der Überlegung aus, der Versicherer sei am besten in der Lage, zu sagen, welcher Angaben er bedürfe, um sich über die Begründetheit eines erhobenen Anspruches ein Urteil bilden zu können. Positivrechtlich hängt die Auskunftspflicht davon ab, daß der Versicherer dem Anspruchsberechtigten ein Begehren nach gewissen Auskünften gestellt hat. Die verlangten Auskünfte dürfen sich nur auf Ursachen oder Folgen des Ereignisses beziehen (Schadenursache, Hergang des Ereignisses, Umfang des Schadens, gerettete Gegenstände usw.). Vorausgesetzt wird weiter, daß diese Umstände dem Anspruchsberechtigten «bekannt» sind[1]. Vertraglich kann vorgesehen werden, daß der Anspruchsberechtigte auch gewisse Belege (z. B. amtliche

---

[1] Eine Erkundigungspflicht besteht für den Anspruchsberechtigten nicht. Er kann sich dagegen nach Art. 2 und Art. 3 Abs. 2 ZGB nicht auf Unkenntnis berufen, wenn er sich der Kenntnis absichtlich oder wider Treu und Glauben entzogen hat; so ObGer Zürich, 13. Mai 1930, SVA VI, Nr. 279.

Ausweise über Zivilstandsverhältnisse, ärztliche Zeugnisse, Inventare, Fakturen usw.) beizubringen hat. Dabei muß es sich aber um «bestimmte», das heißt vom Versicherer einzeln bezeichnete Belege handeln; eine generelle Umschreibung (z. B. «alle erforderlichen Belege») genügt nicht[2]. Ferner muß die Beschaffung der Belege dem Anspruchsberechtigten «ohne erhebliche Kosten» möglich sein, weshalb im Einzelfall auf Grund aller Umstände (z. B. Höhe des Schadens) zu prüfen ist, welche Kosten noch zumutbar sind[3]. Hat der Versicherer ein gerechtfertigtes Begehren nach Auskünften oder Belegen gestellt, so ist der Anspruchsberechtigte verpflichtet, ihm zu entsprechen. Es handelt sich dabei um eine ihm gesetzlich auferlegte Obliegenheit[4]. Wird sie verletzt, so kann der Versicherer die damit nach Gesetz (Art. 97 OR) oder Vertrag (AVB) verknüpften Rechtsfolgen geltend machen, wie Schadenersatzpflicht oder Kürzung der Entschädigung[5]. Es ist zulässig, als Folge auch die Verwirkung des Versicherungsanspruches zu vereinbaren, die jedoch nach zwingender Gesetzesbestimmung nur wirksam bleibt, wenn der Versicherer vorgängig den Anspruchsberechtigten, unter Androhung der Säumnisfolge, schriftlich aufgefordert hat, die Auskünfte oder Belege binnen einer bestimmten, «angemessenen» Frist beizubringen (Art. 39 Abs. 2 Ziff. 2 VVG). Zur Verwirkungsklausel in den Versicherungsbedingungen muß also eine in der gesetzlich vorgeschriebenen Weise stattgefundene Erfüllungsaufforderung hinzukommen.

Die Auskunftspflicht unterscheidet sich ihrer Rechtsnatur nach sowohl durch die ihr gezogenen gesetzlichen Einschränkungen wie durch die mit ihrer Verletzung verbundenen Rechtsfolgen von der Anspruchsbegründung, die der Anspruchsberechtigte von sich aus vorzunehmen hat und deren Unterlassung keine Pflichtverletzung bildet. Trotzdem besteht zwischen den beiden Institutionen ein gewisser Zusammenhang. Die Regelung der Auskunftspflicht ist denn auch in Art. 39 VVG unter dem Marginale «Begründung des Versicherungsanspruches» erfolgt. In der Tat vermag die Erteilung von Auskünften der Anspruchsbegründung zu dienen. Hat nämlich der Anspruchsberechtigte dem Versicherer eine von ihm begehrte Auskunft erstattet, so wird er in diesem Punkte von der Anspruchsbegründung entlastet. Werden umgekehrt zu Recht verlangte Auskünfte oder Belege ver-

---

[2] AppHof Bern, 30. Mai 1924, SVA V, Nr. 170.
[3] BGer, 28. September 1921, SVA IV, Nr. 137.
[4] Ebenso JAEGER, Kommentar IV, S. 130 und KELLER, Kommentar I, S. 555, während ROELLI, Kommentar I, S. 476, die Auskunftserteilung als bloße Voraussetzung für die Geltendmachung des Anspruches betrachtet hat.
[5] Für das schweizerische Recht kann keineswegs von einer *lex imperfecta* gesprochen werden, wie das für das deutsche Recht BRUCK (Priv. Vers. R, S. 332) getan hat.

weigert, so bleibt insoweit auch die Anspruchsbegründung mangelhaft, da
der Versicherer noch nicht alle Angaben erhalten hat, die zur Begründung
des Anspruches notwendig sind. Die Auskunftspflicht ändert eben nichts an
der nach Art. 8 ZGB gegebenen prozessualen Beweislast für die Anspruchsbegründung.

3. Versicherungsrechtlich besonders geordnet wurde durch Art. 40 VVG
die betrügerische Anspruchsbegründung. Sie besteht nach dem Gesetzeswortlaut darin, daß der Anspruchsberechtigte Tatsachen, welche die
Leistungspflicht des Versicherers ausschließen oder mindern würden, zum
Zwecke der Täuschung unrichtig mitgeteilt oder verschwiegen oder von ihm
begehrte Auskünfte oder Belege zum gleichen Zweck zu spät oder gar nicht
eingereicht hat. Art. 40 VVG erfaßt also sowohl eine vom Anspruchsberechtigten aus eigenem Antrieb vorgenommene betrügerische Begründung eines
erhobenen Versicherungsanspruches, wie eine mit Betrugsabsicht erfolgte
Verletzung der Pflicht zur Beibringung von Auskünften oder Belegen[6]. Der
Betrug kann nicht nur durch unrichtige Angaben, sondern auch durch Verschweigung begangen werden. Zu den objektiven Voraussetzungen muß
aber das subjektive Moment der Täuschungsabsicht hinzukommen. So wurde
zutreffend festgestellt, selbst eine offenbar übersetzte Bezifferung des Schadens genüge an sich noch nicht, um Art. 40 VVG zur Anwendung zu bringen,
wenn nicht auch eine Täuschungsabsicht, die *mala fides,* gegeben sei[7]. Liegen dagegen die angeführten Voraussetzungen vor, so liegt der Tatbestand
des Versicherungsbetruges vor. Dessen zivilrechtliche Folge besteht
darin, daß der Versicherer dem Anspruchsberechtigten gegenüber an den
Vertrag nicht gebunden ist[8]. Diese Befreiung des Versicherers tritt von Gesetzes wegen ein, auch wenn die AVB keine Verwirkungsklausel enthalten.
Der Versicherer kann aber seine Leistungspflicht nur dem Anspruchsberechtigten gegenüber ablehnen, der die Täuschung begangen hat, was insbesondere von Bedeutung ist, wenn mehrere Anspruchsberechtigte vorhanden
sind[9]. Dagegen erfaßt die Leistungsbefreiung den ganzen Anspruch, selbst

---

[6] BGer, 3. Juli 1952, SVA X, Nr. 44; Tribunal cantonal Neuchâtel, 2. Juni 1958, SVA XI,
Nr. 43.

[7] BGer, 28. April 1920, SVA IV, Nr. 62; BGer, 11. Juni 1942, SVA IX, Nr. 79 und 26. November 1943, SVA IX, Nr. 104.

[8] Eine andere Frage ist, ob und unter welchen Voraussetzungen eine strafbare Handlung
begangen wurde und welche Strafe sich damit verbindet; das ist vom Strafrichter nach
dem StGB zu beurteilen. Siehe dazu P. URSPRUNG, Der Versicherungsbetrug nach schweizerischem Strafrecht, Freiburg 1945.

[9] KELLER, Kommentar I, S. 587.

wenn die Täuschung sich nur auf einzelne Schadenposten oder nur auf einen Teil des Schadens bezieht[10]. Ebenso spielt es keine Rolle, wenn die durch gefälschte Inventare oder Lagerlisten betrügerisch geltend gemachten Mehrbeträge keinen hohen Prozentsatz des gesamten Schadens ausmachen[11]. Ist der Anspruchsberechtigte gleichzeitig auch Versicherungsnehmer, so kann der Versicherer nicht nur die Befreiung von seiner Leistungspflicht geltend machen, sondern zudem den Vertrag mit sofortiger Wirkung auflösen.

II. Fälligkeit und Geltendmachung

Voraussetzung für die Geltendmachung eines Anspruches ist dessen Fälligkeit; sie wurde für den Versicherungsanspruch teilweise spezialrechtlich geordnet. Ebenso unterliegt die Geltendmachung einigen Sondernormen.

1. Die Fälligkeit tritt nach Art. 75 OR sofort ein, wenn sich weder aus dem Vertrag noch aus der Natur des Rechtsverhältnisses etwas anderes ergibt. Beim Versicherungsvertrag liegen in dieser Beziehung besondere, mit seinem Wesen zusammenhängende Verhältnisse vor, die zu der Ausnahmeregelung von Art. 41 VVG geführt haben. Vor allem hat der Anspruchsberechtigte zuerst den Eintritt des befürchteten Ereignisses darzutun. Der Versicherer muß, wie Art. 41 VVG wörtlich sagt, die Angaben erhalten haben, «aus denen er sich von der Richtigkeit des Anspruches überzeugen kann». Es bedarf also zunächst einer gehörigen Anspruchsbegründung. Hat der Versicherer gemäß Art. 39 VVG bestimmte Auskünfte oder Belege verlangt, so fehlt es an der nötigen Begründung, solange der Anspruchsberechtigte der ihm dadurch erwachsenen Auskunftspflicht nicht nachgekommen ist. Ein Versicherer, der durch die Art seiner Ablehnung eines geltend gemachten Anspruches beim Berechtigten die Meinung erweckt, jede weitere Begründung sei zwecklos, kann sich aber nach dem Grundsatz von Treu und Glauben (Art. 2 ZGB) nicht auf die durch sein eigenes Verhalten hervorgerufene Unterlassung der gehörigen Anspruchsbegründung berufen[12]. Weitere Voraussetzung der Fälligkeit des Versicherungsanspruches ist nach Art. 41 VVG der Ablauf von vier Wochen, von dem Zeitpunkt an gerechnet, in dem der Versicherer sämtliche zur Anspruchsbegründung nötigen Angaben erhalten

---

[10] BGer, 18. Oktober 1922, SVA V, Nr. 176; BGer, 23. Oktober 1952, SVA X, Nr. 45; HGer Zürich, 4. April 1966, SVA XII, Nr. 50.
[11] BGer, 11. November 1954, SVA XI, Nr. 42.
[12] HGer Zürich, 6. Februar 1922, SVA V, Nr. 154.

hat. Diese sogenannte Deliberationsfrist will dem Versicherer die erforderliche Zeit einräumen, um die Anspruchsbegründung prüfen und sich über Anerkennung oder Ablehnung des Anspruches schlüssig werden zu können[13]. Damit ist den sich aus dem Versicherungsgeschäft ergebenden Bedürfnissen entgegengekommen worden.

Grundsätzlich besteht in bezug auf Vereinbarungen über den Eintritt der Fälligkeit gemäß allgemeinem Recht Vertragsfreiheit. Dagegen ist nach dem absolut zwingenden Abs. 2 von Art. 41 VVG eine Vertragsabrede, daß der Versicherungsanspruch erst nach Anerkennung durch den Versicherer oder nach dessen rechtskräftiger Verurteilung fällig werde, ungültig. Die Fälligkeit soll nicht vom subjektiven Ermessen des Versicherers abhängig gemacht oder bis zur gerichtlichen Entscheidung über den Anspruch hinausgeschoben werden können. Das ist auch für die Zinsfrage von Bedeutung.

2. Ist der Versicherungsanspruch fällig geworden, so kann nunmehr seine Geltendmachung erfolgen. Sie richtet sich nach den allgemeinen Normen über die Erfüllung und Nichterfüllung von vertraglichen Verpflichtungen (Art. 68f. und 97f. OR). Um den Versicherer in Verzug zu setzen, bedarf es einer Mahnung gemäß Art. 102 OR; auch in bezug auf die Wirkungen des Verzuges (Entrichtung von Verzugszinsen) bleibt es bei den Bestimmungen von Art. 104–106 OR. Der zahlende Versicherer ist berechtigt, gemäß Art. 88 und 90 OR eine Quittung zu fordern. In der Versicherungspraxis der Unfall- und Schadenversicherung wird vielfach eine Saldoquittung verlangt, wonach mit der erfolgten Zahlung sämtliche Ansprüche aus dem betreffenden Versicherungsfall endgültig getilgt seien. Eine solche Saldoquittung kann sich jedoch nicht auf Unfall- oder Schadenfolgen beziehen, die erst nach Ausstellung der Quittung aufgetreten sind. Der Verzichtswille vermag eben nur Folgen zu erfassen, die zur Zeit der Unterzeichnung der Quittung bereits in Erscheinung getreten waren oder mit denen doch gerechnet werden mußte[14].

In der Frage des Erfüllungsortes ist die nach Art. 74 Ziff. 1 OR bestehende Rechtslage durch Art. 2 Ziff. 4 des Aufsichtsgesetzes modifiziert worden. Danach sind die Versicherungsgesellschaften gehalten, alle ihre Verbindlichkeiten aus Versicherungsverträgen am Wohnsitz des Versicherten

---

[13] In der Haftpflichtversicherung beginnt nach BGer, 29. Mai 1952, SVA X, Nr. 35, die Deliberationsfrist von dem Zeitpunkt an zu laufen, in dem der Versicherer Mitteilung von den Ansprüchen des Geschädigten an den Versicherungsnehmer erhalten hat.

[14] BGer, 10. Juli 1930, SVA VI, Nr. 312 und 22. November 1934, SVA VII, Nr. 182; BGer, 18. Juni 1942, SVA IX, Nr. 90 und 20. Februar 1962, SVA XII, Nr. 51; BezGer Zürich, 13. Mai 1966, SVA XII, Nr. 52; BGer, 14. März 1974, AS 100 II, 1974, S. 42.

– sofern sich dieser in der Schweiz befindet – zu erfüllen. Dies gilt auch im
Falle einer Wohnsitzveränderung nach Vertragsabschluß. Bestimmungen des
Versicherungsvertrages, welche damit in Widerspruch stehen, sind ungültig.
Öffentlichrechtliche Vorschriften schalten demnach abweichende Parteivereinbarungen aus. Der gesetzliche Erfüllungsort bestimmt auch das anwendbare Recht. Verträge, die von einem unter die Staatsaufsicht fallenden Versicherer in der Schweiz abgeschlossen werden, unterstehen daher zwangsläufig dem schweizerischen Recht, woran durch gegenteilige Abrede der Parteien nichts geändert werden kann[15]. Gemäß aufsichtsrechtlichen Anforderungen haben die Versicherer ferner einen besonderen Gerichtsstand anzuerkennen. Sie können – außer am Gesellschaftssitz – am Wohnort des Versicherungsnehmers oder Anspruchsberechtigten belangt werden; für Ansprüche aus Feuerversicherung steht es dem Kläger frei, auch den Gerichtsstand der gelegenen Sache anzurufen.

III. Verjährung und Befristung

Wie andere Forderungen, so erlischt auch der Versicherungsanspruch kraft
Gesetzes durch Verjährung. Daneben wird häufig noch eine vertragliche
Anspruchsbefristung vorgenommen. Für beide Institutionen hat Art. 46
VVG teilweise spezialrechtliche Vorschriften aufgestellt.

1. Für die Verjährung wurde einmal die nach Art. 127 OR bestehende
Verjährungsfrist von zehn Jahren auf zwei Jahre verkürzt. Es sind wiederum Eigenarten des Versicherungsgeschäfts, die den Gesetzgeber dazu veranlaßt haben. Bei ihm hängt die Leistungspflicht des Versicherers nicht nur
vom Bestand des Vertrages als solchem ab, sondern zudem vom Eintritt eines
befürchteten Ereignisses. Eine zu lange Verjährungsfrist erschwert daher die
Beweisfrage und leistet Verschleierungen des Sachverhalts Vorschub[16]. Eine
sich auf viele Jahre erstreckende Verzögerung in der Geltendmachung der
Ansprüche behindert aber auch den versicherungstechnischen Betrieb und
die Bilanzierung des Geschäfts im Hinblick auf die vom Versicherer für die
pendenten Verpflichtungen zu bestellenden Schadenreserven. Die Verkürzung der Verjährungsfrist auf zwei Jahre erscheint daher im Interesse einer
baldigen Abklärung der Schadenfälle als gerechtfertigt.

---

[15] BGer, 27. September 1922, SVA V, Nr. 184; BGer, 17.September 1925, SVA V, Nr. 197;
BGer, 2. November 1945, SVA IX, Nr. 203.
[16] Botschaft des Bundesrates, S. 28.

Das VVG hat außerdem den Beginn der Verjährungsfrist spezialrechtlich normiert. Während nach Art. 130 OR die Verjährung mit der Fälligkeit
der Forderung beginnt, ist nach Art. 46 VVG der «Eintritt der Tatsache,
welche die Leistungspflicht begründet», maßgebend. Für den Versicherungsanspruch liegt diese Tatsache im Eintritt des befürchteten Ereignisses[17]. Die
Wahl dieses Zeitpunktes für den Fristenbeginn fördert eine rasche Geltendmachung der Versicherungsansprüche. Auch bildet der Versicherungsfall
einen im allgemeinen leicht zu bestimmenden und vom Verhalten des Versicherungsnehmers unabhängigen Tatbestand[18]. Man kann allerdings einwenden, infolge dieser Regelung könne der Versicherungsanspruch verjähren, bevor er überhaupt fällig geworden sei. Das trifft an sich zu, indem die
Fälligkeit erst nach gehöriger Anspruchsbegründung eintritt (Art. 41 VVG).
Die gesetzliche Lösung trägt jedoch zur prompten Abklärung der Versicherungsfälle bei und ist zu diesem Zwecke bewußt abweichend vom allgemeinen
Recht getroffen worden[19]. Im übrigen hat der Anspruchsberechtigte immer
die Möglichkeit, die Verjährung zu unterbrechen, wofür mangels anderer
Regelung die Bestimmungen von Art. 135f. OR zur Anwendung kommen[20].
Solche Unterbrechungshandlungen gegenüber dem Versicherer (z.B. Be-
treibung) sind dem Anspruchsberechtigten ohne weiteres zuzumuten[21].

Die von Art. 46 VVG aufgestellten Vorschriften über Dauer und Beginn
der Verjährungsfrist sind nach Art. 98 VVG zwingend. Durch Vertragsbestimmung kann daher die Verjährung von Versicherungsansprüchen keiner kürzeren als der gesetzlichen Frist unterworfen werden, während es zulässig wäre, die Frist zu verlängern. Für die Transportversicherung fällt aber
nach Art. 98 Abs. 2 VVG der zwingende Charakter des Art. 46 VVG dahin.
Deshalb hat die Rechtsprechung immer wieder festgestellt, hier stehe einer
vertraglichen Verkürzung nichts im Wege[22]. In der Doktrin ist dieses Er-

---

[17] HGer St. Gallen, 15. November 1956, SVA XI, Nr. 49; AppHof, Bern, 7. März 1961, SVA
    XII, Nr. 55.
[18] Für die Haftpflichtversicherung besteht allerdings eine Kontroverse darüber, wann bei ihr
    der Versicherungsfall als eingetreten zu betrachten sei und damit die Verjährung beginne.
    Es ist aber auch hier auf den Eintritt des die Haftpflicht auslösenden Ereignisses abzu-
    stellen und nicht auf die Geltendmachung der Haftpflicht durch den Geschädigten; siehe
    dazu § 89, I.
[19] BGer, 2. April 1942, SVA IX, Nr. 97; BGer, 22. September 1949, SVA X, Nr. 51.
[20] Tribunal cantonal Neuchâtel, 9. Februar 1927, SVA VI, Nr. 220; KGer St. Gallen, 1./2. Juli
    1929, SVA VI Nr. 184; ObGer Luzern, 29. Mai 1943, SVA IX, Nr. 143.
[21] So mit eingehender Begründung HGer St. Gallen, 15. November 1956, SVA XI, Nr. 49.
[22] HGer Aargau, 5. Februar 1914, SVA III, Nr. 127; BGer, 15. Juli 1920, SVA IV, Nr. 152;
    22. Juni 1922, SVA V, Nr. 213 und 27. September 1922, SVA V, Nr. 184; HGer Zürich,
    28. März 1923, SVA V, Nr. 216; ZivGer Basel-Stadt, 19. Januar 1924, SVA V, Nr. 215.

gebnis als unbefriedigend abgelehnt worden; man müsse dem Art. 46 VVG einen absolut zwingenden Charakter zuerkennen, da Verjährungsvorschriften im Interesse der öffentlichen Ordnung aufgestellt würden[23]. Diese *de lege ferenda* vertretbare Lösung kann jedoch angesichts des Gesetzestextes kaum als geltendes Recht bezeichnet werden, indem kein Versehen des Gesetzgebers vorliegt.

2. Neben der gesetzlichen Verjährung kann auch vertraglich eine Anspruchsbefristung vereinbart werden. In einer solchen zeitlichen Beschränkung der Geltendmachung des Anspruches ist eine von der Verjährung unabhängige, selbständige Rechtsfigur zu erblicken. Art. 46 VVG hat derartige Vertragsabreden implizite als zulässig anerkannt; ihre Gültigkeit wurde auch durch die Rechtsprechung festgestellt[24]. Insbesondere ist es zulässig, eine Klagefrist zu vereinbaren, binnen welcher Versicherungsansprüche gerichtlich geltend zu machen sind, andernfalls sie erlöschen[25]. Gegenüber einer solchen Befristung gibt es – im Gegensatz zur Verjährung – keine Unterbrechung und keinen Stillstand der Frist[26]. Dagegen kann eine schuldlose Versäumung in der Geltendmachung des befristeten Anspruches nach Art. 45 Abs. 3 VVG nachgeholt werden, wenn dies sofort nach Beseitigung des Hindernisses geschieht[27]. Obschon es sich bei der Verjährung und Befristung um zwei verschiedene Rechtsgebilde handelt, wurde doch dafür gesorgt, daß auch durch eine Befristung die für die Verjährung geltende Minimaldauer von zwei Jahren seit Eintritt des Schadenereignisses nicht unterschritten werden kann. Eine durch vertragliche Abrede erfolgende zeitlich kürzere Beschränkung wäre insoweit ungültig (Art. 46 Abs. 2 VVG). Es ist aber möglich, daß ein Versicherungsanspruch kraft vertraglicher Befristung verwirkt wird, während die gesetzliche Verjährung infolge Unterbruch oder Stillstand noch nicht eingetreten wäre.

---

[23] So ROELLI, Kommentar I, S. 560; JAEGER, Kommentar III, S. 470/71 und KELLER, Kommentar I, S. 670.
[24] ZivGer Basel-Stadt, 4. Dezember 1925, SVA V, Nr. 209 und 6. Mai 1927, SVA VI, Nr. 185; BGer, 13. Mai 1948, SVA X, Nr. 49.
[25] Zum Begriff der «Klageerhebung» siehe BGer, 18. Dezember 1924, SVA V, Nr. 208.
[26] BGer, 18. Dezember 1924, SVA V, Nr. 208; ZivGer Basel-Stadt, 4. Dezember 1925, SVA V, Nr. 209.
[27] BGer, 22. Juni 1922, SVA V, Nr. 213; ZivGer Basel-Stadt, 22. Juli 1925, SVA V, Nr. 212 und 5. April 1940, SVA IX, Nr. 95.

IV. Sicherstellung

Die Aufsichtsgesetzgebung hat für Versicherungsansprüche eine öffentlichrechtliche Sicherstellung eingeführt. Nach dem Kautionsgesetz von 1919 müssen alle konzessionierten Gesellschaften eine Kaution bestellen, was durch Hinterlegung von Werten bei der Schweizerischen Nationalbank geschieht[28]. Von den inländischen Lebensversicherungsgesellschaften verlangt das Sicherstellungsgesetz von 1930 die Errichtung eines Sicherungsfonds, dessen Werte die Gesellschaft in ein Register einzutragen und getrennt von ihrem übrigen Vermögen aufzubewahren hat. Die Höhe dieser Sicherstellungen, die zugelassenen Werte sowie das Verfahren und die Modalitäten der Bestellung sind in den beiden Gesetzen und der dazu erlassenen Vollziehungsverordnung eingehend geregelt worden; diese Fragen sind hier nicht näher zu behandeln[29].

Aus der öffentlichrechtlichen Ordnung resultiert eine materiellrechtlich bedeutsame Sicherung der Versicherungsansprüche, welche sie vor den Ansprüchen anderer Gläubiger privilegiert. Zwar ist die Sicherstellung nur eine öffentlichrechtliche Pflicht der Versicherer, über deren Innehaltung die Aufsichtsbehörde zu wachen hat, ohne daß sie von den Versicherten privatrechtlich geltend gemacht werden könnte[30]. Soweit aber die Sicherstellung erfolgt ist, entfaltet sie reflexartig ihre Wirkung auf die sichergestellten Versicherungsansprüche. Davon erfaßt werden alle in der Schweiz zu erfüllenden Versicherungsverträge; sie bilden den sogenannten schweizerischen Versicherungsbestand[31]. Eine Sicherung wird sowohl durch die Kaution wie durch den Sicherungsfonds herbeigeführt, doch ist deren rechtliche Natur nicht gleichartig. Die bei der Nationalbank hinterlegte Kaution hat pfandrechtsähnlichen Charakter. Im Falle des Konkurses einer inländischen Gesellschaft dient sie vorab zur Befriedigung der Ansprüche der Versicherten[32]; überdies steht den Versicherten ein Konkursvorrecht zu, indem ihre

---

[28] Dazu siehe A. KRAFT, Les cautionnements des sociétés d'assurance et leur réglementation dans la loi suisse du 4 février 1919, Lausanne 1920.

[29] Siehe KOENIG, Priv. Vers. R, S. 110 f.

[30] Anders BRUCK, Priv. Vers. R, S. 367, der aus der «Gefahrtragung» durch den Versicherer einen privatrechtlichen Anspruch des Versicherungsnehmers auf Sicherstellung herleiten will.

[31] Für die inländischen Lebensversicherungsgesellschaften erstreckt sich die Pflicht zur Sicherstellung auch auf ihre ausländischen Bestände, soweit dafür nicht schon im Ausland Sicherheit geleistet wird.

[32] Daneben dient die Kaution auch zur Sicherung von öffentlichrechtlichen Forderungen des Bundes und der Kantone aus der Aufsichtsgesetzgebung.

Forderungen in der 3. Klasse zu kollozieren sind. Gegenüber ausländischen
Gesellschaften ist die Spezialexekution in die Kaution möglich, die gemäß
Art. 41 SchKG durch Betreibung auf Verwertung der Kaution erfolgen kann.
Beim Sicherungsfonds der inländischen Lebensversicherungsgesellschaften,
der von den Versicherern selbst verwahrt wird, fehlt dagegen eine dingliche
Sicherung. Es besteht die Möglichkeit, daß zum Fonds gehörende Werte an
Dritte veräußert werden, da das von der Gesellschaft geführte Register nicht
öffentlich ist[33]. Zwar macht sich die Gesellschaft dadurch strafbar, doch ändert das nichts daran, daß die Rechte gutgläubiger Dritter vorgehen. Deshalb
kann nicht von einem Pfandcharakter des Sicherungsfonds gesprochen werden. Soweit aber der Fonds vorhanden ist, äußert er die gleiche Wirkung wie
die Kaution. Er wird im Konkurs der Gesellschaft kraft öffentlichrechtlicher
Bestimmungen zur vorzugsweisen Befriedigung der Ansprüche der Versicherten verwendet; diesen steht außerdem auch hier für den nicht gedeckten
Teil der Versicherungsansprüche ein Konkursvorrecht in der 3. Klasse zu.

§ 74. Prämienzahlungspflicht

Literatur

W. STEIN, Anwendung des Art. 21 VVG gegenüber der Einlösungsklausel in
der Police, SJZ 1918, S. 147f.; W. LINSMAYER, Der Verzug des Prämienschuldners,
SJZ 1920, S. 43f.; C. JAEGER, Einlösungsklausel und Mahnpflicht im Versicherungsrecht, SJZ 1932, S. 177f.; W. KOENIG, Rechtliche Einforderung der Prämie,
Schweiz. Vers. Z 1933, S. 233f.; J. HOFSTETTER, Der Prämienzahlungsverzug nach
schweizerischem VVG, Abh. schweiz. R, Heft 102, Bern 1935; R. HEDINGER, Versicherungstechnische Prinzipien im schweizerischen Versicherungsvertragsrecht,
Aarau 1955; R. RÖTHLIN, Der Grundsatz der Unteilbarkeit der Prämie im schweiz.
Versicherungsrecht, Aarau 1958.

Die Prämienzahlung ist ihrer Natur nach Vertragserfüllung im Sinne von
Art. 68f. OR. Doch hat das VVG eine ganze Anzahl versicherungsrechtlicher
Sonderbestimmungen aufgestellt. Sie befassen sich mit dem Träger der Verpflichtung, dem Zahlungsort, der Fälligkeit der Prämie, ihrer Unteilbarkeit
und dem Verzug in der Prämienzahlung.

---

[33] Werden Grundstücke als Werte für den Sicherungsfonds angenommen, so wird jedoch
auf Anordnung der Aufsichtsbehörde im Grundbuch eine Verfügungsbeschränkung im
Sinne von Art. 960 ZGB vorgemerkt.

I. Prämienschuld

Das VVG hat sowohl die Frage, wer als Prämienschuldner gilt, wie diejenige, wo die Prämienzahlungspflicht zu erfüllen ist, spezialrechtlich beantwortet.

1. Prämienschuldner, das heißt zur Prämienzahlung verpflichtet, ist der Versicherungsnehmer als Vertragspartner des Versicherers (Art. 18 Abs. 1 VVG). An dessen Stelle kann ein Rechtsnachfolger treten; dagegen sind bloße Anspruchsberechtigte, wie ein Zessionar oder Begünstigter, aber auch Pfandgläubiger oder sonstige Dritte zur Entrichtung der Prämien nicht verpflichtet. Immerhin hat das VVG einzelne Ausnahmebestimmungen aufgestellt, nämlich für die Versicherung für fremde Rechnung (Art. 18 Abs. 2), die Versicherung zugunsten Dritter (Art. 18 Abs. 3) und für den Fall einer Handänderung des versicherten Gegenstandes (Art. 54 Abs. 2); sie werden bei der Behandlung dieser Verhältnisse zur Sprache kommen.

Von der Verpflichtung zur Prämienzahlung auseinanderzuhalten ist die Frage, wer dazu berechtigt ist. Da es dabei nicht auf die Persönlichkeit des Schuldners ankommt (Art. 68 OR), können ohne weiteres auch Drittpersonen die Prämien entrichten, zum Beispiel ein Zessionar, Pfandgläubiger, Geschäftsführer oder Versicherungsagent. Der Versicherer darf daher ihre Zahlung nicht zurückweisen. Er braucht sie aber nicht zu benachrichtigen, wenn der Prämienschuldner die Zahlung unterläßt, es sei denn, er habe sich durch besondere Abrede dazu verpflichtet, zum Beispiel einem Pfandgläubiger gegenüber.

Ob dem zahlenden Dritten ein Anspruch auf Rückerstattung der entrichteten Prämien zusteht, richtet sich nach dem zwischen ihm und dem Versicherungsnehmer bestehenden internen Rechtsverhältnis; es beantwortet sich daher verschieden, je nachdem, ob zum Beispiel ein familienrechtliches Verhältnis vorliegt, ein Auftrag erteilt war (Art. 402 OR) oder Geschäftsführung ohne Auftrag anzunehmen ist (Art. 422 OR). Weiter fragt es sich, ob ein zahlender Pfandgläubiger, der die Rückzahlung verlangen kann, für seinen Ersatzanspruch auch pfandrechtliche Sicherheit genießt. Der Gesetzgeber hat es jedoch – im Gegensatz zum Entwurf ROELLI – abgelehnt, dem Pfandgläubiger des Versicherungsanspruches allgemein ein solches Pfandrecht zu gewähren, da er vor der Einführung eines gesetzlichen, okkulten Pfandrechts zurückschreckte[1]. Nur ein Grundpfandgläubiger, der zur Er-

---

[1] Botschaft des Bundesrates, S. 54; ferner ObGer Luzern, 15. Oktober 1942, SVA IX, Nr. 153.

haltung der Pfandsache notwendige Auslagen macht, insbesondere die vom Eigentümer geschuldete Versicherungsprämie bezahlt hat, kann nach Art. 819 ZGB ohne Eintragung im Grundbuch die gleiche Sicherung beanspruchen wie für seine Pfandforderung. Diese differenzierende Regelung erscheint jedoch materiell kaum als gerechtfertigt[2].

2. Die Frage, wo die Prämienzahlungspflicht zu erfüllen ist, das heißt wo sich der Zahlungsort befindet, ist durch Art. 22 VVG beantwortet worden. Nach dessen Abs. 1 ist die Prämie am Sitze des Versicherers zu bezahlen. Sie bildet demnach – in Übereinstimmung mit Art. 64 Ziff. 1 OR – eine Bringschuld. Spezialvorschriften waren notwendig für ausländische Versicherer, da dem Versicherungsnehmer eine Erfüllung an ihrem ausländischen Sitz nicht zugemutet werden darf. Von ihnen ist daher eine inländische Zahlstelle namhaft zu machen (schweizerisches Hauptdomizil); unterlassen sie das, so gilt der jeweilige Wohnort des Versicherungsnehmers als Erfüllungsort (Art. 22 Abs. 2 und 3 VVG); in diesem Falle wird die Prämie kraft Gesetzes zur Holschuld.

Die Bestimmung von Art. 22 Abs. 1 VVG ist nicht zwingend. Eine gegenteilige Vereinbarung, wonach die Prämie Holschuld sei, ist daher zulässig[3]. Die Abholung der Prämie kann durch Inkassoagenten, Einzüger oder die Post erfolgen[4]. Wird die Prämie beim Versicherungsnehmer faktisch abgeholt, obschon sie nach der Police Bringschuld wäre, so macht das die Prämie noch nicht zur Holschuld[5]. Wenn jedoch die Abholung zur Übung wird, indem der Versicherer die Prämie «regelmäßig», das heißt wiederholt und ohne Unterbruch, beim Schuldner einziehen ließ, so ist sie alsdann weiterhin bei ihm abzuholen, solange diese Übung vom Versicherer nicht ausdrücklich widerrufen wird (Art. 22 Abs. 4 VVG). Die Übung bewirkt demnach, daß die Prämie – obschon sie nach den Policebestimmungen eine Bringschuld ist – als Holschuld behandelt werden muß, bis seitens des Versicherers ein ausdrücklicher Widerruf erfolgt. Die eine Bringschuld stipulierende Police bleibt also angesichts der gegenteiligen Übung als *protestatio factis contraria* wirkungslos; diese gesetzliche Ordnung entspricht dem Grundsatz von Treu und Glauben (Art. 2 ZGB).

---

[2] Nach deutschem Recht (DVVG § 35a) kann denn auch jeder Pfandgläubiger einer Versicherungsforderung ohne weiteres ein Pfandrecht wegen der Beträge und Zinsen geltend machen, die er zur Entrichtung von Prämien ausgelegt hat.

[3] BGer, 21. Oktober 1911, SVA III, Nr. 137.

[4] Dem Versicherungsnehmer kann auch Erhebung der Prämien durch Einzugsmandat zugesichert werden; dazu AmtsGer Entlebuch, 23. Dezember 1925, SVA V, Nr. 130.

[5] BGer, 13. Februar 1909, SVA II, Nr. 101.

II. Versicherungsperiode und Fälligkeit

Der Gesetzgeber hat den von der Praxis geschaffenen Begriff der Versicherungsperiode anerkannt und mit ihm die Fälligkeit der Prämie verbunden. Eine besondere Situation entsteht, wenn die Police die Einlösungsklausel enthält.

1. Die Prämie als Entgelt des Versicherungsnehmers wird in der Regel periodisch – und zwar meistens als Jahresprämie – erhoben. Entsprechend läßt sich die Vertragsdauer in Versicherungsperioden zerlegen. Darunter ist nach der Legaldefinition von Art. 19 Abs. 1 VVG der Zeitabschnitt zu verstehen, nach dem die Prämieneinheit berechnet wird. Den üblichen Tarifen folgend wird beigefügt, im Zweifel umfasse die Versicherungsperiode den Zeitraum eines Jahres. Die versicherungstechnische Berechnung der Prämienhöhe erfolgt denn auch regelmäßig unter der Annahme von Jahresprämien. Die gesetzliche Ordnung gilt aber «im Zweifel», weshalb nichts entgegen steht, durch Vertragsabrede etwas anderes zu vereinbaren. So kann ohne weiteres Entrichtung der Prämie für die ganze Vertragsdauer auf einmal vorgesehen werden, wie bei «Vorauszahlung» in der Unfall- und Schadenversicherung oder bei einer Einmaleinlage («mise») in der Lebensversicherung; üblicherweise wird alsdann ein der Diskontwirkung entsprechender Rabatt eingeräumt. Umgekehrt können für die Prämienzahlung auch unterjährige Raten (Semester-, Quartals-, Monats- oder Wochenprämien) vereinbart werden, wofür ein Zuschlag einkalkuliert wird. Dabei handelt es sich aber nur um Modalitäten in der versicherungstechnischen Berechnung der Prämien. Rechtlich zerfällt der Vertrag, auch wenn das Entgelt in Jahresprämien oder kleineren Raten aufgebracht wird, nicht etwa in entsprechende Teilverträge. Der Begriff der Versicherungsperiode ist demnach von demjenigen der Vertragsdauer zu trennen[6].

2. Die Versicherungsperiode ist rechtlich von Bedeutung für die Fälligkeit der Prämienzahlung. Dabei muß unterschieden werden zwischen der ersten Prämie und den Folgeprämien. In Übereinstimmung mit Art. 75 OR ist die erste Prämie, wenn der Vertrag nichts anderes bestimmt, sogleich, das heißt mit dem Abschluß der Versicherung, fällig (Art. 19 Abs. 1 VVG). Dem gleichen Gedankengang folgend werden die Folgeprämien jeweilen mit Beginn einer neuen Versicherungsperiode fällig (Art. 19 Abs. 3 VVG). Ver-

---

[6] Die Versicherungsperiode kann aber mit der Vertragsdauer zusammenfallen; das kommt namentlich bei Reise-, Ausstellungs- oder kurzfristigen Transportversicherungen vor.

traglich kann aber die Fälligkeit auch abweichend geregelt und durch Gewährung einer «Nachfrist» (z. B. von einem Monat) hinausgeschoben werden.

3. Üblicherweise enthalten die AVB die sogenannte Einlösungsklausel, wonach die Versicherung erst mit der Einlösung der Police durch Bezahlung der ersten Prämie in Kraft tritt. Es fragt sich, welche Bedeutung dieser Klausel beizumessen ist. Sie hat nichts mit der Fälligkeit der ersten Prämie zu tun, sondern will den Beginn der Wirkungen aus dem Vertrag ordnen. Die Klausel bestimmt insbesondere den Zeitpunkt, von dem weg die Haftung des Versicherers für auftretende Versicherungsfälle einsetzt. Man bezeichnet ihn vielfach als «materiellen Beginn» der Versicherung[7]. In Abweichung von Art. 10 OR fällt alsdann der Wirkungsbeginn nicht mehr mit dem Abschluß des Vertrages zusammen; er ist nunmehr von der Bezahlung der ersten Prämie abhängig[8]. Die Einlösungsklausel verwandelt jedoch den Versicherungsvertrag nicht etwa in einen Realvertrag. Die Wirksamkeit der durch Art. 19 Abs. 2 VVG anerkannten und legal definierten Klausel wurde insoweit eingeschränkt, als sich der Versicherer gemäß zwingender Bestimmung (Art. 98 VVG) auf sie nicht mehr berufen kann, wenn er die Police vor Bezahlung der ersten Prämie ausgehändigt hat. Es würde auch hier dem Grundsatz von Treu und Glauben (Art. 2 ZGB) widersprechen, wenn der Versicherer die vereinbarte Klausel anrufen könnte, obschon er durch Aushändigung der Police beim Versicherungsnehmer den Eindruck erwecken mußte, die Versicherung stehe in Kraft. Darin läge eine *protestatio factis contraria,* die unbeachtet bleiben soll.

III. Unteilbarkeit der Prämie

Unter dem Marginale «Unteilbarkeit» bestimmt Art. 24 VVG, die für die laufende Versicherungsperiode vereinbarte Prämie werde, soweit das Gesetz oder der Vertrag nichts anderes bestimme, auch dann ganz geschuldet, wenn der Versicherer die Gefahr nur für einen Teil dieser Zeit getragen habe. Dieses Prinzip ist durch Art. 25 VVG für den Fall einer vorzeitigen Vertragsauflösung ausdrücklich bestätigt worden: dem Versicherer bleibt der Anspruch auf die Prämie für die zur Zeit der Vertragsauflösung laufende Versicherungsperiode gewahrt. Auch hier spielt demnach die Versicherungsperiode eine bedeutsame Rolle.

---

[7] BRUCK, Priv. Vers. R, S. 230; MÖLLER, Vers.vertragsR, S. 78.
[8] BGer, 6. Juli 1951, SVA X, Nr. 29.

Die Unteilbarkeit wurde damit begründet, ein Versicherungsfall könne während einer Versicherungsperiode jederzeit eintreten, weshalb die Prämie als Entgelt ebenfalls voll zu entrichten sei[9]. Die Prämien stehen jedoch immer in Relation zur Zeitdauer, während welcher der Versicherer für einen Versicherungsfall haftet. Ihre Berechnung *pro rata temporis* ist ohne weiteres möglich. Es handelt sich bei der Unteilbarkeit also keineswegs um ein logisch begründetes Axiom, um ein unverrückbares Prinzip. Wenn der schweizerische Gesetzgeber den Grundsatz der Unteilbarkeit aufgestellt hat, so können dafür nur gewisse praktische Gesichtspunkte, wie die Ausschaltung von vielen Rückerstattungsfällen, angeführt werden[10]. Das Gesetz hat denn auch selber für eine Anzahl Auflösungsfälle den Grundsatz der Unteilbarkeit aufgegeben und eine Rückerstattung der auf die nicht abgelaufene Zeit der laufenden Versicherungsperiode entfallenden Prämie vorgesehen (Art. 36, 37, 42 Abs. 2 und 54 Abs. 3 VVG). Darüber hinaus wird zudem die Rückerstattung in der Versicherungspraxis oft bedingungsgemäß zugestanden oder im Einzelfall freiwillig vorgenommen.

IV. Prämienzahlungsverzug

Der Versicherer vermag seine Leistungen im Versicherungsfalle nur zu erbringen, wenn er durch die Gesamtheit der Prämienzahlungen das dafür versicherungstechnisch notwendige Entgelt erhält. Es haben sich daher besondere rechtliche Vorkehren als angebracht erwiesen, um einer durch Nichtbezahlung der Prämie herbeigeführten Störung des Gleichgewichts zwischen den beidseitigen Leistungen entgegenzutreten. Diese Überlegungen führten zu einer spezialrechtlichen Ausgestaltung des Verzuges in der Prämienzahlung. Gegenüber dem allgemeinen Recht wurden sowohl das Mahnverfahren als Voraussetzung des Verzuges wie dessen Wirkung bedeutend verschärft. Ferner haben die Fragen des Vertragsschicksals und der Mahnpflicht des Versicherers zu Kontroversen Anlaß gegeben.

1. Voraussetzungen des Verzuges sind wie nach allgemeinem Recht die Fälligkeit der Prämienschuld und eine Mahnung des Gläubigers. Während aber die Mahnung gemäß Art. 102 OR formlos erfolgen kann, hat Art. 20

---

[9] Botschaft des Bundesrates, S. 57.
[10] Das d e u t s c h e Versicherungsvertragsgesetz hat die Unteilbarkeit der Prämie nicht generell, sondern nur für bestimmte Einzelfälle aufgestellt; im f r a n z ö s i s c h e n Gesetz wurde sie überhaupt ganz fallen gelassen.

VVG das Mahnverfahren genau umschrieben. Die Mahnung muß schriftlich erfolgen (in der Regel werden Mahnformulare verwendet). Sie hat den Schuldner aufzufordern, binnen 14 Tagen, von der Absendung der Mahnung an gerechnet, Zahlung zu leisten (Erfüllungsaufforderung), und sie muß die ihm drohenden Säumnisfolgen enthalten. Diese Vorschriften sind zwingend (Art. 98 VVG) und ihre Innehaltung bildet daher ein Gültigkeitserfordernis des Verzuges. Die Mahnung muß an den Prämienschuldner, d. h. den Versicherungsnehmer (respektive dessen Rechtsnachfolger), gerichtet werden und ihm zugegangen sein[11]. Die Kosten der Mahnung (Mahngebühr und Portoauslagen) trägt der Versicherungsnehmer. Wird die Prämie beim Schuldner abgeholt, so kann der Versicherer die schriftliche Mahnung durch eine mündliche ersetzen (Art. 20 Abs. 2 VVG); das ist jedoch nur anzunehmen, wenn es sich um eine Holschuld handelt und der Versicherer vergeblich versucht hat, die fällige Prämie beim Schuldner abzuholen. Solange die Mahnfrist noch läuft, kann der Versicherungsnehmer die rückständige Prämie begleichen und dadurch die Verzugsfolgen vermeiden. Bis dahin bleibt auch der Vertrag in Kraft und die Leistungspflicht des Versicherers für eintretende Versicherungsfälle voll aufrecht.

2. Ist die 14tägige Mahnfrist erfolglos abgelaufen, so zieht das neben der gemeinrechtlich vorgesehenen Pflicht zur Entrichtung von Verzugszinsen (Art. 104 OR) als spezialrechtliche Verzugsfolge die Suspension der Versicherung nach sich: die Leistungspflicht des Versicherers «ruht» vom Ablauf der Mahnfrist an (Art. 19 Abs. 3 VVG). Für Versicherungsfälle, die nunmehr eintreten, haftet der Versicherer nicht mehr[12]. Mit dieser wirksamen und einschneidenden Sanktion des Verzuges wird eine Störung des versicherungstechnischen Gleichgewichts verhindert. Die Verzugswirkung dauert an, bis die rückständige Prämie samt Verzugszinsen und Mahnkosten vollständig bezahlt worden ist[13]. Die Suspension ist keineswegs limitiert bis zur Fälligkeit einer neuen Prämie. Befindet sich ein Prämienschuldner wegen Nichtbezahlung einer früheren Prämie bereits in Verzug, so bedarf es daher keiner neuen Mahnung und Verzugsetzung mehr[14]. Weiter fragt sich, ob neben den spezialrechtlichen Normen des VVG auch die allgemeinen Grundsätze von Art. 108 Ziff. 1 OR herangezogen werden können, wonach eine Mahnung nicht erforderlich ist, wenn aus dem Verhalten des Schuldners

---

[11] BGer, 6. Juli 1951, SVA X, Nr. 29.
[12] BezGer Zürich, 20. Dezember 1920, SVA IV, Nr. 96.
[13] Zum Begriff der «vollständigen» Zahlung siehe BGer, 10. Mai 1928, SVA VI, Nr. 111.
[14] So zutreffend Cour de justice Genève, 8. Mai 1925, SVA V, Nr. 123; gegenteilig entschied das Tribunal cantonal vaudois, 9. Mai 1928, SVA VI, Nr. 110.

hervorgeht, daß sie sich als unnütz erweisen würde; so zum Beispiel, wenn
der Versicherungsnehmer auf die Mahnung ausdrücklich verzichtet oder
sich bestimmt geweigert hat, den Vertrag weiterzuführen[15]. Mit Rücksicht
auf die spezialrechtlich vorgesehene schwere Verzugsfolge ist es jedoch
kaum gerechtfertigt, eine Suspension der Haftung des Versicherers eintreten
zu lassen, ohne daß vorher das streng formell geordnete Mahnverfahren von
Art. 20 VVG durchgeführt wurde[16].

3. Ruht die Haftung des Versicherers, so erhebt sich die Frage, welches das
weitere Vertragsschicksal ist. Der suspendierte ist noch kein erloschener
Vertrag. Der Versicherer bleibt daher trotz des Ruhens seiner Leistungspflicht berechtigt, die Erfüllung der Prämienzahlungspflicht zu verlangen
und auf der Weiterführung des Vertrages zu beharren. Nur die Leistungspflicht des einen Vertragspartners ist suspendiert, während der andere an
den Vertrag gebunden bleibt. Diesen durch den Verzug herbeigeführten
Schwebezustand wollte der Gesetzgeber zeitlich nicht unbegrenzt bestehen
lassen. Das hat zu der Bestimmung von Art. 21 VVG geführt. Wie nach
Art. 107 OR wird dem Versicherer ein Wahlrecht eingeräumt: es wird ihm
die Möglichkeit gegeben, zwischen der Aufrechterhaltung oder der Auflösung des Vertrages zu wählen. Sein Entscheid ist jedoch durch eine spezialrechtlich vorgesehene Zweimonatsfrist eingeschränkt worden.

Will der Versicherer zur Vertragsauflösung schreiten, so kann er dies
durch eine Rücktrittserklärung tun. Sie läßt den Vertrag mit sofortiger Wirkung dahinfallen, wobei der Versicherer alsdann in Abweichung von Art. 25
Abs. 1 VVG seinen Anspruch auf die rückständige Prämie verliert. Dagegen
tritt im übrigen keine Rückwirkung ein: früher bezahlte Prämien und bereits
ausgerichtete Versicherungsleistungen können nicht zurückgefordert werden. Es handelt sich also nicht um einen «Rücktritt» im eigentlichen Sinne,
sondern um eine sofort wirksame Kündigung des Vertrages. Entgegen Art.
109 Abs. 2 OR steht dem Versicherer kein Anspruch auf Ersatz des negativen Vertragsinteresses zu. Die gleiche Rechtswirkung, das heißt Hinfall des
Vertrages unter Verzicht auf die geschuldete Prämie, wird kraft Gesetzes
auch dann angenommen, wenn nach eingetretenem Verzuge zwei Monate
verstreichen, ohne daß der Versicherer die Prämie rechtlich einfordert. Diese
Zweimonatsfrist beginnt nicht schon von der Fälligkeit der Prämie an zu

---

[15] In diesem Sinne KELLER, Kommentar I, S. 345 und Tribunal cantonal vaudois, 10. September 1929, SVA VI, Nr. 108.
[16] Nach der gleichen Richtung gehende Bedenken finden sich im Entscheid des BGer, 4. Oktober 1922, SVA V, Nr. 119.

laufen, sondern erst nach Ablauf der 14tägigen Mahnfrist[17]. Es handelt sich dabei um eine unwiderlegliche *praesumptio juris et de jure*[18].

Entscheidet sich der Versicherer für die Aufrechterhaltung des Vertrages, so muß er, um den präsumptiven Rücktritt und das Erlöschen des Vertrages zu verhindern, binnen der zwei Monate nach Ablauf der Mahnfrist zu ihrer rechtlichen Einforderung schreiten. Als solche gelten die gleichen Rechtsakte, die von Art. 135 Ziff. 2 OR als Verjährungsunterbrechungsgründe anerkannt werden: Betreibung, Konkurseingabe, Ladung zu einem amtlichen Sühneversuch und Klage oder Einrede vor einem Gericht oder Schiedsgericht[19]. Es genügt aber, wenn diese Rechtsakte vor Fristablauf eingeleitet wurden, während es auf ihre Weiterführung nicht ankommt[20]. Wird die Prämie vom Versicherer eingefordert oder nachträglich angenommen, so lebt seine Haftung wieder auf, und zwar mit dem Zeitpunkt, in dem sie samt Zinsen und Kosten bezahlt worden ist (Art. 21 Abs. 2 VVG). Als Erfüllung der Schuld gilt auch die Zahlung an das Betreibungsamt (Art. 12 SchKG). Bei Zahlung auf ein Postcheckkonto ist aber die Zahlung erst dann als erfolgt anzunehmen, wenn das Postcheckbüro den Betrag dem Empfänger gutgeschrieben und ihm den entsprechenden Abschnitt des Einzahlungsscheines übergeben hat[21]. Mit der Bezahlung hört die Verzugswirkung auf und wandelt sich der suspendierte Vertrag von Gesetzes wegen wieder in einen voll in Kraft stehenden Vertrag.

4. Da die Marginalie zu Art. 20 VVG von einer Mahnpflicht spricht, hat sich die Frage erhoben, ob der Versicherer zu einer Mahnung verpflichtet sei. Die Durchführung des Mahnverfahrens ist jedoch – wie nach allgemeinem Recht – nur Voraussetzung des Verzuges. Sie ist bloß erforderlich, um den Verzug des Schuldners und damit die Suspension der Leistungspflicht des Versicherers herbeizuführen[22]. Dagegen braucht weder

---

[17] ObGer Solothurn, 17. Februar 1917, SVA IV, Nr. 28; Tribunal cantonal vaudois, 10. September 1926, SVA V, Nr. 128; Cour de justice Genève, 26. Januar 1960, SVA XII, Nr. 33.

[18] So auch KELLER, Kommentar I, S. 358; BGer, 2. Oktober 1936, SVA VIII, Nr. 109; Cour de cassation Fribourg, 3. Mai 1954, SVA XI, Nr. 24; BezGer Horgen, 9. Januar 1963, SVA XII, Nr. 34. Die gegenteilige Ansicht von OSTERTAG, VVG, Art. 21, S. 112, wonach ein Gegenbeweis für einen anderen Willen des Versicherers zulässig sei, hat sich nicht durchgesetzt.

[19] Tribunal cantonal vaudois, 5. November 1917, SVA IV, Nr. 99; ObGer Luzern, 11. Juli 1953, SVA XI, Nr. 110; BezGer Horgen, 9. Januar 1963, SVA XII, Nr. 34.

[20] Tribunal cantonal vaudois, 18. Mai 1937, SVA VIII, Nr. 112 und 6. Juli 1937, SVA VIII, Nr. 114.

[21] BGer, 13. September 1929, SVA VI, Nr. 118.

[22] Juge de Paix La Chaux-de-Fonds, 8. August 1921, SVA IV, Nr. 93; Juge de Paix Mon-

zur Fälligkeit noch zur Geltendmachung und rechtlichen Einforderung der
Prämienschuld eine vorgängige Mahnung erlassen zu werden[23]. Für den
Versicherer besteht auch keine Frist, binnen welcher er vorzugehen hätte.
Ebenso kann die Mahnung für eine fällige Prämie jederzeit erfolgen, solange
die Prämienforderung nicht verjährt ist[24]. Dabei ist, in Abweichung von
Art. 128 OR, die zweijährige Verjährungsfrist von Art. 46 VVG maßgebend.

Umstritten ist, ob das Gesagte auch gilt, wenn die AVB die E i n l ö s u n g s -
k l a u s e l enthalten, wonach die Versicherung erst mit der Bezahlung der ersten Prämie in Kraft tritt. In diesem Falle wird vom Erlaß der Mahnung häufig
Umgang genommen, da die Leistungspflicht des Versicherers noch gar nicht
eingesetzt hat und es daher keiner Mahnung bedarf, um sie zu suspendieren.
Der Erlaß der Mahnung ist in dieser Beziehung überflüssig[25]. Auch mangels
einer vorgängigen Mahnung bleibt aber der Versicherer berechtigt, die fällige
Erstprämie rechtlich einzufordern[26]. Für diese Einforderung soll nach ver-
breiteter Ansicht die Zweimonatsfrist von Art. 21 VVG analog gelten: die
Einforderung habe binnen zwei Monaten nach der Fälligkeit zu erfolgen,
andernfalls der Rücktritt des Versicherers vom Vertrag unter Verzicht auf
die Prämie angenommen werden müsse[27]. Diese Auffassung geht über die
gemeinrechtliche Rechtslage hinweg, wonach die Geltendmachung einer Forderung grundsätzlich bis zu ihrer Verjährung möglich ist. Die Zweimonatsfrist des Art. 21 VVG bildet bloß einen Bestandteil des Verzugsverfahrens.
Nicht nur das Marginale spricht vom Vertragsverhältnis «nach eingetretenem
Verzuge», auch im Text heißt es ausdrücklich, die Zweimonatsfrist beginne
mit dem «Ablauf der in Art. 20 dieses Gesetzes festgesetzten Frist» (Mahnfrist). Damit wollte der Gesetzgeber die als Verzugsfolge eintretende Suspension der Haftung des Versicherers zeitlich limitieren. Es bildet keineswegs
einen analogen, sondern einen ganz anderen Sachverhalt, wenn die Leistungspflicht des Versicherers kraft einer vertraglichen Einlösungsklausel noch gar
nicht begonnen hat. Angesichts dieser von den Parteien selbst vereinbarten

---

treux, 30. Mai 1925, SVA V, Nr. 117; Tribunal cantonal Neuchâtel, 9. Februar 1927, SVA
   VI, Nr. 220; KGer St. Gallen, 29. Juni 1956, SVA XI, Nr. 23.
[23] Der gegenteilige Entscheid des Tribunal cantonal vaudois, 13. Januar 1926, SVA V, Nr. 1,
   hält die Begriffe Fälligkeit und Verzug nicht auseinander.
[24] Cour de justice Genève, 31. August 1926, SVA V, Nr. 120 und 13. April 1937, SVA VIII,
   Nr. 102; Tribunal cantonal vaudois, 17. September 1946, SVA IX, Nr. 52.
[25] Cour de cassation Neuchâtel, 2. November 1927, SVA VI, Nr. 128.
[26] BGer, 19. Dezember 1940, SVA IX, Nr. 58.
[27] So C. JAEGER, Schweiz. Vers. Z 1932, S. 117f. und ihm folgend BGer, 7. November 1940,
   SVA IX, Nr. 47 und 19. Dezember 1940, SVA IX, Nr. 58; ebenso KELLER, Kommentar I,
   S. 358.

Hinausschiebung des Haftungsbeginns besteht kein Grund, das dem Gläubiger zustehende Recht zur Einforderung der Prämie zu beschneiden, solange sich der Schuldner nicht im Verzug befindet[28]. Dieses Recht geht vielmehr erst mit dem Ablauf der Verjährungsfrist von Art. 46 VVG unter.

§ 75. Synallagma

Literatur

A. GRIESHABER, Das Synallagma des Versicherungsvertrages, Mannheim/Berlin/Leipzig 1914; E. BRUCK, Die Gefahrtragung des Versicherers, Wirtschaft und Recht der Versicherung, Berlin 1923; F. HAYMANN, Leistung und Gegenleistung im Versicherungsvertrag, Berlin/Leipzig 1933; F. SCHMITZ, Veränderte Umstände und clausula rebus sic stantibus im schweiz. Privatversicherungsrecht, Abh. schweiz. R, Heft 224, Bern 1945; R. KOCH, Das Synallagma des Versicherungsvertrages, Zürcher Beiträge, Heft 213, Aarau 1958; H. INNAMI, Das Äquivalenzprinzip in der Versicherungswissenschaft, ZVers.Wiss. 1966, S. 17 f.; A. HUNGERBÜHLER, Die Äquivalenz von Leistung und Gegenleistung im Versicherungsvertrag, Bern 1972.

Zwischen der Pflicht zur Versicherungsleistung und der Prämienzahlungspflicht besteht eine als Synallagma bezeichnete Abhängigkeit, die näher dargelegt werden muß. In der Doktrin wurde darüber eine besondere versicherungsrechtliche Theorie aufgestellt, deren Notwendigkeit kontrovers ist.

I. Gegenseitige Abhängigkeit

Bei den zweiseitigen Verträgen erfolgt die Leistung einer jeden Partei im Hinblick auf diejenige der Gegenpartei. Das gilt grundsätzlich auch für den Versicherungsvertrag. Die synallagmatische Abhängigkeit äußert sich nach Art. 82 OR darin, daß derjenige, welcher den andern zur Erfüllung anhalten will, entweder bereits erfüllt haben oder die Erfüllung anbieten muß, es sei denn, daß er nach dem Inhalt oder der Natur des Vertrages erst später zu erfüllen hat. Letzteres ist der Fall beim Versicherungsvertrag, da der Versicherer erst nach Eintritt des befürchteten Ereignisses leisten muß. Ist die

---

[28] KOENIG, Schweiz. Vers. Z 1933, S. 233.

eine Vertragspartei zahlungsunfähig geworden und wird dadurch der Anspruch der anderen Partei gefährdet, so darf diese nach Art. 83 OR ihre Leistung solange zurückhalten, bis ihr die Gegenleistung sichergestellt wird. Im Versicherungsverhältnis ist diese Bestimmung nur von beschränkter praktischer Bedeutung, da einerseits die Versicherungsansprüche öffentlichrechtlich gesichert sind und anderseits die Prämienzahlung regelmäßig vor der Versicherungsleistung zu erfolgen hat. Dagegen weist die gegenseitige Abhängigkeit der Leistungen beim Versicherungsvertrag insofern eine besondere Problematik auf, als die Leistung des Versicherers nur im Versicherungsfalle erbracht werden muß. Sie ist infolgedessen von einem Ereignis abhängig, von dem ungewiß ist, ob es überhaupt und wann es eintritt. Solange dieses Ereignis noch aussteht, hat man daher beim Versicherungsanspruch mit einem bedingten Anspruch zu tun[1]. Ihm steht die Prämienzahlungspflicht des Versicherungsnehmers gegenüber, die den Vertrag als entgeltliches Rechtsgeschäft charakterisiert. Bei der Bestimmung der Höhe der Gegenleistung muß der Abhängigkeit der Versicherungsleistung vom ungewissen Eintritt des Versicherungsfalles Rechnung getragen werden. Diese Abhängigkeit der beidseitigen Leistungen erstreckt sich auch beim Versicherungsvertrag nur auf die Hauptpflichten der Parteien, während bloße Nebenpflichten (Obliegenheiten) davon nicht erfaßt werden.

Die gegenseitigen Leistungen der Vertragsparteien stehen in einem bestimmten Gleichgewicht; sie müssen äquivalent sein. Dieses Äquivalenzprinzip ist auch für den Versicherungsvertrag von fundamentaler Bedeutung. Hier ist es die Aufgabe der Versicherungstechnik, für die Herstellung des Gleichgewichts der Leistungen unter Berücksichtigung der Ungewißheit des Versicherungsfalles zu sorgen. In diesem Sinne kann man von einer spezifisch versicherungsrechtlichen Äquivalenz sprechen. Sie beherrscht vor allem die Festsetzung der Leistungen bei Vertragsabschluß und findet in der versicherungstechnisch berechneten und in den Tarifen festgelegten Prämienhöhe ihren Niederschlag. Auch nachträgliche Veränderungen der Umstände, unter denen die Versicherungsleistung zu erbringen ist, führen zu entsprechenden Leistungskorrekturen, um das Leistungsgleichgewicht wiederherzustellen. So gibt eine im Laufe der Vertragsdauer erfolgte Gefahrverminderung dem Versicherungsnehmer das Recht, für die Zukunft die tarifgemäße Herabsetzung der Prämie zu verlangen (Art. 23 VVG), während eine eintretende Gefahrerhöhung zum Hinfall der Leistungspflicht des Versicherers führen kann (Art. 28f. VVG). Sodann können

---

[1] AppHof Bern, 6. März 1906, SVA II, Nr. 149 und JAEGER, Kommentar III, S. 19.

die Parteien bei einer Verminderung des Versicherungswertes eine verhältnismäßige Herabsetzung der Versicherungssumme und eine entsprechende
Ermäßigung der Prämie verlangen (Art. 50 VVG). Wurde infolge Unterversicherung eine ungenügende Prämie entrichtet, so wird auch die Entschädigung in der gleichen Proportion herabgesetzt (Art. 69 Abs. 2 VVG). Ist
wegen unrichtiger Altersangabe in der Lebensversicherung eine zu niedrige
oder zu hohe Prämie entrichtet worden, so führt das zu einer Herabsetzung
der Gegenleistung, respektive zu einer Rückerstattung des überschüssigen
Deckungskapitals und einer künftigen Prämienreduktion (Art. 75 VVG). Auf
diese Weise wird die Störung im Gleichgewicht der beidseitigen Leistungen
wieder behoben. Die gegenseitige Abhängigkeit der Leistungen ist demnach
im Versicherungsverhältnis besonders stark ausgeprägt und auch gesetzlich
zum Ausdruck gebracht worden.

II. Gefahrtragungstheorie

Während die Abhängigkeit der gegenseitigen Leistungspflichten als solche
nicht bestritten ist, hat sich in der Doktrin eine Kontroverse darüber erhoben,
worin die Leistung des Versicherers bestehe. Die sogenannte Gefahrtragungstheorie will sie nicht in der durch den Versicherungsfall bedingten Ver-
mögensleistung erblicken, sondern in der «Gefahrtragung» des Versicherers.
Weil nämlich ein Versicherungsfall unter Umständen überhaupt nicht ein-
trete und der Versicherer alsdann nicht zu leisten habe, stehe in diesem
Falle der Prämie des Versicherungsnehmers keine Gegenleistung gegenüber.
Aus diesem Grunde könne als Versicherungsleistung nicht die bloß im Versicherungsfalle zu erbringende Leistung betrachtet werden. Der Versicherer
übernehme aber immer die «Gefahrtragung», die vom Eintritt eines befürchteten Ereignisses unabhängig sei[2]. Das ist eine Konstruktion, die sich
weder als notwendig noch als tragbar erweist. Das Synallagma wird nicht
dadurch beseitigt, daß die Versicherungsleistung nur bedingt versprochen
wird. Gegenseitig ist ein Vertrag, sobald der Verpflichtung der einen Partei
eine solche der Gegenpartei gegenübersteht[3]. Ob die eine oder andere der
beiden Verpflichtungen befristet oder bedingt ist, ändert nichts am zwei-

---

[2] Bruck, Priv. Vers. R, S. 364 und Möller, Vers. VertragsR, S. 148/49.
[3] So hat auch Koch zutreffend hervorgehoben, das Synallagma bestehe nicht zwischen den
beidseitigen Leistungen als solchen, sondern in der Verknüpfung von zwei Leistungsversprechen.

seitigen Vertrag. Leistung und Gegenleistung brauchen keineswegs unter allen Umständen ausgerichtet zu werden; es genügt, wenn die Verpflichtung zur Leistung von einer Verpflichtung zur Gegenleistung abhängig gemacht wurde. Das ist auch beim Versicherungsvertrag der Fall. Die Gefahrtragung kann zudem nicht als «Leistung» im schuldrechtlichen Sinne bezeichnet werden; sie ist nur die Folge der vom Versicherer übernommenen Verpflichtung. Die Gefahrtragungstheorie ist daher als unnötig und verwirrend abzulehnen[4]. Positivrechtlich hat auch Art. 14 VVG den Ausdruck «Leistung» im Sinne der nach Eintritt des befürchteten Ereignisses geschuldeten Leistung verwendet. Aus der Gefahrtragungstheorie wurde als Folgerung abgeleitet, dem Versicherungsnehmer stehe während der ganzen Vertragsdauer gegen den Versicherer ein privatrechtlicher Anspruch auf Sicherstellung seines Anspruches zu (Rückstellung der erforderlichen technischen Reserven)[5]; die Sicherung der Versicherungsansprüche ist aber nach der schweizerischen Gesetzgebung nur öffentlichrechtlich – durch das Kautions- und das Sicherstellungsgesetz – erfolgt und läßt sich nicht aus dem Vertrag als solchem begründen.

§ 76. Obliegenheiten

Literatur

W. SCHÖNENBERGER, Die Bedeutung des eigenen und fremden Verschuldens für den Versicherungsnehmer, Freiburg 1923; E. BRUCK, Die versicherungsrechtliche Obliegenheit, ZVers.Wiss. 1926, S. 180f.; W. WEYERMANN, Die versicherungsrechtliche Obliegenheit nach dem schweizerischen VVG, Bern 1929; A. DOLDER, Die Haftung des Versicherungsnehmers für Hilfspersonen, Bern 1939; H. MAYR, Die Behandlung versicherungsrechtlicher Fehlertatbestände, Abh. schweiz. R, Heft 253, Bern 1948; A. KERN, Die Rechtsnatur der versicherungsrechtlichen Obliegenheiten, St. Gallen 1949; R. SCHMIDT, Die Obliegenheiten, Veröff. Seminar Vers. Wiss. Hamburg, Heft 9, Karlsruhe 1953; ZWEITER WELTKONGRESS FÜR VERSICHERUNGSRECHT, Bd. 4: Einfluß des Verhaltens des Versicherten auf die vertraglich zugesagte Gefahrtragung, Karlsruhe 1967; R. SCHAER, Rechtsfolgen der Verletzung versicherungsrechtlicher Obliegenheiten, Abh. schweiz. R, Heft 411, Bern 1972.

Außer der Pflicht zur Prämienzahlung gibt es im Versicherungsvertragsverhältnis eine Reihe von Nebenpflichten, die dem Versicherungsnehmer

---

[4] Ebenso EHRENZWEIG, Vers. VertragsR, S. 299 und PRÖLSS, Kommentar DVVG, § 1, S. 35.
[5] Diese Folgerung hat BRUCK, Priv. Vers. R, S. 367, gezogen.

oder Anspruchsberechtigten auferlegt werden. Diese sogenannten «Obliegenheiten» wollen ganz allgemein auf das Verhalten dieser Personen einwirken, da das vom Versicherer zu tragende Risiko und damit dessen Leistungspflicht davon abhängig sind. Zunächst wird ein Überblick über den Inhalt dieser Pflichten vorausgeschickt, worauf die Bedeutung des Verschuldens und der Kausalität sowie die umstrittene Frage der Rechtsnatur der Obliegenheiten behandelt werden.

I. Arten und Rechtsfolgen

Obliegenheiten treten im Versicherungsverhältnis in großer Mannigfaltigkeit auf. Es lassen sich je nach dem geforderten Verhalten, dem Entstehungsgrund und den an die Verletzung der Obliegenheiten geknüpften Rechtsfolgen verschiedene Unterarten feststellen.

1. Bei dem durch die Obliegenheit geforderten Verhalten kann man Anzeigepflichten und sonstige Verhaltenspflichten unterscheiden. Anzeige- und Auskunftspflichten sollen dem Versicherer die Kenntnis von Tatsachen verschaffen, die er für die Beurteilung des Risikos oder der Ansprüche der Berechtigten benötigt. Das VVG kennt zahlreiche solche Obliegenheiten (Art. 4, 30, 38, 39, 53). Dabei wird positivrechtlich differenziert; in gewissen Fällen kommt es nur auf die Kenntnis, in anderen auch auf das Kennenmüssen des Anzeigepflichtigen an. Bei den auf ein anderes Verhalten gerichteten Obliegenheiten kann dieses in einem Tun (Rettungspflicht, Art. 61 VVG) oder in einem Unterlassen (Veränderungsverbot, Art. 68 VVG) bestehen.

Ferner ist zu unterscheiden zwischen Obliegenheiten, die eine Gefahrprävention, und solchen, die eine Schadenminderung anstreben. Die ersteren gehen auf Verminderung der Gefahr, respektive Verhütung einer Gefahrerhöhung; mit ihnen beschäftigt sich Art. 29 VVG. Obliegenheiten, die ein schadenminderndes Verhalten fordern, werden demgegenüber erst nach Eintritt eines Versicherungsfalles wirksam (Art. 61 und 68 VVG). Das Verhalten wird eben rechtlich verschieden gewürdigt, je nachdem, ob es vor oder nach Eintritt des befürchteten Ereignisses liegt. Der Zeitpunkt der Obliegenheit bestimmt auch den Träger der Obliegenheit: bei den vorvertraglichen Obliegenheiten ist es der Antragsteller (Art. 4 VVG), bei den nach dem Vertragsabschluß auftretenden der Versicherungsnehmer (Art. 30 und 53 VVG) und bei den nach Eintritt des befürchteten Ereignisses zu erfüllenden Pflichten der Anspruchsberechtigte (Art. 38, 39, 61 und 68 VVG).

2. Je nach dem Entstehungsgrund sind gesetzliche und vertragliche Obliegenheiten auseinanderzuhalten. Während die gesetzlichen im VVG selbst geregelt wurden, sind es bei den vertraglichen die allgemeinen oder besonderen Versicherungsbedingungen, die den Inhalt wie die Rechtsfolgen einer Verletzung bestimmen. Es kommen aber auch Mischformen vor, indem an gesetzliche Obliegenheiten durch vertragliche Vereinbarung Rechtsfolgen geknüpft werden, die das Gesetz ergänzen oder von ihm – soweit dies zulässig ist – abweichen. Die Frage, ob eine Rechtsfolge gesetzlich oder vertraglich ist, beeinflußt die nach Art. 45 Abs. 1 VVG bestehende Exculpationsmöglichkeit. Zu den vertraglichen Obliegenheiten gehören die häufigen Abreden zur Verminderung der Gefahr oder zur Verhütung einer Gefahrerhöhung (Art. 29 VVG). Darunter fallen zum Beispiel die Sicherheitsvorschriften in der Feuerversicherung (Rauchverbot, Aufbewahrung von Putz- und Packmaterial, Aufräumung von Abfällen, Lagerung von feuergefährlichen Stoffen usw.), ferner die Vorschriften über die Abschließung von Räumen, Schaufenstern oder Kassenschränken in der Diebstahlversicherung, die Pflicht zum Beizug eines diplomierten Arztes in der Krankenversicherung und dergleichen. Gegenüber den an die Verletzung solcher Obliegenheiten geknüpften Rechtsfolgen ist nicht nur der Einwand mangelnden Verschuldens, sondern auch derjenige der mangelnden Kausalität (Art. 29 Abs. 2 VVG) zulässig.

3. Die Obliegenheiten weisen stark differenzierte Rechtsfolgen auf. In dieser Beziehung lassen sich verschiedene Gruppen von Sanktionen feststellen.

Es gibt Obliegenheiten, deren Verletzung bloß die nach allgemeinem Recht eintretende Schadenersatzpflicht nach sich zieht (Art. 97 f. OR). Dies ist dann der Fall, wenn weder das Gesetz noch der Vertrag eine andere Rechtsfolge vorsieht; so zum Beispiel bei einer nicht in betrügerischer Absicht erfolgten Mißachtung des Veränderungsverbotes (Art. 68 VVG)[1]. Meistens ist die Schadenersatzpflicht in dem Sinne beschränkt, daß sie nicht selbständig geltend gemacht werden kann, sondern nur ein Recht des Versicherers auf Verrechnung mit der im Schadenfall zu leistenden Entschädigung begründet. Der Versicherer ist danach zur Kürzung der Entschädigung berechtigt, und zwar um den Betrag, um den sie sich bei richtiger Erfüllung der Obliegenheit vermindert hätte; so nach Art. 38 Abs. 2 und Art. 61 Abs. 2 VVG. Alsdann ist es Sache des Versicherers, den Nachweis zu erbringen, daß und in

---

[1] Zur Schwierigkeit des Schadensnachweises siehe JAEGER, Kommentar II, S. 499.

welcher Höhe er durch die Verletzung der Obliegenheit geschädigt worden ist[2].

Eine einschneidendere Rechtsfolge, die mit Obliegenheitsverletzungen verbunden sein kann, ist die Verwirkung des Versicherungsanspruches. Um sie geltend machen zu können, genügt es, wenn der Versicherer die Verletzung der Obliegenheit darzutun vermag, auch wenn ihm daraus kein nachweisbarer Schaden erwachsen ist. Eine andere Frage ist, ob und wieweit die Vereinbarung solcher Verwirkungsklauseln zulässig ist. Durch ausdrückliche gesetzliche und zwingende Bestimmung ist die Wirksamkeit von Verwirkungsklauseln, die mit Vertragsabreden zur Gefahrprävention verbunden sind, beschränkt worden (Art. 29 Abs. 2 VVG). Im übrigen hat die Rechtsprechung die Zulässigkeit von vereinbarten Verwirkungsklauseln im allgemeinen anerkannt[3]. Die Frage bleibt indessen offen, ob in einer vereinbarten Verwirkung nicht im Einzelfall ein Verstoß gegen die guten Sitten (Art. 20 OR) erblickt werden muß.

Es ist schließlich möglich, als Folge der Verletzung von Obliegenheiten nicht nur die Verwirkung des Versicherungsanspruches, sondern darüber hinaus auch die Unverbindlichkeit des Vertrages für den Versicherer vorzusehen. Der Versicherer ist dann berechtigt, sich durch Rücktritt als an den Vertrag nicht gebunden zu erklären und dadurch die Vertragsauflösung herbeizuführen. Dies geschah gesetzlich in Art. 6, Art. 38 Abs. 3, Art. 40 und Art. 68 Abs. 2 VVG. Ob es auch in anderen Fällen zulässig wäre, eine derartige Unverbindlichkeit zu vereinbaren, bleibt fraglich und muß jeweilen insbesondere im Hinblick auf das Prinzip der Verhältnismäßigkeit von Rechtsfolgen überprüft werden.

II. Verschulden und Kausalität

Ist der Tatbestand der Verletzung einer Obliegenheit gegeben, so erhebt sich die Frage, ob die damit nach Gesetz oder Vertrag verknüpften Rechtsfolgen abgewendet werden können. Dabei sind die mit dem Verschulden

---

[2] Dazu ROELLI, Kommentar I, S. 469 und JAEGER, Kommentar II, S. 333/34.

[3] So für die Verwirkung wegen Verletzung der Anzeigepflicht nach Eintritt des befürchteten Ereignisses: ZivGer Basel-Stadt, 5. März 1927, SVA VI, Nr. 153; Cour de justice Genève, 21. Dezember 1928, SVA VI, Nr. 151; Gerichtspräsident Solothurn-Lebern, 11. Dezember 1930, SVA VI, Nr. 152; AppHof Bern, 25. Januar 1938, SVA VIII, Nr. 144; ObGer Solothurn, 14. Oktober 1939, SVA VIII, Nr. 146; BezGer Horgen, 7. Juli 1953, SVA XI, Nr. 91.

und die mit der Kausalität zusammenhängenden, sich aus dem Mangel dieser Komponenten ergebenden Probleme auseinanderzuhalten.

1. Das Verschulden und dessen Fehlen wird positivrechtlich verschieden gewürdigt, indem je nach dem Verschuldensgrad differenziert worden ist.

a) Eine in betrügerischer Absicht erfolgte Verletzung ist unentschuldbar und rechtfertigt die strengsten Sanktionen. Das VVG hat denn auch bei betrügerischer Unterlassung der unverzüglichen Anzeige des befürchteten Ereignisses (Art. 38 Abs. 3), betrügerischer Begründung des Versicherungsanspruches (Art. 40) und betrügerischer Verletzung des Veränderungsverbotes (Art. 68 Abs. 2) den Versicherer als an den Vertrag nicht gebunden erklärt. Diese Unverbindlichkeit zieht auch die Verwirkung des Versicherungsanspruches nach sind. Für andere betrügerische Obliegenheitsverletzungen, wie insbesondere die betrügerische Mißachtung der Rettungspflicht, fehlt diese gesetzliche Sanktion, doch steht nichts im Wege, die Unverbindlichkeit und Anspruchsverwirkung als durchaus angemessene Rechtsfolge vertraglich zu vereinbaren. *De lege ferenda* wäre es gerechtfertigt gewesen, für betrügerische Obliegenheitsverletzungen im VVG generell den Grundsatz der Unverbindlichkeit des Vertrages aufzustellen.

b) Fehlt es an der Betrugsabsicht, liegt aber immerhin eine schuldhafte Verletzung einer Obliegenheit vor, insbesondere eine durch Nachlässigkeit oder Unachtsamkeit begründete Fahrlässigkeit, so bildet die völlige Verwirkung eine zu strenge Rechtsfolge; doch erscheint eine Kürzung der Versicherungsleistung als gerechtfertigt. Diese Lösung hat denn auch das VVG für die schuldhafte Verletzung der Anzeigepflicht im Versicherungsfalle (Art. 38 Abs. 2) und für eine in nicht zu entschuldigender Weise erfolgte Verletzung der Rettungspflicht (Art. 61 Abs. 2) vorgesehen. Der Versicherer ist alsdann befugt, die Entschädigung verrechnungsweise um den Betrag zu kürzen, um den sie sich bei Erfüllung der Obliegenheit vermindert hätte. Auch hier hat der Gesetzgeber jedoch davon Umgang genommen, die Kürzungsmöglichkeit durch eine allgemeine Bestimmung auf alle Fälle schuldhafter Obliegenheitsverletzungen zu erstrecken. Den Vertragsparteien bleibt es aber überlassen, sie vertraglich zu stipulieren, zum Beispiel bei schuldhafter (wenn auch nicht betrügerischer) Verletzung der Auskunftspflicht[4] oder des Veränderungsverbotes[5]. Den Grundsatz, es mangels be-

---

[4] KELLER, Kommentar I, S. 573/74.
[5] JAEGER, Kommentar II, S. 499.

trügerischer Handlung mit einer Kürzung des Versicherungsanspruches bewenden zu lassen, hat das VVG für die Tatbestände einer Verletzung der Anzeigepflicht bei Vertragsabschluß und der Nichtanzeige von Gefahrerhöhungen aufgegeben; nach Art. 6, 28 und 30 VVG ist damit die Unverbindlichkeit des Vertrages verbunden. Daraus resultiert eine strenge und starre Alternative zwischen voller Haftung und gänzlicher Leistungsbefreiung des Versicherers. Dieses «Alles oder nichts», wie man es schlagwortartig formuliert hat, ist schon vielfach als unangemessen bezeichnet und kritisiert worden[6].

c) Bei unverschuldeter Verletzung von Obliegenheiten, das heißt bei mangelndem Verschulden, erhebt sich wie nach allgemeinem Recht (Art. 97 f. OR) die Frage, ob eine Exculpation zugelassen wird, so daß trotz der stattgefundenen Verletzung die volle Haftung des Versicherers bestehen bleibt. Auch in dieser Beziehung ist keine einheitliche Regelung erfolgt. Es wurde zwischen gesetzlichen und vereinbarten Rechtsfolgen unterschieden und außerdem der Fall einer Fristversäumung besonders geregelt.

Gesetzliche Rechtsfolgen sind teilweise von vorneherein nur an eine «schuldhafterweise» (Art. 38 Abs. 2 VVG) oder «in nicht zu entschuldigender Weise» (Art. 61 Abs. 2 VVG) erfolgte Verletzung der Obliegenheit geknüpft; alsdann trägt der Versicherer die Beweislast für das Vorhandensein eines Verschuldens. In anderen Fällen, so bei der vorvertraglichen Anzeigepflicht (Art. 6 VVG) und der Gefahrerhöhung (Art. 28 und 30 VVG), bildet dagegen der Mangel eines Verschuldens keinen Exculpationsgrund, so daß es beim rigorosen «Alles oder nichts» bleibt.

Bei vereinbarten Rechtsnachteilen hat dagegen Art. 45 Abs. 1 VVG die Exculpation generell zugelassen, wenn die Verletzung den Umständen nach als eine unverschuldete anzusehen ist. Es kommt nicht darauf an, ob die Obliegenheit als solche eine gesetzliche oder vertragliche ist, sondern ob der Rechtsnachteil ein vereinbarter war oder nicht. Art. 45 Abs. 1 VVG findet demnach auch dann Anwendung, wenn an die Verletzung gesetzlicher Obliegenheiten vereinbarungsgemäß Folgen geknüpft werden, die über das Gesetz hinausgehen. Die Exculpation setzt aber den völligen Mangel eines Verschuldens voraus; es darf also auch keine leichte Fahrlässigkeit vorliegen[7]. Bei der Prüfung der Frage, was als unverschuldete Verletzung zu betrachten

---

[6] EHRENZWEIG, Vers. Vertrags. R, S. 39 und 159; ferner KOENIG, Priv. Vers. R, S. 133 und DERSELBE, Ist das Versicherungsvertragsgesetz revisionsbedürftig?, Referate des Schweiz. Juristenvereins 1962, Heft 2, S. 210.

[7] BGer, 19. Oktober 1933, SVA VII, Nr. 332; ObGer Aargau, 23. Februar 1934, SVA VII, Nr. 173.

ist, muß im übrigen auf die nach Billigkeit zu würdigenden Umstände des Einzelfalles abgestellt werden[8]. Hier trägt der Versicherungsnehmer oder Anspruchsberechtigte die Beweislast für den von ihm erhobenen Einwand des mangelnden Verschuldens[9]. Eine wegen Zahlungsunfähigkeit des Prämienschuldners versäumte Prämienzahlung gilt nach Art. 45 Abs. 2 VVG nicht als unverschuldet. Diese Bestimmung wurde systematisch insofern am unrichtigen Ort aufgeführt, als die Prämienzahlung eine Hauptpflicht des Versicherungsnehmers bildet und daher überhaupt nicht zu den von Art. 45 VVG erfaßten Obliegenheiten gehört. Ist die Säumnis in der Prämienzahlung auf andere Gründe zurückzuführen, zum Beispiel auf Krankheit oder Militärdienst, so kann sich der Schuldner unter Berufung auf Art. 97 OR exculpieren.

Eine Sondervorschrift hat Art. 45 Abs. 3 VVG für den Fall einer Fristversäumung aufgestellt. Alsdann ist der Versicherungsnehmer oder Anspruchsberechtigte befugt, die ohne Verschulden versäumte Handlung sofort nach Beseitigung des Hindernisses nachzuholen. Das gilt – im Gegensatz zu Abs. 1 des Art. 45 VVG – für alle für die Erfüllung von Obliegenheiten aufgestellten Fristen, gleichgültig ob sie gesetzliche oder vereinbarte sind. Die Nachholung ist auch bei einer für die Geltendmachung des Versicherungsanspruches gemäß Art. 46 Abs. 2 VVG vereinbarten Befristung möglich. Dagegen bezieht sich Art. 45 Abs. 3 VVG nur auf Fristen, von denen der Bestand eines Rechts aus der Versicherung abhängt[10]. Bei verpaßten Kündigungs- und Rücktrittsfristen, die auf den Hinfall des Vertrages gerichtet sind, können sich daher die Parteien, wie die Gerichtspraxis zutreffend festgestellt hat, nicht auf Art. 45 VVG berufen[11]. Der Tatbestand der schuldlosen Fristversäumnis kann im übrigen sowohl in objektiven Hemmnissen wie in subjektiven Momenten begründet sein, sofern sie geeignet sind, die Unterlassung der Rechtshandlung zu entschuldigen. Dahin gehören auch Vergleichsverhandlungen oder eine hinhaltende Stellungnahme des Versicherers[12]. Die Entschuldigungsmöglichkeit wird aber nur in dem Sinne eingeräumt, daß der Verpflichtete die versäumte Handlung nachholen kann. Das muß sofort nach Beseitigung des Hindernisses geschehen, welches ihn an der Inne-

---

[8] AmtsGer Balsthal, 11. Dezember 1940, SVA IX, Nr. 133; BGer, 13. Mai 1948, SVA X, Nr. 49 und 25. Juni 1948, SVA X, Nr. 43; Richteramt Biel, 23. Mai 1956, SVA XI, Nr. 45.

[9] KELLER, Kommentar I, S. 659.

[10] KELLER, Kommentar I, S. 649.

[11] BezGer Winterthur, 28. Februar 1912, SVA III, Nr. 173; BezGer Zürich, 29. August 1914, SVA III, Nr. 169; Tribunal cantonal vaudois, 14. März 1921, SVA IV, Nr. 186; Tribunal cantonal Neuchâtel, 9. Februar 1927, SVA VI, Nr. 220; Gemeindegericht Herisau, 27. August 1931, SVA VII, Nr. 225; Tribunal du Locle, 19. Juni 1933, SVA VII, Nr. 221.

[12] BGer, 7. März 1923, SVA V, Nr. 155; HGer Zürich, 28. März 1923, SVA V, Nr. 216; BGer, 13. Mai 1948, SVA X, Nr. 49.

haltung der Frist verhindert hat. Nach dessen Wegfall beginnt demnach nicht
eine neue Frist zu laufen. Die versäumte Handlung ist vielmehr ohne weiteren
Verzug vorzunehmen; dabei ist immerhin zu berücksichtigen, daß zum Beispiel die Einreichung einer Klage eine gewisse Zeit erfordert[13].

Die getroffene Regelung vermag nicht restlos zu befriedigen. Einmal ist
nicht recht einzusehen, warum eine Exculpation zwar bei vertraglich vereinbarten, nicht aber auch gegenüber gesetzlich vorgesehen Rechtsfolgen möglich sein soll. Sodann sollte die strenge Alternative des «Alles oder nichts»
nach Möglichkeit vermieden werden. Schließlich erscheint es als hart, auch
jede leichtfahrlässige Verletzung von Obliegenheiten (Nebenpflichten) mit
Sanktionen zu verbinden, während gemäß der zwingenden Bestimmung von
Art. 14 Abs. 4 VVG sogar die leichtfahrlässige Herbeiführung des befürchteten Ereignisses – also ein viel gravierenderer Tatbestand – ohne Folgen
bleibt. Eine Milderung in dem Sinne, daß nur die absichtliche oder grobfahrlässige Verletzung von Obliegenheiten Rechtsfolgen nach sich ziehe, ließe
sich daher *de lege ferenda* befürworten.

2. Aus der Kausalität, ihrem Vorhandensein oder Mangel, ergibt sich,
ob die Verletzung einer Obliegenheit einen Einfluß auf den Eintritt des
befürchteten Ereignisses und den Umfang der vom Versicherer geschuldeten
Leistung gehabt hat oder nicht. Diese Kausalitätsfrage ist von der Verschul-
densfrage zu trennen. Eine mangelnde Kausalität bildet daher keinen Exculpationsgrund im Sinne von Art. 45 VVG. Der Versicherungsnehmer kann
sich nicht darauf berufen, mangels Kausalität zwischen Verletzung der Obliegenheit einerseits und Eintritt des Versicherungsfalles sowie Umfang der
Versicherungsleistung anderseits bleibe die Verletzung ohne Rechtsfolgen.
Ist an die Obliegenheitsverletzung die Verwirkungsfolge geknüpft, so kann
vielmehr der Versicherer seine Leistungspflicht auch dann ablehnen, wenn
die Mißachtung der Obliegenheit den Versicherungsfall nicht beeinflußt hat.

Diese Rechtslage vermag nicht durchwegs zu befriedigen. In einzelnen
vom Gesetz besonders erwähnten Fällen ist denn auch der Einwand der
mangelnden Kausalität zugelassen worden. Bei den Obliegenheiten zur
Verminderung der Gefahr oder zur Verhütung einer Gefahrerhöhung kann
sich der Versicherungsnehmer nicht auf eine Verwirkungsklausel berufen,
sofern die Verletzung keinen Einfluß auf den Eintritt des befürchteten Ereignisses und den Umfang der Versicherungsleistung gehabt hat (Art. 29
Abs. 2 VVG). Ebenso treten bei der Gefahrerhöhung die an sie geknüpften

---

[13] BGer, 28. September 1921, SVA IV, Nr. 137 und 22. Juni 1922, SVA V, Nr. 214.

Rechtsfolgen nicht ein, wenn sie für den Eintritt des Ereignisses und die Höhe der Versicherungsleistung nicht kausal war (Art. 32 Ziff. 1 VVG). Die Kausalität wird ferner berücksichtigt bei schuldhafter Verletzung der Anzeigepflicht nach Eintritt des Versicherungsfalles und bei der Rettungspflicht, indem der Versicherer die Entschädigung um den Betrag kürzen kann, um den sie sich bei Erfüllung dieser Obliegenheiten vermindert hätte (Art. 38 Abs. 2 und Art. 61 Abs. 2 VVG). In den übrigen Fällen von Obliegenheitsverletzungen wird dagegen einer mangelnden Kausalität keine Rechnung getragen, so insbesondere bei Verletzungen der vorvertraglichen Anzeigepflicht (Art. 4f. VVG), des Veränderungsverbotes (Art. 68 VVG) und bei vertraglich vereinbarten Verwirkungsklauseln.

Dem Postulat der Verhältnismäßigkeit der Rechtsfolgen entsprechend erschiene es *de lege ferenda* als vertretbar, die Berücksichtigung des Kausalitätsgrades prinzipiell und generell anzuerkennen. Soweit die Verletzung einer als Nebenpflicht zu würdigenden Obliegenheit die Leistungspflicht des Versichers nicht berührt hat, sollte demgemäß die mangelnde Kausalität geltend gemacht werden können, wofür der Versicherungsnehmer beweispflichtig wäre.

III. Rechtsnatur der Obliegenheiten

Das Verhalten des Versicherungsnehmers oder Anspruchsberechtigten kann entweder als Rechtspflicht gestaltet sein oder bloß eine Voraussetzung für die Leistung des Versicherers bilden. Sache des Gesetzgebers oder der Vertragsparteien ist es, jeweils zum Ausdruck zu bringen, welche dieser beiden Möglichkeiten zutrifft. So hat das Schweizerische VVG dem Versicherungsnehmer keine Rechtspflicht auferlegt, die Herbeiführung des Versicherungsfalles oder einer Gefahrerhöhung zu vermeiden[14]. Wenn damit der Wegfall oder die Kürzung der Leistungspflicht des Versicherers verbunden ist (Art. 14 und 28–30 VVG), so handelt es sich dabei um negative Haftungsvoraussetzungen. Anders verhält es sich dort, wo dem Versicherungsnehmer ein gewisses Verhalten, ein bestimmtes Tun oder Lassen, gesetzlich oder vertraglich zur Pflicht gemacht wird, wie bei den verschiedenen Anzeige- und Auskunftspflichten (Art. 4, 38, 39 und 53 VVG), den Vertrags-

---

[14] Nach deutschem VVG § 23 besteht dagegen für den Versicherungsnehmer eine als «Gefahrstandspflicht» bezeichnete Obliegenheit, keine Gefahrerhöhung vorzunehmen; siehe BRUCK, Priv. Vers. R, S. 295.

abreden zur Verminderung der Gefahr oder zur Verhütung einer Gefahrserhöhung (Art. 29 VVG), der Rettungspflicht (Art. 61 VVG) und dem Veränderungsverbot (Art. 68 VVG). Für diese als Verbindlichkeiten ausgestalteten Nebenpflichten ist der Ausdruck «Obliegenheiten» üblich und auch
vom VVG verwendet worden (Art. 29 und 45 VVG). Ihr Charakter als
Rechtspflichten ist aber nicht unbestritten geblieben und bedarf daher noch
näherer Prüfung. Darauf kann zu der damit zusammenhängenden Frage der
Haftung für Dritte Stellung genommen werden.

1. Der Auffassung, es handle sich bei den Obliegenheiten um gewöhnliche
R e c h t s v e r b i n d l i c h k e i t e n, ist von BRUCK entgegengehalten worden,
man habe es mit einer besonderen Rechtsfigur zu tun. Der Versicherungsnehmer handle aus eigenem Interesse, um den Verlust oder die Kürzung der
Versicherungsleistung zu vermeiden. Dagegen könne der Versicherer nicht
die Erfüllung der Obliegenheiten verlangen, sie jedenfalls nicht erzwingen
und auch keinen Schadenersatz wegen Nichterfüllung fordern. Daher komme
den Obliegenheiten nur der Charakter von Voraussetzungen zu, weshalb sie
nicht nach den für Rechtsverbindlichkeiten geltenden Bestimmungen zu beurteilen seien[15]. Für diese sogenannte V o r a u s s e t z u n g s t h e o r i e bietet jedoch das schweizerische VVG keine Anhaltspunkte.

Aus dem G e s e t z e s w o r t l a u t läßt sich nichts gegen die Verbindlich-
keitsnatur der Obliegenheiten ableiten. Die Verwendung des Wortes «Obliegenheit» spricht keineswegs für einen besonderen Begriff. Im französischen
Text werden denn auch die Obliegenheiten mit «obligations» übersetzt. Bei
der Behandlung der einzelnen Obliegenheiten ist regelmäßig von Pflichten
die Rede: so wird in Art. 4 VVG von der «Anzeigepflicht» gesprochen, nach
Art. 38 VVG «muß» der Anspruchsberechtigte den Versicherer vom eingetretenen Versicherungsfall benachrichtigen, nach Art. 53 VVG ist der Versicherungsnehmer «verpflichtet», allen Versicherern von einer Doppelversicherung Kenntnis zu geben, nach Art. 61 VVG der Anspruchsberechtigte
«verpflichtet», für Minderung des Schadens zu sorgen, und nach Art. 68 VVG
«darf» er keine Veränderungen vornehmen. Auch die Behauptung, eine Verletzung von Obliegenheiten bewirke keine Schädigung des Versicherers und
vermöge daher keine S c h a d e n e r s a t z p f l i c h t zu begründen, ist nach dem
positiven Recht unhaltbar. Art. 27 VVG behält ausdrücklich die Schadenersatzpflicht derjenigen Partei vor, welche eine einseitige Auflösung des Vertrages verschuldet hat. Eine solche Auflösung resultiert aber häufig aus der

---

[15] BRUCK, Priv. Vers. R, S. 279f.; ihm folgend ROELLI, Kommentar I, S. 530f.; ebenso MÖL-
LER, Vers. Vertrags R, S. 82 und 105.

Verletzung von Obliegenheiten, zum Beispiel in den in Art. 6, 38 Abs. 3 und Art. 68 Abs. 2 VVG erwähnten Fällen. Schadenersatzpflicht bedingt jedoch die Verletzung einer Rechtspflicht. Auch die häufige Verwendung des Ausdruckes «Verletzung» spricht für das Vorliegen von Rechtspflichten, da bloße Voraussetzungen nicht verletzt werden können. Ebenso läßt sich die Behauptung, den Obliegenheiten fehle die Erzwingbarkeit, nicht aufrechterhalten. Allerdings hat der Versicherer an der Erzwingung von Anzeige-, Auskunfts- oder Rettungspflichten meistens kein Interesse, weil ihm die nachträgliche Erfüllung nichts mehr nützt oder eine erfolgte Verletzung nicht mehr rückgängig gemacht werden kann. Zudem stellten Gesetz oder Vertrag dem Versicherer oft wirksamere Rechtsbehelfe zur Verfügung, wie die Verwirkung oder Kürzung des Versicherungsanspruches. Die juristische Natur der Obliegenheit darf nicht nur an Hand einer mit Verwirkungsfolge ausgestatteten Obliegenheit beurteilt werden. Höchstens kann von Pflichten «minderer Zwangsintensität» gesprochen werden, bei deren Verletzung zwar Rechtsnachteile eintreten, jedoch ohne daß eine Erfüllungsklage möglich wäre[16]. Obschon eine rechtliche Erzwingung praktisch nur selten vorkommt, wird dadurch das Bestehen einer Rechtsverbindlichkeit nicht in Frage gestellt. Aus allen diesen Erwägungen wird denn auch die Voraussetzungstheorie in der Schweiz überwiegend abgelehnt[17].

2. Die Rechtsnatur der Obliegenheiten ist von erheblicher praktischer Bedeutung für die Beantwortung der Frage, ob eine Haftung für Hilfspersonen anzunehmen ist. Handelt es sich um bloße Voraussetzungen, so käme von vorneherein nur das Verhalten derjenigen Personen in Betracht, von deren Handeln die Leistungspflicht des Versicherers abhängig gemacht wurde (wie in Art. 14 Abs. 3 VVG). Liegt dagegen eine Verbindlichkeit vor, so trifft den Verpflichteten gemäß Art. 101 OR die Haftung für Hilfspersonen, deren er sich zur Erfüllung der Schuldpflicht bedient. Wer die Erfüllung einer Obliegenheit, wenn auch befugterweise, einer Hilfsperson, wie Hausgenossen, Arbeitern oder Angestellten, überläßt, muß danach für deren Verhalten einstehen und hat die Rechtsfolgen einer von ihnen begangenen Obliegen-

---

[16] So SCHMIDT, Die Obliegenheiten.
[17] KOENIG, Priv. Vers. R, S. 136f. und KELLER, Kommentar I, S. 639f. Aber auch die deutsche Doktrin hat sich von der Voraussetzungstheorie abgewandt: EHRENZWEIG, Vers. VertragsR, S. 278, spricht von einer «babylonischen Verwirrung», welche die vermeintliche Rechtsfigur der Obliegenheiten gestiftet habe; VON GIERKE, Vers. R I, S. 151, bezeichnet die Voraussetzungstheorie als «ein Erzeugnis formalistischer Begriffsjurisprudenz» und PRÖLSS, Kommentar DVVG, § 6, S. 65, hat es als «nicht verständlich» erklärt, wie man dazu komme, einen so eigenartigen Begriff zu «konstruieren».

heitsverletzung selber zu tragen[18]. Wie aber der Versicherungsnehmer oder Anspruchsberechtigte sein eigenes Verhalten mangels Verschulden gemäß Art. 45 VVG exculpieren kann, so entfällt seine Haftung natürlich auch, wenn die Hilfsperson, deren er sich bedient hat, kein Verschulden trifft. Der Auffassung von ROELLI, wonach das VVG auf dem Boden des Selbstverschuldensprinzips stehe und der Versicherungsnehmer daher nur eine eigene *culpa in eligendo, custodiendo vel instruendo* zu vertreten habe[19], kann nicht beigepflichtet werden. Es ist nicht einzusehen, warum der Versicherer die Folgen tragen soll, wenn der Versicherungsnehmer oder Anspruchsberechtigte die Erfüllung einer Obliegenheit einem Dritten überläßt und dieser sich dabei einer Verletzung schuld macht[20].

§ 77. Übertragung

Literatur

W. KOENIG, Abtretung und Verpfändung von Personen-Versicherungsansprüchen, Abh. schweiz. R, Heft 2, Bern 1924; W. KISCH, Einfluß der Fusionen und Bestandesübertragungen auf die Versicherungsverträge, Das Versicherungsarchiv, Wien 1930, S. 24f.; M. SPILLMANN, Bestandesübertragung und Fusionen von Versicherungsaktiengesellschaften, Abh. schweiz. R, Heft 162, Bern 1939; H. RUBLI, Der Anspruchsberechtigte im schweizerischen Versicherungsvertragsgesetz, Winterthur 1959; DRITTER WELTKONGRESS FÜR VERSICHERUNGSRECHT: Die Rechte Dritter gegenüber dem Versicherer, Paris 1970; CH. WYNIGER, Die Rechte Dritter gegenüber dem Versicherer, Schweiz. Vers. Z 1970, S. 89f. und 129f.; W. KOENIG, Reflexionen zur Stellung Dritter gegenüber dem Versicherer, Schweiz. Vers. Z 1970, S. 146f.

Als obligatorisches Rechtsverhältnis läßt der Versicherungsvertrag Rechte und Pflichten grundsätzlich nur *inter partes* entstehen. Diese Intersubjektivität ist schon nach allgemeinem Zivil- und Obligationenrecht vielfach durchbrochen worden, indem Rechte und Pflichten auf Dritte übergehen oder ihnen kraft Gesetzes erwachsen können. Auch das VVG kennt eine Reihe

---

[18] ZivGer Basel-Stadt, 13. Oktober 1952, SVA X, Nr. 56.
[19] ROELLI, Kommentar I, S. 202 und S. 536.
[20] So schon JAEGER, Kommentar IV, S. 134 und nunmehr auch KELLER, Kommentar I, S. 645f. Im gleichen Sinne ZivGer Basel-Stadt, 5. März 1927, SVA VI, Nr. 153 und BGer, 19. Oktober 1933, SVA VII, Nr. 332.

solcher Übertragungsfälle. Dabei muß man die Anspruchsberechtigung von der Rechtsnachfolge auseinanderhalten.

I. Anspruchsberechtigung Dritter

Zuerst seien die Fälle angeführt, in denen eine Anspruchsberechtigung Dritter entsteht, worauf die Stellung dieses Dritten zu betrachten ist.

1. Eine volle oder teilweise Anspruchsberechtigung Dritter kann sich daraus ergeben, daß der Versicherungsanspruch vom Versicherungsnehmer auf sie übertragen wird oder weil ein Übergang kraft Gesetzes vorgesehen ist.

a) Eine Anspruchsübertragung erfolgt nach allgemeinem Recht vor allem durch Abtretung (Zession) des Anspruches (Art. 164f. OR). Sie bildet den klassischen Verfügungsakt, durch den der Zessionar sein Recht derivativ von seinem Vorgänger erwirbt. Der Umstand, daß der Versicherungsanspruch vor dem Eintritt des Versicherungsfalles nur einen befristeten oder bedingten Anspruch darstellt, schließt die Abtretbarkeit nicht aus[1]. In der Schaden- und Unfallversicherung, wo es ungewiß ist, ob ein befürchtetes Ereignis überhaupt einmal eintritt, sind zwar Abtretungen vor dem Versicherungsfall verhältnismäßig selten. In der Lebensversicherung dagegen, bei welcher die Leistungspflicht des Versicherers gewiß ist, kommt dem Versicherungsanspruch ein im Rückkaufswert zum Ausdruck gelangender wirtschaftlicher Wert zu, der die sogenannte Kreditfunktion der Lebensversicherungspolice begründet. Nach Art. 165 OR bedarf die Abtretung zu ihrer Gültigkeit der schriftlichen Form; dabei hat es für Ansprüche aus Schadenversicherung sein Bewenden. Dagegen ist die Form der Abtretung von Ansprüchen aus Personenversicherung durch Art. 73 VVG spezialrechtlich geregelt worden. Die Verfügung bedarf der Schriftform, der Übergabe der Police und der schriftlichen Anzeige an den Versicherer. Das gleiche gilt auch für die Verpfändung von Versicherungsansprüchen. Bei allen drei Erfordernissen handelt es sich nicht nur um Ordnungsbestimmungen, sondern um Gültigkeitsvorschriften, wie auch die Gerichtspraxis richtig festgestellt hat[2]. Es besteht jedoch kein einleuchtender Grund, diese Verfügungsgeschäfte für die Personenversicherung durch besondere Erfordernisse zu erschweren. Die Übergabe der Police zur Gültigkeitsform zu erheben, ist nicht gerecht-

---

[1] AppHof Bern, 6. März 1906, SVA II, Nr. 149.
[2] ObGer Zürich, 5. Dezember 1946, SVA IX, Nr. 154.

fertigt, da der Police kein Wertpapiercharakter zukommt. Auch vom Standpunkt der Rechtssicherheit aus genügt es, daß der Versicherer nach vollständiger Zahlung die Rückgabe der Urkunde verlangen kann, wie das Art. 88 OR vorsieht. Außerdem läßt sich das Erfordernis der Policenübergabe bei Teilverfügungen nicht aufrecht erhalten, indem die Urkunde natürlich nicht mehreren am Versicherungsanspruch Berechtigten ausgehändigt werden kann[3]. Aber auch Nachverpfändungen würden verunmöglicht, wenn sie ohne Policenübergabe ungültig wären; daher muß auf Art. 903 ZGB zurückgegriffen werden, wonach die schriftliche Benachrichtigung des vorgehenden Pfandgläubigers genügt. Auch in bezug auf die Anzeige an den Versicherer ist nicht einzusehen, warum sie zur Gültigkeit der Verfügung nötig sein soll[4]. Es wäre genügend, wenn der Versicherer, dem die Verfügung nicht angezeigt wurde, durch eine an den bisher Berechtigten in gutem Glauben erfolgende Zahlung von seiner Verpflichtung befreit wird, wie das nach Art. 167 OR der Fall ist. Man hätte es daher *de lege ferenda* auch für die Personenversicherung bei der nach allgemeinem Recht erforderlichen Schriftlichkeit bewenden lassen können.

Neben der Abtretung bildet die Begünstigung eine weitere wichtige Verfügungsmöglichkeit. Sie macht den Begünstigten ebenfalls zum Anspruchsberechtigten. Da es sich aber um eine auf das Gebiet der Personenversicherung beschränkte und für sie durch Art. 76f. VVG spezialrechtlich geordnete Verfügungsart handelt, wird sie erst bei deren Behandlung näher betrachtet werden.

Eine Anspruchsübertragung findet ferner bei der Versteigerung von Versicherungsansprüchen statt, die eine Maßnahme zur betreibungs- und konkursrechtlichen Verwertung bildet, für welche die allgemeinen Normen des SchKG gelten (Art. 122f. und 256 SchKG). Daneben hat Art. 86 VVG für die Verwertung von Lebensversicherungsansprüchen noch eine im Interesse der Familienfürsorge spezialrechtlich ausgestaltete Übertragung des Versicherungsanspruches auf Ehegatte oder Nachkommen vorgesehen. Mit Zustimmung des Schuldners können diese Familienangehörigen nämlich verlangen, daß ihnen der Versicherungsanspruch gegen Erstattung des Rückkaufspreises übertragen werde, wodurch sie ebenfalls Anspruchsberechtigte werden.

---

[3] Nach BGer, 5. Mai 1951, SVA X, Nr. 74, genügt es denn auch trotz Art. 73 VVG, wenn die Police einem der Zessionare übergeben und dieser angewiesen wird, den Besitz auch für die anderen Zessionare auszuüben; ebenso JAEGER, Kommentar III, S. 37.

[4] Wie das BGer, 19. Oktober 1921, SVA IV, Nr. 234, festgestellt hat, kann die Anzeige nicht nur vom Zedenten, resp. Verpfänder, sondern auch vom Zessionar, resp. Pfandgläubiger erstattet werden.

b) Ein Dritter kann nicht nur durch Übertragungsakte, sondern auch ohne solche k r a f t G e s e t z e s anspruchsberechtigt werden. Das ist insbesondere der Fall bei gewissen Fremdversicherungen, soweit der Anspruch daraus dem V e r s i c h e r t e n zuerkannt wird. So ist nach Art. 16 f. VVG bei der Versicherung für fremde Rechnung der versicherte Dritte grundsätzlich unmittelbar Anspruchsberechtigter, mit gewissen positivrechtlichen Ausnahmen in bezug auf die Geltendmachung durch den Versicherungsnehmer. Auch in der Kollektivunfallversicherung wurde den Versicherten durch Art. 87 VVG ein eigenes Forderungsrecht gegen den Versicherer gewährt. Aus der Haftpflichtversicherung hat dagegen Art. 60 VVG dem dritten G e s c h ä d i g t e n nur ein Pfandrecht am Versicherungsanspruch des Versicherungsnehmers eingeräumt. Eine praktisch bedeutsame Ausnahme macht die gemäß Straßenverkehrsgesetz obligatorische Haftpflichtversicherung, aus welcher dem durch ein Motorfahrzeug Geschädigten ein selbständiges und eigenes Forderungsrecht erwächst (Art. 65 SVG).

2. Die r e c h t l i c h e S t e l l u n g des Anspruchsberechtigten wird allgemein dadurch charakterisiert, daß ihm der V e r s i c h e r u n g s a n s p r u c h zusteht, während er zur Prämienzahlung nicht verpflichtet ist. Auch die dem Versicherungsnehmer als Vertragspartei zustehenden übrigen Vertragsrechte gehen nicht auf den Anspruchsberechtigten über, so zum Beispiel das Recht auf Aushändigung einer Police, das Berichtigungsrecht, die Rücktrittsrechte bei Konzessionsentzug oder Konkurs des Versicherers und im Falle eines Teilschadens, ferner in der Lebensversicherung das Recht auf Bezeichnung eines Begünstigten und auf vorzeitige Vertragsauflösung (Art. 11, 12, 36/37, 42, 76 und Art. 89 VVG).

Dagegen hat das VVG die Stellung des Anspruchsberechtigten insofern eigenartig ausgestaltet, als ihm eine Anzahl O b l i e g e n h e i t e n auferlegt wurden, die nach Eintritt eines befürchteten Ereignisses zu erfüllen sind, wie die Anzeigepflicht und die Pflicht, Auskünfte zu erteilen und Belege beizubringen, die Rettungspflicht und das Veränderungsverbot (Art. 38, 39, 61 und Art. 68 VVG). Ein Anspruchsberechtigter muß diesen Obliegenheiten nachkommen, sonst setzt er sich den mit ihrer Verletzung verknüpften Rechtsfolgen aus (Kürzung oder Verwirkung des Versicherungsanspruches). Diese Verbindung der Anspruchsberechtigung mit den Obliegenheiten hat die Doktrin insofern beschäftigt, als man darin einen Widerspruch zum Dogma erblicken wollte, wonach es keine Verträge zu Lasten Dritter gebe[5]. Die dem Anspruchsberechtigten auferlegten Obliegenheiten sind aber nur unselbstän-

---

[5] MÖLLER, Kommentar DVVG, § 6, S. 187.

dige Nebenpflichten, die den ihm zustehenden Anspruch beschränken, ohne daß darin ein unzulässiger Vertrag zu Lasten Dritter liegt.

Obschon die Anspruchsberechtigung in ihrem Kern einheitlich strukturiert erscheint, ist sie doch differenziert ausgestaltet worden. Insbesondere macht es in bezug auf die Einreden, die sich der Anspruchsberechtigte entgegenhalten lassen muß, einen Unterschied aus, ob er derivativ von einem Zessionar erworben hat (Art. 169 OR) oder ihm ein originäres und eigenes Recht zusteht (Art. 78 und 87 VVG). Bei der obligatorischen Motorfahrzeug-Haftpflichtversicherung ist das Forderungsrecht des Geschädigten darüber hinaus noch verstärkt worden, indem ihm gegenüber Einreden, welche den Versicherungsanspruch nach Gesetz oder Vertrag schmälern oder aufheben würden, nicht erhoben werden können (Art. 65 SVG). Durch diesen Einredenausschluß hat der Dritte, in Durchbrechung des römischrechtlichen Grundsatzes *nemo plus juris transferre potest quam ipse habet,* noch mehr Rechte erhalten, als sie der Versicherungsnehmer selber besitzt.

II. Rechtsnachfolge

Auch hinsichtlich der Rechtsnachfolge seien zunächst die Fälle erwähnt, in denen jemand Rechtsnachfolger des Versicherungsnehmers wird, um alsdann dessen rechtliche Stellung zu betrachten. Besondere Aspekte bietet die Rechtsnachfolge auf der Seite des Versicherers, die als Bestandesübertragung auftritt.

1. Eine Rechtsnachfolge in die Person des Versicherungsnehmers findet in verschiedenen Fällen statt. Sie kann einmal durch Vereinbarung einer Vertragsübertragung herbeigeführt werden. Dazu bedarf es einer Abtretung der Versicherungsansprüche, verbunden mit einer Schuldübernahme hinsichtlich der Prämienzahlung (Art. 164f. und 175f. OR); der Schuldübernahme hat der Versicherer gemäß Art. 176 OR zuzustimmen. Nach Erbrecht erfolgt eine gesetzliche Nachfolge beim Tode des Versicherungsnehmers (Art. 560 ZGB), es sei denn, der Versicherungsvertrag erlösche automatisch, wie bei den auf die eigene Person abgeschlossenen Personenversicherungen. Spezialrechtlich eingeführt wurde eine Rechtsnachfolge bei Handänderung der versicherten Sache, welche nach Art. 54 VVG den Übergang des Vertrages auf den Erwerber nach sich zieht. Schließlich kann es gemäß Art. 81 VVG zum Zwecke der Familienfürsorge unter bestimmten Voraussetzungen zu einem gesetzlichen Eintritt von begünstigten Ehegatten oder Nachkommen in einen Lebensversicherungsvertrag kommen.

2. Die rechtliche Stellung des Nachfolgers wird dadurch gekennzeichnet, daß er an Stelle des Versicherungsnehmers in das ganze Vertragsverhältnis eintritt, das heißt sowohl in die Rechte wie in die Pflichten aus dem Vertrag. Der Übergang erstreckt sich also nicht nur auf die Anspruchsberechtigung, sondern auch auf die Prämienzahlungspflicht[6]. Der Nachfolger wird demgemäß Prämienschuldner, hat aber auch alle nach Gesetz oder Vertrag dem Versicherungsnehmer auferlegten Nebenpflichten zu erfüllen, wie die Anzeigepflichten bei Vertragsabschluß, Gefahrerhöhung oder Doppelversicherung (Art. 4f., 30 und Art. 53 VVG). Ebenso gehen die bisher dem Versicherungsnehmer zugestandenen Vertragsrechte auf seinen Nachfolger über, insbesondere Kündigungs-, Rücktritts- und Vertragsanpassungsrechte (Art. 23, 36/37, 42, 50, 54, 76/77 und Art. 89 VVG). Aber auch der Versicherer muß die an den Versicherungsnehmer zu richtenden Rechtsakte nunmehr seinem Rechtsnachfolger gegenüber vornehmen (so z.B. eine Mahnung gemäß Art. 20 VVG).

3. Bei der Bestandesübertragung findet eine Rechtsnachfolge in die Person des Versicherers statt. In der Regel wird ein ganzer Versicherungsbestand mit Rechten und Pflichten auf einen neuen Versicherer übertragen. Eine solche Bestandesübertragung kann von den beiden Versicherern vertraglich vereinbart werden. Dazu bedarf es nach OR einer Abtretung der Forderungen auf die von den Versicherungsnehmern geschuldeten Prämien und einer Schuldübernahme in bezug auf die Verpflichtungen des Versicherers zur Leistung im Versicherungsfalle. Zum Eintritt des neuen Versicherers muß also die Zustimmung aller Versicherungsnehmer eingeholt werden (Art. 176 OR). Mangels solcher Zustimmung bleibt es bei einem bloß intern zwischen den beiden Kontrahenten wirksamen Vertrag, der keine Befreiung des alten Versicherers zur Folge hat. Gegenüber Versicherungsnehmern, die sich weigern, den Nachfolger als neuen Versicherer anzuerkennen, kommt demnach der Schuldnerwechsel nicht zustande. Anders verhält es sich nur im Fall einer Fusion, wo den Versicherungsnehmern der bisherigen Gesellschaft kraft Gesetzes die neue Gesellschaft haftbar wird[7]; dagegen müssen alsdann die obligationenrechtlichen Vorschriften betreffend getrennte Verwaltung des Vermögens der aufzulösenden Gesellschaft oder Sicherstellung der Gläubiger beachtet werden (Art. 181/82, 748/49 und Art. 914 OR).

---

[6] Tribunal cantonal vaudois, 6. April 1914, SVA III, Nr. 153; BGer, 21. Januar 1922, SVA V, Nr. 258.

[7] ObGer Zürich, 25. Juli 1947, SVA X, Nr. 92; ObGer Luzern, 22. Mai 1948, SVA X, Nr. 91.

Angesichts der regelmäßig großen Zahl von Versicherungsverträgen werden Bestandesübertragungen durch das sich nach allgemeinem Recht ergebende Erfordernis der Zustimmung aller einzelnen Versicherungsnehmer sehr erschwert. Auch die für eine Fusion vorgeschriebene getrennte Verwaltung oder Sicherstellung der Gläubiger verhindert einen rasch wirksamen Schuldnerwechsel. Daher hat die Versicherungsaufsichtsgesetzgebung eingegriffen und öffentlichrechtlich die Möglichkeit geschaffen, eine von der Zustimmung der Versicherungsnehmer unabhängige Bestandesübertragung vorzunehmen. Nach Art. 18 des Kautionsgesetzes kann eine in- oder ausländische Gesellschaft mit Zustimmung der Aufsichtsbehörde ihren schweizerischen Versicherungsbestand ganz oder teilweise auf eine andere Gesellschaft übertragen. Es handelt sich dabei insofern um eine gemäß Marginale «freiwillige» Übertragung, als sie eine Vereinbarung zwischen den beteiligten Versicherern voraussetzt und diese frei sind, ob sie eine solche abschließen wollen. Dagegen ist eine von der Aufsichtsbehörde genehmigte Bestandesübertragung für alle Versicherungsnehmer verbindlich. An die Stelle der Zustimmung der einzelnen Versicherungsnehmer tritt die Genehmigung der Aufsichtsbehörde. Vorher soll jedoch den Forderungsberechtigten durch Bekanntmachung im schweizerischen Handelsamtsblatt Gelegenheit geboten werden, binnen einer Frist von drei Monaten allfällige Einwendungen gegen die Übertragung geltend zu machen. Nach Ablauf dieser Frist entscheidet aber die Aufsichtsbehörde darüber, ob die erhobenen Einwände als gerechtfertigt zu betrachten sind oder nicht. Sie soll allerdings die Genehmigung nur erteilen, wenn die Interessen der Gesamtheit der schweizerischen Forderungsberechtigten gewahrt sind. Durch die erfolgte behördliche Genehmigung wird aber der Schuldnerwechsel für alle Versicherungsnehmer verbindlich, ohne daß sie sich auf Art. 176 OR berufen können[8]. Es handelt sich also um einen gestützt auf öffentliches Recht erfolgenden Eingriff in die privatrechtlichen Vertragsverhältnisse. Das Recht des einzelnen Versicherungsnehmers muß hinter den Interessen der Gesamtheit zurücktreten.

Außerdem ist der Aufsichtsbehörde das Recht eingeräumt worden, als sichernde Maßnahme oder im Konkurs einer Gesellschaft von Amtes wegen eine Bestandesübertragung auf eine andere Gesellschaft zu verfügen (Art. 9 und 16 Kautionsgesetz, Art. 27 Sicherstellungsgesetz). Die Bestandesübertragung erfolgt hier zwangsweise, als aufsichtsrechtliche Maßnahme,

---

[8] Anders nach deutschem Recht, wonach die Genehmigung einer Bestandesübertragung durch die Aufsichtsbehörde die privatrechtlich erforderliche Zustimmung der einzelnen Versicherungsnehmer nicht zu ersetzen vermag; siehe Bruck, Priv. Vers. R, S. 121.

selbst gegen den Willen der betroffenen Gesellschaft und ohne daß eine Zustimmung der Versicherungsnehmer erforderlich wäre. Für die Lebensversicherungsgesellschaften ist der Gesetzgeber noch einen Schritt weiter gegangen: reicht der Sicherungsfonds oder die Kaution zu einer Übertragung
des Bestandes nicht aus, so kann die Aufsichtsbehörde, um eine solche zu
ermöglichen, die Bedingungen der Versicherungsverträge ändern oder
die Versicherungsansprüche bis zu einem den vorhandenen Mitteln
entsprechenden Betrag herabsetzen (Art. 29 und 39 Sicherstellungsgesetz). Dies ist ein gestützt auf öffentlichrechtliche Normen erfolgender, sehr
weitgehender Eingriff in das private Vertragsrecht. In diesem Vorrang der
Interessen der Gesamtheit der Versicherungsnehmer ist ein charakteristischer
Wesenszug der Versicherungsvertragsverhältnisse zu erblicken.

Viertes Kapitel

Versicherte Gefahr

Der Gefahr kommt im Versicherungsverhältnis eine überragende Bedeutung zu. Dieses typische Element ist vorerst auf seine begrifflichen Merkmale und die Art und Weise seiner Festlegung hin zu untersuchen. Wichtig ist alsdann die Beantwortung der Frage, in welchem Umfange der Versicherer die Gefahr zu tragen hat. Von der abstrakten Gefahr als solcher zu unterscheiden sind die konkreten Gefahrtatsachen, aus denen die Gefahr resultiert und die es daher zu erfassen gilt. Veränderungen dieser Tatsachen können zu einer das Vertragsverhältnis beeinflussenden Gefahrerhöhung oder Gefahrverminderung führen.

§ 78. Begriff und Festsetzung der Gefahr

Literatur

F. Fick, Der Begriff der Feuerversicherung, Zürich 1918; W. Kisch, Handbuch, Bd. 2: Die Lehre von der Versicherungsgefahr, München/Berlin/Leipzig 1920; E. Matter, Der Umfang der Gefahr in der Seeversicherung von Gütern nach schweizerischem Recht, Abh. schweiz. R, Heft 97, Bern 1923; K. Schoch, Der Unfallbegriff in der privaten Einzelunfallversicherung, Zürich 1930; R. Lutz, Zur Umschreibung der versicherten Gefahr durch Gesetz und Vereinbarung, Zürich 1932; D. Berthoud, L'assurance des marchandises contre les risques de transport, Neuchâtel 1942; W. Koenig, Der Unfallbegriff in den schweizerischen Unfallversicherungsbedingungen, Schweiz. Vers. Z 1943, S. 353 f.; H. R. Suter, Die allgemeinen Bedingungen der Einbruchdiebstahlversicherung, Bern 1944; A. Geiser, Die Begrenzung des Risikos in der Haftpflichtversicherung, Bern 1946; M. Hoffmann, Die Vertragshaftung als Gegenstand der Haftpflichtversicherung, Aarau 1945; A. Hasler, Wegfall der Gefahr im Versicherungsvertrag, Zürich 1950; P. Hainard, Der rechtlich zulässige Inhalt des Versicherungsvertrages, Zürcher Beiträge, Heft 205, Aarau 1957.

Zunächst gilt es, die versicherungsrechtliche Gefahr begrifflich zu bestimmen, worauf die Bedeutung ihrer Festlegung für das Vertragsverhältnis dar-

zutun ist. Schließlich sei einigen der wichtigsten, in der Versicherungspraxis üblichen Umschreibungen der versicherten Gefahr nachgegangen.

I. Gefahrenbegriff

Der Versicherungsnehmer, welcher einen Versicherungsvertrag abschließt,
will sich dadurch gegen die Möglichkeit des Eintritts eines befürchteten Ereignisses schützen. Von dieser Gefahr sind sowohl der im Eintritt des Ereignisses bestehende Versicherungsfall wie die dem Versicherer daraus erwachsende und seine Leistungspflicht begründende Haftung auseinanderzuhalten.
Demgegenüber ist unter dem versicherungsrechtlichen Begriff der Gefahr
die v o r dem Versicherungsfall erst drohende abstrakte Gefahr zu verstehen.
Sie bildet den Kern des Versicherungsvertrages und setzt sich zusammen aus
der Möglichkeit eines Ereignisses und der Befürchtung einer damit verbundenen Schädigung. Diese beiden Komponenten sind näher zu betrachten.

1. Die für den Versicherungsvertrag wesentliche M ö g l i c h k e i t   d e s   E r -
e i g n i s s e s steht im Gegensatz einerseits zur Unmöglichkeit und anderseits
zur Notwendigkeit. Gegen ein unmögliches Ereignis läßt sich keine Versicherung abschließen, wie auch nach Art. 20 OR ein Vertrag, der einen
unmöglichen Inhalt hat, nichtig ist. Ebenso liegt aber auch ein in jeder Beziehung notwendiges Ereignis jenseits der Grenzen der Versicherung. Die
Möglichkeit kann allerdings graduell verschieden, das heißt größer oder geringer, sein. Ihre Größenordnung läßt sich abstufen und kommt in der
W a h r s c h e i n l i c h k e i t des Ereignisses zum Ausdruck. Deren Grad kann
gestützt auf statistische Erfahrungen ermittelt und bei der Prämienbemessung versicherungstechnisch berücksichtigt werden. Bei der rechtlichen Ausgestaltung des Versicherungsvertrages tritt die Möglichkeit des Ereignisses
in zwei mit ihr verbundenen Merkmalen auf: es muß sich einmal um ein
zukünftiges und sodann um ein ungewisses Ereignis handeln.

a) Die Versicherung deckt grundsätzlich nur z u k ü n f t i g e , nicht bereits
eingetretene Ereignisse. Sie ist Vorwärts-, nicht Rückwärtsversicherung; die
Zukunft, nicht die Vergangenheit ist ihre Domäne. In diesem Sinne bestimmt
Art. 9 VVG, der Versicherungsvertrag sei n i c h t i g , wenn im Zeitpunkt des
Abschlusses der Versicherung die Gefahr bereits weggefallen oder das be-
fürchtete Ereignis schon eingetreten war. Dabei kommt es darauf an, ob das
Ereignis objektiv betrachtet in der Zukunft oder in der Vergangenheit liegt.
Bezieht sich der Mangel nicht auf die ganze Gefahr, so ist mangels spezial-

rechtlicher Bestimmung nach Art. 20 Abs. 2 OR zu beurteilen, ob der Vertrag gänzlich oder nur teilweise nichtig sei[1].

Eine Ausnahme hat Art. 10 VVG positivrechtlich für die Transportversicherung gemacht und ferner für die Feuerversicherung hinsichtlich solcher Gegenstände, die im Ausland gelegen sind. In beiden Fällen ist es oft schwierig, zu wissen, ob eine Gefahr noch besteht oder nicht. Daher soll der Vertrag nur nichtig sein, wenn beide Parteien beim Vertragsabschluß wußten, daß die Gefahr bereits weggefallen oder das befürchtete Ereignis schon eingetreten war. Es wird also die subjektive Unkenntnis der Parteien berücksichtigt. Wußte nur die eine Partei davon, so wird ihr gutgläubiger Partner dadurch geschützt, daß er ein Rücktrittsrecht erhält. Hat beim Vertragsabschluß nur der Versicherer gewußt, daß die Gefahr bereits weggefallen war, so ist der Versicherungsnehmer an den Vertrag nicht gebunden; wußte dagegen nur letzterer, daß das befürchtete Ereignis bereits eingetreten war, so erhält umgekehrt der Versicherer ein Rücktrittsrecht (Art. 10 Abs. 2 und 3 VVG). Insoweit ist also hier die Rückwärtsversicherung zugelassen. Sie beruht aber auf Ausnahmebestimmungen, die nicht extensiv interpretiert werden dürfen. Zudem handelt es sich um absolut zwingendes und daher unabänderliches Recht (Art. 97 VVG)[2]. Keine Rückwärtsversicherung bildet die vorläufige Deckungszusage, die in der Gewährung sofortiger Deckung besteht, obschon sich die Parteien noch nicht über alle Vertragspunkte geeinigt haben. Auch sie vermag jedoch ihre Wirkungen nur im Rahmen von Art. 9 und 10 VVG zu entfalten.

b) Das befürchtete Ereignis muß nicht nur ein zukünftiges, sondern auch ein ungewisses sein. Dieses sich aus dem Wesen der Versicherung ergebende Merkmal der Ungewißheit grenzt die Versicherung ab gegenüber Rechtsverhältnissen, deren Verlauf keine Unsicherheit aufweist. Bei der Beurteilung dieses Momentes genügt eine bei den Vertragsparteien subjektiv bestehende Ungewißheit. Weiß nur die eine Partei von der Gewißheit, so ist die andere in analoger Anwendung von Art. 9 und 10 VVG als an den Vertrag nicht gebunden zu betrachten. Nicht abzustellen ist auf das Kausalitätsgesetz, wonach alles Geschehen seine Ursachen hat und in diesem Sinne objektiv notwendigerweise eintritt. Gerade weil den Menschen ein solches

---

[1] KELLER, Kommentar I, S. 175.
[2] Abweichend vom schweizerischen Recht hat das deutsche VVG § 2 die Rückwärtsversicherung grundsätzlich als zulässig erklärt, dagegen die Wirksamkeit des Vertrages eingeschränkt, wenn die eine oder andere Partei weiß, daß die Möglichkeit des Eintritts des Versicherungsfalles schon ausgeschlossen, resp. der Versicherungsfall schon eingetreten war.

Allwissen über den Zusammenhang der Dinge abgeht, macht sich das Bedürfnis nach Versicherung geltend. Es genügt jedoch eine Ungewißheit über den Zeitpunkt des Ereignisses, das heißt ein *dies certus an, incertus quando.* Daher kann auch der Todesfall, obschon er sicher einmal eintritt, als versichertes Ereignis bezeichnet werden, wie das in der Todesfallversicherung geschieht.

Die erforderliche Ungewißheit setzt n i c h t voraus, daß das Ereignis ein z u f ä l l i g e s ist. Im Rechtssinn zufällig sind nur Ereignisse, die der Mensch nicht verschuldet hat. Die Versicherung vermag auch gegen verschuldete Ereignisse Deckung zu gewähren, was regelmäßig bei der Haftpflichtversicherung der Fall ist. Die Zufälligkeit kann daher nicht als Merkmal der versicherten Gefahr bezeichnet werden[3]. Eine andere Frage ist, ob das Verschulden bei der Herbeiführung des Ereignisses die Leistung des Versicherers zu beeinflussen vermag, was Art. 14 VVG beantwortet hat.

2. Zur Möglichkeit des Ereignisses tritt für den versicherungsrechtlichen Gefahrbegriff die B e f ü r c h t u n g   e i n e r   S c h ä d i g u n g hinzu. Das VVG spricht denn auch immer wieder vom «befürchteten» Ereignis (z. B. Art. 14/15, 29, 32, 38/39, 48, 61 und Art. 66 VVG). Befürchtet wird dabei eine Schädigung des versicherten G e g e n s t a n d e s. Dieser kann in Sachen, Personen oder dem Vermögen bestehen. Der Umstand, daß sich das Gefahrereignis auf einen Gegenstand und dessen befürchtete Schädigung bezieht, macht die Eigenart der versicherungsrechtlichen Gefahr aus. Dadurch unterscheidet sich die Versicherung von Spiel und Wette, die zwar auch an ein *alea* anknüpfen, nämlich an den Eintritt oder Nichteintritt eines Ereignisses, jedoch ohne daß sich dieses mit der erwähnten Befürchtung verbindet. Worin die S c h ä d i g u n g besteht, hängt von der Art des Gegenstandes ab. Werden Sachen versichert, so ist es ein Sachschaden, in der Personenversicherung die körperliche Beeinträchtigung einer Person (Tod, Alter, Krankheit, Invalidität) und in der Vermögensversicherung die Schädigung eines Vermögens (z. B. durch Haftpflichtansprüche). Die Schädigung besteht also keineswegs immer in einem wirtschaftlichen Schaden. Ein solcher tritt zwar oft in der Folge der Schädigung des Gegenstandes auf, muß es aber nicht. Auch wenn das Ereignis einen wirtschaftlichen Schaden auslöst, ist dieser doch von jenem zu trennen. Zur Gefahr gehört nur die Möglichkeit der Schädigung eines

---

[3] KOENIG, Priv. Vers. R, S. 161; ebenso KELLER, Kommentar I, S. 15, entgegen ROELLI, Kommentar I, S. 376.

Gegenstandes und nicht auch ein allenfalls eintretender wirtschaftlicher Schaden[4].

II. Festlegung der versicherten Gefahr

Bei der Festsetzung der versicherten Gefahr fragt es sich, wo sie vorgenommen wird und welche rechtliche Bedeutung der Festlegung zukommt.

1. Nach schweizerischem Recht ist die Festsetzung der versicherten Gefahr grundsätzlich den V e r e i n b a r u n g e n der Parteien und damit der V e r t r a g s f r e i h e i t überlassen[5]. Bewußt wurde davon Umgang genommen, die versicherte Gefahr für die einzelnen Versicherungszweige gesetzlich festzulegen. Man wollte der Entstehung neuer und der Erweiterung alter Branchen keine Schranken setzen, um die Entwicklung nicht zu hemmen[6]. Wenn Fortschritte der Versicherungstechnik die Deckung von bisher als unversicherbar betrachteten Gefahren ermöglichen, so steht dem also rechtlich nichts entgegen[7].

Von diesem Gedankengang ist das positive Recht nur ganz vereinzelt abgewichen, wo ihm ausnahmsweise eine g e s e t z l i c h e und zwingende Regelung notwendig schien. Das geschah einmal für die Feuerversicherung durch Art. 63 Abs. 2 VVG, wonach als Feuerschaden auch derjenige Schaden anzusehen ist, der durch das Löschen des Feuers oder durch ein notwendiges Ausräumen eintritt. Ferner in der Haftpflichtversicherung, bei der sich die Deckung gewerblicher Betriebe gemäß Art. 59 VVG auch auf die Haftpflicht der Vertreter und Repräsentanten des Versicherungsnehmers erstreckt. Damit hat sich im schweizerischen Recht die gesetzliche Festlegung der Gefahr in einem engen Rahmen gehalten[8].

2. Die rechtliche Bedeutung der versicherten Gefahr ergibt sich daraus, daß sie ein w e s e n t l i c h e s Element jedes Versicherungsvertrages bildet.

---

[4] EHRENZWEIG (Vers. VertragsR, S. 500) hält im gleichen Sinne «Schadenereignis» und «Schadenfolgen» auseinander.

[5] Tribunal cantonal vaudois, 10. November 1921, SVA IV, Nr. 241; ObGer Zürich, 14. Januar 1930, SVA VI, Nr. 307; BGer, 13. Oktober 1932, SVA VII, Nr. 244.

[6] Botschaft des Bundesrates, S. 14.

[7] So ist es gelungen, durch die Schaffung eines Pools die früher als unversicherbar geltenden Elementargefahren in die Feuerversicherung einzuschließen.

[8] Das d e u t s c h e VVG ist dagegen weiter gegangen und hat den Umfang der Haftung für einzelne Versicherungszweige, wie die Feuer-, Hagel-, Tier-, Transport- und Haftpflichtversicherung, gesetzlich näher umschrieben (DVVG §§ 82/83, 108, 116, 129 und 149).

Fehlt es an einer Einigung über sie, so kommt der Vertrag überhaupt nicht zustande. Liegt zwar eine Willensübereinstimmung der Parteien darüber vor, besteht aber die zu versichernde Gefahr schon bei Abschluß des Vertrages nicht mehr, so ist der Vertrag gemäß Art. 9/10 VVG nichtig. Möglich ist aber auch ein nachträglicher Wegfall der Gefahr. Diese Situation ist gesetzlich nicht ausdrücklich geregelt worden. Die Ansichten über die damit verbundene Rechtsfolge gehen denn auch auseinander. Nach der einen Auffassung soll der Vertrag mit dem Hinfall der Gefahr *ipso jure* erlöschen[9]. In den häufigen Fällen, wo es zweifelhaft ist, ob eine Gefahr tatsächlich noch besteht oder nicht, wäre alsdann das Schicksal des Vertrages von einer argen Rechtsunsicherheit bedroht. Auch der Meinung, der Wegfall der Gefahr begründe ein Rücktrittsrecht des Versicherers wegen veränderter Umstände[10], kann nicht beigepflichtet werden. Nach allgemeinem Recht ist eine Berufung auf die *clausula rebus sic stantibus* keineswegs generell, sondern nur dann möglich, wenn ein Beharren auf dem Vertrag den Grundsatz des Handelns nach Treu und Glauben verletzen würde[11]. Nach Art. 23 VVG verschafft ein im Laufe der Versicherung erfolgender Wegfall von gefahrerhöhenden Umständen dem Versicherungsnehmer nur das Recht, für die künftigen Versicherungsperioden eine tarifgemäße Herabsetzung der Prämie zu verlangen. Daraus ist der Schluß zu ziehen, auch bei vollständigem Wegfall der Gefahr könne sich der Versicherungsnehmer bloß für die Zukunft vom Vertrag befreien und den Hinfall seiner Prämienzahlungspflicht begehren[12].

III. Einzelne Gefahrumschreibungen

Über die Art und Weise, wie die versicherte Gefahr umschrieben wird, besteht grundsätzlich Vertragsfreiheit. Meistens zählt die Police bestimmte Ereignisse auf, die als versichert gelten, zum Beispiel in der Feuerversicherung Brand, Blitzschlag und Explosion. Man spricht dann vom Prinzip der Spezialität der versicherten Gefahren. Im Gegensatz dazu steht es, wenn die gedeckten Gefahren nicht einzeln aufgezählt, sondern generell umschrieben werden, wie bei der Transportversicherung, die alle Gefahren deckt, die mit einem Transport verknüpft sind. Alsdann wird vom Prinzip der Univer-

---

9 BezGer Affoltern, 5. März 1959, SVA XI, Nr. 5.
10 So ROELLI, Kommentar I, S. 320.
11 In diesem Sinne auch KELLER, Kommentar I, S. 370/71.
12 KOENIG, Priv. Vers. R, S. 164.

salität der versicherten Gefahren gesprochen; regelmäßig ist sie allerdings keineswegs unbeschränkt, sondern durch gewisse Ausschlüsse begrenzt. Die versicherten Gefahren lassen sich auch indirekt bezeichnen, indem alle Schädigungen gedeckt werden, die am zu versichernden Gegenstand auftreten können, gleichgültig, welches ihre Ursache sei. So verhält es sich beispielsweise in der Glas- und der Maschinenversicherung, die alle Gefahren umfassen, die einen Glasbruch, bzw. einen Maschinenschaden nach sich ziehen, soweit nicht bestimmte Ausschlußtatbestände vorliegen. Oft wird bei der Bezeichnung der versicherten Gefahren auf Rechtsbegriffe abgestellt, wie den des Diebstahls, des Unfalls oder der Haftpflicht; doch bedürfen auch sie meistens einer näheren versicherungsrechtlichen Festlegung. Die zu deckende Gefahr muß eben immer positiv oder negativ so umgrenzt werden, daß sich die versicherten von den unversicherten Ereignissen leicht trennen lassen. Aus den mannigfachen Umschreibungen, wie sie die üblichen Versicherungsbedingungen zu enthalten pflegen, seien im folgenden einige besonders wichtige herausgegriffen, um an ihnen die dabei auftretenden rechtlichen Aspekte und Probleme aufzuzeigen.

1. Mit sehr einfachen Tatbeständen hat man es in der Lebensversicherung zu tun, wo der Todes- oder Erlebensfall als versichertes Ereignis bezeichnet wird. Der Tod wie das Erreichen eines bestimmten Alters lassen sich gestützt auf die Zivilstandsurkunden dartun und bereiten daher meistens keine Beweisschwierigkeiten. Doch bildet auch der Todesfall insofern einen Rechtsbegriff, als dem natürlichen Tod die Verschollenheit nach Art. 35f. ZGB gleichgestellt wird[13]. Juristisch umstritten ist die Versicherung auf festen Termin («terme fixe»), bei der die Versicherungssumme an einem bestimmten Termin zu bezahlen, die Prämie dagegen längstens bis zum Tode des Versicherungsnehmers zu entrichten ist. Sie bewegt sich zwar an der Grenze zwischen Versicherung und Spargeschäft, doch ist auch bei ihr als versichertes Ereignis der vorzeitige Tod des Versicherungsnehmers zu betrachten[14]; das ist rechtlich zum Beispiel für den damit einem Begünstigten anfallenden Versicherungsanspruch bedeutungsvoll[15].

2. In der Feuerversicherung ist es namentlich die Frage, was unter einem Brand zu verstehen sei, die zu einer näheren Umschreibung dieses Begriffes Anlaß gegeben hat. Wie die Doktrin richtig feststellte, fällt darunter nicht

---

[13] Dazu P. DARBELLAY, Déclaration d'absence et contrat d'assurance, Freiburg/Schweiz 1930.
[14] Ebenso BRUCK, Priv. Vers. R, S. 643 und EHRENZWEIG, Vers. VertragsR, S. 299.
[15] Dazu E. BOSSHARD, Die Lebensversicherung auf einen bestimmten Termin, Schweiz. Vers. Z 1943, S. 201 f.

alles, was naturwissenschaftlich einen Verbrennungsprozeß bildet; als Brand im versicherungsrechtlichen Sinne wird vielmehr nur ein Schadenfeuer verstanden, das die Fähigkeit hat, sich außerhalb seines Herdes aus eigener Kraft fortzuentwickeln[16]. Damit wurde der Brand abgegrenzt vom Nutzfeuer, das seinen ordnungsgemäßen Herd hat, wie gegenüber bloßen Sengschäden und Selbsterhitzungsvorgängen[17]. In gleicher Weise bedürfen auch die weiteren durch die Feuerversicherung gedeckten Gefahren, wie Explosion[18], Blitzschlag und Elementarschäden[19], einer rechtlichen Präzisierung der darunter fallenden Ereignisse.

3. Wird gegen die Gefahr von Diebstahl Deckung gewährt, so muß dieser Begriff ebenfalls näher umschrieben werden, damit klargestellt wird, was darunter fällt, ob zum Beispiel nur durch Einbruch qualifizierte Tatbestände oder auch gewöhnlicher Diebstahl (Fahrrad-, Reise- oder Dienstbotendiebstahl). Es wird, ebenso wie bei der Versicherung gegen Beraubung, Veruntreuung oder Unterschlagung, Deckung gegen strafbare Handlungen Dritter gewährt. Dabei werden aber in der Regel nicht die strafrechtlichen Begriffe als solche übernommen; vielmehr pflegen die AVB die gedeckten Gefahren durch spezifisch versicherungsrechtliche Tatbestände vertraglich festzulegen, wobei es nicht darauf ankommt, ob sie strafbar sind oder nicht[20].

4. Der im Mittelpunkt der Transportversicherung stehende Begriff des Transportes bildet an sich keine Gefahr, bezeichnet jedoch einen Zustand, in dem sich die versicherten Gegenstände befinden und der mit erhöhten Gefahren verbunden ist. Er umfaßt alle Gefahren, denen diese Gegenstände während ihrer Beförderung ausgesetzt sind[21]. Daher fallen nicht nur eigentliche See- oder Bahnunfälle darunter, sondern auch sonstige Schadenereignisse, wie Feuer, Diebstahl, Beschädigung und Abhandenkommen[22]. Angesichts dieser grundsätzlichen Universalität kommt den Ausschlüssen eine um so größere Bedeutung zu. So werden üblicherweise die sogenannten politischen und sozialen Risiken (Kriegsgefahr, Verfügungen von hoher Hand[23], Aufstand, Streik usw.) von der Deckung ausgenommen, aber auch Fehler

---

[16] Siehe dazu KOENIG, Priv. Vers. R, S. 336f.
[17] HGer Zürich, 6. März 1930, SVA VI, Nr. 150.
[18] Zum Begriff des Spreng- oder Explosivstoffes: BGer, 2. Juni 1933, SVA VII, Nr. 147.
[19] Zum Begriff des «Elementarschadens»: KGer Graubünden, 23. Juni 1950, SVA X, Nr. 40.
[20] Zu den Begriffen des Diebstahls und des Raubes: BGer, 24. März 1933, SVA VII, Nr. 150;
     BGer, 24. Mai 1973, AS 99 II, 1973, S. 85.
[21] Siehe dazu KOENIG, Priv. Vers. R, S. 359f.
[22] BGer, 30. Juni 1926, SVA V, Nr. 106 und 9. Dezember 1948, SVA X, Nr. 42.
[23] HGer Zürich, 6. Februar 1922, SVA V, Nr. 154; BGer, 7. März 1923, SVA V, Nr. 155.

des Versicherungsnehmers (mangelhafte Verpackung)[24], ferner Schäden, die auf inneren Verderb der Güter oder auf Witterungseinflüsse[25] zurückgehen. Auch der Zustand des Transportes muß so genau umschrieben werden, daß man weiß, wann er beginnt und endigt und ob das Aufladen und Abladen der Güter dazugehört[26].

5. Der für die Unfallversicherung maßgebende und wichtige Unfall-begriff ist gesetzlich ebenfalls nicht festgelegt worden[27]. Deshalb bleibt es den Vertragsparteien überlassen, im Rahmen der zwingenden Vorschriften des Gesetzes zu bestimmen, was unter Unfall gemeint sei. Das geschieht denn auch regelmäßig in den AVB, wobei sich in der Praxis ein in den Haupt-zügen ziemlich übereinstimmender Unfallbegriff entwickelt hat[28]. Nach den üblichen Definitionen wird unter Unfall eine Körperschädigung verstanden, die der Versicherte durch ein plötzlich und gewaltsam auf ihn einwirkendes äußeres Ereignis unfreiwillig erleidet[29]. Der Unfall wird dadurch als äußeres Geschehen abgegrenzt vom menschlichen Handeln als einem gewollten Akt und von Krankheiten als inneren Vorgängen im Menschen. Häufig versetzt sich zwar der Verunfallte mit Wissen und Willen in die Situation, die zum Unfall Anlaß gegeben hat (Bergtour, Autofahrt usw.), doch muß ein äußeres Geschehen hinzutreten, damit von einem Unfall gesprochen werden kann. Das ist auch der Fall bei sogenannten unkoordinierten Bewegungen, wo der Versicherte infolge Einwirkung eines äußeren Faktors, wie Ausgleiten, Stol-pern usw., reflektorisch eine Bewegung macht, die eine nachteilige Verände-rung der einzelnen Muskelgruppen oder sonstigen Körperteile zueinander herbeiführt[30]. Im übrigen hat nach der Unfalldefinition ein Unfall verschie-dene Merkmale aufzuweisen, mit denen sich die Gerichtspraxis häufig zu befassen gehabt hat:

– Einmal muß eine traumatische Verursachung vorliegen, das heißt eine Einwirkung von außen her auf den Körper[31]. Diese Äußerlichkeit bezieht

---

[24] HGer Zürich, 20. Mai 1921, SVA IV, Nr. 115.
[25] HGer Zürich, 7. Juli 1924, SVA V, Nr. 152.
[26] BGer, 24. Mai 1956, SVA XI, Nr. 39.
[27] Botschaft des Bundesrates, S. 18. Auch das deutsche VVG hat von einer gesetzlichen Definition des Unfallbegriffes abgesehen.
[28] Der in der Rechtsprechung des Eidgenössischen Versicherungsgerichts für die soziale Unfallversicherung verwendete Unfallbegriff weicht in einigen Punkten von dem in der Privatversicherung üblichen Begriff ab; siehe ObGer Zürich, 14. Januar 1930, SVA VI, Nr. 307 und ObGer Aargau, 9. Mai 1958, SVA XI, Nr. 94.
[29] Nähere Ausführungen dazu bei KOENIG, Priv. Vers. R, S. 450f.
[30] BGer, 25. März 1918, SVA IV, Nr. 238; ObGer Zürich, 1. Dezember 1926, SVA V, Nr. 145.
[31] Nach BGer, 1. Dezember 1938, SVA VIII, Nr. 126, ist das auch bei einem durch Schwindel verursachten Sturz anzunehmen.

sich aber nur auf das verursachende Geschehen und nicht auch auf die dadurch hervorgerufenen Schädigungen (innere Verletzungen, psychische Störungen usw.).

– Das Ereignis muß sodann plötzlich sein, womit Schädigungen, die aus oft wiederkehrenden Einwirkungen resultieren, wie aus kontinuierlicher Arbeit oder Betätigung, ausscheiden [32]. Die Plötzlichkeit bedingt, daß die Dauer der Einwirkung eine verhältnismäßig kurze sein muß. Doch sind auch Schädigungen infolge abnormen Temperatureinwirkungen (Erfrieren, Hitzschlag, Sonnenstich) als Unfälle anerkannt worden, wenn sie als eine sich innerhalb eines bestimmten, relativ kurzen Zeitraumes abwickelnde Wirkung äußerer Einflüsse aufgetreten sind [33].

– Das weitere Requisit der Gewaltsamkeit des Ereignisses soll bloße Infektionskrankheiten aus dem Unfallbegriff ausscheiden, da die Krankheitserreger zwar von außen, aber nicht gewaltsam in den Körper gelangen [34]. Aber auch dieses Erfordernis darf nicht überspannt werden. Die Gewalt braucht nicht eine mechanische zu sein (Sturz, Schlag, Stoß usw.); es genügen auch andere äußere Einwirkungen, wie elektrische, chemische, thermische oder psychische (Schreck) [35].

– In der Unfalldefinition erscheint schließlich noch das Merkmal der Unfreiwilligkeit des Ereignisses. Somit wird hiefür der Anspruchsberechtigte gemäß Art. 8 ZGB – wie für die anderen Merkmale – grundsätzlich beweispflichtig [36]. Da aber der negative Beweis einer nicht absichtlichen Herbeiführung des Ereignisses naturgemäß oft recht schwierig ist, sind an ihn nach der Gerichtspraxis nicht zu strenge Anforderungen zu stellen. Bei Beweisschwierigkeiten darf der Richter den Vorgang als so erfolgt annehmen, wie es nach den Erfahrungen des Lebens am wahrscheinlichsten erscheint. Liegen keine Anhaltspunkte für eine absichtliche Herbeiführung vor, so kann daher die Unfreiwilligkeit des Ereignisses als gegeben betrachtet werden [37].

---

[32] ObGer Aargau, 9. Mai 1958, SVA XI, Nr. 94; Tribunal cantonal vaudois, 10. März 1961, SVA XII, Nr. 94.

[33] BGer, 3. Juni 1893, SVA I, Nr. 329; BGer, 18. Mai 1898, SVA I, Nr. 331; ObGer Zürich, 31. Mai 1913, SVA III, Nr. 211.

[34] Tribunal cantonal vaudois, 10. November 1921, SVA IV, Nr. 241.

[35] AmtsGer Solothurn-Lebern, 11. Dezember 1919, SVA IV, Nr. 279; BezGer Zürich, 27. März 1929, SVA VI, Nr. 308.

[36] Cour de justice Genève, 14. Februar 1947, SVA X, Nr. 15; ObGer Luzern, 2. Juli 1947, SVA X, Nr. 16; Cour d'appel Fribourg, 18. März 1957, SVA XI, Nr. 95; ObGer Aargau, 9. Mai 1958, SVA XI, Nr. 94; ObGer Zürich, 14. Januar 1960, SVA XII, Nr. 93.

[37] BGer, 18. Mai 1920, SVA IV, Nr. 239; 19. Januar 1921, SVA IV, Nr. 240; 22. Januar 1925, SVA V, Nr. 327; 9. Juli 1925, SVA V, Nr. 328; 5. Mai 1926, SVA V, Nr. 329 und 24. Juni 1926, SVA V, Nr. 330.

Die Frage der Beweislastverteilung ist namentlich dann von Bedeutung, wenn es zweifelhaft ist, ob Unfall oder Selbstmord bzw. Selbstverstümmelung vorliegt. Zwar spricht der menschliche Selbsterhaltungstrieb gegen die Annahme eines Selbstmordes. Trotzdem bleibt – da ein Unfall nicht vermutet werden darf – dem Anspruchsberechtigten grundsätzlich die Beweislast dafür, daß keine Anhaltspunkte für Selbstmord sprechen und die Annahme eines Unfalles den Umständen nach am wahrscheinlichsten ist [38]. Der Nachweis der Unfreiwilligkeit ist dagegen erbracht, wenn Selbsttötung im Zustande der Unzurechnungsfähigkeit dargetan wird [39].

Die AVB der Unfallversicherung enthalten zudem oft E i n - o d e r A u s - s c h l ü s s e , welche die Haftung des Versicherers der generellen Unfalldefinition gegenüber erweitern oder einschränken oder zur Beseitigung von Zweifeln in Grenzfällen dienen. Absolut ausgeschlossen werden etwa Unfälle bei bestimmten gefährlichen Handlungen, wie Duell, Beteiligung an Schlägereien und Raufhändeln [40] sowie im Zustande offenbarer Trunkenheit [41]. Andere Gefahren gelten nur auf Grund besonderer Vereinbarung (gegen Zuschlagsprämie) als versichert, so insbesondere gewisse Sportgefahren, wie Unfälle beim Ski- und Bobsleighfahren, Schwingen, Ringen oder Boxen. Das gleiche gilt für Hochgebirgs- und Gletschertouren, während Bergwanderungen, bei welchen gebahnte Wege benutzt werden oder das begangene Gelände auch für Ungeübte leicht gangbar ist, meistens gedeckt sind [42]. Grenzfälle treten oft auf bei Folgen von Schwindel- oder Ohnmachtsanfällen [43], ferner beim Ertrinken, das daher häufig nur als versichert erklärt wird, soweit es als Folge eines Unfalles auftritt [44].

---

[38] AppGer Basel-Stadt, 4. Februar 1949, SVA X, Nr. 80; BezGer Horgen, 7. Juli 1953, SVA XI, Nr. 91.

[39] BGer, 10. Juli 1930, SVA VI, Nr. 312.

[40] Zum Begriff der «Rauferei»: ObGer Luzern, 3. Oktober 1951, SVA X, Nr. 34; Cour de justice Genève, 10. Juni 1958, SVA XI, Nr. 30.

[41] Zum Begriff der «offenbaren Trunkenheit»: ObGer Zürich, 15. Dezember 1926, SVA V, Nr. 148; BGer, 4. Oktober 1929, SVA VI, Nr. 99 und 26. September 1930, SVA VI, Nr. 100; BGer, 21. Januar 1938, SVA VIII, Nr. 122 und 30. März 1939, SVA VIII, Nr. 123; BezGer Arlesheim, 4. Oktober 1955, SVA XI, Nr. 32; AppHof Bern, 8. Oktober 1957, SVA XI, Nr. 33; Tribunal cantonal Neuchâtel, 3. Juni 1958, SVA XI, Nr. 34.

[42] Zum Begriff des «gebahnten Weges»: AmtsGer Luzern-Stadt, 11. September 1945, SVA IX, Nr. 61; BGer, 25. November 1948, SVA X, Nr. 33.

[43] Zu den Begriffen «Ohnmacht» und «Schwindel»: BGer, 29. September 1932, SVA VII, Nr. 58; BGer, 21. Oktober 1937, SVA VIII, Nr. 129 und 1. Dezember 1938, SVA VIII, Nr. 126; BGer, 19. Dezember 1940, SVA IX, Nr. 60.

[44] Zur Frage, ob «Ertrinken» einen Unfall bilde: BGer, 5. Oktober 1907, SVA II, Nr. 117; Cour de justice Genève, 17. Oktober 1924, SVA V, Nr. 322; ObGer Luzern, 9. Juli 1926, SVA V, Nr. 352.

6. Auch der Begriff der Haftpflicht hat eine auf die Bedürfnisse der Haftpflichtversicherung ausgerichtete vertragsrechtliche Ausprägung erfahren[45]. Die Haftpflicht ist zwar eine sich aus dem allgemeinen Recht ergebende Erscheinung, doch bleibt es für den Versicherungsvertrag Sache der Parteien, zu bestimmen, auf welche Haftpflichtverbindlichkeiten sich die Versicherung erstrecken soll. In den üblichen AVB wird die Deckung meistens so umschrieben, daß es sich um zivilrechtliche Ansprüche aus gesetzlicher Haftpflicht handeln muß. Die Beschränkung auf zivilrechtliche Ansprüche läßt strafrechtliche Leistungen, wie Geldstrafen, Bußen sowie Gerichts- und Anwaltskosten eines Strafprozesses, aus dem Versicherungsschutz herausfallen[46]. Dagegen werden nicht nur Ansprüche auf Schadenersatz, sondern auch solche auf Genugtuung und auf Ersatz der Kosten im Zivilpunkt als zivilrechtliche Ansprüche im Sinne der Haftpflichtversicherung betrachtet[47]. Zu den Ansprüchen aus gesetzlicher Haftpflicht gehören einmal diejenigen aus den Verursachungs- oder Kausalhaftungen nach den Spezialhaftpflichtgesetzen über die Eisenbahn-, Dampfschiffahrtsunternehmungen und die Post, über Fabriken und andere gefährliche Betriebe sowie über elektrische Stark- und Schwachstromanlagen, alles Haftungen, mit deren Deckung seinerzeit die Haftpflichtversicherung begonnen hat. Versichert werden aber auch die ein Verschulden voraussetzenden Ansprüche aus unerlaubter Handlung nach Art. 41 f. OR, einschließlich die gemäß Art. 55, 56 und 58 OR für den Geschäftsherrn, den Tierhalter und den Werkeigentümer bestehenden Haftungen ohne Verschulden. Die Deckung erfaßt ferner auch Regreßansprüche, wie die aus Art. 72 VVG oder Art. 100 KUVG und aus Spezialgesetzen resultierenden Regresse[48]. Ebenso werden gesetzliche Haftungen aus Bestimmungen des ZGB, wie diejenige des Familienhauptes (Art. 333 ZGB), des Vormundes, der vormundschaftlichen Organe (Art. 426 f. ZGB) und des Grundeigentümers (Art. 679 ZGB), versichert. In neuerer Zeit ist mit der Motorfahrzeug-Haftpflichtversicherung noch ein weiteres, praktisch sehr wichtiges Gebiet hinzugekommen.

Aus der Haftpflichtversicherung fallen dagegen im allgemeinen heraus die Ansprüche, die nicht auf gesetzlicher, sondern auf vertraglicher Haftung beruhen. So vor allem Schadenersatzansprüche aus Art. 97 f. OR wegen

---

[45] EHRENZWEIG, Vers. VertragsR, S. 690, bezeichnet das Wort Haftpflicht als einen «unglücklichen Ausdruck».

[46] Cour de justice Genève, 11. Mai 1917, SVA IV, Nr. 130.

[47] ObGer Zürich, 1. Juni 1929, SVA VI, Nr. 138; Cour de justice Genève, 24. Januar 1930, SVA VI, Nr. 276; Tribunal cantonal vaudois, 30. November 1948, SVA X, Nr. 57; BezGer Zürich, 10. September 1958, SVA XI, Nr. 64.

[48] BGer, 28. November 1918, SVA IV, Nr. 214.

Nichterfüllung von Verträgen, aber auch Ansprüche, die auf einer besonderen, die gesetzliche Haftung erweiternden Vereinbarung beruhen[49]. Immerhin werden in der Regel Haftungen, die sich zwar nur auf Grund von Vertragsverhältnissen ergeben können, die aber gesetzlich festgelegt sind, in die Deckung einbezogen; das ist zum Beispiel der Fall für Ansprüche aus Art. 328 OR wegen ungenügender Schutzmaßregeln des Arbeitgebers[50] oder bei der in Art. 487f. OR niedergelegten Haftung des Gast- oder Stallwirtes. Überdies steht nichts entgegen, weitergehend auch reine Vertragshaftungen aus fehlerhafter Erfüllung von Verträgen durch Haftpflichtversicherung abzudecken. Das hat in neuerer Zeit Eingang gefunden, um sich gegenüber Vertragsverbindlichkeiten aus beruflicher, gewerblicher oder industrieller Tätigkeit (Produktehaftpflicht) versicherungsmäßig zu entlasten.

Die allgemeine Umschreibung der gedeckten Haftpflicht kann gemäß Vertragsfreiheit durch vereinbarte Beschränkungen der Deckung eingegrenzt werden. Regelmäßig wird der Versicherungsschutz dem Versicherungsnehmer nur in bestimmten E i g e n s c h a f t e n gewährt, zum Beispiel als Privatmann, Dienstherr, Sporttreibender (Jäger, Radfahrer, Bootsbesitzer), Halter eines Motorfahrzeuges oder Tieres, Eigentümer eines Gebäudes, als Berufsausübender (Ärzte, Tierärzte, Apotheker, Drogisten usw.) oder als Inhaber von industriellen, gewerblichen, landwirtschaftlichen oder kaufmännischen Betrieben, von Hotels, Restaurants, Theatern, Kinos usw. Die Frage, in welcher Eigenschaft ein Versicherungsnehmer sich haftpflichtig gemacht hat, ist im Einzelfall oft nicht leicht zu entscheiden; es muß dabei den Bedürfnissen des Lebens und dem Zweck der Versicherung Rechnung getragen werden[51]. Eine weitere Einschränkung des Versicherungsschutzes ergibt sich aus der V e r w a n d t e n a u s s c h l u ß k l a u s e l, durch welche die Ansprüche bestimmter naher Familienangehöriger (Ehegatten, Eltern, Großeltern, Kinder, Enkel und Geschwister) mit Rücksicht auf die Kollusionsgefahr, die aus der starken Interessengemeinschaft erwachsen kann, beseitigt werden soll. Ferner ist es üblich, durch die sogenannte O b h u t s k l a u s e l Haftpflichtansprüche aus Schäden an Sachen auszuschließen, die der Versicherungsnehmer, seine Familienangehörigen oder sein Personal gebrauchen, verwahren oder bearbeiten[52]. Grundsätzlich schützt die Haftpflichtversicherung den Versiche-

---

[49] Ist aber ein Schadenersatzanspruch sowohl aus unerlaubter Handlung wie aus Vertrag begründet, so hindert das die Ersatzpflicht des Haftpflichtversicherers nicht; so zutreffend BGer, 28. November 1918, SVA IV, Nr. 214.
[50] BezGer Zurzach, 1. Oktober 1919, SVA IV, Nr. 213.
[51] ObGer Luzern, 23. September 1931, SVA VII, Nr. 140.
[52] Dazu BezGer Lenzburg, 24. Mai 1956, SVA XI, Nr. 27.

rungsnehmer nur gegen Ansprüche, die an ihn gestellt werden. In gesetzlicher
Erweiterung davon erstreckt sich jedoch nach Art. 59 VVG eine Versicherung gegen die Folgen der mit einem gewerblichen Betriebe verbundenen
gesetzlichen Haftpflicht auch auf diejenige der Repräsentanten, das heißt
der Vertreter und der mit der Leitung oder Beaufsichtigung des Betriebes
betrauten Personen. Diese nach Art. 98 VVG zwingende Ausdehnung des
Versicherungsschutzes[53] bringt eine begrüßenswerte Vereinfachung der
Rechtslage, da es bei Eintritt eines Haftpflichtfalles oft ungewiß oder zweifelhaft ist, ob sich der Ersatzanspruch gegen den Betriebsinhaber oder gegen
einen seiner im Betrieb tätigen Repräsentanten richtet. Die Beschränkung auf
die Versicherung der Haftpflicht gewerblicher Betriebe erscheint aber als zu
eng gefaßt. Es ist nicht einzusehen, warum ihr nicht auch die Haftpflicht landwirtschaftlicher, industrieller oder kaufmännischer Betriebe sowie die Berufs-
haftpflicht von Anwalts- oder Notariatsbüros und dergleichen gleichgestellt
werden soll[54].

§ 79. Gefahrumfang

Literatur

F. Fick, Die bei der Auslegung des Versicherungsvertragsrechts maßgebenden
Grundsätze, Zürich 1917; E. Prölss, Über die Auslegung allgemeiner Versiche-
rungsbedingungen, ZVers. Wiss. 1935, S. 218f.; E. Stiefel, Die Auslegung von
Fachausdrücken in Versicherungspolicen, SJZ 1938, S. 289f.; H. Naef, Über die
Auslegung des Versicherungsvertrages, Zürcher Beiträge, Heft 168, Aarau 1950;
H. Gaugler, *In dubio contra assecuratorem?*, Über die rechtliche Zulässigkeit, die
Unklarheitenregel bei der Auslegung von AVB anzuwenden, Schweiz. Vers. Z
1955, S. 1f., 33f. und 80f.; M. Keller, Die Auslegung des Versicherungsvertrages
nach schweizerischem Recht, ZVers. Wiss. 1963, S. 45f.; P. Baumberger, Der Aus-
schluß politischer und sozialer Risiken im Versicherungsvertrag, Zürcher Beiträge,
Heft 290, Zürich 1968.

Der Umfang der versicherten Gefahr bestimmt sich grundsätzlich auf
Grund der vertraglich getroffenen Vereinbarungen. Er ist jedoch positivrechtlich durch gesetzliche Sondernormen beeinflußt worden. Diese stellen

---

[53] Die zwingende Natur von Art. 59 VVG wurde offenbar übersehen im Entscheid des
BGer vom 18. November 1937, SVA VIII, Nr. 137.
[54] Ebenso Jaeger, Kommentar II, S. 296/97.

insbesondere an Ausschlußklauseln gewisse Anforderungen und sind dadurch auch für deren Auslegung von Bedeutung.

I. Ausschlußklauseln

Nach Art. 33 VVG haftet der Versicherer für alle Ereignisse, welche die Merkmale der Gefahr, gegen deren Folgen Versicherung genommen wurde, an sich tragen. Die Bedeutung dieser an sich selbstverständlich scheinenden Vorschrift liegt darin, daß der Versicherer im Zweifel für alle Ereignisse haftet, die mit der versicherten Gefahr zusammenhängen. Gemäß Vertragsfreiheit besteht jedoch die Möglichkeit, den Haftungsumfang durch entsprechende Vereinbarungen wieder einzuschränken. Solche Ausschlußklauseln sind zulässig, müssen aber nach positivem Recht gewissen Anforderungen entsprechen.

Einmal muß sich der Ausschluß nach Art. 33 VVG auf einzelne Ereignisse beziehen. Generell gefaßte Klauseln, wie zum Beispiel der Ausschluß gefahrvoller Handlungen oder der Übertretung von Gesetzen oder Vorschriften, sind daher als nicht gültig zu betrachten[1]. Dagegen ginge es zu weit, wenn man verlangen wollte, die nicht gedachten Ereignisse seien jeweilen abschließend aufzuzählen. Es ist vielmehr auch der Ausschluß ganzer Kategorien von Ereignissen als zulässig zu erachten, sofern diese in bestimmter und klarer Weise umschrieben werden[2]. Kontrovers war insbesondere, ob der Ausschluß von «Wagnissen» als hinreichend anerkannt werden müsse. Entgegen der Ansicht des Bundesgerichts kann ihm jedoch die nötige Bestimmtheit nicht abgesprochen werden. Der Bundesgesetzgeber selber hat bei der Regelung der sozialen Unfallversicherung diesen Ausdruck verwendet und den Ausschluß der Wagnisse aus der Nichtbetriebsunfallversicherung als zulässig erklärt (Art. 67 Abs. 3 KUVG). Es wäre daher nicht verständlich, ihn in der Privatversicherung als unwirksam zu bezeichnen. Dem hat sich nunmehr auch das Bundesgericht angeschlossen[3]. Doch wird zu einem Wagnis gefordert, daß der Verunfallte sich wissentlich einer besonders großen Gefahr ausgesetzt hat[4], womit die Kategorie der Wagnisse hinreichend umschrieben worden ist.

---

[1] ObGer Zürich, 31. August 1927, SVA VI, Nr. 90.
[2] BGer, 16. Dezember 1932, SVA VII, Nr. 121.
[3] BGer, 8. Juni 1959, SVA XI, Nr. 36.
[4] AmtsGer Luzern-Land, 22. März 1929, SVA VI, Nr. 95; KGer Schwyz, 24. Juni 1929, SVA VI, Nr. 94; BezGer Zürich, 4. Mai 1932, SVA VII, Nr. 120.

Das VVG hat weiter das Erfordernis aufgestellt, ein Ausschluß müsse in bestimmter, unzweideutiger Fassung erfolgen. Unbestimmte, unklare, zweideutige oder widerspruchsvolle Klauseln vermögen demnach keinen Ausschluß zu bewirken. Diese Vorschrift hat für die Auslegung versicherungsvertraglicher Bestimmungen eine große Bedeutung erlangt.

II. Unklarheitenregel

Bei der Auslegung vertraglicher Klauseln ist nach den allgemeinen Interpretationsregeln der Wille der Vertragsparteien zu erforschen, wobei vom Wortlaut auszugehen ist, dieser jedoch in den sinngemäßen Zusammenhang des ganzen Vertrages gestellt werden muß. Da beim Versicherungsvertrag die AVB regelmäßig vom Versicherer aufgestellt und abgefaßt werden, hat er sie nach der Vertrauenstheorie sich gegenüber so gelten zu lassen, wie der Versicherungsnehmer sie nach Treu und Glauben verstehen durfte[5]. Dieser Gedankengang kommt auch in der sogenannten Unklarheitenregel zum Ausdruck. Nach ihr sind unbestimmt oder zweideutig gefaßte und daher mißverständliche Ausschlußklauseln der Versicherungsverträge in dem für den Versicherungsnehmer günstigeren Sinne auszulegen. Diese dem römischrechtlichen «in dubio contra stipulatorem» entsprechende Regel ist denn auch in der Rechtsprechung der Gerichte immer wieder zur Anwendung gebracht worden[6]. Werden medizinische, technische, juristische oder sonstige Fachausdrücke verwendet, so sind nicht die damit in Kreisen der Wissenschaft verbundenen Vorstellungen maßgebend; vielmehr ist auf den gewöhnlichen Wortsinn, den landläufigen und unter Laien üblichen Sprachgebrauch abzustellen[7]. Der Versicherer, welcher unklare Ausdrücke oder Klauseln verwendet, soll die Folgen dieser mißverständlichen Fassung tragen: *in dubio*

---

[5] BGer, 11. Februar 1971, AS 97 II, 1971, S. 72.

[6] Aus der Fülle kasuistischer Entscheide seien herausgegriffen: Cour de justice Genève, 31. Oktober 1924, SVA V, Nr. 351; ObGer Luzern, 12. Februar 1926, SVA V, Nr. 150; Tribunal cantonal vaudois, 15. Juni 1935, SVA VIII, Nr. 131; BGer, 1. Dezember 1938, SVA VIII, Nr. 126 und 31. Januar 1946, SVA IX, Nr. 69; Cour d'appel Fribourg, 8. Juli 1957, SVA XI, Nr. 28; BGer, 28. Oktober 1965, SVA XII, Nr. 40.

[7] BGer, 25. März 1918, SVA IV, Nr. 238; ObGer Zürich, 6. November 1926, SVA V, Nr. 59; BGer, 19. Oktober 1928, SVA VI, Nr. 322; ObGer Aargau, 8. Juli 1936, SVA VIII, Nr. 310; AppHof Bern, 3. Juli 1941, SVA IX, Nr. 65; Tribunal cantonal vaudois, 21. Januar 1942, SVA IX, Nr. 66; ObGer Luzern, 15. Dezember 1949, SVA X, Nr. 32 und 3. Oktober 1951, SVA X, Nr. 34; BGer, 24. Mai 1956, SVA XI, Nr. 39; Tribunal cantonal vaudois, 4. Januar 1957, SVA XI, Nr. 38.

contra assecuratorem. Dies ist aber nur dann gerechtfertigt, wenn über den Sinn oder die Tragweite einer Bestimmung trotz Heranziehung aller Regeln der Lehre von der Vertragsinterpretation ein Zweifel zurückbleibt. Erst dann steht man vor einem *dubium,* das dem Versicherer zur Last gelegt werden darf[8]. Die Tendenz einzelner Gerichte, bei jedem Zweifel, zu dem eine Vertragsbestimmung über den Gefahrsumfang Anlaß gibt, zugunsten des Versicherungsnehmers als der wirtschaftlich schwächeren Vertragspartei zu entscheiden, findet in Art. 33 VVG keine Stütze.

§ 80. Gefahrtatsachen

Literatur

J. RYNERT, Über die Anzeigepflicht des Versicherungsnehmers beim Abschlusse des Versicherungsvertrages nach Binnenversicherungsrecht, Zürich 1908; E. KOCH, Die Anzeigepflicht, eine rechtsvergleichende Untersuchung, Z Vers. Wiss. 1927, S. 201 f.; W. KOENIG, Fragen des Versicherers beim Abschluß von Versicherungsverträgen, S JZ 1930, S. 157 f. und 179 f.; P. MATHEY, Die Anzeigepflicht beim Abschlusse des Versicherungsvertrages nach dem schweizerischen VVG, Zürich 1945; H. KRENGER, Die Gefahrstatsachen im schweizerischen Privatversicherungsrecht, Abh. schweiz. R, Heft 323, Bern 1957; P. PÉTERMANN, La réticence en droit suisse des assurances, Schweiz. Vers. Z 1964, S. 193 f. und 239 f.

Von der Gefahr als abstrakter Möglichkeit des Eintritts eines befürchteten Ereignisses müssen die konkreten Gefahrtatsachen auseinandergehalten werden. Es sind hier die Fragen zu beantworten, welches ihr Begriff und ihre Bedeutung ist, wie sie rechtlich erfaßt werden und welche Rechtsnatur ihrer Deklaration zukommt.

I. Begriff und Bedeutung

Unter den Gefahrtatsachen versteht man konkrete Umstände, die im Einzelfall wirksam werden können, sofern sie nach der versicherungstechnischen Würdigung des Versicherers für den Vertragsabschluß von Bedeutung sind.

---

[8] BGer, 18. Dezember 1924, SVA V, Nr. 208; AppHof Bern, 22. Januar 1925, SVA V, Nr. 162; ObGer Solothurn, 30. April 1940, SVA IX, Nr. 67.

1. Die konkreten Umstände können objektive, aus der Natur oder Beschaffenheit des zu versichernden Gegenstandes hervorgehende Tatsachen sein (z.B. Lage, Aufbewahrung, Beschaffenheit, Material oder Bauart von Sachen, Alter, Beruf, Gesundheit von Personen) oder subjektive Umstände, die mit dem individuellen Verhalten des Versicherungsnehmers, seinem Charakter, seiner Veranlagung, seinen Lebensgewohnheiten usw. zusammenhängen. Die letzteren bilden das sogenannte «subjektive Risiko», das naturgemäß schwieriger zu erfassen ist, über das aber doch zum Beispiel frühere Schadenfälle, abgelehnte Versicherungsanträge oder anderweitig bestehende Versicherungen Aufschluß zu geben vermögen[1]. Weiter unterscheidet man unwandelbare Tatsachen, die ein für allemal feststehen, wie das Geburtsjahr, durchgemachte Krankheiten oder erlittene Unfälle einer Person oder andere in der Vergangenheit liegende Umstände[2], und wandelbare Tatsachen, die sich ändern können, wie Beruf und Gesundheit des Versicherten, Standort einer Sache, Sicherheitseinrichtungen usw.[3]. Diese Unterscheidung ist insofern rechtlich von Bedeutung, als bei den wandelbaren Tatsachen ihre Veränderung oder ihr Wegfall im Laufe der Vertragsdauer möglich ist. Allgemein gehören zu den Gefahrstatsachen alle Umstände, die irgendwie das Auftreten, den Ablauf oder die Intensität des befürchteten Ereignisses zu beeinflussen vermögen[4]. Ihre Wirksamkeit ist sehr verschiedenartig, und sie sind in einer geradezu unübersehbaren Anzahl und Fülle vorhanden. Die Problematik der Gefahrtatsachen liegt denn auch darin, daß kein Mensch die Kausalität eines Umstandes oder Geschehens nach allen Richtungen hin restlos zu überblicken imstande ist.

2. Die Kenntnis der konkreten Gefahrtatsachen ist für den Versicherer wichtig, da sie möglicherweise seinen Entschluß beeinflussen kann, ob und zu welchen Prämien er einen Vertrag abschließen will. Daher bleibt die versicherungstechnische Würdigung der Gefahrtatsachen grundsätzlich dem Versicherer überlassen. Er kann die sich aus den Gefahrverhältnissen ergebenden Unterschiede bewußt ignorieren, weil er die Prämien nach einem durchschnittlichen Risiko bemißt. Man spricht dann vom soge-

---

[1] ObGer Zürich, 15. März 1922, SVA V, Nr. 74 und 5. Juni 1928, SVA VI, Nr. 55; BezGer Zürich, 29. November 1928, SVA VI, Nr. 53; BGer, 28. März 1929, SVA VI, Nr. 54 und 15. Oktober 1942, SVA IX, Nr. 21; Cour de justice Genève, 4. Dezember 1942, SVA IX, Nr. 22; ZivGer Basel-Stadt, 31. Dezember 1954, SVA XI, Nr. 7; Tribunal cantonal vaudois, 25. Januar 1963, SVA XII, Nr. 13.

[2] Tribunal Val-de-Travers, 12. Oktober 1926, SVA V, Nr. 79; BezGer Appenzell A. Rh., 2. Januar 1936, SVA VIII, Nr. 41.

[3] BGer, 15. November 1951, SVA X, Nr. 9.

[4] Das deutsche VVG § 16 verwendet den Ausdruck «Gefahrsumstände».

nannten Prämiendurchschnittsverfahren. Es ist in der Privatversicherung selten, da bei ihm alle Versicherten die gleiche Prämie bezahlen, auch wenn erhebliche Unterschiede im Risiko vorliegen. Immerhin findet man dieses System zum Beispiel in der Abonnentenversicherung und bei Couponpolicen der Reisegepäck- oder Reiseunfallversicherung, wo die Risiken ziemlich homogen sind. Das Gegenstück wäre eine Versicherung, bei welcher der Versicherer alle Gefahrumstände erfaßt und durch eine entsprechende Prämienbemessung berücksichtigt. Eine derartige Individualisierung ist aber faktisch gar nicht möglich, da auch dem Versicherer ein vollkommenes Wissen über die Zusammenhänge und Einflüsse aller denkbaren Faktoren abgeht. Abgesehen davon müßte alsdann angesichts der Mannigfaltigkeit der Lebensverhältnisse für jedes einzelne Risiko eine andere Prämie erhoben werden, so daß von der für die Versicherung typischen Gefahrengemeinschaft und Solidarität zwischen den Versicherten keine Rede mehr wäre. In der Praxis wird daher regelmäßig ein Mittelweg beschritten, indem nur eine beschränkte Anzahl von dem Versicherer wesentlich erscheinenden Gefahrtatsachen berücksichtigt wird. Das führt zu einer die ähnlichen Risiken gruppenweise zusammenfassenden Risikenklassierung, die ihren Niederschlag in den Prämientarifen findet. Diese tragen den Unterschieden der Risikogattungen durch entsprechende Prämiensätze sowie durch Prämienzuschläge oder Prämienrabatte Rechnung.

II. Deklaration der Gefahrtatsachen

Die Erfassung der Gefahrtatsachen bei Vertragsabschluß erfolgt üblicherweise auf dem Wege einer Anzeigepflicht des Antragstellers. Nach schweizerischem Recht (Art. 4 VVG) sind indessen Gefahrtatsachen nur dann und insoweit zu deklarieren, als der Versicherer danach gefragt hat. Positivrechtlich sind die Verknüpfung mit dem Vertragsabschluß, die Fragestellung des Versicherers, die Beschränkung auf erhebliche Tatsachen und die Rechtsfolgen einer Verletzung näher ausgestaltet worden.

1. Die Deklaration setzt in dem Sinne den Abschluß eines Versicherungsvertrages voraus, als sie nur erfolgen muß, wenn ein Antrag dazu gestellt wird. Es handelt sich um eine vorvertragliche Pflicht, die spätestens bis zum Abschluß zu erfüllen ist. Die Deklaration hat denn auch vom Antragsteller auszugehen, der sie dem Versicherer gegenüber abzugeben hat (Art. 4 Abs. 1 VVG). Dritte Personen, wie Begünstigte, Pfandgläubiger, Arzt usw., sind nicht deklarationspflichtig; ihr Wissen und ihre Kenntnisse von

Gefahrtatsachen bleiben außer Betracht. Davon hat das Gesetz für den Abschluß durch einen Stellvertreter eine Ausnahme gemacht. Man wollte verhindern, daß der Antragsteller sich der Anzeigepflicht und den Folgen ihrer Verletzung dadurch entziehen kann, daß er den Vertrag durch einen Stellvertreter abschließen läßt und sich alsdann auf dessen Unkenntnis beruft. Der Antragsteller hat daher auch die Kenntnis des vertretenen Auftraggebers zu deklarieren (Art. 5 Abs. 1 VVG). Besondere Verhältnisse liegen vor im Falle von Fremdversicherungen, bei denen auch die Kenntnis der versicherten Dritten relevant sein kann. Diese Frage ist positivrechtlich bei der Versicherung für fremde Rechnung nicht gleich geregelt worden wie bei der Versicherung auf fremdes Leben (Art. 5 Abs. 2 und Art. 74 Abs. 3 VVG); darauf wird im Zusammenhang mit der Behandlung dieser Rechtsgebilde zurückzukommen sein.

2. Voraussetzung der Deklarationspflicht ist, daß der Versicherer eine Frage nach der Gefahrtatsache gestellt hat. Dieser Fragestellung kommt eine entscheidende Bedeutung zu. Der Antragsteller ist nicht von sich aus zur Deklaration verpflichtet, sondern nur zur wahrheitsgemäßen Beantwortung der ihm vom Versicherer gestellten Fragen[5]. Man hat es also – im Gegensatz zur Anzeigepflicht im Versicherungsfall nach Art. 38 VVG – nicht mit einer selbständig wirksamen Pflicht zu tun, wie man aus dem Marginale zu Art. 4 VVG («Anzeigepflicht» beim Vertragsabschluß) schließen könnte. Die getroffene Ordnung beruht auf der Überlegung, es sei Sache des Versicherers, zum Ausdruck zu bringen, welche Gefahrtatsachen ihm für die Risikenklassierung wichtig sind. Diese Regelung hat den Vorteil, Streitigkeiten darüber, ob eine Deklarationspflicht besteht, weitgehend auszuschalten, was der Rechtssicherheit dient.

3. Bei den vom Versicherer gestellten Fragen muß es sich um für die Beurteilung der Gefahr erhebliche Tatsachen handeln. Als solche gelten Gefahrtatsachen, die geeignet sind, auf den Entschluß des Versicherers, den Vertrag überhaupt oder zu den vereinbarten Bedingungen abzuschließen, einen Einfluß auszuüben (Art. 4 Abs. 2 VVG). Damit wird also auf die Würdigung des Risikos durch den Versicherer abgestellt[6]. Wie soll man aber wis-

---

[5] Die Rechtslage ist grundlegend anders im deutschen Recht, das durch DVVG § 16 den Versicherungsnehmer verpflichtet, dem Versicherer bei der Schließung des Vertrages alle ihm bekannten Gefahrumstände anzuzeigen; dazu siehe MÖLLER, Kommentar DVVG, § 16, S. 316.

[6] BGer, 23. November 1921, SVA IV, Nr. 58 und 28. Oktober 1932, SVA VII, Nr. 45.

sen, was den Entschluß des Versicherers beeinflußt hätte? Diese Schwierigkeit ist aus der Kasuistik der Gerichtspraxis zu den mannigfaltigen Zweifelsfragen deutlich ersichtlich. Gesetzlich ist jedoch die Rechtslage dadurch erleichtert worden, daß Gefahrtatsachen, auf welche schriftliche Fragen des
Versicherers «in bestimmter und unzweideutiger Fassung» gerichtet sind, als
erheblich vermutet werden (Art. 4 Abs. 3 VVG). Danach spricht also eine
praesumptio juris für die Erheblichkeit einer Gefahrtatsache, wenn die Frage
nach ihr klar gefaßt war. Dem Versicherungsnehmer bleibt jedoch der Gegenbeweis offen, er sei nach einem Umstand gefragt worden, der nicht geeignet gewesen sei, den Entschluß des Versicherers zu beeinflussen[7]. Auch
entfällt die Präsumption, wenn die Fragestellung unklar oder zweideutig
war[8]. Das zeigt die entscheidende Rolle, die der Formulierung der Fragen
durch den Versicherer zufällt.

4. Eine Verletzung der Deklarationspflicht liegt vor, wenn eine erhebliche Gefahrtatsache, nach welcher der Versicherer gefragt hat, vom Antragsteller unrichtig mitgeteilt oder verschwiegen wird (Art. 6 VVG).
War aber die Frage ungenau oder schlecht gefaßt, so muß es sich der Versicherer selber zuschreiben, wenn sie vom Antragsteller so beantwortet
wurde, wie er sie verstanden hat[9]. Dabei ist auch hier auf den allgemeinen,
landläufigen Sprachgebrauch abzustellen. Vom Antragsteller darf nicht erwartet werden, daß er medizinische, technische oder juristische Fachbegriffe,
wie diejenigen der Krankheit oder des Unfalles, wissenschaftlich zutreffend
zu beantworten vermag[10]. Von einer Verletzung kann aber auch nicht gesprochen werden, wenn der Antragsteller die Tatsachen «soweit und so»
deklariert, wie sie ihm beim Vertragsabschluß bekannt waren oder bekannt
sein mußten. Die Beantwortung muß zwar wahrheitsgemäß erfolgen,
doch kommt es auf die subjektive Kenntnis des Anzeigepflichtigen an. Dabei
wird der Kenntnis das «Kennenmüssen» gleichgestellt, während eine darüber hinausgehende Erkundigungspflicht nicht besteht.

An die Verletzung der Deklarationspflicht knüpft das Gesetz die Rechtsfolge, daß der Versicherer an den Vertrag nicht gebunden ist, wenn er
von ihm binnen vier Wochen, nachdem er von der Verletzung Kenntnis

---

[7] Cour de justice Genève, 24. Oktober 1930, SVA VI, Nr. 52; BGer, 24. Februar 1949, SVA
X, Nr. 8; ZivGer Basel-Stadt, 31. Dezember 1954, SVA XI, Nr. 7.
[8] KGer Graubünden, 18. Juni 1957, SVA XI, Nr. 9; BezGer Zürich, 13. Dezember 1965,
SVA XII, Nr. 15.
[9] BGer, 29. Oktober 1924, SVA V, Nr. 65; BGer 6. Februar 1947, SVA X, Nr. 10.
[10] ObGer Zürich, 5. September 1921, SVA IV, Nr. 59; BGer, 25. November 1938, SVA VIII,
Nr. 51 und 14. März 1946, SVA IX, Nr. 19.

erhalten hat, zurücktritt. Dieser Rücktritt kann in einer formlosen Erklärung erfolgen[11]. Er befreit den Versicherer vom Vertrag, und zwar rückwirkend von seinem Abschluß an *(ex tunc),* so daß alle Versicherungsansprüche verwirkt sind und allfällig bereits gemachte Leistungen gemäß Art. 62 f. OR zurückgefordert werden können[12]. Diese Regelung beruht demnach auf dem fragwürdigen Prinzip des «Alles oder nichts».

Art. 8 VVG hat allerdings eine Anzahl Tatbestände aufgezählt, die den Nichteintritt der Folgen verletzter Anzeigepflicht nach sich ziehen. Das trifft einmal zu, wenn die verschwiegene oder unrichtig angezeigte Tatsache bereits vor Eintritt des befürchteten Ereignisses wieder weggefallen war; die Verletzung erscheint alsdann als unbeachtlich. Ohne Folgen bleibt es auch, wenn der Versicherer die Verschweigung oder unrichtige Anzeige veranlaßt hat. Es wäre stoßend, wenn er sich auf eine Verletzung berufen könnte, die er selber provoziert hat. Dabei hat der Versicherer ohne weiteres auch für die Handlungen und Auskünfte seiner Abschlußagenten einzustehen[13], während er sich das Verhalten eines Vermittlungsagenten nur insoweit entgegenhalten lassen muß, als dieser dem Antragsteller über unklare oder zweifelhafte Fragen Belehrungen und Aufklärungen erteilt hat. Die Berufung auf Verletzung der Anzeigepflicht ist ferner dann ausgeschlossen, wenn der Versicherer die verschwiegene oder unrichtig mitgeteilte Tatsache richtig gekannt hat oder gekannt haben muß, wie bei ihm von Dritten mitgeteilten oder notorischen Tatsachen; aber auch hier kann dem Versicherer nur die Kenntnis eines Abschlußagenten, nicht dagegen diejenige eines bloßen Vermittlungsagenten entgegengehalten werden[14]. Keine Folgen treten schließlich ein, wenn der Versicherer auf das Recht, vom Vertrag zurückzutreten, verzichtet hat, wobei es dem Verzicht gleichgestellt wird, wenn er den Vertrag abschließt, obschon der Anzeigepflichtige auf eine ihm vorgelegte Frage keine Antwort erteilt hat[15]. In allen diesen durch Art. 8 Ziff. 1–6 VVG ausführlich geregelten Fällen wäre es mit Treu und Glauben unvereinbar, wenn

---

[11] Wie die Entscheide BGer, 10. März 1927, SVA VI, Nr. 71 und BGer, 15. November 1951, SVA X, Nr. 9, festgestellt haben, braucht nicht der Ausdruck «Rücktritt» verwendet worden zu sein; es genügt, wenn aus der Erklärung unmißverständlich hervorgeht, daß der Versicherer an den Vertrag nicht gebunden sein wolle (Art. 18 OR).

[12] KGer St. Gallen, 11. April 1931, SVA VII, Nr. 44; AmtsGer Luzern-Stadt, 10. Juli 1935, SVA VIII, Nr. 46; Tribunale di appello Ticino, 6. Oktober 1952, SVA X, Nr. 13.

[13] ObGer Zürich, 19. Februar 1932, SVA VII, Nr. 56.

[14] BGer, 9. September 1925, SVA V, Nr. 81; BGer, 17. Juni 1926, SVA V, Nr. 75; Cour de justice Genève, 4. Dezember 1942, SVA IX, Nr. 22; BGer, 26. Februar 1970, AS 96 II, 1970, S. 204.

[15] BGer, 28. März 1917, SVA IV, Nr. 70 und 6. Februar 1947, SVA X, Nr. 10.

der Versicherer die an sich erfolgte Verletzung der Deklarationspflicht geltend machen wollte.

Nach positivem Recht ist dagegen weder der Einwand des mangelnden Verschuldens noch derjenige der mangelnden Kausalität zugelassen[16]. Es ist aber nicht einzusehen, warum eine Verletzung der Anzeigepflicht bei Vertragsabschluß die Befreiung des Versicherers nach sich zieht, auch wenn dem Antragsteller keinerlei Verschulden vorgeworfen werden kann, während gegenüber allen vereinbarten Rechtsfolgen von Obliegenheitsverletzungen die Exculpation gemäß Art. 45 Abs. 1 VVG möglich ist. Insbesondere schiene es *de lege ferenda* angebracht, zur Milderung der extremen «Alles oder nichts»-Lösung die Berufung auf mangelnde Kausalität zu gestatten, sobald der Versicherungsnehmer dartun kann, daß die Leistungspflicht des Versicherers von der Verletzung der Deklarationspflicht unbeeinflußt geblieben ist. Auch eine Vertragskorrektur durch entsprechende Prämienerhöhung oder Leistungskürzung ließe sich erwägen[17].

III. Rechtsnatur der Deklaration

Die Deklaration der Gefahrtatsachen findet ihre Begründung in einem versicherungstechnisch gegebenen Bedürfnis: sie soll dem Versicherer die Risikenauswahl sowie die Tarifierung der übernommenen Risiken ermöglichen. Dadurch erleichtert sie ihm den Entschluß, ob und zu welchen Bedingungen und Prämien er den Vertrag abschließen will. Es handelt sich also um eine spezifisch versicherungsrechtliche Institution. Die in der Doktrin da und dort unternommenen Versuche, für sie im allgemeinen Recht eine juristische Grundlage zu finden, zum Beispiel in der Irrtumslehre, in der Gewährleistungs- oder Sorgfaltspflicht, in der Lehre von Treu und Glauben *(uberrima fides)*, müssen als unzulänglich und mißglückt bezeichnet werden[18].

Ihrer positivrechtlichen Ausgestaltung nach bildet die Deklaration der

---

[16] Anders ist die Rechtslage nach deutschem Recht, das durch DVVG § 16 Abs. 3 und § 21 die Exculpation zuläßt, wenn die Anzeige ohne Verschulden des Versicherungsnehmers unterblieben ist und wenn der betreffende Gefahrumstand keinen Einfluß auf den Eintritt des Versicherungsfalles und den Umfang der Leistungspflicht des Versicherers gehabt hat.

[17] Für die Personenversicherung hat bereits Art. 75 VVG bei unrichtiger Altersangabe anstelle der Verwirkung nur eine Korrektur der Leistungen des Versicherers, resp. der künftigen Prämien vorgesehen.

[18] So schon ROELLI, Kommentar I, S. 57.

Gefahrtatsachen eine gesetzliche Obliegenheit, die dem Antragsteller
vorvertraglich auferlegt worden ist. Es handelt sich nicht bloß um eine Voraussetzung der Leistungspflicht des Versicherers, sondern um eine Verpflichtung, mit der gemäß Art. 101 OR die Haftung für Hilfspersonen verbunden
ist. Die Rechtsfolgen einer Verletzung sind in dem Sinne zwingend, als sie
nicht zuungunsten des Versicherungsnehmers abgeändert werden dürfen
(Art. 98 VVG). Die Würdigung der individuellen Eigenschaften des zu versichernden Risikos kann daher nur nach Maßgabe der gesetzlichen Bestimmungen von Art. 4 f. VVG erfolgen[19]. Vertragliche Vereinbarungen, die eine
zur Versicherung beantragte Person oder Sache wegen bestimmter Eigenschaften auf Grund einer allgemeinen Klausel ausschließen wollten, müssen
demgemäß als ungültig betrachtet werden[20]. Die Vertragsfreiheit hat damit
eine für die Versicherung typische Beschränkung erfahren.

Die Anzeige der Gefahrumstände charakterisiert sich als einseitige Erklärung des Antragstellers. Sie bedarf nicht der Annahme des Versicherers
und ist nicht etwa Gegenstand einer Vereinbarung zwischen den Parteien[21].
Demgemäß unterliegt sie auch nicht der nach Art. 23 f. OR bei Vertrags-
mängeln möglichen Anfechtung wegen Irrtum oder Täuschung[22]. Die Deklaration der Gefahrtatsachen ist daher streng auseinanderzuhalten von
vertraglichen Vereinbarungen über den Umfang der Gefahr, wie sie durch
Art. 33 VVG als zulässig anerkannt worden sind. Zwar kommen auch diese
Vereinbarungen oft auf Grund von Fragen, die im Antragsformular nach dem
gewünschten Deckungsumfang gestellt werden, zustande. Solche Fragen, die
einen Willensentschluß des Antragstellers hervorrufen wollen, sind aber ganz
anderer Natur als die Fragen nach Gefahrtatsachen, die eine wahrheits-
gemäße Deklaration erheischen. Ob das eine oder andere vorliegt, richtet
sich nach der Art und Weise der Fragestellung[23]. Wird zum Beispiel die
Frage gestellt: «Wünschen Sie Motorradfahren gedeckt zu haben?», so kann
sie vom Versicherungsnehmer nach freiem Willensentschluß mit «ja» oder
«nein» beantwortet werden, was alsdann den Gefahrumfang vertraglich festlegt. Lautet die Frage aber: «Fahren Sie Motorrad?», so muß sie der Antragsteller wahrheitsgemäß beantworten. Im ersten Fall liegt eine unter Art. 33

[19] Anders verhält es sich in der Kollektivversicherung, wo es nicht um die individuellen
     Eigenschaften eines einzelnen Risikos geht, sondern um die generelle Umschreibung des
     Kreises der unter die Versicherung fallenden Personen oder Sachen.
[20] BGer, 22. Oktober 1964, SVA XII, Nr. 110.
[21] AppGer Basel-Stadt, 15. Januar 1929, SVA VI, Nr. 137.
[22] ObGer Zürich, 24. Oktober 1918, SVA IV, Nr. 29.
[23] AppGer Basel-Stadt, 15. Januar 1929, SVA VI, Nr. 137.

VVG fallende Vereinbarung vor, die nach Vertragsrecht zu beurteilen ist; im zweiten Falle dagegen handelt es sich um Fragen nach Gefahrtatsachen, die nach den spezialrechtlichen Vorschriften von Art. 4f. VVG gewürdigt werden müssen[24]. Daraus ergibt sich die Wichtigkeit einer korrekt formulierten Fragestellung, da ihr ja nachdem, wie sie gefaßt ist, eine andere juristische Bedeutung zukommt.

§ 81. Gefahrveränderungen

Literatur

C. ROMMEL, Die Gefahrserhöhung im deutschen, österreichischen und schweizerischen Vertragsrecht, Z Vers. Wiss. 1919, S. 229 f.; V. EHRENBERG, «Gefahrserhöhung» im Versicherungsvertrag, Z Vers. Wiss. 1928, S. 349 f.; B. FLUELER, Die Gefahrserhöhung im Privatversicherungs-Vertrag, Lachen 1933; M. DE KALBERMATTEN, Aggravation du risque, Bern 1933; E. HARMS, Die Gefahrserhöhung im Versicherungsvertrag, Zürcher Beiträge, Heft 201, Aarau 1956; H. MÖLLER / R. SCHMIDT, Die Verhütung der Gefahrsverwirklichung und des Schadens im Versicherungsvertragsrecht, Z Vers. Wiss. 1968, S. 59 f.; P. DIENER, Verminderung von Gefahr und Schaden im Versicherungsvertragsverhältnis, Abh. schweiz. R, Heft 401, Bern 1970.

Veränderungen der bei Abschluß des Vertrages deklarierten Gefahrtatsachen können entweder zu Gefahrerhöhungen oder zu Gefahrverminderungen führen. Mit ihnen in Zusammenhang stehen die Vertragsabreden zur Gefahrprävention.

I. Gefahrerhöhung

Zunächst ist der Begriff der Gefahrerhöhung aufzuzeigen. Danach werden die positivrechtlich vorgesehene Beschränkung auf wesentliche Veränderungen und die damit verknüpften Rechtsfolgen betrachtet. Gestützt darauf läßt sich die Rechtsnatur der getroffenen Ordnung bestimmen.

---

[24] Den im Entscheid des ObGer Zürich, 1. Juni 1929, SVA VI, Nr. 138, angestellten Erwägungen kann daher nicht beigepflichtet werden.

1. Unter den Begriff der Gefahrerhöhung fallen nur Veränderungen von Gefahrtatsachen, welche die Gefahrlage erhöhen. Sie müssen im Laufe der Versicherung auftreten (Art. 28 Abs. 1 VVG), woraus sich die zeitliche Abgrenzung gegenüber der bei Vertragsabschluß stattfindenden Erfassung der Gefahrtatsachen ergibt. Die Veränderung muß eine Erhöhung des Gefahrzustandes herbeiführen, so daß die Gefahrlage sich auf einer neuen und zwar erhöhten Ebene stabilisiert. Dadurch unterscheidet sich die Gefahrerhöhung von bloß momentanen Schwankungen der Gefahrlage. Gelegentliche, einmalige Handlungen können daher regelmäßig nicht unter dem Gesichtspunkt einer Gefahrerhöhung gewürdigt werden. So einfach die Unterscheidung theoretisch erscheinen mag, ist sie doch angesichts der stets wechselnden Lebensverhältnisse im Einzelfall oft recht problematisch[1]. In dieser Beziehung ist die Kontroverse von Bedeutung, ob der neue Gefahrzustand eine gewisse Dauer aufweisen muß oder nicht. Das VVG hat dieses Erfordernis nicht ausdrücklich aufgestellt. Trotzdem wurde vom Bundesgericht angenommen, zum Vorliegen einer Gefahrerhöhung sei notwendig, daß sie eine gewisse Zeit gedauert habe[2]. Es bleibt indessen zweifelhaft, ob damit eine justiziable Ausscheidung zwischen einem bloß temporären Geschehen und einem permanenten Zustand gewonnen wird.

2. Die angeführte begriffliche Schwierigkeit wird für die praktische Rechtsanwendung weitgehend behoben, weil von vornherein nur wesentliche Gefahrerhöhungen in Betracht fallen. Angesichts der unübersehbaren Anzahl von Gefahrtatsachen erweist es sich als unmöglich, jede Veränderung in der Gefahrlage erfassen zu wollen. Unaufhörlich vollziehen sich bei den wandelbaren Gefahrumständen gewisse Fluktuationen: neue Momente tauchen auf, bisher wirksame fallen weg, gewinnen oder verlieren an Bedeutung und beeinflussen dadurch die Gefahrsituation. Das positive Recht konnte das nicht übersehen. Art. 28 Abs. 2 VVG hat die Lösung dieses Problems darin gefunden, daß eine Gefahrerhöhung nur dann als wesentlich bezeichnet wird, wenn sie auf der Änderung einer für die Beurteilung der Gefahr erheblichen Tatsache beruht, «deren Umfang die Parteien beim Vertragsabschluß festgestellt haben». Diese nicht gerade glücklich formulierte Bestimmung will offenbar – wie aus der Verweisung auf Art. 4 VVG hervor-

---

[1] Zur Kasuistik: KGer St. Gallen, 3. Juni 1924, SVA V, Nr. 87; BGer, 25. Mai 1927, SVA VI, Nr. 70; BGer, 25. Juni 1937, SVA VIII, Nr. 240; ObGer Zürich, 18. Mai 1955, SVA XI, Nr. 12.

[2] BGer, 22. März 1929, SVA VI, Nr. 72.

geht – die Gefahrerhöhung auf die Änderung solcher Gefahrtatsachen beschränken, nach denen der Versicherer bei Vertragsabschluß eine Frage gestellt hat. Es muß sich um Tatsachen handeln, die der Versicherer damals als deklarationspflichtig erklärte, weil sie auf seinen Entschluß, den Vertrag überhaupt oder zu den vereinbarten Bedingungen abzuschließen, einen Einfluß auszuüben vermögen [3]. Die Gefahrerhöhung ist also nach schweizerischem Recht in einen engen Zusammenhang mit der Anzeigepflicht bei Vertragsabschluß gebracht worden; sie muß sich auf eine durch die seinerzeitige Fragestellung und ihre Beantwortung gekennzeichnete Gefahrtatsache beziehen [4]. Diese formale Einschränkung der rechtlich beachteten Gefahrerhöhungen fördert im Interesse des Versicherungsnehmers die Rechtssicherheit [5].

3. Die Frage, welche Rechtsfolgen mit einer Gefahrerhöhung verbunden werden sollen, ist nicht einfach zu beantworten. Das schweizerische Recht macht einen Unterschied, je nachdem, ob die Gefahrerhöhung mit oder ohne Zutun des Versicherungsnehmers eingetreten ist. Bei der Gefahrerhöhung mit Zutun des Versicherungsnehmers ist der Versicherer an den Vertrag nicht gebunden (Art. 28 VVG), während bei der Gefahrerhöhung ohne Zutun des Versicherungsnehmers diesem nur eine Anzeigepflicht auferlegt wird und erst deren Verletzung den Versicherer vom Vertrag befreit (Art. 30 VVG). Ob diese Unterscheidung angebracht ist, erscheint zweifelhaft, da es für die Leistungspflicht des Versicherers gleichgültig ist, mit wessen Zutun – sei es menschliches Handeln oder sei es das Walten der Natur – die Veränderung der Gefahrlage bewirkt wurde. Abgesehen davon ist es auch schwierig, eine Herbeiführung mit und ohne Zutun des Versicherungsnehmers auseinanderzuhalten. So streitet man sich darüber, ob das Zutun nur in einem positiven Handeln oder auch in einem passiven Verhalten – der Nichtverhinderung des Eintritts – erblickt werden soll; eine bloße Unterlassung kann jedoch nicht als Herbeiführung mit Zutun betrachtet werden [6]. Im übrigen ist nicht einzusehen, warum an die Gefahrerhöhung mit Zutun des Versicherungsnehmers strengere Rechtsfolgen geknüpft werden sollen als an diejenige ohne sein Zutun; in beiden Fällen verändert sich die objektive Gefahrsituation in gleicher Weise für den Versicherer. Da die

---

[3] Ebenso KELLER, Kommentar I, S. 399/400.
[4] ObGer Zürich, 18. Mai 1955, SVA XI, Nr. 12; BGer, 1. März 1973, AS 99 II, 1973, S. 67.
[5] Das deutsche VVG § 23 hat keine strenge Verbindung der Gefahrerhöhung mit der vorvertraglichen Anzeigepflicht hergestellt.
[6] So auch KELLER, Kommentar I, S. 405.

gesetzlichen Bestimmungen nur relativ zwingend sind (Art. 98 VVG), steht nichts im Wege, die durch sie geschaffene Rechtslage durch eine Vereinbarung zugunsten des Versicherungsnehmers abzuändern, welche die Gefahrerhöhung mit Zutun derjenigen ohne Zutun gleichstellt[7].

Soweit die getroffene Ordnung eine vollständige Befreiung des Versicherers von seiner Leistungspflicht vorsieht, beruht sie auf der rigorosen Alternative des «Alles oder nichts». Sie ist zwar gemildert worden, indem Art. 32 VVG eine Reihe von Tatbeständen aufzählt, in welchen die angedrohte Folge nicht eintritt. Namentlich wird der Einwand mangelnder Kausalität zugelassen, wenn die Gefahrerhöhung auf den Eintritt des befürchteten Ereignisses und auf den Umfang der dem Versicherer obliegenden Leistungspflicht keinen Einfluß ausgeübt hat. Das gilt – anders als bei der Gefahrdeklaration – nicht nur, wenn die Gefahrtatsache weggefallen ist, sondern auch, wenn sie im Zeitpunkt des Versicherungsfalles noch besteht, aber ohne Einfluß geblieben war[8]. Ferner wird über eine Gefahrerhöhung hinweggegangen, wenn sie in der Absicht, die Interessen des Versicherers zu wahren, vorgenommen oder durch ein Gebot der Menschlichkeit veranlaßt wurde. Schließlich kann der Versicherer auf ihre Geltendmachung verzichten; dabei gilt es kraft gesetzlicher unwiderleglicher Vermutung als Verzicht, falls der Versicherer, dem die Gefahrerhöhung schriftlich angezeigt worden ist, nicht binnen 14 Tagen den Rücktritt erklärt[9]. Trotz dieser dem Grundsatz von Treu und Glauben entsprechenden Ausnahmen bleibt aber die Unverbindlichkeit des Vertrages eine strenge Rechtsfolge. Statt ihr ließe sich *de lege ferenda* eine bloße Korrektur des Vertrages vertreten, die dem Versicherer den Anspruch auf eine der Gefahrerhöhung entsprechende tarifgemäße Prämienerhöhung, verbunden mit Kündigungsrechten für beide Vertragsparteien, einräumen könnte. Diese Lösung ist denn auch bereits da und dort auf dem Wege vertraglicher Vereinbarung eingeführt worden[10].

4. Die Rechtsnatur der Gefahrerhöhung ist trotz ihrer Verbindung mit der Deklaration von Gefahrtatsachen ganz anders als bei dieser. Während die Anzeigepflicht bei Vertragsabschluß eine gesetzliche Obliegenheit bildet, besteht nach schweizerischem Recht keine Obliegenheit zur Vermeidung einer Gefahrerhöhung[11]. Bewußt wurde davon Umgang genommen, den

---

[7] Eine solche Gleichbehandlung kennen z. B. die AVB der Feuerversicherung.
[8] AppHof Bern, 1. Juni 1928, SVA VI, Nr. 73.
[9] BGer, 1. März 1923, SVA V, Nr. 198.
[10] So beispielsweise in den AVB der Feuerversicherung.
[11] Nach deutschem Recht dagegen (DVVG § 23) «darf» der Versicherungsnehmer ohne

Versicherungsnehmer gesetzlich zur Unterlassung einer Gefahrerhöhung zu verpflichten. Er soll trotz Abschluß des Versicherungsvertrages seine volle wirtschaftliche Bewegungsfreiheit behalten und in seinem Tun und Lassen nicht eingeengt werden. Mangels einer Schuldpflicht kommt eine Haftung für Hilfspersonen (Art. 101 OR) nicht in Betracht; das Handeln von diesen ist vielmehr als Herbeiführung ohne Zutun des Versicherungsnehmers zu würdigen.

Da der Versicherer nicht haftet, sobald eine Gefahrerhöhung vorliegt, beziehungsweise nicht angezeigt wurde, bildet das Fehlen einer solchen eine negative Haftungsvoraussetzung. Eine Gefahrerhöhung kommt aber bloß im Rahmen einer versicherten Gefahr in Betracht: nur soweit diese reicht, sind Änderungen in den ihr zugrundeliegenden Tatsachen beachtlich. Deshalb wirken Vereinbarungen der Parteien über den Gefahrumfang (Art. 33 VVG) auch auf die Möglichkeit von Gefahrerhöhungen zurück; sie begrenzen vertragsrechtlich ihren Spielraum. Da die Art. 28 und 30 VVG zwingend im Sinne von Art. 98 VVG sind, kann die gesetzliche Rechtslage nicht zuungunsten des Versicherungsnehmers abgeändert werden. Eine generelle Klausel, wonach Gefahrerhöhungen von der Haftung ausgeschlossen seien, wäre daher ungültig[12].

II. Gefahrverminderung

Die Gefahrverminderung bildet logisch gesehen das Gegenstück zur Gefahrerhöhung. Sie beruht ebenfalls auf einer im Laufe der Versicherung auftretenden Veränderung von dem Vertrag zugrundegelegten Gefahrtatsachen. Positivrechtlich ist sie aber in einigen Punkten anders ausgestaltet worden. Nach Art. 23 VVG genügt es nicht, daß gefahrerhöhende Umstände wegfallen oder an Bedeutung verlieren und dadurch eine neue und verringerte Gefahrlage schaffen. Solche Veränderungen werden nur beachtet, sofern die Prämie seinerzeit unter Berücksichtigung dieser Umstände vereinbart worden war[13]. Darin wird der versicherungstechnische Untergrund der ganzen Re-

---

Einwilligung des Versicherers keine Erhöhung der Gefahr vornehmen, weshalb man dort von einer «Gefahrstandspflicht» spricht; siehe BRUCK, Priv.Vers.R, S. 295, und MÖLLER, Vers. Vertrags R, S. 140.

[12] Dazu KELLER, Kommentar I, S. 408.

[13] Im deutschen VVG ist die Gefahrverminderung erst durch den 1939 beigefügten § 41a geregelt worden; die Ordnung erfolgte im wesentlichen übereinstimmend mit dem schweizerischen Recht.

gelung manifest. Ist eine Gefahrverminderung im angeführten Sinne eingetreten, so besteht denn auch die Folge darin, daß der Versicherungsnehmer für die künftigen Versicherungsperioden die tarifgemäße Herabsetzung der Prämie verlangen kann. Es findet also eine Vertragskorrektur statt: keine «Alles oder nichts»-Ordnung, sondern eine Prämienreduktion, die sich auf Grund der geltenden Prämientarife bestimmen läßt[14]. Diese
Wirkung tritt zudem nicht automatisch ein, sondern erst auf ein dahin-
zielendes und für die Zukunft wirksames Begehren des Versicherungsnehmers. Wie bei der Gefahrerhöhung besteht keine gesetzliche Verpflichtung, eine Gefahrverminderung herbeizuführen. Ihrer Rechtsnatur nach
ist sie vielmehr bloß Voraussetzung der Geltendmachung eines Anspruches
auf Prämienherabsetzung.

III. Gefahrprävention

Nach Gesetz ist der Versicherungsnehmer weder zur Vermeidung einer
Gefahrerhöhung noch zur Herbeiführung einer Gefahrverminderung verpflichtet. Dagegen kann die Gefahrprävention, an welcher der Versicherer
naturgemäß stark interessiert ist, zum Gegenstand von Vertragsabreden
gemacht werden. Solche Abreden sind ohne weiteres zulässig, was Art. 29
Abs. 1 VVG etwas unklar so ausdrückt, sie würden «durch die Bestimmungen des Art. 28 dieses Gesetzes nicht berührt». Bei diesen Abreden handelt
es sich um Verpflichtungen des Versicherungsnehmers zu bestimmten vor-
beugenden Verhaltensmaßnahmen, um die Gefahr zu vermeiden oder eine
Gefahrerhöhung zu verhüten. Sie sind namentlich in Versicherungszweigen
gebräuchlich, wo das subjektive Risiko verhältnismäßig groß ist, wie in der
Kranken- und Viehversicherung; ferner werden in der Sachversicherung
häufig sogenannte Sicherheitsvorschriften (Rauchverbot, Aufbewahrung
von Putzmaterial, Feuerlöschapparate usw.) vereinbart.

Die Folgen einer Verletzung können von den Parteien grundsätzlich
frei vereinbart werden, wobei aber die Exculpation gemäß Art. 45 VVG offen
bleibt[15]. Wird eine Verwirkungsfolge vorgesehen, so ist zudem – wie bei der
Gefahrerhöhung – die Einrede mangelnder Kausalität möglich. Auch wenn
die vertragliche Abrede zur Gefahrprävention verletzt wurde, kann der

---

[14] Wie bereits ausgeführt, stellt sich die Frage, ob nicht *de lege ferenda* auch für die Gefahrerhöhung eine ähnliche Regelung angebracht gewesen wäre.
[15] BGer, 30. Juni 1915, SVA III, Nr. 60.

Versicherer also seine Leistungspflicht nicht verweigern, sobald die Verletzung keinen Einfluß auf den Schadenfall und den Umfang der Versicherungsleistung gehabt hat (Art. 29 Abs. 2 VVG). Den Vereinbarungen zur Gefahrprävention kommt die R e c h t s n a t u r von Obliegenheiten zu, die dem Versicherungsnehmer rechtsverbindlich auferlegt worden sind. Daraus resultiert die Haftung für Hilfspersonen (Art. 101 OR), wenn sich der Verpflichtete ihrer zur Erfüllung der Obliegenheit bedient[16].

---

[16] BGer, 12. April 1927, SVA VI, Nr. 92.

Fünftes Kapitel

Der versicherte Gegenstand

Wie die versicherte Gefahr, so bildet auch der ihr ausgesetzte Gegenstand ein wesentliches Element des Versicherungsverhältnisses. Kontrovers ist, worin dieser Gegenstand begrifflich zu erblicken sei. Von ihm wird die rechtliche Gliederung der Versicherungen maßgebend beeinflußt. Ferner stellen sich die Fragen, welches die Rechtslage ist, wenn die Gegenstände einem Dritten gehören, wenn an den versicherten Objekten eine Handänderung stattfindet oder an ihnen beschränkte dingliche Rechte bestehen.

§ 82. Begriff des Gegenstandes

Literatur

O. HAGEN, Der versicherungsrechtliche Interessebegriff, Z Vers. Wiss. 1907, S. 15 f.; V. EHRENBERG, Das «Interesse» im Versicherungsrecht, München 1915; C. ROMMEL, Das Interesse in der Schadenversicherung, SJZ 1918, S. 181 f. und 201 f.; W. KISCH, Handbuch des Privatversicherungsrechtes, Bd. 3: Die Lehre von dem Versicherungsinteresse, München/Berlin/Leipzig 1922; W. BLANK, Interesse, versichertes Interesse und Motiv, Z Vers. Wiss. 1929, S. 293 f.; W. KOENIG, Gegenstand der Versicherung, eine systematische Begründung des Versicherungsrechts ohne den Interessebegriff, Abh. schweiz. R, Heft 63, Bern 1931; M. BROQUET, Essai sur l'intérêt économique dans le contrat d'assurance, Lausanne 1932; H. MÖLLER, Interesse und Bewertung, Schweiz. Vers. Z 1948, S. 225 f. und 263 f.; W. KOENIG, Interesse und Bewertung (Erwiderung), Schweiz. Vers. Z 1949, S. 289 f.; R. GÄRTNER, Die Entwicklung der Lehre vom versicherungsrechtlichen Interesse von den Anfängen bis zum Ende des 19. Jahrhunderts, Z Vers. Wiss. 1963, S. 337 f.

Nach dem im Verkehrsleben wie in der Versicherungspraxis üblichen Sprachgebrauch werden die vom Gefahrereignis bedrohten Sachen oder

Personen als Gegenstand der Versicherung betrachtet. Gemäß einer verbreiteten Lehre sollen jedoch nicht diese Objekte im natürlichen Sinne den eigentlichen Gegenstand der Versicherung bilden, sondern das an ihnen bestehende wirtschaftliche «Interesse». Da diese Interessenlehre auch im schweizerischen VVG ihren Niederschlag gefunden hat, sei sie zunächst kurz geschildert. Alsdann sind die positiv-rechtliche Stellungnahme dazu und die allgemeine Bedeutung des von der Gefahr bedrohten Gegenstandes darzutun.

I. Interessenlehre

Zuerst sei gezeigt, worin nach der Doktrin das versicherte Interesse erblickt wird und welche Forderungen daraus gezogen werden, worauf einige kritische Einwände dazu angebracht seien.

1. Der Begriff des Interesses ist nach einer bereits 1893 von EHRENBERG aufgestellten Formulierung in der Beziehung einer Person zu einem Objekt zu sehen, kraft deren sie durch Tatsachen, welche dieses Objekt betreffen, einen Schaden erleiden kann[1]. Das Vorhandensein eines solchen Interesses beim Versicherungsnehmer bilde die Voraussetzung einer gültigen Versicherung, und mit dessen Wegfall erlösche der Versicherungsvertrag zwangsläufig. Bei Eintritt des befürchteten Ereignisses habe der Anspruchsberechtigte sein Interesse darzutun; dieses bestimme auch die Höhe der Versicherungsleistung, was im Satze: «Ohne Interesse keine Entschädigungspflicht» ausgedrückt wird. Die Interessenlehre erkläre ferner die Möglichkeit, daß bei einer Verteilung des Interesses auf verschiedene Personen mehrere Versicherungen nebeneinander bestehen können. Insbesondere sei außer der vom Eigentümer genommenen Versicherung des Substanzinteresses auch eine durch einen Dritten, z.B. einen Nutznießer oder Pächter, abgeschlossene Versicherung seines Nutzungsinteresses möglich. Wenn ein Pfandgläubiger sein konkurrierendes Interesse decke, so werde im gleichen Maße dasjenige des Eigentümers geschmälert, so daß keine ungerechtfertigte Doppelversicherung entstehe. Ein anderweitig begründeter Ersatzanspruch gegen einen Dritten, zum Beispiel aus unerlaubter Handlung, stelle dagegen eine bloße Koinzidenz dar, die den Bestand einer zur Deckung dieses Schadens abgeschlossenen Versicherung nicht tangiere. Ferner wird auch die Versicherung für fremde Rechnung als Versicherung eines fremden Interesses

---

[1] EHRENBERG, Vers. R, S. 8f. und 286f.

zu erklären versucht und im Wechsel des Interessenten die Grundlage für
den bei Handänderung eintretenden Übergang der Versicherung auf den Erwerber erblickt. Das Interesse beherrsche also das ganze Gebiet des Versicherungsrechts. Der Mannigfaltigkeit der Rechtsbeziehungen entsprechend
hat denn auch die Doktrin eine bunte Reihe von verschiedenen Interessen
konstruiert; es wurde von Sachersatz- und Nutzungsinteresse, von Konkur-
renz- und Koinzidenzinteresse gesprochen, es werden Eigen- und Fremd-
interesse, Primär- und Sekundärinteresse, Alternativ-, Sukzessiv- und Kom-
plementärinteresse unterschieden[2]. Damit sei die theoretische Auffächerung
der Interessenlehre skizzenhaft angedeutet.

2. Da sich die Interessenlehre als grundlegende Doktrin bei vielen Institutionen des Versicherungsrechts geltend gemacht hat, wird bei deren Behandlung jeweils auf sie zurückzukommen sein. Des Überblicks wegen sollen
jedoch die kritischen Einwände gegen sie zusammenfassend vorweggenommen werden[3]. Ganz allgemein wirkt der Interessebegriff, der in der
Beziehung einer Person zu einem Objekt den eigentlichen Gegenstand der
Versicherung erblicken will, als konstruiert, verschwommen und verwirrend[4]. Er scheint daher vom Gesichtspunkt der Rechtssicherheit aus wenig
geeignet zur praktischen Lösung der vielfältigen Probleme, die der Versicherungsvertrag mit sich bringt. Für die Gerichte ist es außerordentlich
schwierig, wenn sie im Einzelfall nach dem Vorhandensein eines Interesses
forschen müssen, um über den Bestand oder Wegfall eines Vertrages zu
befinden. Auch die nach Eintritt eines Versicherungsfalles erforderliche Festsetzung der Versicherungsleistung wird sehr erschwert, wenn dabei das Ausmaß des Interesses des Anspruchsberechtigten berücksichtigt werden muß.
Zur Erklärung des Umstandes, daß nicht nur die Substanz einer Sache, sondern auch der aus ihrer Nutzung erhoffte Gewinn oder Ertrag versichert
werden kann, ist der Interessebegriff unnötig, da mangels Identität des
Gegenstandes von Doppelversicherung keine Rede sein kann. Die weitere
Behauptung, infolge Schmälerung des Eigentümerinteresses durch konkurrierende Interessen von Pfandgläubigern könne der Eigentümer einer dinglich belasteten Sache diese nicht zum vollen Wert versichern, steht im Widerspruch zum geltenden Recht, das diese Konsequenz abgelehnt hat[5]. Am

---

[2] Siehe insbes. KISCH, Handb., Bd. 3: Die Lehre vom Versicherungsinteresse.
[3] Im übrigen sei zur Widerlegung der Lehre verwiesen auf W. KOENIG, Gegenstand der
   Versicherung.
[4] So auch für das deutsche Recht PRÖLSS, Kommentar DVVG, vor § 51, S. 233/34.
[5] Selbst BRUCK, Priv. Vers. R, S. 490/91, der grundsätzlich Anhänger der Interessenlehre ist,

Bestand einer gültig abgeschlossenen Versicherung kann sodann trotz konkurrierender Ersatzansprüche gegen haftbare Dritte nicht gezweifelt werden, ohne daß es dazu des konstruierten Begriffes eines «Koinzidenzinteresses» bedarf[6]. Bei der Versicherung für fremde Rechnung hat die Interessenlehre mit ihrer Suche nach dem Inhaber des Interesses namentlich im Gebiete der Kundenversicherung, wo sowohl der Eigentümer der Sache wie der als Versicherungsnehmer auftretende Kommissionär, Spediteur, Unternehmer, Gastwirt usw. als Interessenten in Betracht fallen, die Bestimmung des Anspruchsberechtigten zu einem fast unlösbaren Rätsel gemacht und zu gekünstelten Erklärungsversuchen geführt. Das positive Recht hat denn auch nach einer anderen Lösung gesucht (Art. 17 Abs. 2 VVG). Ebenso stieß die in Handänderungsfällen auf den Wechsel des Interessenten abstellende Lehre auf die Schwierigkeit, dieses Kriterium rechtlich einwandfrei festzulegen und zeitlich genau zu fixieren. Das hat das Bundesgericht veranlaßt, bei Handänderungen versicherter Gegenstände die Heranziehung des Interesses unter Berufung auf die Erfordernisse der Rechtssicherheit abzulehnen[7]. Alle diese Feststellungen zeigen, daß der Interessebegriff zum mindesten rechtlich schwer faßbar und daher unpraktikabel ist. Er muß aber auch als unnötige theoretische Konstruktion bezeichnet werden.

II. Positivrechtliche Ordnung

Das geltende schweizerische Recht enthält in Art. 48 VVG den Satz, Gegenstand der Schadenversicherung könne jedes wirtschaftliche Interesse sein, das jemand am Ausbleiben eines befürchteten Ereignisses habe. Damit wurde die zur Zeit des Erlasses des VVG vorherrschende Interessenlehre übernommen und gesetzlich verankert. Dies geschah jedoch bemerkenswerter Weise nur eingeschränkt auf die Schadenversicherung. Die in der Doktrin behauptete Geltung des Interessebegriffs im gesamten Versicherungsgebiet ist damit aufgegeben worden. Das geschah zweifellos mit guten Gründen, läßt sich doch die als Summenversicherung betriebene Personenversicherung mit der Interessenlehre ohne unhaltbare Fiktionen schlechterdings nicht vereinbaren[8]. Neben Art. 48 VVG haben zwar noch einige weitere

---

hat die These von der Beschränkung des Eigentümerinteresses durch das Pfandgläubigerinteresse aufgegeben.

[6] BRUCK, Priv. Vers. R, S. 665, erklärt, die Verpflichtung des Versicherers zur Leistung werde durch bestehende Ersatzansprüche gegen einen Dritten «nicht berührt».

[7] BGer, 28. Juni 1916, SVA III, Nr. 151.

[8] Ebenso JAEGER, Kommentar II, S. 3/4.

Bestimmungen des Gesetzes vom versicherten Interesse gesprochen (Art. 49, 53 und 62 VVG). An vielen anderen Stellen dagegen sind die versicherten Sachen als Gegenstand der Versicherung bezeichnet worden (Art. 7, 31, 56, 57 und 66 VVG). Die positivrechtliche Ordnung ist also keineswegs konsequent auf die Interessenlehre hin ausgerichtet. Selbst in der Begrenzung auf die Schadenversicherung bleiben ernstliche Zweifel und Bedenken an der Notwendigkeit und praktischen Durchsetzbarkeit des Interessebegriffes bestehen[9].

Als Beziehung einer Person zu einem Objekt muß das versicherte Interesse nach dem Wortlaut von Art. 48 VVG «jemand» zustehen; es ist in diesem Sinne ein subjektives Interesse. Diese Eigenschaft des Interesses erscheint jedoch als fragwürdig, da sie sich mit dem Auftreten der Versicherung als Massengeschäft im Grunde nicht verträgt. Ferner ist die gesetzliche Beschränkung auf wirtschaftliche Interessen selbst für die Schadenversicherung nicht immer zutreffend, da anerkanntermaßen auch reine Liebhaberwerte an Kunstobjekten gedeckt werden können und Sachen, die Dritten gehören, vom Versicherungsnehmer oft nur aus familienrechtlichen oder moralischen Interessen versichert werden. Die sich aus dem allgemeinen Recht (Art. 20 OR) ergebende Schranke, wonach ein Vertrag, der einen widerrechtlichen Inhalt hat oder gegen die guten Sitten verstößt, nichtig ist[10], bildet rechtlich eine genügende Barriere gegen mißbräuchliche Versicherungsabschlüsse. Daher sind Zweifel an der Begründetheit des Interessebegriffes gerechtfertigt. Die auf ihm beruhende Interessenlehre hat denn auch in der schweizerischen Doktrin an Boden stark verloren[11].

III. Bedrohte Gegenstände

Die faktische Bedeutung des Gegenstandes liegt darin, daß er von der versicherten Gefahr betroffen und dadurch geschädigt werden kann. Dabei sind jedoch die bedrohten Gegenstände sehr mannigfaltig. Um einem Versicherungsvertrag die erforderliche Bestimmtheit zu geben, ist es daher notwendig, die versicherten Gegenstände festzulegen. Auch bei Identität der versicherten Gefahr unterscheiden sich eben die Versicherungsverhältnisse voneinander, je nachdem, um was für einen Gegenstand es sich handelt. So

---

[9] So schon OSTERTAG, VVG, Art. 48, N. 1.
[10] JAEGER, Kommentar II, S. 38; ferner BGer, 25. Februar 1938, SVA VIII, Nr. 117.
[11] Es sei insbesondere verwiesen auf KELLER, Kommentar I, S. 11, wo die Interessenlehre ebenfalls als unhaltbare und unnötige Konstruktion abgelehnt wird.

kann zum Beispiel durch Blitzschlag ein Mensch getötet oder verletzt, Vieh erschlagen, ein Gebäude beschädigt, ein Warenlager vernichtet oder in einer Fabrik eine Betriebsstörung herbeigeführt und dadurch ein Gewinnentgang bewirkt werden. Die Versicherungen gegen die Folgen dieses nämlichen Ereignisses sind ganz verschieden, weil die Gegenstände andersartig sind. Man hat es demnach mit einem **wesentlichen** Punkt zu tun, über den sich die Parteien einigen müssen, andernfalls ein gültiger Versicherungsvertrag überhaupt nicht zustandekommen kann.

Bei **Wegfall** des Gegenstandes im Laufe der Vertragsdauer stellt sich die Frage des weiteren Vertragsschicksals. Ein automatisches Erlöschen des Vertrages von Gesetzes wegen hat das VVG nicht vorgesehen. Dagegen ist anzunehmen, daß den Parteien aus dem Wegfall das Recht erwächst, für künftige Versicherungsperioden die entsprechende Herabsetzung der Versicherungssumme und der Prämie verlangen zu können, wie das gemäß Art. 50 VVG – der mindestens analog anwendbar erscheint – schon bei einer bloßen Wertverminderung der Fall ist. Erleidet der versicherte Gegenstand einen Totalschaden, so erlischt der Vertrag von selbst; bei einem Teilschaden steht beiden Parteien ein Rücktrittsrecht zu (Art. 42 VVG).

§ 83. Gliederung nach Gegenständen

Literatur

O. Dübi, Die rechtliche Natur der Kollektivversicherung, Abh. schweiz. R, Heft 59, Bern 1930; H. Winkler, Die Gewinnversicherung, Hamburger Rechtsstudien, Heft 4, Hamburg 1930; W. Koenig, Gegenstand der Versicherung, Abh. schweiz. R, Heft 63, Bern 1931, S. 16f., 39f. und 49f.; R. Sonderegger, Die Gewinnversicherung und die Betriebsverlustversicherung, Abh. schweiz. R, Heft 106, Bern 1935; P. Renold, Die allgemeine Vermögensschaden-Haftpflichtversicherung, Basel 1937; W. Koenig, Die rechtliche Entwicklung der Kollektivversicherung, Zürich 1939; P. Valèr, Der Begriff der Kollektivversicherung, ZSR 1941, S. 112f.; O. Masshard, Die Rechtsnatur des Haftpflichtversicherungsanspruches, Bern 1942; H. Bachmann, Die Teilbarkeit des Versicherungsvertrages, Abh. schweiz. R, Heft 318, Bern 1956; O. Riska, Über die Versicherung des zu erwartenden Gewinnes, Z Vers. Wiss. 1964, S. 451f.; K. Selmer, Die Versicherung eines erhofften Gewinnes, ZVers.Wiss. 1964, S. 471f.; G. Paratte, Détermination des branches d'assurance, Schweiz. Vers. Z 1966, S. 132f. und 165f.; R. Ganz, Die Fremdversicherung in der Schadens-, Lebens- und Unfallversicherung, Zürich 1972.

Die Interessenlehre erblickt im Interesse die einheitliche Formel für das, was durch die Versicherung geschützt werde, das heißt den für alle Arten von Versicherungen gemeinsamen Gegenstand. Sie hat sich damit einer die Verschiedenheiten der Gegenstände systematisch erfassenden Einteilung der Versicherung verschlossen. Eine solche drängt sich indessen auf, sobald man vom Interessebegriff absieht. Es lassen sich in der Tat je nach dem Gegenstand ganz verschiedene Versicherungsarten feststellen. Besondere Beachtung erheischt die erst in neuerer Zeit als eigene Versicherungsart erkannte Vermögensversicherung. Ferner ist von der Einzelversicherung die mehrere Gegenstände umfassende Kollektivversicherung zu unterscheiden und der Eigenversicherung die sich auf fremde Personen oder Sachen beziehende Fremdversicherung gegenüberzustellen.

I. Versicherungsarten

Die von einer Gefahr bedrohten Gegenstände können wirtschaftliche Objekte oder Personen sein; entsprechend pflegt man von der Schadenversicherung die Personenversicherung zu unterscheiden, eine Einteilung, die auch dem VVG zugrundeliegt (Abschnitt II und III). Sie ist logisch gesehen insofern mit einem Fehler behaftet, als der Begriff der Schadenversicherung von der Versicherungsleistung (Schadenvergütung) ausgeht, derjenige der Personenversicherung dagegen vom versicherten Gegenstand (Person). Läßt man sich vom letzteren leiten, so sind innerhalb der Schadenversicherung zwei verschiedene Gegenstände anzutreffen, je nachdem, ob konkrete Sachen versichert werden oder das Vermögen als abstrakter Inbegriff unter Versicherungsschutz gebracht wird[1]. Damit gelangt man zu einer Einteilung in drei Versicherungsarten, nämlich die Sach-, Personen- und Vermögensversicherung. Diese nach dem versicherten Gegenstand orientierten Arten unterscheiden sich voneinander strukturell und im rechtlichen Aufbau.

1. In der Sachversicherung bezieht sich der Versicherungsschutz auf Sachen[2]. Darunter fallen irgendwelche, aus dem Vermögen herausgegriffene Objekte, seien es bewegliche (Mobiliar, Waren, Maschinen, Vieh usw.) oder unbewegliche (Gebäude), seien es körperliche oder unkörperliche Sachen

---

[1] Ebenso JAEGER, Kommentar II, S. 3/4.
[2] MANES, Versicherungswesen, Bd. I, S. 12, verwendet den Ausdruck «Güterversicherung». Die Bezeichnung «Sachversicherung» ist jedoch rechtlich präziser und entspricht zudem insofern der Terminologie des ZGB, als auch dieses dem Personenrecht das Sachenrecht gegenüberstellt.

(Forderungen, Art. 899 f. ZGB)[3]. Die Sachversicherung wird dadurch charakterisiert, daß der an den versicherten Sachen entstandene Sachschaden die Leistungspflicht des Versicherers bestimmt. Die Ersatzpflicht des Sachversicherers wird daher durch den Umfang des Sachwertes, respektive der Sachwertverminderung (Forderungsentwertung) begrenzt. Das beeinflußt die ganze rechtliche Ausgestaltung der Sachversicherung und hat in den Bestimmungen des VVG über die Rechtslage bei Über-, Doppel- und Unterversicherung seinen Niederschlag gefunden (Art. 50, 51, 53, 69 und 71 VVG).

2. Die Personenversicherung umfaßt diejenigen Versicherungen, bei denen eine Person das dem Versicherungsfall ausgesetzte Objekt ist. Maßgebend sind hier Vorgänge, welche die Person als solche treffen, wie Tod, Körperverletzung, Invalidität, Krankheit oder Alter. Damit wird als Leistung des Versicherers die Entrichtung einer bestimmten Summe verbunden. Dieser Eigenart gemäß kann bei ihr von Über-, Doppel- oder Unterversicherung begrifflich keine Rede sein. Bei mehrfacher Versicherung und auch dann, wenn von einem Dritten Schadenersatz geschuldet wird, stehen die verschiedenen Leistungen kumulativ nebeneinander, ohne daß dem Personenversicherer ein Regreßrecht zukommt (Art. 96 VVG).

3. Eine weitere Versicherungsart bildet die Vermögensversicherung. Bei ihr wird die Leistungspflicht des Versicherers davon abhängig gemacht, daß ein Vermögen eine Schädigung erfährt, sei es infolge Belastung durch einen erforderlichen Aufwand oder auszulegende Kosten, sei es infolge Vermögensverlusten oder entgehenden Gewinnen. Im Gegensatz zu den konkreten Sachen stellt das Vermögen eine abstrakte Größe dar, die als solche wertmäßig unbegrenzt ist und keinen bestimmbaren Versicherungswert hat. In welchem Umfange Vermögensschäden auftreten können, läßt sich im Zeitpunkt des Vertragsabschlusses nicht ermessen. Aus diesem Grunde kann auch nicht von Über- oder Unterversicherung gesprochen werden. Die Vermögensversicherung unterscheidet sich demgemäß in ihrer Struktur deutlich von der Sachversicherung. Es ist notwendig, sie von ihr systematisch auszuscheiden, da die auf die Sachversicherung zugeschnittenen gesetzlichen Vorschriften über die Schadenversicherung auf die Vermögensversicherungen nicht anwendbar sind. In Abweichung von der die Schadenversicherungen zusammenfassenden Systematik des VVG gelangt man damit zu einer Unterteilung in die Sach- und die Vermögensversicherung[4]. Da die letztere

---

[3] Auch die Kreditversicherung zur Deckung ausstehender Forderungen aus dem Warenverkehr bildet eine Sachversicherung; siehe dazu KOENIG, Priv. Vers. R, S. 383/84.
[4] KOENIG, Priv. Vers. R, S. 215/16 und 482 f.

erst in neuerer Zeit als eine speziell geartete Versicherungsform erkannt
worden ist, soll sie im folgenden einer besonderen Betrachtung unterzogen
werden.

II. Vermögensversicherung

Bei der Vermögensversicherung besteht der versicherte Tatbestand darin,
daß das Vermögen als abstrakter Inbegriff unter Versicherungsschutz
gestellt wird. Es sind nicht konkrete Bestandteile des Vermögens (Sachen,
Forderungen), die versichert werden, sondern dieses in seiner sich aus Aktiven und Passiven ergebenden Gesamtheit. Die Schädigung des Vermögens
kann entweder durch einen erforderlichen Aufwand (Kosten) oder durch
Verluste, respektive entgehende Gewinne eintreten. Diese beiden Seiten sind
noch näher ins Auge zu fassen.

1. Die Aufwand- und Kostenversicherungen schützen den Versicherungsnehmer vor einem in seinem Vermögen auftretenden Passivposten.
Man bezeichnet sie daher oft als Passivenversicherung[5]. Ihr wichtigster
und typischer Vertreter ist die Haftpflichtversicherung, durch die sich
der Versicherungsnehmer gegen ihn treffende Haftpflichtverbindlichkeiten
deckt. Die Leistungspflicht des Haftpflichtversicherers wird ausgelöst durch
eine Schädigung Dritter. Sie kann sowohl in Personenschäden bestehen, aus
denen Ansprüche aus Körperverletzung oder Tötung dritter Personen erwachsen, wie in Sachbeschädigungen, die zu Ersatzansprüchen führen[6]. Haftpflichtversicherung kann auch gegen einem Dritten zugefügte Vermögensschäden gewährt werden, was der Fall ist bei der Berufshaftpflichtversiche-
rung für Anwälte und Notare, die haftbar gemacht werden, weil ihren
Klienten ein Recht verloren geht oder eine Verbindlichkeit erwächst. In allen
drei Fällen ist nicht die Person, die Sache oder das Vermögen des Dritten
Gegenstand der Versicherung, sondern das infolge der Haftpflicht mit einem
Passivum belastete Vermögen des Versicherungsnehmers. Daher ist die
Haftpflichtversicherung immer Vermögensversicherung, auch insoweit, als
sie gegen die Haftpflicht aus Personenschäden genommen wird. Eine Haft-
pflichtverbindlichkeit kann an sich in beliebigem Umfange auftreten; sie ist

[5] Siehe BRUCK/MÖLLER/JOHANNSEN, Kommentar DVVG, Band 4, S. 41 und MÖLLER, Vers.
Vertrags R, S. 35f.
[6] EHRENZWEIG, Vers. Vertrags R, S. 693, bezeichnet die Personen- oder Sachschäden des
Dritten, welche die Haftpflicht begründen, als «Haftpflicht-Tatsache».

wertmäßig unbegrenzt. Regelmäßig wird aber die Leistung des Haftpflichtversicherers durch Festsetzung einer Versicherungssumme als Höchstentschädigungsgrenze limitiert[7]. Es ist Sache der Vereinbarung, zu bestimmen, ob allfällig entstandene Prozeßkosten in dieser Summe eingeschlossen sind[8] oder ob sie selbst dann vergütet werden, wenn sie zusammen mit der Haftpflichtentschädigung die Versicherungssumme übersteigen. Befindet sich der Versicherer in Verzug, so wird in bezug auf die Verzugszinse im Zweifel angenommen, der Versicherungsnehmer könne sie ohne Rücksicht auf die Versicherungssumme geltend machen[9].

Zu den Aufwandversicherungen, die nach den Grundsätzen der Vermögensversicherung zu beurteilen sind, gehören auch weitere Versicherungsdeckungen, die hier nur erwähnt, aber nicht näher behandelt werden sollen. Darunter fällt die Prozeßkosten- und Rechtsschutzversicherung, welche die Prozeß- und Anwaltskosten übernimmt, die dem Versicherungsnehmer aus Verfahren vor Gerichten oder Behörden erwachsen können[10]. Auch die Rückversicherung, durch die sich ein Erstversicherer gegen die ihn aus anfallenden Schäden treffende Belastung schützt, bildet immer eine Vermögensversicherung, auch wenn die Erstversicherung eine Sach oder Personenversicherung ist[11]. Häufig wird die Versicherung von Sachschäden mit der Deckung eines daneben auftretenden Aufwandes verbunden. So bei der von den Feuerversicherern üblicherweise gewährten Vergütung von Aufräumungskosten für die Entfernung des Brandschuttes und die Aufräumung der Brandstätte. Ebenso trifft es zu, wenn zur Feuerversicherung die Übernahme von Betriebsunterbrechungsschäden infolge fortlaufender oder neu anfallender Geschäftsunkosten hinzutritt. In der Versicherungspraxis wird alsdann oft von «mittelbaren Schäden» gesprochen, ein Ausdruck, der insofern unglücklich ist, als es sich nicht um eine Frage des Kausalzusammenhanges, sondern des versicherten Gegenstandes handelt. Als Vermögensversicherung zu behandeln ist ferner der in der Transportversicherung übliche Einschluß der Haftpflicht des Versicherungsnehmers

---

[7] Es steht aber rechtlich nichts entgegen, von einer solchen Begrenzung abzusehen und eine sogenannte «illimité»-Deckung zu gewähren.

[8] Die Zulässigkeit einer solchen Vereinbarung wurde anerkannt durch BGer, 14. Februar 1930, SVA VI, Nr. 275.

[9] So BGer, 28. Juni 1939, SVA VIII, Nr. 241.

[10] Es sei verwiesen auf: H. MEYER, Begriff und Grenzen der Rechtsschutzversicherung, SJZ 1951, S. 106f.; P. LEUCH, Die Rechtsschutzversicherung, Aarau 1963; H. GIGER, Probleme der Rechtsschutzversicherung, ZSR 1963, S. 225f.

[11] Dazu KOENIG, Priv. Vers. R, S. 540/41 und H. W. GAROBBIO, Über die Rückversicherung nach schweizerischem Recht, Abh. schweiz. R, Heft 266, Bern 1926.

aus Kollisionsschäden und die Übernahme der von ihm geschuldeten Beiträge aus einer aufgemachten Havarie-Große[12]. Eine enge Verbindung zwischen Sach- und Vermögensversicherung findet man in der Neuwertversicherung, indem bei ihr zum Ersatz des Sachschadens derjenige des für die Neuherstellung oder Neuanschaffung erforderlichen zusätzlichen Aufwandes hinzukommt, was auf eine Vergütung des «Neuwertes» hinausläuft.

2. Versicherungen gegen Vermögensverluste gewähren Deckung für Schäden, welche die Aktivseite des Vermögens treffen. Das ist der Fall bei Veruntreuungsversicherungen gegen Verluste, die eine Behörde oder ein Arbeitgeber infolge Veruntreuungen, Unterschlagungen oder Diebstahl eines Beamten oder Angestellten erleiden können. Von Kautionsversicherungen spricht man, wenn die Versicherung vom kautionspflichtigen Beamten oder Angestellten genommen wird, und von Garantieversicherungen, wenn die auf Grund von Verkaufs-, Lieferungs- oder Werkvertrag Garantiepflichtigen die Versicherung abschließen[13]. In diesen Fällen handelt es sich um Versicherung für fremde Rechnung (Art. 16/17 VVG), durch die das Vermögen des Auftraggebers (Arbeitgeber, Bauherr usw.) geschützt wird.

3. Typische Vermögensversicherungen bilden auch die gegen entgehende Gewinne oder Erträge gewährten Deckungen. Dahin gehört als selbständiger Versicherungszweig die Hagelversicherung, welche die dem Versicherungsnehmer durch Hagelschlag entgehenden Erträge deckt. Für die Festsetzung des Schadens im Versicherungsfalle ist denn auch nicht etwa der Wert der Bodenerzeugnisse maßgebend, sondern der Ertrag, der sich bei Ausbleiben des Hagelschlages ergeben hätte (Art. 64 Abs. 4 und 5 VVG). Auch die Mietzinsverlustversicherung ist eine Ertragsausfalldeckung. Schon frühzeitig hat sich in der Transportversicherung der Einschluß von erhofften Gewinnen (man sprach anfänglich von «imaginären» Gewinnen) eingebürgert; sie werden in der Regel auf 10% des Versicherungswertes der Güter taxiert. Manchmal kommt eine Sache vor allem als Mittel zur Erzielung eines Gewinnes in Betracht, während der Sachwert (Substanz- oder Materialwert) dahinter zurücktritt. Das ist zum Beispiel der Fall bei der Ver-

---

[12] Siehe E. SCHNEIDER, Die Havarie-Große und ihre Anwendung in der schweizerischen Transportversicherung, Abh. schweiz. R, Heft 266, Bern 1949.
[13] Dazu E. WIPF, Der versicherungsrechtliche Inhalt der Kautions- und der Veruntreuungsversicherung, Zürich 1937 und G. VON AMMON, Zur Rechtsnatur der Kautionsversicherung, ZVers.Wiss. 1966, S. 401 f. und 1970, S. 531 f.

sicherung von photographischen Negativen oder von technischen Modellen, Plänen oder Zeichnungen. Wird dann für die Schadenermittlung auf den durch die künftige gewerbliche Verwertbarkeit zu erwartenden Gewinn abgestellt, so hat man ebenfalls mit einer Gewinnausfallversicherung zu tun[14].

Früher war die Zulässigkeit solcher Gewinnversicherungen stark umstritten. Namentlich bei den Versicherungsaufsichtsbehörden herrschte anfänglich die Tendenz, sie als unmoralisch und daher ungültig zu betrachten, da daraus eine Bereicherung resultiere, die einen Anreiz zur Herbeiführung des Versicherungsfalles bilden könne. Dabei wurde übersehen, daß von einer Bereicherung gar nicht gesprochen werden kann, da der Gewinnentgang zu einer Schädigung des Vermögens des Versicherten führt. In der Praxis ließ sich daher die einem wirtschaftlichen Bedürfnis entsprechende Gewinnversicherung nicht unterdrücken[15]. Die modernen Versicherungsvertragsgesetze haben sie denn auch keineswegs verboten. Nach Art. 64 Abs. 3 VVG ist bei ihr für die Feststellung des Schadens der Gewinn maßgebend, der bei Gelingen des Unternehmens erzielt worden wäre. Damit ist ihre Zulässigkeit implizite anerkannt worden. Als Überbleibsel der früher gegen sie erhobenen Bedenken wurde jedoch für das Gebiet der Feuerversicherung eine durch Vereinbarung erfolgende Taxierung künftiger Gewinne durch zwingende Vorschrift verboten (Art. 65 Abs. 2 VVG), während für andere Versicherungszweige, wie die Transport- oder Diebstahlversicherung, dieses Taxierungsverbot nicht gilt. Angesichts der Schwierigkeiten, die sich einer Gewinnermittlung häufig entgegenstellen, sollte deren Taxierung im Interesse der Rechtssicherheit eher gefördert statt verhindert werden. Die zwingende Ausnahmebestimmung von Art. 65 Abs. 2 VVG läßt sich daher *de lege ferenda* nicht mehr rechtfertigen.

III. Kollektivversicherung

Der Versicherungsvertrag kann sich nur auf einen einzelnen Gegenstand beziehen, wie bei der Erlebens- oder Todesfallversicherung einer Person, der Feuerversicherung eines Gebäudes, der Kaskoversicherung eines Schiffes, der Glasversicherung für ein Schaufenster usw. Es ist aber auch möglich,

---

[14] KOENIG, Priv. Vers. R, S. 491.
[15] Die Vertreter der Interessenlehre haben die Deckung von Gewinnausfällen als Versicherung eines besonderen Nutzungs- und Gewinninteresses konstruiert und damit deren Zulassung theoretisch gerechtfertigt.

durch den gleichen Vertrag m e h r e r e Gegenstände (Sachen oder Personen) zu versichern, in welchem Falle man von Kollektivversicherung spricht. Dieser Begriff ist gesetzlich verwendet worden (Art. 7 und 31 VVG) und bedarf daher der Präzisierung; er ist in verschiedener Hinsicht von rechtlicher Bedeutung[16].

1. Be griff lich erfordert die Kollektivversicherung die versicherungs-mäßige Deckung einer M e h r h e i t von G e g e n s t ä n d e n. Das bildet im Gebiete der Sachversicherung den Regelfall, da es sehr unpraktikabel wäre, über jeden einzelnen Gegenstand des Hausrats, des landwirtschaftlichen Inventars, eines Warenlagers, eines Maschinenparks usw., einen besonderen Versicherungsvertrag tätigen zu müssen. Daher werden Sachversicherungen meistens über eine Mehrzahl von Gegenständen, nämlich eine näher umschriebene Kollektivität von Sachen, abgeschlossen. Weniger vorherrschend ist die Kollektivversicherung in der Personenversicherung, doch kommt sie auch da immer häufiger vor, namentlich als Gruppenlebens- und Kollektivunfallversicherung, durch die zum Beispiel ein Arbeitgeber seine Angestellten und Arbeiter versichert. Seltener ist die Kollektivversicherung in der Vermögensversicherung. Das durch sie geschützte Vermögen des Versicherungsnehmers bildet in seiner Zugehörigkeit zu einem bestimmten Subjekt nur einen einzigen Gegenstand[17]. Immerhin begegnet man der Kollektivversicherung auch hier, beispielsweise bei Policen, die ein Verein zur Deckung der Haftpflicht seiner Mitglieder (Jäger, Radfahrer usw.) nimmt.

Ein weiteres begriffliches Merkmal der Kollektivversicherung ist, daß die mehreren Gegenstände durch den g l e i c h e n V e r t r a g unter Versicherungsschutz gestellt werden; andernfalls liegt nur eine Mehrheit von Einzelversicherungen vor. Ob e i n Vertrag gegeben ist oder mehrere, kann möglicherweise fraglich sein und muß alsdann auf Grund des Parteiwillens, respektive durch Schlüsse aus den konkreten Verhältnissen und Umständen, beurteilt werden. Mit einem Kollektivvertrag hat man auch bei der sogenannten l a u f e n d e n V e r s i c h e r u n g zu tun. Sie deckt eine ganze Reihe von Gegenständen, die vielfach erst künftig von der Versicherung sukzessive erfasst werden. Die einzelnen Versicherungsverhältnisse, die nacheinander im Laufe der Vertragsdauer zur Entstehung kommen, basieren rechtlich auf einem einzigen Vertrag, so daß es jeweilen keines neuen Abschlusses bedarf[18].

---

[16] In der Versicherungspraxis spricht man oft auch in einem anderen Sinne von «Kollektivpolicen», nämlich im Falle der Beteiligung mehrerer Versicherer am gleichen Risiko.
[17] Der Meinung von ROELLI, Kommentar I, S. 113, wo die Haftpflichtversicherung generell als Beispiel einer Kollektivversicherung erwähnt wird, kann nicht beigepflichtet werden.
[18] BGer, 15. Juli 1920, SVA IV, Nr. 152.

Die Meinung, beim grundlegenden Vertrag handle es sich bloß um einen Vorvertrag, ist daher abzulehnen[19]. Beispiele solcher laufender Versicherungen sind die Transportversicherung für künftige Warenversendungen («Generalpolice»), die durch einen Verleger für die Abonnenten einer Zeitschrift genommenen Abonnentenversicherungen und die durch Rückversicherung erfolgende Deckung der den Selbstbehalt des Erstversicherers übersteigenden Risikoanteile.

2. Problematisch ist, welche r e c h t l i c h e B e d e u t u n g sich mit dem Begriff der Kollektivversicherung in bezug auf das Vertragsschicksal verbindet. Insbesondere fragt sich, ob der Vertrag trotz der Mehrheit versicherter Gegenstände unteilbar bleibt. Im allgemeinen kann ein Vertrag nur a l s g a n z e r aufgelöst oder gekündigt werden. Das gilt auch für den Kollektivversicherungsvertrag bei Rücktritt im Schadenfalle oder bei Handänderung (Art. 42 und 54 VVG). Schon Art. 20 Abs. 2 OR hat jedoch die Nichtigkeit eines Vertrages wegen unmöglichem Inhalt eingeschränkt: betrifft der Mangel bloß einzelne Teile des Vertrages, so sind nur diese nichtig, wenn nicht anzunehmen ist, daß er ohne den nichtigen Teil nicht abgeschlossen worden wäre. Auch das VVG hat positivrechtlich zwei Ausnahmefälle vorgesehen, wo unter gewissen Umständen die T e i l b a r k e i t anerkannt wird. Das gilt für Verletzungen der Anzeigepflicht bei Vertragsabschluß und für Gefahrserhöhungen, die nur einen Teil der Gegenstände oder Personen treffen (Art. 7 und 31 VVG). Der Vertrag bleibt alsdann für den übrigen Teil wirksam, sobald sich aus den Umständen ergibt, daß der Versicherer ihn zu den nämlichen Bedingungen versichert hätte, respektive der Versicherungsnehmer eine auf diesen Teil entfallende höhere Prämie auf erstes Begehren des Versicherers bezahlt. *De lege ferenda* kann man sich fragen, ob nicht darüber hinaus die Teilbarkeit für die Kollektivversicherung generell anerkannt werden sollte.

Der Kollektivvertrag muß bestimmen, welcher K r e i s von Gegenständen oder Personen von der Versicherung erfaßt werden soll. Das kann nach dem Grundsatz der Vertragsfreiheit beliebig geschehen, sei es durch positive Merkmale, sei es durch negative Ausschlußklauseln. In der Sachversicherung werden die versicherten Gegenstände regelmäßig der G a t t u n g nach bestimmt, indem Gattungsbegriffe verwendet werden, wie Hausrat, landwirtschaftliche Geräte, Viehbestand, Warenlager usw. Alsdann fallen nach Art. 66 VVG alle zur Zeit des Eintritts des befürchteten Ereignisses zur Gattung gehörenden Gegenstände unter die Versicherung. Sie erstreckt sich also

---

[19] BezGer Meilen, 23. April 1925, SVA V, Nr. 20.

auch auf Gegenstände, die erst nach Vertragsabschluß angeschafft worden sind. In der kollektiven Unfallversicherung ist es ebenfalls üblich, den Kreis der versicherten Personen durch generelle Klauseln zu umschreiben. Sie kann die beim Arbeitgeber in die Lohnlisten eingetragenen Personen umfassen[20] oder bei der Areal- oder Hektarenversicherung das ganze im landwirtschaftlichen Betrieb tätige Personal oder bei der Abonnentenversicherung alle Personen, die ein Abonnement auf die betreffende Zeitschrift oder Zeitung eingehen. Durch Ausschlußklauseln werden aber meistens gewisse Personenkategorien als versicherungsunfähig erklärt. Das ist der Fall bei der Festsetzung von Altersgrenzen (z. B. Ausschluß von Personen über 70 oder unter 14 Jahren) und bei der Gebrechensklausel, die mit bestimmten Gebrechen behaftete Personen (z. B. Blinde, Lahme, Taube, Geisteskranke und Epileptiker) vom Kreis der Versicherten ausschließt. Solche Klauseln sind zulässig, bedürfen aber gemäß Art. 33 VVG einer klaren, unzweideutigen Fassung[21]. Sie verstoßen nicht etwa gegen die zwingenden Vorschriften von Art. 4 f. VVG, wonach die individuellen Gefahrumstände einer versicherten Person durch dahinzielende Fragen des Versicherers zu erfassen sind. In der Kollektivversicherung findet ihrem Wesen gemäß überhaupt keine individuelle Würdigung der einzelnen Risiken statt. Dagegen ist die Umschreibung des versicherten Personenkreises unerläßlich und ohne weiteres statthaft, wie auch in der Gerichtspraxis richtig erkannt wurde[22]. Darin zeigt sich ein für die juristische Vertragsgestaltung entscheidender Unterschied zwischen der Einzel- und der Kollektivversicherung. Durch Vereinbarung ist festzulegen, ob die angegebenen Gegenstände oder Personen obligatorisch unter die Versicherung fallen oder ob dies fakultativ ist und von einer Anmeldung zur Versicherung abhängig gemacht wird. Eine solche Anmeldung bildet rechtlich keinen Antrag, den der Versicherer annehmen oder ablehnen könnte, sondern eine einseitige, gestützt auf den bereits abgeschlossenen Vertrag erfolgende Erklärung des Versicherungsnehmers. Die durch die Anmeldung entstehenden Versicherungsverhältnisse gehen denn auch alle zurück auf den ursprünglichen Vertrag, dessen Bestimmungen für sie maßgebend sind[23].

---

[20] Tribunale di appello Ticino, 30. April 1914, SVA III, Nr. 187; AppHof Bern, 6. Dezember 1917, SVA IV, Nr. 271.

[21] BGer, 26. März 1931, SVA VII, Nr. 333.

[22] BGer, 6. Juni 1917, SVA IV, Nr. 260; ZivGer Basel-Stadt, 25. Januar 1918, SVA IV, Nr. 269; BezGer Laufenburg, 23. Februar 1922, SVA V, Nr. 338; KGer St. Gallen, 27. Mai 1926, SVA V, Nr. 348; BezGer Horgen, 7. Juli 1953, SVA XI, Nr. 91.

[23] BGer, 15. Juli 1920, SVA IV, Nr. 152; Cour de justice Genève, 10. Juni 1921, SVA IV, Nr. 13.

IV. Fremdversicherung

In der Regel bringt der Versicherungsnehmer die ihm selber gehörenden Gegenstände oder seine eigene Person unter Versicherungsschutz. Diese Eigenversicherung bildet den Normalfall. Der Versicherungsnehmer kann aber auch nicht ihm gehörende, sondern fremde Gegenstände oder fremde (dritte) Personen versichern. Alsdann spricht man von Fremdversicherung. Sie beruht begrifflich auf einem Auseinanderfallen des Versicherungsnehmers und des Dritten, dessen Gegenstände oder dessen Person versichert sind. Diesen Dritten pflegt man als Versicherten zu bezeichnen. Der schweizerische Gesetzgeber hat denn auch diesen Ausdruck wiederholt in diesem Sinne verwendet (Art. 17 und 18 Abs. 2 VVG)[24]. Die Fremdversicherung hat nichts zu tun mit der Stellvertretung, da der Versicherungsnehmer selbständig und nicht im Namen und als Vertreter des Versicherten handelt.

Die rechtliche Ordnung der Fremdversicherung ist – anders als bei der Kollektivversicherung – nirgends gemeinsam erfolgt, weshalb das Gesetz den Ausdruck «Fremdversicherung» nicht kennt. Trotzdem ist er als Oberbegriff gerechtfertigt, da überall die gleichen Probleme auftauchen. Einmal ist die Frage zu beantworten, ob und unter welchen Voraussetzungen die Fremdversicherung zugelassen wird. Soweit dies bejaht wird, muß alsdann geregelt werden, wie sich bei ihr die Rechte und Pflichten aus dem Vertragsverhältnis zwischen Versicherungsnehmer und Versichertem verteilen, wem insbesondere der Versicherungsanspruch zusteht[25]. Diese grundlegenden Fragen sind positivrechtlich verschieden beantwortet worden, je nachdem, ob es sich um eine Versicherung für fremde Rechnung (Art. 16/17 VVG), eine Versicherung auf fremdes Leben (Art. 74 VVG) oder eine kollektive Unfallversicherung (Art. 87 VVG) handelt[26].

---

[24] Art. 74 VVG spricht von demjenigen, «auf dessen Tod die Versicherung gestellt ist».
[25] KOENIG, Priv. Vers. R, S. 221.
[26] Rechtsvergleichend siehe dazu GANZ, Fremdversicherung.

§ 84. Versicherung für fremde Rechnung

Literatur

P. Lenné, Das Versicherungsgeschäft für fremde Rechnung, Marburg 1911; E. Josef, Schutz durch mittelbare Versicherung, Z Vers. Wiss. 1912, S. 778f.; W. Fischer, Die Versicherung für fremde Rechnung in der Schadenversicherung, Leipzig 1913; J. Weygand, Die Grundzüge der Kundenversicherung, Berlin 1914; H. Embden, Versicherung für Rechnung wen es angeht, Hamburger Rechtsstudien, Heft 8, Hamburg 1930; L. Benz, Versicherungsauftrag und Versicherungspflicht in der Sachversicherung, Abh. schweiz. R, Heft 100, Bern 1934; M. Freudiger, Versicherung von Dritteigentum, Zürich 1949; R. Imseng, Die Rechtsstellung des Versicherten in der Versicherung für fremde Rechnung, Abh. schweiz. R, Heft 362, Bern 1964; W. Koenig, Die Anspruchsberechtigung in der Versicherung für fremde Rechnung, in: Festschrift Prölss, München 1967, S. 221f.

Ein sich im Zusammenhang mit dem Gegenstand stellendes Problem erwächst aus der Möglichkeit, fremde, d. h. einem Dritten gehörende Gegenstände zu versichern. Man spricht alsdann von Versicherung für fremde Rechnung. Das schweizerische Gesetz hat sie in Art. 16/17 VVG unter den allgemeinen Bestimmungen behandelt. Das ist systematisch insofern verfehlt, als die Fremdversicherung in der Lebens- und Unfallversicherung im Abschnitt über die Personenversicherung speziell geregelt worden ist (Art. 74 und 87 VVG). Die Bestimmungen über die Versicherung für fremde Rechnung beziehen sich daher nur auf die Fremdversicherung im Gebiete der Schadenversicherung[1]. Bei ihr erhebt sich einmal die Frage nach ihrer Zulässigkeit. Da neben dem Versicherungsnehmer ein Dritter als Versicherter auftaucht, ist ferner die Rechtsstellung der Beteiligten zu prüfen. Gestützt darauf läßt sich alsdann die rechtliche Einordnung dieses Vertragsgebildes bestimmen.

I. Zulässigkeit

Die Beantwortung der Frage, ob die Fremdversicherung im Gebiete der Schadenversicherung zuzulassen sei, hängt davon ab, ob ein Bedürfnis danach

---

[1] Auch Jaeger, Kommentar III, S. 67 und S. 305, stellt fest, die Vertragsform der Versicherung für fremde Rechnung treffe weder für die Lebensversicherung noch für die Unfallversicherung zu, trotzdem sie unter den allgemeinen Bestimmungen des Gesetzes Platz gefunden habe.

besteht; gestützt darauf muß entschieden werden, wann sie als gültig und rechtlich wirksam anzuerkennen ist.

1. Ein Bedürfnis nach Versicherung fremder Gegenstände besteht in vielen Fällen. So versichert zum Beispiel ein Familienhaupt den Hausrat seiner Hausgenossen, ein Dienstherr die Effekten seiner Angestellten und Arbeiter, ein Frachtführer oder Spediteur die ihm zur Beförderung übergebenen Waren, ein Gastwirt die von den Gästen mitgebrachten Gegenstände, ein Garagist die eingestellten Automobile, der Inhaber eines gewerblichen Betriebes die ihm zur Bearbeitung oder Reparatur übergebenen Sachen seiner Kunden. Oft ist eben der Eigentümer aus irgendwelchen Gründen nicht in der Lage oder nicht bereit, selbst für Versicherung zu sorgen, sei es, weil er dazu nicht fähig ist, sei es, weil ein anderer infolge gewisser Beziehungen, in denen er zur Sache steht, als zum Vertragsabschluß prädestinierter erscheint. Dazu kommt, daß es zur Zeit des Abschlusses oft noch ungewiß ist, wer Eigentümer der zu versichernden Objekte sein wird, oder die Möglichkeit eines raschen Wechsels der Eigentumsverhältnisse, wie bei Waren, die von Hand zu Hand wandern. In allen diesen Fällen kann dem Versicherungsbedürfnis nur entsprochen werden, wenn die Fremdversicherung zugelassen wird.

2. Die in Art. 16/17 VVG erfolgte Regelung hat denn auch die Gültigkeit einer Versicherung für fremde Rechnung grundsätzlich anerkannt. Sie wurde nicht von der Zustimmung des Dritten abhängig gemacht. Das ist allerdings nur indirekt und unklar zum Ausdruck gekommen. Nach Art. 16 Abs. 1 VVG kann die Versicherung für fremde Rechnung mit oder ohne Bezeichnung der Person des Dritten abgeschlossen werden; daraus läßt sich folgern, eine Zustimmung des Dritten sei nicht erforderlich[2]. Art. 17 Abs. 1 VVG sagt weiter, daß die Versicherung für fremde Rechnung für den Versicherer auch dann verbindlich ist, wenn der versicherte Dritte den Vertrag erst nach Eintritt des befürchteten Ereignisses genehmigt. Von einer eigentlichen «Genehmigung» des Vertrages durch den Dritten kann aber überhaupt nicht gesprochen werden. Der Vertrag als solcher kommt vielmehr ohne Zustimmung des Dritten gültig zustande[3]. Mit Recht wollte man vermeiden, den Versicherungsabschluß durch das Erfordernis der Einwilligung des Ver-

---

[2] BGer, 30. Juni 1926, SVA V, Nr. 106.
[3] Auch ROELLI, Kommentar I, S. 255, bemerkt zutreffend, aus Art. 17 Abs. 1 VVG dürfe nicht gefolgert werden, die Versicherung für fremde Rechnung sei für den Versicherer nur dann verbindlich, wenn der Dritte sie genehmigt habe. Dies gilt entgegen seiner Ansicht allgemein und nicht nur im Falle, wo der Versicherungsnehmer gemäß Auftrag oder gesetzlicher Versicherungspflicht gehandelt hat.

sicherten zu erschweren. Auch wenn keine Genehmigung seitens des Dritten erfolgt, wird also der Vertrag dadurch nicht hinfällig [4].

3. Zur rechtlichen W i r k s a m k e i t einer Versicherung für fremde Rechnung ist es dagegen nötig, daß der Versicherungsnehmer e r k l ä r t, er wolle Gegenstände Dritter versichern. Nach Art. 16 Abs. 2 VVG wird nämlich i m Z w e i f e l angenommen, der Versicherungsnehmer habe den Vertrag für eigene Rechnung abgeschlossen. Konkreter ausgedrückt heißt das, mangels anderer Vereinbarung werde vermutet, die Versicherung solle nur die eigenen Sachen des Versicherungsnehmers erfassen, während einem Dritten gehörende Gegenstände nicht unter sie fallen. Diese Deutung entspricht denn auch in der Regel dem Willen des Versicherungsnehmers. Die getroffene Ordnung ist von großer praktischer Tragweite, da sie den Kreis der im Schadenfalle als versichert geltenden Gegenständen bestimmt [5]; sie beeinflußt auch die Festsetzung der Versicherungssumme und der Prämie. Die Versicherung von Dritteigentum wird zwar gesetzlich nicht vermutet, doch können die Versicherungsbedingungen vertraglich vorsehen, daß gewisse fremde Sachen in der Versicherung eingeschlossen sind. So wird nach den AVB der Hausratversicherung üblicherweise das Eigentum der mit dem Versicherungsnehmer in Hausgemeinschaft lebenden Familienangehörigen und Arbeitnehmer ebenfalls gedeckt [6]. Die Mitversicherung fremder Sachen kann sich auch aus den Umständen ergeben, so zum Beispiel, wenn ein Posten «Dienstboteneffekten» in die Versicherung eingeschlossen wird [7].

In der Praxis tritt die Fremdversicherung häufig in Verbindung mit einer Eigenversicherung auf, das heißt als Versicherung für eigene wie für fremde Rechnung. Es kann aber auch ausdrücklich unbestimmt gelassen werden, ob die Versicherung für eigene oder fremde Rechnung gelten solle. Davon wird Gebrauch gemacht bei der im Handelsverkehr schon lange üblichen V e r - s i c h e r u n g f ü r R e c h n u n g w e n e s a n g e h t («pour le compte de qui il appartiendra»). Hier werden vom Versicherungsnehmer nur die zu versichernden Sachen oder Sachinbegriffe (z. B. Waren) angegeben, während die Eigentumsverhältnisse daran bewußt offen gelassen werden. Das ist seit jeher als zulässig betrachtet worden [8].

---

[4] Ebenso für das d e u t s c h e Recht Bruck, Priv. Vers. R, S. 603.
[5] BGer, 17. Mai 1934, SVA VII, Nr. 88.
[6] Nach d e u t s c h e m VVG § 85 erstreckt sich die Feuerversicherung sogar von Gesetzes wegen auch auf die Sachen der zur Familie des Versicherungsnehmers gehörenden sowie der in einem Dienstverhältnis zu ihr stehenden Personen, sofern diese in häuslicher Gemeinschaft mit dem Versicherungsnehmer leben.
[7] Roelli, Kommentar I, S. 251.
[8] BGer, 29. Oktober 1936, SVA IX, Nr. 44 und 9. März 1950, SVA X, Nr. 23.

II. Rechtsstellung der Beteiligten

Da bei der Versicherung für fremde Rechnung neben dem Versicherer nicht nur ein Versicherungsnehmer, sondern auch ein Dritter als Versicherter da ist, entsteht ein Dreiecksverhältnis, bei dem sich die Rechte und Pflichten aus dem Vertrag auf drei Beteiligte verteilen. Dabei muß man die versicherungsrechtliche Stellung des Versicherungsnehmers und des Versicherten gegenüber dem Versicherer und die internen Beziehungen zwischen ihnen auseinanderhalten. Eine weitere Frage ist, in welcher Stellung sich der Versicherer ihnen gegenüber befindet.

1. Im Versicherungsverhältnis, das mit dem Versicherer abgeschlossen worden ist, sind die vertraglichen Rechte und Pflichten aufgespalten zwischen Versicherungsnehmer und Versichertem.

a) Der Versicherungsnehmer bleibt als Vertragspartei berechtigt und verpflichtet, soweit sich aus Gesetz oder Vertrag nichts anderes ergibt. Nach allgemeinem Vertragsrecht ist es unerheblich, ob die eine Partei zu einem Dritten in einem rechtlichen Verhältnis steht, das sie den Vertrag für Rechnung dieses Dritten abschließen läßt[9]. Der für fremde Rechnung abschließende Versicherungsnehmer bleibt daher grundsätzlich Herr des Vertrages. Wie er ihn ohne Zustimmung des Eigentümers abgeschlossen hat, so kann er ihn ohne weiteres auch wieder aufheben oder modifizieren[10]. Insbesondere verbleibt die Pflicht zur Prämienzahlung beim Versicherungsnehmer. Er ist dem Versicherer gegenüber Prämienschuldner, muß gemahnt oder betrieben werden. Positivrechtlich hat Art. 18 Abs. 2 VVG diese Ordnung insofern ergänzt, als der Versicherer berechtigt ist, bei der Versicherung für fremde Rechnung die Bezahlung der Prämie auch vom Versicherten zu fordern, wenn der Versicherungsnehmer zahlungsunfähig geworden ist und die Prämie vom Versicherten noch nicht erhalten hat. Das kann sich aber, obschon es aus dem Gesetzestext nicht klar ersichtlich ist, nur auf den Fall beziehen, wo der Versicherte nach internem Rechtsverhältnis zur Rückerstattung der vom Versicherungsnehmer bezahlten Prämie verpflichtet ist. Alsdann soll der Versicherer sich direkt an den rückerstattungspflichtigen Versicherten halten können, wodurch ein Ausfall seiner Prämienforderung bei Zahlungsunfähigkeit des Prämienschuldners vermieden wird. Es handelt sich

---

[9] Auch beim Kommissionsverhältnis, wo der Kommissionär für Rechnung eines Kommittenten den Einkauf von Sachen oder Wertpapieren besorgt (Art. 425 OR), werden die Rechte und Pflichten aus dem Vertrag in der Person des Kommissionärs begründet.
[10] So schon ROELLI, Kommentar I, S. 249.

hier um eine Schutzvorschrift für den Versicherer, die gerechtfertigt erscheint, weil sie die Stellung des ohnehin zur Rückerstattung der Prämie
Verpflichteten nicht verschlechtert.

Eine Sondervorschrift hat Art. 5 Abs. 2 VVG für die Deklarationspflicht bei Vertragsabschluß (Art. 4f. VVG) aufgestellt. Danach sind
bei der Versicherung für fremde Rechnung auch diejenigen erheblichen Gefahrtatsachen anzuzeigen, die dem versicherten Dritten selbst oder seinen
Zwischenbeauftragten bekannt sind oder bekannt sein müssen. Dies kann
indessen dann nicht gelten, wenn der Vertrag ohne Wissen dieser Personen
abgeschlossen wurde oder wenn eine rechtzeitige Benachrichtigung des Antragstellers nicht möglich war. Man kann sich fragen, ob man damit eine
selbständige Deklarationspflicht des Dritten begründen wollte[11]. Da sich aber
die zu beantwortenden Fragen des Versicherers an den Antragsteller richten,
vermögen sie keine Beantwortungspflicht des Versicherten zu begründen.
Die Anzeigepflicht verbleibt vielmehr beim Versicherungsnehmer als Antragsteller. Dieser hat aber auch die Kenntnis und das Kennenmüssen des
versicherten Dritten zu deklarieren, soweit ihm dessen Wissen zugekommen
ist oder er es sich rechtzeitig hätte beschaffen können[12].

Die Rechte aus dem Versicherungsvertrag für fremde Rechnung stehen im
allgemeinen dem Versicherungsnehmer als der Vertragspartei zu. Das gilt
insbesondere von den Kündigungs- und Rücktrittsrechten, aber auch vom
Recht auf Aushändigung einer Police und dem damit verbundenen Berichtigungsrecht. Eine Ausnahme macht der bei Eintritt des befürchteten Ereignisses aus dem Versicherungsvertrag entstehende Versicherungsanspruch.

b) Dem Versicherten als dem Eigentümer der versicherten Gegenstände
steht nämlich grundsätzlich der Anspruch auf die Versicherungsleistung aus einer auf seine Rechnung abgeschlossenen Versicherung zu.
Das geht allerdings aus dem Gesetzestext nicht direkt hervor; es läßt sich
nur durch *argumentum e contrario* aus den von Art. 17 Abs. 2 VVG angeführten Ausnahmen entnehmen[13]. Dort werden drei Fälle erwähnt, in welchen
die Geltendmachung des Anspruches durch den Versicherungsnehmer erfolgen kann. Das trifft einmal zu, wenn der Versicherte dem selber zustimmt.
Dem wird gleichgestellt, wenn der Versicherte dem Versicherungsnehmer
seinerzeit einen vorbehaltlosen Auftrag zum Abschluß des Vertrages erteilt

---

[11] Das wird angenommen von ROELLI, Kommentar I, S. 94.
[12] So OSTERTAG, VVG, Art. 5, S. 89 und KELLER, Kommentar I, S. 118.
[13] BGer, 17. Mai 1934, SVA VII, Nr. 88; ObGer Luzern, 25. November 1948, SVA X,
    Nr. 22; ObGer Zürich, 3. April 1951, SVA X, Nr. 24.

hatte. Darin kann in der Tat das Einverständnis zur Geltendmachung des Versicherungsanspruches erblickt werden, sofern sie sich der Versicherte nicht selbst vorbehalten hat[14]. Schließlich ist der Versicherungsnehmer auch dann befugt, den Anspruch gegen den Versicherer geltend zu machen, wenn ihm eine gesetzliche Versicherungspflicht obgelegen hatte. Eine solche besteht zum Beispiel nach Art. 332 ZGB für das Familienhaupt, nach Art. 767 ZGB für den Nutznießer und nach Art. 551 Abs. 3 ZGB für den Verwalter einer Erbschaft. In allen diesen Fällen wird jedoch dem Versicherungsnehmer nur die Geltendmachung des Anspruches überlassen. Ob er die bezogene Versicherungsleistung an den Versicherten herauszugeben hat oder nicht, ist eine andere Frage, die sich nach dem zwischen ihnen bestehenden Verhältnis beurteilt.

Der Versicherte erwirbt den Anspruch kraft seiner Stellung als eigenes und selbständiges Recht. Es wurde ihm zuerkannt, weil er als Eigentümer der versicherten Gegenstände durch deren Vernichtung oder Beschädigung am stärksten berührt wird. Indem man ihn zum Anspruchsberechtigten machte, wurde die Gefahr eines Mißbrauches der für seine Rechnung abgeschlossenen Versicherung beseitigt. Als Anspruchsberechtigter hat der Versicherte aber auch die Obliegenheiten zu erfüllen, die einem solchen im Versicherungsfall gesetzlich oder vertraglich auferlegt sind (Art. 38, 39, 61, 67 und 68 VVG). Da das Recht des Dritten kein abgeleitetes ist, kann der Versicherer, wie Art. 17 Abs. 3 VVG ausdrücklich festhält, die von ihm geschuldete Entschädigung nicht mit Forderungen verrechnen, die ihm gegen den Versicherungsnehmer zustehen. Im übrigen steht jedoch der Versicherte als Dritter außerhalb des Versicherungsvertrages.

2. Zwischen dem Versicherten und dem Versicherungsnehmer besteht ein internes Rechtsverhältnis, das vom allgemeinen Zivilrecht beherrscht wird. Es kann zum Beispiel ein Auftrag oder eine Geschäftsführung ohne Auftrag vorliegen, das Verhältnis kann auf einem Kommissions-, Speditions-, Fracht-, Lager- oder Gesellschaftsvertrag beruhen oder sich aus Nutznießung, ehemännlicher oder hausherrlicher Nutzung und Verwaltung ergeben. Nach diesem Innenverhältnis beurteilt sich, ob der Versicherungsnehmer, soweit er zur Geltendmachung des Anspruches legitimiert war, zur Herausgabe der Versicherungsleistung an den Versicherten verpflichtet ist[15]. Ebenso richtet es sich nach dem internen Rechtsverhältnis, ob und in welchem Umfange der Versicherte zur Rückerstattung der Prä-

---

[14] Tribunal cantonal vaudois, 28. März 1956, SVA XI, Nr. 22.
[15] BGer, 29. Oktober 1936, SVA IX, Nr. 44.

mie an den Versicherungsnehmer angehalten werden kann. Eine solche
Pflicht liegt zum Beispiel beim Auftrag vor, unter Umständen auch bei Geschäftsführung ohne Auftrag (Art. 402 und 422 OR)[16], während sie bei fami-
lien- und güterrechtlichen Verhältnissen meistens verneint werden muß. Ob
eine Rückerstattungspflicht besteht oder nicht, ist für den Bestand und die
Wirksamkeit des Versicherungsvertrages ohne Belang. Der Ausdruck Versicherung «für fremde Rechnung» ist daher terminologisch unglücklich und
irreführend. Er erweckt den falschen Eindruck, als bilde die Zahlung der
Prämie auf Rechnung des Versicherten ein wesentliches Merkmal dieser Versicherungsform, was keineswegs zutrifft.

3. Die Stellung des Versicherers schließlich wird dadurch bestimmt,
daß er Vertragspartner des Versicherungsnehmers ist und ihm gegenüber
grundsätzlich alle aus dem Vertrag fließenden Rechte und Pflichten hat. Der
Versicherungsanspruch dagegen steht dem Versicherten zu und kann nur in
dem durch Art. 17 Abs. 2 VVG gezogenen Rahmen vom Versicherungsnehmer geltend gemacht werden. Der Versicherer, der an den nach Gesetz
Legitimierten geleistet hat, braucht sich nicht darum zu kümmern, was
mit der von ihm ausgerichteten Entschädigung geschieht, ob der Versicherungsnehmer sie behalten kann oder an den Versicherten herausgeben muß.
Diese an sich klare Ordnung wird dadurch beeinträchtigt, daß die Legitimation zur Geltendmachung des Versicherungsanspruches davon abhängt,
ob dem Versicherungsnehmer ein vorbehaltloser Auftrag erteilt war oder
ihm eine gesetzliche Versicherungspflicht obgelegen hat. Das kann im Einzelfall nur auf Grund des zwischen Versicherungsnehmer und Versichertem
bestehenden Innenverhältnisses festgestellt werden. Der Versicherer muß
also, wenn er sich nicht der Gefahr einer Doppelzahlung aussetzen will, diese
internen Rechtsbeziehungen überprüfen, was naturgemäß oft Schwierigkeiten bereiten kann. Die durch das VVG getroffene Regelung vermag daher
nicht voll zu befriedigen. Als praktische Lösung empfiehlt es sich, jeweils
vor einer Zahlung an den Versicherungsnehmer die Zustimmung des Versicherten einzuholen. Bei einer größeren Zahl von Versicherten (z.B. ganze
Arbeiterschaft) wird dadurch die Schadenerledigung erschwert. Es sollte
daher *de lege ferenda* nach einer vom Innenverhältnis unabhängigen Beantwortung der Legitimationsfrage gesucht werden[17]. So könnte man daran denken,
den Anspruch auf die Versicherungsleistung zwar dem Versicherten zuzusprechen, dem Versicherer aber gesetzlich die Befugnis einzuräumen, die

---

[16] BGer, 30. April 1941, SVA IX, Nr. 46.
[17] Nach dem deutschen VVG § 75 stehen bei der Versicherung für fremde Rechnung die

Schadenermittlung mit dem Versicherungsnehmer durchzuführen und an ihn auch die Entschädigung auszurichten[18].

III. Rechtliche Einordnung

Es fragt sich, welche rechtliche Natur der Versicherung für fremde Rechnung zuzuschreiben ist und nach welchen Kriterien sie gegenüber der Eigenversicherung abzugrenzen ist.

1. Zur Rechtsnatur der Versicherung für fremde Rechnung sind im Laufe der Zeit die verschiedensten Theorien entwickelt worden. Die Meinung, es handle sich um eine Art Stellvertretung, wurde bald einmal als unhaltbar erkannt. Während bei ihr der vom Stellvertreter geschlossene Vertrag den Vertretenen unmittelbar berechtigt und verpflichtet (Art. 32 OR), bleibt bei der Versicherung für fremde Rechnung der Versicherungsnehmer Vertragspartei und insbesondere auch prämienzahlungspflichtig. Er schließt den Vertrag in eigenem Namen und nicht als Vertreter des Versicherten ab. Aber auch die Ansicht, es handle sich um ein Auftrags- oder Kommissionsverhältnis, trifft nicht zu[19]. Der Auftraggeber oder Kommittent erwirbt die Rechte aus dem für seine Rechnung abgeschlossenen Vertrag nur kraft Überganges oder infolge Zession (Art. 401 und 425 Abs. 2 OR), während dem Versicherten unmittelbar ein eigenes Recht auf den Versicherungsanspruch erwächst. Dieses Recht gleicht demjenigen, das beim Vertrag zugunsten Dritter nach Art. 112 OR dem Dritten und bei der versicherungsrechtlichen Begünstigung nach Art. 78 VVG dem Begünstigten zusteht. Man hat denn auch die Versicherung für fremde Rechnung oft als Vertrag zugunsten Dritter qualifiziert[20]. Sie unterscheidet sich jedoch von diesem Rechtsinstitut, da der Versicherte sein Recht nicht kraft Willensmeinung der Vertragsparteien oder kraft einer Begünstigungsklausel erwirbt, sondern unabhängig davon kraft seiner Stellung als Versicherter. Es ist daher der Meinung beizupflichten, die in der Versicherung für fremde Rechnung ein besonderes Rechts-

---

Rechte aus dem Versicherungsvertrag dem Versicherten zu, doch kann er ohne Zustimmung des Versicherungsnehmers über sie nur verfügen und sie gerichtlich geltend machen, wenn er im Besitz des Versicherungsscheines ist. Da die Police nicht Wertpapiercharakter hat, ist aber auch diese Lösung nicht überzeugend.

[18] Dazu Koenig, Die Anspruchsberechtigung, S. 238 f.
[19] Ebenso Bruck, Priv. Vers. R, S. 600.
[20] So auch ObGer Zürich, 3. April 1951, SVA X, Nr. 24.

gebilde erblickt, das nach den spezialrechtlichen Normen von Art. 16/17
VVG zu beurteilen ist[21].

2. Als eigenständiges, unter Sondernormen stehendes Vertragsgebilde bedarf die Versicherung für fremde Rechnung einer klaren Abgrenzung
gegenüber der Eigenversicherung. Ob das eine oder andere vorliegt, entscheidet über die Anwendbarkeit von Art. 16/17 VVG und damit darüber,
wem der Versicherungsanspruch zusteht. Das maßgebende Kriterium ist
darin zu erblicken, wer das sachenrechtliche Eigentum an den zu versichernden Gegenständen hat. Ist es der Versicherungsnehmer selber, so liegt
Eigenversicherung vor, gehören die Gegenstände einem Dritten, so hat man
es mit einer Versicherung für fremde Rechnung zu tun. Danach kommt es
auf die Eigentumsverhältnisse an den versicherten Objekten an. Aus diesem
Grunde spricht man von der «sachenrechtlichen» Auffassung. Sie weicht ab
von der Meinung der Vertreter der Interessenlehre, die darauf abstellen
wollen, wer Träger des wirtschaftlichen Interesses sei[22]. In vielen Fällen,
namentlich bei der Kundenversicherung, ist es jedoch häufig zweifelhaft,
wem das wirtschaftliche Interesse zusteht, ob dem die Versicherung abschließenden Unternehmer, Lagerhalter, Gastwirt usw., oder dem Kunden,
der ihm die Sachen zur Bearbeitung oder Aufbewahrung übergeben hat. Oft
sind sie beide wirtschaftlich interessiert. Alsdann läßt sich die Frage, ob
Eigen- oder Fremdversicherung vorliegt und wer infolgedessen anspruchsberechtigt ist, kaum entscheiden. Es müßte zwangsläufig zu großen Komplikationen führen, wenn der Versicherer untersuchen müßte, wessen Interesse versichert war und demzufolge als Anspruchsberechtigter zu behandeln
sei. Diese Schwierigkeiten sind auch den Verfechtern der Interessenlehre
nicht entgangen. Zu ihrer Überwindung wurden alle möglichen Konstruk-
tionen aufgestellt, indem zum Beispiel gesagt wurde, man könne «fremde
Interessen als eigene» versichern, man müsse unterscheiden zwischen «Pri-
märinteresse» und «Sekundärinteresse», alles gekünstelte Theorien, die praktisch nicht weiterhelfen. Dagegen ermöglicht es eine klare und leicht feststellbare Abgrenzung der Eigen- von der Fremdversicherung, wenn das

---

[21] In diesem Sinne bereits ROELLI, Kommentar I, S. 247 und ebenso KELLER, Kommentar I,
S. 294. Die im Buche KOENIG, Priv. Vers. R, S. 234, vertretene Ansicht, die Versicherung
für fremde Rechnung sei als Vertrag zugunsten Dritter zu betrachten, halte ich nicht mehr
aufrecht.

[22] Siehe insbes. BRUCK, Priv. Vers. R, S. 597/98. Ebenso gemäß der damals vorherrschenden
Doktrin noch ROELLI, Kommentar I, S. 245, während KELLER, Kommentar I, S. 282, nicht
mehr auf den Träger des wirtschaftlichen Interesses abstellen will.

Eigentum an den versicherten Objekten als maßgebendes Unterscheidungsmerkmal herangezogen wird. In der Schweiz ist man denn auch von der eine
erhebliche Unsicherheit schaffenden Interessenlehre abgerückt[23].

Es bleibt jedoch zu beachten, daß ein Versicherungsnehmer nicht nur
eigene oder fremde Sachen als solche, sondern auch sein eigenes Vermögen gegen die Haftpflicht aus der Aufbewahrung oder Bearbeitung fremder Sachen (von Kunden) versichern kann. Das ist der Fall bei der in Feuer-
policen mit Spediteuren, Gastwirten oder Garagehaltern oft vereinbarten
Klausel, wonach für einen Schaden an fremden Gegenständen Ersatz nur
geleistet wird, soweit der Versicherungsnehmer dem Eigentümer (Kunden)
für den Schaden verantwortlich ist. Darin liegt eine Haftpflichtdeckung,
durch die der Versicherungsnehmer das eigene Vermögen vor Haftpflicht-
ansprüchen eines Geschädigten schützt[24]. Das ist nicht Versicherung für
fremde Rechnung im Sinne von Art. 16/17 VVG, sondern Eigenversicherung, aus welcher der Versicherungsnehmer allein anspruchsberechtigt wird.
Man muß daher die Versicherung fremder Sachen gegen die an ihnen auftretenden Sachschäden und die Versicherung des eigenen Vermögens gegen
Haftpflichtansprüche aus der Schädigung von Sachen Dritter streng auseinanderhalten. Nur im ersten Falle liegt Fremdversicherung vor, bei der sich
die Anspruchsberechtigung nach Art. 17 VVG richtet. Wurde dagegen die
aus der Schädigung fremder Sachen resultierende Haftpflicht gedeckt, so hat
man es mit einer Eigenversicherung zu tun. Die Frage, ob fremde Sachen
oder das eigene Vermögen gegen Haftpflicht versichert sind, läßt sich gestützt
auf den Inhalt des abgeschlossenen Versicherungsvertrages in der Regel leicht
und sicher beantworten, was für die praktisch wichtige Frage der Anspruchsberechtigung dem Gesichtspunkt der Rechtssicherheit Rechnung trägt.

---

[23] Siehe KELLER, Kommentar I, S. 282.
[24] Das BGer, 30. Mai 1929, SVA VI, Nr. 104, hat die Zulässigkeit einer solchen Klausel
ausdrücklich anerkannt, dabei aber die Frage offen gelassen, ob darin eine Versicherung
für fremde oder eigene Rechnung zu erblicken sei.

§ 85. Handänderung

Literatur

H. ROELLI, Art. 54 des Versicherungsvertragsgesetzes und die Haftpflichtversicherung, SJZ 1915, S. 61f.; H. SCHMID, Was ist Gegenstand des Versicherungsvertrages im Sinne von Art. 54 VVG?, SJZ 1915, S. 157f. und 174f.; H. ROELLI, Alte und neue Streitfragen aus Art. 54 VVG, SJZ 1915, S. 389f.; A. RASI, Die Handänderung oder der Interessentenwechsel im Schadenversicherungsvertrag nach schweizerischem Recht, Zürich 1925; H. ELKAN, Die Bedeutung des Interesses für die Veräußerung der versicherten Sache, Hamburger Rechtsstudien, Heft 2, Hamburg 1928; A. WEBER, Die Haftpflichtversicherung bei Handänderung des Vertragsgegenstandes, Zürich 1945; A. HAGMANN, Die Handänderung in der Schadenversicherung, Olten 1949; B. KIANTOS, Übergang des Versicherungsverhältnisses und Kündigung bei Veräußerung der versicherten Sache in der Versicherung für fremde Rechnung, Versicherungswissenschaftliches Archiv, Berlin 1958; P. PÉTERMANN, Le changement de la chose assurée dans l'assurance de la responsabilité civile, Schweiz. Vers. Z 1965, S. 12f.; DERSELBE, Refus prématuré du transfert de l'assurance, Schweiz. Vers. Z 1966, S. 75f.

Bei der Versicherung der eigenen Sachen (Eigenversicherung) kann im Laufe der Vertragsdauer am versicherten Gegenstand eine Handänderung stattfinden, ein Tatbestand, mit dem sich Art. 54 VVG befaßt. Dabei hat sich vor allem die Frage erhoben, worin der Handänderungsvorgang zu erblicken sei und wo er auftritt. Die weitere Frage, welchen Einfluß die Handänderung auf den bestehenden Versicherungsvertrag ausübt, wurde vom positiven Recht so beantwortet, daß ein Übergang des Vertrages auf den Erwerber erfolgt, der aber durch verschiedene Rücktrittsrechte abgeschwächt worden ist.

I. Wesen der Handänderung

Zu untersuchen ist einmal, was man unter Handänderung begrifflich zu verstehen hat, und sodann, wo sie stattfindet.

1. Was unter den Begriff der Handänderung fällt, ist versicherungsrechtlich nicht von vornherein klar. In der Marginalie zu Art. 54 VVG wird von «Handänderung» gesprochen und diese im Gesetzestext selber dahin umschrieben, daß der Gegenstand des Versicherungsvertrages den Eigentümer gewechselt haben muß. Als Gegenstand der Schadenversicherung wird aber in Art. 48 VVG das wirtschaftliche Interesse genannt, das jemand am

Ausbleiben eines befürchteten Ereignisses habe. Das hat die Kontroverse hervorgerufen, ob unter Handänderung im Sinne von Art. 54 VVG der Wechsel des versicherten Interesses oder derjenige des zivilrechtlichen Eigentums gemeint sei. Unter dem Einfluß der Interessenlehre haben sich zunächst auch die Gerichte dazu verleiten lassen, den Wechsel des Trägers des wirtschaftlichen Interesses als für den Übergang der Versicherung maßgebend zu betrachten[1]. Aus dem schwer faßbaren Interessebegriff resultieren jedoch erhebliche Schwierigkeiten für die Rechtsanwendung. Daher setzte sich in neuerer Zeit die sogenannt «sachenrechtliche» Auffassung durch, die – in Übereinstimmung mit dem Wortlaut von Art. 54 VVG – den Wechsel des Eigentums als entscheidend ansieht. So hat es auch das Bundesgericht, als es sich einmal mit dieser Frage befassen mußte, mit erfreulicher Deutlichkeit abgelehnt, auf den Wechsel des Interesses abzustellen[2]. Zutreffend wurde ausgeführt, es sei notwendig, den Übergang der Versicherung mit einem in der Regel leicht feststellbaren Rechtsakt zu verknüpfen. Diesem Erfordernis entspreche der Eigentumsübergang, welcher den Vorzug der Öffentlichkeit genieße, während es beim wirtschaftlichen Interesse oft zweifelhaft bleibe, wann es übergegangen sei. Darüber könne es immer Streitigkeiten geben, was der Rechtssicherheit wegen vermieden werden müsse. In der Folge haben sich auch weitere Gerichte dieser Auffassung angeschlossen und den Eigentumsübergang, der einen offenkundigen und meist leicht nachweisbaren Vorgang bildet, als ausschlaggebend erklärt[3].

2. Das Anwendungsgebiet von Art. 54 VVG wird demnach durch einen dem allgemeinen Recht bekannten Begriff bestimmt. Zur Heranziehung dieser Gesetzesbestimmung muß es immer dann kommen, wenn ein Wechsel des Eigentümers des versicherten Gegenstandes stattgefunden hat. Gleichgültig ist, aus welchem Rechtsgrund der Eigentumswechsel erfolgt. Nicht nur ein Erwerb durch Kauf, sondern auch ein solcher durch Tausch oder Schenkung fällt darunter. Unerheblich ist weiter, ob ein derivativer oder ein originärer Erwerb vorliegt und ob es sich um eine Singularsukzession oder um eine Gesamtnachfolge handelt, wie beim Erwerb der Erben[4]. Ferner

---

[1] Tribunal cantonal vaudois, 6. April 1914, SVA III, Nr. 153 und 3. Mai 1920, SVA IV, Nr. 177; ObGer Aargau, 30. Januar 1920, SVA IV, Nr. 183; KGer St. Gallen, 30. Mai 1921, SVA IV, Nr. 176; Cour de justice Genève, 19. Juni 1925, SVA V, Nr. 247.

[2] BGer, 28. Juni 1916, SVA III, Nr. 151.

[3] Tribunal cantonal vaudois, 6. Februar 1924, SVA V, Nr. 246; Juge de paix La Chaux-de-Fonds, 27. Dezember 1925, SVA V, Nr. 249; BezGer Küsnacht, 13. Dezember 1945, SVA IX, Nr. 111.

[4] Das deutsche VVG § 69 sieht dagegen nur vor, daß bei «Veräußerung» der versicherten

kommt es nicht darauf an, ob der Eigentumserwerb auf privatem Recht beruht oder auf öffentlichem Recht, wie bei der Versteigerung oder Expro-
priation. Auch das Einbringen von Sachen in eine Aktiengesellschaft oder
andere juristische Person bringt einen Eigentumswechsel mit sich. Ein solcher ist dagegen nicht verbunden mit einer bloßen Umwandlung von Allein-
eigentum in Gesamt- oder Miteigentum, so beim Einbringen von versicherten
Sachen in eine Kollektivgesellschaft oder eheliche Gütergemeinschaft. Umgekehrt ist auch die Überführung von Mit- oder Gesamteigentum in Allein-
eigentum, wie bei Auflösung einer Kollektivgesellschaft oder einer Erben-
gemeinschaft, nicht als Eigentumswechsel zu behandeln[5]. Ein solcher liegt
überhaupt nicht vor, wenn ein Dritter bloß die Nutzung und Verwaltung
versicherter Sachen erhält, zum Beispiel ein Ehemann am eingebrachten Gut
der Ehefrau; ebenso begründet der Erwerb des Besitzes als Mieter oder
Pächter des Gegenstandes keine Handänderung[6]. Umstritten ist, ob der Verkauf unter Eigentumsvorbehalt einen Eigentümerwechsel herbeiführt. Einzelne Gerichtsentscheide haben das abgelehnt[7], doch wird trotz des Eintrags
des Vorbehalts im öffentlichen Register der Eigentumsvorbehalte (Art. 715
ZGB) überwiegend angenommen, mit der Übergabe der Sache an den Käufer
sei der Eigentumswechsel erfolgt[8]; bei Rückübertragung an den Verkäufer
findet alsdann ein neuer Eigentumswechsel statt[9]. Auch die Sicherungsübereignung ist als Eigentumswechsel anzuerkennen, selbst wenn sie Dritten
gegenüber gemäß Art. 717 ZGB unwirksam ist[10].

Fragwürdig erscheint, ob sich die Anwendbarkeit von Art. 54 VVG auf
die Fälle des Wechsels am Eigentum einer versicherten Sache (Sachversicherung) beschränkt oder ob sie auch Haftpflichtversicherungen erfaßt.
Das mit einer Haftpflicht belastete Vermögen als solches unterliegt jedoch
keiner Handänderung, weshalb Art. 54 VVG im allgemeinen als nicht anwendbar erscheint. Die Haftpflichtversicherung kann sich jedoch in dem
Sinne auf eine Sache beziehen, als sie gegen die sich aus ihrem Besitz für

---

Sache an die Stelle des Veräußerers der Erwerber in das Versicherungsverhältnis eintritt,
wovon der Erwerb durch Erbfolge nicht erfaßt wird; siehe Prölss, Kommentar DVVG,
§ 69, S. 303.

[5] So zutreffend ObGer Solothurn, 27. Oktober 1937, SVA VIII, Nr. 193 und Cour de justice
Genève, 10. Dezember 1948, SVA X, Nr. 53.

[6] BezGer Hinwil, 8. Juli 1914, SVA III, Nr. 162.

[7] ZivGer Basel-Stadt, 5. Mai 1933, SVA VII, Nr. 210.

[8] So Jaeger, Kommentar II, S. 143. Anders für das deutsche Recht Prölss, Kommentar
DVVG, § 69, S. 303.

[9] Cour de cassation Fribourg, 28. Oktober 1953, SVA XI, Nr. 55.

[10] ZivGer Basel-Stadt, 13. Mai 1936, SVA VIII, Nr. 191.

den Eigentümer oder Halter ergebende Haftpflicht Deckung gewährt, wie zum Beispiel bei der Haftpflichtversicherung eines Gebäude- oder Werkeigentümers, Tierhalters oder Inhabers eines Betriebes. Die Sache bildet hier zwar nicht den Gegenstand der Versicherung, aber den R i s i k o f a k t o r, aus dem die Haftpflicht resultiert. Fällt dieser Risikofaktor weg, weil an ihm ein Eigentumswechsel erfolgt, so ist die Rechtslage derjenigen bei Handänderung einer versicherten Sache ähnlich. Daher hat die Gerichtspraxis die Anwendbarkeit von Art. 54 VVG auf Haftpflichtversicherungen bejaht, welche die Haftpflicht decken, die sich aus dem Besitz einer Sache ergibt, wenn diese einem Eigentümerwechsel unterliegt[11]. Dem kann im Interesse der Aufrechterhaltung des Versicherungsschutzes beigepflichtet werden; doch handelt es sich dabei um eine *per analogiam* erfolgende Heranziehung von Art. 54 VVG.

Art. 55 VVG hat den Anwendungsbereich des Art. 54 VVG positivrechtlich erweitert auf den Fall, wo der Versicherungsnehmer in K o n k u r s kommt. Das Eigentum an den zur Masse gehörenden Vermögensstücken geht zwar dem Gemeinschuldner nicht schon durch die Konkurseröffnung als solche verloren. Trotzdem tritt die Konkursverwaltung mit der Eröffnung des Konkurses in den Versicherungsvertrag ein, wobei die gleichen Vorschriften gelten wie bei der Handänderung[12]. Kommt es im Verwertungsverfahren zu einer öffentlichen Versteigerung oder einem freiwilligen Verkauf der zur Masse gehörenden Gegenstände, so liegt darin alsdann eine neue Handänderung.

II. Vertragsübergang

Bei Eigentumswechsel an den versicherten Gegenständen wird die Versicherung für den bisherigen Eigentümer zwecklos. Dagegen hat der Erwerber häufig das gleiche Bedürfnis nach Versicherungsschutz wie sein Vorgänger. Daher hat Art. 54 VVG, statt den Versicherungsvertrag dahinfallen zu lassen, gesetzlich dessen Ü b e r g a n g auf den neuen Erwerber vorgesehen. Das bildet einen Schutz des Erwerbers und entspricht gleichzeitig dem Stre-

---

[11] BezGer Zürich, 29. August 1914, SVA III, Nr. 169; BezGer Appenzell A. Rh., 26. April 1915, SVA III, Nr. 168; BezGer Arbon, 15. September 1920, SVA IV, Nr. 196; BezGer Schaffhausen, 12. November 1923, SVA V, Nr. 271; KGer Schwyz, 24. März 1931, SVA VII, Nr. 219; BezGer Winterthur, 24. September 1937, SVA VIII, Nr. 197.

[12] Nach BGer, 21. Januar 1922, SVA V, Nr. 258, gilt das gleiche auch im Falle der amtlichen Liquidation eines Nachlaßvermögens.

ben nach möglichster Kontinuität der Versicherung. Der Übergang des Versicherungsvertrages auf den Erwerber durchbricht zwar den Grundsatz, wonach Verträge nur unter den Vertragsparteien wirksam sind. Doch kennt auch das allgemeine Recht, abgesehen von der Erbfolge, solche Ausnahmefälle[13]. Obschon der Vertrag dem Eigentum am versicherten Gegenstand folgt, erscheint es nicht als erforderlich, deswegen von einer «Verdinglichung» des Versicherungsverhältnisses zu sprechen, wie das in der Doktrin schon geschehen ist[14].

Der Übergang des Versicherungsvertrages auf den Erwerber vollzieht sich *ipso jure* mit dem Eigentumswechsel, ohne besondere Form und ohne daß es einer Willenserklärung des bisherigen Eigentümers oder des neuen Erwerbers bedarf. Zudem gehört Art. 54 VVG zu den nach Art. 98 VVG relativ z w i n g e n d e n Bestimmungen des Gesetzes. Eine vertragliche Klausel, wonach die Versicherung bei Handänderung erlösche und nicht auf den Erwerber übergehe, widerspräche dem Schutzzweck und müßte daher als ungültig betrachtet werden[15]. Als R e c h t s n a c h f o l g e r im Vertragsverhältnis hat der Erwerber alle Rechte und Pflichten aus dem Vertrag, wie wenn er ihn selber abgeschlossen hätte. Insbesondere wird er auch prämienzahlungspflichtig. Nach der Sonderbestimmung von Art. 54 Abs. 2 VVG bleibt aber dem Versicherer neben dem neuen Erwerber auch der bisherige Eigentümer für die zur Zeit der Handänderung fällige Prämie haftbar, wobei die Haftung der beiden eine solidarische ist. Eine andere, nach dem internen Verhältnis zwischen Versicherungsnehmer und Erwerber zu beurteilende Frage ist, wer letzten Endes für die Prämie aufzukommen hat. In dieser Hinsicht können zum Beispiel der abgeschlossene Kaufvertrag oder die Steigerungsbedingungen vorsehen, daß die Prämienlast ganz dem einen oder anderen überbunden, von beiden hälftig getragen oder zwischen ihnen *pro rata temporis* aufgeteilt wird.

Da ein Vertragsverhältnis als solches unteilbar ist, muß grundsätzlich der g e s a m t e versicherte Sachkomplex den Eigentümer gewechselt haben, damit Art. 54 VVG zur Anwendung gebracht werden kann. Wurde ein Sachinbegriff versichert, zum Beispiel das Mobiliar oder ein Warenlager, und scheiden davon nur einzelne Gegenstände durch Handänderung aus, so entfällt demnach die Anwendbarkeit von Art. 54 VVG. Fraglich erscheint, wie

---

[13] Es sei z. B. verwiesen auf den Eintritt in einen Mietvertrag gemäß Art. 259 Abs. 2 OR.
[14] Von einer solchen spricht VON GIERKE, Vers. R II, S. 197.
[15] BezGer Winterthur, 28. Februar 1912, SVA III, Nr. 173; Cour de justice Genève, 6. Januar 1923, SVA V, Nr. 261.

es sich verhält, wenn verschiedene Sachkomplexe versichert wurden, zum Beispiel das Büroinventar und ein Warenlager, davon aber nur der eine veräußert wird. Die eine Auffassung geht dahin, es müsse die Gesamtheit aller versicherten Gegenstände die Hand geändert haben[16], während es nach anderer Ansicht genügt, wenn der Hauptteil der versicherten Objekte einen neuen Eigentümer erhalte[17]. Eine solche Aufteilung ist zwar zweckmäßig, in der Praxis aber nur durchführbar, wenn die verschiedenen Gruppen von Sachen in der Police getrennt aufgeführt sind und auch deren Versicherungssummen und Prämien ausgeschieden werden können.

III. Rücktrittsrechte

Der gesetzliche Übergang des Versicherungsvertrages auf den Erwerber verläßt das Prinzip, nach welchem man seinen Vertragspartner selber wählen kann. Auf beiden Seiten können jedenfalls beachtliche Gründe vorliegen, den übergegangenen Vertrag nicht miteinander fortsetzen zu wollen. So mag möglicherweise dem Versicherer der neue Prämienschuldner nicht passen oder der Erwerber bereits anderweitig genügend versichert sein oder überhaupt keine Versicherung wünschen. Unter solchen Umständen auf der Weiterführung des Vertrages zu beharren, bestand für den Gesetzgeber kein Grund. Man wollte nur vermeiden, daß der Versicherungsschutz infolge Handänderung ohne weiteres dahinfällt und dadurch für den Erwerber ein vielleicht verhängnisvoller Zustand der Deckungslosigkeit eintritt. Diese Erwägungen haben dazu geführt, den beiden Beteiligten Rücktrittsrechte einzuräumen. Sie sind gerechtfertigt als mildernde Korrektur gegenüber dem automatischen Übergang des Versicherungsverhältnisses.

1. Der Versicherer ist nach Art. 54 Abs. 3 VVG berechtigt, vom Vertrag binnen 14 Tagen, nachdem er von der Handänderung Kenntnis erhalten hat, zurückzutreten. Seine Haftung erlischt alsdann mit dem Ablauf von vier Wochen, nachdem er dem Erwerber den Rücktritt schriftlich angezeigt hat. Es handelt sich also entgegen dem Gesetzeswortlaut nicht um einen «Rücktritt», sondern um ein typisches Kündigungsrecht, das zudem nicht sofort wirksam wird.

---

[16] BezGer Schaffhausen, 2. September 1912, SVA III, Nr. 154; Tribunal cantonal vaudois, 7. März 1921, SVA IV, Nr. 184.
[17] KGer St. Gallen, 30. Mai 1921, SVA IV, Nr. 176.

Günstiger ist die Rechtslage für den Versicherer, wenn durch den Eintritt des Erwerbers in den Versicherungsvertrag eine wesentliche Gefahrerhöhung herbeigeführt wird. Alsdann steht ihm nach Art. 54 Abs. 4 Ziff. 1 VVG ein eigentliches Rücktrittsrecht zu, das auf den Zeitpunkt der Handänderung zurückwirkt und dadurch den Übergang hindert. Das gilt indessen nur für Gefahrerhöhungen, die mit dem Eintritt des Erwerbers in Zusammenhang stehen, nicht für solche, die erst nach der Handänderung mit oder ohne Zutun des Erwerbers auftreten. Da aber im Falle einer Gefahrerhöhung der nach Art. 28 f. VVG bestehende Schutz des Versicherers hinreichend ist, erscheint die durch Art. 54 VVG vorgenommene Sonderregelung als überflüssig.

2. Dem Prinzip der Gleichstellung der Beteiligten entsprechend kann nicht nur der Versicherer, sondern auch der Erwerber der versicherten Gegenstände das auf ihn übergegangene Versicherungsverhältnis aufheben. Zu diesem Zwecke muß er dem Versicherer gemäß Art. 54 Abs. 4 Ziff. 2 VVG binnen 14 Tagen nach erfolgter Handänderung schriftlich mitteilen, daß er den Übergang der Versicherung ablehne. Hier hat man mit einem Rücktrittsrecht zu tun, das den Vertrag rückwirkend auf den Zeitpunkt der Handänderung dahinfallen läßt und die Haftung des Versicherers für seither eingetretene Versicherungsfälle beseitigt. Diese Ablehnungsmöglichkeit ist aber recht unglücklich ausgestaltet worden und hat daher – wie aus den unzähligen Gerichtsentscheiden darüber hervorgeht – immer wieder zu Streitigkeiten Anlaß gegeben. Sie haben sich insbesondere mit der Frage befaßt, wann die Ablehnung zu erklären sei. In dieser Beziehung wurde einmal festgestellt, daß Ablehnungen, die vor dem Eigentumswechsel ausgesprochen werden, unwirksam sind, da noch gar kein Erwerber da ist, auf den die Versicherung übergehen könnte[18]. Immerhin kann unter Umständen ein Verstoß gegen den Grundsatz des Handelns nach Treu und Glauben (Art. 2 ZGB) vorliegen, wenn der Versicherer davon Kenntnis hat, daß eine ihm zugegangene Ablehnung verfrüht ist und er den Ablehnenden nicht darauf aufmerksam macht[19]. Auch für den Beginn der Ablehnungsfrist, die nach Gesetzeswortlaut mit «erfolgter Handänderung» einsetzt, spielt die Kontroverse eine Rolle, ob darunter der Wechsel des Interesses oder der zivilrechtliche Eigentumsübergang zu verstehen sei. Als besonders hart wirkt es, daß

---

[18] BGer, 28. Juni 1916, SVA III, Nr. 151; Cour de justice Genève, 27. November 1928, SVA VI, Nr. 231; AppHof Bern, 10. April 1930, SVA VI, Nr. 230; Tribunal cantonal vaudois, 18. März 1931, SVA VII, Nr. 224 und 30. September 1931, SVA VII, Nr. 226.

[19] So Tribunal cantonal vaudois, 3. August 1938, SVA VIII, Nr. 262.

die 14tägige Ablehnungsfrist mit der stattgefundenen Handänderung zu laufen beginnt, selbst wenn der Erwerber vom bestehenden Versicherungsvertrag keine Kenntnis hat. Obschon ihm in diesem Falle eine Rücktrittserklärung noch gar nicht möglich ist, bleibt er mangels fristgerechter Ablehnung des Überganges an den Vertrag gebunden[20]. Diese dem natürlichen Rechtsempfinden widersprechende Lösung ist denn auch als *dura lex, sed lex* bezeichnet worden[21]. Es wurde zwar versucht, die getroffene Regelung mit dem Argument zu rechtfertigen, der Erwerber habe sich eben nach dem Vorhandensein eines Versicherungsvertrages zu erkundigen; unterlasse er das und verpasse er infolgedessen die Ablehnungsfrist, so beruhe das auf einem Mangel an Umsicht und Sorgfalt, den er sich entgegenhalten lassen müsse[22]. Das ändert aber nichts an der Strenge der Vorschrift. Dazu kommt, daß auch eine Exculpation, wie sie Art. 45 VVG für Fristversäumnisse vorsieht, nicht möglich ist, da von der Beobachtung der Ablehnungsfrist nicht «der Bestand eines Rechts aus der Versicherung» abhängt; deshalb bleibt dem Erwerber die Exculpation verschlossen[23]. Die gesetzliche Ordnung mutet stark formalistisch an und vermag daher *de lege ferenda* nicht zu befriedigen[24].

§ 86. Beschränkte dingliche Rechte

Literatur

B. WULLSCHLEGER, Das Grundpfandrecht an der versicherten Sache, Abh. schweiz. R, Heft 131, Bern 1938; L. DE VRIES, Du droit du créancier gagiste et de l'usufruitier au montant de l'assurance, Berne 1938; O. SCHMIDLIN, Die Sicherung der Rechte des Pfandgläubigers und des Nutznießers an der versicherten Sache, St-Maurice 1954.

---

[20] Cour de cassation Fribourg, 6. November 1911, SVA III, Nr. 152; Tribunal cantonal vaudois, 3. Mai 1920, SVA IV, Nr. 177; KGer St. Gallen, 30. Mai 1921, SVA IV, Nr. 176; BezGer Zurzach, 25. Juni 1921, SVA IV, Nr. 187.

[21] So schon OSTERTAG, VVG, Art. 54, S. 167.

[22] Gerichtskommission Gossau, 27. November 1912, SVA III, Nr. 158; Cour de justice Genève, 11. Mai 1920, SVA IV, Nr. 190; AppHof Bern, 5. Januar 1928, SVA VI, Nr. 211.

[23] BezGer Winterthur, 28. Februar 1912, SVA III, Nr. 173; BezGer Zürich, 29. August 1914, SVA III, Nr. 169; Tribunal cantonal vaudois, 14. März 1921, SVA IV, Nr. 186; Gemeindegericht Herisau, 27. August 1931, SVA VII, Nr. 225.

[24] Nach deutschem Recht (DVVG § 70) hat der Erwerber ebenfalls ein Kündigungsrecht; es besteht aber bis zum Ablauf eines Monats von dem Zeitpunkt an, in welchem er Kenntnis von der Versicherung hat.

Ein Dritter kann an verschiedenen Gegenstände nicht nur Eigentümer werden – wie bei der Handänderung –, sondern an ihnen bloß beschränkte Rechte erwerben. Für solche Dritte, seien sie obligatorisch Berechtigte (z. B. Mieter oder Pächter) oder seien sie dinglich Berechtigte (z. B. Pfandgläubiger), ist der Versicherungsvertrag grundsätzlich eine *res inter alios acta,* aus der sie für sich keine Rechte herleiten können. Immerhin wurden einzelnen an versicherten Sachen d i n g l i c h Berechtigten gesetzlich gewisse Rechte eingeräumt. Das ist nur abgestuft, in unterschiedlichem Ausmaße geschehen, und zwar bloß gegenüber dem Inhaber eines Pfandrechts, einer Nutznießung sowie bei Pfändung und Arrestierung von versicherten Gegenständen. Von den Verfechtern der Interessenlehre ist anfänglich die Ansicht vertreten worden, der dinglich Berechtigte habe ein sogenanntes Konkurrenzinteresse, kraft dessen er im Umfange seines Interesses den Versicherungsanspruch aus eigenem Recht geltend machen könne[1]. Diese Auffassung ist jedoch unhaltbar angesichts der bestehenden Rechtsordnung, die Rechte von an der versicherten Sache dinglich Berechtigten nur insoweit anerkennt, als solche gesetzlich vorgesehen oder vertraglich eingeräumt worden sind.

I. Pfandrecht

Mit der Zerstörung von Sachen gehen die an ihnen bestehenden dinglichen Rechte unter. Nach dem im allgemeinen Recht bekannten Grundsatz der Surrogation *(pretium succedit in locum rei)* kann jedoch an die Stelle des ursprünglichen Haftobjektes ein Ersatzanspruch oder Ersatzgegenstand treten. Das ist im VVG für den Fall einer den Gegenstand schützenden Sachversicherung gesetzlich geregelt worden. Demgemäß bleibt für den Pfandgläubiger trotz Untergang der Pfandsache die Sicherheit, die sie ihm bot, wirtschaftlich aufrecht. Dadurch dient die Versicherung in hervorragender Weise zum S c h u t z d e s R e a l k r e d i t s . Namentlich der Hypothekarkredit wäre ohne diese wertvolle Funktion der Versicherung kaum mehr denkbar. Positivrechtlich sind daher die dinglichen Rechte des Pfandgläubigers auf die Surrogate der Pfandsache übertragen worden; sie sind auch bei der Auszahlung der Entschädigung zu berücksichtigen. Außerdem kann der Schutz des Pfandgläubigers durch kantonales Recht oder durch vertragliche Abreden erweitert werden.

---

[1] So Ehrenberg, Vers. R, S. 302. Von dieser Auffassung hat sich schon Bruck, Priv. Vers. R, S. 491, distanziert.

1. Als Surrogate der versicherten Sachen dienen nach Art. 57 VVG sowohl der nach Eintritt des Versicherungsfalles entstehende Versicherungsanspruch wie die allfällig aus der Entschädigung angeschafften Ersatzstücke. Das gilt nach schweizerischem Recht für Fahrnispfandgläubiger ebenso wie für Grundpfandgläubiger[2]. Das sich auf den Versicherungsanspruch des Verpfänders erstreckende Pfandrecht des Gläubigers ist ein Forderungspfandrecht. Es entsteht kraft Gesetzes, ohne daß die in Art. 900 ZGB vorgeschriebenen Formen erfüllt werden müssen, während die Wirkungen sich nach Art. 904–906 ZGB richten. Dem Eigentümer einer verpfändeten Sache wurde jedoch keine Versicherungspflicht auferlegt[3]. Die Rechte des Pfandgläubigers sind wirksam, gleichgültig, ob der Versicherungsvertrag oder das Pfandrecht an der Sache zuerst zustandegekommen ist. Wird dank des Versicherungsanspruches aus der Entschädigung ein Ersatzgegenstand angeschafft, so tritt er ebenfalls an die Stelle des ursprünglichen Pfandobjektes. Auch hier entsteht das Pfandrecht kraft Gesetzes, bei Immobilien ohne Eintragung im Grundbuch und bei Fahrnis ohne Besitzergreifung durch den Pfandgläubiger. Dieser kann aber gestützt auf sein gesetzliches Recht die Eintragung im Grundbuch, respektive die Übertragung des Besitzes verlangen.

Die Stellung des Pfandgläubigers ist durch Art. 57 Abs. 2 VVG dahin präzisiert worden, daß der Versicherer, sobald das Pfandrecht bei ihm angemeldet wurde, die Ausrichtung der Entschädigung an den Versicherungsnehmer nur noch mit Zustimmung des Pfandgläubigers oder gegen dessen Sicherstellung vornehmen darf. Das steht in Übereinstimmung mit Art. 906 Abs. 2 ZGB. Vorausgesetzt ist die Anmeldung des Pfandrechts beim Versicherer; diesem obliegt keine Erkundigungspflicht. Für Grundpfandrechte greift die Sonderbestimmung von Art. 822 ZGB ein, nach welcher eine fällig gewordene Versicherungssumme nur mit Zustimmung aller Grundpfandgläubiger an den Eigentümer des versicherten Grundstücks ausbezahlt werden darf. Mit Rücksicht auf die Publizität des Grundbuches ist also eine Anmeldung von Grundpfandrechten an den Versicherer nicht erforderlich; der Versicherer muß sich vielmehr selbst über eingetragene Grundpfandrechte an Hand des Grundbuches orientieren, wenn er sich nicht der Gefahr von Doppelzahlungen aussetzen will.

---

[2] Die im deutschen VVG in den §§ 100–107 aufgestellten Vorschriften beziehen sich dagegen nur auf den Hypothekargläubiger in der Gebäudeversicherung.

[3] Das Bedürfnis nach Einführung einer Versicherungspflicht hat sich aus dem Grunde nicht stärker fühlbar gemacht, weil in 18 Kantonen staatliche Gebäudeversicherungsanstalten bestehen, welche grundsätzlich für alle Gebäudeeigentümer ein Obligatorium der Brandversicherung geschaffen haben.

Die gesetzlichen Rechte des Gläubigers hemmen den Versicherungsnehmer nicht in seiner V e r f ü g u n g s f r e i h e i t über die Versicherung. Mangels einer Versicherungspflicht ist er nach wie vor dem Versicherer gegenüber zur Änderung wie zur Aufhebung des Versicherungsvertrages berechtigt, ohne die Zustimmung des Pfandgläubigers einholen zu müssen. Dagegen kann der Versicherungsnehmer gemäß internem Verhältnis zum Pfandgläubiger diesem gegenüber unter Umständen für Handlungen, die dessen Rechte beeinträchtigen, verantwortlich werden.

2. Einen w e i t e r g e h e n d e n S c h u t z des Pfandgläubigers würde es bilden, wenn eine Beendigung des Versicherungsverhältnisses oder eine Befreiung des Versicherers von seiner Leistungspflicht dem Hypothekargläubiger gegenüber nicht rechtswirksam wäre. Das VVG hat bundesrechtlich von einer solchen Erweiterung des Versicherungsschutzes abgesehen[4]. Dagegen wurden in Art. 58 VVG Vorbehalte zugunsten des k a n t o n a l e n R e c h t s gemacht. Dieses könnte das dingliche Recht, das an der versicherten Sache besteht, auf den Versicherungsanspruch und die Versicherungssumme ausdehnen. Diese Ermächtigung ist jedoch überholt, nachdem das ZGB auf dem Gebiet der dinglichen Rechte eine eidgenössische Ordnung geschaffen hat, die sich auf die Bestimmung von Art. 822 beschränkt. Art. 58 VVG hat außerdem kantonale Bestimmungen vorbehalten, durch die der Anspruch des Berechtigten «gesichert» wird. Es könnten also durch kantonales Recht Einreden des Versicherers aus dem Verhalten des Versicherungsnehmers (z.B. aus Kündigung des Vertrages, Prämienzahlungsverzug, schuldhafter Herbeiführung des Versicherungsfalles, Gefahrerhöhung, Verletzung von Obliegenheiten) dem Pfandgläubiger gegenüber ausgeschlossen werden. Solche in das bundesgesetzlich geordnete Vertragsrecht eingreifende Vorschriften wären an sich zulässig, doch haben die Kantone von dieser Möglichkeit nur sehr spärlich Gebrauch gemacht[5]. Das erklärt sich aus zwei Gründen: einmal ist die Gebäudeversicherung in 18 Kantonen staatlichen Brandversicherungsanstalten übertragen worden; sodann pflegen in der Privatversicherung üblicherweise die Versicherungsbedingungen die nötigen Schutzbestimmungen zu enthalten.

Eine über Art. 57 VVG hinausgehende Sicherung des Realkredits kann nämlich in Ermangelung gesetzlicher Normen ohne weiteres durch v e r t r a g -

---

[4] Im Gegensatz dazu hat das d e u t s c h e VVG in den §§ 100 und 101 für die Feuerversicherung Sondervorschriften zum Schutze des Hypothekargläubigers aufgestellt und dessen Stellung eingehend geregelt.

[5] Ein Überblick über die bestehenden kantonalrechtlichen Bestimmungen findet sich bei JAEGER, Kommentar II, S. 230f.

liche Vereinbarungen herbeigeführt werden. Die AVB der Feuerversicherung sehen denn auch vor, daß sowohl bei der Versicherung von Gebäuden wie von Fahrhabe die Gesellschaft den Pfandgläubigern für ihre Pfandforderungen bis zur Höhe der vertraglichen Entschädigung auch dann haftet, wenn der Versicherungsnehmer des Entschädigungsanspruches ganz oder teilweise verlustig gegangen ist. Durch diesen Einredenausschluß erhalten die Pfandgläubiger einen größeren Schutz, als ihn der Versicherungsnehmer selber genießt. Die Haftungserweiterung wird allerdings nur subsidiär gewährt, soweit die Pfandgläubiger für ihre Forderungen aus dem Vermögen des Schuldners nicht gedeckt werden. Über diesen bedingungsgemäß allgemein geltenden Schutz gehen die Gesellschaften bei der Gebäudeversicherung noch hinaus, indem sie dem Grundpfandgläubiger auf dessen Verlangen einen sogenannten Sicherungsschein aushändigen. Darin verpflichten sie sich, den Pfandgläubiger zu benachrichtigen, wenn der Versicherungsnehmer eine Prämie nicht bezahlt, die Versicherung kündigt oder die Versicherungssumme herabsetzt, oder wenn der Versicherer selbst den Rücktritt von Vertrag erklärt. In allen diesen Fällen wird die Versicherung noch vier Wochen über den vertragsgemäßen Termin der Aufhebung oder Suspension der Haftung hinaus zugunsten des Pfandgläubigers aufrechterhalten, sofern dieser allfällig ausstehende Prämien bezahlt. Darin ist ein Vertragsverhältnis zugunsten Dritter im Sinne von Art. 112 OR zu erblicken, aus dem der Pfandgläubiger selbständig Erfüllung verlangen kann[6]. Trotz der vertragsrechtlich möglichen Sicherung kann man sich *de lege ferenda* fragen, ob nicht dem Grundpfandgläubiger ein solcher Schutz gesetzlich eingeräumt werden sollte.

II. Nutznießung

Der Nutznießer an einer versicherten Sache hat dem Versicherer gegenüber eine zwar ähnliche, aber doch schwächere Stellung als der Pfandgläubiger. Die Vorschriften darüber sind nicht im VVG, sondern im ZGB enthalten, ohne daß ein innerer Grund für diese Differenzierung ersichtlich ist.

Geht eine in Nutznießung stehende Sache unter und wird für sie Ersatz geleistet, wie bei der Versicherung, so besteht die Nutznießung am Ersatzgegenstand weiter (Art. 750 Abs. 3 ZGB). Die Nutznießung erstreckt sich also

---

[6] Die von OSTERTAG, VVG, Art. 57, S. 171, geäußerte Ansicht, man habe es mit einer Versicherung für fremde Rechnung zu tun, ist nicht haltbar, wenn die Versicherung – wie üblich – vom Eigentümer des Pfandobjektes abgeschlossen worden ist.

auch hier kraft Gesetzes auf den Ersatzgegenstand als Surrogat. Anders als beim Pfandrecht wird dagegen der Versicherungsanspruch von der Nutznießung nicht erfaßt. Der Versicherer kann daher die Versicherungsleistung an den Versicherungsnehmer entrichten, ohne die Zustimmung des Nutznießers einholen zu müssen[7]. Eine gesetzliche Versicherungspflicht besteht für den Eigentümer ebensowenig wie beim Pfandrecht. Dagegen hat nach Art. 767 ZGB der Nutznießer den Gegenstand zugunsten des Eigentümers gegen Feuer und andere Gefahren zu versichern, soweit diese Versicherung nach ortsüblicher Auffassung zu den Pflichten einer sorgfältigen Wirtschaft gerechnet wird. Die Versicherungsprämie hat in diesem Falle, sowie wenn eine bereits versicherte Sache in Nutznießung kommt, der Nutznießer für die Zeit seiner Nutznießung zu tragen. Dabei handelt es sich nicht, wie aus dem Gesetzeswortlaut geschlossen werden könnte, um eine Versicherung «zugunsten» des Eigentümers, sondern um eine Versicherung für fremde Rechnung im Sinne von Art. 16/17 VVG. Eine Eigenversicherung liegt dagegen vor, wenn der Nutznießer nicht den Gegenstand, an welchem die Nutznießung besteht, versichert, sondern – wie bei der Hagelversicherung – seine Vermögen gegen ausfallende Erträge schützt.

III. Pfändung und Arrestierung

Eine auf dem Wege der Schuldbetreibung erfolgende Pfändung oder Arrestierung von versicherten Gegenständen ist für das Versicherungsverhältnis insofern von Bedeutung, als der Versicherer, wenn er davon rechtzeitig benachrichtigt wird, die Ersatzleistung nach Art. 56 VVG gültig nur noch an das Betreibungsamt ausrichten kann. Das Bestehen der Beschlagsrechte bewirkt also eine Zahlungsbeschränkung für den Versicherer; eine Zahlung an den Versicherungsnehmer würde nicht mehr mit befreiender Wirkung erfolgen[8]. Nach Art. 1 der Verordnung des Bundesgerichts vom 10. Mai 1910 betreffend die Pfändung, Arrestierung und Verwertung von Versicherungsansprüchen hat der Betreibungsbeamte vom Schuldner darüber Auskunft zu verlangen, ob und allfällig wo die Sache gegen Schaden versichert ist und gegebenenfalls dem Versicherer von der Pfändung oder Arrestierung Kenntnis zu geben. Es ist also dafür gesorgt, daß der Versicherer von Amtes wegen benachrichtigt wird.

---

[7] JAEGER, Kommentar II, S. 202, hält diese Rechtslage nicht für befriedigend und meint, man sollte Art. 57 Abs. 2 VVG analog auch auf die Nutznießung anwenden.
[8] JAEGER, Kommentar II, S. 190.

Sechstes Kapitel

Der Versicherungsfall

Der Versicherungsfall, im VVG als «Eintritt des befürchteten Ereignisses» umschrieben (Art. 14, 15, 38, 39 und 61 VVG), ist für das ganze Vertragsverhältnis von höchster Bedeutung. Daher soll zunächst der Versicherungsfall begrifflich abgeklärt werden, worauf die mit ihm verbundenen Rechtsfolgen darzulegen sind. Zudem stellt sich die weitere Frage, welche Rolle dem menschlichen Verschulden bei der Herbeiführung des Versicherungsfalles zukommt. Speziell zu untersuchen bleibt schließlich die umstrittene Kontroverse, worin in der Haftpflichtversicherung der Versicherungsfall zu erblicken sei.

§ 87. Wesen und Bedeutung

Literatur

W. KOENIG, Das «befürchtete Ereignis» im schweizerischen VVG, SJZ 1929, S. 161f.; W. KLINGENBERG, Rettungspflicht und Rettungskosten im Versicherungsrecht, Zürich 1930; H. HOTZ, Der Versicherungsfall und die Beweislast im Versicherungsrecht, Zürich 1931; O. ZIEGLER, Untersuchungen über die Begriffe «befürchtetes Ereignis» und «Versicherung», Abh. schweiz. R, Heft 111, Bern 1935; W. KISCH, Grundsätzliches zum Tatbestand des Versicherungsfalles, Z Vers. Wiss. 1935, S. 183f.; W. DREHFAHL, Die Beweislast und die Beweiswürdigung im Versicherungsrecht, Hamburger Rechtsstudien, Heft 38, Hamburg 1939; F. FRANK, Die versicherungsrechtliche Anzeigepflicht nach Eintritt des befürchteten Ereignisses, Luzern 1952; H. FLÜCKIGER, Das Rücktrittsrecht im Teilschadenfall, Abh. schweiz. R, Heft 343, Bern 1961; A. ARGYRIADIS, Zur Frage des versicherungsrechtlich erheblichen Kausalzusammenhanges, Z Vers. Wiss. 1965, S. 1f.; H. LANGKEIT, Zum Problem des Versicherungsfalles, Z Vers. Wiss. 1966, S. 31f.; E. WILKENS, Die Rettungspflicht, eine rechtsvergleichende Darstellung, Karlsruhe 1970.

Der Versicherungsfall löst die Leistungspflicht des Versicherers aus, woraus die Notwendigkeit seiner begrifflichen Festlegung hervorgeht. Er tangiert aber zudem unter Umständen das Vertragsschicksal und bringt für den Anspruchsberechtigten eine Reihe neuer Obliegenheiten zur Entstehung.

I. Begriff des Versicherungsfalles

Der Versicherungsfall stellt das Ereignis dar, dessen Möglichkeit den Versicherungsnehmer zum Abschluß des Versicherungsvertrages bewogen hat. In der Realisierung dieser Möglichkeit liegt der Versicherungsfall. Dessen Tatbestand ist darin zu erblicken, daß die versicherte Gefahr den versicherten Gegenstand ergreift. War der Gegenstand von der Gefahr nur bedroht, so ist er nunmehr von ihr betroffen worden. Zum Eintritt des Versicherungsfalles müssen die beiden für das Versicherungsverhältnis typischen Elemente zusammenwirken. Das Gefahrereignis muß die versicherte Sache zerstört oder beschädigt, die versicherte Person getötet oder verletzt, das versicherte Vermögen geschädigt oder belastet haben. Beide Elemente sind am Versicherungsfall beteiligt[1]. Sie sind insofern eng aufeinander bezogen, als das eine nur in Verbindung mit dem anderen versicherungsrechtlich wirksam wird. Für das Versicherungsverhältnis ist eine Gefahr, die keinen versicherten Gegenstand bedroht hat, ebenso unbeachtlich wie ein Gegenstand, der nicht der versicherten Gefahr ausgesetzt war. Auf Grund dieser Erkenntnis beantwortet sich die praktisch wichtige Frage, wann das befürchtete Ereignis zeitlich als eingetreten zu betrachten ist. Das ist nicht der Fall, solange eine Schädigung des Gegenstandes nicht *de facto* stattgefunden hat[2]. Dagegen braucht die Schädigung und deren Umfang noch nicht erkannt oder gar schon festgestellt zu sein. Der Zeitpunkt des Versicherungsfalles ist namentlich bedeutungsvoll für die Beurteilung der Frage, ob ein eingetretenes Ereignis noch unter die Dauer der Versicherung fällt oder nicht.

Zwischen der versicherten Gefahr und der Schädigung des versicherten Gegenstandes hat ein Kausalzusammenhang zu bestehen. Nach der im Zivilrecht herrschenden und auch im Gebiete des Versicherungsrechts von der Doktrin wie der Rechtsprechung herangezogenen Lehre muß der Zusammenhang ein adäquater sein[3]. Auf die Problematik dieser Theorie der

---

[1] BRUCK, Priv. Vers. R, S. 628, übersieht die Rolle des Gegenstandes, wenn er im Versicherungsfall nur die Verwirklichung der vom Versicherer übernommenen Gefahr erblickt.
[2] Ungenau ROELLI, Kommentar I, S. 463, wonach unter dem Versicherungsfall «das schädigende Ereignis und nicht etwa der Schaden selbst» zu erblicken sei.
[3] BGer. 25. März 1918, SVA IV, Nr. 238, 19. Dezember 1940, SVA IX, Nr. 60 und 18. November 1954, SVA XI, Nr. 96.

Adäquanz sei hier nicht näher eingetreten. Im Versicherungsverhältnis bereitet namentlich die beim Vorliegen von mehreren adäquaten Ursachen erforderliche Aufteilung der Schadenfolgen oft erhebliche praktische Schwierigkeiten. So stellen sich zum Beispiel in der Unfallversicherung aus dem Zusammenwirken von Unfall und Krankheit heikle Probleme. Zu ihrer Lösung ist vor allem zu untersuchen, ob überhaupt beide Faktoren adäquat kausal gewirkt haben. Wenn der krankhafte Zustand schon für sich allein erfahrungsgemäß geeignet gewesen wäre, den eingetretenen Erfolg herbeizuführen – wie das oft bei latent vorhandenen Krankheiten der Fall sein kann, die bei Anlaß eines äußeren Geschehens offenbar geworden sind –, so besteht hiefür keine Haftung des Unfallversicherers[4]. Umgekehrt kann aber auch der unfallmäßige Vorgang dominieren, obschon eine gewisse Disposition des Versicherten mitgespielt hat, zum Beispiel Altersschwäche, Nervosität oder Müdigkeit; hätte diese Disposition für sich allein nach normalem Lauf der Dinge keine Folgen gehabt, so vermag sie die volle Haftung des Unfallversicherers nicht zu beeinträchtigen[5]. Liegt dagegen eine gemeinsame Kausalität vor, weil beide Faktoren adäquat kausal waren, so ist deren Anteil am eingetretenen Erfolg auszuscheiden. Alsdann haftet der Unfallversicherer, wenn Krankheitszustände schon vor dem Unfall vorhanden waren oder wenn sie unabhängig von ihm nachher hinzugetreten sind, nur für diejenigen Folgen, die ohne die Mitwirkung jener Krankheiten voraussichtlich eingetreten wären[6]. Obwohl die Frage, ob eine adäquate Kausalität vorliegt, eine der Überprüfung des Bundesgerichts unterliegende Rechtsfrage ist[7], bleibt naturgemäß dem richterlichen Ermessen ein ziemlich weiter Spielraum. Die Aufteilung eines eingetretenen Schadens je nach den wirksam gewesenen Kausalfaktoren erweist sich insbesondere in der Transportversicherung oft als praktisch kaum durchführbar. Daraus erklärt sich das Bestreben, von verschiedenen Schadenursachen bloß eine als für die Haftung des Versicherers entscheidend herauszugreifen. Das hat in der englischen Praxis zur Seetransportversicherung dazu geführt, nur auf die zeitlich letzte Ursache abzustellen *(causa proxima, non remota spectatur)* oder nach der wirksamsten

---

[4] BGer, 25. März 1918, SVA IV, Nr. 238 und 10. Juli 1924, SVA V, Nr. 199.

[5] BezGer Laufenburg, 23. Februar 1922, SVA V, Nr. 338; BGer, 4. Oktober 1922, SVA V, Nr. 119; ObGer Zürich, 17. Januar 1947, SVA X, Nr. 81; KGer Graubünden, 15. Februar 1961, SVA XII, Nr. 96.

[6] BGer, 10. Juli 1924, SVA V, Nr. 199; Cour de justice Genève, 14. November 1924, SVA V, Nr. 337; BezGer Zürich, 27. März 1929, SVA VI, Nr. 308; ZivGer Basel-Stadt, 30. April 1930, SVA VI, Nr. 315; Bundesgericht, 2. Juli 1931, SVA VII, Nr. 308; AmtsGer Luzern-Stadt, 3. Juni 1954, SVA XI, Nr. 92; KGer St. Gallen, 11. April 1957, SVA XI, Nr. 98.

[7] BGer, 18. November 1954, SVA XI, Nr. 96.

Ursache («in efficiency») zu suchen. In der Schweiz hat sich jedoch diese Lösung bisher auch für die Transportversicherung nicht durchzusetzen vermocht.

II. Vertragsschicksal

Mit dem Eintritt des befürchteten Ereignisses wird gewissermaßen das Ziel, um dessentwillen der Versicherungsnehmer den Vertrag abgeschlossen hatte, erreicht. Der Versicherungsfall bewirkt daher eine Zäsur im ganzen Rechtsverhältnis. Es erhebt sich die Frage des weiteren Bestandes des Vertrages. In dieser Beziehung muß der Fall eines Totalschadens von dem eines bloßen Teilschadens auseinandergehalten werden.

1. Ein Totalschaden (Vollschaden) kann seiner Natur nach nur einmal eintreten: so zum Beispiel die vollständige Vernichtung einer Sache oder der Tod einer Person. Das VVG hat diesen Tatbestand nirgends selber geregelt. Nach der herrschenden Doktrin ist damit automatisch der Hinfall des Vertrages verknüpft[8]. Infolge Vernichtung des versicherten Gegenstandes wird der Vertrag im wahren Sinne gegenstandslos und eine weitere Leistungspflicht des Versicherers unmöglich (Art. 119 OR). Es ist daher gerechtfertigt, damit auch das Vertragsschicksal zu besiegeln. Immerhin bleibt dem Versicherer nach der Spezialbestimmung von Art. 24 VVG der Anspruch auf die Prämie der laufenden Versicherungsperiode gewahrt, wenn nichts anderes vereinbart wurde.

2. Im Falle, wo nur ein Teilschaden eintritt, hat Art. 42 VVG die Lösung positivrechtlich in einem beiden Vertragsparteien eingeräumten Rücktrittsrecht erblickt. Der Begriff des Teilschadens ist gesetzlich nicht definiert worden. Nach allgemeiner Ansicht sind darunter alle Schädigungen zu verstehen, die nicht zu einem Totalschaden führen[9]. Dazu gehören nicht nur die Tatbestände einer bloßen Beschädigung von Sachen oder Verletzung von Personen, sondern auch die Fälle, wo das befürchtete Ereignis mehrmals auftreten kann, wie in der Haftpflichtversicherung. Als Teilschaden ist ferner zu betrachten, wenn bei einer Kollektivversicherung von den mehreren versicherten Sachen oder Personen bloß einzelne völlig vernichtet worden sind.

---

[8] KELLER, Kommentar I, S. 610.
[9] Cour de justice Genève, 1. Juli 1919, SVA IV, Nr. 37.

Da in allen diesen Fällen der Versicherer auch in Zukunft wieder leistungspflichtig werden kann, wäre ein automatisches Erlöschen des Vertrages nicht angebracht.

Die Erfahrungen, die bei der Regulierung eines Teilschadens gemacht wurden, können jedoch bei den Vertragsparteien den Wunsch auslösen, an den Vertrag nicht länger gebunden zu sein[10]. Diese Erwägung hat den Gesetzgeber dazu geführt, im positiven schweizerischen Recht durch Art. 42 VVG den Versicherer wie den Versicherungsnehmer als berechtigt zu erklären, vom Vertrag zurückzutreten[11]. Bei diesem R ü c k t r i t t s r e c h t handelt es sich, entgegen dem Gesetzeswortlaut, um ein Recht zur Kündigung des Vertrages für die Zukunft. Es wird bei Rücktritt des Versicherungsnehmers sofort wirksam, bei Rücktritt des Versicherers erst mit dem Ablauf von 14 Tagen (vgl. Art. 42 Abs. 2 VVG mit Abs. 3 des gleichen Art.). Voraussetzung der Kündigungsrechte ist nicht nur ein Teilschaden, «für den Ersatz beansprucht wird» – wie aus dem ungenau gefaßten Art. 42 VVG geschlossen werden könnte –, sondern der Eintritt eines Schadenfalles, aus welchem der Versicherer leistungspflichtig ist, der also einen begründeten Ersatzanspruch auslöst[12]. Das Kündigungsrecht wurde zeitlich terminiert, indem die Rücktrittserklärung «spätestens bei der Auszahlung der Entschädigung» abzugeben ist. Das bereitet in der Handhabung oft Schwierigkeiten, zum Beispiel wenn die Erklärung nur wenige Stunden nach der Auszahlung erfolgt ist[13], bei Teilzahlungen[14], oder wenn bei der Haftpflichtversicherung der Versicherungsnehmer erst hinterher von der Befriedigung des geschädigten Dritten Kenntnis erhält[15]. Tritt keine der Parteien vom Vertrag zurück, so bleibt er aufrecht, doch besteht die Haftung des Versicherers für die Folgezeit nur noch mit dem Restbetrag der Versicherungssumme, wenn nichts anderes vereinbart ist (Art. 42 Abs. 4 VVG).

Die getroffene Regelung vermag weder in grundsätzlicher Hinsicht noch in der Detailausgestaltung voll zu befriedigen. Die Regulierung von Schaden-

---

[10] Botschaft des Bundesrates, S. 65.

[11] Das d e u t s c h e Recht hat für einzelne Versicherungszweige ebenfalls jeden Teil als berechtigt erklärt, nach dem Eintritt des Versicherungsfalles den Vertrag zu kündigen (DVVG §§ 96, 113 und 158).

[12] Cour de justice Genève, 8. Mai 1925, SVA V, Nr. 123; Tribunal cantonal vaudois, 27. Januar 1926, SVA V, Nr. 45; Cour de cassation Fribourg, 15. Juli 1929, SVA VI, Nr. 35; ObGer Zürich, 14. Februar 1942, SVA IX, Nr. 11; BezGer Zürich, 11. Dezember 1952, SVA X, Nr. 7.

[13] ObGer Thurgau, 18. Juli 1922, SVA V, Nr. 49; Tribunal cantonal vaudois, 17. Oktober 1923, SVA V, Nr. 50 und 27. Oktober 1942, SVA IX, Nr. 12.

[14] Cour de cassation Fribourg, 3. Mai 1954, SVA XI, Nr. 3.

[15] ObGer Luzern, 8. November 1924, SVA V, Nr. 52.

fällen bildet im Rahmen von Versicherungsverhältnissen eine durchaus normale Funktion. Sie rechtfertigt es nicht, deswegen den Grundsatz des *pacta sunt servanda* zu durchbrechen und den Weiterbestand des Vertrages in Frage zu stellen. Statt dieser extremen Lösung ließe sich *de lege ferenda* eine bloße Vertragsanpassung befürworten; sie könnte darin bestehen, die künftige Haftung des Versicherers auf die verbleibende Versicherungssumme zu beschränken und eine entsprechende Herabsetzung der Prämie vorzusehen.

III. Obliegenheiten im Versicherungsfall

Nach dem Eintritt des Versicherungsfalles kann der Anspruchsberechtigte den bisher bedingten Versicherungsanspruch geltend machen. Es ist jedoch eine mit dem Versicherungsverhältnis verknüpfte Eigenart, daß dem Berechtigten auch O b l i e g e n h e i t e n auferlegt sind, deren Verletzung zur Kürzung oder Verwirkung des Versicherungsanspruches führen kann und die sich daher als Belastung der Anspruchsberechtigung auswirken. Bei ihnen handelt es sich um eigentliche Rechtspflichten, weshalb der zur Obliegenheit Verpflichtete auch für Hilfspersonen haftet (Art. 101 OR). Zu diesen Obliegenheiten gehören die Anzeigepflicht nach Eintritt des befürchteten Ereignisses, das Veränderungsverbot und die Rettungspflicht.

1. Die A n z e i g e p f l i c h t ist dem Anspruchsberechtigten durch Art. 38 VVG auferlegt und näher geregelt worden. Sie soll den Versicherer über das eingetretene Ereignis orientieren und es gleichzeitig dem Berechtigten erschweren, einen Versicherungsfall zu «konstruieren» und Beweismaterial herzurichten. Vorausgesetzt wird indessen, daß ein Versicherungsfall nicht bloß droht, sondern wirklich eingetreten ist und der Anspruchsberechtigte davon und von seinem Anspruch aus der Versicherung Kenntnis erlangt hat[16]. Im Gegensatz zur Deklarationspflicht bei Vertragsabschluß (Art. 4 VVG) ist positive Kenntnis erforderlich, so daß ein bloßes Kennenmüssen nicht genügt[17]. Die Folgen einer Verletzung der Anzeigepflicht bestehen nach Art. 38 VVG bei schuldhafter Nichtanzeige in einer Kürzung der Entschädigung und bei ihrer betrügerischen Unterlassung in der Befreiung des Versicherers vom Vertrag. Die gesetzlichen Bestimmungen sind nicht zwingend, so daß sie vertraglich verschärft werden können, zum Beispiel durch das

---

[16] BezGer Zürich, 17. Mai 1956, SVA XI, Nr. 41.
[17] BGer, 25. Juni 1948, SVA X, Nr. 43.

Erfordernis der Schriftform für die Anzeige. Auch die Vereinbarung einer Verwirkungsklausel ist von den Gerichten – unter Vorbehalt der Exculpation gemäß Art. 45 VVG – als zulässig anerkannt worden[18]. Es bleibt aber die Frage offen, ob im Falle, wo es an einer betrügerischen Absicht fehlt, eine völlige Verwirkung des Versicherungsanspruches nicht als gegen die guten Sitten verstoßend (Art. 20 OR) und daher nichtig betrachtet werden könnte.

2. Das in Art. 68 VVG aufgestellte Veränderungsverbot soll verhindern, daß der Anspruchsberechtigte versucht, die faktische Situation zu verändern, um zum Beispiel die Ursache des Ereignisses zu verschleiern oder die Schädigung größer erscheinen zu lassen, als sie tatsächlich war. Er darf daher an den beschädigten Gegenständen keine Veränderung vornehmen, welche die Feststellung der Schadenursache oder des Schadens erschweren oder vereiteln könnten. Diese Obliegenheit fällt dahin, wenn der Versicherer seine Zustimmung zur Veränderung erteilt, nachdem der Schaden ermittelt worden ist, und wenn die Veränderung zum Zwecke der Schadenminderung oder im öffentlichen Interesse als geboten erscheint. Obschon der Art. 68 im Abschnitt des VVG über die Schadenversicherung eingereiht wurde, liegt ihm doch ein allgemeiner Gedanke zugrunde, der auch in der Personenversicherung als analog anwendbar erscheint. Die Voraussetzungen wie die Tragweite und die Begrenzung des Verbotes sind gesetzlich eingehend umschrieben worden und bedürfen daher keiner näheren Erläuterung. Für den Fall einer betrügerischen Zuwiderhandlung hat Art. 68 Abs. 2 VVG als Sanktion die Befreiung des Versicherers vom Vertrag vorgesehen[19]. Bei einer sonstigen Verletzung des Veränderungsverbotes ist nach allgemeinem Recht (Art. 97 f. OR) eine Kürzung der Entschädigung im Ausmaße des vom Versicherer nachgewiesenen Schadens – unter Vorbehalt von Art. 45 VVG – als zulässig zu betrachten[20]. Dagegen bleibt es trotz des dispositiven Charakters von Art. 68 VVG fraglich, ob eine darüber hinausgehende Vereinbarung der gänzlichen Verwirkung des Anspruches nicht als gegen die guten Sitten verstoßend zu behandeln wäre (Art. 20 OR).

3. Das auf eine Unterlassung gerichtete Veränderungsverbot ist in Art. 61 VVG durch die ein positives Tun verlangende Rettungspflicht ergänzt worden. Auch hier wurde die Vorschrift vom schweizerischen Gesetzgeber unter den Bestimmungen über die Schadenversicherung aufgeführt, obschon

---

[18] Tribunal cantonal vaudois, 8. März 1926, SVA V, Nr. 168; ZivGer Basel-Stadt, 5. März 1927, SVA VI, Nr. 153.
[19] AppHof Bern, 30. Mai 1924, SVA V, Nr. 170.
[20] Ebenso JAEGER, Kommentar II, S. 499.

in ihr ein allgemeines Prinzip zum Ausdruck kommt[21]; dies hat auch das Bundesgericht zutreffend festgestellt[22]. Die Rettungspflicht besteht darin, daß der Anspruchsberechtigte für M i n d e r u n g   d e s   S c h a d e n s sorgen soll. Das wurde positivrechtlich bemerkenswert flexibel umschrieben: es soll «tunlichst» geschehen, also nur soweit es dem Berechtigten mit Rücksicht auf die Umstände des Falles billigerweise zugemutet werden kann. Dabei ist sowohl objektiven Faktoren (z. B. Schwierigkeiten, Gefahren) wie subjektiven Verhältnissen (z. B. Aufregung, Schrecken) angemessen Rechnung zu tragen[23]. Dem Anspruchsberechtigten wird die Beurteilung der Situation insofern erleichtert, als er die W e i s u n g e n   d e s   V e r s i c h e r e r s einholen kann und dies auch tun soll, wenn nicht Gefahr im Verzuge ist. Wurde die Rettungspflicht in nicht zu entschuldigender Weise verletzt, so ist der Versicherer nach Art. 61 Abs. 2 VVG zu einer entsprechenden Kürzung der Entschädigung befugt. Ob es zulässig wäre, als wirksamere Sanktion vertraglich eine Verwirkung zu vereinbaren, muß auch hier angesichts von Art. 20 OR zum mindesten als zweifelhaft bezeichnet werden[24].

Durch die Rettungsmaßnahmen, zum Beispiel Errichtung eines Notdaches, können dem Anspruchsberechtigten hohe Kosten erwachsen. Diese R e t t u n g s k o s t e n sind grundsätzlich vom Versicherer zu tragen, da sie in seinem Interesse liegen. Es fragt sich jedoch, ob der Versicherer sie auch dann zu vergüten hat, wenn sie ohne Erfolg geblieben sind, und wie es sich verhält, wenn die Rettungskosten zusammen mit der Entschädigung die Versicherungssumme übersteigen. Art. 70 VVG hat beides ausdrücklich bejaht. Eine Einschränkung wurde nur für den Fall angebracht, wo die Rettungskosten «offenbar unzweckmäßig» aufgewendet worden waren. Diesem Einwand kann der Anspruchsberechtigte dadurch entgehen, daß er die Weisungen des Versicherers einholt. Wurden die Weisungen befolgt, so trägt der Versicherer selbstverständlich die dadurch entstandenen Kosten. Aus dem Zusammenhang von Art. 70 VVG mit Art. 61 VVG ergibt sich dagegen, daß die Pflicht des Versicherers zur Vergütung allfälliger Kosten dahinfällt, wenn der Anspruchsberechtigte die Rettungspflicht in nicht zu entschuldigender Weise verletzt hat. Das wäre namentlich der Fall bei Mißachtung der Wei-

---

[21] Das d e u t s c h e VVG hat denn auch die Rettungspflicht sowohl für die Schadenversicherung (§ 62) wie für die Unfallversicherung (§ 183) geregelt.

[22] Das BGer, 21. Oktober 1919, SVA IV, Nr. 256, hat Art. 61 VVG als in der Unfallversicherung analog anwendbar erklärt.

[23] BGer, 29. April 1926, SVA V, Nr. 297; AmtsGer Luzern-Stadt, 1. März 1935, SVA VIII, Nr. 94.

[24] Auch JAEGER, Kommentar II, S. 334, hält eine solche Abrede als gegen Art. 20 OR verstoßend.

sungen des Versicherers[25]. Die Regelung des Ersatzes von Rettungskosten ist also recht differenziert erfolgt; sie trägt den verschiedenen Umständen, die zu ihrer Entstehung führen, angemessen Rechnung.

§ 88. Schuldhafte Herbeiführung

Literatur

E. JOSEF, Vorsätzliche Herbeiführung des Versicherungsfalles, Z Vers. Wiss. 1913, S. 233f.; E. FRAMHEIN, Die Herbeiführung des Versicherungsfalles, Berlin 1927; R. HUBER, Die Herbeiführung des Versicherungsfalles durch den Versicherungsnehmer, Köln 1931; H. SCHUPPISSER, Die grobfahrlässige Herbeiführung des Versicherungsfalles nach Art. 14 Abs. 2 VVG, Abh. schweiz. R, Heft 364, Bern 1964.

Anfänglich glaubte man, es könne nur gegen zufällige Ereignisse, wie Seeunfälle und Brandschaden, Deckung gewährt werden. In der Vergütung von Schadenfällen, die der Versicherungsnehmer selber verschuldet hatte, erblickte man etwas Unmoralisches und daher nicht Zulässiges. Unter dem Zwang der Bedürfnisse des Lebens und der wirtschaftlichen Verhältnisse vermochte sich aber bald eine andere Anschauung durchzusetzen. Die menschliche Existenz und die Wirtschaftsgüter sind eben nicht nur von zufälligen Ereignissen bedroht, sondern ebenso stark von Fahrlässigkeiten, Unachtsamkeiten und Versehen, die mit der heutigen Intensität und Hast im Verkehrsleben fast unvermeidlich sind. Der moderne Gesetzgeber hat denn auch die Versicherbarkeit nicht auf zufällige Ereignisse beschränkt, sondern auch die Versicherung von Ereignissen zugelassen, die der Versicherungsnehmer mit Verschulden herbeigeführt hat. Dabei bleiben jedoch die Fragen zu beantworten, wann begrifflich von einer Herbeiführung gesprochen werden kann, welche Rechtsfolgen sich mit einem allfälligen Verschulden verknüpfen und wie dieser Tatbestand juristisch zu qualifizieren ist.

---

[25] Ebenso JAEGER, Kommentar II, S. 523.

I. Begriff der Herbeiführung

Da die Herbeiführung des Versicherungsfalles in Art. 14 VVG besonders
geregelt worden ist, muß man wissen, was dort unter «Herbeiführung» verstanden wird. Dazu ist jedenfalls erforderlich, daß das Ereignis als adäquat
kausale Folge des Verhaltens des Versicherungsnehmers oder der ihm gleich-
gestellten anderen Personen eingetreten sein muß[1]. Besteht dieses Verhalten
in einem positiven Handeln, so unterliegt es keinem Zweifel, daß alsdann eine Herbeiführung gegeben ist. Dagegen gehen die Meinungen darüber auseinander, ob sich von Herbeiführung auch dann sprechen läßt, wenn
dem Versicherungsnehmer bloß ein passives Verhalten vorgeworfen werden
kann, weil er den Eintritt des Ereignisses nicht verhindert hat. Das ist
in der Doktrin streitig geblieben[2]. Die Nichtverhinderung des Eintritts eines
Versicherungsfalles kann jedoch nicht seiner Herbeiführung gleichgesetzt
werden. In einem rein passiven Verhalten ist schon nach dem Sinn des Ausdrucks keine Herbeiführung zu erblicken. Gegen die Relevanz eines bloß
passiven Verhaltens spricht aber auch, daß nach schweizerischem Recht sogar
eine durch aktives Tun bewirkte Herbeiführung keine Verletzung einer
Rechtspflicht bildet. Es ist zwar möglich, dem Versicherungsnehmer die
Verpflichtung zu einem bestimmten gefahrprävenierenden Verhalten aufzuerlegen, sei es durch vertragliche Abrede gemäß Art. 29 VVG, sei es durch
öffentlichrechtliche Polizeivorschriften. Aber auch dann zieht eine Verletzung dieser Pflichten nur die damit verbundenen Rechtsfolgen nach sich,
zum Beispiel Verwirkung des Versicherungsanspruches oder Verhängung
einer polizeilichen Buße, ohne daß darin gleichzeitig eine Herbeiführung des
Versicherungsfalles liegt. Von einem Versicherungsnehmer, der beispielsweise ein Rauchverbot verletzt, sein Geschäft nachts nicht wie verlangt
abgeschlossen oder andere Sicherheitsvorschriften mißachtet hat, kann nicht
gesagt werden, er habe deswegen das befürchtete Ereignis herbeigeführt.

---

[1] BGer, 25. März 1918, SVA IV, Nr. 238 und 19. Dezember 1940, SVA IX, Nr. 60; BGer,
24. Mai 1973, AS 99 II, 1973, S. 85.

[2] Während ROELLI, Kommentar I, S. 219, ein positives Tun verlangt, will KELLER, Kommentar I, S. 236, auch eine bloße Unterlassung, die adäquat kausal war, als Herbeiführung
gelten lassen. JAEGER, Kommentar II, S. 321, möchte Art. 2 ZGB heranziehen, wonach
aus dem Grundsatz des Handelns nach Treu und Glauben folge, daß der Versicherungsnehmer «nicht mit verschränkten Armen zusehen darf, wie der Versicherungsfall eintritt»,
während er ihn durch sein Eingreifen ohne eigene Gefahr hätte verhindern können.

II. Das Verschulden und seine Folgen

Zur Herbeiführung des befürchteten Ereignisses muß nach Art. 14 VVG ein bestimmt geartetes Verschulden des Versicherungsnehmers oder Anspruchsberechtigten hinzukommen. Das Gesetz unterscheidet in dieser Beziehung je nach dem Verschuldensgrad zwischen absichtlicher, grobfahrlässiger und leichtfahrlässiger Herbeiführung, indem damit verschiedene Rechtsfolgen verbunden sind.

1. Wurde das Ereignis absichtlich herbeigeführt, so haftet der Versicherer nach Art. 14 Abs. 1 VVG nicht. Vorausgesetzt wird jedoch nicht nur Vorsatz, sondern Absicht. Der Handelnde muß beabsichtigt haben, den Versicherungsfall herbeizuführen, seine Handlung muß auf den Erfolg gerichtet gewesen sein (Erfolgswille). Keine solche Absicht liegt vor, wenn der Eintritt des befürchteten Ereignisses die unbeabsichtigte Folge einer an sich gewollten Handlung war, zum Beispiel wenn der Tod als nicht gewollte Folge einer Selbstverstümmelung, eines Duelles oder einer Notwehrhandlung eintritt. Dagegen ist nicht erforderlich, daß der Wille auch auf Erlangung der Versicherungsleistung gerichtet gewesen sei[3]. Unzurechnungsfähigkeit schließt natürlich die Annahme einer absichtlichen Herbeiführung aus[4]. Als Folge der absichtlichen Herbeiführung tritt für den Versicherer Haftungsbefreiung ein. Er bleibt zwar an den Vertrag gebunden, kann jedoch dem Ansprecher gegenüber einredeweise die Befreiung von seiner Leistungspflicht geltend machen.

Da Art. 14 Abs. 1 VVG nicht zu den zwingenden Bestimmungen des Gesetzes gehört, kann der Versicherer durch Vertragsabrede auch die Haftung für absichtlich herbeigeführte Versicherungsfälle übernehmen. So ist es in der Lebensversicherung üblich, nach Ablauf einer gewissen Anzahl Vertragsjahre die Haftung für Selbstmord einzuschließen. Ferner werden in der Motorfahrzeug-Haftpflichtversicherung zum Schutze des Straßenbenützers auch die vom Fahrzeugführer absichtlich herbeigeführten Unfälle gedeckt. Es ist Sache des Versicherers, gestützt auf versicherungstechnische Überlegungen darüber schlüssig zu werden, ob er solche Haftungen übernehmen will. Er wird prüfen, ob der Versicherungsbetrieb dadurch gefährdet wird oder ob das nicht der Fall ist, weil zum Beispiel der Selbsterhaltungstrieb des Menschen genügend Gegenkräfte zur Verhinderung von Mißbräuchen

---

[3] KGer St. Gallen, 26. September 1924, SVA V, Nr. 353.
[4] BGer, 4. Juni 1924, SVA V, Nr. 380.

erzeugt. Der Einschluß der Haftung für absichtlich herbeigeführte Versicherungsfälle kann aber gegen die öffentliche Ordnung oder gegen die guten Sitten verstoßen und ist alsdann gemäß Art. 19 und 20 OR nichtig[5]. Das wäre beispielsweise bei Übernahme der Haftung für absichtliche Selbstverstümmelung angesichts des öffentlichen Interesses an der Wehrhaftigkeit anzunehmen. Auch die Deckung von Bränden, die der Versicherungsnehmer absichtlich gelegt hat, müßte wegen der damit für die Nachbarn verbundenen Gefahr der Brandausweitung als unzulässig betrachtet werden. Es handelt sich dabei um eine Frage der zivilrechtlichen Gültigkeit der Abrede; unerheblich bleibt daher, ob mit der Herbeiführung eine strafbare Handlung verbunden ist, und allenfalls ihre strafrechtliche Qualifikation.

2. Hat der Versicherungsnehmer oder Anspruchsberechtigte das Ereignis grobfahrlässig herbeigeführt, so ist der Versicherer nach Art. 14 Abs. 2 VVG berechtigt, seine Leistung zu kürzen. Der Begriff der groben Fahrlässigkeit ist nach konstanter Gerichtspraxis vom Standpunkt des im Verkehr üblichen aus zu verstehen. Gemäß bundesgerichtlicher Formulierung handelt grobfahrlässig, wer unter Verletzung elementarster Vorsichtsgebote nicht beachtet hat, was jedem verständigen Menschen in gleicher Lage und unter gleichen Umständen hätte einleuchten müssen[6]. Eine solche *culpa lata* setzt also eine augenscheinliche Mißachtung der erforderlichen Sorgfalt oder Aufmerksamkeit voraus. Wann sie gegeben ist, muß im Einzelfall unter Berücksichtigung aller Umstände des konkreten Tatbestandes entschieden werden[7]. In einem momentanen Mangel an Sorgfalt und Überlegung, wie er bei jedem Menschen in Erscheinung treten kann, wird noch keine grobe Fahrlässigkeit erblickt[8]. Auch hier muß bei der Würdigung der Schuld die zivilrechtliche von der strafrechtlichen Betrachtungsweise auseinandergehalten werden[9].

Die grobe Fahrlässigkeit berechtigt den Versicherer zur Kürzung seiner Leistung, und zwar nach dem Gesetzeswortlaut «in einem dem Grade des Verschuldens entsprechenden Verhältnisse». Zur Bestimmung des Maßes der

---

[5] JAEGER, Kommentar III, S. 469 und KELLER, Kommentar I, S. 272.
[6] BGer, 11. Oktober 1928, SVA VI, Nr. 77 und 6. Juni 1930, SVA VI, Nr. 76.
[7] Aus der reichhaltigen Kasuistik siehe beispielsweise: BGer, 21. Februar 1935, SVA VIII, Nr. 66; 10. Dezember 1943, SVA IX, Nr. 39; 17. Februar 1944, SVA IX, Nr. 40; KGer St. Gallen, 12. Oktober 1956, SVA XI, Nr. 16; ObGer Luzern, 10. Oktober 1957, SVA XI, Nr. 17; ObGer Zürich, 1. April 1965, SVA XII, Nr. 21 und 20. Oktober 1966, SVA XII, Nr. 27.
[8] KGer Schwyz, 24. Juni 1929, SVA VI, Nr. 94; BezGer Aarau, 25. Juli 1934, SVA VII, Nr. 76; KGer Unterwalden, 31. März 1948, SVA X, Nr. 17; BezGer Pfäffikon, 25. April 1961, SVA XII, Nr. 19.
[9] BezGer Zürich, 23. November 1955, SVA XI, Nr. 15.

Kürzung soll demnach je nach dem Verschuldensgrad abgestuft werden. Das ist eine den Richter vor eine schwierige Ermessensfrage stellende Aufgabe[10]. Ist schon die Unterscheidung zwischen grober und leichter Fahrlässigkeit nicht einfach, so muß eine Abstufung innerhalb der groben Fahrlässigkeit als besonders problematisch bezeichnet werden. Sie ruft unweigerlich Streitigkeiten über den Verschuldensgrad hervor und erscheint daher versicherungsrechtlich als unbefriedigend. Schon ROELLI hat daher von dieser Bestimmung gesagt, sie sei die «bedenklichste» des ganzen VVG, eröffne eine «unversiegbare Prozeßquelle» und «widerstreite jeder Praktibilität des Rechtes»[11]. Sie bewirkt in der Tat eine gerade bei Versicherungsverhältnissen zu vermeidende Rechtsunsicherheit über die Höhe der Ansprüche des Berechtigten.

Die gesetzliche Ordnung ist allerdings nicht zwingend, weshalb davon abweichende Vertragsabreden zulässig bleiben. So wird in der Lebensversicherung üblicherweise die volle Haftung trotz grobfahrlässig herbeigeführtem Todesfall aufrecht erhalten. Es kann aber umgekehrt auch die Befreiung des Versicherers bei grobfahrlässig verschuldeten Ereignissen vereinbart werden[12]. Eine solche Klausel, die zum Beispiel in der Unfallversicherung vorkommt, ist weder rechtswidrig noch verstößt sie gegen Treu und Glauben[13]. Es kann rechtsgültig auch vorgesehen werden, die Leistung des Versicherers werde auf die Hälfte reduziert, wenn der Versicherungsfall auf grobe Fahrlässigkeit zurückzuführen sei[14]; das bildet eine Mittellösung, welche den Anspruch des Berechtigten klar bestimmt.

3. Wurde das befürchtete Ereignis vom Versicherungsnehmer oder Anspruchsberechtigten nur leichtfahrlässig herbeigeführt, so haftet der Versicherer nach Art. 14 Abs. 4 VVG in vollem Umfange. Daraus ergibt sich die Notwendigkeit der Abgrenzung zwischen grober und leichter Fahrlässigkeit. Dagegen wurde die letztere der schuldlosen Herbeiführung gleichgestellt. In beiden Fällen besteht volle Haftung des Versicherers. Sie ist zwingend im Sinne von Art. 98 VVG und kann daher durch Parteiabrede nicht rechtsgültig wegbedungen werden[15]. Das gleiche gilt dann, wenn bei

---

[10] BGer, 22. Februar 1929, SVA VI, Nr. 195.
[11] ROELLI, Kommentar I, S. 225; ebenso KELLER, Kommentar I, S. 257.
[12] Das deutsche VVG hat sogar gesetzlich den Versicherer bei der Schadenversicherung von der Haftung für grobfahrlässig herbeigeführte Versicherungsfälle befreit (DVVG § 61).
[13] BGer, 12. April 1927, SVA VI, Nr. 92 und 6. Juni 1930, SVA VI, Nr. 76.
[14] ZivGer Basel-Stadt, 24. November 1930, SVA VI, Nr. 93.
[15] KGer Schwyz, 24. Juni 1929, SVA VI, Nr. 94.

der Herbeiführung gemäß einem Gebot der Menschlichkeit gehandelt worden ist (Art. 15 VVG). Die Erheblichkeit eines Verschuldens ist also positivrechtlich auf eine absichtlich oder grobfahrlässig erfolgende Herbeiführung des Versicherungsfalles beschränkt worden. Darin darf eine dem Versicherungsnehmer und Anspruchsberechtigten bemerkenswert entgegenkommende Lösung erblickt werden: leichtfahrlässige Versehen und Unachtsamkeiten, wie sie das Leben oft mit sich bringt, ziehen keine Schmälerung der Versicherungsdeckung nach sich.

III. Rechtsnatur der Herbeiführung

Gestützt auf die gesetzlich getroffene Ordnung läßt sich die Frage beantworten, wie die Herbeiführung des befürchteten Ereignisses juristisch zu qualifizieren ist und was sich daraus für die Haftung für Hilfspersonen ergibt.

1. Das schweizerische Recht hat davon abgesehen, dem Versicherungsnehmer eine Obliegenheit aufzuerlegen, die Herbeiführung des Versicherungsfalles zu vermeiden. Bewußt wollte der Gesetzgeber den Versicherungsnehmer trotz Abschluß eines Versicherungsvertrages in seiner persönlichen und wirtschaftlichen Bewegungsfreiheit nicht hemmen[16]. Demgemäß wurde keine Rechtspflicht aufgestellt, welche die Herbeiführung des befürchteten Ereignisses als Gesetzes- oder Vertragsverletzung erscheinen ließe[17]. Aus einer Herbeiführung wird der Versicherungsnehmer daher auch nicht schadenersatzpflichtig. Zwar zieht die absichtliche oder grobfahrlässige Herbeiführung unter Umständen den Hinfall oder die Kürzung der Versicherungsleistung nach sich. Dabei handelt es sich aber um negative Haftungsvoraussetzungen[18]. Das Verschulden wirkt nicht haftungsbegründend, wie bei der Verletzung von Rechtspflichten, sondern gegenteils leistungsbefreiend für den Versicherer. Dadurch wird die vom Versicherer zu tragende Gefahr begrenzt. Die Einschränkung der Haftung beruht jedoch nicht auf einer vereinbarten Ausschlußklausel (Art. 33 VVG), sondern erfolgt kraft Gesetzes (Art. 14 VVG). Da bei bloß leichtfahrlässiger Herbei-

---

[16] Botschaft des Bundesrates, S. 46 und ROELLI, Kommentar I, S. 193.
[17] Nach BRUCK, Priv. Vers. R, S. 648, ist es dagegen für das deutsche Recht umstritten, ob für den Versicherungsnehmer nicht eine Rechtspflicht gegeben sei, den Versicherungsfall nicht schuldhaft herbeizuführen.
[18] Ebenso KELLER, Kommentar I, S. 247.

führung des Versicherungsfalles die volle Haftung des Versicherers z w i n -
g e n d ist, wäre es nicht zulässig, sie unter Berufung auf die durch Art. 33
VVG anerkannte Vertragsfreiheit durch Vereinbarung ausschließen zu wollen. Dagegen bleibt es möglich, bestimmte Handlungen oder Verhaltens-
weisen des Versicherungsnehmers als von der Versicherung ausgeschlossen
zu erklären, zum Beispiel Wagnisse, Unfälle bei offenbarer Trunkenheit oder
bei Bewußtseinsstörungen usw. Der Ausschluß erfolgt hier unabhängig davon, ob bei Eintritt des Ereignisses ein Verschulden mitgespielt hat oder
nicht, weshalb Art. 14 VVG nicht anwendbar ist[19].

2. Aus dem Fehlen einer auf Nichtherbeiführung des Versicherungsfalles
gerichteten Schuldpflicht ergibt sich, daß Art. 101 OR, welcher einen Verpflichteten für die Verrichtungen von beigezogenen H i l f s p e r s o n e n haften
läßt, nicht anwendbar ist. Art. 14 Abs. 3 VVG hat zwar neben dem Versicherungsnehmer und Anspruchsberechtigten auch H a u s g e n o s s e n, die
mit ihnen in häuslicher Gemeinschaft leben (Art. 331 ZGB)[20], sowie A n -
g e s t e l l t e und A r b e i t e r, für die sie einstehen müssen (Art. 55 OR), zu
Personen erklärt, deren grobes Verschulden bei der Herbeiführung des Versicherungsfalles die Versicherungsleistung zu beeinflussen vermag. Doch
wird deren Verhalten nur beachtet, wenn auch der Versicherungsnehmer
oder Anspruchsberechtigte sich in der Beaufsichtigung, durch die Anstellung
oder die Aufnahme jener Personen einer groben Fahrlässigkeit *(culpa in eli-*
gendo, custodiendo vel instruendo) schuldig gemacht hat. Art. 331 ZGB und
Art. 55 OR dürfen daher nur für die Bestimmung des Kreises der Personen,
deren Handlungen relevant sind, herangezogen werden. In der Haftungsfrage
selbst gilt nicht das allgemeine Recht, sondern die spezielle versicherungsrechtliche Ordnung von Art. 14 VVG. Hier wurde keine Haftung für Drittpersonen vorgesehen, sondern ein S e l b s t v e r s c h u l d e n s p r i n z i p aufgestellt[21]. Damit ist eine dem Sicherungszweck der Versicherung entsprechende
Sonderlösung getroffen worden.

---

[19] In diesem Sinne schon ROELLI, Kommentar I, S. 197/98.
[20] Nach BGer, 4. Juni 1925, SVA V, Nr. 172, gehören bloße Zimmermieter, die nicht gleichzeitig Kostgänger des Vermieters sind, nicht zu den Hausgenossen.
[21] So auch ROELLI, Kommentar I, S. 202f.

§ 89. Der Versicherungsfall der Haftpflichtversicherung

Literatur

W. KOENIG, Das «befürchtete Ereignis» im schweizerischen Versicherungsvertragsgesetz, SJZ 1929, S. 161f.; J. HUNZIKER, Die Haftpflichtversicherung des Automobil- und Motorradhalters nach schweizerischem Recht, Freiburg 1930; E. GAFNER, L'assurance obligatoire de la responsabilité civile des détenteurs de véhicules automobiles en Suisse, Lausanne 1932; W. CASSANI, Das direkte Forderungsrecht des Geschädigten gegen den Versicherer des Automobilhalters, Abh. schweiz. R, Heft 105, Bern 1935; W. SCHUMACHER, Das Prozeßführungsrecht des Haftpflichtversicherers, Abh. schweiz. R, Heft 126, Bern 1937; W. BÜHLMANN, Die rechtliche Stellung des geschädigten Automobilhalters nach Art. 39 MFG, Abh. schweiz. R, Heft 169, Bern 1940; A. FÄSSLER, Das befürchtete Ereignis in der Haftpflichtversicherung, Abh. schweiz. R, Heft 270, Bern 1948; H. BEISLER, Über die Rechtsschutzfunktion der Haftpflichtversicherung, Versicherungswissenschaftliches Archiv, 3./4. Heft, Berlin 1957; G. BOSONNET, Haftpflicht oder Unfallversicherung?, Ersatz der Haftpflicht des Motorfahrzeughalters durch eine generelle Unfallversicherung der Verkehrsopfer, Zürich 1965; E. BRUCK/H. MÖLLER/R. JOHANNSEN, Kommentar zum deutschen Versicherungsvertragsgesetz, Band 4: Allgemeine Haftpflichtversicherung, 8. Aufl., Berlin 1970.

Dem befürchteten Ereignis kommt in der Haftpflichtversicherung eine besondere Problematik zu, weil es nicht in der die Haftpflicht begründenden Schädigung des dritten Objektes liegt, sondern in der daraus resultierenden Belastung des Vermögens des Versicherungsnehmers mit einer Haftpflichtverbindlichkeit. Daraus haben sich die Streitfragen ergeben, wann der Versicherungsfall als eingetreten zu betrachten sei und welche Rolle der Abwehr unbegründeter Ansprüche zufällt. Ferner taucht hier ein geschädigter Dritter auf, dessen rechtliche Stellung gegenüber dem Versicherungsverhältnis zu bestimmen ist.

I. Zeitpunkt des Eintritts

Aus dem Wesen der Haftpflichtversicherung als Vermögensversicherung läßt sich ableiten, daß der Versicherungsfall dann als eingetreten zu betrachten ist, wenn dem Vermögen des Versicherungsnehmers die Belastung durch eine entstehende Schadenersatzverbindlichkeit erwächst. Diese Belastung tritt aber auf, sobald durch eine Tötung, Körperverletzung, Sachbeschädigung usw. eine S c h ä d i g u n g   D r i t t e r (ihrer Person, ihrer Sache oder ihres

Vermögens) bewirkt wird, welche eine Verpflichtung zum Ersatz des entstandenen Schadens auslöst[1]. Danach tritt das befürchtete Ereignis für die Haftpflichtversicherung im gleichen Zeitpunkt ein wie bei einer die geschädigten Objekte deckenden Unfall- oder Sachversicherung. Die Schädigung trifft nur einen anderen Gegenstand, nämlich das Vermögen des Versicherungsnehmers, der für die Schädigung des Dritten verantwortlich ist.

Im Gegensatz zu dieser Auffassung wird vielfach die Meinung vertreten, als Versicherungsfall der Haftpflichtversicherung sei erst die Geltendmachung des Schadenersatzanspruches durch den Dritten zu betrachten[2]. Nur im Falle, wo der Geschädigte beim Versicherungsnehmer gerichtlich oder außergerichtlich Schadenersatz verlange, komme es zu einer relevanten Inanspruchnahme des Versicherungsnehmers. Vorher sei noch gar nicht sicher, ob der Haftpflichtversicherer leistungspflichtig werde. Diese Argumentation führt zu einem Auseinanderklaffen zwischen Entstehung und Geltendmachung der Haftpflicht. Letztere ist aber ein vom Verhalten des Geschädigten abhängiger Faktor, der nur schwerlich als Versicherungsereignis angesehen werden kann. Der Versicherungsfall tritt unabhängig davon ein, ob und in welchem Zeitpunkt Ansprüche daraus erhoben werden; das trifft auch für die Haftpflichtversicherung zu.

Es sind zudem die Folgerungen zu erwägen, die sich aus der theoretischen Beantwortung der Zeitpunktfrage ergeben. Nach ihr entscheidet sich vor allem, ob ein den Versicherer leistungspflichtig machender Haftpflichtfall unter die Dauer der Versicherung fällt. Ist die Schädigung des Dritten maßgebend, so haftet der Versicherer nicht, wenn der Versicherungsnehmer aus einem vor Beginn der Versicherung liegenden Ereignis in Anspruch genommen wird, auch wenn die Geltendmachung des Anspruches erst nach Vertragsabschluß erfolgt. Anderseits hat der Haftpflichtversicherer die Folgen eines vor Ablauf des Vertrages eingetretenen Ereignisses zu tragen, selbst wenn der Dritte den Schadenersatzanspruch erst nachher geltend macht. In diesem Sinne, der dem Zweck der Haftpflichtversicherung durchaus gerecht wird, lauten denn auch die üblichen allgemeinen Versicherungsbedingungen[3]. Eine weitere Folgerung ergibt sich für die gemäß Art. 38 VVG nach Eintritt des Versicherungsfalles zu erfüllende Anzeigepflicht. Es ist ebenfalls

---

[1] So schon OSTERTAG, VVG, Art. 33, S. 128/29; ebenso KELLER, Kommentar I, S. 668/69.
[2] BRUCK, Priv. Vers. R, S. 641; ferner ROELLI, Kommentar I, S. 463 und 559 sowie JAEGER, Kommentar II, S. 269f.
[3] Das deutsche VVG hat in § 149 sogar gesetzlich darauf abgestellt, daß der Versicherungsnehmer «für eine während der Versicherungszeit eintretende Tatsache» verantwortlich geworden ist; dazu PRÖLSS, Kommentar DVVG, § 149, S. 520.

zweckmäßig, wenn der Versicherungsnehmer bei der Haftpflichtversicherung die Anzeige erstatten muß, sobald er davon Kenntnis hat, daß ein Ereignis eingetreten ist, aus dem er schadenersatzpflichtig gemacht werden
kann. Der Versicherer sollte davon sofort benachrichtigt werden und nicht
erst hinterher, wenn gegen den Versicherungsnehmer Schadenersatzansprüche erhoben werden[4]. Auch in bezug auf den Beginn der für Versicherungsansprüche vorgesehenen zweijährigen Verjährungsfrist macht sich die Kontroverse bemerkbar. Deren Lauf beginnt nach Art. 46 VVG mit dem «Eintritt
der Tatsache, welche die Leistungspflicht begründet». Diese Tatsache liegt
schon im Eintritt des die Haftpflicht auslösenden Ereignisses und nicht erst
in der Geltendmachung des Haftpflichtanspruches. Das Bundesgericht will
die Verjährung des Anspruches aus der Haftpflichtversicherung sogar erst
beginnen lassen, wenn die Schadenersatzpflicht des Versicherungsnehmers
rechtskräftig festgestellt sei[5]. Diese Lösung widerspricht jedoch dem Wortlaut von Art. 46 VVG wie dem ihm zugrundeliegenden Bestreben nach
rascher Erledigung der Schadenfälle. Befindet sich der Versicherungsnehmer
mit dem Geschädigten über die Haftpflichtfrage im Rechtsstreit, so kann
dieser sich zwar über die zweijährige Verjährungsfrist hinausziehen. In einem
solchen Falle darf aber dem Versicherungsnehmer, wie anderen von einer
Verjährung bedrohten Gläubigern, die Unterbrechung der Verjährung
gegenüber dem Versicherer durch eine der in Art. 135 OR vorgesehenen
Handlungen, insbesondere Betreibung, zugemutet werden[6]. Würde das befürchtete Ereignis in der rechtskräftigen Feststellung der Schadenersatzpflicht des Versicherungsnehmers liegen, so müßte die Anerkennung der
Haftpflicht als Herbeiführung des Versicherungsfalles gedeutet werden.
Diese Folgerung ist jedoch nicht ernstlich vertretbar. Falls die AVB – wie
üblich – ein vertraglich aufgestelltes Anerkennungsverbot enthalten, kann
eine Zuwiderhandlung gegen diese Obliegenheit gegeben sein. Die Anerkennung mag allenfalls auch unter dem Gesichtspunkt einer Verletzung der nach
Eintritt eines Versicherungsfalles bestehenden Rettungspflicht gewürdigt
werden[7]; widersinnig wäre es aber, in ihr eine Herbeiführung des befürchteten Ereignisses erblicken zu wollen.

---

[4] Dem gegenteiligen Entscheid des BGer, 14. Februar 1930, SVA VI, Nr. 275, kann nicht
beigepflichtet werden.
[5] BGer, 13. Dezember 1917, SVA IV, Nr. 287 und 14. Juni 1935, SVA VIII, Nr. 170.
[6] So auch der eingehend begründete Entscheid des HGer St. Gallen, 15. November 1956,
SVA XI, Nr. 49.
[7] Auch EHRENZWEIG, Vers.VertragsR, S. 719/20, erblickt in der Anerkennung der Haftpflicht eine Verletzung der Schadenabwendungspflicht.

II. Abwehr unbegründeter Ansprüche

Der Haftpflichtversicherer verspricht neben der Befriedigung begründeter regelmäßig auch die Abwehr unbegründeter Ansprüche. So sehen die AVB üblicherweise vor, die Gesellschaft übernehme, falls es mangels gütlicher Verständigung mit dem Geschädigten zum Prozeß kommt, dessen Führung. Das ist die sogenannte Prozeßherrschaft des Haftpflichtversicherers. Zu ihrer Durchführung wird der Versicherungsnehmer verpflichtet, dem Versicherer die Klageschrift sowie alle sonstigen gerichtlichen oder außergerichtlichen Schriftstücke zu übermitteln und eine Vollmacht auf den von jenem bezeichneten Anwalt auszustellen. Ferner darf er ohne Zustimmung der Gesellschaft keine Entschädigungsansprüche anerkennen, auf dem Vergleichsweg erledigen oder durch Zahlung abfinden. Mit dem Verstoß gegen diese Obliegenheit wird meistens der Verlust des Versicherungsanspruches verbunden. Einer solchen Verwirkungsklausel gegenüber muß aber dem Versicherungsnehmer der Beweis offenstehen, die Anerkennung entspreche den tatsächlichen Verhältnissen und habe daher auf den Bestand und Umfang des Haftpflichtanspruches keinen Einfluß ausgeübt[8]. Die Zulässigkeit dieser Einrede mangelnder Kausalität läßt sich durch Analogieschluß aus Art. 29 Abs. 2 VVG ableiten[9].

Die Abwehr unbegründeter Ansprüche wird üblicherweise als Rechtsschutzfunktion der Haftpflichtversicherung bezeichnet. Ihre praktische Bedeutung unterliegt keinem Zweifel. Dagegen bestehen Meinungsverschiedenheiten über ihre rechtliche Rolle im Versicherungsverhältnis. Eine früher entwickelte Theorie ging dahin, die Gewährung von Rechtsschutz bilde den alles andere umfassenden Inhalt und Leistungsgegenstand der Haftpflichtversicherung. Sie hat das ganze Versicherungsverhältnis als Rechtsschutzversicherung qualifiziert und der Befriedigung begründeter Ansprüche demgemäß nur eine sekundäre Stellung zugewiesen. Dieser heute allgemein abgelehnten Auffassung gegenüber erblicken viele im Rechtsschutz eine Leistung des Versicherers, die auf gleicher Stufe neben der Befriedigung begründeter Haftpflichtansprüche stehe[10]. Die Anhänger dieser Meinung

---

[8] Das deutsche VVG § 154 hat die Verwirkungsklausel gesetzlich als unwirksam erklärt, «falls nach den Umständen der Versicherungsnehmer die Befriedigung oder die Anerkennung nicht ohne offenbare Unbilligkeit verweigern konnte». Dem liegt der gleiche Gedankengang zugrunde.

[9] Zum gleichen Ergebnis gelangte das BGer, indem es die Vereinbarung einer Verwirkung unter solchen Umständen als gegen die guten Sitten verstoßend (Art. 20 OR) bezeichnet hat; so BGer, 1. Oktober 1931, SVA VII, Nr. 255.

[10] So JAEGER, Kommentar II, S. 262.

leiten daraus ab, der Versicherungsnehmer habe zwei Ansprüche: zunächst einen selbständigen Rechtsschutz- und Befreiungsanspruch, sodann einen Zahlungsanspruch. Damit wird der Haftpflichtversicherung eine Doppelfunktion zugewiesen. Sie führt zur unhaltbaren Folgerung, in der Abwehr unbegründeter Ansprüche liege der Eintritt eines Versicherungsfalles. Ein solcher ist aber nur dann anzunehmen, wenn begründete Haftpflichtansprüche erhoben werden, die eine Zahlungspflicht des Versicherers auslösen. Die Gewährung des Rechtsschutzes und die Rechtsverteidigung des Versicherungsnehmers bilden bloß eine akzessorische Nebenleistung des Versicherers, die er zur Abwendung oder Minderung seiner Zahlungspflicht übernimmt. Dem Befreiungsanspruch kommt daher kein selbständiger Charakter zu; er kann infolgedessen auch nicht abgetreten werden[11]. Die Haftpflichtversicherung ist vielmehr eine auf eine Zahlungspflicht des Versicherers gerichtete Vermögensversicherung. Bleibt es bei einer bloßen Abwehr unbegründeter Ansprüche, so ist das befürchtete Ereignis gar nicht eingetreten. Deshalb können die Vertragsparteien auch nicht das ihnen nach Art. 42 VVG bei Eintritt eines Schadenfalles zustehende Rücktrittsrecht ausüben. Dieses wird vielmehr erst durch eine Pflicht zur Befriedigung begründeter Haftpflichtansprüche ausgelöst[12].

III. Stellung des Geschädigten

Die Haftpflichtversicherung begründet an sich ein Rechtsverhältnis nur zwischen dem Versicherungsnehmer und dem Versicherer als den Vertragsparteien. Dem Dritten, der verletzt oder getötet wurde oder dessen Sachen beschädigt worden sind, stehen nur Haftpflichtansprüche gegen den Versicherungsnehmer zu. Er kann aus dem Haftpflichtversicherungsvertrag kein eigenes Forderungsrecht und daher auch kein direktes Klagerecht gegen den Versicherer ableiten[13]. Da die Haftpflichtversicherung das Vermögen des Versicherungsnehmers schützt, ist sie Eigenversicherung und nicht Versicherung für fremde Rechnung, so daß Art. 17 VVG nicht anwendbar ist. Indirekt kommen allerdings die Leistungen des Haftpflichtversicherers auch dem geschädigten Dritten zugute, da sie es dem Versicherungs-

---

[11] Tribunal cantonal Fribourg, 8. November 1950, SVA X, Nr. 59.
[12] So zutreffend Cour de cassation Fribourg, 15. Juli 1929, SVA VI, Nr. 35.
[13] BGer, 25. September 1924, SVA V, Nr. 290; Tribunal cantonal vaudois, 26. Januar 1943, SVA IX, Nr. 132; Tribunal civil Neuchâtel, 9. Juli 1947, SVA X, Nr. 58.

nehmer erleichtern, die an ihn gestellten Haftpflichtansprüche zu begleichen. Insoweit besteht eine faktische Reflexwirkung zugunsten des Geschädigten. Der Gesetzgeber hat darüber hinaus die Stellung des geschädigten Dritten rechtlich verstärkt. Er hat ihm ein Pfandrecht am Versicherungsanspruch gegeben, die Auszahlung der Versicherungsleistung an den Dritten gestattet und diesem in gewissen Fällen sogar ein direktes Forderungsrecht gegen den Versicherer zuerkannt.

1. Nach Art. 60 VVG hat der geschädigte Dritte ein gesetzliches P f a n d - r e c h t a m E r s a t z a n s p r u c h des Versicherungsnehmers[14]. Dieses Pfandrecht entsteht *ipso jure* und ist ohne weiteres auch dem Versicherer gegenüber rechtswirksam. Es ist ein Forderungspfandrecht am «Ersatzanspruch», das heißt am Zahlungsanspruch aus der Haftpflichtversicherung[15]. Der Geschädigte wird also im Umfange seiner Schadenersatzforderung auch bei Zahlungsunfähigkeit des Versicherungsnehmers pfandrechtlich geschützt. Dadurch übt die Haftpflichtversicherung eine praktisch wichtige Funktion zugunsten des geschädigten Dritten aus. Das Pfandrecht wird aber erst mit dem Eintritt des befürchteten Ereignisses existent. Vorher kann der Versicherungsnehmer über das Versicherungsverhältnis völlig frei verfügen, es ändern oder aufheben und alle Vertragsrechte ausüben. Diese Rechtslage wird durch den Versicherungsfall verändert: zufolge des dinglich wirksamen Pfandrechts des Geschädigten kann der Versicherungsnehmer nunmehr keine Rechtsakte mehr zu dessen Nachteil vornehmen, zum Beispiel durch Verzicht oder Vergleich. Es ist daher im Grunde überflüssig, wenn Art. 60 Abs. 2 VVG noch ausdrücklich erklärt, der Versicherer sei für jede Handlung, durch die er den Dritten in seinem Recht verkürze, verantwortlich[16].

2. Das Pfandrecht hat nach allgemeinem Recht zur Folge, daß der Versicherer eine Zahlung an den Geschädigten und Pfandgläubiger gültig nur mit Einwilligung des Versicherungsnehmers vornehmen kann (Art. 906 ZGB). In Abweichung davon wurde der Versicherer durch Art. 60 VVG als berechtigt erklärt, die A u s r i c h t u n g d e r V e r s i c h e r u n g s l e i s t u n g

---

[14] Anders ist die Lösung des d e u t s c h e n Rechts: die §§ 156 und 157 VVG haben Verfügungen über die Entschädigungsforderung aus dem Versicherungsverhältnis dem Dritten gegenüber als unwirksam erklärt und dem geschädigten Dritten im Konkurs des Versicherungsnehmers ein Aussonderungsrecht eingeräumt.

[15] Es handelt sich also, entgegen JAEGER, Kommentar II, S. 303, nicht um ein Pfandrecht an einem «Befreiungsanspruch».

[16] Nach JAEGER, Kommentar II, S. 315/16, liegt die Bedeutung von Art. 60 Abs. 2 VVG darin, daß der Versicherer gegebenenfalls nach Art. 41 f. OR schadenersatzpflichtig wird.

direkt an den geschädigten Dritten vorzunehmen. Diese Sondervorschrift entspricht der von den Haftpflichtversicherern seit jeher geübten Praxis, die ganze Entschädigungsfrage durch Verhandlungen unmittelbar mit dem Geschädigten zu erledigen. Der Versicherer ist zwar berechtigt, aber nicht verpflichtet, an den Dritten zu leisten; er wird auch durch Zahlung an den Versicherungsnehmer gültig befreit.

3. In gewissen Fällen ist der Gesetzgeber noch weiter gegangen, indem er dem geschädigten Dritten sogar ein d i r e k t e s F o r d e r u n g s r e c h t gegenüber dem Versicherer eingeräumt hat. Das ist einmal geschehen durch die Sondernorm von Art. 113 OR: Ist ein Dienstherr gegen die Folgen gesetzlicher Haftpflicht versichert und hat der Dienstpflichtige nicht weniger als die Hälfte an die Prämien beigetragen, so steht der Anspruch aus der Versicherung ausschließlich dem D i e n s t p f l i c h t i g e n zu. Ihm erwächst also ein direktes Forderungs- und Klagerecht gegen den Versicherer. Damit bildet Art. 113 OR gegenüber der allgemeinen Norm von Art. 60 VVG eine *lex specialis*[17].

Weiter hat das Straßenverkehrsgesetz (SVG) für die Motorfahrzeug-Haftpflichtversicherung die Stellung der geschädigten V e r k e h r s o p f e r bedeutend verstärkt. Zu ihrem Schutze wurde die Haftpflichtversicherung für den Halter von Motorfahrzeugen obligatorisch erklärt, wobei die Versicherung in eine enge Verbindung mit dem Fahrzeugausweis gebracht worden ist. Ferner steht dem Geschädigten aus der für Motorfahrzeuge abgeschlossenen Haftpflichtversicherung im Rahmen der vertraglichen Versicherungssumme ebenfalls ein Forderungsrecht u n m i t t e l b a r gegen den Versicherer zu (Art. 65 SVG). Der Geschädigte braucht also seinen Schadenersatzanspruch nicht zuerst beim Automobilhalter, gegebenenfalls in einem Haftpflichtprozeß, geltend zu machen, sondern kann sich direkt an den zahlungsfähigen Versicherer halten. Dieses unmittelbare Forderungsrecht des Geschädigten gegen den Versicherer, das an sich weder ein obligationenrechtlicher Schadenersatzanspruch noch ein vertraglicher Versicherungsanspruch ist, wurde spezialrechtlich geschaffen und geordnet. Es verjährt in zwei Jahren, die abweichend von Art. 46 VVG erst von dem Tage an laufen, an dem der Geschädigte Kenntnis vom Schaden und von der Person des Ersatzpflichtigen erlangt hat, jedenfalls aber mit dem Ablauf von zehn Jahren vom Tage des

---

17 Der Entscheid des Tribunal cantonal Neuchâtel, 11. Januar 1918, SVA IV, Nr. 215, der Art. 113 OR als nicht anwendbar betrachtet hat, da er im Widerspruch zu Art. 60 VVG stehe, muß als irrtümlich bezeichnet werden.

Unfalles an. Die rechtliche Selbständigkeit des direkten Forderungsrechts wurde zudem ausgebaut durch einen Einredenausschluß. Dem Geschädigten gegenüber können Einreden, welche den Versicherungsanspruch nach Gesetz oder Vertrag schmälern oder aufheben würden – zum Beispiel Einreden aus Art. 14, 28, 30, 38, 39 und 40 VVG –, nicht entgegengehalten werden. Dem Versicherer wird insoweit, als er zur Ablehnung oder Kürzung seiner Leistung befugt gewesen wäre, ein Rückgriffsrecht gegen seinen Versicherungsnehmer eingeräumt [18].

Der geschädigte Dritte hat also dem Versicherer gegenüber weitergehende Rechte erhalten, als sie dem Versicherungsnehmer selber zustehen. Damit wurde die klassische Intersubjektivität des Vertrages gesprengt. Die Stellung des Dritten läßt sich denn auch nicht mehr aus der Konzeption des Vertrages oder als Übertragung von Vertragsrechten erklären, sondern bildet eine an sich systemwidrige Durchbrechung davon [19]. Dem Haftpflichtversicherungsvertrag ist dadurch eine ausgesprochen soziale Funktion zugunsten der Verkehrsopfer beigemessen worden. Daher wurde verständlicherweise die Frage aufgeworfen, ob man juristisch immer noch mit einer Haftpflichtversicherung zu tun habe, die ihrem Wesen gemäß den Schutz des Versicherungsnehmers bezweckt. Diese Frage ist zu bejahen, da die Leistungspflicht des Versicherers auch hier von einem das Vermögen des Versicherungsnehmer treffenden Haftpflichtfall abhängt. Zwar läßt sich *de lege ferenda* diskutieren, ob statt der Haftpflichtversicherung eine obligatorische Unfallversicherung der Verkehrsopfer eingeführt werden sollte. Das geltende System der Haftpflicht ermöglicht aber eine differenziertere und juristisch befriedigendere Lösung als eine zwangsläufig schematisierende obligatorische Unfallversicherung [20].

---

[18] Dazu Cour d'appel Fribourg, 28. März 1955, SVA XI, Nr. 79; 1. Juni 1955, SVA XI, Nr. 80 und 21. November 1955, SVA XI, Nr. 81.

[19] Siehe F. WIEACKER, Privatrechtsgeschichte der Neuzeit, Göttingen 1967, S. 537.

[20] Zu diesem Schluß ist auch G. BOSONNET, Haftpflicht oder Unfallversicherung?, in seiner gründlichen Untersuchung dieser Frage gelangt.

Siebentes Kapitel

Die Schadenversicherung

Die Schadenversicherung weist gewisse sie generell charakterisierende Züge auf, weshalb das VVG ihr einen besonderen Abschnitt (Art. 48f. VVG) gewidmet hat. Bei ihr muß nur geleistet werden, soweit ein Schaden am versicherten Gegenstand eingetreten ist, weshalb für die Versicherungsleistung eine entsprechende schadenmäßige Begrenzung besteht. Die Schadenversicherung zerfällt indessen, was im Gesetz nicht zum Ausdruck gekommen ist, in zwei Unterarten: die Sachversicherung und die von ihr zu trennende Vermögensversicherung. Eine ganze Reihe von Normen des VVG beschäftigen sich mit der Rechtslage, die in der Sachversicherung aus dem Sachwert des versicherten Gegenstandes und seinen Beziehungen zur Versicherungssumme resultiert; diese Bestimmungen sind auf die Vermögensversicherung nicht anwendbar. Besondere Probleme entstehen im Falle, wo ein Dritter für den gleichen Schaden ersatzpflichtig ist; sie sind durch ein Regreßrecht des Schadenversicherers gelöst worden.

§ 90. Schadenmäßige Begrenzung

Literatur

P. HIESTAND, Der Schadenersatzanspruch des Versicherers gegen den Urheber der Körperverletzung oder Tötung des Versicherten, Stuttgart 1896; O. FRIEDLI, Feststellung und Beweis des Schadens in der Schadenversicherung, insbesondere das Sachverständigenverfahren, Bern 1948; W. ASMUS, Sachverständigenverfahren und Sachverständigenfeststellung, Z Vers. Wiss. 1962, S. 197f.; W. KOENIG, «Bereicherungsverbot» im Versicherungsrecht?, Schweiz. Vers. Z 1965, S. 321f.; ZWEITER WELTKONGRESS FÜR VERSICHERUNGSRECHT, Bd. 2: Die Gewinnversicherung, die Neuwertversicherung und die Taxe unter dem Blickwinkel des versicherungsrechtlichen Bereicherungsverbots, Karlsruhe 1967; H.R. SUTER, Bericht der Arbeitsgruppe «Bereicherungsverbot», Schweiz. Vers. Z 1968, S. 1f. und 33f.; R. GÄRTNER, Das Bereicherungsverbot, Berlin 1970.

Da die Versicherungsleistung in der Schadenversicherung durch einen entstandenen S c h a d e n begrenzt wird, ist für dessen Feststellung ein besonderes Schadenermittlungsverfahren vorgesehen und näher geregelt worden. In der Doktrin ist streitig, ob der so bemessenen Versicherungsleistung ein Indemnitätscharakter zukommt und ob für sie ein Bereicherungsverbot gilt oder nicht.

I. Schadenermittlung

Die Ermittlung des Schadens und seiner Höhe bleibt grundsätzlich den Parteien und im Streitfall dem Richter überlassen. Doch wurde durch Art. 67 VVG eine gesetzliche Pflicht zur Mitwirkung bei der Schadenermittlung aufgestellt und für den Fall von Meinungsverschiedenheiten eine Ermittlung durch Sachverständige ermöglicht.

1. Die Pflicht zur M i t w i r k u n g bei der Schadenermittlung besteht für beide Parteien, setzt aber ein vom Versicherer oder vom Anspruchsberechtigten gestelltes V e r l a n g e n nach Feststellung des Schadens voraus. Für den Versicherer entfällt die Pflicht zur Mitwirkung auch dann nicht, wenn er seine Haftung bestreitet[1]. Er geht aber anderseits durch seine Mitwirkung bei der Schadenfeststellung der Einreden, die ihm gegen die Entschädigungsforderung des Anspruchsberechtigten zustehen, nicht verlustig (Art. 67 Abs. 3 VVG). Dem Anspruchsberechtigten vermag die Mitwirkung gleichzeitig zur Anspruchsbegründung zu dienen. Unterbleibt die Mitwirkung, so wird mangels Nachweises der zur Anspruchsbegründung gehörenden Schadenhöhe die Fälligkeit des Versicherungsanspruches hinausgeschoben (Art. 41 VVG). Eine verschuldete Verletzung der Mitwirkungspflicht kann nach allgemeinem Recht zudem eine Schadenersatzpflicht nach sich ziehen[2]. Bei den Verhandlungen zur Feststellung des Schadens darf sich der Anspruchsberechtigte verbeiständen lassen (Versicherungsberater); eine gegenteilige Vertragsklausel wäre ungültig (Art. 67 Abs. 4 VVG). Die Kosten der Schadenermittlung tragen die Parteien zu gleichen Teilen (Art. 67 Abs. 5 VVG); abweichende Vereinbarungen sind aber zulässig, zum Beispiel eine

---

[1] BGer, 18. Oktober 1922, SVA V, Nr. 176.
[2] JAEGER, Kommentar II, S. 466.

Klausel, wonach der Anspruchsberechtigte bei unbegründeter Schadenmel-
dung alle Kosten zu tragen habe[3].

2. Weigert sich eine Partei, bei der Feststellung des Schadens mitzuwirken
oder können sich die Parteien über die Höhe des entstandenen Schadens
nicht einigen, so kann ein Sachverständigenverfahren eingeleitet werden. Einmal kann jede Partei nach Art. 67 Abs. 2 VVG die Ermittlung des
Schadens durch gerichtlich bestellte Sachverständige verlangen. Dabei ist
nicht erforderlich, daß schon ein eigentlicher Rechtsstreit eingeleitet wurde[4].
Es ist aber auch zulässig, durch Vereinbarung ein außergerichtliches
Verfahren vorzusehen. Das geschieht vielfach in den AVB der Schadenversicherung. Danach bezeichnet jede Partei einen Sachverständigen (Experten),
während diese ihrerseits einen Obmann ernennen. Ist eine Partei in der Bestellung ihres Experten säumig oder können sich die Parteisachverständigen
über die Wahl des Obmannes nicht einigen, so wird dessen Bezeichnung in
der Regel einem Gerichtspräsidenten übertragen. Die Parteien können sich
auch über die Bestellung eines gemeinsamen Experten einigen. Dagegen wäre
es gegen die guten Sitten verstoßend und daher ungültig, die Wahl der Sachverständigen (oder der Mehrzahl von ihnen) nur der einen Partei zu überlassen[5].

Aufgabe der Sachverständigen ist es, an Stelle der Parteien die Höhe des
Schadens zu ermitteln. Über andere Fragen haben die Sachverständigen,
solange nichts anderes vereinbart wurde, nicht zu befinden; so zum Beispiel
darüber, ob das eingetretene Ereignis einen Versicherungsfall bilde, ob der
Berechtigte den Anspruch wegen Verletzung einer Obliegenheit verwirkt
habe oder die Versicherung wegen Nichtbezahlung einer Prämie suspendiert
sei. Über solche Rechtsfragen haben vielmehr im Streitfalle die Gerichte zu
entscheiden[6]. Die Sachverständigen selbst sind ihrer Aufgabe gemäß Schät-
zer und nicht Schiedsrichter. Ihre Ernennung bildet daher keinen Schieds-
vertrag, sondern bloß einen Schiedsmännervertrag, für den nicht prozeßrechtliche Vorschriften gelten, sondern der den Regeln des Auftragsrechtes
unterliegt[7]. Der Befund der Sachverständigen darf demgemäß nicht als
Schiedsspruch betrachtet werden. Es handelt sich vielmehr um eine für
die Leistungspflicht des Versicherers maßgebende Schadenschätzung, die

---

3 JAEGER, Kommentar II, S. 490.
4 JAEGER, Kommentar II, S. 468.
5 So schon BGer, 30. November 1900, SVA I, Nr. 71.
6 BGer, 28. März 1917, SVA IV, Nr. 207.
7 HGer Zürich, 17. Januar 1964, SVA XII, Nr. 67.

erforderlich ist, um den Schadenfall erledigen zu können. Soweit die Feststellungen der Experten in dem ihnen gezogenen Rahmen bleiben, wird dadurch der ordentliche Rechtsweg ausgeschaltet. Daher ist die vorgenommene Schadenschätzung für die Vertragsparteien grundsätzlich verbindlich. Eine Anfechtung des Befundes bleibt nur offen, wenn diese nicht bedingungsgemäß zustandegekommen ist, zum Beispiel, weil die Experten ihre Zuständigkeit überschritten haben. Die Gerichtspraxis hat eine Anfechtung ferner zugelassen, wenn die Feststellungen der Sachverständigen offenbar von der wirklichen Sachlage erheblich abweichen; so wenn die Expertise eine willkürliche, irrtümliche oder sonst fehlerhafte war, wie bei Nichtberücksichtigung von Gegenständen oder falschen Schätzungsgrundlagen[8]. Dagegen entzieht sich das bei jeder Schätzung zu betätigende Ermessen der richterlichen Überprüfung.

II. Indemnitätslehre

Von den Vertretern der Interessenlehre, die das wirtschaftliche Interesse des Versicherungsnehmers als Gegenstand der Versicherung betrachten, wird die Versicherungsleistung als Ersatz dieses Interesses bezeichnet. Man behauptete anfänglich, die daraus abgeleitete Indemnitätstheorie beherrsche die ganze Versicherung. Wenn man in der Personenversicherung Versicherungssummen in beliebiger Höhe vereinbaren könne, so beruhe das einzig auf Gründen der Praktikabilität. Rechtlich handle es sich trotzdem um eine Interessenversicherung, indem kraft *praesumptio juris et de jure* ein in dieser Höhe entstandener Schaden abzunehmen sei. Das ist indessen eine unhaltbare Fiktion, zu der die ganze Struktur der Personenversicherung in Widerspruch steht. Dagegen mag man für die Schadenversicherung, bei der die Versicherungsleistung durch einen am versicherten Gegenstand entstandenen S c h a - d e n begrenzt wird, von einem sie beherrschenden Indemnitätsprinzip sprechen[9]. Dessen Gehalt bedarf indessen der näheren rechtlichen Präzisierung.

Auch in der Schadenversicherung kann die Versicherungsleistung n i c h t

---

[8] AppHof Bern, 26. Juni 1896, SVA I, Nr. 67; ZivGer Basel-Stadt, 14. Dezember 1925, SVA V, Nr. 278; HGer Zürich, 23. März 1934, SVA VII, Nr. 240; BGer, 13. Dezember 1945, SVA IX, Nr. 187.

[9] Auch die französische Doktrin spricht in der Schadenversicherung von einem «principe indemnitaire»; siehe PICARD/BESSON, Traité général des assurances terrestres, tome II, S. 15.

als obligationenrechtlicher Schadenersatz bezeichnet werden. Zwischen dem Schadenersatz nach OR und der Versicherungsleistung besteht ein grundsätzlicher Unterschied. Schadenersatz ist, wie schon aus dem Wort selber hervorgeht, «Ersatz» und damit etwas sekundäres. Er tritt auf als Folge der Nichterfüllung von Pflichten, sei es wegen unerlaubten Handlungen (Art. 41f. OR), sei es wegen Vertragsverletzungen (Art 97f. OR). Die Versicherungsleistung dagegen ist primärer Inhalt eines darauf gerichteten Vertrages. Die Erbringung der Versicherungsleistung stellt eine Vertragserfüllung dar. Den Anspruch auf sie erhält der Versicherungsnehmer auf Grund seiner Prämienzahlung als vertragliche Leistung des Versicherers. Diese ist keineswegs Schadenersatz, weil der Versicherer unerlaubt gehandelt oder Vertragspflichten nicht erfüllt hätte[10]. Auch terminologisch sollte daher vermieden werden, in der Schadenversicherung von Schadenersatz und Schadenersatzanspruch zu sprechen[11].

Die Höhe der Versicherungsleistung bemißt sich ebenfalls nicht nach den Grundsätzen des Schadenersatzrechtes. Im Versicherungsverhältnis spielt ein allfälliges Verschulden eine ganz andere Rolle als beim Schadenersatz nach OR. Dort begründet es die Ersatzpflicht, die in der Regel ein Verschulden voraussetzt: je größer das Verschulden, desto umfassender die Ersatzpflicht (Art. 43 und 99 OR). Bei der vom Eintritt des befürchteten Ereignisses abhängigen Versicherungsleistung dagegen führt ein Verschulden umgekehrt unter Umständen zu einer Herabsetzung der Leistung des Versicherers (Art. 14 VVG). Art und Größe des Ersatzes für einen eingetretenen Schaden bestimmt nach Art. 43 und 44 OR der Richter nach Ermessen, wobei er sowohl die Umstände als die Größe des Verschuldens zu würdigen hat und bei Vorliegen von Herabsetzungsgründen die Ersatzpflicht ermäßigen oder von ihr gänzlich entbinden kann. Für die Versicherungsleistung sind, im Gegensatz dazu, die vertraglichen Vereinbarungen maßgebend. Aus ihnen, namentlich aus der Festsetzung einer Versicherungssumme, ergibt sich, wieweit der Versicherer zu leisten hat. In diesem Sinne bestimmt auch Art. 69 Abs. 1 VVG, der Versicherer hafte mangels anderer Vereinbarung für einen Schaden nur bis auf die Höhe der Versicherungssumme. Bei Unterversicherung kommt es gemäß Art. 69 Abs. 2 VVG zu einer entsprechenden Herab-

---

[10] Auch BRUCK, Priv. Vers. R, S. 406, betrachtet die Versicherungsleistung nicht als Schadenersatz im allgemeinen Rechtssinne, obschon er auf dem Boden der Interessenlehre steht.
[11] Die in Art. 46, 57 und 60 VVG verwendeten Ausdrücke, wie «Ersatzanspruch», «Ersatzleistung» und «Entschädigung», vermögen ebenfalls nicht voll zu befriedigen. Dagegen wird in Art. 14 VVG zutreffend von der «Leistung» des Versicherers gesprochen.

setzung der Versicherungsleistung. Das alles entspricht dem die Versicherungsverträge dominierenden Äquivalenzprinzip und kann niemals unter dem Gesichtspunkt einer Schadenersatzpflicht gewürdigt werden. Die Versicherungsleistung mag zwar oft in ihrer Höhe mit dem entstandenen Schaden zusammenfallen, doch braucht sie es keineswegs. Entscheidend ist der Inhalt des zu erfüllenden Versicherungsvertrages und nicht Schadenersatzrecht. Das gilt in gleicher Weise, ob die Versicherungsleistung summenmäßig bestimmt wird, wie das in der Personenversicherung der Fall ist, oder ob sie der in der Schadenversicherung üblichen schadenmäßigen Begrenzung unterliegt. In beiden Fällen handelt es sich um eine auf vertraglicher Grundlage beruhende Leistung, die ihrer Rechtsnatur nach eine Vertragserfüllung bildet. Damit wird vermieden, zwischen der Summen- und der Schadenversicherung eine tiefe Kluft aufzureißen, was angesichts ihrer vielen gemeinsamen Wesenszüge keineswegs gerechtfertigt ist.

III. Bereicherungsverbot

In einem gewissen Zusammenhang mit der Indemnitätslehre steht die in neuerer Zeit stark diskutierte Frage, ob für die Versicherungsleistung ein Bereicherungsverbot gelte. In der Doktrin ist das Bestehen eines solchen Verbotes, wonach die Versicherung zu keiner Bereicherung führen dürfe, behauptet worden. Man hat darin sogar einen obersten und selbstverständlichen Grundsatz des Versicherungsrechts erblicken wollen[12]. Im Gebiete der als Summenversicherung betriebenen Personenversicherung kann jedoch von einem Bereicherungsverbot keine Rede sein. Aber auch für die Schadenversicherung ist im schweizerischen Recht kein derartiges Verbot aufgestellt worden[13]. Von einem solchen ließe sich allenfalls sprechen, wenn die Über- und Doppelversicherung verboten und eine Taxierung des Versicherungswertes als unzulässig erklärt worden wäre. Das ist indessen positivrechtlich nicht der Fall. Auch die Gewinnversicherung und die Neuwertversicherung sind als zulässig und nicht gegen ein Bereicherungsverbot verstoßend anerkannt worden[14]. Zwar vergütet der Schadenversicherer

---

[12] Bruck, Priv. Vers. R, S. 438.
[13] Ebenso für das deutsche Recht Prölss, Kommentar DVVG, § 55, S. 243.
[14] Nähere Ausführungen dazu bei W. Koenig, «Bereicherungsverbot» im Versicherungsrecht?, S. 321 f.

grundsätzlich nicht mehr als den wirklich entstandenen Schaden, soweit er durch die Versicherung als gedeckt erklärt wurde. Das ergibt sich indessen ohne weiteres aus dem Wesen und Inhalt einer Schadenversicherung[15]. Zur Erklärung dieser Rechtslage braucht nicht ein Bereicherungsverbot herangezogen zu werden. Ein solches wurde denn auch im VVG nirgends als verbindlicher Rechtssatz zum Ausdruck gebracht[16].

§ 91. Sachwertbegriffe

Literatur

E. HOPPE, Der Versicherungswert in der Feuerversicherung, Z Vers. Wiss. 1907, S. 535f.; H. ROELLI, Zur Frage des Ersatzwertes und der Ersatzleistungen in der Gebäude-Versicherung, SJZ 1915, S. 85f.; F. FICK, Der Ersatzwert in der Feuerversicherung nach dem schweizerischen VVG, Zürich 1918; H. MÜLLER, Die Bestimmung des Ersatzwertes bei der Feuerversicherung nach VVG Art. 63 Ziff. 1, ZSR 1922, S. 433f.; C. JAEGER, Rechtsgutachten über die Frage, was in der Feuerversicherung der Ersatzwert für Waren, Fabrikate und Halbfabrikate sei, Basel 1922; W. BLANK, Der Versicherungswert in der Schadenversicherung, Z Vers. Wiss. 1928, S. 39f.; W. WRESCHNER, Zur Frage der Neuwertversicherung, SJZ 1929, S. 55f.; W. BERCHTOLD, Neuwertversicherungen, Glarus 1930; H. KÄSER, Untersuchungen über den Begriff des Ersatzwertes in der Versicherung, Abh. schweiz. R, Heft 130, Bern 1937; F. BUCHWALTER, Die sogenannte Taxe im Versicherungsrecht, Abh. schweiz. R, Heft 174, Bern 1940; W. KISCH, Die Taxierung des Versicherungswertes, Berlin 1940; R. FARNSTEINER, Verbreitung und Konstruktion der Neuwertversicherung, Hamburg 1952; H. R. SUTER, Die Neuwertversicherung in den neuen Feuerversicherungsbedingungen, Schweiz. Vers. Z 1958, S. 38f.; W. KOENIG, Zur Frage der Rechtsnatur der Neuwertversicherung, Schweiz. Vers. Z 1958, S. 97f.; K. BÄNNINGER, Die Neuwertversicherung in der Schweiz, ihre Zulässigkeit und rechtliche Ausgestaltung, Abh. schweiz. R, Heft 345, Bern 1962; W. ASMUS, Begriff und Bestimmung des Versicherungswertes, Z Vers. Wiss. 1964, S. 369f.; T. CEPPI, Probleme des Ersatzwertes in der privaten Feuerversicherung der Schweiz, Bern 1965.

Für die Struktur und den rechtlichen Aufbau der Sachversicherung bildet der ihrem Gegenstand innewohnende S a c h w e r t einen entscheidenden Faktor. Er ist eine Größe, die sich während der Vertragsdauer verändern kann.

---

[15] Zum gleichen Ergebnis gelangt auch JAEGER, Kommentar II, S. 339.
[16] EHRENZWEIG, Vers. vertrags R, S. 546, bezeichnet das Bereicherungsverbot nicht als Rechtsnorm, sondern als bloßen «Programm»-Satz.

Daher unterscheidet das VVG terminologisch je nach dem maßgebenden
Zeitpunkt zwischen Versicherungswert und Ersatzwert[1]. Dazu tritt die Möglichkeit der Vereinbarung einer Taxe. Die moderne Versicherungspraxis hat
außerdem eine Versicherung des Neuwertes entwickelt.

I. Versicherungswert

Als Versicherungswert bezeichnet Art. 49 VVG den Wert, den «das versicherte Interesse» zur Zeit des Vertragsabschlusses hat. Diese Umschreibung
beruht auf der bereits abgelehnten Interessenlehre. Ein Wert kommt nicht
dem Interesse als einer abstrakten Beziehung zu, sondern den konkret zu
versichernden Objekten. Das Gesetz sagt denn auch weiter, wenn das versicherte Interesse darin bestehe, daß eine Sache nicht beschädigt oder vernichtet werde, so gelte im Zweifel dasjenige Interesse als versichert, das
«ein Eigentümer der Sache» an ihrer Erhaltung habe. Damit taucht die Sache
als zugrundeliegendes Objekt, dessen Wert für die Sachversicherung maßgebend ist, wieder auf. Dabei wird nach Art. 49 Abs. 2 VVG vermutet, der
Eigentümer einer Sache wolle diese zu ihrem vollen Wert versichert (sogenannte Vollwertversicherung). Das entspricht durchaus dem Wesen der
Sachversicherung und auch dem zu vermutenden Parteiwillen.

Maßgebend für den Versicherungswert ist der Wert im Zeitpunkt des
Vertragsabschlusses. Auf ihn wird denn auch regelmäßig für die Bemessung der Versicherungssumme abgestellt. Die Versicherungssumme ist
jedoch ein von den Parteien frei vereinbarter Betrag, der vom Versicherungswert abweichen kann. Es ist ohne weiteres zulässig, bewußt eine höhere
Versicherungssumme festzusetzen, weil zum Beispiel Neuanschaffungen beabsichtigt sind oder eine baldige Wertsteigerung der versicherten Waren vorausgesehen wird. Die Parteien können aber umgekehrt auch bloß einen auf
einen bestimmten Prozentsatz des Gesamtwertes reduzierten Betrag als Versicherungssumme vereinbaren (sogenannte Teilwertversicherung) oder einen
Selbstbehalt vorsehen, den der Versicherungsnehmer zu tragen hat. Die Bewertung der zu versichernden Gegenstände ist oft mit erheblichen Schwierigkeiten verbunden, da der Wert keine absolute, sondern nur eine relative,
von Werturteilen abhängige Größe ist. Bei jeder Bewertung spielen daher
Unsicherheitsmomente mit. Abgesehen davon sind auch die Bewertungs-

---

[1] Das deutsche VVG hat diese Unterscheidung nicht gemacht.

maßstäbe verschieden, je nachdem, ob es sich beispielsweise um Waren, Gebäude, Mobiliar oder Gebrauchsgegenstände handelt. Anhaltspunkte für die Bewertung dieser verschiedenen Kategorien von Gegenständen ergeben sich aus den in Art. 63 VVG für den Ersatzwert in der Feuerversicherung aufgestellten Vorschriften.

II. Ersatzwert

Der Ersatzwert bemißt sich nach Art. 62 VVG auf der Grundlage des Wertes, den «das versicherte Interesse» zur Zeit des befürchteten Ereignisses gehabt hat. Auch hier ist die Verkoppelung mit dem Interessebegriff als unnötige und verwirrende Konstruktion abzulehnen. Außerdem ist die Fassung der Gesetzesvorschrift sprachlich verunglückt. Offenbar soll der Ersatzwert das Gegenstück zum Versicherungswert bilden und den Sachwert bezeichnen, den die versicherten Gegenstände zur Zeit des befürchteten Ereignisses gehabt haben. Auf der Grundlage dieses Wertes wird aber nicht der «Ersatzwert» – wie Art. 62 VVG sagt –, sondern die Ersatzleistung des Versicherers bestimmt[2]. Maßgebend ist dabei der Wert im Zeitpunkt des Versicherungsfalles.

Im Schadenfalle ist es grundsätzlich Sache des Versicherungsnehmers, den entstandenen Sachschaden (oft auch Substanzschaden genannt) darzutun. Er resultiert aus der Zerstörung, dem Verlust oder der Beschädigung der versicherten Sachen[3]. Für die Höhe des Ersatzwertes der versicherten Gegenstände bildet die seinerzeit bei Vertragsabschluß festgesetzte Versicherungssumme keinen Beweis[4]; sie setzt nur die obere Grenze der Leistungspflicht des Versicherers fest. Für die Bemessung des Ersatzwertes macht Art. 62 VVG keine Angaben, wie auch der Versicherungswert durch Art. 49 VVG nicht näher umschrieben worden ist.

Art. 63 VVG hat dagegen für die Feuerversicherung Vorschriften aufgestellt, welche den Ersatzwert einzelner Kategorien von Gegenständen durch bestimmte Wertbegriffe fixieren[5]. So gilt bei Waren und Natur-

---

[2] Ebenso JAEGER, Kommentar II, S. 337/38.
[3] Auch das deutsche VVG (§ 83) sagt für die Feuerversicherung, der Versicherer habe den durch die Zerstörung oder Beschädigung der versicherten Sachen entstehenden Schaden zu ersetzen.
[4] HGer Bern, 3. April 1925, SVA V, Nr. 359.
[5] Durch Vereinbarung kann Art. 63 VVG auch auf andere Sachversicherungszweige als anwendbar erklärt werden; ebenso JAEGER, Kommentar II, S. 384.

erzeugnissen der Marktwert als Ersatzwert (Art. 63 Ziff. 1 VVG). Er bildet bei Umlaufgütern ihren objektiven, gemeinen, für jedermann bestehenden Wert; es ist der Preis, den der Versicherungsnehmer auslegen müßte, um sich Güter gleicher Art und Qualität wieder zu verschaffen. Für Gebrauchsgegenstände, wie Mobiliar, Arbeitsgerätschaften und Maschinen, wird vom Betrag ausgegangen, den die Neuanschaffung erfordern würde, wobei jedoch eine Wertverminderung, welche die versicherten Gegenstände erlitten haben, zu berücksichtigen ist (Art. 63 Ziff. 3 VVG). Vom Neuanschaffungswert ist demnach der sogenannte Abzug «neu für alt» zu machen, der je nach der Art des Gegenstandes und seiner Verwendung verschieden hoch sein kann. Bei Gebäuden ist für den Ersatzwert der ortsübliche Bauwert nach Abzug der seit der Erbauung eingetretenen Wertverminderung maßgebend (Art. 63 Ziff. 2 VVG). Unter diesem Bauwert sind nicht die seinerzeit aufgewendeten Baukosten zu verstehen, sondern der Betrag, für den zur Zeit des Versicherungsfalles ein gleiches Gebäude wieder errichtet werden kann, wobei aber ebenfalls die eingetretene bauliche Wertverminderung (Alter, Zustand und Unterhalt des Gebäudes) durch einen entsprechenden Abzug zu berücksichtigen ist. Wird das Gebäude nicht wieder aufgebaut, so darf der Ersatzwert den in der Regel niedrigeren Verkehrswert nicht übersteigen. Dabei gilt als Wiederaufbau nur die Erstellung eines Gebäudes am gleichen Ort, in gleicher Art und mit gleicher Zweckbestimmung. Ist die Frage des Wiederaufbaues im Zeitpunkt des Schadenfalles noch offen, so wird zunächst der Verkehrswert vergütet, während die Differenz zum Bauwert erst beim tatsächlichen Wiederaufbau verlangt werden kann[6]. Die verschiedenen gesetzlich verwendeten Wertbegriffe haben in der Versicherungspraxis zu mannigfachen Anwendungsfragen und Deutungen geführt, auf die hier nicht näher eingegangen werden soll[7]. Allgemein ist jedoch festzuhalten, daß es sich bei den Vorschriften von Art. 63 VVG nur um Richtlinien darüber handeln kann, was unter dem Ersatzwert der verschiedenen Sachkategorien zu verstehen ist. Die gesetzlich erwähnten Kategorien vermögen dabei nicht Anspruch auf Vollständigkeit oder Ausschließlichkeit zu erheben. Gewisse Sachen, wie zum Beispiel Halbfabrikate, lassen sich nicht darunter bringen; für sie ist der Ersatzwert in Anlehnung an die Grundgedanken des Gesetzes festzustellen[8].

Die Normen von Art. 63 VVG haben absolut zwingenden Charakter, weshalb von ihnen weder zugunsten noch zuungunsten des Versicherungs-

---

[6] BGer, 16. Februar 1921, SVA IV, Nr. 173.
[7] In dieser Beziehung sei verwiesen auf JAEGER, Kommentar II, S. 384–423 und die übrige reichhaltige Literatur.
[8] JAEGER, Kommentar II, S. 393.

nehmers abgewichen werden kann (Art. 97 VVG). Sie wurden aufgestellt,
um einen durch übersetzte Entschädigungen bewirkten Anreiz zur absichtlichen Herbeiführung des Versicherungsfalles zu vermeiden und dadurch
der Gefahr spekulativer Brandstiftungen zu begegnen. Trotz ihrer zwingenden Natur vermögen aber die gesetzlichen Bestimmungen nicht zu hindern,
daß der Versicherer im Einzelfall bei der Schadenregulierung auch hinsichtlich der Höhe der Ersatzleistung Kulanz übt. Sind sich die Vertragsparteien
über sie einig geworden, so kann sie der Versicherer nicht hinterher unter
Berufung auf ein angebliches Bereicherungsverbot als übersetzt anfechten[9].
Im übrigen ist jede Schätzung des Wertes einer Sache, respektive des an ihr
entstandenen Schadens, mit einem gewissen Ermessensspielraum verbunden,
der durch starre und zwingende Vorschriften nicht beseitigt werden kann.
Der Gesetzgeber selber hat das erkannt, wenn Art. 63 Ziff. 3 VVG für die
Bewertung der Gebrauchsgegenstände sagt, es sei bei dem am Neuanschaffungswert zu machenden Abzug die erlittene Wertverminderung «in billige
Berücksichtigung» zu ziehen. Es erschiene daher *de lege ferenda* als gerechtfertigt, Art. 63 VVG des absolut zwingenden Charakters zu entkleiden und
damit für die Wertbemessung abweichende vertragliche Vereinbarungen zuzulassen[10].

III. Taxierung

Zwischen den beiden Begriffen des Versicherungs- und des Ersatzwertes
kann vertraglich eine rechtliche Verbindung geschaffen werden. Das geschieht durch Vereinbarung einer sogenannten «Taxe», die darin besteht,
daß der bei Vertragsabschluß festgesetzte Versicherungswert auch a l s E r -
s a t z w e r t g i l t. Nach Art. 65 VVG ist eine solche Taxierung gültig, sofern
der Versicherer nicht beweist, daß der wirkliche Ersatzwert geringer ist als
die vereinbarte Taxe. Im Schadenfall muß von ihr ausgegangen werden,
solange der Versicherer nicht den Gegenbeweis erbringt, daß sie übersetzt
sei. Die Taxierung bewirkt also eine Umkehrung der Beweislast. Scheitert
aber der Gegenbeweis oder verzichtet der Versicherer auf ihn, so bleibt es

---

[9] W. KOENIG, «Bereicherungsverbot» im Versicherungsrecht?, Schweiz. Vers. Z 1965,
S. 332.

[10] Die im d e u t s c h e n VVG in § 86 und 88 aufgestellten Vorschriften sind denn auch abdingbar.

bei der vereinbarten Taxe[11]. Ungültig ist die Taxierung nach Art. 69 Abs. 2 VVG, wenn ein künftiger Ertrag oder Gewinn gegen die Feuergefahr versichert wird; diese positivrechtliche Ausnahmevorschrift erklärt sich aus der Befürchtung von Brandstiftungen, erscheint jedoch kaum als gerechtfertigt. In der Warentransportversicherung bezeichnen denn auch die AVB üblicherweise den bei Vertragsabschluß deklarierten Versicherungswert als Ersatzwert.

Die Taxierung setzt eine auf sie gerichtete besondere Vereinbarung voraus. Weder Wertangaben in Verzeichnissen der zu versichernden Gegenstände noch ausgesetzte Versicherungssummen bilden an sich eine Taxierung, und zwar auch dann nicht, wenn sie von Organen des Versicherers nachgeprüft worden sind. Es muß vielmehr aus den Parteivereinbarungen klar hervorgehen, daß die angegebenen Beträge den Ersatzwert verbindlich festlegen sollen. Das geschieht regelmäßig nicht generell, sondern nur für bestimmte Gegenstände, wie Kunstsachen, Altertümer, Raritäten oder Sammlungen, für die alsdann die Höhe der Taxe meistens auf Grund von Schätzungszeugnissen erfahrener Experten festgestellt wird.

IV. Neuwert

In neuerer Zeit hat sich in den Sachversicherungszweigen die Versicherung der Gegenstände zum «Neuwert», das heißt zum Neuanschaffungswert, ohne Rücksicht auf Alter oder Abnützung (ohne Abzug neu für alt), eingebürgert. Angesichts der für die Feuerversicherung aufgestellten zwingenden Bestimmungen von Art. 63 VVG ist anfänglich bezweifelt worden, ob eine solche über die Vergütung des eigentlichen Sachschadens hinausgehende Deckung zulässig sei. Bei der Neuwertversicherung handelt es sich jedoch um eine Ergänzung der Sachversicherung durch eine zusätzliche Vermögensversicherung, welche die Differenz zwischen dem Sachwert und dem zur Neuanschaffung oder Wiederherstellung erforderlichen Aufwand deckt[12]. Sie muß als ebenso zulässig betrachtet werden, wie die vom Gesetzgeber selbst als möglich und gültig anerkannten Gewinnausfallversicherungen (Art. 64

---

[11] Das deutsche VVG ist noch etwas weiter gegangen: nach DVVG § 57 ist eine Taxe nur dann nicht mehr maßgebend, wenn sie den wirklichen Versicherungswert zur Zeit des Eintritts des Versicherungsfalles «erheblich» übersteigt. Eine nur unbedeutend überhöhte Taxe bleibt also wirksam und rechtlich gültig.

[12] Siehe dazu insbes. W. KOENIG, Zur Frage der Rechtsnatur der Neuwertversicherung, S. 97f.

Abs. 3 und 4 VVG). Daher hat sich in der Schweiz überwiegend die Meinung durchgesetzt, Art. 63 VVG stehe einer die Sachversicherung ergänzenden Aufwanddeckung nicht entgegen.

§ 92. Relation zur Versicherungssumme

Literatur

F. MEYER, Die Über- und Doppelversicherung, Zürich 1913; E. KAUFMANN, La double assurance en matière privée spécialement au point de vue du droit suisse et allemand, Lausanne 1925; W. BLANCK, Rechtsstellung des Versicherungsnehmers bei mehrfacher Versicherung in der Schadenversicherung, Z Vers. Wiss. 1926, S. 314f.; CH. WEENS, La règle proportionnelle dans le contrat d'assurance, Revue générale des assurances terrestres, Paris 1930, S. 38f.; W. KISCH, Die mehrfache Versicherung desselben Interesses, Berlin 1935; H. FISCHER, Die mehrfache Versicherung in der Schadenversicherung nach schweizerischem Privatversicherungsrecht, Zürcher Beiträge, Heft 238, Zürich 1963.

Die vertraglichen Vereinbarungen setzen regelmäßig eine Versicherungssumme fest, deren Höhe die vom Versicherungsnehmer zu entrichtende Prämie beeinflußt. Die Parteien sind im allgemeinen bestrebt, die Versicherungssumme mit dem Sachwert in Übereinstimmung zu bringen. Das ist die normale Relation der Versicherungssumme zum Sachwert. Eine Diskrepanz zwischen dem wirklichen Sachwert und der vereinbarten Versicherungssumme ist jedoch möglich. Wird die Versicherungssumme zu hoch angesetzt, so entsteht eine Über- beziehungsweise Doppelversicherung, ist sie zu niedrig, so hat das eine Unterversicherung zur Folge. Mit diesen Tatbeständen mußte sich der Gesetzgeber auseinandersetzen.

I. Überversicherung

Trotz Überversicherung wird bei der Schadenversicherung nach Eintritt eines Versicherungsfalles nicht mehr als der entstandene Schaden vergütet. Der Versicherungsnehmer hat also aus der Überversicherung keinen Vorteil; er muß gegenteils eine höhere Prämie entrichten als bei einer dem Sachwert angepaßten Versicherungssumme. In bezug auf die Rechtsfolgen wird positivrechtlich unterschieden, je nachdem, ob die Überversicherung schon bei Vertragsabschluß bestanden hat oder sich erst hinterher einstellt.

1. Ein mit Willen der Parteien zustandegekommener Vertrag bleibt gültig, auch wenn zur Zeit des Vertragsabschlusses die Versicherungssumme übersetzt war. Die Überversicherung ist rechtlich nicht verboten, was anzunehmen wäre, wenn ein gesetzliches Bereicherungsverbot bestünde. Oft wird die Überversicherung unbewußt eingegangen, weil der Versicherungsnehmer sich über den wirklichen Versicherungswert nicht genügend Rechenschaft gegeben hat; sie kann aber auch bewußt genommen werden, zum Beispiel, weil der Versicherungsnehmer eine Wertsteigerung voraussieht. Ob bewußt oder unbewußt, der Vertrag ist gültig abgeschlossen worden. Der Versicherungsnehmer kann weder eine Herabsetzung der Versicherungssumme noch der Prämie verlangen.

Anders verhält es sich nur, wenn die Überversicherung vom Versicherungsnehmer in der betrügerischen Absicht getätigt wurde, sich aus ihr einen rechtswidrigen Vermögensvorteil zu verschaffen. Zwar ist der Vertrag auch dann nicht nichtig, doch kann sich der Versicherer von ihm lösen, wobei er nach Art. 51 VVG seinen Anspruch auf die ganze vereinbarte Gegenleistung behält. Es bleiben ihm nicht nur die bisher bezahlten oder geschuldeten, sondern auch allfällig bereits vorausbezahlte Prämien verfallen[1]. Darin liegt eine pönale Sanktion für die Betrugsabsicht[2]. Als betrügerische Absicht, die vom Versicherer zu beweisen ist, genügt ein *dolus eventualis*, das heißt die Absicht, sich im Falle des Eintritts eines Schadenfalles eine den Ersatzwert übersteigende Entschädigung zu verschaffen[3].

Bei einer Überversicherung gegen die Feuersgefahr ist nach Art. 52 VVG die nach kantonalem Recht zuständige Behörde befugt, die Versicherungssumme auf Grund einer amtlichen Schätzung auf den Betrag des Versicherungswertes herabzusetzen, wenn die Überversicherung nicht als gerechtfertigt erscheint. In dieser Überversicherungskontrolle ist ein Überbleibsel der vor Erlaß des VVG von den Kantonen geübten Präventivkontrolle zu erblicken. Sie suchte Überversicherungen – als gefährlichen Anreiz zur Herbeiführung des Versicherungsfalles – durch polizeiliche Maßnahmen zu verhindern. Mit der Einführung eidgenössischen Rechts wollte man diese

---

[1] JAEGER, Kommentar II, S. 84.
[2] Das deutsche VVG § 51 Abs. 3 erklärt bei betrügerischer Überversicherung den Vertrag als nichtig, beläßt dem Versicherer jedoch den Anspruch auf die Prämie der laufenden Versicherungsperiode.
[3] BGer, 4. Mai 1927, SVA VI, Nr. 196.

Erschwerung des Vertragsabschlusses ausschalten, hat aber doch den Kantonen ein Herabsetzungsrecht vorbehalten, sobald eine Überversicherung nicht als «gerechtfertigt» erscheint. Selbst diese beschränkte Eingriffsmöglichkeit in das bundesrechtlich geregelte Versicherungsverhältnis ist jedoch mit den heutigen Anschauungen nicht mehr vereinbar und sollte *de lege ferenda* beseitigt werden[4].

2. Stellt sich eine Überversicherung erst nach Vertragsabschluß ein, zum Beispiel infolge Veräußerung versicherter Gegenstände oder ihrer Werteinbuße, so können wegen Verminderung des Versicherungswertes der Versicherer wie der Versicherungsnehmer nach Art. 50 VVG eine verhältnismäßige Herabsetzung der Versicherungssumme verlangen; auch die Prämien für die künftigen Versicherungsperioden sind alsdann entsprechend zu ermäßigen. Das wurde positivrechtlich auf die Fälle begrenzt, wo die Verminderung des Versicherungswertes «wesentlich» ist[5]. Man hat es dabei mit einem typischen Recht auf Anpassung des Vertrages zu tun. Diese läßt sich juristisch als eine gesetzlich vorgesehene Heranziehung der *clausula rebus sic stantibus* erklären.

II. Doppelversicherung

Doppelversicherung ist eine sich aus Versicherungsverträgen bei mehreren Versicherern durch Zusammenrechnung der Versicherungssummen ergebende Überversicherung. Wie diese ist sie ebenfalls nicht verboten, sondern rechtlich durchaus zulässig. Im Schadenfalle wird aber dem Versicherungsnehmer auch bei Doppelversicherung insgesamt nicht mehr vergütet als der an den versicherten Gegenständen entstandene Schaden. Art. 53 VVG hat eine legale Definition der Doppelversicherung aufgestellt; danach ist sie gegeben, wenn dasselbe Interesse gegen dieselbe Gefahr und für dieselbe Zeit bei mehr als einem Versicherer dergestalt versichert wird, daß die Versicherungssummen zusammen den Versicherungswert übersteigen.

---

[4] Auch JAEGER, Kommentar II, S. 85, bezeichnet Art. 52 VVG als eine «anachronistisch anmutende Vorschrift», die praktisch keine weitere Bedeutung habe, als daß sie den Kantonen Gelegenheit zu einem Gebührenbezug gebe. Die kantonalen Kontrollen haben sich in der Tat als wenig wirksam erwiesen.

[5] Auch nach deutschem VVG § 51 muß die Überversicherung, damit sie beachtet wird, «erheblich» sein.

Die geforderte Identität des «Interesses» oder – einfacher ausgedrückt – des versicherten Gegenstandes fehlt, wenn die eine Versicherung Sachen als solche gegen Sachschäden deckt, die andere dagegen das Vermögen gegen weitere Schäden, wie auftretende Mietzinsverluste oder fortlaufende Geschäftsunkosten. Zur Identität der Gefahr ist nicht erforderlich, daß die Policen den gleichen Deckungsumfang aufweisen; es genügt, wenn sie sich in dieser Beziehung überschneiden. Ebenso brauchen die verschiedenen Versicherungen nicht auf die gleiche Vertragsdauer zu laufen; sie müssen nur während einer gewissen Zeit nebeneinander bestehen. Nicht vorausgesetzt wird eine Identität des Versicherungsnehmers. Doppelversicherung ist vielmehr häufig gerade darauf zurückzuführen, daß mehrere Personen unabhängig voneinander eine Versicherung abschließen, zum Beispiel der Eigentümer und der Pfandgläubiger, oder der Versender und der Empfänger einer Ware. Eine Doppelversicherung im Rechtssinne liegt aber nur vor, wenn der Gesamtbetrag der Versicherungssummen den Versicherungswert der versicherten Gegenstände übersteigt. Ist das nicht der Fall, so kann man zwar von mehrfacher Versicherung sprechen, die indessen keine besonderen Rechtsfolgen nach sich zieht[6]. Diese Folgen sind im übrigen wie bei der Überversicherung verschieden, je nachdem, in welchem Zeitpunkt sich das Problem der Doppelversicherung stellt.

1. Die durch den Abschluß einer weiteren Versicherung entstehende Doppelversicherung bleibt für die Parteien grundsätzlich bindend, und zwar gleichgültig, ob sie unbewußt oder bewußt zustandegekommen ist. Dagegen hat Art. 53 VVG den Versicherungsnehmer verpflichtet, von der Doppelversicherung allen Versicherern ohne Verzug schriftlich Kenntnis zu geben. Diese Benachrichtigungspflicht setzt naturgemäß voraus, daß der Versicherungsnehmer von der entstandenen Doppelversicherung Kenntnis hat. Wurde die Doppelversicherung in betrügerischer Absicht abgeschlossen oder die Anzeige mit dieser Absicht unterlassen, so sind die Versicherer – und zwar alle – ihrem Versicherungsnehmer gegenüber an den Vertrag nicht gebunden, wobei jedem Versicherer wie bei der Überversicherung sein Anspruch auf die ganze vereinbarte Gegenleistung verbleibt.

2. Liegt eine Doppelversicherung im Versicherungsfall vor, weil in diesem Zeitpunkt die zusammengerechneten Versicherungssummen höher sind als der Ersatzwert, so stellt sich die Frage, wie die beteiligten Versicherer an der Entschädigung partizipieren sollen. Das kann an sich auf

---

[6] BGer, 1. März 1923, SVA V, Nr. 198.

verschiedene Weise geschehen. Es ließe sich eine Solidarhaftung der Versicherer mit internem Rückgriff gegeneinander rechtfertigen, man könnte auch eine zeitliche Reihenfolge aufstellen und zum Beispiel die zuerst abgeschlossene Versicherung vor den späteren heranziehen, und es ist auch eine bloß anteilmäßige Haftung denkbar. Das schweizerische VVG hat in Art. 71 Abs. 1 den zuletzt genannten Weg beschritten, indem jeder Versicherer nur *pro parte,* das heißt in dem Verhältnis haftet, in dem seine Versicherungssumme zum Gesamtbetrage aller Versicherungssummen steht. Diese Lösung ist für den Versicherungsnehmer besonders nachteilig, wenn der eine Versicherer zahlungsunfähig wird. Art. 71 Abs. 2 VVG hat das korrigiert, indem alsdann die übrigen Versicherer bis auf die Höhe ihrer Versicherungssumme für den Anteil des zahlungsunfähig gewordenen Versicherers einzustehen haben, das allerdings wiederum nur in dem Verhältnis, in dem die von ihnen versicherten Summen zueinander stehen[7]. Ist das befürchtete Ereignis eingetreten, so darf der Anspruchsberechtigte nach Art. 71 Abs. 3 VVG keine Versicherung mehr zuungunsten der übrigen Versicherer aufheben oder abändern. Das ist insofern unklar, als die vom Versicherungsnehmer als Vertragspartei gegenüber dem Versicherer vorgenommenen Rechtshandlungen (Modifikation oder Aufhebung des Vertrages) an sich rechtsgültig sind und bleiben. Daher kann die Bestimmung offenbar nur bedeuten, daß mit dem Eintritt des Versicherungsfalles die anteilmäßige Haftung jedes Versicherers fixiert wird, woran spätere Rechtsakte nichts mehr zu ändern vermögen.

Die bloß anteilmäßige Haftung der Versicherer ist absolut z w i n g e n d (Art. 97 VVG), kann also auch zugunsten des Versicherungsnehmers nicht abgeändert werden. Für diese starre Regelung sind keine einleuchtenden Gründe ersichtlich. Von einem Verstoß gegen sie kann jedenfalls nicht gesprochen werden, wenn in einer Police eine S u b s i d i ä r k l a u s e l enthalten ist, wonach der Versicherer nur haftet, wenn nicht bereits eine anderweitige Versicherung das gleiche Risiko deckt. Dann liegt keine Doppelversicherung mehr vor, da sie vertraglich von vornherein ausgeschaltet wurde[8]. Im übrigen vermag die zwingend getroffene Ordnung nicht zu befriedigen, da nach ihr der Versicherungsnehmer an alle beteiligten Versicherer gelangen und sie gegebenenfalls auch einklagen muß, um seine Entschädigungsansprüche geltend zu machen. *De lege ferenda* ließe sich ohne Bedenken eine

---

[7] Der von Art. 71 Abs. 2 VVG angebrachte Vorbehalt der Bestimmung von Art. 70 Abs. 2 VVG ist offenbar irrtümlich; was der Gesetzgeber vorbehalten wollte, war die Unterversicherungsregel von Art. 69 Abs. 2 VVG. In diesem Sinne zutreffend JAEGER, Kommentar II, S. 543.

[8] Ebenso JAEGER, Kommentar II, S. 533.

solidarische Haftung der Versicherer mit internem Regreßrecht untereinander vertreten[9].

III. Unterversicherung

Unterversicherung – das Gegenstück zur Überversicherung – liegt dann
vor, wenn die Versicherungssumme niedriger ist als der Versicherungswert.
Auch sie kann schon bei Vertragsabschluß gegeben sein oder erst im Laufe
der Vertragsdauer infolge Zunahme der versicherten Gegenstände oder ihrer
Wertsteigerung auftreten. Die positivrechtliche Ordnung beachtet aber nur
eine im Zeitpunkt des Versicherungsfalles feststellbare Unterversicherung, sei sie eine gewollte oder ungewollte. Nach Art. 69 Abs. 2 VVG
führt sie zu einer Herabsetzung der Entschädigung, und zwar in dem
Verhältnis, in dem die Versicherungssumme zum Ersatzwert steht. Die Versicherungsleistung bleibt damit proportional zur Gegenleistung des Versicherungsnehmers, da die Prämie auf einer infolge Unterversicherung zu
niedrigen Versicherungssumme entrichtet wurde. In diesem Sinne spricht
man von der Proportionalregel. Sie gleicht das Mißverhältnis aus, das
infolge der Unterversicherung zwischen der bezogenen Prämie und derjenigen besteht, die auf Grund des wirklichen Ersatzwertes hätte bezahlt werden
müssen. Das Äquivalenzprinzip fordert eben eine Wiederherstellung des
Gleichgewichts zwischen den beidseitigen Leistungen. Gestützt auf die Proportionalregel läßt sich die Versicherungsleistung versicherungstechnisch und rechnerisch einwandfrei feststellen. Dem Ermessen bleibt dabei
kein Spielraum, was dem Gesichtspunkt der Rechtssicherheit entspricht[10].
Für die Anwendung der Unterversicherungsregel ist es von Bedeutung, ob
die versicherten Gegenstände in Gruppen (Positionen, Rubriken) mit gesonderten Versicherungssummen aufgeteilt oder unter einer einheitlichen
Versicherungssumme zusammengefaßt (pauschal) versichert worden sind. Im
ersten Falle ist für jede Gruppe festzustellen, ob und gegebenenfalls in
welchem Umfange eine Unterversicherung vorliegt. Bei solcher Trennung
nach Gruppen kann die auf der einen Gruppe errechnete Unterversicherung
mangels anderer Vereinbarung nicht durch die auf einer anderen Gruppe

---

[9] Auch nach deutschem Recht sind die Versicherer als Gesamtschuldner verpflichtet, d. h.
jeder für den ganzen ihm nach seinem Vertrag obliegenden Betrag, wobei ihnen im Verhältnis zueinander ein Regreßrecht eingeräumt worden ist (DVVG § 59).
[10] Siehe dazu W. KOENIG, Automatik und Arithmetik im Versicherungsvertragsverhältnis,
in: Festschrift Oftinger, Zürich 1969, S. 145.

bestehende Überversicherung ausgeglichen werden. Im Unterschied dazu ist bei Pauschalversicherung für die Ermittlung einer allfälligen Unterversicherung auf das Verhältnis des Totalwertes der versicherten Gegenstände zur gesamten Versicherungssumme abzustellen. Es kann auch vereinbart werden, der Versicherungsnehmer habe einen bestimmten Prozentsatz des Schadens (z. B. 10% oder 20%) selbst zu tragen. Solche Selbstbeteiligungsklauseln sind bundesrechtlich ohne weiteres zulässig und bilden nichts anderes als eine gewollte Unterversicherung[11].

Die Proportionalregel ist zwar versicherungtechnisch begründet, rechtlich aber nicht zwingend. Sie kommt, wie Art. 69 Abs. 2 VVG selber hervorhebt, nur zur Anwendung, wenn nichts anderes abgemacht wurde. Durch besondere Abrede kann daher an Stelle der auf dem vollen Wert der versicherten Gegenstände beruhenden Vollwertversicherung eine bloße Teilwertversicherung vereinbart werden. In der Versicherungspraxis unterscheidet man dabei zwei Spielarten. Bei der Bruchteilversicherung wird die Versicherungssumme vereinbarungsgemäß als Bruchteil (z.B. ½, ⅓, ⅕, ¹⁄₁₀) der Gesamtsumme festgelegt, wobei die Proportionalregel nur zum Zuge kommt, wenn die Gesamtsumme niedriger ist als der Gesamtwert der versicherten Gegenstände zur Zeit des Versicherungsfalles. Noch weiter geht die sogenannte Versicherung auf erstes Risiko («assurance au premier risque»), bei welcher die Abrede dahin lautet, jeder Schaden sei im Rahmen der festgesetzten Erstrisikosumme voll zu ersetzen. Dem muß dann natürlich durch entsprechende Erhöhung der Prämie Rechnung getragen werden.

§ 93. Regreßrecht des Versicherers

Literatur

H. Thut, Der Regreß des Versicherers, Zürich 1924; A. Hüppi, Der Regreß des Versicherers im schweizerischen Privatversicherungsrecht, Wil 1924; E. Schmitt, Das Regreßrecht des Versicherers, Zürich 1941; W. Jung, Le recours de l'assureur contre le tiers responsable du dommage en vertu d'un contrat, Genève 1952; H. Leuenberger, Der Regreß in der Haftpflichtversicherung, Bern 1955; R. Kar-

---

[11] Soweit kantonalrechtliche Obligatorien bestehen, wie sie in der Feuerversicherung vorkommen, wird durch sie eine Selbstbeteiligung des Versicherungsnehmers als unzulässig erklärt, d.h. als Verstoß gegen das Obligatorium geahndet.

RER, Der Regreß des Versicherers gegen Dritthaftpflichtige, Zürich 1965; R. BREHM, Le recours de l'assureur contre un tiers responsable en vertu d'un contrat, Schweiz. Vers. Z 1965, S. 65f; F. PFYFFER, Schadenersatzansprüche des Geschädigten und Regreßrechte der Versicherer, Schweiz. Z Sozialvers. 1966, S. 81f.; M. CHAUDET, Le recours de l'assureur contre le tiers responsable du dommage, Lausanne 1966; H. OSWALD, Das Regreßrecht in der Privat- und Sozialversicherung, Schweiz. Z Sozialvers. 1972, S. 1f.

Die Frage stellt sich, ob die vertragliche Verpflichtung des Versicherers zur Leistung durch den Umstand, daß ein Dritter dem Anspruchsberechtigten schadenersatzpflichtig ist, aufgehoben oder beeinträchtigt wird. Die Befreiung des Versicherers widerspräche jedoch dem durch den Vertrag angestrebten Sicherungszweck. Die Leistungspflicht des Versicherers soll auch dann bestehen bleiben, wenn ein Dritter für den gleichen Schaden aufzukommen hat. Angesichts dieser Situation kommt es zur bekannten Erscheinung einer Anspruchskonkurrenz. Für die Schadenversicherung hat sie eine spezialrechtliche Lösung erhalten. Sie besteht in der Subrogation des Versicherers in die Ansprüche gegen aus unerlaubter Handlung haftbare Dritte. Dank ihr nimmt der Versicherungsvertrag dem Versicherungsnehmer die Mühe und das Risiko eines Prozesses gegen den Haftpflichtigen ab. Es bleibt aber fraglich, ob und wieweit dem Versicherer auch gegen aus Vertrag haftbare Dritte ein Rückgriffsrecht zusteht. Die beiden Möglichkeiten sind gesetzlich unterschiedlich geordnet worden und müssen daher auseinandergehalten werden.

I. Regreß aus unerlaubter Handlung

Nach Art. 72 VVG geht auf den Schadenversicherer insoweit, als er Entschädigung geleistet hat, der Ersatzanspruch über, der dem Anspruchsberechtigten gegenüber Dritten aus unerlaubter Handlung zusteht. Diese spezialrechtliche Ordnung gilt für das Gebiet der Schadenversicherung. Bei der Haftpflichtversicherung ist der Versicherungsnehmer zwar nicht direkt Geschädigter, sondern nur ein für die Schädigung eines Dritten Haftbarer. Trotzdem hat die Gerichtspraxis mit Recht die sinngemäße Anwendbarkeit von Art. 72 VVG auf die Haftpflichtversicherung bejaht[1]. Näher zu be-

---

[1] BGer, 26. Juni 1936, SVA VIII, Nr. 230 und 19. Oktober 1943, SVA IX Nr. 118; ObGer Zürich, 11. November 1961, SVA XII, Nr. 77; BGer, 20. Mai 1969, AS 95 II, 1969, S. 333.

trachten sind die Beschränkungen des Regreßrechts und seine Wirkung, die Subrogation des Versicherers.

1. Das durch Art. 72 VVG vorgesehene Regreßrecht des Schadenversicherers unterliegt positivrechtlich verschiedenen Beschränkungen:

a) Ein Übergang der Ansprüche gegen den Dritten findet nur insoweit statt, als der Versicherer eine Entschädigung ausgerichtet hat. Maßgebend ist nicht schon die Verpflichtung des Versicherers zur Zahlung, sondern erst eine tatsächlich vollzogene Leistung. Das schützt den Anspruchsberechtigten im Falle, wo der Versicherer nicht leistet; er behält alsdann seinen Ersatzanspruch gegen den Dritten. Der Übergang erstreckt sich zudem nur auf Ansprüche, die sich auf den gleichen Schaden erstrecken, wie den durch die ausgerichtete Entschädigung gedeckten. Ersetzt der Versicherer bloß eingetretene Sachschäden, so gehen die dem Geschädigten gegen Dritte zustehenden Ansprüche auf Ersatz anderer ihm erwachsener Schäden, zum Beispiel aus Mietzinsverlust, Gewinnentgang oder Betriebsunterbrechung, nicht auf den Versicherer über. Auch dann, wenn infolge Unterversicherung bloß ein Teil des Sachschadens ersetzt wurde, behält der Anspruchsberechtigte für den ungedeckten Teil des Schadens seine Rechte gegen haftbare Dritte. Seine Stellung wird also nicht geschmälert[2]. Die «Restansprüche» verbleiben ihm, indem der Versicherer nur in «identische Schadenposten» subrogiert[3]. Ein Übergang findet demgemäß nicht statt, soweit er sich zum Nachteil des Anspruchsberechtigten auswirken würde. Das bildet einen Ausfluß des Grundsatzes *nemo subrogat contra se*. Dieses Prinzip liegt nach herrschender Meinung auch der Ordnung des Regreßrechtes des Versicherers in Art. 72 VVG zugrunde, obschon es nicht besonders erwähnt worden ist[4].

b) Der Übergang beschränkt sich nach Art. 72 VVG auf Ersatzansprüche, die dem Anspruchsberechtigten aus unerlaubter Handlung zustehen. Dazu gehören unzweifelhaft die Ansprüche aus Art. 41 f. OR, aber auch alle sonstigen, nach Gesetz aus deliktischem Verhalten eines Dritten entstehenden Schadenersatzansprüche. Das gilt also auch für Ansprüche eines Arbeitnehmers gegen den Arbeitgeber aus Art. 328 OR, ferner für Rückgriffe

---

[2] Ebenso JAEGER, Kommentar II, S. 564.
[3] So BGE 58 II, 1932, S. 232f. für das der SUVA in der sozialen Unfallversicherung nach Art. 100 KUVG zustehende Regreßrecht.
[4] Das deutsche VVG sagt in § 67 ausdrücklich: «Der Übergang kann nicht zum Nachteile des Versicherungsnehmers geltend gemacht werden».

nach Art. 55 Abs. 2, 56 Abs. 2 und 58 Abs. 2 OR. Umstritten war lange, wie es sich verhält, wenn ein Dritter ohne Verschulden nur nach Gesetzesvorschrift haftbar ist, wie gemäß Art. 55, 56 und 58 OR der Geschäftsherr, der Tierhalter und der Werkeigentümer. Eine sich auf die formale Gesetzessystematik stützende Auffassung wollte auch in diesen Fällen den Übergang der Ersatzansprüche auf den Versicherer bejahen, weil alle diese Tatbestände im Abschnitt über die unerlaubten Handlungen (Art. 41–61 OR) geregelt seien. Art. 72 VVG sei als *lex specialis* durch das spätere OR nicht derogiert worden[5]. Demgegenüber hat das Bundesgericht in konstanter Praxis Art. 51 Abs. 2 OR zur Anwendung gebracht. Danach soll bei der Haftung mehrerer Personen aus verschiedenen Rechtsgründen in der Reihenfolge des Rückgriffes derjenige, der aus vertraglicher Verpflichtung haftet, den Schaden vor dem ohne eigene Schuld nach Gesetzesvorschrift Haftbaren tragen[6]. Damit wird dem aus Vertrag haftenden Versicherer der Rückgriff gegen einen aus Art. 55, 56 und 58 OR haftbaren Geschäftsherrn, Tierhalter oder Werkeigentümer verweigert. Die Heranziehung von Art. 51 Abs. 2 OR entspricht denn auch der Absicht des Gesetzgebers; wie aus den Gesetzesmaterialien hervorgeht, hatte er bei der Festsetzung der Reihenfolge gerade den Fall der Versicherung im Auge. Es wurde als unbillig empfunden, wenn der Versicherer, der für die Übernahme seiner Haftung durch die Prämien ein Entgelt erhält, auf einen schuldlos haftenden Dritten zurückgreifen könne. Allerdings wird alsdann der Dritte durch den zufälligen Umstand, daß neben ihm ein Versicherer haftet, entlastet; doch verhält sich das immer so, wenn mehrere aus verschiedenen Rechtsgründen haften und Art. 51 OR zur Anwendung gelangt. Die dort aufgestellte Regreßreihenfolge gilt immerhin nur «in der Regel». Es bleibt daher Sache der richterlichen Würdigung, im Einzelfall zu bestimmen, ob besondere Umstände vorliegen, die es rechtfertigen, entgegen der Regel auch einen bloß aus Gesetzesvorschrift Haftbaren zur Schadentragung heranzuziehen[7]. Das kann insbesondere der Fall sein bei den aus spezifischen Betriebsgefahren resultierenden Gefährdungshaftungen[8].

c) Das Regreßrecht des Versicherers wurde schließlich durch Art. 72 Abs. 3 VVG positivrechtlich ausgeschlossen bei Ansprüchen gegenüber Personen, die mit dem Anspruchsberechtigten in häuslicher Gemeinschaft leben

---

[5] So von TUHR, Rückgriff des Versicherers nach OR Art. 51 und VVG Art. 72, SJZ 1921, S. 223f.

[6] BGer, 27. November 1919, SVA IV, Nr. 224; 29. September 1921, SVA IV, Nr. 225; 13. März 1923, SVA V, Nr. 300 und 15. Mai 1924, SVA V, Nr. 301.

[7] BGer, 6. November 1951, SVA X, Nr. 70.

[8] Dazu OFTINGER, Schweizerisches Haftpflichtrecht I, 1958, S. 16f.

oder für deren Handlungen er einstehen muß, dies aber nur, wenn der
Schaden von ihnen bloß leichtfahrlässig herbeigeführt worden ist. Diese
Ausnahmebestimmung ist gerechtfertigt, weil ein Regreß des Versicherers
gegen die Hausgenossen, Angestellten oder Arbeiter indirekt den Versicherungsnehmer selbst treffen könnte. Das wollte man wenigstens für die Fälle
einer nur leichtfahrlässigen Schadenherbeiführung ausschalten; bei vorsätz-
lichen oder grobfahrlässigen Handlungen bleibt dagegen das Regreßrecht
aufrecht.

2. Der in Art. 72 VVG vorgesehene Übergang der Ersatzansprüche aus
unerlaubter Handlung auf den Versicherer bildet eine gesetzliche Subrogation. Sie setzt keine Willenserklärung und keinen Übertragungsakt seitens
des Anspruchsberechtigten voraus, sondern findet *ex lege* statt, und zwar
im Zeitpunkt der Leistung des Versicherers. Es handelt sich also nicht
um ein selbständiges Regreßrecht, wie man aus dem Marginale zum Gesetzestext schließen könnte[9]. Die Ersatzansprüche gehen so über, wie sie
beim Anspruchsberechtigten gegen den Dritten bestanden haben. Alle Einreden bleiben wirksam, und es beginnt auch keine neue Verjährungsfrist zu
laufen. Als *cessio legis* bedarf der Übergang keiner besonderen Form (Art. 166
OR). Hat aber der ersatzpflichtige Dritte vom Übergang keine Kenntnis, so
wird er durch eine gutgläubig an den bisherigen Berechtigten erfolgende
Zahlung gültig befreit (Art. 167 OR). Der Anspruchsberechtigte haftet weder
für den Bestand der Forderung noch für die Zahlungsfähigkeit des Schuldners
(Art. 173 OR).

Nach Art. 72 Abs. 2 VVG ist der Anspruchsberechtigte verantwortlich
für jede Handlung, durch die er das Regreßrecht des Versicherers verkürzt.
Der Übergang als solcher kann allerdings, da er kraft Gesetzes erfolgt, vom
Anspruchsberechtigten nicht vereitelt werden. Dieser ist auch nicht verantwortlich, wenn ein Anspruch gegen den Dritten überhaupt nicht besteht. Der
Sinn des etwas unklar gefaßten Abs. 2 von Art. 72 VVG kann daher nur
dahin gehen, der Anspruchsberechtigte habe Handlungen zu unterlassen, die
das Regreßrecht des Versicherers beeinträchtigen könnten, zum Beispiel Verzichtserklärungen gegenüber dem Dritten oder Erschwerungen der prozessualen Geltendmachung durch Verweigerung der Herausgabe von Beweismaterial und dergleichen. Bei Verletzung dieser Pflicht wird der Anspruchsberechtigte dem Versicherer dafür schadenersatzpflichtig.

---

[9] Ebenso JAEGER, Kommentar II, S. 554.

II. Rückgriff aus Vertragshaftung

Der Übergang gemäß Art. 72 VVG erfaßt nicht Ansprüche, die dem aus Versicherung Anspruchsberechtigten gegen aus Vertrag haftende Dritte zustehen, zum Beispiel aus Arbeits- oder Werkvertrag, Auftrag, Speditions- oder Kommissionsvertrag. Das gilt auch bei verschuldeter Vertragsverletzung. Da mehrere Personen aus gleichen Rechtsgründen (Vertrag) haften, ist Art. 51 Abs. 2 OR nicht anwendbar. Dagegen stellt sich die Frage, ob Art. 50 Abs. 2 OR herangezogen werden kann, der es im Falle, wo mehrere den Schaden gemeinsam verschuldet haben, dem richterlichen Ermessen überläßt, ob und in welchem Umfange sie Rückgriff gegeneinander haben. Eine analoge Anwendung auf den gesetzlich nicht geordneten Fall, wo mehrere aus verschiedenen Verträgen haften, erscheint vertretbar[10]. Danach ist nach richterlichem Ermessen auch dem Versicherer ein Rückgriffsrecht gegen die einem anspruchsberechtigten Versicherungsnehmer aus Vertrag haftenden Dritten zu gewähren. Das Bundesgericht hat das grundsätzlich anerkannt, immerhin mit der Einschränkung, ein solcher Rückgriff sei dem Versicherer nur mit Zurückhaltung zuzugestehen; ferner will es den Rückgriff bei bloß leichter Fahrlässigkeit des aus Vertrag Haftbaren gänzlich verweigern[11]. Zur Begründung wird auf Art. 14 Abs. 4 VVG hingewiesen, wonach der Versicherer auch dann in vollem Umfange haftet, wenn der Versicherungsnehmer oder Anspruchsberechtigte das befürchtete Ereignis leichtfahrlässig herbeigeführt hat. Zwar handelt es sich bei dieser Bestimmung um einen ganz anderen Tatbestand, doch liegt ihr ein Gedankengang zugrunde, der auch in der Rückgriffsfrage Beachtung verdient.

Im Gegensatz zur Subrogation gemäß Art. 72 VVG handelt es sich beim Regreß nach Art. 50 und 51 OR um selbständige Rückgriffsrechte. Gegen die daraus resultierenden Rückgriffsansprüche kann keine Verrechnungseinrede erhoben werden und ihre Verjährung richtet sich nach der allgemeinen Norm von Art. 60 OR. Während die spezialrechtliche Subrogation kraft Gesetzes eintritt, wird das obligationenrechtliche Rückgriffsrecht nur nach richterlichem Ermessen gewährt.

Die bestehende Rechtslage vermag *de lege ferenda* nicht durchwegs zu befriedigen. Die in Art. 72 VVG positivrechtlich vorgenommene Beschränkung der Regreßrechte des Versicherers auf Ansprüche aus unerlaubter Handlung

---

[10] Siehe OFTINGER, Schweizerisches Haftpflichtrecht I, Bern 1958, S. 326 f.
[11] BGer, 5. Oktober 1954, SVA XI, Nr. 60.

ist nicht ohne weiteres gerechtfertigt[12]. Die für andere Ersatzansprüche notwendige Heranziehung von Art. 50 und 51 OR hat eine unerwünschte Doppelspurigkeit in der Regreßfrage zur Folge. Es kompliziert die Ordnung, wenn je nachdem, ob der Dritte aus unerlaubter Handlung oder aus Vertrag haftet, eine unterschiedliche Rechtslage angenommen wird. Diese Differenzierung wäre vermieden worden, wenn das VVG die Regreßmöglichkeiten des Versicherers abschließend für deliktische wie für vertragliche Ersatzansprüche geregelt hätte. Dabei könnte daran gedacht werden, dem Versicherer in allen Fällen, gleichgültig, aus welchem Rechtsgrund der Dritte haftet, den Regreß zu versagen, wenn der Dritte nur leichtfahrlässig gehandelt hat. Damit würde der besonderen Situation des durch die Prämie für seine Haftung ein Entgelt erhaltenden Versicherers spezialrechtlich angemessen Rechnung getragen.

---

[12] Das deutsche VVG § 67 hat denn auch den Übergang von Ersatzansprüchen auf den Versicherer generell vorgesehen, ohne zwischen deliktischen und Vertragsansprüchen einen Unterschied zu machen; siehe Prölss, Kommentar DVVG, § 67, S. 286.

Achtes Kapitel

Die Personenversicherung

Der Personenversicherung ist, wie der Schadenversicherung, positivrechtlich ein besonderer Abschnitt des Gesetzes (Art. 73f. VVG) gewidmet worden. Von der letzteren hebt sie sich durch ihre Ausgestaltung als Summenversicherung deutlich ab. Mit diesem Wesenszug in Zusammenhang steht die eingehende Ordnung der Begünstigung als einer spezialrechtlichen Verfügungsmöglichkeit über Ansprüche aus Personenversicherung. In der Lebensversicherung kann es zudem schon vor Eintritt des Versicherungsfalles zur Entstehung eines Deckungskapitals kommen, an dem unter Umständen Ansprüche geltend gemacht werden können. Ferner hat der Konflikt zwischen den Interessen der Familienangehörigen und denjenigen der Gläubiger zu einigen gesetzlichen Sonderbestimmungen Anlaß geben. Schließlich ist die Fremdversicherung im Gebiet der Personenversicherung speziell geordnet worden; die sich dabei stellenden Probleme wurden verschieden gelöst, je nachdem, ob es sich um eine Lebensversicherung oder um eine Unfallversicherung Dritter handelt.

§ 94. Summenversicherung

Literatur

W. KOENIG, Gegenstand der Versicherung, Bern 1931, S. 17f.; H. VON VIVIS, Der versicherungsrechtliche Invaliditätsbegriff, Bern 1940; G. GAROBBIO, Zur rechtlichen Natur der Schaden- und Summenversicherung, insbesondere der Unfall- und Heilungskostenversicherung, ZBJV 1945, S. 289f. und S. 329f.; B. VON GLUTZ, Taggeld- und Lohnausfallversicherung in der schweizerischen Privat- und Sozialversicherung, Bern 1948; E. DUTTWYLER, Die Heilungskostenansprüche an den privaten Unfallversicherer, an Dritte und an anerkannte Krankenkassen, Affoltern a. A. 1950; P. HELFESRIEDER, Die Personenversicherung in ihrer Abgrenzung zur Schadenversicherung nach schweizerischem Privatrecht, Bern 1953; H. GAUGLER, Zur juristischen Qualifizierung der einer Unfallversicherung angegliederten Hei-

lungskosten- und Verdienstausfallversicherung durch das Bundesgericht, Schweiz.
Vers. Z 1961, S. 65f. und S. 108f.; W. STAUFFER, Von der Heilungskostenversicherung, SJZ 1963, S. 177f.; H. MEYER, Die Heilungskosten in der Versicherung und
das Bereicherungsverbot, SJZ 1963, S. 317f.; A. PFLUGER, Der Begriff der vorübergehenden und der dauernden Erwerbsunfähigkeit in der Sozialversicherung und
in der Privatversicherung, Schweiz. Z Sozialvers. 1964, S. 29f.

Die Eigenart der Personenversicherung ergibt sich daraus, daß eine Person
ihren Gegenstand bildet. Vertraglich ist das die Person treffende und befürchtete Ereignis mit der Entrichtung einer bestimmten Summe als Versicherungsleistung verknüpft. Das gilt an sich für alle echten Personenversicherungen, gleichgültig, ob es sich um eine Lebens- oder Unfallversicherung
handelt. Umstritten ist dagegen, wie die in der Unfall- und Krankenversicherung auftretende Vergütung von Heilungskosten und von Verdienstausfall
rechtlich zu würdigen und zu behandeln sei.

I. Person als Gegenstand

Wie eine Sache oder das Vermögen in der Schadenversicherung, so ist in
der Personenversicherung eine Person das vom befürchteten Ereignis be-
drohte Objekt. Der Versicherungsfall ist eingetreten, sobald die versicherte
Person von der versicherten Gefahr betroffen wird. Der Tatbestand, der den
Versicherer leistungspflichtig macht, liegt in einer körperlichen Schädigung der Person als solcher. Dabei fällt unter den Begriff der Personen-
schädigung jede Beeinträchtigung des körperlichen Zustandes der Person.
Sie kann in ihrer vollständigen Vernichtung liegen (Todesfall), sich in einer
dauernden oder vorübergehenden Beeinträchtigung der körperlichen Integrität oder Gesundheit äußern (Invalidität, Körperverletzung, Krankheit)
oder auch in der Erreichung eines höheren Alters (Erlebensfall) bestehen.
Alle diese körperlichen Veränderungen berühren die Person als solche und
können daher den für eine Personenversicherung maßgebenden Tatbestand
ausmachen. Nicht entscheidend ist, ob und gegebenenfalls in welchem Ausmaße der Körperschaden einen wirtschaftlichen Schaden nach sich zieht. Die
Körperschädigung an sich ist kein Vermögensschaden, sondern kann nur
Ursache eines solchen werden[1]. Besteht eine Leistungspflicht des Versicherers
nur dann und insoweit, als ein Vermögensschaden eingetreten ist, zum Bei-

---

[1] OFTINGER, Schweizerisches Haftpflichtrecht I, Bern 1958, S. 46.

spiel infolge Bestattungs- oder Heilungskosten für Arzt und Spital, so hat man es mit einer Vermögensversicherung zu tun, die nicht nach den für die Personenversicherung geltenden Grundsätzen beurteilt werden darf.

II. Summenleistung

Da nur eine körperliche Schädigung der Person vorausgesetzt wird, richtet sich die Leistung des Personenversicherers nicht nach einem wirtschaftlichen Schaden. Sie besteht vielmehr in einer vertraglich frei vereinbarten Summe. Da der Personenversicherer nicht Schadenersatz im Sinne von Art. 45 und 46 OR leistet, ist es auch verfehlt, der Personenversicherung eine Indemnitätsnatur zuschreiben zu wollen, wie das früher versucht wurde. Ebenso kann der Bedarfstheorie, wonach es sich bei der Personenversicherung um eine «abstrakte Bedarfsdeckung» handle[2], nicht beigepflichtet werden. Die Personenversicherung bildet vielmehr eine typische Summenversicherung.

Aus diesem Charakter der Personenversicherung folgt, daß bei ihr weder von Über- noch von Unterversicherung gesprochen werden kann. Die Versicherungssumme wird in beliebiger Höhe festgesetzt und steht in keiner Relation zu einem Versicherungswert, weshalb jeder Vergleichsmaßstab fehlt. Nichts steht entgegen, auch mehrere Personenversicherungen unabhängig voneinander abzuschließen. Beim Kumul solcher Summenversicherungen liegt keine Doppelversicherung im Rechtssinn vor. Alle diese mit dem Wesen der Personenversicherung verknüpften Rechtssätze sind so selbstverständlich, daß sie im Gesetz nicht besonders formuliert worden sind.

Auch bei Konkurrenz eines Anspruches aus Summenversicherung mit anderweitigen Ansprüchen gegen Dritte erscheint die Kumulation ohne weiteres als zulässig. Der Dritte bleibt unabhängig von der Versicherung ersatzpflichtig, und der Versicherungsnehmer braucht sich Versicherungssummen, die ihm zufolge Eintritts des befürchteten Ereignisses aus einer Personenversicherung zufallen, nicht an seiner Schadenersatzforderung gegen einen Haftbaren anrechnen zu lassen[3]. Diese Rechtslage hat Art. 96 VVG ausdrücklich anerkannt und unter dem Marginale Ausschluß des Regreßrechts des Personenversicherers zum Ausdruck gebracht. Im Gegensatz zur Regelung der Anspruchskonkurrenz in der Schadenversicherung (Art. 72 VVG) gehen demnach die Ansprüche, die infolge des Eintritts des befürchteten

---

[2] So BRUCK, Priv. Vers. R, S. 64f.
[3] BGer, 17. Oktober 1923, SVA V, Nr. 358 und 14. Dezember 1927, SVA VI, Nr. 305.

Ereignisses dem Anspruchsberechtigten gegen Dritte erwachsen, nicht auf
den Personenversicherer über. Der Anspruchsberechtigte bleibt vielmehr
berechtigt, neben dem Anspruch aus Personenversicherung auch allfällige
Schadenersatzansprüche gegen haftbare Dritte geltend zu machen. Der Personenversicherer haftet eben nicht für einen Schaden, sondern schuldet eine
vertraglich vereinbarte Summe. Es besteht daher keine Haftung mehrerer
für denselben Schaden, keine Solidarität und auch kein Regreßrecht. Im
schweizerischen Recht ist der Ausschluß des Regreßrechts des Personenversicherers sogar als zwingend im Sinne von Art. 98 VVG erklärt worden.
Es sind allerdings kaum Gründe erkennbar, die Vertragsfreiheit in diesem
Punkte gesetzlich einzuschränken[4]. Wie richtig entschieden wurde, kann
jedenfalls Art. 96 VVG einer nach Eintritt des Versicherungsfalles an den
Versicherer erfolgenden Zession des Anspruches gegen den Dritten nicht
entgegenstehen[5].

III. Leistungen aus Unfallversicherung

Dem Wesen der Personenversicherung gemäß unterliegen auch die Leistungen des Unfallversicherers grundsätzlich der freien Vereinbarung der
Parteien. Dabei können je nach der Art der Körperschädigung Leistungen
im Todesfall, bei Invalidität und bei bloß vorübergehender Gesundheitsschä-
digung unterschieden werden.

1. Im Todesfall durch Unfall wird regelmäßig die festgesetzte Todes-
fallsumme ausgerichtet, bei der es sich, wie in der Lebensversicherung, um
eine typische Summenleistung handelt. Daher kann weder von Über- noch
von Unterversicherung gesprochen werden und ist Doppelversicherung ohne
weiteres zulässig.

2. Problemreicher ist die Leistungspflicht im Invaliditätsfall. Durch
Art. 88 VVG wurde der Invaliditätsbegriff als voraussichtlich bleibende
Beeinträchtigung der Erwerbsfähigkeit gesetzlich umschrieben. Das Erfor-
dernis einer voraussichtlich bleibenden Beeinträchtigung grenzt die Invali-

---

[4] Das deutsche VVG hat für die Personenversicherung keinen zwingenden Ausschluß des
Rückgriffsrechtes des Versicherers aufgestellt.
[5] Cour de justice Genève, 6. November 1914, SVA III, Nr. 133; AppHof Bern, 13. März
1929, SVA VI, Nr. 304; BGer, 28. April 1937, SVA VIII, Nr. 318.

dität von vorübergehenden Gesundheitsstörungen ab. Zu Zweifeln Anlaß gibt, was unter Beeinträchtigung der Erwerbsfähigkeit zu verstehen ist. Aus der Natur der Personenversicherung läßt sich ableiten, daß jede Einbuße der körperlichen Integrität darunter fällt, gleichgültig, ob sie einen wirtschaftlichen Schaden nach sich zieht oder nicht. Trotz des in Art. 88 VVG verwendeten mehrdeutigen Ausdrucks «Erwerbsfähigkeit» kommt es in der privaten Unfallversicherung nicht auf den vom Berufe des Versicherten und sonstigen Umständen des Einzelfalles abhängenden voraussichtlichen Erwerbsausfall an. Unerheblich bleibt, daß der Versicherte trotz der Invalidität faktisch keinen Verdienstausfall erleidet, weil er zum Beispiel ein bereits pensionierter Rentenbezüger ist oder infolge seiner Geschicklichkeit sofort einen anderen Beruf zu ergreifen vermag, in welchem er gleichviel verdient wie vorher[6]. Immerhin steht nichts entgegen, im Versicherungsvertrag etwas anderes vorzusehen und ausdrücklich auf die Berufsinvalidität abzustellen[7]. Mangels anderer Vereinbarung ist aber die sogenannt abstrakte Einbuße der körperlichen Integrität maßgebend. Sie ist als Abweichung eines Gliedes oder Organes vom normalen Zustand des menschlichen Körpers medizinisch feststellbar[8]. Dabei kommt jedoch dem Arzt oder der Ärztekommission, welche die Invalidität begutachtet, nur die Stellung eines Experten, nicht die eines Schiedsrichters zu. Der ärztliche Befund unterliegt daher der richterlichen Nachprüfung wie irgendeine andere Expertise[9].

Die umschriebene Rechtslage kommt darin zum Ausdruck, daß der Unfallversicherer bei Invalidität eine vereinbarte Invaliditätssumme zu entrichten hat. Auch hier fallen daher die für die Schadenversicherung geltenden Grundsätze betreffend Ersatzpflicht bei Über-, Unter- oder Doppelversicherung außer Betracht. Vertragsgemäß wird allerdings die volle Summe nur für Ganzinvalidität geschuldet, während bei Teilinvalidität ein ihrem Grade entsprechender Teil dieser Summe auszurichten ist. Für die wichtigsten der vorkommenden körperlichen Beeinträchtigungen pflegen die Versicherungsbedingungen den Invaliditätsgrad vertraglich von vornherein zu fixieren.

---

[6] Anders verhält es sich in der Sozialversicherung, wo es im allgemeinen auf die Beeinträchtigung der Erwerbsmöglichkeiten ankommt (so z.B. für die Invalidenrenten nach Art. 76 KUVG).

[7] AmtsGer Luzern-Stadt, 3. Juni 1954, SVA XI, Nr. 92.

[8] BGer, 7. November 1940, SVA IX, Nr. 182; BezGer Horgen, 7. Juli 1953, SVA XI, Nr. 91; Cour de justice Genève, 10. Oktober 1958, SVA XI, Nr. 101; BezGer St. Gallen, 9. September 1960, SVA XII, Nr. 98.

[9] AppHof Bern, 14. Januar 1919, SVA IV, Nr. 254; BezGer Zürich, 20. Januar 1950, SVA X, Nr. 79; BezGer St. Gallen, 26. Oktober 1962, SVA XII, Nr. 100; Tribunal cantonal Valais, 13. März 1964, SVA XII, Nr. 103.

Das geschieht üblicherweise durch die sogenannte Gliedertaxe. In ihr wird meistens festgesetzt, was als Ganzinvalidität (100%) gilt (z.B. Verlust beider Beine oder Füße, beider Arme oder Hände, eines Fußes und einer Hand, völlige Erblindung, gänzliche Lähmung und unheilbare Geistesstörung). Ebenso werden die Teilinvaliditäten bei Verlust gewisser Körperteile oder Organe mit festen Prozentsätzen taxiert (z.B. ein Auge 30%, Gehör auf beiden Ohren 60%, auf einem Ohr 15%, Verlust eines Beines im Oberschenkel 50%, im Unterschenkel 40%, Verlust einer Hand rechts 60%, links 50%, des Daumens rechts 20%, links 15%, des Zeigefingers rechts 15%, links 10% usw.). Bei bloß teilweisem Verlust eines der genannten Glieder ist ein entsprechend geringerer Invaliditätsgrad anzunehmen, und bei den in der Gliedertaxe nicht aufgeführten Schädigungen soll deren Festlegung in Anlehnung an die Taxen erfolgen. Überall werden demnach die Berufsverhältnisse des Einzelfalles nicht berücksichtigt[10]. Aus diesen Gliedertaxen geht eindeutig hervor, daß die Leistungen des Unfallversicherers im Invaliditätsfalle nach dem Prinzip der Summenversicherung ausgestaltet sind. Dadurch wird die Höhe der Anspruchsberechtigung klar geregelt, was Streitigkeiten darüber weitgehend ausschaltet und damit der Rechtssicherheit dient.

Die Invaliditätsleistung kann durch eine Kapitalzahlung oder die Ausrichtung von Renten erfolgen. Auffallenderweise wurde dies jedoch nicht den Vertragsparteien überlassen, sondern gesetzlich geregelt. Nach Art. 88 VVG ist nämlich die Entschädigung in Form der Kapitalabfindung auszurichten, es sei denn, der Versicherungsnehmer habe ausdrücklich die Entschädigung in Form von Renten beantragt. Im Zweifel und mangels eines besonderen, im Antrag gestellten Begehrens hat also Kapitalzahlung zu erfolgen. Diese Vorschrift wurde sogar als zwingend erklärt (Art. 98 VVG). Die Kapitalabfindung bildet jedoch keineswegs immer die zweckmäßigere Entschädigungsform; in vielen Fällen ist die Zahlung von Renten angebrachter[11]. Die dem Parteiwillen vorgreifende gesetzliche Vermutung ist daher für die Privatversicherung nicht gerechtfertigt und sollte *de lege ferenda* beseitigt werden.

Die Ausrichtung der Invaliditätsleistung hat nach Art. 88 VVG zu erfolgen, «sobald die voraussichtlich dauernden Unfallfolgen feststehen». Darin

---

[10] ObGer Glarus, 30. September 1925, SVA V, Nr. 339; ObGer Schaffhausen, 3. Juni 1927, SVA VI, Nr. 320; Cour de justice Genève, 10. Oktober 1958, SVA XI, Nr. 101; BezGer Zürich, 2. Dezember 1964, SVA XII, Nr. 104; ObGer Zürich, 28. Oktober 1965, SVA XII, Nr. 105.

[11] Die Sozialversicherungsgesetze geben denn auch im Gegensatz zu Art. 88 VVG der Rentenzahlung den Vorzug (so z.B. Art. 76 KUVG).

liegt eine Abänderung der in Art. 41 VVG aufgestellten allgemeinen Fällig-
keitsnorm. Da aber eine längere Zeit verstreichen kann, bis die Unfallfolgen
wirklich feststehen, können vertraglich Zwischenrenten vorgesehen werden. Ebenso bleibt es den AVB vorbehalten, die Rentenrevision bei
nachträglichen Veränderungen des Invaliditätsgrades zu ordnen; eine solche
Revision kann jedoch nicht verlangt werden, wenn die Möglichkeit oder
Wahrscheinlichkeit der Besserung des Zustandes des Versicherten schon bei
der Festsetzung der ursprünglichen Rente berücksichtigt worden war[12].

3. Im Falle einer vorübergehenden Erwerbsunfähigkeit besteht
die Leistung des Unfallversicherers entweder in einem Taggeld oder in der
Vergütung des Verdienstausfalles und dem Ersatz der Heilungskosten.

a) Das Taggeld wird vertragsgemäß während der Dauer der vorübergehenden Erwerbsunfähigkeit ausgerichtet, in der Regel allerdings längstens
während eines Jahres nach dem Unfall; darin ist eine nach Art. 33 VVG
zulässige Begrenzung zu erblicken. Das vereinbarte Taggeld wird – auch
wenn bei der Festsetzung seiner Höhe die Einkommensverhältnisse des Versicherungsnehmers berücksichtigt werden – vom Versicherer vertraglich geschuldet, gleichgültig, in welchem Ausmaße ein Erwerbsausfall tatsächlich
eingetreten ist. Es handelt sich also um eine Summenversicherung, auf welche
die schadenversicherungsrechtlichen Bestimmungen über Doppel- und Überversicherung keine Anwendung finden. Die angesetzten Taggelder müssen
daher kumulativ neben den Taggeldern aus anderen Versicherungen ausgerichtet werden.

b) Vom Taggeld zu unterscheiden ist die Vergütung eines Verdienstausfalles; sie bildet wie die Deckung ausfallender Erträgnisse eine Vermögensversicherung. Das gleiche trifft zu bei der Vergütung von Heilungskosten (Arzt-, Apotheker-, Operations- und Spitalkosten). Bei dieser namentlich in der Kollektivunfallversicherung üblichen Heilungskostendek-
kung macht der Versicherer seine Leistungspflicht vom Auftreten bestimmter
Kosten, das heißt von einem Vermögensschaden (Aufwand) abhängig. Das
ist nicht mehr Summen-, sondern Schadenversicherung. Hier sind daher die
Grundsätze von Art. 51, 71 und 72 VVG über die Haftung bei Über- und
Unterversicherung und das Regreßrecht des Schadenversicherers zur Anwendung zu bringen. Das Bundesgericht hat das zwar abgelehnt, weil es sich
bei der Heilungskostendeckung um eine im Rahmen einer Unfallversiche-

---

[12] BGer, 5. November 1913, SVA III, Nr. 223.

rung, das heißt einer Personenversicherung, auftretende Deckung handle; deshalb sei Art. 96 VVG anwendbar[13]. Diese rein formal begründete Auffassung verkennt aber die wahre Natur der Heilungskostenversicherung, die wie alle anderen Kostendeckungen als Vermögensversicherung behandelt werden muß. Die bundesgerichtliche Meinung ist denn auch in der Doktrin heftig bekämpft und einmütig verworfen worden[14].

§ 95. Begünstigung

Literatur

J. Beck, Die Versicherung zugunsten Dritter auf Grundlage des schweizerischen VVG, Bern 1910; W. Brühlmann, Die Stellung des Begünstigten beim Lebensversicherungsvertrag, ZSR 1910, S. 35 f.; E. Küry, Lebensversicherung und Vertrag zugunsten Dritter, Basel 1932; W. Wreschner, Zur Auslegung der Begünstigungsklausel im Lebensversicherungsvertrag, SJZ 1934, S. 103 f.; W. Koenig, Begünstigungserklärung im Versicherungsantrag, Schweiz. Vers. Z 1934, S. 4 f.; A. Rüsch, Die Begünstigung des überlebenden Ehegatten, unter besonderer Berücksichtigung des Art. 473 ZGB, Wil 1938; A. Arndt, La clause bénéficiaire des contrats d'assurance sur la vie individuels et collectifs et les droits des créanciers du preneur, Neuchâtel 1939; E. Bossard, Die Rechtsnatur der Begünstigungsklausel nach schweizerischem Versicherungsvertragsrecht, Abh. schweiz. R, Heft 165, Bern 1940; K. Arik, Le legs d'assurance–décès d'après le droit suisse, Fribourg 1941; H. Meyer, Die Begünstigung in der Lebensversicherung, SJZ 1956, S. 17 f.; E. Meyer, Essai sur la nature et les effets de la clause bénéficiaire, Lausanne 1959; P. Piotet, Réduction et rapport des libéralités portant sur une assurance-vie, nature et cause de la clause bénéficiaire, SJZ 1959 S. 149 f. und 1960, S. 33 f. und S. 170 f.

Als klassische Mittel zur Verfügung über eine Forderung kennt das allgemeine Recht die Institute der Abtretung und der letztwilligen Verfügung. Ihrer kann sich auch ein Versicherungsnehmer bedienen, um über einen ihm zustehenden Versicherungsanspruch zu verfügen. Durch eine Abtretung wird aber der Anspruch vom Zedenten schon zu seinen Lebzeiten endgültig

---

[13] BGer, 13. September 1944, SVA IX, Nr. 159; 11. Februar 1947, SVA X, Nr. 82; 5. Mai 1955, SVA XI, Nr. 90; dem BGer folgend ObGer Luzern, 8. Oktober 1964, SVA XII, Nr. 106; Bestätigung dieser Praxis durch BGer, 25. Juni 1968, AS 94 II, 1968, S. 173 und BGer, 14. November 1974, AS 100 II, 1974, S. 453.

[14] Es sei auf das am Eingang dieses § angeführte Lit.verz. verwiesen.

dem Zessionar zugewendet; das kann er einseitig nicht mehr rückgängig machen. Bei der Verfügung von Todes wegen wird diese Folge vermieden, doch fällt der Anspruch in den Nachlaß des Erblassers, so daß seine Gläubiger auf ihn greifen können. Meistens möchte aber der Versicherungsnehmer mit dem Abschluß einer Personenversicherung im Todesfalle für seine Angehörigen vorsorgen. Deshalb suchte man nach einer Rechtsform, die ihnen den Anspruch aus der Versicherung vor den Nachlaßgläubigern zukommen läßt. Hiefür konnte auf die obligationenrechtlich gegebene Möglichkeit des Vertrages zugunsten Dritter (Art. 112 OR) gegriffen werden. Sie trug jedoch dem Bedürfnis, eine getroffene Verfügung bei Veränderung der Verhältnisse wieder verändern oder rückgängig machen zu können, nicht genügend Rechnung. Daher wurde der Erlaß des VVG dazu benützt, die in der Praxis aufgetauchten Probleme durch spezialrechtliche Bestimmungen zu lösen. So kam es zur Schaffung der in Art. 76f. VVG geordneten versicherungsrechtlichen Begünstigung als einer besonderen Verfügungsmöglichkeit. Obschon ihre Hauptbedeutung auf dem Gebiete der Lebensversicherung liegt, ist sie doch bei der Versicherung auf den Unfalltod ebenfalls verwendbar und daher als Institut der Personenversicherung anerkannt worden. Diese Begünstigung bildet nunmehr im Vergleich zur Abtretung und zur letztwilligen Verfügung wie zum Vertrag zugunsten Dritter eine besondere Verfügung. Ihre Wesenszüge zeigen sich in der Art, wie ein Begünstigter bezeichnet werden kann, in der grundsätzlichen Widerruflichkeit der Begünstigung und im eigenen Recht des Begünstigten. Anschließend ist die rechtliche Natur der Begünstigungsverfügung zu bestimmen.

I. Bezeichnung des Begünstigten

Die Bestimmungen des VVG über die Errichtung einer Begünstigung lassen das deutliche Bestreben erkennen, diese nach Möglichkeit zu erleichtern. Das äußert sich in der Art und Weise, wie der Wille zur Begünstigung erklärt werden kann, sowie in den für sie aufgestellten besonderen Auslegungsvorschriften.

1. Die Begünstigung beruht auf einer Willenserklärung, die gegenüber den allgemeinrechtlichen Vorschriften bedeutend vereinfacht worden ist.

a) Als selbständige Erklärung ist die Begünstigung nicht mehr an den Vertragsabschluß gebunden, sondern von ihm losgelöst worden; sie kann auch nachher jederzeit erfolgen, solange der Vertrag läuft. Dagegen setzt auch die Begünstigung einen gültigen Versicherungsvertrag voraus, weshalb

sie dahinfällt, wenn dieser nicht zustandekommt oder nichtig ist. Das Recht
zur Errichtung einer Begünstigung hat nach Art. 76 Abs. 1 VVG der Versicherungsnehmer (oder sein Rechtsnachfolger) in der Eigenschaft als Vertragspartei, während bloße Anspruchsberechtigte (z. B. ein Zessionar) keinen
Begünstigten bezeichnen können. Immerhin handelt es sich nicht um ein
höchstpersönliches Recht des Versicherungsnehmers im Sinne von Art. 19
Abs. 2 ZGB, wie das Bundesgericht früher einmal angenommen hat[1]. Ist
der Versicherungsnehmer unmündig oder entmündigt und somit handlungs-
unfähig, so kann sein gesetzlicher Vertreter dieses Recht ausüben, wobei die
vormundschaftliche Verantwortung vorbehalten bleibt.

b) Die Begünstigungsbezeichnung besteht in einer einseitigen Willenserklärung des Versicherungsnehmers. Dieser ist, wie Art. 76 VVG ausdrücklich hervorhebt, ohne Zustimmung des Versicherers befugt, einen Dritten
als Begünstigten zu bezeichnen. Die Begünstigung ist also nicht etwa Gegenstand einer vertraglichen Vereinbarung mit dem Versicherer; letzterer kann
weder über Annahme noch über Ablehnung der Erklärung befinden. Nach
schweizerischem Recht bedarf die Begünstigung zu ihrer Gültigkeit auch
keiner Anzeige an den Versicherer. Die gegenteilige Ansicht des Bundesgerichts, das die Mitteilung an den Versicherer als für die Gültigkeit der
Begünstigung erforderlich erklärt hat[2], findet im Gesetz keine Stütze. Zwar
kann der Versicherer, solange er keine Kenntnis von einer errichteten Begünstigung hat und sich in gutem Glauben befindet, mit befreiender Wirkung
an den bisher Berechtigten zahlen (ebenso Art. 167 OR für die Abtretung).
In diesem Sinne ist die Bezeichnung eines Begünstigten eine empfangsbedürftige Willenserklärung[3]. Die Kenntnisgabe an den Versicherer ist
jedoch keineswegs konstitutives Erfordernis für die Begünstigung als solche.
Das ist wichtig für die Frage des Zeitpunktes ihrer Errichtung: diese hat
stattgefunden, sobald der Versicherungsnehmer durch seine einseitige Erklärung den Begünstigten bezeichnet hat.

c) Die Begünstigungserklärung ist an keine Form gebunden. Sie kann,
anders als die Abtretung, nicht nur schriftlich, sondern auch mündlich erfolgen. Oft wird sie zwar im Antragsformular niedergelegt oder in der Police
oder einem Nachtrag dazu dokumentiert. Das dient der Beweisbarkeit der
Erklärung, ist aber zu ihrer Gültigkeit nicht erforderlich. Auch eine für den

---

[1] BGer, 29. September 1915, SVA III, Nr. 194; dieser Entscheid ist auch von JAEGER, Kommentar III, S. 108, als «unhaltbar» bezeichnet worden.
[2] BGer, 30. April 1936, SVA VIII, Nr. 294.
[3] Ebenso JAEGER, Kommentar III, S. 111/12.

Anspruch im Todesfalle vorgenommene Begünstigung unterliegt nicht etwa den für letztwillige Verfügungen aufgestellten erbrechtlichen Formvorschriften (Art. 498f. ZGB). Sie bildet vielmehr einen formfreien versicherungsrechtlichen Verfügungsakt, der als solcher spezialgesetzlich anerkannt wurde. Zwar ist es möglich, eine Begünstigungsklausel auch in ein Testament oder Vermächtnis aufzunehmen. Dies vermag jedoch ihren Charakter als versicherungsrechtliche Verfügung nicht zu beeinträchtigen. Sie bleibt als solche gültig und rechtswirksam, selbst wenn die letztwillige Verfügung formwidrig und infolgedessen ungültig sein sollte[4].

2. Die Begünstigung bedarf als Willenserklärung der Auslegung. Aus der Erklärung muß hervorgehen, auf was für einen Versicherungsanspruch sie sich bezieht. In der Regel werden bei der gemischten Versicherung Begünstigte nur für den Anspruch im Todesfalle bezeichnet, während sich der Versicherungsnehmer den Anspruch im Erlebensfalle selber vorbehält. Das ist dem Zweck der gemischten Versicherung gemäß im Zweifelsfalle sogar zu vermuten[5]. Die Begünstigung kann sich, wie Art. 76 Abs. 2 VVG ausdrücklich sagt, auf den gesamten Versicherungsanspruch oder bloß einen Teil davon erstrecken; das eröffnet die Möglichkeit, verschiedene Begünstigte je für einen Teil des Anspruches einzusetzen. In der Begünstigungserklärung ist die Person des Begünstigten erkennbar zu machen. Das kann aber nicht nur durch eine mit Namen erfolgende Bezeichnung, sondern auch durch generell gefaßte Klauseln geschehen, wobei nach dem wirklichen Willen des Versicherungsnehmers zu suchen ist (Art. 18 Abs. 1 OR). Außerdem hat das VVG über die Auslegung von Begünstigungsklauseln Sondernormen aufgestellt, die sich auf die Person des Begünstigten wie ihre Anteile beziehen und das Bestreben zur Förderung der Familienvorsorge durch Begünstigung erkennen lassen.

a) Für die Ermittlung der Person des Begünstigten wird nur dessen Bestimmbarkeit zur Zeit des Versicherungsfalles verlangt. Es ist nicht notwendig, den Begünstigten schon im Zeitpunkt der Begünstigungserklärung mit Namen zu nennen; eine generelle Bezeichnung genügt[6]. Für einige der am häufigsten vorkommenden Begünstigungsklauseln hat Art. 83 VVG ge-

---

[4] Der gegenteilige Entscheid des BGer, 20. September 1935, SVA VIII, Nr. 293, vermag nicht zu überzeugen; er ist auf die in Art. 76f. VVG vorgenommene Ordnung, welche die Begünstigung spezialrechtlich als formfreien Verfügungsakt geregelt hat, gar nicht eingetreten.

[5] Tribunal cantonal vaudois, 6. Juni 1956, SVA XI, Nr. 88.

[6] BGer, 19. April 1951, SVA X, Nr. 78.

setzliche Interpretationsregeln aufgestellt. Wurden die Kinder einer bestimmten Person als Begünstigte bezeichnet, so werden darunter die erbberechtigten Nachkommen verstanden. Dazu gehören auch Kinder, die zur Zeit der Begünstigungserklärung noch nicht lebten (Nachgeborene), ferner außereheliche, aber anerkannte oder mit Standesfolge zugesprochene oder adoptierte Kinder, soweit sie nicht enterbt wurden[7]. Unter dem Ehegatten ist der im Zeitpunkt des Versicherungsfalles überlebende Ehegatte zu verstehen. Die Begünstigung bleibt daher als solche auch wirksam, wenn der Versicherungsnehmer bei ihrer Errichtung noch ledig war und erst später geheiratet hat. Dagegen ist eine zur Zeit des Versicherungsfalles bereits geschiedene Ehefrau nicht mehr begünstigt[8]. Unter den Hinterbliebenen, Erben und Rechtsnachfolgern werden die erbberechtigten Nachkommen und der überlebende Ehegatte verstanden, und, wenn weder Nachkommen noch ein Ehegatte vorhanden sind, die anderen Personen, denen ein Erbrecht am Nachlasse zusteht. Abweichend vom Erbrecht schließt ein überlebender Ehegatte, neben dem keine Nachkommen vorhanden sind, sonstige Erben (z. B. Eltern und Geschwister) vollständig aus[9]. Für die Bestimmung des Begünstigten wurden also besondere versicherungsrechtliche Normen aufgestellt. Neben den gesetzlich erwähnten Bezeichnungen sind aber auch andere generelle Klauseln möglich, zum Beispiel die Begünstigung der «Familie», «Geschwister», «Enkel» usw. Für ihre Bedeutung besteht aber keine gesetzliche Vermutung, so daß der Wille des Versicherungsnehmers im Einzelfall auf Grund aller Umstände eruiert werden muß[10]. Auch für die in Art. 83 VVG angeführten Bezeichnungen gilt die gesetzliche Interpretation nicht zwingend, sondern nur vermutungsweise, soweit kein anderer Wille des Versicherungsnehmers ersichtlich ist.

b) Auch über die Anteile der Begünstigten hat Art. 84 VVG Interpretationsnormen aufgestellt, die im Zweifelsfalle heranzuziehen sind. Fällt der Versicherungsanspruch den erbberechtigten Nachkommen und dem überlebenden Ehegatten als Begünstigte zu, so erhalten der Ehegatte die Hälfte und die Nachkommen nach Maßgabe ihrer Erbberechtigung die andere Hälfte. Der Ehegatte ist also neben Nachkommen entgegen Art. 462 ZGB auf die Hälfte des Versicherungsanspruches berechtigt. Sind andere Erben als Begünstigte bezeichnet, zum Beispiel Eltern, Geschwister usw.,

---

[7] BezGer Zürich, 16. Juni 1922, SVA V, Nr. 311.
[8] BGer, 11. Juli 1923, SVA V, Nr. 310; ObGer Zürich, 3. November 1923, SVA V, Nr. 307.
[9] Tribunale di appello Ticino, 10. Mai 1922, SVA V, Nr. 312.
[10] BGer, 19. April 1951, SVA X, Nr. 78.

so bemißt sich ihr Anteil nach Maßgabe ihrer Erbberechtigung. Trotzdem handelt es sich aber nicht etwa um einen erbrechtlichen Anspruch. Wurden mehrere nicht erbberechtigte Personen ohne Bestimmung ihrer Anteile als Begünstigte bezeichnet, so fällt ihnen der Versicherungsanspruch zu gleichen Teilen zu. Überall gelten die gesetzlichen Teilungsvorschriften bloß vermutungsweise, das heißt, wenn der Versicherungsnehmer nicht selber etwas anderes verfügt hat. Fällt ein Begünstigter weg, so wächst sein Anteil nach Art. 84 Abs. 4 VVG den übrigen Begünstigten zu gleichen Teilen zu. Diese sogenannte Akkreszenz findet aber – entgegen dem offenbar zu weit gefaßten Gesetzeswortlaut – nur statt, wenn es sich um nicht erbberechtigte Begünstigte (Art. 84 Abs. 3 VVG) handelt oder wenn ein Begünstigter auf seinen Anteil verzichtet[11]; sie fällt außer Betracht, wenn die Erben des Vorabsterbenden kraft der Begünstigungsklausel selber zu den Begünstigten gehören.

II. Widerruflichkeit

Der Begünstigte nimmt die Stellung eines Anspruchsberechtigten ein. Als solcher hat er die Obliegenheiten zu erfüllen, die nach Gesetz oder Vertrag allen Anspruchsberechtigten (z.B. auch einem Zessionar) auferlegt sind. Er unterscheidet sich aber von anderen Anspruchsberechtigten dadurch, daß sein Recht grundsätzlich widerruflich ist. Nach Art. 77 Abs. 1 VVG kann nämlich der Versicherungsnehmer auch dann, wenn ein Dritter als Begünstigter bezeichnet ist, über den Anspruch aus der Versicherung frei verfügen. Dieser Flexibilität verdankt die Begünstigung ihre Verbreitung und Beliebtheit. Die anderweitige Verfügung kann beliebig erfolgen, sei es durch Abänderung oder Widerruf der bestehenden Begünstigung oder Abtretung des Versicherungsanspruches, sei es durch Verfügung von Todes wegen in einem Testament, Vermächtnis oder Erbvertrag. Dadurch unterscheidet sich die Begünstigung nicht nur von der Zession, sondern auch vom Vertrag zugunsten Dritter, wo ein Widerruf nicht mehr möglich ist, sobald der Dritte erklärt, von seinem Rechte Gebrauch machen zu wollen (Art. 112 Abs. 3 OR). Wie die Errichtung, so ist auch der Widerruf einer Begünstigung an keine Form gebunden. Als Widerruf wirken alle Verfügungen, die mit der bestehenden Begünstigung nicht vereinbar sind. Bei Verpfändung

---

[11] Ebenso JAEGER, Kommentar III, S. 267/68.

hat das Recht des Begünstigten zurückzutreten, soweit es das Pfandrecht erheischt; auf eine allfällige *hyperocha* bleibt aber der Begünstigte berechtigt. Wird die Pfandschuld getilgt, so lebt die Begünstigung wieder auf[12]. Zufolge ihrer Widerruflichkeit muß die Begünstigung auch vor den Beschlagsrechten allfälliger Gläubiger weichen. Sie erlischt daher nach Art. 79 Abs. 1 VVG mit der Pfändung des Versicherungsanspruches oder mit der Konkurseröffnung über den Versicherungsnehmer; sie wird aber ebenfalls reaktiviert, wenn die Pfändung dahinfällt oder der Konkurs widerrufen wird.

Die Begünstigung kann nach schweizerischem Recht u n w i d e r r u f l i c h gemacht werden. Das hat nach Art. 77 Abs. 2 VVG dadurch zu geschehen, daß der Versicherungsnehmer in der Police auf den Widerruf unterschriftlich verzichtet und die Police dem Begünstigten übergibt. Der Verzicht auf die Widerruflichkeit unterliegt also gesetzlichen Formvorschriften, die als Gültigkeitserfordernisse wirken. Wurde der Verzicht formgerecht ausgesprochen, so schließt er spätere anderweitige Verfügungen des Versicherungsnehmers aus. Auch unterliegt der Versicherungsanspruch nun nicht mehr der Zwangsvollstreckung zugunsten der Gläubiger des Versicherungsnehmers (Art. 79 Abs. 2 VVG). Als Vertragspartei kann der Versicherungsnehmer zwar das Versicherungsverhältnis kündigen oder die Prämienzahlung einstellen, doch wird dadurch das Recht des unwiderruflich Begünstigten nicht hinfällig. Vom Gesetzgeber ist die Möglichkeit, auf den Widerruf zu verzichten, vorgesehen worden, um die Begünstigung auch zur Sicherung von Gläubigern – die sich natürlich mit einer widerruflichen Begünstigung nicht begnügen werden – verwenden zu können. Für solche Zwecke hat sich jedoch die unwiderrufliche Begünstigung nicht einzuleben vermocht, da die Kreditinstitute die ihnen bekannten und vertrauten Sicherungsmittel der Verpfändung oder fiduziarischen Abtretung vorziehen. Im übrigen beraubt die Unwiderruflichkeit die Begünstigung einer ihrer Hauptvorteile, um deren willen sie geschaffen wurde. Daher könnte man *de lege ferenda* die Möglichkeit des Widerrufsverzichts ohne Bedenken fallen lassen. Das vermöchte dem Institut der Begünstigung eine größere Einheitlichkeit der Ausgestaltung und Wirkung zu verleihen. Die Eliminierung der unwiderruflichen Begünstigung hätte auch gesetzestechnisch begrüßenswerte Vereinfachungen zur Folge (Wegfall der Ausnahmebestimmungen von Art. 77 Abs. 2 und Art. 79 Abs. 2 VVG). Die ganze Institution der Begünstigung würde damit klarer und eindeutiger in Erscheinung treten[13].

---

[12] ObGer Luzern, 11. Juli 1951, SVA X, Nr. 72.
[13] W. KOENIG, Ist das Versicherungsvertragsgesetz revisionsbedürftig?, Referate des Schweiz. Juristenvereins, Basel 1962, S. 240f.

III. Eigenes Recht des Begünstigten

Die Begünstigung verschafft dem Begünstigten nach Art. 78 VVG ein eigenes Recht auf den ihm zugewiesenen Versicherungsanspruch. Der Begünstigte kann sich daher dem Versicherer gegenüber unmittelbar auf die zu seinen Gunsten erfolgte Begünstigungserklärung berufen. Sein Recht ist ein originäres und nicht wie bei der Zession ein derivativ von einem Zedenten abgeleitetes Recht. Es erwächst dem Begünstigten wie beim Vertrag zugunsten Dritter direkt aus dem Versicherungsverhältnis, obschon er an ihm nicht als Partei beteiligt ist. Der Versicherer kann denn auch dem Begünstigten nur Einreden aus dem Versicherungsvertrag entgegenhalten, nicht auch solche gegen die Person des Versicherungsnehmers (z. B. eine Kompensationseinrede). Eine positivrechtliche Ausnahme enthält Art. 18 Abs. 3 VVG, der dem Versicherer das Recht zuerkannt hat, die Prämienforderung mit der dem Begünstigten geschuldeten Leistung zu verrechnen. Darin kommt die dem Versicherungsverhältnis eigene starke versicherungstechnische Verknüpfung von Leistung und Gegenleistung zum Ausdruck; sie verdrängt hier das eigene Recht des Begünstigten.

Das eigene Recht des Begünstigten äußert seine Wirksamkeit sowohl gegenüber Gläubigern wie gegenüber Erben des Versicherungsnehmers. Wird der Versicherungsanspruch fällig, so kann der Begünstigte die Versicherungssumme unmittelbar beim Versicherer geltend machen, ohne daß sie durch das Vermögen das Versicherungsnehmers geht. Ebenso kommt sie im Todesfalle nicht in den Nachlaß des Versicherungsnehmers und bleibt damit den Nachlaßgläubigern entzogen. Ist der Versicherungsnehmer zahlungsunfähig, so fällt die Versicherungssumme nicht in seine Konkursmasse, weshalb die Gläubiger nicht auf sie greifen können[14]. Das unmittelbare Recht des Begünstigten setzt sich auch gegenüber den Erben des Versicherungsnehmers durch. Der Begünstigte erwirbt nicht durch die Erbschaft, sondern *jure proprio,* was den Erben den Zugriff auf die Versicherungssumme versagt. Das gilt auch, wenn der Begünstigte gleichzeitig Erbe ist. Er erhält daher die Versicherungssumme selbst im Falle, wo er die Erbschaft ausschlägt, was namentlich bei einer überschuldeten Erbschaft von Bedeutung ist. Fraglich könnte sein, wie es sich verhält, wenn die Begünstigungsklausel auf die Erbenqualität hinweist, indem generell die Erben, Hinterlassenen oder Rechtsnachfolger als Begünstigte bezeichnet wurden (Art. 83 Abs. 3 VVG). Diese Frage ist positivrechtlich differenzierend beantwortet worden. Sind

---

[14] Cour de justice Genève, 4. März 1952, SVA X, Nr. 77.

erbberechtigte Nachkommen, Ehegatten, Eltern, Großeltern oder Geschwister die Begünstigten, so fällt ihnen nach Art. 85 VVG der Versicherungsanspruch zu, auch wenn sie die Erbschaft nicht antreten. Kommen dagegen entferntere Verwandte, wie Neffen oder Nichten, Onkel oder Tanten, kraft einer generellen Begünstigungsklausel zum Zuge, so fällt ihr eigenes Recht dahin, wenn sie die Erbschaft ausschlagen[15]. Verfehlt wäre es aber, aus Art. 85 VVG durch Umkehrschluß ableiten zu wollen, andere als die dort genannten Personen könnten überhaupt nicht unabhängig vom Antritt einer Erbschaft erwerben. Hat der Versicherungsnehmer beispielsweise seine Neffen als Begünstigte bezeichnet, so können sie sich auf ihr eigenes Recht berufen, selbst wenn sie zufolge Ausschlagung der Erbschaft als Erben ausfallen. Art. 85 VVG ist eben für sich allein nicht zu verstehen – wie aus seiner gesetzessystematischen Stellung geschlossen werden könnte –; er bildet vielmehr bloß eine Einschränkung von Art. 83 Abs. 3 VVG, dem er richtigerweise hätte beigefügt werden sollen[16].

IV. Rechtsnatur der Verfügung

Durch die Begünstigung wird über den Versicherungsanspruch verfügt. Das Recht des Begünstigten ist aber abhängig vom Eintritt des Versicherungsfalles und davon, daß der Begünstigte den Versicherungsnehmer überlebt; bei der den Regelfall bildenden widerruflichen Begünstigung ist es ferner mit der Möglichkeit eines Widerrufs belastet. Es handelt sich also um ein suspensiv wie resolutiv bedingtes Recht. Als solches entsteht es jedoch schon im Zeitpunkt der Begünstigungserklärung, von der weg es wirksam bleibt. Man hat demnach nicht mit einer bloßen Anwartschaft zu tun, wie eine früher einmal entwickelte *spes*-Theorie behauptet hat. Die Begünstigungsbezeichnung verschafft dem Begünstigten vielmehr sofort einen zwar bedingten Anspruch, der aber, wenn kein Widerruf der Begünstigung erfolgt, mit dem Eintritt des Versicherungsfalles zu einem unbedingten Recht wird. Da dieses Recht des Begünstigten von seinem Überleben abhängt und bei seinem Vorabsterben dahinfällt, ist es jedoch kein vererbliches Recht.

Durch die Begünstigung wird eine Verfügung über den Versicherungsanspruch getroffen. Fraglich ist nur, ob es sich dabei um eine Verfügung unter Lebenden oder um eine solche von Todes wegen handelt. So-

---

[15] BGer, 26. Februar 1931, SVA VII, Nr. 283.
[16] Ebenso JAEGER, Kommentar III, S. 269.

weit die Verfügung sich über den Anspruch im Erlebensfall erstreckt, ist ihre Natur nicht zweifelhaft. Wie verhält es sich aber, wenn sich die Begünstigung auf den im Todesfall bestehenden Anspruch bezieht? Auch in diesem Falle hat man jedoch mit einer Verfügung unter Lebenden zu tun[17]. Als letztwillige Verfügung von Todes wegen müßte sie nach den erbrechtlichen Formvorschriften des ZGB erfolgen. Das war aber bei der aus dem Vertrag zugunsten Dritter – einem Rechtsakt unter Lebenden – herausgewachsenen Begünstigung gerade nicht die Meinung. Mit ihr wollte man keine erbrechtliche, sondern eine spezifisch versicherungsrechtliche Verfügungsmöglichkeit schaffen. Durch die Begünstigung wird über den vom Eintritt des Versicherungsfalles abhängigen Versicherungsanspruch verfügt, gleichgültig, ob dieses Ereignis im Erleben oder im Tode des Versicherungsnehmers besteht. Die Begünstigung untersteht denn auch in jeder Hinsicht versicherungsrechtlichen Vorschriften. Für die Fähigkeit zu ihrer Errichtung sind nicht die Bestimmungen von Art. 467 ZGB über die Testierfähigkeit maßgebend, für die Form der Verfügung gilt nicht Art. 498 ZGB und auch die Auslegung der Begünstigungsklauseln erfolgt nicht nach den für letztwillige Verfügungen geltenden Grundsätzen. Zudem sind die Wirkungen der Begünstigung grundverschieden von denjenigen einer erbrechtlichen Verfügung. Der Begünstigte erwirbt nicht *jure hereditorum*, sondern unabhängig davon, gleichgültig, ob er außerdem Erbe ist oder nicht. Die Errichtung einer Begünstigung bildet also keine Verfügung von Todes wegen, und zwar auch dann nicht, wenn oder soweit der Versicherungsfall im Tode des Versicherungsnehmers besteht. Selbst eine «in» eine Verfügung von Todes wegen aufgenommene Begünstigung bleibt als solche eine versicherungsrechtliche Verfügung unter Lebenden: der Begünstigte erwirbt auch in diesem Falle sein Recht nicht «durch» eine letztwillige Verfügung, sondern durch den Begünstigungsakt.

Selbstverständlich bleibt es aber möglich, einen Versicherungsanspruch nicht durch Begünstigung, sondern durch Verfügung von Todes wegen einem Angehörigen oder Dritten zu übertragen, sei es durch Erbeinsetzung, Testament oder Erbvertrag (Art. 481 ZGB), sei es durch Vermächtnis (Art. 484 ZGB). Bezieht sich das Vermächtnis auf einen Versicherungsanspruch, so spricht man vom sogenannten «Versicherungsvermächtnis». Alsdann hat man mit einem erbrechtlich zu beurteilenden Legat zu tun. Nach

---

[17] Anders JAEGER, Kommentar III, S. 118f., der die Möglichkeit einer Begünstigung durch Verfügung von Todes wegen annimmt, die jedoch «gleich wie die Verfügung unter Lebenden zu behandeln sei».

der Sondervorschrift von Art. 563 Abs. 2 ZGB kann allerdings der durch das
Vermächtnis Bedachte den Versicherungsanspruch unmittelbar beim Versicherer geltend machen. Deswegen darf aber das Versicherungsvermächtnis
nicht mit einer Begünstigung zusammengeworfen oder verwechselt werden[18]. Das erste ist ein erbrechtlicher, das zweite ein versicherungsrechtlicher
Verfügungsakt. Eine andere Frage ist, ob eine formungültige letztwillige
Verfügung als Begünstigungserklärung aufrechterhalten werden kann. Eine
solche Konversion darf nur angenommen werden, wenn der Verfügende im
Grunde eine Begünstigung beabsichtigt und sich nur im Ausdruck vergriffen hat[19].

§ 96. Ansprüche am Deckungskapital

Literatur

H. KOENIG, Die vermögenswerten Rechte aus dem Lebensversicherungsvertrag,
Z Vers. Wiss. 1906, S. 415f. und 633f.; H. DREHER, Die Beleihung von Lebensversicherungen durch den Versicherer, Bern 1918; J. ILLGEN, Die wirtschaftliche
Bedeutung der Versicherungsdarlehen, Z Vers. Wiss. 1919, S. 164f.; A. BOSSHART,
Rückkauf und Umwandlung einer Lebensversicherung, Zürich 1927; H. NÖBEL,
Das Deckungskapital in der Lebensversicherung, insbesondere sein Rechtsverhältnis zum Versicherungsnehmer, Leipzig 1930; W. KOENIG, Begriff und Bedeutung
des Deckungskapitals in der schweizerischen Versicherungsgesetzgebung, in: Festschrift Moser, Bern 1931, S. 395f.

Das Deckungskapital ist an sich eine versicherungsmathematisch zu errechnende Größe. Es tritt aber auch als Rechtsbegriff stark in Erscheinung. Gesetzlich näher geregelt sind insbesondere das Recht auf Rückkauf und auf
Umwandlung von Lebensversicherungen. Außerdem hat die Versicherungspraxis noch das Institut der Beleihung entwickelt.

---

[18] Im Gegensatz zu JAEGER, Kommentar III, S. 119/20, ist demnach Begünstigung und
   Vermächtnis zwei «verschiedene Dinge», die streng auseinandergehalten werden müssen.
[19] BGer, 15. Februar 1923, SVA V, Nr. 302.

I. Deckungskapitalbegriff

Vorerst sind das Wesen des Deckungskapitals und seine Arten darzulegen, worauf erörtert werden kann, ob und unter welchen Voraussetzungen an einem vorhandenen Deckungskapital Ansprüche geltend gemacht werden können.

1. Um zum Begriff des Deckungskapitals zu gelangen, ist es erforderlich, sich seine Entstehung zu vergegenwärtigen. Sie ist mit der Sterbenswahrscheinlichkeit des Menschen verknüpft, die in jungen Jahren gering ist und mit zunehmendem Alter des Versicherten immer größer wird. Würde man die Prämie entsprechend der jeweiligen Sterbenswahrscheinlichkeit ansetzen, so hätte der Versicherungsnehmer anfänglich nur kleine, dann immer steigende und im Alter sehr hohe Prämien zu entrichten. Zur Vermeidung dieser Inkonvenienzen wurden in der Lebensversicherungspraxis seit jeher gleichbleibende Durchschnittsprämien errechnet und bezogen. Infolgedessen bezahlt der Versicherungsnehmer zu Beginn der Versicherung eine höhere und später eine niedrigere Prämie, als dem vom Versicherer im betreffenden Jahr effektiv zu tragenden Risiko entspricht. Die dem Versicherer zufließenden, anfänglich aber nicht benötigten Prämienanteile bilden das Deckungskapital. Der Versicherer muß es zurücklegen, um das Manko auszugleichen, das ihm mit fortschreitendem Alter des Versicherten erwächst, wenn die Prämien unter dem gestiegenen Risiko bleiben. Es sind Rücklagen aus den Mehreinnahmen der ersten Versicherungsjahre, die dazu dienen, die Mindereinnahmen der späteren Jahre zu ergänzen. Man hat daher das Deckungskapital definiert als denjenigen Teil der bezahlten Prämien, den der Lebensversicherer in einem bestimmten Zeitpunkt angesammelt haben muß, um zusammen mit den künftig fällig werdenden Prämien die noch zu erwartenden Versicherungsverpflichtungen erfüllen zu können. Die Höhe des Deckungskapitals wird durch die Sterblichkeitstafel, den Zinsfuß und die Unkostenfaktoren bestimmt. Diese Rechnungsgrundlagen und die Methoden der Berechnung müssen in dem vom Eidgenössischen Versicherungsamt zu genehmigenden Geschäftsplan der Gesellschaft niedergelegt werden (Art. 2 Ziff. 2a Aufsichtsgesetz).

In rechtlicher Beziehung ist zu unterscheiden zwischen dem Einzel- und dem Gesamtdeckungskapital. Unter dem Einzeldeckungskapital wird das auf eine einzelne Versicherung rechnungsmäßig entfallende Deckungskapital verstanden. Es nimmt in der Regel ständig zu, bis es schließlich nach Bezahlung der letzten Prämie den Betrag der Versicherungssumme erreicht. Mit diesem Einzeldeckungskapital befaßt sich das VVG in Art. 36 und 37;

ferner gehen auch die Bestimmungen von Art. 90 f. VVG über den Rück-
kaufs- und Umwandlungswert vom Einzeldeckungskapital aus. Demgegenüber bildet das Gesamtdeckungskapital die Summe aller Einzeldek-
kungskapitalien eines ganzen Versicherungsbestandes. Seine Größe hängt
von der Zusammensetzung und dem Alter des betreffenden Bestandes ab.
Dieses Deckungskapital benötigt der Lebensversicherer, um den eingegangenen Versicherungsverpflichtungen jederzeit nachkommen zu können. Es
drückt eine Schuld an die Gesamtheit der Versicherten aus und figuriert daher
in den Bilanzen der Gesellschaft unter den Passiven. Demnach ist es eine
gebundene und nicht eine freie Reserve[1]. Das Gesamtdeckungskapital spielt
in der Aufsichtsgesetzgebung eine wichtige Rolle, da es den Hauptposten
des Sollbetrages bildet, der von den Lebensversicherungsgesellschaften als
Kaution zu hinterlegen beziehungsweise im Sicherungsfonds als Sicherheit
zu bestellen ist (Art. 3 Abs. 2 Kautionsgesetz und Art. 3 Ziff. 1 Sicherstellungsgesetz).

2. Von der öffentlichrechtlich geordneten Pflicht zur Bildung, Anlage und
Sicherstellung des Deckungskapitals auseinanderzuhalten ist die materiellrechtliche Frage, ob und gegebenenfalls wann der Versicherungsnehmer Ansprüche am Deckungskapital geltend machen kann. Aus dem Vorhandensein eines Deckungskapitals läßt sich keineswegs generell ein Anspruch des
Versicherungsnehmers auf dessen Herausgabe ableiten. Das Deckungskapital
gehört vielmehr dem Versicherer, dem es zur Erfüllung des Versicherungsanspruches dient.
     Ein Anspruch des Versicherungsnehmers kommt überhaupt nur in Frage,
wenn eine vorzeitige Aufhebung des Lebensversicherungsvertrages erfolgt. Aber selbst in diesem Falle kann der Versicherungsnehmer Ansprüche
nur erheben, wenn und insoweit sie ihm gesetzlich oder vertraglich zuerkannt
wurden[2]. Über diese Berechtigung enthält das VVG eine Reihe von Vorschriften, die je nach den Gründen der vorzeitigen Vertragsbedingungen
positivrechtlich differenzieren. Ist der Grund in der Person des Versicherers
zu finden, wie bei Konzessionsentzug oder Konkurs des Versicherers, so kann
der Versicherungsnehmer nach Art. 36 und 37 VVG das volle Deckungs-

---

[1] Das deutsche VVG § 176 spricht nicht von einem Deckungskapital, sondern von einer
   «Prämienreserve», doch ist auch sie nicht eine freie Reserve, sondern ein gebundenes Passivum.
[2] Im Zeitpunkt der Aufstellung des Entwurfes zum VVG war es noch umstritten, ob dem
   Versicherungsnehmer ein Anspruch am Deckungskapital zuzuerkennen sei oder nicht;
   siehe dazu Jaeger, Kommentar III, S. 367 f.

kapital ungekürzt zurückfordern. Das gilt unabhängig davon, ob die Versicherung rückkaufsfähig ist oder nicht. Liegt dagegen der Grund der Vertragsaufhebung in der Person des Versicherungsnehmers, zum Beispiel weil dieser das ihm durch Art. 89 VVG gewährte Rücktrittsrecht ausübt oder die Deklarationspflicht bei Vertragsabschluß verletzt, so hat der Versicherer nur bei rückkaufsfähigen Versicherungen zu leisten, und zwar nur in der Höhe des Rückkaufswertes. Ist eine Anzeigepflicht durch absichtliche Täuschung verletzt worden, so kann der Vertrag gemäß Art. 26 VVG bestimmen, daß alsdann bloß die Hälfte des Rückkaufswertes ausgerichtet werde; in diesem Falle darf aber der Versicherer keinen weiteren Schadenersatz fordern. Diese Bestimmungen sind zwingend im Sinne von Art. 98 VVG; ein gänzlicher Wegfall jeder Leistungspflicht des Versicherers kann somit bei rückkaufsfähigen Versicherungen nicht gültig vereinbart werden. Den rückkaufsfähigen Lebensversicherungspolicen kommt daher schon vor Eintritt des Versicherungsfalles ein wirtschaftlicher Wert zu.

Lange war die Frage der Rechtsnatur der Ansprüche am Deckungskapital kontrovers. Eine Ansicht ging dahin, der Lebensversicherung komme eine Doppelnatur zu, indem ihr neben der Risikokomponente auch eine Sparfunktion innewohne. Der Sparteil der Prämie sei vom Versicherer anzusammeln und dem Versicherungsnehmer bei Vertragsbeendigung herauszugeben. Dadurch würde der Lebensversicherungsvertrag in zwei verschiedene Teile auseinandergerissen, was rechtlich nicht haltbar erscheint. Eine weitere Meinung, die sogenannte Antizipationstheorie, bezeichnete das Deckungskapital als zum voraus eingenommene Prämie, auf die der Versicherungsnehmer anspruchsberechtigt bleibe. Auch diese auf versicherungstechnische Überlegungen gestützte Theorie ist juristisch nicht zutreffend, da die vom Versicherungsnehmer entrichtete Prämie in vollem Umfange geschuldet wird. Ebensowenig läßt sich die Auffassung aufrechterhalten, der Anspruch auf das Deckungskapital sei ein Bereicherungsanspruch. Der Versicherer ist durch den Besitz des Deckungskapitals nicht bereichert, da er es zur Erfüllung der künftigen Versicherungsverpflichtungen benötigt; der Umfang der Rückerstattungspflicht beurteilt sich nicht nach Art. 62f. OR. Alle diese Theorien, die versucht haben, den Deckungskapitalanspruch unter einen aus dem allgemeinen Zivilrecht bekannten Begriff zu bringen, sind verfehlt. Wie der Versicherungsvertrag einen Vertrag *sui generis* bildet, so sind auch die Ansprüche am Deckungskapital nur als eine mit dem besonderen Wesen der Lebensversicherung verknüpfte Folge einer vorzeitigen Vertragsauflösung zu erklären.

Es fragt sich noch, in welchem Verhältnis der Anspruch auf das Deckungskapital zu demjenigen auf die Versicherungssumme steht. Da der

erstere nur bei vorzeitiger Vertragsbeendigung, der letztere nur bei vertrags-
gemäßem Ablauf geltend gemacht werden kann, stehen die beiden Ansprüche
nicht kumulativ nebeneinander. Der Versicherungsanspruch äußert sich vielmehr entweder im Anspruch auf die Versicherungssumme oder in demjenigen auf das Deckungskapital. Dabei ist der Anspruch auf das Deckungskapital im Vergleich zum Anspruch auf die Versicherungssumme kein *aliud*,
sondern ein *minus*[3]. Er ist wie dieser ein bloß im Quantitativen beschränkter
Versicherungsanspruch[4]. Diese heute herrschende Auffassung wird denn
auch als Identitätstheorie bezeichnet. Der Deckungskapitalanspruch ist
also ebenfalls ein Versicherungsanspruch und rechtlich als solcher zu behandeln, zum Beispiel in bezug auf die Form einer Abtretung oder Verpfändung
(Art. 73 VVG).

II. Rückkauf

Ein Anspruch am Deckungskapital wird vor allem durch den Rückkauf
der Versicherung ausgelöst. Dazu bedarf es einer Rückkaufserklärung, die
den Lebensversicherungsvertrag vorzeitig beendigt. Als Wirkung des Rückkaufes entsteht das Recht auf Ausrichtung des Rückkaufswertes.

1. Die Rückkaufserklärung führt – wie beim Rücktritt nach Art. 89
VVG – zur Vertragsbeendigung. Nicht jede Lebensversicherung, für die ein
Deckungskapital besteht, kann zurückgekauft werden. Die Rückkaufs-
fähigkeit wurde vielmehr durch Art. 90 Abs. 2 VVG positivrechtlich nach
zwei Richtungen hin eingeschränkt. Zurückkaufen kann man nur Lebensversicherungen, bei denen der Eintritt des versicherten Ereignisses gewiß
ist *(dies certus an)*, wie bei der lebenslänglichen Todesfall-, der gemischten
und der Termefixe-Versicherung; dagegen sind zum Beispiel die Erlebens-
fall- und die temporäre Todesfallversicherung nicht rückkaufsfähig. Diese
Einschränkung erfolgt aus versicherungstechnischen Erwägungen, nämlich
zur Vermeidung einer Antiselektion. Ferner sind nur Lebensversicherungen
rückkaufsfähig, für welche die Prämien wenigstens für d r e i J a h r e entrichtet
worden sind (nicht verlangt wird, daß der Vertrag bereits drei Jahre in Kraft

---

[3] In gleichem Sinne JAEGER, Kommentar III, S. 383, wo gesagt wird, der Anspruch auf
den Rückkaufswert unterscheide sich von demjenigen auf die Versicherungssumme nicht
qualitativ, sondern nur quantitativ.
[4] BGer. 9. Juli 1937, SVA VIII, Nr. 288.

bestanden hat). Damit wollte man dem Versicherer die Möglichkeit einräumen, sich bei vorzeitiger Vertragsauflösung für die ihm aus dem Versicherungsabschluß erwachsenen Auslagen (Abschlußprovision an Agenten, Kosten der ärztlichen Untersuchung usw.) schadlos zu halten.

Seiner Rechtsnatur nach ist das Rückkaufsbegehren ein einseitiges Gestaltungsrecht, das die Auflösung des Versicherungsverhältnisses nach sich zieht. Zum Verlangen nach Rückkauf berechtigt kann – in Übereinstimmung mit dem Rücktrittsrecht nach Art. 89 VVG – nur der Versicherungsnehmer selber sein. Aus dem Wortlaut von Art. 90 VVG könnte man zwar schließen, der «Anspruchsberechtigte» sei zum Rückkauf legitimiert. Offenbar wurde aber bei der Gesetzesredaktion die Frage, wer das Rückkaufsbegehren stellen könne, mit derjenigen verwechselt, wer auf den Rückkaufswert anspruchsberechtigt sei. Bei der Ausübung des Rückkaufsrechtes geht es um den Bestand des Vertrages, dessen Schicksal nicht von einem Dritten bestimmt werden kann. Eine andere Annahme wäre mit der Stellung des Versicherungsnehmers als Vertragspartei unverträglich und widerspräche zudem der Tendenz des Gesetzes nach Aufrechterhaltung des Versicherungsschutzes für den Versicherungsnehmer und seine Familie. Nur wenn der Versicherungsnehmer sich zum Rückkauf entschließt, fällt der daraus entstandene Anspruch auf den Rückkaufswert dem Anspruchsberechtigten zu, zum Beispiel einem Zessionar oder Begünstigten. Diese beiden Dinge müssen strikte auseinandergehalten werden.

2. Neben dem Erlöschen des Versicherungsverhältnisses löst der Rückkauf auch den Anspruch auf den Rückkaufswert aus. Dessen Höhe hat das Gesetz nicht selbst festgesetzt. Dagegen sind die Grundlagen zur Ermittlung des Rückkaufswertes gemäß Art. 91 VVG in die allgemeinen Versicherungsbedingungen aufzunehmen, die das Eidgenössische Versicherungsamt als Aufsichtsbehörde zu genehmigen hat. Vom Deckungskapital werden gewisse Abzüge zugelassen, zum Beispiel im Hinblick auf allfällig noch nicht getilgte Abschlußkosten oder wegen einer möglichen Antiselektion. Über die Angemessenheit solcher Abzüge und der sich daraus ergebenden Rückkaufswerte hat die Aufsichtsbehörde zu befinden. Die Berechnung der Rückkaufswerte im Einzelfall gehört nach Art. 92 VVG zu den Pflichten des Versicherers. Die von ihm festgestellten Werte werden aber auf Ersuchen des Anspruchsberechtigten vom Versicherungsamt unentgeltlich auf ihre Richtigkeit überprüft. Die Rückkaufsforderung wird gemäß Art. 92 Abs. 3 VVG mit dem Ablauf von drei Monaten, vom Eintreffen des Begehrens an gerechnet, fällig. Diese Frist erscheint für normale Verhältnisse reichlich lang; man hätte es ohne Bedenken bei der vierwöchigen Fälligkeitsfrist von Art. 41

VVG bewenden lassen können. Für außerordentliche Situationen genügt die in Art. 16 des Sicherstellungsgesetzes der Aufsichtsbehörde eingeräumte Möglichkeit, als sichernde Maßnahme ein Rückkaufsverbot zu erlassen, wodurch der Gefahr von Massenrückkäufen in Krisenzeiten oder bei angespannter Finanzlage einer Gesellschaft begegnet werden kann.

III. Umwandlung

An Stelle des Rückkaufes der Versicherung kann auch ihre Umwandlung in eine beitragsfreie Versicherung verlangt werden. Sie vermeidet die Vertragsauflösung, von der im Interesse der Aufrechterhaltung der Versicherung wenn möglich Umgang genommen werden sollte. Bei Verzug in der Prämienzahlung erfolgt eine automatische Umwandlung.

1. Das Umwandlungsbegehren bewirkt den Wegfall der Prämienzahlungspflicht, womit die Versicherung für die Zukunft beitragsfrei wird. Eine weitere Folge ist, daß bei Eintritt des Versicherungsfalles der Versicherer nur noch den Umwandlungswert schuldet. Die Umwandlung zieht also nicht die Auflösung, sondern bloß eine Modifikation des Vertrages – aber keine Novation – nach sich. Die Umwandlung bedarf grundsätzlich eines auf sie gerichteten Begehrens, weshalb die bloße Einstellung der Prämienzahlung für sich allein noch keine Umwandlung herbeiführt[5]. Zum Begehren legitimiert ist auch hier – entgegen dem Wortlaut von Art. 90 VVG – nicht jeder Anspruchsberechtigte, sondern nur der Versicherungsnehmer oder dessen Rechtsnachfolger. Die Umwandlungsfähigkeit besteht, sobald die Prämien für wenigstens drei Jahre entrichtet wurden. Dagegen sind – anders als beim Rückkauf – nicht nur Lebensversicherungen mit gewissem, sondern auch solche mit ungewissem Ereignis umwandlungsfähig, da keine Antiselektion zu befürchten ist.

2. Mit der Umwandlung wird die Leistung im Versicherungsfalle auf den Umwandlungswert herabgesetzt. Er ergibt sich versicherungstechnisch aus der Verwendung des im Zeitpunkt des Umwandlungsbegehrens vorhandenen Deckungskapitals als Einmaleinlage. Die Höhe des Umwandlungswertes hat jedoch das VVG ebensowenig festgelegt wie den Rückkaufs-

---

[5] Ebenso JAEGER, Kommentar III, S. 376.

wert[6]. Es begnügt sich damit, die Aufnahme der Bestimmungen über den Umwandlungswert in die allgemeinen Versicherungsbedingungen zu verlangen, wobei die Aufsichtsbehörde über die Angemessenheit der vorgesehenen Werte befindet und die vom Versicherer vorgenommenen Berechnungen auf Verlangen unentgeltlich überprüft (Art. 91 und 92 VVG).

3. Neben der auf Begehren erfolgenden Umwandlung kennt das Gesetz auch eine bei Prämienzahlungsverzug des Versicherungsnehmers eintretende automatische Umwandlung. In Abweichung von Art. 20 Abs. 3 VVG tritt nämlich nach der Sonderbestimmung von Art. 93 VVG an Stelle der Suspension der Haftung des Versicherers eine Herabsetzung der Versicherungsleistung auf den Umwandlungswert. Das Gesetz hat dafür den in der Praxis eingebürgerten, aber nicht sehr klaren Ausdruck «Unverfallbarkeit» der Lebensversicherung übernommen (siehe Marginale zu Art. 93 VVG). Während es für die Umwandlungsfähigkeit nach Art. 90 Abs. 1 VVG genügt, daß «die Prämien wenigstens für drei Jahre entrichtet» worden sind, verlangt Art. 93 VVG, daß «die Versicherung mindestens drei Jahre in Kraft bestanden» hat. Für diese Differenzierung besteht kein plausibler Grund, weshalb es sich möglicherweise bloß um ein Versehen in der Gesetzesredaktion handeln könnte[7]; jedenfalls erscheint *de lege ferenda* eine übereinstimmende Ordnung als wünschbar. Für die als Verzugsfolge eintretende Umwandlung muß das Mahnverfahren gemäß Art. 20/21 VVG durchgeführt worden sein. Erst nach erfolglosem Ablauf der Mahnfrist reduziert sich die Haftung des Versicherers auf den Umwandlungswert, während sie für den Restbetrag bis zur vollen Versicherungssumme ruht. Der Versicherer hat den Umwandlungswert und gegebenenfalls – wenn die Versicherung rückkaufsfähig ist – auch den Rückkaufswert festzustellen und dem Versicherungsnehmer mitzuteilen. Dieser kann binnen sechs Wochen an Stelle der eingetretenen Umwandlung den Rückkaufswert der Versicherung, berechnet auf der ursprünglichen Versicherungssumme, verlangen. An Stelle der ungewöhnlichen Frist von sechs Wochen wäre *de lege ferenda* eine solche von vier Wochen (in Anlehnung an die Berichtigungsfrist von Art. 12 VVG) hinreichend. Nach Ablauf der Frist bleibt zwar ein späterer Rückkauf immer noch möglich, doch wird er alsdann auf der reduzierten Umwandlungssumme vorgenommen.

---

[6] Dagegen hat das deutsche VVG in § 174 Abs. 2 den Umwandlungswert gesetzlich näher umschrieben.

[7] Anders JAEGER, Kommentar III, S. 412f., wo die Abweichung als gewollt hingestellt wird.

IV. Beleihung

Eine weitere Möglichkeit, auf das Deckungskapital zu greifen, wird durch
die Möglichkeit einer Beleihung der Lebensversicherung durch den Versicherer eröffnet. Sie vermeidet die mit einem Rückkauf verbundene Aufhebung
des Versicherungsverhältnisses und macht trotzdem dem Versicherungsnehmer bei Kreditbedarf den Rückkaufswert verfügbar. Die Beleihungs-
fähigkeit beschränkt sich auf rückkaufsfähige Versicherungen. Während
aber Rückkauf und Umwandlung vom Versicherungsnehmer verlangt werden können, besteht nach schweizerischem VVG kein gesetzliches Recht auf
Beleihung[8]. Der Lebensversicherer ist vielmehr frei, ob er eine bei ihm laufende Versicherung beleihen will oder nicht. Er kann sich indessen dazu
vertraglich verpflichten, sei es generell, sei es eingeschränkt, zum Beispiel zur
Deckung fällig gewordener Prämien. In der Versicherungspraxis tritt die
Policenbeleihung in zwei rechtlich verschiedenen Formen auf, nämlich als
Darlehen oder als Vorauszahlung.

1. Beim Policendarlehen gewährt der Versicherer dem Versicherungsnehmer ein durch Errichtung eines Pfandrechts am Versicherungsanspruch
gesichertes Darlehen. Das ist der Fall, wenn eine Rückzahlung vereinbart
wird, sei es auf einen bestimmten Termin, sei es, weil der Versicherer das
Darlehen kündigen kann (Art. 318 OR). Die Darlehensgewährung erfolgt
üblicherweise bis maximal auf die Höhe des Rückkaufswertes und gegen
Entrichtung von Zinsen. Das Pfandrecht am Versicherungsanspruch ist nach
Art. 73 VVG zu bestellen; da es sich aber um ein Pfandrecht an der eigenen
Schuld handelt, fällt das Erfordernis der Anzeige an den Versicherer natur-
gemäß weg.

Bei Nichtrückzahlung eines fällig gewordenen Policendarlehens bildet
dessen Verrechnung mit dem Rückkaufswert der Versicherung eine nahe-
liegende Lösung. Sie ist nach allgemeinem Recht nur möglich bei Fälligkeit
auch der Gegenforderung (Art. 120 OR); diese liegt vor, wenn die Versicherungssumme oder der Rückkaufswert zur Auszahlung gelangen[9]. Ist das
nicht der Fall, so wäre das umständliche Verfahren einer Betreibung auf
Pfandverwertung einzuleiten. Durch die Sondervorschrift von Art. 95 VVG
ist jedoch dem Versicherer unter gewissen Voraussetzungen die Möglichkeit

---

[8] Auch das deutsche VVG hat die Beleihung nicht gesetzlich vorgesehen; dagegen wurde
sie in den AVB der Lebensversicherung geordnet.
[9] JAEGER, Kommentar III, S. 440.

eröffnet worden, seine fällig gewordene Darlehensforderung mit dem Rückkaufswert der Versicherung zu verrechnen. Er muß vorher den Schuldner
schriftlich unter Androhung der Säumnisfolgen zur Rückzahlung binnen
sechs Monaten aufgefordert haben, und die Frist muß ohne Erfolg abgelaufen
sein. Das Recht zur Verrechnung mit dem Rückkaufswert ist also an ein
gesetzlich genau geregeltes Mahnverfahren gebunden. Das Verrechnungsrecht selber bildet ein dem Versicherer eingeräumtes exceptionelles
Verwertungsrecht. Es verstößt nicht gegen das in Art. 894 ZGB aufgestellte
Verbot der Verfallklausel, da ein nach Abzug des Darlehens verbleibender
Restbetrag *(hyperocha)* nicht dem Versicherer verfällt, sondern an den Versicherungsnehmer herauszugeben oder zur Umwandlung in eine prämienfreie
Versicherung zu verwenden ist. Im Gegensatz zur Unverfallbarkeit gemäß
Art. 93 VVG wurde gesetzlich keine im Falle eines Prämienzahlungsverzuges
automatisch eintretende Beleihung vorgesehen. Dagegen kann eine solche
vertraglich vereinbart werden, um die Versicherung bei einer vorübergehenden finanziellen Notlage des Versicherungsnehmers aufrechterhalten zu
können.

2. Eine Policenbeleihung kann auch durch Policenvorauszahlung erfolgen. Das ist der Fall, wenn keine Rückzahlungspflicht vorgesehen oder
die Rückzahlung in das Belieben des Versicherungsnehmers gestellt wird.
Mangels einer Darlehensschuld kommt hier die Errichtung eines Pfandrechts
nicht in Frage. Man hat es vielmehr mit einer durch den jeweiligen Rückkaufswert begrenzten teilweisen Vorauszahlung auf die Versicherungssumme
zu tun. Eine solche antizipierte Zahlung ist möglich, weil der Eintritt des
Versicherungsfalles bei rückkaufsfähigen Versicherungen gewiß ist. Zum
Ausgleich des dem Versicherer entgehenden Zinsertrages findet eine entsprechende Diskontierung statt. Die rechtlichen Unterschiede zwischen der
Policenvorauszahlung und einem bloßen Darlehen werden bei der Gestaltung
der Bedingungstexte leider nicht immer genügend beachtet.

§ 97. Familienfürsorge und Kreditfunktion

Literatur

F. Vischer, Lebensversicherung und Gläubiger nach dem Tode des Versicherungsnehmers, ZSR 1916, S. 52f.; L. Bühler, Die Familienfürsorge nach dem VVG, Bern 1917; G. Kullmann, Die Lebensversicherung im ehelichen Güterrecht nach dem schweizerischen ZGB und dem VVG, Aarau 1919; M. Nicole, Assurances sur la vie au profit de tiers et créanciers du preneur, Lausanne 1921; F. Ruegger, Die Lebensversicherung unter besonderer Berücksichtigung ihrer rechtlichen Beziehungen zum Erbrecht nach dem schweizerischen ZGB und dem VVG, Zürich 1929; Th. Guhl, Die Behandlung von Lebensversicherungsansprüchen in der güterrechtlichen Auseinandersetzung, ZSR 1931, S. 16f.; H. Koenig, Die Familienfürsorge im schweizerischen VVG, in: Festschrift Moser, Bern 1931, S. 361f.; B. Walter, Die Bedeutung der Lebensversicherung im Pflichtteilsrecht des ZGB, Abh. schweiz. R, Heft 145, Bern 1938; V. Arndt, La clause bénéficiaire des contrats d'assurance sur la vie individuels et collectifs et les droits des créanciers du preneur, Neuchâtel 1939; H. Gaugler, Die paulianische Anfechtung unter besonderer Berücksichtigung der Lebensversicherung, 2 Bde., Basel 1944/45; F. Löffler, Der Anspruch aus gemischter Lebensversicherung in der güterrechtlichen Auseinandersetzung bei gesetzlicher Erbfolge, Begünstigung und bei Übertragung durch Verfügung von Todes wegen, SJZ 1952, S. 133f.; P. Piotet, Réduction et rapport des libéralités portant sur une assurance-vie, nature et cause de la clause bénéficiaire, SJZ 1959, S. 149f. und 1960, S. 33f. und S. 170f.; K. Bloch, Die rechtliche Natur der Begünstigung bei der Lebensversicherung und die Herabsetzung von Lebensversicherungsansprüchen im schweizerischen Erbrecht, SJZ 1961, S. 145f.; H. Batz, Herabsetzung von Lebensversicherungsansprüchen im schweizerischen Erbrecht, SJZ 1961, S. 313f.; P. Piotet, Libéralités portant sur une assurance-vie et réserve héréditaire, SJZ 1972, S. 197f. und S. 213f.

Die Lebensversicherung eignet sich ihrem Wesen gemäß sowohl zur Familienfürsorge wie zur Verwendung zu Kreditzwecken. Zwischen diesen beiden Verwendungszwecken besteht eine Konfliktsituation. Bei ihrer Lösung hat der schweizerische Gesetzgeber die Ehegatten und Nachkommen des Versicherungsnehmers besonders privilegiert. Benachteiligten Gläubigern und Erben stehen jedoch gewisse sich aus dem allgemeinen Recht ergebende Anfechtungsmittel offen.

I. Interessenkonflikt

Zur Familienfürsorge hat sich die Lebensversicherung als hervorragend geeignet erwiesen. Als Instrument dazu steht die Begünstigung im Vordergrund, die jederzeit formfrei errichtet werden kann. Dank ihrer Widerruflichkeit ist es auch möglich, eine getroffene Begünstigung bei Veränderungen in den familienrechtlichen Verhältnissen – zum Beispiel Eingehung oder Scheidung einer Ehe, Zuwachs oder Vorabsterben von Nachkommen – wieder aufzuheben oder abzuändern. Diese Flexibilität hat die Verwendung der Begünstigung zu Fürsorgezwecken sehr gefördert. Der Lebensversicherungspolice kommt anderseits zufolge des sich bei ihr bildenden Deckungskapitals schon vor Eintritt des Versicherungsfalles ein wirtschaftlicher Wert zu, der sich zu Kreditzwecken verwenden läßt. Dank dieser Kreditfunktion kann der Versicherungsnehmer den Versicherungsanspruch durch Verfügungen, wie Abtretung und Verpfändung, zur Sicherung von Gläubigern benützen. Zwischen den Interessen der Familienangehörigen und denjenigen von dritten Gläubigern besteht jedoch naturgemäß ein Konflikt. Das VVG hat ihn durch eine Reihe von Sonderbestimmungen in neuartiger und origineller Weise zu lösen verstanden. In Abwägung der kollidierenden Interessen wurde der Lebensversicherungsanspruch weder einzig den Familienangehörigen vorbehalten noch ausschließlich den Gläubigern als Exekutionssubstrat überlassen. Es ist vielmehr eine nach beiden Seiten hin gerechte Mittellösung angestrebt worden.

II. Sonderstellung von Ehegatte und Nachkommen

Ein Ehegatte und Nachkommen des Versicherungsnehmers genießen nach schweizerischem VVG eine Sonderstellung. Sie wurde differenziert ausgestaltet, je nachdem, ob diese Personen als Begünstigte bezeichnet worden sind oder nicht.

1. Sind der Ehegatte oder Nachkommen Begünstigte, so wird der Familienfürsorge eindeutig der Vorrang gegeben: die Zwangsvollstreckung in den Versicherungsanspruch ist ausgeschlossen und den Begünstigten das Recht zum Eintritt in das Versicherungsverhältnis zuerkannt worden.

a) Nach der allgemeinen Norm von Art. 79 VVG erlischt eine widerrufliche Begünstigung mit der Pfändung des Versicherungsanspruches oder der Konkurseröffnung über den Versicherungsnehmer. Sind aber ein Ehegatte oder Nachkommen (einzeln oder zusammen) Begünstigte, so hat das nach Art. 80 VVG den Ausschluß der Zwangsvollstreckung zur Folge. Eine betreibungs- und konkursrechtliche Verwertung des Versicherungsanspruches wird dadurch verunmöglicht. Dabei handelt es sich um ein von Amtes wegen zu beachtendes Exekutionsverbot, eine eigentliche Unpfändbarkeit für die Gläubiger, nicht nur um einen Aussonderungsanspruch[1]. Wie das Gesetz hervorhebt, ist die Zwangsvollstreckung weder in den Versicherungsanspruch des Begünstigten noch in denjenigen des Versicherungsnehmers zulässig. Bei der gemischten Versicherung bleibt infolgedessen die Zwangsvollstreckung auch ausgeschlossen, wenn sich das Recht des Begünstigten – wie das meistens der Fall ist – nur auf den Anspruch im Todesfall erstreckt, während im Erlebensfalle der Versicherungsnehmer selber Anspruchsberechtigter bleibt[2]. Vorbehalten werden allfällig bestehende Pfandrechte, vor denen auch das Recht eines begünstigten Ehegatten oder Nachkommen zurückzuweichen hat. Ein Pfandgläubiger kann also ohne weiteres Betreibung auf Pfandverwertung verlangen[3]. Der Ausschluß der Zwangsvollstreckung bei Begünstigung von Ehegatte oder Nachkommen beeinflußt das betreibungs- und konkursrechtliche Verfahren; dieses ist durch eine Verordnung des Bundesgerichts vom 10. Mai 1910, betreffend die Pfändung, Arrestierung und Verwertung von Versicherungsansprüchen, näher geordnet worden[4].

b) Zum Ausschluß der Zwangsvollstreckung gegenüber begünstigten Ehegatten und Nachkommen tritt ergänzend das in Art. 81 VVG vorgesehene Eintrittsrecht dieser Begünstigten. Dabei genügt es, wenn nur der Ehegatte oder nur Nachkommen (oder einzelne von ihnen) begünstigt wurden[5]. Sie treten, sofern sie es nicht ausdrücklich ablehnen, mit dem Zeitpunkte, in dem gegen den Versicherungsnehmer ein Verlustschein vorliegt oder über ihn der Konkurs eröffnet wird, an seiner Stelle in die Rechte und Pflichten aus dem Versicherungsvertrag ein. Sie werden nicht bloß Anspruchsberechtigte, sondern kraft Gesetzes Rechtsnachfolger und damit für die Zukunft auch Prämienschuldner. Gleichzeitig scheidet der zahlungsunfähig gewordene Versicherungsnehmer aus, so daß er die Versicherung nicht mehr zurückkaufen und damit deren Aufrechterhaltung für die Familie vereiteln kann. Die eingetretenen Begünstigten sind verpflichtet, dem Versicherer den Übergang anzuzeigen (Art. 81 Abs. 2 VVG). Darin ist bloß eine Ordnungsvorschrift zu erblicken, die für den Übergang des Vertrages, der *ex lege* erfolgt, keine konstitutive Bedeutung hat. Solange der Versicherer aber keine Kenntnis vom Eintritt der Begünstigten hat, wird er durch gutgläubige Zahlung an den bisher berechtigten Versicherungsnehmer befreit[6].

---

[1] BGer, 29. September 1919, SVA IV, Nr. 232.
[2] BGer, 17. Februar 1915, SVA III, Nr. 235.
[3] BGer, 22. September 1933, SVA VII, Nr. 348.
[4] Dazu KOENIG, Priv. Vers. R, S. 444f.
[5] AppGer Basel-Stadt, 9. Februar 1912, SVA III, Nr. 199.
[6] ObGer Luzern, 14. Januar 1948, SVA X, Nr. 75.

2. Besteht keine die Zwangsvollstreckung ausschließende Begünstigung, so unterliegen grundsätzlich auch die Ansprüche aus Lebensversicherung dem Zugriff von Gläubigern[7]. Die Verwertung kann nach den allgemeinen Vorschriften des Schuldbetreibungsrechts durch Versteigerung, freihändigen Verkauf oder Zuweisung des Anspruches an Zahlungsstatt erfolgen (Art. 122f., 156 und 252f. SchKG); als Schätzungswert gilt der Betrag des Rückkaufspreises. Weder das Betreibungsamt noch die Konkursverwaltung sind legitimiert, den Rückkauf zu erklären. Dieses Recht, das die vorzeitige Beendigung des Vertragsverhältnisses nach sich zieht, bleibt dem Versicherungsnehmer vorbehalten. Art. 86 VVG hat jedoch im Interesse der Aufrechterhaltung der Versicherung für die Familie noch eine besondere Verwertungsart geschaffen, nämlich die Übertragung des Versicherungsanspruches auf Ehegatten oder Nachkommen. Vorausgesetzt wird, daß die Übertragung von ihnen verlangt wurde und auch der Versicherungsnehmer seine Zustimmung gegeben hat. Alsdann haben der Ehegatte oder die Nachkommen ein gesetzliches Recht auf Übertragung des Versicherungsanspruches an sie. Der Übergang erfolgt nicht von Gesetzes wegen – im Gegensatz zu Art. 81 VVG –, sodann durch einen vom Betreibungsamt oder der Konkursverwaltung zu vollziehenden Verwertungsakt. Die Übertragung erstreckt sich – wiederum abweichend von Art. 81 VVG – nicht auf das ganze Vertragsverhältnis, sondern nur auf den Versicherungsanspruch. Die Prämienzahlungspflicht verbleibt also beim Versicherungsnehmer, es sei denn, ein Ehegatte oder Nachkomme habe sie gemäß Art. 176 OR übernommen. Das Verfahren, in welchem das Recht auf Übertragung geltend gemacht werden kann, ist in der Verordnung des Bundesgerichts vom 10. Mai 1910 näher umschrieben worden[8]. Die Übertragung kann nur verlangt werden gegen Erstattung des Rückkaufspreises an die Pfändungs- oder Konkursmasse. War der Versicherungsanspruch verpfändet, so muß sogar der allenfalls höhere Betrag der pfandgesicherten Forderung bezahlt werden. Die Gläubiger beziehungsweise Pfandgläubiger kommen also nicht zu kurz; sie erhalten nicht weniger, als sie durch eine Versteigerung erzielt hätten. Besteht keine Begünstigung von Ehegatte oder Nachkommen, so wird demnach die Weiterführung der Versicherung für die Familie bloß insoweit angestrebt und verwirklicht, als dies ohne Schädigung der Gläubigerinteressen möglich ist.

---

[7] Nach Art. 4 der Verordnung des Bundesgerichts vom 10. Mai 1910 soll jedoch zur Pfändung von Ansprüchen aus Lebensversicherung nur geschritten werden, wenn das übrige Vermögen des Schuldners zur Deckung der in Betreibung liegenden Forderung nicht ausreicht.

[8] KOENIG, Priv. Vers. R, S. 449.

III. Anfechtungsrechte von Gläubigern und Erben

Das eigene Recht des Begünstigten macht sich auf Kosten von Gläubigern oder Erben geltend, da der Versicherungsanspruch dem Vermögen oder dem Nachlaß des Versicherungsnehmers entzogen wird. Dieser für sie nachteiligen Situation gegenüber haben Gläubiger und Erben immerhin gewisse Anfechtungs- und Korrekturmöglichkeiten, die einen ausgleichenden Beitrag zur Lösung des Interessenkonflikts leisten.

1. Gegenüber den Bestimmungen über die Versicherung zugunsten Dritter bleiben nach Art. 82 VVG die Vorschriften von Art. 285f. SchKG über die Anfechtungsklage vorbehalten. Die Gläubiger können also gewissen mißbräuchlich erfolgten Begünstigungen entgegentreten. Vorausgesetzt ist, daß dem Vermögen des Schuldners durch die Errichtung einer Begünstigung ein Exekutionssubstrat entzogen wurde. Das ist, abgesehen von der unwiderruflichen Begünstigung, dann der Fall, wenn Ehegatte oder Nachkommen begünstigt worden sind (Art. 80 VVG)[9]. Ferner müssen die Tatbestände der Schenkungs-, Überschuldungs- oder Betrugspauliana (Art. 286, 287 oder 288 SchKG) gegeben sein. Alsdann kann auf dem Wege der Anfechtungsklage die richterliche Nachprüfung verlangt werden. Die Klage richtet sich gegen den Begünstigten, zu dessen Vorteil die anfechtbare Rechtshandlung (Begünstigung) vorgenommen wurde. Ist sie erfolgreich, so kann der Versicherungsanspruch nunmehr betreibungs- oder konkursrechtlich behandelt werden, wie wenn keine Begünstigung bestünde. Eine allfällig dem Begünstigten bereits ausbezahlte Versicherungssumme ist von ihm gemäß Art. 291 SchKG zurückzuerstatten. Die Anfechtungsklage verschafft demnach den Gläubigern ein angemessenes Korrektiv gegenüber Mißbräuchen der Begünstigung.

2. Die Erben des Versicherungsnehmers haben im Falle von Begünstigungen, die das Vermögen des Erblassers schmälern, ebenfalls eine Anfechtungsmöglichkeit. Sie können nach Art. 522 ZGB eine Herabsetzungsklage einreichen, sobald der Erblasser seine Verfügungsbefugnis überschritten und dadurch Pflichtteilsrechte verletzt hat. Zur Feststellung, ob eine solche Pflichtteilsverletzung vorliegt, ist nach Art. 476 ZGB der Rückkaufswert des Versicherungsanspruches im Zeitpunkt des Todes des Erblassers zu dessen Vermögen zu rechnen. Ergibt sich daraus eine Überschreitung der Verfügungsbefugnis, so unterliegen die durch die Begünstigung dem Ver-

---

9 BGer, 11. März 1938, SVA VIII, Nr. 296.

mögen entzogenen Versicherungsansprüche gemäß Art. 529 ZGB mit ihrem Rückkaufswerte der Herabsetzung. Für die Durchführung der Herabsetzung ist bedeutungsvoll, daß es sich bei der Begünstigung um eine Verfügung unter Lebenden handelt. In der Reihenfolge unterliegen nach Art. 532 ZGB in erster Linie die Verfügungen von Todes wegen der Herabsetzung und erst nachher diejenigen unter Lebenden. Die Herabsetzung erfolgt in der Weise, daß die späteren Verfügungen vor den früheren herabgesetzt werden, bis der Pflichtteil hergestellt ist. Deshalb kommt dem Zeitpunkt der Errichtung einer Begünstigung Bedeutung zu[10]. Die positivrechtliche Ordnung hat demnach im Interessenkonflikt zwischen Begünstigten und Erben ein ausgleichendes Gegengewicht zur Vorzugsstellung der Begünstigten geschaffen.

§ 98. Versicherung auf fremdes Leben

Literatur

E. BÜRCKNER, Die Versicherung auf das Leben eines Dritten, Z Vers. Wiss. 1911, S. 808f.; E. BRECHER, Die Versicherung auf fremden Tod, Wien 1912; W. LOOSLI, Formen und Abschluß der Kinder-Lebensversicherung, Bern 1926; M. ROTH, Die rechtliche Natur der Gruppenversicherung in der Schweiz, Abh. schweiz. R, Heft 103, Bern 1935; H. BERGER, Die Stellung des Versicherten bei privaten Pensionskassen, Abh. schweiz. R, Heft 155, Bern 1939; P. VALÈR, Der Begriff der Kollektivversicherung mit besonderer Berücksichtigung der Gruppenlebensversicherung, ZSR 1941, S. 112f.; H. GLÄTTLI, Die Versicherung auf fremdes Leben, Abh. schweiz. R, Heft 238, Bern 1947; K. MÜLLER, Die Rechtsstellung der Versicherten bei Pensionskassen-Vereinen, Abh. schweiz. R, Heft 246, Bern 1948; R. MAUCH, Der Kollektiv-Lebensversicherungsvertrag, Zürcher Beiträge, Heft 226, Aarau 1962; P. RICHNER, Die Anspruchsberechtigung innerhalb privater Personalversicherungs-Einrichtungen, Zürcher Beiträge, Heft 233, Aarau 1962.

Bei der auf die Person eines Dritten genommenen Lebensversicherung ist die Frage ihrer Zulassung seinerzeit stark umstritten gewesen. Fraglich ist auch, wem der Versicherungsanspruch aus dem Vertrag zusteht. Einer Sonderbetrachtung bedarf die Gruppenlebensversicherung.

---

[10] Ebenso JAEGER, Kommentar III, S. 157.

I. Zulässigkeit

Nach der Zulassung von Versicherungen auf die Person eines Dritten besteht zweifellos ein starkes Bedürfnis. Sie kommen denn auch in der Praxis vielfach vor, zum Beispiel als Versicherung eines Kindes durch den Vater, eines Ehegatten auf das Leben des anderen, als Versicherung eines Geschäftsmannes auf die Person seines Partners, eines Gläubigers auf das Leben seines Schuldners usw. Gewisse Bedenken erheben sich jedoch gegen Fremdlebensversicherungen, wenn sie auf den Tod eines Dritten abgeschlossen werden. Mit Recht wurde auf die Gefahr von unlauteren Machenschaften und verbrecherischen Handlungen hingewiesen, da die Gier nach dem Gelde oft größer ist als die Ehrfurcht vor dem Menschenleben. Namentlich galt es, der bei der Kinderversicherung zeitweise fast epidemisch aufgetretenen sogenannten «Engelmacherei» einen Riegel zu schieben. Wie richtig erkannt wurde, ginge es jedoch zu weit, deswegen die Lebensversicherung auf den Tod einer Drittperson überhaupt zu verbieten und damit auch die Befriedigung legitimer Bedürfnisse zu verunmöglichen. Daher konnte es sich nur darum handeln, die nötigen Schranken gegen Mißbräuche aufzustellen.

1. Die Verfechter der Interessenlehre haben geglaubt, durch das Erfordernis eines Interesses mißbräuchliche Abschlüsse verhindern zu können. Wer einen Anspruch aus einer Versicherung auf den Tod einer Drittperson erhebe, müsse sich über sein Interesse ausweisen, sonst sei die Versicherung unmoralisch und ungültig. Ebenso sei auch für die Übertragung eines Lebensversicherungsanspruches auf einen Dritten ein Interesse des Erwerbers am Leben des Versicherten erforderlich. Durch diese Lehre würde jedoch das Versicherungsverhältnis mit einer unerträglichen Unsicherheit belastet. Immer könnte die Gültigkeit der Versicherung mit der Behauptung eines mangelnden Interesses in Zweifel gezogen werden. Zudem wäre fragwürdig, was für ein Interesse vorzuliegen habe: müßte es sich um ein wirtschaftliches Interesse handeln oder wären auch die gerade in der Lebensversicherung aus familienrechtlichen Banden resultierenden ideellen oder moralischen Interessen hinreichend? Wie verhielte es sich mit der Gültigkeit, wenn das Interesse bei Abschluß vorhanden war, später aber wegfiel, oder der umgekehrte Fall eintritt? Eine solche Ordnung müßte die Quelle stetiger Streitigkeiten über das Vorhandensein oder Fehlen eines Interesses bilden und gleichzeitig die Kredit- und Zirkulationsfähigkeit der Lebensversicherungspolice erheblich beeinträchtigen.

2. Der schweizerische Gesetzgeber hat daher mit Recht die Zulässigkeit der Versicherung auf fremdes Leben nicht vom Nachweis eines Interesses abhängig gemacht. Sie ist vielmehr, wie sich aus ihrer Regelung in Art. 74 VVG ergibt, als solche grundsätzlich anerkannt worden[1]. Dagegen bedarf sie zu ihrer Gültigkeit der Zustimmung desjenigen, auf dessen Tod die Versicherung gestellt ist. Damit wurde auch hier die Interessenlehre verlassen und statt ihrer ein Zustimmungsprinzip aufgestellt. Im Erfordernis der Zustimmung des Versicherten kann eine genügende Sicherung gegen die Gefahren des Mißbrauchs der Lebensversicherung zu Spekulationen mit dem Tode eines Dritten erblickt werden. Diese Lösung ist vom Gesichtspunkt der Rechtssicherheit aus zu begrüßen. Sie beschränkt sich auf die Fälle, in denen es sich um eine Versicherung auf fremden Tod handelt, wie bei der Todesfall- oder der gemischten Versicherung. Auf eine Drittperson genommene Erlebensfall- oder Rentenversicherungen werden davon nicht erfaßt. Soweit die Zustimmung des Versicherten verlangt wird, muß sie nach Art. 74 VVG schriftlich vor Abschluß des Vertrages erteilt werden. Warum eine nach Vertragsabschluß erteilte schriftliche Zustimmung nicht genügen soll, ist allerdings nicht recht einzusehen.

Wird die Versicherung auf den Tod einer handlungsunfähigen Person genommen, so bedarf sie der schriftlichen Zustimmung ihres gesetzlichen Vertreters. Tritt dieser gleichzeitig als Versicherungsnehmer auf, wie das regelmäßig bei der Kinderversicherung zutrifft, so muß zudem gemäß Art. 392 Ziff. 2 ZGB wegen Interessenkollision ein Beistand ernannt werden. Keine unter Art. 74 VVG fallende Versicherung auf fremdes Leben liegt vor, wenn ein unmündiges Kind die Versicherung als Versicherungsnehmer auf das eigene Leben, unter Mitwirkung des Vaters, der Mutter oder eines Vormundes als gesetzliche Vertreter (Art. 19 ZGB), abschließt.

Wie Art. 74 Abs. 2 VVG ausdrücklich hervorhebt, kann der Versicherungsanspruch aus einer auf den Tod eines Dritten lautenden Versicherung ohne Zustimmung des Dritten abgetreten werden. Man wollte die Zirkulation der Lebensversicherung nicht behindern und daher die Zession eines Lebensversicherungsanspruches – das gleiche gilt für die Verpfändung[2] – nicht von einem Zustimmungserfordernis abhängig machen. Keiner Zustimmung bedarf es auch, wenn ein Lebensversicherungsvertrag als ganzer auf

---

[1] Das deutsche VVG hat den von der Lebensversicherung handelnden Abschnitt in § 159 mit dem geradezu lehrbuchartig lautenden Satze eingeleitet: «Die Lebensversicherung kann auf die Person des Versicherungsnehmers oder eines anderen genommen werden.»
[2] Ebenso JAEGER, Kommentar III, S. 79.

einen Dritten übertragen wird, wie beim Eintritt eines Begünstigten nach
Art. 81 VVG[3].

II. Rechtsstellung der Beteiligten

Da bei der Versicherung auf fremdes Leben Versicherungsnehmer und
Versicherter auseinanderfallen, erhebt sich die Frage, welche rechtliche Stellung die Beteiligten einnehmen. Soweit das Gesetz nichts anderes bestimmt,
stehen alle Rechte und Pflichten grundsätzlich dem Versicherungsnehmer als Vertragspartei zu. Er kann den Versicherungsanspruch geltend
machen und über ihn durch Abtretung oder Begünstigung verfügen; ihn
treffen aber auch die Prämienzahlungspflicht und die ihm nach Gesetz oder
Vertrag auferlegten Obliegenheiten. Er allein bleibt ferner legitimiert, den
Vertrag aufzuheben (Art. 89 VVG) und dessen Rückkauf oder Umwandlung
zu verlangen.

Im Gegensatz zum Versicherungsnehmer ist der Versicherte ein Dritter,
der außerhalb des Vertragsverhältnisses steht und aus seiner Eigenschaft als
Versicherter keinerlei Ansprüche gegen den Versicherer herleiten kann. Die
Vorschriften über die Versicherung für fremde Rechnung (Art. 16/17 VVG)
sind, obschon sie unter den im 1. Abschnitt des Gesetzes aufgenommenen
allgemeinen Bestimmungen figurieren, auf die Versicherung auf fremdes
Leben angesichts der Sonderregelung von Art. 74 VVG nicht anwendbar[4].
Der Versicherte kann sich also nicht, wie man aus der verfehlten Gesetzessystematik schließen könnte, auf Art. 17 VVG berufen und daraus für sich
ein eigenes Recht auf den Versicherungsanspruch herleiten. Er wird nur anspruchsberechtigt, wenn ihm der Anspruch durch Zession oder Begünstigung übertragen wurde. Der Versicherte als solcher ist ferner nicht prämienzahlungspflichtig; Art. 18 Abs. 2 VVG findet auf ihn keine Anwendung. Er
kann jedoch nach internem Verhältnis, zum Beispiel aus Antrag oder Gesellschaftsverhältnis, zur Rückerstattung von Prämien an den Versicherungsnehmer verpflichtet sein. Der Versicherungsvertrag kann zudem verfügen,
daß die Bestimmungen von Art. 6 und 28 VVG über die Gefahrdeklaration
bei Vertragsabschluß und die Folgen einer Gefahrerhöhung auch dann zur
Anwendung kommen, wenn der Dritte, auf dessen Tod die Versicherung
gestellt ist, die Anzeigepflicht verletzt oder die Gefahrerhöhung herbei-

---

[3] Ebenso JAEGER, Kommentar III, S. 72.
[4] Gleicher Meinung auch JAEGER, Kommentar III, S. 67.

geführt hat (Art. 74 Abs. 3 VVG). Alsdann sind die Kenntnis und das Verhalten des Versicherten gleich zu behandeln, wie wenn sie beim Versicherungsnehmer vorliegen. Dadurch soll verhindert werden, daß ein unwissender Dritter in das Versicherungsverhältnis eingeschoben und der Versicherer auf diese Weise um seine Einreden gebracht werden kann. Es ist aber zu beachten, daß positivrechtlich diese Regelung nicht von Gesetzes wegen gilt – wie bei der Versicherung für fremde Rechnung (Art. 5 Abs. 2 VVG) –, sondern nur, wenn der Vertrag eine entsprechende Vereinbarung enthält[5].

III. Gruppenlebensversicherung

Die Versicherung für fremdes Leben läßt sich auch zur Fürsorge eines Arbeitgebers für seine Arbeitnehmer verwenden. Wird zu diesem Zwecke eine selbständige Pensionskasse (Stiftung oder Genossenschaft) geschaffen, bei welcher die Arbeitnehmer bestimmte, durch ein Kassenreglement geordnete Versicherungsleistungen (insbesondere Alters- und Hinterbliebenenrenten) geltend machen können, so handelt es sich nicht um versicherungsvertragliche und unter das VVG fallende Ansprüche, weshalb sie hier nicht näher behandelt werden. Der Arbeitgeber kann aber seine Arbeitnehmer auch bei einer Lebensversicherungsgesellschaft durch Abschluß einer Gruppenlebensversicherung decken. Alsdann werden die Arbeitnehmer auf Grund eines einzigen Vertrages kollektiv versichert, wobei ihnen die Stellung von Versicherten zukommt, auf deren Erlebens- oder Todesfall die Versicherung genommen wurde. Die Ansprüche aus solcher Gruppenversicherung stehen mangels gesetzlicher Vorschrift dem Arbeitgeber als Vertragspartei zu. Der Versicherungsnehmer kann jedoch die Versicherten beziehungsweise im Todesfall bestimmte Familienangehörige als Begünstigte bezeichnen und die Reihenfolge und Höhe ihrer Berechtigung näher ordnen; er kann es aber auch den Versicherten überlassen, selber zu bestimmen, wer bei ihrem Tode begünstigt sein soll[6]. Den aus Lebensversicherung kollektiv Versicherten steht nach VVG kein gesetzliches, eigenes Recht auf den Versicherungsanspruch zu, wie das nach Art. 87 VVG bei der kollektiven Unfall- und Krankenversicherung der Fall ist. *De lege ferenda* muß man sich indessen fragen, ob es nicht wünschbar wäre, auch bei der Gruppenlebensversicherung

---

[5] Nach deutschem VVG § 161 fällt dagegen bei der Versicherung auf die Person eines anderen als des Versicherungsnehmers kraft Gesetzes auch die Kenntnis und das Verhalten des anderen in Betracht.
[6] So offenbar auch JAEGER, Kommentar III, S. 114.

den Versicherten ein direktes Forderungsrecht gegen den Versicherer einzuräumen[7]. Durch die mit der Revision des Arbeitsvertragsrechts verbundene neue Regelung der Personalfürsorge (Art. 331–331c OR) ist nunmehr
ein Schritt in dieser Richtung getan worden. Danach müssen die Zuwendungen der Arbeitgeber wie die Beiträge der Arbeitnehmer für die Personalfürsorge an eine Stiftung oder Genossenschaft übertragen werden, sofern sie
nicht für eine Versicherung bei einer beaufsichtigten Versicherungsunternehmung verwendet werden, aus welcher dem Arbeitnehmer mit dem Eintritt des Versicherungsfalles ein selbständiges Forderungsrecht gegen den
Versicherungsträger zusteht. Obschon es sich dabei um eine arbeitsvertragliche Bestimmung handelt, geht daraus doch das gesetzliche Bestreben nach
einem direkten Forderungsrecht gegen den Versicherer hervor, soweit eine
Gruppenlebensversicherung der Personalfürsorge zu dienen hat.

Formale Schwierigkeiten bereitet bei der Gruppenversicherung die Anwendung des in Art. 74 VVG vorgesehenen Zustimmungsprinzips. Praktisch
ist es gar nicht möglich, schon vor Abschluß des Vertrages auch die Zustimmung derjenigen Versicherten einzuholen, die erst im Laufe der Vertragsdauer zum versicherten Personenkreis stoßen. Beim Erlaß des VVG war die
Gruppenlebensversicherung noch kaum bekannt, weshalb an diesen Sonderfall nicht gedacht wurde. Da aber bei einer vom Arbeitgeber genommenen
Kollektivversicherung Mißbräuche nicht zu befürchten sind, darf hier der
ratio legis gemäß ohne Bedenken vom Zustimmungserfordernis abgesehen
werden; allenfalls ließe sich der Abschluß der Dienstverträge mit dem Arbeitgeber als Zustimmung des Arbeitnehmers deuten.

§ 99. Unfall- und Krankenversicherung Dritter

Literatur

J. CAFLISCH, Die Anspruchsberechtigung in der Kollektivunfallversicherung,
Chur 1947; H. KESSLER, Die Rechtsstellung des Versicherten in der privaten Kol-
lektivunfall- und Kollektivlebensversicherung, Zürich 1947; G. PARATTE, L'assurance privée maladie en droit suisse, Bern 1954.

---

[7] Siehe in diesem Sinne W. KOENIG, Ist das Versicherungsvertragsgesetz revisionsbedürftig?, Referate des schweiz. Juristenvereins, Basel 1962, S. 206f.

Wie Lebensversicherungen, so können auch Unfall- und Kranken-versicherungen auf die Person von dritten Versicherten genommen werden. Das VVG selber hat ausdrücklich den Fall geregelt, wo es sich um kollektive Versicherungen handelt. Dagegen wurde im Gesetz nirgends gesagt, wie Einzelversicherungen gegen Unfall oder Krankheit von Drittpersonen rechtlich zu würdigen sind. Diese beiden Möglichkeiten werden daher im folgenden auseinandergehalten.

I. Kollektive Versicherung

Bereits bei Erlaß des VVG wurde in Art. 87 eine Bestimmung über die kollektive Unfallversicherung aufgestellt. Dazu besteht denn auch eine reichhaltige Gerichtspraxis. Die kollektive Krankenversicherung ist dagegen erst in neuerer Zeit aufgetaucht. Über ihre rechtliche Behandlung fehlte jede gesetzliche Norm. Infolgedessen entstanden Unsicherheiten, die erst durch die 1971 erfolgte Revision der Vorschriften des OR über den Arbeitsvertrag behoben wurden. Bei diesem Anlaß ist Art. 87 VVG in dem Sinne ergänzt worden, daß sich die dort für die kollektive Unfallversicherung aufgestellte Bestimmung auch auf die kollektive Krankenversicherung erstreckt. Damit sind nunmehr diese beiden kollektiven Personenversicherungen gleichgestellt worden und können daher gemeinsam behandelt werden. Wie bei allen Versicherungen von Drittpersonen (Fremdversicherungen) sind auch hier die Fragen zu beantworten, ob sie zulässig sind und welches die rechtliche Stellung der Versicherten ist.

1. Die Zulässigkeit von kollektiven Unfall- und Krankenversicherungen ist durch Art. 87 VVG implicite anerkannt worden[1]. Das in Art. 74 VVG für die Versicherung auf fremdes Leben aufgestellte Zustimmungserfordernis vermag sich angesichts der Sonderregelung von Art. 87 VVG nicht auf kollektive Unfall- und Krankenversicherungen zu erstrecken. Bei ihnen bestehen denn auch nicht die Gefahren eines Mißbrauchs, die für die Lebensversicherung dazu geführt haben, die Gültigkeit einer Versicherung auf fremden Tod von der schriftlichen Zustimmung der Versicherten abhängig zu machen. Von diesem Erfordernis kann daher hier unbedenklich abgesehen werden[2].

---

[1] Das deutsche VVG § 179 erklärt sogar ausdrücklich, die Unfallversicherung könne auch «gegen Unfälle, die einem anderen zustoßen», genommen werden.

[2] Anders JAEGER, Kommentar III, S. 305, wo Art. 74 VVG trotz der Sondernorm von Art. 87 VVG als anwendbar betrachtet wird, wenn die Versicherung auch den Unfalltod decke.

Aber auch die Vorschriften von Art. 16/17 VVG über die Versicherung für
fremde Rechnung sind auf Personenversicherungen nicht anwendbar. Da
die Art. 16/17 VVG unter den allgemeinen Bestimmungen des Gesetzes figurieren, ist zwar in der schweizerischen Gerichtspraxis da und dort eine
entgegengesetzte Auffassung vertreten worden[3]. Sie übersieht aber, daß die
Anspruchsberechtigung bei kollektiven Unfall- und Krankenversicherungen
durch die Spezialnorm des Art. 87 VVG anders als in Art. 16/17 VVG geregelt worden ist[4]. In der Doktrin hat sich denn auch die Erkenntnis durchgesetzt, daß sich der Anwendungsbereich von Art. 16/17 VVG entgegen der
gesetzlichen Systematik auf die Schadenversicherung beschränkt[5].

2. Den versicherten Dritten ist durch Art. 87 VVG ein s e l b s t ä n d i g e s
F o r d e r u n g s r e c h t gegen den Versicherer zuerkannt worden. Der Gesetzeswortlaut ist insofern terminologisch irreführend, als von demjenigen
gesprochen wird, «zu dessen Gunsten» die Versicherung abgeschlossen
wurde. Damit ist aber offenbar nicht ein gemäß Art. 76f. VVG «Begünstigter» gemeint, sondern ein gegen Unfall V e r s i c h e r t e r. Ihm erwächst das
Recht auf die Versicherungsleistung – abweichend von Art. 112 OR – nicht
kraft Willensmeinung der Vertragsparteien, sondern v o n G e s e t z e s w e -
g e n. Es setzt keine Begünstigungserklärung des Versicherungsnehmers
voraus und unterscheidet sich dadurch deutlich vom Recht eines Begünstigten. Bei der kollektiven Unfall- und Krankenversicherung ist zudem die Anspruchsberechtigung der Versicherten z w i n g e n d im Sinne von Art. 98
VVG. Sie kann daher nicht durch abweichende Klausel der Versicherungsbedingungen aufgehoben oder eingeschränkt werden. Auch Handlungen des
Versicherungsnehmers, wie Vergleich oder Verzicht, vermögen es nicht zu
beeinträchtigen. Dieses spezialrechtlich eingeräumte selbständige Forderungsrecht der Versicherten ist von großer praktischer Bedeutung im Falle
eines Konkurses des Versicherungsnehmers[6].

Die A k t i v l e g i t i m a t i o n im Streitfall steht nach Art. 87 VVG nicht dem
Versicherungsnehmer zu, sondern dem Versicherten[7]. Passiv legitimiert gegenüber einer Klage des Versicherten aus Art. 87 VVG ist der Versicherer,

---

[3] ObGer Zürich, 10. Juni 1915, SVA III, Nr. 51; AppHof Bern, 12. September 1924, SVA
V, Nr. 350; KGer St. Gallen, 23. September 1927, SVA VI, Nr. 336.

[4] Das d e u t s c h e VVG § 179 Abs. 2 hat dagegen auf die Unfallversicherung gegen Unfälle
Dritter ausdrücklich die Vorschriften über die Versicherung für fremde Rechnung als
«entsprechend» anwendbar erklärt.

[5] Ebenso JAEGER, Kommentar III, S. 305/06.

[6] Cour de justice Genève, 29. April 1921, SVA IV, Nr. 264.

[7] BGer, 28. März 1929, SVA VI, Nr. 103.

nicht etwa der Arbeitgeber, welcher als Versicherungsnehmer die Arbeiter oder Angestellten kollektiv versichert hat[8]. Auch bei der Abonnentenversicherung sind Klagen von Versicherten nicht gegen den Verleger, sondern gegen den Versicherer zu richten, wie die Gerichte immer wieder festgestellt haben[9].

Abgesehen vom Forderungsrecht auf die Versicherungsleistungen bleiben die übrigen Rechte und Pflichten aus dem Kollektivversicherungsvertrag beim Versicherungsnehmer. Das gilt insbesondere von der Prämienzahlungspflicht. Es ist allerdings möglich, daß der Versicherte gemäß internem Rechtsverhältnis die vom Versicherungsnehmer entrichteten Beträge ganz oder teilweise zurückzuerstatten hat. Darüber kann zum Beispiel der Arbeitsvertrag mit dem Arbeitnehmer Bestimmungen aufstellen. Das eigene Forderungsrecht des Versicherten ist aber unabhängig davon, wer schließlich für die Prämien aufkommen muß. Entgegen Art. 113 OR besteht es nicht etwa bloß in dem Umfange, in welchem der Versicherte selber an die Versicherungsprämien beigetragen hat. Auch die Versicherungsleistungen an den Versicherten sind als solche unabhängig von dem ihm geschuldeten Lohn, der sich bei Verhinderung des Arbeitnehmers wegen Unfall oder Krankheit nach Art. 324a OR bestimmt. Arbeitsvertraglich kann jedoch vereinbart werden, daß die dem Arbeitnehmer zufließenden Versicherungsleistungen (z.B. Taggelder) vom Lohn in Abzug gebracht werden. Ebenso ist es zulässig, eine Anrechnung an eine allfällige Haftpflichtentschädigung vorzusehen. Eine solche Klausel ist oft in kombinierten Kollektivunfall- und Haftpflichtpolicen anzutreffen. Sie berührt nur den Umfang der Haftpflichtdeckung und verstößt daher nicht gegen die zwingenden Normen von Art. 87 und Art. 96 VVG[10].

II. Einzelversicherung

Unfall- und Krankenversicherungen können auf Grund von Einzelversicherungen auf eine Drittperson genommen werden, zum Beispiel vom Ehemann oder Vater auf die Person der Ehefrau oder eines Kindes, von einem Geschäftsmann gegen Unfall oder Krankheit seines Partners usw. Solche

---

[8] ObGer Schaffhausen, 10. Oktober 1919, SVA IV, Nr. 265.
[9] AppHof Bern, 12. September 1924, SVA V, Nr. 350; KGer St. Gallen, 23. September 1927, SVA VI, Nr. 336; AmtsGer Luzern-Land, 22. März 1929, SVA VI, Nr. 95. Ob ein Abonnent den Verleger aus dem Abonnementsvertrag belangen kann, ist eine andere Frage; so Tribunal cantonal valaisan, 12. Dezember 1929, SVA VI, Nr. 337.
[10] BGer, 10. Oktober 1939, SVA VIII, Nr. 330.

Versicherungen entsprechen einem durchaus legitimen Bedürfnis. Ob sie ohne weiteres als zulässig zu betrachten sind, ist dagegen umstritten. So wurde die Ansicht vertreten, solche Versicherungen seien nach Art. 74 VVG nur gültig bei vorheriger schriftlicher Zustimmung des Versicherten, respektive bei unmündigen Kindern unter Mitwirkung eines Beistandes, sobald auch Leistungen im Todesfalle vorgesehen seien[11]. Es ist indessen nicht einzusehen, warum das durch Art. 74 VVG für die Lebensversicherung zur Verhinderung der dort möglichen Mißbräuche aufgestellte Zustimmungserfordernis auch bei Unfall- oder Krankenversicherungen gelten soll, wo eine Herbeiführung von Unfällen oder Krankheiten versicherter Dritter nicht zu befürchten ist.

Die weitere Frage, wer bei Versicherungen von Dritten gegen Unfall oder Krankheit A n s p r u c h s b e r e c h t i g t e r sei, wurde gesetzlich nirgends ausdrücklich beantwortet und ist denn auch kontrovers. Art. 87 VVG hat nur für kollektive Versicherungen zwingend ein selbständiges Forderungsrecht der Versicherten vorgesehen. Damit wollte man offenbar die Arbeitnehmer von den die Kollektivversicherung abschließenden Arbeitgebern unabhängig machen. Bei Einzelversicherungen, die in der Regel für nähere Familienangehörige genommen werden, bestand kein Anlaß zu einem besonderen Schutz der Versicherten. Eine Heranziehung der auf die Schadenversicherung zugeschnittenen Bestimmungen von Art. 16/17 VVG über die Versicherung für fremde Rechnung ist ebenfalls nicht möglich[12]. Grundsätzlich kann daher der versicherte Dritte nicht als Anspruchsberechtigter betrachtet werden. Dagegen ist es dem Versicherungsnehmer nach Art. 76 VVG gestattet, einen Dritten, zum Beispiel den Versicherten, als Begünstigten zu bezeichnen; das setzt aber eine entsprechende Begünstigungsbezeichnung voraus. Der Meinung, in jeder Versicherung Dritter gegen Unfall liege eine Versicherung zugunsten Dritter im Sinne von Art. 112 Abs. 2 OR, kann nicht beigepflichtet werden[13]. Mangels zwingender gesetzlicher Regelung besteht vielmehr Vertragsfreiheit, so daß die durch den Versicherungsvertrag selber getroffene Ordnung maßgebend ist. Wurde nichts anderes vereinbart, so muß der Versicherungsnehmer als Vertragspartei auch die Anspruchsberechtigung aus dem Vertrag geltend machen können. Bei Einzelversicherungen gegen Unfall oder Krankheit von Drittpersonen behält also der Versicherungsnehmer das Recht der freien Verfügung über den Versicherungsanspruch.

---

[11] In diesem Sinne JAEGER, Kommentar III, S. 71 und 304/05.
[12] Ebenso JAEGER, Kommentar III, S. 305/06.
[13] Anders JAEGER, Kommentar III, S. 309.

Leibrentenversprechen und Verpfründungsvertrag

HELLMUTH STOFER

Literatur zu Leibrentenversprechen und Verpfründungsvertrag

Die hier angeführten Werke werden im folgenden nur mit dem Namen des Verfassers, gegebenenfalls mit einem zusätzlichen Stichwort zitiert.

AUBRY/REAU. Droit civil français, tome VI, §§ 387 ff., S. 116 ff., 6. Aufl., Paris 1951.

BECKER, H. Berner Kommentar, Bd. VI/2: Obligationenrecht, 2. Abt., 2. Aufl., Bern 1940.

VON BÜREN, B. Obligationenrecht, Besonderer Teil, Zürich 1972.

DAS BÜRGERLICHE GESETZBUCH, hrsg. von Reichsgerichtsräten und Bundesrichtern, Bd. II, § 759, S. 880 ff., 11. Aufl., Berlin 1920.

CLAUSEN, A. Der Verpfründungsvertrag nach dem Gesetzesentwurf betr. Ergänzung des Schweizerischen Zivilgesetzbuches durch Anfügung des Obligationenrechts, Diss. Fribourg 1908.

DALLOZ. Répertoire de droit civil, tome IV, S. 530 ff., nachgeführt S. 541 ff., Paris 1968.

ENNECCERUS, L./LEHMANN, H. Das Recht der Schuldverhältnisse, § 187, S. 711 ff., 15. Aufl., Tübingen 1958.

ERMANN, W. Handkommentar zum Bürgerlichen Gesetzbuch, Bd. I, § 759 ff., 4. Aufl., Münster 1967.

ESCHER, A. Zürcher Kommentar, Bd. III/1: Erbrecht, 1. HBd., 3. Aufl., Zürich 1959.

GUHL, TH. Das Schweizerische Obligationenrecht, 5. Aufl., Zürich 1956.

HOMBERGER, A. Die Verpfründungsverträge im schweizerischen Recht, Diss. Bern 1918.

HUBER, E. System und Geschichte des schweizerischen Privatrechtes, 4 Bde., Basel 1886–1893.

KAPFER, H. Das Allgemeine Bürgerliche Gesetzbuch, Bd. V, §§ 1284–1287, 28. Aufl., Wien 1967.

KLANG, H./GSCHNITZER, F. Kommentar zum Allgemeinen Bürgerlichen Gesetzbuch, § 1284 ff., 1015 ff., 2. Aufl., Wien 1954.

LAPORTA/TAMBORINO. Codice civile italiano, Art. 1861–1881, Rom 1963.

LARENZ, K. Lehrbuch des Schuldrechts, Bd. II, Teil 2, § 59 III, S. 336 ff., 8. Aufl., Berlin/München 1967.

METZGER-WUEST, E. Zur Form des Liegenschaftsabtretungs- und Verpfründungsvertrages, Diss. Bern 1971.

OSER, H./SCHÖNENBERGER, W. Zürcher Kommentar, Bd. V/3: Obligationenrecht, Teil 3, 2. Aufl., Zürich 1945.

PLANIOL, M./RIPERT, G. Traité pratique de droit civil français, tome XI, n° 1217 ff., 2. Aufl., Paris 1954.

SOERGEL, TH./SIEBERT, W. Bürgerliches Gesetzbuch, Bd. II, §§ 759 ff., 9. Aufl., Stuttgart 1962.

STAUDINGER, J. Kommentar zum Bürgerlichen Gesetzbuch, Bd. II, Teil 1d, § 759, 11. Aufl., Berlin 1959.

VON TUHR, A./SIEGWART, A. Allgemeiner Teil des Schweizerischen Obligationenrechts, 2. HBd., § 94, N. 2, 2. Aufl., Zürich 1944.

TUOR, P./PICENONI, V. Berner Kommentar, Bd. III/1: Erbrecht, 2. Aufl., Bern 1964.

TUOR, P. Das Schweizerische Zivilgesetzbuch, 8. Aufl., Zürich 1968.

WEGMANN, F. Der Leibrentenvertrag im Schweizerischen Recht, Diss. Zürich 1937.

§ 100. Einleitung und geschichtliche Entwicklung

I. Motive der Gesetzgebung

Das OR befaßt sich in seinem 22. Titel mit dem Leibrentenversprechen und mit dem Verpfründungsvertrag, sofern sie auf die Lebenszeit einer Person gestellt sind, also einen aleatorischen Charakter besitzen. Im Gegensatz zu Spiel und Wette besteht für diese Verträge ein großes wirtschaftliches Bedürfnis, weshalb der Gesetzgeber sie als vollgültige Rechtsinstitute anerkennt, bezwecken sie doch in der Hauptsache, den Lebensunterhalt Alter und Gebrechlicher, die aus dem Erwerbsleben ausgeschieden sind, zu sichern. Das aleatorische Element sowie die Schutzbedürftigkeit des Leibrentengläubigers und des Pfründers, die häufig ihr ganzes Vermögen hingeben für die Erlangung einer Rente oder einer Pfründe, bilden den Grund für gesetzliche Regelungen, insbesondere für den Erlaß von Formvorschriften, um einen übereilten und unbedachten Vertragsabschluß zu erschweren. Beim Verpfründungsvertrag können weitere Schwierigkeiten auftreten; das Zusammenleben im Haushalt des Pfrundgebers oder in einer Pfrundanstalt mit vielen anderen Personen, Änderungen der Bedürfnisse des alternden Pfründers sowie eine inflationäre Wirtschaftsentwicklung belasten oft in unvorhersehbarer Weise die Vertragsparteien. Auch führen die personen- und manchmal die erbrechtlichen Verhältnisse sowie die Vermögenslage überhaupt zu Interessenkonflikten des Pfründers mit seinen Familienangehörigen, Erben und Gläubigern. Keine Sonderbestimmungen sind gegeben, sofern Leibrentenversprechen und Verpfründungsverträge nicht lebenslänglich dauern, weil dann das Verhältnis von Leistung und Gegenleistung errechenbar ist. Hiebei stellt sich immerhin bisweilen die Frage, ob eine analoge Anwendung der Art. 516 ff. OR angezeigt ist.

II. Zur Geschichte des Leibrentenversprechens

Leibrenten und Verpfründungen sind alte Rechtsinstitute; sie gehen bis ins 13. Jahrhundert zurück[1]. Die Leibrenten haben sich über verschiedene Zwischenstufen von ursprünglich dinglichen Rechtsgeschäften der mannigfaltigsten Art zu obligatorischen Verträgen entwickelt. Anfänglich wurden besonders bei der Besiedlung von Städten und Dörfern den Siedlern von Landesherren, Städten und Kirche Grundstücke hingegeben, gegen die Verpflichtung, ewige Zinsen in Naturalien zu entrichten. Die Zinspflicht sicherte man dinglich als eine Reallast. Oft stiftete man einer kirchlichen Anstalt Liegenschaften, erhielt dafür eine verzinsliche, dingliche Leihe, wofür jährlich Seelenmessen gelesen wurden. Oder man belastete zu diesem Zwecke eine eigene Liegenschaft mit einer Zinspflicht. Mit der Zeit wurde diese bisweilen auf die Lebensdauer des Berechtigten oder eines Dritten beschränkt. Infolge der Bildung großer Vermögen erhielt dann im 14. Jahrhundert ein kapitalbedürftiger Grundstückeigentümer von einem gewerbsmäßigen Geldgeber eine Geldsumme, wogegen er eine meistens in Geld zu entrichtende ewige oder seltener auf die Lebenszeit des Gläubigers gestellte Rente versprach und dinglich sicherte. Der Rentenkauf und die Leibrente dienten der Kapitalbeschaffung und gestatteten, das kanonische Zinsverbot zu umgehen. Dabei kamen schon bei ewigen Renten Rentenbriefe vor, welche Wertpapiercharakter besaßen und durch Übertragung und formlosen Vertrag auf den Erwerber übergingen. Bei der Leibrente suchte man entsprechend dem Alter des Gläubigers die Höhe des Kapitals und der Rente miteinander in Einklang zu bringen. Später hat man die Rente auf den 20. Teil des überlassenen Kapitals festgesetzt. In Italien gründeten die Päpste im ausgehenden Mittelalter Leihhäuser, die sogenannten montes pietatis, welche Darlehen gegen Pfänder verliehen. In der Folge konnte gegen ein der Anstalt übergebenes Kapital eine Leibrente von 12% bestellt werden. Damit war die Grundlage für die moderne Leibrente geschaffen, die obligatorischer Natur ist und von ihrer dinglichen Bindung befreit wurde. Eine besondere Vertragsart bildete die im 17. Jahrhundert aufkommende Tontine, eine Erfindung des Italieners Lorenzo Tonti, bei welcher einer Vielzahl von Personen gegen Hingabe eines gewissen Kapitals eine 7%ige Leibrente ausbezahlt wurde; man teilte die Rentner in Klassen ein und ließ den Anteil der Renten der verstorbenen Gläubiger bis zum Aussterben des letzten Berechtigten den Überlebenden zufallen. Ihrem Wesen nach Leib-

---

[1] R. Hübner, Grundzüge des deutschen Privatrechts, Leipzig 1930, S. 397 ff.; C. von Schwerin, Grundzüge des deutschen Privatrechts, Berlin 1928, S. 216 und 246; Wegmann, S. 3.

rentenversprechen waren auch die von ausländischen Regierungen bezahlten Pensionen an Persönlichkeiten oder Familien, welche für gute Dienste belohnt wurden. In der Neuzeit bildet die Leibrente einen besonderen Zweig des Versicherungswesens, indem Versicherungsgesellschaften auf Grund versicherungsmathematischer Berechnungen Gruppenversicherungen für das Personal eines Unternehmens abschließen oder Einzelpersonen gegen Hingabe eines Kapitals Renten mit oder ohne Rückgewähr ausbezahlen. Der Leibrentenvertrag wurde im 18. und 19. Jahrhundert in die Gesetzbücher aufgenommen, so in das Allgemeine Preußische Landrecht, in den Code civil, in den Codice civile Italiano und in das BGB. In der Schweiz fand er erstmals im Privatrechtlichen Gesetzbuch für den Kanton Zürich von 1854 eine gesetzliche Regelung.

III. Zur Geschichte des Verpfründungsvertrages

Beim Verpfründungsvertrag wurden dem Pfründer im Mittelalter (wie noch heute) Naturalleistungen erbracht[2]. Der Pfründer erhielt Unterkunft, Kost, Kleidung, Pflege und ärztliche Behandlung. Vielfach traten die Leute in ein Kloster ein, wobei man die Sorge für das Alter auch mit religiösen Bedürfnissen verband. Mit der Zeit entfiel das religiöse Moment, so daß neben Klöstern auch weltliche Anstalten (Pfrundhäuser, Siechenhäuser und dgl.) gegründet wurden zur Beherbergung Alter und Gebrechlicher. Häufig vereinbarte man in landwirtschaftlichen Verhältnissen und auch im Gewerbe Altenteilsverträge, bei denen ein Guts- oder Gewerbebetrieb gegen Erbringung von Naturalleistungen auf einen Sohn oder andere Verwandte überging; die Bestellung von Leibrenten in Form von Geldleistungen hätte gewöhnlich den Betrieb zu stark belastet, wogegen Naturalleistungen keine großen Schwierigkeiten bereiteten. Oft wurde ein Erbvertrag abgeschlossen, wobei in der Regel das Vermögen des Pfründers oder Leibzüchters, wie man sagte, erst mit dessen Tod auf den Pfrundgeber überging. Bisweilen gewährte man dem Pfründer eine Nutznießung. Gemäß dem Charakter des mittelalterlichen Rechtssystems waren Leibgedinge, also Verpfründungsverträge, dinglicher Art. Öfters wurden sie auch vom Erblasser zugunsten von Dienstboten oder Knechten den Erben als Vermächtnis auferlegt. Die neuzeitliche Entwicklung brachte eine Vermehrung der Leibrenten gegenüber den Verpfründungsverträgen, insbesondere in Form von Versicherungsrenten. Verpfründungsverträge werden in romanischen Ländern selten vereinbart. In-

---

[2] Homberger, S.3ff.; von Schwerin, a.a.O., S.217.

dessen spielt der sogenannte Rentenkauf in diesen eine bedeutsame Rolle. Die modernen Kodifikationen enthalten gewöhnlich keine eingehende Regelung des Verpfründungsvertrages. Sie begnügen sich mit Einzelvorschriften, bisweilen in Anlehnung an den Leibrentenvertrag, aber ohne jede systematische Behandlung. So wird im deutschen Recht gemäß § 96 des Einführungsgesetzes zum BGB die Verpfründung den Landesgesetzen vorbehalten, wenn eine Übertragung von Grundstücken stattfindet. Im wesentlichen behilft man sich mit den allgemeinen Vorschriften des Vertragsrechts. Das schweizerische Zivilgesetzbuch nimmt somit eine Sonderstellung ein.

IV. Kantonales Recht

Im kantonalen Recht haben die Kantone Zürich, Schaffhausen, Graubünden, Aargau, Solothurn, Nidwalden und Freiburg eingehende Bestimmungen über den Verpfründungsvertrag erlassen, wobei man dieses Rechtsinstitut oft an sehr erschwerende Bedingungen knüpfte[3]. So bedurfte ein Leibzuchtsvertrag im Kanton Zürich der richterlichen Genehmigung: man prüfte Handlungs- und Urteilsfähigkeit und verlangte die Zustimmung der Erben, damit keine erbrechtlichen Vorschriften verletzt wurden. Nur bei staatlichen Anstalten genügte die Schriftlichkeit des Vertrages. Weiterhin ließ man einen Rücktritt aus wichtigen Gründen zu und regelte die Rechte des Pfründers beim Konkurs des Pfrundgebers. Im Kanton Graubünden war es statthaft, den Pfrundvertrag auch auf künftiges Vermögen auszudehnen. Indessen wurde ausdrücklich eine Verpflichtung zu persönlichen Dienstleistungen des Pfründers abgelehnt. Im Kanton Aargau unterstellte man den Pfrundvertrag dem Erbrecht. Man erließ einen öffentlichen Schuldenruf. Der Pfründer hatte für angemeldete Forderungen genügende Sicherheit zu leisten. Auch waren Einsprachen der Erben statthaft. Der Gemeinderat prüfte die Art der Sicherstellungsleistung, wogegen das Bezirksgericht darüber entschied, ob die Höhe derselben genügte. Auch im Kanton Solothurn erließ man einen öffentlichen Aufruf. Die pflichtteilsberechtigten Erben wurden befragt, und der Pfrundgeber hatte die geltend gemachten Schulden des Pfründers zu übernehmen. Das ganze Rechtsgeschäft bedurfte der Genehmigung des Regierungsrates. Bei öffentlichen Pfrundanstalten wurde das Verfahren vereinfacht. Im Kanton Nidwalden hatte das Geschworenengericht die Pfrundverträge zu genehmigen, sowie Erben und Armenverwaltung zu benachrichtigen. Wenn der Pfrundgeber den Pfründer

---

[3] HUBER, System, Bd. III, S. 748 ff.; HOMBERGER, S. 10 ff.

nicht mehr erhalten konnte, fiel die Sorge für diesen der Armenverwaltung des Pfrundgebers zu. Im Kanton F r e i b u r g wurde der Verpfründungsvertrag als contrat de pension mit antizipierter Erbfolge mit den Noterben geregelt.

In der Hauptsache ist der Verpfründungsvertrag ein Rechtsinstitut der deutschen Schweiz. Die Gesetze erschwerten zum Teil den Abschluß dieser Vertragsart außerordentlich, brauchte es doch dazu die Genehmigung durch Gerichts- oder Verwaltungsbehörden. Dabei stand die Gewährleistung der gesetzlichen Erbfolge im Vordergrund.

§ 101. Das Leibrentenversprechen

I. Begriff

1. Selbständige Leibrentenversprechen

Das schweizerische OR enthält, ebenso wie das BGB, keine Legaldefinition des Leibrentenvertrages. Literatur und Rechtsprechung kennzeichnen diesen als ein s e l b s t ä n d i g e s Versprechen, dem Gläubiger während der Lebensdauer einer Person bestimmte, periodisch wiederkehrende Leistungen in Geld oder vertretbaren Sachen (nicht dagegen in Dienstleistungen)[1] zu erbringen[2]. Das Versprechen kann gegen ein Entgelt erfolgen oder unentgeltlich sein. Das Bundesgericht[3] bestätigte diese Auffassung über die rechtliche Natur der Leibrente unter Verweis auf das deutsche Reichsgericht, wonach das Leibrentenversprechen unabhängig und losgelöst von sonstigen Beziehungen und Verhältnissen der Parteien abgegeben werden muß[4]. Dabei wird ein einheitliches Stammrecht von den periodisch fällig werdenden Einzelrenten unterschieden. Der Gesetzgeber hat die mit der Rentenleistung

---

[1] Theoretisch ist ein derartiges lebenslängliches Rechtsverhältnis denkbar, praktisch wird es kaum vorkommen. Vor allem würden für die Dienstleistungen besondere Vorschriften gelten, wodurch die Anwendung der Bestimmungen über die Leibrente in Frage gestellt würden.

[2] OSER/SCHÖNENBERGER, N. 2 zu Art. 516 OR; BECKER, N. 1 zu Art. 516 OR; WEGMANN, S. 36.

[3] BGE 70 III, 1944, S. 615.

[4] RG 94, S. 157. Im Gegensatz dazu konstruiert der Code civil in Art. 1909/10 das Leibrentenversprechen als Darlehen, bei welchem der Darlehensgeber von vornherein auf die Rückzahlung verzichtet, was doch dem Wesen des Darlehens widerspricht. Ferner unterscheidet er, wie der Codice civile italiano, eine rente perpétuelle von der rente viagère, die stets auf die Lebensdauer einer Person gestellt wird und unkündbar ist.

verbundenen Rechte und Pflichten in summarischer Weise geregelt, insbesondere durch Vorschriften über die Vertragsform, die Vererblichkeit der Ansprüche, über die Periodizität, den Zeitpunkt der Leistung, die Abtretbarkeit und Pfändbarkeit. Da jedoch lebenslängliche Renten bei zahlreichen Rechtsverhältnissen abgemacht werden, wäre eine einheitliche Regelung für alle diese aus den verschiedensten Rechtsgründen stammenden Versprechen nicht angemessen. Man wird bei der Abgrenzung des Leibrentenversprechens von den übrigen lebenslänglichen Renten Selbständigkeit annehmen, wenn der Rentengläubiger entweder das Versprechen als Schenkung entgegennimmt oder seine vermögensrechtliche Gegenleistung ausschließlich erbringt, um eine lebenslängliche Rente zu erhalten. Im übrigen wird man bei der Frage der Unterstellung der Leibrenten unter die Art. 516 ff. OR grundsätzlich diese Bestimmungen anwenden, sofern sich aus dem Causalverhältnis keine widersprechenden Regeln ergeben. Diese Auffassung steht im Einklang mit der Interpretation des Bundesgerichts über die Anwendbarkeit von Art. 516 ff. OR auf Leibrentenversicherungen, welche an sich gemäß Art. 520 OR von den Vorschriften über den Leibrentenvertrag ausgeschlossen sind. Trotz dieser gesetzlichen Bestimmung nimmt das Bundesgericht[5] an, die Vorschriften über die Leibrente seien auch bei Rentenversicherungen maßgebend, soweit sie nicht im Widerspruch zum Versicherungsvertragsgesetz ständen; selbständige Rentenversprechen können nicht nur auf Vertrag, sondern auch auf Erbvertrag, Vermächtnis, Vergleich oder Urteil beruhen. Bei unselbständigen Rentenversprechen ist gewöhnlich nicht eine vollständige, sondern nur eine teilweise analoge Beurteilung möglich, die sich auf einzelne oder mehrere Vorschriften bezieht, wobei man die Auslegungsregeln über gemischte Verträge anwenden wird. Es sei hier kurz auf einige unselbständige Rentenversprechen sowie auf die Rentenversicherung eingegangen, um die Mannigfaltigkeit der Probleme und Lösungen bei diesen Rechtsverhältnissen darzutun.

2. Unselbständige Leibrenten

a) Lebenslängliche Renten kommen im Familienrecht sehr häufig vor, so bei Unterhaltsbeiträgen gemäß Art. 151 und 152 ZGB nach vollzogener Scheidung. Die schriftliche Form spielt hier keine Rolle, da diese Renten auf einem Urteil beruhen. Ferner ist bei einer Bedürftigkeitsrente nach Art. 152 ZGB die Vererblichkeit (entgegen Art. 516 Abs. 2 OR) beim Tode des

---

[5] BGE 61 III, 1935, S. 194.

Rentenschuldners im allgemeinen ausgeschlossen, da der Beitrag auf der Beistandspflicht der Ehegatten beruht und von den wirtschaftlichen Verhältnissen des Schuldners abhängt. Beim Verzug gelten Art. 104 ff. OR, doch kommt ein Rücktritt nicht in Frage. Andererseits wird die Rente im Pfändungsverfahren gegen den Schuldner privilegiert, indem das Existenzminimum nur bedingt maßgebend ist. Das gleiche gilt für eine Rente nach Art. 151 ZGB; diese ist jedoch vererblich, sofern sie den Charakter einer Schadenersatzleistung besitzt und nicht für den Verlust des Unterhalts zugesprochen wurde[6]. Auch ein Genugtuungsanspruch nach Art. 151 ZGB verpflichtet die Erben des Schuldners[7]. Nicht verfallene Unterhaltsbeiträge nach Art. 151 und 152 ZGB werden im Konkurs des Rentenschuldners nicht kapitalisiert, sondern laufen weiter, bis allenfalls eine Herabsetzung oder Aufhebung durch Vertrag oder Urteil erfolgt. Eine Ausnahme soll gelten bei unabänderlichen Renten, welche auch bei Wiederverheiratung des Berechtigten weiter bezahlt werden müssen; derartige Renten werden als Konkursforderungen behandelt[8].

b) Die Unterstützungspflicht für Blutsverwandte nach Art. 335 ZGB beruht auf dem Gesetz. Es bedarf hier keiner Formvorschrift, auch wenn ausnahmsweise – so bei der Versorgung Geisteskranker – eine lebenslange Verpflichtung gegeben ist; ferner findet keine Vererbung statt, wie sie Art. 516 OR vorsieht; vielmehr sind bei einem blutsverwandten Erben die Vermögensverhältnisse aufs neue daraufhin zu prüfen, ob eine Unterstützungsleistung verfügt werden kann. Eine Kapitalisierung der Beiträge im Konkurse des Unterstützungspflichtigen entfällt, da ja dessen jeweilige Vermögenslage darüber entscheidet, ob und wieweit er unterstützungspflichtig ist.

c) Bei Schadenersatzansprüchen in Rentenform, insbesondere Verpflichtungen infolge eines Unfalles, wird praktisch bei gütlicher Verständigung stets die Schriftform angewendet, doch sollte ein beweisbares mündliches Versprechen genügen, handelt es sich doch um die Wiedergutmachung eines der Gegenpartei zugefügten Nachteils, wofür der Rentenschuldner verantwortlich ist. Auch hier ist Vererbung wie beim selbständigen Leibrentenvertrag anzunehmen. Während SUVA-Renten einer Pfändung entzogen sind, trifft dies bei gewöhnlichen Unfallrenten, soweit sie den Notbedarf übersteigen, nicht zu. Beschränkungen der Abtretbarkeit bei lebenslänglichen Schadenersatzrenten sind wohl nicht anzunehmen (so nützlich sie bisweilen

---

[6] H. HINDERLING, das Schweizerische Ehescheidungsrecht, 3. Aufl., Zürich 1967, S. 147.
[7] OSER/SCHÖNENBERGER, N. 11 zu Art. 47 OR und viele andere.
[8] BGE 40 III, 1914, S. 456; 85 III, 1959, S. 191.

sein könnten), wird doch eine in einem einzigen Betrag bezahlte Schaden-ersatzsumme mit keiner Verfügungsbeschränkung verbunden. Im Verzugs-falle fällt ein Rücktritt nicht in Betracht.

d) Bei Leibrentenversicherungsverträgen gilt nach Art. 520 OR das Gesetz über den Versicherungsvertrag vom 2. April 1908, abgesehen von Art. 519 OR und andern von der Praxis allenfalls analog behandelten Tatbeständen. Hiebei wird vorausgesetzt, daß der Versicherer diesem Ge-setze unterworfen ist, nicht als Verein nach Art. 101 VVG davon befreit wird. So ist für die Entstehung des Vertrages Art. 1 VVG maßgebend, für die Abtretung Art. 73 VVG. Demnach ist nebst der schriftlichen Abtretungs-erklärung die Übergabe der Versicherungspolice erforderlich.

Für die Begünstigung gilt Art. 76 VVG. Wird die Gegenleistung des Versicherungsnehmers nicht in einem Mal bezahlt, sondern in periodischen Prämien, kann die Versicherung in eine prämienfreie umgewandelt oder auch zurückgekauft werden (Art. 90 VVG). Im Konkurs der Versicherungsgesell-schaft besteht nur ein Anspruch des Rentners auf einen Anteil am Deckungs-kapital[9]. Da Bestimmungen des OR nur sporadisch zur Anwendung gelan-gen, erübrigt sich hier ein Eingehen auf weitere Einzelheiten.

e) Ruhegehaltsversprechen sind keine selbständigen Leibrentenver-träge. Sie bilden einen Bestandteil des Entgeltes für erbrachte Arbeitsleistun-gen und sind demgemäß als Nebenabreden zum Dienstvertrag zu behan-deln[10]. Das gleiche gilt für eine Witwenrente[11]. Infolgedessen bedarf es beim Versprechen von Pensionen keiner Schriftform, sofern sich der Dienst-geber während des Dienstverhältnisses verpflichtet hat. Diese Lösung ent-spricht dem allgemeinen Bedürfnis, den Dienstnehmer vor der Not des Alters zu bewahren, ein Interesse, das nicht an Formvorschriften scheitern sollte[12]. Forderungen aus derartigen Versprechen sind abtretbar und können gepfändet werden. Dagegen sind sie gläubigerseits nicht vererblich. Ruhe-gehaltsversprechen, Altersrenten, Rentenversicherungen sind weitverbrei-tete Rechtsgeschäfte, welche die Arbeitnehmer mit dem Arbeitgeber oder mit einer von diesem begründeten Personalfürsorgestiftung abschließen; der Versicherungsvertrag hingegen wird gewöhnlich als Einzel- oder Kollektiv-versicherung vom Geschäftsinhaber mit der Versicherungsgesellschaft zu-

---

[9] Oser/Schönenberger, N. 1–2 zu Art. 520 OR.
[10] BGE 73 II, 1957, S. 226.
[11] BGE 70 III, 1954, S. 65.
[12] Hiezu I. Herzfeld, zur Formgültigkeit mündlicher Pensionsversprechen, SJZ 30, 1933/34, S. 54–57; Stofer, in: Festgabe Goetzinger, Basel 1935, S. 265, 278, 280.

gunsten des Angestellten vereinbart. Man kann bei diesen Rechtsverhältnissen unterscheiden, ob die Parteien des Arbeitsvertrages Beiträge an die
künftigen Vorsorgeleistungen entrichten, oder ob ein Unternehmen, was
heute selten vorkommt, ein Ruhegehalt aus dem jeweiligen Geschäftsertrag
begleicht, ohne einen Fonds zu äufnen oder Rückstellungen zu machen. Im
letzten Fall hat der Arbeitnehmer bei vorzeitiger Beendigung des Arbeitsvertrages kaum einen Anspruch zu stellen. Das neue Gesetz über den Arbeitsvertrag vom 25. Juni 1971, in Kraft seit dem 1. Januar 1972, hat unter
Aufrechthaltung des Grundsatzes der Freiwilligkeit die Stellung des Arbeitnehmers, weit über Art. 89bis ZGB hinausgehend, verbessert, sofern von
den Parteien oder auch vom Arbeitgeber allein an die künftige Pension
Beiträge bezahlt werden. Nach dem bisherigen Recht konnte der Arbeitnehmer bei vorzeitiger Auflösung des Dienstverhältnisses gemäß Art. 343bis
OR nur seine eigenen Beiträge samt Zins zurückfordern, aber darüber nach
seinem Belieben verfügen. Das neue Recht verfügt zunächst zur Sicherung
des Arbeitnehmers, daß Zuwendungen des Arbeitgebers oder Zahlungen
des Arbeitnehmers an eine Stiftung, Genossenschaft oder Einrichtung des
öffentlichen Rechts zu erbringen sind (Art. 331 OR); hiebei darf das Stiftungs-
vermögen ohne Sicherstellung nicht im Unternehmen des Arbeitgebers angelegt werden, soweit es aus Arbeitnehmerbeiträgen besteht. Die Errichtung
einer Personalfürsorgeeinrichtung ist nicht erforderlich bei einer Versicherung des Arbeitnehmers, sofern ihm bei Eintritt des Versicherungsfalles ein
selbständiges «Forderungsrecht» gegen den Versicherungsträger zusteht.
Sehr wesentlich ist sodann die Vorschrift, daß der Arbeitgeber, dessen Be-
legschaft Beiträge an eine Personalfürsorgestiftung entrichtet, mindestens
gleich hohe eigene Beiträge zu erbringen hat. Erhält der Arbeitnehmer bei
Beendigung des Dienstverhältnisses vor Erreichung des Pensionsalters keine
Auszahlungen von der Fürsorgeeinrichtung (eine vorzeitige Auszahlung der
Beiträge darf, wenn überhaupt, nur bei einem triftigen Interesse des Arbeitnehmers erfolgen), so steht ihm gegen diese eine Forderung zu, die mindestens seinen Beiträgen samt Zins entspricht. Bei einer fünfjährigen oder
längeren Beitragsdauer ist diese Forderung um einen angemessenen Anteil
der Beiträge des Arbeitgebers zu erhöhen, nach einer dreißigjährigen Zah-
lungsdauer erfaßt sie auch die gesamten Beitragsleistungen des Arbeitgebers
(Art. 331 a OR). Was als angemessener Beitrag gemäß Art. 331 a Abs. 2 OR
gilt, wird nicht gesagt; man darf wohl annehmen, daß dieser Anteil um so
größer wird, je länger die Parteien Beiträge geleistet haben; auch können
persönliche Umstände bedeutsam werden, so, wenn der Arbeitnehmer für
seinen Beruf invalid wird. In Analogie hiezu steht dem Arbeitnehmer, der
Prämien an eine Versicherung erbracht hat, nach Art. 331 b OR bei Beendi-

gung des Arbeitsverhältnisses eine Forderung zu, sofern er nicht sofort die Versicherungssumme ausbezahlt erhält. Diese Forderung entspricht mindestens seinen Beiträgen unter Abzug der Aufwendungen zur Deckung eines Risikos während der Dauer des Arbeitsverhältnisses. Nach einer fünfjährigen oder längeren Dauer der Beitragsleistungen entspricht die Forderung einem der Anzahl der Beitragsjahre angemessenen Teil des Deckungskapitals, wie er sich nach der tatsächlichen Dauer des Arbeitsvertrages ergibt. Die Forderung umfaßt das gesamte Deckungskapital, wenn für dreißig oder mehr Jahre Beiträge geleistet wurden. Dies gilt auch, wenn der Arbeitgeber auf Grund einer Abrede allein Prämien bezahlt hat. Sofern man keine Indexklausel abmacht, werden derartige Forderungen infolge Inflation und Teuerung rasch entwertet und stellen bei Erreichung des Pensionsalters unter Umständen nur einen Bruchteil des ursprünglichen Realwertes dar, obschon die Beitragsleistungen in «vollwertigem» Geld entrichtet wurden. Will man nunmehr allgemein derartige Pensionen einführen und als obligatorisch erklären, hat man auch die Pflicht, den Schwankungen des Geldwertes unter allen Umständen Rechnung zu tragen.

Zur Erleichterung der Freizügigkeit hat eine Personalfürsorgeeinrichtung die dem Arbeitnehmer nach Art. 331 a OR zustehende Forderung durch Begründung einer Forderung auf künftige Vorsorgeleistungen zu seinen Gunsten bei der Fürsorgeeinrichtung eines anderen Arbeitgebers oder bei einer Versicherungsanstalt oder allenfalls durch Errichtung eines Sparheftes bei einer Kantonalbank abzulösen (Art. 331 c OR). Vor der nach dem Reglement einer Fürsorgeeinrichtung eintretenden Fälligkeit kann die Forderung auf künftige Vorsorgeleistungen weder abgetreten noch verpfändet werden. Wie es mit der Möglichkeit einer Pfändung steht, wird nicht gesagt, ebensowenig, was bei einem Konkurs auf Grund einer Insolvenzerklärung geschieht. Bleibt der Arbeitnehmer nach Auflösung des Dienstvertrages Mitglied einer Fürsorgestiftung, ist weiter nichts vorzukehren. Diese Lösung dürfte mit erheblichen Umtrieben verbunden, aber nicht unpraktikabel sein.

Die Bestimmungen von Art. 331 a und b OR erschweren Kündigungen des Arbeitsvertrages kurz vor der Erreichung der Altersgrenze zur Umgehung der Pensionierung. Derartige Vertragsauflösungen sind jedoch sowohl bei einem Ruhegehaltsversprechen, wo keine Beiträge beglichen werden, wie im Normalfall, wo Pensionskassen und Versicherungen bestehen, rechtsmißbräuchlich, wenn nicht triftige, vom Arbeitnehmer verschuldete Gründe die Kündigung rechtfertigen. Der Schutz des Arbeitnehmers als Ruhegehaltsempfänger ist gegenüber dem des gewöhnlichen Leibrentengläubigers viel umfassender, indessen kommt auch dem Ruhegehaltsversprechen ein aleatorischer Charakter zu.

3. Leibrente und Nutznießung

Das Leibrentenversprechen unterscheidet sich von einer Nutznießung zum Beispiel an einem Wertpapiervermögen durch seine obligatorische Natur; ferner besitzt der Nutznießer das ihm zur Nutzung überlassene Vermögen, wogegen der Leibrentenschuldner Eigentümer und Besitzer der ihm als Entgelt für die Rente übergebenen Vermögenswerte wird.

II. Vertragsinhalt

Üblicherweise wird eine Leibrente auf die Lebenszeit des Rentengläubigers gestellt. Art. 516 Abs. 2 OR enthält hiefür eine gesetzliche Vermutung. Die Erben des Schuldners haben daher die Rente weiter zu zahlen, sofern nichts anderes vereinbart wird. Eine geschenkte Leibrente endet dagegen ohne eine andere Anordnung gemäß Art. 252 OR mit dem Tode des Schenkers. Ist indessen die Lebenszeit des Schuldners oder eines Dritten für die Dauer der Rente maßgebend, so geht diese im Zweifel auf die Erben des Gläubigers über (Art. 516 Abs. 3 OR). Statthaft ist eine Resolutivbedingung für die Beendigung des Vertragsverhältnisses, so zum Beispiel infolge Verarmung des Schuldners[13], Auflösung der Ehe des Gläubigers mit der Tochter des Rentenschuldners oder Wiederverheiratung einer rentenberechtigten Witwe[14]. Dagegen ist eine Befristung nicht möglich, da sonst das aleatorische Moment entfiele. Es geht daher nicht an, wie SCHÖNENBERGER[15] annimmt, eine Leibrente nach Art. 516 ff. OR zu bestellen, die im Zeitpunkt, in welchem der Gläubiger eine Altersrente erhält, hinwegfällt. Bei einem entgeltlichen Leibrentenversprechen kann das Entgelt in einem Mal oder in zahlreichen Raten beglichen werden wie bei den Beitragsleistungen an eine Pensionskasse.

III. Vertragsform

Art. 516 OR schreibt für das selbständige Leibrentenversprechen zum Schutze der Parteien, insbesondere des Schuldners, die schriftliche Form vor. Bei einer Schenkung, also einem einseitigen Vertrag, genügt dabei die Unterschrift des Schenkers. Wird als Gegenleistung des Rentengläubigers

---

13 OSER/SCHÖNENBERGER, N. 2 zu Art. 516 OR.
14 BGE 70 III, 1944, S. 67/68.
15 N. 2 zu Art. 516 OR.

der Schuldner zu dessen Erben eingesetzt, ist die Form des Erbvertrages notwendig, bei einem Vermächtnis die Form einer letztwilligen Verfügung, bei einer Übertragung von Grundeigentum die notarielle Beurkundung. Bei einem Erbvertrag wird der Erblasser meistens für eine Sicherstellung besorgt sein müssen, insbesondere ein Pfandrecht an einem Grundstück bestellen, da sonst der auf das Erbe allein angewiesene Rentenschuldner in hohem Maße gefährdet wäre.

IV. Gläubigerrechte

1. Legitimation

Als Gläubiger eines Leibrentenversprechens kommen nur natürliche Personen in Frage, was sich schon aus dem Wortlaut von Art. 516 OR ergibt, fehlt doch für die Bestimmung der Dauer einer juristischen Person jede Berechnungsgrundlage. Bei einer Festsetzung der Dauer einer juristischen Person wiederum würde der aleatorische Charakter des Rechtsgeschäftes entfallen. Rentengläubiger dürfen auch mehrere Personen sein[16]. Ferner kann durch Vertrag zugunsten eines Dritten der letztere unmittelbar als Leibrentengläubiger berechtigt werden. Als Rentenschuldner kann auch eine juristische Person auftreten, sofern die Rente nicht auf deren Existenz abstellt.

2. Vorauszahlung

Leibrenten sind grundsätzlich in halbjährigen Perioden vorauszahlbar (Art. 518 OR), auch wenn sie betragsmäßig Jahresrenten darstellen[17]. Diese Lösung ist unpraktisch, muß doch der Rentenempfänger sein Geld auf längere Zeit einteilen, was oft Mühe bereitet und nicht immer gelingt. Demgemäß werden die meisten periodischen Leistungen in viel kürzeren Intervallen erbracht, so die Unterhaltsbeiträge im Familienrecht, Unfallrenten und Raten aus Abzahlungskäufen. Nach Art. 518 OR ist die vorauszahlbare Einzelrente auch dann ganz geschuldet, wenn der Gläubiger in der Zwischenzeit stirbt. Dies entspricht einem Bedürfnis, da der Gläubiger oft Auslagen für die ganze Rentenperiode zu erbringen hat (z. B. Mietzinse, Versicherungsbei-

---

[16] WEGMANN, S. 71.
[17] OSER/SCHÖNENBERGER, N. 1 zu Art. 518 OR.

träge) oder durch Krankheit und Tod für die Erben eine erhebliche Belastung eintritt. Ist jedoch eine Rente nicht vorauszahlbar, sondern am Ende der Periode zu entrichten, so sollte sie bei vorzeitigem Tod des Gläubigers zum mindesten bis zum Todestag erbracht werden, da ja die zuletzt bezahlte Rente gewöhnlich nicht mehr für alle während der kommenden Periode erwachsenden Auslagen zur Verfügung steht, dies im Interesse der Sicherung des Rentengläubigers und seiner Erben[18].

3. Konkurs

Im Konkurs des Rentenschuldners kann der Gläubiger eine Forderung stellen in einem Betrag, wie er zum Erwerb der nämlichen Leibrente bei einer soliden Versicherungsanstalt benötigt würde. Dabei ist der Tag der Konkurseröffnung für die Berechnung der Dauer der Leibrente maßgebend. Diese Lösung drängt sich auf, da ja der Schuldner mutmaßlich die weiteren Renten nach der bei Konkursausbruch beginnenden Lebenserwartung hätte begleichen müssen, nicht gemäß der bei Vereinbarung der Rente bestehenden, im Ergebnis kürzeren Lebenserwartung. Beruht indessen die Leibrente auf einem Schenkungsversprechen, so entfällt gemäß Art. 250 Abs. 2 OR jeder weitere Anspruch des Gläubigers mit der Eröffnung des Konkurses. Während beim Konkurseintritt alle Geldforderungen, also auch die einzelnen Leibrenten fällig werden, hat der Gläubiger im Pfändungsverfahren keine Vorzugsstellung, wie sie nach Art. 111 SchKG dem Pfründer zusteht, der als Hausgenosse des Pfrundgebers gleich wie der Ehegatte oder wie Kinder des Gepfändeten behandelt wird und ein Anschlußrecht erhält.

4. Abtretbarkeit

Literatur und Rechtsprechung unterscheiden grundlegend bei der Leibrente das Stammrecht von den einzelnen Renten. Das erste besteht nach BGE 61 III, 1935, S. 194 «nicht nur aus den einzelnen aufschiebend bedingten Rentenansprüchen, vielmehr erwirbt der Rentengläubiger ein in sich abgeschlossenes, einheitliches, nutzbares Grundrecht» (Art. 131 OR: «ein Forderungsrecht im ganzen»), «welches die einzelnen aufschiebend bedingten Rentenansprüche gleichsam wie Früchte aus sich hervorbringt». Es kann verbürgt und gesichert werden. Die Unterscheidung eines Stammrechts von

---

[18] Oser/Schönenberger, N. 4 zu Art. 518 OR.

den Einzelrenten ist bedeutsam bei der Verjährung, da für das einheitliche Stammrecht eine zehnjährige Frist vorgesehen wird (Art. 127 OR), für die Einzelrenten dagegen laut Art. 128 Ziff. 1 OR fünf Jahre genügen. Die Verjährung beginnt beim Stammrecht mit dem Zeitpunkt der Fälligkeit einer ersten selbständigen Leistung. Sie wird durch jede Zahlung einer Rente unterbrochen. Beim Dahinfall der Gesamtforderung gehen auch die einzelnen Renten unter. Aus Art. 519 Abs. 1 OR wird geschlossen, der Leibrentengläubiger könne zwar die Ausübung seiner Einzelrechte abtreten, nicht aber auch das Stammrecht als solches. Diese Deutung ist schlüssig, da ja grundsätzlich vermögensrechtliche Forderungen abtretbar sind, und die Regel des Art. 519 Abs. 1 OR nicht verständlich wäre, wenn sie nicht eine Beschränkung enthielte. Die Abtretung der Einzelrenten kann vertraglich ausgeschlossen werden, das Verbot hat jedoch auf eine Pfändung keinen Einfluß[19]. Da die Unabtretbarkeit des Stammrechtes den Schutz des Rentengläubigers gegen eine Entblößung von Mitteln in der Zukunft bezweckt[20], sollte eine Abtretung aller künftigen Einzelrenten nicht statthaft sein, da sonst der Zweck des Gesetzes verfehlt würde und die Ungültigkeit der Abtretung des Stammrechtes keinen Sinn hätte. Aus dem Ausdruck, der Gläubiger könne die Ausübung seiner Rechte abtreten, hat man gefolgert, eine Abtretung sei nur bei fälligen Renten möglich, nicht aber bei zukünftigen Forderungsrechten, die man noch nicht ausüben könne[21]. Diese Argumentation scheint etwas gesucht zu sein, weil weder sprachlich noch dem Sinn nach eine künftige Ausübung eines Rechtes ausgeschlossen ist. Soll der Schutz des Rentengläubigers, wie er im Verbot der Abtretung des Stammrechtes zum Ausdruck kommt, gewährleistet werden, andererseits aber eine Abtretung künftiger Einzelrechte möglich sein, so drängt sich eine vermittelnde Lösung auf. Nach BGE 64 III, 1938, S. 180 sind die einzelnen Renten nur beschränkt pfändbar, und zwar die innert Jahresfrist fälligen Einzelrenten. Dabei können grundsätzlich nur Rechte gepfändet werden, welche ihrer Natur nach auch verwertbar, also nicht höchstpersönlicher Art sind, sondern an Dritte abgetreten werden können. Demnach läßt sich erwägen, die Abtretbarkeit künftiger Renten jeweilen auf ein Jahr zu beschränken. In keinem Falle aber sollte eine Zession künftiger Renten einer Abtretung des Stammrechtes gleich- oder nahekommen. Mit dieser Auffassung läßt sich die Bestellung einer lebenslänglichen Nutznießung am Stammrecht nicht vereinbaren. Hält man jedoch die einzelnen vergangenen, gegenwärtigen und künftigen Ren-

---

[19] BGE 64 III, 1938, S. 181/82.
[20] So BGE 61 III, 1935, S. 194.
[21] BECKER, N. 1 zu Art. 519 OR.

tenleistungen auch für abtretbar, wenn man sie in ihrer Gesamtheit überträgt, dann ist der Begriff des Stammrechtes weitgehend entwertet. Es handelt sich dann nur um eine Konstruktion, um überhaupt ein besonderes Schuldverhältnis annehmen zu können[22].

Art. 519 Abs. 2 OR entzieht eine Leibrente überhaupt jeglichem Beschlagsrecht, wenn ein Dritter sie dem Gläubiger schenkt mit der Bestimmung, daß sie nicht durch eine Zwangsvollstreckung dem beschenkten Gläubiger weggenommen werden kann. Diese Vorschrift ist nach Art. 520 OR auch bei Leibrentenversicherungen anzuwenden. Eine Benachteiligung der Gläubiger tritt dadurch nicht ein, weil der Schenker wohl dem Rentner, nicht aber Dritten ein Geschenk machen wollte. Ferner kann nach BGE 79 III, 1953, S. 71 eine als Erbvorempfang gewährte Rente vom Erblasser als unpfändbar erklärt werden. Alle übrigen Leibrenten sind beschränkt pfändbar, indem der Notbedarf des Rentengläubigers beachtet werden muß. Ebenso ist stets pfändbar, was der Rentner mit der Leibrente erworben hat, zum Beispiel ein Möbelstück oder Schmuck.

5. Verzug

Gerät der Rentenschuldner in Verzug, kann der Gläubiger beim zweiseitigen Vertrag nach Art. 107 OR vorgehen und entweder die fälligen Raten fordern oder den Rücktritt erklären[23], sofern eine erhebliche Zahl von Raten rückständig ist und aus dem Verhalten des Schuldners sich das Unvermögen oder der Unwille ergibt, den Vertrag zu erfüllen. Terminverlustklauseln sollten indessen nicht zulässig sein, da der Schuldner bei der langen Dauer des Vertrages vorübergehend in Zahlungsschwierigkeiten geraten kann. SCHÖNENBERGER verneint die Möglichkeit eines Rücktrittes[24], da der Verzug mit Einzelrechten nicht einen Teilverzug des Stammrechtes bedeute. Aus praktischen Gründen ist es jedoch dem Rentengläubiger unzumutbar, andauernd die einzelnen Raten einzutreiben und allenfalls mit Verlustscheinen bedacht zu werden, statt bei einem rechtzeitigen Rücktritt vielleicht noch einen Teil des erbrachten Entgeltes der Leibrente zu retten. Gerät der Schenker als Leibrentenschuldner in Verzug, so kann er sich unter Umständen auf eine Verschlechterung seiner Vermögenslage oder auf eine Vermeh-

---

[22] Vgl. Kommentar der Reichsgerichtsräte, BGB § 759, N.3a; OSER/SCHÖNENBERGER, N.2 zu Art.519 OR; VON TUHR/SIEGWART, OR, § 94, N.2; GUHL, OR, S.375, welche anscheinend keine Beschränkung der Abtretbarkeit der zukünftigen Renten als notwendig erachten.
[23] BGE 82 II, 1956, S.441; BECKER, N.6 zu Art.516 OR.
[24] N.2 zu Art.518 OR, ebenso RG 106, 96.

rung familienrechtlicher Pflichten berufen und nach Art. 250 Abs. 1 Ziff. 2 und 3 OR das Schenkungsversprechen widerrufen.

V. Beendigung des Leibrentenvertrages

Im Gegensatz zu den allgemeinen Aufhebungsgründen eines Vertrages, so zum Rücktritt infolge Verzuges, zum Konkurs, zur Verjährung, zum Verzicht, ist eine Verrechnung seitens des Schuldners mit dem Stammrecht des Gläubigers nicht vereinbar, da dieses als solches nicht fällig ist und nach seinem Zweck auch nicht vor der Fälligkeit erfüllbar wäre. Eine Verrechnung mit den Einzelrenten kommt nur in Betracht, soweit diese nicht für den Lebensunterhalt notwendig sind[25]. Problematisch wäre auch die Vereinbarung einer Kündigungsmöglichkeit seitens der Parteien, weil damit das Verhältnis zwar auf eine unbestimmte Zeit abgeschlossen würde, aber nicht mehr unbedingt auf die Lebenszeit einer Person. Indessen dürfte in einem solchen Falle die Schutzbedürftigkeit des Rentners nicht geringer sein als für den eigentlichen Leibrentner, besonders wenn er der Gegenpartei sein ganzes Vermögen übergab oder einen großen Teil desselben, was die Anwendung der Art. 516 ff. OR rechtfertigen würde.

VI. Geldentwertung

Ein ernstes Problem für alle Arten von Leibrenten wird durch die seit Jahrzehnten fortschreitende Geldentwertung und die teilweise dadurch bedingte Teuerung geschaffen, wird doch damit die Gleichwertigkeit von Leistung und Gegenleistung aufgehoben. Beträgt die Entwertung innerhalb von 20 Jahren 30–50%, so ist die Sicherung des Rentenempfängers in hohem Maße gefährdet. Praktisch kann man versuchen, diesen Mißstand durch eine Indexklausel zu beheben. Dies ist jedoch nach dem gegenwärtigen Recht nicht durch einen Eingriff des Richters, sondern nur durch eine Vereinbarung möglich und bedingt wirtschaftlich, daß der Leibrentenschuldner in der Lage ist, das vom Rentner empfangene Kapital «wertbeständig» anzulegen. Während Gesellschaften die hiemit verbundenen Schwierigkeiten eher meistern können, ist dies Einzelpersonen weniger möglich, sofern sie nicht das Entgelt zu einem Grundstückskauf oder zum Erwerb eines andern Sachwertes verwenden und die einzelnen Renten aus einem der Teuerung

---

[25] VON TUHR/SIEGWART, OR, II, S. 643.

entsprechend sich steigernden Einkommen begleichen können. In Ländern, welche einen raschen Währungszerfall erleben, muß der Gesetzgeber einspringen. So hat man in Frankreich nach dem Zweiten Weltkrieg in kurzen Abständen eine Reihe von Gesetzen und Verordnungen über die Anpassung von Leibrenten und Versicherungsrenten erlassen[26]. Die gleiche Problematik besteht bei der Abmachung von Goldklauseln, wobei deren Gültigkeit bisweilen durch staatliche Eingriffe aufgehoben oder beschränkt wird. Auch wo die Bezahlung eines Schadenersatzes oder Unterhaltsbeitrages auf einem Urteil beruht und man eine Wertbeständigkeit der in Geld zu begleichenden Renten erstrebt, darf man nicht die Schwierigkeiten des Rentenschuldners, sich selbst gegen die Folgen einer schleichenden Inflation zu sichern, außer acht lassen. Diese Auffassung entspricht BGE 53 II, 1927, S.76 ff., wo die Aufwertung einer Lebensversicherungsrente, welche auf Deutsche Mark gestellt war, aber zum schweizerischen Versicherungsbestand der Versicherungsgesellschaft gehörte, unter genauer Abwägung der gegenseitigen Risiken und der wirtschaftlichen Umstände, wie sie bei beiden Parteien gegeben waren, erfolgte.

VII. Internationales Privatrecht

Nach den Regeln des internationalen Privatrechts bildet die Leistung des Rentenschuldners das charakteristische Element des Leibrentenvertrages, somit auch den Anknüpfungspunkt für das anzuwendende materielle Recht[27]. Demgemäß ist das am Wohnsitz des Schuldners geltende materielle Recht für das Vertragsverhältnis maßgebend.

---

[26] Loi du 25 mai 1949 révisant certaines rentes viagères entre particuliers. Dieses Gesetz sieht Erhöhungen alter Renten vor. Der Rentenschuldner kann jedoch ganz oder teilweise von der Verpflichtung, höhere Renten zu zahlen, befreit werden, wenn er beweist, daß die in Sachwerten erhaltene Gegenleistung keine Wertvermehrung erfahren hat. Das Gesetz enthält zahlreiche Einzelvorschriften. – Loi du 2 août 1949 portant révision de certaines rentes viagères par les compagnies d'assurance. – Loi du 24 mai 1951 portant majoration de certaines rentes viagères et pensions. – Loi du 22 juillet 1952 modifiant et complétant la loi du 25 mai 1949 révisant certaines rentes viagères entre particuliers. – Loi du 9 avril 1953 portant relèvement des taux de majoration de certaines rentes viagères. – Loi du 11 juillet 1957 portant harmonisation de la législature relative aux rentes viagères. – Loi de finance pour 1965 du 23 décembre 1964 Art. 69. – Loi de finance pour 1967 du 17 décembre 1966 Art. 63.

[27] So F. VISCHER, Internationales Vertragsrecht, Bern 1962, S. 128.

§ 102. Der Verpfründungsvertrag

I. Begriff

1. Der Verpfründungsvertrag nach Art. 521 OR

Im Gegensatz zum Leibrentenversprechen enthält das OR in Art. 521 für den Verpfründungsvertrag eine Legaldefinition, welche weitgehend dem früheren zürcherischen kantonalen Recht entspricht. Demnach verpflichtet sich der Pfründer, dem Pfrundgeber ein Vermögen oder einzelne Vermögensrechte zu übertragen, und der Pfrundgeber, der Gegenpartei Wohnung, Unterhalt und Pflege auf Lebenszeit zu gewähren. Es handelt sich somit eindeutig um einen obligatorischen gegenseitigen Vertrag, wobei man grundsätzlich die Gleichwertigkeit der beidseitigen Leistungen annimmt[1]. Wird nur ein Teil der für den Lebensunterhalt notwendigen Leistungen erbracht, ist kein Verpfründungsvertrag im Sinne von Art. 521 ff. OR gegeben, jedoch immerhin ein gültiger Vertrag, für den die allgemeinen Bestimmungen des OR maßgebend sind. Beim gesetzlich geregelten Verpfründungsvertrag muß dem Pfrundgeber das Eigentum an dem vom Pfründer zu übergebenden Vermögenswert verschafft werden. Die bloße Bestellung einer Nutznießung genügt nicht[2]. Als Gegenleistung kann eine Liegenschaft übertragen werden[3]. Nach BGE 89 II, 1963, S. 256 verjährt der Anspruch des Pfrundgebers auf Übertragung der Liegenschaft innert 10 Jahren, auch wenn der Pfrundgeber den Vertrag erfüllt, doch darf die Einrede der Verjährung nicht rechtsmißbräuchlich sein. Wird eine Pfründe geschenkt, gelten die Bestimmungen über das Schenkungsversprechen (Art. 243 ff. OR), was nur die Anwendung der schriftlichen Form erfordert[4].

Liegt ein mit einer Schenkung verbundener Verpfründungsvertrag vor, hat man das Verhältnis gemäß den Regeln über gemischte Verträge zu beurteilen, demgemäß die strengere Form der öffentlichen Beurkundung zu verlangen, und bei den Aufhebungsgründen (Art. 526–528 OR) jeweilen festzustellen, inwiefern eine Schenkung gewollt war, und danach die Auseinandersetzung vorzunehmen[5]. Immerhin sollte man hier, entgegen der herrschenden Meinung, eine Kündigung infolge eines Mißverhältnisses

---

[1] Argumentum ex Art. 526 OR.
[2] BGE 44 II, 1918, S. 343.
[3] BGE 67 II, 1941, S. 149.
[4] So BECKER, N. 5 und 7 zu Art. 521 OR.
[5] HOMBERGER, S. 57; BECKER, N. 4 zu Art. 521 OR.

(Art. 526 OR) nicht ohne weiteres ablehnen, da der Pfründer unter Umständen nicht gewillt war, dem Pfrundgeber ein großes Geschenk zu machen, sondern vielmehr in Verkennung des Mißverhältnisses der gegenseitigen Leistungen seine Dreingabe erbrachte. Ferner kann eine Auflösung des Pfrundvertrages aus wichtigen Gründen in Frage kommen, ohne daß diese Gründe für den Widerruf des Schenkungsversprechens genügten. Gewöhnlich dürfte eine Koppelung der beiden Vertragsarten vorliegen, indem die Schenkung nur wegen der Verpfründung erfolgte, so daß das ganze Vertragsverhältnis aufzuheben wäre. Keine besonderen Regeln gelten, sofern ein Pfrundverhältnis auf eine bestimmte Dauer vereinbart wurde, weil dann die Bemessung der gegenseitigen Leistungen viel leichter fällt. Wird die feste Dauer jedoch so angesetzt, daß mit größter Wahrscheinlichkeit der Pfründer vorher stirbt, weil die Vertragsdauer seine Lebenserwartung weit übersteigt, sind wohl Art. 521 ff. OR maßgebend, wie wenn kein fester Termin vereinbart wäre, da dieser fiktiv ist.

2. Der Erbverpfründungsvertrag

Besteht die Gegenleistung des Pfründers in einer Erbeinsetzung oder einem Vertrag über ein Vermächtnis, wie dies bei Verwandten häufig vorkommt, wird das ganze Verhältnis als Erbvertrag behandelt (Art. 521 Abs. 2 OR). Dabei ist die Hingabe von Vermögenswerten an den Pfrundgeber zu Lebzeiten des Erblassers statthaft. Die Beurteilung dieses Rechtsgeschäftes als Erbvertrag erfordert, daß es nach beidseitigem Willen nur gültig sein soll, wenn der Pfrundgeber Erbe wird, also den Erbfall erlebt. Der Erbverpfründungsvertrag unterscheidet sich von der gewöhnlichen Verpfründung in mannigfaltiger Weise:

a) So wird für den Abschluß eines Erbvertrages Mündigkeit und Handlungsfähigkeit vorgeschrieben. Bei der Verpfründung kann dagegen ein Vormund mitwirken unter Genehmigung der Aufsichtsbehörde (Art. 422 Ziff. 4 ZGB).

b) Beide Vertragsarten bedürfen der öffentlichen Beurkundung. Die gemeinsame Aufhebung des Vertrages bedarf jedoch beim Erbverpfründungsvertrag einer schriftlichen Abmachung (Art. 513 Abs. 1 ZGB), wogegen beim normalen Verpfründungsvertrag keine Form vorgeschrieben wird.

c) Nach Art. 513 Abs. 2 ZGB kann nur der Pfründer als Erblasser einseitig mittels der Form einer letztwilligen Verfügung den Erbpfründungsvertrag aufheben, und zwar nur, sofern ein Enterbungsgrund gegeben ist. Außerdem können die Partner den Rücktritt vom Vertrag erklären, wenn die Verpflichtungen zu Leistungen unter Lebenden nicht erfüllt werden (Art. 514 ZGB). Beim Verpfründungsvertrag steht dagegen jeder Partei (neben den Vorschriften über den Verzug) das Recht zu, aus wichtigen Gründen den Vertrag aufzulösen. Art. 527 OR umfaßt im Grunde genommen die Tatbestände der Nichterfüllung eines Vertrages in einer differenzierteren Weise, so daß eine Berufung auf Art. 107 OR selten vorkommen wird. Man nimmt indessen beim Erbverpfründungsvertrag eine Gesetzeslücke an[6] und verlangt bei Verletzung der Vertragspflichten oder bei andern wichtigen Gründen eine analoge Anwendung von Art. 527 OR. Damit verliert Art. 513 Abs. 2 ZGB weitgehend seine Bedeutung. Für die Geltendmachung wichtiger Gründe nach Art. 527 OR besteht keine Formvorschrift.

d) Weiterhin kann beim normalen Verpfründungsvertrag jede Partei beim Bestehen eines schon von Anfang an vorhandenen Mißverhältnisses zwischen Leistung und Gegenleistung nach Art. 526 OR jederzeit auf ein halbes Jahr kündigen. Bei der Erbverpfründung wird dieser Rechtsbehelf nicht zugelassen[7], obschon zwischen dem zu erwartenden Erbe und den Leistungen des Pfrundgebers ein unerträglicher Unterschied denkbar ist.

e) Gemäß Art. 515 ZGB fällt beim Vorabsterben des Pfrundgebers als Erbe das ganze Vertragsverhältnis dahin, wogegen es im Normalfall (Art. 528 OR) auf die Erben übergeht, der Pfründer aber innert Jahresfrist die Aufhebung des Vertrages verlangen kann.

f) Beim Verpfründungsvertrag besitzt der Pfrundgeber keinen Anspruch auf Errichtung eines öffentlichen Inventars, wie er dem Erben nach Art. 534 ZGB zusteht, wenn er zu Lebzeiten des Erblassers dessen Vermögen übertragen erhält.

g) Andererseits erlangt nur der Pfründer, der dem Pfrundgeber eine Liegenschaft übertragen hat, nicht aber auch der Erbe, ein gesetzliches Pfandrecht (Art. 523 OR) für seine Leistungen gleich wie ein Verkäufer (was man bei Art. 837/38 ZGB zu erwähnen vergessen hat). Dabei ist die Interessenlage in beiden Fällen gleichartig.

h) Im Konkurs des Pfrundgebers kann der Pfründer eine Forderung in Höhe einer versicherten Leibrente anmelden, bei der Pfändung sich nach Art. 111

---

[6] So OSER/SCHÖNENBERGER, N. 4 zu Art. 521 OR; HOMBERGER, S. 28/29.
[7] OSER/SCHÖNENBERGER, N. 10 zu Art. 526 OR.

SchKG mit seinen Ansprüchen anschließen. Diese Möglichkeiten sind
bei einer Erbverpfründung nicht gegeben, da ja der Erbpfründer im
Normalfall dem Pfrundgeber und Erblasser kein Vermögen übergeben
hat, demnach nicht zu Schaden gekommen ist.

i) Bei beiden Rechtsinstituten ist eine Anfechtung gegen den Pfrundgeber
   seitens der Erben zulässig; dagegen können bei der Erbverpfründung die
   Gläubiger zu Lebzeiten des Pfrundgebers als Erben nichts unternehmen,
   sofern er vom Erbpfründer nichts erhalten hat, also nicht bereichert ist.

Wo immer es angeht, sollten auch beim Erbverpfründungsvertrag Vor-
schriften des normalen Pfrundvertrages angewendet werden, wenn dies ohne
Widerspruch geschehen kann. Bei Verpfründungsverträgen, die auf bestimm-
te Zeit abgeschlossen werden, gelten die allgemeinen Bestimmungen des
OR, obschon bei langdauernden Vertragsverhältnissen die Anwendung von
Art. 527 OR in manchen Fällen angemessen wäre.

II. Vertragsform

Der Verpfründungsvertrag bedarf derselben Form wie der Erbvertrag
(Art. 522 OR). Man wollte mit dieser Anordnung Umgehungen der Bestimmungen über den Erbvertrag vermeiden. Für diesen ist eine qualifizierte
öffentliche Beurkundung erforderlich, wobei zwei Zeugen vor der Urkundsperson mitwirken müssen (Art. 499 ZGB) und überdies die Vertragschließen-
den gleichzeitig dem Beamten ihren Willen zu erklären und die Urkunde vor
ihm und den zwei Zeugen zu unterzeichnen haben (Art. 512 Abs. 2 ZGB).
Ist eine Partei bei der Unterzeichnung nicht zugegen, tritt Nichtigkeit des
Vertrages ein[8,9,10]. Pfründer kann nur eine natürliche Person sein, als
Pfrundgeber dagegen auch eine juristische Person auftreten[11]. Verpfründungsverträge mit einer staatlich anerkannten Pfrundanstalt bedürfen nur

---

8 BGE 48 II, 1922, S. 68; 67 II, 1941, S. 149.
9 Man scheint in den Kantonen verschiedene Maßstäbe anzuwenden. So ist im Kanton Basel-
Stadt ein Vorbehalt in einem mit Schnur und Siegel dem Verpfründungsvertrag beigegebenen
Reglement in Ermangelung der öffentlichen Form ungültig (ZivGer, 23. März 1954, BJM 1955,
S. 18). Im Kanton Graubünden dagegen braucht bei der Übergabe des ganzen Vermögens des
Pfründers das beigelegte Grundstückverzeichnis nicht öffentlich beurkundet zu werden.
(KantGer Graubünden, 14. Dezember 1964, ZBGR 48, S. 295).
10 Der Verpfründungsvertrag ist gültig, wenn der Preis eines zu übertragenden Grundstückes zu
niedrig angegeben wurde, die Berufung auf den Formmangel aber gegen Treu und Glauben
verstößt (BGE 98 II, 1972, S. 313).
11 Oser/Schönenberger, N. 2 zu Art. 522 OR.

der Schriftform, sofern die von der zuständigen Behörde genehmigten Bedingungen eingehalten werden. Wird dagegen die Anstalt als Erbin oder Vermächtnisnehmerin eingesetzt, ist die für Erbverträge vorgesehene öffentliche Beurkundung notwendig. Ist der Vertrag ungültig, findet ein Ausgleich der gegenseitig erbrachten Leistungen statt. Dingliche Rechte können mit der Eigentumsklage zurückgefordert werden. Bei Liegenschaften ist eine Grundbuchberichtigungsklage erforderlich (Art. 975 ZGB). Im übrigen erfolgt die Auseinandersetzung nach den Regeln über die ungerechtfertigte Bereicherung[12].

III. Sicherstellung

Im allgemeinen steht es den Parteien frei, ob und wie sie sich für die Vertragserfüllung absichern wollen. Hat jedoch der Pfründer dem Pfrundgeber ein Grundstück hingegeben, so erhält er daran ein gesetzliches Pfandrecht gleich einem Verkäufer (Art. 837/38 ZGB). Die Eintragung hat somit innert drei Monaten seit Übertragung des Eigentums stattzufinden. (Als maßgebender Zeitpunkt gilt der Tag des Eintrags im Journal des Grundbuchs, nicht erst derjenige des Eintrags im Hauptbuch, wird dieser doch wieder auf den Tag der Eintragung im Journal zurückbezogen.) Die zu sichernden Ansprüche des Pfründers auf Pfrundleistungen sind in Geld in der Höhe eines Leibrentenkapitals zu berechnen, das dem geldwerten Gesamtbetrag der Pfrundleistungen entspricht[13]. Bei landwirtschaftlichen Grundstücken gilt keine Belastungsgrenze analog Art. 85 des BG über die Entschuldung landwirtschaftlicher Heimwesen.

IV. Inhalt

1. Der Vertrag mit einer natürlichen Person als Pfrundgeber

Grundsätzlich tritt der Pfründer in die Hausgemeinschaft des Pfrundgebers ein. Er erhält einen persönlichen Anspruch auf Wohnung und Unterhalt, Pflege und ärztliche Behandlung. Für den Umfang dieser Leistungen sind maßgebend der Wert des von ihm Geleisteten, sowie die Verhältnisse, in denen er bisher gelebt hat. Entgegen dem Wortlaut von Art. 524 OR

---

[12] BGE 67 II, 1941, S. 149.
[13] OSER/SCHÖNENBERGER, N. 2 zu Art. 523 OR.

bildet mit Recht der Eintritt in die Hausgemeinschaft kein notwendiges Erfordernis für die Annahme einer Verpfründung[14], wird doch dem Pfründer häufig eine getrennte Wohnstätte zur Verfügung gestellt, im übrigen aber für seinen Lebensunterhalt gesorgt, womit viele seelische Belastungen der Beteiligten vermieden werden können. Es besteht ein erhebliches Bedürfnis, derartige etwas freier gestaltete Verhältnisse als zulässig zu erachten. Im Einzelfall wird man die Leistungspflicht des Pfrundgebers nach den wirtschaftlichen Gegebenheiten und Möglichkeiten bemessen, so bei den Fragen, welche Räume dem Pfründer zur Verfügung zu stellen sind, ob dieser noch Verwandten oder Gästen Unterkunft gewähren kann, wie weit er die allgemeinen Räume eines Hauses benützen darf, ob ärztliche Dienste oder der Aufenthalt in einer Kuranstalt von ihm selber zu bezahlen sind. Hiebei ist vor allem maßgebend, ob der Pfründer sich seines gesamten Vermögens entäußert hat oder noch über wesentliche Vermögenswerte verfügt. Im ersten Fall hat der Pfrundgeber alles zu übernehmen, auch Rechtskosten und die Auslagen für die Beerdigung, im letzteren Fall kann man dagegen dem Pfründer zumuten, für besondere Kur-, Ferien- und Anstaltsaufenthalte selbst aufzukommen. Nicht gestattet ist eine Weitervermietung von überlassenen Räumen. Daß sich der Pfründer der Hausgewalt des Pfrundgebers zu unterwerfen hat[15], kann bei Altenteilsverträgen erhebliche Konflikte verursachen.

2. Der Vertrag mit einer Pfrundanstalt

Bei Pfrundanstalten ist eine schematische Lösung notwendig. Demnach werden die Leistungen durch Hausordnungen mit Genehmigung der Behörden festgesetzt. Auch hier hat der Pfründer die Anstaltsordnung zu beachten. Für die Änderung der Vertragsbedingungen ist an sich ein Vorbehalt erforderlich, wobei die Rechtsstellung der bisherigen Pfründer nicht verschlechtert werden darf[16]. Dies ist von großer Bedeutung, wenn der Pfründer der Anstalt sein ganzes Vermögen übertragen hat, anderseits infolge der Teuerung und Inflation Nachforderungen gestellt werden sollten, würde doch eine Auflösung des Vertrages den Pfründer in eine schwierige Lage versetzen, da er seine Altersvorsorge verlöre. Demnach sollte der Vorbehalt, Nachforderungen zu stellen, nur statthaft sein, wenn der Pfründer sich nicht

---

[14] OSER/SCHÖNENBERGER, N.3 zu Art.524 OR; KantGer Schwyz 29, S.190.
[15] So BGE 54 II, 1928, S.383.
[16] BECKER, N.10 zu Art.524 OR.

all seiner Mittel begeben hat. Als Folge der Sozialgesetzgebung und der vielen öffentlichen und privaten Vorkehren für das Alter hat sich auch das Pfrundwesen verändert, indem alte Leute viel öfter im Stande sind, einen gewöhnlichen Pensionsvertrag abzuschließen, bei dem sie ihre Schulden für Unterkunft und Kost monatlich tilgen und ohne Schwierigkeiten den Vertrag kündigen können. Diese Entwicklung ist sehr erfreulich, weil der Pfründer weniger als bisher auf Gedeih und Verderb mit dem Pfrundgeber verbunden ist.

3. Auflagen

Dem Pfründer dürfen in einer staatlichen Anstalt keine Auflagen gemacht werden, welche seine persönliche Freiheit in Glaubenssachen oder seine politische Überzeugung berühren. Seine Persönlichkeit muß respektiert werden, insbesondere ist seine Geheimsphäre zu wahren. Demnach dürfen seine Briefe nicht geöffnet werden. Anderseits kann es beim Eintritt in eine religiöse Pfrundanstalt eine Grundlage des Vertrags bilden, daß der Pfründer einer bestimmten Glaubensgemeinschaft angehöre. Ein Konfessionswechsel muß dann zu einer Auflösung des Vertrages führen, besonders wenn die Eintracht unter den Insassen gestört würde.

V. Anfechtung und Herabsetzung

1. Die Anfechtung durch Unterstützungsberechtigte

Beim Verpfründungsvertrag besteht die Gefahr, daß der Pfründer infolge seiner Gegenleistung an den Pfrundgeber seine Verpflichtungen gegenüber unterstützungsberechtigten Familienangehörigen oder Blutsverwandten nicht mehr erfüllen kann. Dies trifft zu, wenn er sein ganzes Vermögen hingegeben hat, stellen doch die vom Pfrundgeber erbrachten Leistungen kein geeignetes Objekt für eine Zwangsverwertung dar. Demgemäß gewährt Art. 526 OR den unterstützungsberechtigten Personen ein Anfechtungsrecht; passiv legitimiert ist der Pfrundgeber oder wer durch diesen bösgläubig bereichert wurde[17]. Verfügt der Pfründer über kein Vermögen mehr oder über keine weiteren genügenden Einkünfte, die ihm gestatten, seinen Pflichten nachzukommen, muß das Pfrundverhältnis aufgehoben werden,

---

[17] OSER/SCHÖNENBERGER, N. 5 zu Art. 525 OR.

auch wenn Leistung und Gegenleistung gleichwertig sind. Nach Art. 525 Abs. 2 OR kann der Richter auch den Vertrag belassen, den Pfrundgeber aber anhalten, dem Unterstützungsberechtigten statt dem Pfründer vertraglich vorgesehene Leistungen zukommen zu lassen[18], doch dürfte diese Lösung praktisch selten vorkommen. Eine zeitliche Begrenzung dieses Anfechtungsrechts ist nirgends vorgesehen, da ja die Verpflichtungen des Pfründers sich aus dem Familienrecht ergeben, somit andauern, solange die familenrechtlichen Bindungen bestehen.

Indessen ist nach dem Wortlaut von Art. 525 Abs. 1 OR anzunehmen, es sei für die Anfechtung erforderlich, daß die Partner bei Abschluß des Vertrages eine Benachteiligung der Unterstützungsberechtigten bezweckten oder damit rechnen mußten; andernfalls wäre jeder Verpfründungsvertrag gefährdet.

2. Die Anfechtung durch Erben und Gläubiger

Erben können den Vertrag erst nach dem Tode des Erblassers anfechten, wenn das Pflichtteilsrecht verletzt wurde. Da der Erblasser nicht verpflichtet ist, ihnen ein Vermögen zu hinterlassen, ist er beim Abschluß des Pfrundvertrages frei. Ist der Pfrundgeber ein gesetzlicher Erbe des Pfründers, können die übrigen Erben eine Herabsetzungsklage einreichen, sofern die Leistung des Pfründers einen Mehrwert gegenüber derjenigen des Pfrundgebers aufweist[19]. Notwendig ist hiebei der Wille des Pfründers, zu schenken. Ist der Pfrundgeber nicht erbberechtigt, so ist eine Herabsetzungsklage wegen Pflichtteilsverletzung nur möglich bei einer Schenkung, die der Erblasser frei widerrufen konnte oder während der letzten fünf Jahre vor seinem Tode ausgerichtet hat (Art. 527 Abs. 3 ZGB).

Gläubiger können einen Verpfründungsvertrag paulianisch anfechten gemäß Art. 285 ff. SchKG. Dabei stellt Art. 286 SchKG Leibrenten oder eine Nutznießung einer Schenkung gleich. Nach der ratio legis gilt dies auch für einen Verpfründungsvertrag, wenn dieser eine Schenkung beinhaltet[20].

---

[18] BGE 54 II, 1928, S. 384.
[19] BGE 45 II, 1919, S. 37.
[20] BGE 64 III, 1938, S. 187; OSER/SCHÖNENBERGER, N. 10 zu Art. 525 OR.

VI. Aufhebung des Verpfründungsvertrages

1. Kündigung

Besteht nach dem Verpfründungsvertrag zwischen Leistung und Gegenleistung ein erheblicher Wertunterschied, so kann das Vertragsverhältnis auf ein halbes Jahr gekündigt werden, sofern der Empfänger der Mehrleistung nicht die Schenkungsabsicht der Gegenpartei nachzuweisen vermag (Art. 526 OR). Während beim Wucher (Art. 21 OR) fälschlicherweise eine Anfechtung nur innert Jahresfrist seit Vertragsabschluß möglich ist, kann hier jederzeit, also nach Jahr und Tag, der Vertrag aufgelöst werden. Auch entfallen die subjektiven Elemente der Ausbeutung der Notlage, Unerfahrenheit oder des Leichtsinns des andern Teils. Art. 526 OR ist nur anwendbar, wenn das Mißverhältnis im Vertrag festgelegt wird, also nicht erst im Laufe der Zeit entsteht, weil der Pfrundgeber mit seinen Gegenleistungen knausert[21]. In einem solchen Falle dürfte allenfalls ein Rücktritt aus wichtigen Gründen statthaft sein. Bei der auf den Zeitpunkt des Vertragsabschlusses zurückbezogenen Auseinandersetzung werden die Leistungen des Pfrundgebers kapitalisiert; was die Parteien erhalten haben, ist unter Verrechnung von Kapitalwert und Zins zurückzuerstatten. Was nicht in natura zurückgegeben werden kann, ist dem Pfründer in Geld zu ersetzen[22]. Nach BGE 70 II, 1944, S. 54 können hier die Leistungen des Verpfründers nicht in eine Leibrente umgewandelt werden, weil das Verhältnis von Leistung und Gegenleistung neu festgesetzt werden müßte.

2. Einseitige Aufhebung

a) Die Parteien sind ermächtigt, bei Vertragsverletzungen nach den allgemeinen Regeln gemäß Art. 107 ff. OR auf Erfüllung zu klagen oder den Rücktritt zu erklären. Art. 528 OR gewährt ihnen zusätzlich das Recht, aus wichtigen Gründen, die die Fortsetzung des Pfrundverhältnisses unzumutbar machen, dieses einseitig aufzulösen, also ebenfalls vom Vertrag zurückzutreten. Als wichtige Gründe für die Vertragsauflösung sind anzusehen: Unredlichkeiten, Zänkereien und Streitigkeiten, Verleumdungen, Uneinigkeit, die auf einer Unvereinbarkeit der Charaktere beruht, oder eine Geisteskrankheit, die eine dauernde Internierung erfordert. Dagegen kann die

---

[21] BECKER, N. 2 zu Art. 526 OR.
[22] HOMBERGER, S. 188/89.

Änderung der Bedürfnisse des Pfründers oder eine Geldentwertung nicht
zur Auflösung berechtigen (sofern nicht unvorhersehbare Umstände eintreten), weil die Parteien bei einem Dauerverhältnis mit einem Wechsel der
allgemeinen und konkreten Verhältnisse rechnen müssen, würde doch sonst
die Sicherung des Alters des Pfründers gefährdet. Für die Geltendmachung
wichtiger Gründe können vorhergehende Mahnungen unerläßlich sein, so
bei Vorkommnissen, welche nicht als einzelne Begebenheiten, sondern in
ihrer Häufung das Zusammenleben vergiften. In andern Fällen, zum Beispiel
bei Vorenthalten von notwendigen Leistungen, ist eine Fristsetzung erforderlich; bei einer schweren Vertragsverletzung (z. B. einem Diebstahl) kann
der Rücktritt unmittelbar erklärt werden. Dagegen wird man nicht gleich
strenge Maßstäbe anwenden wie beim Dienstvertragsrecht und eine sofortige
Geltendmachung verlangen, sondern den Parteien eine angemessene Zeit
dafür einräumen, bevor man einen Verzicht annimmt, da es dem Pfründer
oft schwer fallen würde, sofort eine geeignete Unterkunft zu finden.

b) Der Vertrag wird (anders als beim Dienstvertrag) durch den Rücktritt
ex tunc aufgelöst[23]. Der Pfrundgeber hat das Empfangene zurückzuerstatten
unter Anrechnung des bisher Geleisteten, der schuldige Teil aber dem andern
Partner eine angemessene Entschädigung zu entrichten. An Stelle einer Aufhebung des Vertrages ist der Richter befugt, die Hausgemeinschaft aufzulösen und dem Pfründer eine Leibrente zuzusprechen, wenn mit einer pünkt-
lichen Zahlung der Rente zu rechnen ist[24]. Die Parteien können eine derartige
Umwandlung auch von vorneherein im Vertrag vorsehen[25]. Nach SCHÖNEN-
BERGER[26] handelt es sich hier um eine ex nunc wirkende Vertragsauflösung,
so daß die zu zahlende periodische Leibrente einfach nach dem Werte der
bisherigen periodischen Naturalleistungen des Pfrundgebers bemessen werden kann. Beim Eintritt eines Pfründers in eine Anstalt, die nur Leute einer
bestimmten Religion oder Weltanschauung aufnimmt, kann ein Gesinnungs-
wandel des Pfründers nicht nur eine auflösende Bedingung, sondern auch
einen wichtigen Grund für die Vertragsauflösung bilden. Ob der Pfründer
Schadenersatz zu leisten hat, weil er die Grundsätze der Gemeinschaft nicht
einhält oder nach deren Auffassung einen lockeren Lebenswandel führt, ist
nach der allgemeinen Lebensanschauung zu beurteilen.

---

[23] OSER/SCHÖNENBERGER, N. 1 zu Art. 526 OR.
[24] BGE 79 II, 1953, S. 169.
[25] BGE 67 II, 1941, S. 155/56.
[26] N. 1 zu Art. 526 OR.

3. Tod des Pfrundgebers

Nach Art. 528 OR ist der Pfründer beim Tod des Pfrundgebers berechtigt, innert Jahresfrist den auf dessen Erben übergegangenen Vertrag aufzulösen, ohne daß ein wichtiger Grund gemäß Art. 527 OR vorliegen müßte. Da der Gesetzgeber beim Verpfründungsvertrag hauptsächlich den Schutz des Pfründers bezweckt, wird den Erben keine derartige Befugnis eingeräumt. Ihnen steht nur Art. 527 OR zur Verfügung. (Es ist fraglich, ob Art. 528 OR wirklich einem Bedürfnis entspricht und Art. 527 OR nicht genügt hätte). Als Ausgleich kann der Pfründer eine Summe in der Höhe des Gegenwertes einer Leibrente fordern, wie sie ihm im Konkurs des Pfrundgebers zuständě (Art. 529 Abs. 2 OR). Diese Regelung bedeutet unter Umständen eine schwere Belastung für die Erben. Beim Erbverpfründungsvertrag führt der Tod des Pfrundgebers hingegen nach Art. 515 ZGB zum Dahinfallen des Vertrages, wobei die Erben allenfalls eine Forderung aus ungerechtfertigter Bereicherung des Pfründers stellen können.

VII. Übertragbarkeit und Geltendmachung bei Konkurs und Pfändung

Beim Verpfründungsvertrag ist entsprechend der höchstpersönlichen Natur des Rechtsverhältnisses eine Abtretung sowohl des Stammrechts wie der einzelnen Leistungen nicht statthaft. Der Pfrundgeber braucht sich nicht gefallen zu lassen, daß ein Dritter an Stelle des Pfründers in die Hausgemeinschaft eintritt. Demgemäß sind auch die Forderungen des Pfründers gegen den Pfrundgeber nicht pfändbar. Immerhin läßt sich erwägen, ob der Pfründer Geldleistungen, die ihm zukommen, gleich wie ein Leibrentner abtreten könne. Ferner besteht die Möglichkeit, Vermögensgegenstände zu pfänden, die der Pfrundgeber dem Pfründer geliefert hat, wenn dieser sie nicht zu seinem Lebensunterhalt benötigt, wie Weine oder Spirituosen.

Im Konkurs des Pfrundgebers fällt der Verpfründungsvertrag dahin. Der Pfründer kann demnach eine Forderung in Höhe des Gegenwertes einer Leibrente anmelden, den er bei einer soliden Rentenversicherungsanstalt anfordern müßte, um eine den Naturalleistungen des Pfrundgebers ebenbürtige periodische Geldleistung zu erlangen. Maßgebend für die Kapitalisierung der Forderung ist der Wert der Pfrundleistung zur Zeit der Konkurseröffnung (BGE 98 II, 1972, S. 317). Ferner steht ihm bei Pfändung des Pfrundgebers nach Art. 111 a SchKG ein Anschlußrecht zu. Auch in diesem Falle wird praktisch die Verpfründung beendigt[27]. Konkurs und

---

[27] OSER/SCHÖNENBERGER, N. 3 zu Art. 529 OR.

Auspfändung des Pfründers haben dagegen keinen Einfluß auf das Vertragsverhältnis.

VIII. Schlußwort

Während die summarische Regelung des Leibrentenvertrages viele Zweifelsfragen offen läßt, stellt sich der Verpfründungsvertrag mit seiner Unterscheidung von der Erbverpfründung als ein kompliziertes Gebilde dar mit vielen Einzelvorschriften, die von den allgemeinen Bestimmungen stark abweichen, was sich besonders bei dem Rücktrittsgrund des Mißverhältnisses von Leistung und Gegenleistung und beim Übergang des Vertrages auf die Erben zeigt. Eine einfachere Lösung wäre wohl angezeigt gewesen.

Innominatverträge

WALTER R. SCHLUEP

A. Allgemeiner Teil

Literatur

Die in diesem Beitrag angeführten Werke werden im folgenden nur mit dem Namen des Verfassers, gegebenenfalls einem zusätzlichen Stichwort zitiert.

AUBERT, J.-F. Traité de droit constitutionnel Suisse, Neuchâtel 1967.

BECKER, H. Berner Kommentar, Bd. VI: Obligationenrecht, 1. Abt., Art. 1–183, 2. Aufl., Bern 1941–1945.

BETTI, E. Der Typenzwang bei den römischen Rechtsgeschäften und die sogenannte Typenfreiheit des heutigen Rechts, in: Festschrift für Leopold Wenger, Bd. I, München 1944, S. 249 ff.

BOEHMER, G. Einführung in das bürgerliche Recht, 2. Aufl., Tübingen 1965.

BUCHER, E. Der Ausschluß dispositiven Gesetzesrechts durch vertragliche Absprachen, in: Mélanges H. Deschenaux, Fribourg/Suisse 1977, S. 249 ff.

BÜCHENBACHER, CH. Gemischte Schuldverhältnisse und Analogieverfahren, Diss. Basel 1952.

VON BÜREN, B. Schweizerisches Obligationenrecht, Allgemeiner Teil, Zürich 1964.

– Schweizerisches Obligationenrecht, Besonderer Teil, Zürich 1972.

BURKHARDT, U. Der Fernkursvertrag, Diss. Bern 1974.

CHARMATZ, H. Zur Geschichte und Konstruktion der Vertragstypen im Schuldrecht mit besonderer Berücksichtigung der gemischten Verträge, Prag/Leipzig/Wien 1937.

DE SIMONE, M. I negozi regolari, Napoli 1952.

DERNBURG, H. Pandekten, 2. Bd., 2. Aufl., Berlin 1888.

DESCHENAUX, H. Der Einleitungstitel, in: Schweizerisches Privatrecht, Bd. II, Basel/Stuttgart 1967, S. 1 ff.

DILCHER, H. Typenfreiheit und inhaltliche Gestaltungsfreiheit bei Verträgen, NJW 1960, S. 1040 ff.

EHRLICH, E. Das zwingende und das nicht zwingende Recht im bürgerlichen Gesetzbuch für das Deutsche Reich, Jena 1889.

ENGEL, P. Traité des obligations en droit suisse, Neuchâtel 1973.

ENGISCH, K. Die Idee der Konkretisierung in Recht und Rechtswissenschaft unserer Zeit, 2. Aufl., Heidelberg 1968.

– Logische Studien zur Gesetzesanwendung, Heidelberg 1960.

– Einführung in das juristische Denken, 5. Aufl., Stuttgart/Berlin/Köln/Mainz 1971.

ENNECCERUS/LEHMANN. Lehrbuch des bürgerlichen Rechts, Bd. II: Recht der Schuldverhältnisse, 15. Aufl., Tübingen 1958.

ENNECCERUS/NIPPERDEY. Lehrbuch des bürgerlichen Rechts, Bd. I: Allgemeiner Teil des bürgerlichen Rechts, 1. HBd., 14. Aufl., Tübingen 1952.

ESSER, J. Grundsatz und Norm, 2. Aufl., Tübingen 1964.

– Schuldrecht, Bd. I: Allgemeiner Teil, 3. Aufl., Karlsruhe 1968.

– Vorverständnis und Methodenwahl in der Rechtsfindung, 2. Aufl., Frankfurt a. M. 1972.

Esser/Schmidt. Schuldrecht, Bd. I: Allgemeiner Teil, 1. TBd., 5. Aufl., Karlsruhe 1975.

Evans-von Krbek, F.-S. Die analoge Anwendung der Vorschriften des Handelsvertreterrechts auf den Vertragshändler, Bielefeld o. J.

Fikentscher, W. Methoden des Rechts in vergleichender Darstellung, Bd. IV: Dogmatischer Teil, Anhang, Tübingen 1976.
– Schuldrecht, 6. Aufl., Berlin/New York 1976.

Fischer, M. Der Begriff der Vertragsfreiheit, Diss. Zürich 1952.

Flour, J./Aubert, J.-L. Les obligations, vol. I, Paris 1975.

Flume, W. Allgemeiner Teil des Bürgerlichen Rechts, 2. Bd.: Das Rechtsgeschäft, 2. Aufl., Berlin/Heidelberg/New York 1975.
– Rechtsgeschäft und Privatautonomie, in: Festschrift Deutscher Juristentag, Bd. I, Karlsruhe 1960.

Fleiner/Giacometti. Schweizerisches Bundesstaatsrecht, Zürich 1949.

Gautschi, G. Berner Kommentar, Bd. VI: Obligationenrecht, 2. Abt., 3. TBd., Art. 363–379, 2. Aufl., Bern 1967.

Gessler, D. Beitrag zur Lehre vom Veranstaltungsvertrag, Diss. Zürich 1979 (Manuskript).

Gugelmann, R. Die Rechtsverhältnisse bei Geschäften gemischter Art nach schweizerischem Obligationenrecht, Diss. Bern 1943.

Guhl/Merz/Kummer. Das Schweizerische Obligationenrecht, 6. Aufl., Zürich 1972.

Hassemer, W. Tatbestand und Typus, Köln/Berlin/Bonn/München 1968.

Heck, Ph. Begriffsbildung und Interessenjurisprudenz, Tübingen 1932.

Henckel, W. Die ergänzende Vertragsauslegung, AcP 1960, S. 106 ff.

von Hippel, F. Das Problem der rechtsgeschäftlichen Privatautonomie, Tübingen 1936.

Hoeniger, H. Untersuchungen zum Problem der gemischten Verträge, Bd. I, Die gemischten Verträge in ihren Grundformen, Mannheim/Leipzig 1910.
– Vorstudien zum Problem der gemischten Verträge, Freiburg i. Br. 1906.

Huber, H. Die verfassungsrechtliche Bedeutung der Vertragsfreiheit, Berlin 1966.

Huber, U. Typenzwang, Vertragsfreiheit und Gesetzesumgehung, JurA 1970, S. 784 ff.

Hug, W. Betrachtungen zum Gerichtsgebrauch über Abschluß und Auslegung der Verträge, ZBGR 1955, S. 1 ff.

Jäggi, P. Ungelöste Fragen des Aktienrechts, SAG 1958, S. 57 ff.
– Bemerkungen zu einem Urteil über den Architektenvertrag, SJZ 1973, S. 301 ff.

Jolidon, P. Problèmes de structure dans le droit des sociétés, ZSR 1968 II, S. 427 ff.

Kaufmann, A. Analogie und Natur der Sache – zugleich ein Beitrag zur Lehre vom Typus, in: Rechtsphilosophie im Wandel, Frankfurt a. M. 1972, S. 272 ff.

Keller, M. Die Auslegung obligationenrechtlicher Verträge, SJZ 1961, S. 313 ff.
– Der Vertragswille im Obligationenrecht, SJZ 1962, S. 365 ff.

Kilian, W. Zur Auslegung zivilrechtlicher Verträge, in: Juristische Methodenlehre und analytische Philosophie (ed. Hans-Joachim Koch), Frankfurt a. M. 1976, S. 271 ff.

Koller, A. Grundfragen einer Typuslehre im Gesellschaftsrecht, Freiburg/Schweiz 1970.

Kramer, E. A. Grundfragen der vertraglichen Einigung, München/Salzburg 1972.

KUHLEN, L. Typuskonzeptionen in der Rechtstheorie, Berlin 1977.

LARENZ, K. Lehrbuch des Schuldrechts, Bd. II, 5. Aufl., München/Berlin 1962.

– Lehrbuch des Schuldrechts, Bd. I und II, 11. Aufl., München 1976/77.

– Allgemeiner Teil des deutschen Bürgerlichen Rechts, 4. Aufl., München 1977.

– Methodenlehre der Rechtswissenschaft, 2. Aufl., Berlin/Heidelberg/New York 1969.

– Methodenlehre der Rechtswissenschaft, 4. Aufl., Berlin/Heidelberg/New York 1975.

– Ergänzende Vertragsauslegung und dispositives Recht, NJW 1963, S. 737 ff.

LEENEN, D. Typus und Rechtsfindung, Berlin 1971.

LEONHARD. F. Allgemeines Schuldrecht des BGB, Bd. I, München/Leipzig 1929.

LOTMAR, PH. Der Arbeitsvertrag nach dem Privatrecht des deutschen Reichs, Bd. I, Leipzig 1902.

LÜDERITZ, A. Auslegung von Rechtsgeschäften, Karlsruhe 1966.

MAURITZ, H. Der gemischte Vertrag, Diss. Marburg 1932.

MARSCHALL, K. Privatautonomie, Verbandsautonomie und Familienautonomie, Wien 1972.

VON MEERSCHEIDT-HÜLLESEM. Gemischte Verträge und Verträge eigener Art, JZ 1910, S. 854 ff.

MEIER-HAYOZ, A. Gesetzlich nicht geregelte Verträge I, SJK 1134.

– Gesetzlich nicht geregelte Verträge II, SJK 1135.

– Das Vertrauensprinzip beim Vertragsabschluß, Diss. Zürich 1948.

– Berner Kommentar, Bd. I: Zivilgesetzbuch, 1. Abt., Art. 1, Bern 1966.

MEIER-HAYOZ/SCHLUEP/OTT. Zur Typologie im schweizerischen Gesellschaftsrecht, ZSR 1971 I, S. 293 ff.

MENGIARDI, P. Strukturprobleme des Gesellschaftsrechts, ZSR 1968 II, S. 1 ff.

MERZ, H. Obligationenrecht – Allgemeine Bestimmungen, in: Schweizerisches Privatrecht, Bd. VI (Manuskript).

– Privatautonomie heute – Grundsatz und Rechtswirklichkeit, Karlsruhe 1970.

– Berner Kommentar, Bd. I: Zivilgesetzbuch, 1. Abt., Art. 2, Bern 1966.

MESSINEO, F. Contratto innominato, Enciclopedia del diritto, Bd. X, Varese 1962.

METZGER-WÜEST, E. Zur Form des Liegenschaftsabtretungs- und Verpfründungsvertrages, Diss. Bern 1971.

OCHS, J. Die Theorie des gemischten Vertrages unter kritischer Würdigung des heutigen Standes der Lehre, Diss. Erlangen 1932.

OFTINGER, K. Trödelvertrag, Zürich 1937.

– Überblick über die Problematik und einige Hauptpunkte der Interpretation, SJZ 1967, S. 353 ff.

– Einige grundsätzliche Betrachtungen über die Auslegung und Ergänzung der Verkehrsgeschäfte, ZSR 1939, S. 178 ff.

– Über den Zusammenhang von Privatrecht und Staatsstruktur, SJZ 1940, S. 225 ff.

– Die Vertragsfreiheit, die Freiheit des Bürgers im schweizerischen Recht, in: Festgabe zur Hundertjahrfeier der Bundesverfassung, Zürich 1948, S. 315 ff.

OSER/SCHÖNENBERGER. Zürcher Kommentar, Bd. V: Obligationenrecht, 2. Teil, Art. 184–418, 2. Aufl., Zürich 1936.

OTT, W. Die Problematik einer Typologie im Gesellschaftsrecht, Bern 1972.

PATRY, R. Le principe de la confiance, Diss. Genf 1953.

PIOTET, P. La formation du contrat, Bern 1956.

RADBRUCH, G. Rechtsphilosophie, 8. Aufl., Stuttgart 1973.

REGELSBERGER, F. Vertrag mit zusammengesetztem Inhalt oder Mehrheit von Verträgen, Jherings Jahrb. 48, 1904, S. 453 ff.

REISINGER, L. Juristische Begriffstheorie und Theorie unscharfer Mengen (Fuzzy Sets Theory), in: Rechtsphilosophie und Gesetzgebung, Wien/New York 1976.

SANDROCK, O. Zur ergänzenden Vertragsauslegung im materiellen und internationalen Schuldvertragsrecht, Wissenschaftliche Abhandlungen der Arbeitsgemeinschaft für Forschung des Landes Nordrhein-Westfalen, Bd. 35, Köln/Opladen 1966.

SCHERRER, W. Die geschichtliche Entwicklung des Prinzips der Vertragsfreiheit, Basel 1948.

SCHLOSSER/COESTER-WALTJEN/GRABA. Kommentar zum Gesetz zur Regelung des Rechts der Allgemeinen Geschäftsbedingungen, Bielefeld 1977.

SCHLUEP, W. R. Die methodologische Bedeutung des Typus im Recht, in: Festgabe für Max Obrecht, Solothurn 1961, S. 9 ff.

– Der Alleinvertriebsvertrag – Markstein der EWG-Kartellpolitik, Bern 1966.

– Die Beziehungen zwischen der wirtschaftlichen und sozialen Entwicklung der Gesellschaft und der Entwicklung des Rechts, in: Zum Wirtschaftsrecht, Bern 1978, S. 35 ff.

– Privatrechtliche Probleme der Unternehmenskonzentration und -kooperation, ZSR 1973 II, S. 153 ff.

SCHLUEP/BAUDENBACHER. Corporation Law and the Law of Intangible Property, in: The Unity of Strict Law (Ed. Ralph A. Newman), Brüssel 1978, S. 355 ff.

SCHMIDT-RIMPLER, W. Art. «Wirtschaftsrecht», HDSW Bd. 12, Tübingen/Göttingen 1965, S. 686 ff.

SCHNYDER, B. Vertragsfreiheit als Privatrechtsbegriff, Diss. Freiburg/Schweiz 1960.

SCHÖNENBERGER/JÄGGI. Zürcher Kommentar, Bd. V: Obligationenrecht, TBd. 1a, Art. 1–17, 3. Aufl., Zürich 1973.

SCHREIBER, O. Gemischte Verträge im Reichsschuldrecht, Jherings Jahrb. 60, 1912, S. 106 ff.

SCHROTH, U. Probleme und Resultate der Hermeneutik-Diskussion, in: Einführung in Rechtsphilosophie und Rechtstheorie der Gegenwart, Heidelberg/Karlsruhe 1977.

SCHWARK, E. Zum Verhältnis von schuldrechtlichen Vertragstypen und Vertragswirklichkeit, insbesondere beim Werklieferungsvertrag, Rechtstheorie 1978, S. 73 ff.

SOERGEL/SCHMIDT. Kommentar zum Bürgerlichen Gesetzbuch, Bd. II: Schuldrecht I, §§ 241–610, 10. Aufl., Stuttgart/ Berlin/Köln/Mainz 1967.

STAEHELIN, A. Der Schutz der schwächeren Vertragspartei, BJM 1978, S. 1 ff.

STAUDINGER/KADUK. Kommentar zum Bürgerlichen Gesetzbuch mit Einführungsgesetz und Nebengesetzen, Bd. II: Recht der Schuldverhältnisse, Teil 1c, §§ 249–327, 10./11. Aufl., Berlin 1967.

STEINWENTER, A. Handwörterbuch der Rechtswissenschaft, hrsg. von STIER-SAULO/ELSTER, Bd. 3, Berlin/Leipzig 1928.

STRACHE, K.-H. Das Denken in Standards, Berlin 1968.

TEICHMANN, A. Gestaltungsfreiheit in Gesellschaftsverträgen, München 1970.

VON TUHR/PETER. Allgemeiner Teil des Schweizerischen Obligationenrechts, Bd. I, 3. Aufl., Zürich 1974.

VON TUHR/SIEGWART. Allgemeiner Teil des Schweizerischen Obligationenrechts, Bd. I, 2. Aufl., Zürich 1942.

ULMER, P. Der Vertragshändler, München 1969.

WEICK, G. Die Idee des Leitbildes und die Typisierung im gegenwärtigen Vertragsrecht, NJW 1978, S. 11 ff.

WEISS, R. Die Rechtsverhältnisse beim gemischten Vertrag nach schweizerischem Obligationenrecht, Diss. Bern 1947.

WESTERMANN, H. P. Vertragsfreiheit und Typengesetzlichkeit im Recht der Personengesellschaften, Berlin/Heidelberg/New York 1970.

WOLF, M. Rechtsgeschäftliche Entscheidungsfreiheit und vertraglicher Interessenausgleich, Tübingen 1970.

YUNG, W. L'interprétation supplétive des contrats, Etudes et Articles, Mémoires publiés par la Faculté de droit de Genève, Bd. 32, Genève 1971, S. 185 ff.

ZIPPELIUS, R. Die Verwendung von Typen in Normen und Prognosen, in: Festschrift für Karl Engisch, Frankfurt a. M. 1969, S. 224 ff.

§ 103. Begriff, Arten, geschichtliche Entwicklung

I. Begriff

Innominatverträge sind Verträge, die weder im besonderen Teil des Obligationenrechts noch in einem Spezialgesetz geordnet sind. Sie sind insoweit auch unbenannt, als das Gesetz sie nicht benennt. Viele Innominatverträge tragen freilich Namen, die ihnen die beteiligten Verkehrskreise gegeben haben (Factoring, Leasing, Franchising usw.). Nicht auf die Benennung kommt es daher an, sondern darauf, daß das Gesetz zu ordnen unterläßt und daher in der Regel auch keinen Anlaß zur Benennung hat. Immerhin gibt es auch Verträge, die das Gesetz unmittelbar oder mittelbar benennt, ohne sie zu ordnen: Willensvollstreckungsauftrag (Art. 517 ff. ZGB), Grunddienstbarkeitsvertrag (Art. 732 ZGB), Vorvertrag (Art. 22 OR), Rückkaufsvertrag, Kaufrechtsvertrag und Vorkaufsvertrag (Art. 216 Abs. 2 und 3 OR, Art. 681 ff. ZGB), Vormerkungsvertrag (Art. 959 ZGB), Fusionsvertrag (Art. 749 ff. OR), Patentlizenzvertrag (Art. 34 PatG) usw. Entscheidend ist, daß auch in diesen Fällen die gesetzliche Regelung fehlt, so daß man es auch hier mit (allerdings benannten) Innominatverträgen zu tun hat[1].

Mithin kommt alles darauf an festzustellen, ob ein Vertrag eine gesetzliche Regelung erfahren habe oder nicht. Das erscheint in abstracto einfach, in concreto dagegen schwierig[2]. Ein konkreter Vertrag kann nur dann zweifelsfrei den Nominatverträgen zugeordnet werden, wenn er die Essentialia (negotii) eines geregelten Vertrags enthält[3]. Denn die Essentialia (negotii) werden ja definiert als jene wesentlichen Bestandteile, «ohne die ein Rechtsgeschäft dieser Art nicht vorliegen würde»[4]. Somit hat man zunächst für jeden gesetzlich geregelten Vertrag die Essentialia zu bestimmen. Dies schafft insoweit kaum Schwierigkeiten, als sie meistens (wenn auch nicht immer) in der sog. Legaldefinition des Vertragstyps festgehalten werden[5]: «Das ist z. B. beim Kauf Sache und Preis, bei der Miete Sache und Zins.»[6] Man hat also zu ergründen, ob der konkrete Vertrag eine Einigung über

---

[1] Vgl. dazu ENGEL, S. 129; FLOUR/AUBERT, S. 65; BGE 93 II, 1967, S. 188; 95 II, 1969, S. 615.

[2] MEIER-HAYOZ, SJK 1134, S. 1.

[3] MEIER-HAYOZ, SJK 1134, S. 5.

[4] DERNBURG, S. 214 f.; LEENEN, S. 122 und dort zitierte weitere Literatur; ENGEL, S. 155 ff.; BGE 97 II, 1971, S. 55 f.

[5] SCHÖNENBERGER/JÄGGI, Art. 2, N. 3. – Im Kontext wird das Wort «Vertragstypus» nicht typologisch, sondern zur Kennzeichnung der im OR geregelten «einzelnen Vertragsverhältnisse» verwendet (Art. 184 ff. OR).

[6] VON TUHR/PETER, S. 155.

die Essentialia des in Frage kommenden Vertragstyps enthält oder mindestens die Bestimmung der Essentialia aufgrund der Verkehrsübung oder des Gesetzes ermöglicht[7]. Trifft das im Einzelfall zu, so liegt ein Nominatvertrag des betreffenden Typs vor. Faßt man die Essentialia als klassenlogische Begriffe auf, so kann der Vertrag nur entweder unter den fraglichen Typ fallen oder nicht. Immerhin können hier bereits Schwierigkeiten auftauchen, wenn die Essentialia unsorgfältig definiert sind, so daß fraglich wird, ob eine bloße Abart des fraglichen Typs vorliegt oder eine ungeregelte Gestaltung[8]. Sieht man aber in den Legaldefinitionen Typenbegriffe, so ist allemal zu klären, wie weit Abweichungen vom Typus noch gedeckt sind[9]. So oder anders wird klar, daß die Abgrenzung zwischen Innominatvertrag und Nominatvertrag ebenso schwierig sein kann wie die Vermarkung zweier Vertragstypen unter sich (z.B. Werkvertrag und Auftrag).

II. Arten

1. Vorbemerkungen

Man pflegt die Innominatverträge in zwei Gruppen einzuteilen: Gemischte Verträge (mixti iuris, mixti generis) und Verträge eigener Art (sui iuris, sui generis):

– Die gemischten Verträge zeichnen sich dadurch aus, daß die vereinbarten Vertragsleistungen Essentialia verschiedener Vertragstypen kombinieren.

– Demgegenüber sind Verträge eigener Art dadurch charakterisiert, daß sie gänzlich neue Schöpfungen darstellen.

Die Abgrenzung ist keineswegs so klar, wie sie auf Anhieb erscheinen mag. So ist sehr wohl denkbar, daß ein konkreter Vertrag als mixti und zugleich als sui iuris zu qualifizieren ist. Das trifft dann zu, wenn die Tatbestandselemente geregelter und ungeregelter Verträge vermischt werden. Gemischte Verträge und Verträge eigener Art lassen sich demnach nur dann konträr gegenüberstellen, wenn einerseits nur gesetzlich geregelte Tatbe-

---

[7] SCHÖNENBERGER/JÄGGI, Art. 2, N. 3, N. 61.
[8] Vgl. dazu MEIER-HAYOZ, SJK 1134, S. 1 mit Hinweis auf den Vorkaufsvertrag.
[9] LEENEN, S. 124 mit Hinweis auf die vom «Begriff» des Kaufs gedeckten, möglicherweise aber vom Typus nicht erfaßten Gestaltungen, wie Finanzierverkauf, Finanzierungsleasing, Automatenaufstellungs-Vertrag usw.

standselemente in gesetzlich nicht geregelter Form gemischt werden, anderseits einheitliche Verträge vorliegen, die gesetzlich nicht geregelt sind und sich nicht als Mischung von Tatbeständen qualifizieren lassen; und zwar weder von geregelten oder ungeregelten Elementen unter sich, noch von geregelten und ungeregelten Gliedern[10].

Abgesehen von dieser Präzisierung bleibt die signalisierte Zweiteilung der Innominatkontrakte in der Lehre weithin umstritten. Zunächst ist an OFTINGER zu erinnern, der den Begriff des gemischten Vertrags nach dem principium exclusi tertii ausmerzt und ganz einfach die schon bekannten den Verträgen sui generis gegenüberstellt[11]. Aber selbst wer die Kategorie der gemischten Verträge als Art der Innominatverträge anerkennt, streitet über den Begriff[12]. Endlich ist hervorzuheben, daß Theorie und Praxis neben gemischten und Verträgen eigener Art auch zusammengesetzte Verträge anerkennen, deren systematischer Ort im Rahmen einer Theorie der Innominatverträge nicht gesichert ist[13].

2. Gemischte Verträge (mixti iuris, mixti generis)

Gemischte Verträge (Mischverträge, contrats mixtes, contrats complexes, contratti misti) sind selbständige Verträge, in denen Tatbestandselemente verschiedener Vertragstypen (gesetzlich geregelter oder gesetzlich nicht geregelter) miteinander kombiniert werden[14]. In einem engeren Sinn versteht man unter gemischten Verträgen die Kombination von Elementen verschiedener Vertragstypen mit der Einschränkung, daß mindestens ein Teil der Elemente gesetzlich geregelten Verträgen entstammt[15]. Im engsten Sinn schließlich sind gemischte Verträge dadurch gekennzeichnet, daß sie

---

[10] Vgl. dazu SCHLUEP, Der Alleinvertriebsvertrag, S.19f., wo freilich die Mischung zwischen ungeregelten Tatbestandselementen zu Unrecht ausgeschlossen worden ist: Haben sich ungeregelte Verträge zu Verkehrstypen verfestigt, ohne daß es zu einer gesetzlichen Regelung gekommen wäre, so lassen sich Elemente solcher Verträge (ebenso wie die Elemente geregelter Verträge) sehr wohl mischen. – Eine generelle Systematisierung der Innominatverträge findet sich bei ESSER/SCHMIDT, S.116ff.

[11] OFTINGER, Trödelvertrag, S.11. Ebenso im Ergebnis VON MEERSCHEIDT-HÜLLESEM, S.854ff.

[12] Vgl. hinten, S.772ff. Über den Inhalt des Begriffs stritten sich vornehmlich HOENIGER, Untersuchungen, S.4 und SCHREIBER, S.110f.

[13] Vgl. dazu etwa WEISS, S.32ff.; MAURITZ, S.17ff.; OCHS, S.6f.; METZGER-WÜEST, S.44ff.

[14] Vgl. dazu MEIER-HAYOZ, SJK 1135, S.1; OCHS, S.1; METZGER-WÜEST, S.44; GUGELMANN, S.12; WEISS, S.16.

[15] So SCHREIBER, S.111: Gemische Verträge zeichnen sich dadurch aus, daß sie die gesetzlich aufgestellten Vertragstypen «ganz oder teilweise enthalten, ohne sich doch mit ihnen zu decken».

Tatbestandselemente ausschließlich gesetzlich geregelter Verträge kombinieren, ohne daß das Gesetz selbst die Kombination geordnet hätte[16].

a) Der gemischte Vertrag als selbständiger Vertrag

Gemischte Verträge zeichnen sich dadurch aus, daß die Mischung eine neue Vertragseinheit schafft. Insofern unterscheiden sie sich von den sog. zusammengesetzten Verträgen (Vertragskoppelungen, Vertragsverbindungen), bei denen an sich selbständige Verträge durch Parteiwillen in eine ähnliche Abhängigkeit gebracht werden wie beim vollkommen gegenseitigen Vertrag Leistung und Gegenleistung[17]. Ob eine Zusammensetzung vorliege oder ein gemischter Vertrag oder gar zwei völlig unabhängige Verträge: das entscheidet im einzelnen Fall allein der Parteiwille, der freilich aller Regel nach nur durch Auslegung (oder gar Ergänzung) nach dem Vertrauensprinzip ermittelt werden kann. Jedenfalls sind formelle Kriterien (wie z.B. einheitliche oder getrennte Verurkundung, Benennung usw.) nie maßgebend[18].

b) Der gemischte Vertrag als Mischung von Hauptleistungen

Im gemischten Vertrag muß dem Mischelement eine gewisse Selbständigkeit zufallen. Es darf sich nicht bloß um ein Element von untergeordneter Bedeutung im Rahmen typischer Tatbestände handeln. Berühmt ist LEONHARDS Unterscheidung gemischter Verträge: «Diese Mischung kann nun in zweifacher Weise vorkommen. Entweder überwiegt die eine Vertragsart dermaßen, daß der Vertrag noch unter sie gerechnet werden kann, wie beim Kauf mit einer unbedeutenden Arbeitsleistung: Artvertrag mit Beimi-

---

[16] So vor allem HOENIGER, Untersuchungen, S. 4, wonach es sich bei gemischten Verträgen um solche handelt, «deren Tatbestand eine im Gesetz nicht vorkommende Verbindung einzelner im Gesetz unter verschiedenen Vertragskategorien normierter Tatbestandsstücke enthält».

[17] Vgl. dazu GUHL/MERZ/KUMMER, S. 292; MEIER-HAYOZ, SJK 1135, S. 2; LARENZ, Schuldrecht II, S. 383; OSER/SCHÖNENBERGER, Vorbem. zu Art. 184 bis 551, N. 7 ff.; BÜCHENBACHER, S. 67 ff.; WEISS, S. 32 ff.; ENNECCERUS/LEHMANN, S. 380; STAUDINGER/KADUK, Einleitung zu § 305 ff., N. 82. Beispiele: Vermietung einer Bierhalle durch eine Brauerei und Verpflichtung des Mieters zum Ausschank des Biers der betreffenden Brauerei: Mietvertrag/Kaufvertrag (BGE 25 II, 1899, S. 373); Verkauf eines Milchgeschäftes und Abmachung der Lieferung von Milch durch den Käufer an den Verkäufer auf unbestimmte Zeit: Kaufvertrag über ein Geschäft/Sukzessivlieferungsvertrag (BGE 25 II, 1899, S. 478); Hingabe einer Geldsumme durch eine Brauerei an einen Wirt und Verpflichtung des Wirtes, bis zur Rückzahlung des Betrages das Bier von der betreffenden Brauerei zu beziehen: Darlehen/Sukzessivlieferungskauf (BGE 38 II, 1912, S. 551 ff.; vgl. weiter BGE 44 II, 1918, S. 343; 63 II, 1937, S. 242; 63 II, 1937, S. 414; 78 II, 1952, S. 438 f.; 76 II, 1950, S. 37).

[18] Vgl. dazu METZGER-WÜEST, S. 46 ff.; REGELSBERGER, S. 453 ff.; OCHS, S. 6 ff.; MAURITZ, S. 17 ff.; BURKHARDT, S. 66 ff.

schung. Oder die Bestandteile der verschiedenen Vertragsarten sind alle so bedeutsam, daß dabei ein Vertrag mit Artmischung herauskommt.»[19] In Anlehnung an diese Unterscheidung nimmt daher WEISS gemischte Verträge nur an, wenn eine Hauptleistung (und nicht bloß eine Nebenleistung) im Rahmen des Vertragsganzen artfremd ist[20].

Man wird die Richtigkeit dieser (allgemeinen) Präzisierung nicht bestreiten dürfen. Sehr viel schwieriger ist die konkrete Feststellung, eine geschuldete Vertragsleistung sei (bloß) Nebenleistung. LEONHARD unterscheidet zweifach: einmal nach dem wirtschaftlichen Wert der in Frage stehenden Leistungen (z.B. Kauf einer Maschine mit der Verpflichtung, sie aufzustellen). Zum andern nach der Funktion: Nebenleistung ist, «was lediglich als Mittel zur Bewirkung des Haupterfolges erscheint»[21]. Demgegenüber grenzt WEISS gerade bloße Bestandteile der Hauptleistung, Erfüllungshandlungen, Vorbereitungshandlungen und Obliegenheiten vom Begriff der Nebenleistung ab[22]. Für ihn sind Nebenleistungen selbständige Leistungen, denen nach dem Willen der Parteien «innerhalb der Gesamtleistung untergeordnete Bedeutung zukommt»[23]. Konkret hat man mithin allemal festzustellen, ob die abartige Leistungspflicht im Rahmen der Gesamtleistungspflichten selbständigen Charakter habe (also gesondert klagbar sei) oder nicht. Trifft das zu, so ist weiter zu ermitteln, ob sie nach dem Parteiwillen und der individuellen Funktion des Vertrags von bloß untergeordneter Bedeutung sei. Der Test mag in der Frage bestehen, ob bei Nichterfüllung der zu beurteilenden Vertragspflicht die faktische Lage maßgebend von der erwarteten abweicht oder nicht. Wegleitend für die Beantwortung der Testfrage muß das Vertrauensprinzip sein. Erweist sich die atypische Leistungspflicht als Nebenleistungspflicht, so hat man keinen gemischten Vertrag vor sich, sondern einen typischen Vertrag mit Beimischung[24]. Grundsätzlich beherrscht in solchen Fällen das Recht des Typus der Hauptleistung den Vertrag.

---

[19] LEONHARD, S.325; vgl. dazu auch MEIER-HAYOZ, SJK 1135, S.2.

[20] WEISS, S.37ff., bes. S.43.

[21] LEONHARD, S.328.

[22] WEISS, S.39f.

[23] WEISS, S.39; vgl. auch LARENZ, Schuldrecht I, S.292, wonach eine Hauptpflicht «für das Äquivalenzverhältnis von Leistung und Gegenleistung von einiger Bedeutung ist»; GUHL/MERZ/KUMMER, S.292; BECKER, Art.19, N.4ff.; ENNECCERUS/LEHMANN, S.382; STAUDINGER/KADUK, Einleitung, Nr.78.

[24] Wie im Kontext auch WEISS, S.42ff. und namentlich LARENZ, Schuldrecht II, S.385f. Abweichend: GUHL/MERZ/KUMMER, S.292ff.; MEIER/HAYOZ, SJK 1135, S.2; BECKER, Art.19, N.4; ENNECCERUS/LEHMANN, S.382.

c) Der gemischte Vertrag als gesetzlich nicht geregelter Mischvertrag

Gemischte Verträge liegen nur vor, wenn die Mischung verschiedener Typenelemente gesetzlich nicht geregelt ist. Bekanntlich gibt es daneben positivierte Mischverträge (vgl. den Werklieferungsvertrag nach Art. 365 Abs. 1 OR). Grundsätzlich kommt es dabei weniger auf die Existenz einer Legaldefinition des Mischtyps als auf die spezifischen Rechtsfolgeanordnungen an [25].

d) Erscheinungsformen des gemischten Vertrags

Seit man sich um gemischte Verträge müht, hat man immer wieder versucht, ihre Erscheinungsformen zu systematisieren [26]. Solche Bemühungen dürfen nicht überschätzt werden: Sie sind allemal unvollständig; und sie sagen an sich nichts über die zutreffende Rechtsanwendung aus [27]. Das hier vorzustellende, klassisch gewordene Ordnungsgefüge hat mithin vor allem didaktischen Wert. Im glücklichsten Fall darf man erwarten, daß die für die richtige Rechtsanwendung im einzelnen Fall erforderlichen Sachverhaltsabklärungen durch das auch heuristisch verwertbare «System» kanalisiert werden.

α) Kombinationsverträge (Zwillingsverträge, gekoppelte Verträge)

Es handelt sich um Verträge, die eine Partei zu mehreren Hauptleistungen verpflichten, wobei diese Hauptleistungen verschiedenen Vertragstypen entnommen werden: Pensionsvertrag, Internatsvertrag usw.

β) Doppeltypische Verträge (Zwitterverträge, Verträge mit Doppelnatur)

Es handelt sich um Verträge, die beide Parteien zum Austausch von Hauptleistungen verpflichten, wobei diese Hauptleistungen in der Regel verschiedenen Vertragstypen entnommen werden: Miete/Hauswartung; Gewährung von Pension/Erteilung von Nachhilfeunterricht usw. Möglich ist auch, daß die Hauptleistungen typengleich sind, aber andere Vertragsgegenstände betreffen: Miete einer Wohnung gegen Miete eines Autos.

γ) Verträge mit Typenverschmelzung (Typenvermengung)

Es handelt sich um Verträge, die eine oder beide Parteien zu Hauptleistungen verpflichten, welche trotz ihrer homogenen Struktur funktional

---

[25] Vgl. dazu DE SIMONE, S. 103; MEIER-HAYOZ, SJK 1135, S. 1f.
[26] Vgl. dazu die Übersicht bei CHARMATZ, S. 327 ff.
[27] Ebenso MEIER-HAYOZ, SJK 1135, S. 3.

verschiedenen Vertragstypen zuzuordnen sind: gemischte Schenkung, Vergleichsvertrag mit Forderungsermäßigung einerseits, Erwerb einer Sache vom Partner anderseits[28, 29].

3. Verträge eigener Art (sui iuris, sui generis)

Verträge sui generis sind selbständige Verträge, deren Tatbestandselemente mindestens zum Teil gesetzlich nicht geregelt sind. In einem engeren Sinn versteht man unter Verträgen sui iuris Vereinbarungen, deren Inhalt ausschließlich aus gesetzlich nicht geregelten Tatbestandselementen besteht. Im engsten Sinn schließlich spricht man nur dann von Verträgen eigener Art, wenn die Tatbestandselemente gesetzlich nicht geordnet sind und sich überdies zu einer besonderen inneren Einheit fügen, somit nicht bloß eine eigenständige Mischung von Elementen aus gesetzlich nicht geregelten Typen darstellen. Wie oben bereits gezeigt worden ist, läßt nur je der engste Sinn die in der Lehre übliche Gegenüberstellung von gemischten und Verträgen sui iuris zu[30].

4. Zusammengesetzte Verträge

Zusammengesetzte Verträge sind nicht selbständige Verträge, sondern Verknüpfungen selbständiger Verträge in der Weise, daß sie sich wie Leistung und Gegenleistung im vollkommen zweiseitigen Vertrag gegenüberstehen. Eben deshalb werden sie zutreffend nicht unter die Innominatverträge eingereiht, da sich im Rahmen der einzelnen Vertragseinheiten das spezifische Rechtsanwendungsproblem der unbenannten Verträge nicht stellt[31]. Anderseits ist nicht zu übersehen, daß zusammengesetzten Verträgen ein

---

[28] Die herrschende Lehre zählt zu diesen drei Arten des gemischten Vertrages auch noch die typischen Verträge mit untergeordneten andersartigen Leistungen: Miete mit Bedienung, Kauf einer Wasserflasche «mit Pfand»; vgl. FIKENTSCHER, S. 351; ESSER/SCHMIDT, S. 121 f.

[29] Daß die Aufzählung keineswegs alle Fälle deckt, ist selbstverständlich. So gibt es ersichtlich Verträge, die beide Parteien je zu mehreren Hauptleistungen verpflichten, wobei diese Hauptleistungen verschiedenen Vertragstypen entnommen werden: Alleinvertriebsvertrag, Franchise-Vertrag; vgl. dazu hinten §§ 109, 110.

[30] Entweder muß man vom engsten Sinn des gemischten Vertrages ausgehen oder vom engsten Sinn des Vertrags sui generis. Unter diesen Voraussetzungen läßt sich jede Unterart jeweils allen Ausprägungen der andern gegenüberstellen; so hält die Gegenüberstellung zum Beispiel, wenn man vom gemischten Vertrag im engsten Sinn ausgeht, auch wenn man diesem den Vertrag sui iuris im weiteren, im engeren und im engsten Sinn entgegenstellt. Ebenso folgerichtig ist es, daß ein konkreter Vertrag sowohl als gemischter als auch als Vertrag eigener Art qualifiziert werden kann, wenn man die Gegenbegriffe im weiteren oder im engeren Sinn nimmt.

[31] Vgl. MEIER-HAYOZ, SJK 1135, S. 2.

übereinstimmender Parteiwille (auf Verkoppelung) zugrunde liegt. Dieser Koppelungsvertrag hat die Schaffung der gegenseitigen Abhängigkeit der gekoppelten Verträge zum Inhalt. Er ist ein Vertrag sui iuris (im engsten Sinn), da er die Parteien zu atypischen Leistungen verpflichtet (Duldung eines einheitlichen rechtlichen Schicksals zweier an sich rechtlich selbständiger Vereinbarungen).

III. Geschichtliche Entwicklung

Während der Ausdruck «contractus innominatus» erst im 12. Jahrhundert aufgekommen ist, wurde der damit gedeckte Sinn schon im justinianischen Recht erkannt[32]: Das justinianische Recht lockerte den dem älteren römischen Recht eigenen Typenzwang. Dieser gründete auf einer beschränkten Zahl von Geschäftstypen, wobei die einzelnen Typen entweder der Form nach oder inhaltlich (nach causae) gekennzeichnet waren[33]. Die Typisierung war das materielle und formelle Gegenstück zum Aktionensystem. Die Auflockerung der justinianischen Zeit brachte die Klagbarkeit auch atypischer Verträge, die man durchwegs und ausschließlich als Realkontrakte angesehen hat[34]. Das gemeine Recht hielt zwar grundsätzlich an der Typisierung fest, ermöglichte indessen durch die Unterscheidung von essentia, natura und accidentia den Abschluß von gemischten Verträgen. Mit der Anerkennung des naturrechtlichen Prinzips der Vertragsfreiheit, zumal in den Ausprägungen der Form- und Inhaltsfreiheit, fallen der Typenzwang und zugleich der numerus clausus im Vertragsrecht[35, 36] dahin.

§ 104. Zulässigkeit der Innominatverträge

I. Vorbemerkungen

Im schweizerischen Recht ist die Zulässigkeit der Innominatverträge unbestritten[37]. Theoretisch folgt sie aus dem Prinzip der Privatautono-

---

[32] STEINWENTER, S. 274.
[33] Vgl. dazu BETTI, S. 260 ff.; ferner SCHERRER, passim.
[34] Vgl. MEIER-HAYOZ, SJK 1134, S. 3, Anm. 6.
[35] Vgl. zum engen Zusammenhang zwischen Formfreiheit und Typenfreiheit SCHNYDER, S. 76 f.
[36] Vgl. zur Entwicklung der Kodifikation und der Lehre CHARMATZ, passim.
[37] Vgl. etwa MEIER-HAYOZ, SJK 1134, S. 2 ff. und dort zitierte weitere Literatur; SCHÖNENBERGER/ JÄGGI, Art. 1, N. 117; OSER/SCHÖNENBERGER, Art. 19, N. 4 f.; BECKER, Art. 19, N. 3 ff.

mie, zumal der rechtsgeschäftlichen Autonomie[38]. Im Rahmen der rechtsgeschäftlichen Autonomie stützt sich die Zulässigkeit der unbenannten Verträge naturgemäß auf die Vertragsfreiheit[39]. Nach schweizerischem
Recht ist es den Parteien unbenommen, die Vertragsfreiheit im Rahmen der
allgemeinen Schranken so auszuschöpfen, daß Verträge entstehen, die von
den Vorbildern des besonderen Teils des OR und der Spezialgesetze abweichen. Falls aus solchen Abweichungen Innominatverträge entstehen, sind
diese den Nominatverträgen im Blick auf die Gültigkeit völlig gleichgestellt[40].

II. Vertragsfreiheit und Innominatverträge

1. Gesetzliche Grundlage der Vertragsfreiheit

Eine ausdrückliche Verankerung des Prinzips der Vertragsfreiheit
fehlt im schweizerischen Recht. Entgegen einer verbreiteten Auffassung[41]
ist die Vertragsfreiheit auch nicht im Grundrecht der Handels- und Gewerbe-
freiheit enthalten. Das Grundrecht fordert nur, daß es ein Privatrecht geben
muß, überläßt es aber dem Zivilgesetzgeber, dieses Privatrecht und damit
auch die Vertragsfreiheit auszuloten[42]. Das OR gewährt Vertragsfreiheit
nicht allgemein und schlechthin; es begnügt sich mit der Proklamation der
Form- und der Inhaltsfreiheit (Art. 11 Abs. 1, Art. 19 Abs. 1 OR). Damit

---

[38] Vgl. dazu namentlich OFTINGER, Privatrecht und Staatsstruktur, S. 225 ff.; MERZ, Privatautonomie heute, passim; FLUME, Rechtsgeschäfte und Privatautonomie, S. 135 ff.; VON HIPPEL,
passim; MARSCHALL, S. 13 ff.

[39] Vgl. dazu OFTINGER, Die Vertragsfreiheit, S. 315 ff.; SCHNYDER, S. 76 f.; FISCHER, passim. Zur
geschichtlichen Entwicklung SCHERRER, passim.

[40] Anders das italienische Recht, das in Art. 1322 CCit. den Abschluß von Innominatverträgen nur
zuläßt, wenn sie die Verwirklichung von (gemäß der Rechtsordnung) schutzwürdigen Interessen bezwecken (Abs. 2). Vgl. dagegen Art. 1107 des französischen Code civil, wo in Abs. 1
Innominatkontrakte ohne Vorbehalt anerkannt und den allgemeinen Regeln des Schuldrechts
unterstellt werden. Vgl. im übrigen historisch und rechtsvergleichend: CHARMATZ, S. 153 ff.,
218 ff.; zum italienischen Recht insbes. MESSINEO, S. 95 ff. Im deutschen Recht wird die Zulässigkeit der Innominatkontrakte wie in der Schweiz allgemein aus dem Prinzip der Inhaltsfreiheit
abgeleitet; vgl. statt vieler SOERGEL/SCHMIDT, vor § 305, N. 14. BOEHMER, S. 271 ff.; DILCHER,
S. 1040 ff. Sehr klar zur Zulässigkeit der Innominatkontrakte Art. 405 des portugiesischen
Codigo Civil: Dentro dos limites da lei, as partes têm a faculdade de fixar livremente o conteúdo
dos contratos, celebrar contratos diferentes dos previstos neste código ou incluir nestes as
cláusulas que lhes aprouver (1). As partes podem ainda reunir no mesmo contrato regras de
dois ou mais negócios, total ou parcialmente regulados na lei (2).

[41] Vgl. dazu FLEINER/GIACOMETTI, S. 286; auch AUBERT, N. 1928.

[42] Vgl. dazu H. HUBER, S. 24 f. und passim. – Dem entspricht die Kompetenz von Art. 64 BV. Vgl.
auch BGE 100 Ia, 1974, S. 449, Erw. 4.

sind freilich die Voraussetzungen zum Abschluß auch ungeregelter Verträge geschaffen: Wie die geschichtliche Entwicklung zeigt[43], konstituieren gerade Formzwang und materielle inhaltliche Beschränkungen (causae) Typenzwang und numerus clausus. Mit der Form- und der Inhaltsfreiheit ist daher grundsätzlich auch die Typenfreiheit anerkannt[44] und gegen den numerus clausus Stellung bezogen[45]. Doch wird auch im schweizerischen Recht die geschriebene Anerkennung der Form- und Inhaltsfreiheit ungeschrieben zur umfassenden Vertragsfreiheit ergänzt, so daß alle Ausprägungen des Prinzips anerkannt werden: Abschluß-, Partnerwahl-, Form-, Aufhebungs- und Inhaltsfreiheit[46].

2. Schranken der Vertragsfreiheit

Die Anerkennung der Vertragsfreiheit (wie der rechtsgeschäftlichen Freiheit überhaupt) erhebt den Willen der Privaten zum Gesetz. Folgerichtig muß die Vertragsfreiheit in den Gesamtrahmen der Rechtsordnung gestellt und nötigenfalls beschränkt werden. Art. 20 Abs. 1 OR versagt (trotz der grundsätzlich anerkannten Inhaltsfreiheit) allen Verträgen rechtliche Wirkungen, deren Inhalt unmöglich oder gesetzwidrig ist oder gegen die guten Sitten verstößt. Wie Art. 19 Abs. 2 OR präzisiert, ist Gesetzwidrigkeit nicht schon in der bloßen Abweichung von einer gesetzlichen Regel zu sehen. Vielmehr muß es sich bei den verdrängten Vorschriften um solche handeln, die das Gesetz selbst als unabänderlich bezeichnet. Das trifft implizit zu für den ganzen Bereich des öffentlichen Rechts. Es ist aber auch wahr für jene Vorschriften des Zivilrechts, die das Gesetz nach Wortlaut oder Sinn zu unabänderlichen stempelt. Die Unabänderlichkeit einer privatrechtlichen Regel kann sich überdies auch indirekt in der Weise ergeben, daß mit der unmittelbar beseitigten Norm mittelbar das Recht der Persönlichkeit, die öffentliche Ordnung oder gar die guten Sitten verletzt wären[47]. Anderseits wird Gesetzwidrigkeit nicht rechtmäßig, wenn bloß der unmittelbar verbotene Weg,

---

[43] Vgl. SCHNYDER, S. 74 ff.

[44] MEIER-HAYOZ, SJK 1134, S. 3.

[45] Typenzwang und numerus clausus sind auseinanderzuhalten. Es gibt Typenzwang ohne numerus clausus, wie es auch numerus clausus ohne Typenzwang geben kann. Numerus clausus bedeutet Beschränkung der möglichen Ordnungstypen, Typenzwang dagegen zwingende Ausgestaltung der geregelten Typen; vgl. WESTERMANN, S. 114 f.; KOLLER, S. 90 ff.; TEICHMANN, S. 140.

[46] Vgl. OFTINGER, Die Vertragsfreiheit, S. 315 ff.; MEIER-HAYOZ, SJK 1134, S. 2 f.

[47] Das Verhältnis zwischen Art. 19 Abs. 2 OR und Art. 20 Abs. 1 OR ist weitgehend ungeklärt. Einmütigkeit fehlt auch in der Frage, in welchem Verhältnis die in Art. 19 Abs. 2 genannten

nicht aber auch das verpönte Ziel gemieden wird: Gesetzesumgehung ist an sich rechtswidrig[48]. Dem hat man zumal im Bereich der Innominatverträge Rechnung zu tragen, weil diese sich besonders gut zu eignen scheinen, Verbotenes auf unverdächtigen fremden Pfaden anzustreben.

§ 105. Rechtsanwendung

I. Vorbemerkungen

Die Anerkennung gesetzlich ungeregelter Verträge führt sofort zur Frage, welchen Regeln diese Innominatverträge unterstehen. Innominatverträge sind verbindlich. Sie begründen somit klagbare Ansprüche. Also muß klargestellt werden, nach welchen Vorschriften der Richter im Streitfall zu entscheiden hat.

Vorweg ist freilich zu betonen, daß Innominatverträge nicht an allgemeinem, sondern nur gerade an spezifischem Normmangel leiden. Sie sind somit in dem Sinne geregelt, daß sie dem allgemeinen Teil des OR unterstehen. Der Inhalt des Art.1107 Abs.1 des (französischen) Code civil ist auch im schweizerischen Recht anerkannt: «Les contrats, soit qu'ils aient une dénomination propre, soit qu'ils n'en aient pas, sont soumis à des règles générales, qui sont l'objet du présent titre»[49]. Dabei ist freilich zu bedenken, daß es keine allgemeinen, sondern nur besondere Verträge gibt, so daß das abstrakte Konzentrat des allgemeinen Teils oft gerade nicht weiter hilft oder unpassend ist. Daher ist sogleich an Art.1 ZGB zu denken, der neben dem

---

Rechtsgüter (öffentliche Ordnung, gute Sitten, Recht der Persönlichkeit) stehen. Der Frage braucht hier weiter nicht nachgegangen zu werden, da sie im Bereich der Innominatkontrakte weniger interessiert als bei den benannten Verträgen und überdies hier wie dort gleich zu beantworten ist. Es kann daher auf die Ausführungen zum allgemeinen Teil des Obligationenrechts verwiesen werden; vgl. dazu MERZ, Obligationenrecht – Allgemeine Bestimmungen; vgl. im übrigen zum Problem MEIER-HAYOZ, SJK 1134, S.3f., wonach im Rahmen von Art.19 Abs.2 OR die guten Sitten als Oberbegriff im Sinne des Rechts der Persönlichkeit einerseits und der öffentlichen Ordnung andererseits zu verstehen wären. BECKER, Art.19, N.21ff., der die drei Begriffe als Parallelbegriffe auffaßt; OSER/SCHÖNENBERGER, Art.20, N.37 bezeichnen (zumindest bei der Auslegung von Art.20 OR) die Persönlichkeitsverletzung im Sinne von Art.27 Abs.2 ZGB als Fall der Sittenwidrigkeit; VON TUHR/PETER, S.249ff., stellen die drei Begriffe parallel nebeneinander; ebenso ENGEL, S.85ff.

[48] Vgl. MEIER-HAYOZ, SJK 1134, S.4; vor allem auch ENGEL, S.195ff.
[49] Vgl. dazu MEIER-HAYOZ, SJK 1134, S.8; dem im Kontext angegebenen Art.1107 Abs.1 CCfr. entspricht Art.1323 CCit.

Gesetz das Gewohnheitsrecht und die richterliche Regel als weitere Rechtsquellen anerkennt. Existiert aber für einen Innominatvertrag Gewohnheitsrecht oder Richterrecht, so ist die Rechtslage grundsätzlich nicht anders als beim Nominatvertrag.

Anderseits wird auch bei der Entscheidung von Streitigkeiten über Nominatverträge nicht unverzüglich auf die Regeln des betreffenden Vertragstyps zurückgegriffen. Aus der (unten näher zu untersuchenden) Funktion der vertragstypischen Regeln ergibt sich nämlich, daß die bereitgestellten Verhaltensmuster nicht diesen hic et nunc zu beurteilenden Vertrag betreffen, sondern ganz allgemein Verträge dieses Typs. Die konkreten Regeln für diesen hier und jetzt im Streit liegenden Vertrag haben nämlich die Parteien gesetzt. Sind sie unklar, so müssen sie ausgelegt werden. Fehlen Parteiregeln in einer Frage, die beantwortet werden muß, so hat man eine Vertragslücke vor sich. Insoweit ist die Rechtslage beim Nominatvertrag grundsätzlich gleich wie beim Innominatvertrag.

Die entscheidende Frage ist mithin die: Nach welcher Methode sind Vertragslücken (gleichviel, ob benannte oder unbenannte Verträge vorliegen) zu schließen? Falls es eine Methode der Füllung von Lücken konkreter Verträge gibt, ist sie durchgängig zu befolgen. Es gibt dann kein spezifisches Problem der Rechtsanwendung bei Innominatverträgen. Ist indessen gerade den Vertragstypenregeln Lücken des konkreten Vertrags zu schließen aufgegeben, so hat man zu fragen, wie Vertragslücken bei Innominatverträgen zu füllen sind, wenn ein typenspezifisches Gewohnheitsrecht oder Richterrecht fehlen. Es entsteht dann ein eigenes Problem der Rechtsanwendung für den Fall von Vertragslücken in Innominatverträgen ohne besonderes Gewohnheits- oder Richterrecht.

Aus diesen Erwägungen wird klar, daß methodisch zunächst das Problem der Rechtsanwendung (zumal der Lückenfüllung) für die Nominatverträge anzugehen ist. Erst diese Untersuchung wird erweisen können, ob und welche Funktion dem geschriebenen (und daher auch dem ungeschriebenen) Vertragstypenrecht bei der Beurteilung konkreter Verträge dieses Typs zukommt.

II. Rechtsanwendung bei Nominatverträgen

1. Auslegung

Nach Art. 18 Abs. 1 OR ist bei Beurteilung des Inhaltes des Vertrages der übereinstimmende wirkliche Wille und nicht die unrichtige Bezeichnung

oder Ausdrucksweise zu beachten[50]. Das geschieht allemal nach dem sogenannten Vertrauensprinzip, dem den Vertragswortlaut auszulegen und
(bei widerstreitendem Verständnis der Parteien) den Verständnisstreit bei-
zulegen aufgegeben ist (Vertrauensprinzip als Auslegungs- und Entscheid-
regel)[51]: «Eintritt und Inhalt einer rechtsgeschäftlichen Wirkung bestimmen
sich danach, wie eine Person (‹der Empfänger›) einen wirklichen oder ver-
meintlichen Erklärungsvorgang nach den Umständen auffassen durfte und
mußte.»[52, 53]

2. Ergänzung

Während es Sache der Auslegung ist, den Willen der Parteien aufgrund
des Wortlauts nach dem Vertrauensprinzip zu ermitteln, wird die Vertragsergänzung dort praktisch, wo der Vertrag schweigt. Man hat eine Vertragslücke vor sich[54]. Im Nominatrecht kann diese Lücke grundsätzlich
auf drei verschiedenen Wegen gefüllt werden: Entweder versucht der
Richter, den konkreten Vertrag so zu ergänzen, wie das die Parteien
vernünftigerweise getan hätten, wenn sie das Problem erkannt hätten (subjektive Ergänzung nach dem hypothetischen Parteiwillen; vgl. Art. 18 Abs. 1
OR und Art. 20 Abs. 2 OR). Oder aber er ergänzt nach der Natur des
konkreten Geschäfts (objektive Ergänzung; vgl. Art. 2 Abs. 2 OR).
Oder der Richter greift zur Ergänzung des Vertrags auf das gesetzlich
bereitgestellte Vertragstypenrecht, das seinerseits nötigenfalls durch
Gewohnheits- oder Richterrecht (Art. 1 Abs. 2 und 3 ZGB) zu ergänzen wäre.

---

[50] Die Darstellung folgt hier SCHLUEP, Privatrechtliche Probleme, S. 418 ff.

[51] SCHÖNENBERGER/JÄGGI, Art. 1, N. 193 ff.

[52] SCHÖNENBERGER/JÄGGI, Art. 1, N. 181; vgl. weiter zum Vertrauensprinzip: MERZ, Art. 2,
N. 125; MEIER-HAYOZ, Das Vertrauensprinzip, passim; OFTINGER, Betrachtungen über Aus-
legung und Ergänzung der Verkehrsgeschäfte, S. 178 ff.; KELLER, Die Auslegung, S. 313 ff.;
DERSELBE, Der Vertragswille, S. 365 ff. (369 ff.); PATRY, passim; VON BÜREN, Allgemeiner
Teil, S. 168 ff.; GUHL/MERZ/KUMMER, S. 110; ENGEL, S. 167 ff.; HUG, S. 1 ff.; KRAMER, S. 84 ff.
(91 ff.); vgl. auch PIOTET, passim; BGE 99 II, 1973, S. 285; 94 II, 1968, S. 117; 93 II, 1967,
S. 511; 92 II, 1966, S. 539; 89 II, 1963, S. 54; 87 II, 1961, S. 242; 69 II, 1943, S. 322; 34 II,
1908, S. 528.

[53] Das Vertrauensprinzip geht vom Wortlaut aus, gibt ihm aber den Sinn mit Blick auf die
gesamten konkreten Umstände. MEIER-HAYOZ (SJK 1134, S. 6) spricht von «Auslegungsmate-
rial» und erwähnt unter diesem Titel: Vorverhandlungen, Verhalten bei Abwicklung des
Vertrages, Zweck des Vertrages, ganzheitliche Erfassung des Vertrages, individuelle Geschäfts-
gewohnheiten, Verkehrssitte, Ortsgebrauch, insbesondere Auslegungsregeln, wie «in dubio
contra stipulatorem» und «falsa demonstratio non nocet». Unzulässig wird der Rekurs auf das
Vertrauensprinzip, wenn der Empfänger den wahren Willen des Erklärenden tatsächlich verstanden hat. Vgl. dazu die von KELLER (SJZ 1961, S. 313 ff.; 1962, S. 369 ff.) entwickelte Lehre
des «Sichverständlichmachens».

[54] Vgl. BGE 90 II, 1964, S. 244 f.

Ersichtlich ist der hypothetische Parteiwille eine Fiktion, weil die Vertragslücke ja gerade dadurch entsteht, daß Willensäußerungen zum Problem fehlen. Anderseits ist fraglich, wie man die Natur des konkreten Geschäfts ohne Rekurs auf den tatsächlich geäußerten Willen bestimmen können sollte[55]. Beide Wege sind somit re vera subjektiv und objektiv zugleich: Sie gehen vom tatsächlichen Parteiwillen aus, den sie alsdann nach objektiven Gesichtspunkten weiter entwickeln[56]. Das ist aber gar nichts anderes als die Anwendung des Vertrauensprinzips auch zur Füllung von Vertragslücken[57]. Mit Recht ist gesagt worden, Unvollständigkeit sei zugleich Mehrdeutigkeit und umgekehrt[58]. Folgerichtig spricht die deutsche Lehre von «ergänzender Vertragsauslegung»[59].

Beispiel: BGE 90 II, 1964, S. 235 ff.

Schließen die Parteien einen Kaufvertrag über vinkulierte Namenaktien ab und wissen sie im Zeitpunkt des Vertragsschlusses nicht, daß die Aktientitel und die künftigen Forderungen auch bei Nichtgenehmigung durch die Gesellschaft übertragen werden können, so besteht eine Vertragslücke: der Fall des bloßen Urkundenübergangs und der Abtretung bloß der künftigen Forderungen ist nicht geregelt.

Nach welcher Methode füllt der Richter die Vertragslücke? In der Weise, «wie es angesichts der gesamten Sachlage die Parteien selber nach Treu und Glauben vermutlich getan hätten» (BGE 90 II, 1964, S. 244f.).

In der Folge fragt das Gericht nach dem Vertragszweck, den es aufgrund der Vertragsgeschichte in der Erlangung (und Verschaffung) der Aktienmehrheit sieht. Daraus aber ist nach dem konkreten Sachverhalt zu folgern, daß der Käufer nur ein Interesse an der Übernahme aller 88 Aktien (Vertragsgegenstand) haben konnte. Diese Annahme wird erhärtet durch

---

[55] Vgl. dazu SCHÖNENBERGER/JÄGGI, Art. 2, N. 51, die im übrigen im Rahmen von Art. 2 OR eine Ergänzung nach Recht und Billigkeit postulieren, soweit der Vertrag gegenüber dem gesetzlichen Vertragstyp irgendwelche individuellen Eigenarten aufweist. Andernfalls verweisen SCHÖNENBERGER/JÄGGI auf die Essentialia und Naturalia des gesetzlichen Typenrechts (N. 52). Zum hypothetischen Parteiwillen: KILIAN, S. 275f.

[56] Vgl. dazu MERZ, Art. 2, N. 145 und dort zitierte weitere Literatur und namentlich Judikatur; SCHLUEP, Privatrechtliche Probleme, S. 425f.; YUNG, S. 206.

[57] Vgl. dazu MERZ, Art. 2, N. 145; «Die richtige Methode ist somit subjektiv (oder individuell), insofern sie vom konkreten Vertragszweck ausgeht und eine mit ihm harmonierende Ergänzung sucht. Sie ist objektiv, insofern sie von einem tatsächlichen Parteiwillen völlig absieht und so ergänzt, wie die Parteien es nach den unzweideutigen konkreten und von ihnen geschaffenen Umständen in guten Treuen (Hervorhebung von mir: W. R. Sch.) und redlicherweise erwarten dürfen und erwarten müssen. Das Ergebnis ist auch hier, wie bei der eigentlichen Auslegung, Objektivierung und Individualisierung.»

[58] MERZ, Art. 2, N. 137.

[59] Vgl. dazu SANDROCK, passim; ferner auch LARENZ, Allgemeiner Teil des deutschen bürgerlichen Rechts, S. 478, wo davon die Rede ist, die ergänzende Vertragsauslegung sei «nicht Auslegung einzelner Willenserklärungen, ihres normativen Sinnes, sondern Auslegung der durch den Vertrag geschaffenen objektiven Regelung.» Gleich auch OFTINGER, Betrachtungen über die Auslegung und Ergänzung der Verkehrsgeschäfte, S. 198: «Das Ziel der Ergänzung ist es also, die Lücken im Rechtsgeschäft nach der Methode der objektivierten Auslegung auszufüllen».

eine Vertragsbestimmung, wonach der Vertrag dahinfallen soll, wenn der Verkäufer nicht in der Lage sein sollte, alle vertraglich geschuldeten Aktien zu übertragen. Der Käufer strebte die Aktienmehrheit an, um die Gesellschaft beherrschen zu können. Aus diesem Motiv folgt, daß der Käufer am Stimmrecht der Aktien interessiert sein mußte. Anderseits läßt die (rechtsmißbräuchliche) Abrede der Parteien über die unwiderrufliche Bevollmächtigung des Erwerbers zur Ausübung des Stimmrechts erkennen, daß sich der Erwerber vorläufig auch mit der Spaltung abgefunden hätte.

Das Gericht wendet dann die gleiche Methode (objektive und subjektive Ergänzung) an, um zu ergründen, ob sich auch der Verkäufer bei Kenntnis der Rechtslage mit der Spaltung abgefunden hätte. Die Frage wird bejaht (BGE 90 II, 1964, S. 244 f.)[60].

Aus diesem Beispiel wird klar, daß der Argumentationsstil bei Ergänzung des Vertrags in der Tat völlig vom Vertrauensprinzip beherrscht wird. Und das wiederum erklärt, weshalb die auftauchenden Probleme nicht generalisiert werden und jeder Rekurs auf das allgemeine Kaufsrecht fehlt: Auf diesen (konkreten) und nicht auf einen solchen Vertrag kommt es an; die «Begleitumstände»[61] beherrschen das Feld, nicht das «in solchen Fällen» Übliche. Man mag dann in der Tat anschaulich von der «Weiterentwicklung» der inneren Logik des Vertrages[62] oder vom «Fortdenken des Vertragsinhaltes nach Treu und Glauben»[63] reden.

Fallen somit die erste und die zweite Methode der Schließung von Vertragslücken im Vertrauensprinzip zusammen, so bleibt nurmehr zu fragen, wie diese Methode sich zur Möglichkeit des Beizugs einschlägigen Vertragstypenrechts verhält. Man darf vorweg zusammenfassend feststellen, daß die Lehre zur Schließung von Vertragslücken sowohl die ergänzende Vertragsauslegung als auch das dispositive Gesetzesrecht zum

---

[60] Die Schlußfolgerungen des Bundesgerichts lauten: «Mit der Vorinstanz ist deshalb der Vertrag in dem Sinne zu ergänzen, daß das Veräußerungsgeschäft auch wirksam bleibe, wenn die Zustimmung der Gesellschaft zur Übertragung der Aktionäreigenschaft nicht erhältlich sein sollte. Diese Lösung ist nach den Grundsätzen von Treu und Glauben, auf die es entscheidend ankommt, die einzig vertretbare, weil einerseits der Beklagte zur Erfüllung des Vertrags bereit ist, obwohl er nur einen Teil der angestrebten Gegenleistung erhält, und anderseits der Kläger kein schutzwürdiges Interesse an dem heute von ihm behaupteten Dahinfallen des Veräußerungsgeschäftes geltend machen kann. Denn für ihn hat das Fehlen der Zustimmung der Gesellschaft keinerlei nachteilige Folgen; er hat dem Beklagten die Aktienurkunden gegen Entrichtung des vollen Kaufpreises zu übergeben. Daß er die Aktionäreigenschaft beibehält, ist für ihn belanglos. Selbst wenn man annehmen wollte, daß er an sich zur Ausübung der damit verbundenen Rechte, insbesondere des Stimmrechts, befugt bleibe, wäre er auf jeden Fall nicht verpflichtet» (BGE 90 II, 1964, S. 247).
[61] Vgl. dazu MERZ, Art. 2, N. 137. Der von SCHÖNENBERGER/JÄGGI (Art. 1, N. 430) vorgeschlagene Rekurs auf die Verkehrssitte als Mittel der Vertragsergänzung muß nach der hier vertretenen Auffassung an das Vertrauensprinzip gebunden werden. Richtig MERZ, Art. 2, N. 143. – Anders als im Kontext FLUME, S. 324 ff.; abweichend im einzelnen auch LÜDERITZ, S. 410 ff.; wie hier dagegen LARENZ, Allgemeiner Teil des deutschen bürgerlichen Rechts. S. 479.
[62] MERZ, Art. 2, N. 145.
[63] HENCKEL, S. 106 ff., 108.

Zuge kommen lassen will, beiden Methoden aber einen getrennten Anwendungsbereich zuweist. Dem Schein nach erfolgt indes die Abgrenzung nicht einmütig.

Ein Teil der Lehre will die beiden Methoden sozusagen nacheinander
anwenden: zunächst sind Lücken immer durch ergänzende Vertragsauslegung (also nach dem Vertrauensprinzip) zu schließen. Erst wenn der konkrete
Vertrag für die Ergänzung nichts mehr hergibt, «wenn gar keine individuellen Anknüpfungspunkte vorhanden sind»[64], wenn «genügende Anhaltspunkte fehlen» oder «verschiedene Regelungen gleichermaßen denkbar» sind[65], soll das gesetzliche Vertragstypenrecht zum Zuge kommen:
«Erst wenn sich für eine nicht geregelte Frage überhaupt keine subjektiven
Anknüpfungspunkte mehr ergeben, kommt die nach rein objektiven Gesichtspunkten vorzunehmende Auslegung oder Ergänzung des gesetzten
Rechts zum Zuge.»[66]

Andere ziehen die beiden Methoden von vornherein nebeneinander auf:
Die Regeln des dispositiven Vertragstypenrechts sind auf «durchschnittliche» oder «typische» Fälle ausgerichtet. Also sind sie dann zur Ergänzung
heranzuziehen, wenn der zu ergänzende Vertrag «durchschnittlich» und
«typisch» ist. Weicht der konkrete Vertrag indessen vom gesetzlich unterstellten Modell ab, so wird die gesetzliche Regel fragwürdig, so daß der Weg
der ergänzenden Auslegung beschritten werden muß[67]. Am nächsten
kommt dieser in Deutschland entwickelten Lehre im schweizerischen Schrifttum JÄGGI, dessen Feststellungen allerdings für den Sonderfall des Art. 2
Abs. 2 OR getroffen worden sind: «Insoweit der zu ergänzende Vertrag einem
bestimmten Vertragstyp (...) entspricht, also keine individuelle Eigenart aufweist, besteht die (dann allgemein zu verstehende) Natur des Geschäftes in
den Essentialia und Naturalia (...) dieses Typs.»[68]

---

[64] MEIER-HAYOZ, SJK 1134, S. 7.

[65] LARENZ, Allgemeiner Teil des deutschen bürgerlichen Rechts, S. 482. LARENZ macht freilich
die Anwendbarkeit des dispositiven Rechts von einer weiteren Voraussetzung abhängig:
Daß der konkrete Vertrag «ein typischer» sei und daß die Parteien hinsichtlich der dispositiv
gesetzlich geregelten Frage nichts anderes bestimmt haben.

[66] MERZ, Art. 2, N. 138.

[67] Vgl. dazu z.B. SANDROCK, S. 45: «Die ergänzende Vertragsauslegung ist überall dort zulässig,
wo ein dispositiver Rechtssatz, dessen tatbeständliche Voraussetzungen im konkreten Einzelfall
an sich erfüllt sind, Regelungen setzt, die am typischen, gewöhnlichen, generellen Parteiwillen
ausgerichtet sind und die deshalb notwendig schematisierende Durchschnittslösungen darstellen, während der konkrete Vertrag in den Regelungen, die er gesetzt hat, atypische, besondere, individuelle Züge aufweist und deshalb insoweit auch atypisch, besonders, individuell
ergänzt werden muß»; vgl. auch LARENZ, Vertragsauslegung und dispositives Recht, S. 737 ff.;
LEENEN, S. 128 f.

[68] SCHÖNENBERGER/JÄGGI, Art. 2, N. 52. – Nach BUCHER (S. 269) gehen dispositive Regeln

Bei genauerem Zusehen entdeckt man, daß die scheinbar divergierenden Auffassungen über den Anwendungsbereich der beiden Ergänzungswege materiell übereinstimmen. Besonders deutlich wird das bei MERZ, der rundweg erklärt, subjektive Anknüpfungspunkte für die ergänzende Vertragsauslegung fehlten dort, wo der «konkrete Vertrag nur noch als Vertragstypus»[69] zu verstehen sei. Auch SANDROCK[70] und JÄGGI[71] geben unmißverständlich zu verstehen, daß das gesetzliche Typenrecht dann nicht herangezogen werden darf, wenn der konkrete Vertrag individuelle Züge trägt. Also wäre umgekehrt das dispositive Recht immer dann am Zuge, wenn der konkrete Vertrag vom gesetzlich geregelten Modell nicht abweicht[72].

Die vorläufige Regel lautet also: Individuell gestaltete Verträge sind nach dem Vertrauensprinzip zu ergänzen, nicht individuell gestaltete dagegen nach dem gesetzlichen Vertragstypenrecht. Es handelt sich deshalb um eine vorläufige Regel, weil viele Fragen offenbleiben: Unter welchen Voraussetzungen ist ein Vertrag individuell gestaltet, unter welchen andern fällt er mit dem gesetzlichen Modell zusammen? Wie verhält es sich bei ergänzender Vertragsauslegung mit dem zwingenden Recht des betreffenden Vertragstypus? Quid, wenn das gesetzliche Vertragstypenrecht die zu entscheidende Frage auch nicht regelt? Die Beantwortung dieser Fragen nötigt dazu, die Vorfrage nach der rechtlichen Bedeutung des Vertragstypenrechts aufzuwerfen.

---

mit Gerechtigkeitsgehalt der Vertragsergänzung immer vor. Das ist freilich fraglich: Ergibt die «innere Logik» des Vertrags einen abweichenden (hypothetischen) Parteiwillen, so ist er (auch) Ausdruck von (freilich privatautonomen, allenfalls richterlichen) Gerechtigkeitsvorstellungen.

[69] MERZ, Art.2, N.138.
[70] SANDROCK, S.45; a.M. SCHWARK, S.81.
[71] SCHÖNENBERGER/JÄGGI, Art.2, N.52.
[72] Die materielle Übereinstimmung der Lehre ergibt sich schon daraus, daß man bei Anwendung des Vertrauensprinzips den Vertrag in jedem Falle ergänzen kann, also auch dann, wenn angeblich keine Anhaltspunkte vorliegen, um den Vertrag «zu Ende zu denken». Es sind eben in jedem Fall genügend «individuelle Begleitumstände» vorhanden, um das Vertrauensprinzip fruchtbar walten zu lassen. Setzt man indessen voraus, daß das Vertrauensprinzip eine gerechte Ergänzung gewährleisten soll und daß das dispositive Recht ebenfalls Gerechtigkeit verwirklichen will, so ergibt sich von selbst, daß bei völliger Übereinstimmung des konkreten Vertrages mit dem gesetzlichen Modell die (gelungene) ergänzende Auslegung mit dem (richtig ausgelegten) dispositiven Recht übereinstimmen müßte. Insoweit steckt ein Körnchen Wahrheit in der sonst abzulehnenden Auffassung von OFTINGER (Betrachtungen über die Auslegung und Ergänzung der Verkehrsgeschäfte, S.199), wonach ergänzende Auslegung und Anwendung dispositiven Rechts zu den gleichen Ergebnissen führen müssen. Praktisch kommt – wie im Kontext herausgestrichen wird – eben alles darauf an, unter welchen Voraussetzungen man die Identität des konkreten Vertrags mit dem gesetzlichen Modell annimmt oder verneint.

3. Rechtliche Bedeutung des gesetzlichen Vertragstypenrecht

a) Inhalt

Das Vertragstypenrecht setzt sich zusammen aus den Essentialia und den Naturalia (negotii). Die Essentialia umschreiben den Geltungsbereich der Naturalia. Diese sind entweder zwingenden (ius cogens) oder nachgiebigen Rechts (ius dispositivum).

b) Funktionen

Das zwingende Recht dient – wie vorne gezeigt worden ist[73] – überhaupt und damit auch im Privatrecht dem Schutz der guten Sitten, der öffentlichen Ordnung und dem Recht der Persönlichkeit. Mit Recht ist gesagt worden, im Obligationenrecht gehe es vorab um den Schutz der Persönlichkeit in Gestalt zum Beispiel von Rechtssätzen, «durch welche das Gesetz den sozial oder ökonomisch schwächeren Teil gegen zu weitgehende Gefährdung der Lebensgüter oder Beschränkung der Freiheit schützt»[74]. Man mag auch von ausgleichender Gerechtigkeit und Schutz des sozial Schwächeren reden[75].

Demgegenüber hat das dispositive Recht nach ganz überwiegender und kaum widersprochener Auffassung eine gänzlich andere Funktion: Es soll den Parteien für den Fall dienen, daß sie im konkreten Vertrag nichts vorgesehen haben[76]. EHRLICH unterscheidet vier Arten des dispositiven Rechts:

---

[73] Vgl. vorne, S.779; zum zwingenden Recht allgemein auch SCHLUEP/BAUDENBACHER, S.356ff., 359. – BUCHER (S.249f.) unterscheidet zwischen formellem (organisatorischem) und materiellem zwingenden Recht.

[74] VON TUHR/PETER, S.251. Ausführlich STAEHELIN (S.5ff.) mit guter Übersicht über die Schutznormen des schweizerischen Vertragsrechts.

[75] LARENZ, Schuldrecht I, S.42.

[76] Vgl. dazu LEENEN, S.127. Vgl. etwa folgende Wendungen: «Die Regeln, die das Gesetz gegeben hat, sind so nicht willkürlich erdacht, sondern beruhen entweder auf einer langen Erfahrung und durch sie vermittelter Anschauung des Verkehrs oder auf sorgfältiger Überlegung darüber, wie ein für beide Teile erträglicher, jedem zuzumutender gerechter Ausgleich gefunden werden kann» (LARENZ, Schuldrecht II, 5.Aufl., S.3); «Wo in dieser Weise die Parteien selbst ‹ihr Recht› schaffen und demgemäß ihr Austausch- und Gemeinschaftsverhältnis einrichten und abwickeln, dort beschränkt sich das Gesetz zunächst auf die Aufgabe, Muster solcher Rechtsgeschäfte und Verträge zu normieren, die den Parteien als Anhaltspunkte dienen mögen, die sie aber nach ihren Bedürfnissen abwandeln und umgestalten können» (ESSER, Schuldrecht I, S.6); «Mit dem Prinzip der Vertragsfreiheit, von dem das Schuldrecht ausgeht, ist es durchwegs zu vereinbaren, wenn der Gesetzgeber im BGB und einer Reihe sog. Nebengesetze in Gestalt dispositiver Regelungen einen Kodex der Vertragstypen mit dem Hauptziel zur Verfügung stellt, vertraglich unvollständig geregelte Schuldverhältnisse zu ergänzen, allerdings

- Auslegungsregeln
- ergänzende Rechtssätze
- fürsorgende Rechtssätze
- kodifizierte Verkehrssitten[77].

Man sieht sofort, daß zumindest Auslegungsregeln und kodifizierte Verkehrssitten die Funktion haben, den Parteien zu Hilfe zu kommen. Die dargebotene Hilfe ist freilich immer ausgerichtet am Durchschnittsfall, so daß sich Disharmonien im Blick auf den zu beurteilenden konkreten Einzelfall einstellen können. Auch die ergänzenden Rechtssätze könnte man als Ausdruck des durchschnittlich Üblichen ansehen. EHRLICH betont indessen, die vornehmlich im allgemeinen Teil untergebrachten Ergänzungsregeln seien Ausfluß allgemeiner Rechtsprinzipien[78]. Auch fürsorgende Rechtssätze sind nach EHRLICH Ergänzungsregeln mit besonderem Schutzcharakter; der Gedanke des Durchschnittlichen tritt also hier zurück gegenüber der Idee des Richtigen. Man wird freilich anzunehmen haben, daß auch dispositive Normen mit solchem Richtigkeitsgehalt nur auf jene konkreten Fälle passen, die dem Modellfall entsprechen.

Zusammenfassend kann man also festhalten, daß die dispositiven Regeln in zwei große Gruppen zerfallen: Regeln mit Orientierung am durchschnittlichen Parteiwillen, wie er sich besonders in der Verkehrssitte niederschlägt; und Regeln mit Richtigkeitsgehalt, die nicht das durchschnittlich (und faktisch) Übliche, sondern das bei durchschnittlichen Gegebenheiten Richtige anordnen[79, 80]. Dabei darf nicht übersehen

---

teilweise gekoppelt mit einigen zwingenden oder halbzwingenden Schutzvorschriften» (SOERGEL/SCHMIDT, Kommentar, Vorbem. vor § 305, N.12). ENGEL (S.85) teilt das dispositive Recht ein in «règles supplétives» und «règles interprétatives». WEISS (S.5f.) spricht von einer «zweckmäßigen Einteilung des ergänzenden Rechts», von einer «Sammlung von Musterbildern des typischen Parteiwillens»; ebenso METZGER/WÜEST, S.45. – Ausführlich zu den Funktionen des dispositiven Rechts: BUCHER, S.256ff.

[77] EHRLICH, S.44ff.

[78] Vgl. für das schweizerische Recht etwa Art.74, 75, 78, 81 Abs.1 OR.

[79] SANDROCK (S.46f.) spricht von «normativ gefärbter Quelle des dispositiven Schuldvertragsrechts», vom normativen Moment des «aequum et bonum». Man mag auch von einer «Regellage» reden; so WESTERMANN, S.53. Vgl. auch CHARMATZ, S.348.

[80] Die Normen des dispositiven Rechts mit Richtigkeitsgewähr sollen nach der deutschen Lehre und Rechtsprechung zumal durch allgemeine Geschäftsbedingungen nur verdrängt werden dürfen, solange die Prinzipien der Rule of Reason und der Fairness beachtet werden (ENNECCERUS/NIPPERDEY, S.301f.). LARENZ (Allgemeiner Teil des deutschen bürgerlichen Rechts, S.51f.) spricht von einem «Muster einer ausgewogenen und angemessenen Regelung»: «Das Gesetz gestattet den Parteien zwar, von diesem Muster abzuweichen. Geschieht das in einem echt ausgehandelten Einzelvertrage, so kann angenommen werden, daß dabei jede Partei ihre Interessen selbst hinreichend wahrgenommen hat. Bei allgemeinen Geschäftsbedingungen trifft diese Annahme in den meisten Fällen jedoch nicht zu. Deshalb darf hier nur insoweit von dem Muster abgewichen werden, als die sich danach ergebende Regelung im ganzen noch als ange-

werden, daß auch das durchschnittlich Übliche eine immanente Richtigkeitsgewähr insofern gibt, als es das Ergebnis von Verhandlungen ökonomisch
und intellektuell gleich oder ähnlich gestellter Parteien ist[81].

c) Anwendungsbereich

Das Vertragstypenrecht enthält neben zwingenden Schutzrechtsnormen
dispositive Regeln, die teils das durchschnittlich Übliche, teils das bei durchschnittlichen Verhältnissen Richtige anordnen. Eben deshalb passen diese
generell-abstrakten Regeln nicht für die Ergänzung eines konkreten, individuell gestalteten Vertrags; denn die individuelle Gestaltung ist der klare
Beweis, daß kein Durchschnittsfall gewollt und daher die Ergänzung nach
dem Vertrauensprinzip vorzunehmen ist (vorne Ziff. 2).

Unter diesen Voraussetzungen erhält die Frage erste Bedeutung, wann ein
konkreter Vertrag individuell gestaltet ist und daher «aus sich selbst
heraus» ergänzt werden muß, und wann anderseits ein Durchschnittsvertrag
vorliegt, den man als «Fall» des gesetzlichen Modells der Herrschaft des
Vertragstypenrechts überlassen darf. Generell bestimmt sich der Geltungsbereich des Vertragstypenrechts nach den Essentialia. Ob somit das Vertragstypenrecht auf einen konkreten Vertrag anwendbar ist, kann nur durch
Auslegung der Essentialia (Legaldefinitionen)[82] ausgemacht werden. Das
Ergebnis der Auslegung hängt nun aber davon ab, ob man die Legal«definitionen» als Klassen- oder als Typenbegriffe auffaßt.

α) Anwendungsbereich bei klassenlogischer Konzeption

Faßt man die Legaldefinition als klassenlogische Begriffe auf, so beschlägt das Vertragstypenrecht jeden konkreten Einzelvertrag, der sich unter
die Legaldefinition subsumieren läßt. Theoretisch läßt sich von jedem Einzelvertrag sagen, ob er unter die Legaldefinition falle oder nicht[83]. Folgerichtig
wird man das Vertragstypenrecht als Ergänzungsquelle nur dann beiseite
schieben dürfen, wenn ein konkreter Vertrag die Begriffsmerkmale der

---

messen gelten kann. Soweit danach einzelnen Bedingungen die Gültigkeit zu versagen ist,
gilt an ihrer Stelle, wenn dadurch eine Regelungslücke im Vertrag entsteht, wieder das dispositive Recht»; vgl. auch SANDROCK, S. 46; WEICK, S. 13. In der Schweiz nimmt BUCHER (S. 269)
an, dispositives Recht mit Richtigkeitsgehalt («materialem Ordnungsgehalt») lasse sich nur
durch ausdrückliche Vertragsabrede oder durch Vertragsauslegung, nicht aber durch Vertragsergänzung verdrängen.

[81] Vgl. dazu LARENZ, Allgemeiner Teil des deutschen bürgerlichen Rechts, S. 50; SCHMIDT-
RIMPLER, S. 691; WOLF, passim.

[82] SCHÖNENBERGER/JÄGGI, Art. 2, N. 3.

[83] Praktisch ergeben sich erhebliche Schwierigkeiten insofern, als die meisten Begriffe neben
einem festen Begriffskern häufig einen weiten Begriffshof aufweisen. Vgl. dazu hinten S. 810 ff.

Legaldefinition nicht mehr erfüllt. Individuelle Gestaltung fehlt, solange individuelle Merkmale des konkreten Vertrags von den Allgemeinbegriffen der Legaldefinition gedeckt oder im Blick auf diese irrelevant sind: Die Verpflichtung zur Übertragung einer vinkulierten Namenaktie gegen Entgelt ist ein Kauf im Sinne der Art. 184 ff. OR. Das dispositive Recht ist zu befragen, was zu geschehen hat, wenn der Verkäufer nur die Urkunde und die künftigen Forderungen zu übertragen imstande ist.

β) Anwendungsbereich bei typologischer Konzeption

Faßt man die Legaldefinitionen als typologische Begriffe (Typenbegriffe) auf, so genügen die Regeln der Subsumtion nicht, um zu entscheiden, ob der konkrete Vertrag unter den Legaltypus fällt oder nicht. Das folgt aus dem Wesen des Typus, der nicht wie der Allgemeinbegriff mit einem scharfen Merkmalkranz definiert, sondern durch anschauliche Intuition beschrieben wird. An Stelle des strengen «aut–aut» tritt eine Typenreihe mit fließenden Übergängen und kaum klassifizierenden Merkmalen[84]. Ob der konkret vorliegende Vertrag unter den Legaltypus falle oder nicht: das ist keine Frage der Subsumtion, sondern der «Zuordnung» unter Wertgesichtspunkten. Es mag also sein, daß ein konkreter Vertrag klassenlogisch von der Legalumschreibung gedeckt wird, typologisch dagegen nicht. Die individuellen (konkreten) Vertragsgestaltungen müssen daher weniger daraufhin geprüft werden, ob sie sich als «logischen Unterfall» qualifizieren lassen; vielmehr ist entscheidend, ob die Individualisierung den Typus sprengt. Man hat also zu unterscheiden: Individualisierung kann sich als bloße Verfeinerung des Typus auf den Einzelfall hin oder als Ausbruch ins Atypische erweisen.

γ) Klassenlogische oder typologische Konzeption?

Zunehmend wird angenommen, die Vertragstypen des Schuldrechts seien nicht Arten (im klassenlogischen Sinn), sondern Typen (im technischen Sinn). In der Schweiz hat WEISS herausgestellt, die «Legaldefinitionen» seien nicht «feste Tatbestände» und auch nicht «organische Einheiten», «sondern Bestimmungen, die nach Art eines Programms jedesmal erklären,

---

[84] Vgl. dazu LARENZ, Methodenlehre, 4. Aufl., S. 200 ff., 443 ff.; KAUFMANN, passim; SCHLUEP, Die methodologische Bedeutung des Typus im Recht, S. 9 ff.; MEIER-HAYOZ/SCHLUEP/OTT, S. 293 ff.; KOLLER, S. 90 ff.; LEENEN, S. 41 ff.; WESTERMANN, S. 97 ff. Zur Denkfigur des Typus auch STRACHE, S. 19 ff.; HASSEMER, S. 109 ff.; ENGISCH, Die Idee der Konkretisierung, S. 237 ff.; ULMER, S. 15 ff.; SCHROTH, S. 195 f. – Der Begriff «Typus» wird hier nicht als komparativer Ordnungsbegriff verwendet; vgl. zum Ordnungsbegriff im Sinne von HEMPEL/OPPENHEIM (zit. hinten Anm. 159): KUHLEN, S. 43 ff.

was in den unter den betreffenden Titeln vereinigten Vorschriften geregelt werden soll»[85]. Zum Beweis führt WEISS an, daß die Legalvorschriften für bestimmte Typen auch auf andere Typen anwendbar sein wollen. Nach GUGELMANN ist der Artcharakter der gesetzlichen Umschreibungen deshalb zu verneinen, weil diese in der vorliegenden Gestalt untauglich wären, den Anwendungsbereich des Vertragstypenrechts brauchbar zu bestimmen[86]. Auch VON BÜREN meint, das besondere Vertragsrecht beruhe «auf einer Einzelordnung nach Typen», weil es sich hier (im Gegensatz zum allgemeinen Teil) um «konkrete Lebensvorgänge» handle, die man nur typologisch erfassen könne[87].

Auch in Deutschland macht die Lehre vom typologischen Charakter des besonderen Schuldrechts Schule. Schon bei SCHREIBER findet sich die Feststellung, die gesetzlichen Umschreibungen seien lediglich «Abbreviaturen», die «keineswegs eine Definition enthalten»[88]. «Sie sagen über den Inhalt und den wahren Charakter des so benannten Vertrags nicht mehr, als daß eine gewisse Verwandtschaft» mit dem besteht, was darunter im Gesetz geregelt ist[89]. Bekannt ist die Auffassung von LARENZ, die Ausgestaltung des besonderen Schuldrechts knüpfe, «anders ist es gesetzestechnisch kaum möglich, an bestimmte, im Gesetz angegebene typenbildende Merkmale an»[90].

Beachtung verdient vor allem die Untersuchung von LEENEN, der erstmals klar ausspricht, daß sich Typus und Begriff nicht aufgrund der sprachlichen Gestalt auseinanderhalten lassen: «Die Sprache verfügt über keine eigenen Worte, um einen Typus von einem entsprechenden Begriff zu unterscheiden»[91]. Daher fragt LEENEN mit Recht, welche Gründe für ein begriffliches, welche anderen für ein typologisches Gesetzgebungsverfahren sprechen: Für Begrifflichkeit als Regelungstechnik wirken der Wunsch nach starker Bindung des Richters an das Gesetz, aber auch nach Rechtsklarheit und Praktikabilität[92]. Entscheidet sich der Gesetz-

---

[85] WEISS, S. 7 und 7 f.

[86] GUGELMANN, S. 28 ff.

[87] VON BÜREN, Bes. Teil, S. 1.

[88] SCHREIBER, S. 210.

[89] SCHREIBER, S. 210. Vgl. dazu auch das Referat von KUHLEN (S. 136 ff.) über WITTGENSTEINS Theorie der Familienähnlichkeit.

[90] LARENZ, Schuldrecht II, 11. Aufl., S. 4; vgl. auch die weiteren Folgerungen von LARENZ: «Indessen kennzeichnen diese Merkmale den Typus meist nur erst in seinen Umrissen; sie lassen Raum für mannigfache Varianten, und sie müssen immer in ihrer Verknüpfung miteinander und mit anderen, im Gesetz nicht ausdrücklich genannten, aber aus der gegebenen Regelung erkennbar werdenden Komponenten gesehen werden.»

[91] LEENEN, S. 92.

[92] LEENEN, S. 96 ff.

geber für Rechtsbegriffe, wird die Fülle der Typenmerkmale beschränkt auf wenige begriffliche «Ersatzmerkmale», die aber stets gegeben sein müssen; ferner wird Rechtsanwendung durch (bloße) Subsumtion möglich, also ohne ständige Überwachung der Wertungskongruenz. Typenbegriffe fordert dagegen das Gebot der Sachgerechtigkeit: der anschauliche Typus als Sinneinheit läßt (im Gegensatz zur blutleeren Klasse) die den konkreten Gesetzesregelungen vorgegebenen oder durch Werturteil bereinigten Sach- und Wertbezüge noch erkennen, so daß der Richtigkeitsgehalt des Gesetzesrechts (nicht wie bei überdehnenden Klassenbegriffen) gewahrt wird. Nun sind aber Legalitätsprinzip und Rechtssicherheit gewiß auch Wertgesichtspunkte. Da sich aber die beiden Regelungstechniken ausschließen, entsteht Konkurrenz zwischen dem primären Wert der Sachgerechtigkeit, der auf typologische Regelungstechnik drängt[93], und dem in der Regel sekundären Wert der Rechtssicherheit. Die begriffliche Regelungstechnik ist daher für Leenen nichts anderes als die vom Gesetzgeber gewollte Überlagerung primärer durch sekundäre Wertentscheidungen[94].

Nach der historischen Intention sind die gesetzlichen Vertragstypen durch die Essentialia definiert, somit begrifflich strukturiert: Da der Begriff (in der Regel) weiter ist als der Typus, bewirkte er im römischen Aktionensystem (erwünschte) Erweiterung der Klagemöglichkeiten[95]. Heute geht es aber nur noch um die Frage der Anwendbarkeit des Vertragstypenrechts. Dieses aber verwirklicht seinen Gerechtigkeitsgehalt nur für typgerechte Sachverhalte, so daß nach der heutigen Funktion des Vertragstypenrechts dessen Geltungsanordnung (Essentialia) nur typologisch begriffen werden darf: «Ist das (weitaus überwiegende) dispositive Recht nur ‹typgemäß› anwendbar, dann liegt es nahe, die einleitenden Bestimmungen nicht als begriffliche Definitionen aufzufassen..., sondern unmittelbar als ‹eine vorläufige und rohe Beschreibung der betreffenden Vertragstypen›.»[96]

Diese Argumentation verdient Zustimmung: Wenn – wie oben gezeigt

---

[93] Zutreffend weist Leenen (S. 105) darauf hin, daß begriffliche Regelungstechnik auch ein Mittel sein kann, den Rechtsverkehr in bestimmte Bahnen zu lenken: Begrifflich fixierter numerus clausus, indirekter Zwang durch Unterstellung atypischer Sachverhalte unter die begrifflich formulierte Typenregel, Gleichsetzung von Ungleichem oder Ungleichsetzung von Gleichem durch Fiktionen usw.

[94] Leenen, S. 117.

[95] Leenen, S. 124f.

[96] Leenen, S. 129 (unter Berufung auf Larenz, Methodenlehre, 2. Aufl., S. 196). Ernst zu nehmen sind die Bedenken von Kuhlen (S. 169) gegen die These Leenens und damit auch gegen den Kontext. Vgl. dazu hinten, S. 812, Anm. 169. Wie Kuhlen auch Reisinger, S. 149ff.

worden ist – das (dispositive) Vertragstypenrecht Ergänzungen und Präzisierungen des konkreten Vertrags im Sinne der Verkehrssitte oder des bei normalen Verhältnissen Richtigen zur Verfügung stellt, so muß vor allem verhindert werden, daß die Anwendbarkeit der Regeln überdehnt wird durch begriffliche (statt typologische) Geltungsanordnung. Anders wird das durchschnittlich Übliche und Richtige auch auf atypische Sachverhalte erstreckt, was nicht sachgerecht ist. Also sind die Essentialia typologisch zu interpretieren. Das führt zur nunmehr ergänzten Regel: Konkrete Verträge sind dann nach dem Vertrauensprinzip zu ergänzen, wenn sie im Blick auf den gesetzlichen Vertragstypus atypisch sind. Das Vertragstypenrecht kommt dagegen dann zum Zuge, wenn der konkrete Vertrag dem gesetzlichen Vertragstypus zugeordnet werden kann, die Individualisierung also im Rahmen des Typus bleibt. Praktisch ist in jedem einzelnen Fall zu fragen, ob die gesetzliche Ergänzungsordnung auch für den hier und jetzt zu ergänzenden konkreten Vertrag paßt. Gefordert wird eine Gesamtbetrachtung.

Wie aber, wenn das berufene Vertragstypenrecht die gesuchte ergänzende Regel nicht bereithält? Handelt es sich um einen typischen Sachverhalt, bleibt nichts anderes übrig, als nach Art. 1 Abs. 2 und 3 ZGB vorzugehen: Zunächst ist nach einer gewohnheitsrechtlichen Vertragstypenregel zu fahnden. Fehlt sie, so hat der Richter modo legislatoris die Vertragstypennorm zu setzen, die den konkreten Vertrag ergänzt.

Es bleibt die Frage, ob die erweiterte Regel auch gelte, wenn das Vertragstypenrecht nicht dispositiv, sondern zwingend ist. Vorweg (und im Sinne der Selbstverständlichkeit) ist davon auszugehen, daß jeder konkrete Vertrag daraufhin zu überprüfen ist, ob er dem einschlägigen zwingenden Recht genüge. Das zwingende Vertragsrecht hat die Aufgabe, sozial und wirtschaftlich schwächere Vertragspartner zu schützen. Sein Anwendungsbereich ist eben deshalb «typologisch» zu ergründen[97]. Eine ausdrückliche (oder auf dem Weg der Auslegung erkannte) zwingende Vertragstypenregel erfüllt daher ihre Schutzfunktion vermutungsweise zunächst im Blick auf den Normalfall. Weicht der konkrete Vertrag vom Normalfall (Typus) ab, so ist allemal neu zu fragen, ob die Abweichung die «Schutzbedürftigkeitslage» verändere oder nicht. Auszumachen ist das materiell nur mittels richterlicher Rechtssetzung (Art. 1 Abs. 2 und 3 ZGB), dogmatisch-konstruktiv über Art. 19 Abs. 2 OR. Man hat also bei der

---

[97] LEENEN, S. 132f. Nach SCHWARK (S. 80) neigt die deutsche Rechtsprechung dazu, «die als zwingend anzusehenden Vertragsvorschriften weiter auszudehnen».

ergänzenden Auslegung des konkreten Vertrags (nach dem Vertrauensprinzip und insoweit in einem Art. 4 ZGB ähnlichen Verfahren) immer auch
zu fragen, ob der konkreten Lösung (abgesehen von den allgemeinen
Schranken der Vertragsfreiheit) nicht ein übergeordneter Schutzgedanke
entgegensteht, der in zwingenden Vertragstypenregeln seinen Ausdruck gefunden hat oder im Rahmen dieses (konkreten) Vertrags erstmals Anerkennung fordert. Mit dem Vertrauensprinzip ist hier kein Staat zu machen, weil
sich nicht aus dem Willen der Parteien oder aus den Umständen folgern läßt,
welche Schranken eben diesem Willen gesetzt sind. Erst wenn der Richter erkannt hat, welche Grenzen dem Parteiwillen (von vornherein) gesetzt sind,
ist das Ergänzungsverfahren nach dem Vertrauensprinzip logisch haltbar.
Da die (besonderen) Schranken des konkreten Vertrags notwendig generell-
abstrakte Gestalt annehmen müssen, hat der Richter die Frage der Schutzbedürftigkeit der Parteien modo legislatoris zu klären (Art. 1 Abs. 2 und 3
ZGB). Das nötigt zur Typisierung: Ersichtlich vermag man nur im Blick auf
s o l c h e Verträge (und nie aus einer Problemlage des konkreten Einzelfalles)
zu erkennen, ob und welche Schutznormen zu setzen sind. Während also
atypische Verträge ohne richterliches Typenrecht e r g ä n z t werden können
(Vertrauensprinzip), fordert die R e g e l u n g d e r S c h u t z b e d ü r f t i g k e i t s-
l a g e durch «unabänderliche Vorschrift» (Art. 19 Abs. 2 OR) immer (neues)
richterliches Typenrecht[98].

Nur wo (ausnahmsweise) die durch typenspezifische zwingende Normen
auszugleichende Schutzbedürftigkeit auch alle atypischen Vertragsgestaltungen von vornherein und mit Gewißheit überdacht, ließe sich zur Sicherung
der Schutznorm eine begriffliche Fixierung des Anwendungsbereichs rechtfertigen (im Sinne der sekundären Überlagerung); das freilich um den hohen
Preis, dem konkreten Vertrag in anderen Bereichen eine unangemessene
Ergänzungsordnung aufzuzwingen. Der Gesetzgeber ist daher in solchen
Fällen gut beraten, die typologische Berufung des Vertragstypenrechts
grundsätzlich zu belassen und allenfalls eine begrifflich überdehnende S o n-
d e r g e l t u n g für die zwingende Norm anzuordnen[99, 100]. Jedenfalls nötigt

---

[98] Zutreffend weist SANDROCK (S. 94 f.) darauf hin, daß der Richter bei der ergänzenden Vertragsauslegung einerseits den konkreten Parteiwillen «verlängern» muß, andererseits aber auch
Richtigkeitsentscheidungen nach den konkreten Umständen zu fällen hat. Dazu aber gehört nicht
die Frage, ob der Vertrag übergeordnetes zwingendes Recht verletze. Die Frage nach allfälliger zwingender Eingrenzung des Parteiwillens läßt sich nie im Blick auf «diesen» konkreten
Fall allein beantworten. Immer ist vielmehr zu ergründen, ob die aus dem richtig verstandenen
und aus den Umständen erkennbare Einzelregel als «solche» mit den allgemeinen Richtig-
keitsstandards des zwingenden Rechts konfligiere.
[99] In der Lehre wird mitunter geltend gemacht, der Geltungsbereich zwingenden Rechts lasse
sich nicht typologisch abstecken; vgl. MENGIARDI, S. 103; wie im Kontext auch LEENEN,

die Existenz zwingenden Rechts nicht zur Annahme, der Anwendungsbereich des besonderen Teils des Obligationenrechts sei klassenlogisch determiniert.

4. Zusammenfassung

Nominatverträge sind nach dem Vertrauensprinzip auszulegen. Die Schließung von Vertragslücken erfolgt ebenfalls nach dem Vertrauensprinzip, wenn ein (atypisch) individuell gestalteter Vertrag vorliegt. Atypisch ist ein konkreter Vertrag, wenn er als Sachverhalt und in seinen Normativanforderungen die Vertragstypenordnung überfordert. Ist dagegen der konkrete Vertrag dem gesetzlichen Vertragstyp zuzuordnen, so werden Vertragslücken durch Beizug der Vertragstypenregelung oder Gewohnheitsrecht geschlossen. Fehlt eine Norm, so hat der Richter zunächst das Vertragstypenrecht modo legislatoris (Art. 1 Abs. 2 und 3 ZGB) zu ergänzen und die Lücke im konkreten Vertrag aufgrund der neu geschaffenen Norm zu schließen. Aus der Funktion des (zwingenden und des nachgiebigen) Vertragstypenrechts folgt, daß sein Anwendungsbereich auf typische Sachverhalte beschränkt ist. Daher sind die funktionell den Anwendungsbereich beschränkenden «Legaldefinitionen» als typologische Beschreibungen zu begreifen.

III. Rechtsanwendung bei Innominatverträgen

1. Vorbemerkungen

Die eben abgeschlossenen Untersuchungen über die Rechtsanwendung bei Nominatverträgen haben im hier gegebenen Zusammenhang propädeutischen Charakter: Sie sollen die Beantwortung der Frage vorbereiten und erleichtern, ob der bei Innominatverträgen typische Umstand fehlenden Vertragstypenrechts bei der Rechtsanwendung eine (und gegebenenfalls welche) Rolle spiele. Die aus diesen Voruntersuchungen festzuhaltende Lehre

---

S. 131 ff. – Was zum zwingenden Recht ausgeführt worden ist, müßte auch gelten, wenn man die These Buchers (S. 249) übernähme, wonach dispositives Recht mit Gerechtigkeitsgehalt durch Vertragsergänzung nicht verdrängt werden kann. Allemal wäre zu überprüfen, ob die Richtigkeitsgewähr auch atypische Sachverhalte decke.

[100] Man könnte dieser Auffassung freilich entgegenhalten, die Parteien hätten, falls sie das Problem gesehen hätten, jedenfalls keine vom zwingenden Recht abweichende individuelle Ordnung treffen dürfen. Darauf ist zu erwidern, daß bei typologischer Konzeption der einzelnen Vertragstypen der begrifflich subsumierbare, aber atypische konkrete Vertrag der Vertragstypenregelung überhaupt nicht untersteht, also auch nicht, soweit diese zwingendes Recht enthält.

lautet wie folgt: Das Vertragstypenrecht der Nominatverträge spielt als Rechtsquelle (abgesehen vom Fall gewollter Überdehnung zwingender Normen) nur eine Rolle bei der Füllung von Vertragslücken. Und auch das nur, soweit der konkret zu ergänzende Vertrag dem Legaltypus zugeordnet werden kann. Das trifft nicht schon zu, wenn der konkrete Vertrag formallogisch (nach dem Verfahren der Subsumtion) unter die Legalumschreibung des in Frage kommenden Vertragstyps fällt. Muß der konkrete Vertrag als atypisch qualifiziert werden, so ist die Lückenfüllung aus den konkreten subjektiven und objektiven Gegebenheiten (Vertrauensprinzip) und nach den Ordnungsgesichtspunkten des besonderen Falles (analog Art. 4 ZGB) vorzunehmen.

2. Auslegung

Die Auslegung aller Verträge hat sich an das Vertrauensprinzip zu halten. Der Umstand, daß bei Nominatverträgen gesetzliches Vertragstypenrecht verfügbar ist, bei Innominatverträgen dagegen nicht, hat für die Vertragsauslegung keine Bedeutung[101].

3. Ergänzung

Wie im propädeutischen Teil (II) gezeigt worden ist, sind Nominatverträge mittels des gesetzlichen Vertragstypenrechts zu ergänzen, wenn sie typisch sind. Also ist zu untersuchen, ob (und gegebenenfalls wie) sich das Problem der Typizität bei Innominatverträgen stellt. Dabei ist zu sondern zwischen gemischten Verträgen und solchen eigener Art.

a) Ergänzung bei gemischten Verträgen

Der gemischte Vertrag zeichnet sich dadurch aus,
- daß eine Partei sich zu mehreren Leistungen verpflichtet, die verschiedenen Vertragstypen zuzuordnen sind;
- oder daß die synallagmatisch geschuldeten Leistungen verschiedenen Vertragstypen zuzuordnen sind;
- oder daß die konkret geschuldete Leistung funktionell zwei verschiedenen Vertragstypen zugeordnet werden kann[102].

In allen diesen Fällen liegen offenkundig atypische Sachverhalte vor. Der Einbau von Merkmalen eines Typs in einen konkreten Vertrag, der

---

[101] Ebenso MEIER-HAYOZ, SJK 1134, S. 5; SCHLUEP, Privatrechtliche Probleme, S. 419.
[102] Vgl. dazu vorne S. 775 f.

(ohne diesen Umbau) einem anderen gesetzlichen Typ zugeordnet werden müßte, fällt typologisch nur dann nicht ins Gewicht, wenn er im Blick auf den Ausgangstyp von (typologisch) untergeordneter Bedeutung ist. Das ist der Fall des LEONHARDschen Artvertrags mit Beimischung, den man im hier entwickelten Gedankengang besser «Typenvertrag mit typenfremder, aber nicht typenverfremdender Beimischung» nennen sollte. Man darf dagegen die klassische Terminologie beibehalten, wonach die Atypizität in solchen Fällen dann nicht bewirkt wird, wenn die typenfremde Leistung eine Nebenleistung ist. Nur muß man jetzt präzisieren, daß das Qualifikationspaar «Haupt-/Nebenleistung» am (gesetzlichen) Vertragstypus zu orientieren ist.

Man stellt somit fest, daß gemischte Verträge im Blick auf die involvierten (gesetzlichen) Vertragstypen atypisch sind. Also sind sie nach dem Vertrauensprinzip und in einem Art. 4 ZGB analogen Verfahren zu ergänzen. Ein Rekurs auf die beteiligten (gesetzlichen) Vertragstypenrechte findet grundsätzlich nicht statt[103]. Dieser Grundsatz ist nach zwei Richtungen hin zu präzisieren:

– Einmal bleiben gemischte Verträge Verträge, so daß grundsätzlich der allgemeine Teil des OR anzuwenden ist, gleichgültig, ob man den Vertragsbegriff als klassenlogischen oder als Typenbegriff auffasse[104]. Fraglich kann allenfalls sein, ob die (dispositive) Regel des allgemeinen Teils nicht durch abweichende ergänzende Vertragsauslegung modifiziert oder derogiert wird[105].

– Zum andern können sich atypische gemischte Verträge zu eigenständigen Vertragstypen verdichten. Unten wird darzulegen sein, unter welchen Voraussetzungen das geschieht[106]. Trifft es zu, so hat der Richter (falls sich kein Gewohnheitsrecht entwickelt hat) nach Art. 1 Abs. 2 und 3 ZGB wie ein Gesetzgeber Vertragstypenrecht zu setzen, das zur Ergänzung des (nunmehr typischen) Vertrags heranzuziehen ist. Bei Wertungsharmonie kann gegebenenfalls die neue Regel gesetzlichem Nominatrecht nachgebildet werden.

b) Ergänzung bei Verträgen eigener Art

Es handelt sich in allen drei Erscheinungsformen um Verträge, die im Blick auf gesetzliche oder außergesetzliche Vertragstypen atypisch sind: Ver-

---

[103] So auch LEENEN, S. 160. Zutreffend die Feststellung von MESSINEO, S. 110, bei Innominatkontrakten schafften sich die Parteien ihren «besonderen Teil» (des OR) selbst. Ähnlich VON MEERSCHEIDT-HÜLLESEM, S. 854 ff.
[104] Vgl. MEIER-HAYOZ, SJK 1134, S. 8.
[105] Ähnlich MEIER-HAYOZ, SJK 1134, S. 8.
[106] Vgl. hinten S. 798 ff.

träge mit Kombinationen von gesetzestypischen Leistungspflichten mit
anderen führen (abgesehen vom Fall der bloßen Beimischung) zu atypischen konkreten Gestaltungen. Gleiches trifft zu, wenn eine Kombination von Leistungspflichten außergesetzlicher Vertragstypen vereinbart wird.
Schließen die Parteien gar einen Vertrag, der typologisch Bezug weder zu
gesetzlichen noch zu außergesetzlichen Vertragstypen aufweist, so liegt die
Atypizität auf der Hand.

Man stellt somit fest, daß Verträge sui iuris im Blick auf die allenfalls involvierten gesetzlichen oder (verfestigten) außergesetzlichen Vertragstypen
atypisch sind. Also sind sie nach dem Vertrauensprinzip und analog dem Verfahren nach Art. 4 ZGB zu ergänzen[107]. Ein Rekurs
auf allfällig beteiligte (gesetzliche oder außergesetzliche) Vertragstypenrechte findet grundsätzlich nicht statt. Vorbehalten
bleibt der Fall, daß sich Verträge sui iuris zu eigenständigen Vertragstypen
verdichten. Alsdann hat der Richter – falls sich kein Gewohnheitsrecht entwickelt hat – nach Art. 1 Abs. 2 und 3 ZGB wie ein Gesetzgeber Vertragstypenrecht zu setzen, das zur Ergänzung des (nunmehr typischen) Vertrags
heranzuziehen ist.

4. Verdichtung atypischer Innominatverträge zu eigenständigen Vertragstypen

Die gesetzlichen Vertragstypen sind das Ergebnis einer funktional ge-
prägten rechtsgeschichtlichen Entwicklung; aber auch das Abbild jener wirtschaftlichen und sozialen Leistungen, die nach dem Laufe der Geschichte
zum eisernen Bestand der durchschnittlichen Bedürfnisbefriedigung gehören. In einer am Wettbewerb orientierten Wirtschaftsverfassung soll die Wirtschaft vom Bedürfnis her gesteuert werden. Neue Bedürfnisse fordern nun aber neue Vertragsinhalte[108]. Soweit solche Bedürfnisse
luxuriöse (oder bloß schrullige) Sonderansprüche widerspiegeln, hat man es
mit singulären Innominatkontrakten zu tun. Die Rechtsanwendung steht hier unter den Grundsatzregeln, die oben (Ziff. II.)
entwickelt worden sind.

Neben diesen singulären Bedürfnissen entstehen indessen in einer Gesellschaft als Folge wachsenden Wohlstandes und beschleunigter technischer
Entwicklung eine ganze Reihe neuer Bedürfnisse und neuer Formen
der Bedürfnisbefriedigung, die zum typischen Versorgungs-

---

[107] Beachtlich die Argumentation von ENGEL, S. 170f.
[108] Den Zusammenhang zwischen Inhaltsfreiheit und Wirtschaftsverfassung sieht richtig FISCHER,
    S. 37.

stand der Gesellschaft in einem bestimmten historischen Zeitabschnitt gehören (z.B. Versorgungsstand der Siebzigerjahre unseres Jahrhunderts). Soweit das Gesetz die den neuen Bedürfnissen entsprechenden Leistungsformen nicht (oder nicht in der neu gefragten Kombination) kennt, entstehen **verkehrstypische Innominatkontrakte**. Das äußert sich zunächst in einer bloßen **Typenhäufung**: Geschäfte dieses (neuen) Realtyps werden in zunehmender Zahl geschlossen. Die Häufung führt somit zur statistischen Erkenntnis wiederkehrender Geschäftsmerkmale. Man kann auch sagen, es beginne sich eine **faktische Ordnungsstruktur** abzuzeichnen. Zur Symptomatologie dieses Vorgangs gehört die Entwicklung einer **Verkehrssitte**, der die mit Verträgen dieses Typs gegebenen **üblichen Rechtsfolgen** entnommen werden können. Die Verkehrssitte ist also in diesem Zusammenhang ein Kondensat dessen, was die Parteien üblicherweise an Rechtsfolgen vereinbart haben und was nach und nach als selbstverständlich vereinbart gilt. **Allgemeine Geschäftsbedingungen** vermögen diesen Vorgang zu beschleunigen[109]. Der nächste Schritt ist die **kritische Analyse** der Entwicklung zumal durch rechtswissenschaftliche Lehre und Forschung, aber auch durch die Kundigen der Natur der Sache. Die kritische Überprüfung der Entwicklung zwingt zu anhaltender Beschäftigung mit den Funktionen des Vertrags und der ihm zugrunde liegenden Interessenlage. Allmählich wird der neue Vertrag erkannt als ein **sinnhafter Zusammenhang** sowohl in Richtung auf die faktisch-gesellschaftlichen (zumal wirtschaftlichen) Funktionen als auch auf das hin, was den Parteien (als Interessenträgern) «gerechterweise» zukommen soll. Kurz: Es entsteht das Bild der «richtigen Ordnung» in Gestalt eines sinnhaften Ganzen, voller Entsprechungen zwischen typologischen Merkmalen und Ordnungsfolgen; es gelingt die gemäße Einordnung des Typs in die Reihe gesetzlich geregelter und anderer Typen. Setzt sich das **Ordnungsbild** durch, so entsteht nicht etwa eine allfällig modifizierte Verkehrssitte, sondern **offenkundig Gewohnheitsrecht**, weil die Befolgung der Regeln getragen wird von Rechtsüberzeugung. Äußeres Zeichen dieses Vorganges der Regelbildung ist die Benennung («Leasing», «Factoring», «Franchising» usw.): Die Verdichtung zum Verkehrs- und alsdann zum Ordnungstypus fordert «Abbreviaturen»[110]: die Innominatverträge werden zu benannten Verträgen.

---

[109] Auch wenn allgemeine Geschäftsbedingungen nicht Ausdruck der Verkehrssitte sind (MERZ, Art. 2, N. 144), so können sie doch eine Verkehrssitte entstehen lassen oder mindestens zu ihrer Entstehung beitragen. Vgl. LARENZ, Methodenlehre, 4. Aufl., S. 452 f.

[110] SCHREIBER, S. 210. – Die Benennung allein sagt über die Verfestigung zum Realtypus noch nichts aus, weil sie auch die Zusammenfassung singulär ausscherender Einzelverträge unter

Entsteht kein Gewohnheitsrecht, etwa weil die Verkehrssitte sich zum
Schutz von Partikularinteressen allzu stark vom Bild der richtigen Ordnung
wegentwickelt hat (allgemeine Geschäftsbedingungen!), so muß der Richter
zur Schließung von Vertragslücken und zur inhaltlichen Richtigkeitsgewähr
das als richtig Erkannte (wie der Gesetzgeber) in richterliches
Vertragstypenrecht umsetzen. Im Laufe der Jahre entsteht modo
legislatoris richterliches Vertragstypenrecht, das nur dann zur Ergänzung des konkreten Vertrags nicht anzuwenden ist, wenn dieser im Blick
auf den richterlich geregelten Typus als atypisch zu qualifizieren ist[111]. Daß
bei der richterlichen Setzung des Vertragstypenrechts das Nominatrecht im
Sinne der «Fernwirkung des Gesetzes» als Hilfsmittel zu beachten ist,
bleibt selbstverständlich. Gleiches gilt von der Rechtsvergleichung[112].
Dagegen ist irgendwelche generelle Voraussage über die Rolle, die das
gesetzte Vertragstypenrecht bei der Setzung richterlichen Vertragstypenrechts spielen wird, unmöglich. Die erforderliche Gesamtbetrachtung
läßt sich nicht durch Technen ersetzen[113].

5. Lehre

Die Lehre hat sich vor allem mit der Frage befaßt, ob und wie positives
Vertragstypenrecht anzuwenden sei, wenn gemischte Verträge zu ergänzen sind. Es mag nützlich sein, die dabei entwickelten Theorien der
eigenen Auffassung gegenüberzustellen. Es handelt sich um die Absorp-

---

dem Gesichtspunkt eines einheitlichen Lebensvorganges anzeigen kann. – Vgl. zum Kontext
auch WEICK, S.14; SCHWARK, S.77.

[111] Zur Methode der freien richterlichen Rechtsfindung im einzelnen: MEIER-HAYOZ, Kommentar,
Art.1, N.251 ff.; DESCHENAUX, S.95 ff. – Im hier gegebenen Zusammenhang weist WESTER-
MANN (S.93) mit Recht darauf hin, daß der gesetzgeberische Leitgedanke auf einer «An-
knüpfung an tatsächliche Sinnhaftigkeiten beruhen» muß. – Bei solcher normativer Typen-
bildung (WEICK, S.15) wird, wie im Kontext erläutert, häufig auf das «von der Verkehrsan-
schauung geprägte Leitbild» zurückgegriffen; WEICK (S.12) in Anlehnung an die Vorschläge
der Arbeitsgruppe zur Verbesserung des Schutzes der Verbraucher gegenüber AGB.

[112] Daß sich der Richter bei der Setzung von Typenrecht auch an ausländischen Mustern orientieren soll, ist unbestritten; MEIER-HAYOZ, Kommentar, Art.1, N.376.

[113] Im Rahmen der richterlichen Rechtsfindung ist auch zu entscheiden, ob der Anwendungsbereich des zu setzenden Rechts klassenlogisch oder typenlogisch bestimmt werden soll.
Eine klassenlogische Determination ist immer dann vorzuziehen, wenn die Einbuße an Wert-
verwirklichung durch die Erstreckung der getroffenen Ordnung auf atypische (aber klassenlogisch erfaßte) Fälle weniger schwer wiegt als die damit gewonnene Rechtssicherheit. Die
Crux des typologischen Verfahrens ist und bleibt die Schwierigkeit, einen Grenzverlauf
zwischen «atypisch und typisch» zu fixieren. Soll das ganze Verfahren indessen nicht in einer
Billigkeitsjustiz des einzelnen Falls enden, so muß sich im Laufe der Jahre eben doch ein
allgemein anerkannter Vorrat von individuellen Abweichungen anlegen lassen, die man
zweifelsfrei als «noch vom Typus gedeckt» oder als «vom Typus gerade nicht mehr gedeckt»
qualifizieren kann. Ausführlich dazu hinten S.805 ff.

tionstheorie, die Kombinationstheorie, die Theorie der analogen Rechtsanwendung und die Kreationstheorie.

a) Die Absorptionstheorie [114]

Nach dieser Theorie ist bei gemischten Verträgen immer nur das Recht des einen Typs (des bedeutenderen nämlich) anzuwenden; die Rechtsregeln des (weniger wichtigen) beigemischten Typs werden absorbiert. Diese Lehre ist zutreffend, falls der konkrete Vertrag typenfremde Abweichungen untergeordneter Art (also ohne typenverfremdende Wirkung) aufweist. Nach der hier vertretenen Auffassung hat man es dann freilich nicht mit einem gemischten Vertrag zu tun. Unhaltbar wäre die Absorptionstheorie aber dann, wenn sie auch Fälle erfassen wollte, in denen die Beimischung den konkreten Vertrag zu einem atypischen stempelt. Alsdann ist nämlich grundsätzlich nach dem Vertrauensprinzip oder nach gewohnheitsrechtlichem oder richterlich zu setzendem Typenrecht zu ergänzen.

b) Die Kombinationstheorie

HEINRICH HOENIGER [115] verdient Anerkennung für den originellen Versuch, das Problem der Rechtsanwendung bei gemischten Verträgen mittels eines konsequenten analytischen Verfahrens zu lösen: Er unternimmt es, die gesetzlich geregelten Verträge in Tatbestandselemente aufzulösen (Zertrümmerung der gesetzlichen Typen) und diesen die entsprechenden Rechtsfolgen zuzuordnen (Schaffung eines Tatbestandsalphabets mit je zugehörigen Rechtsfolgen). Hernach ist zu fragen, «nach welchen Gesetzen sich diese einzelnen Tatbestandsstücke zu neuen und dem Gesetz unbekannten Formen kombinieren können» [116]. Der gemischte Vertrag erscheint so als neue Synthese der Tatbestandselemente. Mit den Elementen sind auch die (zwingend verknüpften) Rechtsfolgen gegeben.

Die Theorie HOENIGERS beruht auf einer richtigen Einsicht und einem verfehlten Verfahren. Richtig ist, daß die gesetzlichen Rechtsfolgen nicht durch einen als Einheit gedachten Mechanismus (Tatbestand) ausgelöst werden: Der Vertragstypus, den zu ordnen das Gesetz sich anschickt, ist nicht eine leere (und insoweit einheitliche) Klasse, sondern ein sinnhaftes Gefüge von Typenmerkmalen, die nur kraft ihrer Entsprechung zusammengefaßt werden und nur insoweit den Eindruck der Geschlossenheit hervorrufen. Man muß daher für den Gedanken HOENIGERS Verständnis aufbringen, daß die richtigen Rechtsfolgen sich mit dem Wandel der Typenmerk-

---

[114] Vgl. dazu LOTMAR, S. 176 ff., 686 ff.
[115] HOENIGER, Vorstudien, passim.
[116] HOENIGER, Vorstudien, S. 385; ähnlich SCHWARK, S. 76.

male und den dadurch manifesten Typenübergängen in natürlicher Entsprechung abstufen. Unangemessen ist dagegen das (geradezu naturwissenschaftliche) Verfahren, die Sinneinheit in Elemente aufzulösen und ihnen «Rechtsfolgestücke» sozusagen als mathematische Funktionen zuzuordnen. Die «Zertrümmerung der Tatbestände» zerschneidet die Fäden des Sinnbezugs der Typenmerkmale und verunmöglicht damit die Erkenntnis einer richtigen Entsprechung von Typenmerkmal und Rechtsfolgevariante[117].

c) Die Theorie der analogen Rechtsanwendung

Entgegen HOENIGER vertritt SCHREIBER die Auffassung, die gesetzlichen Rechtsfolgen ließen sich nicht einfach tale quale (sozusagen als Zugehör zu Tatbestandselementen) auf gemischte Verträge übertragen[118]. Unrichtig wäre also die These von WEISS, gemischte Verträge seien «mit sämtlichen Rechtsregeln versorgt»[119]. Für SCHREIBER ist ein Vertrag nicht nur eine Addition von Tatbestandselementen (mit Rechtsfolgezugehör), sondern ein Organismus, ein Ganzes[120]. Die gesetzlichen Rechtsfolgen der Nominatverträge können daher nicht unmittelbar für Innominatverträge übernommen werden: «Auf sie als Ganzes, auf alle ihre Einzelheiten gibt es also keine unmittelbare, sondern allein analoge Rechtsanwendung»[121].

Die Lehre SCHREIBERS verdient Zustimmung, weil ihr (zwar infolge ihrer Frontstellung gegen HOENIGER nur negativ, aber immerhin) entnommen werden kann, daß die Berufung von Nominatrecht auf gemischte Verträge allenfalls unter dem Titel der freien richterlichen Rechtsfindung in Frage kommen kann. Nach der ganzen Anlage ist indessen die SCHREIBERsche Lehre einseitig, weil sie (im vorausgesetzten Verfahren der richterlichen Regelbildung) die Methode der Analogie zu sehr herausstreicht und ohnehin für den Fall bloß singulärer Innominatkontrakte nicht paßt.

d) Die Kreationstheorie

Die Kreationstheorie geht zutreffend davon aus, daß der Richter das zur Beurteilung von Innominatkontrakten erforderliche Recht selbst kreieren muß, falls es an Gewohnheitsrecht mangelt[122].

---

117 Vgl. dazu LEENEN, S. 37, 184.
118 SCHREIBER, S. 106 ff.
119 WEISS, S. 71.
120 Vgl. SCHREIBER, S. 210:... «da auch die vom Gesetz abweichenden Tatbestände in sich Organismen sind, deren Einheitlichkeit ein Auseinanderreißen ihrer Elemente verbietet, so sind diese Tatbestände als Ganzes als vom Gesetz nicht geregelt anzusehen; auch dann, wenn sie noch so große Verwandtschaft mit den geregelten Tatbeständen zeitigen.»
121 SCHREIBER, S. 210 f.
122 MEIER-HAYOZ, SJK 1135, S. 5 f.; GUGELMANN, S. 58; METZGER-WÜEST, S. 82 ff.

Die Kreationstheorie ist nicht anzufechten, soweit sich Innominatverträge zu außergesetzlichen Vertragstypen verdichten und sich
ein entsprechendes Gewohnheitsrecht nicht entwickelt hat. Die Theorie versagt indessen in jenem weiten Bereich, in dem Typenverfremdungen singulär bleiben. Dort ist nach dem Vertrauensprinzip zu ergänzen, wobei
das Verfahren zur Setzung solcher Individualnormen der Lückenfüllung
nach Art. 4 ZGB gleicht. Richterliche Kreation nach Art. 1 Abs. 2 und 3 ZGB
bleibt auf die Setzung zwingender Schutznormen beschränkt.

6. Gerichtspraxis

Wie meistert das Bundesgericht das Problem der Rechtsanwendung
bei Innominatverträgen? Mit Recht ist vorweg gesagt worden, der oberste
Gerichtshof weiche theoretischen Argumentationen aus[123]. Im einzelnen ist festzustellen, was folgt:
– In BGE 41 II, 1915, S. 105 war ein gemischter Vertrag (Mischung aus
Elementen des Dienst-, Miet- und Kaufvertrags) zu beurteilen. In schöner
typologischer Untersuchung stellt das Gericht fest, es liege ein trotz Beimischung typischer Dienstvertrag vor. Alsdann wendet das Bundesgericht
indessen Dienstvertragsrecht nur unter dem Vorbehalt an, daß die typenfremden Elemente im Blick auf Natur und Zweck des Gesamtvertrags dem
nicht entgegenständen. Das in Frage kommende gesetzliche Mietrecht wird
ausgeschlossen infolge bloß «nebensächlicher Bedeutung» dieses Misch-
elements. Das konkret vereinbarte Kaufrecht wird auf dem Wege ergänzender Vertragsauslegung in Übereinstimmung mit dem Dienstvertragsrecht gebracht.
– In BGE 60 II, 1934, S. 335 f. stand ein Alleinvertriebsrecht zur Beurteilung. Das Bundesgericht stellt fest, daß es sich um einen atypischen Vertrag
handelt. Zur Beurteilung zieht es Vertragstypenrecht heran: Generell wird
(infolge der Verwandtschaft zum Agenturvertrag) auf Auftragsrecht verwiesen «unter Heranziehung von Rechtssätzen anderer Vertragstypen, wo
sich dies als notwendig erweist[124]» (in casu: Möglichkeit der Kündigung aus
wichtigen Gründen des Dienstvertragsrechts).
– In BGE 63 II, 1937, S. 176 ff. war ein Architektenvertrag zu beurteilen.
Zutreffend wird erkannt, daß trotz der Mischung eine konkrete Einheit vorliegt. Weniger zwingend ist die weitere Folgerung, «praktische Erwägungen, insbesondere Zweckmäßigkeitsgründe» sprächen für einheitliche Behandlung. Gewählt wird Auftragsrecht, da dieses den zu einem einzigen Ver-

---

[123] METZGER-WÜEST, S. 77.
[124] BGE 60 II, 1934, S. 336.

trag zusammengefaßten Arbeits- bzw. Dienstleistungen am besten entspreche. Vorbehalten wird der Beizug anderen Nominatsrechts: «wo die besondere Natur der einzelnen Arbeitsleistung zwingend der Berücksichtigung bedarf, aushülfsweise die Vorschriften der speziell auf sie zugeschnittenen Vertragsform heranzuziehen sind»[125].

– In BGE 94 II, 1968, S.167 hatte das Bundesgericht ein sogenanntes Gemeinschaftsdepot zu qualifizieren. Es stellte Mischung zwischen Auftrag und Hinterlegungsvertrag fest, berief indessen «grundsätzlich die Bestimmungen über den Auftrag», weil der «Schwerpunkt» auf den Dienstleistungen der Bank liege[126].

– In BGE 103 II, 1978, S.104 ging es um die Rechtsanwendung bei einem Automatenaufstellungsvertrag. Das Bundesgericht nahm wie die Vorinstanz einen Vertrag eigener Art an und folgerte lapidar, dieser Vertrag unterstehe den allgemeinen Vorschriften des OR.

Zusammenfassend ist festzustellen, daß das Bundesgericht die Neigung hat, nach dem Absorptionsprinzip zu verfahren, die Anwendung typenfremden Rechts aber vorzubehalten. Nur in BGE 41 II, 1915, S.105 hat das Gericht (teilweise) aus dem konkreten Vertrag selbst argumentiert. In allen übrigen Fällen sucht es generell-abstrakte Gesetzesregeln, was angesichts der Verkehrstypizität der betreffenden Mischungen nicht zu beanstanden ist. Beurteilt man die Rechtsanwendung in diesen Fällen verkehrstypischer Mischung weitherzig genug, so kann man die «Absorption mit Ausweichsklausel» auch als Ausdruck des Willens zu freier richterlicher Rechtsfindung deuten[127].

7. Indizien aus gesetzlichen Mischungen?

Der Gesetzgeber wird oft durch die wirtschaftliche Entwicklung gezwungen, Regeln über verkehrstypische Mischungen ins Gesetz aufzuneh-

---

[125] BGE 63 II, 1937, S.178; vgl. auch BGE 98 II, 1972, S.28, wo das Bundesgericht die auf den Werkvertrag anwendbare Verjährungsfrist des Art.128 Ziff.3 OR dem aus dem Architektenvertrag verpflichteten Auftraggeber versagte; vgl. JÄGGI, Bemerkungen, S.301 ff.

[126] BGE 94 II, 1968, S.169.

[127] Die im besonderen Teil verwertete kantonale Praxis trägt wenig bei zur methodologischen Erhellung. Auch die kantonalen Gerichte zeigen eine Neigung zur Absorptionstheorie, was zumal in den Entscheidungen zum Fernkurs- und Unterrichtsvertrag zum Ausdruck kommt (vgl. hinten S.879, 880). Im Blick auf die Abschrankung der Privatautonomie durch zwingende Normen wird die Kombinationstheorie im Sinne der kombinierten Anwendung zwingender Normen bevorzugt. Selten findet sich Gesetzesanalogie, häufiger dagegen Abweisung der analogen Übernahme (z.B. Ablehnung der Kundschaftsentschädigung beim Alleinvertriebsvertrag; Ablehnung der Übernahme von SchKG-Normen als Rechtsquellen des außergerichtlichen Nachlaßvertrags). So oder anders liegt aber darin ein Bekenntnis zur freien richterlichen Rechtsfindung. Selten wird indessen das Problem der Rechtsanwendung losgelöst vom Fall exponiert. Hilft der allgemeine Teil des OR weiter, läßt man es damit bewenden, ohne (z.B. die Tankstellenverträge) näher zu qualifizieren.

men. Kann (und darf) man aus der Art der Rechtsfolgeanordnung überhaupt Schlüsse auf ein vom Gesetzgeber bevorzugtes Rechtsanwendungsverfahren ziehen? Die Auslegeordnung des schweizerischen Rechts (Art. 237, 365 Abs. 1, 531 Abs. 3 OR) legt keinen genügenden Grund für weitreichende Folgerungen. Immerhin darf man eine gewisse Tendenz feststellen, Rechtsfolgen typischer Verträge nötigenfalls zu kombinieren, womit der Gesetzgeber (stärker als das Bundesgericht) den Akzent auf die Ausweichsklausel setzt. Im Blick auf Art. 365 Abs. 1 OR wird man aber herausstreichen müssen, daß der Werklieferungsvertrag als solcher (abgesehen von der Sonderfolge des Art. 365 Abs. 1 OR) dem Recht des Werkvertrags untersteht (Absorptionsprinzip). Jedenfalls darf man aus den gesetzlichen Regelungen keine allgemeinen Rechtsanwendungsprinzipien folgern, wie sie bei der Revision des OR ausdrücklich verlangt worden waren[128].

IV. Anhang: Zum Problem der Abgrenzung atypischer und typischer Sachverhalte

Die Vorzüge einer typologischen Konzeption des besonderen Vertragsrechts sind unverkennbar: Faßt man die Legalumschreibungen als Typenbegriffe auf, so trifft die (gerechte) gesetzliche Rechtsfolge ausschließlich auf Sachverhalte zu, die typisch sind. Die Legalumschreibungen determinieren ja den Anwendungsbereich der gesetzlichen Regelung. Anders als im Gesellschaftsrecht und in anderen Rechtsgebieten fallen Drittinteressen gegenüber der erhöhten Gerechtigkeitsgewähr des typologischen Prinzips nicht ins Gewicht.

Vorne ist indes gezeigt worden, daß der Gesetzgeber auf das typologische Regelungsverfahren immer dann verzichten muß, wenn Rechtssicherheit vor Sachgerechtigkeit geht[129]. In der Tat: Auch wenn das Subsumtionsverfahren zur Anwendung klassenlogischer Tatbestände auf konkrete Sachverhalte einige Schwierigkeiten bereitet[130], so ist es doch unvergleichlich einfacher als die typologische Methode. Die Hauptschwierigkeit des typologischen Verfahrens besteht in der Feststellung, ob ein konkreter Sachverhalt typisch oder atypisch sei. Der Weg über die Prüfung der Merkmalsidentität muß fehl-

---

[128] Vgl. Protokoll der Expertenkommission vom 14. Oktober 1908, 9. Sitzung, S. 1 ff. – Zum ganzen Abschnitt DE SIMONE, passim.

[129] Seit RADBRUCH (S. 168 ff.) wissen wir, daß neben Gerechtigkeit auch Zweckmäßigkeit und Rechtssicherheit zur Rechtsidee gehören.

[130] Vgl. dazu vor allem ENGISCH, Logische Studien, passim; DERSELBE, Die Idee der Konkretisierung, S. 178 ff.; neuestens auch FIKENTSCHER, Methoden des Rechts, S. 129 ff. (Theorie der «Fallnorm»).

schlagen, weil Typen gerade keine geschlossene Merkmalskette aufweisen;
«Im Gegensatz zum (abstrakten) Begriff ist der Typus in dem bisher erörterten Sinne ‹offen›.»[131]

Steht unter diesen Voraussetzungen dem Richter irgendein anderes Hilfsmittel zur Hand, um das Urteil über die Typizität des Sachverhaltes zu
fällen? LARENZ spricht davon, der Richter habe zunächst «in einem der
(historischen und teleologischen) Auslegung analogen Verfahren» den (gesetzlichen) Normaltypus zu ermitteln[132]. Konkreter wird KOLLER, nach dessen Auffassung der Typus «aus dem Sinnzusammenhang der einzelnen
Normen (zurück-) gewonnen werden»[133] muß. Man hätte also in unserem Zusammenhang das gesetzliche Vertragstypenrecht zu befragen und
ihm in einem Prozeß der Auslegung im weiteren Sinn oder der Gesamtbetrachtung den Typus abzugewinnen. KOLLER geht mithin vom
Gesetz aus und fragt: Auf welchen Sachverhaltstyp paßt diese gesetzliche
Ordnung, wenn sie in ihrer Gesamtheit als sinnvoll unterstellt wird? Als
Erkenntnishilfen sollen dienen: die «Materialien sowie die historische und
soziologische Entwicklung des Instituts»[134]. LEENEN unterstreicht (im Gegensatz zu manchen andern[135]), der gesetzliche Typus sei ein am Realtypus
orientierter Normativtypus, womit vor allem der Einbezug von Wertungs-
gesichtspunkten herausgestrichen werden soll[136]. Die Erkenntnis eines historischen Realtypus ist daher nach LEENEN nur ein Hilfsmittel; Änderungen
des empirischen Typus können nämlich auch im normativen Typus manifest
werden. Historische Feststellungen vermögen der «Gewinnung des heute
maßgeblichen normativen Typus» zu dienen, «insofern dadurch ermöglicht
wird, die Entwicklung vom Ausgangspunkt her nachzuzeichnen»[137]. Mit
diesem Vorbehalt schließt sich LEENEN der These KOLLERS an, wonach der
Typus mittels Gesamtbetrachtung des Gesetzes selbst gewonnen werden
müsse. Im Gegensatz zu KOLLER will LEENEN dabei das zwingende Recht
als dem dispositiven gleichwertige Quelle gelten lassen[138].

---

[131] LARENZ, Methodenlehre, 2. Aufl., S. 439; vgl. auch 4. Aufl., S. 200 ff.
[132] LARENZ, Methodenlehre, 2. Aufl., S. 445.
[133] KOLLER, S. 58, unter Berufung auf JÄGGI, Ungelöste Fragen, S. 57 ff.; auch EVANS-VON KRBEK,
    S. 88 ff.
[134] KOLLER, S. 59.
[135] Vgl. etwa die Darstellungen bei LARENZ, Methodenlehre, 4. Aufl., S. 444 ff.; KOLLER, S. 11 ff.
[136] LEENEN, S. 179.
[137] LEENEN, S. 179.
[138] LEENEN, S. 180. Im übrigen will LEENEN bei der Gesetzesbetrachtung auch darauf abstellen,
    «daß und welche Fragen nicht geregelt sind. Insoweit greift die Gesamtbetrachtung über die
    Grenzen des konkret in Frage stehenden Normenkomplexes hinaus und bezieht den Vergleich
    mit ähnlichen Instituten sowie die Absetzung von ‹Gegenpolen› einer denkbaren Abstu-
    fungsreihe ein» (S. 180).

Freilich enden damit die Schwierigkeiten nicht: Hat man die Züge des Typus auf dem Wege der «Gesamtbetrachtung» erkannt, so ist an die fließenden Übergänge zu denken: Trägt der (konkrete) Sachverhalt nicht alle oder andere Züge, so ist grundsätzlich nichts über die Typizität entschieden: Zuordnung bedeutet nicht Identität, sondern Ähnlichkeit im Gesamtbild[139]. Diese ist nach LEENEN in einem dreistufigen Verfahren zu ermitteln[140]:

- Feststellung des Maßes der Entsprechung des konkreten Sachverhaltes mit den Typenmerkmalen;
- Überprüfung der Kongruenz der «Wertlagen»;
- Überprüfung anhand bisher vorgenommener oder abgelehnter Zuordnungen, die ihrerseits typenbildend wirken.

Auch WESTERMANN geht davon aus, der Typus lasse sich nur durch «Zusammenschau aller den Normenkomplex bildenden Einzelvorschriften gewinnen»[141]. Die Abgrenzung gegenüber atypischen Sachverhalten erfolgt nach WESTERMANN mit Hilfe der Einsicht, daß die den Typus konstituierenden Einzelnormen «von einer übergeordneten Leitidee zusammengehalten werden»[142]. Atypisch wird ein Sachverhalt, wenn aus dem unter der Leitidee zusammengefaßten Normenkomplex ein Einzelstück herausgebrochen wird, das im Blick auf das Sinnganze «wichtig» ist[143].

Nach OTT ist der Typus durch gewöhnliche Auslegung des Gesetzes zu bestimmen[144]. Angesichts der Vielzahl von (zum Teil gegensätzlichen) gesetzlichen Ansatzpunkten seien aber Festsetzungen nötig, so daß man vom Typus als Postulat reden könne[145]. Die entscheidende Frage («Wo hört das Typische auf und geht ins Atypische über?»)[146] bleibt unbeantwortet. Sie mündet vielmehr in die Forderung, es müßte konkret angegeben werden, «welche einzelnen Momente das ‹Typische› und das ‹Atypische› ... verkörpern»[147, 148].

MENGIARDI meint, der «Übergang vom Typischen zum Atypischen und vom Atypischen zu einem neuen Typus»[149] könne klassifikatorisch nicht er-

---

[139] LEENEN, S.183.
[140] LEENEN, S.183.
[141] WESTERMANN, S.106.
[142] WESTERMANN, S.106.
[143] WESTERMANN, S.110.
[144] OTT, S.76ff.
[145] OTT, S.80f.
[146] OTT, S.59.
[147] OTT, S.144.
[148] In diesen Zusammenhang gehört die vorzügliche Abhandlung von JOLIDON, S.429ff.
[149] MENGIARDI, S.152f.

faßt werden. Die Zuordnung sei «im wesentlichen nur mittels der (geistigen) Anschauung möglich»[150]. Also hätte man den Richter auf seine Intuition zu verweisen. Immerhin: die tatsächlich vorgenommenen (und verweigerten) Zuordnungen äufnen auch bei intuitiver Rechtsprechung den Erfahrungsschatz über den Grenzverlauf und funktionieren insoweit als (rationale) Wegweiser.

Überblickt man diese Meinungen, so erkennt man sofort, daß praktisch unmittelbar verwertbare Wegleitungen zur Sonderung typischer von atypischen Sachverhalten in der Regel fehlen[151]. Da aber die Vermarkung über die Anwendbarkeit des Naturalienrechts entscheidet, gerät die typologische Konzeption insoweit mit sich selbst in Widerspruch, als sie zwar die gerechtere Lösung verheißt, diese aber aus praktischen Gründen nicht zu verwirklichen vermag: Gelingt nämlich die Scheidung des Typischen vom Atypischen nicht zweifelsfrei und praktikabel, so droht ständig die Gefahr, daß man Typisches als atypisch behandelt (und umgekehrt). Dann aber ist die Rechtslage nicht anders als bei klassenlogischer Determination des Anwendungsbereichs. Sie ist gegenüber der begrifflich verstandenen Geltungsanordnung überdies mit dem schweren Nachteil mangelnder Berechenbarkeit belastet. Zu Recht wird daher die Forderung erhoben: «Es müßte konkret angegeben werden, welche einzelnen Momente das Atypische und das Typische ... verkörpern. Die Typuslehre dürfte also nicht in Allgemeinheiten steckenbleiben.»[152] Man müßte «durch Bildung von F a l l r e i h e n festlegen, wo ungefähr die Grenze zwischen Typizität und Atypizität verläuft»[153]. Nichts anderes meint LARENZ, wenn er zur «deutlicheren Erfassung der Übergangs- und Mischtypen»[154] die Bildung von Typenreihen fordert[155].

Macht man mit dieser Forderung ernst, so hat man sich zunächst darauf zu besinnen, daß der Hauptunterschied zwischen klassenlogischem und Typusbegriff im Umfang oder Objektbereich liegt. Im Normalfall geht man allemal davon aus, der Begriff führe gegenüber dem Typus zu einer Ausdehnung des Anwendungsbereichs[156]. Also ist man gut beraten, die Anwendbarkeit im

---

[150] MENGIARDI, S.152f.

[151] Vgl. dazu U.HUBER, S.28: «Den genauen Punkt des Umschlags wird man nur schwer bestimmen können.»

[152] MEIER-HAYOZ/SCHLUEP/OTT, S.338.

[153] MEIER-HAYOZ/SCHLUEP/OTT, S.338. Vgl. auch WESTERMANN, S.104: «Gelingt es nicht, die Typvorstellungen in Richtung auf den klassifikatorischen Begriff so weit zu verfestigen, daß das Wesen des Typus im Grunde unveränderlich festlegt, so kommt der Typus als praktizierbare Grenze der Vertragsfreiheit nicht in Frage».

[154] Methodenlehre, 4.Aufl., S.456.

[155] LARENZ, Methodenlehre, 4.Aufl., S.453ff.

[156] Vgl. dazu LEENEN, S.96f.; CHARMATZ, S.320.

konkreten Fall zunächst durch Subsumtion zu bestimmen. Erweist sich der
Sachverhalt schon beim hergebrachten Verfahren als durch den Tatbestand
nicht gedeckt, darf man im Regelfall von der Nichtanwendbarkeit der Folgeordnung ausgehen (mit ernsthaften Vorbehalten freilich)[157]. Andernfalls muß
in einer zweiten Runde gefragt werden, ob der an sich subsumierbare Fall
atypisch sei. Da Gerechtigkeit (auch) formale Gleichheit ist, muß die Gerichtspraxis befragt werden, ob ein «solcher» Sachverhalt im Blick auf «diesen» Tatbestand schon einmal als typisch (oder atypisch) qualifiziert worden
ist. Trifft das zu, so ist die Antwort des Richters zu übernehmen. Andernfalls
hat der (heute und jetzt judizierende) Richter die Frage selbst zu entscheiden.
Maßgebend ist, ob die in Frage kommende Rechtsfolgeordnung auch für
«solche» Sachverhalte passe. Die Beantwortung der Frage erfordert ein
Werturteil, wobei die einzelnen Rechtsfolgen in ihrer sinnhaften Verknüpfung «als Ganzes» gesehen werden müssen. Der «Rechtsfolgekomplex» als
Ausdruck einer Bewertung der Wirklichkeit (im Blick auf den Soll-Zustand)
muß für Sachverhalte, die dem hier und jetzt zu beurteilenden (im Sinne der
Bewertungskongruenz) entsprechen, passen. Die Antwort des Richters ist in
künftigen Verfahren wiederum zu beachten, so daß die Gerichtspraxis die
Züge des Typus immer deutlicher werden läßt.

Man wird feststellen, daß man auf diese Weise nach und nach in Richtung
auf den geschlossenen oder mindestens verfestigten Typus gerät[158]. Immerhin: das hier vorgeschlagene Verfahren strebt nicht Wandlung des Typus
zum Allgemeinbegriff an, sondern die Anerkennung richterlicher Zuordnungen oder Abweisungen. Die Folge dieses Vorganges ist offenkundig
zunächst nur, daß die Züge des Typus immer deutlicher werden (und damit auch die Grenzen). Der logischen Qualität nach bewegt man sich auf den
Allgemeinbegriff hin (in Gestalt des sog. Gattungstypus)[159]. Der entscheidende Unterschied zum Allgemeinbegriff besteht aber darin: daß eine (typologisch gesehen und beurteilt) «genügende» Offenheit insoweit beibehalten
wird, als für jeden neuen Sachverhalt die Frage der Typizität (nach ge-

---

[157] Vgl. über den Gegenfall der typologischen Beschränkung des Anwendungsbereichs sogleich
weiter hinten.

[158] Vgl. zum Begriff des geschlossenen Typus LARENZ, Methodenlehre, 2. Aufl. S. 439 ff. – Das
Verfahren bleibt aber durchaus typologisch. Es gleicht dem angloamerikanischen «reasoning
from case to case»; so zutreffend STRACHE, S. 79.

[159] Vgl. darüber LEENEN, S. 50 f. – STRACHE (S. 64) rügt an dem im Kontext vorgeschlagenen Verfahren, es versperre im Ergebnis den «Zugang zu den Sachen selbst». Dem ist entgegenzuhalten, daß es im Recht nicht um diesen Zugang an sich, sondern um die vertretbare Entscheidung von Streitlagen geht. KUHLEN (S. 55) hält in Anlehnung an C. G. HEMPEL und
P. OPPENHEIM (Der Typusbegriff im Lichte der neueren Logik, Leiden 1936) Gattungstypen
für schlichte Klassenbegriffe. Die Besonderheit der Gattungstypen bestehe darin, daß mehr
Merkmale verwendet werden, als eine Definition erfordern würde.

lungener Subsumtion) wieder zu stellen ist; und daß vor allem auch ein konkreter Sachverhalt dem Rechtsfolgenkomplex unterstellt werden kann, obwohl die Subsumtion mißlungen ist.

Diese letzte Feststellung zwingt zur Präzisierung des oben angedeuteten Verfahrens bei gescheiterter Subsumtion: Wenn auch aller Regel nach der gegenüber dem Allgemeinbegriff engere Umfang des Typenbegriffs hervorgehoben wird, so kann die Offenheit der Typen doch auch nach der anderen Seite hin ausschlagen. Das ist immer dann der Fall, wenn einzelne Begriffsmerkmale im Gefüge des entsprechenden Typus eine ganz untergeordnete Rolle spielen, wenn also bei der Definition (durch Merkmalauswahl) das «typologische Gewicht» der einzelnen Züge des Typus verzerrt worden ist.

Zusammengefaßt unterstellt also das hier vorgeschlagene Verfahren zur Abgrenzung typischer von atypischen Sachverhalten zunächst Allgemeinbegriffe. In einer ersten Runde ist der Subsumtionsversuch anzulegen. Alsdann ist in der zweiten Runde nach der allfälligen Notwendigkeit einer (den Anwendungsbereich der Gesetzesregeln beschränkenden oder erweiternden) typologischen Korrektur zu fragen. Dabei sind vor allem vorangegangene richterliche Zuordnungen oder Abweisungen zu beachten. Geben diese nichts her, so ist durch Werturteil zu entscheiden, ob der als sinnhaftes Ganzes verstandene Rechtsfolgekomplex für «solche» Fälle (wie den zu entscheidenden) trotz gelungener Subsumtion nicht paßt (oder trotz gescheiterter Subsumtion doch paßt).

Wegen dieses (für die Praxis und die Rechtssicherheit nicht überzeugenden) Ergebnisses muß man die Frage stellen, ob das typologische und das begriffliche Verfahren in Ansatz und Ende in der Tat so grundsätzlich verschieden seien. Nachdem die Konkretisierung des typologischen Weges den inneren Zug zum Allgemeinbegriff hin bloßgelegt hat, hat man jetzt zu fragen, ob nicht dem begrifflichen Verfahren auch ein Zug zur «Öffnung» innewohne. Das ist offenbar nur dann nicht der Fall, wenn man die Subsumtion als rein formallogisches (geradezu mechanistisches) Verfahren qualifizieren müßte.

Nun zeigt freilich die (rechtliche) Wirklichkeit, daß gerade in der Regel aller Fälle eine Subsumtionsautomatik nicht zum Ziele führt. Gewiß sind Tatbestände mit metrisierenden Trennungen anzutreffen: so etwa, wenn Art. 14 ZGB die Mündigkeit dem zuspricht, der das zwanzigste Lebensjahr vollendet hat. Sehr viel schwieriger wird schon die Feststellung, ob einem konkret zu beurteilenden Menschen «die Fähigkeit mangelt, vernunftgemäß zu handeln» (Art. 16 ZGB). Allgemein: Auch Rechtsbegriffe sind unscharf, bestehen häufig nicht nur aus einem in der Regel leicht determinierbaren Begriffskern, sondern auch aus einem Begriffshof mit unscharfen

Randzonen[160]. Zutreffend ist darauf hingewiesen worden, auch Begriffe ließen «sich nicht nur mit der Anwendungsregel strenger Identifikation, sondern ebensogut mit derjenigen vergleichend-zuordnenden Denkens verknüpfen»[161]. Man denke an einen am Eingang zu Metzgereien angeschlagenen Rechtssatz «Haustiere dürfen nicht in die Metzgerei mitgenommen werden». Wie ist zu entscheiden, wenn ein Kunde mit einem Gepard oder gar mit einem domestizierten Löwen eintreten will? ZIPPELIUS leitet aus der hier erforderlichen zuordnend-vergleichenden Methode ab, daß auch Allgemeinbegriffen eine gewisse «Offenheit» eignet[162]. Da der ganze Vorgang unter teleologischen und axiologischen Leitgesichtspunkten steht, darf man auch begrifflicher Fixierung Wertgehalte nicht absprechen[163]: Die Auswahl der Begriffsmerkmale erfolgt ja nicht irgendwie, sondern lege artis im Blick auf die r i c h t i g e Beurteilung des Einzelfalles. Das führt dann gegebenenfalls zu freier Sinnermittlung über den Wortlaut hinaus, die noch nicht Lückenfüllung im eigentlichen Sinne ist[164].

Natürlich ist es richtig, daß sich all das auf der Ebene der (allenfalls erweiterten) A u s l e g u n g abspielt und die der begrifflichen Konzeption eigene Subsumtion nicht verdrängt[165]. Aber es ändert nicht die Annäherung des qualitativen Gehalts des Rechtsanwendungsstiles[166], der bei Typenbegriffen im Z u o r d n u n g s p r o b l e m , bei Allgemeinbegriffen in der A u s l e g u n g s - f r a g e auftritt. Schlägt man dazu noch die Einsicht, daß der Richter auch gegenüber unbestimmten Begriffen im Anwendungsfall zu bedenken haben wird, welche Rechtsfolgen die Einordnung nach sich zieht[167], so nähert man

---

[160] Vgl. HECK, S. 52 und 60; ENGISCH, Einführung, S. 108. Grundlegend zum Kontext: ESSER, Grundsatz und Norm, passim; DERSELBE, Vorverständnis und Methodenwahl, S. 43 ff., 102 ff.

[161] ZIPPELIUS, S. 231.

[162] ZIPPELIUS, S. 230 f.

[163] Gewiß ist den von LEENEN (S. 44 ff.) vorgebrachten Einwänden Rechnung zu tragen, wonach trotz der Wertbezogenheit von Begriffen die «Begriffsanwendung ... aber grundsätzlich ohne Rückgriff auf die Wertung erfolgen» kann (S. 45). Die weitere Folgerung LEENENS, wonach die Frage nach dem Vorliegen der Begriffsmerkmale die Wertungsfrage vertrete, trifft aber nur bei streng metrisierenden Begriffen zu, wie das nachfolgende Beispiel mit der Geschäftsfähigkeit eindeutig belegt.

[164] Vgl. dazu SCHLUEP, Beziehungen, S. 52 f. und dort insbes. Anm. 62.

[165] So LEENEN, S. 39: «Das Problem der Bereitstellung eines ‹gegebenen› Obersatzes gerade im Hinblick auf die ‹zweifelhafte Randzone› ist der Auslegung zuzurechnen. Nur auf dieser Ebene, genauer: in der Notwendigkeit der Auslegung überhaupt, wirkt sich die Unschärfe juristischer Begriffe aus. Von der Prämisse des durch Auslegung ‹gegebenen› Obersatzes aus unterscheidet sich die Subsumtion unter juristische Begriffe auch im Bereich der ‹Begriffshofs› nicht von der unter ‹exakte› Begriffe.»

[166] STRACHE, S. 85: «Die sogenannte ‹freie richterliche Rechtsfindung› im Bereich der Standards und der übrigen Wertbegriffe ist ihrer logischen Struktur nach ein typologisches Verfahren.»

[167] LARENZ, Methodenlehre, 2. Aufl. S. 270 f. (mit zutreffenden Vorbehalten); vgl. auch 4. Aufl., S. 280 f.

sich der typologischen Frage, ob die Folgeordnung auf den s o verstandenen
Tatbestand noch paßt. Anderseits ist immer zu erwägen: auch jeder Typus
weist (mindestens) insoweit einen Zug zur Geschlossenheit hin auf, als ein
konkreter Sachverhalt zwar mehr oder weniger typisch sein wird, aber in der
Gesamtbetrachtung doch immer entweder als typisch oder atypisch (und
nie als beides zugleich) zu qualifizieren ist.

Faßt man das G e s a m t e r g e b n i s zur Abgrenzungsfrage zusammen, so
zeigt sich, daß die typologische Denkstruktur im Rahmen des Rechtsanwen-
dungsverfahrens einen Zug zu (atypischem) Trennungsdenken aufweist,
daß anderseits aber in weiten Bereichen der Subsumtion «Öffnungen» und
das Erfordernis werthafter Sinnbezüge festzustellen sind[168]. In der Praxis
nähern sich daher beide Verfahren an. Im hier gegebenen Zusammenhang
geht es allemal um die Feststellung, daß das Naturalienrecht der Nominat-
vertragsordnung nicht schlechthin zum Zuge kommt, sondern immer nur,
wenn der konkrete Sachverhalt dem Typ noch zugeordnet werden kann oder
(bei begrifflicher Konzeption) noch unter den teleologisch-axiologisch ver-
deutlichten Begriff fällt. Trotz der Annäherung der Verfahren wird man
aber nicht bestreiten dürfen, daß im Vertragsrecht (anders als im Gesellschaftsrecht) und zumal zur Erhellung des Problems der Rechtsanwendung
bei Innominatkontrakten der typologische Weg anschaulicher und daher
auch didaktisch fruchtbarer ist[169].

---

[168] Vgl. dazu ENGISCH, Logische Studien, passim; DERSELBE, Die Idee der Konkretisierung,
passim.

[169] Nach der jüngsten (wissenschaftstheoretisch fundierten) Arbeit von KUHLEN zum Problem der
Typenbegriffe beruht die hier signalisierte Annäherung darauf, daß begriffslogisch die namentlich auf LARENZ (Methodenlehre, 4. Aufl., passim) und LEENEN (passim) fußende Unterscheidung zwischen Klassenbegriffen und Typenbegriffen unhaltbar sein soll. Für KUHLEN (S. 120 ff.)
sind die sogenannten Typenbegriffe in Wahrheit schlicht offene (intensional unbestimmte)
Klassenbegriffe; ebenso REISINGER (S. 160), der im übrigen auch auf die in der Rechtswissenschaft unter der Bezeichnung «Begriffskern» und «Begriffshof» bekannte extensionale Unbestimmtheit hinweist. Die Beweisführung KUHLENS und REISINGERS erscheint (jedenfalls auf
Anhieb und für den wissenschaftstheoretisch nicht besonders geschulten Leser) überzeugend.
Folgte man KUHLEN und REISINGER, so ergäben sich für den Kontext terminologische und
sachliche Konsequenzen. Te r m i n o l o g i s c h hätte man die Ausgangsfrage (S. 26 f.) wie folgt
zu formulieren: Geschlossene (präzise) oder offene (unbestimmte) klassenlogische Gesetzes-
begriffe? S a c h l i c h reduzierte sich die Frage der Unterstellung konkreter Verträge unter das
nach der Legaldefinition berufene Typenrecht auf eine reine We r t u n g s f r a g e (zutreffend
SCHLOSSER/COESTER-WALTJEN/GRABA, § 9, N. 27). Es entfiele also die Möglichkeit der Legitimation durch Rekurs auf eine «Denkform sui generis» (KUHLEN, S. 168). In der hier allein
relevanten Frage der Rechtsanwendung bei Innominatverträgen ändert sich freilich nichts.
Denn die Feststellung, das Nominatrecht passe nicht ohne weiteres für Innominatverträge, ist
zu trivial, als daß es vorgängig einer Wertung bedürfte. – Für die klassische Typentheorie
jetzt aber wieder SCHWARK, S. 85 ff.; gegen KUHLEN auch LARENZ, Methodenlehre, Nachwort
zur 4. Aufl., S. 499 f.

§ 106. Zusammenfassung des allgemeinen Teils

I. Innominatverträge sind gesetzlich nicht geregelte Verträge. Man unterscheidet gemischte Verträge und Verträge sui iuris. Die beiden Kategorien überschneiden sich indessen nur dann nicht, wenn man mindestens eine in ihrem engsten Sinn begreift.

II. Die Zulässigkeit der Innominatverträge folgt aus dem Prinzip der Vertragsfreiheit, zumal der Inhalts- und Formfreiheit. Dies freilich in Grenzen (Art. 20 Abs. 1 OR)[170].

III. Nominatverträge und Innominatverträge unterscheiden sich grundsätzlich darin, daß in einem Fall gesetzliches Folgerecht zur Verfügung steht, im andern dagegen nicht. Ob dieser Unterschied rechtlich erheblich ist, zeigt sich erst, wenn die Funktion des gesetzlichen Folgerechts bei der Rechtsanwendung im Nominatbereich erhellt wird.

IV. Hauptprobleme der Rechtsanwendung bei Nominatverträgen sind Auslegung und Ergänzung (Füllung von Vertragslücken). Nominatverträge werden (wie Verträge überhaupt) nach dem Vertrauensprinzip ausgelegt. Zur Ergänzung von Nominatverträgen ist formell das gesetzliche Folgerecht berufen. Die gesetzliche Umschreibung, die einen konkreten Vertrag zu einem Nominatvertrag macht, ist nämlich zugleich Geltungsanordnung für das gesetzliche Folgerecht, falls die Parteien nichts anderes angeordnet haben oder falls dieses zwingend ist.

V. Dem Wortlaut nach können die gesetzlichen Geltungsanordnungen sowohl als Legaldefinitionen als auch als Typenbeschreibungen begriffen werden. Da das Folgerecht seinem Inhalt nach neben zwingenden Sätzen mit Schutzcharakter (zumal zugunsten der «schwächeren» Vertragspartei) dispositive Anordnungen verkehrstypischen und unter typischen Verhältnissen richtigen Verhaltens enthält, muß gefolgert werden, die gesetzlichen Geltungsanordnungen seien typologisch zu verstehen.

---

[170] Demgegenüber ist Art. 394 Abs. 2 OR keine Schranke der Vertragsfreiheit im Sinne eines numerus clausus der Verträge auf Arbeitsleistungen, wie GAUTSCHI (Vorbem. zu Art. 363–379 N. 7) und das Bundesgericht (BGE 104 II, 1978, S. 108 Erw. 1) annehmen. Die wohl als obiter dicta zu wertenden Ausführungen des Bundesgerichts zur Tragweite des Art. 394 Abs. 2 OR verkennen, daß dieser Vorschrift Abgrenzungscharakter nur gegenüber anderen Nominatverträgen auf Arbeitsleistungen zukommt. Innominatverträge werden dadurch keineswegs ausgeschlossen. So auch die h. M. (besonders deutlich PEDRAZZINI und VISCHER, im Kern aber auch BECKER, OSER/SCHÖNENBERGER, GUHL/MERZ/KUMMER, VON BÜREN), über die GESSLER (S. 27 ff.) zusammen mit einem eigenständigen Auslegungsversuch referiert. Vgl. im übrigen auch die jüngste Praxis des Bundesgerichts zum Widerrufsrecht im Rahmen des Architektenvertrags; Sem. Jud. 1978, S. 392f. und hinten, S. 906f., Anm. 32; ferner BGE 83 II, 1957, S. 529; 98 II, 1972, S. 308.

VI. Geht man von der typologischen Struktur der Geltungsanordnungen aus, so kann das gesetzliche Folgerecht grundsätzlich nur zum Zuge kommen, wenn der in Frage stehende konkrete Sachverhalt als typisch zu qualifizieren ist. In allen anderen Fällen müssen konkrete Verträge im Sinne der ergänzenden Vertragsauslegung nach dem Vertrauensprinzip und in einem der Lückenfüllung nach Art. 4 ZGB analogen Verfahren ergänzt werden.

VII. Für die Rechtsanwendung bei Innominatverträgen ergibt sich daraus zwangsläufig: Innominatverträge sind (wie Verträge überhaupt) nach dem Vertrauensprinzip auszulegen. Da singuläre Innominatverträge allemal atypisch sind, müssen sie im Sinne der ergänzenden Vertragsauslegung nach dem Vertrauensprinzip und in einem der Lückenfüllung nach Art. 4 ZGB analogen Verfahren ergänzt werden.

VIII. Im Gefolge der wirtschaftlichen und technischen Entwicklung können sich singuläre zu verkehrstypischen Innominatverträgen verfestigen. Alsdann fordert die Gerechtigkeit, daß der Richter modo legislatoris (Art. 1 Abs. 2 und 3 ZGB) das dem Typus entsprechende Folgerecht setzt, wenn sich kein Gewohnheitsrecht entwickelt hat (Art. 1 Abs. 2 ZGB). Das richterlich gesetzte Folgerecht gilt (ebenso wie allfälliges Gewohnheitsrecht) nur für typische konkrete Innominatverträge.

IX. Die hier entwickelten Prinzipien der Rechtsanwendung setzen voraus, daß sich typische von atypischen konkreten Sachverhalten sondern lassen. Die Lehre hat dieses typologische «Trennungsverfahren» wenig ausgebildet. Praktisch hat man vom herkömmlichen Subsumtionsverfahren auszugehen und das Ergebnis allenfalls nach typologischen Kriterien zu korrigieren. Das geschieht vorab unter Beachtung der in der Gerichtspraxis nachweisbaren (richterlich vorgenommenen oder abgelehnten) Zuordnungen. Fehlen solche Anhaltspunkte, so ist vom Folgerecht her zu fragen, welche konkreten Züge die Geltungsanordnung tragen muß, wenn sie sinnvoll sein soll. Ohne Werturteile ist das nicht zu bewältigen. Immerhin bewirkt das angezeigte Verfahren, daß sich die Typen im Zeitablauf verdeutlichen und einem Zug zum Begrifflichen (in Gestalt des Gattungstypus) hin unterliegen.

X. Das typologische Zuordnungsverfahren unterscheidet sich vor allem nach der Argumentationsebene (Zuordnungsbereich/Auslegungsbereich), nicht aber grundsätzlich im Argumentationsstil vom klassenlogischen Zuteilungsverfahren. Es bleibt indessen seiner ganzen Struktur nach anschaulicher und daher didaktisch ergiebiger, so daß es (jedenfalls im Vertragsrecht) trotz der praktischen Annäherung an das Subsumtionsverfahren den Vorzug verdient.

B. Besonderer Teil

Vorbemerkungen

Der allgemeine Teil hat ergeben, daß Innominatverträge im Blick auf die einzelnen Vertragsverhältnisse des OR atypische Verträge sind. Sie zeichnen sich dadurch aus, daß unmittelbar anwendbares besonderes Gesetzesrecht fehlt. Doch ist die Sachlage nicht erheblich anders als bei Nominatverträgen, weil auch das gesetzliche Nominatrecht bei typologischer Absteckung des Geltungsbereichs nur zum Zuge kommt, wenn der konkrete Vertrag im Blick auf die Legalumschreibung als typisch qualifiziert werden kann. Die individuelle Ausgestaltung des konkreten Vertrags ist daher allemal darauf hin zu überprüfen, ob sie (noch) im Rahmen des geregelten Typus bleibt. Muß der konkrete Vertrag als atypisch qualifiziert werden, so sind allfällige Lücken nach dem Vertrauensprinzip und in einem Art. 4 ZGB analogen Verfahren der Setzung konkreter Vertragsnormen zu füllen.

Da Innominatverträge im Blick auf die gesetzlichen Typenbeschreibungen von vornherein als atypisch zu gelten haben, sind Vertragslücken grundsätzlich nach dem gleichen Verfahren zu schließen. Sobald indessen nicht bloß singuläre, sondern verkehrstypische Innominatverträge vorliegen, ist dem Richter aufgegeben, diesem neuen Typus das angemessene Folgerecht auf dem Weg des Art. 1 Abs. 2 und 3 ZGB zu setzen und den konkreten Vertrag in Anwendung dieses richterlichen Typenrechts zu ergänzen und allenfalls durch zwingendes (Richter-)Recht zu korrigieren. Das Typenrecht entwickelt der Richter bei der Beurteilung konkreter Innominatverträge, die dem zu ordnenden neuen Typus entsprechen. Muß zufolge singulärer Ausgestaltung des konkreten Vertrags die (außergesetzliche) Typizität verneint werden, so greift wiederum das als ergänzende Vertragsauslegung bezeichnete Verfahren Platz[1].

Nun versteht sich von selbst, daß eine Einzeldarstellung von Innominatverträgen nur sinnvoll sein kann, wenn man unterstellt, die ins Licht zu

---

[1] Sowohl bei Nominat- wie bei Innominatverträgen ist von folgender Überlegung auszugehen: Gesucht ist eine Lösung für diesen (konkreten) Vertrag. Daher kann das dispositive und das richterlich gebildete Typenrecht, das vor allem Lücken solcher Verträge füllen und die Schutzbedürftigkeitslage regeln soll, zur Ergänzung nur dienen, wenn dieser Vertrag zweifelsfrei ein solcher ist. Zeigt sich aber im besondern Fall, daß dieser (konkrete) Vertrag in der Tat ein solcher ist, so ist immer auf das für solche Verträge bereitgestellte Typenrecht zu greifen. Fehlt es, so hat der Richter es modo legislatoris zu entwickeln. Die ergänzende Vertragsauslegung kommt mithin immer nur dann zum Zuge, wenn dieser (konkrete) Vertrag im umfassendsten Sinn kein solcher ist.

rückenden Verträge hätten sich zu Verkehrstypen verfestigt. Einzig unter dieser Voraussetzung nämlich hat der Richter modo legislatoris Typenrecht zu setzen. Ersichtlich ist nur solches richterliches Typenrecht einer vom Einzelvertrag abgelösten allgemeinen Darstellung zugänglich. Für singuläre Innominatverträge muß es bei der (abschließenden) methodischen Feststellung bleiben, daß die ergänzende Vertragsauslegung in einem Art. 4 ZGB angenäherten Verfahren zum Zuge kommt.

Hat man somit im besonderen Teil aus der Kategorie der Innominatverträge den Bereich der verkehrstypischen Verträge auszugrenzen und daraus eine (nach wirtschaftlichen Gesichtspunkten getroffene) Auswahl vorzuführen, so ist von diesem Ziel her auch der Weg weitgehend gewiesen. Allemal geht es darum, aus der Vielfalt der realen Erscheinungsformen und unter Beachtung zumal der wirtschaftlichen Funktionen den Verkehrstypus herauszuschälen. Das führt als Prozeß des Zusammenfügens und Ausscheidens zwangsläufig zu einer terminologischen Bereinigung. Liegt das derart aufbereitete und mittels Benennung auch vorgeordnete Material vor, ist nach dem von den Gerichten gesetzten oder noch zu bildenden Typenrecht zu fragen und dieses nach herkömmlicher Systematik (Entstehung, Inhalt, Beendigung) darzustellen[2].

§ 107. Der Leasingvertrag *

Literaturauswahl

BERTHOLD, A. Gefahrentragung beim Finanzierungs-Leasing beweglicher Sachen nach deutschem und französischem Recht, Diss. Göttingen 1975.

BERTHOLD, R. Besonderheiten im Kraftfahrzeug-Leasing-Geschäft, DB, Beilage 7/77, S. 10 f.

BINDER, H.-P. Rechtsnatur und Inhalt des Leasing-Vertrages, Diss. Köln 1967.

BITTMANN, H. Die praktische Abwicklung von Leasing-Verträgen, Teilzahlungswirtschaft 1976, S. 12 f.

---

[2] Einzelne Innominatverträge werden nicht hier, sondern im Zusammenhang mit Instituten dargestellt, denen sie nach der Natur der Sache nahestehen (z. B. Sparkassenverträge, Bankdepotverträge, Liegenschaftsabtretungs- und Verpfründungsverträge, Veräußerungsgeschäfte über Immaterialgüter, Lizenzverträge, Verträge über Options- und Wandelanleihen usw. Der Trödelvertrag wird nicht erörtert, weil es sich nach des Verfassers Meinung um einen bedingten Kauf handelt.

* Verpflichtet ist der Verfasser Herrn RA Dr. ROBERT P. UMBRICHT, Zürich, sowie den Herren Dr. WALTER LÜEM und ALBERT STUDER von der A + E Leasing AG, Zürich.

BLOMEYER, J. Das Finanzierungsleasing unter dem Blickwinkel der Sachmängelhaftung und des Abzahlungsgesetzes, NJW 1978, S. 973 ff.

BÖGER, A. Nochmals: Leasing und Abzahlungsgesetz, NJW 1974, S. 2216 ff.

BOOK, H. Leasing in Deutschland, in: Leasing-Handbuch, Frankfurt a.M. 1965 (Hrsg. K.F. HAGENMÜLLER), S. 169 ff.

BRUMANN, H. Das Leasinggeschäft heute, Diss. Basel 1978.

BUCHLOH, H.-J. Der Leasing-Erlaß im Spiegel des Leasing-Urteils, BB 1971, S. 776 ff.

BÜSCHGEN, H.E. Leasing als Finanzierungshilfe. Die Wirtschaftsprüfung 1960, S. 429 ff.

VON CAEMMERER, E. Das Problem des Drittschadensersatzes, ZBJV 1964, S. 341 ff.

DÖLLERER, G. Leasing – wirtschaftliches Eigentum oder Nutzungsrecht?, BB 1971, S. 535 ff.

– Leasing in zivilrechtlicher und steuerrechtlicher Sicht, Düsseldorf 1972.

FIKENTSCHER, W. Schuldrecht, 6. Aufl., Berlin/New York 1976.

FINK, H. Equipment-Leasing in Bilanz und Steuer, in: Leasing-Handbuch, Frankfurt a.M. 1965 (Hrsg. K.F. HAGENMÜLLER), S. 273 ff.

FLUME, W. Das Rechtsverhältnis des Leasings in zivilrechtlicher und steuerrechtlicher Sicht, DB 1972, S. 1 ff. und S. 53 ff.

FRANK, F. Finanzierte Verträge zwischen Miete und Kauf; zivil-, steuer- und kreditrechtliche Grundlagen des Leasingsverfahrens, Diss. Münster 1970.

FRIEDLÄNDER, G. Leitfaden für das Leasing-Geschäft, Zürich/Stuttgart 1964.

GÄFGEN, D. Leasing in den USA, in: Leasing-Handbuch, Frankfurt a.M. 1965 (Hrsg. K.F. HAGENMÜLLER), S. 109 ff.

GIGER, H. Der Leasingvertrag, Bern 1977.

– Neue Aspekte im Recht des Finanzierungsleasingvertrags, in: Festgabe für Henri Deschenaux, Freiburg i. Ue. 1977, S. 343 ff.

– Systematische Darstellung des Abzahlungsrechts unter besonderer Berücksichtigung von Fern-, Unterrichts-, Mietkauf- und Leasingvertrag, Zürich 1972.

GOLDMANN, W. Das Leasinggeschäft mit beweglichen Sachen. Eine Untersuchung der Rechtstatsachen, Diss. Würzburg 1970.

GROHMANN, H. Leasing im Handels-, Steuer- und Haushaltsrecht, Sparkasse 1974, S. 225 ff.

HAGENMÜLLER, K.F. Begriff und Wesen des Leasing, in: Hat Leasing auch im Handel Zukunft?, Schriftenreihe der Stiftung «Im Grüene», Bd. 33, Bern 1966.

HAUSHEER, H. Finanzierungs-Leasing beweglicher Investitionsgüter, ZBJV 1970, S. 209 ff.

HAVERMANN, H. Leasing, eine betriebswirtschaftliche, handels- und steuerrechtliche Untersuchung, Düsseldorf 1965.

HERBER, C.L. Leasing, zur zivilrechtlichen und steuerrechtlichen Problematik im deutschen Recht, Diss. Zürich 1971.

HUG, W. Die Problematik des Mietkauf-Vertrages, in: Festgabe W. Schönenberger, Freiburg i. Ue. 1968, S. 267 ff.

KAMINSKY, S. Mietweise Nutzungsüberlassung in der modernen Wirtschaft, in: Leasing-Handbuch, Frankfurt a.M. 1965 (Hrsg. K.F. HAGENMÜLLER), S. 63 ff.

KAEMPF, K. Eine rechtsvergleichende Untersuchung über das Finanzleasing beweglicher Anlagegüter nach deutschem und französischem Zivilrecht, Diss. Münster 1975.

KIRST, J. Im Entscheidungskalkül keine Notlösung, «Die Welt» vom 23. März 1976, Leasing-Beilage, V.
– Leasing für mobile Anlagegüter und seine steuerlichen Aspekte, DB, Beilage 9/76, S. 3 ff.
KLOTZ, E. Gebäude-Leasing – auf dem Wege zum Markenartikel, DB, Beilage 9/76, S. 8 ff.
KNOCHE, W. Leasing – eine Ergänzung zu den herkömmlichen Finanzierungsformen, DB, Beilage 7/77, S. 6 ff.
KNOPPE, H. Leasing – seine wirtschaftliche Bedeutung und steuerliche Beurteilung, in: Steuerberater-Jahrbuch 1970/71, S. 399 ff.
KOCH/HAAG, Die Rechtsnatur des Leasing Vertrages, BB 1968, S. 93 ff.
KRAUSE, D. Die zivilrechtlichen Grundlagen des Leasing-Verfahrens, Institut für Bankwirtschaft und Bankrecht an der Universität Köln, Köln 1967.
KRAUSE, H. Leasing, NJW 1973, S. 691 ff.
LARENZ, K. Lehrbuch des Schuldrechts, Bd. II, 11. Aufl., München 1977.
LEENEN, D. Typus und Rechtsfindung, Berlin 1971.
LIENHARD, E. Finanzierungs-Leasing als Bankgeschäft, Diss. St. Gallen 1976.
LÜSSI, P. Das Leasing-Geschäft, Diss. Zürich 1966.
LWOWSKI, H. J. Erwerbsersatz durch Nutzungsverträge, Diss. Hamburg 1967.
MEDICUS, D. Bürgerliches Recht, 8. Aufl., Köln/Berlin/Bonn/München 1978.
MISCHOK, H. Zielkonflikt: Liquidität oder Rentabilität, «Die Welt» vom 23. März 1976, Leasing-Beilage, IV.
MOSEL, K. Leasing contra Abzahlungsgesetz, NJW 1974, S. 1454 ff.
NIEHUS, J. Neuregelung der Bilanzierung von Leasing in den USA, DB 1977, S. 1862 ff.
NITSCHE, G. Zur Rechtsnatur des Leasing, ÖJZ 1974, S. 29 ff., S. 61 ff.
OFTINGER, K. Schweizerisches Haftpflichtrecht, Bd. I, 4. Aufl., Zürich 1975.
OTTO, K.-P. Leasing-Verträge optimal gestaltet, Teilzahlungswirtschaft 1976, S. 8 ff.
PLATHE, P. Die rechtliche Beurteilung des Leasing-Geschäfts, Diss. Kiel 1969.
– Zur rechtlichen Beurteilung des Leasinggeschäfts, BB 1970, S. 610 ff.
VON PLOETZ, H. F. Der Leasing-Vertrag und seine Einordnung in das System der Vertragsverhältnisse, Diss. Marburg 1967.
RAU, H. G. Steuerliche Behandlung des Leasings, DB, Beilage 10/71, S. 3 ff.
REICH, N. Leasing, in: Vertragsschuldverhältnisse, München 1974, S. 49 ff.
REICHE, A. Leasing, zivilrechtliche Beurteilung und steuerrechtliche Zurechnung, Diss. Marburg 1973.
RUNGE/BREMSER/ZÖLLER, Leasing, betriebswirtschaftliche, handels- und steuerrechtliche Grundlagen, Heidelberg 1978.
SCHAEFER, A. Möglichkeiten und Grenzen des Leasing-Geschäfts, DB, Beilage 10/71, S. 15 ff.
SEEGER, S. Zivilrechtliche und steuerrechtliche Behandlung von Finanz-Leasing-Verträgen über bewegliche Sachen, Diss. Berlin 1972.
SCHMID, E. Zürcher Kommentar, Das Obligationenrecht, 3. Aufl., TBd. V, 2b, 1. Lieferung (Art. 253–260), Zürich 1974.
SCHUBIGER, A. Der Leasing-Vertrag nach schweizerischem Privatrecht, Diss. Freiburg 1970.
SPITTLER, H.-J. 15 Jahre Leasing – eine Zwischenbilanz, DB, Beilage 7/77, S. 1 ff.

Stauder, B. La nature juridique du contrat de Finance-Equipment-Leasing, in: Dixième Journée Juridique, Mémoires publiés par la faculté de droit de Genève, Nr. 30, Genf 1970, S. 7 ff.

Stofer, H. Kommentar zum Schweizerischen Bundesgesetz über den Abzahlungs- und Vorauszahlungsvertrag, Basel 1963.

Tacke. Die besonderen Kriterien des Leasing, Arbeitskreis Tacke: «Neue Finanzierungsformen» der Schmalenbach-Gesellschaft, Schmalenbachs Z 1972, S. 349 ff.

van Hove, H. Die Rechtsnatur der Leasingverträge und ihre Abwicklung in der Zwangsvollstreckung, Diss. Freiburg i. Br. 1976.

Visser, H. U. Finanzierungs- und Kostenprobleme des Leasing von Investitionsgütern, Diss. Freiburg i. Br. 1966.

Webb, T. C. L. Leasing im United Kingdom, Die Wirtschaftsprüfung 1974, 2. 285 ff.

Widmer, M. Les normes impératives applicables au contrat de leasing, SJZ 1978, S. 106 f.

Ausgewählte schweizerische Gerichtsentscheide

ObGer Bern, ZBJV 1973, S. 242 ff.; KGer Graubünden, SJZ 1973, S. 359; HGer Zürich, ZR 1977, Nr. 50 = SJZ 1977, S. 320 ff.

I. Reale Erscheinungsformen

Die moderne **arbeitsteilige Wirtschaft** hat unter der Bezeichnung «**Leasing**» (Überlassen) zunehmend zum Abschluß von Verträgen geführt, die sich trotz mannigfacher individueller Abweichungen auf ein verhältnismäßig einfaches Grundschema zurückführen lassen: Eine Partei überläßt der anderen auf fest bestimmte Zeit hin ein wirtschaftliches Gut zum freien Brauchen und Nutzen (aber nicht zum unbeschwerten Haben) unter Überbindung des vollen Erhaltungsrisikos gegen Entgelt. Das Entgelt wird in Teilleistungen erbracht, deren Kapitalisierung einen Betrag ergibt, der dem auf Vertragsende verzinsten Verkehrswert (Herstellungs- oder Anschaffungswert, Gemeinkostenanteil und Gewinnanteil) im Zeitpunkt des Vertragsabschlusses entspricht[1]. Das **Grundschema wird variiert**, je nachdem,

– ob der Hersteller des Gutes dieses direkt dem Gebraucher (oder Nutzer) überläßt oder ob eine Drittperson als Käufer und (wirtschaftlich-funktioneller) Kreditgeber dazwischentritt;
– ob der Überlasser die Unterhaltungs- und Erhaltungsrisiken ganz oder zum Teil selbst übernimmt oder nicht;

---

[1] Zur technischen Abwicklung des Leasinggeschäfts im einzelnen Lienhard, S. 41 ff.

– ob die Vertragsdauer fest bemessen oder von der Ausübung eines Kündigungsrechts abhängig ist oder nicht;
– ob der Vertragsgegenstand nach Beendigung des Vertrages dem Überlasser zurückzugeben ist oder ob er dem Nehmer unentgeltlich oder entgeltlich in selbständigem oder unselbständigem Besitz verbleibt;
– ob der Vertragsgegenstand am Ende des Vertrages voll oder nur teilweise amortisiert ist.

II. Wirtschaftliche Funktionen

Leasing ermöglicht es, daß der Nehmer uneingeschränkte Nutzungs- und Gebrauchsrechte ohne das dem Formaleigentümer vorbehaltene Dispositionsrecht erlangt und die Entschädigung nicht auf einmal, sondern verteilt auf Gebrauchs- und Nutzungsperioden zu erbringen hat. Die damit eröffnete Möglichkeit des «pay as you earn»[2] verführt immer wieder dazu, die Hauptfunktion des Leasingvertrags (ähnlich der des Abzahlungsvertrags) in der Kreditvermittlung (im Rahmen eines wirtschaftliche Übereignung bezweckenden Vertrags) zu sehen[3]. Indes: Die wahre wirtschaftliche Funktion liegt darin, die Gebrauchs- und Nutzungsmöglichkeiten eines wirtschaftlichen Gutes zu mobilisieren, ohne den Wertträger selbst in Verkehr zu setzen und ohne die angebotenen Nutzungs- und Gebrauchsbefugnisse irgendwie zu beschränken, wie das bei Miete und Pacht der Fall ist. Die Übertragung der Vollnutzung und (beim indirekten Leasing) die Auswahl des Leasingobjektes durch den Leasingnehmer rechtfertigen (anders als bei Miete und Pacht) die Belastung des Nehmers mit den Unterhalts- und Erhaltungsrisiken.

Kredit vermittelt Leasing nur dann, wenn der Nehmer das Entgelt pro Nutzungs- oder Gebrauchsperiode postnumerando zu leisten hat, was keineswegs die Regel ist. Die wirtschaftliche und rechtliche Aufspaltung von Wertträger einerseits und im Zeitablauf frei werdenden Nutz- und Gebrauchswerten anderseits ist (mindestens im Bereich der Investitionsgüter) nichts anderes als die rechtliche Anpassung an die nach allgemein anerkannten Kostenrechnungsprinzipien gebotene Verteilung von Nutzungs- und Gebrauchskosten auf die Nutzungs- und Gebrauchsdauer, wie sie etwa im Institut der Abschreibung zum Ausdruck kommt.

Das hindert nun freilich nicht die Erkenntnis, daß die Möglichkeit des Erwerbs von pro rata – Gebrauch (oder Nutzung) in der Tat Liquidität

---

[2] Vgl. FRIEDLÄNDER, S. 61; GIGER, Leasingvertrag, S. 13; DERSELBE, Abzahlungsrecht, S. 142.
[3] Vgl. dazu VON PLOETZ, S. 33; STAUDER, S. 13, 19, Anm. 51; SCHUBIGER, S. 59 f.

spart[4]. Doch ist entscheidend, daß die in der Leistungsperiode geringere Belastung der Nehmerunternehmung nicht auf Kredit, sondern auf der kraft Leasings möglichen Dosierung des Leistungseinsatzes beruht[5]. Der offenkundige betriebswirtschaftliche Vorzug solcher Stückelung wird freilich sogleich wieder in Frage gestellt, weil der Leasingvertrag auf feste Dauer abgeschlossen wird und daher künftige Gebrauchs- und Nutzungseinheiten auch erworben bleiben, wenn man ihrer nicht mehr (oder nicht mehr in gleicher Dosierung) bedarf[6,7].

---

[4] Darauf weist die einhellige Lehre hin: FLUME, S.1; LEENEN, S.145f.; STOFER, S.154; GIGER, Leasingvertrag, S.13; DERSELBE, Abzahlungsrecht, S.142; HERBER, S.8; STAUDER, S.13; SCHUBIGER, S.22, 59; HAUSHEER, S.212; vgl. aber die kritischen Auffassungen: LÜSSI, S.57; FRIEDLÄNDER, S.18ff., 129ff.; TACKE, S.352; HAVERMANN, S.189f.; NITSCHE, S.30, 32; H. KRAUSE, S.694; VAN HOVE, S.13ff.; differenzierend LIENHARD, S.150f.

[5] Die herrschende Lehre sieht zwar das Phänomen der Trennung von Vollnutzung und Eigentum, vernachlässigt aber die betriebswirtschaftlich wohl entscheidende Möglichkeit der Dosierung (Periodisierung) des Gebrauchs- und Nutzungseinsatzes und den damit gegebenen Weg der Annäherung der Periodenausgaben an die effektiven Kosten. Vgl. die herrschende Lehre dazu: H. KRAUSE, S.692; GIGER, Leasingvertrag, S.13; DERSELBE, Abzahlungsrecht, S.141; HAUSHEER, S.212; VON PLOETZ, S.16; FLUME, S.2.

[6] Darauf weist LÜSSI (S.74) mit Recht hin; vgl. dazu auch NITSCHE, S.30f.

[7] Die sonst in der Literatur üblicherweise genannten wirtschaftlichen Vorzüge bedürfen im Einzelfall der genauen Überprüfung: im vornherein feststehende Belastung (H. KRAUSE, S.694). In diesem Zusammenhang ist von Bedeutung, daß das Zinsänderungsrisiko i.d.R. vom Leasinggeber getragen wird. Vgl. dazu LIENHARD, S.157; ferner WEBB, S.287f.); Nutzungssicherung (FLUME, S.2); kurzfristige Anpassung an den Kapazitätsbedarf (GIGER, Leasingvertrag, S.13; DERSELBE, Abzahlungsrecht, S.142); genauere Kostenplanung (LÜSSI, S.77; LIENHARD, S.157); Schutz vor Überalterung des Anlagevermögens (H. KRAUSE, S.694; GIGER, Leasingvertrag, S.13; DERSELBE, Abzahlungsrecht, S.140f.; FRIEDLÄNDER, S.9, 62; a.M. SCHUBIGER, S.60); Entlastung von der Wartung (H. KRAUSE, S.693; SCHUBIGER, S.12, 22; FRIEDLÄNDER, S.64f.); steuerliche Vorteile durch Aufwandsbuchungen ohne Aktivierungspflichten (H. KRAUSE, S.692; FRIEDLÄNDER, S.118ff., der indessen zu Recht differenziert und namentlich im Blick auf entgangene Abschreibungen manche Vorbehalte anbringt; kritisch auch LÜSSI, S.64ff.; KNOPPE, S.407f.; SCHAEFER, S.15ff.; VAN HOVE, S.10ff.; A.BERTHOLD, S.18ff.; vgl. auch hinten, S.825); Entlastung der Bilanz (HAUSHEER, S.212; SCHUBIGER, S.22f.; LÜSSI, S.68ff.; NITSCHE, S.32; LIENHARD, S.155f.; A.BERTHOLD, S.19f.); Erhaltung des Kreditspielraums (VAN HOVE, S.16f.), Die in der Literatur auch etwa genannte Umgehung der Vorschriften über den Abzahlungsvertrag ist natürlich kein wirtschaftlicher Vorteil, weil allemal fraglich ist, ob der Leasingvertrag nicht doch den Vorschriften über den Abzahlungsvertrag unterstehe (vgl. dazu STOFER, S.154ff.; SCHUBIGER, S.102; LARENZ, S.412; HAUSHEER, S.226; MOSEL, S.1454ff.; BÖGER, S.2216ff.; ferner v.a. hinten Anm.27). Daß der Leasingvertrag dem Hersteller neue Absatzkanäle öffnet und damit Umsatz und Absatz zu steigern vermag, ist unbestritten (STAUDER, S.14; FRIEDLÄNDER, S.10; H. KRAUSE, S.693f.; LÜSSI, S.73ff.). Endlich ist darauf hinzuweisen, daß Leasing nicht nur Vorteile bringt. Vgl. etwa NITSCHE, S.33: «Nachteile sind vor allem die höheren Kosten, die sich häufig nicht so sehr während der Laufdauer des Vertrags äußern als vielmehr in der Tatsache, daß die Sache nach Vertragsablauf an den Leasing-Geber zurückfällt.» Die Weiterverwertung geschieht alsdann auf Kosten des Nehmers. Vgl. dazu vor allem auch VAN HOVE, S.5f.; ferner LIENHARD, S.162ff.; MISCHOK, a.a.O. (Lit.verz. vor §107); H.KRAUSE, S.694; GIGER, Leasingvertrag, S.14.

III. Verkehrstypen

Zwar trifft zu: «Die schillernde Natur des Leasingbegriffs und die Vielzahl der Leasingbegriffe muß hervorgehoben werden.»[8] Doch ist eine Verdichtung zum Verkehrstypus nachweisbar.

Einmütigkeit ist festzustellen in der Frage der möglichen Vertragsgegenstände: der Vertrag kann die Überlassung irgendeines wirtschaftlichen Gutes, also einer unbeweglichen oder beweglichen Sache bezwecken, wobei freilich nicht dauerhafte Konsumgüter ausscheiden[9]. Unbestritten ist ferner, daß das vom Nehmer zu entrichtende Entgelt in Teilleistungen zu erbringen ist[10]. Nicht streitig ist ferner die feste Vertragsdauer[11].

Hingegen wird man die Berechnung der Ratenhöhe nach der neueren Entwicklung nicht mehr als Typenmerkmal betrachten dürfen. Bis vor kurzem herrschte zwar in dieser Frage noch Einmütigkeit: Der Vertragsgegenstand sollte nach Ablauf der Vertragsdauer voll amortisiert sein[12]. Heute werden jedoch gerade bei Großobjekten zunehmend Teilamortisationsverträge (sog. «non-full-pay-out»-Verträge) abgeschlossen[12a]. Fraglich ist weiter, ob man einer verbreiteten Meinung zu folgen und als Leasingvertrag nur zu qualifizieren habe, was als Dreieckverhältnis unter der Bezeichnung «indirektes Leasing» bekannt geworden ist[13]. Nach der

---

8 FLUME, S.1.

9 SCHUBIGER (S.6) unterscheidet Leasing im echten und im unechten Sinn. Nur gerade die Überlassung von Investitionsgütern ist nach dieser Auffassung Leasing. Es ist indessen kein triftiger Grund ersichtlich, weshalb dauerhafte Konsumgüter auszuschließen wären; vgl. im übrigen dazu auch STAUDER, S.13; LWOWSKI, S.50; BINDER, S.16ff.; BOOK, S.169; HAGENMÜLLER, S.9; HAVERMANN, S.105ff.; HAUSHEER, S.255; KAMINSKY, S.63ff.; D. KRAUSE, S.20ff.; LÜSSI, S.30ff.; VON PLOETZ, S.17; KNOPPE, S.402f.; MOSEL, S.1454. – Leasingverträge über Rechte werden (wohl im Blick auf die Figur der ausschließlichen Lizenz) in der Literatur nicht erwähnt.

10 Vgl. LEENEN, S.143ff. (Nutzung gegen Entgelt auf Zeit).

11 Der jederzeit kündbare Leasingvertrag wird als sogenanntes Operationalleasing oder operating leasing bezeichnet. Vgl. dazu FLUME, S.1; LEENEN, S.143ff.; MOSEL, S.1454; NITSCHE, S.31; LIENHARD, S.20f.; H. KRAUSE, S.693; GROHMANN, S.225; REICH, S.54; VAN HOVE, S.23f.; GIGER, Leasingvertrag, S.16; vgl. auch VON PLOETZ, S.17.

12 Vgl. dazu LÜSSI, S.7ff.; GIGER, Abzahlungsrecht, S.150; MOSEL, S.1455; NITSCHE, S.34; GROHMANN, S.225; SCHMID, Vorbem. zu Art.253–274, N.27.

12a Solche Verträge sind im übrigen im Auto-Leasing zumal bei der Beschaffung von sog. Flotten seit jeher üblich gewesen. Bei einjähriger Vertragsdauer beträgt der Restwert bis zu 55%, bei zweijähriger Vertragsdauer ca. 40%. – Der Trend zu den Teilamortisationsverträgen ist auch und vor allem in Deutschland zu beobachten. Dort stehen allerdings steuerliche Erwägungen im Vordergrund; vgl. dazu hinten, Anm.21.

13 So namentlich GIGER, Leasingvertrag, S.21 und Abzahlungsrecht, S.150, wonach von Leasing nur gesprochen werden darf, «wenn nicht eine bloß zweiseitige Abrede, sondern ein ganzes Vertragssystem gegeben ist». Man hätte also einerseits den Hersteller, andererseits den Nehmer und zwischen beiden den Vermittler zu unterscheiden; so auch HERBER, S.21ff.; D. KRAUSE, S.8; LÜSSI, S.7ff und 38.

hier vertretenen Auffassung ist die Frage zu verneinen. Typisch ist der
«ratenweise Verzehr» des Gutes bei vollem Risiko des Nehmers; gleichgültig daher, ob der Nehmer direkt mit dem Hersteller (oder Händler) ab-
schließe oder ob ein Dritter (wiederum als Volleigentümer) dazwischen-
trete[14]. Endlich fehlt Einmütigkeit in der Frage nach dem Schicksal des
Vertragsgegenstandes beim Ablauf des Vertrags. Da der Nehmer sich
durch den Vertrag Vollnutzung (oder Vollgebrauch) auf Zeit sichern will,
ist die normale Beendigungsfolge das Erlöschen dieser Befugnisse (und der
damit gekoppelten Pflicht zur Ratenzahlung). Regelmäßig ist damit die
Pflicht zur Rückübertragung des Besitzes verbunden[15].

IV. Terminologie

Die Parteien werden in der Regel als Leasinggeber und Leasingnehmer bezeichnet[16]. Nach der hier vertretenen Meinung ist nicht nur das
sog. Finanzierungsleasing (Finanzleasing, Financial Leasing) dem Verkehrstypus zuzurechnen, so daß die Bezeichnung «Leasingvertrag» auch
Direktleasing deckt[17]. Der Vertragsgegenstand wird Leasingobjekt
genannt. Seine Besonderheiten führen zur Unterteilung in Dienstleistungs-
leasing, Konsumgüterleasing, Investitionsgüterleasing[17a] (wieder aufge-

---

[14] Demgegenüber schlagen eine Reihe von Autoren (freilich ohne überzeugende Begründung) das
direkte Leasing von vornherein der Miete zu: GIGER, Leasingvertrag, S.20; DERSELBE, Abzahlungsrecht, S.149f.; LÜSSI, S.7; PLATHE, S.17, 34ff.; STAUDER, S.24ff.; HERBER, S.17f. Wie
im Kontext: KAEMPF, S.25f.; REICH, S.53.

[15] Vgl. dazu SCHUBIGER, S.52; NITSCHE, S.32; GIGER, Leasingvertrag, S.98f. Aus dem Kontext
folgt, daß abweichende Regelungen als atypisch qualifiziert werden; das betrifft vor allem den
sogenannten automatischen Eigentumsübergang (Kaufzwang), das Recht zur Anschlußmiete
bzw. die Verlängerungsoption, allfällige Kaufrechte, das Recht des Nehmers auf Beteiligung
am Veräußerungserlös und Kumulation von Rechten; ausführlich dazu SCHUBIGER, S.116ff.;
vgl. ferner HERBER, S.12; HAVERMANN, S.45f.; FRIEDLÄNDER, S.165; LÜSSI, S.48; FINK, S.281;
NITSCHE, S.31f.; SCHMID, Vorbem. zu Art.253–274, N.27; REICH, S.59.

[16] Da zwischen direktem und indirektem Leasing nicht unterschieden wird, ist auf die Drei-
Parteien-Terminologie von GIGER, Leasingvertrag, S.28f. und Abzahlungsrecht, S.56 und 59
(Leasinggeber, Leasinggesellschaft, Leasingnehmer) nicht einzutreten.

[17] Als atypisch wird somit ausgeklammert: das sogenannte operating Leasing oder Operationalleasing (FLUME, S.1; NITSCHE, S.31; GIGER, Leasingvertrag, S.16; LEENEN, S.143ff; OLG
Frankfurt, JuS 1977, S.189f.), wonach der Vertrag kurzfristig kündbar ist, der Überlasser die
Gefahr für zufälligen Untergang übernimmt und die Wartung besorgt; denn hier ist allemal
Miete anzunehmen. Atypisch ist aber nach dem Kontext auch das Dienstleistungsleasing, das
zwar einen langfristigen Vertrag voraussetzt, aber den Überlasser auch zum technischen Unterhalt verpflichtet (anders FRIEDLÄNDER, S.15, der offenbar das Dienstleistungs-Leasing als
typisch ansieht).

[17a] Die Abgrenzung zwischen Konsum- und Investitionsgüterleasing erfolgt nicht nach der Beschaffenheit, sondern nach dem Verwendungszweck des Leasinggutes.

schlüsselt in bewegliche und unbewegliche Objekte), Autoleasing, Neugüter-leasing (Firsthand-Leasing) und Gebrauchsgüterleasing (Secondhand-Leasing). Sonderregelungen im Anschluß an die Vertragsbeendigung sind in der Regel atypisch und werden daher hier nicht ex professo erörtert[18].

V. Rechtsanwendung

1. Allgemeines

Da der Leasinggeber dem Leasingnehmer einen brauch- oder nutzbaren Gegenstand gegen Entgelt und auf Zeit zum Gebrauch oder zur Nutzung überläßt, liegt auf den ersten Blick gewöhnliche M i e t e (oder P a c h t) vor. Im einzelnen freilich w e i c h t der v e r k e h r s t y p i s c h e Inhalt der Leasing-verträge von Miete (und Pacht) a b :

– Der Leasingnehmer ist nicht zur Substanzerhaltung verpflichtet (vgl. dagegen Art. 271, 283 Abs. 1 OR).

– Der Zins deckt nicht Gebrauch oder Nutzung, sondern amortisiert den Leasinggegenstand (ganz oder teilweise).

– Fraglich ist, ob der Leasinggeber nicht wie der Vermieter und der Ver-pächter zur S a c h g e w ä h r verpflichtet sei, obwohl die Erhaltungspflicht gerade nicht als Typenmerkmal gilt. Das ist beim Direktleasing ohne weiteres zu bejahen. Es trifft aber auch für das indirekte Leasing zu, wobei man richterrechtlichen Übergang der Gewährleistungsansprüche anzunehmen hat. Probleme ergeben sich aus dem Umstand, daß ein allfälliger Schaden-ersatzanspruch aus dem Kaufvertrag mit dem Hersteller nur dem Leasing-geber zusteht, der aber infolge Freizeichnung gegenüber dem Leasingnehmer regelmäßig keinen Schaden erleidet. Somit kann der Leasingnehmer zu Schaden kommen, ohne daß er über den kaufvertraglichen Ersatzanspruch verfügt. Dieser Schaden stellt daher einen D r i t t s c h a d e n dar. Folgt man der vor allem (aber nicht nur) in Deutschland entwickelten Theorie der S c h a d e n s l i q u i d a t i o n i m D r i t t i n t e r e s s e[19], so kann der Leasinggeber den Schaden des Leasingnehmers geltend machen. Diesen Anspruch hat er dem Leasingnehmer abzutreten.

---

[18] Vgl. dazu vor allem SCHUBIGER, S. 52 ff.; ferner vorne Anm. 15.

[19] Vgl. dazu MEDICUS, S. 384 ff., mit Darstellung der deutschen Literatur und Judikatur; VON CAEMMERER, S. 341 ff. und die dort (Anm. 2) zitierten Autoren. Zum schweizerischen Recht OFTINGER, S. 65 f., Anm. 57 und die bei VON CAEMMERER, S. 342, Anm. 2 angeführte Literatur. – Vgl. ferner die in Deutschland entwickelte Theorie des Vertrags mit Schutzwirkung für Dritte; MEDICUS, S. 389 f.

– Umstritten ist schließlich, wer das Risiko des zufälligen Untergangs des Vertragsgegenstandes zu tragen habe. In der Praxis wird die Frage heute durch individuelle Abrede geregelt. Eine Überbindung des Untergangsrisikos auf den Leasingnehmer müßte dann unzulässig sein, wenn sie durch Globalübernahme akzeptiert wird [20].

Mit dieser Übersicht ist die Frage gestellt, ob die eben umschriebenen Abweichungen vom Miet- und Pachtvertrag zur Sprengung der beiden gesetzlichen Typen führen. Das ist zu bejahen: Durch die Einräumung unbeschränkter Gebrauchs- und Nutzungsrechte auf Zeit und die ebenfalls zeitlich bemessene Auferlegung der damit verbundenen Risiken begründet der Leasingvertrag einen von Miete und Pacht abweichenden eigenen Typus, der sich dem Kauf von Nutzungs- und Gebrauchsrechten (ähnlich dem Erwerb einer Nutznießung) annähert. Dem trägt die steuerrechtliche Qualifikation als «wirtschaftliches Eigentum» anschaulich Rechnung [21]. Doch wäre es verfehlt, deswegen den Leasingvertrag dem Kaufrecht zu unterstellen, weil im typischen Fall die Pflicht zur Rückgabe des Leasingobjekts nach Ablauf der Vertragsdauer auch dann besteht, wenn die Summe der Ratenzahlungen den Herstellungs- oder Anschaffungswert (samt Zinsen, Nebenkosten und Gewinnanteil) voll deckt. Alsdann bleibt dem Leasinggeber nach Ablauf der Vertragsdauer eben doch die Herrschaft über das Gut und damit jedwede ihm nützlich scheinende Weiterverwendung (als Schrottgut, Erinnerungsstück, Objekt eines Secondhand-Leasing usw.), was ersichtlich kaufrechtswidrig ist [22]. Es bleibt also dabei: Der

---

[20] Vgl. dazu GIGER, Leasingvertrag, S. 100 ff., 103.

[21] Vgl. dazu das Urteil des deutschen Bundesfinanzhofes vom 26. Januar 1970, BB 1970, S. 332 ff., sowie den bereits erwähnten «Leasing-Erlaß» des Bundesministers für Finanzen vom 19. April 1971 (dazu BUCHLOH, S. 776 ff.; SCHAEFER, S. 15 ff.; REICH, S. 62 ff.; A. BERTHOLD, S. 38 ff.; GROHMANN, S. 233 ff.; H. KRAUSE, S. 692 f.). Anders als im Kontext, freilich ohne überzeugende Begründung: LIENHARD, S. 125 ff. – Vor allem steuerliche Überlegungen haben jedoch in den letzten Jahren in Deutschland zur Entwicklung von Vertragsmodellen geführt, nach denen während der festen Vertragsdauer nur eine Teilamortisation stattfindet. Das hat, auch nach Auffassung des Bundesministers für Finanzen, zur Folge, daß der Leasinggeber nicht nur zivilrechtlicher, sondern auch wirtschaftlicher Eigentümer des Leasinggegenstandes bleibt. Vgl. dazu das den «Leasing-Erlaß» ergänzende Schreiben des Bundesfinanzministers vom 22. Dezember 1975, BB 1976, S. 72 f.; KIRST, Im Entscheidungskalkül, a.a.O. (Lit.verz. vor § 107); DERSELBE, Leasing für mobile Anlagegüter, S. 6 f.; OTTO, S. 8 f.; ferner BITTMANN, S. 12 f.

[22] Die Frage, ob ein Kauf vorliege, ist vor allem für die Gläubiger des Leasingnehmers von Bedeutung. Vgl. dazu H. KRAUSE, S. 692; SCHMID, Vorbem. zu Art. 253–274, N. 32; KAEMPF, S. 108; VAN HOVE, S. 112 ff. – Die Kauftheorie wird vor allem von FIKENTSCHER, (S. 424) vertreten; vgl. ferner die bei NITSCHE, S. 62 ff. und VAN HOVE, S. 84 ff. zitierten Autoren. Wie im Kontext dagegen NITSCHE, S. 62 f.; LARENZ, S. 412. Frage offengelassen vom OLG Köln, NJW 1973, S. 1615 ff. und vom LG Koblenz, NJW 1973, S. 706 ff. Vgl. im übrigen auch den kartellrechtlichen Entscheid des Bundesgerichtshofes vom 30. September 1971 (GRUR 1972, S. 379 ff.). Ferner DÖLLERER, Leasing-wirtschaftliches Eigentum oder Nutzungsrecht?, S. 535 ff.

Leasingvertrag ist ein Innominatvertrag, und zwar ein aus Miet-(Pacht-) und Kaufselementen gemischter Vertrag[23]. Zur Lückenfüllung ist somit modo legislatoris Richterrecht zu setzen.

Aus diesen Erörterungen zur Qualifikation des Leasingvertrags wird klar, daß sich der Richter bei der Regelbildung zum Leasingvertrag am gesetzlichen Miet- (oder Pacht-) und am Kaufsrecht zu orientieren hat. Auszugehen hat er vom Mietrecht (oder Pachtrecht), weil der Vertrag in typologischer Sicht besser als «Überlassung eines Objekts zum atypischen Gebrauch (oder zur atypischen Nutzung)» denn als «Kauf von Nutzungs- und Gebrauchsrechten mit atypischer Rückgabepflicht des Nutzungs- oder Gebrauchsgegenstandes» qualifiziert wird.

2. Entstehung

Der Leasingvertrag darf unter Vorbehalt des zwingenden Abzahlungsvertragsrechts (unten 5a) beim Konsumgüterleasing formlos abgeschlossen werden (Art. 11 Abs. 1 OR). Das trifft auch dann zu, wenn Grundstücke Leasingobjekte sind. Verkehrstypisch sind Formularverträge die Regel.

3. Inhalt

Grundsätzlich hat der Richter Miet- oder Pachtrecht zu übernehmen. Indessen hat er im Blick auf die typologische Selbständigkeit folgende Sonderregeln zu setzen:

– Der Leasingnehmer ist nicht verpflichtet, das Objekt im Sinne von Art. 271 OR (und Art. 298f. OR) in dem Zustande zurückzugeben, in dem er es erhalten hat (keine Erhaltungsgewähr).

– Der Leasinggeber ist nicht verpflichtet, für den außergewöhnlichen Unterhalt (sowie für Lasten und Abgaben) im Sinne von Art. 263 OR (und Art. 284 Abs. 2 sowie Art. 288 OR) aufzukommen.

– Beim indirekten Leasing wird der Inhalt der Gewährleistungsansprüche bestimmt durch die Ansprüche, welche der Leasinggesellschaft gegenüber dem Hersteller oder Händler zustehen. Es ist richterrechtlicher Übergang dieser Ansprüche anzunehmen.

– Den Leasingnehmer trifft im Zweifel die Pflicht, Raten in dem Gesamtbetrag zu entrichten, der dem Ausgangswert (samt Verzinsung, Nebenkosten und Gewinnanteil) entspricht.

---

[23] Da im Kontext das indirekte Drei-Parteien-Leasing nicht als Grundtypus anerkannt wird, können die bei diesem Sachverhalt immer auch gegebenen Auftragselemente vernachlässigt werden; vgl. zu diesen Elementen, SCHUBIGER, S. 129; aber auch STAUDER, S. 24, Anm. 1.

4. Beendigung

Der Leasingvertrag wird beendet durch Ablauf der festen Grundlaufzeit, die so bemessen wird, daß bei gegebener Ratenhöhe die Herstellungs- oder Beschaffungskosten (samt Nebenkosten, Verzinsung und Gewinnanteil) gedeckt werden. Die Vertragsdauer hängt von der Beschaffenheit, der Funktion und der konkreten Verwendung des Leasinggutes ab. Sie entspricht in der Regel 75–80% der wirtschaftlichen Nutzungsdauer und erstreckt sich bei Mobilien im Durchschnitt auf 5–7, bei Immobilien auf mindestens 10 Jahre. Während der Grundlaufzeit ist der Vertrag unkündbar[24], obwohl ein Dauerschuldverhältnis vorliegt. Demgegenüber kann die Nichterfüllung durch den Leasinggeber nach Art. 97 ff. OR zur Auflösung des Vertrags führen[25]. Gleiches trifft zu, wenn der Leasingnehmer seine Vertragspflichten nicht erfüllt[26].

5. Einzelfragen

a) Anwendbarkeit des Abzahlungsvertragsrechts?

Soweit das Leasingobjekt eine bewegliche Sache ist, stellt sich die Frage nach der Anwendbarkeit des Abzahlungsrechts. Die Frage ist, wie GIGER[27] überzeugend nachweist, beim Investitionsgüterleasing zu verneinen.

b) Rechtliche Bedeutung atypischer Beendigungsklauseln

Der typische Leasingvertrag ist gekennzeichnet durch die Pflicht des Leasingnehmers, das Objekt dem Leasinggeber nach Ablauf des Vertrags zurückzugeben. Häufig wird indessen vereinbart, daß das Eigentum am

---

[24] Vgl. dazu SCHUBIGER, S. 7, 57; GIGER, Leasingvertrag, S. 104; DERSELBE, Abzahlungsrecht, S. 153; HAUSHEER, S. 216; LIENHARD, S. 119; MOSEL, S. 1455. – Die Kündigung aus wichtigen Gründen halten demgegenüber für zulässig: LARENZ, S. 412; NITSCHE, S. 65.

[25] Vgl. dazu ausführlich SCHUBIGER, S. 140 ff.

[26] Vgl. SCHUBIGER, S. 159 ff., bes. S. 161, wo zutreffend ausgeführt wird, das Auflösungsrecht des Leasinggebers müsse in Übereinstimmung mit dem Miet- und Pachtrecht auch gegeben sein, wenn die Parteien das nicht ausdrücklich vorgesehen haben.

[27] Vgl. GIGER, Leasingvertrag, S. 33 ff. Entscheidendes Argument gegen die Unterstellung unter das Abzahlungsrecht ist wohl die Einsicht, daß keine sogenannte «Stotterkreditierung» vorliegt. Die Teilzahlungen befinden sich vielmehr jederzeit in einem Äquivalenzverhältnis zur Leistung des Leasinggebers. Vgl. GIGER, Leasingvertrag, S. 33 ff., insbes. S. 34. Anderer Meinung STAUDER, S. 31; SCHUBIGER, S. 91 ff.; HAUSHEER, S. 227; HUG, S. 282 ff.; STOFER, S. 154. Anders freilich, wenn der Wille der Parteien von Anfang an auf Veräußerung des Leasingobjekts geht, was insbesondere (aber nicht nur) beim Konsumgüterleasing vorkommt. Vgl. GIGER, Leasingvertrag, S. 17 f., 56 ff.; ferner hinten Anm. 30. – Vgl. zur deutschen Praxis MOSEL, S. 1454 ff.; BÖGER, S. 2216 ff.; REICH, S. 72 f.; OLG Frankfurt, JuS 1977, S. 190 mit Hinweisen auf weitere Judikatur.

Leasingobjekt unentgeltlich oder jedenfalls zu einem unter dem Marktwert liegenden Kaufpreis nach Vertragsbeendigung auf den Nehmer übergeht[28]. Alsdann hat man es grundsätzlich mit einem Kauf auf Abzahlung zu tun[29]. Wird dem Leasingnehmer für den Zeitpunkt der Vertragsbeendigung eine Kaufsoption zu Marktbedingungen eingeräumt, so kann ein Mietkaufvertrag vorliegen[30]. Andere Beendigungsklauseln (Beteiligung des Leasingnehmers am Veräußerungserlös oder am Veräußerungsrisiko, Recht zur Anschlußmiete usw.) wirken in der Regel nicht typenverfremdend. Andernfalls sind Lücken durch ergänzende Vertragsauslegung zu schließen.

§ 108. Der Factoringvertrag*

Literaturauswahl

ALBISETTI/BODMER/BOEMLE/GSELL/RUTSCHI. Handbuch des Bank-, Geld- und Börsenwesens der Schweiz, 3. Aufl., Thun 1977.

BACHMANN, H. E. Factoring – eine Kombination von Finanzierungs- und Versicherungsgeschäft, ZfV 1976, S. 15 ff.

– Factoring – Möglichkeiten und Grenzen der Inanspruchnahme, VP 1976, S. 152 ff.

BECKER, H. Berner Kommentar, Bd. VI: Obligationenrecht, 2. Abt., Art. 184–551, Bern 1934.

BEHR, V. Eigentumsvorbehalt und verlängerter Eigentumsvorbehalt bei Warenlieferungen in die Schweiz, RIW/AWD 1978, S. 489 ff.

BETTE, K. Factoring in der neuen Rechtsprechung, DB, Beilage 2/71, S. 9 ff.

– Rechtsprobleme des Factoring, insbesondere des notifizierten Verfahrens, DB 1972, S. 1760 ff.

VON BÜREN, B. Schweizerisches Obligationenrecht, Allg. Teil, Zürich 1964.

CANARIS, C.-W. Bankvertragsrecht, Berlin/New York 1975.

DALLÈVES, L. Le contrat de factoring, Neuvième journée juridique, Mémoires publiés par la faculté de droit de Genève, Genève 1970, S. 79 ff.

DUPOUY, C. Précis de droit commercial, tome 1, Paris 1976.

EHLING, H. Zivilrechtliche Probleme der vertraglichen Ausgestaltung des Inland-Factoring-Geschäfts in Deutschland, Berlin 1977.

ERMAN/WESTERMANN, Handkommentar zum Bürgerlichen Gesetzbuch, 2 Bde., 6. Aufl., Münster 1975.

---

[28] Vgl. dazu HAGENMÜLLER, S. 12; HAUSHEER, S. 217; LÜSSI, S. 48; HAVERMANN, S. 45 f.; GÄFGEN, S. 131, 143.

[29] Vgl. HAUSHEER, S. 227 ff.; SCHUBIGER, S. 95, 132; STAUDER, S. 31; STOFER, S. 154 ff.

[30] Entgegen der herrschenden Lehre wird man vom Bestehen einer Optionsklausel nicht generell auf Mietkauf schließen dürfen; vgl. LWOWSKI, S. 83, 86 ff.; BINDER, S. 45; FLUME, S. 6; SCHUBIGER, S. 132 ff. Die Optionsklausel erhält sonst eine Bedeutung, die sie in der Praxis nicht hat.

* Dank schuldet der Verfasser Herrn Direktor KURT F. SCHAER von der Factors AG, Zürich.

Erni, R. Factoring nach schweizerischem Recht, Diss. Zürich 1974.

Esser/Schmidt. Schuldrecht, Allgemeiner Teil, TBd. 2, 5. Aufl., Heidelberg/Karlsruhe 1977.

Factors AG. Factoring (Werbeprospekt) 1976.

Fikentscher, W. Schuldrecht, 6. Aufl., Berlin/New York 1976.

Gautschi, G. Berner Kommentar, Bd. VI: Obligationenrecht, 2. Abt., 4. TBd., Art. 394–406, 3. Aufl., Bern 1971.

Glomb, G. P. Finanzierung durch Factoring, Rechtliche Analyse und Vergleich mit herkömmlichen Finanzierungs- und Sicherungsmethoden, Köln/Berlin/Bonn/München 1969 (FIW-Schriftenreihe, Heft 47).

Guhl/Merz/Kummer. Das Schweizerische Obligationenrecht, 6. Aufl., Zürich 1972.

Hahnzog, K. Die Rechtsstellung des Zessionars künftiger Forderungen, Diss. München 1962.

Klaas, Ch. Die Risikoverteilung bei neueren Finanzierungsmethoden, NJW 1968, S. 1502 ff.

Knopik, G. Factoring in den USA und in Deutschland, Schmalenbachs Z 1965, S. 269 ff.

Lambsdorff/Skora. Globalzession und Lieferantenvorausabtretung – kein Ende, NJW 1977, S. 701 ff.

Lempenau, G. Direkterwerb oder Durchgangserwerb bei Übertragung künftiger Forderungen, Bad Homburg/Berlin/Zürich 1968.

Lindell, Y. Factoring in Schweden, Die Wirtschaftsprüfung 1974, S. 354 ff.

Liver, P. Das Eigentum, Schweizerisches Privatrecht, Bd. V/1, Basel/Stuttgart 1977, S. 1 ff.

Nanzer, W. Factoring – Arbeitsentlastung, Kreditrisiko-Garantie und Absatzfinanzierung, SHZ vom 3. Januar 1974, S. 6.

Oftinger, K. Zürcher Kommentar, Bd. IV: Sachenrecht, 2. Abt., 2. Aufl., Zürich 1952.

Oser/Schönenberger. Zürcher Kommentar, Bd. V: Obligationenrecht, 1. HBd., Art. 1–183, 2. Aufl., Zürich 1929.

Palandt/Heinrichs. Bürgerliches Gesetzbuch, 37. Aufl., München 1978.

Palandt/Putzo. Bürgerliches Gesetzbuch, 37. Aufl., München 1978.

Penzkofer/Täube. Die Bedeutung von Factoring und Zessionskredit für die finanzielle Flexibilität der Unternehmung, BB, Beilage 12/72, S. 30 ff.

Peter, E. W. R. Factoring als Treuhand-, Finanzierungs- und Sicherungsinstrument offener kurzfristiger Buchforderungen in der Schweiz, Diss. Zürich 1973.

Reimann, R. Kommentar zum Bundesgesetz über die Banken und Sparkassen und zur VV, 3. Aufl., Zürich 1963; Nachtrag von D. Bodmer, Zürich 1968.

Rieder, J. Die Globalzession als satzungsmäßige Sicherheit, Sparkasse 1977, S. 318 f.

Schepers, G. Factoring in Deutschland, Die Wirtschaftsprüfung 1974, S. 314 ff.

Schippers, F. Factoring in den Niederlanden, Die Wirtschaftsprüfung 1974, S. 351 ff.

Schluep, W. R. Privatrechtliche Probleme der Unternehmenskonzentration und -kooperation, ZSR 1973 II, S. 155 ff.

SCHMIDT, K. Factoring-Globalzession und verlängerter Eigentumsvorbehalt, DB 1977, S. 65 ff.

SCHMITT, R. M. Neue Aspekte für das Factoring, Zeitschr. für das gesamte Kreditwesen 1978, S. 183 f.

SCHMITZ, E. Globalabtretung an Factoring-Gesellschaft bei unechtem Factoring, NJW 1978, S. 201 f.

SCHWERDTNER, P. Globalzession und verlängerter Eigentumsvorbehalt, NJW 1974, S. 1785 ff.

SCHÖNLE, H. Bank- und Börsenrecht, 2. Aufl., München 1976.

SERICK, R. Rechtsprobleme der Factoring-Geschäfte, BB 1976, S. 425 ff.

SOERGEL/SCHMIDT. Kommentar zum Bürgerlichen Gesetzbuch, Bd. 2, Stuttgart/Berlin/Köln/Mainz 1967.

STOELINGA/SCHOLTISSEK. Factoring in Belgien, Die Wirtschaftsprüfung 1974, S. 632 f.

VON TUHR, A. Verfügung über künftige Forderungen, JZ 1904, S. 426 ff.

VON TUHR/ESCHER. Allgemeiner Teil des schweizerischen Obligationenrechts, 2. Bd., 3. Aufl., Zürich 1974.

WISSKIRCHEN/ENGELEN/SCHMITT/KARGER. Bedeutung und Wirtschaftlichkeit des Factoring, DB, Beilage 7/70, S. 3 ff.

WÜLBERS, H. Factoring – ein marktgerechtes, absatzorientiertes Finanzierungsinstrument, Teilzahlungswirtschaft 1977.

OHNE VERFASSER. Factoring: Wenn's bei der Liquidität drückt, Deutsches Fachzeitschriften-Magazin, Februar 1975, S. 6.

Ausgewählte schweizerische Gerichtsentscheide

BGE 56 II, 1930, S. 363; 69 II, 1943, S. 286; 82 II, 1956, S. 522; 84 II, 1958, S. 355.

I. Reale Erscheinungsformen

Die Tätigkeit des Faktors läßt sich historisch bis ins babylonische Reich zurückverfolgen. Doch darf man von «Factoring» im modernen Sinn erst reden, seit zu Beginn dieses Jahrhunderts in den USA die bislang im internationalen Textilhandel erprobten (umfassende zusätzliche Dienstleistung erbringenden) Kommissionäre dazu übergingen, das internationale Verkaufs- (oder Einkaufs-)geschäft aufzugeben und als Absatzhelfer im ausschließlich nationalen Bereich (nur) noch Dienstleistungen anzubieten (Prüfung der Kreditwürdigkeit von Abnehmern, Ankauf von Lieferantenforderungen ohne Regreß bei Insolvenz des Abnehmers, Bevorschussung von Lieferantenforderungen, Inkasso, Versicherung usw.)[1].

---

[1] Vgl. dazu ausführlich KNOPIK, S. 269 ff. Die Kombination von Kommissionsgeschäft und Erbringung von Dienstleistungen, wie sie sich besonders im 19. Jahrhundert im Textilhandel zwischen England und den USA herausgebildet hat, wird heute als «Old-Line-Factoring» bezeichnet; vgl. dazu GLOMB, S. 15; ERNI, S. 3.

Aus den USA ist das moderne «Factoring» zu Beginn der sechziger Jahre nach Europa gelangt[2]. Allemal geht es darum, daß der Faktor sich in einem Vertrag zur Erbringung von Leistungen verpflichtet, die sich in drei Gruppen gliedern lassen[3]:

- Geschäftsbesorgung (Übernahme der Debitoren- und Lagerbuchhaltung, Lagerbewertung, Fakturieren, Erstellen von Statistiken und Vertreterabrechnungen, Inkasso, Beratung, Verbuchung der Mehrwertsteuer);
- Finanzierung offener Buchforderungen gegen Sicherheitsabtretung;
- Übernahme des Kreditrisikos (Delcredere).

Der Faktor behält sich die Wahl offen, die Forderungen des Kunden (bedingt)[3a] zu erwerben oder gegen Sicherheitsleistung zu bevorschussen. Forderungen, welche die vereinbarte Risikolimite übersteigen, werden nur zum Inkasso übernommen. Der Faktor bezieht für seine Leistungen ein Entgelt: die Faktorgebühr. Sie ist von Faktor zu Faktor verschieden und bewegt sich zwischen 0,5 und 3% der in Frage stehenden Bruttoforderungen. Die Gebühr ist abhängig:

- von der Zahl der Geschäftsvorfälle und dem durchschnittlichen Rechnungsbetrag;
- von der Anzahl der Drittschuldner;
- vom Jahresumsatz;
- vom Factoring-Typ (Factoring mit oder ohne Übernahme des Kreditrisikos, Inland- oder Exportfactoring [mit Differenzierung nach dem in Frage stehenden Land]);
- beim echten Factoring vom Zahlungsziel;
- von der Art des Produkts (Frage der Verwertbarkeit).

Als Entschädigung für die Bevorschussung ist zusätzlich der Faktorzins in banküblicher Höhe zu entrichten[4].

---

[2] Vgl. dazu DALLÈVES, S. 80 f.

[3] Vgl. PETER, S. 5 ff.; KNOPIK, S. 273 ff.; ALBISETTI/BODMER/GSELL/BOEMLE/RUTSCHI, S. 253; ESSER/SCHMIDT, S. 256; DALLÈVES, S. 79 ff.; GLOMB, S. 18 ff.; WISSKIRCHEN, S. 3; BACHMANN, S. 15; SERICK, S. 426.

[3a] Die Zession erfolgt unter einer Resolutivbedingung: Der Faktor behält sich das Recht vor, im Falle eines sog. Warenstreits, der aus verspäteter oder mangelhafter Lieferung entstehen kann, eine Rückzession vorzunehmen. Mithin liegt eine Bedingung vor, die sowohl ein kasuelles als auch ein potestatives Element aufweist. Vgl. auch hinten S. 837 f.

[4] Es gelten die Bankansätze für Blankokredite. – Die im Kontext angeführten Sätze fußen auf Anfragen bei mehreren schweizerischen Factoringgesellschaften. In der Literatur werden z. T. andere Bandbreiten angegeben. Vgl. dazu DALLÈVES, S. 86; GLOMB, S. 34; SCHMITT, S. 8; ALBISETTI/BODMER/GSELL/BOEMLE/RUTSCHI, S. 253; PETER, S. 191; SCHIPPERS, S. 353; STOELINGA/SCHOLTISSEK, S. 632; SCHEPERS, S. 316; BACHMANN, S. 18. – Vgl. zur Höhe des

Der Faktor erbringt seine Dienste in allen Wirtschaftsbereichen und gegenüber jedem Anbieter, wiewohl die Geschäftsbesorgung für Einzelhändler (Retail Factoring) nicht die Regel zu sein scheint[5]. Je nachdem, ob Schuldner und Gläubiger der in Frage stehenden Forderungen dem gleichen Land oder verschiedenen Staaten angehören, unterscheidet man das «Domestic Factoring» vom «Import-Export-Factoring». Im zweiten Fall tritt häufig ein Korrespondenzfaktor auf den Plan, der mit dem Inlandfaktor einen «Interfactors-Vertrag» abschließt[6].

Mit der Einteilung der Verpflichtungen des Faktors in drei verschiedene Leistungsgruppen stellt sich die Frage, ob die drei Leistungsarten regelmäßig miteinander gekoppelt seien. Das trifft nicht zu: Namentlich in Europa herrscht (außer im Export) offenkundig die Tendenz, nur gerade die Geschäftsbesorgung und die Finanzierung zum Vertragsgegenstand zu machen, was in der Regel als «unechtes Factoring» bezeichnet wird[7] (im Gegensatz zum echten oder «Old-Line-Factoring», bei dem der Faktor auch das Risiko des Forderungsausfalls [Delcredere] übernimmt). Dabei scheint eine Notifikation des Schuldners mitunter zu unterbleiben, so daß man offenes und verdecktes (unechtes) Factoring unterscheiden muß[8]. Doch kann auch das «echte Factoring» ohne Notifikation abgewickelt werden[9,10]. In der Praxis trifft man auch die Kombination von Geschäftsbesorgung und Risikoübernahme mit Bevorschussung am Fälligkeitstag, unabhängig davon, ob der Drittschuldner seinerseits bezahlt hat («Maturity Factoring»)[11].

Faktorzinses: GLOMB, S. 35; KNOPIK, S. 283; SCHMITT, S. 8; NANZER, S. 6; PETER, S. 197 ff.; SCHIPPERS, S. 353; SCHEPERS, S. 316; STOELINGA/SCHOLTISSEK, S. 632.

[5] Vgl. dazu PETER, S. 44 f.; KNOPIK, S. 279 f.

[6] Vgl. dazu DALLÈVES, S. 85; ENGELEN, S. 4; PETER, S. 37 ff.; ERNI, S. 32 f.; BACHMANN, S. 16; LINDELL, S. 354 f.

[7] Vgl. dazu GLOMB, S. 17 ff.; DALLÈVES, S. 82.; PETER, S. 33 ff.

[8] So GLOMB, S. 31 ff. PETER (S. 33 ff.) nennt das offene Verfahren des unechten Factoring «Recourse-Factoring».

[9] Häufig wird alsdann das verdeckte Verfahren als «Non-Notification-Factoring» bezeichnet und dem (offenen) «Old-Line-Factoring» gegenübergestellt; PETER, S. 31 ff.

[10] Andere hier nicht weiter interessierende Arten des Factoring sind: das «Drop-Shipment Financing» (Direktversand der Ware durch den Hersteller und daher Direktabtretung der Herstellerforderungen unter Abzweigung und Überweisung der Grossistenmarge; vgl. dazu PETER, S. 42 ff.); «Bank-Participation-Plan» (Übernahme der Bevorschussung durch eine dazwischengeschaltete Bank; PETER, S. 33 f.); «Instalment Financing» (Übernahme von Forderungen aus Abzahlungsgeschäften; PETER, S. 45 f.; ERNI, S. 33); «Selective Transfer Credit» (der Lieferant kann die abzutretenden Forderungen selbst auswählen; PETER, S. 47 f.).

[11] Vgl. dazu auch GLOMB, S. 28 f.; KNOPIK, S. 279; ERNI, S. 30; vgl. auch PETER, S. 18 ff. und S. 47 («Regular Transfer Credit»).

II. Wirtschaftliche Funktionen

Factoring ist eine besondere Art der Arbeitsteilung durch Ausgliederung und Übertragung betrieblicher Funktionen auf spezialisierte Drittunternehmen[12]. Ausgegliedert werden: die Debitorenbuchhaltung, die kurzfristige Absatzfinanzierung[13] und die Risikoabsicherung der Kundenkreditierung[14]. Factoring eignet sich vor allem für mittlere Unternehmungen[15]. In der Schweiz schätzt man den Umsatz im Factoringgeschäft für 1976 auf 300 bis 500 Mio. Franken[16].

III. Verkehrstypen

Als Verkehrstypen treten das echte und das unechte Factoring auf. In den USA herrscht das echte, in der Schweiz und in Deutschland das unechte Factoring vor[17]. Trotzdem erscheint es methodisch richtig, auch in einer Darstellung des schweizerischen Rechts vom umfassenden echten Factoring auszugehen und alsdann zu ergründen, welche Änderungen des Folgerechts sich durch die Modifikation des Typus ergeben[18]. Somit ist davon auszu-

---

[12] Vgl. dazu SCHLUEP, S. 253 ff.

[13] Die Kapitalfreisetzung ist beim Factoring wesentlich höher als beim gewöhnlichen Zessionskredit; vgl. PENZKOFER/TÄUBE, S. 32; SCHIPPERS, S. 352 f. – In Deutschland beträgt die durchschnittliche Laufzeit der gekauften Forderungen 50 Tage; vgl. GLOMB, S. 22; ALBISETTI/BODMER/GSELL/BOEMLE/RUTSCHI (S. 253) nennen Zahlungsziele von 30 bis 90 Tagen. In der Regel werden 70 bis 90 % des Netto-Fakturawertes bevorschußt. Nach Abzug der Gebühr und der Zinsen werden 10 bis 30 % dem Klienten auf ein sogenanntes «Sperrkonto» gutgeschrieben. Das Sperrkonto dient der Deckung von Gewährleistungsabzügen, Preisnachlässen usw.; vgl. dazu GLOMB, S. 25; PETER, S. 21. Die kurzfristige Finanzierung ermöglicht dem Klienten vor allem die Ausnützung von Lieferantenskonti; vgl. dazu SCHMITT, S. 7.

[14] Der damit verbundenen Bonitätsprüfung kommt in Rezessionszeiten erhöhte Bedeutung zu (sich häufende Insolvenzen, schlechter werdende Zahlungsmoral). Vgl. dazu: Factoring: Wenn's bei der Liquidität drückt (Lit.verz. vor § 108); SCHEPERS, S. 314.

[15] Für kleinere Unternehmungen ist Factoring zu teuer; größere Unternehmungen besorgen die entsprechenden Funktionen selbst; vgl. dazu DALLÈVES, S. 85; WISSKIRCHEN, S. 3; KARGER, S. 9; BACHMANN, S. 16 f.; ERNI, S. 5 f. – Die Factors AG betrachtet in der Regel einen Jahresumsatz von 1 Mio Franken als untere, einen solchen von 50 Mio Franken als obere Grenze.

[16] Auskunft der Factors AG in Zürich. – Demgegenüber betrug der Umsatz in den USA im Jahre 1970 11,8 Mia (vgl. PETER, S. 72 f., Tabelle 2), im Jahre 1974 bereits 17,2 Mia Dollar; in Deutschland wird das Umsatzvolumen für 1972 auf 2 Mia für 1974 auf 3 Mia DM geschätzt; vgl. dazu SERICK, S. 425.

[17] GLOMB, S. 29; KNOPIK, S. 294; Factoring: Wenn's bei der Liquidität drückt (oben Lit.verz. vor § 108); nach PENZKOFER/TÄUBE (S. 31) setzt sich das echte Factoring auch in Deutschland vermehrt durch.

[18] So auch DALLÈVES, S. 83, der die Originalität des Factoring geradezu in der Kombination aller drei Funktionen sieht.

gehen, daß der Faktor aufgrund einer Prüfung der Bonität der Drittschuldner seinem Vertragspartner (in der Regel) den Forderungsbetrag (nach Abzug eines Sperrbetrags) vor Fälligkeit vergütet. Darüber hinaus übernimmt er neben den bereits genannten Geschäftsbesorgungen[18a] die (meistens) durch offene Sicherheitsabtretung gedeckte Bevorschussung auch für nicht erworbene Forderungen und erhebt als Gegenleistung eine «Gebühr» (mit Verzinsungsanteil)[19].

IV. Terminologie

Nach allgemein anerkannter Ausdrucksweise heißen die beteiligten Parteien Faktor und Klient oder Lieferant (Vertragspartner des Faktors). Die am Vertrag nicht direkt beteiligte Partei nennt man Kunde oder Drittschuldner (Abnehmer des Klienten)[20]. Das als Verkehrstypus unterstellte echte Factoring bezeichnet man häufig auch als «Old-Line-Factoring»[21].

V. Rechtsanwendung

1. Allgemeines

Der Factoringvertrag ist ein aus Nominat- und Innominatelementen gemischter Vertrag in Gestalt des doppeltypischen Kombinationsvertrags: Beide Parteien erbringen (auch) andere als Geldleistungen[22]. Die Nominatelemente setzen sich zusammen aus Auftrag (Art. 394 OR) und Kaufvertrag (in Gestalt des Forderungskaufs). Dazu kommen Zessionsrecht (Art. 164ff. OR) und Vorvertrag (Art. 22 OR). Innominatelement ist das auf Optionsvertrag beruhende Wahlrecht des Faktors. Beim unechten Factoring reduzieren sich die Elemente auf Auftrag (einschließlich

---

18a Vgl. vorne S. 831.
19 Andere Typenbeschreibungen bei KLAAS, S. 1506; WISSKIRCHEN, S. 3; DALLÈVES, S. 79; PETER, S. 1ff.; ERNI S. 10ff.
20 Vgl. dazu GLOMB, S. 17 (mit weiteren Hinweisen); DALLÈVES, S. 82; BETTE, Rechtsprobleme, S. 1760; PETER, S. 4; ERNI S. 9.
21 Vgl. zur Terminologie bei atypischen oder verwandten Erscheinungsformen auch vorne, Anm. 10.
22 Der Faktor erbringt Dienstleistungen und erfüllt Abnahmepflichten gegen Entgelt; der Klient ist zur Übertragung der den Kaufgegenstand bildenden Forderungen gegen Entgelt verpflichtet.

Treuhand), Darlehensvertrag (Art. 312ff. OR)[23] und Sicherungszession. Soweit sich aus der Besonderheit des Verkehrstypus nichts anderes ergibt, sind daher die entsprechenden Regeln des Nominat- und Innominatrechts zu übernehmen.

2. Entstehung

Da der Klient dem Faktor seine künftigen Forderungen in aller Regel durch Globalzession abtritt[24], bedarf der Factoringvertrag der Schriftform (Art. 164 Abs. 1 OR). Mit der Abtretung gehen sämtliche Vorzugs- und Nebenrechte auf den Faktor über (Art. 170 OR)[25].

3. Inhalt

Den Klienten treffen folgende Pflichten:

- Pflicht zur Notifikation durch entsprechende Vermerke auf den Rechnungen oder durch Abtretungsanzeige;
- Pflicht zur Bezahlung der Gebühr;
- Pflicht zur Gewährleistung der Verität der abgetretenen Forderungen und zur Unterlassung späterer Invaliditätshandlungen (Art. 171 Abs. 1 OR)[26];
- Pflicht zur Haftung für allfällige Gewährleistungsansprüche des Drittschuldners[27];
- Pflicht zur Auskunfterteilung über die Drittschuldner[28].

Den Faktor treffen folgende Pflichten:

- Pflicht zur rechtzeitigen Ausübung des Wahlrechts;
- Pflicht zur Bezahlung des Kaufpreises der erworbenen Forderungen unter Abzug eines Diskonts[29] und eines Reverses für allfällige Gewährleistungsansprüche des Drittschuldners;

---

[23] Das Darlehenselement kann auch beim echten Factoring dann auftreten, wenn der Faktor zur Entrichtung des Kaufpreises erst im Zeitpunkt des Zahlungseinganges verpflichtet ist, dafür aber dem Klienten bis dahin gegen vereinbarte Zinsleistung einen Kredit gewährt; dazu Schönle, S. 172.

[24] Auskunft mehrerer schweizerischer Factoring-Gesellschaften; Erni, S. 86ff. Ebenso für Deutschland: Schönle, S. 217f.; Serick, S. 426. – Vgl. zur Globalzession allgemein BGE 69 II, 1943, S. 286; von Tuhr/Escher, S. 349.

[25] Wichtig in diesem Zusammenhang vor allem der Übergang des Vorbehaltseigentums; dazu Dallèves, S. 93f.; Erni, S. 81f.

[26] Vgl. Dallèves, S. 95; Glomb, S. 41f.; BGE 82 II, 1956, S. 522.; Erni, S. 97f.

[27] Vgl. Dallèves, S. 95; Glomb, S. 20; Albisetti/Bodmer/Gsell/Boemle/Rutschi, S. 253.

[28] Vgl. Dallèves, S. 86f.

[29] Vgl. Schönle, S. 218; Wird der Kaufpreis erst mit der Fälligkeit der Forderungen fällig, so trifft den Faktor die Pflicht zur Bevorschussung gegen entsprechenden Zinsanteil in der Gebühr.

– Pflicht zur Übernahme des Risikos beim Ausfall des Drittschuldners erworbener Forderungen (Art. 171 Abs. 2 OR);
– Pflicht zur Führung der Debitorenbuchhaltung, des Inkassos und zu anderen ähnlichen Dienstleistungen hinsichtlich der nicht erworbenen Forderungen;
– Pflicht zur Gewährung eines Darlehens gegen Sicherungszession im Umfang der zedierten Forderungen;
– Pflicht zur Rückerstattung der eingezogenen Beiträge (nur) fiduziarisch erworbener Forderungen (unter Verrechnungsmöglichkeit mit dem Anspruch auf Rückerstattung der Darlehensvaluta);
– Pflicht, Forderungen aus unechtem Factoring auf Weisung des Klienten gegen Rückerstattung der Bevorschussung zurück zu zedieren.

4. Beendigung

Da der Factoringvertrag ein Dauerschuldverhältnis ist, können beide Parteien den Vertrag aus wichtigen Gründen kündigen. Der Verkehrstypus zeichnet sich durchwegs durch ein vertraglich vereinbartes Kündigungsrecht mit Kündigungsfrist aus[30]. Schwierigkeiten entstehen dabei im Blick auf die Auftragskomponente des Factoringvertrags: Das Bundesgericht qualifiziert die jederzeitige Widerrufbarkeit nach Art. 404 OR als zwingend[31]. Doch ist zu bedenken, daß der Factoringvertrag ein eigenständiger Innominatvertrag ist und Auftragsrecht dem Richter allenfalls als Muster dienen kann. Offenkundig wird zwingende jederzeitige Widerrufbarkeit weder dem Sicherheitsbedürfnis des Faktors noch der Interessenlage des Klienten, der sich eine neue Debitorenbuchhaltung aufbauen muß, gerecht[32]. Der Richter hat daher modo legislatoris den Parteien ein Kündigungsrecht unter Beachtung einer Kündigungsfrist von mindestens 60 Tagen zu gewähren.

5. Einzelfragen

a) Modifikationen beim unechten Factoringvertrag

Beim unechten Factoring tritt an Stelle des Forderungserwerbs mit Übernahme des Delkredererisikos die Darlehensgewährung mit Siche-

---

[30] Nach dem Code of Reciprocal Factoring Customs beträgt die Mindestkündigungsfrist 60 Tage; vgl. dazu PETER, S. 323 f.
[31] BGE 98 II, 1972, S. 307; ebenso GAUTSCHI, Art. 404, N. 10 und N. 15 a; BECKER, Art. 404, N. 8; OSER/SCHÖNENBERGER, Art. 404, N. 2; GUHL/MERZ/KUMMER, S. 436.
[32] So auch DALLÈVES, S. 89; PETER, S. 322 ff.; ERNI, S. 112.

rungszession[33]. Die entsprechenden Regeln treten an Stelle der Vorschriften über den Forderungskauf. Im einzelnen ist zu unterscheiden, ob die Sicherungsabtretung offen, halboffen oder verdeckt erfolgt[34]. An der Eigenständigkeit des Factoringvertrags im Blick auf Art. 404 OR ändert sich jedoch nichts.

b) Globalzession und verlängerter Eigentumsvorbehalt

Schwierige Rechtsprobleme stellen sich bei Kollision der Globalzession mit einem verlängerten «Eigentumsvorbehalt». Dieser liegt vor, wenn der Klient seinem Lieferanten künftige Forderungen aus dem Weiterverkauf von Waren als Sicherung abtritt[35]. Die Frage hat in jüngster Zeit angesichts der starken Zunahme von Insolvenzen vor allem in Deutschland zu Kontroversen geführt[36]. Nach herrschender Ansicht entscheidet die Priorität; es sei denn, die zeitlich erste Abtretung weise einen Mangel auf[37].

Aufgrund der Vertragspraxis sind zwei Fälle zu sondern: Ist die Globalzession resolutiv bedingt, so geht sie dem verlängerten Eigentumsvorbehalt schon gemäß Prioritätsprinzip vor. Bei suspensiver Bedingung hätte demgegenüber nach dem Prioritätsprinzip der verlängerte Eigentumsvorbehalt den Vorrang. Doch verhindert Art. 152 Abs. 3 OR dieses Ergebnis. So oder anders ist aber nicht zu verkennen, daß die Kollisionsregeln in gewissen Fällen zu stoßenden Ergebnissen führen können. In der deutschen Literatur ist deshalb eine Teilung der Forderung zwischen Geldkreditgeber

---

[33] Vgl. GLOMB, S. 121; KNOPIK, S. 294; ERNI, S. 50 ff., 65 ff. – Zur Sicherungszession: OFTINGER, Systematischer Teil, N. 270 ff. (und dort zitierte weitere Literatur).

[34] Offen ist das Verfahren, wenn dem Drittschuldner durch Abtretungsvermerk auf den Fakturen Kenntnis von der Abtretung gegeben wird. Verdeckt oder still nennt man das Verfahren, wenn der Drittschuldner von der Abtretung keine Kenntnis erhält. Unter diesen Umständen ist der Klient verpflichtet, eingegangene Zahlungen an den Faktor weiterzuleiten; vgl. dazu GLOMB, S. 33; ERNI, S. 26 ff.; BACHMANN, S. 16; FIKENTSCHER, S. 321; Factoring: Wenn's bei der Liquidität drückt (oben Lit.verz. vor § 108). Endlich spricht man von einem halb offenen Verfahren dann, wenn als einzige Zahlstelle «ein auf den Namen des Klienten lautendes Konto, über welches jedoch nur der Faktor verfügen kann» (ERNI, S. 28), genannt wird. Vgl. im übrigen auch BETTE, Rechtsprobleme, S. 1760 f.

[35] Vgl. dazu LIVER, S. 329 f.; PALANDT/PUTZO, § 455, N. 2cc; BEHR, S. 489 ff. Der verlängerte Eigentumsvorbehalt hat vor allem in Deutschland in Zeiten großer Kreditnot Bedeutung erlangt, doch kommt er auch in der Schweiz vor; vgl. LIVER, S. 329 f.

[36] Vgl. dazu etwa LAMBSDORFF/SKORA, S. 701 ff.; SCHWERDTNER, S. 1785 ff.

[37] Vgl. BGE 56 II, 1930, S. 363; ERNI, S. 79; DALLÈVES, S. 92; VON TUHR/ESCHER, S. 338, 349. Ebenso die herrschende deutsche Meinung: GLOMB, S. 41; PALANDT/HEINRICHS, § 398, N. 3e; ERMAN/WESTERMANN, § 398, N. 19; SOERGEL/SCHMIDT, § 398, N. 11; SCHÖNLE, S. 218. – Die Vorausabtretung künftiger Forderungen ist dann nichtig, wenn sie die Erwerbsfähigkeit des Zedenten übermässig beschränkt; vgl. BGE 84 II, 1958, S. 355, Erw. 3a; 69 II, 1943, S. 286; ERNI, S. 89; VON TUHR/ESCHER, S. 350; GUHL/MERZ/KUMMER, S. 238. – Zur Frage der Bestimmbarkeit der abgetretenen Forderungen BGH, JZ 1978, S. 349 f.

(d. h. hier dem Faktor) und Warenkreditgeber gefordert worden. Dabei soll die Teilung nach Maßgabe des wertmäßigen Anteils am gesamten Kreditvolumen erfolgen[38].

Diese Lösung erscheint wirtschaftlich sinnvoll; doch steht eine überzeugende dogmatische Begründung bislang aus[39]. Erfolgversprechender sind nach der hier vertretenen Auffassung Bestrebungen, die Schranken der Globalzession enger zu ziehen und so den Konflikt gar nicht entstehen zu lassen. Dabei ist nicht nur der Grad der wirtschaftlichen Knebelung des Zedenten, sondern auch die Gefährdung der Interessen späterer Gläubiger, die über die Kreditwürdigkeit ihres Schuldners getäuscht werden können, in Rechnung zu stellen[40]. Unter diesem Gesichtspunkt verstößt der Faktor, der sich Forderungen global zedieren läßt, ohne sie zu bevorschussen, gegen die guten Sitten[41].

c) Globalzession und Zessionsverbot

Wirtschaftlich mächtigen Drittschuldnern (Stichwort «Nachfragemacht») gelingt es vielfach, für ihre Verpflichtungen ein Zessionsverbot durchzusetzen. Damit stellt sich die Frage, ob nachträgliche Zessionsverbote der Globalzession vorgehen. Das ist dann zu bejahen, wenn man sich zur Durchgangstheorie[42] bekennt. Geht man dagegen von der Unmittelbarkeitstheorie[43] aus, so könnte man bei formaler Betrachtungsweise versucht sein, Wirkungslosigkeit des Zessionsverbotes anzunehmen. Die Forderung entstände nämlich alsdann direkt in der Person des Zessionars (d. h. des Faktors), so daß dem Schuldner (d. h. dem Drittschuldner) die Einrede gegen den Zedenten (d. h. den Klienten) abgeschnitten wäre. Dem steht indes der Grundsatz entgegen, daß der Schuldner durch die Zession nicht schlechter gestellt werden darf. Art. 169 OR muß daher in jedem Fall durchgreifen[44].

---

38 Vgl. dazu Esser/Schmidt, S. 246, mit Hinweisen; Fikentscher, S. 317 f.; ferner die bei Soergel/Schmidt, § 398, N. 11, zitierten Autoren.
39 Vgl. dazu BGH, NJW 1960, S. 1716 ff.; ferner Soergel/Schmidt, § 398, N. 11.
40 Vgl. dazu BGH, JZ 1977, S. 400 f.; ferner BGHZ 55, S. 34 ff.
41 Vgl. Canaris, S. 860. – So oder anders wäre eine Kenntlichmachung der Globalzession durch einen Bilanzvermerk wünschenswert. De lege lata ist das Bestehen eines Factoringvertrages aus der Bilanz nur insofern ersichtlich, als Vorschüsse auf der Passivseite erscheinen müssen. Nach dem Vorentwurf der Eidg. Justizabteilung zur Teilrevision des Aktienrechts ist in einem besonderen Bilanzvermerk der gesamte Buchwert der als Sicherheit abgetretenen Forderungen anzugeben; Art. 663 c OR. Vgl. dazu auch die Stellungnahme der Schweizerischen Treuhand- und Revisionskammer zum Vorentwurf, Bd. 18 der Schriftenreihe der Schweiz. Treuhand- und Revisionskammer, Teilrevision des Aktienrechts, Zürich 1976, S. 63.
42 Vgl. Oser/Schönenberger, Art. 164, N. 4; ferner auch Glomb, S. 38 mit Hinweisen.
43 Vgl. dazu Glomb, S. 38; von Tuhr/Escher, S. 349; Guhl/Merz/Kummer, S. 238.
44 Vgl. von Tuhr, S. 430; Hahnzog, S. 39 f., 49 f.; Lempenau, S. 110.

d) Anwendbarkeit des Bankengesetzes?

Offen ist die Frage, ob Unternehmungen, die das Factoringgeschäft betreiben, dem BG über die Banken und Sparkassen[45] unterstehen[46]. Mit Sicherheit ist der Faktor keine Bank im Sinne des Bankengesetzes[47], weil es an der öffentlichen Empfehlung zur Annahme fremder Gelder gebricht. Dagegen wird man das Faktorunternehmen beim unechten Factoring als bankähnliche Finanzgesellschaft (Art. 1 Abs. 2 lit. a BankG) bezeichnen müssen, so daß Art. 7 und 8 BankG anwendbar sind[48].

§ 109. Der Alleinvertriebsvertrag

Literaturauswahl

Bachmann, R. Das neue Recht des Handelsvertreters, Kissing 1978.

Becker, H. Berner Kommentar, Bd. VI: Obligationenrecht, 1. Abt., Art. 1–183, Bern 1941.

Bénédict, M. Le contrat de concession de vente exclusive, Thèse Lausanne 1975.

Bierer, H. Das Alleinverkaufsrecht, Diss. Zürich 1922.

von Büren, B. Schweizerisches Obligationenrecht, Allgemeiner Teil, Zürich 1964.

– Schweizerisches Obligationenrecht, Besonderer Teil, Zürich 1972.

Champaud, C. La concession commerciale, Revue trimestrielle de droit commercial 1963, S. 451 f.

Cavin, P. Kauf, Tausch und Schenkung, Schweiz. Privatrecht VII/1, Basel/Stuttgart 1977, S. 174 ff.

Düesberg, P. Wirtschaftliche Analyse der zweiseitigen Alleinvertriebsverträge, WuW 1966, S. 463 ff.

Egger, A. Rechtsnatur und Auslegung eines Liefervertrages mit Alleinvertriebsrecht des Abnehmers, Ausgewählte Schriften und Abhandlungen, hrsg. von Walther Hug, Bd. II, Zürich 1957, S. 143 ff.

Gautschi, G. Berner Kommentar, Bd. VI: Obligationenrecht, 2. Abt., 5. TBd., Art. 407–424, 2. Aufl., Bern 1964.

– Berner Kommentar, Obligationenrecht: Bd. VI, 2. Abt., 3. TBd., Art. 363–379, 2. Aufl., Bern 1967.

– Berner Kommentar, Obligationenrecht: Bd. VI, 2. Abt., 4. TBd., Art. 394–406, 3. Aufl., Bern 1971.

---

[45] Vom 8. November 1934 (in der revidierten Fassung vom 13. Mai 1970).

[46] Vgl. dazu auch Peter, S. 324 ff.; Knopik, S. 294; Erni, S. 73 ff.

[47] Vgl. dazu Reimann, S. 20 ff.

[48] So auch Peter (S. 328 ff.), der mit guten Gründen Art. 8 des Bankengesetzes jegliche praktische Relevanz für das Factoringgeschäft abspricht, so daß lediglich Art. 7 (Pflicht zur Einreichung der Jahresrechnung an die Nationalbank) zu beachten wäre. Vgl. dazu auch Erni, S. 75 f.

GIERKE/SANDROCK. Handels- und Wirtschaftsrecht, Bd. 1, 9. Aufl., Berlin/New York 1975.

GRAUPNER, R. Alleinvertriebsverträge im englischen Recht und rechtsvergleichende Probleme, AWD 1970, S. 49 ff.

GUHL/MERZ/KUMMER. Das Schweizerische Obligationenrecht, 6. Aufl., Zürich 1972.

KROITZSCH, H. Der Ausgleichsanspruch des Vertragshändlers und seine kartellrechtlichen Grenzen, BB 1977, S. 1631 ff.

MARKERT, K. Alleinvertriebsverträge und Antitrustrecht, WuW 1964, S. 299 ff.

MAYERLE, R. Die kartellrechtliche Zulässigkeit von Alleinvertriebsverträgen mit Eigenhändlern im amerikanischen Recht, Diss. Stuttgart 1966.

OSER/SCHÖNENBERGER. Zürcher Kommentar, Bd. V: Obligationenrecht, 1. HBd., Art. 1–183, 2. Aufl., Zürich 1929.

REHBINDER, M. Grundriß des schweizerischen Arbeitsrechts, 4. Aufl., Bern 1977.

SCHLUEP, W. R. Der Alleinvertriebsvertrag – Markstein der EWG-Kartellpolitik, Bern 1966.

– Die kartellrechtlichen Aspekte des Alleinvertriebsvertrages, SJZ 1975, S. 273 ff.

– Von der Kontrahierungspflicht der kartellähnlichen Organisation, WuR 1969, S. 193 ff.

– Privatrechtliche Probleme der Unternehmenskonzentration und -kooperation, ZSR 1973 II, S. 153 ff.

– Probleme des kartellprivatrechtlichen Behinderungsverbotes im Vertikalkonzern, in: Wettbewerbspolitik in der Schweiz, Festgabe zum 80. Geburtstag von Fritz Marbach, Bern 1972, S. 103 ff.

SCHÖNLE, H. De la représentation exclusive en droit suisse et comparé, Recueil de travaux, publié à l'occasion de l'assemblée de la société suisse des juristes à Genève du 3 au 5 octobre 1969, Mémoires publiés par la faculté de droit de Genève, Genève 1969, S. 141 ff.

SCHULTE-MÄTER, D. Alleinvertriebsverträge nach Europäischem und Amerikanischem Kartellrecht, Stuttgart 1970.

STUMPF/LÖSCH. Vertragshändler – (Alleinvertriebs-)Verträge und EWG-Kartellrecht, Heidelberg 1973.

STUMPF/ZIMMERMANN. Zu den Voraussetzungen des Anspruchs des Vertragshändlers auf Zahlung eines Ausgleichs, BB 1978, S. 429 ff.

ULMER, P. Der Vertragshändler, München 1969.

WEIL, M. Die vorzeitige Aufhebung des Alleinvertretungsvertrages, SJZ 1935/36, S. 293 ff.

WINKEL, K. Die Alleinvertriebsverträge im französischen, deutschen und europäischen Recht, Diss. Mainz 1968.

WYNIGER, CH. Vom Alleinverkaufsvertrag, insbesondere im internationalen Privatrecht der Schweiz, Diss. Bern 1963.

Ausgewählte schweizerische Gerichtsentscheide

BGE 60 II, 1934, S. 315 f.; 78 II, 1952, S. 32 ff.; 78 II, 1952, S. 74 ff.; 82 II, 1956, S. 247; 88 II, 1962, S. 170 ff.; 88 II, 1962, S. 325 ff.; 88 II, 1962, S. 471 ff.; 89 II, 1963, S. 30 ff.; 100 II, 1974, S. 450 f.; ObGer Zürich, ZR 1932, Nr. 192; ObGer Zürich und KassGer Zürich, ZR 1968, Nr. 36; HGer Zürich und BGer, ZR 1911,

Nr. 176; HGer Zürich, ZR 1927, Nr. 149; HGer Zürich, ZR 1929, Nr. 2; HGer Zürich, ZR 1929, Nr. 155; HGer Zürich, ZR 1937, Nr. 85; HGer Zürich, ZR 1944, Nr. 223; HGer Zürich, ZR 1947, Nr. 121; HGer Zürich, ZR 1948, Nr. 99; HGer Zürich, SJZ 1955, S. 329 ff.; HGer St. Gallen, SJZ 1922/23, S. 363; KGer St. Gallen, SJZ 1958, S. 187; ObGer Luzern, SJZ 1948, S. 310; Tribunal cantonal Neuchâtel, SJZ 1967, S. 186 ff.; Cour de justice civile Genève, Sem. Jud. 1967, S. 471 ff.; Cour de justice civile Genève, Sem. Jud. 1975, S. 232 f.; Cour de justice civile Genève, Sem. Jud. 1975, S. 518 ff.; Cour de justice civile Genève, Sem. Jud. 1978, S. 465 ff.; HGer Zürich, SJZ 1978, S. 109 ff.

I. Reale Erscheinungsformen

Jeder Alleinvertriebsvertrag läßt sich auf die Grundverpflichtung eines Lieferanten (Herstellers oder Händlers) zurückführen, seinem Abnehmer ein in der Regel örtlich, sachlich und zeitlich begrenztes ausschließliches Bezugsrecht einzuräumen. Solche ausschließliche Lieferpflicht des Lieferanten ist nun freilich aller wirtschaftlicher Regel nach gepaart mit Gegenpflichten des Abnehmers. Diese betreffen zunächst den Bezug der Vertragsware und treten auf als Pflicht zu einem Mindestbezug je Zeiteinheit, als Plan (Soll-)bezug im Vertragsablauf oder gar als ausschließliche Bezugspflicht. In diesem letzten Fall hat man es mit bilateralen Ausschließlichkeiten zu tun[1]. Die Verpflichtungen des Abnehmers können aber weiter reichen und den ganzen Bereich der Vertriebsförderung beschlagen: Pflicht zur Werbung, Lagerhaltung, Marktforschung, zum Garantie-, Kunden- und Ersatzteildienst, zur Einstellung von Fachpersonal und zur Verwendung einer besonderen Ausstattung oder anderer Kennzeichen des Lieferanten usw.[2]. Überdies kann der Abnehmer zu sog. Vertriebsbindungen[3] verpflichtet werden: Querlieferungsverbote, Direktlieferungsverbote, selektiver Vertrieb (z. B. Verbot der Belieferung von Warenhäusern), Export-, besonders Reimportverbote usw.[4]. Dazu treten mitunter Preisbindungsklauseln[5].

Solche zusätzliche Verpflichtungen des Abnehmers haben in der Regel wiederum Rückverpflichtungen des Lieferanten zur Folge, so daß

---

[1] So GRAUPNER, S. 51 f.
[2] Vgl. dazu SCHLUEP, Alleinvertriebsvertrag, S. 22; STUMPF/LÖSCH, S. 13; SCHULTE-MÄTER, S. 3; WINKEL, S. 3 ff.
[3] Vertriebsbindungen sind funktional auf die Einhaltung bestimmter Absatzwege ausgerichtet; vgl. dazu SCHLUEP, Alleinvertriebsvertrag, S. 21.
[4] Vgl. SCHLUEP, Alleinvertriebsvertrag, S. 21; STUMPF/LÖSCH, S. 13.
[5] SCHLUEP, Alleinvertriebsvertrag, S. 23.

neben die Pflicht zur ausschließlichen Belieferung Konkurrenzverbote, Duldungspflichten (zumal hinsichtlich der Ausstattung und anderer Kennzeichen der Vertragsware oder der Unternehmung) und Absicherungspflichten im Blick auf das Vertragsgebiet oder die Kundschaft des Abnehmers (Gebietsschutz- und Kundenklauseln)[6] treten.

II. Wirtschaftliche Funktionen

Der Einsatz eines Alleinabnehmers ist eine absatzpolitische Maßnahme besonders im Exporthandel. Mit Recht ist die Rede von einem «neuen Absatzmittlertyp»[7]. Im Unterschied zum Absatz über eigene Niederlassungen und Tochtergesellschaften, über Agenten und Kommissionäre bewirkt das Alleinvertriebsverhältnis durch Übergang des Eigentums eine Verlagerung des Vertriebsrisikos[8]. Weil aber der Abnehmer-Eigentümer sich in der Regel Vertriebsbindungen unterwirft, geht die Verlagerung des Risikos nicht auf Kosten der wirtschaftlichen Dispositionsbefugnis des Lieferanten. Diese wirtschaftliche Herrschaft über die Ware ermöglicht denn auch die Ausschaltung des Preiswettbewerbs (in Form der «intrabrand-competition») und damit die Preisdifferenzierung[9]. Anderseits ermöglicht die Risikoverlagerung mittleren und kleineren Unternehmungen, in neue Märkte einzudringen und damit den Wettbewerb (im Sinne der «inter-brand-competition») zu beleben[10]. Reicht indessen die vertragliche Bindung des Abnehmers im Verhältnis zum Eigentümerrisiko zu weit, so können wettbewerbs- und persönlichkeitsrechtlich unerwünschte Abhängigkeiten die Folge sein[11].

---

[6] Vgl. SCHLUEP, Alleinvertriebsvertrag, S. 22; SCHULTE-MÄTER, S. 4 ff.; STUMPF/LÖSCH, S. 13.

[7] So ULMER, S. 3 f.

[8] SCHULTE-MÄTER, S. 7. – Die Möglichkeiten zum Aufbau eines selektiven Händlernetzes vermindern die Verkaufs-, Buchführungs-, Versandkosten usw. Daneben erleichtert dieses System die Produktionsplanung und die Disposition, die bessere Anpassung an lokale Verhältnisse, die bessere Kontrolle der Absatzwege. Die wichtigste Risikoverlagerung ist natürlich darauf zurückzuführen, daß der Abnehmer Eigentümer der Ware wird.

[9] Vgl. dazu SCHULTE-MÄTER, S. 7.

[10] Dazu ausführlich SCHLUEP, Alleinvertriebsvertrag, S. 167 ff.; DÜESBERG, S. 470; MAYERLE, S. 29.

[11] Vgl. dazu SCHLUEP, Die kartellrechtlichen Aspekte, S. 274 f.; CHAMPAUD, S. 462; DÜESBERG, S. 473; WINKEL, S. 30 f. – Wird dem Abnehmer gar noch eine Preisbindung auferlegt, trägt er praktisch das Verlustrisiko, während seine Gewinnchancen nur denen des Kommissionärs entsprechen.

III. Verkehrstypen

Im Blick auf die handelsrechtliche Problematik (§ 89 b HGB) unterscheiden deutsche Praxis und Lehre den Alleinverkaufsvertrag (mit ausschließlicher Lieferpflicht des Lieferanten und Mindestabnahmepflicht des Kunden) vom Vertragshändlervertrag (mit Integration des Abnehmers in die Absatzorganisation des Lieferanten)[12]. Da indessen der zweite Fall zunehmend die Regel wird und die Problematik des ersten Typs mitenthält, ist es zweckmäßig, den Vertragshändlervertrag als Verkehrstypus zu unterstellen: Zum Typus gehören somit nicht nur die Ausschließlichkeitsstellung, sondern der gesamte Bereich der Absatzförderung und der damit gekoppelten Vertriebsbindungen. Im einzelnen wird indessen zu prüfen sein, ob das Vorliegen bloß des Elementarsachverhalts im Blick auf die Rechtsanwendung abweichende Lösungen gebietet.

IV. Terminologie

Das hier zu erörternde Vertragsverhältnis trägt in der Praxis eine Fülle von Namen: Alleinverkaufsrecht[13], Alleinverkaufsvertrag[14], Alleinvertretungsvertrag[15], Alleinvertriebsvertrag[16]. Die Parteien heißen: Verkäufer[17], Lieferant[18], Geschäftsherr[19] einerseits und Käufer[20], Händler[21], Alleinvertreter[22], Vertragshändler[23, 24] anderseits. Da hier der umfassend verstandene Typus in Frage steht, erscheint es als zweckmäßig, vom Alleinvertriebsvertrag zu reden und die Parteien als Lieferanten und Abnehmer (allenfalls: Alleinabnehmer) zu bezeichnen.

---

[12] Vgl. dazu SCHÖNLE, S. 146 und dort zitierte Judikatur.
[13] Vgl. BIERER, passim; EGGER, passim.
[14] WYNIGER, passim.
[15] WEIL, passim; VON BÜREN, Bes. Teil, S. 224; GUHL/MERZ/KUMMER, S. 290.
[16] MARKET, S. 299 ff.; SCHULTE-MÄTER, passim; MAYERLE, passim; DÜESBERG, S. 463 ff.; GRAUPNER, S. 49 ff.; SCHLUEP, Alleinvertriebsvertrag, passim.
[17] BIERER, passim.
[18] EGGER, passim; WEIL, passim; MARKERT, S. 294 ff.; SCHULTE-MÄTER, passim; MAYERLE, passim; DÜESBERG, S. 463 ff.; GRAUPNER, S. 49 ff.; GUHL/MERZ/KUMMER, S. 290.
[19] WYNIGER, passim; VON BÜREN, Bes. Teil, S. 224.
[20] BIERER, passim.
[21] EGGER, passim; MARKERT, S. 229 ff. (Alleinhändler); SCHULTE-MÄTER, passim; MAYERLE, passim (Groß-/Einzelhändler).
[22] WEIL, passim; DÜESBERG, S. 463 ff.; VON BÜREN, Bes. Teil, S. 224; GUHL/MERZ/KUMMER, S. 290; SCHLUEP, Alleinvertriebsvertrag, passim.
[23] GRAUPNER, S. 49 ff.
[24] Terminologie im allgemeinen: MAYERLE, S. 11; SCHLUEP, Alleinvertriebsvertrag, S. 18 mit besonderem Hinweis auf die in der Schweiz übliche Bezeichnung «Generalvertretungsvertrag».

V. Rechtsanwendung

1. Allgemeines

Der Alleinvertriebsvertrag ist insoweit ein gemischter Vertrag, als er aus Elementen benannter und unbenannter Verträge besteht; aber zugleich auch ein Vertrag sui iuris in dem Sinne, daß einzelne Vertragselemente nicht gesetzlich geordneten Verträgen entstammen[25]. Innominatelement ist insbesondere das Alleinvertriebsrecht[26] (und allenfalls die Alleinbezugspflicht). Die im Rahmen des Vertrags getätigten Käufe unterstehen dem Kaufsrecht (oder dem Werklieferungsrecht)[27]. Erfolgt die Lieferung in Abtragung einer Mindestabnahmepflicht, so hat man es mit den Innominatelementen des Sukzessivkaufs oder des Vorvertrags auf Abschluß mehrerer Hauptverträge zu tun[28].

Die Absatzförderungspflichten des Kunden bringen den Vertrag in die Nähe des Agenturvertrags (Art. 418c, 418f Abs. 1 OR)[29], während man von reinen Auftragselementen infolge fehlender ausschließlicher Fremdnützigkeit kaum reden darf[30]. Das Konkurrenzverbot während der Vertragsdauer steht in der Nähe der gesellschafts- oder gar der arbeitsrechtlichen Treuepflicht[31]. Die Gewährleistung des Gebietsschutzes gegen Dritte läuft auf ein Garantieversprechen hinaus[32].

---

[25] Vgl. vorne, Allgemeiner Teil, S. 771 f.; leicht abweichend SCHLUEP, Alleinvertriebsvertrag, S. 18 ff.

[26] Nichts kommt darauf an, daß sich Vergleichbares indirekt auch in Art. 418f Abs. 3 und Art. 418 g Abs. 2 OR findet. Das Exklusivrecht des Agenten ist nämlich kein gesetzliches Tatbestandselement, sondern ist allemal durch Vereinbarung erst zu begründen.

[27] Vgl. dazu GAUTSCHI, Art. 365, N. 5b; widersprüchlich dazu DERSELBE, Art. 418a/b, N. 11 b/c; ferner BÉNÉDICT, S. 17f.

[28] Vgl. dazu GUHL/MERZ/KUMMER, S. 291, 304f.; VON BÜREN, Allg. Teil, S. 380f.; SCHLUEP, Alleinvertriebsvertrag, S. 26.

[29] Vgl. dazu GAUTSCHI, Art. 418 c, N. 2a/b; N. 3c; N. 5c; vgl. auch WYNIGER, S. 9 und 20; BÉNÉDICT, S. 18f.

[30] Das Entgelt für die Verkaufsförderung des Abnehmers liegt in der Einräumung des ausschließlichen Bezugsrechts. Insofern liegt natürlich auch hier ein mandatum mea et tua gratia vor (GAUTSCHI, Art. 394, N. 45a). Eigenartig und mandatswidrig ist indessen die im Kontext hervorgehobene besondere Eigennützigkeit der Tätigkeit des Abnehmers: Bleibt der Abnehmer erfolgreich, so vergrößert sich der Umsatz, was im Interesse sowohl des Lieferanten als auch des Abnehmers liegt. Man hat ein gemeinschaftliches Interesse vor sich, so daß ein gesellschaftliches Element gegeben ist: SCHLUEP, Alleinvertriebsvertrag, S. 25; GAUTSCHI, Art. 394, N. 45c; BÉNÉDICT, S. 19; anders ULMER, S. 107 und dort in Anm. 2 zitierte weitere Literatur.

[31] Zutreffend BÉNÉDICT, S. 21; vgl. zur arbeitsvertraglichen Treuepflicht REHBINDER, S. 46 ff.

[32] Vgl. BGE 82 II, 1956, S. 247; OSER/SCHÖNENBERGER, Art. 111, N. 7; BECKER, Art. 11, N. 9. Die versprochene Leistung des Dritten besteht in der Unterlassung jeglicher (direkter oder indirekter) Tätigkeit im Exklusivbereich.

2. Entstehung

Der Alleinvertriebsvertrag ist – wie die Elementverträge Kauf, Agentur, Gesellschaft, Garantie – ein **formloser Konsensualvertrag** (Art. 11 Abs. 1 OR). Materiell vorausgesetzt wird natürlich, daß der Lieferant die Ausschließlichkeitsmacht innehat, an der er dem Abnehmer Teilhabe verspricht. Andernfalls liegt entweder absichtliche **Täuschung** oder **Grundlagenirrtum** (Art. 28 OR; Art. 24 Abs. 1 Ziff. 4 OR) vor[33, 34].

3. Inhalt

a) Pflichten des Lieferanten

Den Lieferanten treffen folgende **Hauptpflichten**:

- Unterlassung des direkten oder indirekten[35] Absatzes der Vertragsware im Ausschließlichkeitsbereich des Abnehmers.
- Lieferung der Vertragsware zu den vereinbarten Geschäftsbedingungen[36].

Im Sinne einer **Nebenpflicht** lastet auf dem Lieferanten auch die Verpflichtung, den Abnehmer bei dessen Vertriebsförderung zu unterstützen, was namentlich durch Beschaffung der für den Verkauf, die Beratung und den Service erforderlichen Informationen geschieht[37].

b) Pflichten des Abnehmers

Den Abnehmer treffen folgende **Hauptpflichten**:

- Pflicht zum (allenfalls ausschließlichen)[38] Bezug der Vertragsware zu den vereinbarten Geschäftsbedingungen.

---

[33] Vgl. HGer Zürich, ZR 1937, Nr. 85.

[34] Im übrigen sind natürlich die Art. 19/20 OR zu beachten. In diesem Zusammenhang ist die von GAUTSCHI (Vorbem. zu den Art. 425 ff., N. 6) aufgeworfene Frage zu bejahen, «ob eine Preisfestsetzung durch den Lieferanten, die das Eigentum des Alleinvertreters beschränkt, gültig vereinbart werden kann.» Die Preisbindung zweiter Hand kann indessen unter kartellrechtlichen Gesichtspunkten bedenklich werden.

[35] Unterlassung indirekten Absatzes bedeutet die Pflicht des Lieferanten, dafür zu sorgen, daß keine Vertragsware durch Dritte im Exklusivgebiet abgesetzt wird; vgl. dazu auch HGer Zürich, SJZ 1922/23, S. 363.

[36] Vgl. BGE 78 II, 1952, S. 34; Cour de justice civile Genève, Sem. Jud. 1967, 475; ObGer Zürich, ZR 1932, Nr. 192; WEIL, S. 293; WYNIGER, S. 14 ff.; EGGER, S. 143 ff.; GAUTSCHI, Vorbem. zu den Art. 418 a ff., N. 3 a; GUHL/MERZ/KUMMER, S. 290; VON BÜREN, Bes. Teil, S. 224.

[37] Vgl. dazu GAUTSCHI, Art. 418 f N. 3 a.

[38] Nach WYNIGER (S. 30) ist dem Abnehmer auch ohne ausdrückliche Vereinbarung untersagt, Konkurrenzprodukte abzusetzen.

- Pflicht zur Förderung des Verkaufs der Vertragsware im Ausschließlichkeitsbereich.
- Pflicht zur Beachtung von Vertriebsbindungen (besonders von Exportverboten oder von Binnenverboten zum Schutz anderer Alleinabnehmer).

4. Beendigung

Der Alleinvertriebsvertrag begründet ein Dauerschuldverhältnis, auch wenn sich bei Erfüllung einer allfällig vereinbarten Mindestabnahmepflicht die Sukzessivkaufkomponente erschöpft. Allemal hat eben die Pflicht zur Mindestabnahme (auch) die Funktion eines (dauernden) Vorvertrags zum Abschluß künftiger (die Mindestmenge überschießender) Kaufverträge. Man gerät in die Nähe des dogmatisch noch kaum bewältigten Rahmenvertrags[39,40]. Unnötig daher, auf das Recht des Agenturvertrags zu greifen[41], um die Kündigung aus wichtigen Gründen[42] zuzulassen[43]. Fraglich ist dagegen, an welche Fristen die ordentliche Kündigung gebunden sei, wenn es (auch nach ergänzender Vertragsauslegung) an einer Parteiabrede fehlt. Die agenturvertragsrechtliche Regel (Art. 418q OR) paßt nur für unterjährige Verhältnisse (Abs. 1). Hat der Vertrag im Zeitpunkt der Kündigung ein Jahr oder länger gedauert, so wird die gesellschaftsrechtliche Kündigungsfrist von sechs Monaten (Art. 546 Abs. 1 OR) der Interessenlage gerechter[44]. Demgegenüber ist Art. 418s OR anwendbar: Der Tod des Abnehmers ist immer, der Tod des Lieferanten nur ausnahmsweise Beendigungsgrund[45]. Endlich bewirkt der Konkurs sowohl des Lieferanten als auch des Abnehmers die Auflösung des Vertrages ex nunc[45a].

---

[39] Vgl. dazu vor allem ULMER, S. 316 ff.

[40] Zum Alleinvertriebsvertrag als Dauerschuldverhältnis: WEIL, S. 294; EGGER, S. 145; WYNIGER, S. 8; BÉNÉDICT, S. 55; HGer Zürich, SJZ 1978, S. 110.

[41] Was in der Regel getan wird: WEIL, S. 295 f.; WYNIGER, S. 22 f.; VON BÜREN, Bes. Teil, S. 224; GAUTSCHI, Art. 418a/b, N. 11c; BÉNÉDICT, S. 59 ff.; BGE 60 II, 1934, S. 336; 78 II, 1952, S. 36 f.; 89 II, 1963, S. 34 f.; Cour de justice civile Genève, Sem. Jud. 1967, S. 476; Cour de justice civile Genève, Sem. Jud. 1975, S. 528; HGer Zürich und BGer, ZR 1911, Nr. 176; HGer Zürich, ZR 1929, Nr. 155; HGer Zürich, ZR 1948, Nr. 99; ObGer Luzern, SJZ 1948, S. 310.

[42] Zum Begriff des wichtigen Grundes im Alleinvertriebsvertrag: WEIL, S. 296; GAUTSCHI, Art. 418 r, N. 2a bis 2c; BÉNÉDICT, S. 61 ff.; HGer Zürich, ZR 1948, Nr. 99.

[43] Vgl. BGE 92 II, 1966, S. 300. Die in diesem Entscheid offen gelassene Möglichkeit, nach den Art. 107 ff. OR vorzugehen, erscheint wegen ihrer Wirkung ex tunc als unpassend: WEIL, S. 294; BIERER, S. 47 ff.; WYNIGER, S. 22 f.; BGE 78 II, 1952, S. 36; Cour de justice civile Genève, Sem. Jud. 1975, S. 528.

[44] Vgl. dazu auch BÉNÉDICT, S. 58 f. – Sachlich vertretbar wäre eine Richterregel, die den Parteien eine «angemessene» Kündigungsfrist auferlegte. Doch vertrüge sie sich schlecht mit der Rechtsfigur der Kündigung; vgl. ULMER, S. 448; WYNIGER (S. 27) tritt für volle Übernahme des Agenturvertragsrechts ein; ebenso Cour de justice civile Genève, Sem. Jud. 1975, S. 528.

[45] Vgl. BÉNÉDICT, S. 65; BGE 54 II, 1928, S. 375 ff.; HGer Zürich, ZR 1929, Nr. 2, wo man sich

5. Einzelfragen

a) Doppelsynallagma und Anwendbarkeit von Art. 82 OR

Alleinverkaufsrecht und Verkaufsförderungspflicht einerseits sowie Verkauf und Kauf der Vertragsware anderseits stehen sich je synallagmatisch gegenüber. Das Zurückbehaltungsrecht nach Art. 82 OR darf somit grundsätzlich nur innerhalb eines gegebenen Gegenseitigkeitspaares, nicht aber «über das Kreuz» ausgeübt werden[46]. Diese Lösung befriedigt indessen um so weniger, je stärker der Vertrag die Integration des Abnehmers in die Verkaufsorganisation des Lieferanten bezweckt. Unter solchen Voraussetzungen bewirkt die Zweckeinheit die Verschmelzung des Doppelsynallagmas zu einem einzigen (mit je gemischten Leistungsgliedern).

b) Anwendbarkeit der Art. 97 ff. OR

Grundsätzlich kann der verletzte Vertragspartner Schadenersatz nach Art. 97 OR fordern[47]. Demgegenüber tritt in der Regel anstelle des Rücktritts nach Art. 107 ff. OR die Kündigung aus wichtigen Gründen[48].

c) Anwendbarkeit der Art. 197 ff. OR

Im Rahmen der Abwicklung des entgeltlichen Erwerbs der Vertragsware ist das Gewährleistungsrecht des Kaufvertrags anwendbar[49].

d) Anwendbarkeit des Art. 418u OR? (Kundschaftsentschädigung)

Die herrschende Lehre verneint unter Hinweis auf die (gegenüber dem Agenten) verschiedene Rechtsstellung des Abnehmers durchwegs die Anwendbarkeit des Art. 418u OR[50]. Auch die Praxis verweigert eine

---

noch auf Art. 405 OR berufen hat. – Ob man aus der Anwendung des Art. 418s OR auch schließen will, das Alleinvertriebsrecht des Abnehmers dürfe ohne Zustimmung des Lieferanten nicht abgetreten werden, ist fraglich. Für generelle beideitige Übertragbarkeit: BIERER, S. 27f.

[45a] Vgl. dazu BÉNÉDICT, S. 65f.; HGer Zürich, SJZ 1978, S. 110.

[46] Zum Beispiel kann der Lieferant seine Warenlieferungen nicht zurückhalten, wenn der Abnehmer den Absatz ungenügend fördert; ObGer Zürich, ZR 1932, Nr. 192; Cour de justice civile Genève, Sem. Jud. 1967, S. 475f.; für grundsätzliche Anwendbarkeit von Art. 82 OR: BGE 78 II, 1952, S. 33ff. Vgl. die Zweifel von GAUTSCHI (Art. 418a bis 418b, N. 12a) zur Möglichkeit, die Aufspaltung in zwei gegenseitige Obligationenkomplexe restlos durchzuführen.

[47] Vgl. BÉNÉDICT, S. 64; Cour de justice civile Genève, Sem. Jud. 1967, S. 475; ObGer Zürich, ZR 1932, Nr. 192; HGer Zürich, SJZ 1955, S. 329 ff., wo man freilich auf Art. 418f und 418m Abs. 1 rekurriert hat.

[48] Vgl vorne S. 846 Anm. 43; bei vereinzelten Störungen in der Abwicklung des Lieferverhältnisses soll indessen die Berufung auf Art. 107 ff. OR nicht verwehrt sein; so WEIL, S. 294; WYNIGER, S. 22f.; vgl. auch BÉNÉDICT, S. 62.

[49] WYNIGER, S. 23; GAUTSCHI, Art. 418a/b, N. 11b/c; vgl. aber auch Art. 365, N. 5b.

[50] GUHL/MERZ/KUMMER, S. 450; VON BÜREN, Bes. Teil, S. 221; SCHÖNLE, S. 149ff.; 155f.

Kundschaftsentschädigung[51]. Dem kann nicht beigepflichtet werden. Soweit eine ausschließliche Bezugspflicht besteht und die Vertragsware als Markenartikel (individualisiert durch die Lieferantenmarke) qualifiziert werden muß, ist die Interessenlage des Abnehmers nicht anders als die des Agenten. Dabei ist vor allem auch zu bedenken, daß der Abnehmer im Gegensatz zum Agenten ein unter Umständen erhebliches Kapitalrisiko eingeht[52].

e) Internationales Privatrecht

Hier stellt sich namentlich die Frage, ob in Ermangelung einer Rechtswahl das Kaufs- oder das Agenturstatut maßgebend sei. Das Bundesgericht betrachtet neuerdings die Leistungen des Alleinabnehmers als funktionell und wirtschaftlich bedeutender als die des Lieferanten[53]. In typologischer Betrachtungsweise überwiegen in der Tat allemal die Verkaufsförderungspflichten, so daß Art. 418b Abs. 2 OR in der Regel den Verhältnissen gerecht wird (Recht des Tätigkeitsgebietes des Abnehmers). Das hindert freilich nicht, daß isolierte Streitigkeiten aus der Abwicklung des Erwerbsgeschäfts nach dem Recht am Wohnsitz des Lieferanten zu beurteilen sind[54].

f) Kartellrecht

Vertikale Individualverträge unterstehen dem Kartellgesetz nicht als solche, sondern allenfalls als Vorkehren von Kartellen[55] oder marktmäch-

---

[51] Vgl. BGE 88 II, 1962, S. 170 ff.; KGer St. Gallen, SJZ 1958, S. 187.

[52] Vgl. dazu GIERKE/SANDROCK, S. 495 f.; WYNIGER, S. 24 ff.; wie im Kontext neuerdings auch der deutsche BGH, BB 1977, S. 511 ff. Abzulehnen ist insbesondere die in der Literatur häufig anzutreffende These, wirtschaftliche Abhängigkeit des Abnehmers sei bei Eigenkapitaleinsatz zu verneinen; vgl. etwa STUMPF/ZIMMERMANN, S. 431 f. – Vgl. zur wirtschaftlichen Stellung des Abnehmers ferner GAUTSCHI, Art. 418a/b; N. 12b; BÉNÉDICT, S. 66, 71. Auch das Bundesgericht läßt in BGE 88 II, 1962, S. 171 f. die Möglichkeit einer ausnahmsweisen Kundschaftsentschädigung offen, hat aber andere Sachverhalte im Auge, als sie im Kontext herausgestellt sind. SCHÖNLE (S. 156) hält die Kundschaftsentschädigung ohnehin für systemwidrig; er empfiehlt die Übernahme der französischen und italienischen Praxis, die die Kundschaftsentschädigung verwirft und dem Abnehmer lediglich Schadenersatzansprüche einräumt «pour une observation du délai-congé, pour résiliation abusive ou même, exceptionnellement, pour abus de droit lors d'un refus du concédant de renouveler la concession»; vgl. dazu auch CHAMPAUD, S. 475 ff.; ferner die Überlegungen von BÉNÉDICT, S. 75.

[53] BGE 100 II, 1974, S. 450 f.; vgl. auch BÉNÉDICT, S. 86. Die frühere Praxis differenzierte, je nachdem, ob das Schwergewicht auf dem Element des Warenerwerbs oder der Verkaufsförderung lag; BGE 88 II, 1962, S. 474 f. im Anschluß an 78 II, 1952, S. 81 f.; ebenso noch Cour de justice civile Genève, Sem. Jud. 1975, S. 232 f.

[54] Vgl. dazu GAUTSCHI, Art. 418a/b, N. 12a mit Verweis auf BGE 89 II, 1963, S. 36 f.

[55] In Art. 2 Abs. 2 KG werden ausnahmsweise Preisbindungen der zweiten Hand als solche den Kartellen gleichgestellt, wenn sie aufgrund einer Kartellbestimmung oder durch eine kartellähnliche Organisation auferlegt oder durchgeführt werden.

tigen Organisationen. Daher liegen gewöhnliche Alleinvertriebsverträge zwischen Unternehmungen ohne besondere Marktmacht außerhalb der Reichweite des KG. Ist der Lieferant oder der Abnehmer marktmächtig, so ist zu untersuchen, ob der Alleinvertriebsvertrag als normale betriebswirtschaftliche Maßnahme oder als gegen Dritte gerichtete Vorkehr zu qualifizieren ist[56]. Im zweiten Fall ist der Vertrag unter Vorbehalt der Rechtfertigung nach Art. 5 KG eine unerlaubte Behinderung Dritter und allenfalls über Art. 22 KG (und Art. 20 OR) sogar nichtig. Den Freihandel zwischen der Schweiz und den EG zu vereiteln oder zu beeinträchtigen[57], vermag freilich ein Alleinvertriebsvertrag ohne (für den Freihandel relevante) Vorkehr (z. B. Kontingentierung, unangemessene Preisbindung usw.) wohl nur in Ausnahmefällen.

§ 110. Der Franchisevertrag

Literaturauswahl

BEHR, V. Der Franchisevertrag, Frankfurt a. M. 1976.

BENISCH, W. Kooperationsfibel, 3. Aufl., Bergisch Gladbach 1969.

BITTERLI. Franchising – Alte Ideen, neue Wege, NZZ, Nr. 17 vom 12. Januar 1973.

BLUM/PEDRAZZINI. Das Schweizerische Patentrecht, Bd. II, Bern 1959.

CATZEFLIS, E. Importance et Développement du Franchising, in: Comité Belge de la Distribution, Information Specialisée, Franchising Symposium Européen, Bruxelles 1974, Heft 2.

COMITÉ BELGE DE LA DISTRIBUTION. Information Specialisée, Le Franchising, Bruxelles 1971, Heft 3.

CONRADI, G. E. Franchising eröffnet neue Marktchancen, tetora – Zirkular Nr. 1/72.

GROSS/SKAUPY. Das Franchise-System, Neue Vertriebswege für Waren und Dienste, 2. Aufl., Düsseldorf/Wien 1969.

KAELBLE, H.-U. Franchising – ein neues Vertriebssystem und seine Entwicklung in der Bundesrepublik, DSWR 1976, S. 206 ff.

KUMMER, M. Das urheberrechtlich schützbare Werk, Bern 1968.

MACK, M. Neuere Vertragssysteme in der Bundesrepublik Deutschland, Eine Studie zum Franchising, Bielefeld 1975.

MARKERT, K. Alleinvertriebsverträge und Antitrustrecht, WuW 1964, S. 299 ff.

MELLEROWICZ, K. Franchising – eine neue Vertriebsform, MA 1971, S. 369 ff.

---

[56] Vgl. dazu ausführlich SCHLUEP, Von der Kontrahierungspflicht; DERSELBE, Probleme des kartellprivatrechtlichen Behinderungsverbotes im Vertikalkonzern; DERSELBE, Die kartellrechtlichen Aspekte, S. 275.

[57] Art. 23 des Abkommens zwischen der Schweizerischen Eidgenossenschaft und den Europäischen Gemeinschaften, BBl 1972, Bd. II, S. 758; vgl. dazu SCHLUEP, Privatrechtliche Probleme, S. 552 ff.; BÉNÉDICT, S. 211 ff.

Poeche, J. Franchising – ein Vertriebssystem mit Zukunft, MA 1972, S. 291 ff.

Saint-Alary, R. Le contrat de franchising, Rapport général, Nouvelles techniques contractuelles, Hrsg: Fondation nationale pour le droit de l'entreprise, Montpellier 1970.

Schluep, W. R. Privatrechtliche Probleme der Unternehmenskonzentration und -kooperation, ZSR 1973 II, S. 153 ff.

Scholtissek, W. Franchising in Frankreich, Die Wirtschaftsprüfung 1975, S. 209 ff.

Schulte-Mäter, D. Alleinvertriebsverträge nach europäischem und amerikanischem Kartellrecht, Stuttgart 1970.

Schulthess, V. Der Franchise-Vertrag nach schweizerischem Recht, Diss. Zürich 1975.

Skaupy, W. Der Franchise-Vertrag – ein neuer Vertragstyp, BB 1969, S. 113 ff.

– Wirtschaftliche und rechtliche Probleme der Franchise-Systeme in USA und Europa, AWD 1973, S. 296 ff.

Straube, M. Zwischenbetriebliche Kooperation, Wiesbaden 1972.

Stumpf, H. Der Know-How-Vertrag, Heidelberg 1970.

Teston, J.-C. Le contrat de franchising, Etudes de cas, Nouvelles techniques contractuelles, Hrsg: Fondation nationale pour le droit de l'entreprise, Montpellier 1970.

Troller, A. Immaterialgüterrecht Bd. I, 2. Aufl., Basel/Stuttgart 1968; Bd. II, 2. Aufl., Basel/Stuttgart 1971.

– Der Schutz des Know-how im schweizerischen Recht, Recueil de travaux suisses présentés au VIIIe Congrès international de droit comparé, Basel/Stuttgart 1970, S. 213 ff.

Ulmer, E. Urheber- und Verlagsrecht, 2. Aufl., Berlin/Göttingen/Heidelberg 1960.

Visura Treuhand-Gesellschaft. Mitteilungen 2, 3, 4/1978.

Vogt, A. Franchising von Produktivgütern, Voraussetzungen, Beurteilungskriterien und Einsatzmöglichkeiten, Diss. rer. pol. Darmstadt 1976.

Wiechmann, U. E. The franchise system of distribution in the United States, Neue Betriebswirtschaft 1971, S. 96 ff.

Ad hoc Committee on Franchising. Franchising, A Federal Trade Commission Staff Report on Legal Problems in Connection with Franchise Agreements, New York/Chicago/Washington 1969.

Ohne Verfasser. Franchising, FuW vom 17. November 1971.

Vgl. auch Literatur zum Alleinvertriebsvertrag.

Ausgewählte schweizerische Gerichtsentscheide

Vgl. Entscheide zum Alleinvertriebsvertrag.

I. Reale Erscheinungsformen

Die säkularen Tendenzen zur Konzentration der Wirtschaft zwingen kleine und mittlere Unternehmungen zur K o o p e r a t i o n , wenn sie bei Aufrechterhaltung ihrer wirtschaftlichen Selbständigkeit Größenvorteile nutzen und so den Abstand gegenüber voll konzentrierten Unternehmungen verringern wollen[1]. In diesen Zusammenhang gehört auch das sogenannte Franchise-System, das bei rechtlicher und wirtschaftlicher Selbständigkeit aller Beteiligten eine einheitliche Absatzkonzeption für Güter oder Dienstleistungen (oder beides) verwirklicht. Historisch tritt das System erstmals in der Automobil- und Ölindustrie auf. Heute trifft man den Franchisevertrag beim Absatz von Getränken, Möbeln, Elektrogeräten, Haushaltwaren, Schuhen, Heimtextilien, Werkzeugmaschinen, Kosmetika, Haus- und Gartenbedarf usw.[2]. Vor allem aber begegnet man der Methode beim Vertrieb von Dienstleistungen: Hotel- und Gastgewerbe, Autovermietungs-Unternehmen, Betriebs- und Steuerberatungsunternehmen, Reisebüros, Wäschereien usw.[3].

Das entscheidende Merkmal des Franchisevertrags besteht somit darin, daß das in Frage stehende Produkt (und) oder die Dienstleistung trotz der Selbständigkeit der Vertragspartner ebenso nach gleichen Prinzipien und in gleicher Aufmachung vertrieben wird, wie wenn Niederlassungen oder Tochtergesellschaften einer Großunternehmung eingesetzt würden. Franchising eignet sich vor allem für den Vertrieb von Dienstleistungen und von Markenartikeln des sogenannten gehobenen Bedarfs; also überall, wo der Erwerber eines Gutes (im weitesten Sinne) nicht nur auf objektive Qualität, sondern auch auf einen ihm zusagenden «Stil» (sowohl des Gutes als auch der Art des Angebotes, der Zusatzleistungen, der Atmosphäre usw.) ausgeht[4].

Nach der Art des vertriebenen Gutes (im weitesten Sinne) kann man Produktfranchising vom Betriebsfranchising sondern, wobei die Leistungen des Franchisegebers beim Produktfranchising auf eine bestimmte Ware bezogen sind, beim Betriebsfranchising sich dagegen «in umfassender Weise auf die Konzeption und die Organisation des Franchise-Nehmer-Betriebes»[5] erstrecken[6]. Im Rahmen des Betriebsfranchising können selbstverständlich neben Dienstleistungen auch Waren franchisiert werden. Beim Produktfranchising wird man nach der Marktstufe unterscheiden: Her-

---

[1] Vgl. dazu ausführlich SCHLUEP, S. 165 ff.

[2] Vgl. POECHE, S. 293.

[3] Vgl. dazu SKAUPY, Der Franchise-Vertrag, S. 113; POECHE, S. 294; GROSS/SKAUPY, S. 41 f.; SCHULTHESS, S. 57 f.; CATZEFLIS, S. 1. – Beispiele: Coca-Cola, Wiener Wald, Pizza-Burger usw.

[4] Eindrücklich dazu der berühmte Coca-Cola-Stand bei den Pyramiden von Gizeh: Die Coca-Cola-Farben, der Geschmack des Getränks, die Uniform des Verkäufers: all das ist unter den Pyramiden nicht anders als am Central Park in New York oder an der Copacabana in Rio de Janeiro.

[5] SCHULTHESS, S. 52.

[6] So vor allem die amerikanische Lehre. Vgl. dazu MACK, S. 32; SKAUPY, Probleme, S. 297; SCHULTHESS, S. 52.

steller/Einzelhändler; Hersteller/Großhändler; Großhändler/Einzelhändler[7]. Weiter stellt man das Globalfranchising mit dem Recht oder gar der Pflicht zur Einräumung von «Sub-Franchisen» dem gewöhnlichen Einzelfranchising gegenüber[8].

II. Wirtschaftliche Funktionen

Der Franchisevertrag eröffnet dem Hersteller (oder Grossisten) die Möglichkeit, das unmittelbare Vertriebsrisiko abzuwälzen und trotzdem die eigene Vertriebskonzeption durchzusetzen. Der Franchise-Nehmer erhält die Möglichkeit, bei Wahrung seiner (zumindest rechtlichen) Selbständigkeit «im Schutze einer durchdachten Konzeption tätig sein zu können»[8a]. Da er ein bekanntes, in der Regel beliebtes Gut anbietet und überdies vom Goodwill sowie von den Erfahrungen des Partners (und der Schwesterunternehmen) zehren darf, wird sein allgemeines Geschäftsrisiko verringert[9]. Die beiden Vertragspartner stehen daher in der Tat in einem Verhältnis vertikaler Kooperation[10]; sie sind «partners of profit»[11]. Dem Konsumenten bietet Franchising die Möglichkeit, unbeschadet der örtlichen Konsumlage Konsumgewohnheiten fortzusetzen und so überall ein «Stück Heimat» zu finden[12,13].

---

[7] Vgl. GROSS/SKAUPY, S.18; MELLEROWICZ, S.372 (mit Beispielen: S.374); vgl. auch BENISCH, S.307; POECHE, S.293f.; MACK, S.47; zum Ganzen auch BEHR, S.15ff.

[8] Vgl. POECHE, S.293. Weitere Formen bei MACK, S.31: «conventional» und «mobile franchise» (bei letzterer ist der Standort des Nehmers beweglich); «Corporation-Franchise» (der Nehmer tritt lediglich als Kapitalgeber für die zu errichtenden Betriebe auf).

[8a] VOGT, S.56.

[9] Vgl. dazu MACK, S.65: «Der Franchisenehmer erhält die gesamte Marketing-Konzeption zu einem Preis, der erheblich unter den Kosten liegt, die er allein zu tragen hätte.» Ferner VOGT, S.56f.; COMITÉ BELGE DE LA DISTRIBUTION, Le Franchising, 3/1971, S.25ff. Statistische Untersuchungen in den USA belegen, daß bei völliger Unabhängigkeit kleinere Unternehmen eine Konkursrate von 60% aller Gründungen aufweisen, während Gründungen im Rahmen von Franchise-Systemen eine Konkursrate von nur 10% bei den Franchise-Nehmern und von nur 1% bei den Franchise-Gebern haben; vgl. SKAUPY, Der Franchise-Vertrag, S.114. POECHE (S.292, Anm.6) berichtet, daß nach Untersuchungen der International Franchise Association in den USA 84% der selbständigen Gewerbetreibenden innerhalb von 10 Jahren ihre Existenz aufgeben mußten, während im Franchise-System nur 10% der Unternehmer gescheitert seien.

[10] Vgl. MELLEROWICZ, S.371; STRAUBE, S.264.

[11] Vgl. GROSS/SKAUPY, S.63; SKAUPY, Der Franchise-Vertrag, S.114; MELLEROWICZ, S.374. – Nach POECHE (S.291) haben im Jahre 1971 in den USA 700 bis 1200 Franchise-Systeme mit ca. 600000 Franchisenehmern einen Umsatz von 100 bis 120 Mia Dollars erzielt.

[12] Vgl. GROSS/SKAUPY, S.77: «Die Summe dieser Filial- und Franchise-Systeme bewirkt, daß der Einwohner einer neuen Stadt oder einer Stadtrandsiedlung des modernen ‹Suburbia› seinen Lebenstil beibehalten kann, wo immer er sich aufhält.»

[13] In der Schweiz bestanden 1976 20 Franchisesysteme; vgl. VISURA, 2, S.2.

III. Verkehrstypen

Franchising ist allemal ein Dauerschuldverhältnis, durch das «der Franchisegeber dem Franchisenehmer, einem selbständigen Händler oder Unternehmer, gegen Entgelt das Recht gewährt, bestimmte Waren und/oder Dienstleistungen unter Verwendung von Namen, Warenzeichen, Ausstattung oder sonstigen Schutzrechten sowie der technischen und gewerblichen Erfahrungen des Franchisegebers und unter Beachtung des von letzterem entwickelten Organisations- und Werbungssystems zu vertreiben, wobei der Franchisegeber dem Franchisenehmer Beistand, Rat und Schulung gewährt sowie eine Kontrolle über die Geschäftstätigkeit ausübt»[14].

Heikle Qualifikationsprobleme stellen sich im Zusammenhang mit der Unterscheidung zwischen Produkt- und Betriebsfranchising. Es ist nicht zu übersehen, daß das Produktfranchising in unmittelbarer Nähe des Alleinvertriebsvertrags steht: Man braucht nur die Verkaufsförderungspflichten des Alleinvertreters als Verpflichtung zur Befolgung (auch) einer gemeinsamen Marketingkonzeption zu deuten, um stracks beim Franchising zu enden. Das hat einen Teil der Lehre veranlaßt, das Produktfranchising als Alleinvertriebsvertrag zu qualifizieren[15]. Nach der hier vertretenen Auffassung ist diese Sicht der Dinge indessen verfehlt. Im Gegensatz zum Alleinvertrieb ist das Produktfranchising nicht primär auf den Absatz eines Gutes, sondern auf die Übernahme einer Vertriebskonzeption gerichtet (die dann freilich auf ein bestimmtes Produkt bezogen bleibt)[16]. Damit ist im Grunde auch die Frage beantwortet, ob man zwei Verkehrstypen zu sondern

---

[14] SKAUPY, Probleme, S. 297; vgl. auch GROSS/SKAUPY, S. 192. Zum Vergleich BITTERLI, S. 10: «Der Franchisevertrag regelt eine auf die Dauer angelegte Zusammenarbeit im Sinne gegenseitiger Verpflichtungen zwischen zwei selbständigen Unternehmen, wobei der Franchisegeber (Franchisor) dem Franchisenehmer (Franchisee) gegen einmalige oder laufende Franchise-Gebühren das Recht verleiht, ein Erzeugnis und/oder eine bestimmte Dienstleistung unter Verwendung eines Namens, Symbols oder einer bestimmten Ausstattung und unter Beachtung des vom Franchisegeber entwickelten Vertriebs- und Werbungssystems zu vertreiben. Dabei vermittelt der Franchisegeber seinem Vertragspartner laufend geschäftlichen Beistand, Rat, Schulung, Werbehilfe, technische und gewerbliche Erfahrungen und übt je nach Intensität der Bindung eine mehr oder minder starke Kontrolle aus.» Vgl. auch BEHR, S. 31; VOGT, S. 44f.

[15] Vgl. dazu MACK, S. 32f., 42f.

[16] Man darf also verkürzt sagen, daß das Produkt an sich nur insoweit wichtig ist, als die erworbene Vertriebsmethode nur im Blick auf dieses (und kein anderes) Gut als die richtige erscheint. Vgl. dazu auch SCHULTHESS, S. 146: «Über die Arbeitsleistungskomponente hinaus, die im AVV das Hauptelement darstellt, weist der Franchise-Vertrag als weiteres Hauptelement – und nicht nur als Nebenleistung – die in der Lizenzkomponente erfaßten Dienstleistungs-, Betriebsführungs- und Marketingkonzepte des Franchisegebers auf. Diese Leistungen drängen auch bei der Waren-Franchise, die dem AVV naturgemäß nahesteht, das Warenangebot in den Hintergrund.» Nach SCHOLTISSEK (S. 210) unterscheidet sich die Franchise von anderen Vertriebssystemen vor allem durch eine «wesentlich straffere Organisation».

habe, je nachdem, ob Produkt- oder Betriebsfranchising vorliegt. Allemal geht es darum, daß der Franchisegeber dem Franchisenehmer ein umfassendes Bündel von Problemlösungen (das sog. «package») zur Verfügung stellt (das allerdings beim Betriebsfranchising umfangreicher ist). Man kann allenfalls sagen, das Betriebsfranchising sei typenreiner als das Produktfranchising; das führt aber nicht dazu, daß zwei Verkehrstypen des Franchising zu unterscheiden wären.

IV. Terminologie

Die Parteien des Franchisevertrages heißen Franchisegeber (englisch: franchisor) und Franchisenehmer (englisch: franchisee)[17].

V. Rechtsanwendung

1. Allgemeines

Geht man davon aus, daß Gegenstand des Franchisevertrags die entgeltliche Überlassung einer Marketingkonzeption zum Gebrauch ist, steht man in unmittelbarer Nähe des Lizenzvertrages[18]. Hier wie dort ermächtigt der an einem Immaterialgut Berechtigte seinen Vertragspartner «zur Benützung» (Art. 34 Abs. 1 PatG). Nichts kommt darauf an, daß die hier in Rede stehende Marketingkonzeption vom spezialrechtlichen Schutz ausgeschlossen ist; denn das ist nur die Folge des numerus clausus der Immaterialgüterrechte[19]. Soweit im Rahmen der Überlassung der Absatzmethode Kennzeichen des Franchisegebers verwendet werden, sind im Vollzug des Vertrages Lizenzen auch an diesen Kennzeichengütern einzuräumen. Lizenzrechtlicher Art sind auch die regelmäßig mit dem Franchising verknüpften Benützungspflichten sowie die Kontroll- und Wei-

---

[17] Gross/Skaupy, passim, bes. aber, S. 13 und 192; Mellerowicz, passim; Poeche, passim; Benisch, S. 306 ff.; Bitterli, S. 10; Mack, S. 19; Behr, S. 14.

[18] Entgegen Schulthess (S. 151, Anm. 159) erfolgt damit keine generelle Zuordnung zum Lizenzvertrag. Vielmehr soll betont werden, daß die Elemente des Alleinvertriebs vielfach «im Dienst» der Lizenzelemente stehen, somit ergänzende Funktion haben. Die Qualifikation «mixti iuris» wird nicht aufgegeben, sondern in Zweifel gezogen. Insoweit liegt eine Präzisierung meiner früheren Ausführungen (Schluep, S. 496, nicht S. 479, wie Schulthess irrtümlich zitiert) vor. Vgl. zur Frage auch Behr, S. 55 f.

[19] Vgl. dazu Troller, Immaterialgüterrecht Bd. I, S. 48 ff. Die Rechtslage hinsichtlich des Franchisinggutes ist im übrigen nicht anders als die der Überlassung des sogenannten know-how; vgl. dazu Troller, Der Schutz des know-how, S. 213 ff.

sungsrechte. Bei Verträgen über Produktfranchising treten zu den Elementen des Lizenzvertrags jene des Alleinvertriebsvertrags: ausschließliche Liefer- und Bezugspflichten (allenfalls mit Pflicht zur Mindestabnahme). Man darf freilich von der Natur der Sache her bezweifeln, ob wirklich ein Vertrag mixti iuris vorliege; denn die Ausschließlichkeitsklauseln sind beim Produktfranchising vielfach Teil des Verkaufskonzepts (im Sinne einer bestimmten Regelung der örtlichen Angebotsstreuung). In anderen Fällen kommt freilich der Alleinvertriebsfunktion durchaus eigenständige Bedeutung zu, so daß – wie etwa in der Einführungsphase eines Konzepts mit wenig bekannten Kennzeichen – zweifelsfrei ein gemischter Vertrag vorliegt. So oder anders hat man es insoweit auch mit einem Vertrag sui iuris zu tun, als die Mischelemente aus gesetzlich nicht geordneten Verträgen stammen.

2. Entstehung

Der Franchisevertrag kann (wie der Lizenz- und der Alleinvertriebsvertrag) formlos abgeschlossen werden (Art. 11 Abs. 1 OR).

3. Inhalt

a) Pflichten des Franchisegebers

Den Franchisegeber treffen folgende Hauptpflichten[20]:
– Pflicht, dem Vertragspartner die erforderlichen Lizenzen an den Kennzeichnungsgütern einzuräumen.
– Pflicht, dem Vertragspartner die für die Durchsetzung der einheitlichen Vertriebskonzeption erforderlichen Weisungen und Ratschläge zu geben.
– Pflicht, dem Vertragspartner und dessen Personal die für die Durchsetzung der einheitlichen Vertriebskonzeption erforderliche Aus- und Weiterbildung zu vermitteln.
– Allenfalls Pflicht zur Lieferung und zur Wahrung eines Ausschließlichkeitsbereichs des Vertragspartners beim Produktfranchising.

b) Pflichten des Franchisenehmers

Den Franchisenehmer treffen folgende Hauptpflichten:
– Pflicht zur Bezahlung einer Lizenzgebühr (allenfalls sogar einer Eintrittsgebühr) in Gestalt einer Entschädigung, die beim Produktfranchising häufig in den Verkaufspreis eingerechnet wird[21].

---

[20] Vgl. dazu POECHE, S. 292; BENISCH, S. 307; STRAUBE, S. 266 f.; MACK, S. 54 f.; BEHR, S. 21 ff.
[21] Vgl. dazu GROSS/SKAUPY, S. 192; BENISCH, S. 308; TESTON, S. 66; MACK, S. 51 f. Nach POECHE (S. 292) beträgt das Entgelt 2 bis 20% des Umsatzes.

– Pflicht, die Weisungen des Vertragspartners für die Durchsetzung der einheitlichen Vertriebskonzeption zu befolgen und die entsprechenden Kontrollen zu dulden.

– Pflicht, die zur Benützung überlassenen Kennzeichen zu gebrauchen.

– Pflicht, sich und das Personal gemäß den Weisungen des Vertragspartners aus- und weiterzubilden.

– Pflicht zum ausschließlichen Bezug der Vertragsware (allenfalls unter Verpflichtung zu einem Mindestbezug) und zur Bezahlung des Kaufpreises bei Produktfranchising.

– Pflicht, Preisbindungen oder -empfehlungen einzuhalten.

– Pflicht zur Absatzförderung.

4. Beendigung

Fehlt eine vertragliche Beendigungsordnung, so bleibt der Franchisevertrag als Dauerschuldverhältnis doch aus wichtigen Gründen kündbar[22]. Die ordentliche Kündigung ist (mangels ausdrücklicher oder aus ergänzender Vertragsauslegung folgender Parteiabrede) nach dem gesellschaftsrechtlichen Vorbild (Art. 546 Abs. 1 OR) an eine Frist von sechs Monaten zu binden[23].

5. Einzelfragen

a) Wirtschaftliche Selbständigkeit des Franchisenehmers

Von Franchising kann nur gesprochen werden, wenn die wirtschaftliche Selbständigkeit des Franchisenehmers nicht zu sehr beschnitten ist. So hat der französische Kassationsgerichtshof einen Franchisenehmer, dessen Abhängigkeit größer war, als es zur Aufrechterhaltung einer gemeinsamen Disziplin für die Promotion und Ausnutzung des Images der Systemmarke erforderlich ist, als Arbeitnehmer (mit allen sich daraus ergebenden Konsequenzen) qualifiziert[24].

---

[22] Vgl. BGE 92 II, 1966, S. 300. – Vgl. im übrigen auch SKAUPY, Der Franchise-Vertrag, S. 115: «Die Dauer von amerikanischen Franchise-Verträgen ist sehr unterschiedlich und variiert von einem Jahr bis zu 20 Jahren, manchmal ist überhaupt keine Zeit vorgesehen. Bei kurzfristigen Verträgen sind automatische Verlängerungsklauseln üblich. Das Recht der außerordentlichen Kündigung ist fast immer ausführlich behandelt»; auch TESTON, S. 65; BEHR, S. 27 f.

[23] Die schweizerische Lehre schweigt zum Parallelproblem beim Lizenzvertrag; BLUM/PEDRAZZINI, Art. 34, N. 114; TROLLER, Immaterialgüterrecht, Bd. II, S. 954 f.

[24] Vgl. dazu SKAUPY, Probleme, S. 299; SCHOLTISSEK, S. 213; ferner zum Problem der wirtschaftlichen Selbständigkeit allgemein MACK, S. 74 ff. – Zu ähnlichen Ergebnissen sind auch amerikanische Gerichte gelangt. Vgl. SKAUPY, Probleme, S. 298.

b) Anwendbarkeit des Art. 418u OR?

Da nach Vertragsbeendigung die Kundschaft an das Absatzsystem, nicht aber an den Franchisenehmer gebunden bleibt, stellt sich die Frage nach einer allfälligen Entschädigung für die Gewinnung der Kundschaft vor allem dann, wenn der Nehmer neben der Gebühr noch ein «Eintrittsgeld» entrichtet hat. Eine Entschädigung ist nicht geschuldet, weil und soweit der Lizenzsachverhalt dominiert. Das trifft zu beim Betriebsfranchising und beim Produktfranchising dann, wenn der Alleinvertrieb eindeutig unselbständiges Element im Rahmen der überlassenen Absatzkonzeption bleibt[25].

c) Internationales Privatrecht

Sofern die Parteien keine Rechtswahl getroffen haben, ist das anwendbare Recht nach dem engsten räumlichen Zusammenhang, das heißt nach dem Sitz des Schuldners der charakteristischen Leistung, zu bestimmen. Dabei fallen vor allem die charakteristischen Benützungspflichten des Franchisenehmers ins Gewicht, so daß der Vertrag grundsätzlich[26] unter dem Recht des Landes steht, in dem der Franchisenehmer seinen Sitz hat.

d) Kartellrecht

Das Dienstleistungsfranchising führt im Ergebnis zu übereinstimmenden Geschäftsbedingungen und Preisen der angeschlossenen Anbieter, gleicht somit dem Kartell. Doch liegt dem Sachverhalt nicht eine gemeinsame Wettbewerbsbeschränkung (Art. 2 Abs. 1 KG), sondern einerseits ein Dulden, andererseits ein Dürfen zugrunde. Unter diesen Voraussetzungen ist Art. 23 Abs. 2 KG mindestens analog anwendbar[27]. Beim Produktfranchising tritt freilich die Ausschließlichkeitswirkung (im Rahmen eines vertikalen Absatzverhältnisses) hinzu, der bei einseitiger oder beidseitiger Marktmacht

---

[25] Man hat es alsdann mit einer betriebswirtschaftlichen Frage nach der örtlichen Streuung der Verwertung einer gegebenen Absatzkonzeption zu tun. – Erweist sich im einzelnen Fall, daß kein echtes Franchising, sondern Alleinvertrieb mit Absatzförderungspflichten des Alleinabnehmers vorliegt, so ist die Pflicht zur Kundschaftsentschädigung nach den Kriterien zu bejahen, die für den Alleinvertriebsvertrag entwickelt worden sind.

[26] Ebenso für den Lizenzvertrag mit Pflicht zur Ausführung der Erfindung: BLUM/PEDRAZZINI, Art. 34, N. 120. – Im einzelnen können sich indessen Abweichungen ergeben. Das ist namentlich dann der Fall, wenn der Vertrag vor allem durch die überlassenen Kennzeichnungsrechte charakterisiert wird und die Belegenheit dieser Rechte einen Schwerpunkt schafft. Vgl. dazu BLUM/PEDRAZZINI, Art. 34, N. 120; ferner: STUMPF, S. 144 ff.

[27] Analog insoweit, als die Absatzorganisation als solche nicht zum numerus clausus der spezialrechtlich geschützten Immaterialgüterrechte gehört.

selbständige kartellrechtliche Bedeutung beizumessen ist. Sie muß nach den für den Alleinvertriebsvertrag geltenden Kriterien beurteilt werden[28].

e) Immaterialgüterrechtlicher Schutz?

Das Konzept einer Marketingorganisation ist mit Sicherheit ein immaterielles Gut. Also ist zu fragen, ob es innerhalb oder außerhalb des numerus clausus der rechtlich besonders geschützten Immaterialgüter stehe. Da weder eine technische Regel[29] noch ein selbständiger Kennzeichnungseffekt noch ein Muster oder Modell vorliegt, kann höchstens fraglich sein, ob man ein Werk der Literatur oder Kunst vor sich habe. Das ist bekanntlich allemal zu verneinen, wenn nicht die statistische Einmaligkeit eines geschriebenen Absatzkonzepts, sondern die Idee allein in Frage steht[30].

f) Benützungszwang?

Oben ist dargelegt worden, daß der Franchisenehmer regelmäßig durch ausdrückliche Vertragsbestimmungen verpflichtet wird, das ihm überlassene Absatzkonzept zu gebrauchen. Fehlt eine ausdrückliche Vertragsregel, so hat sie der Richter als Vertragstypenrecht zu setzen: Der innere Wert des Systems als Gegenstand künftiger Verträge hängt entscheidend von der Verkehrsgeltung ab; diese wird ihrerseits durch die Notorietät mitbestimmt, so daß der vertragsgemäße Gebrauch des Systems Teil des Entgelts für die Leistungen des Gebers und damit auch der Lizenzierung ist.

g) Dienstleistungsmarken

Im Dienstleistungsfranchising fehlt nach geltendem Recht die Möglichkeit der Verwendung einer Marke. Soweit freilich Dienste an Waren geleistet werden (Veredelungen, chemische Reinigung usw.), kann die Marke auf der bearbeiteten Ware angebracht und daher auch hinterlegt werden. Warenunabhängige Dienstleistungsbetriebe müssen sich mit anderen Symbolen behelfen[31,32].

---

[28] Dabei ist zu beachten, daß gerade die überlassene Absatzkonzeption einen betriebswirtschaftlich relevanten Grund für die Ausschließlichkeiten abgibt.

[29] Anweisungen an den menschlichen Geist ohne Anwendung von Naturkräften gehören nicht dem Gebiet der Technik an; vgl. dazu TROLLER, Immaterialgüterrecht, Bd. I, S. 171.

[30] Vgl. allgemein zur statistischen Einmaligkeit: KUMMER, passim. Grundsätzlich kann natürlich auch die Idee als Werk schützbar sein, wenn sie für sich allein bereits «ein Werk im kleinen» ist; vgl. dazu ULMER, S. 115; auch BGHZ 18, S. 175 f. (kein Schutz einer Werbeidee).

[31] Vgl. TROLLER, Immaterialgüterrecht, Bd. I, S. 401: Der Vorentwurf für ein neues Markenschutzgesetz sieht den Schutz der Dienstleistungsmarke vor (Art. 1). Interessant ist in diesem Zusammenhang, daß Frankreich, das in bezug auf Franchising in Europa an erster Stelle steht, den Schutz der Dienstleistungsmarke bereits seit 1964 kennt. Vgl. dazu SCHOLTISSEK, S. 212.

[32] Vgl. zur buchhalterischen Erfassung des Franchising VISURA, 3 und 4, passim.

§ 111. Die Tankstellenverträge*

Literaturauswahl

BECKER, H. Berner Kommentar, Bd. VI: Obligationenrecht, 2. Abt., Art. 184–
551, Bern 1934.

BIERER, H. Das Alleinverkaufsrecht, Diss. Zürich 1922.

BORGSTÄDT, H. Der Tankstellenvertrag und seine Kündigung nach § 624 des
Bürgerlichen Gesetzbuches, Diss. Köln 1969.

ENGEL, P. Traité des obligations en droit suisse, Neuenburg 1973.

GAUCH, P. System der Beendigung von Dauerverträgen, Diss. Freiburg/Schweiz
1968.

GAUTSCHI, G. Berner Kommentar, Bd. VI: Obligationenrecht, 2. Abt., 5. TBd.,
Art. 407–424, 2. Aufl., Bern 1964.

GIERKE/SANDROCK. Handels- und Wirtschaftsrecht, Bd. 1, 9. Aufl., Berlin/New
York 1975.

GUHL/MERZ/KUMMER, Das schweizerische Obligationenrecht, 6. Aufl., Zürich
1972.

KISTOWSKI, A. VON. Der Tankstellenvertrag, Diss. Köln 1962.

KÜSTNER, W. Sonderfragen zum Vertragsrecht des Tankstellenhalters, Rundschau
für Vertreterrecht 1969, S. 365–373.

LEENEN, D. Typus und Rechtsfindung, Berlin 1971.

MERZ, H. Berner Kommentar, Bd. I: Zivilgesetzbuch, 1. Abt., Art. 2, Bern 1966.

NIPPOLD, D. Der Tankstellenvertrag, Diss. Würzburg 1966.

OSER/SCHÖNENBERGER. Zürcher Kommentar, Bd. V: Obligationenrecht, 2. Teil,
Art. 184–418, 2. Aufl., Zürich 1936.

REHBINDER, M. Der Tankstellenvertrag im Blickfeld der Rechtstatsachenfor-
schung, Berlin 1971.

– Allgemeine Geschäftsbedingungen und die Kontrolle ihres Inhalts, Berlin 1972.

SCHLUEP, W. R. Der Alleinvertriebsvertrag – Markstein der EWG-Kartellpolitik,
Schweizerische Beiträge zum Europarecht, Bd. 1, Bern 1966.

SCHÖNENBERGER/JÄGGI. Zürcher Kommentar, Bd. V: Obligationenrecht, TBd. 1a,
Art. 1–17, Zürich 1973.

SCHÜLLER, A. Vermachtungserscheinungen im tertiären Sektor, ORDO, Bd. 19,
1968, S. 171–256.

SCHWEIZERISCHE KARTELLKOMMISSION. Die Wettbewerbsverhältnisse auf dem
Markt für flüssige Treib- und Brennstoffe, VKK 1968, S. 17 ff.

ULMER, P. Der Vertragshändler, München 1969.

WYNIGER, CH. Vom Alleinverkaufsvertrag, insbesondere im internationalen Privatrecht der Schweiz, Diss. Bern 1963.

Ausgewählte schweizerische Gerichtsentscheide

AppGer Basel-Stadt, SJZ 1974, S. 73 ff.; ObGer Baselland, BJM 1973, S. 95 ff.

---

* Zitiervorschlag: SCHLUEP/WERDER.

I. Reale Erscheinungsformen [1]

Die Mineralölunternehmungen vertreiben in der Regel ihre Treib- und Schmierstoffe nicht über eigene Tankstellen. Ist dies ausnahmsweise doch der Fall, dann geschieht es nicht unter Einsatz eigener Angestellter. Nötig ist alsdann der vertragliche Aufbau eines Absatznetzes. Nach der Intensität der Bindung der Tankstelle an die Mineralölunternehmung und nach den Eigentumsverhältnissen an den Vertriebsmitteln sind folgende Gestaltungen zu unterscheiden:

1. Der Liefervertrag mit einem in jeder Beziehung selbständigen Tankstellenhalter, welcher eine sogenannte freie Tankstelle betreibt. Charakteristisch ist hier, daß auf dem Tankstellenhalter keine Alleinbezugsverpflichtung lastet und daß der Ausschank nicht unter der Marke der Mineralölunternehmung erfolgt (Typ A) [2].

2. Der Vertrag mit einem Tankstellenhalter, welcher sämtliche Vertriebsmittel stellt [3], aber gegenüber der Mineralölunternehmung eine ausschließliche Bezugsverpflichtung (meistens in Gestalt einer Mindestbezugsverpflichtung) eingegangen ist [4]. Da der Tankstellenhalter das Benzin unter der Marke der Mineralölfirma abgibt, ist er zur Markenwerbung und zur Unterlassung jeglicher Fremdwerbung verpflichtet (Typ B).

3. Der Vertrag mit einem Tankstellenhalter, der das Grundstück stellt und sich verpflichtet, darauf auf eigene Kosten eine Tankstelle zu errichten oder zu betreiben. Die weiteren Vertriebsmittel und technischen An-

---

[1] Ausgegangen wird von den Verträgen folgender Mineralölfirmen: Benzin- und Petroleum AG (BP), Esso Standard (Switzerland), Migrol-Genossenschaft Zürich, Shell Switzerland.

[2] Vgl. auch VKK 1968, S.37, wonach als freier Tankstellenhalter betrachtet wird, «wer seinen Benzinlieferanten jederzeit frei wählen kann und über Tank- und Ausschankanlagen verfügt», wobei das Hauptgewicht «auf dem Fehlen von langfristigen Bindungen an einen Benzinlieferanten» liegt. – In der Schweiz gibt es ungefähr 3% freie Tankstellen (Auskunft der schweizerischen Erdölvereinigung).

[3] Dieser Vertrag ist nur selten anzutreffen.

[4] Mit der Treibstoffbezugsmenge ist prozentual eine Mindestbezugsmenge von Schmierstoffen gekoppelt. Der Bezugsverpflichtung des Tankstellenhalters steht praktisch keine Lieferverpflichtung der Mineralölfirma gegenüber, da diese sich schadenersatzlos der Lieferverpflichtung entledigen kann. So zum Beispiel: «Falls sie durch außerhalb der ... (sc. Mineralölfirma) liegende Ereignisse erschwert... wird» oder: «Der Abnehmer anerkennt, daß er weder in diesem Fall» (keine vertragsgemässe Lieferung aus irgendwelchen Gründen) «noch bei jedweder andern Lieferungsverhinderung, irgendwelche Schadenersatzansprüche gegen ... (sc. Mineralölfirma) hat». Es wird dem Tankstellenhalter in diesen Fällen allerdings gestattet, sich für die Dauer der Nichtbelieferung anderweitig einzudecken.

lagen stammen von der Mineralölunternehmung[5,6]. Dazu treten die Allein- und Mindestbezugspflicht, eine Preisbindung für den Wiederverkauf, die Werbepflicht[7] mit Fremdwerbeverbot, Offenhaltungspflichten, Unterhaltspflichten, die Pflicht zur Tragung der allgemeinen Unkosten und die Überbindungspflicht für den Fall einer Handänderung der Tankstelle[8,9] (Typ C).

4. Der Vertrag mit einem Tankstellenhalter, der keine Produktionsmittel aufbringt[10]. Grundstück, Bauten und Betriebsmittel stehen im Eigentum der Mineralölunternehmung. Neben die im Typ C gegebenen Pflichten treten weitere:

– Pflicht, die Tankstelle hauptberuflich zu betreiben (und daher für weitere Tätigkeiten die Einwilligung der Mineralölunternehmung einzuholen);
– Buchhaltungspflicht gemäß den Weisungen der Mineralölfirma. Sie ist verbunden mit einem umfassenden Einsichtsrecht der Mineralölunternehmung in alle betrieblichen Unterlagen;
– Pflicht, das eigene Personal an Ausbildungskurse der Mineralölunternehmung abzuordnen;
– Pflicht, Produkte des Autozubehörs und der Autopflege am Lager zu halten und zu verkaufen, wobei die Mineralölunternehmung diese Produkte zuliefert[11,12] (Typ D).

---

[5] Eventuell muß der Tankstellenhalter gewisse Werkzeuge beschaffen.

[6] Keine einheitliche Vertragspraxis besteht bezüglich der Eigentumsverhältnisse: Meist behält sich die Mineralölfirma ausdrücklich das Eigentum vor (Fahrnisklausel). Eine große Mineralölfirma läßt die Betriebsmittel kostenlos ins Eigentum des Tankstellenhalters übergehen, verpflichtet ihn aber, bei Vertragsauflösung aus irgendeinem Grund vor Ablauf der Grundlaufzeit den Restwert zu vergüten, was auf einen Verkauf hinausläuft.

[7] So sind der Tankstellenhalter und seine Angestellten zum Beispiel verpflichtet, die Werbekleidung der Mineralölfirma zu tragen.

[8] Bei gewissen Verträgen tritt noch eine Versicherungspflicht des Tankstellenhalters hinzu.

[9] Die Tankstellen in diesem Vertragsverhältnis werden partnereigene Tankstellen genannt.

[10] Auch hier ist der Tankstellenhalter unter Umständen verpflichtet, gewisse Werkzeuge zu stellen.

[11] Die Tankstelle in diesem Vertrag wird gesellschaftseigene Tankstelle (oder Service-Station) genannt.

[12] Beizufügen ist, daß die Verträge dem Tankstellenhalter keinen Gebietsschutz einräumen, sondern in gewissen Fällen ausdrücklich die beliebige Konkurrenzierung durch weitere Tankstellen vorbehalten; daß der Tankstellenhalter auf seine Retention, Verrechnung und Zession verzichtet; daß er weitergehende Haftungsverpflichtungen übernimmt, die Mineralölfirma andererseits nur für Absicht und Grobfahrlässigkeit haftet, den Vertrag ganz oder teilweise zum Teil privativ auf einen Dritten übertragen kann und sich die Auflösung des Vertrags aus wichtigen Gründen vorbehält, worunter ganz allgemein eine Vertragsverletzung oder die Nichterfüllung der Umsatzerwartungen durch den Tankstellenhalter verstanden wird. Eine Mineralölfirma läßt sich sogar das Recht einräumen, «die Bedingungen dieses Vertrages den jeweiligen geschäftlichen Bedürfnissen von ... (sc. Mineralölfirma) anzupassen, die hierfür erforderlichen

Bei allen vorkommenden Typen tritt der Tankstellenhalter als Eigenhändler auf[13]. Die Verträge der Typen C und D sind nicht selten mit einem
Darlehen oder einem Betriebszuschuß der Mineralölunternehmung an den
Tankstellenhalter gekoppelt, welche aber nicht Bestandteil des Vertrages
sind und sich von anderen Lieferantendarlehen nicht unterscheiden[14].

II. Wirtschaftliche Funktionen[15]

Die Tankstellenverträge ermöglichen es den Mineralölunternehmungen,
ein weit verzweigtes Vertriebsnetz zum Absatz von Betriebs- und
Schmierstoffen, von Autozubehör und vermehrt auch von autofremden
Gütern aufzubauen[16]. Die vertragliche Stellung des Tankstellenhalters als
Eigenhändler macht es zudem möglich:

– einen großen Teil der Investitionen (Boden, Bauten, Betriebsmittel) durch
  ihn vornehmen zu lassen;
– das Absatzrisiko im Rahmen der Mindestbezugsverpflichtung auf ihn zu
  überwälzen;
– ihn das Risiko für einen Teil der fixen Betriebskosten tragen zu lassen[17];
– die Nachteile eines Vertriebs durch eigenes Personal (fixe Personalkosten,
  gesetzliche Versicherungen, Kündigungsfristen, Arbeitszeit- und Ferien-
  vorschriften[18], Lohnfortzahlungspflichten bei Krankheit und Kündigung)
  zu vermeiden;
– die formelle Eigenhändlerstellung materiell der Integration anzugleichen[19]
  durch:

Abänderungen jederzeit, jedoch unter Wahrung der Grundsätze von Treu und Glauben, vorzunehmen». Stimmt der Tankstellenhalter dem nicht zu, will die Mineralölfirma den Vertrag
jederzeit entschädigungsfrei auflösen können dürfen.

[13] Hier liegt der grundlegende Unterschied zu Deutschland, wo der Tankstellenhalter auf Rechnung
der Mineralölfirma abschließt.

[14] Vgl. BORGSTÄDT, S. 3.

[15] Hier werden nur die wirtschaftlichen Funktionen des häufigsten Typus C dargestellt. Abweichungen in den wirtschaftlichen Funktionen ergeben sich ohne weiteres aus den Vertragsbe-
schreibungen.

[16] In der Schweiz bestanden am 1. Januar 1979 5477 öffentliche Tankstellen, wovon 548 Schlüssel-
tankstellen waren. Von diesen Tankstellen lieferten 74 % Treibstoffe der internationalen Marken
(Auskunft der Schweizerischen Erdölvereinigung).

[17] Vgl. ULMER, S. 1 und 3.

[18] Vgl. die Arbeitszeitaufstellung bei REHBINDER, S. 36 ff.

[19] Zur Überbindung des wirtschaftlichen Risikos vgl. REHBINDER, S. 29 ff.; SCHÜLLER, S. 221 ff.;
Ulmer, S. 8; AppGer Basel-Stadt, SJZ 1974, S. 73 ff.

– straffe Vorschriften und Weisungsbefugnisse bezüglich der Preisgestaltung, der Werbung, der Öffnungszeiten (generalklauselartig umschrieben und mit einer Gewinnmaximierungspflicht gekoppelt);
– das Konkurrenzverbot und den Vorbehalt, beliebig weitere Tankstellen zu errichten;
– Lieferdrosselung oder -sperre sowie Kündigungsmöglichkeit bei Umsatzrückgang;
– daß der Tankstellenhalter den Ruf der Treibstoffmarke nutzt[20] und einen Teil der Investitionen durch die Mineralölunternehmung finanzieren lassen kann.

Zusammenfassend liegt die wirtschaftliche Bedeutung dieser Verträge in der vollständigen Eingliederung des Tankstellenhalters in die Vertriebsorganisation der Mineralölunternehmung bei formeller Eigenhändlerstellung[21]. Der Tankstellenhalter steht je nach dem Grad der Einordnung in der Nähe des Arbeitnehmers oder des Einfirmenagenten. In der deutschen Literatur bezeichnet man diesen Absatzmittlertyp als Vertragshändler[22].

III. Verkehrstypen

Die Literatur zählt Typ A nicht zu den Tankstellenverträgen[23]. Typ B und Typ D sind (zum mindesten in der Schweiz) selten anzutreffen. Am häufigsten begegnet man Typ C: der Tankstellenhalter ist Eigentümer des Grundstücks (oder daran anders berechtigt), errichtet (oder betreibt) auf eigene Rechnung die Baute, während die Mineralölunternehmung die übrigen Betriebsmittel stellt.

Als weitere Typenmerkmale treten hinzu: die Ausschließlichkeitsverpflichtung, die Preisbindung und die Pflicht zur Befolgung von Geschäftsführungsweisungen.

Die folgende Darstellung muß somit vom Typ C ausgehen, bezieht aber auch den Typ D ein, weil dieser angesichts des säkularen Zugs zur vertikalen Integration in der Zukunft an Bedeutung gewinnen könnte.

---

[20] Vgl. dazu § 110 (Franchisevertrag).
[21] ULMER, S. 1 und 34 f.; REHBINDER, S. 28.
[22] Vgl. ULMER, S. 1; WYNIGER, S. 31; BIERER, S. 12. – Ein Alleinvertriebsvertrag liegt nicht vor, da die Mineralölfirmen dem Tankstellenhalter gerade keine Gebietsexklusivität zusichern, sondern zum Teil die Errichtung weiterer Tankstellen in unmittelbarer Nähe ausdrücklich vorbehalten. Vgl. SCHLUEP, S. 23; REHBINDER, S. 29; WYNIGER, S. 17 ff.
[23] BORGSTÄDT, S. 1.

IV. Terminologie

Die Vertragspartner werden als Mineralölfirma (Mineralölunternehmung) einerseits, Tankstellenhalter, Partner, Abnehmer, Pächter oder Mieter anderseits bezeichnet. Die Verträge werden Tankstellenvertrag, Sukzessivlieferungsvertrag, Pacht- oder Mietvertrag genannt. Es erscheint als zweckmäßig, den Vertrag Tankstellenvertrag und die Parteien Mineralölunternehmung (-firma) und Tankstellenhalter zu nennen. Tankstellen im Eigentum des Tankstellenhalters heißen partnereigene Tankstellen. Ist die Mineralölfirma Eigentümerin, spricht man von gesellschaftseigenen Tankstellen oder auch von Servicestationen.

V. Rechtsanwendung

1. Allgemeines

a) Die partnereigene Tankstelle

Die Darstellung des Verkehrstyps macht offenkundig, daß es sich um einen Vertrag sui generis (zum mindesten im weitesten Sinne) handelt[24]: Einziges Nominatelement ist das im Werbegebot liegende Auftragselement[25]. Das Lieferabkommen kann zwar begrifflich als Kauf qualifiziert werden (Übertragung des Eigentums an Treibstoff gegen Entgelt; Art. 184 OR). Die formulartypische Einschränkung der Dispositionsbefugnis des Tankstellenhalters weicht jedoch von den Verhältnissen beim typischen Kaufvertrag so stark ab, daß eine typologische Zuordnung nicht mehr möglich ist[26]: Beim Kaufvertrag wird angenommen, daß der neue Eigentümer die Sache «zu vollem Rechte und Genusse» (Art. 229 aOR)[27] erhalte (also rechtlich und wirtschaftlich grundsätzlich frei darüber verfügen könne)[28]. Dagegen wird dem Tankstellenhalter trotz der Übertragung des Eigentums praktisch nur die Befugnis eingeräumt, den Treibstoff genau nach den Vorschriften der Mineralölunternehmung weiter zu veräußern. Die Unterneh-

---

[24] Allgemeiner Teil, S. 776.
[25] Die Verpflichtung, eine Tankstelle nach Weisung der Mineralölfirma zu errichten, ist, da ein bestimmtes Resultat geschuldet wird, nicht als Auftrag zu betrachten. Werkvertrag ist auszuschließen, weil die Errichtung für den Tankstellenhalter und auf dessen Rechnung erfolgt.
[26] Allgemeiner Teil, S. 790.
[27] OSER/SCHÖNENBERGER, Art. 184, N. 16 und 42f.; BECKER, Art. 184, N. 2 und 4.
[28] Dieses Moment ist typologisch so wichtig, daß die Einräumung der Vollnutzung selbst bei fehlendem Eigentumsübergang das Geschäft in die Nähe des Kaufes rückt: LEENEN, S. 155.

mung liefert den Treibstoff in den Tank, plombiert diesen und verpflichtet den Tankstellenhalter, Treibstoff nur über die von der Mineralölfirma kontrollierte Säule und nur im Detailverkauf auszuschenken. Dem Tankstellenhalter fehlt auch die Dispositionsbefugnis über seine Reserven, da er zur Absatzmaximierung verpflichtet ist. Endlich hat er in der Regel keinen Einfluß auf die Festsetzung des Wiederverkaufspreises.

Im Blick auf den Kaufvertrag kommt als weitere Atypizität hinzu, daß die Lieferverpflichtungen der Mineralölunternehmung in den Formularverträgen (teilweise bis zur Aufhebung) relativiert[29] und Schadenersatzpflichten vollständig wegbedungen werden[30, 31]. Somit hat man es mit einem Vertrag sui iuris zu tun: der Richter muß zur Ergänzung nach Art. 1 Abs. 2 und 3 ZGB Vertragstypenrecht setzen.

b) Die gesellschaftseigene Tankstelle

Die Überlassung der ganzen Tankstelle mit dem Recht, die Mineralölmarke zu nutzen, kann als Pacht- und Lizenzelement qualifiziert werden[32]. Da das Lieferungsabkommen nicht als typisches Kaufselement betrachtet werden darf[33], liegt kein gemischter Vertrag[34], sondern wiederum ein Ver - trag sui iuris vor.

c) Gemeinsame Merkmale

Kennzeichnend für beide Tankstellenverträge ist nicht das Leistungsaustauschverhältnis[35] zwischen der Mineralölunternehmung und dem Tankstellenhalter, sondern die Stellung des Tankstellenhalters zur Mineralölfirma[36]. Die Verträge erwecken den Anschein, der Tankstellenhalter sei

---

[29] Aus diesem Grund vor allem lehnt ULMER (S. 340 f.) ein kaufrechtliches Element ab.

[30] Vgl. Art. 184 Abs. 1 OR («verpflichtet»); ENGEL, S. 15 und 121; SCHÖNENBERGER/JÄGGI, Art. 1, N. 105; OSER/SCHÖNENBERGER, Art. 184, N. 2; BECKER, Art. 184, N. 1 ff.

[31] Das Lieferungsabkommen ist kein Sukzessivlieferungsvertrag, sondern ein Rahmenvertrag: vgl. SCHLUEP, S. 20 und 25 f.; WYNIGER, S. 8 f. und 14 f. Anderer Meinung BGE 78 II, 1952, S. 74. Das ist auch in Deutschland die überwiegende Meinung: ULMER, S. 244 mit Nachweisen in Anm. 29.

[32] GUHL/MERZ/KUMMER, S. 349; BGE 50 II, 1924, S. 83 f.

[33] Vgl. vorne S. 864 f.

[34] Vgl. Allgemeiner Teil, S. 773, insbes. Anm. 17.

[35] Namentlich kann wegen der ungenügenden Lieferverpflichtung kein doppeltes (kaufrechtliches und agenturrechtliches) Leistungspaar wie beim Alleinvertriebsvertrag angenommen werden. Vgl. dazu Schluep, S. 20 ff. und 24 mit Hinweisen. So auch das Bundesgericht, an seine ältere Praxis (BGE 54 II, 1928, S. 375; 60 II, 1934, S. 335) und BIERER anknüpfend: BGE 78 II, 1952, S. 74; 88 II, 1962, S. 325; 88 II, 1962, S. 471. Vgl. zum Stand der deutschen Doktrin: ULMER, S. 243 ff.

[36] Vgl. ULMER, S. 3 und 66 ff.

selbständiger Zwischenhändler. Doch ist der formelle Übergang des Eigentums typologisch bedeutungslos, weil die mit dem Eigentum verknüpften Dispositionsbefugnisse auf obligatorischem Wege vollständig aufgehoben werden. Übrig bleibt die Verpflichtung des Tankstellenhalters, in völliger Weisungsgebundenheit gegen eine Umsatzprovision Benzin auszuschenken: mithin eine Verpflichtung zur Geschäftsbesorgung[37]. Rechtlich steht der Tankstellenhalter deshalb dem Einzelfirmenagenten, dem Handelsreisenden und dem Arbeitnehmer nahe[38]. Das gilt für beide Typen, wobei dem Halter bei der gesellschaftseigenen Tankstelle weitergehende Nebenpflichten auferlegt sind, die den Vertrag noch näher zum Arbeitsverhältnis rücken.

Auch wenn man die atypische Gestaltung der Eigenhändlerstellung nicht geradezu als Gesetzesumgehung[39] betrachten will, steht der Vertrag dermaßen in der Nähe des Agentur- und Arbeitsvertrags, daß allemal zu prüfen ist, ob nicht deren Normen wegen Wertungskongruenz heranzuziehen seien[40]. Die wirtschaftliche Abhängigkeit des Tankstellenhalters

---

37 ULMER spricht vom Vertragshändler als «verlängertem Arm» des Herstellers und besonderem Absatzmittlertyp, REHBINDER (S. 28) von «Warenverteiler».
38 Vgl. Art. 418a OR ff., Art. 347 OR ff., Art. 319 OR. Das extensive Weisungsrecht der Mineralölfirma rückt den Vertrag stark in die Nähe des Arbeitsvertrags: vgl. Art. 321g OR und GAUTSCHI, vor Art. 418a bis 418o, N. 1a, Art. 418c, N. 6a und Art. 418f, N. 2b. Das ergibt sich auch daraus, daß ein Merkmal der Agentur die Befugnis zur selbständigen Organisation des Geschäftsbetriebs durch den Agenten ist; solche Befugnisse hat der Tankstellenhalter kaum.
39 Allgemeiner Teil, S. 779f; REHBINDER, S. 29.
40 So auch BGE 54 II, 1928, S. 375; 60 II, 1934, S. 335, wo das Bundesgericht sie auf ein dem Agenturvertrag ähnliches Vertragsverhältnis anwendete. In der neuern Praxis wägt es nach dem Vorherrschen der kaufs- und agenturrechtlichen Vereinbarungen ab: 78 II, 1952, S. 74; 88 II, 1962, S. 325; 88 II, 1962, S. 471. – Auch in Deutschland wird die Stellung des Tankstellenhalters weitgehend als die eines Handelsvertreters (entsprechend unserer Agentur) betrachtet (Nachweise von REHBINDER, S. 16, Anm. 19, und NIPPOLD, S. 19, Anm. 11). Dabei wird die Abgrenzung zum Angestelltenverhältnis nach dem Maß der wirtschaftlichen und persönlichen Selbständigkeit vorgenommen. Unhaltbar ist dabei die Folgerung NIPPOLDS (S. 50), trotz aller Abhängigkeit sei der Tankstellenhalter kein Angestellter, da er ein unternehmerisches Risiko trage; daß er dieses durch Preisgestaltung nicht beeinflussen könne, sei irrelevant, da es im Umsatz liege. Dem ist entgegenzuhalten: Einmal sind Preisgestaltung und Umsatzrisiko nicht zu trennen. Zudem besteht wirtschaftliche Selbständigkeit nur dort, wo dem Risiko auch eine Chance gegenübersteht und beide vom Händler beeinflußbar sind. Eine Risikoüberwälzung schafft noch keinen selbständigen Kaufmann; ebenso SCHÜLLER, S. 214ff. – BORGSTÄDT (S. 47) nimmt lediglich eine Vertragsverbindung zwischen Miete und Vertriebsvertrag an. Dagegen betrachtet REHBINDER (S. 40) den Tankstellenvertrag als einen gemischt-rechtlichen Arbeitsvertrag. ULMER (S. 490f.) kommt für den Vertragshändlervertrag (der dem schweizerischen Tankstellenvertrag entspricht) zum Resultat, es liege ein auf kaufmännische Geschäftsbesorgung gerichteter Dienstvertrag vor, wobei das Handeln auf eigene Rechnung nur als (im Rahmen des Gesetztypus bleibende) Besonderheit zu werten sei. Vgl. auch SCHÜLLER, S. 244f.

wirft zwangsläufig die Frage nach der Schutzbedürftigkeitslage auf[41]. Der Richter hat somit nötigenfalls die in den zwingenden Normen verwandter Nominattypen manifesten Gerechtigkeitsanforderungen durchzusetzen[42, 43].

2. Entstehung

Besondere Formvorschriften fehlen. Doch werden die Tankstellenverträge regelmäßig schriftlich abgeschlossen. Der Inhalt wird von den Mineralölunternehmungen formularmäßig autonom[44] festgesetzt. Somit muß der Halter in aller Regel den Vertragsinhalt unverändert annehmen[45] oder auf den Vertragsschluß verzichten. Das hat zur Folge, daß die bekannten Regeln anwendbar sind, die zu den allgemeinen Geschäftsbedingungen entwickelt worden sind[46].

3. Inhalt

Die in der Regel in den Verträgen anzutreffenden Rechte und Pflichten der Parteien sind oben dargestellt worden (Ziff. 3./4.). Da der Tankstellenvertrag typologisch zwischen dem Agenturvertrag (als lockerster Bindung) und dem Arbeitsvertrag (als engster Bindung) steht, ist zu prüfen, ob allenfalls übereinstimmendes zwingendes Nominatrecht dieser Typen auch beim Tankstellenvertrag zu setzen ist.

---

[41] Das ObGer Baselland hat einen Vertrag vom Typ D (Service-Station) aufgrund der Gesamtwürdigung wegen übermäßiger Beschränkung der wirtschaftlichen Freiheit sogar als nichtig (Art. 27 Abs. 2 ZGB, Art. 20 Abs. 1 OR) erklärt; BJM 1973, S. 95 ff.

[42] Allgemeiner Teil, S. 799 f.

[43] Dies drängt sich umso mehr auf, als Doktrin und Rechtsprechung in der Schweiz die direkte Inhaltskontrolle von Formularverträgen nicht zulassen; vgl. allerdings SCHÖNENBERGER/ JÄGGI, Art. 1, N. 505–508. Auch fehlt ein ausdrückliches Knebelungsverbot im Sinne von § 138 Abs. 1 BGB; vgl. dazu REHBINDER, S. 38 f.; NIPPOLD, S. 98–105. Zur Inhaltskontrolle allgemein: ULMER, S. 360 und 369 mit Nachweis der deutschen Literatur und Rechtsprechung sowie REHBINDER, Allgemeine Geschäftsbedingungen, passim. Das neue deutsche Gesetz zur Regelung des Rechts der allgemeinen Geschäftsbedingungen, das am 1. April 1977 in Kraft getreten ist, erklärt in § 9 Bestimmungen in AGB, die «den Vertragspartner des Verwenders entgegen den Geboten von Treu und Glauben unangemessen benachteiligen», für unwirksam.

[44] Zwar weichen die Tankstellenverträge in Einzelheiten voneinander ab, doch kann von einer Konkurrenzierung der Mineralölfirmen in den Vertragsmodalitäten nicht gesprochen werden. So auch für Deutschland: SCHÜLLER, S. 225; REHBINDER, S. 13. Zur Behandlung der allgemeinen Geschäftsbedingungen in der Schweiz: SCHÖNENBERGER/JÄGGI, Art. 1, N. 427–525 mit Nachweis der schweizerischen und deutschen Literatur.

[45] Die Vermutung spricht für eine Globalübernahme: SCHÖNENBERGER/JÄGGI, Art. 1, N. 468.

[46] Vgl. SCHÖNENBERGER/JÄGGI, Art. 1, N. 462 ff.; MERZ, Art. 2, N. 169 ff.

a) Lieferpflicht der Mineralölunternehmung

Hindert die Mineralölunternehmung den Tankstellenhalter durch die
Verletzung von vertraglichen Verpflichtungen daran, seine Provision zu verdienen, so wäre nach Arbeitsvertrags- und Agenturvertragsrecht (Art. 324
Abs. 1 OR und Art. 418m OR) angemessener Ersatz zu leisten. Dieser (im
Nominatrecht zwingende) Grundsatz muß im Tankstellenvertrag die
richterliche Regel begründen, daß die Lieferpflicht vertraglich nicht relativiert werden darf. Daher wird man die agenturrechtliche Exkulpationsmöglichkeit (nach Art. 97 OR)[47] nicht zulassen dürfen. Eine Entschädigungspflicht der Mineralölunternehmung auch bei unverschuldeter Nichtbelieferung im Sinne der arbeitsvertragsrechtlichen Vorschrift (Art. 326 Abs. 4
OR) wird der Interessenlage (besonders unter Berücksichtigung von Art. 324
Abs. 2 OR) gerecht.

b) Pflicht der Mineralölunternehmung zur Entschädigung bei unverschuldeter Verhinderung des Tankstellenhalters

Art. 324a OR, 329c OR und 418m Abs. 2 OR[48] bringen den gleichen
Grundsatz zum Ausdruck: Ist der abhängige Teil unverschuldet an der Erfüllung der vertraglichen Verpflichtungen verhindert, besteht nach einer gewissen Vertragsdauer trotzdem eine befristete Lohnzahlungspflicht. Die in
der Regel langjährige Bindung im Tankstellenvertrag rechtfertigt es, diese
Pflicht analog zu Art. 324a Abs. 1 OR sofort entstehen zu lassen und nach
der Dauer des Vertragsverhältnisses und den besonderen Umständen zu befristen (Art. 324a Abs. 2 OR)[49].

c) Pflicht der Mineralölfirma zur Duldung allfälliger Retentionen

Art. 339a Abs. 3 OR, 349e Abs. 1 OR und 418o OR räumen der abhängigen Vertragspartei ein unabdingbares Retentionsrecht ein. Das muß auch
für den Tankstellenvertrag gelten, so daß der meist vorgesehene Ausschluß
der Retention nichtig ist.

d) Andere zwingende Pflichten der Mineralölunternehmung

Während die eben entwickelten Grundsätze durchgängig gelten müssen,
kann nur die Prüfung im Einzelfall erweisen, ob noch andere Schutzvor-

---

[47] GAUTSCHI, Art. 418f, N. 5.
[48] Art. 418m Abs. 2 gilt gerade für den Einfirmenagenten.
[49] Eine Reduktion der Zahlungspflicht ist namentlich dann gegeben, wenn das Personal des Tankstellenhalters dessen Arbeitsausfall ganz oder teilweise und ohne Mehrkosten auffangen kann.

schriften aus dem Arbeitsvertragsrecht und den einschlägigen öffentlich-rechtlichen Erlassen[50] Geltung beanspruchen[51].

4. Beendigung

Die Verträge haben in der Regel eine feste Laufzeit zwischen drei und zehn Jahren und werden hernach automatisch auf zwei Jahre verlängert, sofern sie nicht 6 Monate vorher gekündigt worden sind. Bei der Gestaltung der außerordentlichen Kündigungsmöglichkeit weisen die Verträge zum Teil erhebliche Abweichungen auf. Unzulässig sind vertragliche Abreden, welche nur der Mineralölunternehmung die Auflösung aus wichtigen Gründen gestatten wollen; sie verstoßen gegen den Grundsatz der beidseitigen gleichen Kündigungsmöglichkeit (Art. 337 OR und 418 r OR). Gerade die enge Bindung des Tankstellenhalters an die Mineralölfirma erfordert, auch jenem die Auflösung des Vertrags aus wichtigen Gründen zuzugestehen[52]. Die Konkretisierung des wichtigen Grundes muß grundsätzlich dem Richter vorbehalten bleiben (Art. 337 Abs. 3 OR und 418 r Abs. 2 OR)[53]. Wer den wichtigen Grund vertragswidrig gesetzt hat, wird ersatzpflichtig (Art. 337 b OR und 418 r OR).

Behält sich die Mineralölunternehmung die Auflösung wegen Umsatzrückganges vor, muß sie das selbe Recht dem Tankstellenhalter zugestehen. Das folgt aus dem Verbot ungleicher Kündigungsfristen (Art. 336 Abs. 2 OR) und ungleicher Kündigungsgründe (Art. 337 und 418 r OR).

---

[50] Vgl. BG über die Arbeit in Industrie, Gewerbe und Handel vom 13. März 1964 (Arbeitsgesetz).

[51] Zu denken ist hier vor allem an die Ausdehnung der Arbeitszeit- und Ferienregelung auf den Tankstellenhalter selbst entgegen der vertraglichen Umsatzmaximierungs- und Offenhaltungspflicht; vgl. Verordnung II (Sonderbestimmungen) zum Arbeitsgesetz und Art. 329 a OR. Die bei REHBINDER (S. 36 ff.) wiedergegebenen Zahlen weisen weit über das für schweizerische Tankstellenangestellte festgelegte Maximum von 52 Wochenstunden (Art. 46 Verordnung II) hinaus; 1964 arbeiteten in Berlin ca. 95% der Tankstellenhalter mehr als 48 Stunden und ca. 50% mehr als 72 Stunden pro Woche. Über 40% konnten überdies keine Ferien nehmen. Im Urteil des AppGer Basel-Stadt (SJZ 1964, S. 73) kam die Tankstelle auf eine Öffnungszeit von 105 Stunden pro Woche, wobei die niedrige Gewinnmarge den Beizug bezahlter Hilfskräfte verunmöglichte.

[52] Vgl. BGE 78 II, 1952, S. 36.

[53] Es besteht in einzelnen Verträgen die Tendenz, jede Vertragsverletzung (oder die Nichtwiederherstellung des rechtmässigen Zustandes auch bei geringfügigen Vertragsverletzungen innert kurzer First) als wichtigen Grund zu statuieren. Oder es wird die Auflösung aus wichtigem Grund einseitig beim Tankstellenhalter noch an eine Frist geknüpft: So sieht ein Vertrag vor, daß der Tankstellenhalter während zweier Monate gebunden bleibt, auch wenn er nicht mehr zu konkurrenzfähigen Preisen beliefert wird.

5. Einzelfrage: Anwendbarkeit von Art. 418 u OR?

Im Hinblick auf die weitgehende Integration des Tankstellenhalters in die Vertriebsorganisation der Mineralölfirma stellt sich die Frage, ob bei Vertragsauflösung Art. 418 u OR analog anzuwenden sei. Sie ist angesichts der grundsätzlich gleichen wirtschaftlichen Abhängigkeit von Agent und Tankstellenhalter zu bejahen. Dabei ist zu bedenken, daß sich der Halter im Gegensatz zum Agenten auch kapitalmäßig engagiert hat. Er hat daher bei Vorliegen der entsprechenden Voraussetzungen Anspruch auf Entschädigung für die Kundschaft[54].

§ 112. Der Automatenaufstellungsvertrag*

Literaturauswahl

Bürke, O. Der Warenautomat im schweizerischen Recht, Diss. St. Gallen 1967.

Dally, R. Rechtsfragen des Automatenaufstellungsvertrags, Diss. Köln 1969.

Gauch, P. System der Beendigung von Dauerverträgen, Diss. Freiburg/Schweiz 1969.

Giovanoli, S. Berner Kommentar, Bd. VI: Das Obligationenrecht, 2. Abt., 7. TBd., Art. 492–515 OR, 2. Aufl., Bern 1978.

Guhl/Merz/Kummer. Das schweizerische Obligationenrecht, 6. Aufl., Zürich 1972.

Huffer, H. Typenprobleme beim Automatenaufstellungsvertrag, NJW 1971, S. 1433–1436.

Kummer, H. Zur Entwicklung des Warenautomatenrechts, Gewerbearchiv 1969, S. 97 ff.

Leenen, D. Typus und Rechtsfindung, Berlin 1971.

Meier-Hayoz/Forstmoser. Grundriß des schweizerischen Gesellschaftsrechts, 2. Aufl., Bern 1976.

Müller, V. Der Automatenaufstellungsvertrag, Hamburg 1970.

von Olshausen/Schmidt. Automatenrecht, Berlin 1972.

Palandt/Putzo. Bürgerliches Gesetzbuch, 37. Aufl., München 1978.

Raisch, P. Zur Rechtsnatur des Automatenaufstellungsvertrags, BB 1968, S. 526 ff.

Roquette, H. Das Mietrecht des Bürgerlichen Gesetzbuches, Tübingen 1966.

Schmid, E. Zürcher Kommentar: Das Obligationenrecht, 3. Aufl., TBd. V 2b, 1. Lieferung (Art. 253–260), Zürich 1974.

Schopp, H. Formularverträge über die Automatenaufstellung, Zeitschrift für Miet- und Raumrecht 1972, S. 192–202.

Soergel/Mezger. Bürgerliches Gesetzbuch, Bd. 2, Schuldrecht I, 10. Aufl., Stuttgart/Berlin/Köln/Mainz 1967.

– Bürgerliches Gesetzbuch, Bd. 3, Schuldrecht II, 10. Aufl., Stuttgart/Berlin/ Köln/Mainz 1969.

---

[54] Vgl. dazu Gierke/Sandrock, S. 495 ff.; ferner auch vorne, S. 847 f., 857.

* Zitiervorschlag: Schluep/Werder.

Ausgewählte schweizerische Gerichtsentscheide

Bernischer Appellations- und Kassationshof in Civilsachen, ZBJV 1902, S. 5 ff.; HGer Zürich, ZR 1933, Nr. 92; KGer St. Gallen, SJZ 1966, S. 61; KGer St. Gallen, SJZ 1973, S. 226; BGE 99 IV, 1973, S. 201 ff.; BezGer Zürich, SJZ 1976, S. 328 ff.; ObGer Zürich, SJZ 1978, S. 175; AppGer Basel-Stadt, BJM 1978, S. 194 ff.; ObGer Zürich, SJZ 1979, S. 26 ff.

I. Reale Erscheinungsformen

Verfügt der Inhaber von Automaten[1] nicht über eigene Aufstellplätze, muß er sich solche vertragsweise sichern. Dabei lassen sich nach dem Vertragsinhalt[2] zwei Grundformen unterscheiden:

1. Der Platzinhaber überläßt dem Automateninhaber einen Standplatz, ohne in irgendeiner Weise um den weiteren Betrieb besorgt sein zu müssen. Er erhält dafür ein Entgelt, das auch umsatzabhängig gestaltet sein kann (Typ A).

2. Der Platzinhaber überläßt einen bestimmten Standplatz im Bereich seines eigenen Gewerbebetriebs und übernimmt weitere Pflichten, um das Funktionieren des Automaten sicherzustellen. Der Automateninhaber ist verpflichtet, den Automaten aufzustellen und hat seine ständige Funktionstüchtigkeit zu gewährleisten. Die Bruttoeinnahmen aus dem Automaten werden quotenmäßig aufgeteilt[3]. Die Formularverträge sehen feste Laufzeiten vor, während solche bei mündlichen Absprachen üblicherweise nicht vereinbart werden[4] (Typ B).

Bei beiden Vertragsarten kommen inhaltliche Variationen vor, welche jedoch nicht typenbildend sind.

II. Wirtschaftliche Funktionen

Für den Aufsteller besteht die wirtschaftliche Funktion des Automatenaufstellungsvertrags darin, daß er sein Automatenvertriebssystem ohne eige-

---

[1] Definition des Automaten: BÜRKE, S. 29.

[2] Nach der vermittelten Leistung werden Warenautomaten, sonstige Verkaufsautomaten (Billette und ähnliches) und Leistungsautomaten (Musik, Spiele) unterschieden: DALLY, S. 2; BÜRKE, S. 3. Grundlegende rechtliche Auswirkungen hat diese Unterscheidung nicht. – Vgl. zum Spielautomatenvertrag GIOVANOLI, Art. 513, N. 20 f.; zur Bewilligungspflicht BGE 97 I, 1971, S. 748; 97 I, 1971, S. 762.

[3] DALLY, S. 1; BÜRKE, S. 2; ROQUETTE, § 535, N. 166.

[4] RAISCH, S. 526.

ne Lokalitäten und ohne Bindung an Ladenschlußzeiten[5] aufbauen kann. Bei der Einbettung in einen bestehenden Betrieb (Fall B) profitiert er zudem vom bereits vorhandenen konsumbereiten Publikum[6] und spart durch die Mitarbeit des Platzinhabers eigenes Personal ein.

Der Platzinhaber ist im Fall A lediglich am Entgelt für die Raumüberlassung direkt interessiert. Im Fall B tritt mindestens ebenbürtig das Interesse an der Steigerung der Attraktivität des eigenen Betriebes (ohne eigenes Investitionsrisiko) hinzu[7].

III. Verkehrstypen

Die beiden Realtypen A und B sind zugleich Verkehrstypen: Typenmerkmal im Fall A ist die Raumüberlassung gegen Entgelt[8,9]. Im Fall B sind Typenmerkmale die Raumüberlassung[10], die Automatenaufstellungspflicht[11], beidseitige Betriebspflichten[12] und das partiarische Entgelt[13,14].

IV. Terminologie

Regelmäßig heißt der Vertrag Automatenaufstellungsvertrag. In Fachkreisen wird auch von einem Operating-Vertrag gesprochen[15]. Die Parteien werden Aufsteller (oder Operator) und Platzinhaber genannt.

---

[5] Zur wirtschaftlichen Bedeutung vgl. KUMMER, S. 97, und RAISCH, S. 526. Zum Warenautomaten im schweizerischen öffentlichen Recht vgl. BÜRKE, S. 69–165. Zum öffentlichen Recht in Deutschland: KUMMER, S. 97 ff.

[6] MÜLLER, S. 1; HUFFER, S. 1433; ROQUETTE, § 535, N. 167. Bevorzugte Aufstellplätze sind daher Gaststätten.

[7] DALLY, S. 7; MÜLLER, S. 1.

[8] BÜRKE, S. 15; ROQUETTE, § 535, N. 166 in Verbindung mit N. 151.

[9] Selbst bei Plazierung in einem Gewerbebetrieb liegt Fall A vor, wenn der Gewerbeinhaber nur am Entgelt interessiert ist; BGE 99 IV, 1973, S. 204.

[10] BÜRKE, S. 9; DALLY, S. 7; MÜLLER, S. 12; SCHOPP, S. 199.

[11] BÜRKE, S. 6; DALLY, S. 6; MÜLLER, S. 19; HUFFER, S. 1433.

[12] Für den Aufsteller: Wartung, Nachfüllen, Abrechnen. Für den Platzinhaber: Sicherstellung des Publikumszutritts, Inbetriebsetzung, Reinigung, Meldepflicht bei Störung und Leerung, Konkurrenzverbot; vgl. BÜRKE, S. 6 und 9 (der die Betriebspflichten unter «Servicing» zusammenfaßt); DALLY, S. 6 f.; MÜLLER, S. 13 f. und 19; HUFFER, S. 1433 f.; VON OLSHAUSEN/SCHMIDT, S. 96 ff.

[13] DALLY, S. 3; ROQUETTE, § 535, N. 166; RAISCH, S. 526; HUFFER, S. 1434.

[14] Die formulartypische Konkretisierung des ganzen Typs ist in Anm. 26 dargestellt.

[15] BÜRKE, S. 2; AppGer Basel-Stadt, BJM 1978, S. 194 ff. SCHMID (Vorbem. zu Art. 253–274, N. 64) verwendet den Ausdruck Automaten-Aufstellvertrag.

V. Rechtsanwendung

1. Allgemeines

Beim Typus A erschöpfen sich die vertraglichen Beziehungen in der Raumüberlassung gegen Entgelt. Es liegt ein gewöhnlicher Mietvertrag vor[16], der keiner weiteren Erläuterung bedarf.

Typus B zielt zugleich auf Leistungsaustausch und auf Zweckförderung. Sieht man das Schwergewicht in der Zweckförderungsgemeinschaft (gekennzeichnet durch Förderungspflichten, Umsatzbeteiligung, Kontrollrechte und Konkurrenzverbot)[17], liegt bei begrifflicher Diagnose die Annahme eines Gesellschaftsverhältnisses nahe: Beide Parteien leisten Beiträge (Automat, Raum, Arbeit) zum gemeinsamen Zweck, dem ertragreichen Funktionieren des Automaten (Art. 530 und 531 Abs. 1 OR). Die typologische Gesamtbetrachtung zeigt aber, daß der Automatenaufstellungsvertrag keine Gesellschaft ist[18]:

– Es fehlt weitgehend das personalistische Element: Der Aufsteller behält sich regelmäßig die Übertragung von Rechten und Pflichten auf Dritte vor und verpflichtet den Platzinhaber nach Möglichkeit zur Überbindung des Vertrags bei einem Handwechsel des Betriebs.

– Das Vertragsverhältnis zielt nur zum Teil auf einen gemeinsamen Zweck; daneben bestehen starke Leistungsaustauschinteressen[19].

– Es besteht kein gemeinsames Verlustrisiko.

– Der Aufsteller behält sich das Recht zur jederzeitigen Vertragsauflösung bei mangelndem Ertrag vor[20].

---

[16] Art. 253 OR. Vgl. Bürke, S. 15; Roquette, § 535, N. 166 in Verbindung mit N. 159; Palandt/Putzo, Einf. vor § 535, N. 2e; BezGer Zürich, SJZ 1976, S. 329. Festzuhalten ist aber, daß nicht der Anbringungsort, sondern die fehlenden Betriebspflichten des Platzinhabers maßgebend sind. So auch Bürke, S. 16 und BGE 99 IV, 1973, S. 204. Daß das Vertragsobjekt nur ein Raumteil ist, spielt keine Rolle: Guhl/Merz/Kummer, S. 349; Roquette, § 535, N. 166; Soergel/Mezger, Bd. 2, §§ 535–536, N. 14. Ebensowenig vermag eine partiarische Entgeltsberechtigung den Typus des Mietvertrags zu sprengen: Guhl/Merz/Kummer, S. 350, 361; Roquette, § 535, N. 166.

[17] Vgl. Anm. 11.

[18] Ebenso mit gleichen Begründungen: Bürke, S. 21f.; Müller, S. 22f.; Dally, S. 5f.; BezGer Zürich, SJZ 1976, S. 329. Raisch (S. 529) nimmt stattdessen ein gesellschaftsähnliches Verhältnis an, was Huffer (S. 1435, Anm. 33) und Müller (S. 26) zu Recht als verwirrend und dogmatisch entbehrlich ablehnen.

[19] So vor allem Huffer, S. 1435: «Die Gemeinsamkeit des Vertragszwecks hat nicht Ausmaß und Identität wie bei einer typischen Gesellschaft». So tritt beim Wirt die direkte Gewinnerzielung neben der Attraktivitätssteigerung oft völlig in den Hintergrund.

[20] Vor allem betont von Müller, S. 23; vgl. aber auch HGer Zürich, ZR 1933, Nr. 92. Die Unrentabilität bildet nur dann einen wichtigen Grund zur Auflösung, wenn es völlig aussichtslos ist, sie zu überwinden.

Der Leistungsaustausch zeigt sich darin, daß sowohl der Aufsteller als auch der Platzinhaber ein eigenständiges Interesse an der Gebrauchsüberlassung des Raumes (und des Automaten) haben. Daher schulden sich richtiger Ansicht nach beide Parteien wechselseitig ein Entgelt. Dieses wird jedoch nicht absolut festgesetzt und verrechnet, sondern umsatzabhängig gestaltet und quotenmäßig zugeteilt[21]. Typologisch offenbart sich der Automatenaufstellungsvertrag somit als Miete gegen Miete[22] mit partiarischer Entgeltsberechnung.

Die enge Verknüpfung des Leistungsaustauschverhältnisses mit den gemeinsamen (sich letztlich aus der partiarischen Abrede herleitenden) Förderungspflichten prägt das Gesamtverhältnis aber so stark, daß nicht nur eine Vertragskoppelung, sondern ein gemischter Vertrag (mit doppeltypischer Grundstruktur und partiarischer Abrede) gegeben ist[23].

Da der Automatenaufstellungsvertrag als gemischter Vertrag im Hinblick auf die involvierten gesetzlichen Vertragstypen atypisch ist[24], kommt ein direkter Rekurs auf das Miet- oder Gesellschaftsrecht nicht in Frage. Wo Wertungsharmonie besteht, liegt jedoch eine Heranziehung der gesetzlichen Regelungsmuster nahe[25, 26].

---

21 Die Quote spiegelt die Verteilung des Interesses an der Aufstellung wider, welches je nach Ertragskraft des Automatentyps mehr beim Aufsteller oder beim Platzinhaber liegen kann. Verdeutlicht wird das über das Entgelt hinausgehende Interesse des Gastwirts an der Aufstellung auch dadurch, daß er verkehrstypisch von einem Grundumsatz nur einen kleinen Anteil, dafür aber vom überschießenden Umsatz die Hälfte erhält. An der Natur des Leistungsaustauschverhältnisses ändert die partiarische Abrede nichts: GUHL/MERZ/KUMMER, S. 350 und 361; ROQUETTE, § 535, N. 166; BÜRKE, S. 23; DALLY, S. 5.

22 Die Annahme eines Pachtverhältnisses wird wegen des zu schwachen Nutzungscharakters einhellig abgelehnt: BÜRKE, S. 17f.; DALLY, S. 17; MÜLLER, S. 27f. Zur Frage, ob einseitige Miete vorliege: Bernischer Appellations- und Kassationshof in Civilsachen, ZBJV 1902, S. 5ff.; KGer St. Gallen, SJZ 1966, S. 61; KGer St. Gallen, SJZ 1973, S. 226.

23 Ebenso BÜRKE, S. 23ff.; MÜLLER, S. 34f. und 38; LEENEN, S. 154; HUFFER, S. 1435f.; SOERGEL/MEZGER, Bd. 3, N. 93 vor § 705; DALLY, S. 22. Übersicht über die deutsche Rechtsprechung unter anderm bei DALLY, S. 3, Anm. 9–19. Die genannten Autoren nehmen zum Teil noch Elemente des Werk-, Dienst- und Verwahrungsvertrags an, die jedoch schon im mietrechtlichen Verhältnis enthalten sind (vgl. Anm. 26). ROQUETTE, § 535, N. 167 und der BGH (BGHZ 47, S. 202) reden von einem Gestattungsvertrag auf Einbettung in einen andern Gewerbebetrieb. Kritisch dazu DALLY, S. 22, Anm. 108 und MÜLLER, S. 35.

24 Vgl. Allgemeiner Teil, S. 779.

25 So auch die deutsche Lehre, wenn sie die Gesamtanalogie zur Lösung des Problems empfiehlt: RAISCH, S. 530; MÜLLER, S. 38f.; LEENEN, S. 154; VON OLSHAUSEN/SCHMIDT, S. 86f.

26 Da die formulartypische Ausgestaltung des Automatenaufstellungsvertrags eine ausgewogene Interessenberücksichtigung und somit einen hohen Richtigkeitsgehalt aufweist, kann die Wertungsharmonie vereinfachend durch Vergleich der miet- und gesellschaftsrechtlichen Regelungen mit denen des Formularvertrags überprüft werden:

2. Entstehung

Der Automatenaufstellungsvertrag bedarf keiner besonderen Form (Art. 11 Abs. 1 OR)[27].

3. Inhalt

Grundsätzlich hat der Richter bei der Rechtssetzung die Regelungen des Mietrechts und der einfachen Gesellschaft zu berücksichtigen. Die bisherigen Darlegungen haben gezeigt[28], daß der Verkehrstyp keiner den Inhalt betreffenden Sonderregeln bedarf. Eine abschliessende Festlegung aller Rechte und Pflichten ist jedoch – in Parallele zu den Verhältnissen bei der Gesellschaft – nicht möglich.

4. Beendigung[29]

Der Automatenaufstellungsvertrag ist ein Dauerschuldverhältnis[30]. Seine Beendigung kann von Anfang an durch Festlegung einer bestimmten

---

Pflichten des Aufstellers:
– Aufstellungspflicht (Art. 253 OR);
– Instandstellungs- und Wartungspflicht (Art. 254 Abs. 1 OR);
– Ersatzpflicht (Art. 255 OR);
– Tragung von öffentlichen Abgaben und Lasten (Art. 263 Abs. 1 OR);
– Überbindung bzw. Schadenersatz (Art. 259 Abs. 1 OR);
– Nachfüllpflicht (Art. 531 OR);
– Gewinnteilung (Art. 532 OR);
– Kontrollrecht des Platzinhabers (Art. 541 OR).
Pflichten des Platzinhabers:
– Einräumung des Aufstellplatzes (Art. 253 OR);
– kleine Unterhaltsarbeiten (Reinigung) (Art. 263 Abs. 2 OR);
– Meldung von Störungen (Art. 261 Abs. 3 OR);
– Duldung von Reparaturarbeiten (Art. 256 Abs. 1 OR);
– Sorgfaltspflicht (Art. 261 Abs. 1 OR);
– Obhutspflicht (Art. 261 Abs. 1 OR);
– Überbindungspflicht (Art. 259 Abs. 1 OR);
– Herausgabe des Erlöses (Art. 532 OR);
– Konkurrenzverbot (Art. 536 OR);
– Kontrollrecht des Aufstellers (Art. 541 OR).
Die weiteren Förderungspflichten des Platzinhabers, wie Einschalten des Geräts, Meldepflicht bei Leerung, Ermöglichung des Kundenzugangs, leiten sich (sofern man sie nicht schon im mietrechtlichen Element verankern will) von der dem partiarischen Verhältnis eigenen (und der Gesellschaft analogen) Treuepflicht her. Vgl. MEIER-HAYOZ/FORSTMOSER, S. 85.

[27] In der Schweiz werden gemäß Auskunft des Verbandes der Schweizerischen Automatenbranche mindestens die Hälfte aller Automatenaufstellungsverträge mündlich abgeschlossen. In Deutschland werden in den meisten Fällen ebenfalls keine Formularverträge benutzt: DALLY, S. 2; RAISCH, S. 526.

[28] Vgl. vor allem Anm. 26.

[29] Sie bildet den häufigsten Konfliktstoff: RAISCH, S. 526; DALLY, S. 33.

[30] Vgl. VON OLSHAUSEN/SCHMIDT, S. 113; Zum Begriff des Dauervertrages GAUCH, S. 1 ff.

Vertragsdauer geregelt werden[31]. Verkehrstypisch stellt man überwiegend lange Laufzeiten fest. Das erfüllt automatisch (auch) den berechtigten Wunsch der Parteien nach Zeitvorrat, um sich auf Vertragsende die Leistung anderer Partner zu sichern[32]. Fehlt dagegen eine feste Vertragsdauer, so muß eine Regelung für die ordentliche und die außerordentliche Kündigung gefunden werden[33].

Die ordentliche Kündigung greift Platz, wenn der Vertrag nach dem Willen einer Partei ein Ende finden soll, ohne daß eine Störung im Vertragsverhältnis dazu Anlaß böte[34]. Die entsprechende Frist ist auf Grund der typischen Interessenlage zu bestimmen. Danach ist der Automatenaufsteller der schutzwürdigere Teil[35]. Die Übernahme der 6-monatigen Frist des Art. 546 OR erscheint grundsätzlich angemessen[36].

Voraussetzung der außerordentlichen Beendigung ist eine Störung in der Vertragsabwicklung[37]. Nur der Richter kann (in Abwägung der Parteiinteressen) entscheiden, welche Störungen einen wichtigen Grund setzen und daher eine außerordentliche Auflösung rechtfertigen.

§ 113. Der Checkvertrag *, **

Literaturauswahl

ALBISETTI/BODMER/GSELL/BOEMLE/RUTSCHI. Handbuch des Bank-, Geld- und Börsenwesens der Schweiz, 3. Aufl., Thun 1977.
BAUMBACH/HEFERMEHL. Wechselgesetz und Scheckgesetz, 12. Aufl., München 1978.

---

[31] Formulartypisch sind 5 Jahre.
[32] GAUCH, S. 51.
[33] GAUCH, S. 27.
[34] GAUCH, S. 27 und 35.
[35] Vgl. dazu das Urteil des OLG Celle, BB 1968, S. 524, wo als Gründe für die Schutzwürdigkeit die hohen Unkosten des Aufstellers und die Lage auf dem Automatenmarkt genannt werden. Ferner LG Köln, NJW 1972, S. 2127 f.
[36] Die Urteile des BezGer und des ObGer Zürich, SJZ 1976, S. 328 ff., 1979, S. 26 ff., werden der wirtschaftlichen Interessenanlage nicht gerecht. Wollte man die Anwendbarkeit mietrechtlicher Fristen bejahen, so wäre jedenfalls Art. 267 Abs. 2 Ziff. 1 OR die zutreffende Norm.
[37] GAUCH, S. 27. – Vgl. zu den Modalitäten der außerordentlichen Beendigung ObGer Zürich, SJZ 1978, S. 175; ferner AppGer Basel-Stadt, BJM 1978, S. 196 f.
* Zitiervorschlag: SCHLUEP/BAUDENBACHER.
** Das Verhältnis zwischen der Post und dem Postcheckaussteller untersteht dem öffentlichen Recht (vgl. BGE 95 I, 1969, S. 83; F. WYSS, Der Schweizerische Postcheck, Diss. Bern 1943, S. 19.; H. SCHMID, Das Postcheckgeschäft, Diss. Bern 1929, S. 17 f.). Nach BGE 94 I, 1970, S. 171 liegt überhaupt kein Vertrag vor. Der Postcheckaussteller ist lediglich Benützer und kann folglich nur die Ansprüche geltend machen, welche ihm das Gesetz zuerkennt.

BERGER, F. Die Rechtsnatur von Check und Checkvertrag nach Schweizerischem Obligationenrechte, Diss. Bern 1927.

CANARIS, C.-W. Bankvertragsrecht, Berlin/New York 1975.

DÜTZ, W. Rechtliche Eigenschaften der Scheckkarte, DB 1970, 1. S. 189 ff.

FORSTMOSER, P. Allgemeine Geschäftsbedingungen und ihre Bedeutung im Bankverkehr, in: Rechtsprobleme der Bankpraxis, Hrsg. PETER FORSTMOSER, Bern/Stuttgart 1976.

GUHL/MERZ/KUMMER. Das schweizerische Obligationenrecht, 6. Aufl., Zürich 1972.

HABICHT, R. E. Der Checkvertrag und das Checkrecht, Diss. Zürich 1956.

HÜBNER, E. Scheckkartenmißbrauch und Untreue, JZ 1973, S. 407 ff.

HUECK/CANARIS. Recht der Wertpapiere, 11. Aufl., München 1977.

JACOBI, E. Wechsel- und Scheckrecht, Berlin 1955.

KLEINER, B. Die allgemeinen Geschäftsbedingungen der Banken, Giro- und Kontokorrentvertrag, 2. Aufl., Zürich 1964.

LIVER, P. Der Begriff der Rechtsquelle, ZBJV 91bis, 1955, S. 1 ff.

MEIER-HAYOZ, A. Berner Kommentar, Bd. I: Zivilgesetzbuch, 1. Abt., Art. 1, Bern 1966.

– Gesetzlich nicht geregelte Verträge I, SJK, Nr. 1134.

MERZ, H. Massenvertrag und allgemeine Geschäftsbedingungen, in: Festgabe W. Schönenberger, Freiburg/Schweiz 1968, S. 137 ff.

PERRIN, J.-F. La limitation de la responsabilité contractuelle en droit suisse, Sem. Jud. 1973, S. 209 ff.

REHFELDT/ZÖLLNER. Wertpapierrecht, 12. Aufl., München 1978.

REIMANN, R. Kommentar zum Bundesgesetz über die Banken und Sparkassen und zur VV, 3. Aufl., Zürich 1963.

SCHÖNLE, H. Bank- und Börsenrecht, 2. Aufl., München 1976.

STAUFFER/EMCH. Das Schweizerische Bankgeschäft, 2. Aufl., Thun 1972.

VIELI, L. Die Rechtsfolgen des Checkverlustes nach schweizerischem und nach französischem Recht, Diss. Zürich 1955.

ZIMMERMANN, H. Kommentar des schweizerischen Scheckrechts, Zürich 1964.

Ausgewählte schweizerische Gerichtsentscheide

BGE 24 II, 1898, S. 590; 41 II, 1915, S. 487; 51 II, 1925, S. 183; BGE (unveröffentlicht) O.c. U.B.S. vom 25. Oktober 1960, zit. bei PERRIN, S. 212; Cour de justice civile Genève, Sem. Jud. 1972, S. 33.

I. Reale Erscheinungsformen

Die Bankpraxis kennt eine einzige Erscheinungsform des Checkvertrags: Der (künftig) Bezogene (die Bank)[1] verspricht dem Aussteller, Checks zu honorieren, welche dieser auf ihn ziehen wird. Der Aussteller verpflichtet

---

[1] Bezogener kann nach zwingender Vorschrift (Art. 1102 OR) nur eine Bank sein. Als Bank gilt nach Art. 1135 OR eine Firma, die dem BG vom 8. November 1934 über die Banken und Sparkassen untersteht.

sich seinerseits, die vom Bezogenen geleisteten Beträge zurückzuerstatten, wobei diese Rückerstattung aller Regel nach in Form einer Deckung pränumerando zu leisten ist[2]. In der Praxis wird der Checkvertrag meistens im Rahmen eines allgemeinen Bankverhältnisses (Girovertrag) abgeschlossen[3].

II. Wirtschaftliche Funktionen

Volkswirtschaftlich dient der Checkverkehr und damit auch der Checkvertrag der Erleichterung des Zahlungsverkehrs[4]. Dem Bankkunden bringt der Vertrag die Möglichkeit der bargeldlosen Zahlung, somit (auch) eine Verringerung des Verlustrisikos. Der Bank eröffnet er ein Mittel, zinsgünstige Einlagen zu erlangen: Erfahrungsgemäß läßt der Kunde auf seinem Konto meistens einen gewissen Betrag stehen. Dieser «Bodensatz» wird zu einem sehr geringen Prozentsatz verzinst und sichert den Banken billiges Geld[5].

III. Verkehrstypen

Beim Checkvertrag fallen Realtypus und Verkehrstypus zusammen.

Den Bezogenen treffen folgende Pflichten:
– Pflicht zur Honorierung[6].
– Pflicht zur Prüfung des vorgewiesenen Checks[7].

Den Aussteller treffen folgende Pflichten:
– Pflicht zur Erstattung der Deckung[8].
– Sorgfaltspflicht[9].
– Pflicht zur Leistung eines Entgelts[10].

---

[2] Die Bank macht den Abschluß eines Checkvertrags in der Regel abhängig von der Eröffnung eines Kontos und einem bestimmten Guthaben, mit dem sie die aus der Honorierung entstandene Forderung verrechnen kann. Eine Ausnahme besteht, wenn die Bank dem Kunden Kredit gewähren will. In diesem Fall ist die Rückerstattung postnumerando zu leisten.

[3] Vgl. dazu HUECK/CANARIS, S. 165; HÜBNER, S. 411; SCHÖNLE, S. 107; CANARIS, S. 712; BRINK, S. 2; REHFELDT/ZÖLLNER, S. 139.

[4] Vgl. dazu auch HABICHT, S. 13; JACOBI, S. 404.

[5] Vgl. DÜTZ, S. 189.

[6] Vgl. BERGER, S. 54; HABICHT, S. 33; ZIMMERMANN, S. 122; GUHL/MERZ/KUMMER, S. 828; SCHÖNLE, S. 107; CANARIS, S. 713; HUECK/CANARIS, S. 165.

[7] Dazu HABICHT, S. 37 f.; CANARIS, S. 714. Zur Frage der Beschränkung dieser Pflicht vgl. hinten S. 880 ff.

[8] Vgl. BERGER, S. 54 f.; HABICHT, S. 33; GUHL/MERZ/KUMMER, S. 828.

[9] Vgl. HABICHT, S. 34 f.; BAUMBACH/HEFERMEHL, SchG Art. 3, N. 8 ff.; Art. 1132 OR.

[10] Vgl. vorne Anm. 5.

IV. Terminologie

In der ganzen Literatur und Judikatur spricht man vom Checkvertrag[11]. Die Parteien heißen Aussteller und Bezogener[12].

V. Rechtsanwendung

1. Allgemeines

Der Checkvertrag ist ein zweiseitiger Schuldvertrag[13] zum Zweck der Checkeinlösung. Auf den ersten Blick erscheint er als Auftrag nach Art. 394 OR[14]. Der verkehrstypische Checkvertrag weicht indessen in mehr als einer Hinsicht vom typischen Auftrag ab:

- Der Bezogene erbringt eine eigene Leistung. Dagegen ist die Leistung des Beauftragten nie selbständig, da der Auftrag allemal mindestens eine indirekte Stellvertretung in sich schließt[15].
- Eine Übertragung der Besorgung auf einen Dritten im Sinne von Art. 399 OR fällt außer Betracht.
- Das zwingende Widerrufsrecht des Beauftragten ist der Interessenlage nicht angemessen.
- Der Bezogene haftet insoweit für einen bestimmten Erfolg, als er zur Zahlung verpflichtet ist[16].

---

[11] Vgl. Habicht, passim; Albisetti/Bodmer/Gsell/Boemle/Rutschi, S.176; Zimmermann, S.110 und 122; Guhl/Merz/Kummer, S.828; Stauffer/Emch, S.249; Berger, passim; Baumbach/Hefermehl, SchG Art.3, N.3.; Jacobi, S.402; Hueck/Canaris, S.165; BGE 24 II, 1898, S.590. Schönle (S.107f.) verwendet daneben auch den Ausdruck Scheckeinlösungsvertrag.

[12] Vgl. statt aller Habicht, passim. Berger (S.54) spricht daneben auch von Checkvertragsgläubiger und Checkvertragsschuldner.

[13] Habicht, S.31.

[14] So z.B. BGE 51 II, 1925, S.186: «Die Beurteilung dieses Verhältnisses als Auftrag im Sinne von Art.394ff. OR drängt sich umso mehr auf, als nach Art.394 Abs.2 OR Verträge über Dienstleistungen, die keiner besonderen Vertragsart des Gesetzes unterstellt sind, unter den Vorschriften über den Auftrag stehen.» Vgl. ferner Vieli, S.87f. – Die herrschende deutsche Lehre nimmt einen Geschäftsbesorgungsdienstvertrag an; Baumbach/Hefermehl, SchG Art.3, N.3.

[15] Berger, S.46f.; Habicht, S.22f. mit Hinweisen.

[16] Vgl. Berger, S.55; Zimmermann, S.110 und 122; sehr deutlich Canaris (S.712), der einen Werkvertrag annimmt.

Aus diesen Gründen ist der Checkvertrag richtiger Ansicht nach ein Innominatvertrag, und zwar ein contractus sui iuris[17]. Der Richter hat folglich das Typenrecht modo legislatoris (Art. 1 Abs. 2 und 3 ZGB) zu setzen.

2. Entstehung

Der Abschluß eines Checkvertrages bedarf von Gesetzes wegen keiner besondern Form (Art. 11 Abs. 1 OR). In der Regel geht der Antrag vom Aussteller aus. Verkehrstypisch erklärt der Bezogene Annahme des Antrags durch Übergabe oder Zusendung des Checkbuches[18].

3. Inhalt

Typischer Inhalt des Checkvertrags ist die Verpflichtung des Bezogenen, Checks zu honorieren, welche der Aussteller auf ihn gezogen hat. Insofern liegt ein werkvertragsähnliches Element vor[19]. Im Blick auf die Checkkartenabrede ist entscheidend, daß die Honorierungspflicht grundsätzlich nur dem Aussteller gegenüber besteht[20]. Überdies ist sie (abgesehen vom Fall der Krediterteilung) an die Bedingung gebunden, daß der Aussteller bei der Bank ausreichende finanzielle Deckung unterhält[21]. Wird das Konto durch Ausstellung von Checks überzogen, so lastet auf der Bank nur (aber immerhin) die Pflicht zur Entrichtung von entsprechenden Teilzahlungen[22].

Rechtsprobleme ergeben sich bei der Frage der Prüfungspflicht und der damit zusammenhängenden Regelung der Schadenstragung

---

[17] So auch BERGER, S. 51; HABICHT, S. 31 f. Die Tatsache, daß das Checkrecht einwirkt (Art. 1103, 1132 OR), ändert nichts an dieser Qualifikation. Der Check ist ein Zahlungsmittel; ein irgendwie gearteter Rekurs auf gesetzlich statuiertes Vertragsrecht fällt außer Betracht.

[18] So BERGER, S. 53; ALBISETTI/BODMER/GSELL/BOEMLE/RUTSCHI, S. 176; STAUFFER/EMCH, S. 249. Anderer Meinung HABICHT, S. 41 f., nach der die Übergabe des Checkbuchs durch die Bank an den Kunden Antrag wäre. Der Antrag würde angenommen durch Ziehung eines Checks (oder durch Unterlassung fristgerechter Rückgabe des Checkbuchs). Der Kunde hat die AGB der Bank in der Regel bereits bei der Kontoeröffnung unterzeichnet. Die spezifischen Checkbedingungen sind im Checkbuch enthalten; vgl. STAUFFER/EMCH, S. 249.

[19] Vgl. dazu CANARIS, S. 712.

[20] Vgl. HABICHT, S. 47 und 49; BERGER, S. 26; VIELI, S. 89; BAUMBACH/HEFERMEHL, SchG Art. 3, N. 4; REHFELDT/ZÖLLNER, S. 139; JACOBI, S. 404. Dagegen hat der Checkinhaber bei der Checkkartenabrede einen direkten Anspruch gegen den Bezogenen; vgl. hinten S. 886, 888 f.

[21] Vgl. dazu HABICHT, S. 33; BERGER, S. 54; CANARIS, S. 713; Art. 1103 Abs. 1 OR. Ferner Art. 1709 Abs. 1 des Revisionsentwurfs zum Obligationenrecht aus dem Jahre 1905: «Durch den Checkvertrag verpflichtet sich der Schuldner gegen Deckung, die Anweisungen, die der Gläubiger auf ihn in Form eines Checks ausstellt, ohne besondere Annahme auszuzahlen.»

[22] Vgl. Art. 1103 Abs. 2 OR; BAUMBACH/HEFERMEHL, SchG Art. 3, N. 4; CANARIS, S. 713 f.; HUECK/CANARIS, S. 165.

bei Einlösung eines gefälschten Checks durch den Bezogenen. Bekanntlich pflegen die Banken in ihren Checkbedingungen und in den allgemeinen Geschäftsbedingungen die Haftung für leichtes Verschulden wegzubedingen[23]. Gewohnheitsrecht ist dadurch mit Sicherheit nicht entstanden, weil die opinio necessitatis mangelt[24] und weil der Haftungsausschluß im hier gegebenen Zusammenhang problematisch ist[25]. Eben deshalb ist zu fragen, ob der Richter nicht modo legislatoris eine dem Haftungsausschluß entgegenstehende zwingende Typennorm zu schaffen habe[26].

Allerdings untersteht der Checkvertrag grundsätzlich den Bestimmungen des allgemeinen Teils des Obligationenrechts (Art. 97 ff. OR). Doch dürfen die allgemeinen Vorschriften nicht unbesehen auf einen gesetzlich nicht geregelten Vertrag übertragen werden, «sondern immer nur unter wertender Abwägung, ob sie seiner Natur gerecht werden»[27]. Unter diesen Voraussetzungen ist namentlich zu beachten, daß die Inhaltsfreiheit und die Freiheit der Partnerwahl als Folge der allgemein üblichen Checkbedingungen und des Checkmonopols der Banken für den Aussteller praktisch aufgehoben sind. Obwohl das Bankgeschäft ein obrigkeitlich konzessioniertes Gewerbe darstellt[28], greift die in Art. 100 Abs. 2 OR vorgesehene Inhaltskontrolle der Freizeichnungsklausel in der Praxis kaum Platz. Nicht zuletzt deshalb, weil regelmäßig Hilfspersonen (und nicht der Bankier oder das zuständige Organ einer juristischen Person) die Erfüllungshandlungen vornehmen. Alsdann wäre Art. 101 Abs. 2 und 3 OR anwendbar.

---

[23] Vgl. STAUFFER/EMCH, S. 250; eine entsprechende Klausel ist in den Checkbedingungen oder in den AGB sämtlicher Großbanken enthalten. – Art. 1132 OR ist nach herrschender und unwidersprochener Auffassung dispositiver Natur; vgl. HABICHT, S. 68 ff.; PERRIN, S. 212; BGE (unveröffentlicht) O.c. U.B.S. vom 25. Oktober 1960; Cour de justice civile Genève, Sem. Jud. 1972, S. 38 f.; ferner VIELI, S. 116.

[24] Vgl. LIVER, S. 22 f.: «Dem anderen Geschäftspartner, dem Publikum also, wird immer mehr oder weniger bewußt sein, daß er mit der Eingehung des Vertrages eben Vertragsbedingungen akzeptiert und nicht von Rechtsnormen Kenntnis nimmt.» (Hervorhebung im Original.) Ferner MERZ, S. 146; FORSTMOSER, S. 15 f.

[25] Vgl. dazu vorne S. 799 f.

[26] Dabei muß er nach herrschender Lehre die Gesichtspunkte der Realisierbarkeit, der Gerechtigkeit und der Rechtssicherheit beachten, wobei letztlich bei der Interessenabwägung der ethische Gesichtspunkt (d.h. die Gerechtigkeit) entscheiden soll. Vgl. dazu MEIER-HAYOZ, Kommentar, Art. 1, N. 316 ff. und 328.

[27] MEIER-HAYOZ, SJK, Nr. 1134, 8.

[28] So auch HABICHT, S. 40 f.; VIELI, S. 121 f.; FORSTMOSER, S. 26. Der formelle Akt der Konzessionierung ist in der Bewilligung der Bankenkommission zu erblicken; vgl. VIELI, S. 121 f.; zum Bewilligungsverfahren REIMANN, S. 26 f. Anderer Meinung KLEINER (S. 14 f.), nach dem eine obrigkeitliche Konzessionierung materiell nicht begründet und auch formell nicht gegeben ist; Cour de justice civile Genève, Sem. Jud. 1972, S. 39; implizit auch BGE 41 II, 1915, S. 491; 64 II, 1938, S. 358. Die Argumentation KLEINERS überzeugt nicht. Es liegt sowohl eine faktische als auch eine rechtliche (passive Checkfähigkeit) Monopolstellung der Banken vor; vgl. dazu auch PERRIN, S. 212.

Entgegen der herrschenden Meinung[29] kann indessen Art. 101 Abs. 2 und 3 OR beim Checkvertrag nicht tale quale zum Zuge kommen. Der Richter hat vielmehr eine vertragstypische Norm zu schaffen. Angesichts der oben herausgestellten besonderen Abhängigkeit des Ausstellers muß die Regel lauten: Ein zum voraus erklärter Verzicht auf Haftung für leichtes Verschulden kann nach dem Ermessen des Richters in jedem Fall (also auch bei Erfüllung der Honorierungspflicht durch eine Hilfsperson) als nichtig betrachtet werden.

Die (vertragliche) Pflicht der Bank zur Legitimationsprüfung bei Vorweisung eines echten Checks richtet sich nach den allgemeinen wertpapierrechtlichen Grundsätzen, die sinngemäß anwendbar sind (Art. 966 Abs. 2 OR)[30].

4. Beendigung

Der Checkvertrag wird beendigt durch Zeitablauf[31], Kündigung[32], vertragliche Vereinbarung[33] und Konkurs[34]. Kein Beendigungsgrund ist der Tod des Ausstellers[35]. Dagegen geht der Checkvertrag unter, wenn der Bezogene stirbt, ohne daß sein Bankgewerbe von seinen Erben übernommen wird; denn Bankier zu sein ist eine persönliche Eigenschaft[36].

5. Einzelfrage: Anwendbarkeit der zwingenden Vorschriften des Checkrechts

Es versteht sich, daß Art. 1102 OR in Verbindung mit Art. 1135 OR (Checkmonopol der Banken) auch beim Abschluß des Checkvertrages Geltung beansprucht.

---

[29] Vgl. VIELI, S. 122; HABICHT, S. 66 ff.; Cour de justice civile Genève, Sem. Jud. 1972, S. 39; implizit wohl auch BGE 41 II, 1915, S. 491.

[30] Vgl. dazu HABICHT, S. 38 ff. Legitimation und Prüfungspflicht sind verschieden, je nachdem, ob es sich um einen Inhaber-, einen Ordre- oder einen Namencheck handelt. – Dazu auch CANARIS, S. 719.

[31] Vgl. BERGER, S. 57. Zeitlich befristete Checkverträge sind indes kaum üblich; vgl. HABICHT, S. 42.

[32] Die Banken behalten sich jederzeit Kündigung in den AGB vor. Doch ist auch der Aussteller jederzeit zur Kündigung berechtigt, wenn nichts anderes vereinbart wurde; vgl. HABICHT, S. 42 f. Als Dauerschuldverhältnis kann der Checkvertrag überdies stets aus wichtigem Grund gekündigt werden; vgl. BAUMBACH/HEFERMEHL, SchG Art. 3, N. 14.

[33] BERGER, S. 57; HABICHT, S. 42.

[34] Vgl. HABICHT, S. 44 f.

[35] Vgl. dazu HABICHT, S. 45 f.; BAUMBACH/HEFERMEHL, SchG Art. 3, N. 14.

[36] Vgl. HABICHT, S. 45.

§ 114. Die Checkkartenabrede

Literaturauswahl

ACHTERBERG/LANZ. Enzyklopädisches Lexikon für das Geld-, Bank- und Börsenwesen, 3. Aufl., Bd. II, Frankfurt a.M. 1967/68.

AUCKENTHALER, J. Das Verbot des Checkakzepts, Diss. Basel 1958.

BAUMBACH/HEFERMEHL. Wechselgesetz und Scheckgesetz, 12. Aufl., München 1978.

BILLMANN, CH. Die Rechtsgrundlagen des Scheckkartenverfahrens, Diss. ohne Ortsangabe 1971 (Heidelberg).

BRINK, U. Zivilrechtliche Probleme der Scheckkarte, Inst. für int. Recht des Spar-, Giro- und Kreditwesens an der Johannes Gutenberg-Universität, Nr. 21/22 der Gelben Reihe, 2. Teil, Mainz 1976.

CANARIS, C.-W. Bankvertragsrecht, Berlin/New York 1975.

DALLÈVES, L. La carte-garantie de chèque – Fonction et nature juridique, ZSR 1974 I, S. 145 ff.

DÜTZ, W. Rechtliche Eigenschaften der Scheckkarte, DB 1970, S. 189 ff.

EISEMANN, H. Grenzen der Scheckkartengarantie, JR 1976, S. 367 ff.

EISENHARDT, U. Die rechtliche Bedeutung des Scheckkartennummervermerks auf dem Scheck, MDR 1972, S. 729 ff.

GAUTSCHI, G. Berner Kommentar, Bd. VI: Obligationenrecht, 2. Abt., 6. TBd., Art. 425–491, Bern 1962.

HABICHT, R. E. Der Checkvertrag und das Checkrecht, Diss. Zürich 1956.

HOOVEN, E. VAN. Eurocard – eine neue Dienstleistung des deutschen Kreditgewerbes, Bank-Betrieb 1976, S. 42 ff.

HORN, N. Die Verwendung von Scheckkarten für Kreditzwecke, NJW 1974, S. 1481 f.

HÜBNER, E. Scheckkartenmißbrauch und Untreue, JZ 1973, S. 407.

HUECK/CANARIS. Recht der Wertpapiere, 11. Aufl., München 1977.

Internationales Eurocheque Sekretariat. eurocheque gestern – heute – morgen, Brüssel 1978.

JACOBI, E. Wechsel- und Scheckrecht, Berlin 1955.

PALANDT/THOMAS. Bürgerliches Gesetzbuch, 37. Aufl., München 1978.

POSSEN, PH. Die Scheckkarte rechtlich betrachtet, Bank-Betrieb 1968, S. 62 ff.

REHFELDT/ZÖLLNER. Wertpapierrecht, 12. Aufl., München 1978.

SCHAUDWET, M. Rechtsfragen der Scheckkarte, NJW 1968, S. 9 ff.

SCHÖNLE, H. Bank- und Börsenrecht, 2. Aufl., München 1976.

SCHÜTZ, W. Die Fortbildung des Scheckrechts durch die Praxis, NJW 1968, S. 721 ff.

STÖCKLIN, R. Eurocheque und Deutsches Internationalprivatrecht, JZ 1976, S. 310 ff.

WENTZEL, K. Mißbräuchliche Verwendung der Scheckkarte durch den Aussteller zur Kreditsicherung, BGHZ 64, S. 79.

WÜRSCH, J. Die Kreditkarte nach schweizerischem Privatrecht unter Berücksichtigung von Checkkarte und Bancomatkarte, Diss. Freiburg/Schweiz 1975.

ZAHRNT, CH. Die Scheckkarte unter strafrechtlichen Gesichtspunkten, NJW 1972, S. 277 ff.

ZAHRNT, CH. Die Sicherheit der Scheckeinlösung, Berlin 1971.
ZÖLLNER, W. Zur rechtlichen Problematik der Scheckkarte, DB 1968, S. 559 ff.

Ausgewählte schweizerische Gerichtsentscheide
HGer Zürich, ZR 1974, Nr. 89.

I. Reale Erscheinungsformen

Aufgrund eines Checkvertrags haftet die bezogene Bank nur gegenüber dem Aussteller für die Einlösung eines begebenen Checks; und auch das nur, sofern Deckung besteht oder ein Checkkredit eröffnet worden ist[1]. Nach Art. 1104 OR kann der Check nicht angenommen werden. Dazu kommt die checkvertragliche Möglichkeit des Ausstellers, einen begebenen Check entgegen Art. 1119 OR zu widerrufen, bevor die Vorlegungsfrist abgelaufen ist. Soll der Check für den Nehmer wirksames Zahlungsmittel sein, müssen die mit dieser gesetzlichen und vertraglichen Ordnung gegebenen Risiken bei Hinnahme eines Checks gemindert werden.

Diesem Zweck dient die C h e c k k a r t e n a b r e d e im Rahmen eines Checkvertrags. Durch diese Abrede verpflichtet sich die bezogene Bank a u c h g e g e n ü b e r   d e m   N e h m e r zur Zahlung, und zwar unabhängig von der Deckung und unbeschadet eines allfälligen Widerrufs des Ausstellers während der Vorlegungsfristen. Technisch erreicht man diese Ergebnisse, indem die Bank dem Kunden eine Checkkarte aushändigt. Diese Urkunde trägt auf der Vorderseite die Firma der ausgebenden Bank, den Namen und die Kontonummer des Bankkunden sowie die Kartennummer und die Geltungsdauer. Auf der Rückseite garantiert die Bank «durch die Checkkarte» jedem nach den Grundsätzen des Checkrechts rechtmäßigen Inhaber von Formularchecks, daß sie diese bis zu einem bestimmten Höchstbetrag (in der Schweiz Fr. 300.–) einlösen werde, wenn die Rückseite des Checks die Nummer der Checkkarte trägt.

II. Wirtschaftliche Funktionen

Die wirtschaftlichen Funktionen der Checkkartenabrede liegen auf der Hand: Die angesichts des geltenden Checkrechts und der verkehrstypischen Ausgestaltung des gewöhnlichen Checkvertrags dem Nehmer erwachsenden

---

[1] Vgl. vorne § 113, Der Checkvertrag, S. 880.
[2] Vgl. dazu ZÖLLNER, S. 599; BAUMBACH/HEFERMEHL, SchG Art. 4, Anhang, N. 1; SCHAUDWET, S. 9 f.; HÜBNER, S. 408; DÜTZ, S. 980 ff.; SCHÜTZ, S. 722; DALLÈVES, S. 149.

Risiken werden eingedämmt. Die Bank selbst verpflichtet sich gegenüber dem Nehmer. Erst dadurch wird der Check zu einem vollwertigen Zahlungsmittel, welches das in Handels- und Gewerbekreisen weithin verbreitete Mißtrauen gegen diese Form der bargeldlosen Zahlung zu beseitigen vermag[2]. Auch die Banken haben ein Interesse an der Steigerung des Checkverkehrs, weil Checkguthaben der Kunden in der Regel Aktivsaldi aufweisen, die nur zu geringen Habenzinsen verpflichten[3,4]. 1977 waren in der Schweiz rund 300000, im Rahmen des gesamten Eurochecksystems fast 22 Mio. Checkkarten im Umlauf[5].

III. Verkehrstypen

Die Schweizer Banken haben (wie die ausländischen) die Checkkarte einheitlich ausgestaltet und durch allgemeine Geschäftsbedingungen geordnet. 1969 wurde darüber hinaus auf Initiative des Bundesverbandes Deutscher Banken das Eurochecksystem ins Leben gerufen, wodurch die Einlösungsgarantie auch im Ausland besteht[6]. Dadurch hat sich die Einrichtung zu einem internationalen Verkehrstypus verfestigt. Allemal geht es um das Versprechen der Bank gegenüber dem Nehmer, den Kartencheck bis zu einem Höchstbetrag einzulösen.

IV. Terminologie

Da eine Abrede im Rahmen eines Checkvertrags (und damit eines umfassenderen Bankvertrags) vorliegt, übernimmt man zweckmäßigerweise die dort üblichen Bezeichnungen: Aussteller, bezogene Bank, Nehmer.

V. Rechtsanwendung

1. Allgemeines

Die Checkkartenabrede modifiziert den auftragsähnlichen unbenannten Checkvertrag in der Weise, daß die bezogene Bank zusätzlich dem Nehmer

---

[3] Vgl. dazu Dütz, S. 189; Schaudwet, S. 14; Billmann, S. 9; Dallèves, S. 149.

[4] Billmann (S. 16 f.) weist darauf hin, daß der Checkkarten-Check nicht nur Zahlungsmittel, sondern darüber hinaus auch Kreditbeschaffungsmittel ist.

[5] Vgl. Internationales Eurocheque Sekretariat, S. 25.

[6] 1977 konnten mit der Eurocheckkarte begebene Checks in 36 Ländern eingelöst werden. Vgl. Internationales Eurocheque Sekretariat, S. 32. – Vgl. zum Eurochecksystem im einzelnen Dallèves, S. 147 f.; Stöcklin, S. 310.

Einlösung verspricht. Das Versprechen wird aber auch dem Aussteller abgegeben[7], so daß der Checkvertrag mit einem Element gemischt wird, das der Verpflichtung zugunsten Dritter und (mindestens im Bereich der nicht oder nicht mehr vorhandenen Deckung) dem Garantieversprechen ähnelt.

2. Entstehung

Die Checkkartenabrede kommt zustande durch formlose Übereinkunft (Art. 11 Abs. 1 OR). Die Verpflichtung der Bank gegenüber dem Aussteller, dem Nehmer Einlösung zu versprechen, wird durch Aushändigung der Checkkarte erfüllt[8].

Die Anerkennung der Checkkartenbedingungen durch den Aussteller erfolgt durch Unterzeichnung des Antrags für die Ausstellung der Checkkarte[9] oder durch Unterzeichnung der Empfangsbescheinigung[10,11].

3. Inhalt

a) Pflichten der bezogenen Bank:

– Pflicht zur Erfüllung des Zahlungsanspruchs des Nehmers im Rahmen der Deckung des Ausstellers. Diese Pflicht besteht gegenüber dem Nehmer und dem Aussteller[12].
– Pflicht zur Erfüllung des Zahlungsanspruchs des Nehmers unbeschadet der Deckung des Ausstellers. Auch diese Pflicht besteht gegenüber dem Nehmer und dem Aussteller, wenngleich dieser verpflichtet ist, für die erforderliche Deckung zu sorgen.
– Pflicht zur Echtheits- und Legitimationsprüfung: Nach den allgemeinen Checkkartenbedingungen der Banken anerkennt der Kunde vorbehaltlos «die Belastung von mit der Nummer seiner Checkkarte versehenen Checks» (Ziff. 5 des Reglementes). Nach Ziff. 6 schließt die Bank die Haftung für die Folgen «aus dem Abhandenkommen, der mißbräuchlichen Verwendung, Fälschung oder Verfälschung der Checkkarte und der Checkformulare» unter Vorbehalt groben Verschuldens auch dann aus, «wenn der Bank ein allfälliger Verlust angezeigt oder ihr gegenüber

---

[7] Die aus dem Checkvertrag folgende Honorierungspflicht bleibt selbstredend bestehen; dazu auch SCHAUDWET, S. 11; CANARIS, S. 748f.
[8] ZÖLLNER, S. 560.
[9] Vgl. Antragsformular für die Checkkarte der Schweizer Banken.
[10] Vgl. BILLMANN, S. 13.
[11] Die Aushändigung des Checkformularbuches erfolgt bereits aufgrund des Checkvertrags.
[12] Vgl. auch oben Anm. 7.

eine Kontovollmacht widerrufen worden ist»[13]. Daraus könnte auf eine den (dispositiven) Art. 1132 OR verdrängende Freizeichnung geschlossen werden. Sie ist indessen im Rahmen des hier vorgeschlagenen Richterrechts zur Freizeichnung beim Checkvertrag[14] unzulässig. Demnach hat die Bank auch bei Vorweisung von Kartenchecks in vollem Umfang zu prüfen, ob der Vorweiser «nach den Grundsätzen des Checkrechts rechtmäßiger Inhaber» (Ziff. 4 des Reglements) sei. Es trifft sie die gleiche Sorgfaltspflicht wie bei der Einlösung des Normalchecks[15].

b) Pflichten des Ausstellers:

- Pflicht zur Leistung von Deckung im Rahmen des zugrunde liegenden Checkvertrags.
- Pflicht zur Verfügung mittels Kartenchecks nur im Rahmen der Deckung («des verfügbaren Betrages»; Ziff. 3 des Reglementes)[16].
- Pflicht zur Rückgabe der Checkkarte bei Auflösung des Kontos (Ziff. 2 des Reglementes).

4. Beendigung

Die Checkkartenabrede erlischt durch Zeitablauf, Widerruf und durch Beendigung des Checkvertrags. Nach Ziff. 2 des Reglementes fällt die Gültigkeit der Checkkarte am Ende des auf ihr angegebenen Kalenderjahres dahin. Die Checkkartenabrede kann aber eine längere Laufdauer haben, so daß die Bank verpflichtet ist, am Ende des Kalenderjahres eine neue Checkkarte auszuhändigen. Nach Ziff. 2 des Reglementes behält sich die Bank überdies vor, die Checkkarte jederzeit und ohne Angabe von Gründen zurückzufordern. Eine solche Rückforderung ist im Zweifel als Widerruf auch der Checkkartenabrede zu betrachten. Dieses Widerrufsrecht ist besonders dann angebracht, wenn man die Freizeichnungsbefugnis verneint. Da eine Innominatsabrede vorliegt, steht nichts im Wege, das auftragsrechtliche Widerrufsrecht des Ausstellers für die Dauer der jeweiligen Vorlegungsfristen vertraglich auszuschließen.

---

[13] Nach Art. 5 der Checkkarten-Bedingungen der deutschen Banken hat die Bank den Check, der mit der Nummer der Karte versehen ist, nur auf seine formale Ordnungsmässigkeit zu prüfen.
[14] Vgl. § 113, Der Checkvertrag, S. 880 ff.
[15] BILLMANN, S. 122. – Demgegenüber ist der Verzicht auf Widerruflichkeit der Kontovollmacht vor Ablauf der Vorlegungsfristen zulässig; vgl. Art. 1119 Abs. 1 OR.
[16] Selbstredend sind debitorische Verfügungen aufgrund eines von der Bank eingeräumten Kredites mitbegriffen; vgl. BILLMANN, S. 15.

5. Einzelfragen

a) Rechtsstellung des Nehmers

Bis zum Garantiebetrag steht dem Nehmer ein e i g e n e s R e c h t gegen die bezogene Bank zu. Es ist die Frage, wie diese Rechtsstellung konstruktiv zu erfassen ist. Die L e h r e nimmt überwiegend an, die bezogene Bank schließe mit dem Nehmer durch Vermittlung des Ausstellers oder unmittelbar einen G a r a n t i e v e r t r a g [17]. Die einen meinen, mit der Aushändigung der Checkkarte werde der Aussteller bevollmächtigt, namens der Bank Garantie zu versprechen [18]. Die andern halten dafür, der Aussteller handle lediglich als N u n t i u s [19] mittels Verwendung der die Garantieerklärung enthaltenden Checkkarte. So oder anders ist zu beachten, daß eine Garantieerklärung grundsätzlich zugunsten nur des ersten Nehmers wirkt und daher allfälligen N a c h m ä n n e r n abgetreten werden müßte [20]. Nach Ziff. 4 des Reglementes verspricht aber die Bank jedem «nach den Grundsätzen des Checkrechts rechtmäßigen Inhaber» Zahlung. Überdies ist der Garantietatbestand im Rahmen der Deckung nur schwer einzusehen, weil aufgrund des Checkvertrags die Bank ohnehin zur Zahlung verpflichtet ist [21]. Soweit die Verpflichtung der Bank auch bei mangelnder Deckung besteht, ist dagegen Garantie der Regreßschuld des Ausstellers nicht auszuschließen.

Die eben signalisierten Bedenken veranlassen einen andern Teil der Lehre, einen Vertrag zwischen dem Aussteller und der Bank z u g u n s t e n d e s j e - w e i l i g e n I n h a b e r s anzunehmen [22]. Unter diesen Voraussetzungen entstände das Forderungsrecht in der Person des Ansprechers mit der Berechtigung aus dem Check, wobei freilich die Höhe der Garantie von der Bank nicht in jedem Fall festgesetzt, sondern im Sinne einer Maximalgarantie ausgestaltet wäre. Diese Konstruktion hat den Vorzug, die Verpflichtung der Bank gegenüber dem jeweiligen berechtigten Checkinhaber ohne Schwierig-

---

[17] Vgl. SCHAUDWET, S. 10; BAUMBACH/HEFERMEHL, SchG Art. 4, Anhang, N. 3 ff.; HÜBNER, S. 408; ZAHRNT, Scheckkarte, S. 278; DERSELBE, Die Sicherheit, S. 235 ff.; POSSEN, S. 62; BILL-MANN, S. 40 f.; SCHÖNLE, S. 214; EISENHARDT, S. 730; PALANDT/THOMAS, Einf. vor § 765, N. 3 c; STÖCKLIN, S. 310; CANARIS, S. 744 f.; WÜRSCH, S. 281 ff.; BGH, NJW 1975, S. 1168.

[18] So namentlich SCHAUDWET, S. 10; SCHÖNLE, S. 214; CANARIS, S. 744 f.; HUECK/CANARIS, S. 167; WÜRSCH, S. 268 f.; EISENHARDT, S. 730 f.; PALANDT/THOMAS, Einf. vor § 765, N. 3 c; HORN, S. 1481; STÖCKLIN, S. 310; BRINK, S. 4 f.

[19] POSSEN, S. 62; BILLMANN, S. 40 f. und die bei DÜTZ, S. 192, Anm. 55 und bei BILLMANN, S. 41, Anm. 1 zitierten Autoren; ferner BAUMBACH/HEFERMEHL, SchG Art. 4, Anhang, N. 4.

[20] BAUMBACH/HEFERMEHL, SchG Art. 4, Anhang, N. 5.; DALLÈVES, S. 151 ff.

[21] Die Bank garantierte mithin re vera die Zahlungspflicht des hauptverpflichteten Ausstellers für den Fall, daß sie selbst ihrer eigenen Zahlungspflicht nicht nachkommt; ähnliche und andere Bedenken bei ZÖLLNER, S. 559 ff.; DÜTZ, S. 191 f.; REHFELDT/ZÖLLNER, S. 136.

[22] So vor allem ZÖLLNER, S. 559 ff.; DÜTZ, S. 191 f.; ferner WENTZEL, S. 631.

keiten zu begründen. Begreift man die der Checkbegebung zugrunde liegende Anweisung als ein Geschäft aliena gratia[23], so bietet sich zwangslos an, die Checkkartenabrede als Annahme der dem Check zugrunde liegenden Anweisung aufzufassen, die außerhalb der wertpapierrechtlichen Gestaltung des Verhältnisses steht. Das hält vor Art. 1104 OR stand, da die Annahmeerklärung «sich nicht auf dem Scheck, sondern auf der Scheckkarte» befindet[24]. Jeder Nachmann kann aus der auf der Rückseite des Checks angebrachten Checkkartennummer ersehen, daß die Bank eine (außerhalb der wertpapierrechtlichen Wirkungen stehende) Annahmeerklärung abgegeben hat[25].

b) Einwendungen und Einreden der Bank

Die Bank kann allemal geltend machen, es liege kein gültiger Check vor (Einwendungen aus der Urkunde). Sie kann ferner einwenden, die Annahme sei nicht erfolgt (insbesondere bei Fehlen der Checkkartennummer auf dem Check). Sie kann weiter vorbringen, der Ansprecher sei nicht der nach «den Grundsätzen des Checkrechts rechtmäßige Inhaber» (Art. 4 des Reglementes). Endlich kann sie alle Einreden gegenüber dem Ansprecher selbst erheben (z.B. Verrechnungseinrede). Demgegenüber bleiben ihr alle Einreden und Einwendungen abgeschnitten, die das Valuta- und das Deckungsverhältnis betreffen[26, 27].

---

[23] So GAUTSCHI, Vorbem. zu Art. 466–471, N. 3 b.

[24] SCHÖNLE, S. 214. – Daß eine außerhalb der Checkurkunde abgegebene Annahmeerklärung nicht gegen das Akzeptverbot des Art. 1004 OR verstößt und somit zivilrechtlich verbindlich ist, wird nicht bestritten; vgl. dazu AUCKENTHALER, S. 33; HGer Zürich, ZR 1974, S. 233 mit zahlreichen Hinweisen; BGH, NJW 1975, S. 1168; EISENHARDT, S. 731; REHFELDT/ZÖLLNER, S. 136; HORN, S. 1483; BRINK, S. 5.; ACHTERBERG/LANZ, Stichwort Scheckkarte (S. 1463); WÜRSCH, S. 269 ff.; ferner JACOBI, S. 572. Gesetzesumgehung liegt nicht vor: AUCKENTHALER, S. 33; WÜRSCH, S. 270 ff.; HGer Zürich, ZR 1974, S. 233 f. – Man kann sich allenfalls fragen, ob die Eintragung der Checkkartennummer auf der Rückseite des Checks eine auf der Urkunde abgegebene Einlösungszusage darstelle. Die Frage ist indes zu verneinen. «Der Scheckkartennummervermerk ist ... für sich allein genommen keine Einlösungszusage der Bank; er ist lediglich eine Wirksamkeitsvoraussetzung für den ... Garantievertrag zwischen der Bank und dem Schecknehmer, eine aufschiebende Bedingung, von deren Eintritt die Gültigkeit des Garantievertrages abhängig gemacht wird.» (EISENHARDT, S. 732.)

[25] Das führt im Ergebnis dazu, daß die legitimationsrechtlichen Wirkungen des Checks im Blick auf die Zahlungspflicht der Bank entfallen.

[26] Vgl. dazu BILLMANN, S. 74; DÜTZ, S. 191; SCHAUDWET, S. 11; POSSEN, S. 62; CANARIS, S. 746; WÜRSCH, S. 282; ferner WENTZEL, S. 632.

[27] Zur Frage, wann die Bank die Honorierung von Checkkartenchecks wegen mangelnder Deckung verweigern kann, obwohl die in den Checkkartenbedingungen genannten formellen Voraussetzungen erfüllt sind: BGH, NJW 1975, S. 1469 ff.; HORN, S. 1481 ff.; STÖCKLIN, S. 310 f.; WENTZEL, S. 630 ff.; EISENMANN, S. 367 ff.; REHFELDT/ZÖLLNER, S. 136.

§ 115. Das Kreditkartengeschäft*

Literaturauswahl

Albisetti/Bodmer/Gsell/Boemle/Rutschi. Handbuch des Bank-, Geld- und
  Börsenwesens der Schweiz, 3. Aufl., Thun 1977.
Avancini, P. Rechtsfragen des Kreditkartengeschäfts, Zeitschrift für Rechts-
  vergleichung, Wien 1969, S. 121 ff.
– Die Kreditkarte, Oesterreichische Landesreferate zum VIII. Internationalen
  Kongreß für Rechtsvergleichung in Pescara 1970, Wiener Rechtswissenschaft-
  liche Studien, 8. Bd., Wien 1970, S. 110 ff.
Billmann, Ch. Die Rechtsgrundlagen des Scheckkartenverfahrens, Diss. ohne
  Ortsangabe 1971 (Heidelberg).
von Büren, B. Schweizerisches Obligationenrecht, Allgemeiner Teil, Zürich 1964.
– Schweizerisches Obligationenrecht, Besonderer Teil, Zürich 1972.
Canaris, C.-W. Bankvertragsrecht, Berlin/New York 1975.
Dumait, A. La carte de crédit, France-Soir vom 15. September 1973.
van Hooven, E. Kreditkarten – ein geschäftspolitisches Wagnis, Bank-Betrieb
  1967, S. 198 ff.
Schönle, H. Bank- und Börsenrecht, 2. Aufl., München 1976.
Stauder, B. Rechtsfragen des Kreditkartengeschäfts, in: Stauder/Weisensee,
  Das Kreditkartengeschäft, Frankfurt a. M. 1970, S. 70 ff.
Weisensee, G. J. Die Kreditkarte – ein amerikanisches Phänomen, Bern/Stuttgart
  1970.
Würsch, J. Die Kreditkarte nach schweizerischem Privatrecht unter besonderer
  Berücksichtigung von Checkkarte und Bancomatkarte, Diss. Freiburg/Schweiz
  1975.
Zahrnt, Ch. Die Kreditkarte unter privatrechtlichen Gesichtspunkten, NJW
  1972, S. 1077 ff.

I. Reale Erscheinungsformen

Das Kreditkartengeschäft erscheint in zwei Realtypen:

1. Ursprünglich allein verwirklicht war das Zwei-Parteien-System.
Es ermöglicht dem Kreditkarteninhaber den bargeldlosen Erwerb von Waren und Dienstleistungen eines Unternehmens, das die («einfache») Karte
ausgestellt hat[1] (Typ A).

---

* Zitiervorschlag: Schluep/Baudenbacher.
[1] Vgl. Avancini, Rechtsfragen, S. 122 f.; derselbe, Die Kreditkarte, S. 100; Würsch, S. 36 f.,
  43 ff., 67 ff. Das Zweiparteiensystem ist, wie Weisensee (S. 28, 43 ff.) zutreffend bemerkt, im
  Grunde genommen nichts anderes als das frühere «Anschreibenlassen» beim Einzelhändler,
  das auch heute in ländlichen Gebieten noch Brauch ist. Die einfache Kreditkarte wird vor allem
  verwendet bei Treibstoffgesellschaften, Hotelketten und Kaufhäusern; vgl. Avancini, Rechtsfragen, S. 122 f. Zu den viel ausgedehnteren Verwendungsmöglichkeiten in den USA: Weisensee, S. 32 ff.

2. Neueren Ursprungs ist das Drei-Parteien-System, an dem die ausstellende Gesellschaft, der Karteninhaber und ein drittes Unternehmen beteiligt sind. Ausgegeben wird eine sog. qualifizierte Kreditkarte, mit welcher der Inhaber nur bei dritten Unternehmen (den Vertragsunternehmen) ohne Barzahlung Waren erwerben und Dienstleistungen beanspruchen kann (Typ B)[2]. Allein dieses zweite System schafft rechtliche Schwierigkeiten, so daß die folgenden Betrachtungen ausschließlich ihm gelten[3].

II. Wirtschaftliche Funktionen

Die volkswirtschaftliche Bedeutung des Kreditkartengeschäfts liegt in der Förderung des bargeldlosen Zahlungsverkehrs[4]. Für den Inhaber steht bei den bekanntesten Systemen wie Amexco und Diners Club die Zahlungsfunktion im Vordergrund: er vermag mit Hilfe der Karte Geschäfte bargeldlos zu tätigen, die sonst nur gegen Barzahlung abgeschlossen werden[5]. Die Kreditfunktion ist demgegenüber bei diesen Systemen von zweitrangiger Bedeutung. Da der Ausgeber der Kreditkarten in der Regel monatlich Rechnung stellt[6], erlangt der Kreditkarteninhaber ohnedies nur einen sehr kurzfristigen Kredit. Anderes gilt für die sogenannten Bankkarten, die dem Inhaber vorab als Kreditinstrument dienen[6a]. In jedem Fall bringt die Kreditkarte ihrem Inhaber eine Verringerung des Verlustrisikos,

---

[2] Vgl. dazu AVANCINI, Rechtsfragen, S. 122; DERSELBE, Die Kreditkarte, S. 100 f.; ZAHRNT, S. 1078; WÜRSCH, S. 38 f., 43 ff. Zu den Verwendungsmöglichkeiten in den USA: WEISENSEE, S. 35 ff. Die bekanntesten Kreditkartenorganisationen in der Schweiz sind der Diners Club und die American Express Company (Amexco). Eine Aufstellung sämtlicher im Jahre 1969 in der Schweiz bestehender Systeme findet sich bei WEISENSEE, S. 168.

[3] Daneben bestehen auch Mischformen zwischen den genannten Realtypen, welche hier jedoch nicht weiter interessieren; vgl. dazu WÜRSCH, S. 48.

[4] Vgl. dazu ALBISETTI/BODMER/GSELL/BOEMLE/RUTSCHI, S. 400; VAN HOOVEN, S. 198; AVANCINI, Rechtsfragen, S. 121; CANARIS, S. 811; WÜRSCH, S. 60 f. Die Bedeutung des bargeldlosen Zahlungsverkehrs über die Kreditkarte ist indes eher als gering anzusehen; vgl. dazu WEISENSEE, S. 202.

[5] Vgl. VAN HOOVEN, S. 198; AVANCINI, Die Kreditkarte, S. 104; WÜRSCH, S. 64. Zu Recht bemerkt WEISENSEE (S. 202), daß das eigentliche bargeldlose Zahlungsmittel nicht in der Kreditkarte, sondern in der Kreditkartenrechnung bzw. der Gutschrift zu erblicken ist. Die Karte ist nur ein Ausweis, der besagt, daß die Kartenorganisation die Rechnung bezahlen werde; vgl. dazu auch AVANCINI, Die Kreditkarte, S. 104; WÜRSCH, S. 60.

[6] Vgl. Ziff. 9 der Bestimmungen für die Mitgliedschaft beim Diners Club; Ziff. 1 der Ausgabebedingungen von American Express Company.

[6a] Beispiele sind Visa und Eurocard. – Die Botschaft zum Entwurf eines Konsumkreditgesetzes unterstellt solche Karten denn auch folgerichtig den Bestimmungen über Kleinkredite; vgl. BBl 1978 II, S. 563.

da er kein oder nur wenig Bargeld auf sich tragen muß. Endlich erleichtert die konsequente Verwendung der Kreditkarte die Buchführung[7].

Dem Vertragsunternehmer verschafft das Kreditkartengeschäft als attraktives Dienstleistungsprogramm neue Kunden, die erfahrungsgemäß ausgabefreudiger sind als die Barzahler[8].

Der Kreditkartenausgeber schließlich läßt sich einerseits von den Vertragsunternehmen ein Entgelt in Gestalt einer Provision ausbezahlen und erhebt andererseits einen Jahresbeitrag von den Karteninhabern[9].

Der entscheidende Nachteil der Kreditkarte gegenüber der Checkkarte liegt in der starken Einschränkung der freien Konsumwahl[10]. In anderen Ländern ist man dazu übergegangen, die Vorteile der beiden Karten zu kombinieren. So erfüllt die englische Barclay-Card zugleich die Funktion einer Checkkarte[11]. Die französische Carte Bleue ist gar Kreditkarte, Checkkarte und Bancomat-Karte in einem[12].

III. Verkehrstypen

Der Verkehrstypus des Kreditkartengeschäfts deckt sich mit dem Realtypus B. Das Dreieckverhältnis wird durch folgende Rechtspflichten typisiert:

- Pflicht des Vertragsunternehmers, dem Karteninhaber Leistungen ohne Barzahlung zu gewähren.
- Pflicht des Kartenherausgebers, die durch Leistungsbezug des Inhabers entstandene Forderung des Vertragsunternehmers zu bezahlen.
- Pflicht des Karteninhabers, dem Herausgeber die geleisteten Beträge zurückzuerstatten.

Die einzelnen Rechtsverhältnisse lassen sich wie folgt typisieren:

1. Verhältnis zwischen Kreditkartenherausgeber und Vertragsunternehmer

---

[7] Vgl. AVANCINI, Die Kreditkarte, S. 105. – Nicht zu unterschätzen ist die prestigefördernde Wirkung der Kreditkarte, die auch in der Werbung der Kreditkartenorganisationen herausgestrichen wird; dazu auch AVANCINI, Die Kreditkarte, S. 105.

[8] Vgl. VAN HOOVEN, S. 198; AVANCINI, Die Kreditkarte, S. 105.

[9] Zur Provision vgl. hinten, S. 893, Anm. 14, S. 897. Der Diners Club verlangt überdies eine Aufnahmegebühr. – Amexco zählt zur Zeit in der Schweiz rund 45 000 Karteninhaber und 6 000 Vertragsunternehmen, Diners Club ca. 35 000 Karteninhaber und 6 000 Vertragsunternehmen.

[10] Vgl. VAN HOOVEN, S. 199; BILLMANN, S. 8.

[11] Vgl. BILLMANN. S. 11.

[12] Vgl. dazu BILLMANN, S. 11; DUMAIT (oben Lit.verz. vor § 115).

Den Vertragsunternehmer treffen folgende Pflichten:
- Pflicht, dem Karteninhaber Leistungen ohne Barzahlung zu gewähren[13].
- Pflicht, dem Herausgeber eine Provision zu bezahlen[14].
- Pflicht, Hinweisschilder anzubringen[15].

Den Herausgeber treffen folgende Pflichten:
- Pflicht zur Bezahlung der entstandenen Forderungen[16].
- Pflicht zur Erbringung gewisser Dienstleistungen[17].
- Pflicht zur Akquisition[18].

2. Verhältnis zwischen Herausgeber und Karteninhaber

Den Herausgeber treffen folgende Pflichten:
- Pflicht, die bargeldlose Inanspruchnahme von Leistungen der Vertragsunternehmer zu ermöglichen[19].

---

[13] Vgl. STAUDER, S. 91 f.; AVANCINI, Rechtsfragen, S. 125; WÜRSCH, S. 133 ff.; CANARIS, S. 813.

[14] Die Provision wird berechnet in Prozenten des Rechnungsbetrags. Sie kann nach Branche und Umsatz der über Kreditkarten abgewickelten Geschäfte variieren. Je nach Wettbewerbssituation können die Prozentsätze erhöht oder gesenkt werden. Üblich ist Erfüllung durch Verrechnung. Vgl. dazu STAUDER, S. 92; AVANCINI, Rechtsfragen, S. 125; WÜRSCH, S. 135; CANARIS, S. 813.

[15] Die Hinweisschilder sollen dem Karteninhaber anzeigen, daß das betreffende Geschäft Vertragsunternehmen ist. – Eine Aufstellung weiterer Pflichten des Vertragsunternehmens findet sich bei WÜRSCH, S. 135 f.

[16] Vgl. dazu STAUDER, S. 88; AVANCINI, Rechtsfragen, S. 125; WÜRSCH, S. 136 ff. Die Zahlungspflicht ist abhängig von der Erfüllung gewisser Voraussetzungen:
a) Die Rechnungen müssen vom Karteninhaber durch Unterschrift anerkannt sein. Die Unterschrift auf der Rechnung muß mit der auf der Karte übereinstimmen; vgl. AVANCINI, Rechtsfragen, S. 125; STAUDER, S. 88 f.; ZAHRNT, S. 1080.
b) Der Karteninhaber muß eine gültige Karte vorgewiesen haben. Abgelaufene und ungültig erklärte Karten begründen keine Zahlungspflicht; vgl. AVANCINI, Rechtsfragen, S. 125; STAUDER, S. 88 f.; ZAHRNT, S. 1080. Zum Problem der Kartenfälschung vgl. hinten S. 899 f.
c) Weitere Voraussetzung ist die Beachtung einer bestimmten Frist durch das Vertragsunternehmen; vgl. AVANCINI, Rechtsfragen, S. 125; STAUDER, S. 89; ZAHRNT, S. 1080.
d) Bestimmte Höchstsummen pro Geschäftsfall dürfen nicht überschritten werden; vgl. AVANCINI, Rechtsfragen, S. 125; STAUDER, S. 89. – Keine Voraussetzung der Zahlungspflicht ist der tatsächliche Bestand der Forderung. Es genügt die Behauptung des Bestehens durch den Vertragsunternehmer, sofern die genannten formellen Voraussetzungen erfüllt sind; vgl. STAUDER, S. 88 f.
e) Das Vertragsunternehmen darf nur Sach- oder Dienstleistungen, nicht dagegen Geldleistungen erbringen; vgl. WÜRSCH, S. 138, der noch weitere Voraussetzungen nennt.

[17] Vgl. dazu STAUDER, S. 90; ferner WÜRSCH, S. 139 f. Darunter fallen:
- Pflicht zu sofortiger Bekanntgabe der Aufnahme in das Netz des Herausgebers.
- Pflicht zur jährlichen Veröffentlichung im Adressführer.
- Pflicht, Werbe- und Instruktionsmaterial zur Verfügung zu stellen.
- Pflicht zur Überlassung der Hinweisschilder.
- Pflicht zur Überlassung der vorgeschriebenen (einheitlichen) Rechnungsformulare.

[18] Der Herausgeber ist verpflichtet, angemessene Anstrengungen zur Erweiterung des Kreises der Karteninhaber zu unternehmen; vgl. dazu STAUDER, S. 91.

[19] Vgl. STAUDER, S. 96 f.; AVANCINI, Rechtsfragen, S. 125; CANARIS, S. 812.

– Pflicht zur Zahlung an das Vertragsunternehmen[20].
– Allgemeine Informationspflicht[21].
– Pflicht zur Akquisition möglichst vieler (künftiger) Vertragsunternehmen[22].

Den Karteninhaber treffen folgende Pflichten:
– Pflicht zur Rückerstattung der bezahlten Beträge[23].
– Pflicht zur Entrichtung der vereinbarten Gebühren[24].
– Pflicht zur Sorgfalt[25].

3. Verhältnis zwischen dem Karteninhaber und dem Vertragsunternehmen

Maßgebend ist die Art der beanspruchten Leistung. In der Regel wird man es mit einem Kauf, Werkvertrag oder Gastaufnahmevertrag zu tun haben, wobei sich gewisse Modifikationen aus der Natur des Kreditkartengeschäfts ergeben. So tritt bei Vorlage der Kreditkarte die Vorleistungspflicht des Vertragsunternehmers an die Stelle der Zug um Zug-Leistung. Dieser ist verpflichtet, die Zahlung zu stunden[26] und sich vorerst an den Herausgeber zu halten[27]. Hingegen unterliegt er keinem Kontrahierungszwang[27a]. Der Vertragsunternehmer hat keinen Anspruch auf eine Gegenleistung des Inhabers für die Stundung. Er ist vielmehr verpflichtet, seine Leistungen zu gleichen Preisen und Bedingungen wie an die übrigen Kunden abzugeben[28].

---

[20] Vgl. STAUDER, S. 97; WÜRSCH, S. 146.
[21] Vgl. STAUDER, S. 97; WÜRSCH, S. 147. Diese Pflicht bezieht sich auf alle zur Benützung der Karte wichtigen Tatsachen. Üblich ist die Zusendung einer besonderen Zeitschrift und des Adressführers.
[22] Vgl. STAUDER, S. 95.
[23] Vgl. STAUDER, S. 97; AVANCINI, Rechtsfragen, S. 125; WÜRSCH, S. 148 f.
[24] STAUDER, S. 97; WÜRSCH, S. 150.
[25] Darunter fallen die Pflichten, die Karte sofort nach Erhalt zu unterschreiben, die Rechnungen zu prüfen und zu unterschreiben und die Karte nicht Dritten zur Verfügung zu stellen; vgl. dazu AVANCINI, Rechtsfragen, S. 126; STAUDER, S. 102; WÜRSCH, S. 150.
[26] «Zahlung mit der Karte» ist weder Erfüllung noch Leistung an Erfüllungsstatt. Die Forderung des Vertragsunternehmens gegen den Inhaber bleibt bestehen. Vgl. dazu STAUDER, S. 107. Unzutreffend daher Art. 4 der Formularverträge des Diners Club; vgl. dazu auch WÜRSCH, S. 157 ff.
[27] Vgl. STAUDER, S. 106 f. Legt der Inhaber – was die Regel ist – die Karte erst vor, nachdem der Vertrag abgeschlossen wurde, so macht er (nach STAUDER) ein Angebot zur Vertragsänderung, das der Vertragsunternehmer annehmen muß.
[27a] Zutreffend CANARIS, S. 814.
[28] STAUDER, S. 108; vgl. auch WÜRSCH, S. 138.

IV. Terminologie

Eine einheitliche Terminologie fehlt. Das Kreditkarten ausgebende Unternehmen wird als Kreditkartengesellschaft[29], Kreditkartenaussteller[30], Kreditkartenherausgeber[31] oder Kreditkartenorganisation[32] bezeichnet. Hier ist (zufolge der Anschaulichkeit des Ausdrucks) vom Kreditkartenherausgeber (oder -ausgeber) die Rede. Die beiden anderen Parteien heißen Kreditkarteninhaber und Vertragsunternehmer[33]. Die Rechtsverhältnisse zwischen den einzelnen Parteien tragen keine besonderen Namen[34].

V. Rechtsanwendung

1. Allgemeines

Der Richter hat das erforderliche Vertragstypenrecht sowohl im Verhältnis zwischen Herausgeber und Vertragsunternehmen als auch für den Vertrag zwischen Herausgeber und Karteninhaber modo legislatoris (Art. 1 Abs. 2 und 3 ZGB) zu setzen.

Die Erfüllung der verschiedenen Zahlungs- und Erstattungspflichten untersteht den Vorschriften des allgemeinen Teils des OR. Im Verhältnis zwischen Karteninhaber und Vertragsunternehmer ist (je nach der beanspruchten Leistung) Nominat- oder Innominatrecht anwendbar.

2. Entstehung

Sowohl der Vertrag zwischen Kreditkartenherausgeber und Vertragsunternehmen als auch jener zwischen Kreditkartenherausgeber und Kreditkarteninhaber sind keiner besonderen Formvorschrift unterworfen (Art. 11 Abs. 1 OR). Doch ist Schriftlichkeit in Gestalt des Formularvertrags üblich. Im Verhältnis zwischen Kreditkartenherausgeber und Kreditkarten-

---

[29] Avancini, Rechtsfragen, S. 123; Billmann, S. 7.

[30] Van Hooven, S. 198.

[31] Weisensee, passim; Stauder, passim.

[32] Albisetti/Bodmer/Gsell/Boemle/Rutschi, S. 400.

[33] Vgl. Avancini, Rechtsfragen, S. 123; Billmann, S. 7; van Hooven, S. 198; Weisensee, passim; Stauder, passim; Würsch, passim.

[34] Es wird einfach von den Verträgen oder den Rechtsverhältnissen zwischen den Beteiligten gesprochen. Vgl. Avancini, Rechtsfragen, S. 124 ff.; derselbe, Die Kreditkarte, S. 110 f.; Weisensee, S. 85 ff.; Stauder, S. 75 ff. – Die von Würsch (S. 127) vorgeschlagene Terminologie ist wenig anschaulich und wird deshalb hier nicht übernommen.

inhaber stellt regelmäßig der Inhaber den Antrag mittels eines Formulars, worauf der Herausgeber nach Überprüfung der Kreditwürdigkeit annimmt oder ablehnt[35]. Die Bezahlung der Aufnahmegebühr ist nicht etwa Abschlußvoraussetzung, sondern Vertragspflicht[36].

Der Vertragsschluß zwischen Kreditkarteninhaber und Vertragsunternehmen erfolgt nach der im konkreten Fall erforderlichen Form. Die Vorlage der Kreditkarte ist nicht Abschlußbedingung, so daß der Vertrag auch zustande gekommen ist, wenn die Karte erst bei der Bezahlung vorgewiesen wird[37].

3. Inhalt

a) Rechtsverhältnis zwischen Kreditkartenherausgeber und Vertragsunternehmer

Richtiger Ansicht nach handelt es sich um einen Vertrag zugunsten Dritter[38]: Das Vertragsunternehmen (Promittent) verspricht dem Herausgeber (Promissar), es werde dem Karteninhaber alle im Rahmen seines Unternehmens liegenden Leistungen ohne Barzahlung gewähren[39]. Begünstigte Dritte sind nicht individuell bestimmte Personen, sondern die Kreditkarteninhaber, deren Kreis durch den Kartenherausgeber bestimmt wird[40]. Da dem Inhaber nach übereinstimmendem Willen der Parteien ein eigenes Forderungsrecht zustehen soll, liegt ein echter Vertrag zugunsten Dritter vor.

Weil der Vertrag zugunsten Dritter im Gesetz geregelt ist, hat man es insoweit mit einem Nominatvertrag zu tun. Typologisch relevant ist indessen nicht das gesetzlich geregelte Formalverhältnis der Parteien zum Dritten; vielmehr ist zu bedenken, daß aufgrund eines Vertrages zugunsten Dritter typologisch völlig verschiedene Leistungen erbracht werden können[41]. Typbestimmend sind daher die Leistungen, die im Hauptverhältnis zu erbringen sind.

---

[35] Vgl. STAUDER, S. 94. Die Bezeichnung Diners Club ist irreführend. Es geht nicht um den Beitritt zu einem Verein; die «Bestimmungen für die Mitgliedschaft beim Diners Club» sind nicht Statuten, sondern allgemeine Geschäftsbedingungen; vgl. STAUDER, S. 93 f.

[36] Vgl. STAUDER, S. 94.

[37] Zur rechtlichen Konstruktion dieser «verspäteten» Vorlage vgl. Anm. 27.

[38] Vgl. AVANCINI, Rechtsfragen, S. 127 f.; STAUDER, S. 87; ZAHRNT, S. 1080; WÜRSCH, S. 154 f., 162; CANARIS, S. 813 f.

[39] Der Promittent kann hier freilich nicht alle Einreden geltend machen, die einem Promittenten typischerweise zustehen; vgl. dazu VON BÜREN, Allg. Teil, S. 184.

[40] Daß der Dritte im Augenblick des Vertragsschlusses nicht bekannt sein muß, ist unbestritten; vgl. z.B. VON BÜREN, Allg. Teil, S. 179.

[41] Vgl. AVANCINI, Rechtsfragen, S. 128.

Den Promittenten treffen folgende Pflichten:

- Pflicht, die Karteninhaber bei bargeldloser Zahlung gleich zu behandeln wie die übrigen Kunden (Hauptpflicht).
- Pflicht zur Bezahlung der Provision (Hauptpflicht).
- Pflicht zur Anbringung von Hinweisschildern (Nebenpflicht).

Den Promissar treffen folgende Pflichten:

- Pflicht zur Bezahlung der Forderungen des Promittenten gegenüber dem Inhaber, sofern gewisse Voraussetzungen erfüllt sind[42] (Hauptpflicht). Die Rechtsnatur dieser Zahlungspflicht ist umstritten. Bürgschaft ist ausgeschlossen, weil der Herausgeber nicht akzessorisch, sondern unmittelbar haftet. Auch Schuldbeitritt (kumulative Schuldübernahme) fällt (entgegen AVANCINI)[43] außer Betracht, weil die Zahlungsverpflichtung vom tatsächlichen Bestand der Forderung unabhängig ist[44]. Daher ist mit STAUDER[45] ein reines Zahlungsversprechen anzunehmen.
- Pflicht zur Erbringung gewisser Dienstleistungen und Akquisitionspflicht (Nebenpflichten)[46].

Einen gesetzlichen Vertrag dieses Inhalts gibt es offenkundig nicht. Es liegt ein doppeltypischer Innominatvertrag vor mit atypischen Nebenleistungen des Promissars und mit kombinierten Leistungen und zusätzlicher atypischer Nebenleistung des Promittenten[47].

b) Rechtsverhältnis zwischen Kreditkartenherausgeber und Kreditkarteninhaber

Mit Vertragsschluß erhält der Karteninhaber das (aus dem Vertrag zugunsten Dritter entstehende) Recht auf bargeldlose Inanspruchnahme von Leistungen der Vertragsunternehmen[48]. Den Kreditkartenherausgeber treffen folgende Pflichten:

---

[42] Zu diesen Voraussetzungen oben Anm. 16.

[43] Rechtsfragen, S. 129 ff.

[44] Vgl. Anm. 16 (a.E.). Insbesondere sollen dem Herausgeber auch keinerlei Einreden aus dem Verhältnis zwischen Vertragsunternehmer und Karteninhaber zustehen; vgl. STAUDER, S. 85.

[45] STAUDER, S. 84; vgl. auch CANARIS, S. 813. – Der weiteren Annahme STAUDERS, es liege ein Garantievertrag vor, ist insofern zuzustimmen, als der Herausgeber auch dann zur Zahlung verpflichtet ist, wenn die Forderung gegen den Karteninhaber nicht besteht; vgl. dazu VON BÜREN, Bes. Teil, S. 306.

[46] Vgl. Anm. 17 und 18.

[47] Anderer Meinung WÜRSCH, S. 162 ff., der zu Unrecht einen gemischten Vertrag mit gesellschaftsrechtlichen und auftragsrechtlichen Elementen annimmt.

[48] Vgl. STAUDER, S. 87, 96 f.; AVANCINI, Rechtsfragen, S. 125.

- Pflicht, dem Inhaber durch Aushändigung der Karte die formelle Legitimation zur Geltendmachung seines Anspruchs zu verschaffen (Hauptpflicht). Insoweit liegt ein Element sui iuris vor[49]. Doch haftet der Herausgeber nicht für die tatsächliche Anerkennung der Karte als Mittel bargeldloser Zahlung durch den Vertragsunternehmer[50], so daß man es mit einer
  auftragsähnlichen Pflicht zu tun hat[51].
- Pflicht zu fristgemäßer Bezahlung der Forderungen des Vertragsunternehmers (Hauptpflicht)[52].
- Pflicht zur Information über alle für die Benutzung der Karte wichtigen
  Tatsachen (Nebenpflicht)[53].
- Pflicht zur Akquisition (Nebenpflicht)[54].

Den Karteninhaber treffen folgende Pflichten:

- Pflicht zur Rückerstattung der vom Herausgeber bezahlten Forderungen
  der Vertragsunternehmen (Hauptpflicht).
- Pflicht zur Entrichtung der vereinbarten Gebühren (Nebenpflicht).
- Pflicht zur Sorgfalt bei der Verwahrung der Karten (Nebenpflicht).

Das Verhältnis zwischen Kreditkartenherausgeber und Kreditkarteninhaber ist somit als doppeltypischer Innominatvertrag mit kombinierten Pflichten des Herausgebers zu qualifizieren.

c) Rechtsverhältnis zwischen Kreditkarteninhaber und Vertragsunternehmen

Der Vertrag zwischen Vertragsunternehmen und Karteninhaber ist je
nach dem vereinbarten Leistungsinhalt Nominatvertrag (z.B. Kauf oder
Werkvertrag) oder Innominatvertrag (z.B. Gastaufnahmevertrag), wobei das Hauptgeschäft durch das Kreditkartenverhältnis modifiziert wird[55].

---

[49] Für das deutsche Recht nimmt STAUDER einen Werkvertrag an, der eine Geschäftsbesorgung
zum Gegenstand hat (§§ 675, 631 ff. BGB); ebenso ZAHRNT, S. 1079.
[50] Vgl. dazu Ziff. 8 der Ausgabebedingungen von Amexco: «American Express ist nicht haftbar, falls ein ihrem Kartensystem angeschlossenes Unternehmen die Karte aus irgendwelchen
Gründen nicht anerkennen sollte.» Ferner STAUDER, S. 96 f.; AVANCINI, Rechtsfragen, S. 125,
Anm. 17.
[51] Für das deutsche Recht nimmt STAUDER (S. 95) zutreffend einen Geschäftsbesorgungsdienstvertrag an (§§ 675, 611 ff. BGB).
[52] Da die Forderung des Vertragsunternehmers gegen den Kreditkarteninhaber nur gestundet
wird, nicht aber erlischt, muß letzterer im Falle der Nicht- oder nicht rechtzeitigen Zahlung durch
den Herausgeber selbst damit rechnen, belangt zu werden; vgl. STAUDER, S. 97.
[53] Vgl. Anm. 21.
[54] Vgl. STAUDER, S. 95. Insoweit liegt ein Element sui iuris vor.
[55] Vgl. vorne S. 894.

4. Beendigung

a) Rechtsverhältnis zwischen Herausgeber und Vertragsunternehmer

Der Vertrag endigt durch Kündigung. Üblich ist Kündigung auf ein halbes Jahr mit mehrmonatiger Kündigungsfrist[56]. Vorbehalten bleibt (wie bei allen Dauerschuldverhältnissen) die Kündigung aus wichtigen Gründen[57]. Der Herausgeber hat alle Rechnungen zu bezahlen, die nach der Kündigung, jedoch vor Ablauf der Kündigungsfrist ausgestellt und unterzeichnet worden sind[58].

b) Rechtsverhältnis zwischen Herausgeber und Karteninhaber

Der Vertrag wird beendigt durch Fristablauf[59] und Konkurs[60]. Überdies behalten sich die Kreditkartenherausgeber das Recht vor, jederzeit ohne Angabe von Gründen zu kündigen[61].

5. Einzelfragen

a) Firmenkarten

Es handelt sich um Kreditkarten, welche Unternehmungen ihren Angestellten zur Verfügung stellen. Die Karten lauten zwar auf den Namen der Angestellten; trotzdem haftet dem Herausgeber primär die Unternehmung für die Rückerstattung der bezahlten Beträge. Erleidet der Herausgeber dabei einen Ausfall, kann er sich an den Karteninhaber halten[62].

b) Verwendung abhandengekommener oder unechter Karten

Heikle Rechtsfragen stellen sich, wenn die ausgegebene (echte) Karte mißbräuchlich verwendet oder wenn dem Vertragsunternehmer eine unechte (gefälschte) Karte vorgewiesen wird. Verwendet der Dieb oder der unehrliche Finder die Karte mittels gefälschter Unterschrift des Inhabers, so bleibt die Zahlungspflicht des Herausgebers doch bestehen,

---

[56] Vgl. dazu STAUDER, S. 93; WÜRSCH, S. 140 f.

[57] Ein wichtiger Grund liegt z.B. vor, wenn der Herausgeber die Kriterien für die Aufnahme neuer Karteninhaber so verschärft, daß die Zahl der Karteninhaber sich vermindert; vgl. STAUDER, S. 91.

[58] Vgl. STAUDER, S. 93.

[59] Der Vertrag wird in der Regel auf ein Jahr geschlossen. Erfolgt keine Kündigung, so erneuert er sich für ein weiteres Jahr; vgl. dazu STAUDER, S. 103.

[60] Vgl. STAUDER, S. 103; WÜRSCH, S. 152.

[61] Vgl. «Mitgliedschaftsbestimmungen» des Diners Club, Ziff. 10; Ausgabebedingungen von Amexco, Ziff. 11; ferner WÜRSCH, S. 151. Zu Recht bemerkt STAUDER (S. 103). daß eine Kündigung ohne wichtigen Grund zur Unzeit eine Schadenersatzpflicht begründet.

[62] Vgl. STAUDER, S. 105.

wenn das Vertragsunternehmen beim Vergleich der Unterschriften die ver-
kehrsübliche Sorgfalt aufgebracht hat[63]. Regelmäßig wird der Herausgeber
indessen auf den Inhaber zurückgreifen können, da Verlust und Diebstahl
meistens auf mangelnde Sorgfalt des Inhabers zurückzuführen sind[64, 65].

Das Diebstahls- und Verlustrisiko ist für den Karteninhaber bei den wichtigsten Kreditkartenherausgebern heute allerdings gemildert. Bis zum Eingang der Verlustmeldung haftet er lediglich bis zu einem relativ bescheidenen
Betrag; nachher ist er von jeder Haftung befreit[66].

Wird dem Vertragsunternehmer eine gefälschte Karte vorgewiesen,
so fragt sich, inwieweit die Echtheit der Urkunde zu prüfen ist. Grundsätzlich verletzt der Vertragsunternehmer seine Sorgfaltspflicht nur, wenn
die Fälschung offenkundig ist. In allen anderen Fällen ist der Herausgeber
zur Bezahlung der Forderung des Vertragsunternehmens verpflichtet[67].

§ 116. Der Architektenvertrag, der Ingenieurvertrag,[1]
der Generalunternehmervertrag, der Totalunternehmervertrag*

Literaturverzeichnis

AGATZ/LACKNER. Erfahrungen mit Grundbauwerken, Berlin/Heidelberg/New
    York 1977.
BECKER, H. Berner Kommentar, Bd. VI: Obligationenrecht, 2. Abt., Art. 184–551,
    Bern 1934.
DÜRR, K. Der Werkvertrag, 2. Aufl., Bern 1966.
ESSER/WEYERS, Schuldrecht, Bd. II/1, 5. Aufl., Heidelberg/Karlsruhe 1977.
GAUCH, P. Der Unternehmer im Werkvertrag, 2. Aufl., Zürich 1977.
GAUTSCHI, G. Berner Kommentar, Bd. VI: Obligationenrecht 2. Abt., 4. TBd.,
    Art. 394–406, Bern 1971.
– 3. TBd., Art. 363–379, 2. Aufl., Bern 1967.
– Nichterfüllung, Haftungsgrund und Haftungsverzicht bei Arbeitsobligationen,
    in: Revolution der Technik, Evolutionen des Rechts, Festgabe für Karl Oftin-
    ger, Zürich 1969, S. 7 ff.

---

[63] Vgl. dazu STAUDER, S. 88 f.; AVANCINI, Rechtsfragen, S. 134.

[64] So STAUDER, S. 99 f.; AVANCINI, Rechtsfragen, S. 134. Der Rückerstattungsanspruch erlischt,
wenn der Herausgeber vom Verlust in Kenntnis gesetzt wurde.

[65] Kommt der Inhaber seiner Pflicht, die Karte sofort nach Erhalt zu unterschreiben, nicht nach,
so haftet er selbstverständlich für entstehenden Schaden.

[66] Vgl. dazu Art. 7 der Bestimmungen für die Mitgliedschaft beim Diners Club und Art. 6 der
Bedingungen von Amexco. Der entsprechende Betrag beträgt beim Diners Club Fr. 100.–, bei
Amexco Fr. 125.–.

[67] Vgl. STAUDER, S. 88 f.

[1] Auch Engineeringvertrag genannt.

* Zitiervorschlag: SCHLUEP/SCHAUB.

GAUTSCHI, G. Zur Qualifikation des Architektenvertrages in BGE 98 II, 1972, S. 305 ff., SJZ 1974, S. 305 ff.

GUHL/MERZ/KUMMER. Das Schweizerische Obligationenrecht, 6. Aufl., Zürich 1972.

INGENSTAU/KORBION. VOB-Kommentar, 8. Aufl., Düsseldorf 1977.

JÄGGI, P. Bemerkungen zu einem Urteil über den Architektenvertrag, SJZ 1973, S. 301 ff.

KLINGMÜLLER, E. Technischer Fortschritt in rechtlicher Wertung, in: Revolution der Technik, Evolutionen des Rechts, Festgabe für Karl Oftinger, Zürich 1969, S. 121 ff.

KREIS, H. Der Architektenvertrag, Zürich 1938.

LARENZ, K. Lehrbuch des Schuldrechts, Bd. II, 11. Aufl., München 1977.

LOCHER, H. Das private Baurecht, 2. Aufl., München 1978.

MOSIMANN, R. Der Generalunternehmervertrag im Baugewerbe, Diss. Zürich 1972.

OSER/SCHÖNENBERGER. Zürcher Kommentar, Bd. V: Obligationenrecht, 2. Teil, Art. 184–418, 2. Aufl., Zürich 1936.

PEDRAZZINI, M. M. Werkvertrag, Verlagsvertrag, Lizenzvertrag, in: Schweizerisches Privatrecht, Bd. VII/1, Basel/Stuttgart 1977, S. 495 ff.

PERRIN, J. F. Le contrat d'architecte, Genf 1970.

REBER, H. J. Rechtshandbuch für Bauunternehmer, Bauherr und Architekt und Bauingenieur, 3. Aufl., Dietikon/Zürich 1975.

RIJABE, M. M. La distinction du mandat et du contrat d'entreprise en droit suisse, Diss. Genf 1958.

SAUTER, W. Das Rechtsverhältnis zwischen Bauherrn und Architekten, Diss. Zürich 1938.

SCHAUB, R. Der Engineeringvertrag, Rechtsnatur und Haftung, Diss. Bern 1979, Schweizer Schriften zum Handels- und Wirtschaftsrecht, Bd. 35, Zürich 1979.

STÖRI, F. Forschungs- und Entwicklungsverträge, Diss. Zürich 1979 (Manuskript).

SZÉCHY, K. Gründungsschäden, Wiesbaden/Berlin 1964.

TEMPEL, O. Der Architektenvertrag, in: Vertragsschuldverhältnisse, München 1974, S. 155 ff.

Ausgewählte schweizerische Gerichtsentscheide

BGE 15, 1889, S. 840; 64 II, 1938, S. 9; 94 II, 1968, S. 162; 97 II, 1971, S. 68; 98 II, 1972, S. 305; 102 II, 1976, S. 413 ff.; BGer, Sem. Jud. 1978, S. 385 ff.; KassGer St. Gallen, SJZ 1946, S. 187 f.; KGer St. Gallen, SJZ 1963, S. 188 f.; KGer St. Gallen, SJZ 1963, S. 362 f.; AppGer Tessin, SJZ 1954, S. 32; AppGer Tessin, SJZ 1949, S. 327; Tribunal cantonal Fribourg, JT 1950, S. 348; Tribunal cantonal Fribourg, SJZ 1971, S. 112; Cour de justice civile Genève, Sem. Jud. 1957, S. 597 ff.; Cour de justice civile Genève, Sem. Jud. 1962, S. 251 f.; Cour de justice civile Genève, Sem. Jud. 1963, S. 437 ff.; AppGer Basel-Stadt, BJM 1954, S. 61 ff. KGer Graubünden, PKG 1953, S. 46 ff.; KGer Graubünden, PKG 1962, S. 61 ff.; KGer Graubünden, PKG 1967, S. 43 ff.; KassGer Zürich, Rech B 1974, S. 309; ObGer Baselland SJZ 1977, S. 82.

I. Reale Erscheinungsformen

Die Erstellung von Hoch- und Tiefbauten sowie technischer Anlagen aller Art läßt sich grundsätzlich in zwei Phasen unterteilen: Projektierung und Ausführung. Sachlich-funktionell ist im Rahmen der Ausführung die sog. Bauleitung als technisch-organisatorische Aufgabe von der Herstellung der die Baute oder Anlage ausmachenden Teile zu unterscheiden.

Projektierung, Bauleitung und Herstellung können im Rahmen der Arbeitsteilung je verschiedenen (spezialisierten) Vertragspartnern übertragen werden. Es ist freilich auch möglich, ein und denselben Vertragspartner zu sämtlichen Leistungen zu verpflichten. Qualifikations- und Rechtsanwendungsprobleme stellen sich in allen Fällen.

Bei der Realisierung eines Bauvorhabens können Architekten oder Ingenieure in verschiedenen Funktionen auftreten: Der Architekt oder Ingenieur verpflichtet sich zur Projektierung[2], zur Bauleitung oder zu beidem. Übernimmt der Vertragspartner die vollständige Ausführung eines vorliegenden Projektes, so hat man es mit einem Generalunternehmervertrag zu tun[3]. Der Generalunternehmer wird zum Totalunternehmer, wenn er sich verpflichtet, ein ganzes Bauprogramm zu verwirklichen und Projektierung, Bauleitung sowie Herstellung übernimmt[4]. Auch beim Bau technischer Anlagen läßt sich die oben signalisierte Arbeitsteilung feststellen: Man hat Projektierung, Bauleitung und Ausführung zu sondern[5].

II. Wirtschaftliche Funktionen

Die mit der Arbeitsteilung verbundene Spezialisierung führt insofern zu Komplikationen, als zahlreiche Einzelverträge auch dann abgeschlossen werden müssen, wenn das angestrebte Ergebnis eine materielle oder mindestens ideelle Einheit ist. Die Zusammenfassung verschiedener Spezialistendienste im Angebot einer Hand wahrt die Vorteile der Spezialisierung bei

---

[2] Im einzelnen werden unterschieden: Projektierungsvertrag i.e.S.: Verpflichtung zur Herstellung der Pläne; Projektierungsvertrag i.w.S. (vorherrschend): Verpflichtung zur Herstellung der Pläne und zur Durchführung der Submission. Es versteht sich, daß der Verfasser des Submissionsprojekts die Unternehmerofferten am besten beurteilen kann; dazu Schaub, S. 96.

[3] Dieser setzt nicht voraus, daß der Generalunternehmer wenigstens einen Teil der Ausführungsarbeiten selbst vornimmt (vgl. dazu Art. 364 Abs. 2 OR; a. M. Gautschi, Art. 363, N. 15e).

[4] Der General- und der Totalunternehmervertrag werden auch als Generalunternehmervertrag i.e.S. und Generalunternehmervertrag i.w.S. bezeichnet; so Mosimann, S. 75, 78.

[5] Zu den einzelnen Engineeringtypen im Bau- sowie im Maschinen- und Elektroengineering und zu den Leistungen des Architekten Schaub, S. 23ff., 66f.

gleichzeitiger Überwindung der technisch-organisatorischen Komplikationen und einheitlicher Verantwortung.

III. Verkehrstypen

Bei den Architekten- und Ingenieurverträgen sind folgende Verkehrstypen auseinanderzuhalten: Projektierungsvertrag, Bauleitungsvertrag, Projektierungs- und Bauleitungsvertrag (Gesamtvertrag)[6]. Weiter kommen im Bauwesen die Zusammenfassungen von Teilherstellungen zur Gesamtherstellung im Generalunternehmervertrag und von Projektierung, Bauleitung und Ausführung im Totalunternehmervertrag vor. Auf dem Gebiet der Erstellung technischer Anlagen lassen sich die gleichen Vertragstypen feststellen.

IV. Terminologie

Die Vertragsparteien werden als Auftraggeber, Besteller, Bauherr einerseits, als Beauftragter, Unternehmer, Architekt, Ingenieur, General- oder Totalunternehmer anderseits bezeichnet. Richtiger wäre es, die zur Arbeitsleistung verpflichtete Partei je nach ihrer Funktion *Projektverfasser*, *Bauleiter*, *Einzel-*, *General-* oder *Totalunternehmer* zu nennen. Für die Gegenpartei sollten die Ausdrücke *Bauherr* oder *Anlagenbesteller* verwendet werden.

V. Rechtsanwendung

1. Allgemeines

Unstreitig ist der Generalunternehmervertrag Werkvertrag[7]. Probleme schaffen dagegen alle anderen genannten Verträge. Das Bundesgericht qualifiziert den Projektierungsvertrag (i.e.S.) neuerdings in Anlehnung an GAUTSCHI als Auftrag[8]. GAUTSCHI hält den Projektierungsvertrag (i.e.S.) für einen Auftrag, weil Gegenstand des Werkvertrages nur stoffliche Werke sein könnten und die Sachgewährleistung nach Art. 367 ff. OR bei Geistesarbeiten ausgeschlossen sei[9]. Demgegenüber vertritt JÄGGI die Ansicht, der

---

[6] So die Terminologie JÄGGIS, S. 205.
[7] Vgl. BGE 97 II, 1971, S. 69; 94 II, 1968, S. 162; GAUCH, S. 78 (N. 257); MOSIMANN, S. 76; PEDRAZZINI, S. 508.
[8] BGE 98 II, 1972, S. 311 f.; BGer, Sem. Jud. 1978, S. 392; vgl. immerhin hinten Anm. 33.
[9] GAUTSCHI, Nichterfüllung, S. 22; ebenso PERRIN, S. 31.

Projektierungsvertrag (i.e.S.) ziele auf die Herbeiführung eines Arbeits-erfolges: des Projektes. Daher dürfe man mit der herrschenden Meinung[10] von einem (nicht stofflichen) geistigen Werk reden, dessen Bestellung ent-weder einen Werkvertrag oder mindestens einen in der Nähe des Werk-vertragsrechts stehenden Vertrag sui generis begründe[11]. Dem ist zuzu-stimmen, zumal die Legaldefinition des Art. 363 OR die Unterstellung von Geistwerken unter das Werkvertragsrecht nicht ausschließt[12] und eine Sach-gewährleistung für mangelhafte Projektierung als möglich und wirtschaft-lich sinnvoll erscheint[13]. Geschuldet ist eine mängelfreie, das heißt den Regeln der Technik entsprechende Planung[14]. Der Projektierungsver-trag i.w.S. ist ein gemischter Vertrag (atypischer Werkvertrag/atypischer Auftrag)[15].

Der Bauleitungsvertrag ist bei begrifflicher Betrachtungsweise Auftrag[16]. Diese Qualifikation übersieht jedoch, daß das Widerrufs- und Kündigungs-recht gemäß Art. 404 OR der Interessenlage nicht gerecht wird[17]. Überdies ist die auftragsrechtliche Haftungsordnung, welche bei mangelnder Sorg-falt nur Schadenersatzansprüche gewährt, nicht in allen Fällen angemessen[18].

---

[10] OSER/SCHÖNENBERGER, Art. 363, N. 2 ff.; BECKER, Art. 363, N. 4; RUPPERT, S. 285; vgl. ferner Bericht des Bundesrates an die Bundesversammlung betreffend die Revision des Obligationen-rechts (Nachtrag zur Botschaft vom 3. März 1905), BBl 1909 III, S. 751 f.

[11] JÄGGI, S. 205 ff.; ebenso DÜRR, S. 14; KREIS, S. 57; RUPPERT, S. 285; SAUTER, S. 17; SCHAUB, S. 108.

[12] So zutreffend PEDRAZZINI, S. 499.

[13] Vgl. GAUCH, S. 23 (N. 17); eingehend SCHAUB, S. 138 ff. Daß bei fehlerhaften Projekten, die zu Bauwerkmängeln führen, beispielsweise eine Nachbesserung gemäß Art. 368 Abs. 2 OR mög-lich und sinnvoll ist, wird im technischen Schrifttum anhand von zahlreichen Beispielen über-zeugend nachgewiesen; vgl. dazu AGATZ/LACKNER, S. 526 ff.; SZÉCHY, S. 45 ff., 102 ff.

[14] KLINGMÜLLER, S. 129; LOCHER, S. 141 f.; mit zahlreichen Beispielen SCHAUB, S. 141 ff.; TEMPEL, S. 193; vgl. ferner BGE 93 II, 1967, S. 314.

[15] Vgl. SCHAUB, S. 108 f.

[16] MOSIMANN, S. 73 mit Hinweisen; BGE 63 II, 1937, S. 177; KGer Graubünden, PKG 1953, S. 49 f.; OSER/SCHÖNENBERGER, Art. 363, N. 19.

[17] Das wurde vom Reichsgericht bereits im Jahre 1913 erkannt (RGZ 82, 288): «Danach ist die Bestimmung des § 627 BGB auf das Verhältnis zwischen dem Bauherrn und dem bauleitenden Architekten für unanwendbar zu erachten. Ihre Anwendung würde auch zu schweren wirtschaft-lichen Nachteilen für den Vertragsteil führen, dem gekündigt wird. Der Architekt, der regel-mäßig zur dauernden Annahme von Hilfskräften genötigt ist, würde durch die Zulassung einer willkürlichen Kündigung des Bauherrn leicht in die Lage kommen, diese Hilfskräfte bezahlen zu müssen, ohne eine Verwendung für sie zu haben. Der Bauherr anderseits würde zwar durch § 627 Abs. 2 BGB gegen eine unzeitige willkürliche Kündigung geschützt sein; aber auch eine Kündigung, die so erfolgt, daß sich der Bauherr die Dienste anderweitig beschaffen kann, würde ihm durch den Eintritt eines neuen Bauleiters während des Laufes des Baues erhebliche Schwierigkeiten bereiten und regelmäßig Mehrkosten verursachen.» Dazu auch SCHAUB, S. 110 ff.

[18] Mitunter schuldet der Bauleiter auch «Beseitigung des mitverschuldeten Bauwerkmangels» in Gestalt erneuter Beaufsichtigung der Ausbesserungsarbeiten (LARENZ, S. 270). Dazu mit Bei-spielen SCHAUB, S. 217 f.

Der Bauleitungsvertrag stellt daher nach der hier vertretenen Auffassung einen atypischen Auftrag dar. Aus dem Dargelegten folgt von selbst, daß der Gesamtvertrag ein gemischter Vertrag (atypischer Werkvertrag/atypischer Auftrag) und insoweit auch ein Vertrag sui generis ist[19, 20]. Endlich ist der Totalunternehmervertrag ein Werkvertrag[21] oder ein gemischter Vertrag (Werkvertrag/Kaufvertrag)[22].

2. Entstehung

Keiner der erörterten Nominat- und Innominatverträge bedarf zur Entstehung einer besonderen Form[23].

3. Inhalt

a) Pflichten des Bauherrn oder Anlagenbestellers

Der Bauherr oder Anlagenbesteller hat dem Architekten, Ingenieur, General- oder Totalunternehmer die vereinbarte Vergütung zu bezahlen[24].

b) Pflichten des Architekten, Ingenieurs, Generalunternehmers, Totalunternehmers

Hier stellt sich allgemein die Frage, ob die werkvertragliche Haftung für Mängel (Art. 367–371 OR), die auftragsrechtliche Haftung für sorgfältige und getreue Ausführung (Art. 398 ff. OR) oder eine eigenständige richterliche Haftungsordnung Platz greife. Bei Projektierungsleistungen im engeren Sinne hat sich der Richter an den Sachgewährleistungsnormen des Werkvertragsrechts zu orientieren. Im einzelnen ist je nach dem konkreten

---

[19] Damit werden die Erwägungen in BGE 63 II, 1937, S. 176 ff. im Ergebnis als grundsätzlich richtig anerkannt.

[20] Ebenso DÜRR, S. 15; JÄGGI, S. 211; KREIS, S. 79; ferner TEMPEL, S. 176; ESSER/WEYERS, S. 230 f.

[21] Vgl. GAUCH, S. 79 (N. 263); SCHAUB, S. 119 f.; ferner BGE 97 II, 1971, S. 66 f.; 29 II, 1903, S. 539.

[22] Der Totalunternehmer plant und erstellt beispielsweise einzelne Spitalgebäude und liefert Mobiliar und medizintechnische Einrichtungen; vgl. SCHAUB, S. 120 f.

[23] Die in der Doktrin namentlich von GAUTSCHI (Art. 365, N. 25b und c) vertretene Auffassung, der Generalunternehmervertrag sei ein Kauf einer künftigen Sache, müßte zwangsläufig dann zum Erfordernis der öffentlichen Beurkundung führen, wenn das Haus auf Grund gebaut werden soll, der im Zeitpunkt des Vertragsabschlusses im Eigentum des Generalunternehmers steht (vgl. dazu BGE 15, 1889, S. 840; GAUTSCHI, Art. 363, N. 17c und 25a). Die Konstruktion GAUTSCHIS ist freilich abzulehnen: Der Kauf einer künftigen Sache ist – zumindest wenn es sich um eine nicht vertretbare Sache handelt – Werkvertrag oder Werklieferungsvertrag (vgl. dazu REBER, S. 19 f.). In der Praxis werden überdies Grundstückkaufvertrag und General- oder Totalunternehmervertrag aus wirtschaftlichen Gründen (Steuern, Notariatsgebühren) regelmäßig gesondert abgeschlossen (vgl. GUHL/MERZ/KUMMER, S. 292; BGE 67 II, 1941, S. 221 ff.).

[24] Vgl. dazu im einzelnen KREIS, S. 132 ff.; GAUCH, S. 43 ff.

Projektmangel ein Anspruch auf Nachbesserung[25], Minderung[26] oder Wandelung[27] gegeben. Ferner hat der Projektverfasser bei Verschulden für Folgeschäden einzustehen[28]. Bei Projektierungsleistungen im weiteren Sinne findet neben den Sachgewährleistungsvorschriften (für die Submission) auch die auftragsrechtliche Sorgfalts- und Treuehaftung (Art. 398 OR) Anwendung[29]. Der Bauleiter haftet grundsätzlich nach Art. 398 OR für sorgfältige und getreue Wahrnehmung seiner Pflichten. Dem Bauherrn muß freilich in bestimmten Fällen auch ein «Nachbesserungsanspruch» entsprechend Art. 368 Abs. 2 OR zustehen[30]. Aus dem Gesagten ergibt sich von selbst, daß beim Gesamtvertrag die Haftungsregeln des Projektierungs- und des Bauleitungsvertrages kombiniert anzuwenden sind. General- und Totalunternehmer haften nach den werkvertraglichen Regeln[31], allenfalls auch nach den Vorschriften des Kaufes (Art. 192 ff. OR)[32].

4. Beendigung

Ordentliche Beendigung ist die Erfüllung des Vertrages. Fraglich ist, ob ein allfälliger Widerruf vor Beendigung nach Auftragsrecht (Art. 404 OR) oder nach Werkvertragsrecht (Art. 97 ff., 366, 377 OR) zu beurteilen sei. Die werkvertragliche Ordnung ist mit Sicherheit anwendbar bei den reinen Werkverträgen (Generalunternehmervertrag, Totalunternehmervertrag). Darüber hinaus ist die auftragsrechtliche Widerrufsregel aus wirtschaftlichen Gründen keinem der hier dargestellten Vertragstypen angemessen. Dem (gängigen) Argument, jedes Vertrauensverhältnis erfordere die jederzeitige Widerruflichkeit, kann aufgrund der Rechtstatsachen ohnehin nicht zugestimmt werden[33]. Vielmehr hat der Richter bei allen genannten Verträgen die werkvertragliche Beendigungsordnung zu übernehmen.

---

[25] INGENSTAU/KORBION, S. 1105; LOCHER, S. 131 ff.; SCHAUB, S. 161 ff.

[26] Sie ist praktisch von geringer Bedeutung, da der Bauherr bei Projektmängeln regelmäßig Nachbesserung verlangt. Denn die materielle Ausführung eines mangelhaften Projektes wäre unvernünftig (vgl. dazu LARENZ, S. 270; SCHAUB, S. 162; immerhin wurde vom Cour de justice civile Genève, Sem. Jud. 1962, S. 251 f., Minderung verlangt).

[27] AppGer Tessin, SJZ 1949, S. 327; Tribunal cantonal Fribourg, SJZ 1971, S. 112; Tribunal cantonal Fribourg, JT 1950, S. 348.

[28] Verletzt der Projektverfasser die Regeln der Technik, so trifft ihn automatisch ein Verschulden; vgl. SAUTER, S. 91; ferner GAUTSCHI, Art. 398, N. 23 b; DERSELBE, Nichterfüllung, S. 25.

[29] Sie gilt für die Einholung, Überprüfung und Beurteilung der Offerten sowie für die Vergebungsanträge; vgl. SCHAUB, S. 165 ff.

[30] Vgl. LARENZ, S. 270; INGENSTAU/KORBION, S. 1105; SCHAUB, S. 217 f.

[31] Aus technischer Sicht kann nur der Totalunternehmer für die Mängelfreiheit eines Bauwerkes einstehen, weil er sowohl Projektierung wie Ausführung übernimmt. Totalunternehmer sind auch die Produzenten von Fahrzeugen, Maschinen, Apparaten usw. Bei ihnen ist die Sachgewährleistung nie in Frage gestellt worden.

[32] Zur Verjährung der Haftung BGE 102 II, 1976, S. 413 ff.

§ 117. Der Fernkursvertrag *

Literaturauswahl

VON BÜREN, B. Schweizerisches Obligationenrecht, Allgemeiner Teil, Zürich 1964.
– Schweizerisches Obligationenrecht, Besonderer Teil, Zürich 1972.
BURKHARDT, U.R. Der Fernkursvertrag, Diss. Bern 1974.
DÖRNER, H. Zur Anwendung des Fernunterrichtsschutzgesetzes, BB 1977, S. 1739 ff.
FELDER, A. Ein Bärendienst für die Fernkursschüler, NZZ Nr. 35 vom 22. Januar 1970.
– Eine Duplik zum Thema Fernkursvertrag, NZZ Nr. 120 vom 3. März 1970.
FISCHER, E. Die rechtliche Würdigung von Kursverträgen, BJM 1971, S. 205 ff.
FRIEDRICH, H.-P. Fragen aus dem Auftragsrecht, ZBJV 1955, S. 449 ff.
FURRER, R. Beitrag zur Lehre der Gewährleistung im Vertragsrecht, Diss. Zürich 1973.
GIGER, H. Anwendungs- und Umgehungsprobleme der neuen Bestimmungen über den Abzahlungs- und Vorauszahlungsvertrag, SJZ 1964, S. 317 ff.
– Verwirrung um die rechtliche Erfassung von Fernkursverträgen, NZZ Nr. 717 vom 9. Dezember 1969.
– Noch einmal: Die rechtliche Wertung des Fernkurs- und Unterrichtsvertrages, NZZ Nr. 86 vom 2. Februar 1970.
– Systematische Darstellung des Abzahlungsrechts, unter besonderer Berücksichtigung von Fernkurs-, Unterrichts-, Mietkauf- und Leasingvertrag, Zürich 1972.
– Geldleistung als vertragstypenbestimmender Faktor, in: Revolution der Technik, Evolutionen des Rechts, Festgabe für Karl Oftinger, Zürich 1969, S. 63 ff.
GUHL/MERZ/KUMMER. Das Schweizerische Obligationenrecht, 6. Aufl., Zürich 1972.
HAAGMANN, H.G. Die deutschen Fernschulen, Praktiken, Probleme, Perspektiven, Stuttgart 1968.
HAUFF, K.E. Fernunterricht – Eine Untersuchung über den Stand in der Schweiz, Diss. St. Gallen 1974.
KELLER, M. «Fernkurs- und Unterrichtsverträge» unterstehen dem Abzahlungsrecht, NZZ Nr. 358 vom 5. August 1970.
NÜSCHELER, F. Fernkursverträge sind grundsätzlich kündbar, NZZ Nr. 666 vom 9. November 1969.

---

33 Dazu eingehend SCHAUB, S. 85 ff., 110 ff.; vgl. ferner vorne Anm. 17. – Im Ergebnis hat sich auch das Bundesgericht in seinem jüngsten Entscheid von der starren Widerrufsregel des Art. 404 OR gelöst. Zwar hält es formal an der Auftragskonstruktion des Architektenvertrages fest. Trotzdem soll die Vereinbarung einer pauschalen Schadenersatzleistung für den Fall zulässig sein, daß der Bauherr den Vertrag ohne Verschulden des Architekten widerruft. Die dogmatische Begründung überzeugt nicht. Immerhin enthält das Urteil Ausführungen, wie sie sich im bereits zitierten Entscheid des Reichsgerichts, RGZ 82, S. 288 (vorne Anm. 17) finden; BGE, Sem. Jud. 1978, S. 392 f.

* Zitiervorschlag: SCHLUEP/RICHLI/NIEDERHAUSER.

Oser/Schönenberger. Zürcher Kommentar, Bd. V: Obligationenrecht, 1. HBd., Art. 1–183, 2. Aufl., Zürich 1929.

Peyer, J. Der Widerruf im Schweizerischen Auftragsrecht, Diss. Zürich 1974.

Sloos. Public Supervision of Correspondence Courses, The Harmonisation of Legislation, veröffentlicht durch den Council for Cultural Co-operation of the Council of Europe, Strasbourg 1969.

Stamm, R. Fernunterricht für viele Bedürfnisse, NZZ Nr. 217 vom 12. Mai 1974.

Stofer, H. Kommentar zum Schweizerischen Bundesgesetz über den Abzahlungs- und Vorauszahlungsvertrag, 1. Aufl., Basel/Stuttgart 1963; Ergänzungsband I, 2. Aufl., Basel/Stuttgart 1972.

von Tuhr/Peter. Allgemeiner Teil des Schweizerischen Obligationenrechts, Bd. I, 3. Aufl., Zürich 1974/79.

Zweifel, P. Die Neuregelung des Teilzahlungskaufs, ZBJV 1963, S. 121 ff.

Ausgewählte schweizerische Gerichtsentscheide

ObGer Zürich, SJZ 1964, S. 362f.; ObGer Zürich, SJZ 1964, S. 363f.; ObGer Zürich, SJZ 1966, S. 304f.; ObGer Zürich, SJZ 1969, S. 95f.; KassGer Zürich, SJZ 1970, S. 23f.; KassGer Zürich und BGer, SJZ 1972, S. 173ff.; BGer, SJZ 1972, S. 253f.; BezGer Winterthur, ZR 1973, Nr. 48; BezGer Zofingen, SJZ 1966, S. 13f.; ObGer Aargau, SJZ 1968, S. 54ff.; ObGer Aargau, AGVE 1971, S. 50; KGer Schwyz, SJZ 1966, S. 42; ObGer Schaffhausen, SJZ 1966, S. 44f.; ObGer Luzern, SJZ 1970, S. 57f.; BezGer Arlesheim, BJM 1968, S. 147; BezGer Arlesheim, SJZ 1971, S. 26ff.; AppGer Basel-Stadt, BJM 1971, S. 229; Cour de justice civile Genève, Sem. Jud. 1953, S. 364; Cour de justice civile Genève, Sem. Jud. 1968, S. 71; Cour de justice civile Genève, Sem. Jud. 1972, S. 525; Tribunal de La-Chaux-de-Fonds, SJZ 1972, S. 253f.; Tribunal cantonal de Vaud, SJZ 1976, S. 360f.

I. Reale Erscheinungsformen

Arbeitszeitverkürzung einerseits und die ständige Veränderung und Vermehrung des für die Berufsausübung und zumal für die Beförderung im Beruf erforderlichen Grundwissens andererseits haben zu einer neuen Art der Wissensvermittlung geführt: dem Fernunterricht. Im Unterschied zur herkömmlichen Schule sind Lehrer und Schüler beim Fernunterricht räumlich und zeitlich getrennt (wobei die Kombination von Fernunterricht mit Direktunterricht in letzter Zeit häufiger geworden ist)[1]. Anders als bei der bislang üblichen Wissensvermittlung auf Distanz werden im Fernunterricht neben Büchern auch andere Medien verwendet (z. B. Fernsehen, Radio, Film, Schallplatten, Tonbänder, Lehrmaschinen usw.). Entscheidend aber

---

[1] Vgl. Hauff, S. 61f.; Stamm, S. 37; Burkhardt, S. 28.

ist die Rückkoppelung zwischen Lernendem und Lehrendem, welche es erlaubt, den Lernvorgang zu überprüfen und zielgerichtet zu einem Abschluß zu bringen (Korrektur von Aufgabenlösungen, Erläuterung besonderer Fragen, allgemeine Information, Prüfungen).

In den meisten Fernkursverhältnissen ist der Schüler zweifach abhängig vom Lehrinstitut: einmal ist er kaum fähig, das Gebotene qualitativ zu beurteilen. Zum zweiten ist er (gerade weil er mittels Weiterbildung eine höhere und finanziell bessere Berufsstellung erst zu erlangen im Begriffe ist) vielfach nicht in der Lage, das ganze Entgelt sofort bar zu bezahlen. Daher sind Fernunterrichtsverträge aller Regel nach Abzahlungsgeschäfte (im weiteren Sinn).

II. Wirtschaftliche Funktionen

Fernkursverträge erschließen den Zugang zur Bildung (im weitesten Sinne) vor allem jenen, die bislang aus zeitlichen, räumlichen oder auch finanziellen Gründen darauf verzichten mußten[2]. Der neue Weg verheißt eine gesellschaftspolitisch erwünschte Demokratisierung der Bildung und ermöglicht die teilweise Ausschöpfung sogenannter Bildungsreserven, was auch volkswirtschaftlich positiv zu veranschlagen ist. Doch ist damit verbunden eine (an sich unerwünschte) Kommerzialisierung des Gutes «Bildung», dessen Angebot sowohl nach Preis als auch nach Qualität zu beurteilen schwierig ist, was nicht selten zu einseitiger Vertragsgestaltung verleitet. Nach dem deutschen Fernunterrichtsschutzgesetz bedürfen denn auch alle Fernkurslehrgänge einer behördlichen Zulassung, die nur aufgrund einer bestandenen Eignungsprüfung erteilt wird[3].

III. Verkehrstypen

Der Fernkursvertrag hat sich (trotz im einzelnen abweichend ausgestalteter Leistungspflichten des Lehrinstituts) zu einem einheitlichen Verkehrstyp verdichtet: Als Gegenleistung für das (regelmäßig ratenweise) zu entrichtende Entgelt hat das Lehrinstitut folgende Pflichten zu erfüllen:

---

[2] HAUFF (S. 140 ff.) unterscheidet fünf typische Funktionen des Fernunterrichts: Laufende Unterstützung des formalen Bildungswesens; Nachholen von Bildungsniveaus; Befähigung für ein Berufsniveau; Weiterbildung in Berufen und Tätigkeiten; Nicht-berufsorientierte Weiterbildung.

[3] Vgl. dazu DÖRNER, S. 1739.

– Überlassung von Kursmaterial zu Eigentum.
– Korrektur von Aufgabenlösungen.
– Vermittlung von Ergänzungsunterricht und Abnahme von Prüfungen in
  den Räumlichkeiten des Fernkursinstituts mit Annäherung an die direkte
  (lehrerabhängige) Wissensvermittlung des Unterrichtsvertrags[4].
– Überlassung von Räumlichkeiten und anderen Einrichtungen (im Sinne
  einer an die Miete angenäherten Nebenleistung)[5].
– Ausstellung eines Zeugnisses.

Das Lehrmaterial wird meistens in abgestuften, nach einer Lektion bemessenen Lieferungen abgegeben. Das gesamte Lehrmaterial bleibt aber eine
sachliche Leistungseinheit[6]. Darin unterscheidet sich der Fernkursvertrag
vom Sukzessivlieferungsgeschäft.

IV. Terminologie

Überwiegend wird das Vertragsverhältnis als Kursvertrag oder Fernkursvertrag bezeichnet[7]. Zutreffend ist es, vom Fernkursvertrag zu reden,
weil damit das Element der Wissensvermittlung auf Distanz offenkundiger
wird. Andere hin und wieder verwendete Ausdrücke, wie Kaufvertrag[8],
Lieferungsvertrag[9], Schulkaufvertrag[10] oder Werkvertrag sind zu vermeiden.
Vor allem haben sie auf die rechtliche Qualifikation keinen Einfluß (Art. 18
Abs. 1 OR)[11]. Die Parteien werden Fernkursgeber und Fernkursnehmer genannt. Das Vertragsobjekt ist der Fernkurs, wobei damit Sach-
und Arbeitsleistungen gedeckt sind.

---

[4] GIGER, Abzahlungsrecht, S.96. Ein Fernkurs wird vorliegen, solange eine Abschlußprüfung
   ohne Besuch des ergänzenden Unterrichts bestanden werden kann.
[5] Die gleichgewichtige Verbindung von Fernkurs mit (direktem) Unterricht ergibt einen (atypischen) Kombinationsvertrag aus den typischen Innominatgebilden Fernkursvertrag und
   Unterrichtsvertrag.
[6] Vgl. FURRER, S.120.
[7] GIGER, Abzahlungsrecht, S.91; BURKHARDT, passim; PEYER, S.187.
[8] ObGer Zürich, SJZ 1964, S.362; BezGer Arlesheim, BJM 1968, S.147; KassGer Zürich,
   SJZ 1970, S.23; BezGer Arlesheim, SJZ 1971, S.26; KassGer Zürich, SJZ 1972, S.173.
[9] ObGer Schaffhausen, SJZ 1966, S.44.
[10] ObGer Luzern, SJZ 1970, S.57.
[11] Vgl. GIGER, Abzahlungsrecht, S.92.

V. Rechtsanwendung

1. Allgemeines

Aus dem typischen Inhalt des Fernkursvertrags ergibt sich, daß es sich um einen (synallagmatischen) gemischten Vertrag handelt, der die Elemente Abzahlungskauf und Auftrag enthält. Man hat es mit einem Kombinationsvertrag zu tun (nicht etwa mit einem typischen Vertrag mit Beimischung), weil die eine Leistung ohne die andere (z.B. Abgabe von besonderen Lehrmitteln ohne Ergänzung durch Arbeitsleistungen des Kursgebers) dem Typus des Fernkursvertrags widerspräche. Maßgebend für die Qualifikation ist allein, worauf der Fernkursnehmer nach Vertrag Anspruch hat. Daher kommt nichts darauf an, ob er es (freiwillig) beim Bezug des Lehrmaterials bewenden läßt und weitere Leistungen nicht beansprucht[12].

Auch für den Fernkursvertrag gilt, daß die Vertragsbestimmungen nach dem Vertrauensprinzip auszulegen sind und daß bei lückenhaften Verträgen der Richter allenfalls Gewohnheitsrecht beizuziehen und nötigenfalls eine angemessene Norm zu schaffen hat (Art.1 Abs.2 und 3 ZGB). Dabei ist allemal zu fragen, ob zwingendes Nominatrecht verwandter Typen zu übernehmen sei. Dies ist zumal von Bedeutung für die Frage der Anwendung des Abzahlungsrechts. Nach der hier vertretenen Auffassung ist es analog, aber nicht in Anwendung von Art.226m OR heranzuziehen (weil Vertragsinhalt nicht ausschließlich und nicht einmal hauptsächlich der Kauf einer Sache ist). Damit wird auch der Meinung widersprochen, jedes Abzahlungsgeschäft stelle (unbeachtlich der Gegenleistung, hier also Sache und Arbeit) einen eigenen (gesetzlichen) Vertragstypus dar[13].

Eine der typischen Interessenlage der Parteien gerecht werdende Regelung der einzelnen Rechtsprobleme verbietet die umfassende Unterstellung unter den Abzahlungskauf oder unter das Auftragsrecht. Unbestritten aber ist, daß der Richter sich bei der Setzung des Vertragstypenrechts am Abzahlungskauf und am Auftrag orientieren muß. Daher drängt sich eine Harmonisierung der zwingenden und dispositiven gesetzlichen Vorschriften dort auf, wo die Regelungen der beiden Nominattypen zueinander in Wider-

---

[12] BezGer Arlesheim, BJM 1968, S.147ff.; KassGer Zürich, SJZ 1972, S.175. Nach BURKHARDT (S.44ff.) liegt auch dann noch ein Fernkursvertrag vor, wenn das Institut lediglich Sachleistungen (Lieferung von Lehrmaterial, ev. mit Selbstkorrekturen), nicht aber auch Dienstleistungen (Korrektur, Beratung) erbringt. Nach der hier vertretenen Auffassung handelt es sich diesfalls um einen Kauf-, Miet- oder Leasingvertrag (je nach der Art, wie die Sachleistungen zu erbringen sind).

[13] So aber GIGER, Abzahlungsrecht, S.80f.; DERSELBE, Geldleistung als vertragstypenbestimmender Faktor, S.63ff. Wie im Kontext: BURKHARDT, S.94ff.

spruch geraten. Im Vordergrund steht allemal das in der fachlichen und finanziellen Unterlegenheit begründete, auch durch die Gerichtspraxis betonte besondere Schutzbedürfnis des Fernkursnehmers[14].

2. Entstehung

Da der Nehmer das Entgelt regelmäßig ratenweise bezahlt, ist der Fernkursvertrag wie der Abzahlungsvertrag schriftlich abzuschließen (Art. 226a Abs. 2 und 3 OR)[15]. Fehlt ausnahmsweise die Pflicht zur Bezahlung in Raten, so genügt formlose Übereinkunft[16].

3. Inhalt

a) *Pflichten des Fernkursnehmers*

Der Fernkursnehmer verpflichtet sich einzig zur Leistung des Entgeltes. Dieses hat er zu bezahlen, auch wenn er die angebotenen Dienste des Fernkursgebers nicht in vollem Umfang in Anspruch nimmt. Soweit er Aufgaben löst oder Prüfungen ablegt, geschieht dies im eigenen Interesse und nicht als eine dem Fernkursgeber zu erbringende Arbeitsleistung[17].

b) *Pflichten des Fernkursgebers*

Die Verbindlichkeiten des Fernkursgebers lassen sich aufteilen in kaufähnliche sowie auftragsähnliche Hauptpflichten und mietähnliche Nebenpflichten. Kaufähnlich ist vor allem die Lieferung des Kursmaterials. Auftragsähnlich sind dagegen folgende Pflichten:

---

[14] Der gerichtlichen Praxis und der Doktrin ist zu entnehmen, daß im Hinblick auf die Qualifikation des Fernkursvertrages überwiegend der Absorptionstheorie gefolgt und dieser entweder als (Sukzessiv-)Kauf, als Abzahlungskauf oder (vor allem in letzter Zeit) als Auftrag behandelt wird. Vgl. dazu FISCHER, S. 205 ff.; ferner KassGer Zürich, SJZ 1972, S. 175; BGer, SJZ 1972, S. 175; Tribunal cantonal de Vaud, SJZ 1976, S. 360 ff.

[15] Ein Abzahlungsgeschäft wird teilweise auch angenommen, wenn weniger als vier Raten zu bezahlen sind und in dieser Regelung ein Umgehungstatbestand gesehen wird; FISCHER, S. 211, mit weiteren Nachweisen; GIGER, NZZ Nr. 86 vom 21. Februar 1970; KELLER, NZZ Nr. 358 vom 5. August 1970; ObGer Zürich, SJZ 1969, S. 95; BGer, SJZ 1972, S. 253 f.; BezGer Winterthur, ZR 1973, Nr. 48. Anderer Meinung KassGer Zürich, SJZ 1970, S. 23 f. – Der bundesrätliche Entwurf zu einem Konsumkreditgesetz unterstellt «Verträge über Unterricht, der ganz oder teilweise in Fernkursen erteilt wird und für den Teilzahlungen zu entrichten sind», den Regeln über den Abzahlungskauf (Art. 226a Abs. 3 OR); BBl 1978 II, S. 618.

[16] Wer den Fernkursvertrag dem Auftragsrecht allein unterstellt, begnügt sich in allen Fällen mit formloser Übereinkunft; NÜSCHELER, NZZ Nr. 666 vom 9. November 1969; FELDER, NZZ Nr. 35 vom 22. Januar 1970; BezGer Arlesheim, SJZ 1971, S. 26 ff.; KassGer Zürich, SJZ 1972, S. 175. – Das neue deutsche Fernunterrichtsschutzgesetz verlangt demgegenüber die Schriftform und schreibt den Mindestinhalt der entsprechenden Urkunde zwingend vor (§ 3).

[17] Mißverständlich insoweit die Bezeichnung des Entgeltes als «vertragliche Hauptleistung» bei GIGER, Abzahlungsrecht, S. 91.

– Pflicht zur Korrektur eingereichter Aufgabenlösungen.
– Pflicht zur Erteilung von Auskünften über das Unterrichtsgebiet.
– Pflicht zur Durchführung von Zwischen- und Schlußprüfungen.
– Pflicht zur Abgabe eines Schlußzeugnisses.

Mietähnliche Nebenleistungen stellen die Pflichten zur Bereitstellung besonderer Einrichtungen (Labor, Schreibmaschine usw.) und von Räumlichkeiten (zur Abhaltung von Prüfungen) dar[18,19].

4. Beendigung

Ordentlicher Beendigungsgrund ist die Erfüllung. Sie ist gegeben bei vollständiger Bezahlung des Kursgeldes durch den Fernkursnehmer und bei Erbringung aller Leistungen durch den Fernkursgeber, soweit diese während der vereinbarten Vertragsdauer überhaupt beansprucht werden.

Schwierigkeiten ergeben sich, wenn die vorzeitige Beendigung des Vertrages verlangt wird, was regelmäßig durch den Fernkursnehmer erfolgt. Das Abzahlungsrecht gewährt eine Bedenkfrist von 5 Tagen, während welcher der Käufer eine Verzichterklärung abgeben und damit das Zustandekommen des Vertrages verhindern kann (Art. 226c Abs. 1 OR). Anderseits kennt das Recht des Abzahlungskaufes keine Beendigungsmöglichkeit während der Vertragsdauer[20]. Diese besteht dagegen nach Auftragsrecht (Art. 404 OR).

Die beiden Regelungen widersprechen sich nicht. Sie lassen sich kombinieren, was der typischen Gestalt des Fernkursvertrages angemessen ist: Ratenzahlungsvertrag über auftragsähnliche und Sachleistungen. Demnach hat der Fernkursnehmer ein Verzichtrecht gemäß Art. 226c Abs. 1 OR und kann während der Vertragsdauer jederzeit mit Wirkung für die Zukunft den Fernkursvertrag widerrufen[21]. Eine Ersatzpflicht (wegen Widerrufs zur Unzeit; Art. 404 Abs. 2 OR) trifft ihn, wenn und soweit der Fernkursgeber

---

[18] GIGER, SJZ 1964, S. 321; DERSELBE, Abzahlungsrecht, S. 91.

[19] Leistungen, deren Preis nicht einzeln ausgewiesen wird, sind durch das Gesamtentgelt gedeckt und nicht «kostenlos» erbracht (BGer, SJZ 1972, S. 175f.).

[20] Nur der Verkäufer kann unter gewissen Bedingungen beim Verzug des Käufers vom Vertrag zurücktreten (Art. 226h, i, k OR).

[21] Im Auftragsrecht gilt die freie Widerrufbarkeit nach der Praxis (vgl. BGE 98 II, 1972, S. 307, Erw 2, mit Hinweisen auf weitere Literatur) als zwingend; ebenso PEYER, passim, insbes. S. 160f. Anderer Meinung FRIEDRICH, S. 475ff.; Kritik auch bei VON BÜREN, Bes. Teil, S. 140ff. Die Unabdingbarkeit des Widerrufs scheint jedenfalls im Fernkursvertrag der besonderen Lage des Fernkursnehmers angemessen. Gleicher Meinung PEYER, S. 187ff. – Das deutsche Fernunterrichtsschutzgesetz räumt dem Fernkursteilnehmer innerhalb von zwei Wochen seit der ersten Lieferung ein Widerrufsrecht ein (§ 4).

besondere Aufwendungen im Hinblick auf künftige Leistungen gemacht hat, die er anderweitig nicht verwerten kann; jedoch nur, wenn auf der Seite des Fernkursnehmers nicht ein wichtiger Grund vorliegt [22, 23].

Eine richterlich gesetzte Kündigungsfrist kann erwogen werden. Ob das freilich zweckmäßig wäre, ist zweifelhaft. Der Fernkursnehmer muß unter solchen Voraussetzungen auch während der Kündigungsfrist Leistungen beziehen und bezahlen, die für ihn wertlos geworden sind. Der Fernkursgeber dagegen kann auch bei Einschaltung einer Kündigungsfrist nicht mehr als das vertraglich geschuldete Entgelt fordern [24].

§ 118. Der Unterrichtsvertrag *

Literaturauswahl

GAUTSCHI, G. Berner Kommentar, Bd. VI: Obligationenrecht, 2. Abt., 4. TBd., Art. 394–406, 3. Aufl., Bern 1971; 3. TBd., Art. 363–379, 2. Aufl., Bern 1967.

GIGER, H. Der Leasingvertrag, Bern 1977.
– Die rechtliche Wertung des Fernkurs- und Unterrichtsvertrages, NZZ Nr. 86 vom 21. Februar 1970.
– Verwirrung um die rechtliche Erfassung von Fernkursverträgen, NZZ Nr. 717 vom 9. Dezember 1969.
– Systematische Darstellung des Abzahlungsrechts, unter besonderer Berücksichtigung von Fernkurs-, Unterrichts-, Mietkauf- und Leasingvertrag, Zürich 1972.

---

[22] Eine solche Regelung der Ersatzpflicht wird schon vertreten von FISCHER, S. 216, mit Nachweis gleichlautender Gerichtsentscheide.

[23] FURRER (S. 120) hält bei Fehlerhaftigkeit der Kursmittel Wandelung (also Rückgängigmachung des Vertrages; Art. 205 OR) für möglich. Diese Lösung nimmt keine Rücksicht auf das Auftragselement, welches kostenmässig von der Sachleistung nicht ausgesondert werden kann und einer Rückabwicklung nicht zugänglich ist. Die Wandelung hilft dem (intellektuell und finanziell) überforderten Fernkursnehmer gerade dann nicht, wenn nicht die Lehrmittel als solche unzulänglich sind, sondern die auftragsähnlichen Leistungen. FURRER (S. 119) stützt sich (zu eng) nur auf die «Gebrauchstauglichkeit des Kursmaterials».

[24] Zu beachten ist weiter, daß sich der Fernkursnehmer auf Grundlagenirrtum berufen kann, wenn er zu Beginn des Fernkurses feststellt, daß er sich in den für diesen notwendigen Voraussetzungen getäuscht hat (Art. 24 Abs. 1 Ziff. 4 OR), oder auf absichtliche Täuschung, wenn er vom Kursgeber absichtlich zum Abschluß überredet worden ist (Art. 28 OR). Er hat sich innert Jahresfrist zu erklären und kann so den Vertrag mit Wirkung ex tunc dahinfallen lassen (Art. 31 OR); VON TUHR/PETER, S. 329 ff.; VON BÜREN, Allg. Teil, S. 225; GUHL/MERZ/KUMMER, S. 138 f.; OSER/SCHÖNENBERGER, Art. 31, N. 27.

* Zitiervorschlag: SCHLUEP/RICHLI/NIEDERHAUSER.

GUHL/MERZ/KUMMER. Das Schweizerische Obligationenrecht, 6. Aufl., Zürich 1972.

GUHL, TH. Das Schweizerische Obligationenrecht, 5. Aufl., Zürich 1956.

KELLER, M. «Fernkurs- und Unterrichtsverträge» unterstehen dem Abzahlungsrecht, NZZ Nr. 358 vom 5. August 1970.

OSER/SCHÖNENBERGER. Zürcher Kommentar, Bd. V: Obligationenrecht, 2. HBd., Art. 184–418, 2. Aufl., Zürich 1936.

PEYER, J. Der Widerruf im Schweizerischen Auftragsrecht, Diss. Zürich 1974.

SCHAFFITZ, R. M. Der Schulvertrag, Diss. Zürich 1977.

SCHÖNENBERGER/JÄGGI. Zürcher Kommentar, Bd. V: Obligationenrecht, TBd. 1a, 3. Aufl., Zürich 1973.

Ausgewählte schweizerische Gerichtsentscheide

BGer, SJZ 1972, S. 253 f.; BezGer Zürich, SJZ 1964, S. 253 ff.; ObGer Zürich, SJZ 1964, S. 363 f.; ObGer Zürich, SJZ 1966, S. 304; BezGer Zürich und ObGer Zürich, SJZ 1968, S. 24 ff.; KassGer Zürich, SJZ 1970, S. 8 f.

I. Reale Erscheinungsformen

Der Unterrichtsvertrag unterscheidet sich vom Fernkursvertrag namentlich durch den Umstand, daß Lehrer und Schüler nicht räumlich getrennt sind. Der Unterricht erfolgt vielmehr in den Räumlichkeiten und mit den Mitteln, welche der Unterrichtgeber zur Verfügung stellt[1]. Aus diesem Grund ist die Verwendung technischer Hilfsmittel, besonders solcher, die der Unterrichtnehmer zuhause benützen kann, nicht (wie beim Fernkursvertrag) unabdingbares Merkmal, wenn sie auch häufig anzutreffen ist. Je nach dem Verhältnis, in welchem direkter Unterricht durch den Lehrer und Verwendung (zusätzlicher) Lehrmittel zueinander stehen, kann man von «lehrerbezogenem» oder «lehrmittelbezogenem» Unterricht reden, ohne daß dabei indessen deutlich abgrenzbare Typen vorlägen.

Die übrigen Erscheinungsmerkmale sind bereits im Zusammenhang mit dem Fernkursvertrag erwähnt worden: Die Abhängigkeit des Unterrichtnehmers vom Unterrichtgeber in fachlicher und finanzieller Hinsicht und die Pflicht zur ratenweisen Entrichtung des Entgeltes. Ausgeprägter als beim Fernkurs- sind beim Unterrichtsverhältnis die persönlichen Beziehungen zwischen Lehrer und Schüler, weil die persönlichen Leistungen des Lehrenden einen größeren Platz einnehmen.

---

[1] Um einen Unterrichtsvertrag (und nicht um einen Fernkursvertrag) handelt es sich, wenn Lehrmittel und Einrichtungen in den Räumen des Unterrichtgebers benutzt werden. Gleiches gilt, wenn der Besuch des direkten Unterrichts für einen erfolgreichen Abschluß unerläßlich ist und allfällige Hausarbeiten der Vertiefung dieses Unterrichts dienen. Vgl. auch vorne Anm. 5 zum Fernkursvertrag; ferner neuestens SCHAFFITZ, S. 8 f.

II. Wirtschaftliche Funktionen

Die Bemerkungen über die wirtschaftlichen Funktionen des Fernkursvertrages gelten auch für den Unterrichtsvertrag. Dem Nachteil der räumlichen Bindung und der geringeren Anpassungsmöglichkeit an die individuellen Lernfortschritte des Schülers steht der Vorteil des intensiveren Unterrichts wegen der häufigeren persönlichen Begegnungen von Lehrer und Schüler gegenüber. Das fällt für jene Wissensgebiete besonders ins Gewicht, die sich für einen programmierten Unterricht weniger eignen.

Schneller als beim Fernkurs wird ein Unterrichtnehmer beim direkten Unterricht realisieren, daß er dem Lehrstoff allenfalls überhaupt nicht zu folgen im Stande ist. Dabei ist freilich die Aussicht des Unterrichtgebers gering, vereinbarte Zahlungen einnehmen zu können, ohne eigene Leistungen erbringen zu müssen: denn diese müssen auch bei vorzeitiger Aufgabe eines Schülers für die verbleibenden Lernenden in annähernd unvermindertem Ausmaß und mit gleichem Aufwand erbracht werden[2].

III. Verkehrstypen

Als Gegenleistungen für die meist ratenweise Entrichtung des vereinbarten Entgeltes des Schülers treffen das Lehrinstitut typischerweise folgende Pflichten:

– Pflicht zur Erteilung von Unterricht über das betreffende Wissensgebiet.
– Pflicht, Räumlichkeiten und Einrichtungen (z.B. Sprachlabor) zur Verfügung zu stellen.
– Pflicht zur Überlassung (in Miete oder zu Eigentum) von Unterrichtsunterlagen.
– Pflicht zur Durchführung von Prüfungen.
– Pflicht zur Aushändigung eines Zeugnisses bei erfolgreichem Kursabschluß.

Typologisch dominierendes Element ist in jedem Fall der direkte Unterricht. Anderseits hängt von der angewandten Lehrmethode und dem besonderen Unterrichtsgebiet ab, welches Gewicht den anderen Leistungen daneben zukommt.

---

[2] GIGER, Abzahlungsrecht, S. 89.

IV. Terminologie

Das Vertragsverhältnis wird durchwegs Unterrichtsvertrag genannt. Verfehlt ist der mitunter anzutreffende Ausdruck «Lehrvertrag»[3], weil darunter eine besondere Art des Arbeitsvertrages zu verstehen ist (Art. 344 ff. OR). Die Parteien heißen Unterrichtgeber (Unterrichter, Lehrer) und Unterrichtnehmer (Unterrichteter, Schüler)[4].

V. Rechtsanwendung

1. Allgemeines

Wegen des wesentlichen Anteils des direkten Unterrichts wird der Vertrag häufig als Auftrag qualifiziert[5]. Vereinzelt spricht man auch von einem Vertrag sui generis[6]. Nach GIGER beherrscht die Tatsache der ratenweisen Bezahlung des Entgelts das ganze Vertragsverhältnis und macht dieses zu einem Abzahlungsgeschäft im Sinne eines eigenständigen (gesetzlichen) Vertragstyps, der durch das Element «der Kreditierung mit periodischer Zahlungsverpflichtung ...»[7] gekennzeichnet sein soll. Ob allerdings ein bestimmter Zahlungsmodus (unbeschadet der Art der Gegenleistung) für sich allein typenbildend wirken kann, ist fraglich. Die Schutzbedürftigkeitslage des Unterrichtnehmers erfordert jedenfalls diese Lösung nicht; vielmehr kann der Richter in Anlehnung an das Abzahlungsrecht (zwingende) Schutznormen dort setzen, wo vertraglichen oder gewohnheitsrechtlichen Regelungen die Richtigkeit im Sinne des angemessenen Interessengleichgewichts abgeht oder wo diese überhaupt fehlen. Es ist nicht zu übersehen, daß die Vernachlässigung des Auftragselementes im Unterrichtsvertrag den persönlichen Beziehungen zwischen Unterrichtgeber und Unterrichtnehmer kaum gerecht wird und der Rechtsstellung des Nehmers während der Vertragsdauer zu wenig Rechnung trägt.

---

[3] Vgl. etwa BezGer Zürich, SJZ 1964, S. 253 ff.; ferner PEYER, der die Ausdrücke Unterrichtsvertrag und Lehrvertrag synonym verwendet (S. 186 ff.).

[4] GIGER, Abzahlungsrecht, S. 96; GUHL/MERZ/KUMMER, S. 291; GAUTSCHI, Art. 394, N. 62 a.

[5] Vgl. GIGER, NZZ Nr. 717 vom 9. Dezember 1969; DERSELBE, Abzahlungsrecht, S. 106, Anm. 145; GUHL, S. 394 f.; OSER/SCHÖNENBERGER, Art. 363, N. 17; PEYER, S. 187 f.; wohl auch GAUTSCHI, Art. 394, N. 62 a; BezGer Zürich und ObGer Zürich, SJZ 1968, S. 26; KassGer Zürich, SJZ 1970, S. 8 f.; vgl. auch ObGer Zürich, SJZ 1964, S. 363 f. und SJZ 1966, S. 304 f.

[6] BezGer Zürich, SJZ 1964, S. 253 ff.; vgl. auch ObGer Zürich, SJZ 1964, S. 363 f. und SJZ 1966, S. 304; GIGER, Abzahlungsrecht, S. 113.

[7] GIGER, NZZ Nr. 717 vom 9. Dezember 1969; KELLER, NZZ Nr. 358 vom 5. August 1970; vgl. vorne Anm. 13 zum Fernkursvertrag.

Aus der Darstellung der typischen Elemente des Unterrichtsvertrages folgt von selbst, daß Elemente der Nominatverträge Auftrag (persönlicher Unterricht, Prüfungen, Erstellung eines Abschlußzeugnisses), Kauf (Überlassung von Lehrmaterial) und Miete (Überlassung von Räumen und anderen Einrichtungen) vereinigt sind. Die ratenweise Bezahlung des Entgelts läßt die Übernahme des Abzahlungsrechts als geboten erscheinen, auch wenn beim Unterrichtsvertrag (anders als beim Fernkursvertrag) das Schwergewicht auf der Auftragsseite liegt[8]. Es handelt sich mithin um einen (synallagmatischen)[9] gemischten Vertrag[10] in der Form des Kombinationsvertrags, wobei freilich allein das Auftrags- und das Kaufelement selbständige Bedeutung haben. Die Miete dagegen erscheint nur als Beimischung zum Auftrag: Räume und Einrichtungen werden lediglich zum Zweck und während der Dauer des Unterrichts beansprucht und zur Verfügung gestellt. Die dem Unterrichtnehmer übereigneten Lehrmittel dagegen behalten auch nach Beendigung des Unterrichts einen Eigenwert.

Aus dieser Qualifikation folgt, daß sich der Richter bei der Setzung von Typenrecht (Art. 1 Abs. 2 und 3 ZGB) an die Nominattypen, Auftrag und Kauf, sowie an das Recht des Abzahlungsvertrags halten wird, wenn Vertragsauslegung oder Gewohnheitsrecht keine angemessene Antwort geben. Nur in Ausnahmefällen wird es notwendig sein, doch Mietrecht heranzuziehen, um eine interessengerechte Lösung zu finden.

2. Entstehung

Soweit das Entgelt im Unterrichtsvertrag ratenweise zu bezahlen ist, muß die Schriftform des Abzahlungsvertrages beachtet werden (Art. 226a Abs. 2 und 3 OR).

3. Inhalt

Der Unterrichtnehmer verpflichtet sich durch den Vertragsschluß einzig zur Zahlung des Entgeltes, nicht jedoch zur Ablieferung von

---

[8] Richtiger Ansicht nach unterstehen auch Verträge, welche *Arbeitsleistungen* zum Gegenstand haben, dem Abzahlungsvertragsrecht, sofern eine Kreditierung mit periodischer Zahlungsverpflichtung bezweckt ist; vgl. dazu neuestens GIGER, Der Leasingvertrag, S. 33 ff., 107 f. Entgegen SCHAFFITZ (S. 47) ist das Teilzahlungsverfahren beim Unterrichtsvertrag nicht nur eine Folge der sich aus der Natur der Sache ergebenden Aufspaltung der Unterrichtsleistung. Die Unterstellung unter das Abzahlungsvertragsrecht drängt sich um so mehr auf, als das Sozialschutzbedürfnis beim Unterrichtsvertrag zweifelsfrei gegeben ist. Vgl. dazu GIGER, Der Leasingvertrag, S. 107 f. – Vgl. ferner zum Problem vorne, Der Fernkursvertrag, S. 912, Anm. 15.

[9] SCHÖNENBERGER/JÄGGI, Art. 1, N. 118.

[10] GIGER, Abzahlungsrecht, S. 96; vgl. auch SCHAFFITZ, S. 73 ff.
Vgl. zur Funktion des Art. 394 Abs. 2 OR vorne S. 813 Anm. 170.

Schularbeiten oder zum Besuch des Unterrichts. Den Unterrichtgeber treffen folgende Pflichten:

- Pflicht zur Erteilung von Unterricht.
- Pflicht, Räumlichkeiten und weitere Einrichtungen zur Verfügung zu stellen.
- Pflicht, dem Schüler Lehrmittel zu überlassen.
- Pflicht, Prüfungen durchzuführen.
- Pflicht, ein Abschlußzeugnis auszustellen.

4. Beendigung

Es kann hier auf die Ausführungen zum Fernkursvertrag verwiesen werden. Somit hat der Unterrichtnehmer das Recht (je mit Wirkung für den ganzen Vertrag), während einer Bedenkfrist von 5 Tagen eine Verzichterklärung abzugeben (Art. 226c Abs. 1 OR) und den Vertrag jederzeit zu widerrufen (Art. 404 OR). Allenfalls ist bei Widerruf zur Unzeit Aufwendungsersatz zu leisten[12].

§ 119   Der Reiseveranstaltungsvertrag*

Literaturauswahl

ARNDT, G. Der Reiseveranstaltungsvertrag, Diss. Berlin 1972.
BARTL, H. Die Urlaubsreise und ihre Beeinträchtigung, NJW 1972, S. 505 ff.
– Zum gegenwärtigen Stand des Reiserechts, NJW 1978, S. 729 ff.
BAUDENBACHER, C. Suggestivwerbung und Lauterkeitsrecht, Zürich 1978.
BLAUROCK, U. Der Reiseveranstaltungsvertrag, Abhandlungen aus dem gesamten Bürgerlichen Recht, Handelsrecht und Wirtschaftsrecht, Heft 46, Stuttgart 1974, S. 18 ff.
BECKER, H. Berner Kommentar, Bd. VI: Obligationenrecht, 1. Abt., Art. 1–183, Bern 1941.
VON BÜREN, B. Schweizerisches Obligationenrecht, Allgemeiner Teil, Zürich 1964.
– Schweizerisches Obligationenrecht, Besonderer Teil, Zürich 1972.
CORSTEN, R. Die Rechtsbeziehungen zwischen Gastaufnahmebetrieb, Reisebüro und Kunden nach deutschem und französischem Recht, Diss. Kiel 1969.

---

[12] Ein schützenswertes Interesse des Unterrichtgebers an der Aufrechterhaltung des Vertrags besteht – entgegen SCHAFFITZ, S. 98 f. – nicht.
* Zitiervorschlag: SCHLUEP/BAUDENBACHER.

Dallèves, L. Le contrat de voyage, Quatorzième journée juridique, Mémoires publiés par la faculté de droit de Genève, Genève 1975, S.1ff.

Eberle, R. Die Haftung des Reiseveranstalters, DB, Beilage Nr.3/1973.

Frank, R. Meine Rechte und Pflichten als Tourenleiter, als Reiseleiter, als Jugendleiter; zugleich ein Handbuch zur Haftbarkeit des Veranstalters, Zürich 1975.

Friedrich, H.-P. Fragen aus dem Auftragsrecht, ZBJV 1955, S.449ff.

Gautschi, G. Berner Kommentar, Bd.IV: Obligationenrecht, 2.Abt., 4.TBd., Art.394–406, 3.Aufl., Bern 1971.

Grunsky, W. Entgangene Urlaubszeit als Vermögensschaden, NJW 1975, S.609ff.

Huhn, D. Probleme des Werkvertragsrechts (unter besonderer Berücksichtigung der Reiseveranstaltungsverträge), in: Vertragsschuldverhältnisse, München 1974, S.99ff.

Internationales Eurocheque Sekretariat. eurocheque gestern – heute – morgen, Brüssel 1978.

Klatt/Fischer. Die Gesellschaftsreise, Köln/Berlin/München/Bonn 1961.

Klimke, M. Die Haftung aus dem Reisevertrag unter besonderer Berücksichtigung der Allgemeinen Reisebedingungen, ZfV 1974, S.428ff.

Larenz, K. Lehrbuch des Schuldrechts, Bd.I, 11.Aufl., München 1976.

Onoufrios, F. Der Reisevertrag, Frankfurt a.M./Bern/Las Vegas 1978.

Palandt/Heinrichs. Bürgerliches Gesetzbuch, 37.Aufl., München 1978.

Palandt/Thomas. Bürgerliches Gesetzbuch, 37.Aufl., München 1978.

Petev, V. Zur Neuregelung der Reiseveranstaltungsverträge, JZ 31, 1976, S.632ff.

Rebmann, E. International einheitliche Regelung des Rechtes des Reisevertrages, DB 1971, S.1949ff., 2002ff.

Rehbinder, M. Vorwort zur Dissertation Arndt.

Riese, O. Der Entwurf eines internationalen Abkommens über den Reisevertrag und die Haftung der Reisebüros, RabelsZ 1968, S.651ff.

Roesch, H. Zur Haftung des Reiseveranstalters – Lärm im Urlaub begründet Schadenersatz, ZfV 1977, S.388ff.

Schmucki, P. Die zivilrechtlichen Verhältnisse beim Betrieb eines Reisebüros, Diss. Freiburg/Schweiz 1974.

Stoll, H. Anmerkung zu BGH, Urteil vom 10.10.1974, JZ 1975, S.252ff.

Sünner, W. Die Rechtsbeziehungen zwischen dem Gast, dem Speise- und Beherbergungsbetrieb und dem Reiseveranstalter bei Veranstaltung von Gesellschaftsreisen, Diss. Hamburg 1968.

Wiswald, J.-P. Les agences de voyages, Problèmes juridiques relatifs à leur activité et à leur responsabilité, Diss. Lausanne 1964.

I. Reale Erscheinungsformen

Zunehmender Wohlstand, vermehrte Freizeit und verlängerter Urlaub führen zusammen mit der Verbesserung der Verkehrsorganisation und der fortschreitenden Öffnung der Grenzen zu kräftig erhöhter Nachfrage nach internationalen Reisen. Während sich der Kunde im Binnentourismus verhältnismäßig leicht die Übersicht über das Angebot bewahren kann, bedarf er bei grenzüberschreitenden Reisen der Hilfe von Spezialisten. Hier treten allemal die Reisebüros auf. Sie bieten ihre Dienste in zwei verschiedenen Formen an: Einmal erscheinen sie als bloße Vermittler von Hotels, Transportgesellschaften, Reiseorganisationen usw., wobei sie in der Regel den Kunden auch beraten. Zum andern bieten die Reisebüros unmittelbar Reisen an, die sie selbst organisieren. Im ersten Fall schließt der Kunde durch Vermittlung des Reisebüros mit den vertretenen Hotels, Transportgesellschaften usw. direkt ab. Daher beschränken sich die unmittelbaren Beziehungen zum Reisebüro auf die Beratung. Im zweiten Fall dagegen hat der Kunde es ausschließlich mit seinem Reisebüro zu tun, das als Reiseveranstalter eine Gesamtheit von Leistungen erbringt und dafür die Bezahlung eines sog. Pauschalpreises fordert.

II. Wirtschaftliche Funktionen

Der Reiseveranstaltungsvertrag ist ein wichtiges Instrument für die Erbringung von Dienstleistungen im Bereich des Tourismus. Mit Recht ist festgestellt worden, die Veranstaltung von Gesellschafts- und Pauschalreisen habe sich «zu einem bedeutenden Wirtschaftszweig» entwickelt[1]. Denkt man an die Bedeutung des Tourismus für die Zahlungsbilanz und die Strukturpolitik eines Landes, erkennt man unschwer die wirtschaftliche Bedeutung des Vertrags[2].

III. Verkehrstypen

Die realen Erscheinungsformen haben sich zu zwei Verkehrstypen verdichtet: Reisevermittlung und Reiseveranstaltung. Da indessen die bloße Vermittlung als Auftrag (allenfalls als Agentur im Sinne der Art. 418 a ff. OR) zu qualifizieren ist, genügt im hier gegebenen Zusammenhang die Darstellung des Reiseveranstaltungsvertrags. Dieser wird umschrieben als «contrat par lequel une personne s'engage, en son nom, à procurer à une autre, moyennant un prix global, un ensemble de prestations combinées

---

[1] REHBINDER, Vorwort.

[2] 1978 betrugen die Gesamtumsätze bei Kuoni Fr. 731 Mio., bei Hotelplan Fr. 373 Mio.; SHZ Nr. 5 vom 1. Februar 1979. Weltweit lagen die Ausgaben für Reisen 1977 bei rund 50 Mia. $; vgl. Internationales Eurocheque Sekretariat, S. 15.

de transport, de séjour distinctes du transport ou d'autres services qui s'y rapportent»[3].

IV. Terminologie

Das Brüsseler Abkommen[4] verwendet die Bezeichnung «Reisevertrag» als Oberbegriff, der sowohl die Vermittlungstätigkeit als auch die Veranstaltungstätigkeit des Reisebüros deckt. Reiseverträge sind somit entweder Reisevermittlungsverträge («contrats d'intermédiaire de voyage») oder Reiseveranstaltungsverträge («contrats d'organisation de voyage»). Die Parteien des hier allein relevanten Reiseveranstaltungsvertrags[5] heißen Reiseveranstalter («organisateur de voyages»[6] oder «agence de voyages organisatrice»)[7] und Reisender («voyageur») oder Kunde («client»).

V. Rechtsanwendung

1. Allgemeines

Rein begrifflich ist der Reiseveranstaltungsvertrag Auftrag, wenn man mit dem Bundesgericht annimmt, der Werkvertrag könne nur Stoffwerke zum Gegenstand haben[8]. Es verhält sich hier gleich wie beim Projektierungsvertrag mit dem Architekten[9]. Doch handelt es sich um einen atypischen Auftrag, weil außer Frage steht, daß der Kunde nicht einfach Geschäftsbesorgung, sondern ein bestimmtes Ergebnis (die mängelfrei organisierte Reise nämlich) will. Neuere deutsche Lehre und Rechtsprechung qualifizieren den Reiseveranstaltungsvertrag denn auch überwiegend als reinen Werkver-

---

[3] Art. 1 Ziff. 2 des Brüsseler Abkommens betreffend den Reisevertrag vom 23. April 1970.

[4] Vgl. Anm. 3.

[5] So auch die Terminologie des neuen deutschen Entwurfs eines Gesetzes über den Reiseveranstaltungsvertrag; manche Autoren verwendeten früher die Ausdrücke «Reisevertrag» und «Reiseveranstaltungsvertrag» gleichsinnig. In der Schweiz spricht WISWALD (S. 57 und passim) vom «contrat de voyage», unterscheidet aber alsdann doch zwischen Reisevermittlung («agence de voyages intermédiaire au sens strict») und Reiseveranstaltung («agence de voyages organisatrice»). DALLÈVES (S. 4) verwendet demgegenüber die Bezeichnung «contrat de voyage» nur für den Vertrag über die Reiseveranstaltung.

[6] Brüsseler Abkommen Art. 1 Ziff. 5.

[7] WISWALD, S. 29; DALLÈVES (passim) spricht von «agence de voyage».

[8] BGE 98 II, 1972, S. 311.

[9] Vgl. vorne S. 903.

trag im Sinne von § 631 BGB[10]. Nach der hier vertretenen Auffassung begründet die Atypizität zunächst den Ausschluß des gesetzlichen Folgerechts, so daß man einen Innominatvertrag vor sich hat[11].

Ist somit der Reiseveranstaltungsvertrag in typologischer Sicht gesetzlich nicht geregelter Vertrag, so steht die Rechtsanwendung unter richterlicher Rechtsetzung im Sinne von Art. 1 Abs. 2 und 3 ZGB. Der Richter wird sich am Werkvertrags- und Auftragsrecht orientieren und nicht übersehen, daß das Brüsseler Abkommen eine international einheitliche Regelung des Reiseveranstaltungsvertrags anstrebt[12].

2. Entstehung

Der Vertrag kann formlos abgeschlossen werden (Art. 11 Abs. 1 OR), wenngleich in den Reisebedingungen regelmäßig die Schriftform gefordert wird. Zu beachten ist, daß die Zusendung von Werbematerial und die öffentliche Bekanntmachung nicht Offerte, sondern Aufforderung zur Antragstellung ist[13].

3. Inhalt

a) Pflichten des Reiseveranstalters

Den Veranstalter trifft die Hauptpflicht, die vereinbarte Reise gemäß der Beschreibung im Vertrag zu organisieren und durchzuführen. Neben dieser Hauptpflicht hat der Veranstalter eine Reihe von Nebenpflichten zu erfüllen:

---

[10] Vgl. BGH, NJW 1974, S. 38; BGHZ 60, S. 14; OLG Bamberg, ZLW 1975, S. 367; OLG Nürnberg, MDR 1973, S. 406; OLG Köln, NJW 1972, S. 1815f.; PALANDT/THOMAS, Einf. vor § 631, N. 5; KLIMKE, S. 470; HUHN, S. 108; PETEV, S. 632ff.; BARTL, Zum gegenwärtigen Stand des Reiserechts, S. 729f.; ROESCH, S. 388f. Ebenso die österreichische Rechtsprechung; OGH, ÖJZ 1977, S. 159; OGH, ÖJZ 1977, S. 353ff. – Einen Geschäftsbesorgungswerkvertrag im Sinne von § 675 BGB nehmen an: EBERLE, S. 4; RIESE, S. 660f.; ARNDT, S. 24ff.; CORSTEN, S. 78; KLATT/FISCHER, S. 148; BLAUROCK, S. 20. – Für einen gemischten Vertrag neuerdings ONOUFRIOS, S. 132ff.

[11] Ebenso DALLÈVES, S. 9f. – In der Schweiz vertreten demgegenüber WISWALD (S. 84ff.) und FRANK (S. 144ff.) die Auffassung, der Reiseveranstaltungsvertrag sei Auftrag.

[12] Vgl. Anm. 3; zum Brüsseler Abkommen auch REBMANN, S. 1949f. – Dem Brüsseler Abkommen liegt ein Entwurf des Unidroit zugrunde; vgl. darüber RIESE, S. 651ff. (mit abgedrucktem Text des Entwurfs).

[13] Vgl. BARTL, S. 505; ARNDT, S. 33ff.; SCHMUCKI, S. 94f.; HUHN, S. 107. Falsche Angaben in der Ausschreibung können indessen unter dem Titel der culpa in contrahendo oder allenfalls auch der Vertragsverletzung zur Schadenersatzpflicht führen. – Vgl. freilich im Zusammenhang mit der Formfrage Art. 6 des Brüsseler Abkommens («Document de voyage»).

– Benachrichtigungspflicht im Falle von Ausführungshindernissen.
– Auskunftspflicht (z. B. bei Übertragung der Besorgung auf Dritte).
– Pflicht zur Organisation von Ausflügen, zur Vermittlung von Versiche-
  rungs- und Kreditverträgen, zur Besorgung von Devisen usw.
– Pflicht, den Reiseplan im Interesse des Kunden zu ändern[14].

Die wichtigste Frage im Zusammenhang mit den Pflichten des Veranstalters ist die nach der Art der Haftung (Haftung für getreue Ausführung
oder Sachgewähr oder andere richterliche Lösungen). In der Lehre tritt
WISWALD für ausschließliche Anwendbarkeit des Auftragsrechts ein, so daß
der Veranstalter für Nicht- oder Schlechterfüllung Dritter nur aus unsorg-
fältiger Auswahl oder gegebenenfalls aus Garantieversprechen hafte[15]. Die
schweizerischen Reiseveranstalter halten ihrerseits materiell nach wie vor
an der «Vermittlungsklausel» und damit am Auftragsrecht fest[16]. Grundsätzlich ist jedoch davon auszugehen, daß die sorgfältige Tätigkeit des Veranstalters nicht genügt; geschuldet ist vielmehr, was in Aussicht gestellt
wurde. Von da her ist zu bestimmen, was Nicht- und was Schlechterfüllung
ist. Das ist besonders deshalb wichtig, weil der Veranstalter regelmäßig einen
Teil der Leistungen durch Dritte erbringen läßt. Eine Freizeichnung stellt
dann einen Verstoß gegen Treu und Glauben dar, wenn sie im Widerspruch
zu den Angaben steht, welche in der Werbung[16a], im Prospekt oder in den
Vertragsverhandlungen gemacht worden sind. Die hier vertretene Auffassung entspricht weitgehend der kompromißlosen Regelung der Artikel
13/14 des Unidroit-Entwurfs, die aber im Brüsseler Abkommen (Art. 13 ff.,
besonders Art. 15) erhebliche Abschwächungen erfahren hat[17].

---

[14] Vgl. dazu ARNDT, S. 85.

[15] Vgl. WISWALD, S. 111 ff.

[16] Bedenklich ist überdies die Mehrdeutigkeit gewisser Haftungsklauseln. Beispiel: «Wir haften
auch für eine fachmännische Organisation Ihrer Reise und als Ihr Beauftragter für die notwendige Beschaffenheit der von Ihnen gebuchten Reisedienstleistung.»

[16a] Die Werbung der Reiseveranstalter arbeitet größtenteils mit suggestiven Appellen. Deshalb
kann nicht ohne weiteres davon ausgegangen werden, daß erkennbare Marktschreierei vorliegt. Vgl. dazu BAUDENBACHER, S. 75, 162 ff. und passim; ferner ONOUFRIOS, S. 229 f. – Vgl.
dazu auch den deutschen Entwurf eines Gesetzes über den Reiseveranstaltungsvertrag, § 1
Abs. 2: «Die Erklärung, nur Verträge mit den Personen zu vermitteln, welche die einzelnen
Reiseleistungen ausführen sollen (Leistungsträger), ist unbeachtlich, wenn der Erklärende nach
seiner Werbung, den Umständen des Vertragsabschlusses, der Gestaltung des Vertragsverhältnisses oder der Art wie das Vertragsverhältnis abgewickelt werden soll, den Eindruck erweckt,
daß er die vertraglich vorgesehenen Reiseleistungen in eigener Verantwortung erbringt».

[17] Art. 15 Ziff. 1 differenziert: Für Schäden, die infolge völliger oder teilweiser Nichterbringung
der Leistung durch den Dritten entstehen, haftet der Reiseveranstalter in jedem Fall (Satz 1). Erbringt der Dritte zwar die Leistung, ist diese aber mangelhaft, so kann sich der Veranstalter mit
dem Nachweis exkulpieren, daß er wie ein sorgfältiger Reiseveranstalter gehandelt hat (Satz 2).
Die Unterscheidung überzeugt nicht; vgl. dazu RIESE, S. 2003 ff.; ferner DALLÈVES, S. 13 f.

b) Pflichten des Kunden

Die Hauptpflicht des Reisenden besteht in der Bezahlung des Pauschalpreises. Regelmäßig wird eine Anzahlung gefordert. Neben der Pauschale schuldet der Kunde Zahlung für nicht inbegriffene Sonderleistungen und allfällig damit verbundene Aufwendungen (Besorgung von Devisen, Einzelzimmerzuschlag usw.). Daneben treffen den Kunden eine Reihe von Mitwirkungspflichten[18].

Fraglich ist, ob der Reisende im Sinne einer Nebenpflicht allfällige Änderungen der Reise oder der Reisebedingungen (infolge höherer Gewalt usw.) hinzunehmen verpflichtet sei. Das ist nach der Natur der Sache auch dort zu bejahen, wo die Änderung nicht ausdrücklich vorbehalten worden ist[19]. Allfällige damit verbundene Kostenerhöhungen oder -senkungen sind auszugleichen. Demgegenüber muß der Reisende nachträgliche Preiserhöhungen nur dulden, wenn sie auf nicht voraussehbare Schwankungen der Devisenkurse oder Änderungen öffentlicher Tarife von Transportanstalten zurückzuführen[20] und vertraglich vorbehalten worden sind.

4. Beendigung

Der Vertrag wird beendet durch Erfüllung oder Rücktritt der Parteien. Vertraglich wird in der Regel vorgesehen, daß der Kunde bis zum Antritt der Reise gegen Entrichtung einer «Gebühr» zurücktreten darf[21]. Das gleiche Recht wird regelmäßig auch dem Veranstalter eingeräumt: Er

---

[18] Vgl. ARNDT, S.74; BLAUROCK, S.19:
  – Pflicht, rechtzeitig zu den Terminen zu erscheinen;
  – Pflicht, für die notwendigen Reisedokumente zu sorgen;
  – Pflicht, die Paß-, Zoll-, Devisen- und Gesundheitsbestimmungen des Reiselandes einzuhalten.

[19] Vgl. dazu ARNDT, S.75ff., die mit Recht darauf hinweist, daß die Auswechslung des Reiseziels und die Umwandlung einer Kreuzfahrt in einen Rundflug selbstverständlich den Begriff der Änderung sprengen. Vgl. auch BLAUROCK, S.28.

[20] Nach der hier vertretenen Auffassung sind somit Preisänderungen dritter Leistungsträger kein Grund zur Anpassung der Pauschale, wenn anderes nicht ausdrücklich vereinbart worden ist. Vgl. dazu Art.11 des Brüsseler Abkommens, wonach Preiserhöhungen nur zulässig sind, wenn sich die Wechselkurse oder die Beförderungstarife verändert haben und wenn sich der Veranstalter das Preiserhöhungsrecht im Reiseausweis vorbehalten hat. Übersteigt die Preiserhöhung 10%, so kann der Reisende den Vertrag kündigen und die Erstattung aller geleisteten Zahlungen verlangen. – Die im Kontext vertretene Auffassung führt dazu, daß der Veranstalter nicht verpflichtet ist, nachträgliche Preisermässigungen dritter Leistungsträger seinen Klienten weiterzugeben. Vorbehalten bleiben auch hier anderslautende vertragliche Abreden.

[21] Vgl. ARNDT, S.88ff. Im Durchschnitt beträgt die «Gebühr» 50 bis 60% der Pauschale; vgl. auch DALLÈVES, S.19. Kritisch dazu BLAUROCK, S.29. Vgl. im übrigen die sehr detaillierte Regelung des deutschen Gesetzesentwurfs, § 8.

darf gegen Rückerstattung der Pauschale die Reise «aus zwingenden Gründen»[22] absagen. Mitunter wird im Vertrag auch vereinbart, bei Annahmeverzug des Kunden durch Nichtantritt (oder verspäteten Antritt) der Reise habe der Veranstalter das Recht, ohne Rückerstattung bereits empfangener Zahlungen zurückzutreten[23]. Erfolgt eine solche Regelung durch allgemeine Geschäftsbedingungen, bricht sie an der bekannten Ungewöhnlichkeitsregel.

Fehlt eine vertragliche Beendigungsordnung, so hat der Richter nicht die auftragsrechtliche, wohl aber die werkvertragsrechtliche Regelung zugrunde zu legen: Der Kunde darf nur gegen volle Entschädigung des Veranstalters zurücktreten (Art. 377 OR). Anderseits steht dem Veranstalter der Rücktritt nur offen, wenn der Kunde die Zahlungsfrist versäumt hat[24] (Art. 107 Abs. 2 OR) oder zur Reise nicht antritt (Art. 95 OR). Immerhin ist zu beachten, daß der Eintritt «zwingender Gründe» (Krieg, Epidemien) unter Umständen einen Fall unverschuldeter Nichterfüllung oder gar nachträglicher (unverschuldeter) Unmöglichkeit setzen kann[25]. Das Brüsseler Abkommen reicht hier freilich weiter: Nach Art. 10 steht dem Veranstalter in Fällen höherer Gewalt ein außerordentliches Kündigungsrecht zu[26]. Diese Regel ist vernünftig und verdient daher im Rahmen der richterlichen Beendigungsordnung den Vorzug.

5. Einzelfragen

a) Abtretbarkeit des Anspruchs auf Teilnahme an der Reise

In der Lehre wird die Auffassung vertreten, der Anspruch des Kunden auf

---

[22] ARNDT, S. 103 ff.

[23] Vgl. ARNDT, S. 109 und 116.

[24] Die Zahlungsfrist macht das Geschäft ohne weiteres zu einem Fixgeschäft im Sinne von Art. 108 Ziff. 3 OR.

[25] Vgl. dazu die in der deutschen Literatur geäußerte Auffassung, nach der auch ein vertraglich ausbedungenes Absagerecht des Veranstalters nicht auf völlige Freizeichnung im Rahmen von § 325 BGB (entspricht Art. 100 OR) hinauslaufen dürfe: ARNDT, S. 106, wonach der mit dem Absagerecht begebene Haftungsausschluß «überhaupt nur anerkannt werden kann, wenn er durch besondere Umstände gerechtfertigt ist.» Vgl. dazu auch DALLÈVES, S. 20 f.

[26] Das Kündigungsrecht ist entschädigungsfrei, sofern es vor Antritt der Reise ausgeübt wird. Erfolgt die Kündigung während der Reise (Abbruch aus Gründen der höheren Gewalt), haben die Parteien einander angemessen zu entschädigen. Art. 10 gewährt überdies dem Veranstalter ein entschädigungsfreies Kündigungsrecht, wenn die im Reiseausweis vorgesehene Mindestanzahl von Reisenden nicht erreicht und die Kündigung mindestens 15 Tage vor Reisebeginn mitgeteilt wird; vgl. zu diesem Problem auch WISWALD, S. 113 f.; § 9 des deutschen Gesetzesentwurfs. Kündigung durch den Klienten ist nach Art. 9 des Brüsseler Abkommens jederzeit zulässig, wobei die Bemessung des Schadenersatzes der Parteivereinbarung und dem nationalen Recht überlassen wird.

Teilnahme sei höchstpersönlich und daher nicht abtretbar (Art. 164 Abs. 1 OR)[27]. Dem kann (abgesehen von singulären Sachverhalten) nicht beigepflichtet werden[28].

b) Nachträgliche Ummeldungen und andere Änderungen

Will der Kunde durch «Ummeldung» («Umbuchung») die vereinbarte Reise gegen eine andere auswechseln, so vermag er das nicht ohne Zustimmung des Veranstalters. Einseitige Ummeldung kann allenfalls als Rücktritt in Verbindung mit einem Antrag auf Abschluß eines neuen Vertrags gedeutet werden[29]. Auch Änderungen von Einzelheiten bei Aufrechterhaltung der ursprünglich gebuchten Reise (z. B. Wechsel der Hotelkategorie, Verlängerung, Unterbrechung) bedürfen der Zustimmung des Veranstalters[30].

c) Rechtliche Konstruktion des Verhältnisses zwischen Kunde und Drittschuldner

Soweit der Veranstalter Leistungen durch Dritte erbringen läßt, stellt sich die Frage, an wen sich der Reisende bei Nicht- oder Schlechterfüllung zu halten habe. Allein praktikabel ist die Lösung, daß der Reisende den Drittschuldner zur Erfüllung anhalten, Schadenersatzansprüche aber gegebenenfalls auch gegenüber seinem unmittelbaren Vertragspartner (dem Veranstalter) geltend machen kann. Dieser Interessenlage wird am besten die Annahme gerecht, der Dritte sei Erfüllungsgehilfe des Veranstalters und gegenüber diesem aufgrund eines echten Werkvertrags zugunsten des Klienten zu den Erfüllungshandlungen verpflichtet. Unter solchen Voraussetzungen bleibt der Veranstalter (unter Wahrung seiner Rechte gegenüber dem Dritten) dem Kunden haftbar, auch wenn dieser seine Ansprüche gegenüber dem Dritten direkt geltend machen kann[31, 32].

---

[27] Vgl. ARNDT, S. 66, 101.

[28] Ebenso Art. 8 des Brüsseler Abkommens, wonach nur ein pactum de non cedendo der Abtretbarkeit entgegensteht. Voraussetzung ist freilich, daß der Ersatzmann den besonderen Erfordernissen in bezug auf die Reise oder den Aufenthaltsort entspricht und daß der Abtretende den Reiseveranstalter für allfällig entstehende Mehrkosten entschädigt; vgl. dazu REBMANN, S. 1952. – Wie im Kontext der deutsche Gesetzesentwurf, § 5.

[29] Vgl. dazu ARNDT, S. 98 ff.

[30] Unzulässig ist die Erhebung von Pauschalgebühren für Änderungen von Einzelheiten im Rahmen von Allgemeinen Geschäftsbedingungen (Ungewöhnlichkeitsregel): Im Normalfall hat «der Veranstalter hier nur einen Teil der beim Rücktritt entstehenden Mehrkosten ... und (leistet) nur einen Teil seiner Arbeit vergeblich ...», ARNDT, S. 100. Die Gebühren müssen daher unter Berücksichtigung des Änderungsumfanges individuell festgelegt werden, falls die anders lautende Regel nicht deutlich herausgehoben wird.

[31] Ebenso SCHMUCKI, S. 93. Unbestritten ist, daß sich die Eigenschaft als Erfüllungsgehilfe aus einem besonderen Auftrag ergeben kann; BECKER, Art. 101, N. 10; VON BÜREN, Allg. Teil, S. 396; ferner PALANDT/HEINRICHS, § 278, N. 3a. In der deutschen Lehre ist versucht worden,

§ 120. Der Gastaufnahmevertrag

Literaturauswahl

BECKER, H. Berner Kommentar, Bd. VI: Obligationenrecht, 2. Abt., Art. 184–551, Bern 1934.

BÜHLMANN, M. M. Die Pflicht des Gastwirts zum Schutz der Sachen des Gastes und die Haftung bei einer Pflichtverletzung, Diss. Zürich 1975.

VON BÜREN, B. Schweizerisches Obligationenrecht, Allgemeiner Teil, Zürich 1964.

CORSTEN, R. Die Rechtsbeziehungen zwischen Gastaufnahmebetrieb, Reisebüro und Kunden nach deutschem und französischem Recht, Diss. Kiel 1969.

ERNST, G. Der Gastaufnahmevertrag – Ein Beitrag zur Revision der darüber im schweizerischen Obligationenrecht bestehenden Rechtsnormen, Diss. Zürich 1903.

FÄH, P. Der Hotelvertrag als Hauptanwendungsfall des Beherbergungsvertrages, Diss. Basel 1946.

FIKENTSCHER, W. Schuldrecht, 6. Aufl., Berlin 1976.

GANSCHEZIAN-FINCK, G. Rechtsverhältnis zwischen Gast und Gastwirt, München 1971.

GAUCH/SCHLUEP/JÄGGI. Schweizerisches Obligationenrecht, Allgemeiner Teil, Zürich 1978.

GAUTSCHI, G. Berner Kommentar, Bd. VI: Obligationenrecht, 2. Abt., 6. TBd., Art. 425–491, Bern 1962.

GUHL/MERZ/KUMMER. Das Schweizerische Obligationenrecht, 6. Aufl., Zürich 1972.

---

die aus dieser Betrachtungsweise folgende verschärfte Haftung des Reiseveranstalters zu beschränken: Erbringt der Dritte die vom Veranstalter versprochenen Leistungen überhaupt nicht, so haftet der Veranstalter. Wird eine Leistung zwar erbracht, aber mangelhaft, so soll der Veranstalter nur haften, wenn sich die Schlechterfüllung als «wesentliche Beeinträchtigung der Reisedienstleistung» qualifizieren läßt. In allen anderen Fällen der Schlechterfüllung des Dritten soll der Veranstalter nur haften, wenn ihn ein Auswahlverschulden trifft; vgl. dazu EBERLE, S. 6 f.; CORSTEN, S. 62 f.; ARNDT, S. 117 ff.; ferner KLIMKE, S. 470 f.; LG München, DB 1976, S. 714. Wie im Kontext hingegen BLAUROCK, S. 24 f.; PETEV, S. 635; OLG Köln, NJW 1972, S. 1815 f. – Nach § 19 des deutschen Gesetzesentwurfs hat der Reiseveranstalter ein Verschulden des Leistungsträgers wie eigenes Verschulden zu vertreten. Er kann aber dem Reisenden gegenüber die Haftungsbeschränkungen geltendmachen, auf die sich auch der Leistungsträger berufen könnte. Für das schweizerische Recht nimmt WISWALD (S. 111 ff.) aufgrund seiner auftragsrechtlichen Qualifikation an, der Veranstalter hafte für Drittleistungen allenfalls aus Garantie oder aus eigenem Leistungsversprechen. Dieses eigene Leistungsversprechen muß nun freilich unterstellt werden, wenn man einen selbständigen Reiseveranstaltungsvertrag neben dem bloßen Vermittlungsvertrag anerkennen will. Vgl. dazu auch Art. 15 Ziff. 1 des Brüsseler Abkommens.

32 In Deutschland ist die Rechtsprechung dazu übergegangen, dem Kunden bei mangelhaften Leistungen des Reiseveranstalters über den Ersatz des unmittelbaren Schadens hinaus Entschädigungen für nutzlos aufgewendete Urlaubszeit zuzusprechen, wobei dieser Schaden nach dem Verdienstausfall bemessen wird, den der Geschädigte bei einer Wiederholung des Urlaubs in Kauf nehmen müßte. Vgl. BGH, NJW 1974, S. 40 ff.; GRUNSKY, S. 609 ff.; STOLL, S. 252 ff.; LARENZ, S. 399 f.; BLAUROCK, S. 26 f.; HUHN, S. 115; PALANDT/THOMAS, Vorbem vor § 249, N. 2 b dd; BARTL, Zum gegenwärtigen Stand des Reiserechts, S. 732 f.; ONOUFRIOS, S. 236 ff.

Kämpfen, V. Die Entwicklungsstadien der Entlöhnung der Bedienungsangestellten im Gastgewerbe, rechtlich und wirtschaftlich, Diss. Bern 1975.

Michel, R. Der Gastaufnahmevertrag nach britischem, deutschem, französischem, italienischem und schweizerischem Recht, Diss. Zürich 1957.

Oser/Schönenberger. Zürcher Kommentar, Bd. V: Obligationenrecht, 3. TBd., Art. 419–529, Zürich 1945.

Palandt/Thomas. Bürgerliches Gesetzbuch, 37. Aufl., München 1978.

RGR-Kommentar. Das Bürgerliche Gesetzbuch, 10. Aufl., Berlin 1953.

Schmid, E. Zürcher Kommentar, Bd. V: Obligationenrecht, TBd. 2b, 1. Lieferung, Art. 253–274, 3. Aufl., Zürich 1974.

Soergel/Mühl. Bürgerliches Gesetzbuch, Bd. 3, Schuldrecht II, 10. Aufl., Stuttgart/Berlin/Köln/Mainz 1969.

Soergel/Mezger. Bürgerliches Gesetzbuch, Bd. 2, Schuldrecht I, 10. Aufl., Stuttgart/Berlin/Köln/Mainz 1967.

Staudinger/Kiefersauer. Kommentar zum Bürgerlichen Gesetzbuch, II. Bd., 11. Aufl., Berlin 1955.

Staudinger/Nipperdey. Kommentar zum Bürgerlichen Gesetzbuch, II. Bd., 11. Aufl., Berlin 1958.

Volz, W. Die Trinkgeldfrage im schweizerischen Gastwirtschaftsgewerbe, Diss. Bern 1954.

Weimar, W. Rechtsfragen bei Erkrankungen eines Hotelgastes, MDR 1972, S. 670 ff.

Ausgewählte schweizerische Gerichtsentscheide

BGE 46 II, 1920, S. 118; 71 II, 1945, S. 114; KGer Graubünden, SJZ 1963, S. 255; Bern AppHof, ZBJV 1975, S. 196 ff.

I. Reale Erscheinungsformen

Wer als Gast Kunde des Gastgewerbes werden will, kann das grundsätzlich in drei verschiedenen Formen verwirklichen:

– Er kann sich in einer Gaststätte gegen Entgelt v e r p f l e g e n lassen. Der Gastwirt gewährt ihm alsdann Speise und Trank; ferner stellt er ihm Raum zur Verfügung, damit er unter Dach und Fach sein Mahl verzehren und (oder) seinen Durst löschen kann.

– Zum andern hat der Gast die Möglichkeit, sich auf kürzere oder längere Zeit gegen Entgelt einen R a u m zuweisen zu lassen, den er allein (oder in Gesellschaft) Tag und Nacht b e w o h n e n darf. Dabei sind der Gastwirt und sein Personal dafür besorgt, daß der Raum bewohnbar ist, insbesondere eine im Bedarfsfall benutzbare Schlafstätte bereitsteht.

– Endlich kann sich der Gast vertraglich auch beide Leistungskomplexe kumulativ sichern, indem er sich gegen Entgelt sowohl bewirten als auch beherbergen läßt.

II. Wirtschaftliche Funktionen

Gastaufnahmeverträge sind (zusammen mit den Reiseveranstaltungsverträgen) die wichtigsten Vertragsformen, aufgrund deren das Gastgewerbe (und damit ein wesentlicher Teil des sog. Tourismus) seine Leistungen erbringt. Nach der industriellen und gewerblichen Betriebszählung vom September 1975 zählte man in der Schweiz 26 663 Betriebe des Gastgewerbes mit 158 500 Beschäftigten.

III. Verkehrstypen

Die realen Erscheinungsformen haben sich zu Verkehrstypen verdichtet. Einerseits gibt es den reinen Bewirtungsvertrag, aufgrund dessen der Gast sich in sog. Restaurants mit Speise und Trank verpflegen läßt. Anderseits schließen Hotels (als sog. Hôtels garnis) und Pensionen mit ihren Gästen Beherbergungsverträge ab, welche die Logisgabe zum Gegenstand haben. Endlich kombinieren Hotels (mit Frühstück, Halb- oder Vollpension) und Pensionen beide Leistungen mittels Unterkunfts- und Bewirtungsverträgen.

IV. Terminologie

Die Terminologie ist uneinheitlich. Das Bundesgericht und ein Teil der Lehre bezeichnen den Vertrag über die Logisgabe als Beherbergungsvertrag[1]. Andere sprechen von Gastaufnahme- oder Unterkunftsvertrag[2]. Zweckmäßig ist es, die Bezeichnung Gastaufnahmevertrag für die Kombination von Beherbergung und Bewirtung zu verwenden. Demgegenüber wird alsdann der Vertrag über die Logisabgabe zum Beherbergungsvertrag, der Vertrag über die Verpflegung zum Bewirtungs- oder Verpflegungsvertrag. Die Parteien nennt man in allen Fällen am besten Gastwirt und Gast.

---

[1] BGE 71 II, 1945, S. 114; auch KGer Graubünden, SJZ 1963, S. 255; GUHL/MERZ/KUMMER, S. 290; BÜHLMANN, S. 7.

[2] OSER/SCHÖNENBERGER (Art. 487, N. 3) setzen den Gastaufnahmevertrag dem Beherbergungsvertrag gleich; GAUTSCHI (Art. 487, N. 2b) spricht ebenfalls vom Gastaufnahme- oder Beherbergungsvertrag; MICHEL, passim, verwendet den Terminus Gastaufnahmevertrag als Oberbegriff, unter den sowohl die bloße Beherbergung (Logisgabe) als auch die reine Verpflegung und sogar die Verbindung beider fällt; VOLZ (S. 42) verwendet den Ausdruck Gastvertrag als Oberbegriff und bezeichnet den Vertrag über die Restauration als Gastwirtsvertrag; FÄH (S. 4)

V. Rechtsanwendung

1. Allgemeines

Der Gastaufnahmevertrag ist wie auch seine beiden Elementtypen trotz der gesetzlichen Regelung der Haftung des Gastwirts für eingebrachte Sachen beim Beherbergungsvertrag (Art. 487 ff. OR) ein Innominatvertrag mixti iuris mit Mischelementen überwiegend aus gesetzlich geregelten Verträgen.

Beim Bewirtungsvertrag ist die Abgabe von Speise und Trank entweder als entgeltliche Übereignung von Lebensmitteln Kauf[3] (z. B. bei Abgabe von Brötchen und Flaschenbier) oder aber Werklieferungsvertrag (z. B. bei Zubereitung der Speisen durch den Wirt)[4]. Die Bedienung wird mitunter als arbeitsvertragliches Element bezeichnet[5]. Richtiger Ansicht nach handelt es sich indessen um ein Element des Tathandlungsauftrags mit typischer Erfüllung durch Hilfspersonen[6]. Die Benützung des Gastraumes und der Eß- und Trinkgeräte ist ein der Sachmiete (mit auf dem Gastwirt lastender Instandhaltungspflicht) ähnliches Innominatelement[7].

Der Beherbergungsvertrag steht in der Nähe des Mietvertrages, wobei auch hier die Instandhaltungspflicht den Gastwirt trifft, so daß ein Innominatelement anzunehmen ist (wobei die analoge Übernahme der mietrechtlichen Haftungsordnung nach der Interessenlage als sachgerecht erscheint)[8]. Die im Zusammenhang mit der Beherbergung erbrachten Dienst-

---

nennt den Vertrag über die Beherbergung Hotelvertrag. In Deutschland dient die Bezeichnung Gastaufnahmevertrag meistens als Oberbegriff für die beiden Unterarten: Beherbergungsvertrag und Vertrag des Schank- und Speisewirts; vgl. GANSCHEZIAN-FINCK, S. 14; CORSTEN, S. 12 ff.; STAUDINGER/KIEFERSAUER, Vorbem. vor § 535, N. 66; STAUDINGER/NIPPERDEY, Vorbem. vor § 701, N. 1; PALANDT/THOMAS verstehen unter Gastaufnahmevertrag den Vertrag des Schank- und Speisewirts, unter Beherbergungsvertrag dagegen den Vertrag über die Beherbergung des Gastes (Einf. vor § 701, N. 2). Der BGH verwendet für den Vertrag über die Beherbergung abwechselnd die Ausdrücke Beherbergungsvertrag und Hotelaufnahmevertrag (NJW 1963, S. 1449; NJW 1975, S. 645 f.).

[3] MICHEL, S. 52; FIKENTSCHER, S. 519; GANSCHEZIAN-FINCK, S. 75; CORSTEN, S. 27.

[4] GANSCHEZIAN-FINCK, S. 75; CORSTEN, S. 27; vgl. auch BGE 72 II, 1946, S. 349.

[5] Vgl. MICHEL, S. 53 mit Hinweisen auf das ausländische Recht.

[6] Zutreffend daher die deutsche Lehre, die überwiegend von einem Dienstvertragselement spricht; CORSTEN, S. 27; RGR-Kommentar, Vorbem. zu § 701, N. 2. Vgl. dazu neuerdings auch KÄMPFEN, S. 69.

[7] Vgl. BGE 71 II, 1945, S. 114 und RGZ 65, S. 11.

[8] Vgl. MICHEL, S. 37; GAUTSCHI, Art. 487, N. 2c und 3c; OSER/SCHÖNENBERGER, Art. 487, N. 10; vgl. auch BGH, NJW 1963, S. 1449: «Nach der ständigen Rechtsprechung des RG (s. insbes. RGZ 169, 84) ist der Beherbergungsvertrag (Hotelaufnahmevertrag) in seinem Kern Wohnungsmietvertrag, wenn auch häufig gemischt mit verschiedenen andern Verträgen (Kauf, Verwahrung, Dienst- und Werkvertrag usw.)»; RGR-KOMMENTAR, § 538, Anm. V und Vorbem. vor § 701, N. 2; STAUDINGER/NIPPERDEY, Vorbem. vor § 701, N. 1; SOERGEL/MÜHL, Vorbem.

leistungen sind auftragsähnlicher Art, wobei auch Werkvertragsele-
mente auftreten können (z. B. Bügeln, Schuheputzen, Besorgung der Wäsche
usw.)[9].

2. Entstehung

Der Gastaufnahmevertrag kommt wie der Bewirtungs- und der Beherbergungsvertrag formlos zustande (Art. 11 Abs. 1 OR). Die beim Beherbergungs-
und beim Gastaufnahmevertrag erforderliche Registrierungspflicht ist
polizeilicher Natur. Gastaufnahme- und Beherbergungsverträge werden häufig aufgrund schriftlicher, telephonischer oder telegraphischer (einschließlich die Übermittlung durch Fernschreiber) Reservation begründet.
Dabei mag bei Passantenhotels der Vertrag auch ohne ausdrückliche
Annahme zustande kommen (Art. 6 OR)[10].

3. Inhalt

a) Pflichten des Gastwirts

Der Bewirtungsvertrag (und der Gastaufnahmevertrag) begründet
folgende Pflichten des Gastwirts:

- Pflicht zu fachgemäßer[11] Zubereitung der Speisen.
- Pflicht zur Bedienung[12].
- Pflicht zur Überlassung eines Platzes[13].
- Pflicht, für die persönliche Sicherheit des Gastes zu sorgen[14].
- Pflicht zur Gewährleistung für die abgegebenen Speisen[15,16].

---

vor § 701, N. 1; PALANDT/THOMAS, Einf. vor § 701, N. 2; FIKENTSCHER, S. 519; CORSTEN, S. 27;
a. M. STAUDINGER/KIEFERSAUER, Vorbem. vor § 535, N. 66, welche ein eigenartiges Schuldverhältnis annehmen.

[9] Vgl. dazu ausführlich MICHEL, S. 37 ff.; GAUTSCHI, Art. 487, N. 2 c; OSER/SCHÖNENBERGER,
Art. 487, N. 10, die allerdings zu Unrecht auch arbeitsvertragliche Elemente ins Auge fassen;
CORSTEN, S. 27; FIKENTSCHER, S. 519.

[10] Vgl. dazu MICHEL, S. 47; CORSTEN, S. 33 f. Entgegen FÄH (S. 28 f.) ist Art. 395 OR nicht anwendbar; zutreffend CORSTEN, S. 33 f.

[11] Nach MICHEL (S. 54) soll die Qualität der Dienstleistung ungefähr der Leistung einer guten
Hausfrau entsprechen. Dabei ist freilich der Verkehrsgeltung der betreffenden Gaststätte
Rechnung zu tragen. Vgl. auch GANSCHEZIAN-FINCK, S. 74 ff.

[12] Vgl. dazu MICHEL, S. 55; VOLZ, S. 42.

[13] Vgl. dazu BGE 71 II, 1945, S. 115, wonach der Gast einen Anspruch hat, Getränke und Speisen
an Ort und Stelle zu verzehren, «sans qu'il en résulte un préjudice pour sa santé ou son intégrité
corporelle, et cette obligation n'est pas accessoire, elle est principale au même titre que les autres».

[14] Grundlegend: BGE 71 II, 1945, S. 114; Vgl. auch Bernischer AppHof, ZBJV 1975, S. 196 ff.
Gegebenenfalls besteht Anspruchskonkurrenz zwischen Art. 58 und Art. 97 OR; vgl. auch
MICHEL, S. 56, 60 f. Die vertragliche Schutzpflicht begründet auch Anspruch auf Schutz vor
schädigenden Handlungen Dritter. Der Schutz vor schädigenden Handlungen der Hilfspersonen
des Gastwirts folgt aus Art. 101 OR (allenfalls konkurrierend mit Art. 55 OR).

[15] Vgl. FÄH, S. 49 ff.; MICHEL, S. 55; GANSCHEZIAN-FINCK, S. 76 f. Beispiele: Ein Gast verschluckt

Der Beherbergungsvertrag (und der Gastaufnahmevertrag) begründet folgende Pflichten des Gastwirts:

– Pflicht zur Überlassung der Unterkunft[17] und der erforderlichen Nebenräume (Korridore, Aufenthaltsräume, usw.).
– Pflicht zur Bedienung[18].
– Pflicht, für die persönliche Sicherheit des Gastes zu sorgen[19].
– Pflicht zur Haftung für eingebrachte Sachen nach Art. 487 ff. OR[20].

b) Pflichten des Gastes

Der Bewirtungsvertrag (und der Gastaufnahmevertrag) begründet folgende Pflichten des Gastes:

– Pflicht zur Bezahlung des Entgelts, in dem das Bedienungsgeld eingeschlossen ist[21].

– Hingegen ist der Gast nicht zur Entgegennahme der Verpflegung verpflichtet; es handelt sich um eine bloße Obliegenheit[22].

---

eine sich in der Speise befindende Stecknadel; dem Gast werden Speisen verabfolgt, die Knochenstücke enthalten; vgl. RGR-KOMMENTAR, § 538, N. 5.

[16] Eine Haftung für eingebrachte Sachen des Gastes besteht nur nach allgemeinen Regeln oder aufgrund eines besonderen Aufbewahrungsvertrags; Art. 487 OR ist auf den bloßen Bewirtungsvertrag nicht anwendbar; vgl. BGE 46 II, 1920, S. 118; KGer Graubünden, SJZ 1963, S. 255 f.; MICHEL, S. 77; OSER/SCHÖNENBERGER, Art. 487, N. 3 und N. 9; SCHMID, Vorbem. zu Art. 253–274, N. 62.

[17] Vgl. FÄH, S. 34 ff.; MICHEL, S. 39 f.; BÜHLMANN, S. 21; erforderlich ist Bereitstellung im vertragsgemäßen Zustand. Dabei spielt der Rang des Hotels eine wesentliche Rolle. Besondere Absprachen stellen vertraglich zugesicherte Eigenschaften im Sinne von Art. 254 Abs. 1 OR dar. Vgl. auch RGZ 169, S. 87 ff.

[18] Die Dienstleistungspflichten sind je nach Rang des Hotels stark differenziert; vgl. MICHEL, S. 42; RGR-KOMMENTAR, Vorbem. vor § 701, N. 2; GANSCHEZIAN-FINCK, S. 77 f.

[19] Vgl. FÄH, S. 36 ff.; MICHEL, S. 69; BÜHLMANN, S. 23 f.; GANSCHEZIAN-FINCK, S. 69 ff.; CORSTEN, S. 27; BGH, NJW 1963, S. 1449 ff. Grundsätzlich haftet der Gastwirt nach Mietrecht (Art. 254/55 OR). Für allgemein benützte Räume bemißt sich die Haftpflicht nach Art. 97 ff. OR, allenfalls konkurrierend mit Art. 58 OR (Treppenhaus, Lift usw.).

[20] Vgl. dazu die Kommentare zu Art. 487 ff. OR; BÜHLMANN, passim; FÄH, S. 53 ff.; MICHEL, S. 78 ff.; ERNST, passim; ferner Tribunale d'appello, Rep. 1975, S. 288 f. Die Haftung gegenüber Hotelgästen besteht auch, wenn der Speisesaal im Rahmen von Bewirtungsverträgen als Restaurant genutzt wird. – Nach BGE 76 II, 1950, S. 161 ff. ist das in einer Hotelgarage abgestellte Auto eingebrachte Sache im Sinne von Art. 487 OR (obiter dictum). Kritisch dazu BÜHLMANN, S. 65 f.

[21] Seit der Allgemeinverbindlicherklärung des Landesgesamtarbeitsvertrages des Gastgewerbes auf den 1. Juli 1974 (BBl 1974 I, S. 1582) gilt das Prinzip des «Service compris» in der ganzen Schweiz. Die früheren Kontroversen über eine allfällige Pflicht zur Entrichtung von Trinkgeld sind damit erledigt; vgl. zum früheren Rechtszustand: MICHEL, S. 58; GUHL/MERZ/KUMMER, S. 43; OSER/SCHÖNENBERGER, Art. 319, N. 19; VOLZ, S. 37 ff.; KÄMPFEN, S. 23 ff.

[22] Unzutreffend MICHEL, S. 56. Vgl. zum Unterschied zwischen Pflicht und Obliegenheit VON BÜREN, S. 413; GAUCH/SCHLUEP/JÄGGI, N. 68.

Der Beherbergungsvertrag (und der Gastaufnahmevertrag) begründet folgende Pflichten des Gastes:

– Pflicht zur vertragsgemäßen Benützung der überlassenen Räume[23].
– Pflicht zur Bezahlung des Entgelts, in dem das Bedienungsgeld eingeschlossen ist.
– Pflicht zur Duldung von Retentionen nach Art. 272ff. OR[24].

4. Beendigung

Neben die Beendigung durch Erfüllung treten beim Bewirtungsvertrag (und beim Gastaufnahmevertrag) der Rücktritt des Gastes oder des Gastwirts und beim Beherbergungsvertrag (sowie beim Gastaufnahmevertrag) auf unbestimmte Dauer die Kündigung aus wichtigem Grund als Erlöschensgründe. Im Bewirtungsverhältnis ist der Rücktritt des Gastes zulässig, wenn die aufgetischten Speisen unfachgemäß zubereitet sind oder wenn die Bedienung mangelhaft ist[25]. Aber auch dem Gastwirt muß man das nämliche Recht einräumen, wenn sich der Gast nach der Bestellung unangemessen aufführt.

Beim Abschluß eines Beherbergungsvertrags (und eines Gastaufnahmevertrags) wird man nach der Verkehrssitte anzunehmen haben, der Vertrag sei binnen 24 Stunden kündbar, wenn nicht eine feste Dauer vereinbart worden ist. Ist der Vertrag auf längere Zeit abgeschlossen worden, wird man Art. 269 OR analog anwenden müssen[26].

5. Einzelfragen

a) Tod oder Krankheit des Gastes

Zumal im Beherbergungsvertrag (und daher auch im Gastaufnahmevertrag) stellt sich die Frage, welche Rechtsfolgen der Tod oder eine Krank-

---

[23] Vgl. dazu Fäh, S. 76ff.; Michel, S. 43f.; Ganschezian-Finck, S. 120ff.
[24] Vgl. dazu Fäh, S. 91f.; Michel, S. 88.
[25] Vgl. Michel, S. 54, 59; Ganschezian-Finck, S. 75f.; Corsten, S. 39. Grundsätzlich ist die Rückweisung Rücktritt vom Kaufvertrag im Sinne einer Wandlung. Daneben hat der Gast das Recht, Minderung nach Art. 205 OR oder den kostenlosen Tausch zu verlangen. Ob eine Speise unfachgemäß zubereitet ist, hängt vom Rang des Hauses ab. In einem Luxus-Restaurant wird man ein Filet-Beefsteak zurückweisen dürfen, das «saignant» bestellt und «à point» serviert wird. Zur mangelhaften Bedienung: Urteil des Amtsgerichts Garmisch-Partenkirchen (Aktenzeichen 3C 127/68): Der Besteller einer 3/4 l-Flasche «1966er Erbacher Markobrunn Riesling-Spätlese» ist zur fristlosen Kündigung des Bewirtungsvertrages aus wichtigem Grund berechtigt, wenn der Wein infolge nicht rechtzeitiger Abkühlung in einem Eiskübel aufgetischt wird und der Oberkellner überdies dem Gast gegenüber eine unangebrachte Bemerkung macht. In diesem Fall handelte es sich allerdings um ein Erstklass-Etablissement.
[26] Vgl. Fäh, S. 97f.; Michel, S. 48; anders im deutschen Recht: Ganschezian-Finck, S. 45ff., 71f.

heit des Gastes auslöst. Der Tod des Gastes begründet (abgesehen vom Selbstmord) allenfalls Ansprüche aus (echter) Geschäftsführung ohne Auftrag (Benachrichtigung des Arztes und der Angehörigen usw.). Wird der Gast von einer nicht ansteckenden Krankheit befallen, schuldet er dem Gastwirt ein Entgelt für besondere Pflege und allfälligen Auslagenersatz. Ist die Krankheit ansteckend, so hat er nur dann für Sachschäden (Desinfektion, Neutapezierung usw.) und weiteren Schaden (Abreise anderer Gäste usw.) aufzukommen, wenn ihn ein Verschulden trifft (z.B. fahrlässige Einschleppung der Krankheit)[27].

b) Verjährung

Die Verjährung der Forderungen des Gastwirts aus dem Bewirtungsvertrag bemißt sich nach Art. 128 Ziff. 2 OR. Gleiches gilt für Forderungen aus dem Beherbergungsvertrag (und damit auch dem Gastaufnahmevertrag) in analoger Anwendung von Art. 128 Ziff. 1 und 2 OR.

§ 121. Der Spitalaufnahmevertrag*

Literaturauswahl

BOHNER/HOLZHERR. Krankenversicherung IV, SJK, Nr. 1316 (1968).
BOLLIGER, R. Der Spitalarzt im Arbeitsverhältnis, Diss. Bern 1976.
– Zur Frage der Abgabe eines Anteils der Einnahmen aus privatärztlicher Tätigkeit, SJZ 1976, S. 7 f.
DANIELS, J. Probleme des Haftungssystems bei stationärer Krankenbehandlung, NJW 1972, S. 305 ff.
GAUTSCHI, G. Berner Kommentar, Bd. VI: Obligationenrecht, 2. Abt., 4. TBd., Art. 394–406, 3. Aufl., Bern 1971.
GIACOMETTI, Z. Allgemeine Lehren des rechtsstaatlichen Verwaltungsrechts, Bd. I, Zürich 1960.
GROSS, J. Die persönliche Freiheit des Patienten, Diss. Bern 1977.
– Zur Frage der Abgabe eines Anteils der Einnahmen aus privatärztlicher Tätigkeit, SJZ 1977, S. 154 f.

---

[27] Vgl. dazu WEIMAR, S. 671; FÄH, S. 77 ff.; MICHEL, S. 46; GANSCHEZIAN-FINCK, S. 122 f.
* Verpflichtet ist der Verfasser Herrn Fürsprecher FRITZ LEU, stellvertretender Direktor am Inselspital Bern.

HAUSHEER, H. Arztrechtliche Fragen, SJZ 1977, S. 245 ff.

HOLLMANN, A. Rechtliche Beurteilung des Arzt-Patienten-Verhältnisses, Arzt- und Arzneimittelrecht 1977, S. 69 ff.

IMBODEN, M. Schweizerische Verwaltungsrechtsprechung, Bd. I, 3. Aufl., Basel/ Stuttgart 1968.

– Der verwaltungsrechtliche Vertrag, BStR, Heft 48, Basel 1958.

IMBODEN, M./RHINOW, R. A. Schweizerische Verwaltungsrechtsprechung, 5. neu- bearb. und erweiterte Aufl. von R. A. RHINOW, 2 Bde., Basel/Stuttgart 1977.

KELLER, J. Die Rechtsstellung des Patienten im öffentlichen Spital als Problem des Verwaltungsrechts, Diss. Freiburg i. Ue. 1976.

KLEINEWEFERS/WILTS. Die vertragliche Haftung bei gespaltenem Arzt-Kranken- haus-Vertrag, NJW 1965, S. 332 ff.

KURZAWA, T. Auswirkungen der unterschiedlichen Krankenhausorganisation der Krankenanstalten auf Art und Umfang der Arzthaftpflicht, VersR 1977, S. 799 ff.

LAUFS, A. Arztrecht, 2. Aufl., München 1978.

LUIG, K. Der Arztvertrag, in: Vertragsschuldverhältnisse, München 1974, S. 233 ff.

MEIER-HAYOZ, A. Gesetzlich nicht geregelte Verträge II, SJK, Nr. 1135.

MÜLLER, J. P. Recht auf Leben, Persönliche Freiheit und das Problem der Organ- transplantation, ZSR 1971 I, S. 457 ff.

OSWALD, U. A. Die rechtliche Stellung und Organisation der aargauischen Akut- spitäler, Diss. Basel 1976.

REICKE, S. Das deutsche Spital und sein Recht im Mittelalter, Amsterdam 1970 (Kirchenrechtliche Abhandlungen).

ROESCH, H. Haftpflichtrechtliche Konsequenzen aus dem Arzt-Krankenhaus-Ver- trag, ZfV 1977, S. 519 ff.

ROSENTHAL/BOHNENBERG. Bürgerliches Gesetzbuch, 15. Aufl., Köln/Berlin/Bonn/ München 1965.

SCHULTZ, G. Der Arztvertrag, Medizinische Klinik 1975, S. 1609 ff.

SIEGMUND-SCHULTZE, ANDREAS. Liquidationsrecht und persönliche Leistung des leitenden Arztes, Der Krankenhausarzt 1978, S. 53 ff.

SOERGEL/SIEBERT. Kommentar zum Bürgerlichen Gesetzbuch, Bd. 3: Schuldrecht II, 10. Aufl., Stuttgart/Berlin/Köln/Mainz 1969.

UHLENBRUCK, W. Der Krankenhausaufnahmevertrag, Diss. Köln 1960.

– Die vertragliche Haftung von Krankenhaus und Arzt für fremdes Verschulden, NJW 1964, S. 2187 ff.

– Die rechtlichen Auswirkungen der neuen Bundespflegesatzverordnung auf den Krankenhausaufnahmevertrag, NJW 1973, S. 1399 ff.

VESKA, Das Schweizer Spital, 1/1979.

WESTERMANN, H. P. Zivilrechtliche Verantwortlichkeit bei ärztlicher Teamarbeit, NJW 1974, S. 577 ff.

Ausgewählte schweizerische Gerichtsentscheide

BGE 48 II, 1922, S. 417; 54 II, 1928, S. 123; 56 II, 1930, S. 201; 57 II, 1931, S. 201; 70 II, 1944, S. 208; 82 II, 1956, S. 321; KGer St. Gallen, 6. Dezember 1971 (unveröffentlicht); 98 Ia, 1972, S. 508; 100 Ia, 1974, S. 312; 101 II, 1975, S. 177; 102 II, 1976, S. 45.

I. Reale Erscheinungsformen

Wer verunfallt oder von einer Krankheit befallen wird, kann sich ambulant in der Arztpraxis oder durch Arztbesuch im eigenen Heim ärztliche Hilfe verschaffen. Mitunter erfordern medizinische oder andere faktische Gegebenheiten den Aufenthalt in einem Krankenhaus. Solche Spitäler werden sowohl von Gemeinwesen (Gemeinde, Kanton) als auch von Privaten betrieben. Die Aufnahme ins Spital kann bezwecken, dem Patienten Unterkunft, Verpflegung und Pflege zu gewähren. Alsdann muß dieser sich die ärztlichen Dienste durch einen besonderen Vertrag mit einem Belegarzt oder (als Privatpatient) mit dem Spitalarzt sichern. Ziel der Aufnahme kann aber auch sein, den Patienten schlechthin medizinisch zu versorgen: Das Spital gewährt in diesem Fall zusätzlich (und aufgrund des einen Vertrags) auch die ärztliche Hilfe. Mit Sicherheit hat man es dabei mit einem privatrechtlichen Vertrag nur dann zu tun, wenn das Spital auf privater Trägerschaft gründet und (mindestens auch) private Zwecke verfolgt[1].

II. Wirtschaftliche Funktionen

Der Spitalaufnahmevertrag ermöglicht es dem Kranken, fachmännische Pflege und Hilfe für die Heilung zu erlangen. Der Vertragstyp steht daher vorab im Dienste allgemein (mit)menschlicher und im besondern auch sozialer Zwecke. Immerhin darf die Bedeutung organisierten Heilens im Rahmen der Volkswirtschaft nicht unterschätzt werden[2].

III. Verkehrstypen

Im Verkehr haben sich zwei Vertragstypen herausgebildet: Der «totale» Typ verpflichtet das Spital zur umfassenden (daher auch ärztlichen) Betreuung des Patienten, während durch den «aufgespaltenen» Vertrag das Krankenhaus (nur) zur Gewährung von Unterkunft, Verpflegung und Pflege verpflichtet ist[3].

---

[1] Zur Rechtsnatur des Verhältnisses zwischen öffentlichem Spital und Patient hinten S. 941 f.

[2] Im Jahre 1977 wiesen die erfaßten 463 Krankenanstalten 75 326 Betten für Erwachsene und Kinder sowie 3 627 Bettchen für gesunde Neugeborene auf. Im gleichen Jahr wurden 23 282 131 Krankenpflege-Tage vermerkt. Davon entfielen 655 500 Tage auf gesunde Neugeborene. Vgl. VESKA, Das Schweizer Spital (Lit.verz. vor § 121).

[3] In der Schweiz hat sich dagegen der totale Spitalaufnahmevertrag mit sogenanntem Arztzu-

IV. Terminologie

In der Schweiz spricht man nicht (wie in Deutschland) vom K r a n k e n -
h a u s a u f n a h m e v e r t r a g , sondern vom S p i t a l a u f n a h m e v e r t r a g . Die
Parteien bezeichnet man in der Regel als S p i t a l und P a t i e n t [4].

V. Rechtsanwendung

1. Allgemeines

Der Spitalaufnahmevertrag des «totalen» Typs («totaler Spitalaufnahmevertrag» [5]) ist ein Innominatvertrag mixti iuris und insoweit auch sui generis,
als die Mischung aus Nominat- und Innominatelementen besteht: Unterkunft und Verpflegung stehen in unmittelbarer Nähe des G a s t a u f n a h m e -
v e r t r a g s , während Pflege und ärztliche Betreuung als T a t h a n d l u n g s -
a u f t r ä g e zu qualifizieren sind. In Grenzfällen (z.B. Operation zur Einsetzung eines künstlichen Organs) nähert sich die ärztliche Dienstleistung
der werkvertraglichen Leistungspflicht [6]. Zu Unrecht wird bisweilen im
deutschen Schrifttum angenommen, die Pflicht zur Gewährung von Unterkunft, Verpflegung und Pflege sei bloße (artfremde) Nebenpflicht [7]: Typologisch kommt es gerade darauf an, daß nicht nur die ambulante Behandlung,
sondern die A u f n a h m e geschuldet ist.

Der Spitalaufnahmevertrag des gespaltenen Typs («aufgespaltener Spitalaufnahmevertrag» [8]) ist nicht Gastaufnahmevertrag, sondern ebenfalls Innominatvertrag mixti iuris. Geschuldet sind nicht nur Beherbergung und

---

satzvertrag nicht zum Typus verdichtet: Die ärztliche Pflege wird in diesem Fall sowohl im
Vertrag mit dem Spital als auch in einem Sondervertrag mit dem behandelnden Arzt gesichert,
wodurch Spital und Arzt im Blick auf die ärztliche Hilfe Solidarschuldner werden; vgl. dazu
UHLENBRUCK, Krankenhausaufnahmevertrag, S. 50 ff.

[4] Vgl. dazu MÜLLER, S. 475 ff.; zur deutschen Terminologie UHLENBRUCK, Krankenhausaufnahmevertrag, S. 7, 9 f.

[5] Vgl. dazu UHLENBRUCK, Krankenhausaufnahmevertrag, S. 35 ff.; DERSELBE, NJW 1964, S. 432.

[6] Vgl. dazu UHLENBRUCK, Krankenhausaufnahmevertrag, S. 54 ff. mit zahlreichen Hinweisen;
ROESCH, S. 519; ferner MEIER-HAYOZ, S. 7, der im Falle einer Operation die Leistungspflicht
des Arztes ohne Ausnahme der werkvertraglichen Unternehmerpflicht gleichsetzt.

[7] UHLENBRUCK, Krankenhausaufnahmevertrag, S. 60, Anm. 1 (mit Nachweisen), S. 61; DERSELBE,
NJW 1973, S. 1401; SOERGEL/SIEBERT, Vorbem. vor § 611, N. 52 und 103; ROSENTHAL/BOH-
NENBERG, N. 1970.

[8] Vgl. UHLENBRUCK, Krankenhausaufnahmevertrag, S. 46 ff.; LUIG, S. 229.

Verpflegung, sondern auch Pflege durch das Spitalpersonal (Auftrags-element). Der Vertrag mit dem Arzt ist Auftrag[9].

2. Entstehung

Der Spitalaufnahmevertrag bedarf keiner besonderen Form (Art. 11 Abs. 1 OR). Das Aufnahmeverfahren ändert daran nichts: Das Begehren um Aufnahme ist Offerte, die Aufnahme Akzept[10]. Wird ein Bewußtloser eingeliefert, steht das Verhältnis bis zur Begründung des Vertrags durch den Patienten (oder seinen Vertreter) unter den Regeln der Geschäftsführung ohne Auftrag (Art. 419ff. OR), wobei freilich die Haftpflichtbegrenzung des Art. 420 Abs. 2 OR nicht paßt[11].

3. Inhalt

a) Pflichten des Spitals

Das Spital hat dem Patienten umfassende Krankenhausversorgung zu gewähren[12]. Dazu gehören insbesondere:

- Pflicht zur ärztlichen Behandlung inklusive Nachpflege (beim totalen Typ).
- Pflicht zur Erbringung des nachgeordneten ärztlichen Dienstes (beim ge-spaltenen Typ).
- Pflicht zur Gewährung von Unterkunft, Pflege und Verpflegung.
- Pflicht zur Anwendung der Spitaltechnik.
- Pflicht zur Gewährung besonderen Schutzes.
- Pflicht zur Geheimhaltung.
- Pflicht zur Aufklärung über allfällige Eingriffsfolgen.
- Pflicht zur Überwachung des Patienten.
- Pflicht zur Befolgung der Weisungen des Patienten im Rahmen der Spital-ordnung und der ärztlichen Sorgfaltspflicht.
- Pflicht zur Verwahrung eingebrachter Sachen.

---

[9] BGE 82 II, 1956, S. 322ff., bes. S. 329; MÜLLER, S. 458. Für das deutsche Recht: SCHULTZ, S. 1609ff.; LUIG, S. 225ff.; KURZAWA, S. 800; HOLLMANN, S. 70ff.

[10] Vgl. dazu UHLENBRUCK, Krankenhausaufnahmevertrag, S. 10, 12f.

[11] Ebenso die deutsche Lehre zu § 680 BGB: UHLENBRUCK, Krankenhausaufnahmevertrag, S. 175, Anm. 2 (mit Nachweis weiterer Literatur).

[12] Vgl. dazu UHLENBRUCK, Krankenhausaufnahmevertrag, S. 221: «Das bedeutet, daß ein Kran-kenhaus sowohl sachlich wie auch personell jederzeit in der Lage sein muß, die durch den uner-warteten und ungewöhnlichen Verlauf einer Krankheit notwendigen Maßnahmen unverzüglich treffen zu können.» – Der Arzt ist, wie das übrige Spitalpersonal, Erfüllungsgehilfe i.S.v. Art. 101 OR, allenfalls Organ nach Art. 55 ZGB; vgl. dazu LUIG, S. 253.

b) Pflichten des Patienten

Der Patient ist verpflichtet, als Selbstzahler oder über seine Versicherungs-kasse (im Zweifel postnumerando) ein Entgelt meist nach Tarif zu entrichten und sich im übrigen an die Spitalordnung zu halten[13,14].

4. Beendigung

Der Spitalaufnahmevertrag endet mit der Entlassung oder mit dem Tod des Patienten. Weil ein Dauerschuldverhältnis vorliegt, ist Kündigung aus wichtigen Gründen möglich[15]. Fraglich ist, ob dem Patienten nicht dar-über hinaus die auftragsrechtliche Widerrufungsordnung (Art. 404 OR) offen stehen sollte[16]. Das ist zu bejahen, weil zumal das Verhältnis zum be-handelnden Arzt stark persönlich geprägt ist. Demgegenüber besteht für das Spital außerhalb der Reichweite wichtiger Gründe kein schützenswertes Interesse an jederzeitiger Auflösung des Vertrags[17].

5. Einzelfragen

a) Haftung für Behandlungsfehler

Da der Patient beim totalen Spitalaufnahmevertrag keine vertraglichen Beziehungen zum behandelnden Arzt unterhält, kann er vertragliche Ersatz-ansprüche nur an das Spital stellen. Gegen den Arzt steht ihm gegebenenfalls ein Anspruch aus unerlaubter Handlung zu[18]. Demgegenüber ist beim ge-spaltenen Vertragstyp allemal zu prüfen, gegen wen dem Patienten vertrag-liche Ansprüche zustehen. Fraglich ist insbesondere, ob schädigende Hand-

---

[13] Die Spitalordnung bestimmt im einzelnen, inwieweit der Patient Anweisungen des Krankenhaus-trägers und der Ärzte zu befolgen hat. Auch im Rahmen eines privatrechtlichen Vertrags beruht die Spitalordnung auf einseitiger Gestaltungsmacht des Spitalträgers. Soweit diese Gestaltungs-macht nicht ihrerseits auf Vertrag beruht, ergibt sie sich zwangslos aus der Verpflichtung des Spitalträgers, für ordnungsgemäßes Funktionieren des Spitalapparates besorgt zu sein.

[14] Eine Pflicht zur Duldung der Ausübung eines gesetzlichen Retentionsrechts im Sinne von Art. 272 OR besteht grundsätzlich nicht; vgl. dazu UHLENBRUCK, Krankenhausaufnahmever-trag, S. 186 (im Blick auf § 559 BGB).

[15] Vgl. BGE 92 II, 1966, S. 300.

[16] Nach Auffassung der Direktion des Inselspitals in Bern kann der Patient den Vertrag jederzeit auflösen, während das Spital für sich nur die Möglichkeit der Kündigung aus wichtigen Grün-den beansprucht.

[17] Als Vertragsnachwirkung kann sich bei Auflösung des Vertrags die Pflicht des Spitals ergeben, den Patienten einer andern sachgemäßen Behandlung zuzuführen (z.B. Überführung in ein anderes Spital); vgl. dazu UHLENBRUCK, Krankenhausaufnahmevertrag, S. 84 f.

[18] Vgl. WESTERMANN, S. 578; ROESCH, S. 519; KURZAWA, S. 799.

lungen des medizinischen Hilfspersonals dem Spital oder dem Arzt zuzurechnen seien[19]. Richtiger Auffassung nach kommt es darauf an, in wessen Pflichtenkreis sich die schädigende Handlung ereignet hat. Die Abgrenzung bereitet allerdings in gewissen Fällen größte Schwierigkeiten. So hätte die starre Handhabung des «Aufspaltungsprinzips» zur Folge, daß Assistenten und Operationsschwestern bei einer Operation bald Hilfspersonen des Arztes, bald Erfüllungsgehilfen des Spitals wären[20]. Dieses Ergebnis erscheint nicht nur als praxisfremd. Es würde den Patienten überdies vor schier unlösbare Beweisprobleme stellen. Wenn medizinisches Hilfspersonal und Arzt notwendig zusammenwirken und dem Patienten gegenüber als geschlossene Arbeitsgruppe auftreten, ist deshalb einzig die Annahme einer Solidarschuldnerschaft von Spital und Arzt angemessen[21].

b) Privatrechtliches oder öffentlich-rechtliches Verhältnis zwischen öffentlichem Spital und Patient?

Wird das Spital von der öffentlichen Hand getragen, ist allemal zu klären, ob nicht auch das Benützungsverhältnis öffentlich-rechtlicher Natur sei; denn gegebenenfalls wäre für den (privaten) Spitalaufnahmevertrag kein Raum. Nach der neueren Rechtsprechung des Bundesgerichts kommt es darauf an, ob das Gesetz dem Spital die Möglichkeit zur privatrechtlichen Gestaltung der Rechtsbeziehungen zum Patienten offenläßt[22]. In der Tat ist öffentliches Recht dort auszuschließen, wo die Benützungsbedingungen frei ausgehandelt werden[23] dürfen.

---

[19] Beispiele sind «die Zurechnung einer Bluttransfusion, die unter Leitung eines Assistenzarztes stand und bei der der Patient geschädigt worden war; die Haftung für die Injektion eines von einer Krankenschwester falsch aufgezogenen, vom Arzt jedoch nicht überprüften Narkosemittels; das Zurücklassen eines Bauchtuchs in der OP-Wunde durch die OP-Schwester; die Verletzung der ärztlichen Schweigepflicht durch andere Personen als den Arzt selbst»; WESTERMANN, S. 579 mit Hinweisen auf (deutsche) Judikatur; dazu auch DANIELS, S. 306; ferner die Berichte über einen Narkoseunfall in der Zürcher Frauenklinik; TA vom 14., 17., 20., 21., 24., 26. Okt. und vom 3. Nov. 1978; NZZ Nr. 241 vom 17. Okt. 1978, Nr. 265 und 271 vom 14. und 21. Nov. 1978.

[20] Vgl. DANIELS, S. 306 f.

[21] Vgl. DANIELS, S. 306 f.; ferner auch WESTERMANN, S. 579 f. Vgl. u.a. auch die vorne (Anm. 19) zit. Berichte über einen Narkoseunfall in der Zürcher Frauenklinik.

[22] Vgl. dazu BGE 102 II, 1976, S. 45; 101 II, 1975, S. 177, Erw 3; IMBODEN, Schweizerische Verwaltungsrechtsprechung, Bd. I, Nr. 111 im Gegensatz zu IMBODEN, Der verwaltungsrechtliche Vertrag, S. 62 f., wonach die Privatrechtseignung das entscheidende Kriterium sein soll; IMBODEN/RHINOW, Bd. II, Nr. 139; ferner BGE 98 Ia, 1972, S. 521. – Eines Rekurses auf die Rechtsfigur des besonderen Gewaltverhältnisses bedarf es nach der hier vertretenen Auffassung zur Begründung dieses Ergebnisses nicht.

[23] Ähnlich neuerdings auch KELLER (S. 40, 61), nach dem es auf die Ausgestaltung der Benützungsbedingungen ankommt: Werden diese vom Spital einheitlich festgelegt, so kommt das öffentliche

c) Kontrahierungspflicht öffentlicher Spitäler?

Richtiger Auffassung nach sind öffentliche Spitäler einer Kontrahierungspflicht dann unterworfen, wenn das Benützungsverhältnis öffentlichrechtlicher Natur ist; denn die Erfüllung der gesundheitspolitischen öffentlichen Aufgabe in öffentlich-rechtlicher Form läßt ihrem Wesen nach weder die Partnerwahl- noch die Inhaltsfreiheit zu[24]. Darüber hinaus wird man im Rahmen der ärztlichen Hilfeleistungspflicht auch für dem privaten Recht unterstehende Spitäler eine zumindest temporäre Abschlußpflicht anzunehmen haben[25].

d) Modifikation des Rechtsverhältnisses zwischen Spital und Patient durch vorbestehende Versicherungsverhältnisse?

Der Bestand eines Versicherungsverhältnisses zwischen Patient und Versicherungskasse ändert das Verhältnis zwischen Spital und Patient in keiner Weise. Ist das Verhältnis zwischen Spital und Kasse nicht vertraglich geregelt, so sind Krankenkassen nach Art. 226bis Abs. 7 KUVG Garanten der Patienten[26].

e) Rechtsnatur des Verhältnisses zwischen Chefarzt und Privatpatient im öffentlichen Spital

Öffentliche Spitäler pflegen neben der dem öffentlichen Recht unterstehenden allgemeinen Abteilung eine private zu führen, an deren Spitze regelmäßig ein Chefarzt steht. Damit stellt sich die Frage nach der Rechtsnatur des entsprechenden Benützungsverhältnisses. Nach BOLLIGER[27] ist der Chefarzt im Verhältnis zum Privatpatienten nicht Beamter, sondern Beauftragter, so daß «allfällige Rechtsfragen nicht nach öffentlichem Recht, sondern nach Privatrecht zu beurteilen»[28] sind. Die Stellung der Patienten der Privatabteilung ist in dieser Optik gespalten: Zum öffentlich-rechtlichen Benützungsverhältnis mit dem Spital tritt ein privatrechtlicher Auftrag mit dem Chefarzt.

Recht zum Zuge. – Zu beachten ist, daß ein öffentliches Spital auch in privatrechtlicher Rechtsform auftreten kann: Das Inselspital Bern hat die Funktion eines Kantonsspitals, wird indessen von einer Stiftung privaten Rechts getragen. Nach Auffassung der Direktion ist das Rechtsverhältnis zwischen Inselspital und Patient privatrechtlicher Natur. Vgl. dazu auch OSWALD, S. 60, 64, 73; KELLER, S. 8f.

[24] Vgl. dazu auch OSWALD, S. 63 ff., 73 f.; KELLER, S. 77 ff.; GAUTSCHI, Art. 395, N. 64a. Nach GIACOMETTI (S. 107 f.) beschlägt der Kontrahierungszwang grundsätzlich nur die freie Partnerwahl, nicht aber den Vertragsinhalt; Anm. 23.

[25] Vgl. auch OSWALD, S. 64, 73 f.

[26] Vgl. dazu BOHNER/HOLZHERR, S. 18.

[27] Der Spitalarzt, S. 111 ff.; DERSELBE, Zur Frage der Abgabe, S. 7 f.

[28] BOLLIGER, Der Spitalarzt, S. 114.

Diese Sicht der Dinge ist indessen nach der hier vertretenen Auffassung verfehlt. Die Erlaubnis privatärztlicher Tätigkeit während der Dienstzeit vermag nichts daran zu ändern, daß das Rechtsverhältnis zwischen Chefarzt und Privatpatient dem öffentlichen Recht untersteht[29]. Das hat zur Folge, daß der Staat für Fehler des Chefarztes aufgrund der kantonalen Verantwortlichkeitsordnung einzustehen hat[30,31].

§ 122. Der außergerichtliche Vergleichsvertrag*

Literaturauswahl

BECKER, H. Berner Kommentar, Bd. VI: Obligationenrecht, 1. Abt., Art. 1–183, Bern 1941.

VON BÜREN, B. Schweizerisches Obligationenrecht, Allgemeiner Teil, Zürich 1964.

ESSER, J. Schuldrecht, Bd. II: Besonderer Teil, 4. Aufl., Berlin 1971.

ESSER/WEYERS. Schuldrecht, Bd. II: Besonderer Teil 1, 5. Aufl., Heidelberg/Karlsruhe 1977.

FIKENTSCHER, W. Schuldrecht, 6. Aufl., Berlin/New York 1976.

FÜRST, H. Beitrag zur Lehre vom Prozeßvergleich im schweizerischen Recht, Diss. Zürich 1927.

GUHL/MERZ/KUMMER. Das Schweizerische Obligationenrecht, 6. Aufl., Zürich 1972.

GULDENER, M. Schweizerisches Zivilprozeßrecht, 2. Aufl., Zürich 1958.

KUMMER, M. Grundriß des Zivilprozeßrechts, 3. Aufl., Bern 1978.

---

[29] Vgl. dazu GROSS, S. 154 f.; KELLER, S. 193 ff.; BGE 100 II, 1974, S. 312 ff.; ferner das (leider) unveröffentlichte Urteil des KGer St. Gallen vom 6. Dezember 1971, S. 8 ff.

[30] Vgl. KELLER, S. 193.

[31] Offen bleibt die Frage nach der Rechtsnatur der Abgabe eines Anteils der Einkünfte aus privatärztlicher Tätigkeit an den Staat. Mit Bestimmtheit kann gesagt werden, daß die Abgabe entgegen BOLLIGER (Der Spitalarzt, S. 111 ff.; Zur Frage der Abgabe, S. 7 f.) keine Abgeltung der Benützung spitalischer Einrichtungen für private Zwecke darstellt. Das folgt aus der öffentlich-rechtlichen Natur des Benützungsverhältnisses.
Das Bundesgericht bezeichnet die Abgabe in BGE 100 II, 1974, S. 312 ff. als «Sonderleistung im Rahmen des Dienstleistungsverhältnisses» (a.a.O., S. 318), als Entgelt dafür, «daß der Staat den in seinen Diensten stehenden Chefärzten in beschränktem Umfang die Ausübung einer privatärztlichen Tätigkeit» gestattet (a.a.O., S. 319). Nach Auffassung des KGer St. Gallen kann dagegen von einer eigentlichen Abgabe nicht gesprochen werden, da dem Chefarzt auf Grund des öffentlich-rechtlichen Benützungsverhältnisses kein privater Honoraranspruch erwachse. In Wahrheit stehe das gesamte Honorar für die chefärztliche Tätigkeit dem Staat zu, wobei ein Teil davon dem Chefarzt als Bestandteil seines Salärs abgetreten werde (unveröffentlichtes Urteil vom 6. Dezember 1971, S. 8 ff.; ferner KELLER, S. 201). Die Konstruktion des KGer St. Gallen verdient den Vorzug, da sie dogmatisch sauberer durchdacht ist.

* Zitiervorschlag: SCHLUEP/RICHLI/NIEDERHAUSER.

LARENZ, K. Lehrbuch des Schuldrechts, Bd. I: Allgemeiner Teil, 11. Aufl., München 1976.

LEUCH, G. Die Zivilprozeßordnung für den Kanton Bern, 3. Aufl., Bern 1956.

MEIER-HAYOZ, A. Vergleich, SJK, Nr. 463.

– Berufung auf Irrtum beim Vergleich, SJZ 1953, S. 117 ff.

MONFRINI, H. La transaction extrajudiciaire dans le code fédéral des obligations, Diss. Lausanne 1937.

OSER/SCHÖNENBERGER. Zürcher Kommentar, Bd. V: Obligationenrecht, 1. HBd., Art. 1–183, 2. Aufl., Zürich 1929.

SCHULTZ, H. Der gerichtliche Vergleich unter besonderer Berücksichtigung des Gesetzes betreffend die ZPO für den Kanton Bern, Diss. Bern 1939.

SEETHALER, F. Der außergerichtliche Vergleich, Diss. Zürich 1946.

SIGG, A. Zum Problem des außergerichtlichen Nachlaßvertrages, Diss. Zürich 1939.

SOERGEL/NORMANN. Kommentar zum Bürgerlichen Gesetzbuch, Bd. 3, Schuldrecht II, 10. Aufl., Stuttgart/Berlin/Köln/Mainz 1969.

THILO, E. De la transaction et de son invalidation (Note de jurisprudence), SJZ 1931/32, S. 373 ff.

VON TUHR/ESCHER. Allgemeiner Teil des Schweizerischen Obligationenrechts, 2. Bd., 3. Aufl., Zürich 1974.

USTERI, M. Der Vergleich im öffentlichen Abgabe- und Leistungsrecht, SJZ 1962, S. 65 ff., 83 ff.

VOGEL, R. Die prozessualen Wirkungen des außergerichtlichen Vergleichs und seine Abgrenzung vom Prozeßvergleich, Diss. Köln 1971.

Ausgewählte schweizerische Gerichtsentscheide

BGE 16, 1890, S. 174; 20, 1894, S. 1191; 36 I, 1910, S. 769; 41 II, 1915, S. 616; 48 II, 1922, S. 107; 49 II, 1923, S. 7; 54 II, 1928, S. 188; 80 I, 1954, S. 389; 82 II, 1956, S. 375; 95 II, 1969, S. 422; 96 II, 1970, S. 25. BGer, Sem. Jud. 1958, S. 471; Cour de justice civile Genève, SJZ 1963, S. 58; Cour de justice civile Genève, Sem. Jud. 1971, S. 403; Cour de justice civile Genève, Sem. Jud. 1975, S. 104; ObGer Bern, ZBJV 1958, S. 394; KGer St. Gallen, SJZ 1944, S. 26; KGer St. Gallen, SJZ 1919/20, S. 10; ObGer Aargau, SJZ 1940/41, S. 268; Rekurskammer Zürich, ZR 1910, Nr. 160.

I. Reale Erscheinungsformen

Außergerichtliche Vergleiche sind möglich, wo immer zwischen zwei Parteien Streit oder Unsicherheit über ein Rechtsverhältnis besteht, worüber sie verfügen dürfen. Unter diesem Vorbehalt kann sich der außergerichtliche Vergleichsvertrag auf irgendwelche Leistungen beziehen; insbesondere ist der Anwendungsbereich nicht auf Handel und Industrie beschränkt. Es finden sich daher außergerichtliche Vergleichsverträge nicht nur im Gebiet des Obligationenrechts, sondern auch im Familien-, Erb- und Sachenrecht[1].

---

[1] Vgl. SEETHALER, S. 62; MEIER-HAYOZ, SJK, Nr. 463, S. 3 f.

II. Wirtschaftliche Funktionen

Der Abschluß eines Vergleichsvertrags stellt den Parteien zwei wesentliche Vorteile in Aussicht: Einmal kann bei unsicherer Rechtslage das Prozeßrisiko umgangen werden: Die Parteien begnügen sich mit einer verminderten, aber nicht mehr bestrittenen Forderung[2]. Sodann ermöglicht es der Vergleichsvertrag häufig, das Vertrauen zwischen den Partnern zu erhalten. Die Sicherung künftiger Beziehungen erscheint alsdann wichtiger als die Möglichkeit, in einem Einzelfall eine Forderung uneingeschränkt durchzusetzen oder ihren Bestand feststellen zu lassen.

III. Verkehrstypen

Abgesehen von einer rechtlich nicht weiter relevanten Unterscheidung in Voll- und Teilvergleich[3] lassen sich zwei Typen des außergerichtlichen Vergleichsvertrages auseinanderhalten:

1. Nach einer älteren (engeren) Auffassung bezieht sich ein außergerichtlicher Vergleich allein auf die Beilegung eines bestehenden oder unmittelbar bevorstehenden Streites[4] (Typ A).

2. Die moderne Lehre und Rechtsprechung sehen dagegen auch in der gütlichen Einigung über eine bloße Ungewißheit im Rahmen eines unstreitigen Rechtsverhältnisses einen außergerichtlichen Vergleichsvertrag[5,6] (Typ B).

Die weitere Darstellung knüpft an den Typ B an. Weil die möglichen Leistungen im Rahmen eines außergerichtlichen Vergleichsvertrages und dessen Anwendungsbereichs sehr weit gefächert sind, lassen sich keine präzisen Angaben über den typischen Vertragsinhalt machen. Generell besteht er darin, daß die Parteien einen bestehenden oder drohenden Rechtsstreit oder eine Ungewißheit über ein Rechtsverhältnis durch gegenseitige Zugeständnisse beilegen.

---

[2] SEETHALER, S. 23 f.

[3] Vgl. GULDENER, S. 288 (zum gerichtlichen Vergleich).

[4] BGE 36 I, 1910, S. 769; 41 II, 1915, S. 617; 48 II, 1922, S. 107; 49 II, 1923, S. 7; BECKER, Art. 24, N. 36.

[5] MONFRINI, S. 87 f.; SEETHALER, S. 15 ff.; OSER/SCHÖNENBERGER, Art. 24, N. 13, Art. 115, N. 5, Art. 396, N. 12; MEIER-HAYOZ, SJK, Nr. 463, S. 1; DERSELBE, SJZ 1953, S. 117; THILO, S. 373; GUHL/MERZ/KUMMER, S. 269, 290; VON BÜREN, S. 361; VON TUHR/ESCHER, S. 177; SIGG, S. 43 ff., 49 f.; BGE 95 II, 1969, S. 423 f. Cour de justice civile Genève, Sem. Jud. 1975, S. 104. Die Ungewißheit kann sich auch nur auf die Erfüllung beziehen.

[6] Die engere Fassung entspricht dem Art. 2044 des Code civil français, die weitere dem § 779 des BGB.

IV. Terminologie

Der Vertrag wird durchwegs als außergerichtlicher Vergleichsvertrag bezeichnet. Die Vertragsparteien werden nicht besonders be-
nannt.

V. Rechtsanwendung

1. Allgemeines

Die rechtliche Qualifikation des außergerichtlichen Vergleichsvertrages
erfordert eine Konfrontation mit verwandten Realtypen. Dabei ist
vor allem an den gerichtlichen Vergleich zu denken. Dieser zeichnet sich
durch ein materiell-rechtliches und ein prozeßrechtliches Element aus[7].
Übergeht man jedoch die prozeßrechtliche Seite[8] (Fragen der Rechtshängig-
keit, der Formbedürftigkeit, der Urteilskraft[9], der Eignung zum definitiven
Rechtsöffnungstitel[10]), so unterscheidet sich der gerichtliche vom außergerichtlichen Vergleichsvertrag überhaupt nicht[11].

Sodann ist der außergerichtliche Nachlaßvertrag zu nennen[12].
Wie im außergerichtlichen Vergleich geht es darum, eine Ungewißheit (hier
über die Zahlungsfähigkeit und damit über einen bevorstehenden Konkurs)
durch gegenseitige Zugeständnisse zwischen Gläubigern und Schuldner zu
beseitigen. Typisch für den Nachlaßvertrag ist aber (im Gegensatz zum Vergleich), daß die Gläubiger den Vertrag nur abschließen unter der Bedingung,
daß die andern Gläubiger gleichziehen. Es wird also ein eigentliches (außergerichtliches) Nachlaßverfahren in Gang gesetzt.

Weiter bestehen Ähnlichkeiten zum Erlaß, für den freilich typisch ist,
daß nur eine Partei eine Leistung erbringt und über eigene (nicht notwendigerweise bestrittene) Ansprüche verfügt; der andern Partei erwachsen daraus
ausschließlich Vorteile[13]. Gleiches gilt (mit umgekehrten Vorzeichen frei-

---

[7] KUMMER, S.147f.; ESSER/WEYERS, S.332f.; vgl. auch VOGEL, S.100.
[8] Vgl. dazu SCHULTZ und FÜRST, passim; GULDENER, S.287ff.; LEUCH, Art.397 ZPO, N.5.
[9] Vgl. SEETHALER, S.36ff.
[10] BGE 90 III, 1964, S.74.
[11] SEETHALER, S.36. Der materiellrechtliche Inhalt des gerichtlichen Vergleichsvertrages untersteht den allgemeinen Bestimmungen des OR; so ist Anfechtung wegen Willensmangel (vgl.
MEIER-HAYOZ, SJK, Nr.463, S.6) und Rücktritt bei Nichterfüllung (vgl. Cour de justice civile
Genève, Sem.Jud. 1971, S.403) möglich. Differenzierend GULDENER, S.293; KUMMER, S.148.
[12] Vgl. hinten § 123.
[13] Vgl. SEETHALER, S.48f.

lich) für die Anerkennung, bei der eine Seite die eigene Leistungspflicht bestätigt, ohne den Anspruch auf eine Gegenleistung zu erwerben[14].

Ersichtlich kann der außergerichtliche (und in materieller Hinsicht auch der gerichtliche) Vergleichsvertrag einen Erlaß oder eine Anerkennung oder beides enthalten, muß es aber nicht[15]. Ferner kann der Vertrag, sofern dies ausdrücklich vereinbart worden ist, novatorisch wirken. Doch gilt auch hier, daß eine Novation bei Begründung einer neuen Schuld nicht vermutet wird (Art. 116 Abs. 1 OR). Dies um so weniger, als die Schuld, welche noviert werden könnte, streitig oder ungewiß ist[16]. Erlaß (Art. 115 OR), Anerkennung (Art. 17 OR) und Novation (Art. 116 OR) sind im Gesetz zwar genannt, aber weiter nicht geregelt. Sie sind somit selbständige Innominatverträge[17]. Daher sind die Elemente des außergerichtlichen Vergleichsvertrags immer originär. Man hat es mit einem doppeltypischen Innominatkontrakt sui iuris zu tun: Es stehen sich Hauptleistungen gegenüber, welche vom Gesetz nicht geregelt sind[18]. Somit sind (grundsätzlich, aber erst nach wertender Überprüfung) die Vorschriften des allgemeinen Teils des Obligationenrechts anwendbar[19]. Dagegen fehlen Regeln des besondern Teils des Obligationenrechts, die allenfalls heranzuziehen wären. Mithin ist der Richter gegebenenfalls bei der Setzung besonderen Typenrechts im Rahmen von Art. 1 Abs. 2 und 3 ZGB frei.

2. Entstehung

Der außergerichtliche Vergleich bedarf einer besonderen Form nur, wenn er über ein formbedürftiges Rechtsgeschäft abgewickelt wird (z. B. Übereinkunft über einen ungewissen Grundstückpreis)[20].

---

[14] SEETHALER, S. 48.

[15] OSER/SCHÖNENBERGER, Art. 115, N. 5.

[16] MEIER-HAYOZ, SJK, Nr. 463, S. 7; ESSER, S. 249; FIKENTSCHER, S. 181; LARENZ, S. 84; VOGEL, S. 116; SOERGEL/SIEBERT, § 779 BGB, N. 15.

[17] Vgl. Allgemeiner Teil, S. 770.

[18] Die Qualifikation als Innominatkontrakt wird bestätigt durch die herrschende Lehre; MEIER-HAYOZ, SJK, Nr. 463, S. 3; SEETHALER, S. 35. Eine gesetzliche Regelung ist vom schweizerischen Gesetzgeber nicht vergessen worden (vgl. die Erwähnung des Vergleichs in Art. 369 Abs. 2 OR, Art. 585 Abs. 2 OR, Art. 319 Abs. 3 ZGB, Art. 395 Abs. 1 Ziff. 1 ZGB, Art. 421 Ziff. 8 ZGB), sondern für unnötig gehalten worden; vgl. MEIER-HAYOZ SJK, Nr. 463, S. 3; MONFRINI, S. 61 f., 147. Anders ist die Lage in den benachbarten Ländern; vgl. SEETHALER, S. 113 f.; MONFRINI, S. 21 ff.

[19] GUHL/MERZ/KUMMER, S. 138; MONFRINI, S. 78; MEIER-HAYOZ, SJK, Nr. 463, S. 3.

[20] SEETHALER, S. 71 f.; MEIER-HAYOZ, SJK, Nr. 463, S. 4; BGE 95 II, 1969, S. 420 ff.; Cour de justice civile Genève, Sem. Jud. 1975, S. 104. Gleiches gilt für das deutsche Recht; vgl. SOERGEL/SIEBERT, § 779 BGB, N. 16. Art. 2044 Abs. 2 des Code civil français und Art. 1967 des Codice civile italiano verlangen Schriftlichkeit, freilich nur als Beweisform; vgl. MEIER-HAYOZ, SJK, Nr. 463, S. 4, Anm. 17; MONFRINI, S. 26.

3. Inhalt

Typische Leistungen lassen sich beim außergerichtlichen Vergleichsvertrag nicht nennen. Negativ wird die Vielfalt der möglichen Leistungen lediglich dadurch begrenzt, daß einige Rechtsverhältnisse dem außergerichtlichen Vergleich nicht zugänglich sind: im Familienrecht etwa die Ehe oder die elterliche Gewalt[21]; ferner höchstpersönliche Rechte[22] und begangene oder zu begehende Delikte[23]. Über öffentlich-rechtliche Verhältnisse darf ein außergerichtlicher Vergleich nur in beschränktem Umfang abgeschlossen werden[24].

Die negative Schranke mangelnder Verfügungsfähigkeit über das Rechtsverhältnis wird vor allem dort praktisch, wo die Streiterledigung Wirkungen auch für Dritte zeitigen würde, was Verträge nicht vermögen[25]. Unbeachtlich ist dagegen, ob eine allenfalls zu beseitigende Ungewißheit objektiver Art sei oder nur nach Meinung der Parteien bestehe[26]. Generell verpflichten sich die Parteien nicht zu einer bestimmten Art der (streitigen oder ungewissen) Leistungserfüllung, sondern dazu, alles zu tun, den durch gegenseitige Zugeständnisse vereinbarten Zustand herbeizuführen.

Die schweizerische Literatur und Judikatur lassen (wenn auch nicht ausdrücklich) den Schluß zu, daß die Parteien mit dem Abschluß des außergerichtlichen Vergleichsvertrags über das gegenseitige Schuldverhältnis und die darauf beruhenden Ansprüche verfügt haben. Soweit nicht besondere Vollzugsgeschäfte nach der Natur der Sache unerläßlich oder ausdrücklich vorbehalten worden sind, bedarf es daher keiner weiteren Verfügungshandlungen[27].

Nebenrechte, wie Pfänder oder Bürgschaften, gehen mit Abschluß des außergerichtlichen Vergleichsvertrags nur unter, soweit darin ein Erlaß enthalten[28] oder ausdrücklich novatorische Wirkung vereinbart worden ist[29].

---

[21] MEIER-HAYOZ, SJK, Nr. 463, S. 4; SEETHALER, S. 63.

[22] Vgl. SEETHALER, S. 69.

[23] MEIER-HAYOZ, SJK, Nr. 463, S. 4; SEETHALER, S. 68.

[24] Vgl. SEETHALER, S. 68 ff. und USTERI, passim.

[25] BGE 80 I, 1954, S. 389 ff.; vgl. auch SOERGEL/SIEBERT, § 779 BGB, N. 5.

[26] MEIER-HAYOZ, SJK, Nr. 463, S. 2; SEETHALER, S. 18. Ein Vergleich ist auch möglich über eine effektiv verjährte Schuld (vgl. SEETHALER, S. 63) oder über ein nichtiges Rechtsgeschäft (vgl. SEETHALER, S. 66). Zu den möglichen Vertragsinhalten ferner MONFRINI, S. 102; GULDENER, S. 290 f.; SOERGEL/SIEBERT, § 779 BGB, N. 5 ff.; ESSER, S. 249.

[27] So auch LARENZ, S. 85 f.; FIKENTSCHER, S. 180 f.; SOERGEL/SIEBERT, § 779 BGB, N. 3. Wie im Kontext neuerdings Cour de justice civile Genève, Sem. Jud. 1975, S. 104. Anderer Meinung allerdings die herrschende deutsche Lehre, welche im außergerichtlichen Vergleich nur ein Verpflichtungsgeschäft sieht; vgl. LARENZ, S. 85.

[28] SEETHALER, S. 54.

[29] Vgl. Anm. 16.

4. Beendigung

Regelmäßig wird der außergerichtliche Vergleich im Zeitpunkt des Abschlusses durch die beidseitigen Verfügungen erfüllt; ausnahmsweise erst mit allfällig später vorzunehmenden Verfügungshandlungen.

Außerordentliche Beendigung (mit Wirkung ex tunc) erfährt der Vergleich, falls sich eine Partei auf einen Willensmangel beruft (Art. 23 OR). Besonderheiten sind hier nur für behaupteten Grundlagenirrtum anzumerken[30]. Der außergerichtliche Vergleich regelt ein ungewisses oder streitiges Verhältnis («caput controversum»), gründet aber auf einer festen und von beiden Seiten anerkannten Ausgangslage («caput non controversum»). Ersichtlich kann ein Grundlagenirrtum nur jenen Teil des außergerichtlichen Vergleichs betreffen, der als klar unterstellt worden ist: Irrtümer und unterschiedliche Auffassungen zwischen den Parteien zu beseitigen ist ja gerade der Zweck des Vergleichs[31]. Lassen sich die umstrittenen Leistungen ungefähr ihrem Werte nach schätzen, so ist der Tatbestand der Übervorteilung auch beim außergerichtlichen Vergleich möglich (Art. 21 OR)[32].

Da es sich beim außergerichtlichen Vergleich um einen synallagmatischen Vertrag handelt[33], können die Parteien nach Art. 107 OR vorgehen, sofern vorbehaltene oder notwendige besondere Verfügungshandlungen von einer Seite nicht vorgenommen werden[34]. Entschließt sich die andere Seite zum

---

[30] Zur absichtlichen Täuschung (Art. 28 OR), zur Furchterregung (Art. 29 f. OR) und zu den Fällen von Art. 24 Abs. 1 Ziff. 1–3 OR vgl. MONFRINI, S. 126; SEETHALER, S. 98. Vgl. auch ObGer Bern, ZBJV 1958, S. 394 ff.

[31] GUHL/MERZ/KUMMER, S. 138; MEIER-HAYOZ, SJZ 1953, S. 117 ff.; DERSELBE, SJK, Nr. 463, S. 5 f.; SEETHALER, S. 98 ff.; MONFRINI, S. 132 ff.; BECKER, Art. 24, N. 37; OSER/SCHÖNENBERGER, Art. 24, N. 13; BGE 96 II, 1970, S. 25 ff.; 95 II, 1969, S. 42 ff.; 82 II, 1956, S. 375, Erw 2; 48 II, 1922, S. 107 f.; 54 II, 1928, S. 188 ff.; 20, 1894, S. 1192; 16, 1890, S. 175 ff.; BGer, Sem. Jud. 1958, S. 471; Cour de justice civile Genève, SJZ 1963, S. 58; Cour de justice civile Genève, Sem. Jud. 1975, S. 104. Ferner zu § 779 BGB, wo allerdings Unwirksamkeit die Rechtsfolge ist: SOERGEL/ SIEBERT, § 779, N. 19 ff.; FIKENTSCHER, S. 180; ESSER/WEYERS, S. 330 f.

[32] MONFRINI, S. 124 f.; MEIER-HAYOZ, SJK, Nr. 463, S. 5; BGE 54 II, 1928, S. 188 ff.; ObGer Bern, ZBJV 1958, S. 394 ff. Erleichterte Anfechtung von Vergleichen ist möglich gemäß Art. 17 des BG betr. die Haftpflicht der Eisenbahn- und Dampfschiffahrtsunternehmungen und der Post vom 28. März 1905, Art. 87 Abs. 2 des BG betr. den Straßenverkehr vom 19. Dezember 1958, Art. 16 Abs. 2 des BG über die friedliche Verwendung der Atomenergie und den Strahlenschutz vom 23. Dezember 1959.

[33] MEIER-HAYOZ, SJK, Nr. 463, S. 1; SEETHALER, S. 29 ff.; MONFRINI, S. 79; BECKER, Art. 107, N. 5; Rekurskammer Zürich, ZR 1910, Nr. 160; Cour de justice civile Genève, Sem. Jud. 1975, S. 104; ObGer Aargau, SJZ 1940/41, S. 269; contra: KGer St. Gallen, SJZ 1944, S. 26. Gleich die deutsche Lehre: LARENZ, S. 85, Anm. 5; FIKENTSCHER, S. 551; SOERGEL/SIEBERT, § 779 BGB, N. 3; VOGEL, S. 115; differenzierend ESSER/WEYERS, S. 332.

[34] MONFRINI, S. 116; SEETHALER, S. 50; MEIER-HAYOZ, SJK, Nr. 463, S. 1.

Rücktritt vom Vergleich[35], so lebt das ursprüngliche (ungewisse oder umstrittene) Verhältnis wieder auf[36].

§ 123. Der außergerichtliche Nachlaßvertrag *

Literaturauswahl

BRAND, E. Nachlaßvertrag I, SJK, Nr. 958.
DOKA, C. Der außergerichtliche Nachlaßvertrag, SJZ 1924/25, S. 49 ff.
FAVRE, A. Droit des poursuites, 2. Aufl., Freiburg i. Ue. 1967.
FRITZSCHE, H. Schuldbetreibung und Konkurs nach schweizerischem Recht, Bd. II, Zürich 1968.
GLARNER, H. Das Nachlaßvertragsrecht nach schweizerischem SchKG – Ein Leitfaden für die Praxis, Zürich 1967.
GUHL/MERZ/KUMMER. Das Schweizerische Obligationenrecht, 6. Aufl., Zürich 1972.
HAAB, R. Probleme der Reform des Nachlaßvertragsrechts, ZSR 1928, S. 161 ff.
KÜNNE, K. Außergerichtliche Vergleichsordnung, 7. Aufl., München 1968.
– Der Liquidationsvergleich im gerichtlichen und außergerichtlichen Vergleichsverfahren, DB 1968, S. 1253 ff., 1300 ff.
MEIER-HAYOZ, A. Gesetzlich nicht geregelte Verträge I, SJK, Nr. 1134.
MÜHL. Der außergerichtliche Liquidationsvergleich, NJW 1956, S. 401 f.
PICCARD, P. Analoge Anwendung konkursrechtlicher Grundsätze auf den «Nachlaßvertrag mit Vermögensabtretung», ZSR 1916, S. 20 ff.
RATHGEB, CH. E. Le concordat par abandon d'actif, Diss. Lausanne 1932.
SIGG, A. Zum Problem des außergerichtlichen Nachlaßvertrages, Diss. Zürich 1939.
VON TUHR/ESCHER. Allgemeiner Teil des Schweizerischen Obligationenrechts, 2. Bd., 3. Aufl., Zürich 1974.

Ausgewählte schweizerische Gerichtsentscheide

BGE 33 II, 1907, S. 147; 41 III, 1915, S. 220, Erw 3; 50 II, 1924, S. 501; 52 III, 1926, S. 97; 75 III, 1949, S. 66. AppHof in Zivilsachen Bern, ZBJV 1920, S. 79; Cour de justice civile Genève, SJZ 1940/41, S. 87; KGer St. Gallen, SJZ 1923/24, S. 281; HGer Zürich und BGer, ZR 1902, Nr. 79; HGer Zürich, ZR 1931, Nr. 141; ObGer Zürich, ZR 1913, Nr. 94; ObGer Zürich und BGer, ZR 1915, Nr. 79.

---

[35] Dies ist entgegen BECKER (Art. 107, N. 5) nicht ausgeschlossen.
[36] Vgl. ESSER, S. 251; LARENZ (S. 86 f.) besonders zur Rückabwicklung unter der (nach herrschender deutscher Lehre geltenden) Voraussetzung, daß der außergerichtliche Vergleich (nur) ein Verpflichtungsgeschäft ist.
* Zitiervorschlag SCHLUEP/RICHLI/NIEDERHAUSER.

I. Reale Erscheinungsformen

Ein Nachlaßverfahren tritt an die Stelle der Konkurseröffnung. Allemal hat man es mit Erscheinungen der Wettbewerbswirtschaft zu tun: Es geht darum, die (verpaßte) Anpassung an geänderte Marktverhältnisse zwangsweise und verspätet herbeizuführen. Im Konkurs geschieht dies durch die Auflösung der Unternehmung. Im Nachlaß kommen die Gläubiger überein, diese zu erhalten und eben deshalb Abstriche an ihren Forderungen zu machen oder dem Schuldner andere Erleichterungen zu gewähren. Je nach den Verhältnissen des Einzelfalles können die Zugeständnisse unterschiedlich ausgestaltet sein. Weniger einschneidend als der Verzicht auf einen Teil der Forderungen ist deren bloße Stundung. Wenn die Gläubiger (statt sich mit einer verringerten Forderung zu begnügen) einen Teil des noch vorhandenen Aktivvermögens übernehmen (entweder an Zahlungs Statt oder treuhänderisch) oder sich an der Unternehmung beteiligen, vermögen sie auf die Geschäftsführung Einfluß zu nehmen und auf diese Weise allenfalls im Zeitablauf ihren Verlust aufzuwiegen.

II. Wirtschaftliche Funktionen

Im Konkurs müssen die (noch) verfügbaren Aktiven verhältnismäßig rasch verwertet werden; damit ist die Gefahr der Veräußerung unter dem wirklichen Wert gegeben. Einzelne wirtschaftliche Güter lassen sich überhaupt nicht versilbern: so der Goodwill oder die während langer Geschäftstätigkeit aufgebauten Kundenbeziehungen. Es ist daher vorab in der Gläubiger eigenem Interesse, wenn sie eine Sanierung des Unternehmens unter Abwendung des Konkurses versuchen. Regelmäßig ist indes eine solche Lösung auch für weitere Kreise (Arbeitnehmer, Kapitalanleger) wirtschaftlich günstiger[1,2].

Diese Ziele zu verwirklichen ist Sache des gerichtlichen wie auch des außergerichtlichen Nachlaßvertrags. Doch ist der außergerichtliche Typ nicht an ein öffentlich-rechtliches Verfahren gebunden, das von den Gerichten überwacht wird. Daher wird im außergerichtlichen Bereich die Freiheit der Parteien, den besonderen Bedürfnissen angemessene Regelungen zu treffen und den Verlust möglichst klein zu halten, erheblich erweitert[3].

---

[1] HAAB, S. 161 f. (zum gerichtlichen Nachlaß); SIGG, S. 51.
[2] Bei gesamtwirtschaftlicher Bedeutung einer Unternehmung verhindert ein Nachlaßverfahren in der Regel nicht einen Konkurs, sondern die staatliche Intervention.
[3] Vgl. SIGG, S. 52.

Gläubiger und Schuldner werden es überdies als Vorzug ansehen, daß in einem außergerichtlichen Verfahren weniger über die prekäre wirtschaftliche Lage des betroffenen Schuldners an die Öffentlichkeit dringt[4].

All diese Vorteile sind nur zu realisieren, wenn die Hauptgläubiger sich zu einigen vermögen. Das setzt regelmäßig einen verhältnismäßig kleinen Kreis von Gläubigern voraus, deren rechtliche und finanzielle Beziehungen zum Schuldner einigermaßen überblickbar sind[5].

III. Verkehrstypen

Der außergerichtliche Nachlaßvertrag führt zu einem wirtschaftlichen Ungleichgewicht: Der Schuldner kann kaum mehr versprechen, als (künftig) die Geschäfte in möglichst gewinnbringender Weise zu führen; allenfalls unterzieht er sich spezifischen Auflagen der Gläubiger nach dieser Richtung hin. Dazu gehört, daß er den Konkurs anzumelden zu unterlassen verspricht, bevor die Bemühungen der Gläubiger zweifelsfrei gescheitert sind[6].

Kennzeichnend für den außergerichtlichen Nachlaßvertrag sind daher die Leistungen, zu welchen die Gläubiger sich in einzelnen (wenngleich gegenseitig bedingten) Verträgen mit dem Schuldner bereitfinden[7]. Bei allen Verschiedenheiten des Einzelfalles geht es allemal darum, durch Zugeständnisse die Ungewißheit über die Einbringlichkeit der Forderung zu beseitigen. Neben eher singulären Vereinbarungen[8] lassen sich drei häufige und nach dem Inhalt deutlich zu unterscheidende Typen erkennen:

---

[4] Das außergerichtliche Nachlaßverfahren hat auch nachteilige Aspekte: Der Schuldner ist geneigt, seine finanzielle Lage ungünstiger darzustellen, als sie tatsächlich ist, was ihm leicht gelingt, da kein amtliches Inventar aufgenommen wird. Rücksichtslose Gläubiger können oft Sondervorteile erzwingen; vgl. HAAB, S. 166 f.

[5] HAAB, S. 163 ff.; GLARNER, S. 9 f.; FRITZSCHE, S. 304.

[6] Vgl. SIGG, S. 62 ff., 77.

[7] GUHL/MERZ/KUMMER, S. 269; MEIER-HAYOZ, SJK, Nr. 1134, S. 11; FAVRE, S. 391; SIGG, S. 115; FRITZSCHE, S. 304; KÜNNE, Vergleichsordnung, S. 52.

[8] Dazu gehören: Der Treuhandvergleich (KÜNNE, Vergleichsordnung, S. 57), wobei der Gläubiger das ihm vom Schuldner übereignete Vermögen im eigenen oder in des Schuldners Namen verwertet; die Übereignung hat nicht schuldbefreiende Wirkung. Der Teilvergleich (KÜNNE, Vergleichsordnung, S. 57 f.), bei dem nur ein Teil der Gläubiger beteiligt ist, die meist nicht einen Verzicht, sondern nur eine Stundung gewähren. Weiter der Beteiligungsvergleich (KÜNNE, Vergleichsordnung, S. 58), der Verwaltungs- oder Ertragsvergleich (KÜNNE, Vergleichsordnung, S. 60 f.), der Stufenvergleich (KÜNNE, Vergleichsordnung, S. 61 f.), der Eventualvergleich und der gekoppelte Vergleich (KÜNNE, Vergleichsordnung, S. 62 f.). Dabei handelt es sich allemal um Formen des Nachlasses; vgl. hinten Ziff. IV.

1. Dividendenvergleich[9]

Der Gläubiger erläßt einen Teil seiner Forderung, sofern die andern Gläubiger sich gleich verhalten. Darüber hinaus wird die Forderung in der Höhe des zu erlassenden Betrags gestundet, bis der Eintritt der Bedingung (oder die Unmöglichkeit des Eintritts) feststeht. Andererseits verpflichtet sich der Schuldner, den Restbetrag («Dividende») zu bezahlen (Typ A).

2. Liquidationsvergleich[10]

Auch hier erläßt der Gläubiger einen Teil seiner Forderung. Der Rest ist jedoch nicht Gegenstand einer Zahlungsverpflichtung des Schuldners. Dieser überträgt vielmehr einen Teil seines Vermögens auf seine Gläubiger an Zahlungs Statt[11]. Dazu kommt auch hier die Stundung des zu erlassenden Betrages, bis über das Zustandekommen oder Scheitern aller Nachlaßverträge Klarheit besteht.

3. Stundungsvergleich[12]

Das Zugeständnis des Gläubigers beschränkt sich hier darauf, den Fälligkeitstermin für die in ihrer Höhe unveränderte Forderung hinauszuschieben (allenfalls mehrere gestaffelte Termine festzusetzen). Auf den neuen Termin hat der Schuldner den gesamten Betrag zu bezahlen. Die Schuld bleibt auch hier gestundet, bis die Verhandlungen abgeschlossen sind, selbst wenn am Ende die Nachlaßverträge nicht zustande kommen sollten.

Aus dem Zweck des außergerichtlichen Nachlasses ergibt sich, daß der Gläubiger in allen Fällen während der Dauer des Nachlaßverfahrens auf die Zwangsvollstreckung zu verzichten hat.

IV. Terminologie

Allgemein spricht man in der schweizerischen Literatur vom außergerichtlichen Nachlaßvertrag[13]. Will man eine bestimmte Form des

---

[9] GLARNER, S.8; FRITZSCHE, S.303; KÜNNE, Vergleichsordnung, S.56, der von «Erlassvergleich» spricht.

[10] GLARNER, S.8; FRITZSCHE, S.303; KÜNNE, Vergleichsordnung, S.56.

[11] Nur wo ausdrücklich eine Mindestdeckung vereinbart worden ist, die Übereignung also teilweise nur zahlungshalber erfolgt, haftet der Schuldner für einen Ausfall; KÜNNE, Vergleichsordnung, S.56f., 357; DERSELBE, Liquidationsvergleich, S.1253.

[12] GLARNER, S.8; KÜNNE, Vergleichsordnung, S.55.

[13] In Deutschland wird der gleiche Sachverhalt als «außergerichtlicher Vergleich» bezeichnet; vgl. jedoch Anm.27.

Nachlasses auszeichnen, redet man vom Dividendenvergleich, vom Stundungsvergleich usw., obwohl es sich nach schweizerischer Lehre nicht um einen Vergleichsvertrag handelt[14]. Mitunter bezeichnet man aber auch nicht nur den einzelnen Vertrag, sondern die Gesamtheit aller einzelvertraglichen Vereinbarungen der verschiedenen Gläubiger mit dem Schuldner als außergerichtlichen Nachlaßvertrag. Im hier gegebenen Zusammenhang wird aber dieses Vertragspaket als außergerichtliches Nachlaßverfahren bezeichnet. Die Parteien heißen Gläubiger und Schuldner, auch wenn sie ihre Beziehungen in einem Nachlaßverfahren regeln.

V. Rechtsanwendung

1. Allgemeines

Wiewohl der gerichtliche Nachlaßvertrag das gleiche Ziel anstrebt wie der außergerichtliche[15], hat man beide Typen deutlich auseinanderzuhalten: Der gerichtliche Nachlaß ist ein (öffentlich-rechtliches) Institut des Konkursrechts[16]. Es handelt sich um eine mildere Form des Konkurses[17], die unter Umständen auch gegen den Willen einzelner wichtiger Gläubiger Platz greifen kann[18]. Verträge im zivilrechtlichen Sinn liegen nicht vor[19].

Dagegen ist der außergerichtliche Nachlaß ein Vertrag des Privatrechts und steht (unter Vorbehalt abweichender richterlicher Wertungen) unter den allgemeinen Vorschriften des Obligationenrechts[20]. Die Anwendung von Bestimmungen des SchKG auf den außergerichtlichen Nachlaß kommt grundsätzlich nicht in Frage[21].

---

[14] Vgl. hinten S. 955.
[15] Sigg, S. 51; Favre, S. 391.
[16] Art. 293 ff. SchKG.
[17] Fritzsche, S. 305; Haab, S. 163, Anm. 17.
[13] Art. 305 SchKG.
[19] Fritzsche, S. 305; BGE 50 II, 1924, S. 504.
[20] Sigg, S. 14; Brand, S. 11; Meier-Hayoz, S. 11; Haab, S. 163; Rathgeb, S. 5; Fritzsche, S. 304; Favre, S. 391 f.; BGE 50 II, 1924, S. 501 ff.; 52 III, 1926, S. 99; 33 II, 1917, S. 147 f.; AppHof in Zivilsachen Bern, ZBJV 1920, S. 79 f.; ObGer Zürich und BGer, ZR 1915, Nr. 79.
[21] In diesem Sinn Sigg, S. 13; BGE 33 II, 1917, S. 147 f. zu Art. 303 SchKG; Cour de justice civile Genève, SJZ 1940/41, S. 87 zu Art. 314 SchKG; AppHof in Zivilsachen Bern, ZBJV 1920, S. 79 f. zu Art. 311 SchKG. Offengelassen in BGE 50 II, 1924, S. 501 ff. zu Art. 314 SchKG, weil diese Bestimmung mit Art. 20 OR identisch ist; KGer St. Gallen, SJZ 1923/24, S. 281. Analoge Anwendung von Art. 216 Abs. 3 SchKG wegen gleicher materieller Lage im gerichtlichen wie im außergerichtlichen Verfahren in BGE 41 III, 1915, S. 220, Erw. 3. Für die analoge Anwendung plädiert Doka, S. 52 ff., solange nicht Rechte eines nicht zustimmenden Gläubigers tangiert werden. Vgl. auch Künne, Liquidationsvergleich, S. 1301, zum Rückgriff auf die Konkursordnung.

Im Nachlaßvertrag ist ein (immer nur teilweiser[22]) Erlaß enthalten, sofern es sich um einen Dividendenvergleich handelt. Doch hat sich der Schuldner alsdann seinerseits zur Bezahlung des Restbetrages und zum Verzicht auf Konkurseingabe zu verpflichten. Überdies ist beim außergerichtlichen Nachlaß die Bedingung der Zustimmung aller Gläubiger nicht akzessorisch, sondern typisch[23]. Dieses notwendige Zusammenwirken aller Gläubiger hat bestimmenden Einfluß auf den Inhalt aller einzelnen Verträge[24].

Das Element der notwendigen Bedingung spricht auch gegen eine Gleichstellung des außergerichtlichen Nachlaßvertrages mit dem Vergleich und die Qualifikation des ganzen Nachlaßverfahrens als eine Summe mehrerer Vergleiche[25]. Im übrigen stehen beim Vergleich die gegenseitig zu erbringenden Leistungen einigermaßen im Gleichgewicht, während die Zusicherungen des Schuldners im Nachlaß der Gläubiger nur infolge der außergewöhnlichen (wirtschaftlichen) Lage als vertragswürdige Gegenleistung hingenommen werden[26, 27].

Mehrheitlich wird anerkannt, daß der außergerichtliche Nachlaßvertrag ein zwischen Schuldner und Gläubigern geschlossener Einzelvertrag ist[28]. Weil jedoch die Gläubiger im Nachlaßverfahren zusammenwirken müssen und eine Risikogemeinschaft bilden, machen einige Autoren geltend, die Gläubiger bildeten eine einfache Gesellschaft[29] oder mindestens ein gesellschaftsähnliches Verhältnis[30]. Gewiß können sich die Gläubiger zur Gesellschaft verabreden. Fehlt es indessen an besonderen Abmachungen oder besonderen Umständen, darf nicht angenommen werden, die gegenseitige Bedingtheit der einzelnen Nachlaßverträge (über Forderungen, die auf verschiedenen Rechtsgründen beruhen können) begründe ein Gesellschaftsverhältnis.

---

[22] SIGG, S. 81.
[23] SIGG, S. 81.
[24] Ungenau daher (selbst für den Dividendenvergleich) die Bezeichnung des außergerichtlichen Nachlaßvertrages als «bedingter Erlaß»; vgl. GUHL/MERZ/KUMMER, S. 269; FRITZSCHE, S. 304; VON TUHR/ESCHER, S. 178.
[25] Widersprüchlich SIGG, S. 115.
[26] SIGG, S. 87f.
[27] Nach deutscher Lehre handelt es sich beim außergerichtlichen Nachlaßvertrag um einen Vergleich i.S. von § 779 BGB; KÜNNE, Vergleichsordnung, S. 29ff.; MÜHL, S. 401.
[28] SIGG, S. 97f.; FRITZSCHE, S. 304; FAVRE, S. 392; HAAB, S. 163; GUHL/MERZ/KUMMER, S. 269; BRAND, S. 12; unpräzis MEIER-HAYOZ, S. 11; BGE 75 III, 1949, S. 66; 50 II, 1924, S. 501ff.; KÜNNE, Vergleichsordnung, S. 52. Anderer Meinung ObGer Zürich, ZR 1913, Nr. 94; OLG Celle (zit. bei KÜNNE, Vergleichsordnung, S. 52f.).
[29] «Gesellschaft bürgerlichen Rechts» nach deutschem Recht.
[30] Vgl. DOKA, S. 51; KÜNNE, Vergleichsordnung, S. 52f.; MÜHL, S. 403.

Nach seinem typischen Inhalt ist der außergerichtliche Nachlaßvertrag ein synallagmatischer[31] doppeltypischer Kombinationsvertrag sui iuris: Beide Parteien erbringen je mehrere, gesetzlich nicht geregelte Hauptleistungen. Mithin stehen keine Regeln des besondern Teils des OR zur Verfügung, die Anwendung beanspruchten. Fehlen vertragliche oder gewohnheitsrechtliche Regeln, so hat der Richter nach Art. 1 Abs. 2 und 3 ZGB Normen zu setzen.

Die beim außergerichtlichen Nachlaßvertrag auftauchenden Rechtsprobleme gründen eher in dessen Gestalt als Teil eines umfassenden Nachlaßverfahrens als im besonderen Typ der gewährten Erleichterungen. Es können daher Dividenden-, Liquidations- und Stundungsvergleich gemeinsam erörtert werden.

Es versteht sich, daß ein Nachlaßvertrag nur über verzichtbare Forderungen abgeschlossen werden kann[32]. Auch sind Gläubiger mit Vorrechten (Aussonderungs- und Pfandrechte) nur im Umfang der Ausfallforderung am Nachlaß beteiligt[33].

2. Entstehung

Mangels besonderer gesetzlicher Bestimmungen kann der außergerichtliche Nachlaßvertrag formlos abgeschlossen werden[34]. Die Gläubiger werden sich aber zur Beweissicherung und zur Durchsetzung der Gleichbehandlung regelmäßig die schriftliche Form vorbehalten (Art. 16 OR).

Der Vertrag wird unter der (allenfalls stillschweigenden[35]) Suspensivbedingung abgeschlossen, daß die übrigen Gläubiger sich zu verhältnismäßig gleichen Zugeständnissen bereit finden. Dabei genügt es, wenn Nachlaßverträge mit allen bekannten Gläubigern zustande kommen[36]. Regelmäßig werden Kleingläubiger mit Zustimmung der Hauptgläubiger vorab voll befriedigt[37]. Ist dies im einzelnen Falle nicht möglich, so darf man mit der deutschen Doktrin[38] als mutmaßlichen Willen der Gläubiger annehmen, daß die fehlende Zustimmung einzelner Kleingläubiger den Eintritt der Bedin-

---

[31] Sigg, S. 73.

[32] Vgl. Ziff. V. 3. zum außergerichtlichen Vergleichsvertrag, vorne S. 948.

[33] Künne, Vergleichsordnung, S. 281 ff., 302.

[34] Art. 115 OR; Sigg, S. 75.

[35] Sigg, S. 101.

[36] Dafür sprechen Gründe der Praktikabilität und der Rechtssicherheit; Sigg, S. 103; Doka, S. 50; wohl auch Piccard, S. 21; Glarner, S. 10. Abschluß mit überhaupt allen Gläubigern verlangt wohl Fritzsche, S. 304.

[37] Glarner, S. 9; Künne, Vergleichsordnung, S. 353, 356.

[38] Künne, Vergleichsordnung, S. 354 f.; Mühl, S. 402. Sigg, S. 64 f. (in Verbindung mit S. 103) verlangt dagegen Beteiligung aller bekannten Gläubiger.

gung nicht zu hindern vermag, wenn deren Forderungen in keinem Verhältnis zu den im Falle des Mißerfolgs zu erwartenden Gerichtskosten stehen[39].

Die einzelnen Nachlaßverträge treten in Kraft mit Eingang der letzten ausstehenden Annahmeerklärung[40]. Bis zu diesem Zeitpunkt herrscht der bekannte Schwebezustand (Art. 152 OR). Schon vorher verpflichtet sich indes der einzelne Gläubiger, seine Forderung zu stunden und den Gerichtsweg nicht zu beschreiten, bis das Schicksal der Nachlaßverhandlungen feststeht. Anderseits bleibt der Schuldner verpflichtet, während der ganzen Schwebezeit auf die Anmeldung des Konkurses zu verzichten[41].

3. Inhalt

Mit dem Eintritt der Bedingung verfügt der Gläubiger im außergerichtlichen Nachlaßvertrag über einen Teil seiner Forderung[42]. Beim Stundungsvergleich schiebt er lediglich deren Fälligkeit hinaus. Das Grundverhältnis, auf dem die verbleibende Forderung beruht[43], besteht mit allen Nebenrechten weiter[44], sofern nicht die Übertragung von Vermögen an Zahlungs Statt vereinbart worden ist (Liquidationsvergleich).

Der Schuldner hat innerhalb der vereinbarten oder einer zumutbaren Frist[45] auf das Zustandekommen des Nachlaßverfahrens hin zu arbeiten oder (falls ein wesentlicher Gläubiger nicht zu gewinnen ist) den Mißerfolg einzugestehen. Je nach dem übereinstimmenden Inhalt der einzelnen Nachlaßverträge hat er nach Verwirklichung der Bedingung seine reduzierte Schuld zu begleichen, die ganze Leistung am neuen Termin zu erbringen oder Teile seines Vermögens auf die Gläubiger zu übertragen.

4. Beendigung

Der Gläubiger hat seine Vertragspflicht erfüllt, sobald die Suspensivbedingung eintritt, weil damit die Verfügung über seine Forderung vollzogen ist (oder im Stundungsvergleich der neue Fälligkeitstermin in Kraft tritt).

---

[39] Um einen Teilvergleich handelt es sich, wenn von vornherein nur ein Teil der Gläubiger am Nachlaßverfahren beteiligt und die übrigen bewußt ausgelassen werden sollen; BRAND, S. 12; GLARNER, S. 9; RATHGEB, S. 5; KÜNNE, Vergleichsordnung, S. 57; MÜHL, S. 402.
[40] KÜNNE, Vergleichsordnung, S. 418.
[41] SIGG, S. 63.
[42] GUHL/MERZ/KUMMER, S. 268.
[43] SIGG, S. 63.
[44] Es liegt keine Novation vor; SIGG, S. 97f.; KÜNNE Vergleichsordnung, S. 425ff.
[45] Vgl. HGer Zürich, ZR 1931, Nr. 141; SIGG, S. 89ff.

Der Schuldner erfüllt durch termingerechte Leistungserbringung, womit der außergerichtliche Nachlaßvertrag beendet wird.

In Verzug geraten kann somit einzig der Schuldner; nach unbenutztem Ablauf der Nachfrist steht es dem Gläubiger frei, vom Vertrag zurückzutreten (Art. 107 Abs. 2 OR), womit seine Forderung wieder in ihrer ursprünglichen Höhe auflebt[46].

5. Einzelfrage: Geheime Gläubigerbegünstigung

Offene Begünstigung einzelner Gläubiger erfolgt mit Zustimmung der übrigen. Die Zulässigkeit ist mit der Vertragsfreiheit gegeben[47]. Geheime Begünstigung verstößt indes gegen die guten Sitten und ist daher nichtig[48], freilich nur im Umfang der geheimen Zusicherung[49]. Anders hätte der begünstigte Gläubiger zusätzlich den Vorteil, daß er seine ganze Forderung im ursprünglichen Umfang geltend machen könnte[50]. Ist die geheime Abmachung nichtig, so werden die übrigen Gläubiger nur dann benachteiligt, wenn diese schon vollzogen worden ist[51]. Ob in einem solchen Fall der Rücktritt vom Vertrag oder die Gleichstellung mit dem Begünstigten den Interessen der Gläubiger besser dient, hängt von den Umständen ab: beide Rechtsfolgen sind daher als grundsätzlich gleichwertig nebeneinander anzuerkennen[52]. Einseitige Unverbindlichkeit wegen absichtlicher Täuschung (Art. 28 OR) kommt nur in Frage, wenn der Schuldner von allem Anfang an die Bevorzugung einzelner beabsichtigt (oder zumindest erwogen) hat.

---

[46] SIGG, S. 75; HGer Zürich und BGer, ZR 1902, Nr. 79; ObGer Zürich und BGer, ZR 1915, Nr. 79.

[47] SIGG, S. 105 ff.; FRITZSCHE, S. 304; KÜNNE, Vergleichsordnung, S. 356.

[48] Art. 20 Abs. 1 OR; SIGG, S. 110 ff.; GLARNER, S. 9; HAAB, S. 163; OSER/SCHÖNENBERGER, Art. 115, N. 4; BRAND, S. 11; FRITZSCHE, S. 304; BGE 50 II, 1924, S. 501 ff.; Cour de justice civile Genève, SJZ 1940/41, S. 87; KGer St. Gallen, SJZ 1923/24, S. 281, wo allerdings auf Art. 314 SchKG verwiesen wird; ObGer Zürich, ZR 1913, Nr. 94.

[49] Art. 20 Abs. 2 OR; BGE 50 II, 1924, S. 506; vgl. auch OLG Celle (zit. bei KÜNNE, Vergleichsordnung, S. 449).

[50] SIGG, S. 112.

[51] SIGG, S. 113.

[52] Rücktritt bejaht vom ObGer Zürich, ZR 1913, Nr. 94. DOKA (S. 53) vertritt Aufhebung mit Wirkung für alle Gläubiger; vgl. ferner KÜNNE, Vergleichsordnung, S. 451; MÜHL, S. 403. Die Annahme, ein außergerichtlicher Nachlaß werde immer unter der (Resolutiv-)Bedingung geschlossen, daß der Schuldner sich redlich verhalte (SIGG, S. 108 ff., 113), hilft den getäuschten Gläubigern nicht, wenn sie trotz allem ihren Vorteil in der Aufrechterhaltung des Nachlaßverfahrens sehen.

Anhang

Die Verträge im Bereich der elektronischen Datenverarbeitung*,**

Literaturauswahl

BECKER, H. Berner Kommentar, Bd. VI: Obligationenrecht, 2. Abt., Art. 184–551, Bern 1934.

BERNACCHI/LARSEN. Data Processing Contracts and the Law, Boston/Toronto 1974.

BRAUN, B. Analyse eines Standardvertrags, Data Exchange, Sept. 1972, S. 15 ff.

– Neue Aspekte der Vertragsgestaltung in der elektronischen Datenverarbeitung, BB 1971, S. 1264f.

– Vertragsprobleme bei mixed hardware, DB 1972, S. 613 ff.

VON BÜREN, B. Schweizerisches Obligationenrecht, Besonderer Teil, Zürich 1972.

VON BÜREN, R. Teilzeitarbeit und temporäre Arbeit als neue Form von Dienstleistungen im schweizerischen Recht, Diss. Bern 1971.

ECKERT, LEOPOLD. Der Computer als Rechtsobjekt sui generis, ÖJZ 1977, S. 39f.

FORSTMOSER, P. Vertragsprobleme im Bereich der EDV, Separatdruck aus sysdata + bürotechnik, Erweiterte Managementausgabe, H. 8–9/75.

FUCHS, ALLEN. Der Erwerb von Computern, Diss. Zürich 1978.

GAUCH, P. Der Unternehmer im Werkvertrag, 2. Aufl., Zürich 1977.

– System der Beendigung von Dauerverträgen, Diss. Freiburg i. Ue. 1968.

GAUCH/SCHLUEP/JÄGGI. Schweizerisches Obligationenrecht, Allgemeiner Teil, Zürich 1978.

GESSERT, H. Besondere Vertragsbedingungen für die Miete von EDV-Anlagen und -Geräten, ÖVD 1973, Heft 1, S. 29 ff.

GIGER, H. Berner Kommentar, Bd. VI: Obligationenrecht, 2. Abt., 1. TBd., Lieferung 2: Art. 189–210, 2. Aufl., Bern 1977.

GNEHM/PFISTER. Der Generalunternehmer im Bereich der EDV, Output 1976, H. 6, S. 22 ff.

GUHL/MERZ/KUMMER. Das Schweizerische Obligationenrecht, 6. Aufl., Zürich 1972.

HELLFORS, S. Zusammenarbeit mit Service-Rechenzentren, Freiburg i. Br. 1971.

INSTITUT pour l'automation et la recherche opérationnelle de l'Université de Fribourg/Suisse. Bestand an Computern Schweiz, 1978.

KÜNZI, H. Computer und Privatsphäre aus der Sicht des Politikers, NZZ Nr. 568 vom 6. Dezember 1973.

---

* Zitiervorschlag: SCHLUEP/BAUDENBACHER/SCHAUB.

** Verpflichtet ist der Verfasser den Herren RA Dr. CHRISTOPH ZAHRNT, Diplomvolkswirt, Heidelberg, Dr. KURT STEINER von der ZOB in Bern, Dr. WALTER WIDMER und MAX ZIEGLER von der Schweizerischen Bankgesellschaft in Zürich. Dank für die wertvolle Vorarbeit zur ersten Fassung dieses Beitrages gebührt auch meinem ehemaligen Assistenten Dr. MICHAEL WERDER.

LINNERT/MÜLLER-SEYDLITZ/NESKE. Lexikon Angloamerikanischer und Deutscher Management-Begriffe, Gernsbach 1972.

LOEWENHEIM, U. Vertragsprobleme bei Benutzung betriebsfremder elektronischer Datenverarbeitungsanlagen, BB 1967, S.593 ff.

LÜTHY, H.R. Computer-Hersteller und Datensicherheit, NZZ Nr.568 vom 6. Dezember 1973.

MOSIMANN, R. Der Generalunternehmervertrag im Baugewerbe, Diss. Zürich 1972.

POHL, H. Zum Entwurf eines Rahmenvertrags (Kauf, Miete, Wartung etc.) zur Installation einer elektronischen Datenverarbeitungsanlage, Angewandte Informatik 1973, S.216 ff.

REICH, N. Leasing, Vertragsschuldverhältnisse, München 1974, S.49 ff.

SCHAUB, RUDOLF P. Der Engineeringvertrag, Rechtsnatur und Haftung, Diss. Bern 1979 (erscheint demnächst in den Schweizer Schriften zum Handels- und Wirtschaftsrecht, Zürich).

SCHELP, G. Gemischte Rechtsverhältnisse mit arbeitsrechtlichen Elementen, Beiträge zu Problemen des neuzeitlichen Arbeitsrechts, in: Festschrift für Wilhelm Herschel, Stuttgart 1955, S.87 ff.

SCHNEEBERGER, E. Einführung in das kommerzielle Vertragswesen, Zürich 1972.

– EDV – Epoche der Verwirrung, Einkauf, Materialwirtschaft, Januar 1973, S.23.

– Kommerziell-Rechtliches zu Dienstleistungsverträgen, NZZ Nr.6 vom 5. Januar 1974.

SCHÖNENBERGER/JÄGGI. Zürcher Kommentar, Bd. V: Obligationenrecht, TBd. Ia, Art.1–17, 3. Aufl., Zürich 1973.

SCHWERIN, M. Haftungsfragen bei Datenverarbeitung außer Haus unter besonderer Berücksichtigung der Versicherungsmöglichkeiten, BB 1976, S.206 ff.

SEITZ, G. Datenverarbeitung außer Haus, DB, Beilage 13/67, S.521 ff.

TRIESCHMANN, G. Das Leiharbeiterverhältnis, DB, Beilage 15/56.

VIELI, M. Die Sicherheit von Computer-Daten, NZZ Nr.568 vom 6. Dezember 1973.

WALTER, E.J. Statistische Erhebungen über die Verbreitung von elektronischen Datenverarbeitungsanlagen (EDV) in der Schweiz, Schweizerische Zeitschrift für Volkswirtschaft und Statistik 1969, S.515 ff.

WOLF, TH. Computer und Kriminalität, NZZ Nr.568 vom 6. Dezember 1973, S.37.

ZAHRNT, CH. Besondere Vertragsbedingungen für den Kauf und die Wartung von EDV-Anlagen und -Geräten, BB 1976, S.162 ff.

– BVB: Software vom Systemhersteller, Online-adl-nachrichten, 1–2/79, S.56 ff.

– Die Vergabe von Programmieraufträgen, ÖVD 1976, S.259 ff.

– EDV-Verträge: Koppelung von Hardware und Software, ÖVD 1974, S.325 ff.

– Güteprüfung der BVB, ÖVD 1976, S.254 f.

ZIMMERMANN, F. Einige Rechtsprobleme des Computers, Der schweizerische Treuhänder 1971, S.72 f.

I. Reale Erscheinungsformen

Private Unternehmungen und die öffentliche Verwaltung stehen heute vor der Frage, ob sie gewisse Arbeiten durch elektronische Datenverarbeitung (EDV) ausführen lassen wollen. Es kann um die Lösung individueller oder allgemeiner Probleme gehen. Daher ist von (individueller) Systementwicklung einerseits und von Datenverarbeitung aufgrund vorgegebener Lösungsmuster (Standardlösungen) andererseits die Rede.

So oder anders wird der Kunde zunächst durch einen oder mehrere Hersteller einen Systemvorschlag ausarbeiten lassen. Dieser äußert sich über Zweckmäßigkeit und Wirtschaftlichkeit der EDV, über die angemessenen Systemkonfigurationen und über allfällig notwendig werdende Anpassungen der Betriebsorganisation[1]. Aufgrund des Systemvorschlags hat der Kunde die Wahl, den Hersteller mit der individuellen Problemlösung zu beauftragen oder ein Standardsystem zu beschaffen. Er wird beim Entscheid seine branchenspezifischen Kenntnisse und seine personellen und technischen Mittel in Zusammenarbeit mit dem Hersteller einsetzen müssen.

Jedes Datenverarbeitungssystem besteht aus zwei Komponenten: der «Hardware» einerseits und der «Software» anderseits[2].

Die Hardware kann grundsätzlich wie folgt bezogen werden:

– Beschaffung einer Computeranlage zu Eigentum (Kauf, Werkvertrag);
– Miete einer Computeranlage[3].

---

[1] Diese Tätigkeit umfaßt im einzelnen: Aufnahme des Ist-Zustandes, Beratung und Unterstützung bei der Festlegung der Zielsetzungen, Abklärung des Bedarfs, Entwicklung der Anwendungskonzepte, Festlegung der zu benützenden System-Steuerprogramme und Dienstprogramme, der Anwendungsprogramme und der Programmiersprache; ferner: Einsatz-, Umstellungs-, Installations- und Terminplanung, Festlegung des qualitativen und quantitativen Bedarfs an Personal, Ausbildungsplanung, Organisation der Datenverarbeitungsabteilung, Formulierung von Dokumentationsstandards, Maßnahmen zur Datensicherheit und zum Datenschutz (vgl. dazu hinten Anm. 4).

[2] Vgl. dazu LINNERT/MÜLLER-SEYDLITZ/NESKE, S. 191 ff.: «Die Hardware besteht aus allen technischen Geräten und Einrichtungen der elektronischen Datenverarbeitungsanlage, soweit sie zur Informationsverarbeitung benötigt werden. Zur Software im engeren Sinne werden die vom Hersteller der Hardware angebotenen Programme des Datenverarbeitungsbetriebssystems gezählt. Im weiteren Sinne können alle Programme als Software bezeichnet werden, die es einem EDV-System ermöglichen, bestimmte Aufgaben zu erfüllen.»

[3] Mit Selbstverarbeitung oder gemeinsamer Verarbeitung durch Hersteller und Kunde. – Die gleichzeitige Benutzung einer Computeranlage (oder der Computerkapazität) durch mehrere Kunden heißt «timesharing». Die Benützung kann vermittels Peripherieeinheiten und telefonischer Datenübertragung aus beliebiger Distanz erfolgen. Da der Standort des Objekts und die Zahl seiner Benützer (sofern sie nur voneinander unabhängig sind) für die rechtliche Zuordnung keine Rolle spielt, liegt bei dieser technischen Variante ein Mietelement vor: Objekt der Gebrauchsüberlassung ist ein bestimmter Anteil Computerkapazität.

Die Software kann grundsätzlich wie folgt bezogen werden:

- Beschaffung der Grundsoftware (Systemsteuerprogramm, Basissoftware, Betriebssystem) durch Erwerb der Benützungsrechte;
- Beschaffung von Anwendersoftware (Standardprogrammpakete des Herstellers) durch Erwerb der Benützungsrechte;
- Beschaffung von Anwendersoftware (auf die Bedürfnisse des Kunden zugeschnittene Individualprogrammpakete) durch exklusiven oder nicht exklusiven Erwerb der Benützungsrechte.

Im Rahmen, neben oder nach diesen Leistungen wird der Hersteller, je nach der Art der Beschaffung (Beispiele: Kauf von Hardware und Erwerb von Software; Lieferung eines schlüsselfertigen Systems), folgende Dienstleistungen erbringen:

- Beratung beim Bau der Computerräume;
- Lieferung und Installation der Anlagen;
- Lieferung und Installation der Software;
- Berichterstattung und Beratung bei der Einführung;
- Einräumung von Testzeit;
- Ausbildung des Kundenpersonals;
- Beratung über Datensicherheit und Datenschutz[4];
- Wartung der Anlagen (Instandhaltung und Reparatur);
- Wartung der Software (Behebung von Fehlern und Programmnachführung);
- Fortlaufende Ergänzung der Dokumentation;
- Information über neue Maschinen, Programme, Techniken und Einsatzmöglichkeiten.

Der Lieferant kann seine Leistungen grundsätzlich auf zwei Arten erbringen:

Aufgrund eines umfassenden Vertrages (freilich mit unterschiedlichem Vertragsgegenstand) oder entkoppelt in Einzelverträgen[5].

Von der Frage der Vertragseinheit ist klar zu trennen das Problem der Preisstellung: Der Lieferant kann seine Leistungen zu einem Pauschalpreis

---

[4] Datensicherheit bedeutet physische Sicherung (d.h. Schutz vor Feuer, Wasser, elektromagnetischer Einwirkung); Datenschutz Sicherung des Informationsgehalts vor unbefugtem Zugriff; vgl. KÜNZI; VIELI; WOLF; LÜTHY.

[5] Vgl. dazu ZAHRNT, BVB: Software vom Systemhersteller, S. 56 ff., insbes. Anm. 4.

ohne Spezifizierung (sogenanntes «Bundling») oder jede einzelne Leistung mit gesonderter Abrechnung (sogenanntes «Unbundling»)[6,7] anbieten.

Der Kunde kann schließlich (statt sich Datenverarbeitungssysteme zu verschaffen) Dritte (in den meisten Fällen ein Rechenzentrum) mit der Verarbeitung von angelieferten Daten beauftragen (Fremdverarbeitung)[8].

II. Wirtschaftliche Funktionen

Wirtschaftlich geht es bei EDV-Verträgen um optimale Lösungen betrieblicher Probleme (im weitesten Sinn). Computer werden für sehr viele kommerziell-administrative und technisch-wissenschaftliche Aufgaben sowie für Prozeßsteuerungen eingesetzt. «Die Schweiz ist das computerdichteste Land Europas»[9]. Mitte 1978 entfielen auf 100 000 Angehörige der Aktivbevölkerung rund 89 Computer, wobei sich der Gesamtwert aller Anlagen auf ca. 2,2% des Bruttosozialprodukts belief[10].

III. Verkehrstypen

Die EDV-Verträge nehmen im Rahmen der Innominatverträge insofern eine Sonderstellung ein, als sich (noch) keine Verkehrstypen im Sinne der hier vertretenen Konzeption herausgebildet haben. Zwar finden sich standardisierte Elemente, so daß man gewissermaßen an der Schwelle zum Verkehrstypus steht. Doch ist die Kohärenz dieser Teile zu schwach, als daß man sie als Ganzheit betrachten dürfte. Überdies verhindert ein offenkundiger (in den einschlägigen AGB nicht angemessen ausgeglichener) Interessengegensatz zwischen Kunden und Lieferanten, daß eine opinio necessitatis entsteht. Die Sachlage ähnelt den Kombinationsverträgen[11].

---

[6] Unzutreffend FUCHS, S. 80 ff., der «Bundling» mit Koppelung, «Unbundling» mit Entkoppelung gleichsetzt; vgl. dazu insbesondere ZAHRNT, BVB: Software vom Systemhersteller, S. 56 ff.

[7] Früher wurden fast alle Leistungen (d. h. Hardware und Software) «bundled» und ohne aufgegliederte Rechnung angeboten. Seit 1969 sind die Computerfirmen in den USA (allen voran IBM) unter dem Druck von Antitrust-Klagen dazu übergegangen, die verschiedenen Leistungen gesondert («unbundled») zu offerieren.

[8] Man spricht auch von «Datenverarbeitung außer Haus»; Vgl. SEITZ, S. 521; HELLFORS, passim; LOEWENHEIN, S. 593; SCHWERIN, S. 206. Zur zahlenmäßigen Bedeutung der Fremdverarbeitung INSTITUT pour l'automation et la recherche opérationnelle de l'Université de Fribourg, S. 64 ff.

[9] WALTER, S. 532.

[10] Auskunft des Institut pour l'automation et la recherche opérationnelle der Universität Freiburg/ Schweiz.

[11] Vgl. Allgemeiner Teil, S. 775.

Wohl könnte man die Art der Übertragung der Hardware als Typ behandeln; doch würde das angesichts der Bedeutung der Software und ständig wechselnder (zusätzlicher) Dienstleistungen der Wirklichkeit nicht gerecht.

Bei diesem Stand der Dinge ist die Setzung von Typenrecht nicht angebracht. Der Richter hat demzufolge die Verträge nach dem Vertrauensprinzip und den Ordnungsgesichtspunkten des besonderen Falles (d.h. analog Art. 4 ZGB) zu ergänzen[12]. Daraus müßte geschlossen werden, daß die EDV-Kontrakte hier nicht zu behandeln seien. Dem steht indessen entgegen, daß sich diese Verträge aufgrund der signalisierten Standardisierung einzelner Elemente in einem Zwischenstadium befinden: sie sind sozusagen auf dem Wege zur Verfestigung zu Verkehrstypen. Das läßt eine Erörterung angezeigt erscheinen, zumal die enorme Verkehrsbedeutung der EDV-Verträge außer Frage steht. Angestrebt wird, dem Richter Anhaltspunkte für die sinnvolle Vertragsergänzung zu geben.

IV. Terminologie

Die Terminologie ist uneinheitlich. Das Grundverhältnis bezeichnet man am besten als EDV-Vertrag. Die Parteien heißen Verkäufer, Vermieter, Lieferant oder Hersteller einerseits; Käufer, Mieter, Kunde oder Anwender andererseits[13].

V. Rechtsanwendung

1. Allgemeines

Bietet der Lieferant seine Leistungen als Gesamtpaket im Rahmen eines umfassenden Vertrages an, so ist der Vertrag in einem Art. 4 ZGB angenäherten Verfahren zu ergänzen. Dabei hat der Richter nicht eine generell-abstrakte Regel aufzustellen, sondern die der besonderen Interessenlage angemessenste Lösung zu suchen. Das hindert freilich nicht, daß er sich bei der Rechtsfindung (darum handelt es sich allemal) an Nominat- oder an typisiertem Innominatrecht orientiert. Der Richter wird das um so eher tun, als zahlreiche Leistungsaustauschverhältnisse mit gesetzes- oder verkehrs-

---

[12] Vgl. Allgemeiner Teil, S. 797 f.

[13] Vgl. dazu auch Anm. 1. – Zur Terminologie in den USA: BERNACCHI/LARSEN, S. 8: Seller, vendor, manufacturer, supplier auf der einen Seite; buyer, purchaser, user, customer auf der anderen.

typischen Figuren übereinstimmen. Dabei ist zu beachten, daß die neben Hard- und Software erbrachten Dienstleistungen nicht etwa bloße Nebenleistungen darstellen. Bei komplexer technischer Materie kann bereits das Ausbleiben einer Leistung das Vertragsziel vereiteln. Die einzelnen Leistungskomponenten stehen mithin gewissermaßen «gleichrangig» nebeneinander.

Werden die Leistungen entkoppelt erbracht, hat man es grundsätzlich mit einzelnen Nominat- oder Innominatverträgen zu tun. Ins Gewicht fällt aber, daß die einzelnen Leistungen, auch wenn sie rechtlich gesondert angeboten werden, auf ein einheitliches wirtschaftliches Ziel gerichtet bleiben. Nur die Kombination von Hardware, Software und zusätzlichen Dienstleistungen vermag die Probleme des Anwenders zu lösen. Diese faktische Verbundenheit ist zumal dann von Bedeutung, wenn eine Leistung zu spät oder mangelhaft erfolgt[14].

Schließlich können Hardware, Software und Zusatzleistungen durch verschiedene Lieferanten erbracht werden. Alsdann liegen voneinander völlig unabhängige Einzelverträge vor.

Endlich ist zu beachten, daß EDV-Verträge selbst dort, wo im Kern ein Umsatzverhältnis vorliegt, durch zusätzliche Leistungselemente[15] meist zu Dauerverhältnissen werden. Verstärkt wird diese Dauerwirkung durch die in den technischen Gegebenheiten liegende, zeitlich offene Bindung an den Hersteller[16]. Das Verhältnis zwischen Hersteller und Anwender ist unter solchen Umständen durch eine besondere Treuepflicht gekennzeichnet[17].

2. Entstehung

Grundsätzlich herrscht Formfreiheit (Art. 11 Abs. 1 OR). In der Praxis werden die Verträge aber meist schriftlich abgeschlossen.

---

[14] Vgl. dazu im einzelnen hinten, S. 969.

[15] Beispiele: Überlassung, Wartung und Nachführung von Programmen; Informationen über neue Maschinen, Programme und Einsatzmöglichkeiten; Ausbildung von Personal u.a.m.

[16] Das Phänomen ist durch zwei gegenläufige Tendenzen charakterisiert: Im Bereich der Hardware ist die Bindung im Schwinden begriffen, da die Anlagen untereinander eine erhöhte Kompatibilität aufweisen. Vgl. zur damit verbundenen Problematik BRAUN, Vertragsprobleme, S. 613 ff. Die Lockerung im Bereich der Hardware wird aber mehr als aufgewogen durch die kaum mehr zu ändernde Abhängigkeit von Systemsteuer-, Datenfernverarbeitungs- und Datenbankprogrammen, die den Zugriff auf die einzelnen Datenbanken und deren Verknüpfung untereinander steuern.

[17] Vgl. dazu auch hinten, S. 967.

3. Inhalt

a) Pflichten des Lieferanten

aa) Beschaffung einer Standardanlage

aaa) Übergabe der Anlage zu Eigentum

- Pflicht zur Verschaffung des Eigentums an der Hardware (Kaufselement).
- Pflicht zur Verschaffung der Benützungsrechte an der Software (Element des Kaufs, der Miete oder des Lizenzvertrags).
- Pflicht zur Installation der Anlage und zur Erstellung der Betriebsbereitschaft (werkvertragliches Element).
- Je nach den konkreten technischen Gegebenheiten kann der Lieferant zur Erhaltung der Funktionstüchtigkeit und Leistungsfähigkeit (Wartung) verpflichtet sein (werkvertragliches Element)[18]. Insofern ist er bei Abschluß und Kündigung von Wartungsverträgen nicht frei. Die Dauer der Wartungspflicht bestimmt sich nach der Lebensdauer der in Frage stehenden Anlage.
- Allenfalls Pflicht zur Anpassung der Systemsteuerprogramme[19] (werkvertragliches Element).
- Pflicht zur Einräumung von Testzeit (Element der kaufrechtlichen Prüfung)[20].
- Pflicht zur Überlassung einer Programmbibliothek (in aller Regel) zum Gebrauch (Mietelement).
- Pflicht zur Beratung und Information (Auftragselemente).
- Pflicht zur Personalschulung (Innominatelement).
- Pflicht zur Personalleihe (Innominatelement)[21]. Übernimmt das Personal des Herstellers spezifische Aufgaben der Datenverarbeitung in eigener Verantwortung, hat man es mit einem Auftrags- oder Werkvertragselement zu tun.

---

[18] Vgl. dazu auch FUCHS, S. 392.

[19] Systemsteuerprogramme lenken die Grundoperationen der Anlagen und sind unabhängig von der Problemlösung, die durch die Anwendungsprogramme gesteuert wird.

[20] Bezüglich der Testzeit sind zwei Fälle zu sondern: Einmal Testzeit während der Vertragsverhandlungen zur Evaluation der Anlage. Dabei handelt es sich um ein vorvertragliches Verhältnis, das unter den Regeln von Treu und Glauben steht. Zum andern Testzeit unmittelbar nach Abnahme zur Prüfung der Anlage. Im Text ist der zweite Fall gemeint. Bestimmungen in AGB, die die sofortige Fälligkeit des Kaufpreises bei Lieferung vorsehen, sind daher fragwürdig.

[21] Vgl. NEF, S. 59; TRIESCHMANN, S. 16; SCHELP, S. 87 ff.; REICH, S. 94. In der Sache wohl gleich: ObGer. Appenzell AR, SJZ 1979, S. 29 f.

bbb) Überlassung der Anlage zum Gebrauch

- Pflicht zur Installation der Anlage (werkvertragliches Element).
- Pflicht zur Überlassung der Anlage zum Gebrauch in betriebsbereitem Zustand (Mietelement).
- Pflicht zur Erhaltung der Funktionstüchtigkeit und Leistungsfähigkeit (Wartung) (werkvertragliches Element).
- Pflicht zur Einräumung von Testzeit (Element der kaufrechtlichen Prüfung) und zur Überlassung einer Programmbibliothek zum Gebrauch (Mietelement).
- Pflicht zur Beratung und Information (Auftragselemente).
- Pflicht zur Personalschulung (Innominatelement).
- Pflicht zur Personalleihe (Innominatelement).

bb) Beschaffung einer individuellen Anlage (Systementwicklung)

- Wichtigste Pflicht des Lieferanten ist hier die Problemlösung für den Kunden (werkvertragliche Elemente). Zu beachten ist, daß bei Individualproblemlösung aller Regel nach Standard-Hardware geliefert und nur die Software individuell entwickelt wird. In der Praxis streben Hersteller und Kunde die Problemlösung häufig gemeinsam an. Die Folge ist eine spezifische (vertragliche) Treuepflicht der Parteien.
- Pflicht zur Einführung des Kunden in die Nutzung (was auch Pflicht zur Mitwirkung bei betrieblichen Anpassungen umfassen kann).
- Die übrigen Pflichten des Lieferanten einer individuellen Anlage decken sich mit denen des Lieferanten einer Standardanlage (vgl. vorne lit. aaa).

b) Pflichten des Kunden

Der Kunde ist zur Bezahlung des Kaufpreises oder des Mietzinses und zur Übernahme weiterer Kosten (aus Wartung, Personalschulung usw.) verpflichtet. Vertraglich vereinbarte Mitwirkungshandlungen des Kunden sind grundsätzlich als Obliegenheiten zu betrachten [22].

---

[22] Zutreffend FUCHS, S. 101. – Vgl. zum Unterschied zwischen Pflicht und Obliegenheit allgemein B. VON BÜREN, S. 413; GAUCH/SCHLUEP/JÄGGI, N. 68.

4. Beendigung

Angesichts der auf Dauer angelegten Zusammenarbeit zwischen Hersteller und Kunden ist die Erfüllung der einzige unproblematische Beendigungsgrund. Die Kündigung des Vertrages aus wichtigen Gründen ist kaum ein Ausweg für den Kunden, weil die vorzeitige Beendigung praktisch alle Vorleistungen entwertet. Sie kann deshalb nur als nicht leichthin zu bejahende ultima ratio in Betracht gezogen werden. Hauptziel muß bleiben, den Betrieb der Anlage sicherzustellen, was schon aus volkswirtschaftlichen Gründen [23] zu einer (auf Verbesserung bedachten) Fortsetzung der Kooperation nötigt. Selbstverständlich bleiben allfällige Schadenersatzansprüche des Kunden in jedem Fall vorbehalten.

5. Einzelfragen

a) Haftung des Herstellers

Geht es um Standardlösungen, haftet der Hersteller entweder nach den kauf- oder nach den werkvertraglichen Bestimmungen über die Sachgewährleistung (Art. 197 ff. bzw. 368 f. OR) für mängelfreie Hard- oder Software. Maßstab der Mängelfreiheit ist der allgemein gültige Stand der Computertechnik («state of the art»)[24].

Im Rahmen individueller Problemlösung wird in aller Regel ebenfalls eine Leistung nach dem geltenden Stand der Computertechnik geschuldet sein. Nur bei individuellen Lösungen mit Entwicklungscharakter, bei denen eine neue Computertechnik verlangt wird, kann keine Erfolgshaftung im umschriebenen Sinn übernommen werden. Geschuldet ist alsdann sorgfältige und getreue Ausführung nach den Regeln über den Auftrag (Art. 398 OR).

In jedem Fall muß von einer umfassenden Offenbarungspflicht des Herstellers im Blick auf Funktions- und Kostenrisiken ausgegangen werden. Insbesondere sind Angaben darüber zu machen, ob die verlangte Problemlösung eine quantitative oder qualitative Extrapolation des gegenwärtigen Standes der Computertechnik erheischt[25, 26].

---

[23] Vgl. GAUCH, System der Beendigung von Dauerverträgen, S. 51.

[24] Mithin ist von einem relativen Fehlerbegriff auszugehen; vgl. dazu SCHAUB, S. 140 (Anm. 51), 141 ff.

[25] Vgl. dazu SCHAUB, S. 156 f. – Im Lichte dieser Ausführungen muß die Freizeichnung für im Systemvorschlag enthaltene Zusicherungen (Eignung und Wirtschaftlichkeit, Zusage weiterer Serviceleistungen), welche die Hersteller in ihren AGB durch Beschränkung der Vertragswirkungen auf den Formularinhalt vornehmen, als unzulässig bezeichnet werden. Ferner sei auf das Kaufsrecht hingewiesen: Offenbarungspflichten entstehen dort kraft besonderen

In diesem Zusammenhang ist auch die Regel von Art. 369 OR heranzuziehen: Der Besteller verliert seine Ansprüche, wenn er entgegen den ausdrücklichen Abmahnungen des Herstellers an unzweckmäßigen Weisungen festhält oder Mängel in anderer Weise selbst verschuldet[27].

Haftungsprobleme entstehen weiter beim Entkoppeln, wenn eine Leistung zu spät oder mangelhaft erfolgt. Bei formaler Betrachtungsweise liegen einzelne Nominat- oder Innominatverträge vor. Entscheidend ist freilich, daß die einzelnen Leistungen auf ein einheitliches wirtschaftliches Ziel gerichtet sind. Daher spricht viel für die in der Literatur vertretene Auffassung, es liege ein einheitlicher Vertrag vor[28].

b) Rechtslage bei Fremdverarbeitung

Bei Fremdverarbeitung verpflichtet sich ein Rechenzentrum, angelieferte Daten zu verarbeiten. Oder es übernimmt darüber hinaus Systemarbeiten (Herstellung von Programmen, Systemanalysen und -verbesserungen usw.). So oder anders hat man es mit werkvertraglichen Elementen zu tun. Mithin ist auch hier Leistung nach dem geltenden Stand der Computertechnik geschuldet.

Vertrauensverhältnisses zwischen den Parteien. «Ein besonderes Vertrauensverhältnis muß im allgemeinen bejaht werden, wenn der Verkäufer als versierter Fachmann einem Laien gegenübersteht. Das gilt für das Verhältnis zwischen dem Bankier und seinem Kunden» (GIGER, Art. 199, N. 40).

[26] Großabnehmern (so u.a. der öffentlichen Verwaltung) gelingt es häufig, aufgrund einer Strategie der Gegenmacht günstige Bedingungen außerhalb der Formularverträge auszuhandeln; Haftung für den Systemvorschlag; Maß der Haftung für verschuldete Leistungsstörungen; feste Preiszusagen; feste Liefertermine. Die Zentralstelle für Organisationsfragen der Bundesverwaltung (ZOB) hat in Zusammenarbeit mit der Eidg. Drucksachen- und Materialzentrale Rahmen-Verträge für Kauf, Wartung und Dienstleistungen im Bereich der EDV erarbeitet. Vgl. zur Situation in Deutschland: ZAHRNT, Besondere Vertragsbedingungen, S. 162 ff.; DERSELBE, EDV-Verträge: Koppelung von Hardware und Software, S. 325 ff.; DERSELBE, Güteprüfung der BVB, S. 254 f.; DERSELBE, BVB: Software vom Systemhersteller, S. 56 ff.

[27] Dies allerdings nur unter der doppelten Voraussetzung, daß der Mangel dem Besteller zuzurechnen und dem Hersteller keine Sorgfaltspflichtverletzung vorzuwerfen ist. Vgl. dazu GAUCH, Der Unternehmer im Werkvertrag, S. 160 f. (N. 636 ff.).

[28] Im Ergebnis zutreffend FUCHS, S. 82; vgl. ferner die Entscheidung des österreichischen OGH vom 8. 6. 1977, ÖJZ 1978, S. 48 f. – Rechtliche Eigenständigkeit der Software kann bei Standardprogrammen angenommen werden, die heute «vielfach unabhängig vom Hersteller durch Dritte, nämlich sog. Softwarehäuser, für Computer aller Art produziert werden» (ECKERT, S. 40). Bei individueller Problemlösung darf allerdings nicht verkannt werden, daß ein Rücktritt vom Vertrag mit größten Schwierigkeiten verbunden ist, weil der Kunde nach der Installation eines Systems nur mit Mühe auf einen anderen Hersteller auszuweichen vermag.

Gesetzesregister

Sachregister

Gesetzesregister

Schlußtitel: Anwendungs- und Einführungsbestimmungen

III. Schweizerisches Obligationenrecht, vom 30. März 1911/ 18. Dezember 1936

Verordnung des Bundesgerichts betreffend die Pfändung, Arrestierung und Verwertung von Versicherungsansprüchen, vom 10. Mai 1910

Sachregister

Schweizerisches Privatrecht

Inhalt des Gesamtwerkes